PHOENIX

Der etwas andere Weg
zur Pädagogik

Ein Arbeitsbuch
Band 2

Verfasst von: Heinz Dorlöchter,
Gudrun Maciejewski, Edwin Stiller

Best.-Nr. 018285 6

Schöningh

Vorwort S. 4		

INHALTSÜBERSICHT

	Themenkreis 2.1	Themenkreis 2.2
Leitfragen	Was brauchen Kinder, um sich physisch, psychisch und sozial stabil zu entwickeln und wie kann dies pädagogisch gefördert werden?	Warum verlaufen im Jugend- und Erwachsenenalter Entwicklung und Sozialisation oft krisenhaft und wie kann Pädagogik hier präventiv und intervenierend eingreifen?
Inhaltsverzeichnis	S. 8	S. 200
1 Einführung	„Aus Hänschen wird Hans“ – Die wissenschaftliche Erforschung von Entwicklung und Sozialisation	Wenn Kinder und Jugendliche anders sind...
Methodische Anregung	Eigenständig lernen: Die Facharbeit	Individuelle Fälle erziehungswissenschaftlich betrachtet
2 Waben (Wahlteil)	1. Soziale und moralische Entwicklung – Die Modelle von Robert Kegan und Lawrence Kohlberg 2. Wo „Es“ war, soll „Ich“ werden – Entwicklung aus psychoanalytischer Sicht 3. Männlein und Weiblein – Sozialisation als Rollenlernen 4. ‚Ist ja irre!‘ – Psychische Krankheiten von Kindern und Jugendlichen 5. Im Netz von Beziehungen – Der systemische Ansatz	1. Sozialisation im Jugendalter – Ein produktiver und konstruktiver Prozess der Gestaltung von Identität 2. ‚Help me or I beat you‘ – Gewalt 3. Grenzüberschreitungen – Sexueller Missbrauch von Kindern und Jugendlichen 4. Gelingendes Leben heilt und schützt – Die Abhängigkeit von Drogen 5. Alter Mensch, was nun? – Entwicklung im Alter
3 Reflexionen	„Die geborenen Experten“ – Methoden und Ergebnisse der neuen Säuglingsforschung	Vorbeugen ist besser als heilen – Was kann die Pädagogik präventiv und intervenierend leisten?
4 Perspektiven	Was braucht der Mensch? – Entwicklungs-Wege	Was macht die Schule mit Kindern und Jugendlichen, die anders sind?

www.schoeningh.de
Schöningh Verlag, Jühenplatz 1–3, 33098 Paderborn

Druck A [876] / Jahr 2007 06 05
Alle Drucke der Serie A sind im Unterricht parallel verwendbar.
Die letzte Zahl bezeichnet das Jahr dieses Druckes.

Druck und Bindung: westermann druck GmbH, Braunschweig

ISBN 3-14-018285-4

www.dialogische-fachdidaktik.de

Vorwort

Mit Phoenix lernen...

Lehrbücher stehen im Kontext schulischen Lernens und somit häufig in Verdacht, als Wissensspeicher fachwissenschaftlicher Erkenntnisse einen Beitrag zur Erweiterung des ‚Nürnberger Trichters' zu liefern. So gesehen würde Lernen als Managementproblem betrachtet, frei nach der Devise: Wie lässt sich durch Optimierung und Komprimierung über die Nutzung effektivster Lernstrategien bei Hervorrufung möglichst wenig Widerstandes ein Optimum an gewünschtem Verhalten, insbesondere abfragbarem Wissen und einstudierten Argumentationsstrukturen, erzeugen? Die Begegnung mit einem solchen Schulbuch würde fremdbestimmt bleiben und durch das untrügliche Gefühl zu entlarven sein: Da weiß irgendjemand genau, welcher Schritt dem nächsten folgt, etwa nach der Gleichung: einverleiben (kopflos?) gleich lernen. Eine trügerische Nähe zwischen dem Objekt Buch und dem Subjekt Lernender wird erzeugt, eine Art schützende Vertrautheit, aufgelockert durch einen Frage-Antwort-Mechanismus nach der Methode: Das gedruckte Wort fragt – das gesprochene Wort antwortet... und das Buch schweigt.
Eine Satire schulischen Lernens? Pauschalisierend und nichtssagend, galt vielleicht noch vor einigen Jahren – aber heutzutage nicht mehr? Schule hat sich verändert, Lehrmittel haben Aufforderungscharakter, Schülerinnen und Schüler gestalten den Unterricht gemeinsam mit dem Lehrer – nicht Schulbücher, das Lernen lernen steht im Vordergrund...??
Vielleicht – vielleicht aber auch nicht.

Wir wollen mit dem Arbeitsbuch „Phoenix" den Versuch starten aus der Begegnung mit diesem Buch eine Begegnung mit sich selbst, mit Ihnen als Leserinnen und Lesern, zu ermöglichen, also kein Lernen *durch* „Phoenix", sondern *mit* „Phoenix" zu realisieren.

Der grundsätzliche Aufbau des Arbeitsbuches „Phoenix" (Wabenmodell, Makro- und Mikrostruktur), einige fachdidaktische Überlegungen (Subjektorientierung, ‚Netzmodell') und unser Verständnis von Erziehung wurden bereits im ersten Band von „Phoenix" beschrieben, insofern werden wir an dieser Stelle nur noch einige Aspekte pointieren.

Wir möchten Sie, wie bereits in „Phoenix" Band 1, auch in diesem Buch mit Informationen, Modellen, Theorien und Gedanken konfrontieren. Und zwar so, dass Sie immer wieder die Gelegenheit wahrnehmen können, sich vor dem Hintergrund Ihrer Biografie mit den Erfahrungen und Erkenntnissen anderer Menschen, wie z.B. Fachwissenschaftlern und Romanautoren, auseinander zu setzen. Insofern ist jede Einführung einer Wabe so angelegt, dass Sie zunächst Ihren eigenen persönlichen Zugang zu einem Thema reflektieren können (vgl. Sie dazu die grafisch gestalteten Anfangsseiten [= Aufmacherseiten] und den Abschnitt: ‚Einführung'); die ‚Ein-Sprüche' und ‚An-Sichten' in diesem Buch bieten dazu eine weitere besondere Möglichkeit. Die fachwissenschaftlichen Inhalte finden Sie insbesondere in den Abschnitten ‚Grundbegriffe und Grundthesen' und ‚Vertiefung'.
Wir haben uns bei der Zusammenstellung des Materials bemüht neueste Entwicklungen aufzunehmen, was bedeutet, dass wir Ihnen häufig komplexe

Wechselwirkungsmodelle vorstellen; Hinweise auf fächerübergreifende Perspektiven ergeben sich daher geradezu zwangsläufig. Andererseits finden Sie in jeder Wabe einen Abschnitt ‚Pädagogische Anwendung', in dem wir ausdrücklich pädagogisch orientierte Aspekte fokussieren.

Die einzelnen Abschnitte der Waben werden in den Kontext subjektorientierten Lernens aufgenommen: Sie werden zur Aus-ein-ander-setzung aufgefordert, wobei wir Sie als aktiven Leser / aktive Leserin ansprechen wollen. Sie werden dabei die Erfahrung machen, dass es nicht immer richtig oder falsch, ja oder nein gibt, sondern dass in der Spannung von ja *und* nein und sich darauf aufbauenden neuen Einsichten eine Form produktiver Auseinandersetzung mit einem Thema und sich selbst zu erfahren ist, welche nicht nur auf das Suchen von Antworten fixiert ist, sondern durch das Eröffnen neuer Fragen zu anderen Wissenshorizonten führen kann. Fragen ist eine produktive Kraft des Lernens, quasi die Dialektik von Abstand und Betroffenheit gegenüber den Erfahrungen und dem Wissen anderer; nur in dieser Spannung kann subjektorientiertes Lernen stattfinden. Ein wichtiger Aspekt für das Entwickeln einer eigenen Stellungnahme ist die Fähigkeit, sich in andere Positionen hineinzuversetzen, also die Bereitschaft das zunächst Fremde und Unpersönliche auch als ein Teil seines Selbst zuzulassen. Besonders in dem Abschnitt ‚Vertiefung' werden wir Ihnen die Möglichkeit geben eine (Ihre!) kritisch-konstruktive Stellungnahme zu entwickeln; die Seiten ‚Ein-Spruch' sollen Sie dazu noch einmal besonders herausfordern.

Sie sind aufgefordert Ihren eigenen Lernweg zu suchen, sich ihren Fragen anzuvertrauen. Das Buch ist zwar als Arbeitsbuch mit einer Systematik versehen (vgl. Sie dazu den gleichen Aufbau aller Themenkreise und Waben), aber wie schon durch die Formulierung einer sehr allgemein gehaltenen Leitfrage für jeden Themenkreis ersichtlich ist, als ein Buch mit Möglichkeiten und nicht nur Notwendigkeiten konzipiert. Wir wollen Ihnen die Möglichkeit der Individualisierung von Lernwegen anbieten, indem Sie sich

- für einzelne Waben entscheiden;
- Benutzerpfade durch einen Themenkreis bzw. verschiedene Waben suchen, wozu Sie am Ende einer jeden Einführung auf der Seite **BLICK-RICHTUNG** Hinweise finden;
- für ein arbeitsteiliges Vorgehen entscheiden und selbstständig Referate bzw. eine Facharbeit anfertigen. Hinweise, welche Waben dazu besonders geeignet sind, finden Sie ebenfalls auf der Seite **BLICK-RICHTUNG**.

Individualisierung von Lernwegen kann dabei natürlich bedeuten, dass Sie mit Ihren Mitschülerinnen/Mitschülern oder einer kleineren Lerngruppe Ihren Lernweg konzipieren.

Dass dies mit den Möglichkeiten eines Lehrbuches, welches eben keine spontanen Antworten geben kann, nur bedingt möglich ist, ist uns bewusst, wir hoffen aber, Ihnen sowohl durch die Aufbereitung des Materials als auch durch die Systematik des Buches dazu Hilfestellungen geben zu können.

Auch methodisch bieten wir Ihnen Hilfen an:

Sie finden in diesem Buch

- Hinweise für arbeitsteilige Gruppenarbeitsmöglichkeiten;
- Entscheidungshilfen für die Auswahl von Waben;
- Querverweise, die es Ihnen ermöglichen, selbstständig Vertiefungen vorzunehmen;

– Verweise auf fächerübergreifende Aspekte;
– Projektvorschläge für eine handlungsorientierte Praxisanbindung;
– wie schon bei „Phoenix“ Band 1 Symbole für handlungsorientierte () und biografisch () orientierte Aufgabenstellungen;
– Hinweise auf Lerntechniken, die Sie dann selbstständig anwenden können.

Subjektorientierung bedeutet die eigene Betroffenheit wahr- und ernst zu nehmen und den persönlichen Sinn des Lernens entdecken zu wollen. Dazu ist die Bereitschaft, sich immer wieder als Bestandteil des eigenen Lernprozesses zu reflektieren, unbedingte Voraussetzung. In dem Buch werden Sie an mehreren Stellen durch biografisch orientierte Übungen wie z.B. Fantasiereisen und gruppendynamische Übungen dazu aufgefordert. Auch das Ihnen bereits aus „Phoenix“ Band 1 bekannte Journal, Ihr ganz persönlicher Wegbegleiter, ist in diesem Zusammenhang zu nennen.

Da Sie als Subjekt immer auch Teil einer Sie umgebenden Struktur sind, vollzieht sich Subjektorientierung in einem Rhythmus von Selbstbestimmung und Fremdbestimmung, von Autonomie und Aufklärung. Ein kritisch-konstruktiver Lernansatz, welcher Ihnen die Möglichkeit gibt die Vernetzung der Sie umgebenden Strukturen zu erkennen, kann daher nach unserer Auffassung auch in einem Pädagogikbuch nicht fehlen. Selbstbestimmung und Solidarität im Rahmen humanistischer Werte gehören so verstanden unmittelbar zusammen, ein Aspekt, der bezüglich der Auswahl der Themenkreise bzw. Waben und Materialien für dieses Buch einen wichtigen Grundsatz darstellt.

Im Prozess des subjektorientierten Lernens geht es nicht um das auf das Individuum bezogene passive Aufnehmen und Verarbeiten von Lernthemen, dies würde zu einer ‚subjektorientierten Verlorenheit‘ führen. Subjektorientiertes Lernen ist dialogisches Lernen, ein durch wechselseitigen Austausch, Empathie und Wertschätzung, fragendes und forschendes Interesse geleitetes Lernen, indem Sie

– in einen Dialog mit sich selbst – biografische Dimension,
– in einen Dialog mit Ihren Mitschülerinnen/Mitschülern, Lehrerinnen/Lehrern – kollektive Dimension,
– in einen Dialog mit einer Sie als Subjekt beeinflussenden Struktur – systemische Dimension – treten.

„Phoenix“ will sich in diesen dialogischen Lernprozess einmischen, will zu einer subjekterschließenden Gestaltung des Unterrichts beitragen, indem das Buch entsprechende Anregungen und Materialien bereitstellt. Dazu wird Ihnen eine Vielzahl methodischer Varianten angeboten, die Sie den folgenden Stichworten entnehmen können:

– Traum- bzw. Fantasie-Reisen
– Übungen aus dem therapeutischen Bereich
– Zukunftswerkstatt
– Planspiele und Rollenspiele
– ‚An-Sichten‘ – Arbeit mit Bildern
– Biografie-Arbeit
– Schreiben/Auseinandersetzen/Gestalten
– Beispiele aus der Moderationsmethode
– Experimente und Versuche
– Erkunden der Realität

(Vergleichen Sie hierzu auch das Methodenregister am Schluss des Bandes, S. 623).

Subjektorientiertes Lernen ist ein ganzheitlicher, erfahrungsorientierter Vorgang, der die gesamte Biografie anspricht. Dieses Lernen trägt das Risiko der Betroffenheit und Isolierung, ein Risiko, welches die Chance zur Veränderung birgt, wenn man sie nicht als statische Elemente, sondern als prozesshaft ansieht!
An dieser Stelle kommt dem Lehrer/der Lehrerin und den Mitschülern/den Mitschülerinnen eine besondere Verantwortung zu. Anteilnahme und Wertschätzung, Empathie für Grenzsignale sind dabei unabdingbar, aber sicherlich auch als ein zu entwickelnder gemeinsamer Lernprozess zu verstehen. Für einige Übungen und Abschnitte in diesem Buch gilt dies ganz besonders. Lehrerinnen/Lehrer sollten selbst Erfahrungen mit solchen Übungen haben und diese auch nur in Kursen durchführen, in denen ein entsprechendes Klima vorhanden ist.

Dieses „Warndreieck" soll alle auf entsprechende Übungen und Passagen aufmerksam machen.

Im Lernprozess ist das Aufnehmen von Informationen von Ihrer Wahrnehmungs- und Verarbeitungsstruktur bestimmt und funktioniert nicht nach der Formel eines mechanistischen Transferprozesses: Output = Input. Insofern sollten Ihre Wahrnehmungsfähigkeiten und Verarbeitungsmöglichkeiten und nicht nur Verarbeitungsmechanismen aktiviert werden, weshalb wir als gestaltende Elemente des dialogischen Lernens
- Ihre Fantasie
- Ihre Kreativität
- Ihr ‚Verrückt-Sein' herausfordern wollen.

Darauf haben wir bei der Auswahl der Aufgaben immer wieder zu achten versucht.

Wir hoffen Ihnen so einen Zugang zu pädagogischen Erkenntnissen und Fragestellungen zu ermöglichen, der Ihnen auch Hilfen zur Wissensverarbeitung und Persönlichkeitsbildung gibt und Sie bei einer aktiven Auseinandersetzung mit Realität unterstützt, in der Sie sich als handelndes Subjekt mit Möglichkeiten erfahren können.

Die Formulierung unserer Leitideen mag Ihnen zuweilen idealistisch erscheinen; wir wissen selbst, dass wir sie gelegentlich nur zum Teil haben umsetzen können. Jedoch scheint es uns wichtig, Sie mit unseren Ideen vertraut zu machen; dies ist auch ein Aspekt von Offenheit in einem Dialog, den wir mit Ihnen mit dem Buch „Phoenix" führen wollen.

Themenkreis 2.1

Was brauchen Kinder um sich physisch, psychisch und sozial stabil zu entwickeln und wie kann dies pädagogisch gefördert werden?

Inhaltsverzeichnis

1 Einführung: „Aus Hänschen wird Hans“ – Die wissenschaftliche Erforschung von Entwicklung und Sozialisation

1. Beschreiben Sie möglichst detailliert, was Sie sehen.
2. Wo stehen Sie? Welche Haltung nehmen Sie ein?
3. Welche Aussagen können Sie anhand der Zeichnung über ‚Entwicklung' treffen?

(Gerd Arntz, Wendeltrap, 1955, Linolschnitt; © VG Bild-Kunst, Bonn 2000)

Was ist Entwicklung?

Auseinandersetzung mit der eigenen Entwicklung

Zeichnen Sie in Ihr Journal nebeneinander zwei Kästchen in einer ungefähren Größe von 7 x 7 cm.

a) Färben Sie das erste Viereck schwarz. Stechen Sie mit einer Nadel in die Mitte des Blattes. Halten Sie das Blatt gegen Licht, sodass Sie die schwarze Seite vor Augen haben. Dieses winzige schimmernde Loch hat die Originalgröße eines Menscheneis.
b) Kleben Sie in das zweite Viereck ein aktuelles Foto von sich ein.
c) Beschreiben Sie, wie Sie heute sind, indem Sie z.B. Ihr Aussehen, bestimmte Fähigkeiten, Charakterzüge, Verhaltensweisen, Einstellungen und Wertvorstellungen notieren.
d) Denken Sie einen Augenblick darüber nach, wie Sie zu der oder dem geworden sind, die oder der Sie heute sind.

Eine Bilderbuch-Karriere

Wie sich Kinder von der Geburt bis zur Volljährigkeit verändern, wie ihr individuelles Wesen neue Konturen gewinnt und doch erhalten bleibt, lässt sich am eindrucksvollsten in Familienalben verfolgen. Für GEO-Wissen haben der Fotograf Wolfgang Kunz und seine Tochter Anja, geboren im November 1973, ihr Privatarchiv geöffnet.

(Fotos: Wolfgang Kunz/Bilderberg)

1. Finden Sie treffende Titel für die einzelnen Fotos, die die Entwicklung des Mädchens beschreiben.
2. Welche Veränderungen können Sie feststellen?
3. Versuchen Sie anhand der Fotos zu erläutern, was Sie unter „Entwicklung“ verstehen.
4. a) Erstellen Sie für sich selbst eine ähnliche Fotoseite, in der Sie Ihre persönliche Entwicklung dokumentieren.
   b) Vergleichen Sie Ihre fotografisch dokumentierte Entwicklung mit der Ihrer Mitschüler und Mitschülerinnen. Gibt es Ähnlichkeiten oder Gemeinsamkeiten?
5. Sehen Sie sich noch einmal die Zeichnung auf der Aufmacherseite an. Halten Sie diese Darstellung von Entwicklung für übertragbar auf Ihre eigene Entwicklung?

Was braucht ein Mensch um sich optimal zu entwickeln?

In jedem Menschen steckt ein kleiner Mozart

„Vor einigen Jahren befand ich mich auf einer langen Reise und mir kam die Lust, die fahrende Heimat anzusehen, der ich mich auf drei Tage verschrieben hatte. Ich erhob mich also in dem Lärm, der dem Geräusch des rollenden Schuttes in der Meerbrandung gleicht, und ging um ein Uhr nachts durch den ganzen Zug.

Die Schlafwagen waren leer, die Wagen erster Klasse gleichfalls, aber die Wagen der dritten beherbergten Hunderte polnischer Arbeiter, die aus Frankreich abgeschoben wurden und ihrer Heimat zufuhren. Ich musste in den Gängen über schlafende Menschen hinwegschreiten. Ich blieb stehen, um sie zu betrachten. […]

Es schien mir, als hätten sie etwas von ihrem Menschsein eingebüßt, wie sie so von den Wirtschaftsschwankungen von einem Ende Europas zum anderen gefegt wurden. […]

Ich setzte mich einem Paar gegenüber. Zwischen Mann und Frau hatte sich das Kind ein Nestchen gebaut, so gut es ging, und schlief. Einmal wendete es sich doch im Schlaf, und sein Gesichtchen erschien mir im Licht der Nachtbeleuchtung. Welch liebliches Gesicht! Diesem Paar war eine goldene Frucht geboren, aus den schwerfälligen Lumpen war eine Vollendung von Anmut und Lieblichkeit entsprungen. Ich beugte mich über die glatte Stirn, die fein geschwungenen Lippen und sah, das ist ein Musikerkopf – das ist Mozart als Kind, eine herrliche Verheißung an das Leben! So sind nur die kleinen Prinzen im Märchen. Was könnte aus diesem Kind, wenn es behütet, umhegt, gefördert würde, alles werden! – Wenn in einem Garten durch Artwechsel eine neue Rose entsteht, fasst alle Gärtner größte Aufregung. Man verwahrt die Rose, man pflegt sie, man tut alles für sie. Aber für die Menschen gibt es keinen Gärtner. Das Kind Mozart wird wie alle anderen vom Hammer zerbeult. Vielleicht empfängt es einst seine höchsten Wonnen von einer entarteten Musik in der stickigen Luft eines Nachtcafés.

Mozart ist zum Tode verurteilt.

Ich kehrte in mein Abteil zurück, und meine Gedanken gingen mit: Diese Leute leiden gar nicht unter ihrem Los. Nicht Nächstenliebe bewegt mich hier. Ich will mich nicht über eine nie verheilende Wunde erbarmen; denn die Menschen, die sie am Leibe tragen, fühlen sie nicht. Aber das Menschliche ist hier beleidigt, nicht der einzelne Mensch. An Mitleid glaube ich nicht, aber ich sehe die Menschen an wie ein Gärtner. Darum quält mich nicht die tiefe Armut, in der man sich schließlich ebenso gut zurechtfindet wie in der Faulheit. Generationen von Morgenländern leben im Schmutz und fühlen sich wohl dabei. Mich quält etwas, was die Volksküchen nicht beseitigen können. Nicht Beulen und Falten und alle Hässlichkeit; mich bedrückt, dass in jedem dieser Menschen etwas von einem ermordeten Mozart steckt.

Nur der Geist, wenn er den Lehm behaucht, kann den Menschen erschaffen.“

(Antoine de Saint-Exupéry, Wind, Sand und Sterne, Rauch Verlag, Düsseldorf, S. 230ff.)

1. Welche Auffassung von Entwicklung wird hier deutlich?
2. Welche Fragen und Thesen ergeben sich in diesem Zusammenhang?

Was Hänschen nicht lernt – Eine neue Sicht auf Kindheit

[...] Nun gibt es aber, ebenso wie es keine allgemein gültige psychologische Theorie gibt, auch keine umfassende Theorie der menschlichen Entwicklung. Auch die Entwicklungspsychologie zeichnet sich, wie die Psychologie allgemein, durch eine Vielfalt theoretischer Ansätze aus, die (manchmal nur scheinbar, manchmal tatsächlich) unzusammenhängend nebeneinander stehen und dadurch leicht verwirren können. So sollte eigentlich statt von Entwicklungstheorien eher von unterschiedlichen *Modellvorstellungen* oder *Auffassungen von Entwicklung* die Rede sein.
Trotz dieses „Pluralismus" der Entwicklungstheorien liegen jedoch inzwischen vor allem im Bereich der sozial-emotionalen Entwicklung theorieübergreifend anerkannte Befunde vor, von denen eine Auswahl in Thesenform vorgestellt werden soll. Ich will sie unter sechs Thesen zusammenfassen:

1. Kein Entwicklungsphänomen lässt sich auf eine einzige Ursache zurückführen.

Diese Erkenntnis hat sich auch in der Entwicklungspsychologie nur allmählich durchgesetzt. Dort stand lange Zeit, auf der Suche nach Einzelursachen, die Isolierung einzelner, für die Entwicklung ausschlaggebender Faktoren im Vordergrund (z.B. sozioökonomischer Status, Familienstruktur, Scheidung, Trennung vom Elternhaus, Heimerziehung). Bedauerlicherweise bevorzugen die Menschen klare, einfache Antworten: Sollen Mütter arbeiten oder nicht? Ist Krippenbetreuung gut oder schädlich für das Kind? Sind Kinder allein erziehender Eltern benachteiligt?
Es ist eher unbefriedigend, wenn die „Fachleute" auf solche Fragen nicht mit einem klaren „Ja" oder „Nein", „Immer" oder „Nie" antworten können, sondern mit einem vorsichtigen „Nun, das hängt davon ab ..." eine mehr oder weniger lange Litanei von Bedingungen einleiten: Welchen Einfluss beispielsweise die väterliche Abwesenheit auf die kindliche Entwicklung hat, hängt unter anderem von der Art der Abwesenheit (z.B. zeitweilige Abwesenheit aus beruflichen Gründen, Scheidung oder Tod), den finanziellen Konsequenzen dieser Abwesenheit, der sozialen Unterstützug und vor allem von der mütterlichen Bewertung dieser Abwesenheit ab. Da das Kind also nicht isoliert aufwächst, sondern in einen sozialen Kontext eingebettet ist, kann es keine „reinen", situationsunabhängigen Erfahrungen machen. Dementsprechend kann auch kein einzelner Faktor für die kindliche Entwicklung ausschlaggebend sein, vielmehr ist es die Kombination vieler Faktoren, die zusammen eine günstige oder weniger günstige kindliche Entwicklung wahrscheinlich machen. Und da alle Erfahrung zunächst soziale Beziehungserfahrung ist, sind die Konsequenzen dieser Erfahrungen auch von diesen vielfältigen Beziehungsmustern abhängig.

2. Kompetentes elterliches Verhalten zeichnet sich durch die Akzeptanz der kindlichen Autonomie aus.

Unsere Bevorzugung einfacher Antworten hat auch damit zu tun, dass wir in einfachen Gegensätzen denken: So neigen wir dazu, Eltern als „gut" oder „schlecht" zu bezeichnen, obwohl wir kaum konkret sagen können, was sie unterscheidet.
Im Grunde zeichnet sich angemessenes elterliches Verhalten vor allem darin aus, sich in das Kind einfühlen zu können und die Reaktionen darauf abzustimmen.

Dafür weniger sensible Eltern sehen die Eigenständigkeit des Kindes kaum. Vielmehr wird die Wahrnehmung der kindlichen Signale eher von den eigenen Bedürfnissen verzerrt und dementsprechend falsch interpretiert, Reaktionen erfolgen verspätet und sind oft nicht auf das tatsächliche kindliche Verhalten bezogen.

Trotzdem ist es nicht angebracht, mit diesen relativ gut beobachtbaren elterlichen Verhaltensmerkmalen eine globale Bewertung vorzunehmen, in der situative und lebensgeschichtliche Unterschiede nicht berücksichtigt werden:

– Erstgebärende Mütter sind beispielsweise in der Regel unsicherer im Umgang mit ihrem Säugling als erfahrene Mütter;

– viele Väter kommen besser mit ihren Kindern zurecht, wenn diese aus dem Krabbelalter hinaus sind und sie „mehr mit ihnen anfangen" (z.B. mit ihnen herumtoben) können;

– ältere Mütter, die ihr erstes Kind sehr spät bekommen, stellen in einer Mischung aus Perfektionismus und einer Art „Torschlusspanik" oft so hohe Ansprüche an sich und an das Kind, dass sie sich selbst ihre Spontaneität im Umgang mit dem Kind nehmen.

Die elterliche Feinfühligkeit lässt sich also nicht als Persönlichkeitseigenschaft definieren, sondern bezeichnet eher die *augenblickliche* Beziehung einer bestimmten Mutter oder eines bestimmten Vaters zu einem ganz bestimmten, unverwechselbaren Kind. Damit kommen wir zur nächsten These.

3. Die kindliche Entwicklung hängt auch von den individuellen kindlichen Eigenschaften ab.

Die Entwicklung des Kindes wird sowohl von der elterlichen als auch von der kindlichen Individualität beeinflusst: Ob ein Kind beispielsweise eher aktiv oder passiv, eher leicht irritierbar ist oder nicht, jede Ausprägung des kindlichen Temperaments kann prinzipiell auf eine ebenso breite Palette elterlicher Verhaltensneigungen treffen, die zu den kindlichen Eigenschaften mehr oder weniger „passen", d.h. zu befriedigenden Umgangsformen zwischen Eltern und Kind führen können.

Deshalb ist auch die Faustregel „Treffen Sie die Mutter dieses Kindes und Sie verstehen sein Problem" falsch, da sie nicht berücksichtigt, dass das eventuelle „Problem" aus dem Zusammentreffen mütterlicher *und* kindlicher Verhaltensweisen resultiert.

4. Nicht mit wem, sondern was und wie ein Kind etwas macht, ist wichtig.

Wie bereits in der ersten These ausgeführt, vollzieht sich die psychische Entwicklung des Kindes im sozialen Umgang und durch den Umgang mit seinen Bezugspersonen. Obwohl es für manche Ohren inzwischen banal klingen mag, wurde diese entwicklungslenkende Qualität der sozialen Beziehungen lange Zeit nicht erkannt. „Gutes" Elternverhalten lässt sich beispielsweise nicht an der mit dem Kind verbrachten Stundenzahl erkennen, sondern an den Aktivitäten in dieser Zeit: Ein Vater, der die gemeinsame Zeit mit seinem Kind vor dem Fernseher verbringt, ohne sich um das Kind zu kümmern, lässt sich nicht ohne weiteres mit einem anderen Vater vergleichen, der einen viel geringeren Teil seiner Freizeit intensiv und gerne mit seinem Kind verbringt.

Da es also weder auf die Anzahl noch auf die Dauer (Quantität), sondern vielmehr auf den Inhalt und die Art und Weise (Qualität) der Interaktionen in der Familie ankommt, braucht auch die Abweichung der sozialen Umwelt des Kindes von der westlichen Familienform, d.h. der „vollständigen" Kernfamilie, für die kindliche Entwicklung nicht *prinzipiell* als problematisch angesehen zu werden.

5. Der familiäre Alltag ist ausschlaggebend für die kindliche Entwicklung.

Entgegen dem populärwissenschaftlichen Glauben von den seltenen, aber einschneidenden negativen *(„traumatischen")* Ereignissen in der Kindheit, die für psychische Auf-

fälligkeiten verantwortlich gemacht werden, ist vielmehr davon auszugehen, dass eher die alltäglichen, „normalen“ Widrigkeiten in ihrer Summe wirksam sind. Negativ wirken sich vor allem *dauerhafte* familiäre Konflikte auf die psychosoziale Entwicklung aus:

– So hat die Scheidungsforschung nachgewiesen, dass oft nicht das Ereignis der Scheidung als solches zu Verhaltensauffälligkeiten bei Scheidungskindern führt, sondern die – oft über Jahre hinweg – feindselige, konfliktbeladene familiäre Situation, die diesem einschneidenden Ereignis voranging.

– Umgekehrt kommen Kinder, die beispielsweise ihre Eltern bzw. ein Elternteil durch Unfall verlieren, um so besser mit diesem gravierenden Verlust zurecht, je ausreichender sie von ihrer Umgebung (Verwandte, Freunde) unterstützt werden.

Diese Befunde sollten jedoch nicht als Verharmlosung negativer Ereignisse missverstanden werden! Vielmehr sind die Auswirkungen solcher traumatischen Erlebnisse auf das Kind nicht situationsunabhängig vorherzusagen, da sie zum einen von den Vorerfahrungen des Kindes *vor* als auch von dem Ausmaß der sozialen Unterstützung *nach* dem Ereignis abhängen. Aber auch die positiven, entwicklungsfördernden Bedingungen sind eher unspektakulär und alltäglich:

Die Entwicklung des sogenannten „Urvertrauens“ beispielsweise, als die Erfahrung des Kindes, ob es sich auf seine Mutter/seinen Vater verlassen kann, hängt weniger davon ab, ob sich die Eltern dieser kindlichen Erwartungshaltung bewusst sind, sondern vollzieht sich eher im tagtäglichen, mehr oder weniger „intuitiven“ Umgang mit dem Kind.

6. Eventuelle negative Einflüsse früher Erfahrungen sind nicht unumkehrbar.

Eine andere populäre Annahme ist, dass der Einfluss der Umwelt auf jüngere Kinder so groß ist, dass negative oder fehlende Erfahrungen in dieser Zeit kaum mehr korrigiert werden können. Diese Annahme des „Was Hänschen nicht lernt, lernt Hans nimmermehr“ ist in dieser extremen Formulierung nicht nur empirisch falsch, sondern vor allem wissenschaftsmoralisch auch gefährlich:

Zum einen könnte dadurch nahe gelegt werden, dass

– Kindern mit solch negativen Früherfahrungen und Entbehrungen sowieso nicht zu helfen wäre, da der Zug sozusagen schon abgefahren sei, und zum anderen, dass

– ältere Kinder gegenüber negativen Einflüssen der Umwelt resistent wären, da sie aus dem „kritischen“ frühen Alter schon heraus seien.

Zahlreiche eindrucksvolle Studien – beispielsweise von den Zwillingen, die, obwohl sie den Großteil ihrer ersten sechs Lebensjahre in fast völliger Isolation verbringen mussten, nach intensiver Fürsorge ihre immensen Entwicklungsrückstände in erstaunlich kurzer Zeit aufholen konnten – widerlegen zwar nicht die besondere Bedeutung, die der frühen Kindheit für die psychische Entwicklung zugewiesen wird, weisen aber darauf hin, dass die menschliche Flexibilität und Fähigkeit zur Bewältigung widriger Erfahrungen bisher stark unterschätzt worden ist. [...]

(Athanasios Chasiotis [Dipl.-Psychologe, wiss. Angestellter an der Universität Osnabrück], in: Welt des Kindes, Heft 4, Juli/August 1992, 70. Jg.; Zeitschrift für Kleinkindpädagogik und außerschulische Erziehung, hg. vom Verband kathol. Tageseinrichtungen für Kinder – Bundesverband e. V., S. 6–10)

1. Fassen Sie zusammen, welche Faktoren laut Chasiotis die menschliche Entwicklung maßgeblich beeinflussen.
2. Diskutieren Sie, wann man Ihrer Ansicht nach von einer „guten“ Entwicklung sprechen kann.
3. Welche Ratschläge würden Sie dem Ehepaar aus dem Text von Saint-Exupéry geben, damit „das Kind Mozart“ nicht „wie alle anderen vom Hammer zerbeult“ wird?
   Können Sie dies in einem Rollenspiel darstellen?

Definitionsvorschläge des Begriffs „Entwicklung“

„Entwicklung ist definiert durch geordnete und relativ anhaltende zeitliche Veränderungen der physischen und neurologischen Strukturen, Denkprozesse und Verhaltensweisen. In den ersten zwanzig Lebensjahren führen diese Veränderungen normalerweise zu neuen, verbesserten Reaktionen, das heißt, zu gesünderem, besser strukturiertem, komplexerem, stabilerem, kompetenterem und effektiverem Verhalten. Als Beispiele der Entwicklung gelten die Fortschritte vom Krabbeln zum Laufen, vom Lallen zum Sprechen, vom konkreten zum abstrakten Denken. Wir sind in all diesen Fällen der Auffassung, dass die spätere Stufe ihrer Funktion nach angemessener ist als die vorangegangene.“

(Paul Henry Mussen/John Janeway Conger/Jerome Kagan/Aletha Carol Huston, Lehrbuch der Kinderpsychologie, Bd 1, übersetzt von Irmgard Hölscher, Klett-Cotta, Stuttgart 1993, S. 4)

Leo Montada dagegen definiert Entwicklung als „Veränderungen, die sinnvollerweise auf die Zeitdimension Lebensalter bezogen werden können.“

(Rolf Oerter/Leo Montada, Entwicklungspsychologie – ein Lehrbuch, Psychologie Verlags Union, München/Weinheim 1987, S. 6)

1. Vergleichen Sie diese Definitionen mit Ihren eigenen Erkenntnissen, die Sie aus der Auseinandersetzung mit Ihrer eigenen Entwicklung und der der Zeichnung gewonnen haben.
2. Welche Gründe könnten Leo Montada dazu veranlasst haben, den Entwicklungsbegriff dergestalt aufzufassen?

Entwicklung als Sozialisation

a) Sozialisation

Im heute allgemein vorherrschenden Verständnis wird mit Sozialisation der Prozess der Entstehung und Entwicklung der menschlichen Persönlichkeit in Abhängigkeit von und in Auseinandersetzung mit den sozialen und den dinglich-materiellen Lebensbedingungen verstanden, die zu einem bestimmten Zeitpunkt der historischen Entwicklung einer Gesellschaft existieren. Sozialisation bezeichnet den Prozess, in dessen Verlauf sich der mit einer biologischen Ausstattung versehene menschliche Organismus zu einer sozial handlungsfähigen Persönlichkeit bildet, die sich über den Lebenslauf hinweg in Auseinandersetzung mit den Lebensbedingungen weiterentwickelt.

b) Persönlichkeitsentwicklung

Als Definitionsbestandteil von „Sozialisation“ wird hier der Begriff „Persönlichkeit“ verwendet. Mit Persönlichkeit wird das einem Menschen spezifische organisierte Gefüge von Merkmalen, Eigenschaften und Handlungskompetenzen bezeichnet, das sich auf der Grundlage der biologischen Ausstattung als Ergebnis der Bewältigung von Lebensaufgaben jeweils lebensgeschichtlich ergibt. Als Persönlichkeitsentwicklung lässt sich die überdauernde und langfristige Veränderung wesentlicher Elemente dieses Gefüges im historischen Zeitverlauf und im Verlauf des Lebens bezeichnen.

c) Erziehung

Vom Begriff der Sozialisation wird in der heute vorherrschenden Verwendung der Begriff Erziehung deutlich abgesetzt. Erziehung ist ein begriffslogisch dem Begriff Sozialisation untergeordneter Begriff, der die Handlungen und Maßnahmen bezeichnet, durch die Menschen versuchen, auf die Persönlichkeitsentwicklung anderer Menschen Einfluss zu nehmen, um sie nach bestimmten Wertmaßstäben zu fördern. Erziehung bezeichnet nur einen Teil derjenigen gesellschaftlich vermittelten Einflüsse auf die Per-

sönlichkeitsentwicklung, die unter den Begriff Sozialisation fallen, nämlich die bewussten und geplanten Einflussnahmen.

(Klaus Hurrelmann, Einführung in die Sozialisationstheorie. Über den Zusammenhang von Sozialstruktur und Persönlichkeit, Beltz, Weinheim/Basel 1993, S. 15)

1. Welches Entwicklungsverständnis liegt den oben genannten theoretischen Annahmen zugrunde?
2. Welche entwicklungsbeeinflussenden Faktoren fallen unter den Begriff der Sozialisation? Versuchen Sie dies grafisch darzustellen.
3. Stellen Sie Vermutungen darüber an, welche Fragestellungen die Sozialisationsforschung interessieren könnten.

Wie wird Entwicklung erklärt?

Endogene, exogene und autogene Faktoren von Entwicklung

Zur Erklärung der Veränderungen, die mit dem Begriff Entwicklung beschrieben werden, sind in der Entwicklungspsychologie viele Begriffe eingeführt worden, wie zum Beispiel Reifung, Wachstum, Prägung, Lernen, Erziehung, Unterricht, Entfaltung, Selbststeuerung.

Diese Entwicklungskräfte lassen sich auf drei Faktorengruppen reduzieren: endogene (innere, anlagemäßige, angeborene), exogene (äußere, wie physikalische und soziokulturelle) und autogene (selbststeuernde) Faktoren.

Vermuteter Anteil endogener, exogener und autogener Faktoren an der psychophysischen Entwicklung

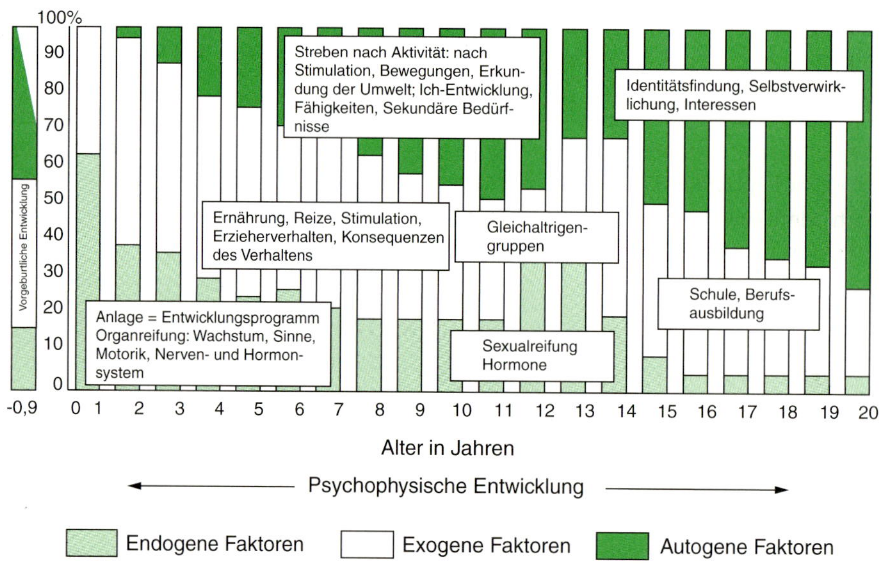

(Quelle: Walter J. Schraml, Einführung in die Entwicklungspsychologie für Pädagogen und Sozialpädagogen, Klett-Cotta, Stuttgart 1972, 8. Aufl. 1992)

Anmerkung: Die Abbildung erhebt keinen Anspruch auf eine quantitative Exaktheit; sie soll nur verdeutlichen, dass an der Entwicklung von Funktionsvoraussetzungen und einzelner Verhaltensweisen alle drei Faktorengruppen – in mehr oder minder starkem Ausmaß – beteiligt sind (= Wechselwirkung). (F. Novak u.a., Psychologie 2, München 1977, S. 33)

1. Versuchen Sie die in den Texten genannten Einflussfaktoren auf die Entwicklung an Ihrer eigenen Entwicklung nachzuvollziehen. Nehmen Sie dazu Ihre Aufzeichnungen zu Ihrer eigenen Entwicklung zu Hilfe.
2. Zeigen Sie mögliche Konsequenzen auf, die das jeweilige einseitige Verständnis von Entwicklung als Reifung und Prägung haben könnte.

Wie werden Entwicklung und Sozialisation wissenschaftlich untersucht?

Erziehungsfragen

„Meine beiden Kinder sind völlig verschieden. Das eine ist sehr ruhig und interessiert sich für Mathematik, das andere ist redselig und schreibt gerne Gedichte. Wie ist es möglich, dass dieselben Eltern so verschiedene Verhaltensmerkmale vererben?“
„Ich möchte nächstes Jahr ein Kind bekommen. Soll ich jetzt mit dem Rauchen aufhören? Ist Alkohol während der Schwangerschaft gefährlich? Ist es wirklich wichtig, bei der Geburt auf Schmerzmittel zu verzichten?“
„Stimmt es eigentlich, dass Neugeborene nicht gut sehen und hören können?“
„Soll ich meinen Säugling in eine Tagesstätte geben? Entwickelt er dann eine stärkere Bindung an die Erzieher als an mich? Worauf muss ich bei der Auswahl einer Tagesstätte achten?“ […]
„Meine Frau und ich lassen uns scheiden. Welche Auswirkungen kann das für unsere Kinder haben? Was können wir tun, um den Schaden möglichst gering zu halten?“
„Meine Nachbarn haben gerade ihren Fernseher abgegeben und sagen, das hätte ihren Kindern sehr gut getan. Ist es besser für Kinder, wenn sie nicht fernsehen?“ […]

(Paul Henry Mussen u.a., Lehrbuch der Kinderpsychologie, Bd. 1, übers. von Irmgard Hölscher, Klett-Cotta, Stuttgart 1993, S. 3f.)

1. Welche Fragen würden Sie dem vorgestellten Fragenkatalog hinzufügen?
2. Welches Interesse verbindet sich mit derartigen Fragen?
3. Welches Wissen ist vonnöten um solche Fragen sachkompetent beantworten zu können?

Was versteht man unter Entwicklungspsychologie?

Entwicklungspsychologie ist gleichzeitig eine reine und eine angewandte Wissenschaft. Sie untersucht, wie und warum sich Wahrnehmungen, Denkprozesse, psychische Reaktionen und soziale Verhaltensmuster beim Kind entwickeln. Sie liefert auch wichtige Grundlagen für die Elternberatung, Erarbeitung pädagogischer Konzepte, Entwicklung und Durchsetzung von politischen Programmen, Gesetzgebung und Behandlung von Problemverhalten bei Kindern. […]
Ein Ziel der Entwicklungspsychologie ist die Erforschung *universeller* Veränderungen, das heißt Veränderungen, die bei allen Kindern, unabhängig von der Kultur, in der sie aufwachsen, und von ihren Erfahrungen gleich sind. […]
Die Entwicklungspsychologie beschreibt solche Veränderungen zunächst und versucht dann, sie zu erklären, das heißt, sie will begreifen, welche biologischen Faktoren und

welche Erfahrungen sie beeinflussen. Mithilfe des so gewonnenen Wissens kann man dann zum Beispiel sagen, welches Verhalten in einem bestimmten Alter normal oder natürlich ist und ob elterliche Erziehungsmethoden in verschiedenen Altersstufen unterschiedliche Auswirkungen haben.

Ein zweites Ziel der Entwicklungsforschung besteht darin, *individuelle Unterschiede* zu erklären. Manche Säuglinge reagieren mit lautem Gebrüll, wenn die Mutter den Raum verlässt, andere spielen zufrieden weiter. Manche Kinder begreifen mathematische Regeln sehr schnell, andere haben damit Schwierigkeiten. Das Wissen über individuelle Unterschiede kann zum Beispiel klären helfen, welche möglichen Auswirkungen staatliche Förderprogramme im Bereich schulischer Erziehung haben und welche Eigenschaften von Kindern bei der Entscheidung über Schulbesuch, Sorgerecht oder Heimeinweisungen berücksichtigt werden müssen.

Drittens will die Entwicklungsforschung begreifen, wie der *Kontext* oder die Bedingungen in der Umwelt das Verhalten von Kindern beeinflussen. Ein Mädchen, das zu Hause freundlich und offen auf Erwachsene zugeht, kann sich in der Schule Erwachsenen gegenüber ausgesprochen schüchtern verhalten. In Schulen, in denen Marihuana unter den Schülern sehr verbreitet ist, greifen Jugendliche eher dazu als in Schulen, in denen der Gebrauch dieser Droge in der Gleichaltrigen-Gruppe nicht üblich ist.

Der Kontext umfasst nicht nur die unmittelbare Situation, sondern auch Merkmale des größeren Umfelds: Familie, Nachbarschaft, kulturelle und sozioökonomische Gruppe. Dieses Umfeld wird auch als *Ökologie* des kindlichen Verhaltens bezeichnet und wirkt sich auf die Entwicklung aus, weil es die Voraussetzungen für bestimmte Verhaltensweisen schafft und das Verhalten der Eltern beeinflusst. [...]

Alle drei Aspekte der kindlichen Entwicklung (universelle Muster, individuelle Unterschiede und Kontexteinfluss) sind für ein wirkliches Verständnis der Entwicklung gleichermaßen notwendig. Welches Gewicht ihnen jeweils zugemessen wird, hängt von der theoretischen Orientierung der Psychologen und der Art der untersuchten Fragestellungen ab.

(Paul H. Mussen u.a., Lehrbuch der Kinderpsychologie, Bd. 1, übers. von Irmgard Hölscher, Klett-Cotta, Stuttgart 1993, S. 3–6)

Aus den Zielen der wissenschaftlichen Erforschung von Entwicklung ergeben sich zugleich pädagogische Aufgaben bzw. Konsequenzen. Zeigen Sie auf (möglichst in Verbindung mit Beispielen), welche konkreten Zusammenhänge zwischen der Entwicklungspsychologie und der Pädagogik bestehen.

Methoden der Entwicklungs- und Sozialisationsforschung

Es gibt viele Menschen, die Tag für Tag Kinder beobachten. Eltern und Lehrer wissen aus diesen häufigen Kontakten viel über Kinder. Worin unterscheidet sich ihre Beobachtung von der der Wissenschaftler? Was ist für die wissenschaftliche Beobachtung des kindlichen Verhaltens nötig?

Den hier beschriebenen Methoden ist eins gemeinsam: die Notwendigkeit einer *kontrollierten, systematischen* Beobachtung des Verhaltens. Bei manchen Untersuchungen wird das Verhalten in realen Umgebungen beobachtet, zum Beispiel im Elternhaus oder in der Schule. Bei anderen werden spezifische Aufgaben entwickelt oder Situationen geschaffen, oft in Laboratorien, damit die Reaktionen verschiedener Kinder in vergleichbaren Umständen untersucht werden können. Bei manchen Untersuchungen werden Kinder interviewt, bei anderen getestet, wieder andere arbeiten mit speziell entwickelten Einstufungen und registrieren, wie oft jedes Kind ein entsprechendes Verhalten zeigt. Immer aber wird versucht, bei allen an der Untersuchung beteiligten Kindern dieselben Methoden zu verwenden und situationsabhängige Faktoren, die die Reaktionen der Kinder beeinflussen können, zu kontrollieren oder zu bewerten.

Objektivität ist ein weiteres grundlegendes Merkmal der wissenschaftlichen Forschung. Die Bewertungsmethoden aller Untersuchungen, unabhängig vom jeweiligen Zuschnitt, müssen so weit wie möglich frei von subjektiven Vorurteilen sein. Bei einer Untersuchung über aggressives Verhalten zum Beispiel muss vorher präzise und objektiv festgelegt werden, welches Verhalten als aggressiv gilt. [...]

Die unterschiedlichen Methoden zur Messung derselben Eigenschaft können verschiedene Resultate haben. Auf die Frage, wie aggressiv eine Gruppe von Kindern ist, kann es drei verschiedene Antworten geben, je nachdem, ob man die Lehrer um eine Bewertung bittet, Gleichaltrige fragt, welche Kinder am aggressivsten sind, oder das Verhalten der Kinder direkt beobachtet. Generell lassen sich am besten dann Schlüsse ziehen, wenn die Ergebnisse aus verschiedenen Methoden *konvergieren,* d.h. übereinstimmen.

Querschnitt- und Korrelationsuntersuchungen

[...] Veränderungen in der Entwicklung werden meist zuerst durch *Querschnittuntersuchungen* festgestellt, bei denen Kinder aus verschiedenen Altersgruppen zu einem vorher bestimmten Zeitpunkt verglichen werden. Ein Vergleich der Gruppen von Kindern im Alter von 4, 8, 12 und 16 Jahren würde zum Beispiel ergeben, dass bei jüngeren Kindern Schlagen und körperliche Aggression verbreitet sind, während ältere Kinder Aggressionen häufiger verbal und durch Beleidigungen ausdrücken.

Querschnittuntersuchungen geben Aufschluss über altersbedingte Unterschiede, aber es lässt sich damit nicht bestimmen, ob es bei einem einzelnen Kind einen Übergang von körperlicher zu verbaler Aggression gibt. [...]

Korrelationsmethoden werden angewandt, um Hypothesen darüber zu überprüfen, wie viel die einzelnen Faktoren zu individuellen Unterschieden in der Entwicklung beitragen. Bei der einfachsten Version einer solchen Untersuchung misst ein Wissenschaftler zwei Variablen in einer bestimmten Personengruppe und berechnet dann, ob es zwischen ihnen eine Korrelation gibt. Um herauszufinden, wie viele Gewaltdarstellungen eine große Stichprobe von Grundschulkindern zu Hause im Fernsehen gesehen hat, wurden die Kinder gefragt, welche Programme sie regelmäßig sehen. Ihre Aggression in der Schule wurde durch Einschätzung der Gleichaltrigen gemessen: Jedes Kind sollte die Kinder in der Klasse nennen, die am häufigsten schubsten, rangelten und stritten. [...]

Sowohl Querschnitt- als auch Korrelationsuntersuchungen werden bisweilen als *Feldforschung* bezeichnet, weil sie natürlich auftretende Bedingungen messen. Ein Vorteil dieser Methoden besteht darin, dass die Forscher die relevanten Variablen so messen, wie sie in der Realität vorkommen, ohne sie zu beeinflussen oder einzugreifen. [...]

Mit Hilfe von Korrelationsdaten lässt sich bestimmen, ob eine Beziehung zwischen Variablen wie Gewaltdarstellungen im Fernsehen und aggressivem Verhalten besteht, aber man kann aus ihnen keine Schlüsse über die *Ursachen* ziehen. [...]

Längsschnittuntersuchungen

Bei einer *Längsschnittuntersuchung* werden dieselben Kinder in regelmäßigen Abständen über einen längeren Zeitraum, zum Beispiel zehn Jahre oder mehr, beobachtet und getestet. Dieser Ansatz überwindet einige der Schwächen der Querschnitt- und Korrelationsuntersuchungen. Längsschnittuntersuchungen geben Aufschluss über zeitliche Stabilität im Verhalten. Mit ihrer Hilfe lässt sich auch feststellen, ob die in Querschnittuntersuchungen festgestellten Entwicklungsübergänge (z.B. von physischer zu verbaler Aggression) auch bei einzelnen Kindern vorhanden sind.

Längsschnittuntersuchungen geben auch Aufschluss über Fragen der Verursachungsrichtung, die durch Korrelationsuntersuchungen aufgeworfen werden. In der beschriebenen Untersuchung über Gewalt im Fernsehen und Aggression zum Beispiel wurden zunächst Messungen mit Erst- und Drittklässlern durchgeführt. Zwei Jahre später, in der dritten und fünften Klasse, wurden dieselben Kinder wieder beobachtet. Kinder, die schon sehr früh häufig drastische Gewaltdarstellungen im Fernsehen gesehen hatten, waren zwei Jahre später aggressiver als die Gleichaltrigen. Aber auch die Umkehrung stimmte: Kinder, die in einem frühen Alter aggressiver waren, sahen zwei Jahre später mehr gewalttätige Fernsehsendungen. Dies heißt, dass es einen Zusammenhang gibt zwischen Gewalt im Fernsehen und Aggression, aber *auch*, dass aggressive Persönlichkeitsmerkmale bei der Vorliebe für Gewalt im Fernsehen eine Rolle spielen. [...]

Kulturvergleichende Untersuchungen

Es ist sehr verlockend, Entwicklungslinien zu verallgemeinern, die sich aus der Untersuchung von Kindern mit einem gemeinsamen kulturellen Hintergrund, zum Beispiel aus der amerikanischen Mittelschicht, ergeben haben. Ein wirksames Gegenmittel für solche vorschnellen Verallgemeinerungen sind vergleichende Untersuchungen aus anderen Kulturkreisen. [...]

Artenübergreifende Studien

Manche Fragen aus der Entwicklungspsychologie werden nicht an Menschen, sondern an Tieren untersucht, weil Tiere in sehr stark kontrollierten Umwelten aufgezogen werden können. So hat Harry Harlow in seiner klassischen Untersuchungsreihe mit Affen den frühen Entzug mütterlicher Versorgung untersucht. Er hat neugeborene Affen isoliert oder mit künstlichen Müttern verschiedenster Art aufgezogen und dann die Auswirkungen auf das spätere Verhalten gemessen (Harlow & Suomi, 1970). Kindern kann man die Mütter nicht entziehen, man kann sie auch nicht wie Affen zur lebenslangen Beobachtung im Labor halten.
Auch wenn bei der Übertragung von Erkenntnissen aus der Tierforschung auf den Menschen sehr viel Vorsicht angebracht ist, liefern artenübergreifende Untersuchungen wertvolle Informationen über Entwicklungsprozesse, die denen beim Menschen vergleichbar sind. [...]

(Paul H. Mussen u.a., Lehrbuch der Kinderpsychologie, Bd. 1, übers. von Irmgard Hölscher, Klett-Cotta, Stuttgart 1993, S. 15–19)

1. Eine weitere wesentliche Methode in der Entwicklungs- und Sozialisationsforschung ist das Experiment. Lesen Sie dazu die Hinweise zur Methode „Das Experiment in der Erziehungswissenschaft" auf Seite 246ff. in Band 1.
2. Diskutieren Sie Stärken und Schwächen der unterschiedlichen Forschungsmethoden.
3. Welche Methode (oder welche Verbindung verschiedener Methoden) würde sich eignen um die Frage zu klären, wie sich die Berufstätigkeit von Müttern auf die Entwicklung und Sozialisation der Kinder auswirkt? Welche Untersuchungsprobleme müssten einkalkuliert und berücksichtigt werden?
4. a) Suchen Sie sich in kleinen Gruppen eine Situation aus, in der Sie Kinder beobachten können. Protokollieren Sie Ihre Beobachtungen.
   b) Welche Schwierigkeiten stellen sich bei der Beobachtung und Niederschrift ein?
   c) Für wen können solche Beobachtungen von Interesse und welches Ziel könnte damit verbunden sein?

BLICK-RICHTUNG:

Der Band 2 von Phoenix ist in vier Themenkreise (2.1 bis 3.2) aufgeteilt, die auch den Kurshalbjahren der gymnasialen Oberstufe 12/1 bis 13/2 entsprechen könnten.
Am Ende eines jeden Einführungsteils zu einem Themenkreis finden Sie einen Abschnitt **BLICK-RICHTUNG**, der Ihnen die Möglichkeit geben soll, eine Orientierung auf den Wahlteil mit seinen unterschiedlichen Waben vorzunehmen.
Im Anschluss an diese Seiten finden Sie die methodische Anregung für dieses Kurshalbjahr; bereits im Band 1 haben Sie die ‚Fächerübergreifenden Perspektiven: Biologie/EW' kennen gelernt; diese werden in 3.1 für das Fach Geschichte fortgesetzt. Hier im Themenkreis 2.1 werden Sie die Facharbeit als eine Möglichkeit zur Entwicklung eigenständiger Lernwege kennen lernen.
Die Reflexionen bzw. Perspektiven schließen einen jeweiligen Themenkreis ab bzw. ermöglichen einen Ausblick auf die weiteren Themenkreise dieses Buches.
Natürlich wird es aus Zeitgründen nicht möglich sein, mit dem gesamten Kurs alle Waben zu bearbeiten; so haben Sie aber die Möglichkeit, aus einem Angebot auszuwählen.
Da Sie einige Waben auch arbeitsteilig oder als Facharbeit bearbeiten können, finden Sie in jedem Fall genügend Materialien vor um Ihren Interessen selbstständig bzw. mit Unterstützung Ihrer Mitschüler/Mitschülerinnen oder des Lehrers/der Lehrerin nachzugehen. Diesen Aspekt haben wir im Vorwort mit dem Begriff ‚Individualisierung von Lernwegen' bereits angesprochen.
Welche der folgenden Waben Sie zur Bearbeitung im Kurs wählen, hängt u.a. von folgenden Überlegungen ab:
Die ersten beiden Waben beschäftigen sich mit zwei grundlegenden Entwicklungsmodellen, die in zahlreiche pädagogische und psychologische Arbeitsfelder Eingang gefunden haben, und zwar mit dem psychoanalytischen Modell nach Sigmund Freud in der Wabe 2 und mit dem neopiagetschen Modell der sozialen Entwicklung nach Robert Kegan wie dem Modell der moralischen Entwicklung nach Lawrence Kohlberg in der Wabe 1. Da es sich bei diesen Modellen um fundamentale Theorien der Entwicklungspsychologie handelt, die für pädagogische Fragestellungen wesentlich sind, ist es sinnvoll, eine dieser beiden Waben zu wählen. Die Wabe 3 beschäftigt sich mit dem Thema Sozialisation, ein Aspekt, der in der Wabe 1 des Themenkreises 2.2 unter einer spezifischen Fragestellung fortgeführt wird. Entsprechend der Leitfrage dieses Themenkreises beschäftigt sich die Wabe 4 mit dem ‚Anders-Sein' von Kindern und Jugendlichen. In der fünften Wabe wird der systemische Erklärungsansatz besonders herausgestellt, weil hier versucht wird, Antworten auf Fragen sowohl zum Individuum *als auch* nach dem sozialen Kontext zu bekommen, also nach der Einheit der Verschiedenheit von Ich und Du im ‚Wir' gesucht wird. Nach dieser Auffassung organisiert sich menschliches Verhalten in Kontexten und ist somit auch erst umfassend aus dieser Perspektive zu verstehen, woraus sich aufschlussreiche Perspektiven für die Entwicklung und pädagogische Förderung von Kindern ergeben.
Sie können Ihre Wahl auch davon abhängig machen, welche Wabe Sie später aus dem Themenkreis 2.2 behandeln möchten. Tendieren Sie beispielsweise dazu, sich mit dem Thema Drogenabhängigkeit (Wabe 4, 2.2) oder dem Thema ‚Sexueller Missbrauch' zu beschäftigen, ist es hilfreich, als Grundlage das psychoanalytische Entwicklungsmodell bearbeitet zu haben. Daran wird deutlich, dass eine vorläufige Planung für die Themenkreise 2.1 *und* 2.2 sehr sinnvoll sein kann!

Für die selbstständige Erarbeitung in Arbeitsgruppen oder im Rahmen einer Facharbeit eignet sich insbesondere die Wabe ‚Männlein und Weiblein – Sozialisation als Rollenlernen'.
Bereits im Band 1 haben wir Sie mit einem Verfahren bekannt gemacht, eine Auswahl zwischen den einzelnen Waben zu treffen für den Fall, dass Sie als gesamter Kurs eine Wabe bearbeiten wollen (vgl.: 2 Das Wabenmodell, S. 45).
An dieser Stelle wollen wir Ihnen ein weiteres Verfahren vorstellen, sodass Sie für alle anstehenden Entscheidungsprozesse über die Auswahl von Waben innerhalb eines Themenkreises zumindest zwei Verfahren zur Verfügung haben.

I. Einigung mit sich selbst

Schauen Sie sich die jeweilige Aufmacherseite und die Inhaltsübersicht der einzelnen Waben genau an.
Schreiben Sie drei Sie interessierende Waben auf jeweils eine Karteikarte.
Überlegen Sie zu jedem der drei Wabenthemen fünf Fragen, die Sie im Zusammenhang mit der Themenstellung der Wabe beantwortet haben möchten, und schreiben Sie diese auch auf die jeweilige Karteikarte. Sollten Sie zu einer Wabe keine fünf Fragen formulieren können, so suchen Sie sich eine andere Wabe aus. Suchen Sie Mitschüler/Mitschülerinnen, die sich auch für Ihre Auswahl entschieden haben, und tauschen Sie Ihre jeweiligen Fragen an das je einzelne Wabenthema aus. Vervollständigen Sie Ihre Fragen gegebenenfalls um weitere, die auch Sie interessieren würden.
Schauen Sie noch einmal ins Inhaltsverzeichnis der Waben und überprüfen Sie, ob Ihre Fragen/Erwartungen wohl erfüllt werden könnten. Dazu können Sie auch Ihren Lehrer / Ihre Lehrerin noch einmal fragen. Ansonsten sollten Sie diese Fragen einklammern.
Entscheiden Sie sich jetzt für eine Wunschrangfolge Ihrer drei Waben. Die Karteikarte mit dem Erstwunsch wird auffällig rot markiert, die mit dem Zweitwunsch gelb und die letzte grün (Filzstift, Klebepunkte,...).

II. Einigung mit den anderen

Auf jeweils einem DIN A4-Blatt wird vom Lehrer / der Lehrerin je ein Wabenthema aufgeschrieben (bzw. die Aufmacherseite kopiert); in einem größeren Abstand voneinander werden diese Blätter an eine Wand gehängt.
Die Schülerinnen und Schüler hängen ihre markierten Karteikarten *passend* unter die jeweiligen Wabenthemen, sodass bei jeder Wabe durch die Farbmarkierung sofort erkennbar ist, wie oft sie als Erst-, Zweit- bzw. Drittwunsch angegeben wurde.

Diskutieren Sie nun gemeinsam, wie Sie zu einer Entscheidung kommen wollen:

- Auszählung der Erstwünsche
- Diskussion und Abstimmung, wobei jeder/jede eine/zwei/... Stimmen hat

Zusätzlich können Sie überlegen, ob Ihre Interessen durch das Anlegen eigener Benutzerpfade in Form von Einzelarbeit / Partnerarbeit / Gruppenarbeit gewährleistet werden können.
Die Karten sollten Sie als Orientierung für Ihre weitere Arbeit gut aufbewahren. Klären Sie am Ende der Arbeitsphase, welche Fragen in welchem Umfang beantwortet werden konnten.
Halten Sie auch fest, ob sich neue Fragen oder Schwerpunktverlagerungen ergeben haben.

Wir möchten Ihnen an dieser Stelle noch eine Anregung mitgeben:
Legen Sie im Laufe der nächsten Jahre für Ihren Kurs ein Pädagogiklexikon an, indem Sie alle wichtigen Stichworte erfassen und Erläuterungen dazu aufschreiben. Dadurch haben Sie auch am Ende Ihres Benutzerpfades durch das ganze Buch eine Möglichkeit der Wiederholung vorbereitet.
Schreiben Sie diese Stichworte auf Karteikarten, sodass Sie diese untereinander austauschen und ein für Ihren Kurs optimales gemeinsames Register anlegen können.

Am Ende eines jeden Abschnittes Reflexionen finden Sie für jeden Themenkreis eine Übung, die Ihnen helfen soll, rückblickend Ihren eigenen Lernweg zu reflektieren und beantwortete wie offen gebliebene Fragen herauszufinden – entsprechend heißt dieser kurze Abschnitt: **RÜCK·BLICK**.
Hier können Sie darüber nachdenken, was und wie Sie bisher gelernt haben, ob es quantitative und qualitative Lernfortschritte gibt, die sowohl das fachliche Wissen, Ihre Argumentationsfähigkeit, Ihr Einfühlungsvermögen, Ihr Problembewusstsein, Ihre persönliche Weiterentwicklung ... betreffen.
Jeder Themenkreis hat eine **Leitfrage**; je nach Bearbeitung der Waben können Sie diese aus unterschiedlichen Perspektiven beantworten. Ein Austausch im Kurs am Ende eines Halbjahres über mögliche Antworten und weiterführende Fragen kann Sie bei der Findung eines eigenen Standpunktes unterstützen, eine wichtige Voraussetzung für verantwortliches und reflektiertes pädagogisches Handeln.

Methodische Anregung — Die Facharbeit

Im Unterschied zum mündlichen Referat ist die pädagogische Facharbeit eine schriftliche Ausarbeitung, deren Erarbeitung sich über einen längeren Zeitraum erstreckt.

1. Funktion der pädagogischen Facharbeit

Die pädagogische Facharbeit hat zum einen eine wissenschaftspropädeutische Funktion. Als Vorbereitung auf ein Hochschulstudium im erziehungswissenschaftlichen Bereich soll sie die Selbstständigkeit und Selbsttätigkeit, die Kompetenz, pädagogische Sachverhalte schriftlich zu reflektieren, und die vertiefte inhaltliche Durchdringung eines selbst gewählten Schwerpunktes fördern.
Sie dient aber auch der Individualisierung von Lernwegen und kann, z.B. bei einem aus sehr persönlichen Motiven gewählten Thema, einen wichtigen Beitrag zur Persönlichkeitsentwicklung leisten.
Bei einem sehr erziehungspraktisch ausgerichteten Thema kann sie auch eine berufsorientierende Funktion haben.

2. Die Wahl des Themas

Entsprechend der verschiedenen Funktionen kann es sehr unterschiedliche Themenschwerpunkte der pädagogischen Facharbeit geben:

- *Schwerpunktmäßig biografisch orientierte Themen*
  Wir versuchen in diesem Schulbuch immer wieder, sehr individuelle, persönliche Zugänge zu Themenbereichen zu eröffnen. Daraus kann sich bei einer Schülerin/einem Schüler der Wunsch ergeben, einer sehr persönlichen Frage nachzugehen. Hier bietet sich die Facharbeit an, weil sie zunächst an die Lehrerin/den Lehrer als Adressaten gerichtet ist und nicht an die Kursöffentlichkeit. Die Facharbeit dient hier der Aufarbeitung und trägt so zur analytischen Distanzierung bei, da die Facharbeit der wissenschaftspropädeutischen Fundierung dient. Das persönliche

Thema kann aber zu anderen formalen Gestaltungsaspekten führen und die strenge Form der Facharbeit durch Elemente wie Zeichnungen, Fotografien, Gedichte, Tagebuchauszüge o.Ä. ansatzweise auflösen. Wie weit dies gehen kann, ist stark von dem individuellen Verhältnis zur Lehrerin/zum Lehrer abhängig.

- *Schwerpunktmäßig praktisch-pädagogische Themen*
  Probleme der pädagogischen Praxis, die nicht mit dem gesamten Kurs bearbeitet werden konnten, können zu Themen von pädagogischen Facharbeiten werden. Die Nähe zur pädagogischen Praxis ist charakteristisch für diesen Typus der Facharbeit. Dementsprechend gestaltet sich die Informationsbeschaffung hier anders als bei den anderen Typen. Das Aufsuchen pädagogischer Praxis, die Dokumentation pädagogischer Arbeit und die theoretische Reflexion und Fundierung praktischer pädagogischer Probleme müssen hier im Vordergrund stehen.
- *Schwerpunktmäßig theoriebezogene Themen*
  Wir gehen davon aus, dass die Kurse immer eine Auswahl aus den zur Verfügung stehenden Waben treffen. Daher ist es gut möglich, dass einzelne Schülerinnen und Schüler eine Facharbeit zu einem nicht vom Kurs gewählten theoretischen Schwerpunkt schreiben und sich so z.B. den lerntheoretischen Ansatz von Bandura zum Lernen am Modell mithilfe des Buches selbstständig aneignen und dies in einer Facharbeit darlegen. Aber auch hier sollte der Bogen zur pädagogischen Anwendung wissenschaftlicher Theorien geschlagen werden, was mithilfe des Buches auch möglich ist.

Bei der Formulierung des Themas ist es hilfreich, eine klare zugespitzte Problemfrage als plakativen Obertitel und eine eher wissenschaftsorientierte Formulierung als Untertitel zu nehmen. Dies schafft sowohl für die Autorin/den Autor wie auch die Adressatin/den Adressaten die nötige Klarheit.
Wichtig ist es, schon durch die Themenformulierung, aber auch an verschiedenen Stellen der Facharbeit, deutlich zu machen, worin der inhaltliche Zusammenhang zum allgemeinen Kursprogramm besteht.

3. Planungshilfen

- *Zeitplanung*
  Da die Facharbeit ein langfristig angelegtes Vorhaben darstellt, ist es besonders wichtig und auch ein gutes Training, sich über die zeitliche Planung des gesamten Vorhabens einen Überblick zu verschaffen. Für die Themenwahl, die Themenformulierung und Gliederung, für die Materialbeschaffung und die eigentliche schriftliche Ausarbeitung müssen Zeiträume kalkuliert werden. Hierbei ist es ratsam, die Arbeit zu portionieren und sich Zwischenziele und Zwischentermine zu setzen.
- *Gliederung*
  Inhaltlich kann die pädagogische Facharbeit über die Kategorien: Wahrnehmen und Beschreiben, Deuten und Erklären, Planen und Handeln sowie Beurteilen gegliedert werden. Formal bietet sich der übliche Dreischritt: Einleitung, Hauptteil, Schluss an.
- *Informationsbeschaffung*
  Abhängig von der Wahl des Themenschwerpunktes bieten sich unterschiedliche Hilfsquellen bzw. Hilfsmittel an. Trainiert werden sollte sicherlich der systematische Umgang mit wissenschaftlicher Fachliteratur, aber auch die Befragung von pädagogischen Experten, die Auswertung von Filmen u.Ä. tragen zu einer erziehungswissenschaftlich propädeutischen Arbeit bei. Die selbstständige Arbeit mit *Phoenix* als kompaktem Oberstufenband mit vielen Querverweisen und Rückgriffsmöglichkeiten ist hier sicherlich eine große Hilfe.

- *Beratung durch die Fachlehrerin/den Fachlehrer*
  Von der Wahl des Themas über die Gliederung der Facharbeit, die Informationsbeschaffung bis hin zur konkreten Schreibarbeit ist die Beratung durch die Fachlehrerin/den Fachlehrer von großer Bedeutung.

4. Formale Fragen

- *Deckblatt*
  Das Deckblatt sollte den Namen der Verfasserin/des Verfassers, der Lehrerin/des Lehrers, das Thema und die Angabe: Eine Facharbeit im Fach Pädagogik enthalten.
- *Inhaltsverzeichnis*
  Da es sich um eine umfangreichere Ausarbeitung handelt, ist es ratsam, ein Inhaltsverzeichnis anzulegen.
- *Vorwort/Einleitung*
  Ein Vorwort ist eher persönlich ausgerichtet und gibt Auskunft z.B. über die persönlichen Motive der Themenwahl oder die Bedingungen der Erarbeitung. Daher ist dies nur erforderlich, wenn man ein entsprechendes Thema gewählt hat. Die Einleitung ist eher sachlich orientiert und gibt einen Überblick über Ziel und Vorgehensweise der Facharbeit. Daher ist es grundsätzlich wichtig, eine Einleitung zu verfassen.
- *Zitate und Anmerkungen*
  Der gewissenhafte Umgang mit dem geistigen Eigentum anderer Menschen ist ein wichtiges Anliegen der pädagogischen Facharbeit. Wörtlich übernommene Passagen aus der Fachliteratur müssen daher exakt gekennzeichnet („...“) sein, Auslassungen müssen erkennbar sein [...], auch sinngemäße Übernahme muss nachgewiesen werden (vgl. Autor, Erscheinungsort und -jahr, Seite). Ein Anmerkungsapparat ist nicht immer notwendig.
- *Schlusswort*
  Eine Zusammenfassung, ein Kommentar aus eigener Perspektive, eine Einordnung in den Kurszusammenhang sowie das Aufzeigen offener Fragen schließen die Arbeit ab.
- *Literatur- und Quellenverzeichnis*
  Am Ende der Arbeit müssen dann alle benutzten Quellen und Hilfsmittel in übersichtlicher und üblicher Form dokumentiert werden: Autor, Titel, Erscheinungsort, Erscheinungsjahr.

Weitere Hinweise auf wichtige Arbeitstechniken im Zusammenhang mit der Erstellung einer Facharbeit finden Sie in:

- Meinert A. Meyer u.a. (Hrsg.), Lernbox, Friedrich Verlag, Seelze 1997
- Udo Kliebisch/Gregor Rauh, Keine Angst vor Referaten, Verlag an der Ruhr, Mülheim 1996

Die den Themenkreisen zugeordneten Leitfragen bieten einen Rahmen, in dem je nach eigenem Interesse Facharbeiten geschrieben werden können. Die Waben im Phoenix sind so aufgebaut, dass Sie eine nicht im Unterricht behandelte Wabe weitgehend selbstständig bearbeiten können.
Facharbeiten fordern die Eigenständigkeit in einem hohen Maße heraus, deshalb ist es unbedingt nötig, dass die Arbeit begleitet und betreut wird. Dazu sollte die notwendige Zeit, z.B. in Form von Fragestunden, zur Verfügung stehen. Wenn Sie an einem ähnlichen oder an gleichen Themen arbeiten, sollten Sie sich gegenseitig unterstützen.

Die nachfolgende Checkliste kann Ihnen helfen, durch gründliche Vorüberlegungen zu *Ihrem* Thema zu finden.

Checkliste/Hinweise zum Anfertigen einer Facharbeit:

Legen Sie ein Heft an. Dieses dient ausschließlich zur Anfertigung der Facharbeit. Halten Sie in diesem Heft **jeden Schritt** entsprechend der Checkliste fest, auch jeden „Umweg“ oder „Irrweg“ und die geführten Beratungsgespräche.

- Ausgangs - Punkt:
  Eine Leitfrage aus dem Buch, ein Bild (vgl. Einführungsseiten zu jeder Wabe), eine Fragestellung (vgl. z.B. die Abschnitte Projektvorschläge), ein ‚Fall‘, ein (persönliches) Erlebnis, eine Idee (vgl. z.B. die Seiten ‚Ansichten‘ oder ‘‚Ein-Spruch‘), …
  Entspannen Sie sich und lassen Sie sich Ihren Ausgangs-Punkt ‚durch Kopf und Bauch gehen‘. Schreiben Sie Gedanken und Assoziationen auf.

- Vielleicht gelingt es Ihnen auch schon, ein wenig Ordnung in Ihre Gedankengänge zu bringen.
  (Vergleichen Sie die Clustermethode bzw. den ‚Themenbaum‘ aus Phoenix Bd. 1, S. 24 bzw. S. 183 oder die Mind-Map-Methode S. 364ff.)

- Sprechen Sie mit einem Mitschüler / einer Mitschülerin über Ihre Ideen.
  Welche *weiteren* Fragen und Anregungen ergeben sich aus diesem Gespräch?

- Keine Facharbeit ohne ein Thema: **Ihr** Thema! Die Facharbeit bietet die Möglichkeit, dass Sie innerhalb eines vorgegebenen Rahmens Ihren (Forschungs-) Interessen nachgehen können.
  Formulieren Sie ein vorläufiges Thema und sprechen Sie mit mindestens drei Mitschülern/Mitschülerinnen darüber.
  Ist die Themenstellung verständlich?
  Löst die Themenstellung Interesse aus?
  Welche Inhalte und welche Fragen ergeben sich aus der Themenstellung?
  Hat die Themenstellung eine fachlich pädagogische Orientierung?
  Ist die Themenstellung eingegrenzt genug oder zu umfassend angelegt?
  Sprechen Sie mit Ihrem Lehrer/Ihrer Lehrerin über Ihre bisherigen Überlegungen.

- Erstellen Sie eine vorläufige, detaillierte Gliederung (Mind-Map, …) über den Aufbau der Facharbeit (Einleitung: … / Hauptteil: … / Schluss: …).

  Denken Sie immer an den roten Faden innerhalb der Arbeit.
  Bauen Einleitung, Hauptteil und Schluss aufeinander auf?
  Sind Bezüge hergestellt?
  Sprechen Sie mit Ihrem Lehrer/Ihrer Lehrerin und einem Mitschüler/einer Mitschülerin über diese Gliederung und machen Sie möglichst viele Stichworte, Bilder, … zu den einzelnen Gliederungspunkten.
  Was wollen Sie erreichen, wann sind Sie mit Ihrer Arbeit zufrieden?

  Haben sich Schwerpunkte verlagert, so dass eine Themenänderung notwendig ist?

- Wie bekommen Sie das nötige Wissen für Ihre Facharbeit?

- Notieren Sie in Ihrem Heft:
  Welche weiteren Informationen benötigen Sie, warum sind sie Ihnen wichtig?
  Wissen Sie möglicherweise schon selbst die Antworten?
  Bedenken Sie: Vielleicht gibt es gar nicht immer eine klare Antwort, sondern nur Fragen, die aber neue Denkrichtungen und Perspektivenwechsel ermöglichen. Dies kann genauso wichtig sein!

Wie können Sie gegebenenfalls notwendige Informationen bekommen (Buch, Internet, Lehrer/Lehrerin fragen, ...)?
Notieren Sie sich genau Ihre Quellen!

- Ausarbeitung: Jetzt können Sie noch konkreter werden und anfangen, Ihre Stichworte auszuformulieren bzw. auszudrücken (Bilder, Collagen, Gedichte, ...).
  Sie schreiben eine **Fach-Arbeit**, d.h. fachwissenschaftliche Aspekte sollen sinnvoll in Ihre Ausführungen aufgenommen werden.
- Reflexion: *Am Schluss Ihrer Facharbeit sollten Sie in jedem Fall die folgenden Fragen beantworten: Sind Sie mit Ihren Ausführungen zufrieden, haben Sie unzulässige Verallgemeinerungen vorgenommen, wurden fachwissenschaftliche Aspekte genügend berücksichtigt, ist die Thematik umfassend genug bearbeitet, ...?*
  Was würden Sie jetzt anders machen, wo ergeben sich neue Fragen, was bleibt offen ...?

Eine besondere Form der Erkundung: **Das Interview**
Die Durchführung von Interviews bietet im Rahmen von Facharbeiten eine besondere Möglichkeit, aus der passiven Rolle der Antwortenden in die der Fragenden und Forschenden zu kommen. Im Phoenix Bd.1, Wabe 2, Themenkreis 1.1, finden Sie ein Beispiel eines im Rahmen einer Facharbeit durchgeführten Interviews.
Sie sollten auf jeden Fall die folgenden Punkte beachten:

Checkliste Interview:
- Warum haben Sie die entsprechenden Interviewpartner ausgesucht?
- Wie soll das Interview aufgebaut werden (Einstieg, ..., Abschlussfrage)?
- Welche Fragen sollen auf jeden Fall gestellt werden? (Probieren Sie die Fragen bei einem Mitschüler/einer Mitschülerin aus – wie werden die Fragen verstanden?)
- Sind die Fragen verständlich, zu offen, zu eng, zu allgemein, zu komplex, zu schwer, zu offensichtlich, rhetorisch, lassen sie nur ein Wort als Antwort zu, ...?
- Was soll als Ergebnis des Interviews herauskommen?
- Denken Sie an Protokoll bzw. Tonbandmitschnitt! Informationen zur Person des Befragten aufnehmen!

Auswertende Interpretation des Interviews:
Welche neuen Erkenntnisse haben sich ergeben, an welchen Stellen könnte man auch eine andere Meinung vertreten?
Sind die Ergebnisse des Inverviews verallgemeinerbar, lassen sich Hypothesen ableiten, die fachwissenschaftlich zu belegen sind?
Gibt es Bezüge zu Informationen aus dem Unterricht/Buch (Wabenüberschriften, Register), welche weiteren Fragestellungen bieten sich an?

Eine Möglichkeit, die unterschiedlichen Facharbeiten in Ihrem Kurs auszuwerten, besteht darin, in Kleingruppen Antwort-Thesen zu den Leitfragen des jeweiligen Themenkreises zu formulieren und sich darüber auszutauschen.

Weitere Anregungen zum Thema Facharbeit finden Sie in:
- Heinz Dorlöchter, Wege eigenständigen Lernens – Die Facharbeit, in: Edwin Stiller (Hg.), Dialogische Fachdidaktik Pädagogik Band 2, Schöningh Verlag, Paderborn 1999
- Der Kleine Phoenix, Schöningh Verlag, Paderborn 1999, S. 228ff.
- Wolfgang Langer u.a., Facharbeit und besondere Lernleistung (Buch und CD-ROM), Klett Verlag, Stuttgart 1999
- Franz-Josef Bölting/Eberhard Hagemeier, Die Facharbeit – Leitfaden und Tipps für Schülerinnen und Schüler, Landesinstitut für Schule und Weiterbildung, Soest 2000

2 Das Wabenmodell

2.1 Soziale und moralische Entwicklung – Die Modelle von Robert Kegan und Lawrence Kohlberg

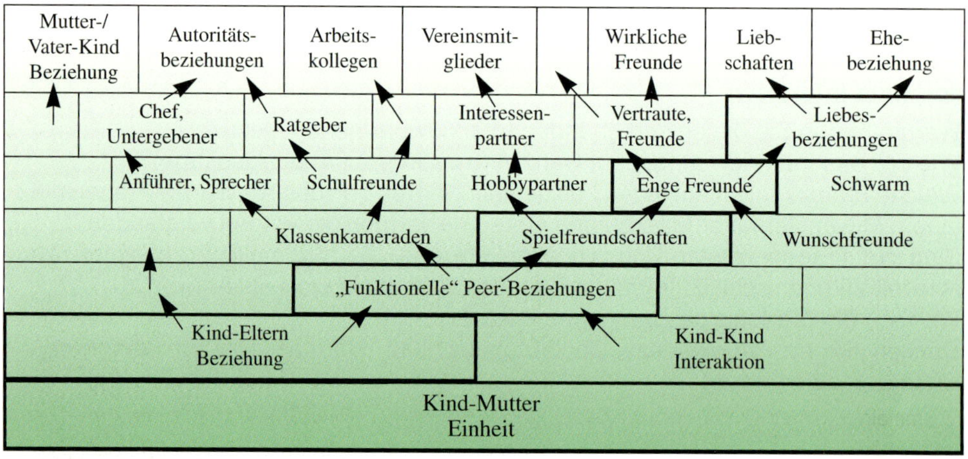

(Lothar Krappmann, Die Entwicklung sozialer Beziehungen, in: Ann Elisabeth Auhagen/Maria von Salisch [Hrsg.], Zwischenmenschliche Beziehungen, Hogrefe Verlag für Psychologie, Göttingen 1993, S. 53)

Dieses Entwicklungsmodell für soziale Beziehungen wird vom Autor folgendermaßen beschrieben: „Die Abbildung […] soll als heuristisches Hilfsmittel verstanden werden, um den Weg von der undifferenzierten Mutter-Kind-Einheit zur Beziehungsvielfalt des Erwachsenenlebens besser zu begreifen und weiter zu erforschen. Die eingetragenen Beziehungsausprägungen haben beispielhaften Charakter; leere Felder deuten an, dass weitere Aspekte integriert werden können. Auch weitere Pfeile sind noch hinzuzufügen. Insbesondere fehlen Pfeile, die die wechselseitigen Einflüsse in einer Phase anzeigen. Die Anordnung der Felder und die Pfeile sollen verdeutlichen, wie sich die Beziehungen der Heranwachsenden neben der Hauptlinie der Entwicklung, die über die stark umrahmten Felder verläuft, transformieren und differenzieren.“ (L. Krappmann, a.a.O., S. 51f.)

Zeichnen Sie Ihr persönliches Entwicklungsmodell für soziale Beziehungen, indem Sie aus der Abbildung entsprechende Felder auswählen bzw. leere Felder ausfüllen und eine Hauptrichtung kennzeichnen. An welchen Stellen können Sie sich Entwicklungsknoten vorstellen (vgl. Sie das Logo*), wie würden Sie diese bezeichnen? Folgen Sie der Anregung des Autors, indem Sie die Richtung der Pfeile ergänzen.

*Das Logo stammt aus einer Zeichnung von Michèle Lemieux, Gewitternacht, Beltz Verlag, Weinheim und Basel 1997, Programm Beltz & Gelberg, Weinheim.

Einführung

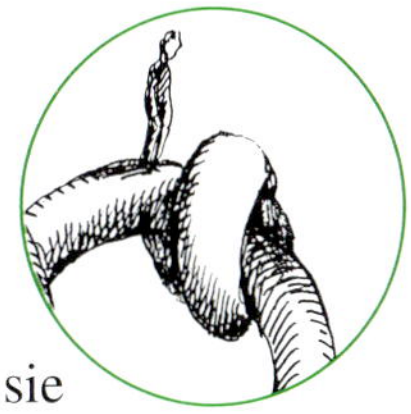

Soziale Kompetenz im Kleinkindalter

Nelli (15 Monate) sitzt mit Puppengeschirr in der Hand auf dem Teppich, sie nimmt die Kanne und ‚gießt' etwas in die Tasse, sie stellt die Kanne ab. Monika (15 Monate) kommt hinzu, setzt sich, nimmt eine Tasse und ‚trinkt', nimmt dann die Kanne und ‚gießt' ebenfalls ein. Nelli hält den Deckel der Kanne in der Hand fest und steckt zwischendurch ihren Schnuller in den Mund. Monika führt nun die Tasse an Nellis Mund. Sie nimmt den Schnuller in die Hand, damit sie ‚trinken' kann. Im Wechsel ‚gießen' die Kinder etwas in die Tasse und ‚trinken' davon. [...]
Nelli und Monika sind in ihrer Krabbelstube die Einzigen, bei denen schon symbolische Interaktionen (Als-ob-Spiel) vorkommt. Nelli und Monika waren schon miteinander befreundet, bevor sie in die Krabbelstube kamen. Deswegen kann man sagen: Kinder brauchen nicht nur Gleichaltrige, sie brauchen auch Freunde unter Gleichaltrigen, um ihr Potenzial an sozialer Kompetenz voll ausschöpfen zu können. Kleinkinder haben einander viel zu geben, was durch Erwachsene oder ältere Kinder nicht zu ersetzen ist.

(Kornelia Schneider/Wiebke Wüstenberg, Kinderfreundschaften im Krabbelalter, in: Deutsches Jugendinstitut [Hrsg.], Geschäftsführender Redakteur: Hermann Schwarzer, Was für Kinder – Aufwachsen in Deutschland. Ein Handbuch, Kösel Verlag, München 1993, S. 133)

1. Begründen Sie die zuletzt gemachte Aussage des Textes und ziehen Sie Schlussfolgerungen.
   Kontrastieren Sie die Ausführungen der Autorinnen mit dem nebenstehenden Bild.
2. Sammeln Sie in einer Pro- und Kontra-Diskussion Vor- und Nachteile einer familienergänzenden Erziehung in der Form von Krabbelstuben, Kindertagesstätten etc. ...
3. Nehmen Sie Kontakte zu Einrichtungen für Kleinkinder auf und erkunden Sie den Einfluss auf die soziale Entwicklung der Kinder. Haben Kinder eine eigene Moral?
   Vielleicht haben Sie auch die Möglichkeit, durch Hospitationen einen eigenen Eindruck zu bekommen.

„Wir haben jetzt eine Menge Einzelkinder in unserem Kindergarten!"
(Zeichnung: Markus/STERN)

4. „Was im Rückblick als Unterstützung der individuellen und sozialen Entwicklung des Subjekts verstanden wird, ist ebenso wie all das, was vorausschauend als hilfreich für diese Entwicklung eingeschätzt wird, als „Erziehung" zu bezeichnen. Zwischenmenschliche Hilfe und Förderung, Ermutigung und Unterstützung, aber auch Erfahrungen des Zutrauens und des Vertrauens sind Erfahrungsmomente eines derartigen Erziehungsbegriffs." (Aus: Johannes Gruntz-Stoll, Kinder erziehen Kinder, Sozialisationsprozesse in Kindergruppen, München 1989, S. 9ff.)
   Nehmen Sie Stellung zu der These des Autors: ‚Kinder erziehen Kinder!'

Gutes Kind – böses Kind?

Es gehört zu den größten Wünschen der Kinder, sich mit den Eltern zu identifizieren, so zu werden wie Vater und Mutter. Allerdings nur dann, wenn sie die Großen lieben und bewundern können und sich bei ihnen geborgen fühlen. In einem Klima von Vertrauen und gegenseitiger Zuneigung übernehmen die Kinder am ehesten die Wertvorstellungen der Eltern und versuchen, sich ihnen anzugleichen. Harte, strafende Eltern haben dagegen kaum eine Chance, als positive Vorbilder zu bestehen, selbst wenn sie es gut meinen. Anstelle der Werthaltungen, die sie ihnen mit ihrer Strenge aufzwingen wollen, kopieren die Sprösslinge häufig nur die Methoden und neigen selbst zur Gewaltbereitschaft.

Weil Kinder von Anfang an bemüht sind, sich zugehörig zu fühlen und den Verhaltensweisen ihrer Gruppe anzupassen, beobachten sie scharf, was in ihrem Umfeld vorgeht. Sie haben ausgezeichnete Antennen und merken schnell, wenn ihnen etwas aufgedrückt werden soll, was die Großen selbst nicht praktizieren. Bei Kleinen, die noch leicht zu steuern sind, mag das vielleicht eine Weile klappen. Aber Größere, denen bewusst wird, dass im Prinzip allen gleiche Rechte zustehen, begehren oft auf gegen die Verschiebung der Maßstäbe. Wieso sollen sie sich an Regeln halten, die ein Großteil der Erwachsenen offen oder auf spitzfindige Art umgeht? Für die meisten, die sich mit diesem Thema befassen, gilt es inzwischen als ausgemacht, dass viele Kinder und Jugendliche gerade deshalb auf Werte pfeifen, weil sie gegen die weit verbreitete Doppelmoral der Erwachsenen protestieren und sich nicht von denen an der Nase herumführen lassen wollen, die ihnen Ehrlichkeit und Bescheidenheit predigen und dann selbst mit allen Tricks versuchen, ihr Schäflein ins Trockene zu bringen.

Wenn Eltern ihre Kinder von humanen Werten überzeugen wollen, bleibt ihnen also nichts anderes übrig, als bei sich selbst anzufangen, in ihrem eigenen Leben damit ernst zu machen und den persönlichen Wertebestand aufzupolieren. […]

„Als er ein Winzling von 15 Monaten war, gab es für unseren Basti im Park ein wandelndes rotes Tuch – Matthias“, erinnert sich eine Mutter. „Wo immer er steckte, in einem Laubhaufen, im Gebüsch oder in der Sandkiste, Basti rannte auf ihn zu und biss ihn in die Backe. Oft hatte ich das arme Opfer noch gar nicht gesichtet, da war es auch schon passiert. Natürlich versuchte ich Basti klarzumachen, wie weh er Matthias tat, und auf unseren Spaziergängen schlug ich alle möglichen Haken, nur um seinen Weg nicht zu kreuzen, aber es klappte nicht immer. Eines Nachmittags baute sich Matthias‘ erboste Mutter mit ihrem Sohn an der Hand vor Basti auf. ‚Siehst du, Matthias, das ist ein wirklich böses Kind‘ erklärte sie, ‚ein schlimmer Junge, weil er dich nicht in Ruhe lässt.‘ Ich konnte ihren Ärger zwar gut verstehen, aber dieses Urteil ging dann doch zu weit. Basti war nämlich, wenn er nicht gerade auf sein ‚rotes Tuch‘ traf, ein freundliches, verschmustes Kerlchen. Deshalb nahm ich ihn damals auch bei der Hand. ‚Es tut mir wirklich Leid, dass Basti Matthias immer wieder beißt‘, sagte ich den beiden. ‚Ich finde das absolut nicht in Ordnung, aber er ist deswegen doch kein böses Kind, meistens ist er sogar ausgesprochen lieb. Schade, dass er das nicht auch bei Matthias zeigt.‘ Die beiden Kleinen hörten dem Hin und Her zwischen ihren Müttern sehr aufmerksam zu. Und wenn er auch sicher nicht alles verstanden hat, glaube ich doch, dass Basti mitbekam, wie ich trotz seiner ‚Untaten‘ zu ihm stand und ihn nicht ganz und gar verurteilte. Ich weiß nicht, ob es etwas mit diesem Erlebnis zu tun hat, jedenfalls hörten seine Überfälle auf Matthias ziemlich bald danach auf.“

Kinder können – wie Erwachsene auch – Kritik besser annehmen und auch leichter einen Ansatz finden, ihr Verhalten zu ändern, wenn sie spüren, dass sie trotz ihrer Fehler nicht fallen gelassen, sondern weiter akzeptiert werden.

(Brigitte Beil, Gutes Kind, böses Kind – Warum brauchen Kinder Werte?, Deutscher Taschenbuch Verlag, München 1996, S. 36f., 40ff.)

1. Diskutieren Sie: Gibt es „...wirklich böse Kinder"?
2. Nehmen Sie Stellung: Gibt es eine Sozialentwicklung zum Egozentrismus – wie sähe in einem solchen Fall das Krappmann-Modell aus?
3. Welche besonderen Herausforderungen kommen auf Erzieherinnen und Erzieher zu, wollen sie auf eine positive soziale Entwicklung Einfluss nehmen?

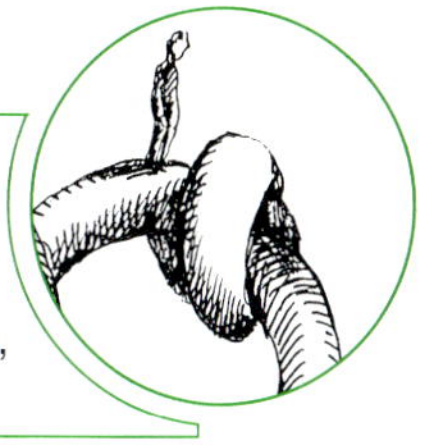

Grundbegriffe und Grundthesen

Die Entwicklungsstufen des Selbst – Das Modell von Robert Kegan

Robert Kegan, Psychologe und Erziehungswissenschaftler aus den USA, beschäftigt sich ebenso wie Jean Piaget (vgl. Phoenix Bd. 1, Themenkreis 1.2, Wabe: Einsichten – Kognitive Entwicklung und menschliches Lernen) mit den Entwicklungsprozessen von Menschen.
Untersuchungen über die Auseinandersetzung von Heranwachsenden mit der materiellen Welt bzw. Betrachtungen von kognitiven Entwicklungen stehen dabei nicht im Vordergrund seines Interesses. Ihm geht es im Besonderen um die Auseinandersetzung des Individuums mit der sozialen Welt und in diesem Kontext um die Entwicklung eines Selbst-Bewusstseins.
Sein grundsätzliches Verständnis über den Entwicklungsprozess (Erkenntniszuwachs) lehnt sich stark an die Vorstellungen von Piaget an, auch bei Kegan steht das Subjekt in einer aktiven Auseinandersetzung mit seiner Umwelt, welche sich zunächst als fremd und außerhalb seines Erkenntnisbereiches befindlich (Objekt) darstellt. Die Beziehung zwischen Subjekt und Objekt/sozialer Welt gestaltet sich im Laufe der Entwicklung immer wieder neu (vgl. Phasen bei Piaget). Es kommt im Laufe der Lebensjahre bzw. des ‚Erkenntnisprozesses' immer wieder zu einem veränderten Subjekt-Objekt Verhältnis (von Robert Kegan im folgenden Text auch als Subjekt-Objekt-Gleichgewichtszustand bezeichnet), bei dem das Subjekt eine veränderte Sichtweise seiner Umgebung entwickelt.

Die Bedeutungsentwicklung des Selbst

„Piagets Untersuchungen über die ersten beiden Lebensjahre, während denen sich allmählich die ‚Beständigkeit des Gegenstandes' (Objektpermanenz) herausbildet, zeigen uns, welche Prozesse zum allerersten Subjekt-Objekt-Gleichgewicht in der Entwicklung führen – zur Konstruktion einer eigenständigen ‚objektiven' Welt, einer Welt, die unabhängig davon existiert, ob wir sie erfahren. Das Kind ist nicht mehr länger Sklave seiner Reflexe, Bewegungsabläufe und Empfindungen, sondern es entwickelt sich allmählich zu einer Person, die Reflexe, Bewegungsabläufe und Empfindungen *hat*. Diese werden jetzt zum Objekt, und die psychischen Prozesse des Kindes nehmen die Form von Betrachtungen dieser Objekte an. [...] Unser Eingebundensein, unsere Selbstzentriertheit bewirken, dass wir unser inneres Geschehen auf die Welt projizieren, wenn wir unsere Realität konstruieren. Erst wenn das Kind fähig ist, Reflexe zu haben, anstatt sie zu sein, wird es auch nicht mehr denken, dass es in der Welt dunkel wird, wenn es die Augen schließt. [...]

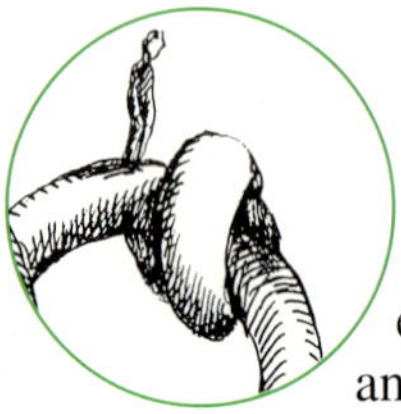

Zum Wachstum gehört immer ein Prozess der Differenzierung, des Lösens aus dem Eingebundensein; was früher Subjekt war, wird zum Objekt, dem sich das neue Subjekt zuwenden kann. Zwei Vorgänge spielen dabei eine Rolle: Den einen nannte Piaget ‚Dezentrierung', das heißt, Verlust eines alten Zentrums, den anderen wollen wir ‚Rezentrierung' nennen, das Finden eines neuen Zentrums.[...] Damit beginnt eine Geschichte von Transformationen. Mit jeder Stufe, die der Mensch erreicht, nimmt er die Welt etwas mehr als eine von ihm unabhängige Einheit wahr. Es ist eine Geschichte, in der sich der Mensch allmählich aus seiner undifferenzierten Welt löst (Differenzierung), um Beziehungen mit ihr einzugehen (Integration).

Wenn es soweit ist, dass wir unsere Handlungen und Empfindungen nicht mehr sind, sondern sie tun beziehungsweise haben, entsteht eine neue Subjektivität. Unsere Handlungen und Empfindungen werden nun zum Teil einer höher entwickelten psychischen Struktur. Diese Struktur kann *über* unsere Empfindungen und Handlungen *reflektieren,* das bedeutet auch, sie kann zwischen einem Ich und einem Nicht-Ich unterscheiden."

(Robert Kegan, Die Entwicklungsstufen des Selbst, Kindt Verlag, München 1994, S. 50–55)

1. Interpretieren Sie vor dem Hintergrund des Textes die folgende Episode:

   „Auf der obersten Etage des Empire State Buildings angelangt, warfen seine beiden Söhne einen Blick nach unten und riefen beide gleichzeitig: „Schau die Leute. Sie sind kleine Ameisen." (so der kleinere Junge); „Schau die Leute. Sie sehen wie kleine Ameisen aus." (der ältere Bruder)."

   (Robert Kegan, Die Entwicklungsstufen des Selbst, Kindt Verlag, München 1994, S. 55)

2. Der Begriff ‚Objektbeziehung' wird von Kegan folgendermaßen definiert:

   „Objekt verweist auf etwas, das durch einen Prozess von etwas anderem abgelöst oder verschieden von ihm geworden ist, oder es verweist auf diesen Prozess selbst. So verstanden sind mit dem Begriff ‚Objektbeziehungen' Beziehungen gemeint, die wir zu etwas aufbauen, das durch einen bestimmten Prozess von uns abgelöst oder verschieden geworden ist; das Wort verweist auf unsere Beziehungen zu etwas, das wir von uns weggeworfen haben, oder es verweist auf die Erfahrung des Wegwerfens selbst."

   (Robert Kegan, Die Entwicklungsstufen des Selbst, Kindt Verlag, München 1994, S. 111)

   Erläutern Sie, warum sich der Ansatz Jean Piagets als eine ‚spezifische Theorie über Objektbeziehungen' bezeichnen lässt.

Eine Veränderung des Subjekt-Objekt-Gleichgewichtes hat auch eine veränderte Lebenseinstellung zur Folge, jede aktive Auseinandersetzung mit der Umgebung führt zu einem veränderten Selbst, zu einer Person, die nicht mehr nur durch Anpassungsprozesse (Assimilation) ‚ist', sondern auch ‚hat' (Rezentrierung).
Die folgenden Ausführungen sollen diese Sichtweise weiter verdeutlichen:

„Dem persönlichen Prozess der Bedeutungsentwicklung begegnen wir eigentlich überall: beim Erwachsenen, der im Gewirr widersprüchlicher und veränderlicher Gefühle versucht, sich selbst zu finden, genauso wie bei dem kleinen Mädchen, das ein Wort zu finden sucht; beim Jugendlichen, der sich bemüht, seine Selbstbezogenheit mit dem neu aufkeimenden Interesse an wechselseitigen Beziehungen in der Waage zu halten, wie bei einem Einjährigen, der bei seinen ersten Gehversuchen den Körper im Gleichgewicht zu halten versucht. Bedeutungsbildung spielt eine Rolle bei der lähmenden Depression der Erwachsenen, der Nahrungsverweigerung des Jugendlichen und der Unfähigkeit des

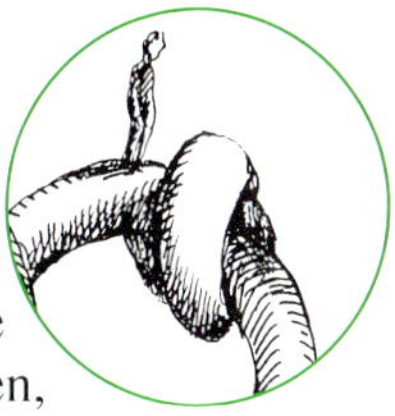

Sechsjährigen, das Haus zu verlassen und zur Schule zu gehen. Die Schwierigkeiten des Mannes, sich sein Bedürfnis nach Nähe und Bindung einzugestehen, und die Schwierigkeit der Frau, ihren Wunsch nach persönlicher Auszeichnung und Macht zu akzeptieren, haben ebenso mit Bedeutungsentwicklung zu tun wie das Verlangen des Zehnjährigen, allein zu sein und über sich selbst zu bestimmen, und wie der Anspruch des Dreijährigen, für seine Anhänglichkeit an Bezugspersonen Verständnis und Entgegenkommen zu finden. [...]

Die Fähigkeit, die Mutter mit einem Blick des Erkennens festzuhalten, ist für unsere Entwicklung genauso grundlegend wie die Fähigkeit des Greifens, die es uns ermöglicht, einen Gegenstand festzuhalten. [...] Was wir heute mit der Hand be-greifen, begreifen wir morgen vielleicht mit dem Kopf.

Es gibt eine Reihe ähnlicher ursprünglicher Erfahrungen, die das Kind in seiner *sozialen* Welt macht. Sie unterscheiden sich von dem Begreifen von Gegenständen durch ihre grundsätzlich soziale Natur; das heißt, das ‚Objekt', das begriffen wird, ist ebenfalls ein Selbst, es ist ebenfalls jemand, der be-greift. Keine Erfahrung ist wohl eindrucksvoller als die Erfahrung des Blickkontaktes, die Erfahrung, mit jemandem Blicke zu tauschen, jemandem in die Augen zu sehen, der unseren Blick erwidert. Die Erfahrung, von anderen gesehen und nicht gesehen zu werden, die Kinder auf der ganzen Welt beim ‚Guck, guck – da!'-Spiel machen (in Japan sagt der Erwachsene: ‚Nai, nai – bah!' – etwa: ‚Nichts, nichts – hier bin ich!'), wird genauso Gegenstand künftiger Abstraktionen wie das Greifen der Hand. Das Bedürfnis, gesehen zu werden, erkannt zu werden, kann noch so unterschiedliche Formen annehmen, seine Stärke wird es immer behalten.

Das Ergebnis dieser Verführung, das Zusammenspiel zwischen dem Kind und seiner wichtigsten Bezugsperson, leitet zusammen mit den Beziehungen, die das Kind zu materiellen Objekten aufgebaut hat, eine neue Phase in seiner Entwicklung ein. Es entsteht eine neue Form des Bewusstseins, eine qualitativ andere Stufe der Bedeutungsbildung ist erreicht. Hat das Kind bisher die Welt samt allen Personen und Dingen als Teil seiner selbst betrachtet, lernt es nun, zwischen der eigenen Person und anderen zu unterscheiden. Anstatt mit seiner Bezugsperson verschmolzen zu sein, kann es jetzt Beziehungen mit ihr eingehen. Wenn zum ersten Mal eine ‚Objektwelt' oder eine ‚andere Welt' in Erscheinung tritt, die auch das Kind als ‚andere' wahrnimmt, so ist damit der erste Schritt nach draußen getan. Es ist der Beginn eines Weges, auf dem sich das Kind allmählich der Welt anschließt, anstatt sie sich einzuverleiben. Es beginnt die Welt zu begreifen, ohne ihren Status als unabhängige Einheit anzugreifen. So sieht die Geschichte der menschlichen Entwicklung aus."

(Robert Kegan, Die Entwicklungsstufen des Selbst, Kindt Verlag, München 1994, S. 37ff.)

1. „Bedeutung ist in ihrem Wesen körperliche Aktivität (greifen, sehen), soziale Aktivität (es bedarf einer anderen Person) und lebenserhaltende Aktivität (indem wir Bedeutung bilden, leben wir). So verstanden ist Bedeutung der grundlegendste Vorgang im Menschen; ein Vorgang, der auf nichts weiter zurückführbar ist." (Robert Kegan, Die Entwicklungsstufen des Selbst, Kindt Verlag, München 1994, S, 41)

   Erläutern Sie dieses Zitat anhand des vorigen Textes.

2. Die ‚Selbst-Entwicklung' des Menschen wird von R. Kegan auch als ‚Bedeutungsentwicklung des Selbst' gekennzeichnet.
   Interpretieren Sie diese Bezeichnung und suchen Sie Beispiele.

Stufen des Subjekt-Objekt-Gleichgewichts

„Ein achtjähriger Junge war eines späten Nachmittags zu der Überzeugung gelangt, er habe von seinen Eltern genug, und verkündete seine Absicht, von zu Hause fortzugehen. Die Eltern zeigten Verständnis und sahen zu, wie er einige Sachen in seine Tasche packte. Sie sagten, sie würden ihn sehr vermissen, und verabschiedeten sich von ihm. Heimlich beobachteten sie vom Fenster aus, wie der Sohn das Haus verließ, sich dann einigen Freunden aus der Nachbarschaft anschloss und mit ihnen spielte. Es wurde bald dunkel, Zeit zum Abendessen, und die Freunde des Jungen machten sich auf den Nachhauseweg. Die Eltern sahen, wie ihr Sohn für eine Weile alleine blieb, wie er dann eine lange Zeit neben seinem kleinen Koffer stand und schließlich langsam und niedergeschlagen den Heimweg antrat. Die Eltern machten sich Gedanken darüber, was beim Wiedersehen geschehen würde. Sie sahen die Scham im Gesicht ihres Sohnes und wollten ihn nicht weiter demütigen; sie entschieden sich schließlich für eine Lösung, die besonders dann angemessen ist, wenn man nicht genau weiß, was man tun soll. Als ihr Sohn zurückkam, blieben sie sitzen, sagten kein Wort und zeigten ihm nur eine stille Aufmerksamkeit, ohne Forderungen zu stellen. Sie sahen, wie er sich ihnen gegenübersetzte und dann auch eine stille, nachdenkliche, selbstversunkenen Haltung annahm. Keiner sprach ein Wort. Plötzlich lief die Katze der Familie durch den Raum. Der Junge sah auf und sagte zu seinen Eltern: „Wie ich sehe, habt ihr noch immer diese alte Katze.“ […]

Sein Versuch, von zu Hause fortzulaufen, war fehlgeschlagen, sein Schritt auf eine neue Entwicklungsstufe war jedoch gelungen. Es war, als würde er sagen: „Gut, ich bin zurückgekommen; aber nicht, damit ihr euch wieder auf mich stürzen und mich umsorgen könnt, nicht um wieder abhängig von euch zu sein. Ich bin immer noch für mich selbst verantwortlich. Ich bin eine ziemlich lange Zeit fortgewesen und nun bin ich zurück.“

„Wie ich sehe, habt ihr noch immer diese alte Katze“, sagte er. Jahre der Entwicklung und hart erkämpfter Differenzierung standen hinter diesem ‚ihr‘ in diesem Satz.“

(Robert Kegan, Die Entwicklungsstufen des Selbst, Kindt Verlag, München 1994, S. 213, 214)

1. Diskutieren Sie diese Fallbeschreibung und Interpretation vor dem Hintergrund Ihrer bisherigen Kenntnisse aus diesem Kapitel.
2. Suchen Sie weitere Beispiele, die einen „Schritt auf eine neue Entwicklungsstufe“ verdeutlichen.
3. Nehmen Sie zu dem folgenden Zitat von Hans Aebli Stellung:
   „Soziale Entwicklung bedeutet immer auch Individuation, und ihr Ergebnis ist nicht nur Anpassung an eine vorgegebene gesellschaftliche Umwelt, sondern auch die Herausbildung eines individuellen Ich, einer Persönlichkeit mit ihrer Autonomie, ihrer Individualität und ihrer unverwechselbaren Identität.“
   (Aus dem Vorwort von William Damon, Die soziale Entwicklung des Kindes, Klett-Cotta Verlag, Stuttgart 1989, S. 10)

Subjekt-Objekt-Verhältnisse und die mit ihnen verbundene Bedeutungsentwicklung sind ‚etwas Werdendes‘, ein Prozess, der letztlich (immer wieder neu) bestimmt, wo die Grenze zwischen ‚Selbst‘ und ‚anderem‘ zu ziehen ist. Der sich entwickelnde Mensch, das sich entwickelnde ‚Sein‘, durchläuft nach Robert Kegan mehrere Phasen, die entscheidend durch die jeweilige ‚psychosoziale‘ Umwelt (auch ‚haltende‘ Umwelt genannt) geprägt sind. Kegan nennt diese Phasen auch ‚einbindende Kulturen‘ (bzw. ‚Stützsysteme‘), um u.a. darauf aufmerksam zu machen, dass hier der ‚Nährboden‘ vorhanden ist, der uns hält und aus dem wir uns wieder ablösen, aus dem heraus der Mensch sich weiter entwickeln kann. Die folgende Tabelle gibt eine differenzierte Übersicht über Formen und Funktionen der einbindenden Kulturen:

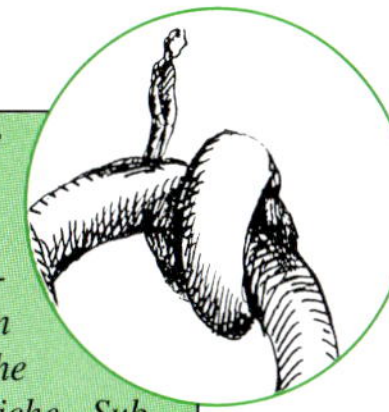

Gleichgewichtsstufe und psychologisches Eingebundensein	*Einbindende Kultur*	*Funktion 1: Bestätigung (Festhalten)*	*Funktion 2: Widerspruch (Loslassen)*	*Funktion 3: Fortdauer (zur Reintegration in der Nähe bleiben)*	*Einige für Übergangsphasen typische natürliche „Subjekte-Objekte“ (Brücken)*
(0) Einverleibend Eingebunden in: Reflexe, Empfindungen und Bewegungen	Mutter oder Hauptbezugsperson(en). *Mütterliche Kultur.*	Körperliches Halten: körperliche Nähe, Fürsorge, Schutz, Blickkontakt. Der Säugling wird anerkannt. Abhängigkeit von und Verschmelzung mit dieser Kultur.	Die Ablösung des Säuglings aus dem Eingebundensein wird anerkannt und gefördert. Es wird nicht mehr jedes Bedürfnis des Kindes befriedigt; es wird weniger häufig getragen; Zeichen von Unabhängigkeit und eigensinniger Weigerung werden akzeptiert.	Die Bezugsperson erlaubt, dass sie selbst Teil einer umfassenderen Kultur, der Familie, wird. Hohes Risiko: eine längere Trennung vom Kind während der Übergangsphase (6 Monate – 2 Jahre).	Hilfsmittel der Übergangsphase 0 – 1: *Decke, Teddybär* usw. Ein weicher, kuscheliger, befriedigender Gegenstand, der die undifferenzierte Subjektivität repräsentiert, diesen Zustand gleichzeitig herstellt und „objektiviert“.
(1) Impulsiv Eingebunden in: Impulse und Wahrnehmungen	Gewöhnlich die Dreierbeziehung der Familie. *Elterliche Kultur.*	Akzeptiert und kultiviert Fantasievorstellungen, enge Beziehungen und Rivalitäten.	Die Ablösung des Kindes von seinem selbstbezogenen Eingebundensein in Fantasie und Impulse wird anerkannt und gefördert. Dem Kind wird die Verantwortung für seine Gefühle übertragen; es wird von der Ehebeziehung, vom Bett der Eltern und, während der Schulstunden, von zu Hause ausgeschlossen; es wird als eigenständig anerkannt und die eigene Unabhängigkeit wird betont.	Das Ehepaar lässt zu, dass es Teil einer umfassenderen Kultur wird, zu der Schule und Altersgenossen gehören. Hohes Risiko: Auseinandergehen der Ehe oder der Familie während der Übergangsphase (ungefähr 5–7 Jahre).	Hilfsmittel der Übergangsphase 1–2: *imaginärer Freund.* Ein Sammellager für Impulse, die vorher ich *waren* und bald Teil *von* mir werden, die aber im Augenblick noch ein wenig von beidem sind. Z.B. nur ich kann sie sehen, aber sie sind nicht ich.
(2) Souverän Eingebunden in: beständige Disposition, Bedürfnisse, Interessen, Wünsche.	*Kultur, die Rollen anerkennt.* Schule und Familie als Institutionen der Autorität und Rollendifferenzierung. Gruppe der Gleichaltrigen, die Rollenübernahme verlangt.	Akzeptiert und kultiviert Zeichen der Eigenständigkeit, der Kompetenz und Rollendifferenzierung.	Die zu Beginn des Jugendalters (oder im Jugendalter) stattfindende Ablösung aus dem Eingebundensein in isolierte Eigenständigkeit wird anerkannt und gefördert. Die Auffassung, man soll nur die eigenen Interessen berücksichtigen, wird als unangemessen	Familie und Schule lassen zu, dass sie gegenüber Beziehungen, die auf gemeinsamen, inneren Erfahrungen beruhen, zweitrangig werden. Hohes Risiko: Ortswechsel der Familie während der Übergangsphase (frühes Jugendalter, ungefähr 12–16).	Hilfsmittel der Übergangsphase 2–3: *Freund/Freundin.* Ein anderer Mensch, der mir gleicht und wirklich existiert, dessen Bedürfnisse und Selbstsystem aber genau den Bedürfnissen entsprechen, die früher ich *waren* und bald Teil *von* mir werden, die aber

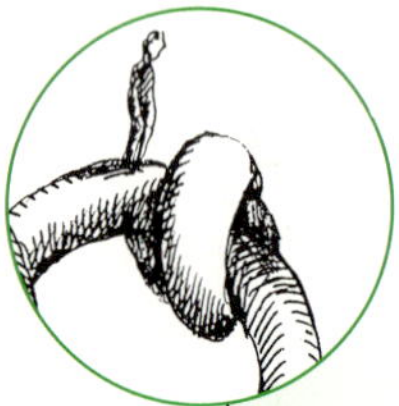

			abgelehnt, es werden wechselseitige Beziehungsformen verlangt. Man erwartet Zuverlässigkeit.		jetzt noch in einem Zwischenstadium sind.
(3) Zwischenmenschlich Eingebunden in: wechselseitige Beziehungen, zwischenmenschliche Übereinstimmung.	Wechselseitige Eins-zu-eins-Beziehungen. *Kultur der Wechselseitigkeit.*	Akzeptiert und kultiviert die Fähigkeit, kollaborative Selbstopfer in auf Wechselseitigkeit beruhenden zwischenmenschlichen Beziehungen zu bringen. Orientiert sich an inneren Zuständen, gemeinsamen subjektiven Erfahrungen, ‚Gefühlen', Stimmungen.	Die Ablösung des heranwachsenden Jugendlichen oder des Erwachsenen aus seinem Eingebundensein in zwischenmenschliche Beziehungen wird anerkannt und gefördert. Menschen oder Umwelt dieser Kultur wollen nicht mehr mit dem anderen verschmelzen, sind aber weiter an Beziehungen interessiert. Es wird verlangt, dass der andere die Verantwortung für seine Entscheidungen übernimmt. Die Unabhängigkeit des anderen wird bestätigt.	Die Partner zwischenmenschlicher Beziehungen erlauben, dass die Beziehung relativiert oder in den umfassenderen Rahmen einer ideologischen und psychologischen Selbstdefinition gestellt wird Hohes Risiko: Der Partner verlässt uns gerade dann, wenn wir uns aus dem Eingebundensein lösen. (Es gibt keine festen Altersnormen.)	Hilfsmittel der Übergangsphase 3–4: *Umgebungswechsel durch Universitätsbesuch, vorübergehende Anstellung, Wehrdienst.* Möglichkeiten, vorübergehend Identität zu finden, wobei man die vertraute zwischenmenschliche Umgebung verlässt, sie aber unbeschädigt bewahrt, um zurückzukehren; zeitlich begrenzte Teilnahme am institutionellen Leben (z.B. vierjähriges Studium, Dienstzeit beim Militär).
(4) Institutionell Eingebunden in: persönliche Unabhängigkeit, Identität des Selbstsystems	*Kultur der Identität oder Selbstgestaltung* (in der Liebe oder Arbeit). Typisches Kennzeichen: Zugehörigkeit zur Berufsgruppe, Schritt ins öffentliche Leben.	Akzeptiert und kultiviert das Streben nach Unabhängigkeit, Selbstbestimmung, Autoritätsfunktion; Betonung auf persönlicher Steigerung, Ambition oder Leistung, ‚Karriere' statt ‚Job' ‚Lebenspartner' statt ‚Beziehung' usw.	Die Ablösung des Erwachsenen aus dem Eingebundensein in unabhängige Selbstbestimmung wird anerkannt und gefördert. Vermittelte, an Intimität mangelnde, formalisierte Beziehungen werden abgelehnt.	Ideologische Werte werden relativiert, um ein Wechselspiel zwischen ihnen zu ermöglichen. Hohes Risiko: Verlust der ideologischen Unterstützung (z. B. Verlust des Arbeitsplatzes) gerade dann, wenn man sich aus diesem Eingebundensein löst. (Es gibt keine festen Altersnormen.)	Hilfsmittel der Übergangsphase 4–5: *ideologische Selbstaufgabe (religiös oder politisch); Liebesbeziehungen werden geschützt, wenn Partner nicht verfügbar.* Man gibt die Identifikation mit ideologischen Werten auf, während man sie gleichzeitig bewahrt.

(Robert Kegan, Die Entwicklungsstufen des Selbst, Kindt Verlag, München 1994, S. 160–162)

Die letzte Gleichgewichtsstufe nennt Robert Kegan „(5) **Überindividuell**; Eingebunden in: Durchdringung der Systeme." Auf jeder Gleichgewichtsstufe entwickelt der Mensch ein bestimmtes ‚Ich-Bewusstsein', eine spezifische Form der Individualität. Werden alle Systeme durchdrungen, werden alle ‚Subjektteile' bewusst und kann man mit ihnen umgehen und sie variieren, so hat man einen Zustand erreicht, der über dem Erfahrungsraum vorher erlebter Individualitätszustände liegt (‚Über-Individualität). Die vorher durchlebten Gleichgewichtszustände werden zum ‚Objekt‘ eines sich neu entwickelnden Subjekts, welches die vorigen ‚Subjekt-Objekt‘-Erfahrungen als wichtigen Bestandteil seiner Individualität erfährt. Eine innere Orientierung wird möglich, weil man sich selbst als eigenständig und zugleich eingebunden erlebt und sich dessen bewusst ist.

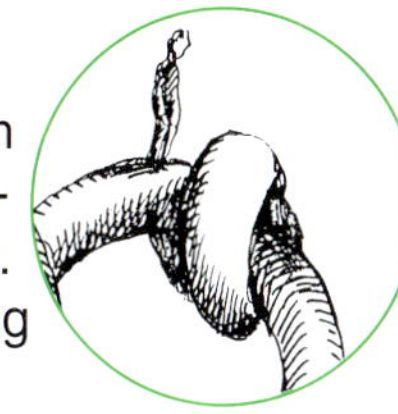

Kegan nennt die dieser Gleichgewichtsstufe zugehörige ‚Einbindende Kultur‘ die ‚Kultur der Intimität‘, um zu verdeutlichen, dass man mit sich selbst intim ist.

„Das Selbst der Stufe 5 [...] hat Anteil an sich selbst. Diese intime Form der Anteilnahme erlaubt es, dass Gefühle und Impulse in verschiedenen, sich überschneidenden Teilsystemen leben und zwischen diesen Systemen ‚gelöst‘ werden können. [...] Mit jeder neuen Gleichgewichtsstufe erringen wir einen qualitativen Sieg über die Isolation.“

(Robert Kegan, Die Entwicklungsstufen des Selbst, Kindt Verlag, München 1994, S. 148)

Für den Bereich der Partnerschaft formuliert Kegan diese fünfte Gleichgewichtsstufe wie folgt:

„Bei einer erwachsenen Beziehung ... tritt das Gebiet der Wechselseitigkeit wieder in den Vordergrund. [...] Wechselseitigkeit bedeutet nun, dass man den zwischen sich selbst und anderen bestehenden Unterschied bewahrt, dabei gleichzeitig aber einen übergeordneten Bezugsrahmen schafft, in dem sich die verschiedenen Identitäten durchdringen können, durch den sie gemeinsam reguliert werden. [...] Anstatt eine Verbindung einzugehen, die nur am gegenwärtig erreichten Entwicklungsniveau der beiden Partner interessiert ist und die einen gemeinsamen Schutzwall gegen Wachstum aufbaut, sind die Partner dieser neuen Beziehungsform vor allem dem Lebensprozess verpflichtet, den sie weniger miteinander teilen, als sie Teil von ihm sind.“

(Robert Kegan, Die Entwicklungsstufen des Selbst, Kindt Verlag, München 1994, S. 329, 330)

Am Beispiel zweier Gleichgewichtsstufen soll verdeutlicht werden, wie sich die ‚Entwicklungsstufen des Selbst‘ vollziehen.

Gegebenenfalls können Sie diesen Text auch überspringen und gleich die nachfolgenden Aufgaben bearbeiten.

„Kennzeichnend für das neue Subjekt-Objekt-Verhältnis (Stufe 2: das souveräne Gleichgewicht) ist die Entwicklung des Rollenverständnisses. Der Rollenbegriff gewinnt nun sowohl im sozial-kognitiven Bereich Bedeutung – das Kind wird fähig, die Rolle eines anderen Menschen zu übernehmen – wie auch im affektiven Bereich – im impulsiven Leben der Familie beginnen sich Rollen herauszudifferenzieren; das Kind kann nun seine Rolle als ‚Kind‘ übernehmen und in dieser Rolle den Eltern gegenübertreten, anstatt sein mit anderen verwobenes Impulsleben zu *sein*. [...] Das Kind hat nun einen mehr oder weniger stimmigen Begriff von sich selbst, es weiß, *was* es ist (im Unterschied zu dem früheren Selbstverständnis, *dass* es ist, und dem späteren, *wer* es ist). Mit der Fähigkeit, die eigenen Impulse zu kontrollieren (sie zu haben, anstatt sie zu sein), gewinnen wir ein neues Gefühl von Freiheit, von Unabhängigkeit – vor allem von Einflussvermögen. Wir sehen den Ereignissen der Welt nicht mehr tatenlos zu; wir können hinter die Erscheinungen blicken, wir können auf unsere Erfahrungen zurückgreifen und erleben nun, dass wir am Geschehen beteiligt sind. [...] Wie jedes neue Entwicklungsstadium bringt auch dieser Schritt der Befreiung neue Risiken für uns mit sich und setzt uns neuen Gefahren aus. Wenn wir jetzt am Geschehen der Welt beteiligt sind, heißt das auch, dass es nun von uns abhängt, ob die Dinge günstig oder ungünstig für uns verlau-

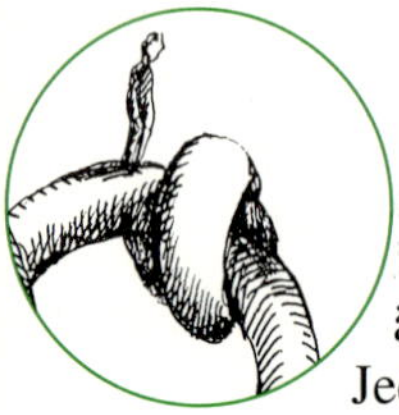

fen. Über der neu gewonnenen Beständigkeit, Kontrolle und Freiheit unseres Selbstsystems schwebt die Drohung der alten Unbeständigkeit, des Kontrollverlustes und der, wie es jetzt erscheint, ehemaligen Unterdrückung durch äußere Instanzen. [...]

Jedes neue Gleichgewicht stellt einen Triumph über die Einschränkungen des vorangegangenen Gleichgewichtssytems dar, im Vergleich mit der nächsten Stufe hat es aber selbst wieder Grenzen. Welche Grenzen hat die Stufe 2, das souveräne Selbst? Wenn ich einen Vertrauensbruch begehe, weil mir daraus Vorteile entstehen, so erlebe ich dieses Verhalten anders als jemand, der neben den eigenen Impulsen zugleich auch die Impulse anderer berücksichtigt (diese Person erlebt in dieser Situation das, was man gewöhnlich ‚Schuld' nennt). [...] Mir ist auf jeden Fall klar, dass der andere mit meinem Verhalten unzufrieden sein wird, weil ich sehen kann, dass er genauso Bedürfnisse und Interessen hat wie ich. Ich kann verstehen, was der andere bei meinem Vertrauensbruch empfinden wird, aber was er empfindet, bildet nicht die Grundlage meiner eigenen Gefühle oder Bedeutungsbildung. [...]

Auf dieser Stufe bin ich darauf angewiesen, abzuwarten oder vorwegzunehmen, was der andere tatsächlich unternehmen wird, wenn ich die Stimmigkeit meiner Welt wahren möchte. [...] Solange wir die Stimme des anderen noch nicht in unser eigenes Selbstsystem einbauen können, sind wir in unserem Erleben viel stärker davon abhängig, wie andere, außenstehende Menschen reagieren werden. [...] Auf der Stufe 2 des Entwicklungsprozesses projizieren wir auf den anderen, auf unser Objekt, die eigene Eingebundenheit in unsere Bedürfnisse. Wir sehen den anderen in erster Linie als jemanden, der zur Befriedigung unserer Bedürfnisse, zum Erfüllen unserer Wünsche, zum Verwirklichen unserer Interessen beiträgt oder nicht. Anstatt unsere Bedürfnisse zu sehen, sehen wir durch unsere Bedürfnisse. [...] Das Gleichgewicht dieser Stufe ist souverän, weil wir keine gemeinsame Realität kennen. Das Fehlen einer gemeinsamen Realität bildet die für die Struktur dieser zweiten Stufe charakteristische Grenze. [...]

Die Gefühle, die auf der Stufe des zwischenmenschlichen Gleichgewichts im Selbst entstehen, sind von vornherein dadurch gekennzeichnet, dass wir sie mit anderen teilen; von Anfang an gehört nun ein anderer dazu. Das Selbst ist umgänglich geworden. Wir können sagen, das Selbst wurde Teil einer zwischenmenschlichen Struktur, was heißen soll, dass es eine Vielzahl von Stimmen verkörpert. Seine Stärke liegt nun in der Fähigkeit zum Umgang mit anderen; die für die vorangegangene Stufe typischen, panikhaften Versuche, ständig herauszufinden, was die Stimme des anderen wohl sagen wird, werden eingestellt. Die Grenzen dieses Selbst aber liegen in seiner Unfähigkeit, über die nun gemeinschaftliche Realität zu reflektieren. Das kann nicht gelingen, weil das Selbst diese gemeinschaftliche Realität *ist.* [...] Wenn wir von jemandem auf dieser Entwicklungsstufe verlangen, persönliche Konflikte zu lösen, indem er sich die verschiedenen gemeinschaftlichen Realitäten vor Augen führt, so haben wir damit die Grenzen dieser Form der Bedeutungsbildung formuliert. ‚Sich etwas vor Augen führen' bedeutet, dass wir dieses etwas nicht sind, sondern dass wir es als Objekt betrachten können; genau das ist, was die gemeinschaftliche Realität angeht, auf dieser Stufe nicht möglich."

(Robert Kegan, Die Entwicklungsstufen des Selbst, Kindt Verlag, München 1994, S. 127ff.)

Gehen Sie bei der Erarbeitung der Tabelle arbeitsteilig vor:
Eine Gruppe beschäftigt sich mit den Gleichgewichtsstufen 1, 2, 3, die nächste Gruppe mit den Gleichgewichtsstufen 2, 3, 4 usw...
Setzen Sie sich mit den folgenden Aufgaben auseinander:

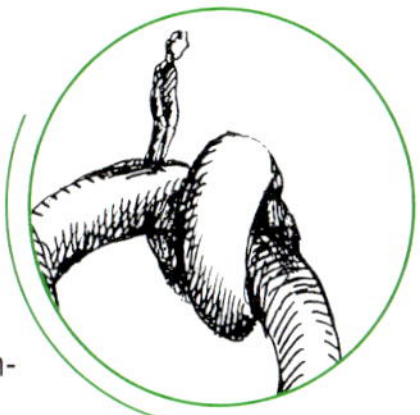

1. „In jeder Phase unserer Lebensgeschichte gehört zu dem Prozess, der zur Ablösung von einem bestimmten psychobiologischen Entwicklungsstand führt, auch die Ablösung von einem menschlichen Bezugsrahmen. Es ist ein Vorgang, bei dem ich mich über die eigene Kultur hinwegsetzen und einen Unterschied machen kann zwischen dem, wie die Kultur mich definiert, und dem, wie ‚ich wirklich bin'." (Robert Kegan, Die Entwicklungsstufen des Selbst, Kindt Verlag, München 1994, S. 333)

   Erläutern Sie diese Aussage vor dem Hintergrund der vorigen Ausführungen.

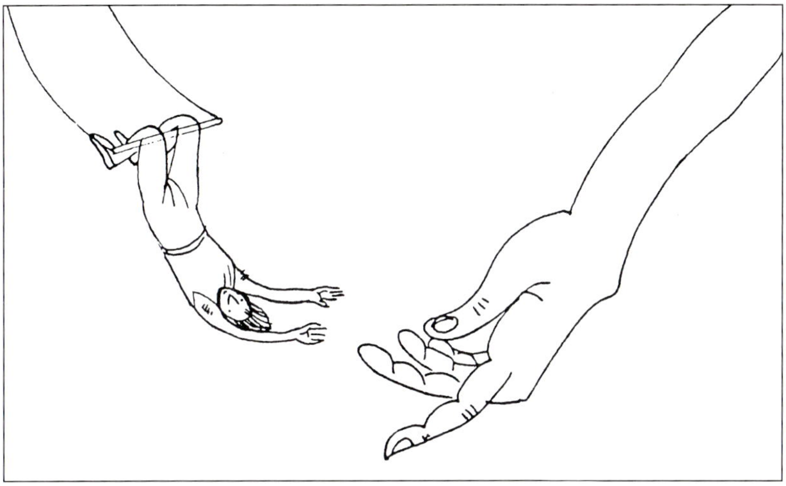

(Zeichnung: Michèle Lemieux, Gewitternacht, Beltz Verlag, Weinheim und Basel 1997, Programm Beltz & Gelberg, Weinheim)

2. Diskutieren Sie fördernde und hindernde Einflussnahmen der ‚einbindenden Kulturen' für den Entwicklungsprozess.
   Die Zeichnung gibt Ihnen zusätzlich die Möglichkeit einer Stellungnahme.

(Zeichnung: Michèle Lemieux, Gewitternacht, Beltz Verlag, Weinheim und Basel 1997, Programm Beltz & Gelberg, Weinheim)

3. Diskutieren Sie die Folgen für die Persönlichkeitsentwicklung eines Menschen, der die einzelnen Stufen nicht durchläuft. Welche Bedingungen können sich dabei als besonders hinderlich herausstellen?

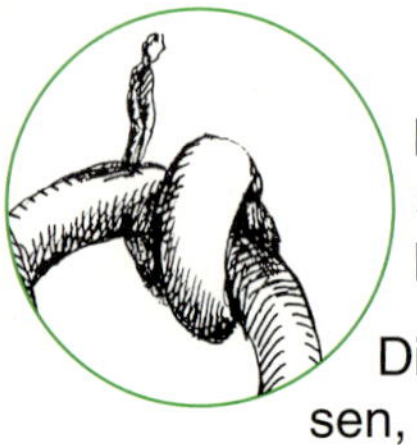

Im Abschnitt ‚Pädagogische Anwendung' finden Sie weitere Auseinandersetzungsmöglichkeiten über die Konsequenzen dieses Ansatzes für das Verhalten der Erziehenden.

Die Übergänge verlaufen nicht harmonisch, sondern sind meistens durch Krisen, von Robert Kegan als ‚natürliche Krisen des Selbst' gekennzeichnet, geprägt. Diese Krisen, denen sich jeder Mensch in seiner Entwicklung stellen muss, sind auf jeder Entwicklungsstufe anders und neu, sie bergen natürlich auch die Gefahr, dass der Mensch das ‚Gleichgewicht' verliert, dass er Angst hat, sich selber zu verlieren.
Hinzu kommt noch, dass sich dieser Entwicklungsprozess in einem Spannungsfeld vollzieht, dessen beide Pole sich durch zwei Grundbedürfnisse beschreiben lassen:

„Das eine dieser Bedürfnisse kann man vielleicht als Verlangen nach Zugehörigkeit bezeichnen, als Verlangen nach Beteiligung, Nähe, Bindung, als Verlangen, von anderen gehalten, aufgenommen, begleitet zu werden. Das andere Bedürfnis kann man Verlangen nach Unabhängigkeit oder Selbstständigkeit nennen; es ist unser Verlangen, verschieden zu sein, unsere eigene Richtung zu bestimmen, die eigene Integrität zu wahren."

(Robert Kegan, Die Entwicklungsstufen des Selbst, Kindt Verlag, München 1994, S. 149)

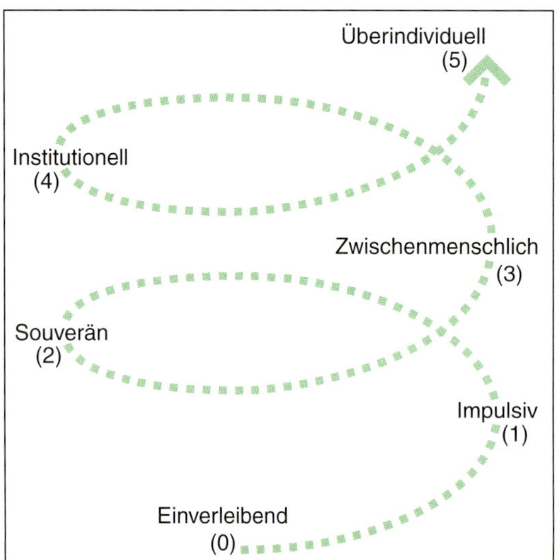

(Robert Kegan, Die Entwicklungsstufen des Selbst, Kindt Verlag, München 1994, S. 152)

Dieses Spannungsverhältnis stellt quasi die treibende Kraft für den Entwicklungsprozess dar. Auf jeder Gleichgewichtsstufe erfahren wir eine vorübergehende Auflösung dieses Spannungsverhältnisses, jedes Ungleichgewicht (in einer Gleichgewichtsstufe) führt zu Krisen, welche die Chance für eine Weiterentwicklung des Selbst bilden (vgl. Sie z.B. den Fall des achtjährigen Jungen aus diesem Abschnitt, S. 36).
Robert Kegan wählt für die Beschreibung des Entwicklungsprozesses das Bild der Spirale, um u.a. die Offenheit des Entwicklungsprozesses zu symbolisieren.

1. Verdeutlichen Sie sich an dem Bild der Spirale durch entsprechende Ergänzungen die Hauptaussagen des Entwicklungsmodells von Kegan.
2. Das Bild der Spirale „veranschaulicht in grafischer Form, wie uns im Leben alte Probleme wiederbegegnen, aber auf einem völlig neuen Komplexitätsniveau."

   (Robert Kegan, Die Entwicklungsstufen des Selbst, München 1994, S. 151)

   Suchen Sie Beispiele.
   Vergleichen Sie das Bild der Spirale mit der Abbildung zu Beginn dieser Wabe.
3. Nehmen Sie Ihr Journal zur Hand und machen Sie sich Notizen zu Ihrer persönlichen Spirale der Gleichgewichtsstufen.
   Wo waren besondere Krisen? Haben Sie Hilfen bekommen? Welche Hilfen hätten Sie sich gewünscht?

Vertiefung

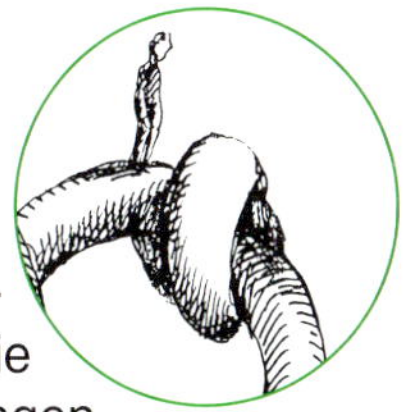

Bevor die Theorie des moralischen Urteilens von Lawrence Kohlberg dargestellt wird, können Sie sich mit einer Dilemmasituation auseinander setzen, wie sie auch zur Untersuchung der Begründungen bei moralischen Entscheidungen und zur Entwicklung der Fähigkeit moralischen Urteilens in Schulklassen eingesetzt wird.

Sharon war mit Jill, ihrer besten Freundin, in ein Warenhaus gegangen, um Einkäufe zu machen. Sie schauten sich Verschiedenes an und Jill sah eine Bluse, die ihr sehr gefiel. Sie sagte zu Sharon, dass sie die Bluse anprobieren möchte. Sharon setzte ihre Einkäufe fort.

Kurz darauf kam Jill aus der Umkleidekabine heraus. Sie hatte ihren Mantel an. Sie machte Sharon mit einem Blick auf sich aufmerksam und sah dann kurz auf die Bluse unter ihrem Mantel hinunter. Ohne ein Wort zu sagen, drehte Jill sich um und verließ das Geschäft.

Wenige Augenblicke später kamen der Sicherheitsbeamte des Geschäfts, ein Verkäufer und der Geschäftsleiter auf Sharon zu …

Sharon erlaubt dem Geschäftspersonal, ihre Tasche zu durchsuchen. Man vermutet richtig, dass Jill die Bluse hat, und verlangt von Sharon, dass sie den Namen des Mädchens, das bei ihr war, nennt. Der Geschäftsleiter erklärt: „Ich kann nicht die Ladendiebe laufen lassen und erwarten, das Geschäft erfolgreich zu führen. […] Wenn du uns den Namen nicht nennst, kannst du wegen Mithilfe bei einer kriminellen Handlung verklagt werden."

Frage: Sollte Sharon dem Sicherheitsbeamten Jills Namen nennen? Warum oder warum nicht?

(Zit. nach: Lisa Kuhmerker, Die Förderung der moralischen Entwicklung durch Dilemmadiskussionen, in: Lisa Kuhmerker/Uwe Gielen/Richard L. Hayes, Lawrence Kohlberg, Kindt Verlag, München 1996, S. 138ff.)

Was soll Sharon tun?
Welche Argumente sprechen für eine Nennung des Namens, welche dagegen?
Schreiben Sie auf je einen Zettel eine Begründung, ordnen Sie die Zettel entsprechend Ihrer Argumentationsstruktur und tauschen Sie sich darüber aus.

(Eine Analyse zum Aufbau dieses Dilemmas finden Sie im Abschnitt ‚Projektvorschlag zum selbstständigen Weiterarbeiten' auf Seite 57ff.)

Lawrence Kohlbergs Theorie der Entwicklung des moralischen Urteilens

Die Auseinandersetzung mit der sozialen Welt ermöglicht eine innere moralische Orientierung, die sich nach Lawrence Kohlberg schrittweise und aufbauend vollzieht. Lawrence Kohlberg geht also nicht davon aus, dass gesellschaftliche Vorstellungen und Normen gleichsam als Abbild die individuellen Moralvorstellungen prägen, sondern dass einzelne Stadien in einer vorgegebenen Reihenfolge nacheinander durchlaufen werden.

Für jedes dieser Stadien gibt es nach den Untersuchungen Lawrence Kohlbergs eine diese kennzeichnende Argumentationsstruktur; man kann also von einer Theorie des moralischen Urteilens bzw. einem Modell über die Entwicklung von Gerechtigkeitsvorstellungen sprechen.

Nach seiner Ansicht gelten hier das Prinzip der Einheitlichkeit, d.h. moralische Entscheidungen eines bestimmten Entwicklungsstandes werden auf unterschiedliche Gegebenheiten angewendet, und das Prinzip der Universalität, d.h. die Stadien gelten für alle Gesellschaften.

Die folgenden Ausführungen geben einen ersten Einblick in Kohlbergs Theorie des ‚moralischen Wachstums':

Kohlbergs psychologisches Modell basiert auf Untersuchungen mit Kindern. Sie wurden mit Geschichten moralisch problematischen Inhalts konfrontiert. Die Kinder sollten sich für die ihrer Meinung nach richtige oder angemessene Lösung entscheiden und ihre Entscheidung begründen. Eine dieser Geschichten ist „Der Fall Heinz“: „Irgendwo in Europa stand eine krebskranke Frau kurz vor dem Tode. Es gab ein Medikament, das sie hätte retten können, eine Radiumverbindung, die ein Apotheker in jener Stadt vor kurzem entdeckt hatte. Der Apotheker verlangt dafür ... [viel Geld], das Zehnfache dessen, was ihn die Herstellung des Medikamentes kostete. Der Mann der kranken Frau, Heinz, bat alle seine Bekannten, ihm Geld zu borgen, aber konnte nur etwa die Hälfte des Preises zusammenbringen. Er sagte dem Apotheker, dass seine Frau im Sterben liege, und bat ihn, ihm das Medikament billiger zu verkaufen oder ihn später bezahlen zu lassen. Aber der Apotheker sagte ‚Nein‘. In seiner Verzweiflung brach der Ehemann in die Apotheke ein und stahl das Medikament für seine Frau. Sollte er das tun? Warum?“ (Kohlberg, 1974).
Die Antworten auf derartige moralische Entscheidungsfragen werden dann von Kohlberg und seinen Mitarbeitern untersucht, und sechs Entwicklungsstadien geben Aufschluss darüber, welchen Stand des moralischen Urteils die befragten Kinder und Jugendlichen erreicht haben. Dabei reicht es nicht, die Antworten unter Verwendung eines objektiven Antwortvordruckes auszuwerten, vielmehr muss der Analytiker besonders geschult sein, da das Beurteilungsschema von ihm ein gewisses Maß an subjektivem Urteil verlangt.
Kohlberg begann seine Untersuchungen Mitte der Fünfzigerjahre an fünfundsiebzig amerikanischen Jugendlichen und führte Folgeuntersuchungen mit ihnen als Erwachsene durch, um mögliche, sich mit den Jahren ergebende Veränderungsstrukturen aufzudecken. Des Weiteren versuchte Kohlbergs Team den Einfluss kultureller Faktoren auf die Entwicklung des moralischen Urteils festzustellen. Er ließ Geschichten, ähnlich dem bereits genannten Fallbeispiel, von Jugendlichen der nordamerikanischen Mittel- und Arbeiterklasse ebenso analysieren wie von Jugendlichen in Mexiko, Thailand, Israel (Kibbuz), Malaysia, Taiwan, in der Türkei usw. Die Ergebnisse bestätigten Kohlberg, dass seine sechs Stadien der moralischen Entwicklung universell gültig, d. h. in allen Kulturen aufzufinden sind, dass aber der Prozentsatz an Jugendlichen unterschiedlichen Alters, die sich in einem bestimmten Entwicklungsstadium befinden, von einer Nation zur anderen schwankt. [...]

Die Stufen und Stadien des moralischen Wachstums
Sich moralisch zu entwickeln, bedeutet nach Kohlbergs System, drei Entwicklungsstufen zu durchlaufen – angefangen bei der *prämoralischen* bzw. *präkonventionellen* Stufe über die *konventionelle* hin zur *postkonventionellen* oder *autonomen* Stufe, die letztlich alle gesellschaftlichen Konventionen hinter sich lässt und auf persönlichen, vom jeweiligen Menschen selbst akzeptierten moralischen Prinzipien fußt. Jede Stufe wiederum besteht aus zwei Stadien, wie aus Tabelle 7.1 ersichtlich wird.

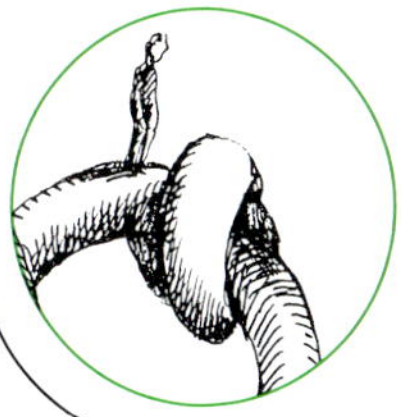

Tabelle 7.1: Beschreibung der Stadien des moralischen Urteils

I. *Präkonventionelle Stufe (prämoralische Stufe).*
Die gesellschaftlichen Regeln darüber, was richtig und was falsch ist, werden befolgt – in Anbetracht ihrer physischen oder hedonistischen Folgen für die Person (Belohnung, Bestrafung, Gefälligkeit) und der machtausübenden Autorität, die die Regeln auferlegt.

Stadium 1. Orientierung an Bestrafung und Gehorsam.
Ob eine Handlung richtig oder falsch ist, hängt davon ab, ob sie Belohnung oder Bestrafung nach sich zieht. Folgt Bestrafung, so hätte anders gehandelt werden sollen.
Folgt keine Bestrafung, so darf so gehandelt werden – ungeachtet des Wertes oder der Bedeutung der Handlung.

Stadium 2. Naiv-instrumentelle oder egoistische Orientierung.
Angemessenes Handeln befriedigt die Bedürfnisse des Individuums, manchmal auch die der anderen. Wie in der freien Marktwirtschaft richten sich die menschlichen Beziehungen nach dem, was sie dem Individuum einbringen – nach dem Motto „Eine Hand wäscht die andere" wird verfahren, aber nicht aus Loyalität, Dankbarkeit oder Gerechtigkeit.

II. *Konventionelle Stufe.*
Das Individuum entspricht den familiären, Gruppen- und staatlichen Erwartungen. Aktiv unterstützt und verteidigt es die bestehende soziale Ordnung.

Stadium 3. „Guter Junge, liebes Mädchen"-Orientierung.
Es wird gehandelt, um anderen zu helfen oder sie zu erfreuen und um Bestätigung zu erfahren. Zum ersten Mal werden individuelle Absichten bedeutsam; „Sie/Er meint es gut".

Stadium 4. „Gesetz und Ordnung"-Orientierung.
Das Individuum tut seine Pflicht, respektiert Autorität und stützt die herrschende soziale Ordnung um ihrer selbst willen.

III. *Postkonventionelle Stufe (autonome Stufe).*
Das Individuum versucht, universelle, gültige moralische Werte herauszufinden, unabhängig davon, welche Autoritäten oder Gruppen ihnen beipflichten und unabhängig davon, ob es sich selbst als zu jenen zugehörig fühlt oder nicht.

Stadium 5. Sozialvertragliche Orientierung.
Gewöhnlich legalistisch und utilitaristisch untermalt wird moralisches Verhalten nun im Sinne allgemeiner individueller Rechte vor dem Hintergrund kritisch überprüfter, von der gesamten Gesellschaft gebilligter Normen definiert. Dies ist die „offizielle" Moral der Verfassung der Bundesrepublik Deutschland und der Regierung. Es wird klar erkannt, dass persönliche Werte und Meinungen relativ sind und dass man sich einigen kann und Gesetze zum Wohle der Allgemeinheit geändert werden können (im Gegensatz zu dem „Einfrieren" von Gesetzen in Stadium 4, weil sie als unantastbar gelten).

Stadium 6. Orientierung an universellen ethischen Prinzipien.
Moralisches Urteilen basiert auf universellen Gerechtigkeitsprinzipien, auf Reziprozität und Gleichheit der Menschenrechte und auf der Achtung der Würde des Menschen als Individuum. Was Recht ist, wird vom individuellen Gewissen im Einklang mit selbst gewählten, allgemeinen ethischen Anschauungen festgelegt.

(umgeformt und vereinfacht nach Kohlberg, 1967 und 1974)

Zusammenfassend sei nochmals darauf hingewiesen, dass Kohlbergs sechs Stadien von einer unteren Stufe moralischen Urteilsvermögens, auf der moralische Entscheidungen noch mit anderen Werturteilen verknüpft sind und Regeln je nach zu betrachtendem Fall verändert werden, fließend in höhere Stufen übergehen, auf denen moralische Werte (Gerechtigkeit und Reziprozität) von anderen getrennt und universelle, auf jeden Menschen zutreffende Prinzipien angewendet werden (vgl. Tabelle 7.2). Als Veranschaulichung für den fließenden Übergang von einer bestimmten zur universellen Regel soll fol-

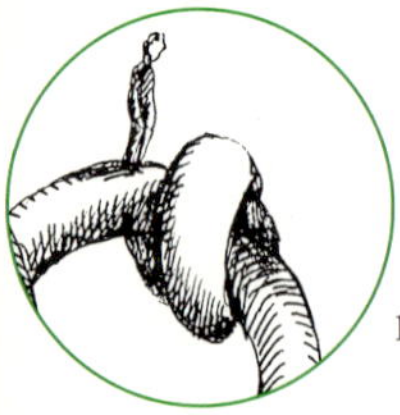

gendes Beispiel dienen. Betrachten wir den Wert des Lebens. Im ersten Stadium wird nur das Leben wichtiger Menschen hoch eingeschätzt, im dritten nur das der Familienmitglieder und im letzten und sechsten Stadium gilt alles Leben moralisch als gleichermaßen wertvoll (Kohlberg, 1971).

Tabelle 7.2: Übersicht über Kohlbergs Stadien der moralischen Entwicklung

Geburt — Lebensalter in Jahren:

2	6	10	12	21	35 u. älter*
Orientierung an Bestrafung und Gehorsam (heterogene Moralität)	Naiv-instrumentelle oder egoistische Orientierung (instrumenteller Austausch)	„Guter Junge, liebes Mädchen" - Orientierung (gegenseitige zwischenmenschliche Beziehungen)	„Gesetz und Ordnung"-Orientierung (soziales System und soziales Gewissen)	Sozialvertragliche Orientierung (individuelle Rechte)	Orientierung an universell-ethischen Prinzipien
1. Stadium	2. Stadium	3. Stadium	4. Stadium	5. Stadium	6. Stadium
Präkonventionelle Stufe		**Konventionelle Stufe**		**Postkonventionelle Stufe**	

* Die Altersangaben sind Richtwerte nach Fowler, 1981

(R. Murray Thomas/Birgitt Feldmann, Die Entwicklung des Kindes [aus dem Amerikanischen übersetzt von Birgitt Feldmann], Beltz Verlag, Weinheim und Basel 1994 [4. Auflage], S. 171ff.)

1. Grundlagen moralischen Urteilens sind Normen, die zur Rechtfertigung moralischer Entscheidungen herangezogen werden. L. Kohlberg und seine Mitarbeiter machten folgende Bereiche aus:

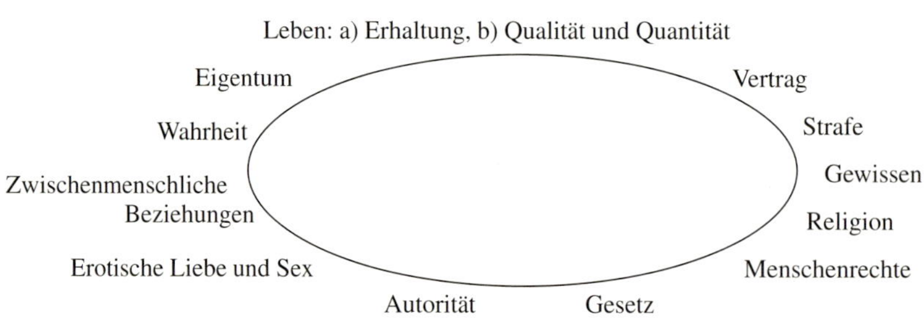

(A. Colby und L. Kohlberg, The measurement of moral judgment, Vol. 1: Theoretical foundations and research validation, Cambridge University Press 1987, zit. nach: Uwe Gielen, Kohlbergs Theorie der moralischen Entwicklung, in: Lisa Kuhmerker/Uwe Gielen/Richard L. Hayes, Lawrence Kohlberg, Kindt Verlag, München 1996, S. 41)

Setzen Sie sich mit dem ‚Heinz-Dilemma' nach der gleichen Methode wie bei dem Sharon-Dilemma auseinander und untersuchen Sie die zugrunde liegenden Normen.
Zwischen welchen Normen entsteht ein besonders großes Spannungsfeld?

2. Bilden Sie zu jedem Stadium des moralischen Urteilens eine Expertengruppe.
Je nach gemeinsamer Absprache können auch die folgenden Aufgaben und kann der nachfolgende Text in Gruppen selbstständig bearbeitet werden.
Anschließend kann ein expertenbezogener Austausch entsprechend der Jigsaw-Methode stattfinden.

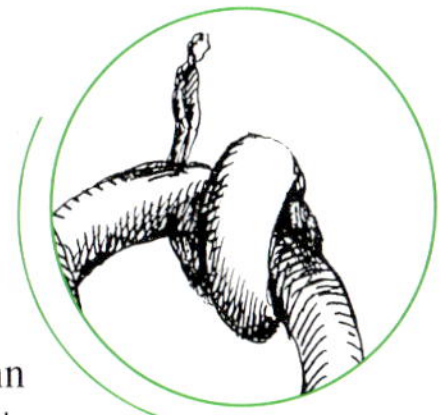

3. Diskutieren Sie:
Auf welchen Ebenen könnte man die folgenden Begründungen einordnen:
„Heinz soll das Medikament stehlen, weil der Apotheker kleinlich ist und es ihm recht geschieht, bestohlen zu werden."
„Heinz soll das Medikament nicht stehlen, weil es zur Missachtung des Gesetzes führt, wenn man das Gesetz selber in die Hand nimmt." (Vgl. auch: Uwe Gielen, Kohlbergs Theorie der moralischen Entwicklung, in: Lisa Kuhmerker/Uwe Gielen/Richard L.Hayes, Lawrence Kohlberg, Kindt Verlag, München 1996, S. 49ff.)
‚Eigentum verpflichtet. Sein Gebrauch soll zugleich dem Wohle der Allgemeinheit dienen.' (Art. 14 II GG)
‚Eine Hand wäscht die andere'.
‚Was du nicht willst, was man dir tu, das füg' auch keinem anderen zu!'

4. Nehmen Sie Stellung: ‚Der Mensch ist gut!' bzw. ‚Der Mensch wird gut'.

Methode — Die Jigsaw-Methode

Ein Oberthema wird in Unterthemen aufgeteilt und von den Gruppen der Klasse bzw. des Kurses arbeitsteilig bearbeitet.

Beispiel: Eine Gruppe besteht aus 20 Schülerinnen und Schülern, es gibt vier Unterthemen.

1. Phase: Es werden vier Gruppen mit je fünf Teilnehmern gebildet:

Gruppe A: A1, A2, A3, A4, A5,
Gruppe B: B1, B2, B3, B4, B5,
Gruppe C: C1, C2, C3, C4, C5,
Gruppe D: D1, D2, D3, D4, D5.

Statt eines Plenums tritt eine zweite Gruppenarbeitsphase ein:

2. Phase: Die je fünf Personen der Gruppen A bis D verteilen sich so auf neue Gruppen, dass in den neuen Gruppen nur je eine Person aus der ‚alten' Gruppe sitzt.

Gruppe 1 neu: A1, B1, C1, D1,
Gruppe 2 neu: A2, B2, C2, D2,
...
Gruppe 5 neu: A5, B5, C5, D5.

A jigsaw classroom is not a loose, „anything goes" situation. It is highly structured. Interdependence is required. It is the element of ‚required' interdependence among students that makes this a unique learning method, and it is the interdependence that encourages to take an active part in their learning. [...] Within the cooperative paradigm, the teacher learns to be a facilitating resource person, and shares in the learning and teaching process with the students instead of being the sole resource.

(Eliot Aronson/Shelley Patnoe, The Jigsaw Classroom – Building Cooperation in the Classroom, Longman, New York 1997, S. 11)

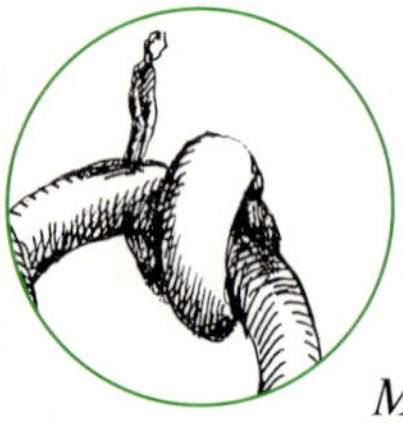

Moralstufen und Moralerwerb

In Entsprechung zu den drei Hauptniveaus des moralischen Urteils postulieren wir drei Hauptniveaus der sozialen Perspektive:

Moralisches Urteil		*Soziale Perspektive*
I.	Präkonventionell	Konkret-individuelle Perspektive
II.	Konventionell	Perspektive eines Mitglieds der Gesellschaft
III.	Postkonventionell bzw. prinzipienorientiert	Der Gesellschaft vorgeordnete Perspektive

[...] Die konventionelle Ebene unterscheidet sich z.B. von der präkonventionellen durch die Verwendung der folgenden Begründungen: Besorgt-Sein um (1) soziale Zustimmung, (2) um die Loyalität gegenüber Personen, Gruppen und der Autorität und (3) um das Wohlergehen anderer und der Gesellschaft. Wir müssen die Frage stellen, was diesen Charakteristika des Urteilens zugrunde liegt und sie zusammenhält. Es ist die Sozialperspektive, eine gemeinsame Sichtweise der Partner einer Beziehung oder der Mitglieder einer Gruppe, die die Besonderheiten des Denkens auf der konventionellen Ebene in grundlegender Weise definiert und vereinheitlicht. Das konventionelle Individuum ordnet die Bedürfnisse des Einzelnen dem Standpunkt und den Bedürfnissen der Gruppe oder der gemeinsamen Beziehung unter. Zur illustrativen Veranschaulichung der konventionellen Sozialperspektive mag die Antwort des 17-jährigen Joe auf folgende Frage dienen:

F: Warum sollte man keinen Ladendiebstahl begehen?

A: „Das ist eine Frage des Gesetzes. Zu unseren Regeln gehört, dass wir versuchen, jedermann zu schützen, das Eigentum zu schützen, nicht nur ein Geschäft. So etwas benötigt man in unserer Gesellschaft. Wenn wir diese Gesetze nicht hätten, würden die Leute stehlen, sie müssten nicht für ihren Lebensunterhalt arbeiten, und unsere ganze Gesellschaft würde kaputtgehen."

Joe sorgt sich um die *Einhaltung der Gesetze,* und der Grund für seine Sorge ist, dass ihm *am Wohl der Gesellschaft als ganzer* gelegen ist. Er redet unzweideutig als Mitglied der Gesellschaft: „Es ist eine *unserer* Regeln, die *wir* zum Schutze eines jeden in *unserer* Gesellschaft erlassen." Diese Sorge um das Wohl der Gesellschaft ergibt sich daraus, dass er den Standpunkt von „uns Mitgliedern der Gesellschaft" einnimmt, der den Standpunkt von Joe als einem konkreten, individuellen Selbst übersteigt.
Lassen Sie uns *diese konventionelle Perspektive eines Mitglieds der Gesellschaft* mit der *präkonventionellen, konkret-individualistischen Perspektive* vergleichen. Letztere ist die Sichtweise der individuell Handelnden, die in der gegebenen Situation über die eigenen Interessen und die anderer, deren Wohl ihnen am Herzen liegt, nachdenken. Sieben Jahre früher, als er 10 Jahre alt war, hatte Joes Antwort auf die gleiche Frage die konkret-individuelle Perspektive verkörpert:

F: Warum sollte man in einem Laden nichts stehlen?

A: „Es ist nicht gut, in einem Laden zu stehlen. Das verstößt gegen das Gesetz. Irgendjemand könnte dich beobachten und die Polizei holen."

„Gegen das Gesetz" zu verstoßen, bedeutet also auf den beiden Ebenen ganz etwas Verschiedenes.

(Lawrence Kohlberg, Moralstufen und Moralerwerb: Der kognitiv-entwicklungstheoretische Ansatz (1976), in: Lawrence Kohlberg, Die Psychologie der Moralentwicklung, herausgegeben von Wolfgang Althof unter der Mitarbeit von Gil Noam und Fritz Oser, Suhrkamp Verlag, Frankfurt/M. 1995, S. 133ff.)

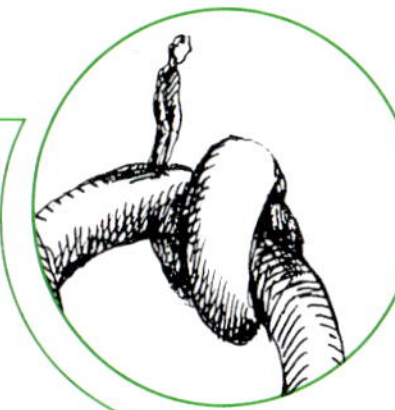

1. Ordnen Sie das folgende Beispiel ein:
   F: Warum sollte man keinen Ladendiebstahl begehen?
   A: „Man verletzt damit die Rechte einer anderen Person, in diesem Fall ihr Recht auf Eigentum.“
   Diskutieren Sie diese Frage auch in Ihrem Kurs und reflektieren Sie Ihre Antworten.
2. Setzen Sie sich mit der folgenden Episode auseinander:
   Der amerikanische Pädagoge Scharf schildert folgendes Erlebnis mit seiner Tochter:

   „Meine 5-jährige Tochter badet mit ihrem 2-jährigen Bruder Sage, als ich an das Telefon gerufen wurde. Während dieser Zeit versank Sage im Badewasser, wurde aber von seiner Schwester wieder herausgezogen. Als ich zurückkam und sah, dass eine Beinahe-Katastrophe vermieden war, sagte ich meiner Tochter, wie froh ich sei, dass sie schon groß genug ist, um ihren Bruder zu retten. Darauf ihre Antwort: ‚Ich hab's gemacht, weil du mir kein Eis mehr gekauft hättest, wenn Sage etwas passiert wäre‘.
   (Zit. nach: Aufenanger/Garz/Zutavern, Erziehung zur Persönlichkeit, Kösel Verlag, München 1981, S. 57)
3. Diskutieren Sie die folgenden Aussagen Kohlbergs entsprechend der Fish-Bowl-Methode und leiten Sie Konsequenzen für das Verhalten eines Erziehenden ab, der zur Förderung der Moralentwicklung beitragen will:

   Erstens gibt es letztlich nur eine Tugend, nicht mehrere, und sie besitzt immer die gleiche ideale Gestalt, unabhängig von dem herrschenden Zeitgeist oder der Kultur.
   Zweitens ist der Name dieser idealen Gestalt Gerechtigkeit.
   Drittens gibt es nur ein Gutes, und Tugend ist Wissen um das Gute. Wer um das Gute weiß, wählt das Gute.
   Viertens ist die Art des Wissens um das Gute, das gleichzeitig Tugend ist, ein philosophisches Wissen oder eine Intuition von der idealen Gestalt des Guten; es handelt sich dabei nicht um eine richtige Meinung oder die Anerkennung konventioneller Ansichten.
   Fünftens kann das Gute dann wohl gelehrt werden, aber die Lehrer müssen gewissermaßen die Könige unter den Philosophen sein.
   Sechstens kann das Gute gelehrt werden, weil wir von Beginn an eine dunkle Ahnung oder eine Kenntnis auf niederer Ebene davon besitzen; das Gute lehren heißt eher, es hervorzurufen als dazu anzuleiten.
   Siebtens liegt der Grund für die Annahme, das Gute könne nicht gelehrt werden, in dem Umstand, dass das gleiche Gute auf unterschiedlichen Ebenen unterschiedlich gesehen wird und direkte Anweisungen nicht über verschiedene Ebenen hinweg gegeben werden können.
   Achtens besteht folglich das Lehren der Tugend darin, Fragen zu stellen und den Weg zu weisen, nicht darin, Antworten zu geben. Moralische Erziehung heißt, Menschen zu Höherem zu führen, nicht, ihren Geist mit Wissen zu füllen, das vorher nicht vorhanden war.
   (L. Kohlberg, Essays on moral development, Vol. 1: The psychology of moral development, New York: Harp&Row 1981, S. 30, zit. nach: Uwe Gielen, Kohlbergs Theorie der moralischen Entwicklung, in: Lisa Kuhmerker/Uwe Gielen/Richard L.Hayes, Lawrence Kohlberg, Kindt Verlag, München 1996, S. 56)

Methode — Fish-Bowl (4 + 1 für alle)

Vier Mitglieder des Kurses diskutieren […] nach einem vorgegebenen inhaltlichen Aspekt. Sie bilden dazu einen kleinen Stuhlkreis. Alle anderen sitzen um sie herum. Im Kreis der vier Teilnehmer steht ein fünfter leerer Stuhl. Während des Gesprächs haben die Teilnehmer aus dem Außenkreis das Recht, sich auf diesen Stuhl zu setzen, um Aspekte einzubringen, die die vier noch nicht erwähnt haben. Haben sie ihr Anliegen jeweils dargestellt, so wechseln sie zurück in den großen Teilnehmerkreis.

(Peter Brauneck/Rüdiger Urbanek/Ferdinand Zimmermann, Methodensammlung, Verlag für Schule und Weiterbildung, Soest 1996, Karte 081)

Stufen der Entwicklung: Gemeinsamkeiten zwischen Lawrence Kohlberg und Jean Piaget:

Die erste Stufe Kohlbergs betrachte ich als Ergebnis einer ersten Form des Subjekt-Objekt-Gleichgewichts, bei dem die Wahrnehmungen (soziale oder materielle) noch ‚auf der Seite' des Subjekts sind. Kinder der vor-operativen Ebene Piagets geben merkwürdige Antworten auf Fragen, bei denen die über die Wahrnehmung hinausreichende Beständigkeit von Gegenständen erfasst werden muss, weil sie nicht die Rolle ihrer Wahrnehmungen annehmen und dabei gleichzeitig sie selbst sein können; sie können nicht jemand von ihren Wahrnehmungen Verschiedenes sein. Kohlbergs Stufe 1 ergänzt die Befunde Piagets für den sozialen Bereich: Das Kind ist unfähig, zwischen dem anderen und seiner Wahrnehmung des anderen zu unterscheiden, es kann nicht die eigene Wahrnehmung zurückstellen und den anderen so sehen, wie er aufgrund seiner eigenen Eigenschaften ist.

Piaget erzählte Kindern der vor-operativen und der konkret-operativen Phase folgende Geschichte (1948): Einem kleinen Jungen war von der Mutter verboten worden, ihre besonders zerbrechlichen Tassen anzufassen. Er aber nahm eine der Tassen in die Hand und ließ sie absichtlich fallen, so dass sie zersprang. Ein anderer kleiner Junge hatte kein solches Verbot erhalten: um seiner Mutter zu helfen, wollte er ein Tablett mit zwölf Tassen zu ihr bringen. Aus Versehen ließ er das Tablett fallen, und alle Tassen gingen kaputt. „Sind diese Jungen beide gleich schlimme Übeltäter (la même chose vilain)?", fragte Pia-

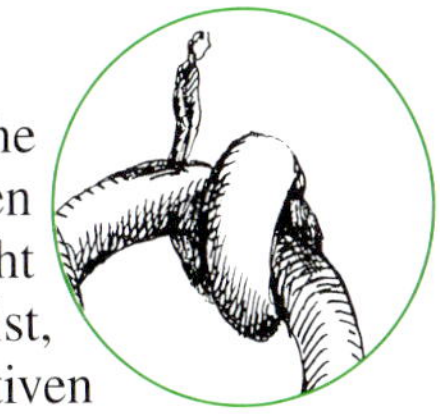

get. Wenn nicht, „welcher der Jungen ist der Schlimmere und warum?“ Manche der befragten Kinder hielten den ersten Jungen für den Schlimmeren, andere den zweiten, aber diese Unterschiede waren keinesfalls zufällig. Kinder, die nicht erkennen, dass in den verschiedenen Bechern die gleiche Flüssigkeitsmenge ist, oder bei denen auf sonstige Weise deutlich wird, dass sie noch dem vor-operativen Denken verhaftet sind, meinen gewöhnlich, der Junge, der die zwölf Tassen zerbrochen hat, sei der Schlimmere; für Kinder der konkreten Ebene ist der erste Junge der Schlimmere. [...]

Wechselseitige Rollenübernahme ist Voraussetzung dafür, dass man Übereinkünfte wie die goldene Regel verstehen kann. In Selmans ausgezeichneten Untersuchungen über soziale Urteilsbildung und Rollenübernahme wurden Kinder auch zur goldenen Regel befragt – was das ist, was sie besagt, ob es eine gute Regel ist und warum. Er fand, dass Kinder der konkret-operativen Stufe die Regel fehlerfrei aufsagen konnten. Fragte man sie jedoch, was man dieser Regel zufolge machen sollte, wenn jemand kommt und dich schlägt, so antworteten sie meistens: „Zurückschlagen. Tue dem anderen, was er dir tut.“ (Eine Parallele dazu findet man auf einer anderen Entwicklungsstufe und in einem anderen Bereich der Bedeutungsbildung: Kinder der vor-operativen Stufe können ihre eigene rechte und linke Hand unterscheiden. Stellen wir uns aber vor sie und fragen, welches unsere linke Hand ist, so fallen ihre Antworten merkwürdig aus.)

Eines der von Selman untersuchten Kinder bringt besonders schön zum Ausdruck, welche Mühen es kostet, die goldene Regel in ihrer Komplexität zu verstehen, wenn man sich gerade erst von der Gebundenheit an das Konkrete gelöst hat und noch mit den neuen Zusammenhängen kämpft, die nun erkannt werden können:

„Also, die goldene Regel ist die beste Regel; denn wenn man reich wäre, könnte man träumen, man wäre arm und wie das ist. Der Traum könnte dann wieder in unseren Kopf zurückgehen, und wir können uns an ihn erinnern und helfen, entsprechende Gesetze zu machen.“

(Robert Kegan, Die Entwicklungsstufen des Selbst, Kindt Verlag, München 1994, S. 78, 82, 86)

1. Verdeutlichen Sie sich an anderen Beispielen den Zusammenhang der Stadien nach dem Modell von Piaget und Kohlberg.
2. Vergleichen Sie die nachfolgende Aussage Kohlbergs mit der konstruktivistisch orientierten Sichtweise Piagets:

„Jeder dieser verschiedenen und in der Abfolge festgelegten Denkmodi bildet eine ‚strukturelle Einheit‘. Eine für eine bestimmte Stufe charakteristische Beurteilung eines Problems stellt nicht einfach eine spezifische Reaktion dar, die von Wissen um und Vertrautheit mit dem jeweiligen Problem oder ähnlichen Situationen geprägt ist; vielmehr repräsentiert sie eine grundlegende Denkorganisation. Damit ist impliziert, dass die verschiedenen Aspekte der stufenförmig angeordneten Strukturen als konsistente Reaktionsgruppen in der Entwicklung auftreten sollten.
Die Stufen stellen eine Hierachie zunehmend umfassender Systeme dar. Wie bereits gesagt, bilden die Stufen eine Ordnung von zunehmend differenzierteren und umfassenderen Strukturen, die eine gemeinsame Funktion erfüllen. Dementsprechend ersetzen (oder besser gesagt umfassen) höhere Stufen die auf niedrigeren Stufen angesiedelten Strukturen.“

(A. Colby/L. Kohlberg [1987], The measurement of moral judgement, Vol. 1, S. 6–7, zit. nach: Uwe Gielen, Kohlbergs Theorie der moralischen Entwicklung, in: Lisa Kuhmerker/Uwe Gielen/Richard L. Hayes, Lawrence Kohlberg, Kindt Verlag, München 1996, S. 37)

Lawrence Kohlberg wurde am 25.10.1927 in New York geboren. Er hatte ein sehr bewegtes Leben:

Im Herbst 1945 traf ich in Europa als Mannschaftsmitglied der Handelsmarine der Vereinigten Staaten ein. Als Sohn eines jüdischen Vaters war ich nicht nur von der durch den Krieg angerichteten Zerstörung von Gebäuden und Menschenleben erschüttert, sondern

auch von der Begegnung mit der Not der Überlebenden des Holocaust oder Völkermordes, den die Nazis an Juden, Zigeunern und anderen nichtarischen Gruppen begangen hatten. Hier fand ich nicht nur Zerstörung und Grauen, sondern eine Ungerechtigkeit, wie sie die Welt noch nie gesehen hatte.

Ich leistete rasch meine Dienstzeit bei der amerikanischen Handelsmarine ab und meldete mich dann als Freiwilliger für die unbezahlte Arbeit als Maschinist auf Schiffen, die jüdische Flüchtlinge illegal durch die britische Blockade schmuggelten und nach Palästina brachten, das damals unter britischem Mandat stand. Ich hatte keine moralischen Skrupel, ein britisches Gesetz zu brechen, das gegenüber jüdischen Überlebenden des Holocaust ungerecht war. Diese Menschen waren in Lagern für Verschleppte (displaced persons) untergebracht, und es gab kein Heimatland für sie, in das sie hätten zurückkehren können. Ich war glücklich, als ich sah, wie 2000 Flüchtlinge unser kleines Schiff bestiegen. […]

Die britischen Marine- und Seetruppen keilten unser Schiff ein, setzten Tränengas und Dampf ein, knüppelten sich den Weg zu den Steuer- und Maschinenräumen frei und stoppten das Schiff. Mehrere Kinder kamen in dem Handgemenge ums Leben, obwohl die Briten sich bemühten, unnötige Gewalt zu vermeiden. Ich selbst, meine Mannschaftskameraden und die Flüchtlinge wurden in ein britisches Gefangenenlager auf Zypern gebracht. Die Hagana half uns, von Zypern nach Palästina zu fliehen, und versorgte uns mit gefälschten Papieren. Die Zeit, die wir warten mussten, bis es sicher war, das Land mit den gefälschten Papieren zu verlassen, verbrachte ich mit einigen Kameraden von der Schiffsmannschaft in einem Kibbuz. Dann ging ich auf ein anderes Schiff, das von Amerika über Europa nach Palästina kam. […] Meine Erfahrungen mit der illegalen Auswanderung nach Israel warfen eine Reihe moralischer Fragen auf, die ich als Probleme der Gerechtigkeit betrachtete. War es richtig oder gerecht, zur Erreichung eines politischen Zieles Gewalt zu gebrauchen und den Tod zu riskieren? […] Wann ist es zulässig, Gewalt als Mittel für vermeintlich gerechte Ziele einzusetzen? […]

Der israelische Kibbuz repräsentierte für mich ein Ideal sozialer Gerechtigkeit, das ich nur bewundern konnte; aber verlangte man von mir wirklich, dass ich diesem Ideal folgte, oder konnte ich gemäß den vertrauteren und leichter zu erfüllenden Ansprüchen meines amerikanischen Heimatlandes leben? Letzten Endes handelte es sich bei diesen Fragen um Fragen der ethischen Relativität. Gab es eine universelle Moral, oder waren alle moralischen Entscheidungen relativ, das heißt von der Kultur oder von den eigenen persönlichen und gefühlsmäßigen Neigungen abhängig?

(L. Kohlberg, Meine persönliche Suche nach universeller Moral, Vortrag Kohlbergs, gehalten im Oktober 1985 am Institute of Moralogy, Tokio, Japan, zit. nach: Lisa Kuhmerker/Uwe Gielen/Richard L. Hayes, Lawrence Kohlberg, Kindt Verlag, München 1996, S. 21 ff.)

Lawrence Kohlberg wählte am 17.1.1987 im Angesicht einer unheilbaren Krankheit den Freitod.

1. Informieren Sie sich über weitere biografische Aspekte. Suchen Sie nach Hinweisen, warum Kohlberg sich gerade so intensiv mit einer Theorie zur moralischen Entwicklung beschäftigt hat.
2. Setzen Sie sich mit den im Text gestellten Fragen auseinander.

(Foto: Archiv/INTERFOTO)

Kritische Anmerkungen

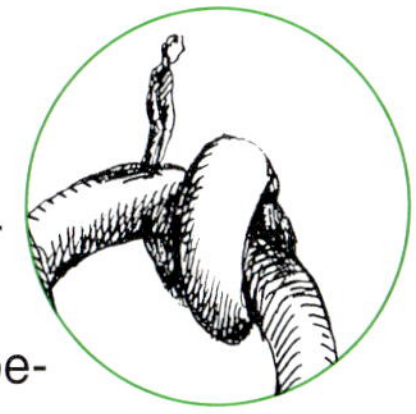

Zu Kohlbergs Theorie wurden im Lauf der Zeit immer wieder kritische Anmerkungen gemacht, von denen hier einige genannt werden:

- Kohlberg geht es in erster Linie um den Aufbau moralischer Urteilskompetenz, ihm geht es dabei mehr um Strukturen als um Inhalte.
  Die Dilemmata sind allgemein und wenig auf die jeweilige Person bezogen. Z.B. könnte die Frage: „Sollte ein Arzt jemanden, der todkrank ist, aus Mitleid töten?" auch anders gestellt werden: „Sollte ein Arzt mich töten, wenn ich todkrank bin?"
- Kohlberg geht von der Annahme aus, dass jeder Handlung ein moralisches Urteil vorausgeht – oft wird aber erst gehandelt, dann geurteilt! Zudem lassen sich die Stadien kaum trennscharf unterscheiden.
- Die Skala gibt vor, ein umfassendes Bild moralischen Urteilens wiederzugeben, welches die Zielperspektive einer höheren Stufe hat. Die Verfügbarkeit über ein stufenübergreifendes Spektrum moralischer Urteilsfähigkeit kann aber auch sehr hilfreich für Entscheidungen in einer bestimmten Situation sein und ein moralisch abgewogenes Urteil erst ermöglichen.
- Empathiefähigkeit und die Fähigkeit zur Rollenübernahme sind eine wichtige Voraussetzung zum Lösen von Dilemmasituationen – das Individuum mit seinen persönlichen Voraussetzungen und seiner Kompetenz zur Interaktion wird nicht genügend berücksichtigt.
- Die Förderung des moralischen Urteilens und auch die Moralerziehung ist sehr stark abhängig von der Kompetenz des Erziehers:
  Er muss die vom Kind erreichte Stufe erkennen und eine jeweils höher liegende Problemsituation bei den Kindern erzeugen, die diese auch anspricht, will er eine Weiterentwicklung moralischen Urteilens anregen.
- „Moralentwicklung vollzieht sich nicht durch oder dank Moralerziehung, nicht einfach in der Konfrontation mit einer Normerwartung. Die zu moralischem Urteil führende sozialisatorische Wirkung von Familie und Schule wird durch die Erfahrung der Diskrepanzen zwischen Sollen und Sein, Anspruch und Wirklichkeit mitbestimmt. Einspruch dagegen meldet sich vor allem während der Pubertät an. Aber schon vorher und nachher besteht die Leistung der Heranwachsenden vor allem darin, solche Diskrepanzen miteinander zu vermitteln bzw. die in den Normen deutlich werdende Widersprüchlichkeit aufzulösen, sie am Ende womöglich selbst völlig wegzuarbeiten."
  (Andreas Gruschka, Wie lernt man, kalt zu werden?, in: Pädagogische Korrespondenz, Heft 19, Frühjahr 1997, S. 44)
- Die Hintergründe der moralischen Dilemmasituationen werden nicht reflektiert und auch nicht direkt zur Betrachtung herangezogen. So ließe sich beim Heinz-Dilemma fragen, warum der Apotheker überhaupt in eine solche Schlüsselrolle gelangt und welche gesellschaftlichen Normen und Werte diese ermöglichen.

Setzen Sie sich in Gruppen mit diesen Kritikpunkten arbeitsteilig auseinander.

Pädagogische Anwendung

Unterstützende und begleitende Maßnahmen für den Entwicklungsweg von Kindern

Wie gut – so könnte man an jedem Punkt der Lebensentwicklung fragen – erfüllt die einbindende Kultur für einen bestimmten Menschen ihre Funktionen der *Bestätigung*, des *Widerspruchs* und der *Fortdauer*?

Kümmert sich die *mütterliche Kultur* um das Neugeborene – bietet sie ihm eine warme, enge, behagliche körperliche Beziehung, kann sie die völlige Abhängigkeit des Kindes von dieser Kultur und seine Verschmelzung mit ihr anerkennen? [...]

Kann die elterliche Kultur die kindliche Fantasietätigkeit anerkennen und fördern; akzeptiert sie die intensiven Liebes- und Rivalitätsbeziehungen des Kindes innerhalb der Familie, kann sie die psychische Abhängigkeit des Kindes vom Wirken der Eltern innerhalb der Familie und seine Verschmelzung mit ihnen anerkennen? Wird die elterliche Kultur zur gegebenen Zeit die Ablösung des Kindes aus diesem Eingebundensein erkennen und unterstützen; beginnt sie, das Kind für seine eigenen Verhaltensweisen verantwortlich zu machen und den Ursprung der Gedanken und Gefühle des Kindes ihm selbst zuzuschreiben? [...]

Kann die *rollenanerkennende Kultur* die kindlichen Versuche, Selbstgenügsamkeit, Kompetenz und Rollendifferenzierung zu erproben und zu verwirklichen, unterstützen und anerkennen; bietet die Familie oder Schule dem Kind Gelegenheit, im öffentlichen Leben dieser Institutionen zu sprechen und erhört zu werden, besonders was seine eigenen Entscheidungen angeht; gibt sie ihm die Möglichkeit, persönliche Verantwortung, eigene Vorstellungen und selbstständige Kontrolle zu entwickeln (zum Beispiel, indem die Eltern dem Kind eine Armbanduhr kaufen oder ihm Taschengeld geben, indem sie dem Kind erlauben, seine Kleidung auszuwählen, morgens von alleine aufzustehen)? Versucht die Familie oder Schule mindestens einen Bereich zu entdecken und zu fördern, der dem Kind ständig Gelegenheit bieten wird, sich als erfolgreich zu zeigen – sei es Sport, Kunst, Wissenschaft oder Unternehmungsgeist erfordernde Aktivitäten? [...] Wird diese Kultur zum angemessenen Zeitpunkt die Ablösung des Jugendlichen aus seinem Eingebundensein erkennen und unterstützen, [...] zeigt sie Interesse an Aussagen über innere Zustände anstatt über äußere Gegebenheiten; kann sie tolerieren, im Zuge des Aufbaus einer neuen Identität und neuer Identifikationen relativiert zu werden? [...]

Kann die *Kultur der Wechselseitigkeit* an den inneren subjektiven Zuständen, Stimmungen, Gefühlen und geheimsten Gedanken eines Menschen Anteil nehmen? Wird sie darauf bestehen, den anderen als eigenständige Person zu sehen, ohne dabei die Möglichkeit und den Wert der Nähe infrage zu stellen; verlangt sie vom Partner, die Verantwortung für seine eigenen Unternehmungen und Entscheidungen zu übernehmen, für die eigene psychologische Selbstdefinition, und ist sie bereit, sich im Interesse dieser neu auftauchenden, persönlichen Autorität des anderen relativieren zu lassen? [...]

Kann die *Kultur der Selbstgestaltung* die Äußerungsformen der psychologischen Selbstdefinition eines Menschen anerkennen und fördern, bestätigt sie das wachsende Gefühl des Menschen, selbst der Ursprung seiner Bedeutung und Ziele zu sein? [...] Ist die Kultur der Ideologie bereit, sich zugunsten eines übergreifenden Bezugsrahmens relativieren zu lassen, der die gemeinsame Grundlage verschiedener Formen, Systeme und Organisationen bildet und sie von einem übergeordneten Standpunkt aus reguliert? Werden die ideologischen Stützen gerade dann verfügbar bleiben, wenn der Mensch seine Identifikation mit ihnen aufgibt, bleibt ihm der Arbeitsplatz erhalten, ist sein Körper weiterhin gesund, lässt ihn der Partner nicht im Stich?

Kann die *Kultur der Intimität* die Ausdrucksformen der Interdependenz (sogar einer interdependenten Selbstdefinition) anerkennen und fördern, kann sie den Mensch darin unterstützen, das formgebundene unabhängige Selbst preiszugeben (und mit ihm zu spielen), die Identitäten zu kontrapunktieren?

(Robert Kegan, Die Entwicklungsstufen des Selbst, Kindt Verlag, München 1994, S. 334–337)

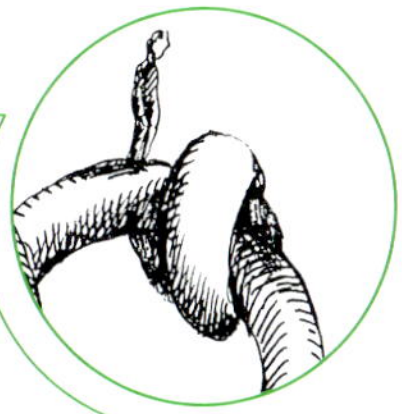

1. Ordnen Sie den hier formulierten Fragen die Funktionen der ‚einbindenden Kulturen' zu. Formulieren Sie weitere, den einzelnen ‚Kulturen' zugehörige Fragen!
2. Versuchen Sie Antworten auf die Fragen zu geben. Diskutieren Sie dazu auch praktische Beispiele aus dem Erziehungsalltag.
(Vgl. Sie auch die Anregung zur Erstellung eines Elternratgebers im Abschnitt: Projektvorschlag zum selbstständigen Weiterarbeiten.)
3. Sind die hier gestellten Fragen hilfreich für die eigene Entwicklung?
Suchen Sie für die Zeichnung einen Titel und gestalten Sie sie mit Ihrer Fantasie weiter aus.

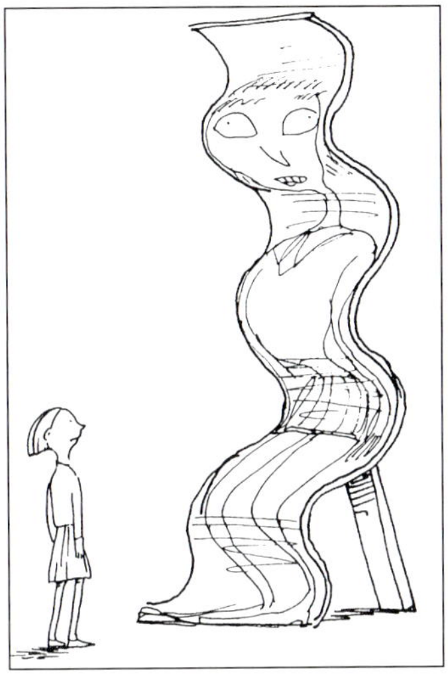

(Zeichnung: Michèle Lemieux, Gewitternacht, Beltz Verlag, Weinheim und Basel 1997, Programm Beltz & Gelberg, Weinheim)

Förderung moralischer Kompetenzen

Kohlberg hat besonders seit 1985 immer wieder Schulen unterstützt, die sich um die Förderung eines verantwortungsbewussten moralischen Handelns bemühten. Innerhalb eines solchen Schulprojektes wurde im Rahmen des Unterrichtsangebotes ein Cluster von Kursen angeboten – daher hießen solche Schulen auch Cluster-Schulen –, die Raum für Moraldiskussionen und für die Schaffung demokratischer Schulstrukturen ermöglichen sollten. Kohlberg und seine Mitarbeiter erstellten Kursmaterial, sie traten aber auch als Berater auf, wie der folgende Bericht verdeutlicht:

Die Berichte über die Cluster-Schulen illustrieren, wie sehr Kohlberg darauf bestand, dass Schulregeln eingehalten wurden. Ein Beispiel handelt von einem Vorfall, der sich ereignete, als Schüler der Cluster-Schule zu einer Filmvorführung an der Harvard University eingeladen worden waren. Man hatte sich demokratisch darauf geeinigt, dass im Zuschauerraum nicht geraucht werden sollte. Sobald das Licht ausging, begannen einige Schüler zu rauchen. Die Lehrer sagten nichts, aber Kohlberg veranlasste, dass die Filmvorführung unterbrochen wurde, und trat mit den Lehrern zur Beratung in den Flur hinaus. Man war sich einig, dass es den demokratischen Prozess unterlaufen würde, wenn man die Schüler Regeln übertreten ließ, ohne darauf zu reagieren.
Dieser Vorfall verdeutlicht auch die Beziehung zwischen den Vertretern einer Sache und der Rolle des Beraters. Als Berater vertrat Kohlberg gegenüber dem Lehrpersonal einen Standpunkt, der auf dem Modell der gerechten Gemeinschaft gründete. Die Lehrer wiederum, die mit diesem Standpunkt übereinstimmten, vertraten gegenüber den Schülern einen Standpunkt hinsichtlich der Bedeutung, die dem Einhalten sozialer Abmachungen zukommt. In diesem Interventionsmodell wartet der Berater nicht, bis er gefragt wird; er nimmt gegenüber dem Lehrpersonal eine aktiv eingreifende Rolle ein.

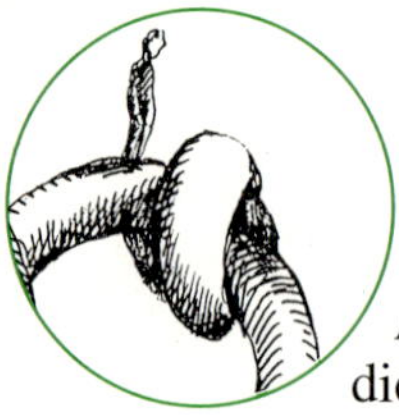

Das Problem des Drogenkonsums war der härteste Test, ob die Cluster-Gemeinschaft lernen konnte, eigene Regeln aufzustellen und einzuhalten. Es machte den Schülern keine Schwierigkeiten, im Rahmen demokratischer Abstimmungen Regeln aufzustellen, vorausgesetzt, sie konnten erwarten, dass die Lehrer auf deren Einhaltung achteten. Was dem Erreichen des Ziels der Selbstregulation am meisten im Wege stand, war das ungeschriebene Gesetz, Mitschüler nicht zu verpetzen:

„Wenn jemand eine Regel übertritt, ohne dass du davon persönlich verletzt wirst oder betroffen bist, dann überlasse das Aufdecken dieser Übertretung den Autoritäten. Verrate niemanden, es sei denn, der andere verrät dich. In diesem Licht gesehen ist fast jede durch Schüler erfolgende Regelüberwachung ein Akt von Petzen. Die einzige Möglichkeit, diese Art der Wahrnehmung zu ändern, besteht darin, die Mehrheit der Schüler zu der Einsicht zu führen, dass es bei einer von ihnen selbst ausgeübten Regelüberwachung darum geht, dass eine Gruppe von Leuten die Gemeinschaft schützt, indem sie gemeinsam auf das Einhalten ihrer Abmachungen achten und demjenigen, der eine Regel bricht, helfen, ein besseres Mitglied der Gemeinschaft zu werden. Die Teilnahme an Gruppensitzungen sollte zu solcher Uminterpretation erziehen, da die Gruppenmitglieder hier lernen können, Verhaltensprobleme vom Standpunkt ihrer Wirkung auf die Gemeinschaft aus zu betrachten und nicht nur als Akt eines Individuums zu sehen, der Folgen für ein anderes Individuum haben mag oder auch nicht." (Power, Higgins und Kohlberg, 1989)

Sowohl die Cluster-Schule als auch die ihr folgenden Schulen der gerechten Gemeinschaft in Scarsdale, der Bronx und Manhattan machten Gebrauch von Beraterteams, Disziplinar- oder Fairnesskomitees und Kerngruppen, die die für das Funktionieren der wöchentlichen Gemeinschaftssitzungen erforderlichen Fertigkeiten mitbrachten und eine emotionale Stütze boten.

(Lisa Kuhmerker, Die Förderung der moralischen Entwicklung durch Dilemmadiskussionen, in: Lisa Kuhmerker/Uwe Gielen/Richard L. Hayes, Lawrence Kohlberg, Kindt Verlag, München 1996, S. 146f.)

1. Diskutieren Sie das Verhalten der Erzieher während der Filmvorführung vor dem Hintergrund des Prinzips der Selbstregulation.
2. Edward Zalaznick war Schüler an der Scarsdale Alternative School (eine staatliche Highschool, Klassen 10–12, mit weniger als hundert Schülern). Ein Merkmal dieser Schule der ‚gerechten Gemeinschaft' ist, dass Lehrer und Schüler diskutieren, welche Verhaltensnormen für die Gemeinschaft gelten sollen, und dass sie darüber abstimmen, welche Regeln eingeführt werden und wie diese Regeln durchgesetzt werden sollen.
   Gegen Ende seiner Schulzeit reflektierte er gemeinsam mit Kohlberg seine Erfahrungen an dieser alternativen Schule. Nehmen Sie Stellung zu dem folgenden Auszug aus dem Interview:

   LK: Du hast gesagt, alle waren sich einig, dass der Gedanke der Gerechtigkeit für die Schule wichtig war. Wie kam es zu dieser Einigkeit? War es etwas, das die Lehrer den Schülern aufzwangen?
   Edward Zalaznick: Nun, nein, die erste Form von Zustimmung, die wir zu diesem System gaben, bestand darin, dass wir an die alternative Schule gingen. Es wusste also jeder, dass es sich um ein System handelte, das versuchte, jedem gegenüber fair zu sein, indem es ihm Gelegenheit gab, sich zu äußern. Wir kehrten immer wieder zu dem Gedanken der Fairness als dem zentralen Gedanken der Schule zurück.
   LK: Der sogar wichtiger war als der Gedanke der Gemeinschaft?
   EZ (lange Pause): Ich glaube, das hätte niemand gesagt, obwohl ich nicht glaube, dass diese beiden Gedanken so verschieden sind, da sie in gewissem Sinne miteinander austauschbar sind. ‚Die Gemeinschaft ist das wichtigste Anliegen.' ‚Fairness ist das wichtigste Anliegen.' Man versuchte, beides als gleichwertig zu sehen. Das eine war Teil des anderen. Als wir unsere Abschlussfeier hatten, war der ursprüngliche Plan, das Fest zu Hause bei einem Mädchen zu feiern.[...] Die Party war Freitagabend geplant, doch die Eltern des Mädchens meldeten sich und sagten: ‚Ihr könnt die Party hier nicht an einem Sabbat feiern.' Da mussten alle überlegen, nun, was würden wir tun? Das Datum der Abschlussfeier verlegen, weil einige Eltern nicht kommen würden? Und so [...] wurden in unseren Diskussionen alle Alternativen danach geordnet,

wie fair sie gegenüber jedermann waren. Und das war etwas, was das ganze Jahr über stattfand. Wir wollten alle sicherstellen, dass wir fair bleiben würden; dass es nicht zu einem Zusammenbruch kommen würde, bei dem die Lehrer plötzlich die Macht an sich reißen könnten und etwas unter der Hand tun oder unfair handeln würden [...] und das heißt auch, dass bei Entscheidungen die Mehrheit ausschlaggebend war. [...] So gelangten wir gewissermaßen selbstständig zu einer gerechten Gemeinschaft.

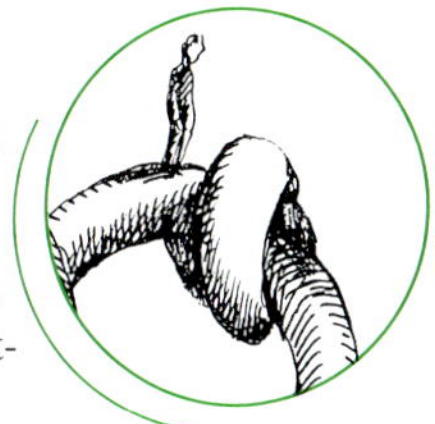

(William Kolber, Die Wirkung von Erfahrungen mit einer gerechten Gemeinschaft auf die Entwicklung von Schülern: Drei Berichte aus der Scarsdale Alternative School, in: Lisa Kuhmerker/Uwe Gielen/Richard L. Hayes, Lawrence Kohlberg, Kindt Verlag, München 1996, S. 180)

P Projektvorschlag zum selbstständigen Weiterarbeiten

A Elternratgeber

Erstellen Sie einen Elternratgeber, indem Sie den Ansatz Robert Kegans (vgl. Sie insbesondere den Text in dem Abschnitt: ‚Pädagogische Anwendung') einbringen.

Dieser Ratgeber könnte möglicherweise die folgende Form haben:

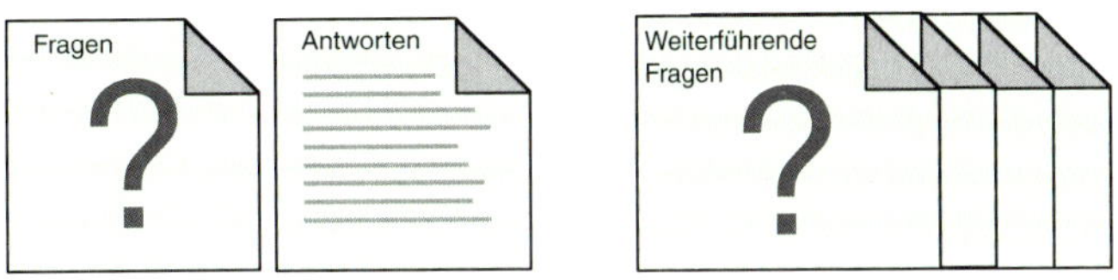

B Heldenfiguren in Comics

Untersuchen Sie Comics nach personifizierten Mustern von Stadien der Moralentwicklung.

Welche Identifizierungsangebote werden dem Leser/der Leserin gemacht?

C Moralentwicklung fördern

Prof. Dr. Georg Lind von der Universität Konstanz hat ein Ablaufschema für eine Dilemma-Diskussion entwickelt, die bereits in vielen schulpraktischen Versuchen erprobt wurde:

Ablaufschema einer „Moralisches Dilemma"-Diskussion:

Zeit	Aktivität	Lernziele [Motivationsphase]
0 Min.	Das Dilemma kennen lernen (vortragen, lesen und nacherzählen lassen) und den „Dilemma-Kern" herausarbeiten: Was ist hier das *moralische Problem?* Welche eigenen Prinzipien geraten hier miteinander in Konflikt? Bei Nachfragen betonen, wie gründlich andere Verhaltensalternativen in dem jeweiligen Fall vorher geprüft und verworfen wurden und wie drängend eine schnelle Entscheidung im Leben oft ist.	[Stärkung] 1. Die Schüler werden mit den Fakten vertraut gemacht 2. Die Natur eines moralischen Dilemmas kennen lernen (was sind eher technische und was eher moralische Aspekte des Problems?)

15	Probe-Abstimmung: War das Verhalten der zentralen Person eher richtig oder eher falsch? Pro- und Kontra-Gruppen bilden; falls keine etwa gleich starken Gruppen zustande kommen: das Dilemma erneut darstellen und dabei die „schwache" Seite stärker berücksichtigen; evtl. das Dilemma etwas abändern, so dass einige Teilnehmer in das „schwache" Lager wechseln können. Keine Scheinkontroverse zulassen; Teilnehmer nicht auffordern, eine andere Rolle zu spielen oder eine andere Meinung zu übernehmen. Es ist wichtig, dass jeder seine eigene Meinung vertritt und authentische Argumente vorbringt.	[Herausforderung] 3. Sich öffentlich mit einer Meinung zu einer Kontroverse exponieren können 4. Lernen, den Unterschied zwischen Entscheidung unter Druck und druckfreier Meinungsbildung zu verstehen 5. Die Vielfalt von Meinungen zu einem moralischen Problem anerkennen lernen
30	In jedem Meinungslager werden *kleine* Gruppen von 3–4 TeilnehmerInnen gebildet, die ihre Gründe für bzw. gegen das Verhalten der Person im Dilemma austauschen und weitere Argumente suchen und diese nach ihrer Wichtigkeit und Bedeutung ordnen. Nicht weniger als 3 und nicht mehr als 4 Teilnehmer in der Gruppe zulassen. Möglichst die Gruppen nach räumlicher Nähe bilden und nicht dazu auffordern, nach eigenen Kriterien zu bilden. Allerdings bei Weigerung flexibel auf Wünsche eingehen.	[Stärkung] 6. Andere Menschen (auch Nicht-Freunde) als Quelle der Unterstützung sehen lernen 7. Begründungen als Quelle der Stärkung der eigenen Position sehen lernen 8. Entdecken, dass Argumente eine unterschiedliche (moralische) Qualität haben können
40	Diskussion von Pro und Kontra im Plenum: Die Lehrperson erläutert die Diskussionsregeln: a) jedes Argument ist zulässig, alles darf gesagt werden; aber keine Person darf angegriffen oder bewertet werden – auch nicht positiv (oft beginnen Abwertungen mit einem Schein-Lob), und b) die Teilnehmer rufen sich gegenseitig auf (Argumente-Ping-Pong); der Lehrer/die Lehrerin achtet nur auf die Einhaltung der Spielregeln. Danach beginnt ein Argumente-Ping-Pong: Aus einer Gruppe (die kleinere Gruppe fängt in der Regel an) trägt ein Teilnehmer zunächst die jeweilige Meinung und die (wichtigsten) Gründe hierfür vor. Nach seinem Beitrag folgt eine Entgegnung aus der anderen Gruppe. Wer geantwortet hat, ruft aus der *ersten* Gruppe eine Person auf, die sich zu Wort meldet. Und so weiter. Die Lehrperson wirkt in dieser Phase fast ausschließlich als ModeratorIn und als Schiedsperson, wenn die Diskussionsregeln nicht eingehalten werden. Sie sollte aber eingreifen, wenn z. B. zu leise gesprochen wird oder wenn ein Teilnehmer zu viele Argumente aneinander reiht („Argumente kommen umso besser zur Geltung, je weniger es sind und je kürzer sie sind.")	[Herausforderung] 9. Öffentliche Diskussionen über wirkliche moralische Probleme schätzen lernen 10. Sich Gehör verschaffen lernen; die eigenen Argumente pointiert vortragen lernen; Argumente nach ihrer Wichtigkeit ordnen und sich auf die wichtigsten konzentrieren lernen 11. Anderen genau zuhören lernen 12. Lernen, zwischen der Qualität von Argumenten (über die man heftig streiten kann) und der Qualität von Menschen (die man immer respektieren sollte) zu unterscheiden
70	Jede Gruppe bringt die Argumente der anderen Gruppe in eine Rangreihe: Welches waren die (zwei, drei oder vier) besten Argumente der Gegenseite? Welche Argumente haben mich nachdenklich gemacht?	[Unterstützung] 13. Entdecken, dass Argumente unterschiedliche moralische Qualität haben können 14. Entdecken, dass auch Gegner gute Argumente haben können. Gute Argumente auch dann zu schätzen lernen, wenn sie von der Gegenseite kommen.

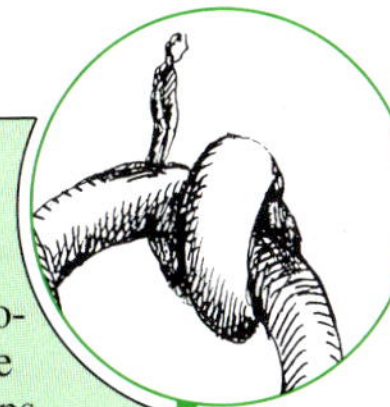

80	Schluss-Abstimmung: War das Verhalten der Person in dem Dilemma eher richtig oder eher falsch? Nach der Diskussion die Qualität der Diskussion und der Argumente loben und Beispiele geben für besonders schwierige Situationen, die von den Teilnehmern gut gemeistert wurden; die Bedeutung der Abstimmung relativieren („Wenn Sie in eine solche Situation geraten würden, müssten Sie vermutlich ganz neu entscheiden“).	[Herausforderung] 15. Kritik der eigenen Position zu schätzen lernen 16. Lernen, dass auch die kontroverse Diskussion über ernsthafte Probleme zur Qualität des Lebens beiträgt
85	Nachfragen: Wie haben die Teilnehmer die Diskussion empfunden? Was haben sie daraus gelernt? War es ein Gewinn? Was fanden sie störend? Wer hat schon einmal über ein solches Thema mit anderen (Eltern, Lehrer, Mitschüler etc.) diskutiert? Was sollte mit dieser Stunde bezweckt werden? Was waren vermutlich die Lernziele?	[Unterstützung] 17. Sich der Entwicklung bewusst werden, die man durch die Dilemma-Diskussion selbst durchgemacht hat. Die Lernsituation „Dilemma-Diskussion“ wertschätzen lernen. Wozu kann sie mir und anderen helfen?
90	Ende der Dilemma-Stunde	

(© by Georg Lind 1997, 2000; Aus: Lind, G. (2001, im Druck): Moralerziehung in der Demokratie – Theorie und Praxis. München: Oldenbourg-Verlag)

Zu weiteren Informationen zur Methode der Dilemma-Diskussion und zur Wahl des Dilemmas, zu den Aktivitäten und den Motivationsphasen siehe: http://www.uni-konstanz.de/ag-moral/edu/dildisk-d.htm.

Führen Sie in Ihrem oder einem anderen Pädagogikkurs ein solche Doppelstunde durch. Eine vom Lehrer/von der Lehrerin unterstützte Vorbereitungsgruppe kann den Ablauf inhaltlich und organisatorisch weiter vorbereiten und auch für eine entsprechende Durchführung die Verantwortung übernehmen.
Bei der Auswahl einer Dilemmasituation können Sie auf bereits in dieser Wabe vorgestellte Dilemmata zurückgreifen.
Wenn Sie selber ein Dilemma konstruieren wollen, ist vielleicht die nachfolgende Analyse des Sharon-Dilemmas für Sie hilfreich.

„Was vielleicht nicht gleich offensichtlich wird, ist, wie geschickt Sharons Dilemma konstruiert ist.
1) Die Frage lautet, was Sharon tun sollte, und nicht, was du an Sharons Stelle tun würdest. Indem das Schwergewicht darauf gelegt wird, was man tun sollte, werden die Befragten gezwungen, Begründungen vorzubringen, die für jedermann Gültigkeit besitzen.
2) In dem Dilemma werden die Persönlichkeiten und die Geschichte der beiden Freundinnen wenig spezifiziert, so dass die Schüler ihre eigenen Vorstellungen und ein Szenario ihrer Wahl auf die gegebenen Informationen projizieren können. Sie werden nicht dazu verleitet zu vergleichen, wie ähnlich oder unähnlich die Personen der Geschichte ihren eigenen besten Freunden oder Freundinnen und ihnen selbst sind. […]
3) Das Dilemma gibt keine äußerlichen oder mildernden Umstände vor; wenn man nicht möchte, braucht man nicht in Erwägung zu ziehen, ob Jill arm ist oder nicht oder ob sie so etwas schon einmal getan hat oder nicht.
4) Das Dilemma ist so strukturiert, dass dem Konflikt nicht ausgewichen werden kann und eine Entscheidung erzwungen wird. Sharon kann das Problem nicht lösen, indem sie Jill den Ladendiebstahl ausredet; sie hat keine Ahnung von Jills Plan; Jill verschwindet, bevor Sharon etwas unternehmen könnte.
Manche Schüler werden alles daran setzen, die Dilemmadiskussion in eine Problemlösediskussion zu verwandeln. In konkreten Lebenssituationen ist es angemessen, Dilemmata zu vermeiden und Lösungen zu suchen, bei denen man nicht gezwungen ist,

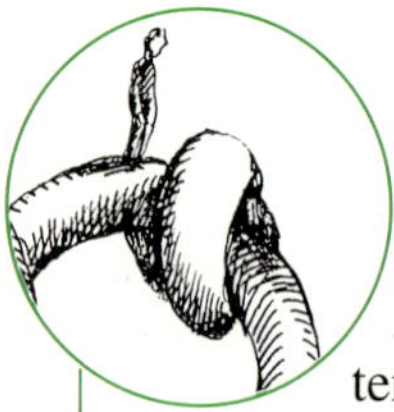

ein positives Ergebnis auf Kosten eines anderen zu wählen; ist jedoch die moralische Entwicklung das Ziel der Diskussion, so nötigt der Druck des Entscheidungszwanges, Gründe für das Setzen von Prioritäten anzuführen.

5) Das Dilemma dreht sich in erster Linie um das Hauptthema einer bestimmten Stufe, nämlich um die für Stufe 3 charakteristische Orientierung an Freundschaft; aber es bezieht auch die für die niedrigeren Stufen 1 und 2 typischen Orientierungen ein, bei denen es um das Selbst als „Nummer eins" geht, und es artikuliert zur nächsthöheren Stufe gehörende Begründungen, ohne dabei zu „predigen". Loyalität gegenüber Freunden ist gewiss etwas „Gutes", aber die gesellschaftliche Perspektive des Geschäftsinhabers und des das Gesetz vertretenden Beamten werden ebenfalls zum Ausdruck gebracht. Schüler, die fest in der Stufe 3 verankert sind, wo Loyalität gegenüber Freunden als das Höchste gilt, können die gesellschaftliche Perspektive nicht nur deshalb verstehen, weil man ihnen immer wieder gesagt hat, dass es nicht richtig ist zu stehlen, sondern auch wegen des „Plus-1-Effektes". Untersuchungen zur moralischen Entwicklung haben gezeigt, dass das Verständnis der Untersuchungsteilnehmer jeweils eine Stufe weiter reicht als diejenige, in die sie hauptsächlich eingebettet sind und von der her sie argumentieren.

(Lisa Kuhmerker, Die Förderung der moralischen Entwicklung durch Dilemmadiskussionen, in: Lisa Kuhmerker/Uwe Gielen/Richard L.Hayes, Lawrence Kohlberg, Kindt Verlag, München 1996, S. 138ff.)

Das folgende Dilemma wurde bereits in mehreren Untersuchungen eingesetzt; es wurde so konstruiert, dass einige der unter dem Abschnitt ‚Kritische Anmerkungen' auf Seite 53 genannten Aspekte möglichst nicht zur Geltung kommen.

„Der Mathelehrer gibt einem Schüler, der mehrere Wochen krank war und auf eine Vier angewiesen ist, eine kleine Hilfestellung durch einen Zettel mit Zwischenergebnissen. Richtig rechnen muss er freilich noch selbst. Der Erfolg des Schülers führt zum Protest anderer Schüler, die keine Hilfestellung bekommen haben, eine schlechte Note erhielten und sich nun benachteiligt fühlen. Vor allem ein Mitschüler empört sich darüber, dass er keine Hilfestellung bei der Aufgabe, die er nicht lösen konnte, erhalten habe. Wegen dieser Aufgabe habe er eine Fünf bekommen. Als diese durchgenommen und geübt worden sei, habe er ebenfalls gefehlt. Es sei ungerecht, nur auf den Mitschüler, der lange gefehlt habe, besonders einzugehen. Dieser Protest ermutigt eine Mitschülerin zur Kritik, der Lehrer habe sie beim Üben der Aufgaben nicht drangenommen und deshalb habe sie keine Chance gehabt, eine Vier zu schaffen."

(Andreas Gruschka, Wie man lernt, kalt zu werden – Von den Konflikten auf dem Weg zum guten und schlechten Menschen [Teil 2], Pädagogische Korrespondenz, Heft 19, Frühjahr 1997, S. 48)

Dieses Dilemma eignet sich auch dazu, es Schülern verschiedenen Alters vorzulegen (z.B. mit Hilfe des Klassenlehrers) und diese ebenfalls ihre Entscheidung begründen zu lassen (anonym!!). Anschließend können Sie die Begründungen unter der Perspektive auswerten, ob sich Unterschiede im Alter auf die Art der Entscheidung und Begründung auswirken.
Wird bei den Antworten auch eine grundsätzliche Kritik an dem Leistungsdruck von Schulen geäußert?

Auch **Streitschlichterprogramme** können helfen, die moralische Urteilsfähigkeit zu fördern. Viele Schulen arbeiten bereits damit – es lohnt sich, hier weitere Informationen einzuholen.
Aufschlussreiche Anregungen finden sich in dem Aufsatz von Karin Jefferys-Duden, Streit schlichten lernen – Ein Beitrag zur Moralentwicklung von Kindern, in PÄDAGOGIK 7–8/99, S. 50ff.

2.2 Wo ‚Es' war, soll ‚Ich' werden – Entwicklung aus psychoanalytischer Sicht

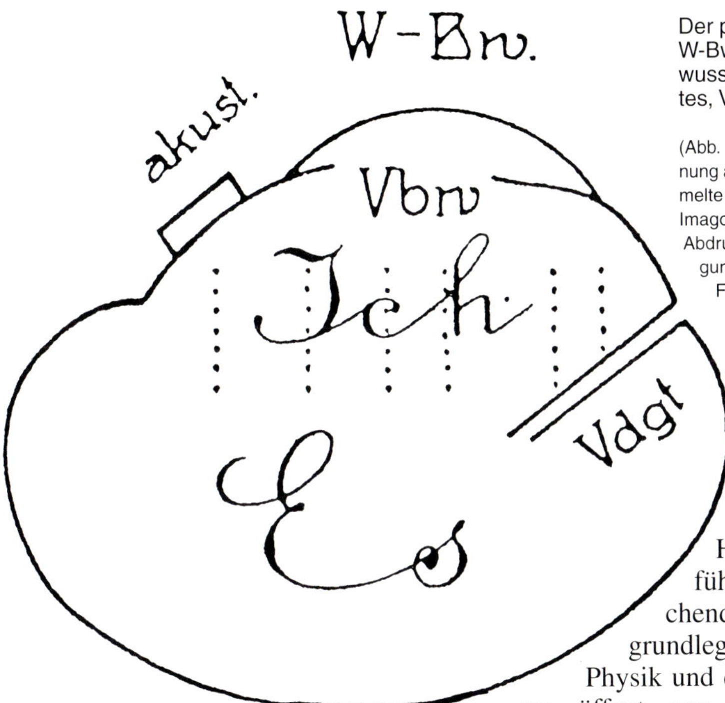

Der psychische Apparat: W-Bw = Wahrnehmungsbewusstsein, Vbw = Vorbewusstes, Vdgt = Verdrängtes

(Abb. aus: Sigmund Freud, Zeichnung auf Seite 252. In: ders., Gesammelte Werke, Band XIII., © 1940 by Imago Publishing Co., Ltd., London; Abdruck mit freundlicher Genehmigung der S. Fischer Verlag GmbH, Frankfurt am Main)

„Uns kommt es hier auf die Feststellung an, dass das Verständnis der Psychoanalyse [...] ebenso zu einer Horizonterweiterung führt wie ein entsprechendes Verständnis der grundlegenden Theorien der Physik und der Biologie. Letzteres öffnet uns den intellektuellen Zugang zur Natur der uns umgebenden Welt. Die Welt ist für uns nicht mehr die gleiche, wenn wir Chemie oder Physik oder Biologie oder Astronomie oder Geologie studiert haben. Die Gezeiten an einer Küste, das Eis auf dem Teich, die Erde und das Gestein unter unseren Füßen, die Milchstraße über uns: sie alle sind neu und anders als zuvor. In gleicher Weise setzt uns die Psychoanalyse in den Stand, die Menschen, mit denen wir leben, besser zu verstehen. Sie eröffnet uns eine neue Dimension in unsere Anschauung von der Welt des Menschen.

[...] Die heliozentrische Theorie des Kopernikus legte dar, dass unsere Erde nicht der Mittelpunkt der Schöpfung ist, sondern nur einer von mehreren Planeten, die die Sonne umkreisen. Die Evolutionstheorie rückte uns an unseren richtigen biologischen Platz. Wir wurden nicht eigens dazu erschaffen, über die Welt zu herrschen, wie die Bibel behauptet. Wir sind eine unter Millionen von Arten, die sich entwickelt haben, seit vor mehreren hundert Millionen von Jahren die ersten Eiweißmoleküle entstanden. Die Psychoanalyse nun lehrte uns, wie Freud es ausdrückte, dass wir nicht einmal „Herr im eigenen Hause" sind.

(Charles Brenner, Grundzüge der Psychoanalyse, Fischer, Frankfurt am Main, 1994, S. 217–219)

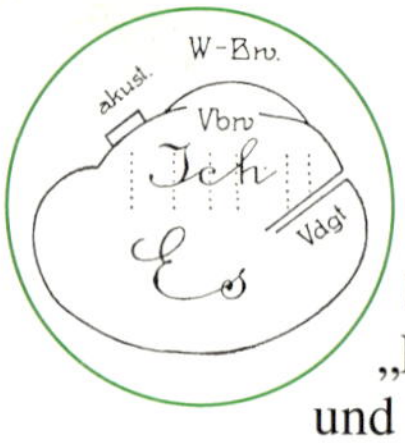

Einführung

Freud hat einmal behauptet:
„Ein Erzieher kann nur sein, wer sich in das kindliche Seelenleben einfühlen kann, und wir Erwachsenen verstehen die Kinder nicht, weil wir unsere eigene Kindheit nicht mehr verstehen.“ (Sigmund Freud, Das Interesse an der Psychoanalyse)

1. Klären Sie, was Freud mit dieser Aussage verdeutlichen wollte.
2. Nehmen Sie persönlich Stellung zu der Äußerung Freuds und diskutieren Sie diese.

Was untersucht die Psychoanalyse?

Die Psychoanalyse ist eine wissenschaftliche Disziplin, die von Sigmund Freud begründet wurde und mit seinem Namen auch heute noch unlösbar verknüpft ist. Ihr Beginn lässt sich nicht genau datieren, da er sich über einen Zeitraum von mehreren Jahren erstreckte. Um 1895 jedoch war die Entwicklung der Psychoanalyse schon in vollem Gange. Wie jede andere wissenschaftliche Disziplin hat die Psychoanalyse zur Entstehung gewisser Theorien geführt, die aus ihren Beobachtungsdaten abgeleitet sind und diese Daten zu ordnen und zu erklären versuchen. Was wir die psychoanalytische Theorie nennen, ist deshalb ein System von Hypothesen über die Funktionsweise und Entwicklung der menschlichen Psyche. [...]
Es ist wichtig, sich klarzumachen, dass die psychoanalytische Theorie sich ebenso mit dem normalen wie mit dem pathologischen Funktionsablauf der Psyche befasst. Sie ist keineswegs nur eine Theorie der Psychopathologie. Es ist richtig, dass die *Praxis* der Psychoanalyse in der Behandlung von Menschen besteht, die psychisch krank oder gestört sind, [...]
Wie bei jeder wissenschaftlichen Disziplin sind auch die verschiedenen Hypothesen der psychoanalytischen Theorie untereinander verknüpft. Einige davon sind natürlich von fundamentalerer Bedeutung als andere, und einige haben eine so nachhaltige Bestätigung erfahren und erscheinen in ihrer Bedeutung so fundamental, dass wir geneigt sind, sie als feststehende Gesetze der Psyche anzusehen.
Zwei solche fundamentale Hypothesen, die durch eine Fülle von Beweisen bestätigt wurden, sind: das Prinzip der psychischen Determiniertheit oder die Kausalität und der Satz, dass Bewusstheit eher ein außergewöhnliches als ein regelmäßiges Attribut psychischer Prozesse ist. Um letzteren Satz etwas anders auszudrücken, können wir auch sagen, dass nach der psychoanalytischen Theorie unbewusste psychische Vorgänge sowohl bei normalem wie bei abnormalem Funktionieren der Psyche von sehr großer Häufigkeit und Bedeutung sind. [...]
Wir wollen mit dem Prinzip der psychischen Determiniertheit beginnen. Der Sinn dieses Prinzips ist, dass wie in der uns umgebenden physischen Natur auch in der Psyche nichts zufällig oder aufs Geratewohl geschieht. Jedes psychische Geschehen wird durch die vorangegangenen determiniert. Wenn Geschehnisse in unserem psychischen Leben zufällig und mit dem, was voranging, nicht verknüpft zu sein scheinen, so ist das eben nur scheinbar der Fall. In Wirklichkeit ist bei psychischen Phänomenen ein solches Fehlen kausalen Zusammenhanges genauso unmöglich wie bei physischen. Diskontinuität in diesem Sinne existiert im psychischen Leben nicht.

Das Verständnis und die Anwendung dieses Prinzips ist für die richtige Einstellung beim Studium der menschlichen Psychologie sowohl in ihren normalen wie in ihren pathologischen Aspekten unerlässlich. Wenn wir es wirklich verstehen und richtig anwenden, werden wir niemals eine psychische Erscheinung als sinnlos oder zufällig abtun. Wir werden uns in Bezug auf jedes derartige Phänomen, das uns interessiert, fragen: „Wodurch wurde es verursacht? Warum geschah es auf diese Art und Weise?“ […]

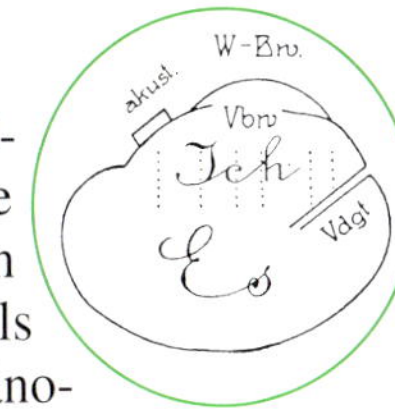

Ein Beispiel für diesen Zugang zu psychischen Phänomenen: Es ist eine häufige Erfahrung im täglichen Leben, dass man etwas vergisst oder verlegt. Die übliche Meinung über ein solches Vorkommnis ist, dass es ein ‚Zufall‘ war, dass es ‚halt geschah‘. Aber eine gründliche Untersuchung solcher ‚Zufälle‘ durch Psychoanalytiker in den letzten fünfundsiebzig Jahren, mit den Untersuchungen Freuds selbst angefangen, hat gezeigt, dass sie keineswegs so zufällig sind, wie sie dem üblichen Urteil erscheinen. Im Gegenteil, es lässt sich zeigen, dass jeder solche ‚Zufall‘ durch einen Wunsch oder eine Absicht der betreffenden Person verursacht wurde, in genauer Übereinstimmung mit dem Prinzip der psychischen Funktionsweise, über das wir sprachen. […]

Wenn wir uns jetzt den Erscheinungen der Psychopathologie zuwenden, so werden wir erwarten, dass das gleiche Prinzip gilt, und in der Tat haben Psychoanalytiker unsere Erwartung immer wieder bestätigt. Jedes neurotische Symptom, welcher Natur es auch sei, ist durch andere psychische Prozesse verursacht, trotz der Tatsache, dass der Patient selbst oft glaubt, das Symptom sei seinem ganzen Wesen fremd und völlig ohne Zusammenhang mit seinem übrigen psychischen Leben. […]

An diesem Punkt kommen wir nicht mehr um das Eingeständnis herum, dass wir nicht nur von der ersten unserer grundlegenden Hypothesen sprechen, dem Prinzip der psychischen Determiniertheit, sondern auch von der zweiten, nämlich der Existenz und Bedeutsamkeit psychischer Prozesse, die der Einzelne selbst nicht bemerkt oder die ihm nicht bewusst sind.

Der Zusammenhang zwischen diesen beiden Hypothesen ist tatsächlich so eng, dass man kaum die eine erörtern kann, ohne auch die andere einzubeziehen. Gerade die Tatsache, dass so viel von dem, was sich in unserer Psyche abspielt, unbewusst ist, d.h. uns selbst unbekannt, ist der Grund für die *scheinbaren* Diskontinuitäten in unserem psychischen Leben. Wenn ein Gedanke, ein Gefühl, ein zufälliges Vergessen, ein Traum oder ein pathologisches Symptom keinen Zusammenhang mit dem zu haben scheint, was zuvor in uns vorging, so kommt das daher, dass dieses Geschehen mit einem *unbewussten,* nicht mit einem bewussten, psychischen Vorgang in Kausalzusammenhang steht. Wenn die unbewusste Ursache oder die unbewussten Ursachen entdeckt werden können, dann verschwinden alle scheinbaren Diskontinuitäten, und die Kausalkette, der kausale Ablauf wird deutlich.

(Charles Brenner, Grundzüge der Psychoanalyse, Fischer, Frankfurt a.M. 1994, S. 14–17)

1. Beschreiben Sie das Untersuchungsfeld der Psychoanalyse.
2. Was versteht man laut Psychoanalyse unter „psychischen Phänomen“? Suchen Sie Beispiele.
3. Versuchen Sie zu erklären, warum Freuds Interesse u.a. den Träumen und deren Deutung galt. Nach welchen Prinzipien richtet sich das Phänomen des Träumens?
4. Lesen Sie nun noch einmal die Aussage Freuds auf Seite 62. Hat sich Ihr Verständnis für die Äußerung durch den Text „Was untersucht die Psychoanalyse“ verändert?
5. Prüfen Sie mithilfe der nachfolgenden Übungen, inwiefern Ihre Träume und Assoziationen sinnhaftig sind.

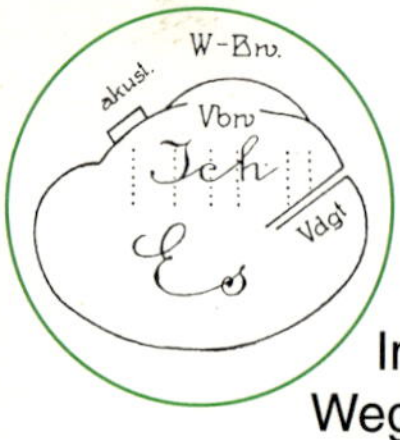

Möglichkeiten des Zugangs zu unbewussten psychischen Prozessen

Im Folgenden stellen wir Ihnen einige Übungen vor, mit deren Hilfe Sie einen Weg kennen lernen können, Zugang zu Ihrem Unbewussten bzw. zu Ihrem aktuellen inneren Erleben und zu Ihrer Kindheit zu finden. Es ist wenig sinnvoll, die hier vorgeschlagenen Übungen während des Unterrichts durchzuführen.
Schauen Sie sich deshalb die Übungen gemeinsam an und beraten Sie, ob es eine Übung gibt, die Sie möglicherweise im Unterricht durchführen wollen. Welche Übung interessiert Sie, die Sie zu Hause durchführen möchten?

Freies Schreiben

Nehmen Sie sich täglich eine Viertelstunde Zeit und notieren Sie alles, was Ihnen in den Sinn kommt. Unterbrechen Sie Ihren Schreibfluss nicht und nehmen Sie keine Korrekturen vor, lassen Sie Ihre Gedanken, Wörter etc. fließen. Wenn der Schreibfluss versiegt, nehmen Sie sich Zeit, Ihre Notizen zu lesen. Erinnert Sie das Geschriebene an bereits Erlebtes, können Sie irgendwelche Muster und/oder Querverbindungen erkennen?

(Nach: Mindpower. Sich selbst entdecken, übers. von Dieter Schmitz, Time Life International, Amsterdam 1994, S. 69)

Was bedeuten Ihre Träume?

Freud bezeichnete Träume als den „Königsweg zum Unbewussten“. Er schockierte das prüde Europa mit der Theorie, das Unbewusste sei ein Speicher verdrängter Wünsche und Erinnerungen, primitiver Triebe und peinlicher Gedanken.
Wenn wir schlafen, so behauptete Freud, wenn also das Bewusstsein die Kontrolle verliert, suchen sich verdrängte Kräfte ein Ventil und manifestierten sich in Träumen. Folgt man diesem Argument, so sind Träume das Ergebnis des andauernden Kampfes zwischen zwei einander entgegengesetzten Kräften: unseren unbewussten, primitiven Trieben und den Zwängen, die uns von der Gesellschaft auferlegt werden. Freud glaubte, die Folge dieses Kampfes sei ein anscheinend bedeutungsloser Traum, der in Wahrheit versteckte Botschaften enthalte. Seiner Überzeugung nach ließ sich die geheime Nachricht entschlüsseln, indem man sich mit dem Symbolismus des Traums befasste.

Deuten Sie Ihre Träume

Folgende Richtlinien können Ihnen helfen, Ihre Träume richtig zu verstehen:
- Ziehen Sie zunächst die offensichtlichste Bedeutung in Betracht.
- Was versucht der Traum Ihnen mitzuteilen?
- Suchen Sie nach […] Symbolen des Traums. Welche spezifische Bedeutung könnten sie in Ihrem Fall haben?
- Fallen Ihnen zu Bildern, Szenen und Symbolen Redewendungen, Wortspiele oder Metaphern ein?
- Denken Sie daran, dass auch das kleinste Detail eine Botschaft beinhalten könnte.
- Schreiben Sie Ihren Traum sofort beim Erwachen auf. Wenn Sie nicht sofort den Schlüssel dazu finden, entdecken Sie ihn vielleicht später.

Gemeinsam deuten

Es kann ratsam sein, sich mit Freunden zusammenzutun, die ebenso an der Deutung ihrer Träume interessiert sind wie Sie. Die Gruppe sollte sich regelmäßig treffen und jedem Teilnehmer Gelegenheit geben, über seine Träume zu sprechen. Natürlich sind Träume etwas sehr Persönliches, sodass es sinnvoll ist, nur die engsten Freunde hinzuzuziehen, mit denen Sie in die Tiefen der Bedeutung Ihrer Träume vordringen können. Alle Teilnehmer der Gruppe dürfen sich zu den Aussagen äußern, sollten aber vermeiden, wohlfeile Lösungen beziehungsweise Deutungen der verschiedenen Symbole und Traumereignisse anzubieten. Letzten Endes kann nur der Träumende selbst herausfinden, was seine Täume aussagen.

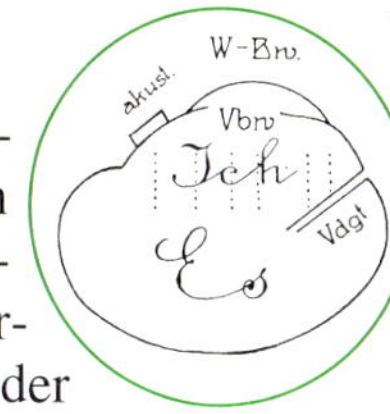

Das Traumtagebuch

Unten sehen Sie einen Ausschnitt aus einem Traumtagebuch. Versuchen Sie, alle in dem Beispiel aufgeführten Punkte bei Ihren Aufzeichnungen zu berücksichtigen, denn nur so wird Ihr Archiv vollständig.

Traum: Nr. 1
Tag und Datum: Sonntag, 5. Dezember 1993
Zeit: Etwa 4.00 Uhr
Stimmung beim Aufwachen: Ungehalten.
Stimmung beim Träumen: Ungehalten, frustriert.
Personen […]: Abstoßende alte Frau, hässliches Kind im Kinderwagen.
Symbole und Gegenstände: Gorillaartiges Monster, Kinderwagen.
Farben: Viel Rot und Schwarz.
Bewegung: Von Monster gejagt, zum Schluss auf einem Karussell – konnte nicht aussteigen.
Gespräche: Von alter Frau beschimpft, die mich hässlicher nannte als ihr Kind.
Der Traum: Ich wurde von einem Monster verfolgt, das sich in eine abstoßende alte Frau verwandelte. Sie fuhr mich an, ich sei hässlich. Sie zeigte auf ihr Kind im Kinderwagen und sagte, ich sei noch hässlicher als das Kleine. Ich war sehr wütend und lief weg. Saß schließlich auf einem Karussell, das nicht anhalten wollte.
Andere Anhaltspunkte: Sah abends im Fernsehen einen Bericht über Kindermädchen – viele Babys.
Mögliche Deutung: Während der Arbeit hat mich jemand auf den Leberfleck in meinem Gesicht angesprochen – wärmte alte Bedenken über mein Aussehen wieder auf. Könnte das Karussell meine Arbeit sein? Manchmal habe ich das Gefühl, in einer endlosen Tretmühle gefangen zu sein, und habe Lust auszusteigen. Vielleicht sollte ich über einen Wechsel nachdenken?
Wiederkehrendes Element: Verfolgung.

Goldene Regeln für Traumdeuter:

- Hören Sie jedem Teilnehmer aufmerksam zu.
- Vermeiden Sie Urteile oder Kritik.
- Unterlassen Sie vorschnelle Interpretationen oder unflexible Deutungen individueller Symbole.
- Akzeptieren Sie, wenn Ihre Meinung auf Ablehnung stößt.
- Denken Sie daran, dass Träume etwas ganz Persönliches sind und tief verankerte Unsicherheiten, Ängste sowie unangenehme Gefühle wecken können. Rechnen Sie mit der Empfindlichkeit der anderen, und sagen Sie nichts Unüberlegtes.

(Mindpower. Sich selbst entdecken, übers. von Dieter Schmitz, Time Life International, Amsterdam 1994, S. 98–105)

1. Sprechen Sie in Ihrem Kurs über die Erfahrungen mit den Übungen.
2. Haben sich durch die Auseinandersetzung mit den Übungen Fragen und Hypothesen zur Psychoanalyse ergeben?

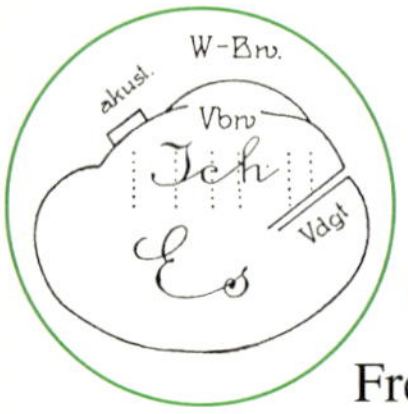

Grundbegriffe und Grundthesen

Der psychische Apparat

Freuds Beitrag zum Verständnis der Psyche begann mit der Frage, warum wir mehr „wissen“, als wir uns bewusst sind. Warum beispielsweise „vergessen“ wir selektiv, leisten uns „Freudsche Versprecher“ , fühlen uns schuldig für Handlungen, die wir voll und ganz rechtfertigen können, leiden unter Phobien und Ängsten, und warum graben wir unter Hypnose oder Drogeneinfluss vergessene Erinnerungen wieder aus? Warum tun wir all dies, obgleich es unserer bewussten Absicht widerspricht?

Schon frühere Denker gingen von der Annahme eines Unbewussten aus, aber es war Freud, der behauptete, er könne dessen Wirkung auf bewusste Prozesse nachweisen. Ergebnisse aus Laborexperimenten scheinen ihm Recht zu geben: Liest man Versuchspersonen eine Liste von scheinbar zufällig zusammengestellten Wörtern vor und versetzt ihnen dann vier Wörter nach dem Wort „Scheune“ einen leichten, aber unangenehmen elektrischen Schlag, dann ist sich weniger als ein Viertel aller Versuchspersonen bewusst, dass das Wort „Scheune“ regelmäßig dem Schlag vorausgegangen ist. Doch zeigen zwei Drittel der Versuchspersonen deutlich mehr Angst (gemessen als elektrischer Hautwiderstand), sobald „Scheune“ gesagt wird, und beinahe ein Drittel generalisiert diese Angst unbewusst auf alle mit dem Landleben verbundenen Wörter der Liste, etwa „Heu“, „Pflug“, „Feld“. Dieses Gefühl eines allgemeinen Unbehagens ist ein Zeichen von Intelligenz, von Erkenntnis, genau wie die innere Erregung, die uns unmittelbar vor der Lösung eines Problems erfasst. Die Persönlichkeit bestand für Freud aus einer abstrakten Struktur von gegensätzlichen Funktionen. Die bewussten und unbewussten Teile der Psyche wurden außerdem in das unbewusste Es (Vertreter des Lustprinzips) und das teilweise bewusste Ich (Vertreter des Realitätsprinzips) gegliedert. In der Regel sprechen wir so, als ob wir unter der Kontrolle des Ichs ständen, zum Beispiel „Ich koche das Essen“, wenn wir aber von Impulsen ergriffen werden, dann beziehen wir uns häufig auf die Es-Kräfte „Es macht mich wahnsinnig“, usw. Das Es umfasst instinkthafte Energien und Triebe, die keine Vernunft oder Verbote kennen, sondern ausschließlich nach Erfüllung schreien. Dazu gehören: Hunger, Durst, Selbstbehauptung, die aggressiven Triebimpulse und die Sexualität. Das Ich steht mit einer Erkenntnisfähigkeit gewöhnlich im Dienste des Es. So weiß das Ich, dass in der Dose Nahrung ist und wie man sie öffnet. Das Es kennt nur den Hunger, der gestillt werden will.

Das Es, welches die Triebe verkörpert, dient im primärprozesshaften Denken dem Lustprinzip, zum Beispiel durch visuelle Vorstellung von Nahrung oder einer sexuellen Begegnung. Es kümmert sich in der Regel nicht um reale Hindernisse, ähnlich einem Kind, das in einem voll besetzten Lift auf die Toilette gehen will, und zwar sofort. Im Gegensatz dazu arbeitet das Ich nach dem Realitätsprinzip und versucht, die Umwelt so zu arrangieren, dass das Es befriedigt werden kann. Dabei wendet das Ich sekundärprozesshaftes Denken an, um Mittel und Zwecke gegeneinander abzuwägen. Es ist möglich, dass das Ich von den Forderungen des Es überschwemmt wird. Wir begegnen der Gefahr des Überwältigtwerdens von Triebwünschen dadurch, dass wir lernen, das Es zufrieden zu stellen und Befriedigung aufzuschieben; und indem wir emotionale Barrieren als automatische Kontrolle errichten, die so genannten Abwehrmechanismen des Ich. […]

Während das Ich teilweise bewusst agiert, bleiben die Abwehrmechanismen und einige andere Aspekte unbewusst. Obgleich die Abwehrmechanismen des Ich bis zu einem bestimmten Punkt notwendig sind, strapaziert eine ständige Abwehr gegenüber einer Vielzahl von unbewussten Elementen die Energie des Ichs sehr und führt zur Erschöpfung. Das von innen und außen bedrängte Ich leidet unter der Angst, damit nicht fertig

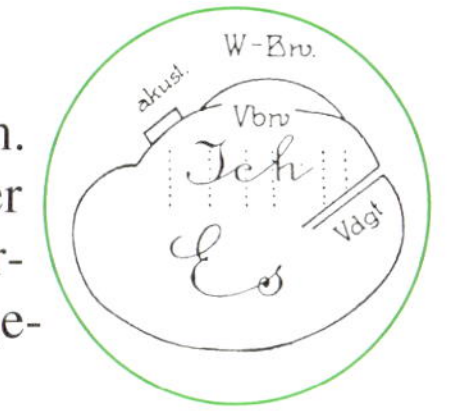

zu werden und muss gleichzeitig die frustrierten Impulse in sich eindämmen. Freuds gesamtes Konzept der Motivation stützt sich auf die Vorstellung der Spannungsverminderung. Die Psyche, der ein begrenzter Energievorrat zur Verfügung steht, erlebt, dass dieser durch die exzessiven inneren Konflikte aufgebraucht wird, sodass Spannungsreduktion ein vernünftiges Ziel wird.

Freud verglich die Unterdrückung der Triebwünsche mit dem Ausschluss lärmender Studenten aus dem Hörsaal. Obgleich sie nicht sichtbar sind, pochen sie an die Tür, um Eintritt zu erhalten, aber sie können weder hereingelassen noch beruhigt werden. Unterdrückte Triebwünsche können jedoch als neurotisches Symptom getarnt wieder auftauchen. So wurde die Dichterin Elizabeth Barret Browning hysterisch „krank“, um auf eine frühere Entwicklungsstufe zu regredieren und um die Tyrannei ihres Vaters als Sorge für die Kranke zu intellektualisieren, um dessen aggressive Sexualität zu leugnen und abzuwehren und um ihr Elend durch die romantischen Verse einer sterbenden Dichterin zu sublimieren.

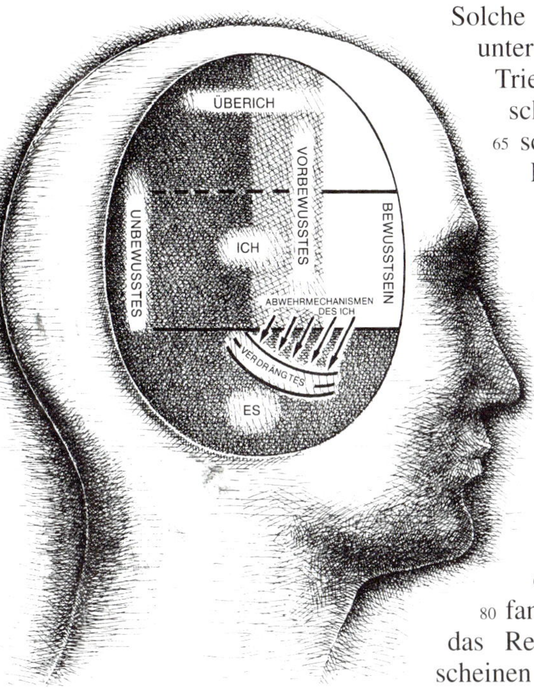

(Aus: Hampden-Turner, Charles [1996], Modelle des Menschen. Dem Rätsel des Bewusstseins auf der Spur. Weinheim: Psychologie Verlags Union, S. 41)

Solche Symptome sind ein Deckmantel, unter dem die Befriedigung der wirklichen Triebwünsche vereitelt wird. Neurotische Symptome wiederholen sich typischerweise in einem Teufelskreis der Frustration: das zwanghafte Händewaschen, das doch nie reinigt; die Phobie, die nie überwunden wird, weil ihr Objekt vermieden wird; die Rechtfertigung, die die Missbilligung antizipiert und sich so selbst erzeugt. Frühe Erinnerungen verfolgen das Bewusstsein, sodass es ständig mit Phantomen ringt.

Ein wichtiger Weg, auf dem sich unterdrückte Gedanken, Wünsche und Triebe Ersatzbefriedigung suchen, sind unsere Träume und Wachfantasien. Im Schlaf, wenn das Ich und das Realitätsprinzip „ausgeschaltet“ sind, scheinen die Fantasien lebendige Wirklichkeit zu sein. Das geschwächte Ich in neurotischen und psychotischen Zuständen dagegen sieht sich in Alpträumen ohne Ende gefangen. Träume sind ein wichtiger Zugang zum Unbewussten, dasselbe gilt für die freie Assoziation und die Analyse des Widerstandes in der Psychoanalyse.

Das Ich ist nicht nur zwischen dem Streben nach Lust und den Anforderungen der Realität eingesperrt, sondern muss auch beachten, ob das Mögliche auch von den internalisierten moralischen Normen erlaubt wird. Dieses innere Gewissen wird Überich genannt und umfasst sowohl die Regeln und Gebote, die von Eltern und anderen Autoritäten weitergegeben werden, als auch das „Ich-Ideal“, das sich der Einzelne zulegt, d.h. die Person, die jemand gerne sein möchte. Ich schrecke etwa nicht wegen des Triebwunsches (Es) noch wegen der Durchführbarkeit (Ich) davor zurück, einen ganzen Apfelkuchen aufzufuttern, bevor meine Familie nach Hause zurückkehrt, wohl aber weil

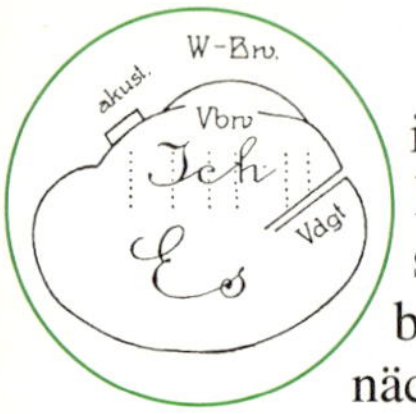

ich den Wunsch habe, mehr als nur ein selbstsüchtiger Kerl zu sein, der nur im Bauchumfang wächst. Wie das Ich, so ist auch das Überich teilweise bewusst, sodass sich rational ausgesprochene Regeln mit tieferliegenden Tabus und Verboten auseinander setzen müssen. Unsere Moralvorstellungen wehren sich hartnäckig gegenüber Veränderungen, auch wenn sie vernichtender Kritik ausgesetzt sind.

Die Psyche differenziert sich in den ersten Lebensjahren. Das Es ist schon bei Geburt vorhanden, das Ich zeigt sich ab dem 6. Monat, die Abwehrmechanismen des Ich und das Überich entwickeln sich jedoch erst im Alter zwischen drei und sechs Jahren als Folge von dem, was Freud den oedipalen (bzw. Elektra-) Konflikt genannt hat.

(Charles Hampden-Turner, Modelle des Menschen. Ein Handbuch des menschlichen Bewusstseins, übers. von Marga Stehle, Beltz, Weinheim/Basel 1982, S. 40–42)

1. Erklären Sie anhand der Zeichnung die Beziehung zwischen Es, Ich und Über-Ich sowie zwischen Es, Ich, Über-Ich und dem Bewussten, dem Unbewussten und dem Vorbewussten.
2. Finden Sie weitere Beispiele zu den einzelnen Abwehrmechanismen.
3. Erläutern Sie die Funktion der Abwehrmechanismen.

Die frühkindlichen psychosexuellen Entwicklungsstadien

Um die Träume und Kindheitserinnerungen seiner Patienten transparent zu machen, entwickelte Freud ein Modell der kindlichen Entwicklung, das eine Reihe von Wachstumsstadien enthält. Er glaubte, dass die jeweiligen Neurosen seiner Patienten Resultate unangemessener Problemlösungen in der Kindheit in einem oder mehreren dieser Stadien waren. Diese Wachstumsschritte bezeichnete er als *psychosexuelle Phasen,* da er der Ansicht war, dass die Entwicklung der Persönlichkeit, der Psyche, dadurch entscheidend beeinflusst würde, dass das Kind lernt, seine Sexualenergie *(Libido)* von einem auf den nächsten Lebensabschnitt auszudehnen. Freud schlug somit vor, dass die bedeutendsten emotionalen Erfahrungen der Kindheit und Jugendzeit diejenigen seien, die die sich ausdehnende Libido in Verbindung mit den für das jeweilige Alter besonders erregbaren Körperzonen brächten. In chronologischer Reihenfolge sind diese *erogenen Zonen* der Mund, der After und die Geschlechtsorgane. Stellt eine der Zonen das Hauptaugenmerk für das Freiwerden der Libido dar, dann wird das Kind durch den Gebrauch dieser Zone nicht nur sinnliche, d.h. sexuelle Lust empfinden, sondern seine Beziehungen zu den Mitmenschen werden ebenfalls stark durch ihre Reaktionen auf die Beschäftigung des Kindes mit der gerade interessierenden erogenen Zone beeinflusst. Im Wesentlichen war Freud also der Meinung, dass die Entwicklung der persönlich-sozialen Beziehungen des Kindes, seine Gefühle gegenüber sich selbst und anderen, auf seinen Erfahrungen innerhalb der psychosexuellen Stadien basiere. Persönlichkeitsprobleme, die beim Durchlaufen eines Stadiums auftreten, können ungelöst bleiben – verdrängt vom Ich – und im Unbewussten fortlaufend aktiviert sein und so Neurosen über Jahre hinweg verursachen. […]

Die Geburt: Der traumatische Anfang. In der psychoanalytischen Theorie stellt die Geburt ein bedeutsames Ereignis dar. Es ist der erste Schock im Leben des Kindes. Vom Freud'schen Standpunkt her betrachtet wird das Kind beim Austritt aus dem Mutterleib von Umweltreizen geradezu überwältigt. Es reagiert mit tiefer Furcht; denn das noch nicht entwickelte Ich verfügt über keinerlei Mittel, angemessen auf diese Überflutung zu reagieren. Damit gilt das Geburtstrauma als Prototyp für alle nachfolgenden Angst auslösenden Situationen, denen sich das Kind bis ins Alter hinein gegenübersieht. Sollte

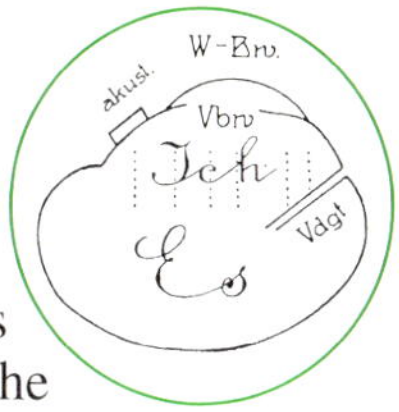

es zu einem späteren Zeitpunkt mit einem extremen Stimulus – entweder Trieb- oder Umweltanforderungen – konfrontiert werden, ohne dass seine Ich-Techniken zur Beherrschung der Reizüberflutung fähig sind, so kann die ursprüngliche Furcht des Geburtstraumas wieder aktiv werden, und ein Rückfall in infantiles Verhalten findet statt. Folglich, so Freud, ist anzunehmen, dass eine einfache Geburt mit geringerem Schock dem Unbewussten des heranwachsenden Kindes weniger Furcht übereignet. Dadurch wird es für sein späteres Leben eher befähigt, Frustrationen unter Kontrolle zu halten. Die Geburt an sich zählt nicht zu den Entwicklungsstadien.

Stadium 1: Die orale Periode (1. Lebensjahr). Im psychoanalytischen Modell wird das Neugeborene als ein dynamisches Energiesystem gesehen, das nach Ausweitung seiner Energie strebt. Genauer gesagt, das Es des Neugeborenen sucht nach Objekten oder Personen, in welche es seine Libidoenergie investieren kann, damit seine Bedürfnisse befriedigt werden und ihm Lustgewinn verschafft wird. Diese Energieinvestition wird als *Kathexis* bezeichnet.

Unmittelbar nach der Geburt ist die Mutterbrust (bzw. ein entsprechender Ersatz) das erste Kathexisobjekt, weil das Neugeborene durch Saugen seine lebenserhaltende Nahrung zu sich nimmt. Des Weiteren werden Mund und Nase zum Atmen gebraucht. Die Nervenenden an Lippen und Mund sind besonders empfindlich und verhelfen dem Neugeborenen zu Lustempfindungen. Dazu Freud:

„Frühzeitig zeigt sich im hartnäckig festgehaltenen Lutschen des Kindes ein Befriedigungsbedürfnis, das – obwohl von der Nahrungsaufnahme ausgehend und von ihr angeregt – doch unabhängig von Ernährung nach Lustgewinn strebt und darum *sexuell* genannt werden darf und soll" *(Freud, 1972: 16).*

Das Ausmaß, in dem das Kind sein Nahrungs-, Trink- und Atembedürfnis befriedigt, vermittelt ihm den ersten Eindruck von der Welt und seiner Beziehung zu ihr. Seine Persönlichkeit wird nicht nur dadurch beeinflusst, wie schnell und wie vollständig die angestaute libidinöse Energie freigesetzt wird, sondern auch durch die Atmosphäre, in der diesen Bedürfnissen begegnet wird. Hält die Mutter es beim Stillen liebevoll und besänftigend, so wird das Kind die orale Periode glücklicher und zuversichtlicher durchlaufen, als wenn es niemals liebkost oder durch laute Geräusche aufgeschreckt und durch feindselige Blicke verstört wird.

Über die Nahrungs- und Flüssigkeitsaufnahme hinaus benutzt der Säugling seine orale Zone zur weiteren Erkundung der sich in seiner Nähe befindlichen Teile unserer Welt. Nahezu alle Gegenstände werden in den Mund gesteckt und mit den Lippen untersucht. Als Grund dafür gab Freud den Wunsch des Kindes nach Einverleibung der Gegenstände und damit auch nach ihrer Kontrolle und Beherrschung an.

Die frühkindliche Persönlichkeit – hauptsächlich vom nach Lustgewinn strebenden Es bestimmt – fängt an, sich und die Umwelt als Anzeichen eines sich entwickelnden Ichs zu unterscheiden. Lustgewährende Objekte werden als *Selbst* wahrgenommen, lustverhindernde Objekte als *Andere.* […]

Stadium 2: Die anale Periode (2.-3. Lebensjahr). Während des zweiten und dritten Lebensjahres wird die elterliche und kindliche Aufmerksamkeit normalerweise der Kontrolle der Darmtätigkeit gewidmet. Diese Zeit wird als „Analperiode" bezeichnet, weil sie die Darmentleerung bzw. das Zurückhalten der Exkremente (Stuhlgang) zum Hauptgegenstand hat. Gelegentlich wird sie auch die *anal-urethrale* Periode genannt, da sie die Kontrolle über das Urinieren miteinbezieht. Die Hauptzonen der Libidoinvestitionen sind somit der After, der Schließmuskel der unteren Gedärme und die Muskeln des Urinsystems. Die Verlagerung der kindlichen Aufmerksamkeit auf den Analbereich

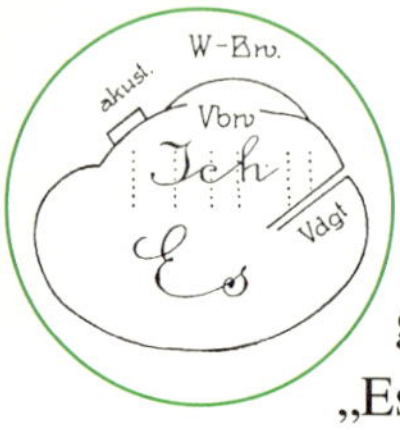

bedeutet aber nicht, dass die Abfuhr libidinöser Energie über die orale Zone erloschen wäre. Gemeint ist nur, dass die Analaktivitäten nun für Kind und Eltern in den Vordergrund treten. Befragt über die Reihenfolge der oralen, analen und genitalen Stadien meinte Freud:

„Es wäre missverständlich zu glauben, dass diese drei Phasen einander glatt ablösen; die eine kommt zur anderen hinzu, sie überlagern einander, bestehen nebeneinander“ *(Freud, 1972: 17).*

Die meisten wichtigen Kontakte des Kindes mit Erwachsenen und die meisten Emotionen, die ihm Erwachsene entgegenbringen, richten sich am Toilettentraining aus. Wie die orale kann auch die anale Periode in zwei Teilperioden unterteilt werden. Die erste setzt sich mit Lustgefühlen beim Ausscheiden von Stuhl und Urin auseinander, die zweite mit dem Zurückhalten der Exkremente. Das Kind macht seine ersten ernsthaften Erfahrungen mit der Wirkung von gesetzten Grenzen (elterliche Zwangsforderung an das Kind, seine Darmtätigkeit zu kontrollieren) auf seine instinktive Kathexis (der Wunsch nach Darmentleerung). Soll das Kind Darm- und Blasenkontrolle meistern, so muss das Ich Widerstand gegen den natürlichen Entleerungsdrang ausüben. Folglich muss das Ich sich Libido vom Es leihen, damit es den Widerstand durchsetzen kann. Dieser Gebrauch libidinöser Energie durch das Ich – später dann auch durch das Über-Ich – wird als *Anti-* bzw. *Gegenkathexis* bezeichnet. Kurzum, der Kathexis oder Energieinvestition des Es in eine lustspendende Ausscheidung muss mit einer gegenteiligen Kathexis des Ichs begegnet werden, wenn das Kind den elterlichen Forderungen nachkommen soll und sich ihrer Liebe gewiss sein will.

Dies ist eine entscheidungsträchtige Zeit für das Kind. Es lernt, Liebe, Lob und Anerkennung zu erheischen. Eltern, die diese Entwicklungsperiode ihres Kindes nicht richtig angehen, indem sie z.B. zu früh auf strikter Sauberkeit bestehen, nämlich dann, wenn das Kind physiologisch noch gar nicht dazu in der Lage ist, werden beim Kind Spuren von Angst, Schuld und Trotz hinterlassen. Der verdrängte Konflikt kann einen Erwachsenen prägen, der zwanghaft genau und sauber ist oder, ganz im Gegenteil, einen, der verbittert ist und sich in seinem sozialen Umgang über andere – im übertragenen Sinne – entleert. Häufiger Gebrauch der Worte „Mist“ und „Scheiße“ soll angeblich auf ein gewisses Maß an Fixierung auf der analen Stufe verweisen.

In der zweiten Hälfte der analen Periode hat das Kind gelernt, Stuhl und Urin willentlich *zurückzuhalten.* Nun erfährt es Befriedigung dadurch, dass es geschätzte Produkte bei sich behält. Weiterführend schlagen Freudianer vor, dass die Entwicklung kindlicher Wertvorstellungen aus dieser Periode stammt. Ein unangemessenes Absolvieren dieses Stadiums kann später im Horten und Sammeln von Dingen zum Ausdruck kommen.

Stadium 3: Die infantil-genitale Periode (3.– 4. Lebensjahr). Beim Jungen ist es der Penis und beim Mädchen sind es die Klitoris und übrigen Geschlechtsteile, die die Schlüsselobjekte der erotischen Lust in der dritten großen psychosexuellen Periode darstellen. Auch hier sind wieder zwei Phasen zu erkennen.

In der ersten Phase – dem *phallischen Stadium* – entdeckt das Kind, dass Streicheln der Genitalien, Kitzeln und Masturbation (ohne Orgasmus) erotische Lustempfindungen auslösen. Als Nächstes assoziiert das Kind den Gebrauch seiner Genitalien mit einem Liebesobjekt, zu dem es gern eine sexuelle Beziehung hätte. Für den Jungen, so Freud, „... [erweist sich] das gefundene Objekt [...] als fast identisch [...] mit dem ersten durch Anlehnung gewonnene Objekt des oralen Lusttriebes ([gemeint sind damit] die Personen, die durch Befriedigung der [...] Lebensbedürfnisse wertvoll geworden sind [...] (Bd. I, 1975: 411)). Es ist, wenn auch nicht die Mutterbrust, so doch die Mutter. Wir nennen die Mutter das erste Liebesobjekt“ *(Freud, Bd. I, 1975: 324).*

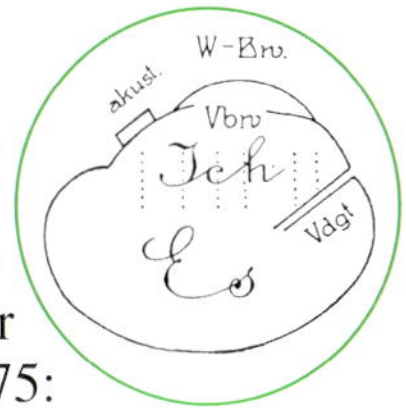

Der Junge sieht also in der Mutter das begehrte Liebesobjekt, erkennt aber auch, dass er sie nicht ganz für sich haben kann; denn der Vater ist ein erfolgreicher Mitstreiter im Kampf um ihre Gunst. Der daraus für den Jungen resultierende Konflikt – danach streben, die Mutter zu besitzen, aber vom mächtigen Vater dabei überrundet zu werden – ist der *Ödipuskomplex* (vgl. Ergänzungsband; 1975: 304). Das Mädchen befindet sich in der umgekehrten Situation. Es begehrt den Vater als Liebesobjekt, wird jedoch von der Mutter ausgestochen. Der für das Mädchen resultierende Konflikt ist der *Elektrakomplex*. Gewöhnlich werden die Probleme des Jungen und des Mädchens unter den Ödipusbegriff subsumiert.

In dieser Periode ist das Kind starken ambivalenten Gefühlen nach dem andersgeschlechtlichen Liebespartner ausgesetzt – liebt und fürchtet zugleich aber auch den gleichgeschlechtlichen Elternteil. Eine akzeptable Lösung des Ödipuskonfliktes ist dann erfolgt, wenn das Kind seine Sexualgefühle für das ihm an sich verbotene Objekt – den andersgeschlechtlichen Elternteil – zurückweist und sich zugleich mit dem gleichgeschlechtlichen Elternteil identifiziert. Durch den Identifikationsprozess mit dem gleichgeschlechtlichen Elternteil beschwichtigt das Kind seine Angst vor Repressalien und nimmt die Wesensmerkmale eben dieses Elternteils an, und zwar diejenigen Merkmale, die dem Elternteil die Zuneigung des Partners verschafften. Der Junge identifiziert sich also mit dem Vater, nimmt dessen Charakterzüge an. Das Mädchen tut das Gleiche in Bezug auf die Mutter. So erklärt die Freud'sche Analyse die Entwicklung männlicher und weiblicher Charakteristika, wie sie der Gesellschaftsform, in der und für die das Kind erzogen wird, entsprechen.

Gerade während dieses Prozesses der Verdrängung sexuellen Begehrens und der Aneignung elterlicher Wesenszüge entwickelt sich das Über-Ich. Zur Kontrolle seines – wie es meint – gefährlichen Sexualtriebes baut das Kind elterliche Wertvorstellungen in seine Persönlichkeit ein. Diese Werte in der Form des Über-Ichs, das sich vom Ich abgesondert hat, befähigen das Kind, sich selbst zu belohnen und zu bestrafen, also sein Verhalten ohne Hilfe Außenstehender unter Kontrolle zu halten.

Der Ödipuskomplex ist durch die Verdrängung der Sexualität und der Identifikation mit dem gleichgeschlechtlichen Elternteil allein aber noch nicht überwunden. Überreste des Konflikts bleiben im Unbewussten und verzerren die Persönlichkeit des Jugendlichen und Erwachsenen. Homosexualität beispielsweise ist gelegentlich schon so erklärt worden, dass das Kind sich mit dem andersgeschlechtlichen Elternteil identifiziert hat und seine Lebensgewohnheiten und sexuellen Neigungen dem andersgeschlechtlichen anstatt dem gleichgeschlechtlichen Elternteil entsprechend ausformte. [...]

(R. Murray Thomas/Birgitt Feldmann, Die Entwicklung des Kindes, Beltz, Weinheim/Basel 1994, S. 71–78)

1. Erstellen Sie zur besseren Übersicht eine Tabelle, in der Sie die Merkmale der frühkindlichen psychosexuellen Entwicklung des Kindes sowie entwicklungshemmende und -fördernde Maßnahmen festhalten.
2. Was ist nach Freud eine gelungene Entwicklung?
3. Welche möglichen Entwicklungsstörungen können in jeder Phase auftreten? Worauf können diese zurückgeführt werden?
4. „Mein Großvater meinte ja, dass die beiden Triebe, Sexualität und Aggression, unbedingt zusammengehören, gleichsam aus gleicher Quelle gespeist werden. Ich dagegen bin der Meinung, dass speziell die in Gewalt ausartende Aggression kein natürlicher Trieb ist, sondern eine fehlgeleitete Entwicklung. Unser gesamtes Jahrhundert scheint in Gewalt eingebettet zu sein, auch Sex wird fast nur gewaltsam gelebt. Dabei ist wirklich frei und gleichberechtigt gelebter Sex etwas Liebevolles, Friedliches. Mit Erich Fromm meine ich, dass der Mensch nicht instinktiv aggressiv ist, dass Aggression keine biologische Notwendigkeit ist, sondern von Menschen entwickelt wird, die sich wehren wollen. Liebe als Zuneigung ist eher angeboren als Feindseligkeit gegenüber anderen Menschen, meint Fromm im Gegensatz zu meinem

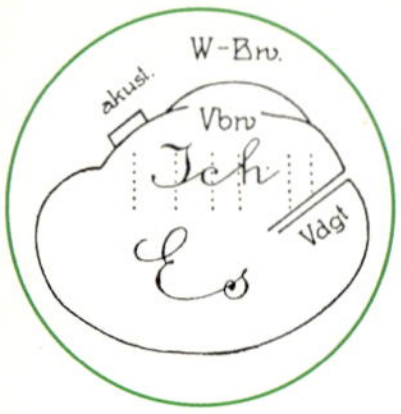

Großvater, der etwa Kriege als fast unvermeidliche Konsequenz des menschlichen Aggressionstriebs interpretiert.“ (Sophie Freud, Enkelin Sigmund Freuds, in: DIE ZEIT, Nr. 40/1998)
Wie deutet Sophie Freud im Vergleich zu Sigmund Freud menschliche Aggressionen? Nehmen Sie Stellung dazu. Prüfen Sie, welche unterschiedlichen pädagogischen Konsequenzen die jeweilige Auffassung von der Entstehung von Aggressionen zur Folge hätte.

Die Abwehrmechanismen

Nach der ursprünglichen psychoanalytischen Theorie werden alle Handlungen des Menschen primär durch das *„Lustprinzip“* motiviert, d.h. durch das Streben, die triebhaften Bedürfnisse zu befriedigen. In Konfrontation mit der Umwelt wandelt sich das *Lustprinzip jedoch zum Realitätsprinzip.* Die Umwelt duldet das hemmungslose Ausleben der Triebe nicht, sie legt Beschränkungen auf, übt Sanktionen aus, man lernt schließlich als Reaktion auf die frustrierende Einwirkung der Umwelt seine Triebe zu kontrollieren. Die Theorie von *Freud,* dass alle Triebbeherrschung nur auf schmerzlichen Erfahrungen mit den Reaktionen der Umwelt beruht, ist inzwischen korrigiert worden durch die Erkenntnis, dass es auch ein spontanes Bedürfnis nach Anpassung an die Forderungen der Umwelt gibt, einen freiwilligen Triebverzicht im Zusammenhang mit dem Wunsch „dazuzugehören“, akzeptiert zu werden. Wie *Ch. Bühler* in ihrer Kritik der Psychoanalyse besonders hervorgehoben hat, gibt es nicht nur eine passive Anpassung als Reaktion auf frustrierende Erlebnisse, sondern auch aktive Anpassung, ein So-sein-Wollen, wie man sein soll.
Das Kleinkind ist von vornherein ein reines Triebwesen, das nach dem Lustprinzip leben möchte. Die Beschränkung und die Eindämmung dieser Triebhaftigkeit ist ein komplizierter Prozess, der sich nach psychoanalytischer Theorie über die Gewissensbildung (Über-Ich) und mit Hilfe von *Abwehrmechanismen* vollzieht. *Diese verdrängen manches Unerlaubte,* sichern das „Ich“ vor dem Durchbruch der Triebansprüche ab und *dienen in diesem Sinne der Sozialisierung.*

(Lotte Schenk-Danzinger, Entwicklungspsychologie, Österreichischer Bundesverlag, Wien 1981, S. 146-147)

Der Mechanismus, der am frühesten erkannt wurde und der in der psychoanalytischen Literatur am ausführlichsten erörtert worden ist, ist der, den wir Verdrängung nennen [Freud, 1915b]. *Verdrängung* besteht in einer Tätigkeit des Ichs, die dem unerwünschten Es-Impuls den Zugang zum Bewusstsein versperrt, oder auch Abkömmlingen dieses Impulses, wie Erinnerungen, Emotionen, Begehrungen oder wunscherfüllende Fantasien. Soweit es das *bewusste* Leben des Betreffenden angeht, ist es so, als ob sie sämtlich nicht existierten. Eine verdrängte Erinnerung ist vom subjektiven Gesichtspunkt dessen, in dem die Verdrängung stattgefunden hat, eine vergessene Erinnerung. [...]
Durch den Akt der Verdrängung entsteht im Innern der Psyche ein bleibender oder zumindest ein lang dauernder Gegensatz zwischen Ich und Es am Ort der Verdrängung. Wir glauben, dass einerseits das verdrängte Material weiterhin mit einer gewissen Besetzung von Triebenergie aufgeladen ist, die ständig nach Befriedigung drängt, während andrerseits das Ich die Verdrängung durch die ständige Verausgabung eines Teils der ihm zur Verfügung stehenden psychischen Energie aufrechterhält. [...]
Der zweite Abwehrmechanismus, den wir erörtern wollen, wird *Reaktionsbildung* genannt. Das ist ein Mechanismus, durch den aus einem Paar von ambivalenten Haltungen die eine, zum Beispiel Hass, durch Überbetonung der andern unbewusst gemacht und gehalten wird – in unserem Beispiel also durch Überbetonung der Liebe. Auf diese Weise *scheint* an die Stelle von Hass Liebe zu treten, an die Stelle von Grausamkeit Sanftmut, an die Stelle von

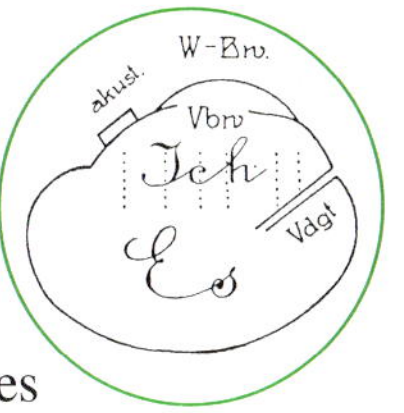

Halsstarrigkeit Nachgiebigkeit, an die Stelle von Lust am Schmutz Sauberkeit und Ordentlichkeit – und so fort. Entscheidend für die Bestimmung der genauen Natur der Reaktionsbildung in jedem Einzelfall ist die Antwort auf die Frage: „Was fürchtet das Ich als Gefahr und reagiert deshalb darauf mit dem Signal der Angst?“ Wenn das Ich aus irgendeinem Grund den Impuls zu hassen fürchtet, oder genauer, wenn es die mit Hassen verbundenen Impulse fürchtet, dann wird der Abwehrmechanismus der Reaktionsbildung in Kraft treten und diese Impulse dadurch abbremsen und weiter in Schach halten, dass die Haltung der Liebe betont und verstärkt wird. Handelt es sich um Furcht vor Liebe, so vollzieht sich das Umgekehrte.

So kann zum Beispiel ein Mensch eine Haltung großer Zärtlichkeit und Zuneigung Menschen oder Tieren gegenüber entwickeln, um sehr grausame oder sogar sadistische Impulse gegen sie unter Kontrolle und unbewusst zu halten. Umgekehrt kann es sich im Lauf einer psychiatrischen oder analytischen Behandlung herausstellen, dass der bewusste Zorn des Patienten auf den Therapeuten primär durch das unbewusste Bedürfnis seines Ichs motiviert ist, sich gegen das Auftauchen von Gefühlen und Fantasien der Liebe zu dem Therapeuten zu wehren. Unsere Kenntnis vom Operieren dieses Abwehrmechanismus hat unter anderem zur Folge, dass wir, sobald wir eine unrealistische oder übersteigerte Haltung dieser Art beobachten, uns fragen, ob sie nicht als Abwehr gegen ihr Gegenteil so stark überbetont ist. […]

Betrachten wir den Fall eines zweijährigen Kindes, dessen Mutter ein Brüderchen oder Schwesterchen zur Welt bringt. Wir wissen, *ein* unvermeidliches Resultat einer solchen Erfahrung aufseiten des Zweijährigen ist, dass es das Baby loswerden will, das in seinen Augen ihm die Liebe und Beachtung der Mutter raubt. Ein solcher gegen das Baby gerichteter feindseliger Wunsch wird vonseiten des Kindes in erkennbarem Grad durch Worte oder Taten ausgedrückt und kann geradezu eine Gefahr für das Baby bedeuten. Das Kind entdeckt bald, dass seine Feindseligkeit gegen das Geschwisterchen der Mutter höchst unwillkommen ist. Das übliche Ergebnis ist, dass es aus Furcht, die Liebe der Mutter zu verlieren, sich gegen das Aufkommen dieser feindlichen Impulse wehrt. Es kann sein, dass die Abwehr, die sein Ich anwendet, die der Verdrängung ist. In diesem Fall werden nach unserer Annahme die feindlichen Impulse und deren Derivate vom Ich ausgeschlossen; sie werden dem Es zugeschlagen, und eine permanente Gegenbesetzung verwehrt ihnen den Zugang zum Bewusstsein.

Es ist zudem nicht ungewöhnlich, dass wir neben dem Verschwinden der feindlichen Gefühle aus dem Bewusstsein des Kindes ein gewisses Maß an Liebe für dieses Geschwisterchen beobachten können. Ihre Intensität kann sehr verschieden sein, wir können sie aber unbedenklich gleichfalls den Abwehrtätigkeiten des Ichs zuschreiben, insbesondere einer Reaktionsbildung. Offenbar hat das Ich zwei Mechanismen angewandt, um sich gegen die feindlichen Es-Impulse zu wehren, die es erschrecken. Es hat sich nicht nur der Verdrängung bedient, sondern auch der Reaktionsbildung.

Tatsächlich sagt uns unsere klinische Erfahrung, dass Abwehrmechanismen selten einzeln, oder auch in Paaren, angewandt werden.

[…] Durch diese Reaktionsbildung sagte das Kind dem Sinne nach: „Ich hasse das Kleine nicht, ich habe es lieb.“ Wo kam das „Ich habe es lieb“ her? Gewiss, unser Einfühlungsvermögen sagt uns, dass es einen Wert für die innere Abwehr hat, dass es viel schwieriger ist, Hassgefühle gegen jemanden zuzugeben, von dem wir behaupten, dass wir ihn lieben, als gegen jemanden, dem wir gleichgültig gegenüberstehen. Gewiss, viele Mütter sagen nicht nur „Du darfst das Kleine nicht hassen“, sondern sie sagen auch sehr deutlich „Du musst das Kleine lieb haben“, sodass für ihre Kinder ‚Das-Kleine-lieb-haben‘ logischerweise eine Absicherung gegen die Furcht ist, die Liebe der Mutter zu verlieren. Aber die analytische Erfahrung lehrt uns dazuhin, dass wenn ein Zweijähriges

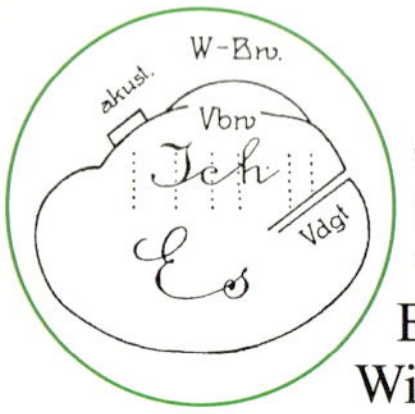

‚das Kleine lieb hat', dies auf eine ganz spezielle und bedeutsame Art und Weise geschieht. Das zweijährige Kind handelt dann so, als ob es selbst die Mutter wäre, und ahmt sie in seinen Handlungen und in seiner Haltung gegenüber dem Baby nach. Mit anderen Worten: es identifiziert sich unbewusst mit der Mutter. Wir werden deshalb zu der unerwarteten Schlussfolgerung geführt, dass der Prozess der Identifizierung möglicherweise ein Teil der Reaktionsbildung oder vielleicht ein notwendiges Vorspiel zu ihr ist. [...]

Um jedoch für den Augenblick zu der Auffassung zurückzukehren, dass Verdrängung *der* Abwehrmechanismus ist und dass alle andern bestenfalls Hilfsmittel der Verdrängung sind, so müssen wir bekennen, dass wir zu einem abschließenden Urteil darüber nicht in der Lage sind. Die Schwierigkeit ergibt sich daraus, dass wir nicht imstande sind, Verdrängung anders als nach ihrem Resultat zu charakterisieren oder zu beschreiben. Das Resultat der Verdrängung ist, dass etwas ‚vergessen', d.h. dass ihm der Zugang zum Bewusstsein versperrt wird. Es trifft auch für jeden anderen Abwehrmechanismus zu, dass etwas vom Bewusstsein ausgesperrt wird. [...]

Wir wollen mit unserem Katalog der Abwehrmechanismen fortfahren. Das Wort *Isolierung* ist in der psychoanalytischen Literatur dazu benutzt worden, zwei Abwehrmechanismen zu bezeichnen, die einander keineswegs ähnlich sind, obwohl sie beide für Patienten charakteristisch sind, die einen speziellen Typus neurotischer Symptome zeigen, die wir gewöhnlich ‚zwanghaft' nennen. Die häufigste Bedeutung des Wortes ist ein Mechanismus, den Freud ursprünglich Isolieren des Affekts nannte, der aber besser Affektverdrängung oder Gefühlsverdrängung genannt würde. In solchen Fällen mag eine Fantasie, die mit einem Wunsch oder einer entscheidenden wichtigen Erinnerung aus der Vergangenheit verknüpft ist, leichten Zugang zum Bewusstsein haben, die – in der Regel schmerzhafte – Emotion jedoch, die damit verbunden sein sollte, tritt nicht ins Bewusstsein. Darüber hinaus gelingt es solchen Patienten gewöhnlich, sich von der Empfindung jeglicher stärkerer Emotion zurückzuhalten. Sicherlich, dieser Prozess der Gefühlsverdrängung beginnt damit, dass schmerzlichen oder erschreckenden Gefühlen der Zugang zum Bewusstsein verwehrt wird. [...]

Die andere Bedeutung der Isolierung ist ein viel seltenerer Mechanismus, den Freud in dem Abschnitt von *Hemmung, Symptom und Angst* [1926] behandelt hat, der sich mit der Psychopathologie der Zwänge beschäftigt. Es ist ein unbewusster Prozess, durch den ein bestimmter Gedanke durch einen kurzen Zeitraum psychischer Leere von den ihm vorangegangenen und den nachfolgenden Gedanken buchstäblich isoliert wird. Indem das Ich auf diese Weise den isolierten Gedanken aller Assoziationsverbindungen in der Psyche beraubt, versucht es, die Möglichkeit, dass er wieder ins Bewusstsein tritt, auf ein Minimum zu reduzieren. Der Gedanke wird als ‚unberührbar' behandelt.

Wie wir sagten, ist es für beide Arten der Isolierung charakteristisch, dass sie in Gemeinschaft mit Zwangssymptomen auftreten. Ein anderer Abwehrmechanismus, der charakteristischerweise mit solchen Symptomen verbunden ist, ist der Mechanismus des *Ungeschehenmachens.* Dies ist eine Aktion, die den Zweck hat, den Schaden zu widerlegen oder aufzuheben, von dem der Betreffende sich einbildet, er könne durch seine Wünsche verursacht werden, seien diese nun sexueller oder feindseliger Art. So kann zum Beispiel ein kleines Kind, für das seine feindseligen Wünsche gegen einen Bruder oder eine Schwester oder gegen einen Elternteil eine Quelle der Angst sind, sich in folgender Weise verhalten. Zuerst schlägt es das Objekt seines Zorns, dann gibt es ihm einen Kuss. Durch die zweite Handlung hebt es die erste auf. Es ist nicht schwer, ähnliches Verhalten auch bei älteren Kindern und bei Erwachsenen zu finden. [...]

Ein weiterer wichtiger Abwehrmechanismus ist der der *Verleugnung.* Anna Freud [1936] benützte dieses Wort, um damit die Verleugnung eines unangenehmen oder unerwünschten Stücks der äußeren Wirklichkeit mit Hilfe einer wunscherfüllenden Fantasie oder durch äußeres Verhalten zu bezeichnen. So kann es zum Beispiel vorkommen, dass ein kleiner Junge, der Angst vor seinem Vater hat, erklärt, er sei selber der stärkste Mann der Welt und habe soeben die Weltmeisterschaft im Schwergewicht gewonnen, und dass er zu Hause mit einem Gürtel als Zeichen seiner Weltmeisterschaft herumläuft. Was der kleine Junge in diesem Beispiel verleugnet, ist seine eigene geringe Körpergröße und seine Schwäche im Vergleich zu seinem Vater. Diese Fakten der Realität werden abgelehnt und durch eine Fantasie und ein Verhalten ersetzt, die die Wünsche des Jungen befriedigen, seinem Vater physisch überlegen zu sein. […]

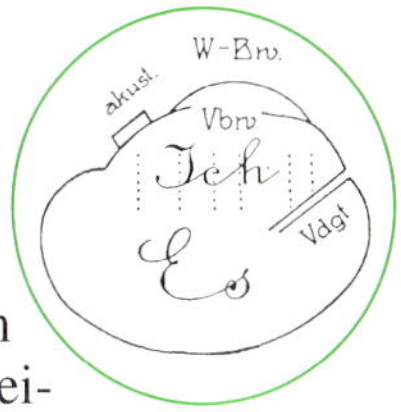

Als Nächstes wollen wir den ‚*Projektion*' genannten Abwehrmechanismus besprechen. Dieser bewirkt, dass der betreffende Mensch einen eigenen Wunsch oder Impuls einer anderen Person zuschreibt – oder auch einem nichtpersönlichen Objekt der Außenwelt. Ein extrem pathologisches Beispiel dafür wäre der geisteskranke Patient, der seine gewalttätigen Impulse projiziert und infolgedessen unrichtigerweise glaubt, ihm drohe eine physische Gefahr vonseiten des FBI, der Kommunisten oder auch des Nachbarn von nebenan – wie der Fall gerade liegen mag. […]

Die analytische Erfahrung hat gezeigt, dass viele Menschen anderen eigene Impulse und Wünsche zuschreiben, die für sie nicht akzeptabel sind und die sie durch den Mechanismus der Projektion sozusagen loswerden wollen. Es ist, *als ob* solche Menschen unbewusst sagen: „Nicht *ich* habe einen solchen bösen oder gefährlichen Wunsch, *er* hat ihn." Die Analyse dieser Menschen hat uns gezeigt, dass die Verbrechen und Laster, die wir in Kriegszeiten unseren Feinden zuschreiben – die Vorurteile, die wir gegen Fremde, gegen Ausländer oder Menschen anderer Hautfarben haben –, und viele unserer abergläubischen und religiösen Überzeugungen oft ganz oder teilweise das Resultat einer unbewussten Projektion eigener Wünsche und Impulse sind. […]

Die Projektion ist also ein Abwehrmechanismus, der normalerweise in der ersten Lebenszeit seine größte Rolle spielt. Das ganz kleine Kind schreibt ganz natürlich anderen – Personen, Tieren oder sogar unbelebten Objekten – die Gefühle und Reaktionen zu, die es selbst erlebt, selbst wenn es nicht in einem Abwehrkampf gegen seine eigenen Gefühle oder Wünsche begriffen ist; und die Tendenz, unerwünschte Impulse oder unerwünschtes Verhalten dadurch zu verwerfen, dass sie anderen zugeschrieben werden, ist in den ersten Lebensjahren deutlich erkennbar. Es kommt oft vor, dass ein Kind, wenn es wegen eines Vergehens gescholten oder eines solchen beschuldigt wird, erklärt, nicht es selbst, sondern irgendein anderes Kind, häufig ein erfundenes, habe es getan. […]

Ein weiterer Abwehrmechanismus ist der, den man die *Wendung gegen das Selbst* nennt, die Wendung eines Triebimpulses gegen die eigene Person. Was damit gemeint ist, können wir am besten durch ein Beispiel aus dem Kindheitsverhalten erläutern, denn in der Kindheit ist dieser Mechanismus, wie Projektion und Verleugnung, im äußeren Verhalten leicht zu beobachten. So wird zum Beispiel ein Kind, das gegen einen anderen Zorn empfindet, aber nicht wagt, dem eigentlichen Objekt gegenüber dem Zorn Ausdruck zu geben, unter Umständen statt dessen sich selbst schlagen oder verletzen. Dieser Mechanismus spielt, obwohl er scheinbar so absonderlich ist, genau wie die Projektion im normalen psychischen Leben eine größere Rolle, als man für gewöhnlich erkennt. Er ist häufig von einer unbewussten Identifikation mit dem Objekt des Impulses begleitet, gegen dessen Auftreten sich der Betreffende zur Wehr setzt. In dem oben angeführten Beispiel etwa ist es so, *als ob* das Kind, wenn es sich selbst schlägt, sagte: „Ich bin er und *so* werde ich ihn schlagen!" […] Wir müssen noch einen weiteren Mechanismus erwähnen, der unter den Abwehrreaktionen des Ichs einen außerordentlich wichtigen Platz einnimmt, nämlich die *Regression*. […] Die Bedeutung der Triebregression als Abwehr liegt darin,

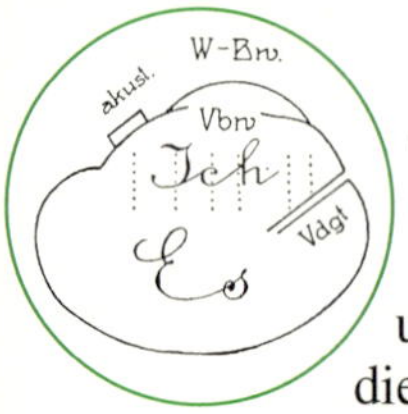

dass zum Beispiel angesichts ernster Konflikte über Wünsche der phallischen Phase der Triebentwicklung diese Wünsche teilweise oder ganz aufgegeben werden und der Betreffende zu den Zielen und Wünschen der früheren analen und oralen Phasen zurückkehrt oder regrediert und damit die Angst vermeidet, die durch das Beharren der phallischen Wünsche hervorgerufen würde. [...]

Mit ihnen eng verbunden, jedoch von ihnen unterschieden, ist der psychische Mechanismus, den Freud [1905b] *Sublimierung* nannte. [...] Um den Begriff der Sublimierung zu erläutern, wollen wir als Beispiel den infantilen Wunsch, mit Kot zu spielen, nehmen, der natürlich ein Triebabkömmling ist. In unserer Kultur wird diesem Wunsch gewöhnlich starker Widerstand vonseiten der Eltern oder der Elternersatzfiguren entgegengesetzt. Es kommt dann oft vor, dass das Kind das Spielen mit Kot aufgibt und sich statt dessen dem Kneten von Lehmkuchen zuwendet. Später nimmt unter Umständen das Modellieren mit Lehm oder Plastilin diese Stelle ein, und in Ausnahmefällen treibt der Betreffende vielleicht als Erwachsener Bildhauerei – als Liebhaberei oder sogar als Beruf. Die psychoanalytische Untersuchung zeigt, dass jede dieser Ersatzbetätigungen dem ursprünglichen, infantilen Impuls, mit Kot zu spielen, ein gewisses Maß an Befriedigung verschafft. In allen diesen Fällen wurde jedoch die ursprünglich begehrte Betätigung in Richtung sozialer Annehmbarkeit und Billigung modifiziert. Darüber hinaus ist der ursprüngliche Impuls in der Psyche des Betreffenden, der sich mit Modellieren in Lehm oder Plastilin beschäftigt, unbewusst geworden.

Was wir Sublimierung nennen, ist eine solche Ersatzbetätigung, die zugleich den Forderungen der Außenwelt entspricht und einem infantilen Triebabkömmling, der in seiner ursprünglichen Form verworfen wurde, ein gewisses Maß an unbewusster Befriedigung verschafft. In den von uns angeführten Beispielen sind das Spielen mit Lehmkuchen, das Modellieren, das Bildhauern und das Studium der Darmparasiten sämtlich Sublimierungen des Wunsches, mit Kot zu spielen. Wir könnten genauso gut sagen, dass sie sämtlich Manifestationen – auf verschiedenen Altersstufen – der normalen Ichfunktion sind, die darauf abzielt, die Forderungen des Es und die der Außenwelt möglichst vollständig und mit größtmöglicher Effizienz zu harmonisieren und zu befriedigen.

(Charles Brenner, Grundzüge der Psychoanalyse, Fischer, Frankfurt a.M. 1994, S. 81–95)

1. Erstellen Sie zur besseren Übersicht in arbeitsteiliger Gruppenarbeit, wobei jede Gruppe bestimmte Abwehrmechanismen bearbeitet, eine Tabelle mit den einzelnen Abwehrmechanismen, definieren Sie die Abwehrmechanismen und finden Sie Beispiele.
2. Zeigen Sie an konkreten Beispielen die Funktion der Abwehrmechanismen für den Sozialisationsprozess auf.
3. Welche pädagogische Relevanz kann die Kenntnis der Abwehrmechanismen haben?

Projektion – sich selber kennen lernen

„Der Splitter in deinem Auge ist das beste Vergrößerungsglas." (Th. W. Adorno)

Projektion

Ein Projektor wirft ein Bild auf die Leinwand. Wir sehen das Bild nicht im Projektor, wo es klein auf dem Bildträger festgehalten ist, sondern nur von außen auf dem Projektionsschirm. Dort können wir es deutlich erkennen, es beurteilen, verurteilen, bekämpfen, bewundern. Am Bildträger selbst ändert sich dadurch nichts.

Projektion im psychischen Sinne geschieht ähnlich: Wir sind der Projektor, tragen ein Bild, eine Eigenschaft in uns und projizieren das nach außen, auf eine andere Person,

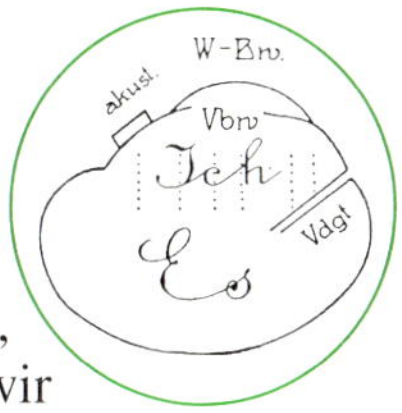

eine Situation, auf eine ganze Gruppe. Während der Projektor aber ohne Zensur Gutes oder Schlechtes von innen nach außen schickt, folgt die Projektion des Menschen einem bestimmten Gesetz: die Guten ins Kröpfchen, die Schlechten ins Töpfchen. Das heißt, unsere guten Eigenschaften behalten wir gerne für uns, die schlechten, die unerwünschten oder gesellschaftlich verpönten spalten wir leicht von uns ab, schieben sie anderen zu oder bekämpfen sie gar leidenschaftlich am anderen. [...] Projektion ist verzerrte Realitätswahrnehmung: Dinge, die wir an uns selbst nicht mögen, stechen uns am anderen verstärkt ins Auge. Projektion beruht wiederum auf Introjektion: Bestimmte Dinge soll und darf ich nicht haben. [...] Wäre sich der Projektor seiner Projektionen bewusst, dann könnte er seine eigene Identität – und eben besonders das, was er an sich selbst nicht akzeptiert – bei seinen Mitmenschen wahrnehmen und diese Wahrnehmung auf sich beziehen. Aber um sich davor zu schützen, projiziert er. [...]

Wenn ich von Auflösung der Projektion spreche, dann geht es darum, dem Klienten die verstreuten, abgespaltenen Persönlichkeitsanteile zurückzugeben. Damit erweitert sich das Identitätsgefühl, die Kontaktfähigkeit, die Öffnung für sich und andere. Der Projektor wird von mir angeleitet, Eigenschaften, die ihn beim anderen stören, probeweise für sich selbst anzunehmen. [...]

Was Sie selber tun können

Beobachten Sie sich. Gibt es jemanden oder bestimmte Eigenschaften, die ihnen immer wieder auf die Nerven fallen, die sie hörbar oder im Stillen immer wieder verurteilen? Stellen Sie sich dann diese Fragen:

- Wie bin ich eigentlich in dieser Hinsicht?
- Wie möchte ich in dieser Hinsicht gerne sein?
- Welche inneren Stimmen werden in mir gegen diese Eigenschaften/Tätigkeiten laut und von wem habe ich sie schon einmal gehört?

Wenn Sie sich diese Fragen stellen und sie ehrlich beantworten, können Sie vielleicht einiges über sich selbst erfahren. Viel Spaß auf der Entdeckungsreise!

(Marion Weber, Mit sich selbst in Einklang kommen – Eine Einführung in die Gestalttherapie, Herder Verlag, Freiburg/Basel/Berlin 1992, S. 84ff.)

Anregung für weitere Fragen:

- Welchen Sinn hat eine Projektion für mein Identitätsgefühl, welchen (positiven) Schutz baue ich mir damit auf?
- Welche Kontakte eröffne/vermeide ich durch Projektionen?

Das psychosoziale Entwicklungsmodell nach Erik H. Erikson

Das psychosoziale Entwicklungsmodell von Erik Erikson stellt in gewisser Weise eine Weiterentwicklung des Freud'schen psychosexuellen Entwicklungsmodells dar.

Bitten Sie Ihren Lehrer bzw. Ihre Lehrerin, Ihnen Material zum Erikson'schen Entwicklungsmodell zur Verfügung zu stellen, und verschaffen Sie sich einen Überblick über dessen theoretische Grundannahmen und dessen Entwicklungsverständnis (z.B.: Philip G. Zimbardo/Richard J. Gerrig, Psychologie, Springer Verlag, Berlin 1996, S. 459ff.; im Internet unter der Adresse: http://www.stud.fernunihagen.de/q2287056/erikson/ich_inh.htm). Im Folgenden finden Sie eine Tabelle, in der die einzelnen Entwicklungsphasen nach Erikson und die in den einzelnen Phasen zu bewältigenden Aufgaben sowie mögliche daraus resultierende Krisenereignisse verzeichnet sind. Die Tabelle soll Ihnen ausgehend vom Modell Eriksons die Möglichkeit bieten, sich mit Ihrer eigenen Entwicklung auseinander zu setzen und den Wert von Entwicklungsmodellen für die persönliche Entwicklung zu erkennen.

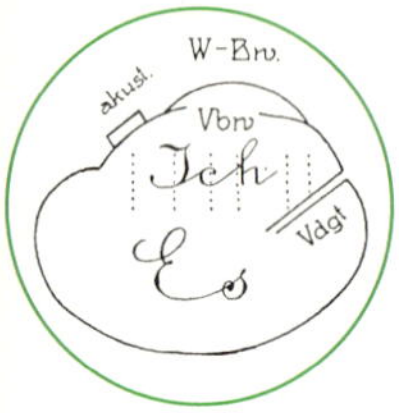

> 1. Worin sehen Sie Eriksons besondere Leistung im Vergleich zum Freud'schen Modell?
> 2. Welche Gemeinsamkeiten und Unterschiede stellen Sie fest?

Die Entwicklungstabelle

Zum Verständnis einer Entwicklungskrise kann als Hintergrundinformation die folgende Tabelle herangezogen werden, die die verschiedenen Stufen in der Entwicklung eines Menschen zusammenfasst. Vielleicht möchten Sie selbst nachschauen, wo Sie in dieser Tabelle stehen, und sehen, womit sich ein Mensch wie Sie „normalerweise" auseinander setzt.

Denken Sie jedoch daran, dass die Tabelle auf niemanden völlig zutrifft. Aufgrund individueller, typischer Eigenschaften, des Familienlebens, der Erziehung und der Erfahrungen wird eine Tabelle wie diese nie genau auf eine Person zutreffen. Gleichzeitig werden jedoch in der Tabelle allgemeine Themen angeführt, die hilfreich sind, um vorhersehbare Übergangsphasen in der Entwicklung, die häufig durch Krisen beladen sind, zu verstehen.

Man sollte beachten, dass die Tabelle aus vier Spalten besteht. In der ersten Spalte werden die Stufen und die dazugehörigen Altersgruppen angegeben. Die zweite Spalte führt das Übergangsthema auf, mit dem zwischen den jeweiligen Entwicklungsstufen zu rechnen ist; in der dritten Spalte folgen die typischen Aufgaben und Tätigkeiten dieser Phase. Spalte vier nennt die Krisenereignisse, die den Übergang zwischen den einzelnen Entwicklungsstufen erschweren könnten.

Zwischen den Zeilen lesen

Wenn Sie sich die Entwicklungstabelle genau ansehen, finden Sie vielleicht die Allgemeinbeschreibung der Krise, die Sie gerade durchmachen oder irgendwann einmal erlebt haben. Sie müssen dazu vielleicht „zwischen den Zeilen lesen", um den Grund Ihrer Krise zu finden. Betrachten Sie das Krisenereignis (ein außereheliches Verhältnis, ein Streit zwischen Eltern und Kind, eine ungewollte Schwangerschaft usw.) und fragen Sie sich: Bezieht sich dieses Ereignis auf irgendeines der Entwicklungsthemen, die unter der für meine Altersgruppe zutreffenden Spalte „Aufgaben/Beschäftigungen" aufgeführt sind?

Krisen entstehen häufig durch Entwicklungsprobleme, wobei diese Probleme oft nur unterschwellig vorhanden sind. Der Streit, die Schwangerschaft, die Affäre oder was auch immer lenken die Aufmerksamkeit vom Hauptproblem ab – dem Entwicklungsproblem. Sobald Sie verstanden haben, dass es ein Entwicklungsproblem gibt, das es zu bewältigen gilt, können Sie sich damit auseinander setzen und können diesem Problem genauso viel Beachtung schenken wie dem vordergründigen Symptom.

Als Nächstes sollten Sie sich die Spalte „Aufgaben/Beschäftigungen" näher anschauen, die sich auf die von Ihnen erfahrenen Symptome bezieht. Fragen Sie sich, ob Sie im Meistern dieser Aufgaben Fortschritte machen.

Wenn Sie zum Beispiel eine Krise während der „Reife"-Phase erfahren, sollten Sie sich fragen: Passe ich mich den altersbedingten Veränderungen meines Körpers an?

Habe ich mich ausreichend auf den Ruhestand vorbereitet? Entwickle ich zu meinen erwachsenen Kindern eine Erwachsenen-Beziehung?

Ein Mangel in einem dieser Bereiche könnte der unterschwellige Grund für die Krise sein. Gehen Sie einen Schritt weiter und fragen Sie sich: Habe ich Schwierigkeiten, weil ich in einer der oben beschriebenen fünf persönlichen Quellen – Wissen, Fähigkeiten, materielle und gesellschaftliche Unterstützung, Risikobereitschaft – einen Mangel aufweise? Wenn dies der Fall ist, was muss dann getan werden? Muss ich neue Fähigkeiten entwickeln? Oder brauche ich noch die Unterstützung anderer, um Risiken eingehen zu können? Brauche ich jemanden, um mich durch das ganze Problem zu arbeiten? [...]

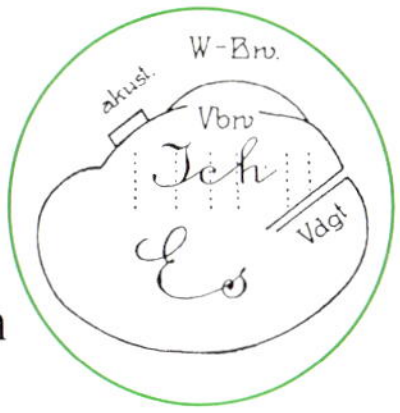

Stufen der menschlichen Entwicklung

Stufe	*Übergangs-thematik*	*Aufgaben/Beschäftigungen*	*Mögliche Krisen-ereignisse*
Säuglingsalter (0 - 1)	Urvertrauen kontra Misstrauen	Nahrungsaufnahme Entwicklung sensorischer Diskrimination und motorischer Fertigkeiten Gewinnung emotionaler Stabilität	Störungen bei der Nahrungs-aufnahme Krankheit, Verletzung Ablehnung durch die wichtigste Kontaktperson
Kleinkind (1 – 2)	Autonomie kontra Schüchternheit und Zweifel	Laufen, Sprechen Entwicklung eines Unabhängig-keitsgefühls Anpassung an die Sozialisations-forderungen	Verletzung des Körpers Konflikt mit der wichtigsten Kontaktperson übersteigerte Fürsorge Reinlichkeitserziehung usw.
Frühe Kindheit (2 – 6)	Initiative kontra Schuldgefühl	Lernfähigkeiten und Muskel-kontrolle Erlernen der Körperbegriffe und Kennenlernen der Geschlechtsunterschiede Erlernen der kulturellen Werte und die Entwicklung eines Gefühls für das, was „falsch oder richtig" ist Erlernen der Begriffe für die soziale und geografische Umwelt Entwicklung zwischenmensch-licher Beziehungen (Familie, Gleichaltrige)	Verletzung des Körpers Konflikt mit Lehrern/Eltern: frühe sexuelle Spiele Konflikt mit Lehrern, Gleich-altrigen Einschulung (Vorschule oder Kindergarten) Verlust der Freunde durch Umzug
Mittlere Kindheit (6 – 12)	Leistung kontra Minderwertig-keitsgefühl	Meistern der schulischen Fächer Entwicklung von Lernfähigkeiten und dem Vermögen, Probleme zu lösen Aufbau von Beziehungen zu Gleichaltrigen, Lehrern und unbekannten Erwachsenen Entwickeln eines Unabhängig-keitsgefühls innerhalb der Familie Entwicklung einer Selbstkontrolle und einer Frustrationstoleranz	Lernschwierigkeiten in der Schule Konflikte mit Gleichaltrigen Konflikte mit Lehrern Konflikte mit den Eltern Schulwechsel
Adoleszenz (12 – 18)	Identität kontra Rollenkon-fusion	Anpassung an Veränderungen des Körpers und an neue Gefühle Allmähliche Unabhängigkeit von Eltern/Erziehungsberechtigten Infragestellen der Werte/Entwick-lung einer Lebensphilosophie	Menstruation, Geschlechtsverkehr, ungewollte Schwangerschaft Schulabschluss, Aufnahme eines Studiums Konflikt mit den Eltern über persön-liche Gewohnheiten und einen eigenen Lebensstil

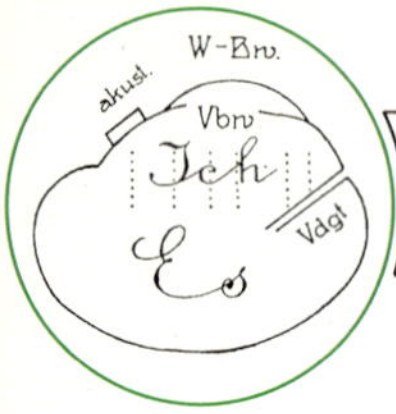

Stufe	*Übergangsthematik*	*Aufgaben/Beschäftigungen*	*Mögliche Krisenereignisse*
		Erforschung intimer Beziehungen Erforschen beruflicher Möglichkeiten	Trennung von Freund oder Freundin Berufliche Unschlüssigkeit Schwierigkeiten bei der ersten Anstellung Erfolg/Misserfolg in Ausbildung, Sport
Altersgruppe (18 – 34)	Vertrautheit kontra Isolierung junges Erwachsenenalter	Partnerwahl Lernen, mit Partner zu leben Gründung einer Familie (oder auch nicht) Entwicklung elterlicher Fähigkeiten Wehrdienst Aufnahme eines Berufs Umfassende Entwicklung des persönlichen Lebensstils im sozialen Zusammenhang	Abgewiesenwerden von potenziellen Partnern außereheliche Affären; Trennung, Scheidung Ungewollte Schwangerschaft; Unfähigkeit, Kinder zu bekommen, Geburt eines Kindes Disziplinschwierigkeiten mit den Kindern; Krankheit des Sohnes oder der Tochter; Unfähigkeit, mit den Anforderungen der Elternrolle fertig zu werden Eintritt in den Wehrdienst/ Zivildienst Ausbildungsschwierigkeiten; kein Abschluss; Unfähigkeit, einen zufriedenstellenden Beruf zu finden; schlechte berufliche Leistungen Erwerb eines Eigenheimes; finanzielle Schwierigkeiten; Konflikt zwischen Familie und Beruf; der dreißigste Geburtstag
Altersgruppe (35 – 50)	Entwicklung kontra Stagnation ↓ Stehenbleiben (nicht weiterentwicklung)	Anpassung an die physiologischen Veränderungen, die mit diesem Alter zusammenhängen (altern) Anpassung an die Veränderung der Kinder (die z.B. erwachsen werden) (erwachsen werden) Übernahme neuer Verantwortung – für die älter werdenden Eltern (Omi & Opi = kümmern krank) Gesteigerte Produktivität und Ausprägung einer sozialwirtschaftlichen Festigung (am leistungsfähigsten) Überprüfung früherer Entscheidungen (Ehepartner, Laufbahn, Kinder) und erneute Auseinandersetzung mit früheren Themen (Identität, Vertrauen) Veränderungen in der Lebensstruktur angesichts anderer Verpflichtungen in der Familie und im Beruf	Bewusstsein, dass alles vergänglich ist chronische Krankheit (bei sich selbst oder beim Partner) Wechseljahre Abgewiesenwerden von rebellierenden Kindern, die in der Pubertät sind Trennung vom Kind Ist für die älter werdenden Eltern, ihren Lebensabend, vorgesorgt? Tod oder eine längere Krankheit der Eltern Berufliche Rückschläge: Schwierigkeiten am Arbeitsplatz Finanzielle Sorgen Beruflich bedingter Umzug Arbeitslosigkeit Bewusstwerden einiger Diskrepanzen zwischen den Lebenszielen und dem Erreichten Bedauern einer früheren Entscheidung, nicht geheiratet, keine Kinder zu haben oder umgekehrt; Unzufriedenheit mit den erreichten Zielen Beförderung Bruch/Konflikt mit dem Vorgesetzten

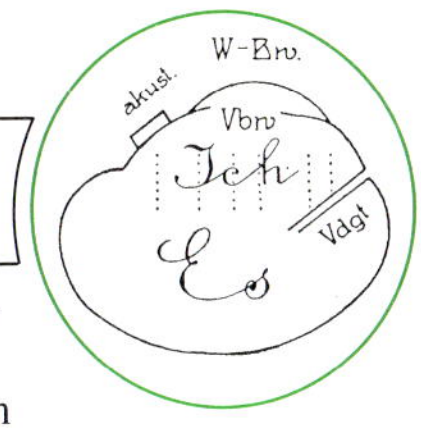

Stufe	*Übergangs-thematik*	*Aufgaben/Beschäftigungen*	*Mögliche Krisen-ereignisse*
			Eheprobleme/außereheliche Probleme Rückkehr ins Berufsleben (Frauen) Tod eines (oder mehrerer) Freunde
Altersgruppe (50 – 60)	Entwicklung Fähigkeit kontra Stagnation	Anpassung an das Altern des Körpers (z.B. gesundheitliche Veränderungen, weniger Kraft) Vorbereitungen für den Ruhestand Entwicklung einer wechselseitig wertvollen Beziehung zu erwachsenen Kindern Neueinschätzung, Festigung der Beziehung zum Ehepartner/zu einer anderen wichtigen Person; oder Fertigwerden mit seinem/ihrem Weggang (Tod, Scheidung) Unterstützung der älter werdenden Eltern sinnvolle Freizeitnutzung	Gesundheitliche Probleme Entscheidungen: Ruhestand (Freizeit, neue Laufbahn) Veränderte Lebensumstände (z.B. Verlegung des Wohnorts von der Stadt aufs Land) Konflikte mit erwachsenen Kindern: „Das leere Nest“ (Das letzte Kind verlässt das Haus) Tod des Ehepartners, Scheidung Konflikte mit den Eltern Widerwillen gegen den Ruhestand Trennung von beruflichen Rollen/Verpflichtungen
Alter (65 – Tod)	Persönliche Unabhängigkeit kontra Verzweiflung	Beginn einer zweiten/dritten Karriere und/oder ein Freizeitinteresse Die Weisheit der Lebenserfahrungen mit anderen teilen Beurteilung der Vergangenheit und Zufriedenheit mit dem Leben Genießen körperlichen Wohlbefindens und körperlicher und emotionaler Annehmlichkeiten Beibehalten der Mobilität, um etwas herumzukommen und Abwechslung zu haben	Finanzielle Schwierigkeiten Zwischenmenschlicher Konflikt mit den Kindern Zwischenmenschlicher Konflikt mit Gleichaltrigen (z.B. in einer neuen Wohngegend) Vernachlässigung durch erwachsene Kinder Tod der Freunde Erfahrung mit der Einsamkeit Krankheit oder Behinderung Schwierigkeiten, sich an den Ruhestand zu gewöhnen

(Karl Slaikev/Steve Lawhead, Der Phönix-Faktor, mgv-Verlag, München 1990, S. 215ff.)

1. Führen Sie zunächst die auf S. 78 und 347 vorgeschlagenen Aufgaben durch (siehe Text). Benutzen Sie dazu Ihr Journal. Tauschen Sie sich anschließend mit einer Mitschülerin oder einem Mitschüler über Ihre Ergebnisse aus.
2. Welche Funktionen haben Krisen für die menschliche Entwicklung? Welche Funktion haben sie in den einzelnen Phasen der Entwicklung nach Erikson?
3. Tauschen Sie sich in Ihrem Kurs über pädagogische Hilfsmöglichkeiten der Krisenbewältigung in den einzelnen Entwicklungsphasen aus.

An-Sichten

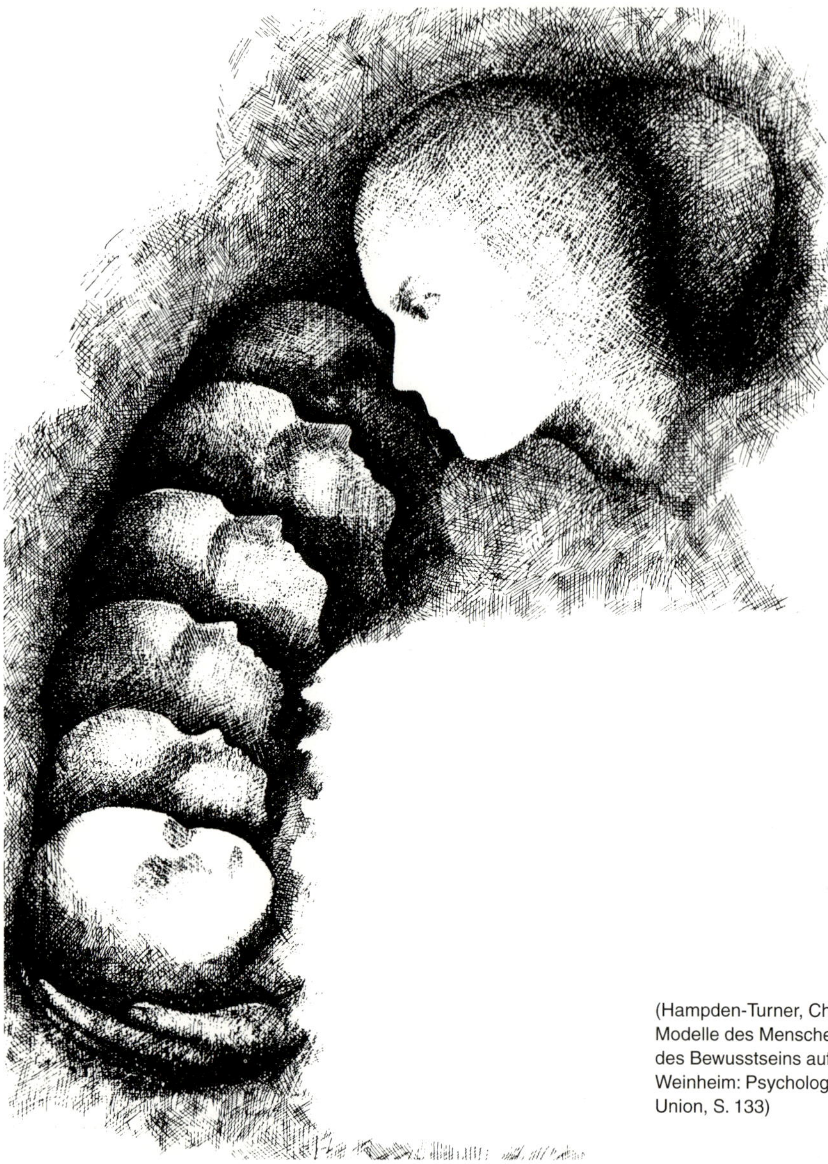

(Hampden-Turner, Charles [1996], Modelle des Menschen. Dem Rätsel des Bewusstseins auf der Spur. Weinheim: Psychologie Verlags Union, S. 133)

1. Beschreiben Sie die Zeichnung möglichst detailliert.
2. Geben Sie der Zeichnung einen Titel.
3. Deuten Sie die Zeichnung und tauschen Sie sich in Ihrem Kurs darüber aus.

Vertiefung

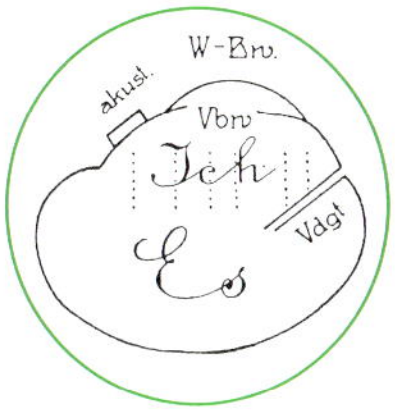

Freuds psychoanalytisches Entwicklungsmodell – eine Einschätzung

Freuds psychoanalytische Entwicklungspsychologie: Unsere Einschätzung

Kriterien	optimal	mittelmäßig	unzulänglich
1. Realistische Einschätzung der Welt des Kindes		x	
2. Klarheit der Darstellungen		x	
3. Erklärungen für früheres und Prognosen über künftiges Verhalten	differenziert x	zutreffend ?	
4. Handreichungen für die praktische Kindererziehung	differenziert x		
5. Logischer Aufbau		x	
6. Ökonomie der Erklärungen		x	
7. Wissenschaftliche Überprüfbarkeit			x
8. Auslöser für neue Entdeckungen	x		
9. Gesamteindruck		x	

[…] Zweifelsohne verdient Freuds Ansatz für seine auslösende Funktion neuer Entdeckungen (Kriterium 8) eine gute Beurteilung. […]
Den zweithöchsten Rang erhielt Kriterium 4 (praktische Kindererziehung). Wir richten in diesem Punkt unsere Einschätzung an dem Einfluss aus, den die Psychoanalyse auf die Erziehungsansichten interessierter Eltern in Europa und den USA hat. Freuds Vorschläge konzentrieren sich auf die emotionalen Bedürfnisse von Kindern, hauptsächlich im Bereich der Sexualität und der Aggression. So stammt z.B. die Empfehlung, Kleinkinder sollten reichlich liebkost werden und Gelegenheit erhalten, ihre Nuckel- und Saugbedürfnisse zu befriedigen, von der Freudschen Vorstellung über das orale Stadium. Aus Annahmen über das anale Stadium stammt die Empfehlung, das Toilettentraining nicht zu frühzeitig in Angriff zu nehmen und es nicht unter Strafandrohung zu erzwingen. Auch sollte es nicht von Angst verursachenden emotionalen Ausbrüchen der Eltern begleitet sein oder gar von versteckter Abscheu, welche das Kind als Androhung des Entzuges der elterlichen Zuneigung auslegen könnte, sollte es sich nicht so verhalten, wie die Eltern es erwarten. Eltern und Lehrer finden weitere Ratschläge bei Freud, und zwar wie sie am besten auf die sexuelle Neugier und sexuellen Anspielungen von Kindern und Jugendlichen reagieren sollen. Auch in den Massenmedien tauchen immer wieder bestimmte psychoanalytische Annahmen zur Kindererziehung auf, ebenso in populär- und fachwissenschaftlichen Zeitschriften.
Obgleich die Psychoanalyse Anleitungen für den Umgang mit Kindern im emotionalen Wachstum gibt, so bietet sie doch wenig Hilfe für die kognitive Entwicklung oder das Körperwachstum – ausgenommen sind körperliche Gebrechen, von denen man vermutet, dass sie psychologischen Ursprungs sind. […]

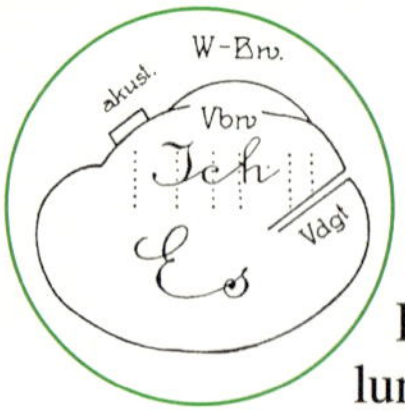

Die Klarheit der Darstellungen (Kriterium 2) liegt unserer Meinung nach knapp oberhalb der Skalenmitte. Freudianer erklären die Hauptbestandteile ihres Systems recht einleuchtend. Und Freuds Untermalung dieser Bestandteile mit Fallbeispielen aus seiner psychoanalytischen Praxiserfahrung hilft, seine Darstellungen gut zu verstehen. Gehen wir aber über die Grundstruktur der Theorie hinaus, so bleiben etliche Fragen offen, und dann wünschten wir uns größere Klarheit. […]

Dieses zweite Kriterium steht im Zusammenhang mit Kriterium 1 (realistische Einschätzung der Welt des Kindes), welches wir etwas unterhalb der Skalenmitte eingestuft haben. Wir rechnen zu Freuds Gunsten an, dass er (1) die Wichtigkeit und Natürlichkeit sexueller Interessen in der Kindheit und im Jugendalter der Allgemeinheit vor Augen geführt hat, (2) die Abwehrmechanismen, die Kinder entwickeln können, erkannt und (3) die ambivalenten Gefühle des Kindes seinen Eltern gegenüber (Hass gekoppelt an Liebe) beschrieben hat. Beobachtetes kindliches Verhalten scheint diese Befunde als realistische Phänomene der kindlichen Welt zu bestätigen (Hilgard, 1952).

Wägt man jedoch solche Aspekte gegen andere, die durch direkte Beobachtung oder Evaluierung belegbar sind, ab, so bleibt ein Großteil der Freud'schen Theorie noch unbestätigt. Einige Kritiker haben unverblümt verlauten lassen, Psychoanalytikern sei es bisher noch nicht gelungen, überzeugende Untersuchungen zur Stützung ihrer Theorie anzuführen. […]

Einige Schwierigkeiten des Freud'schen Modells als exakte Widerspiegelung der kindlichen Entwicklung liegen bei den zugrunde gelegten Daten. Freud hat Kinder nicht direkt beobachtet, geprüft oder ihre Entwicklung gemessen. Mindestens vier „schlüpferige“ Schritte lassen sich zwischen seinen Daten und dem heranwachsenden Kind ausmachen. Sein Verfahren auf der Grundlage von Therapiesitzungen mit neurotischen Erwachsenen umfasste: (1. Schritt) *Interpretationen* des Analytikers aus seinem Blickwinkel bzw. „durch seine Brille“; (2. Schritt) angeblich *symbolisches* Material, hergeleitet aus (Schritt 3) berichteten *Träumen* und *Erinnerungen* von Neurotikern über (Schritt 4) *angebliche Erfahrungen* in ihrer über Jahrzehnte zurückliegenden Kindheit. Solch ein Verfahren kann eine Verzerrung der typischen kindlichen Handlungen, Gedanken und Gefühle durch die verschiedenen Wachstumsphasen mit sich bringen. Daher sind wir skeptisch, inwieweit die Welt des Kindes realistisch erfasst ist. […]

Der Hauptgrund, warum die Psychoanalyse so schwer zu belegen bzw. zurückzuweisen ist, ist wohl der, dass viele der Schlüsselelemente – eingeschlossen das Unbewusste, die Verdrängung, die Reaktionsbildung und der Symbolismus – sie unüberprüfbar machen. […]

Stellen wir uns einmal vor, wir wollten die Gültigkeit des Ödipuskonfliktes überprüfen, und zwar mithilfe von Interviews mit Jugendlichen über sexuelle Vorstellungen während ihrer zurückliegenden Kindheit. Sollten die Antworten der Jugendlichen die Annahme untermauern, dass die Vater-Tocher-, Mutter-Sohn-„Familienromanze“ weit verbreitet ist, dann können wir sie als Beweis für den Ödipuskonflikt anführen. Nehmen wir nun aber einmal an, wir kämen zu entgegengesetzten Ergebnissen. Die befragten Jugendlichen – ehrliche Antworten vorausgesetzt – erinnern sich kaum noch an ihren Ödipuskomplex. Können wir dieses Ergebnis dann als Gegenbeweis zum Ödipuskonflikt anführen? Freudianer würden die Frage verneinen und anführen, dass negative Antworten auf die Verdrängung sexueller Triebe ins Unbewusste hindeuten – die Verneinung solcher Gedanken durch Jugendliche würde folglich beides beweisen, den Ödipuskonflikt und den Abwehrmechanismus der Verdrängung. […]

Der Symbolgehalt im Freud'schen Schema stellt uns vor weitere Rätsel. Freud nimmt an, dass das Ich einer Person zusammen mit dem Über-Ich eine Zensur auf verdrängtes Material ausübt, wenn jenes vom Unbewussten ins Bewusstsein aufzusteigen versuche. Er sagt aber auch weiter, dass verdrängte Wünsche sich am Zensor vorbeischleichen kön-

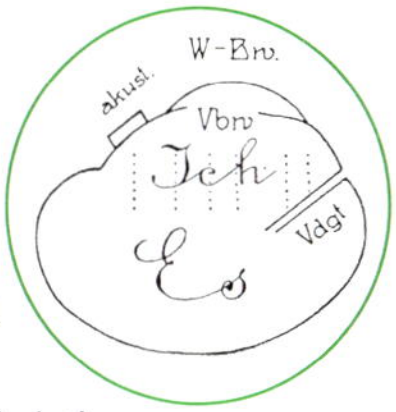

nen, nämlich maskiert als Symbole. [Es] wurde bereits erwähnt, dass Freud längliche, geschossähnliche im Traum auftretende Objekte als Symbole für den männlichen Penis betrachtete. Ein geöffnetes, behälterähnliches Objekt galt als Symbol für die weibliche Vagina (S. Freud, Bd. II, 1975: 348 ff.). Freudianer können somit alle geäußerten Gedanken als Beweis für ihre Theorie auslegen.

Freuds Modell der kindlichen Entwicklung und Persönlichkeitsstruktur mag richtig sein, die Beweisführung jedoch ist nicht stichhaltig, insofern er sich auf solche „Gummiregeln" stützt, wie sie das obige Symbolismuskonzept einschließt. Das Ergebnis unserer Überlegungen ist letztlich eine relativ niedrige Einstufung von Kriterium 5 (logischer Aufbau).

Kriterium 6 (Ökonomie der Erklärungen) rangiert in der Mitte der Bewertungsskala. Während einige der Aspekte des Modells die Phänomene genau erklären, erscheinen andere über Gebühr kompliziert. Es müsste eigentlich einfachere Möglichkeiten geben, um z.B. die Fixierung zu erklären, als durch über- und unterbefriedigte Bedürfnisse. Auch könnte das persönlich-soziale Verhalten des vorpubertären Kindes einfacher zu erklären sein als durch den Ödipuskomplex. Wir wollen mit all dem nicht sagen, Freud läge falsch mit seinen Erklärungen, sondern nur darauf verweisen, dass die gleichen Phänomene auch auf einfachere Faktoren zurückführbar sind. […]

Schwierig wird es bei der Beurteilung des 3. Kriteriums (Erklärungen für früheres und Prognosen über künftiges Verhalten), wie die Doppelmarkierung anzeigt. Das Kreuzchen für Differenziertheit liegt im oberen Bereich der Skala, da die Erklärungen für im früheren Leben eines Menschen aufgetretene psychosexuelle Vorkommnisse und die Begründungen dafür ziemlich genau sind. Die Psychoanalyse legt das Schwergewicht auf die vergangene Entwicklungsgeschichte und deckt sie durch freie Assoziationen und Traumdeutung auf. Voraussagen für die Zukunft sind gewöhnlich allgemeiner gehalten, oft als Aussagen über abweichendes Verhalten, das auftreten könnte, wenn bedeutsame Bezugspersonen die Bedürfnisse des Kindes in einem Entwicklungsstadium nicht angemessen aufgreifen. In Anbetracht der recht speziellen Erklärungen für das Vergangene und der eher generellen Zukunftsvoraussagen haben wir der Differenziertheit eine relativ hohe Benotung gegeben.

Wie zutreffend die Erklärungen und Voraussagen jedoch sind, steht auf einem anderen Blatt. Wegen der unter „wissenschaftliche Überprüfbarkeit" aufgeführten Gründe melden wir auch Skepsis gegenüber der Theorie zugrunde liegenden Erklärungen an. […]

Nun zu Kriterium 9 (Gesamteindruck): Für die Psychoanalyse ist dieses Kriterium von besonderer Bedeutung; denn es hängt sehr von unserer persönlichen Zustimmung ab. Mit „persönlicher Zustimmung" meinen wir das „Gefühl", die Psychoanalyse beschreibe tatsächlich die Entwicklung und Funktionen der menschlichen Persönlichkeit. Oder, so Hook (1959: 213), wie einige Freudianer auf Kritik entgegnet haben, man muss damit leben, dass „die Psychoanalyse … zwar unwissenschaftlich sein [mag], aber … wahr [ist]". Wir müssen zugeben, dass wir dieses Gefühl in gewisser Weise auch haben. Trotz dieser Mängel erscheint uns das Freud'sche Modell – gemessen an gängigen, wie oben untersuchten Wissenschaftskriterien – grundsätzlich sinnvoll. Wir glauben an das Unbewusste, die Verdrängung, an den Gebrauch von Abwehrmechanismen und viele andere in der Psychoanalyse verwendete Konzepte. Dennoch bleibt Skepsis in anderen Bereichen.

(R. Murray Thomas/Birgitt Feldmann, Die Entwicklung des Kindes, übersetzt von Birgitt Feldmann, Beltz, Weinheim/Basel 1994, S. 91–95)

1. Vergleichen Sie die hier vorgestellte Einschätzung mit Ihrer eigenen.
2. Nehmen Sie mithilfe der Beurteilungskriterien von Thomas und Feldmann eine Einschätzung des Modells von Erik H. Erikson vor.

Ein-Spruch

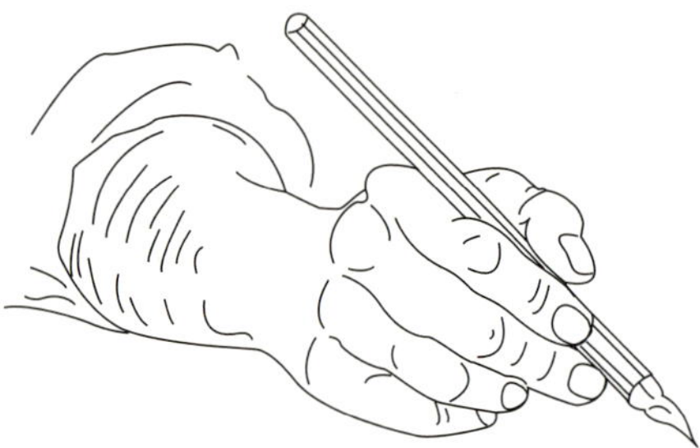

Sophie Freud, Enkelin von Sigmund Freud, befragt nach den Schwachpunkten der Psychoanalyse:

„Die Schwachpunkte – würde ich erstens die Triebtheorie nennen. Und ich meine ja, dass nur ein Mann eine Theorie erfinden konnte, in der die Sexualität der Grundblock aller Motivation ist, das ist eine männliche Idee. Außerdem sind die Triebtheorien politisch sehr konservativ, und es ist, als ob die Gesellschaft, die uns so sehr prägt, keinen Einfluss auf die Entwicklung hat."

(Transkribiert aus dem Film „Die Entdeckung des siebten Kontinents. Der bürgerliche Revolutionär Sigmund Freud", von Thomas Kornbichler und Jürgen Grundmann, SWF 1989)

Wer sagt
was
mit welchen Mitteln
und welcher Absicht
zu wem ???

Ist das Gegenteil auch richtig?

Mein Kommentar:

Pädagogische Anwendung

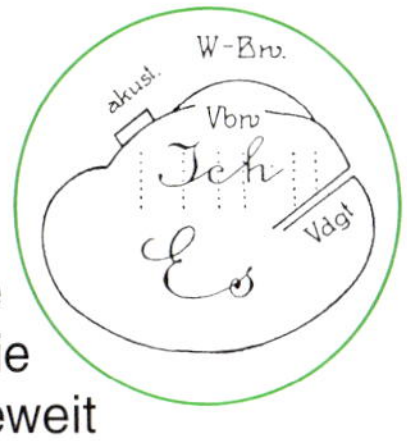

Bevor Sie sich im Folgenden mit zwei theoretischen Texten beschäftigen, die die Bedeutung der Psychoanalyse für die Pädagogik herausstellen, sollen Sie selbst anhand des folgenden Fallbeispiels Überlegungen anstellen, inwieweit psychoanalytische Erkenntnisse eine Hilfe für die Erziehung sein können.

Das Beispiel Carine

Carine ist ein kleines Mädchen von dreieinhalb Jahren, als sie uns von ihrem Kinderarzt wegen einer Reihe beunruhigender Symptome überwiesen wird, die ihr Leben und das der ganzen Familie durcheinander bringen.

Sie leidet an einer hartnäckigen Schlaflosigkeit, die erstmals im Alter von acht Monaten aufgetreten ist, als die Familie Ferien auf dem Land machte. Von einer leichten Besserung zwischen dem elften und dem dreizehnten Monat abgesehen, hat die Schlafstörung seit einer zweiten Schwangerschaft der Mutter ständig zugenommen. Ein kleiner Bruder wurde geboren, als Carine 18 Monate alt war.

Seit zwei Jahren geht das Kind allabendlich nur widerwillig ins Bett, nachdem die Eltern die verschiedensten Rituale ausgeführt haben, die ihre Wirkung rasch verlieren und daher immer wieder erneuert werden müssen. Carine wacht gegen ein Uhr morgens schreiend auf und beruhigt sich erst, wenn die Mutter sie zu sich ins Bett nimmt. Sie lutscht dann wimmernd am Daumen, erträgt aber nicht, dass die Mutter die Augen schließt. Sobald diese, von Müdigkeit übermannt, einzuschlafen beginnt, stürzt sich Carine auf sie und zieht ihr mit Gewalt die Augenlider hoch. Erst gegen Morgen schläft das Kind wieder ein, aber sein Schlaf dauert nicht lange. Tagsüber hingegen hält sie ohne Schwierigkeiten Mittagsschlaf und schläft auch manchmal vormittags auf dem Teppich ein. Der Vater zieht inzwischen – wegen des nächtlichen Aufwachens seiner Tochter – aus dem elterlichen Schlafzimmer aus und verbringt den Rest der Nacht im Kinderzimmer. Wie man sich leicht vorstellen kann, nehmen diese Lebensumstände die Mutter sehr mit.

Abgesehen von der Schlaflosigkeit hat sich nach und nach seit der Mitte des ersten Lebensjahres eine ernsthafte Anorexie eingestellt. Die Mutter berichtet, dass die Ernährung des Kindes während der ersten Monate leicht gewesen sei. Carine wurde gestillt und hatte offenbar die Umstellung auf die Flaschennahrung in den ersten drei Monaten, wie auch die ersten Breimahlzeiten, gut vertragen. Die Schwierigkeiten begannen, als die Mutter sie ausschließlich mit dem Löffel ernähren wollte. Carine behielt die Nahrung zunächst im Mund und spuckte sie dann wieder aus. Deswegen setzte die Mutter, ohne sich allzusehr zu beunruhigen, die Ernährung zunächst mit der Flasche fort. Während des Landaufenthaltes, als die Schlaflosigkeit einsetzte, begann Carine die Flasche zu verweigern. Die Mutter machte sich immer mehr Sorgen, um so mehr, als das Kind nicht mehr an Gewicht zunahm. Sie versuchte es schließlich mit Gewalt, und so endeten die sehr stürmischen Mahlzeiten meistens mit Erbrechen. Diese Anorexie verlief besonders dramatisch, als der kleine Bruder geboren wurde und als er, kurz vor Aufnahme der Behandlung Carines, krank wurde.

Als Carine zu uns gebracht wird, nimmt sie lediglich zweimal am Tag die Flasche (sie ist, wie erwähnt, dreieinhalb Jahre alt) und ernährt sich zwischendurch nur von Brot und Schokolade. Jeder Versuch, ihr eine Ernährung anderer Art zu geben, scheitert an ihrer entschiedenen Verweigerung und ruft bei ihr heftige Wutanfälle hervor.

Zu der Schlaflosigkeit und Anorexie kommt hinzu, dass Carine nicht ertragen kann, wenn ihre Mutter sie allein lässt. Sie folgt ihr von einem Zimmer ins andere, fragt dauernd, ob

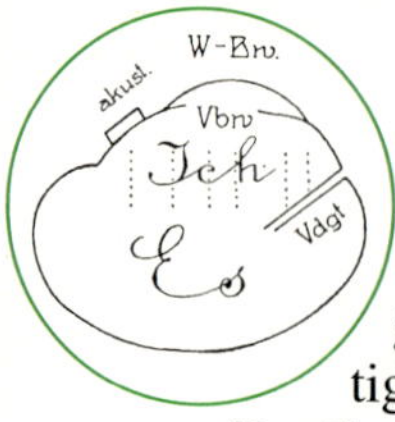

die Mutter sie liebe und niemals verlassen werde. Dennoch zeigt sie sich der Mutter gegenüber oft sehr aggressiv, schlägt, kratzt oder beißt sie, sobald einer ihrer Wünsche nicht sofort erfüllt wird. Ihrem kleinen Bruder gegenüber ist sie genauso heftig, sodass die Mutter Angst hat, die beiden ohne strenge Beaufsichtigung einander nahe kommen zu lassen.

Darüber hinaus hat Carine eine Phobie den öffentlichen Verkehrsmitteln (U-Bahn und Autobusse) gegenüber, was die Bewegungsfreiheit der Mutter einschränkt. Dies ist um so hinderlicher, als die Familie in einer ziemlich weit entfernten Vorstadt von Paris wohnt. Dagegen fühlt sich Carine im Auto ihres Vaters recht wohl.

Ihre ständigen Ängste und die Suche nach der Mutter als einem kontraphobischen Objekt lassen sie nicht zur Ruhe kommen. Carine spielt niemals mit ihren Spielsachen, auch nicht mit ihrem kleinen Bruder. Ein Versuch, sie einen Kindergarten besuchen zu lassen, wie der Kinderarzt vorgeschlagen hatte, endet mit einem Misserfolg. Nachdem das Kind nicht aufhörte zu weinen und sich für nichts interessierte, bat die Leiterin die Mutter sehr bald, das Kind zu Hause zu behalten.

Schließlich ist noch zu erwähnen, dass Carine nachts noch einnässt und die Mutter ihr daher immer noch Windeln anlegen muss. Tagsüber war sie früh sauber, vielleicht durch eine etwas strikte Dressur.

Hingegen scheint ihre psychomotorische Entwicklung die Eltern nicht beunruhigt zu haben. Carine konnte sich in normalem Alter aufsetzen und aufrecht halten. Beim ersten Gespräch war nicht die Rede davon, dass Carine erst verspätet laufen lernte, tatsächlich werden wir aber später erfahren, dass sie es erst mit 18 Monaten lernte und lange Zeit Angst hatte, die Hand der Mutter loszulassen. Desgleichen konnte sie sich nur in ihrem Laufstall oder ihrem Bett aufrecht halten und zeigte sehr früh große Angst, wenn man versuchte, sie in dieser – auf dem motorischen Sektor seit langem erworbenen – Stellung ohne den Schutz des gewohnten Raumes um sie herum verharren zu lassen.

Sie hatte frühzeitig und sehr schnell fehlerfrei sprechen gelernt.

Die Untersuchung des kleinen Kindes war außerordentlich schwierig. Es handelt sich um ein kleines blondes Mädchen mit zarter Haut und der blassen Gesichtsfarbe einer Anorektikerin, das leicht hypotroph ist. Ihre Züge sind gespannt und ängstlich. Sie weist verschiedene Tics auf, von denen die Eltern nicht gesprochen haben. Sie blinzelt, legt die Stirn in Falten und öffnet von Zeit zu Zeit auf eine ziemlich auffällige Art und Weise den Mund.

Sie kauert sich anfangs auf dem Schoß der Mutter zusammen, lutscht am Daumen und antwortet auf keine Frage. Ihr Gesichtsausdruck ist ernst, ohne die Spur eines Lächelns. Sie weigert sich, den Untersuchenden und die angebotenen Spielsachen zu betrachten. Weil sie sich nicht von ihren Eltern trennen konnte, nehmen wir in Carines Beisein Kenntnis von den Einzelheiten ihrer Lebensgeschichte. Am Ende der Unterhaltung ist Carine ein wenig entspannter und lässt sich vom Schoß der Mutter gleiten. Sie nimmt sich deren Handtasche und untersucht den Inhalt.

Kurze Zeit zuvor hatte bereits eine psychologische Untersuchung stattgefunden. Carine hatte mit einem heftigen Wutanfall reagiert, als die Psychologin versuchte, mit ihr allein zu sein. Aber nach einer Atempause auf den Knien der Mutter hatte das Kind dann willig auf die meisten Fragen des Tests von TERMAN-MERRILL geantwortet. So konnten wir uns überzeugen, dass ihr Intelligenzquotient über hundert lag.

Hinzuzufügen wäre noch, dass weder eine erbliche pathologische Belastung vorliegt noch Vorfahren mit einer erwähnenswerten Krankheit bekannt sind.

Die Mutter berichtet von Carines Schwierigkeiten und zeigt sich selbst sehr ängstlich und ziemlich entmutigt. Die schlaflosen Nächte und das kleine Mädchen, das so schwierig zu erziehen ist, haben sie sichtlich erschöpft. Die junge Frau ist sympathisch, intelligent

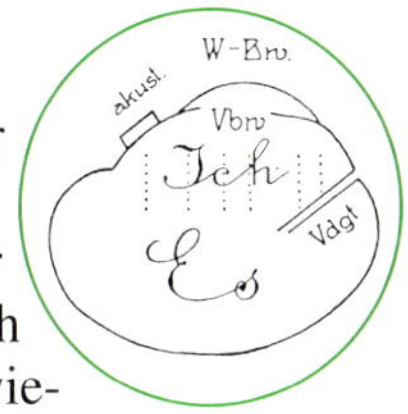

und freundlich. Zu keinem Zeitpunkt zeigt sie sich ihrem Kind gegenüber ablehnend oder aggressiv. Der Vater ist ein leitender Angestellter, der seine Ausbildung im normalen Rahmen abgeschlossen hat. Er scheint seiner Tochter gegenüber ganz und gar positiv eingestellt zu sein, Vater und Mutter scheinen sich gut zu verstehen. Beide wurden streng erzogen und waren auf derartige Schwierigkeiten bei der Kindererziehung keineswegs vorbereitet. Beide zeigten sich manchmal rigide und streng wie die eigenen Eltern, manchmal im Gegensatz dazu schwach, was die sekundären Gewinne der Störungen des Kindes begünstigte. Die Mutter empfand sich mit sich selbst im Widerspruch bei dem Versuch, die strengen Erziehungspraktiken anzuwenden, die sie kennen gelernt hatte. Auch der Vater war sich dieses Problems bewusst, aber seine Charakterabwehr schien viel strukturierter.

(René Diatkine/Janine Simon, Der Fall Carine. Protokoll der Analyse eines dreijährigen Mädchens, Kindler, München 1981, S. 17–20)

1. Fassen Sie die Auffälligkeiten in der Entwicklung Carines zusammen.
2. Diskutieren Sie mögliche Ursachen der Symptome Carines aus der Sicht Freuds und aus der Sicht Eriksons.
3. Welche erzieherischen Interventionen könnten Ihrer Ansicht nach Carine in ihrer Entwicklung helfen?
4. Vollziehen Sie nach, inwieweit Ihre psychoanalytischen Kenntnisse Ihnen bei der Analyse der Entwicklung Carines und der Entwicklung von Interventionsmöglichkeiten geholfen haben. An welchen Stellen sind Sie an Grenzen gestoßen?

Die psychoanalytische Behandlung

In der Regel liegt der Patient auf einer Couch, in einem Zustand größtmöglicher Entspannung. Der Psychoanalytiker sitzt hinter ihm, um ihn nicht abzulenken. Der Patient wird dann gebeten, seinen Gedanken freien Lauf zu lassen und alles zu erzählen, was ihm gerade einfällt. Er darf auf keinen Fall versuchen, seine Gedanken zu ordnen oder logisch zu verketten. Alles muss in dem Moment gesagt werden, da es ihm einfällt. […] Verständlich, dass am Anfang Schweigen und Zögern nicht zu vermeiden sind, denn die Person kämpft vielfach zwischen den Gedanken und ihrer persönlichen Moral. Sie muss aber wissen, dass der Psychoanalytiker völlig neutral ist und sich niemals schocken lässt, denn für ihn ist alles ebenso natürlich wie essen und trinken. Der Psychoanalytiker gibt nie ein moralisches Urteil ab, sonst wäre er wie ein Chirurg, den der Anblick einer Wunde erblassen lässt… Nach und nach wird der Sinn der zusammenhanglosen Worte erkennbar: Die Geschichte der Krankheit, die Kindheit,

(Foto: Nick Bagguley/Freud Museum Publications Ltd.)

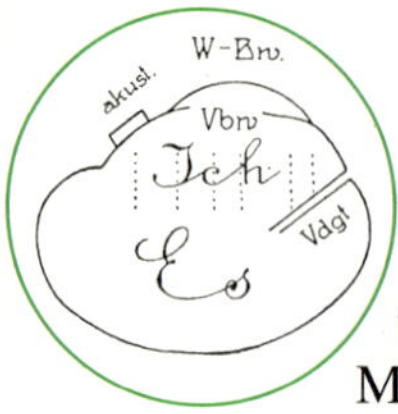

die Eltern, Verdrängung, Triebe, peinliche Erlebnisse... Alles vermischt mit zahlreichen Bemerkungen aller Art, Aggressivitäten, Zögern, Schweigen... Zu gegebener Zeit greift der Psychoanalytiker ein, und die eigentliche Interpretation beginnt. Selbstverständlich muss der Psychoanalytiker ein im Umgang mit Menschen äußerst erfahrener Psychologe sein. Die Psychoanalyse ist für den Patienten oft unangenehm: Der ganze Seelengrund kommt an die Oberfläche, und der Umgang mit einem ängstlichen oder empörten Patienten erfordert viel menschliche Wärme und absolute Objektivität. [...]
Das einfache theoretische Erlernen einiger psychoanalytischer Grundsätze versetzte schon viele Eltern in die Lage, ein gestörtes Familienklima zu verstehen und zu verbessern. [...] Die Psychoanalyse ermöglicht [...], einen riesigen menschlichen Mechanismus zu verstehen, der tagtäglich unser Leben steuert, sowie die Mitmenschen zu akzeptieren und zu lieben.

(Pierre Daco, Psychologie für jedermann, AT Verlag, Aarau 1995, S. 172–173)

1. Welche grundsätzliche Haltung gegenüber dem Menschen wird hier deutlich?
2. Überlegen Sie, welche Funktion diese Haltung hat.
3. Was können Sie daraus für pädagogisches Handeln lernen?
4. Können Sie die positive Einschätzung Dacos zu psychoanalytischem Wissen teilen?

Zwischen Chaos und Ordnung – Voraussetzungen und Probleme Psychoanalytischer Pädagogik

[...] Mit der Setzung von Zielen und der Bedeutung von Normen etwa oder mit Fragen der Vermittlung so genannter Kulturgüter wie auch mit Fragen des Verhältnisses zwischen Zögling und Erzieher hat sich Psychoanalytische Pädagogik – auf ihre Weise – intensiv befasst. Auf ihre Weise heißt, im Wissen um die Bedeutung der Umformungen kindlicher Sexualität zur Erwachsenensexualität sowie um die Wirksamkeit unbewusster Prozesse. Der Problematik von Erziehungszielen und gesellschaftlich-kulturellen Normen hat sie sich besonders intensiv zugewandt, da sie in der therapeutischen Situation deren Folgen unmittelbar beobachten konnte. So lag es nahe, von der Abwandlung der Erziehungsziele eine Steigerung seelischer Gesundheit zu erwarten. Inhaltlich bedeutete für Freud seelische Gesundheit soviel wie Arbeits-, Liebes- und Genussfähigkeit.
Hintergrund aller Ausführungen zu einer Psychoanalytischen Pädagogik ist die Beobachtung, dass der Erwachsene unserer Kultur vielfältig deformiert erscheint. Das Leben, so wie es ihm aufgegeben ist, sei zu schwer für den Menschen, schreibt Freud im „Unbehagen in der Kultur“. Das Glück strebe er an, aber bewerkstelligen könne er allenfalls die Verringerung von Leid. [...]
Häufig misslingt der Versuch, zwischen Glückserfahrung und Sicherung einen Ausgleich zu finden. Dann kommt es zu leidvollen Schwebeverfassungen von Melancholie und Depression oder zu Versuchen, dem Hin und Her gegenläufiger Tendenzen ein für alle Mal auszuweichen, indem wir uns einem Extrem anheim geben. Folgt das Seelische mehr der trotzigen Neigung zu totaler Entfaltung, bringt es Verhaltens- und Erlebensformen von Perversion und Verwahrlosung hervor. Ängstigt es das, so können sich zwanghafte Verhaltens- und Erlebensformen bilden, die die Entfaltung der Persönlichkeit so weit einschränken, dass ihr das eigene Seelenleben fremd wird.
Die Psychoanalyse Freuds hat uns die Augen geöffnet für die Kompliziertheit eines Seelenlebens, das nur in einem Kultivierungsprozess seine Fassung gewinnen kann. Jede

Kultur entwirft ihr eigenes Bild von Normalität, meist ohne zu fragen, wie weit es sich mit Liebes- und Arbeitsfähigkeit vereinbaren lässt. Freud war der Ansicht, dass die „geforderte Normalität" seiner Zeit mit großen „Verlusten an Leistungsfähigkeit und Genussfähigkeit" erkauft werde. Lou Andreas-Salomé fragte nachdrücklich nach dem Preis, welchen der so genannte seelisch gesunde Erwachsene für sein normgerechtes Verhalten und Erleben zahlen müsse. Und Erikson betont im Hinblick auf schulische Probleme, dass es der Erwachsene mit seinen verdrängten Zweifeln ist, der unwillkürlich die Problematik unfruchtbaren Wissens und Glaubens im Lernenden verstärkt.

Sigmund Freud und seine Lieblingstochter Anna (1913)
(Foto: Sigmund Freud Copyrights/Mary Evans Company)

Psychoanalytische Pädagogik wendet sich daher gegen die herrschende Erziehungspraxis, überzeugt davon, dass „die unzweckmäßige einsichtslose Strenge der Erziehung an der Erzeugung nervöser Krankheit" großen Anteil hat. Sie weist auf die Fehler hin, welche der Erwachsene im erzieherischen Umgang mit der nachwachsenden Generation macht. Dabei deckt sie gesellschaftliche Vorurteile auf, aus welchen sich erzieherische Haltungen und Eingriffe herleiten. Dem jeweils bestimmenden kulturgeschichtlichen Bild vom normalen Erwachsenen gemäß werden viele, dem Seelenleben ebenfalls mögliche Verhaltens- und Erlebensfiguren aus dem Blick gerückt. Und dann ist es irritierend und ärgerlich, genau diese Figuren im Gebaren des Kindes wieder vor Augen zu haben. Indem Freud auf die Bedeutung der Umwandlungen und Umordnungen kindlicher Sexualität hinwies, hat er darauf aufmerksam gemacht, dass es ganz bestimmte körpergebundene Verhaltens- und Erlebensfiguren sind, die unsere Kultur nicht leiden mag. [...]

Ein zentrales Anliegen Psychoanalytischer Pädagogik ist es nun, durch einen veränderten Umgang mit dem Kind, genauer formuliert, durch das Akzeptieren der Sinnlichkeit des Kindes einen ausgeglicheneren und lebendigeren Erwachsenen zu bilden. Durch eine Befreiung der sexuellen und aggressiven Sinnlichkeit des Kindes soll ihm eine Chance zur Auseinandersetzung mit diesen Tendenzen ermöglicht werden. Eben dieses verhindert ein allzu ängstlicher und strenger Umgang. Ein besonderes Motiv für die Erziehungsfehler des Erwachsenen sieht die Psychoanalytische Pädagogik in der Angst des Erwachsenen vor der Wiederkehr vermeintlich überwundener Formen sinnlicher Glückserfahrung. [...]

Ein Erzieher, der von den drei Seelen im Menschen nichts versteht, begibt sich der Chancen, das Ich des Kindes bei seinen Vermittlungsaufgaben zu unterstützen. Bestärkt er lediglich die Forderungen des Über-Ich, treibt er das Ich in die Enge. Angstvoll sieht sich das Kind von seinen Trieben bedrängt und lernt, einen wichtigen Teil seines Seelenlebens zu fürchten. Dem wirkt es entgegen, indem es sich auf Abwehr versteift. Dadurch verschwindet das Drängende jedoch nicht, häufig wird es nur aus dem Blick gerückt und unkenntlich gemacht. Dann bringt es sich zur Überraschung aller Beteiligten an unpassender Stelle in einer Form wieder ins Spiel, die unsinnig erscheint. „Gewalttätige Unterdrückung starker Triebe von außen bringt bei Kindern niemals das Erlöschen oder

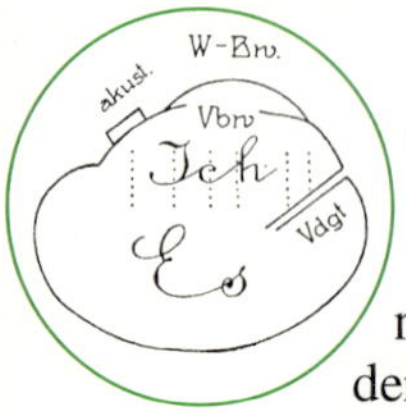

die Beherrschung derselben zustande, sondern erzielt eine Verdrängung, welche die Neigung zu späterer neurotischer Erkrankung setzt“. Bestärkt der Erzieher, wie das zu Zeiten der antiautoritären Erziehung der Fall war, die Belebung seiner auf Befriedigung drängenden Kräfte, so ist das Kind keineswegs befreit, sondern reagiert ebenfalls angstvoll, da sein Ich überflutet zu werden droht, sodass es seiner Vermittlungsaufgabe auch nicht gerecht werden kann. Es braucht Spielraum für eine selbstständige Auseinandersetzung nach Maßgabe des jeweils Zuträglichen. [...]

Erwartungen an Psychoanalytische Pädagogik gehen häufig in die Richtung, nun endlich die richtige und wirksame Rezeptur für die Behandlung des Kindes angeboten zu bekommen, sodass alle Konflikte hinfällig werden. Psychoanalytische Pädagogik hat ihrerseits solche Erwartungen gehegt und bestärkt. Bereits in den Dreißigerjahren gab es nach anfänglicher Euphorie jedoch Revisionen. Nicht versagen, sondern gewähren, nicht verheimlichen, nicht leugnen, sondern aufklären und durchsprechen waren sicher wichtige Umstellungen im Verhalten des Erziehers, aber neurotisch oder anders seelenkrank wurden die Menschen nach wie vor. Selbst die in früher Kinderzeit psychoanalytisch Behandelten waren dagegen nicht gefeit. Daraus kann man nun ganz verschiedene Lehren ableiten.

Man kann darauf beharren, dass es eines Tages, wenn man nur gründlich genug geforscht hat, doch die selig machende Methode geben wird. Dann folgt man der These, das Seelische sei von der Art, dass es sich prinzipiell transparent und mithin konstruierbar machen lasse. Das hieße allerdings, einen Standpunkt naiver Aufklärung zu wählen und Erziehung mit Technologie verwechseln. Den Zögling reduziert man in diesem Fall auf eine manipulierbare Größe. [...]

Es ist aber auch möglich, aus der Begrenzungserfahrung erzieherischen Wirkens die Lehre abzuleiten, Rätselhaftigkeit, Konflikthaftigkeit und Leiderfahrung seien weder vermeidbar noch vermeidungsbedürftig. Dass die Psychoanalyse in der Lage ist, neurotisches Leid zu mildern, sollte nicht zu dem Kurzschluss führen, Leid, Konflikte, Scheitern würden nicht zu dem Bestand eines „normalen“ Seelenlebens gehören. Freud hat nicht mehr versprochen als die Ermäßigung „neurotischen“ Leids zu „gemeinem“ Leid. Noch 1935 ging allerdings Anna Freud von der aufklärerisch-euphorischen Position aus, wenn sie versprach, man werde die richtigen Handlungsanweisungen für den Erzieher herausfinden, es würde nur noch „eine Weile dauern, bis der theoretische Aufbau und das praktische Rezept fertig gestellt ist, das man zur allgemeinen Anwendung empfehlen kann“. Verfügt der Erzieher über das richtige Rezept, so kann er eine konfliktfreie und einheitliche Prsönlichkeit heranbilden. Hinter dem so gesteckten Ziel, schreibt sie jedoch dreißig Jahre später, der zweiten Position zuneigend, bleibe die Psychoanalytische Pädagogik zurück.

„Der Fehler liegt hier nicht in einem Versagen des erzieherischen Handelns, sondern in unseren unberechtigten Erwartungen. Streng analytisches Denken sollte uns darauf vorbereiten, dass die Suche nach einer eindeutigen ‚Wurzel der Neurose‘ so unrealistisch ist wie eine auf Erziehung gegründete Neurosenprophylaxe. Psychoanalytische Erfahrung zeigt, dass die Neurosen der Preis sind, den die Menschheit für die Kulturentwicklung zahlt. Es, Ich und Über-Ich als psychische Instanzen haben jede ihre eigene Herkunft, ihre eigenen Absichten und ihre eigenen Arbeitsmethoden. Dass sie im Widerspruch miteinander sind, ist naturgemäß und so unvermeidlich wie die Folgen, die dem Individuum in der Form von inneren Konflikten bewusst werden. Konfliktfreiheit und Einheitlichkeit der Person sind also unerfüllbare Ideale für den Kulturmenschen. Das meiste, was eine verständnisvolle Erziehung hier leisten kann, ist, dem einzelnen Kind zu Konfliktlösungen zu verhelfen, die mit einem Modikum von psychischer Gesundheit verträglich sind. Wo der innere Zwiespalt zu groß ist, bleiben pathologische Kompromissbildungen

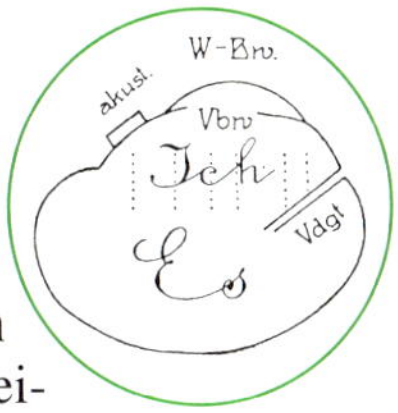

zwischen Trieb, Ich und Über-Ich trotz aller äußeren Bemühungen unvermeidlich". Deutlicher kann man die Grenzen erzieherischer Einwirkungen kaum zum Ausdruck bringen. […]

Psychoanalyse ist kein Alleslöser. Wenn der Erzieher jedoch mehr von den Eigentümlichkeiten des Kindes versteht, von den Problemen der Umbildung seiner Glückssuche in der Kultur, dann wird er die „Unarten" des Kindes leichter ertragen; er wird seine „sozial unbrauchbaren oder perversen Triebregungen" nicht überschätzen, lautet Freuds Botschaft. Er wird duldsamer sein.

Und das soll alles sein, könnte jetzt ein Erzieher enttäuscht anmerken, da er wieder nicht findet, was er sucht: eine Handhabe für die Bewältigung seines Erziehungsalltags, der doch mit viel banaleren und zudem konkreteren Problemen belastet ist. Kein Wort über Lehrertrainings, den Nutzen von Selbsterfahrungsgruppen für Eltern und Lehrer, die sogenannte Aufarbeitung der eigenen Kindheit, die Möglichkeiten der beratenden Einzelfallhilfe, die Unterschiede von Unterricht und Psychotherapie, die Handhabung von Übertragungs- und Gegenübertragungsphänomenen oder darüber, wie der sich entziehende Walkmanprotestler wieder an den Themen von Unterricht und Wirklichkeit zu interessieren sei.

Nur kurz sei erwähnt, dass das nicht aus Versehen passiert ist. Mir scheint, dass in der Fülle von Darstellungen Psychoanalytischer Pädagogik, welche den Erzieher weniger enttäuschen mögen, meist die Grundlagen zu kurz kommen. Geht es um die Bereitstellung von Werkzeugen technischer Art, mag das angehen. Geht es aber um „Werkstücke" aus seelischem „Material", nicht aus Holz oder Stein (wie bei Pygmalion), muss man sich gründlich mit der Beschaffenheit dieses „Materials" beschäftigen. Zu ihm gehört mehr als die beobachtbaren Verhaltens- und Erlebenszusammenhänge. Die verstehen sich nicht von selbst, sondern nur im Ganzen eines Bildes vom Menschen, das das Beobachtbare interpretierbar macht. Absicht der Ausführungen war deshalb eine Vergegenwärtigung des Bildes vom Seelischen, welches allen Einzelausführungen Psychoanalytischer Pädagogik als Voraussetzung zugrunde liegt. […]

(Linde Salber, in: päd extra – demokratische erziehung; Psychoanalytische Pädagogik 1, Nr. 11–12/1989, Pahl-Rugenstein, Köln 1989, S. 5–10)

Diskutieren Sie Möglichkeiten und Grenzen psychoanalytischen Wissens für den konkreten Erziehungsalltag.

P Projektvorschlag zum selbstständigen Weiterarbeiten

A Führen Sie im Kindergarten Gespräche mit Erziehern und Erzieherinnen oder laden Sie einen Schulpsychologen/eine Schulpsychologin ein und informieren Sie sich darüber, inwieweit psychoanalytische Kenntnisse eine Rolle in der Arbeit der Erzieher/Erzieherinnen bzw. des Schulpsychologen/der Schulpsychologin spielen.

B Erkundigen Sie sich bei Ihren Fachlehrern und -lehrerinnen, welche Rolle die Psychoanalyse in dem jeweiligen Fach spielt. Sie können dies auch in arbeitsteiliger Gruppenarbeit durchführen.
Im Fach Kunst könnten Sie beispielsweise Zusammenhänge zwischen dem Surrealismus und der Psychoanalyse erkunden und im Fach Deutsch erarbeiten, wie die Psychoanalyse z.B. Märchen deutet.
Hierzu einige Buchtipps:
- Bruno Bettelheim: Kinder brauchen Märchen. dtv.
- Eugen Drewermann: Grimms Märchen tiefenpsychologisch gedeutet. 10 Bände. Walter-Verlag.
- Erich Fromm: Märchen, Mythen, Träume. Eine Einführung in das Verständnis einer vergessenen Sprache. Rowohlt.

Hinweis

Hier die Anschrift und die Internetadresse des Freud-Museums in London:

20 Maresfield Gardens, London NW3 5SX
www.freud.org.uk

2.3 „Männlein und Weiblein“ – Sozialisation als Rollenlernen

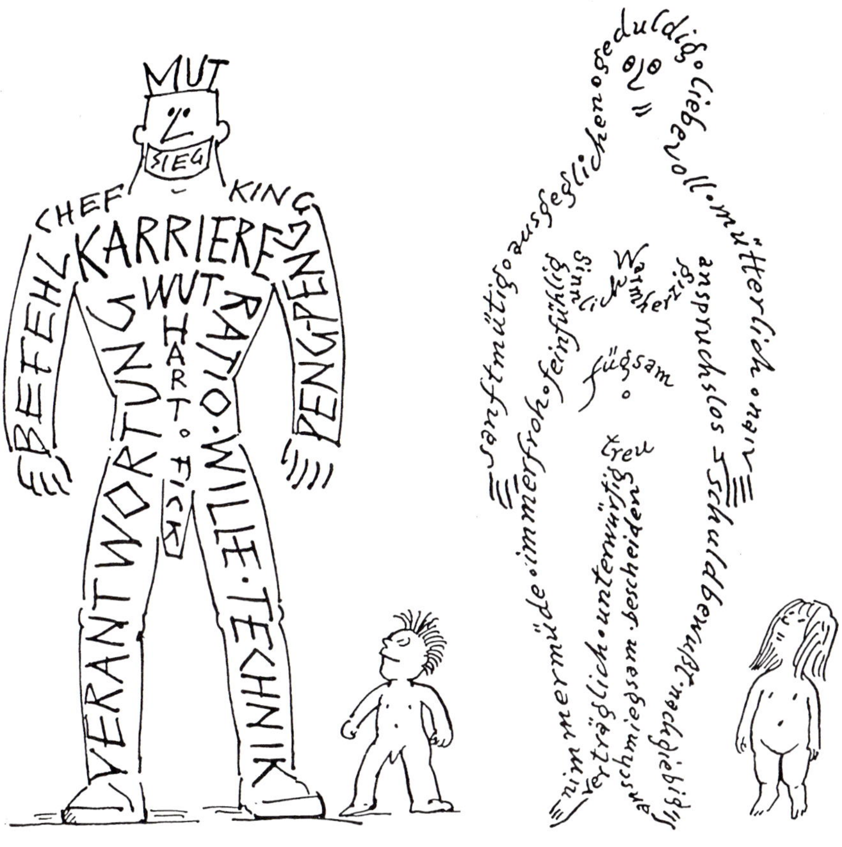

Das ist er, der Mann – und das ist seine Ergänzung

(Zeichnung: Marie Marcks)

1. Beschreiben Sie die Karikatur möglichst detailliert.
2. Sammeln Sie die dem jeweiligen Geschlecht zugeschriebenen Eigenschaften in einer Tabelle und ergänzen Sie diese nach Ihren Vorstellungen.
3. Was ist die Botschaft der Karikaturistin?
4. Schreiben Sie einen Kommentar zur Karikatur.

Einführung

Was ist männlich/was ist weiblich?

„Männer verlieben sich mit ihren Augen, Frauen mit ihren Ohren." *(Rita Mae Brown, Schriftstellerin)*

„Dass Frauen im Schach noch nicht ganz das Niveau der Männer erreicht haben, liegt allein daran, dass wir noch nicht so lange spielen, noch nicht so viel Unterstützung bekommen und vor allem lange nicht an uns geglaubt haben. Die nötige Aggressivität für das Spiel ist eher eine Frage der Individualität, nicht des Geschlechts." *(Susan Polgar, Schach-WM-Finalistin)*

„Aus langjähriger Erfahrung weiß ich: Männer sind einfach besser als Frauen. Vor allem im einarmigen Reißen, beim Knödelwettessen und als Heldentenor respektive -bass." *(Monika Hohlmeier, Staatssekretärin im bayrischen Kultusministerium)*

„Ich sehe Menschen in erster Linie nicht als Männer oder Frauen, sondern als Individuen. Vorstellungen wie solche, dass Frauen eher häuslich, Männer dagegen nach außen orientiert sind, haben nicht genetische, sondern nur gesellschaftliche Ursachen: Die Arbeitsteilung betimmte die Rollenverteilung. Und so, wie sich die Arbeitswelt verändert, verändert sich auch die der Geschlechter." *(Uschi Glas, Schauspielerin)*

„Seit das Kräfteverhältnis von Männern und Frauen ausgeglichener ist, ist es zwischen den Geschlechtern nicht langweiliger geworden, sondern viel interessanter. Durch Frauen, die ihre eigenen Vorstellungen und Ziele haben, kommt man ja auch selbst weiter. Trotz aller Angleichung: Einen Rock würde ich nicht tragen. Und Pumps auch nicht." *(Christian Ziege, Fußballspieler)*

„Die Leute versuchen immer, männlich und weiblich psychologisch zu erklären, dabei ist es nur eine Frage der Triebe. Die Hormone treiben uns an, nicht die Moral. Die Triebe wurden uns gegeben, um Moral und Psychologie außer Kraft zu setzen. Mutter Natur kann es sich doch gar nicht erlauben, den Menschen die Entscheidung zu überlassen, was gut für die Fortpflanzung ist – und die ist schließlich unsere einzige Aufgabe hier auf der Erde." *(Jack Nicholson, Schauspieler)*

„Männer stehen ja immer als die harten Typen da. Sie ziehen in den Krieg, robben durch Schützengräben, schießen aufeinander. Aber lass die mal versuchen, zu Hause zu bleiben und drei Kinder großzuziehen. Das ist cool, das ist, was ich hart nenne." *(Tricky, Rap-Sängerin)*

„Frauen sind emotionaler, kontaktfreudiger und auch weltoffener: Rassismus zum Beispiel ist ein Männerphänomen. Männer sind Vereinsmeier, allein gehen sie selten aus sich heraus. Frauen sind im Privatleben kämpferisch, Männer im Beruf. Frauen organisieren besser und können auch besser lästern. Frauen halten das Brauchtum hoch, Männer allein würden wahrscheinlich nicht einmal Weihnachten feiern. Aber trotzdem finde ich Männer ganz nett." *(Tina Ruland, Schauspielerin)*

„In der Mitte der Neunziger gibt es die eklektischen Future Women – und die Neuen Trottel, die Männer. Die Vertrottelung des Mannes ist ein echtes kulturelles und damit gesellschaftliches Phänomen, ein Trend eben." *(Matthias Horx, Trendbürovorsteher)*

(Alle Zitate aus: Süddeutsche Zeitung, Magazin, 17.11.1995, S. 50f.)

Ermitteln Sie das Meinungsspektrum in Ihrem Kurs mit dem **Ampelspiel.**
Jedes Kursmitglied erhält jeweils eine rote, grüne und gelbe Karteikarte. Die Lehrerin/der Lehrer liest jedes Zitat langsam vor. Nach jedem Zitat wird die Einschätzung der Kursteilnehmerinnen und -teilnehmer abgefragt. Bei Zustimmung wird die grüne Karte gezeigt, bei Ablehnung die rote Karte und bei Enthaltung die gelbe Karte.
Die Abstimmungsergebnisse werden festgehalten. Zum Schluss können die Zitate ausführlich diskutiert werden, die besonders kontrovers oder einstimmig bewertet wurden.

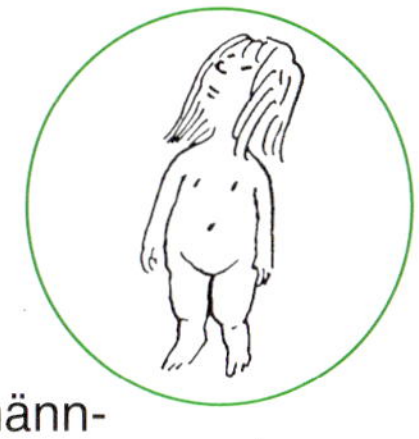

Schreibimpulse zum biografischen Schreiben:

a) Ich möchte kein Junge (Mädchen) sein, weil …
b) Ich bin froh, dass ich ein Mädchen (Junge) bin, weil …
c) Eine Situation, in der ich lieber ein Junge (Mädchen) gewesen wäre: …
d) Eine Situation, in der mir bewusst wurde, dass von mir ein „weibliches" („männliches") Verhalten erwartet wurde: …
e) Wenn sich über Nacht mein Geschlecht ändern würde, würde Folgendes anders werden: …

Egal, was Eltern wollen: Mädchen mögen die Mutter-Rolle (Foto: S. Gruber - ANTHONY)

Harte Schule: junger Rodeo-Reiter auf Kuba (Foto: Klaus Bossemeyer/Bilderberg)

Schönheitswettbewerb: Mutter und Tochter beim Schminken (Foto: Ed Kashi/FOCUS)

Männer-Domäne Jagd: Vierjähriger mit erlegtem Eichhörnchen (Foto: Karen Kasmauski/Matrix International)

Schreiben Sie eine Geschichte zu einem der Fotos.
Würde die Geschichte anders verlaufen oder enden, wenn das Kind ein Junge statt ein Mädchen (bzw. umgekehrt) wäre?

Eigenschaftslistenprofil Mann/Frau – Mädchen/Junge

Kenn-Nr.:
Mädchen ( )
Junge ( )

Eigenschaften	Individ. Profil Selbstbild	Individ. Profil Fremdbild	Gruppen-profil - M Selbstbild	Gruppen-profil - M Fremdbild	Gruppen-profil - J Selbstbild	Gruppen-profil J Fremdbild
1. intelligent						
2. sportlich						
3. groß						
4. tiefe Stimme						
5. stark						
6. attraktives Aussehen						
7. kann auch mal weinen						
8. beruflich erfolgreich						
9. romantisch						
10. selbstgenügsam						
11. kinderlieb						
12. aggressiv						
13. warmherzig						
14. hohes Einkommen						
15. weich						
16. risikofreudig						
17. treu (sexuell)						
18. ehrgeizig						
19. sanft						
20. steht zu seinen Überzeugungen						
21. guter Vater/gute Mutter						
22. viele sexuelle Eroberungen						
23. liebesfähig						
24. tut alles um Familie zu beschützen						

Gewichtung der Eigenschaften.
1 = ganz wesentlich, 2 = wichtig, 3 = relativ wichtig, 4 = nicht ganz unwichtig, 5 = völlig unwichtig

Zur Vorgehensweise (nach dem Kopieren der Liste):

1. Jede Schülerin/jeder Schüler füllt die Spalten Individuelles Profil Selbstbild (so wie er/sie die Eigenschaften für sich als Junge/Mädchen sieht) und Fremdbild (so wie er die Eigenschaften für das andere Geschlecht gewichtet) aus. Die Kenn-Nr. (vierstellig) ist wichtig, damit die anonym ausgefüllten Bögen an den Ausfüller/die Ausfüllerin zurückgegeben werden können.
2. Damit eine möglichst gleiche Anzahl von weiblichen bzw. männlichen Befragten erzielt wird, können Schüler aus anderen Kursen (z.B. LK Physik als Pendant zu LK EW) befragt werden.
3. Die Auswertung können Schülergruppen übernehmen. Die errechneten Durchschnittswerte können dann, nachdem die Bögen wieder zurückgegeben wurden, in die frei gebliebenen Spalten eingetragen werden.
4. Die Interpretation der Daten kann arbeitsteilig vorbereitet werden (z.B. Rangreihen, Ermittlung der größten Differenzen bzw. Übereinstimmungen, Vergleiche Selbstbild J/M usw.).

Ich bin Ich – eine Geschichte für Kinder

Es ist halb zwölf. Gemütlich schlendern Benni und Liese nach Hause. Eigentlich heißt Benni ja Bernhardine, aber Benni ist kürzer und es gefällt ihr auch viel besser. Benni und Liese sind beide sieben Jahre alt und gehen in die zweite Klasse, doch sonst sind sie sich gar nicht ähnlich, denn Benni spielt fast nur mit Jungen und trägt immer Hosen. Liese spielt gerne mit Puppen oder geht mit ihrer Mutter spazieren. „Wie du bloß wieder aussiehst!", sagt Liese geringschätzig zu Benni. „Guck dir mal deine Hose an, ganz zerrissen und nass und schmutzig. Wenn das dein Vater sieht!" „Meinem Vater macht das gar nichts, und schließlich kann ich ja nichts dafür, wenn ich den Frederik mal tüchtig verhauen muss. Der hat's verdient", erwidert Benni. „Dafür hast du auch ein blaues Auge. Das sieht nicht gut aus", meint Liese altklug, „und Fräulein Bilke war schön böse auf euch, weil ihr eine Schneeballschlacht gemacht habt." „Die soll sich mal nicht aufregen", wirft Benni ein, „und du bist sowieso 'ne Zimperliese und verstehst nichts." Liese zieht ein beleidigtes Gesicht. „Ach, du bist viel zu langweilig", ruft Benni und rennt zur Gartenpforte. Sie stürmt den kleinen Gartenweg entlang und will gerade klingeln, als Vater ihr schon die Tür aufmacht. „Hallo Paps", schreit Benni und fällt ihm um den Hals.

„Igitt, bist du nass", sagt Vater und hält sie grinsend von sich. Da sieht er das blaue Auge und die zerrissene Hose. „Hast dich wieder einmal geprügelt, he? Stimmt's oder hab' ich Recht?" „Na klar, der Frederik hat mich mit Schneebällen beworfen und da hab' ich's ihm ordentlich gegeben." „Was ja nicht zu übersehen ist", sagt Vater schmunzelnd. „Nun komm erst mal rein und zieh dir trockene Sachen an. Das Essen ist auch schon fertig." In der Diele schmeißt Benni ihre Schultasche in die Ecke und zieht sich die Mütze vom Kopf und die Handschuhe von den Händen. „Ich möchte aber lieber erst essen", sagt Benni, rennt ins Wohnzimmer und setzt sich an den gedeckten Tisch. „Hallo Oma", begrüßt Benni munter ihre Oma, die bereits wartend am Tisch sitzt. Sie essen jeden Tag zu dritt, die Oma, der Vater und Benni. Bennis Mutter arbeitet und muss deshalb viel verreisen. So sieht Benni ihre Mutter nur sehr selten.

„Bernhardine, ich muss schon sagen, wie du heute wieder aussiehst, wie ein richtiger Junge, dreckig und unordentlich!", sagt Oma stirnrunzelnd. „Mein Gott Kind, du bist doch ein Mädchen. Nimm dir ein Beispiel an Liese, die ist immer ordentlich und sauber. Wo soll das noch mit dir hinführen?" Oma schüttelt seufzend den Kopf. Benni verzieht verächtlich den Mund. „Die Zimperliese", sagt sie, „die ist viel zu langweilig. Ich bin froh, dass ich nicht so bin." Und sie greift zu der Schüssel mit den Kartoffeln. „Klaus – nun sag' doch du auch mal was", meint Oma zu Vater. „Aber das ist ja nicht verwunderlich, dass das Kind so wird, wenn die Mutter nicht hier ist und sich darum kümmert." „Mutter, bitte", sagt Vater zu Oma, „das hat nichts mit dem Kind zu tun." Benni legt die Gabel aus der Hand und sagt mit vollem Mund: „Ich will später auch so werden wie Mutti, viel Geld verdienen und viel reisen. Ich will nicht kochen und putzen, das ist nicht so aufregend. Das macht bestimmt Liese später."

Oma guckt Benni entsetzt an: „Aber Kind, du bist doch ein Mädchen!" „Na und", meint Benni, „Mutti doch auch". Vater lacht, und Oma murmelt etwas vor sich hin, aber so leise, dass Benni und ihr Vater es nicht verstehen können. Benni steht auf und während sie den Stuhl an den Tisch schiebt, sagt sie: „Paps, gleich kommt Mark vorbei. Wir wollen eine Schneeballschlacht im Garten machen und einen Schneemann bauen, ja?" „Aber keine Prügelei, Benni, ein blaues Auge reicht mir schon!", erwidert Vater mahnend. „Ehrenwort Paps, ich prügel mich nicht wieder!", verspricht Benni. „Willst du nicht lieber mit Liese im Haus etwas spielen? Mit der Puppenstube zum Beispiel, die du zu Weihnachten von mir bekommen hast. Damit hast du noch kein einziges Mal gespielt. Das ist auch besser als sich mit den Jungen herumzubalgen. Außerdem, Bernhardine, Lieses Mutter

hat sich heute Morgen bei mir beschwert. Du hast Lieses Kleid mit Zahnpasta beschmiert, und nun muss es gereinigt werden. Was soll das denn?“, schließt Oma ihre lange Rede atemlos. Auch Vater guckt Benni nun fragend an. […] „Ich will nicht brav und lieb sein wie Liese“, denkt Benni. „Ich möchte auch Spaß haben. Ach, warum bin ich nicht wie die anderen Mädchen? Liese und Jutta, die haben es leicht, die sind immer brav und sauber. Und haben ihre Schularbeiten stets ordentlich gemacht. Aber so bin ich ja nicht. Und so will ich auch gar nicht werden! Ich bin so, wie ich eben bin“, denkt Benni trotzig und zieht einen Schmollmund. Doch dann fällt ihr Vater wieder ein. „Paps hat mich bestimmt lieber, wenn ich mich wie ein Mädchen benehme. Dann mach ich ihm auch weniger Ärger.“ […]

Da hört sie Vater von unten her rufen: „Benni! Benni! Komm’ doch runter.“ Sie steht auf, öffnet die Tür und geht zur Treppe. Unten steht Mark neben Vater. Mark hat eine lustige Pudelmütze auf dem Kopf und einen dicken roten Schal um den Hals gewickelt. „Hallo Benni!“, ruft er ihr freudig zu. „Was ist, kommst du raus spielen?“ „Nein, ich kann jetzt nicht“, gibt Benni zur Antwort, „ich muss erst meine Hausaufgaben machen. Und wenn ich fertig bin, ist es schon dunkel.“ Vater ist erstaunt über Benni. „Aber Kind“, sagt er, „geh’ doch ruhig spielen. Ihr könnt ja auch mit Liese spielen.“ Mark druckst herum. „Nee, lieber nicht … Das ist ja ein Mädchen!“

Vater runzelt die Stirn und will gerade etwas sagen, da schreit Benni trotzig von oben: „Ich bin auch ein Mädchen!“ „Nee“, wirft Mark sofort ein, „du bist mehr wie ein Junge, nicht so ein richtiges Mädchen.“ Darüber muss Vater lachen und Benni ist wütend. Nun versucht sie, sich wie ein Mädchen zu benehmen, und keiner nimmt sie ernst. Aber eigentlich möchte sie viel lieber draußen im Schnee spielen, anstatt ihre Schularbeiten zu machen. Sie ist hin- und hergerissen und weiß nicht, wofür sie sich jetzt entscheiden soll. Sie seufzt tief und denkt dabei: „Ich bin eben ich. Ich kann mich schlecht ändern!“ Leise fragt sie Vater, ob sie denn nach draußen darf. Als er ja sagt, flitzt sie in ihr Zimmer und zieht sich saubere und trockene Sachen an. Im Nu saust sie die Treppe hinunter, streift sich Mütze und Schal und Handschuhe über und umarmt Vater stürmisch. „Danke, Paps“, sagt sie und schon ist sie mit Mark durch die große Eingangstür in den weiß glänzenden Vorgarten verschwunden. Da trifft sie ein Schneeball an der Schulter. Erschreckt dreht Benni sich um. Frederik ist bereits aus seinem Versteck, einem großen Busch, hervorgekommen, und lacht über das ganze Gesicht. Mark, der von diesem Streich wusste, kichert hinter ihrem Rücken. „Na warte“, denkt Benni, und ehe Mark sich versieht, reibt Benni ihm Schnee ins Gesicht. Danach trifft eine geballte Ladung Schnee auf Frederiks Jackenkragen. Blitzschnell ist eine muntere Schneeballschlacht im Gange, und Vater hört das Lachen der drei Kinder bis in die Küche hinein. […]

Vater, Oma und Benni gehen in den Hausflur. Als Oma die nasse Jacke abnimmt, sagt sie tadelnd: „Bernhardine, Bernhardine, was hast du nur wieder angestellt! Lieses Mutter hat schon Recht, du bist genau so wild wie ein Junge.“ Jetzt wird Benni aber trotzig. Keiner versteht mich, denkt sie, keiner mag mich so, wie ich bin. Dann schreit sie: „Na und, ich möchte auch viel lieber ein Junge sein! Die dürfen sich herumbalgen, Schneeballschlachten machen. Jungen dürfen schreien und sich dreckig machen. Und die Hausaufgaben müssen sie auch nicht so ordentlich machen.“ Wütend guckt sie Oma an. Benni ist richtig ärgerlich über diese Ungerechtigkeiten. „Bah, wie hasse ich es manchmal, ein Mädchen sein!“, stößt sie hervor. Dann dreht sie sich um, rennt die Treppe hinauf und stürzt in ihr Kinderzimmer. Laut knallt sie die Tür hinter sich zu. Oma ist verdutzt und erschrocken über Benni. Vater legt Oma die Hand auf die Schulter und sagt: „Lass mal, Mutter, Benni muss sich erst einmal beruhigen. Ich werde gleich mal nach ihr sehen und mit ihr reden.“ Mit diesen Worten geht er in seinen Hobbykeller und Oma nimmt nervös ihr Strickzeug zur Hand.

Benni hat sich sofort auf ihr Bett geschmissen und hält sich die Ohren zu. „Ich kann das nicht mehr hören", denkt sie, „dieses Gerede, dass ich ein Junge bin. Und nur weil ich gerne herumtolle. Warum müssen denn Mädchen immer lieb und sauber sein und Jungen laut und unordentlich? So ein Quatsch", denkt Benni böse. Je mehr sie darüber nachdenkt, desto wütender wird sie. Als Vater in ihr Zimmer kommt, liegt sie noch immer auf dem Bett. Sie guckt sich ein Asterix-Heft an. Benni möchte nicht mit ihrem Vater reden, sie möchte lieber allein sein. Kurze Zeit später verlässt Vater wieder Bennis Zimmer.

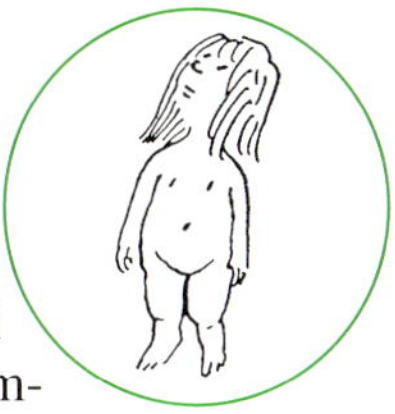

Den ganzen Nachmittag liegt Benni auf ihrem Bett und versucht über sich nachzudenken. „Ich werde mich nicht ändern", beschließt sie, „denn das kann ich nicht. Ich hab' es ja schon versucht. Ich bin eben ich, da kann man nichts ändern." Nach dieser Erkenntnis fühlt sie sich besser. Sie sucht ihr Lieblingsbuch aus den Bücherreihen im Regal heraus. Es ist ein Abenteuerbuch von Indianern und Soldaten.

Um sieben Uhr abends kommt Vater noch einmal in Bennis Zimmer, er setzt sich zu ihr auf das Bett und streichelt ihr über das braune, kurze Haar. „Paps", beginnt Benni zaghaft. Vater schaut sie fragend und aufmerksam an. „Paps", sagt Benni, „ist es sehr schlimm, wenn ich so bleibe, wie ich bin? Ich meine so wie ein Junge, so wild und unordentlich?" „Nein", antwortet Vater ernst, „das macht nichts, Benni, solange du du selbst bleibst und es dir Spaß macht. Man muss nicht nach den Vorstellungen anderer Leute leben, dabei wird man nicht glücklich. Und ein Junge", beruhigt Vater sie, „bist du deshalb noch lange nicht!" Er schmunzelt. Benni ist glücklich. Vater löscht das Licht. „Ich bin ich!", sagt Benni laut und zufrieden in die Dunkelheit hinein. „Und ich werde es auch bleiben!" Da sie von den Aufregungen des Tages sehr müde ist, schläft sie bald ein.

(Angelika Klamt [Schülerin der Jahrgangsstufe 12], Ich bin ich; veröff. in: Kursheft Heisenberg-Gym., Jahresschrift 1985, S. 40ff.)

1. Auf welche Probleme des Erwerbs der Geschlechterrolle macht die Geschichte aufmerksam?
2. Setzen Sie sich kritisch mit der Mädchenperspektive in dieser Geschichte auseinander.

Grundbegriffe und Grundthesen

Die Erziehungswissenschaft zieht zur Klärung zentraler Fragen, wie z.B. der geschlechtsspezifischen Erziehung, Beiträge aus anderen Wissenschaften heran. Hier wird ein soziologischer Erklärungsansatz herangezogen: die Rollentheorie.

1. Klären Sie mithilfe des folgenden Lexikonartikels diese Grundbegriffe der Rollentheorie und formulieren Sie Definitionen für ein Glossar:
   - Rolle
   - Soziale Position
   - Sanktionen
   - Rollenerwartungen:
     - Muss-Erwartungen
     - Soll-Erwartungen
     - Kann-Erwartungen
   - Zugeschriebene Rollen
   - Erworbene Rollen
   - Rollensatz
   - Rollensegmente
   - Intra-Rollenkonflikt
   - Inter-Rollenkonflikt
   - Soziale Interaktion
   - Rollenübernahme (role taking)
   - Rollengestaltung (role making)
   - Persönliche Identität
   - Soziale Identität
   - Grundqualifikationen des Rollenhandelns:
     - Rollendistanz
     - Empathie
     - Ambiguitätstoleranz
2. Veranschaulichen Sie diese Begriffe mithilfe von Beispielen aus dem Bereich der Geschlechtsrollen.

Die Rollentheorie

Rolle, soziale

Ein Bündel normativer Verhaltenserwartungen, die von einer Bezugsgruppe oder mehreren Bezugsgruppen an Inhaber bestimmter sozialer Positionen herangetragen werden.

R. n sorgen für regelmäßiges, vorhersagbares Verhalten als Voraussetzung für kontinuierlich planbare Interaktionen und erfüllen somit eine allgemeine soziale Orientierungsfunktion. Die Verhaltenserwartungen werden zwar an Individuen herangetragen, beziehen sich aber auf die *sozialen Positionen,* die die Individuen einnehmen, sind also auf Individuen als Positionsträger gerichtet. Soziale Positionen (amerik. Autoren sprechen häufig von Status) bezeichnen dabei dauerhafte, von einzelnen Personen ablösbare Schnittpunkte sozialer Beziehungen im gesellschaftlichen Beziehungsgeflecht (z.B. Vater, Lehrer).

Die Verhaltenserwartungen werden an den Positionsträger von Personen oder Gruppen herangetragen, deren Positionen auf seine Position strukturell bezogen sind: den *Bezugspersonen* oder *Bezugsgruppen* (bezogen auf die Position des Lehrers z.B. die Schüler und Kollegen). „Normiert" heißen die R.n-Erwartungen, weil die Bezugsgruppen i.d.R. über bestimmte Sanktionsmöglichkeiten verfügen. Die tatsächliche Erfüllung der R.n-Erwartungen erfolgt jedoch v.a. durch die im Verlauf des Sozialisationsprozesses erfolgten Internalisierungen der Erwartungen.

Der R.n-Begriff ist demnach, streng genommen, keine Elementarkategorie, sondern ableitbar aus einer spezifischen Verknüpfung der grundlegenden Phänomene der sozialen Differenzierung und der sozialen Normierung. Trotz dieser Einschränkung und trotz seiner Unschärfe und Vieldeutigkeit gilt der Begriff der R. als eine (bei einigen Autoren als *die*) zentrale Kategorie der Soziologie. Seine herausragende Wirkung beruht sicherlich z.T. auf seiner Nähe zum Alltagsleben und insbes. zur Welt des Theaters. Die Welt wird als Bühne aufgefasst, auf der der Einzelne auftritt und von der er, nachdem er seine R. gespielt hat, wieder abtritt.

Das traditionelle R.n-Konzept ist eng mit der *strukturell-funktionalen Theorie* verbunden und wurde systematisch zuerst im Jahre 1936 von dem amerik. Kulturanthropologen Ralph Linton (1893-1953) entwickelt. In der Bundesrepublik haben sich folgende begriffliche Differenzierungen weitgehend durchgesetzt:

- R.n-Erwartungen können sich auf Eigenschaften und Merkmale des R.n-Trägers *(R.n-Attribute)* oder auf sein äußeres Verhalten *(R.n-Verhalten)* beziehen;
- nach dem Ausmaß der Institutionalisierung und der Schärfe der Sanktionen wird unterschieden zwischen rechtlich fixierten *Muss-Erwartungen,* deren Verbindlichkeit hoch ist, *Soll-Erwartungen,* die nicht rechtlich abgesichert sind, deren Einhaltung aber durch Sanktionen kontrolliert wird, die von „jedermann" verhängt werden können, und Kann-Erwartungen, für die es keine besonderen Kontrollmechanismen gibt;
- R.n sind analog den sozialen Positionen entweder *zugeschrieben* (ascribed) oder *erworben* (achieved), wobei seit dem Ende der Ständegesellschaft die Bedeutung zugeschriebener R.n tendenziell ab- und die Bedeutung erwobener R.n tendenziell zugenommen hat;
- unter einem *R.n-Satz* (role set) wird in Anlehnung an Robert K. Merton die Gesamtheit aller sich ergänzenden Teil-R.n (Komplementär-R.n) verstanden, die mit einer bestimmten Position verbunden sind (z.B. im Falle des Lehrers die R.n-Erwartungen der Schüler, Kollegen u.a.). Alternativ hierzu werden die mit einer sozialen Position verbundenen R.n-Beziehungen zu verschiedenen Bezugsgruppen auch als *R.n-Segmente* oder *R.n-Sektoren* einer einzigen R. bezeichnet;

– geraten die Erwartungen verschiedener Bezugsgruppen an ein und dieselbe Person in Konflikt miteinander, so handelt es sich um einen *Intra-R.n-Konflikt.* Ein *Inter-R.n-Konflikt* liegt vor, wenn sich die Erwartungen an verschiedene Positionen, die eine Person gleichzeitig innehat (z.B. Mutter, Lehrerin), widersprechen. R.K. Merton hat eine Reihe struktureller Mechanismen aufgedeckt, die eine Milderung derartiger R.n-Konflikte bewirken (z.B. die räumliche oder zeitliche Trennung von Verhaltensbereichen).

In der Bundesrepublik entwickelte sich eine intensive Diskussion um die Dahrendorf'sche Konzeption des *„Homo Sociologicus"*, des Menschen als „Träger sozial vorgeformter R.n" und der Gesellschaft als eine für den Menschen „ärgerliche Tatsache". Die Auseinandersetzung konzentrierte sich dabei auf das dem Modell des „Homo Sociologicus" zugrunde liegende Menschenbild, insbes. auf die Frage, inwieweit sich der Mensch entäußere oder entfremde.

Der Anwendungsbereich der traditionellen, dem Strukturfunktionalismus von Talcott Parsons verpflichteten R.n-Theorie ist überall dort zu finden, wo es differenzierte, institutionalisierte soziale Strukturen mit vielen unterschiedlichen Positionen und Funktionen gibt. Jeder R.n-Inhaber folgt je nach seiner Position im Sozialsystem spezifischen Normen, die in ein umfassendes, gemeinsames Wertsystem integriert sind, und trägt durch sein rollengemäßes Verhalten zur Wertverwirklichung und zur Systemerhaltung bei.
Grundannahme des *interaktionistischen R.n-Konzepts,* das seine Wurzeln bei George H. Mead (1863-1931) hat und die Grenze zur Sozialpsychologie und phil. Anthropologie überschreitet, ist, dass sich die Gesellschaft aus Individuen bzw. aus den Interaktionen einzelner Individuen konstituiert. Das Interesse richtet sich auf die Analyse des *R.n-Handelns* oder *R.n-Spiels* von Individuen in sozialen Interaktionen und den Aufbau von R.n-Strukturen durch Interaktionen. Am konventionellen Modell wird kritisiert, dass es zu mechanistisch sei und nicht hinreichend die aktiven Beiträge berücksichtige, die das Subjekt bei der Übernahme der R.n und beim R.n-Handeln leiste. Kennzeichnend für das interaktionistische R.n-Konzept (z.B. Erving Goffman, Lothar Krappmann) ist ferner die enge Verbindung mit Problemen der Identität.
Soziale Interaktion wird als Prozess wechselseitiger Wahrnehmungen, Typisierungen und R.n-Übernahmen aufgefasst. Beim Eintritt in eine offene Handlungssituation muss diese von den Beteiligten definiert und die übrigen Interaktionspartner müssen typisiert werden. Typisierungen sind immer abstrakt und unvollständig und bedürfen in der jeweiligen Situation der Konkretisierung, Ergänzung und ggf. Modifikation durch zusätzliche, ad hoc zu erbringende Interpretations- und Verständigungsleistungen. Von besonderer Bedeutung für das R.n-Handeln ist der Prozess der *R.n-Übernahme* (role taking), worunter G.H. Mead die Fähigkeit versteht, sich in den anderen hineinversetzen zu können, um dessen Verhalten antizipieren und in den eigenen Handlungsentwürfen berücksichtigen zu können. Mit dem Begriff der *R.n-Gestaltung* (role making) wird auf das individuelle, spontane, kreative Moment im R.n-Handeln verwiesen. Wiederholen sich Handlungssituationen, so erfolgt allmählich eine Verfestigung; die Definition der Situation und die Typisierung der Handlungspartner werden nicht mehr „frei ausgehandelt", sondern unterliegen zunehmend spezifischen normierten Verhaltenserwartungen.
Bei der Analyse von Interaktionsprozessen muss die *Identität* der Handelnden berücksichtigt werden. In Erving Goffman's Modell der Ich-Identität wird R.n-Spiel zum Versuch, eine Balance zwischen persönlicher und sozialer Identität herzustellen. Persönliche Identität bezieht sich auf die Einmaligkeit (nach G.H. Mead auf das „I", die Individualität) eines Menschen als Ausdruck einer einzigartigen, unverwechselbaren Biografie, soziale Identität als Ausdruck verinnerlichter R.n-Erwartungen bzw. R.n-

Übernahmen auf die R.n-haftigkeit (das „me“) eines Menschen. Ich-Identität bezeichnet die Leistung des Individuums, zwischen der persönlichen und sozialen Identität zu vermitteln. Eine gelungene Identitätsbalance bedeutet, dass sich das Individuum einerseits trotz seiner Einzigartigkeit nicht durch Isolierung aus den Interaktionen mit anderen ausschließen lässt und sich andererseits nicht total unter die an es herangetragenen Erwartungen subsumieren lässt. Ein Beispiel für den zweiten Fall stellt die totale R. dar, die durch eindeutige, rigide Verhaltensvorschriften bei intensiver, formal geregelter sozialer Kontrolle gekennzeichnet ist. Hierunter fällt die Situation von Insassen von Haftanstalten oder psychiatrischen Anstalten *(sog. totalen Institutionen).* Zu den Grundqualifikationen des R.n-Handelns, die im Sozialisationsprozess entwickelt werden, gehören die Fähigkeit zur *R.-Distanz* (die Fähigkeit, beim R.n-Handeln die eigene R. distanzierend und reflektierend zu betrachten) sowie die Ausbildung von *Empathie* (Einfühlungsvermögen) und von *Ambiguitätstoleranz* (die Fähigkeit, Uneindeutigkeiten einer Situation zu ertragen).

Indem die interaktionistische R.n-Theorie den Akzent sehr stark auf die aktiven Beiträge legt, die ein Subjekt bei der Definition und beim Spiel von R.n zu leisten hat, wird leicht der Anschein erweckt, als seien die beteiligten Partner mehr oder weniger gleichberechtigt. Besonders von marx. Seite wird kritisiert, dass nicht hinreichend thematisiert wird, in welchem Maß das R.n-Spiel vorbestimmt und fremdbestimmt ist, inwieweit Macht- und Herrschaftsverhältnisse bis in die jeweiligen R.n-Definitionen hineinreichen.

Seit Ende der 70er-Jahre sind die Auseinandersetzungen über die R.ntheorie(n) weitgehend abgeflaut, und es wird verstärkt auf den instrumentalen Charakter des R.n-Begriffs hingewiesen. Das herkömmliche R.n-Konzept ist dann am fruchtbarsten, wenn es sich um in hohem Maße institutionalisierte und formalisierte Situationen handelt, sodass für die Entfaltung der interpretativen Komponenten des R.n-Handelns wenig Raum bleibt. Der interpretative Ansatz verspricht den höchsten Erkenntniswert in relativ offenen, d.h. wenig strukturierten und vordefinierten Situationen.

(Rüdiger Peuckert, Soziale Rolle, in: Bernhard Schäfers, Grundbegriffe der Soziologie, Leske + Budrich, Opladen 1995)

1. In dem Lexikonartikel werden zwei Grundströmungen der Rollentheorie genannt; die traditionelle Rollentheorie und die interaktionistische Rollentheorie. Zum besseren Verständnis dieser beiden Richtungen finden Sie auf den nächsten Seiten zwei repräsentative Textauszüge. Versuchen Sie nach der Lektüre die zentralen Unterschiede beider Richtungen thesenförmig gegenüberzustellen.
   Im Anschluss daran können Sie sich die weiteren Aufgabenstellungen vornehmen:
2. Wie sieht die traditionelle Rollentheorie die Übernahme der Geschlechtsrolle?
3. Wie sieht die interaktionistische Rollentheorie die Übernahme der Geschlechtsrolle?
4. Kann man mithilfe der Rollentheorie das unterschiedliche soziale Handeln von Frauen und Männern, Jungen und Mädchen erklären?

Soziale Rollen sind ein Zwang, der auf den Einzelnen ausgeübt wird – mag dieser als eine Fessel seiner privaten Wünsche oder als ein Halt, der ihm Sicherheit gibt, erlebt werden. Dieser Charakter von Rollenerwartungen beruht darauf, dass die Gesellschaft *Sanktionen* zur Verfügung hat, mit deren Hilfe sie die Vorschriften zu erzwingen vermag. Wer seine Rolle nicht spielt, wird bestraft; wer sie spielt, wird belohnt, zumindest aber nicht bestraft. Konformismus mit den vorgeprägten Rollen ist keineswegs nur die Forderung bestimmter moderner Gesellschaften, sondern ein universelles Merkmal aller gesellschaftlichen Formen. [...]

Bevor der Einzelne aber seine Rolle spielen kann, muss er sie kennen; wie der Schauspieler muss auch das gesellschaftliche Wesen Mensch seine Rolle lernen, sich mit ihrem Inhalt und ihren Sanktionen vertraut machen. Hier begegnen wir einem zweiten Grundmechanismus der Gesellschaft, dem Prozess der Sozialisierung durch Verinnerlichung von Verhaltensmustern. Erst indem der Einzelne die außer ihm bestehenden Vorschriften der Gesellschaft in sich hineinnimmt und zu einem Bestimmungsgrund seines Verhaltens macht, wird er mit der Gesellschaft vermittelt und als *homo sociologicus* zum zweiten Male geboren. [...]

Vom Standpunkt der Gesellschaft und der Soziologie ist das Lernen von Rollenerwartungen ein Vorgang, der den Menschen, indem er ihn zum *homo sociologicus* entfremdet, ihr überhaupt erst zugänglich macht und Bedeutung verschafft. Der rollenlose Mensch ist für Gesellschaft und Soziologie ein nicht existierendes Wesen. Um Teil der Gesellschaft und Objekt soziologischer Analyse zu werden, muss der „reine" Mensch vergesellschaftet, an die Tatsache der Gesellschaft gekettet und dadurch zu ihrem Glied gemacht werden. Durch Beobachtung, Nachahmung, Indoktrination und bewusstes Lernen muss er in die Formen hineinwachsen, die die Gesellschaft für ihn als Träger seiner Positionen bereithält. Seine Eltern, Freunde, Lehrer, Priester und Vorgesetzten sind der Gesellschaft vorwiegend als Agenten wichtig, die der sozialen *tabula rasa* des rollenlosen Menschen den Plan seines Lebens in Gesellschaft einritzen. In dem Interesse der Gesellschaft an Familie, Schule und Kirche bekundet sich keineswegs nur der Wunsch, dem Einzelnen zur vollen Entfaltung seiner individuellen Anlagen zu verhelfen, sondern vor allem auch die Absicht, ihn auf die Aufgaben, deren Erfüllung die Gesellschaft von ihm erwartet, effektiv und kostensparend vorzubereiten.

Für Gesellschaft und Soziologie ist der Prozess der Sozialisierung stets ein Prozess der Entpersönlichung, in dem die absolute Individualität und Freiheit des Einzelnen in der Kontrolle und Allgemeinheit sozialer Rollen aufgehoben wird. Der zum *homo sociologicus* gewordene Mensch ist den Gesetzen der Gesellschaft und den Hypothesen der Soziologie schutzlos ausgeliefert; dennoch kann nur Robinson hoffen, seine entfremdete Wiedergeburt als *homo sociologicus* zu verhindern.

(Ralf Dahrendorf, Homo Sociologicus, Leske + Budrich, Opladen 1958, S. 36 ff. [Auszüge])

Ich-Identität als Balance

Nach E. Goffman (1967: Stigma) lassen sich die Erwartungen, mit denen sich das Individuum bei seiner Selbst-Präsentation in Interaktion auseinander zu setzen hat, in zwei Dimensionen ordnen:

die vertikale Zeitdimension, in der die Ereignisse im Leben des Individuums zu einer „personal identity" zusammengefasst werden, und die horizontale Dimension, in der die zu einem gewissen Zeitpunkt nebeneinander aktualisierbaren Rollen zu einer „social identity" vereinigt werden. Beides sind von den anderen zugeschriebene, nicht selbst entworfene Identitäten. Sie stehen zueinander im Widerstreit, denn in der biografischen Dimension der „personal identity" wird vom Individuum verlangt, zu sein wie kein anderer. In der horizontalen Dimension der „social identity" dagegen wird das Individuum betrachtet, als ob es mit den vorgegebenen Normen voll zur Deckung zu bringen sei. In dieser Dimension wird ihm folglich zugeschrieben, zu sein wie alle anderen.

Diese sich ausschließenden Anforderungen verlangen dennoch sämtlich Berücksichtigung. Zwischen ihnen zu balancieren, ist die Leistung des Individuums, die als Ich-Identität bezeichnet werden soll. Eine gelungene Identitätsbalance bewirkt, dass das Individuum einerseits trotz der ihm angesonnenen Einzigartigkeit sich nicht durch Isolierung aus der Kommunikation und Interaktion mit anderen ausschließen lässt und andererseits sich nicht unter die für es bereitgehaltenen sozialen Erwartungen in einer Weise subsumieren lässt, die es ihm unmöglich macht, seine eigenen Bedürfnispositionen in die Inter-

aktion einzubringen. Das Individuum verhält sich daher einerseits, „als ob" es einzigartig, und andererseits, „als ob" es wie alle anderen wäre. […]
Es ist eine Art „via negativa", in der der Interaktionsbeteiligte Identität behauptet: Er negiert zunächst, was er vorher war, und übernimmt die Erwartungen der anderen („role taking"). Auf der nächsten Stufe aber negiert er dann diese Erwartungen, um zu zeigen, dass sie nicht ausreichen zu beschreiben, was er in dieser Interaktionssituation zu berücksichtigen verlangen muss („role making").

(Lothar Krappmann, Soziologische Dimensionen der Identität, Hahner Verlagsges., Aachen, S. 316 f.)

Erwartungsdimensionen und Ich-Leistungen zur Bewältigung des Identitätsproblems

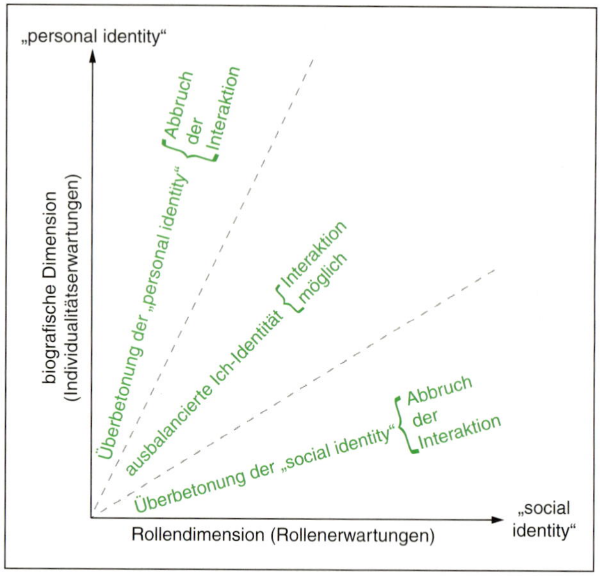

(Aus: Hermann L. Gukenbiehl, Felder der Sozialisation, Westermann, Braunschweig 1979; © Hahner Verlagsgesellschaft)

Vertiefung

1. Beschreiben Sie die Karikatur möglichst detailliert.
2. Interpretieren Sie die Karikatur auf dem Hintergrund der bisher erworbenen Kenntnisse.
3. Kann man mit den Geschlechtsrollen so umgehen, wie es die Karikatur nahe legt?

Rolle – ein ungeeigneter Begriff für geschlechtstypisches Verhalten

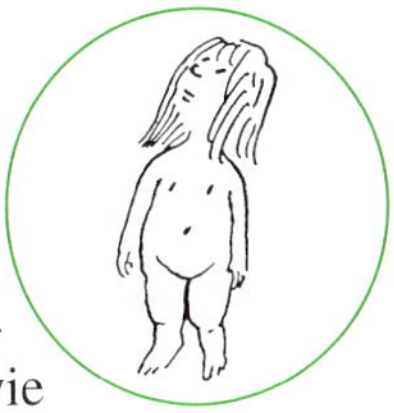

Was ist eine *Rolle?* Eine Rolle lässt sich als ein „Bündel von Verhaltenserwartungen" definieren. Die Bezeichnung von erlerntem geschlechtstypischen Verhalten als „Rolle" verleitet dazu, die Männerrolle als etwas zu sehen, was wie andere Rollen („Lehrerrolle", Schülerrolle", „Führerrolle", ...) angenommen und ausgetauscht werden kann. Der Rollenbegriff wird daher kritisiert. Mit ihm wird „lediglich die äußerste Schicht der Zwiebel" erfasst, wie Anja Meulenbelt schreibt. Er legt nahe, dass wir auch die Geschlechts„rolle", nur spielen – ein „Rollen"tausch erweist sich aber als sehr schwierig, selbst bei besten Absichten. Dies liegt daran, dass eine Rolle nicht nur das ist, „was wir *haben,* und somit nicht einfach nur abzulegen; in einem bestimmten Maß sind wir das, was wir gelernt haben, *geworden*" (1984, S. 150). Männer- und Frauen„rolle" sind zudem, anders als andere Rollen, untrennbar mit biologischen Gegebenheiten verknüpft. Mann- oder Frausein lässt sich nicht als „Nebenrolle" abwickeln, denn diese Differenzierung durchzieht unsere Gesellschaft bis hin zu Kleinigkeiten. Zwar können Frauen fordern, dass sich Männer auf dem Klo hinsetzen, aber nicht selber die Fähigkeit erlangen, im Stehen zu pinkeln.

Theodor W. Adorno machte darauf aufmerksam, „dass allein im Begriff der Rolle selbst, der ja vom Theater genommen ist, die Unidentität mit sich selbst verlängert wird. Das heißt, wenn die Rolle zu einem sozialen Muss gemacht wird, so wird darin auch perpetuiert (weiter aufrechterhalten, T.R.), dass die Menschen nicht die sind, die sie selbst sind, also dass sie unidentisch sind." Er meinte, dass es „ungezählte Erwachsene gibt, die eigentlich nur den Erwachsenen spielen, der sie nie ganz geworden sind". Diesen Mangel müssen sie „überspielen, übertreiben, sich in die Brust werfen [...]" (1970, S. 141f). Damit sprach er ja von Männern. Dieses typische Verhalten lässt auf eine misslungene Identitätsentwicklung schließen. [...] Durch „veränderte Rollen" lässt sich die Problematik nicht lösen. „Es führt also", wie Hartmann Tyrell schreibt, „am Begriff der *Geschlechtsidentität* kein Weg vorbei" (1986, S. 453).

Zudem kann die Rollentheorie Entwicklung und Veränderung von Geschlechtsstereotypen überhaupt nicht erklären. Rollenerwartungen werden erfüllt, weil dies belohnt und Abweichungen bestraft werden. Aber warum belohnt und bestraft die andere Seite? Dies wiederum mit Rollenerwartungen erklären zu wollen führt zu einem Zirkelschluss; letztlich verbirgt sich dahinter die allgemeine Annahme, dass sich Menschen dafür entscheiden, dass alles so bleibt, wie es ist. Zwar ist der „Wandel der Geschlechtsrollen" seit Jahrzehnten Diskussionsthema. Die Rollentheorie hilft aber nicht dabei, Wandel als etwas zu begreifen, was innerhalb der Geschlechtsverhältnisse entsteht. „Wandel ist immer etwas, was den Geschlechterrollen *widerfährt,* was auf sie einwirkt", schreibt Connell (1986, S. 334). Er kommt von außen, nämlich von gesellschaftlichen Prozessen, oder aus dem Inneren des Menschen, dem „Wahren Selbst", das gegen Rollenzwänge protestiert. Insbesondere vernachlässigt die Rollenkonzeption gesellschaftliche Machtverhältnisse. Rollen sind austauschbar, aber in einer männerdominierten Gesellschaft müssen sowohl Frauen als auch Männer (!) mit starken Anfeindungen rechnen, wenn sie die entgegengesetzte „Rolle" einnehmen wollen. Dies gilt nicht nur für den Fall der Frau in einer Führungsposition, die bekanntermaßen besser sein muss als die Männer um sie herum, um bestehen zu können. Die Rollenerwartungen an Jungen und Männer scheinen sogar noch rigider und stärker zu sein: Jungen müssen sich wehren, um nicht von Gleichaltrigen abgelehnt zu werden, und ein Mann, der nur noch halbtags arbeiten möchte, um Zeit für seine Kinder zu haben, wird mit diesem Ansinnen in der freien Wirtschaft kaum einmal auf Verständnis treffen.

Geschlechtsspezifische Arbeitsteilung

Es ist die gegensätzliche Zuordnung der Männer zu *Produktion,* also Arbeit und materieller Versorgung, und der Frauen zu *Reproduktion,* also Familie, Kinderaufzucht und emotionaler Versorgung, die hierfür den Hintergrund bildet. *Geschlechtsspezifische Arbeitsteilung* ist ein zentraler Begriff in einer zweiten Gruppe soziologischer und insbesondere feministischer Ansätze, bei denen die Analyse von Machtverhältnissen im Vordergrund steht. Anknüpfend an marxistische Gedankengänge werden viele Themen unter dem Gesichtspunkt der Arbeitsteilung neu diskutiert. Ist es das „Sein", das das „Bewusstsein" bestimmt? Dann entstehen Anschauungen vom „Wesen" des Mannes aufgrund seiner beruflichen Aufgaben. Nicht überraschend ist es dann, wenn Frauen als „häuslich" oder „fürsorglich", Männer als „sachlich" oder „leistungsorientiert" angesehen werden. Beobachtungen wie die strikte Aufgabentrennung der Geschlechter in indigenen Kulturen oder die Entwicklung der Polarität von „männlich-aktiv-draußen" und „weiblich-passiv-drinnen" in der bürgerlichen Gesellschaft des 18. Jahrhunderts lassen sich von hier aus verstehen.

Obwohl diese Sichtweise dabei hilft, gesellschaftliche Machtverhältnisse nicht zu übersehen, läuft sie doch Gefahr, den ursprünglichen marxistischen Ansatz von den Produktionsverhältnissen als Grundbedingung menschlichen Daseins allzu unkritisch auf das Geschlechterverhältnis zu übertragen. Wird der Arbeitsbegriff eng angesetzt, so fällt aus ihm zu viel heraus, weil er psychologische Aspekte oder Bereiche wie Sexualität oder Kindererziehung nicht ausreichend erfasst. Wird er aber sehr weit angesetzt, wie z.B. in dem Wort „Beziehungsarbeit", so wird er vage und unbestimmt, und es ließe sich genauso gut von ‚Handeln' oder ‚Verhalten' sprechen. Darüber hinaus setzen viele dieser Theorien eine Unterscheidung zwischen Männern und Frauen unhinterfragt voraus. Sie nehmen diese Kategorien als gegeben an und beschäftigen sich nicht damit, wie sie wurden, was sie sind. Derartige Kategorisierungen, die dann von „den Männern" und „den Frauen" sprechen, finden sich vor allem auch in radikalfeministischen Äußerungen.

(Tim Rohrmann, Junge Junge – Mann, o Mann. Die Entwicklung zur Männlichkeit, Rowohlt, Reinbek 1994, S. 48 ff.)

1. Welche Einwände werden gegen die rollentheoretische Erklärung geschlechtsspezifischen Verhaltens gemacht?
2. Versuchen Sie mithilfe des Strukturmodells der Sozialisation von Geulen/Hurrelmann (s. S. 600) Verursachungsfaktoren geschlechtsspezifischen Verhaltens zu ermitteln.

Pädagogische Anwendung

(Zeichnung: Hogli)

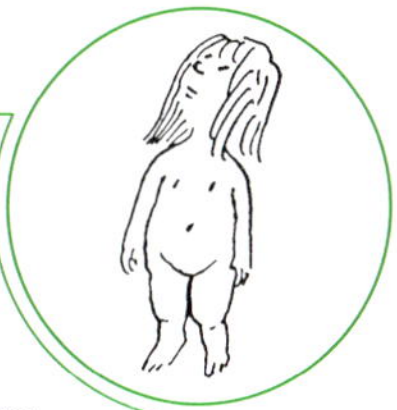

1. Beschreiben Sie die Karikatur möglichst detailliert.
2. Was ist die Botschaft der Karikatur?
3. Welche Erfahrungen haben Sie mit dem gemeinsamen und getrennten Lernen der Geschlechter in der Schule? Sehen Sie Risiken oder Nebenwirkungen?
4. Was unterscheidet Klima und Arbeitsweise eines Pädagogikkurses mit sehr hohem Mädchenanteil von gleichgewichtig besetzten Kursen oder Physikkursen mit sehr hohem Jungenanteil?

Mädchensozialisation – Jungensozialisation

Mädchen- und Jungensozialisation: Mechanismen der Diskriminierung und Förderung in der Schule

Kein Zweifel – die Bildungsreform der 60er- und 70er-Jahre hat auch und sogar in besonderem Maße den Mädchen genützt: In Realschulen und Gymnasien sind sie heute stärker vertreten als Jungen, in der Hauptschule dagegen deutlich weniger, Sonderschulüberweisungen oder Klassenwiederholungen kommen bei ihnen nur selten vor, zudem erzielen sie im Allgemeinen bessere Zensuren. Beide Sachverhalte sind inzwischen breit dokumentiert, sie finden sich nicht nur in bundesrepublikanischen, sondern ebenso – insbesondere für die besseren Noten schon seit langer Zeit – in internationalen Studien.

Allerdings wird dieses günstige Bild durch zwei Sachverhalte relativiert: Zum einen zeigen in der Sekundarstufe Mädchen häufig in den Fächern schlechtere Leistungen, die als „männliche Domänen" betrachtet werden, z.B. in Naturwissenschaften, Mathematik und Technik. Zum anderen geht der Anteil der Mädchen, die ein Studium aufnehmen, inzwischen schon wieder etwas zurück, und in der Konkurrenz um Lehr- und Ausbildungsstellen haben sie noch größere Probleme als ihre männlichen Altersgenossen.

Dennoch bleibt festzuhalten, dass Mädchen heute in weit stärkerem Ausmaß, als dies je zuvor der Fall war, Zugang zur Auseinandersetzung mit vielen Wissensgebieten haben. Unterschiedliche Lehrpläne und -werke für Jungen und Mädchen sind inzwischen in allen Bundesländern abgeschafft, gemeinsamer Unterricht von Jungen und Mädchen ist die Regel geworden, das Problembewusstsein gegenüber Rollenklischees im Lehrmaterial ist gestiegen – ist also nicht gerade die Institution Schule ein Ort, an dem Gleichbehandlung und Gleichberechtigung der Geschlechter weitgehend verwirklicht ist?

Meine These dazu lautet: Unter der Decke formaler Gleichheit finden auch gegenwärtig schulische Sozialisationsprozesse statt, die Mädchen klar benachteiligen. […]

Unterschiedliche Entwicklung des Selbstvertrauens bei Jungen und Mädchen

Als wichtige „überfachliche Wirkung" von Schule betrachtet Fend (1980) die Tatsache, dass Schüler und Schülerinnen im Laufe ihrer schulischen Laufbahn sich ständig dem Prozess des Beurteiltwerdens stellen und dabei ein Konzept ihrer eigenen Kompetenz und Fähigkeit erwerben. Gerade darin liegt auch die Hoffnung, die an eine Erweiterung der Bildungschancen von Mädchen geknüpft sind: Beck-Gernsheim (1983, S. 313) hebt hervor, dass Mädchen dadurch mehr Möglichkeiten gewinnen, die Besonderheiten und Beschränkungen im weiblichen Lebenszusammenhang zu erkennen, sodass als Folge davon ein neues „privates und politisches Selbstbewusstsein von Frauen entstehen" könne.

Ein positives Bild der eigenen Person, das wir hier mit dem Begriff „Selbstvertrauen" kennzeichnen, umfasst folgende Aspekte:

– das Bewusstsein, als Person liebenswert und akzeptiert zu sein (hohes Selbstwertgefühl),
– die Einschätzung, Leistungsanforderungen durch eigene Aktivitäten zufrieden stellend bewältigen zu können (positives Leistungsselbstbild),
– solche Situationen relativ angstfrei und ohne hinderliche Selbstzweifel zu erleben (wenig Schul- bzw. Prüfungsangst). […]

Im Rahmen einer dreijährigen Längsschnittstudie, in die insgesamt 1.613 Schüler und Schülerinnen hessischer Gesamtschulen der Jahrgänge 5 – 9 einbezogen waren (vgl. Horstkemper 1987), konnte gezeigt werden, dass bei Jungen wie bei Mädchen die hier postulierte Struktur des Selbstvertrauens in der engen Verflechtung von Leistungsfähigkeit und Selbstwertgefühl über die gesamte Altersspanne der untersuchten 10 – 15-Jährigen vorzufinden ist. Wir können somit nicht davon ausgehen, dass Mädchen etwa aufgrund stärkerer Ausrichtung auf soziale Belange und Bedürfnisse den in der Schule geforderten Bereich kognitiver Leistung anders wichten als Jungen. Dies gilt auch für den Aspekt der Angst. Es sind keinerlei Indizien dafür zu finden, dass Mädchen es etwa als besonders weiblich „schick“ empfinden, Angst anzugeben, ohne dass dies das eigene Selbstbild trüben würde. Die Ergebnisse sprechen deutlich dafür, dass die innere Struktur des Konstruktes Selbstvertrauen, so wie es hier definiert und untersucht wurde, bei Jungen und Mädchen gleichartig repräsentiert ist.

Deutliche Unterschiede zeigen sich jedoch bei der Entwicklung im Laufe der Sekundarstufe. Zwar zeigt sich durchgängig eine positive Entwicklung bei beiden Geschlechtern. Das Selbstvertrauen steigt kontinuierlich von der 5. bis zur 9. Klasse an. Je älter die Kinder werden, desto stärker erleben sie sich als kompetent, die Zunahme von Kenntnissen, Fertigkeiten und Fähigkeiten schlägt sich als Zuwachs von Selbstbewusstsein nieder.

Überaus deutlich kristallisiert sich dabei jedoch heraus, dass der Zuwachs an Selbstvertrauen bei Jungen durchgängig auf höherem Niveau erfolgt als bei den Mädchen. Dieser Niveauunterschied ist zu Beginn der Sekundarstufe noch unbedeutend, vergrößert sich aber im Laufe der Zeit, weil die Jungen ganz offensichtlich eine noch positivere Entwicklung durchlaufen als die Mädchen: Ihre Leistungsselbsteinschätzungen verbessern sich stärker, Ängste werden noch mehr abgebaut, und die Steigerung des Selbstwertgefühls ist ebenfalls ausgeprägter. Die Erfahrungen im Laufe der Schulzeit führen also nicht etwa zu einer Angleichung des Selbstvertrauens zwischen den Geschlechtern, sondern laufen im Gegenteil auf eine Auseinanderentwicklung hinaus, bei der die Mädchen schlechter abschneiden. Die Schere öffnet sich im Laufe der Sekundarschulzeit immer weiter, relativ früh auftretende Differenzen werden offenbar in späteren Jahren nicht stabilisiert, sondern noch verstärkt.

Geschlechtsspezifische Verarbeitung von Erfolg und Misserfolg

Wir haben eingangs schon auf die großen Schulerfolge der Mädchen hingewiesen. Das gilt auch für die hier beschriebene Untersuchung: Die schulische Karriere von Mädchen – gemessen am Niveau der besuchten Kurse bzw. Schulzweige und auch an dort erzielten Noten in den Hauptfächern – verläuft in der Sekundarstufe günstiger als die der Jungen. Dabei werden die Weichen für die unterschiedliche Entwicklung schon recht früh gestellt.

Es lässt sich auch für beide Geschlechter zeigen, dass schulischer Erfolg eine wichtige Einflussgröße für den Aufbau von Selbstvertrauen ist: Je positiver die Leistungsrückmeldungen ausfallen, desto eher sind die Heranwachsenden in der Lage, ein positives Selbstbild auszubilden. Bei gleichem Schulerfolg weisen jedoch die Jungen gegenüber den Mädchen stets einen Selbstvertrauensvorsprung auf: Gute Leistungen können sie

noch besser in ein positives Selbstbild umsetzen, gegenüber schulischen Misserfolgen ist ihr Selbstvertrauen weniger anfällig. Pointiert zusammengefasst: Jungen „verwerten“ die Leistungsbewertungen der Institution eher „selbstwertdienlich“ als Mädchen dies tun – sie schöpfen das Verstärkungspotenzial voll aus und wehren selbstwertbedrohliche Aspekte erfolgreich ab. Für Mädchen ist dagegen schulischer Erfolg eine notwendige, aber keineswegs hinreichende Bedingung für die Entwicklung von Selbstvertrauen.

Dieses Ergebnis fügt sich ein in eine Fülle von Befunden zu geschlechtsspezifisch unterschiedlichen Erklärungsmustern von Erfolg und Misserfolg, die sich nicht nur bei Schülern und Schülerinnen finden, sondern die ihnen auch – sicherlich weitgehend

(Fotos: Pressefoto Michael Seifert)

unbemerkt und unbewusst – von Eltern wie von Lehrern und Lehrerinnen nahe gelegt werden. So zeigen Dweck u.a. (1978) auf, dass Jungen zwar häufiger kritisiert werden als Mädchen. Sie erhalten jedoch kaum Rückmeldungen, die Informationen über mangelnde Fähigkeiten transportieren, sondern beanstandet werden eher nicht-intellektuelle Aspekte (zu unordentlich, unaufmerksam, zu wenig motiviert). Bei den Mädchen werden hingegen vor allem Misserfolgs-Rückmeldungen in einer Weise übermittelt, die sehr leicht mangelnde intellektuelle Kompetenz als Ursache nahe legen. Bei Erfolgen von Mädchen wird häufig auf Ordnung, Sauberkeit und Fleiß verwiesen, was eher Wohlwollen der Beurteilenden als eigene Kompetenz signalisiert. So schlagen die den Mädchen bescheinigten „Arbeitstugenden" der konformen Schülerin um in eine Verkleinerung eigener Fähigkeiten.
Das erklärt zugleich, warum Mädchen sich von schlechten Beurteilungen noch weit weniger gut distanzieren können als Jungen. Ihnen bleibt in der Regel nicht die Chance, sich auf ein „Ich könnte ja, wenn ich nur wollte" zurückzuziehen, sondern wenn man trotz tröstlicher Hinweise darauf, dass man sich zumindest Mühe gegeben habe, Versagen bescheinigt bekommt, dann muss das relativ vernichtende Konsequenzen für das Selbstbild haben.

Die Bedeutung von Interaktionsbeziehungen

Ein erster interessanter Befund ist, dass im Gegensatz zu der Auseinanderentwicklung des Selbstvertrauens bei Jungen und Mädchen sich ihre Beurteilung der Beziehung zu den Lehrern und Lehrerinnen eher angleicht. Während zu Beginn der Sekundarstufe die Mädchen das Lehrpersonal noch durchgängig positiver beurteilen (verständnisvoll, zugewandt, wenig strafend und angstsetzend) als die Jungen, fällt bei beiden Geschlechtern diese Einschätzung im Laufe der Jahre zunehmend negativer aus. Mädchen- und Jungenurteile konvergieren, von der 8. Klasse ab lässt sich kein Unterschied mehr zeigen. Subjektiv erleben Schüler und Schülerinnen die Beziehungsqualität offensichtlich sehr ähnlich, für eine den Mädchen zuweilen attestierte unkritischere Akzeptanz von Autoritätspersonen finden sich keine Belege.
Betrachtet man allerdings die bisher vorliegenden Ergebnisse aus Untersuchungen zu real in Klassenzimmern ablaufenden Interaktionsprozessen, so ist es eher verwunderlich, dass Mädchen sich subjektiv nicht stärker als benachteiligt erleben:
Frasch/Wagner (1982) haben plastisch beschrieben, dass Jungen deutlich mehr Zuwendung von Lehrern und Lehrerinnen erfahren, während Mädchen sich viel mehr darum bemühen müssen. Auch englische und skandinavische Studien zeichnen dazu ein deutliches Bild: Lehrkräfte wissen mehr über männliche Schüler, beziehen sich eher namentlich auf sie, nehmen ihre Anregungen und Interessen häufiger auf (vgl. z.B. Stanworth 1983, Spender 1985, Skinningsrud 1984). All das ist geeignet, die gesellschaftlich hoch bewertete männliche Rolle zu stärken, den Dominanzanspruch als selbstverständlich hinzunehmen und komplementär dazu weibliche Nachrangigkeit als „Normalzustand" festzuschreiben. […]
Ein deutlicher geschlechtsspezifischer Unterschied zeigt sich […] bei der Bedeutung der MitschülerInnen untereinander: Während sie bei den Mädchen stets nur einen nachrangigen Einfluss ausübt, ist dieser Faktor für die Jungen vor allem in jüngeren Jahren die wichtigste Quelle ihres Selbstvertrauens. Subjektiv erleben die Geschlechter das kommunikative Klima zwar gleich, aber auch hier stellen sich die Jungen wieder als die besseren „Verwerter" dar: Sie können aus den positiven Sozialbeziehungen in der Gleichaltrigengruppe mehr Nutzen für die Sichtweise der eigenen Person ziehen. Auch hier zeigt sich ein vergleichbares Paradox wie bei dem Missverhältnis zwischen weiblichem Schulerfolg und dem Niveau des Selbstvertrauens: Untersuchungen zum Schulklima

(vgl. z.B. Dreesmann 1982) zeigen, dass Mädchen sehr viel zu einem positiven Klima beitragen – es kommt aber nicht in erster Linie ihnen selbst, sondern den männlichen Klassengenossen zugute.

Fazit

Wir haben uns in dieser sehr knappen Analyse lediglich mit einigen identifizierbaren Faktoren geschlechtsspezifischer Diskriminierung und Benachteiligung beschäftigt. Natürlich ist in Rechnung zu stellen, dass die Schule keine Insel in der patriarchalischen Welt ist, die in autonomer Abgeschiedenheit einmal als wünschenswert erkannte und angestrebte Erziehungsziele aus eigener Kraft vollständig verwirklichen kann. Das heißt auch, dass nicht der gesamte Selbstvertrauens-Unterschied zwischen Jungen und Mädchen durch schulinterne Faktoren erklärbar ist. Die Einbeziehung und Analyse solch außerschulischer, gesamtgesellschaftlicher Faktoren in weitere Forschung ist dringend erforderlich.

(Marianne Horstkemper, Mädchensozialisation – Jungensozialisation. Mechanismen der Diskriminierung und Förderung in der Schule, in: Friedrich Jahresheft VII, Feminin-Maskulin, Seelze 1989, S. 98 ff.)

1. Welche Belege liefert die Autorin für ihre Benachteiligungsthesen?
2. Entsprechen diese geschilderten Prozesse Ihren Erfahrungen?
3. Welche pädagogischen Konsequenzen könnten aus diesen Thesen gezogen werden?

Geschlechterrollen: „Zwischen Dramatisierung und Individualisierung"

Zum Ende dieses Jahrtausends erweisen sich rollentypische Selbstverständlichkeiten in der Geschlechtssozialisation von Kindern zwar nicht als obsolet, aber doch als brüchig. Die alten Sicherheiten geraten zunehmend ins Wanken: Darf ein Junge nicht weinen? Muss er sich vor allem durchsetzen und alles abwehren, was mädchenhaft weich wirken könnte? Sollen Mädchen lieb und ordentlich, aber nicht zu laut und lebhaft sein – eben keinesfalls jungenhaft? Wenn dies nicht hinterfragt wird, sondern als Gewissheit den Alltag prägt, dann verfügt man zwar über klare Orientierungen, diese schränken aber individuelle Entwicklungsmöglichkeiten drastisch ein. Die Geschlechtszugehörigkeit wird damit gleichzeitig zum Ankerpunkt für das, was erwünscht und erlaubt ist, auch wenn dies keinerlei funktionale Bedeutung, sondern eher rituellen Charakter hat. Eben dies nennen wir in Anlehnung an Goffman (1994) die Dramatisierung der Kategorie Geschlecht. […] Dennoch wachsen Kinder heute in einem Klima auf, das weit eher als früher Abweichungen von bestimmten Regeln zulässt.

(Marianne Horstkemper/Peter Zimmermann, Gesellschaftlicher Wandel und Entwicklung von Geschlechtsidentität, in: Dies. [Hrsg.], Zwischen Dramatisierung und Individualisierung. Geschlechtstypische Sozialisation im Kindesalter, Leske + Budrich, Opladen 1998, S. 7)

Jungensozialisation

Der amerikanische Psychologe William F. Pollack geht davon aus, dass Jungen auch in den 90er-Jahren noch in ein überholtes Korsett von Männlichkeit gepresst werden, welches überwunden werden muss, wenn man die Geschlechterverhältnisse verändern will:

„Die vier Gebote des männlichen Verhaltenskodex:

1. Sei unbeugsam wie eine Eiche!
2. Zeig ihnen, wer du bist, gib's ihnen!
3. Sei besser als die anderen!
4. Gib dir nur ja keine Blöße!"

(William F. Pollack, Richtige Jungen. Was sie vermissen, was sie brauchen – ein neues Bild von unseren Söhnen, Bern: Scherz 1998, zit. nach: Psychologie heute 12/1998,S. 60)

Jungen haben vor allem Möglichen Angst. […]
Jungen haben Angst, nicht als „richtiger Junge“ angesehen zu werden, unmännlich, mädchenhaft zu wirken oder zu sein. […]
Jungen haben Angst vor Niederlagen und Versagen. […]
Jungen haben Angst vor körperlicher Gewalt […]
Jungen haben Angst vor Schmerz und Kummer. […]
Jungen haben Angst vor Rührung. […]
Jungen haben Angst vor dem Urteil der Mädchen und Frauen. […]
Jungen haben Angst vor Zärtlichkeit.

(Auszüge aus: Rainer Neutzling, Allgemeine Aspekte der Jungensozialisation, in: Landesinstitut für Schule und Weiterbildung [Hrsg.], Die Bedeutung von Mutter- und Vaterfiguren in der Sozialisation von Jungen, Soest 1995, S. 9ff.)

1. Gelten diese „Gebote des männlichen Verhaltenskodex“ nach Ihrer eigenen Erfahrung heute noch, haben Jungen andererseits solche Ängste? Suchen Sie Beispiele für Ihre Argumentation.
2. Sind die „kleinen Helden“ in Not? Werden Jungen- bzw. Männerrollen heute eher dramatisiert oder überwiegen individuelle Freiräume? Nutzen Sie auch Ihre Ergebnisse aus dem Einführungsteil.
3. Welches Rollenverhalten zeigen Jungen in der Schule und wie wirkt sich dies auf die Mädchen sowie Lehrerinnen und Lehrer aus?

Ein-Spruch

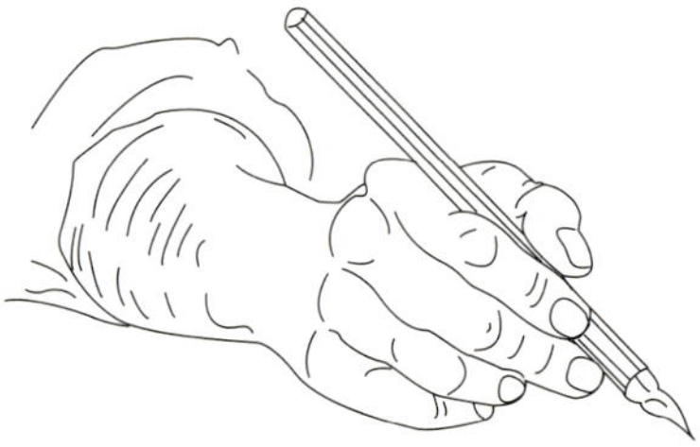

Cool Boy

Hast du nahe am Wasser gebaut?
Weinst du, wenn dich einer haut?
Sitzen dir locker die Tränen?

Das muss jetzt nicht mehr sein!

Der Tränentrockner Cool Boy ist endlich da.
Ins linke Nasenloch gesteckt, wirkt Cool Boy
durch den Wirkexponenten T-E-N und trocknet
die Tränendrüsen aus.

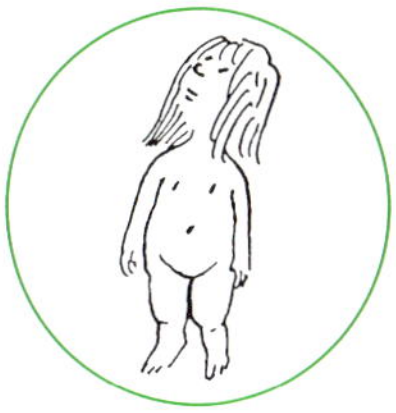

Cool Boy macht den Kerl aus dir,
der du schon immer sein wolltest.

Cool Boy,
und du weinst erst wieder beim
Schuleintritt deiner Enkel.

(Christine Nöstlinger/Jutta Bauer, Ein und Alles, Beltz Verlag, Weinheim u. Basel 1992, Programm Beltz & Gelberg, Weinheim, S. 116)

Wer sagt
was
mit welchen Mitteln
und welcher Absicht
zu wem ???

Ist das Gegenteil auch richtig?

Mein Kommentar:

Jungen heute: Ergebnisse einer Befragung

Zwei Gesichter

[...] Unsere Dortmunder Befragung von 1760 Jungen im Alter von 14 – 16 Jahren ist nach unserer Kenntnis die erste quantitative Studie, die sich bewusst und spezifisch auf die Belange von Jungen konzentriert. Wir haben die Befragung im Schuljahr 1994/95 in 28 Schulen (Haupt-, Real-, Gesamtschulen, Gymnasien) durchgeführt und dort „offene Türen eingerannt". Anscheinend besteht ein brennendes Interesse an Sichtweisen, Meinungen und Wahrnehmungen von Jungen – allemal auf der Lehrerinnen- und Lehrerseite, aber auch die Schüler selbst bedachten unser Erscheinen mit Kommentaren wie „Gut, dass wir selbst mal gefragt werden, was wir denken". Obwohl die Jungen immerhin 78 Fragen beantworten mussten (zum Teil auch in ihren Freistunden), taten sie das mit viel Lust und Interesse. Ihre abschließende Bewertung des Fragebogens belegt dies: 75 % der Befragten fanden den Fragebogen interessant und wichtig. Im Folgenden wollen wir einige ausgewählte Ergebnisse dieser Jungenstudie vorstellen. Wir beginnen mit Daten zur Freizeit, zur Selbstwahrnehmung und zur Beziehungsgestaltung von Jungen. Anschließend geht es um Jungen in der Schule, was sie von Koedukation und von Jungengruppen halten.

Die „Bravo"-Leser

Die Ergebnisse zum Freizeitverhalten bestätigen Bekanntes. Über Dreiviertel der Jungen hören Musik, treiben Sport und sehen fern in ihrer Freizeit. Zwar geben fast 42% der Jungen an, auch zu lesen, aber das bezieht sich dann auf „Bravo", Comics und Horrorgeschichten – und zwar unabhängig von der Schulform: „Bravo" lesen Gymnasiasten wie auch Hauptschüler am liebsten.

„Immer gut drauf sein" – Jungen in ihrer Selbstwahrnehmung

Unzufrieden, oft traurig oder „schlecht drauf" fühlen sich lediglich 7%. Jungen heute sind eher stets gut gelaunt (54%) oder zufrieden (22%). Natürlich versehen sie auch

(Foto: Pressefoto Michael Seifert)

die Mädchen, die sie kennen oder mit denen sie in der Clique zusammen sind, mit positiven Attributen. Diese sind hübsch (77%), witzig (55%) und erotisch (54%). Mädchen, mit denen die befragten Jungen nicht viel zu tun haben, sind eher langweilig (31%), zickig (31%) oder arrogant (30%). Über ihre Position oder Rolle in ihrer Clique befragt, nehmen die Jungen sich als Clown (51%), als Star (31%), als Anführer und als Fuchs (jeweils mit 30% angegeben) wahr. [...]
Zur Ergänzung der Fragen zur Selbstwahrnehmung haben wir einmal nach Vorbildern gefragt, weil wir denken, dass diese auch in die eigenen Vorstellungen der Jungen mit verortet werden.

Der Lehrer ist mit 1% noch hinter dem Politiker am Ende der Hitliste der Vorbilder

Jungen finden ihre Vorbilder gut, weil sie beliebt sind (32%), etwas besser können als sie (31%), Menschen helfen (27%), gute Sprüche drauf haben (23%) und viel wissen (22%). Eigentlich eine passende Beschreibung für LehrerInnen. Dennoch sind Sportler (44%), Väter (26%), Musiker (24%) und Filmhelden (23%) auf den vorderen Plätzen. Bei allen Vorbildern steht die Geschlechtszugehörigkeit immer im Vordergrund. [...]

It's cool man! – Beziehungsgestaltung

Die Vorstellung, vielleicht auch nur der Wunsch, von anderen anerkannt zu sein, setzt sich bei der Frage nach der Anzahl von Freunden fort. 68% der befragten Jungen gaben an, mehr als 10 Freunde zu haben. 81% teilten mit, dass sie so etwas wie einen besten Freund hätten. Bei weiteren Nachfragen wurde deutlich, in welcher Beziehung sie zu diesem Freund stehen: 86% charakterisierten diese als Kumpelbeziehung. Charakteristisch ist dabei auch die körperliche Distanz. 2% der befragten Jungen gab zu, den Freund auch schon einmal in den Arm zu nehmen; bei dem gleichlautenden Item zur Freundin waren das immerhin 35%. Diese Distanz taucht gleichermaßen in der Frage nach Begrüßung und Verabschiedung auf. 76% geben sich die Hand – bei ihrem besten Freund! Aber auch dem Vater gegenüber deutet sich eine eher körperferne Beziehungsgestaltung an: 47% geben sich die Hand als Begrüßung oder Verabschiedung. 5% umarmen und küssen sich – bei der Mutter sind es immerhin 11%.
Der Freund ist der Kumpel, aber trösten bei Traurigkeit und Kummer soll er nicht. 7% nur suchen dann den Freund, 36% sind am liebsten allein, 10% lassen sich von der Mutter trösten, der Vater ist mit 2% abgeschlagen. 45% der Jungen haben übrigens ihren Vater auch noch nie weinen gesehen. [...]

(Foto: Bert Butzke)

In der Schule

Nach Schulleistungen befragt, beurteilen sich nur 6% der Jungen als schlechte und ein Drittel (30%) als gute Schüler. Die Mehrheit (56%) stuft ihre Schulleistung als mittelmäßig ein. Diese deutlichen Kratzer auf dem vorhin präsentierten Selbstbild der Jungen haben möglicherweise ihre Ursache in den Schulnoten, die als vermeintlich nachprüfbares Instrument die eigene Unzulänglichkeit dokumentieren und eine zu positive Selbstdarstellung unmöglich machen. Umgekehrt führen leistungsorientierte Rückmeldungen nicht unbedingt zu einer realistischen Selbsteinschätzung. Sich selbst schlecht einzuschätzen ist nicht erlaubt, dann schon eher mittelmäßig. Die Schülerrolle scheint von den Jungen nicht als Ausschnitt des gesamten Selbstbildes wahrgenommen zu werden, sondern vor dem Hintergrund der geschlechtlichen Identität

eingeschätzt zu werden. Die weiteren Befunde unserer Befragung zum Themenkomplex Schule bestätigen das.

(Foto: Bert Butzke)

Jungen sind für Koedukation

Jungen wollen in der Klasse gemeinsam mit Mädchen unterrichtet werden. 87% der Schüler antworten auf die Frage, ob man „lieber nur mit Jungen in der Klasse zusammen sein" wolle, mit einem deutlichen Nein. Lediglich 6% können sich das vorstellen. Nach den Begründungen für den koedukativen Unterricht befragt, wählten drei Viertel der Jungen die wahrscheinlich sozial akzeptable Antwort, dass „der Unterricht mit Mädchen zusammen interessanter ist". Immerhin über der Hälfte (55%) würde das „Flirten fehlen". Daneben gaben 30% der Jungen die geschlechtsrollentypische Antwort, dass „Mädchen für mehr Ruhe in der Klasse sorgen". Ein Viertel der Befragen (24%) glaubt, mit Mädchen „Schulprobleme besser besprechen" zu können. Mädchen scheinen in den Augen der Jungen sozial kompetenter zu sein, was zum einen auf ein typisches Rollenbild hinweist, dass das Abschieben der Verantwortung für das Klima in der Klasse zulässt, aber zum anderen auch die Wertschätzung für die Mädchen ausdrückt. Diese Haltung ist eine Chance, überkommene Rollenklischees in Frage zu stellen, indem Schule verstärkt Gelegenheiten zur Auseinandersetzung zwischen den Geschlechtern schaffen müsste.

Der in den Antworten der Jungen zum Ausdruck kommenden erotischen Spannung und dem Wunsch nach Begegnung mit dem anderen Geschlecht wird in der Schule jedoch wenig Rechnung getragen. Als Beispiel sei die Einstellung der Jungen zur Benachteiligung der Mädchen in der Schule genannt. Seit nunmehr zwei Jahrzehnten stellen Frauenforscherinnen fest, dass Frauen in der Gesellschaft allgemein und Mädchen in der Schule im Besonderen benachteiligt werden. Diese Forschungsergebnisse haben die Jungen offensichtlich nicht erreicht. Nur 4% sehen eine Benachteiligung der Mädchen. 38% glauben sogar, dass die Mädchen in der Schule im Vorteil sind und die Hälfte (51%) konstatiert eine Gleichbehandlung von Jungen und Mädchen. Ein Drittel der Jungen begründet ihre Wahrnehmung der Bevorteilung von Mädchen in der Schule vor allem damit, dass Lehrer und Lehrerinnen denken, dass Mädchen fleißiger, intelligenter und lieber sind. Eine typische, von Jungen zu erwartende Antwort? Keineswegs.

Die Antworten auf eine Kontrollfrage an anderer Stelle des Fragebogens zeigen, dass Jungen durchaus differenzierter urteilen, denn nur 17% glauben, dass es Mädchen leichter als Jungen haben. 43% sehen das zum Teil so und 36% lehnen das ab. Dieser Unterschied lässt zwei Erklärungen zu. Entweder beruht die Wahrnehmung der Jungen auf einer realistischen Einschätzung des schulischen Alltags oder die Schule suggeriert ein Klima, in dem Geschlechtsunterschiede eine marginale Rolle spielen.

Letzteres trifft mit großer Wahrscheinlichkeit zu, denn 56% der Jungen ist es gleichgültig, ob sie von einem Mann oder einer Frau unterrichtet werden. Nur 6% möchten lieber einen Mann, 14% eine Frau als Lehrer bzw. Lehrerin haben. 19% antworten, dass dies auf das Fach ankommt. Lehrer und Lehrerinnen erscheinen eher geschlechtslos in der Wahrnehmung der Jungen als Lehrperson oder Lehrkraft.

Fazit: Die Alltagserfahrungen der Lehrer/innen und die Ergebnisse der feministischen Schulforschung verbieten, an eine realistische Einschätzung der Jungen zu glauben. Wir vermuten vielmehr, dass die Ausgrenzung der sexuellen Themen, die Marginalisierung der Geschlechtsunterschiede, die ausschnitthafte Sicht auf die Rolle des Schülers und des Lehrers als geschlechtliches Neutrum zu solch einer stereotypen Einschätzung des schulischen Alltags führt. Die Schule erzieht scheinbar geschlechtslos, wobei sie Vorurteile unterstützt und den Interessen der Schüler nicht entgegenkommt. [...]

Jungengruppen in der Schule unnötig

Jungen selbst halten dies zu 53% für unnötig an ihrer Schule. 26% würden allerdings eine Jungengruppe begrüßen. In diesen Gruppen sollte vorwiegend über Schulprobleme (47%), Beziehung zu Mädchen (46 %), Gewalt (45%) und Sexualität (42%) gesprochen werden. Aber zwei Drittel der Jungen sind der Ansicht, dass dies Themen für den Unterricht sind und gemeinsam mit den Mädchen besprochen werden sollen. Doch im Zentrum von Jungengrupen sollen nicht die Gespräche stehen, sondern gemeinsame Unternehmungen wie Sport und Wegfahren (59%). Nur 27% wünschen sich Hilfen und Unterstützung. [...]

Jungen wollen den gemeinsamen Unterricht mit Mädchen; sie verweisen auf die erotische und soziale Dimension, während sich Schule geschlechtslos verhält und das, was Jungen als ungleich wahrnehmen und wahrnehmen wollen, gleich behandelt. Jungen wollen Vorbilder, nach denen sie ihre Suche nach geschlechtlicher Identität ausrichten können, sie wollen dieses Interesse auch zum Unterrichtsthema machen. Die Ergebnisse unserer Befragung sind eine Aufforderung an Lehrer und Lehrerinnen, ihr eigenes Rollenverhalten zu überdenken und die Geschlechtlichkeit als ein alles durchdringendes Thema zu akzeptieren. Koedukation will gestaltet sein. Es geht nicht darum, bürokratische Regelungen, beispielsweise für die zeitweilige Trennung von Jungen und Mädchen im Unterricht, zu treffen, sondern vor allem darum, den Unterricht inhaltlich zu verändern, damit Geschlechterdifferenzen akzeptiert werden können. Gestaltete Koedukation kann aber auch nur sinnvoll sein, wenn Schüler und Schülerinnen mitgestalten können, wenn sie all ihre Fähigkeiten, Fantasien, Verhaltensweisen und Träume auch entfalten können.

(Peter Zimmermann/Detlev Lindau-Bauk [Institut für Schulentwicklungsforschung, Universität Dortmund], Jungen heute: Ergebnisse einer Befragung, in: Neue Deutsche Schule 21/1995, S. 25ff.)

1. Vergleichen Sie diese Ergebnisse mit den Thesen von Rainer Neutzling und denen von Marianne Horstkemper und nehmen Sie kommentierend Stellung.
2. Welche pädagogischen Konsequenzen könnte man aus der Jungenperspektive für die Schule ziehen?

Das Ende der Koedukation?

Revolution an der Schule – Eine Säule der Erziehung wankt: Immer mehr Schulen unterrichten Mädchen wieder getrennt von Jungen

Koedukation – das Wort klingt nach Bildungsreform und Gleichberechtigung. Und ein Fortschritt war es, als miefige Mädchenschulen Ende der 60er-Jahre ihre Türen auch für Jungen öffneten, als Elitegymnasien neben männlichen auch weibliche Schüler aufnahmen. Aber jetzt, 1995, ist es ebenfalls ein Fortschritt, die Geschlechter in bestimmten Fächern wieder zu trennen.

Zum zweiten Mal in diesem Jahrhundert haben Lehrerinnen die Debatte erzwungen. Sie erleben täglich, was Studien vielfach bewiesen haben: In gemischten Klassen markieren Schüler den Rambo, während Schülerinnen verstummen. Jungs kommen doppelt so oft zu Wort wie Mädchen. Sie drängen sich in Informatik an den Computern und in Physik am Labortisch – sodass Mädchen erst das Selbstbewusstsein und schließlich das Interesse verlieren. Nach dem Abitur studieren sie dann lieber Germanistik statt Maschinenbau. Und werden eher Sachbearbeiterin als Ingenieurin oder Managerin. Früher wurden Mädchen zur höheren Schule geschickt, damit „der deutsche Mann nicht durch geistige Kurzsichtigkeit und Engherzigkeit seiner Frau an dem häuslichen Herde gelangweilt“ werde – so der Verein der Dirigenten und Lehrenden der Höheren Mädchenschulen 1872. Koedukation kam nicht in Frage – „es wäre sogar trostlos, wenn den heimkehrenden Mann nichts als ein männlich geschultes Weib erwartete“.

Der Verein Frauenbildung-Frauenstudien forderte 1907 „den gemeinsamen Unterricht von Knaben und Mädchen: Sowohl zur Lösung der Frage höherer Frauenbildung als auch zur Entwicklung verfeinerter Beziehungen der Geschlechter.“ Widerstand kam von der preußischen Regierung, die „eine Zurückdrängung der Knaben durch die Mädchen“ befürchtete, aber auch von der Kirche. Papst Pius XI. verkündete 1929 eigens eine Enzyklika wider das „abwegige und für die christliche Erziehung gefährliche Koedukationssystem“.

Während das für die USA und Skandinavien längst selbstverständlich war, hinkte Deutschland hinterher. Einzelne Reformansätze wurden durch die Nazis gestoppt. „Eine gemeinsame Schulerziehung der Geschlechter widerspricht nationalsozialistischem Erziehungsgeiste“, hieß es 1937. Das deutsche Mädel sollte lernen, „wie es als künftige Mutter und Hausfrau mit geeigneten Mitteln das Leben in Friedens- und Kriegszeiten meistern kann“. Bis heute hat sich das Wort „Puddingabitur“ für diese Auffassung gehalten.

Erst nach dem Krieg wurde dann in Ostdeutschland die Koedukation proklamiert, im Zuge der „antifaschistisch-demokratischen Schulreform“. Im Westen dauerte es weitere 25 Jahre, bis sich durch die Bildungsreform fast alle Gymnasien beiden Geschlechtern öffneten.

Bis heute gibt es zu diesem Thema deutlich unterschiedliche Auffassungen in Ost und West: 21 Prozent der Westdeutschen, aber nur acht Prozent der Ostdeutschen sind der Ansicht, dass Mädchen in gemischten Schulen benachteiligt werden. Im Osten halten imposante 95 Prozent grundsätzlich und in allen Fächern an der Idee der gemeinsamen Erziehung fest. Dies ergab eine Umfrage des Meinungsforschungsinstitutes FORSA im Auftrag der Woche *(siehe Grafik).*

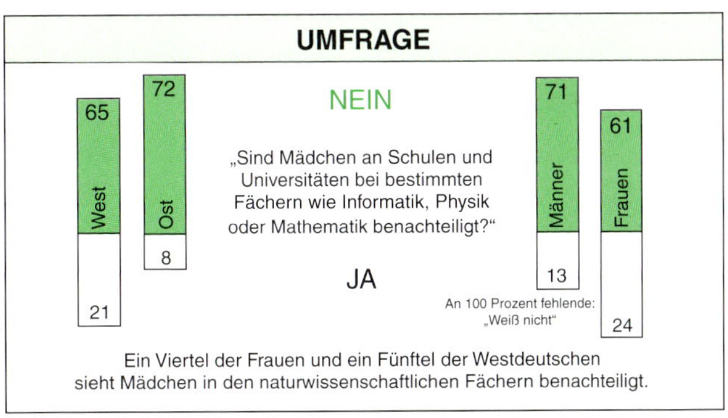

(© DIE WOCHE; Quelle: FORSA)

Schleswig-Holstein hat 1990 als erstes Bundesland sein Schulgesetz so geändert, dass „aus pädagogischen Gründen in einzelnen Fächern zeitweise getrennter Unterricht stattfinden“ kann. Nach und nach folgen die anderen Länder. Und die CDU-Frauenunion fordert in ihren „Bausteinen für die

Einheit", „dafür zu sorgen, dass im Sekundarbereich I der Schulen Mädchen am technisch ausgerichteten Unterricht getrennt von den Jungen teilnehmen". Inzwischen ist die Debatte auch an den Hochschulen angekommen: In Bonn wird die erste Frauen-Universität geplant, nach dem Vorbild der amerikanischen *Women's Colleges*. Von ihnen kommen seit Jahren überdurchschnittlich viele Ingenieurinnen, Ärztinnen, Politikerinnen und Karrierefrauen – inklusive der First Lady Hillary Clinton. Und während sich hier noch viele Zweifler an der Koedukation dem Verdacht aussetzen, ins finsterste Mittelalter zurück zu wollen, ist der Trend in Amerika umgekehrt. Der „Hillary-Faktor" hat den Frauen-Colleges nicht nur Rekord-Bewerberinnenzahlen verschafft, sondern die Gewissheit: Die Leaderinnen des nächsten Jahrtausends haben allein ihren Weg gesucht – ohne Männer.

(Ursula Ott, in : DIE WOCHE v. 24.2.1995, S. 1)

Sammeln Sie Argumente pro und kontra Geschlechtertrennung! Verwenden Sie diese in einer Pro- und Kontra-Debatte.

Reflexive Koedukation

„Ziel reflexiver Koedukation ist die Chance, individuelle Unterschiede ohne Benachteiligungserfahrungen leben zu können. Nicht Gleichmacherei, sondern ein positives Verständnis von männlicher und weiblicher Identität, das tatsächliche Chancengleichheit im privaten wie im öffentlichen Leben ermöglicht, soll erreicht werden. [...] Reflexive Koedukation soll Element allgemeiner Bildung sei und muss deshalb bewusst, aktiv und umfassend in das Lern- und Sozialfeld der Schule eingebracht werden. Es geht um die Reflexion der Geschlechterverhältnisse und ihrer Konstitutionsbedingungen und um den tatsächlichen Abbau von Geschlechterhierarchien im Schulalltag. [...]
Reflexive Koedukation bedeutet nicht Rückkehr zu getrennten Gruppen oder gar getrennten Schulen, sondern Beibehaltung und bewusste Verbesserung koedukativen Unterrichts. Geschlechtshomogene Gruppen sollten je nach Lernsituation gebildet werden. Fächerbezogene Schematisierungen sind auszuschließen."

(Bildungskommission NRW, Zukunft der Bildung. Schule der Zukunft, Luchterhand, Neuwied 1995, S. 131f.)

1. Was müsste alles reflektiert werden, um Benachteiligungen auf die Spur zu kommen?
2. Welche konkreten pädagogischen Maßnahmen könnten Sie sich zur Realisierung reflexiver Koedukation vorstellen?
3. Recherchieren Sie in Ihrer Schule, was zur Förderung der Chancengleichheit zwischen den Geschlechtern unternommen wird (Schulprogramm, konkrete pädagogische Maßnahmen).

P Projektvorschlag zum selbstständigen Weiterarbeiten

In diesem Kapitel konnten nur einige Aspekte der geschlechtsspezifischen Sozialisation angesprochen werden. Folgende Aspekte könnten Sie einzeln oder in Gruppen, in Hausarbeiten oder Referaten unter die Lupe nehmen...

A Untersuchen Sie das geschlechtsspezifische Kurswahlverhalten in der Oberstufe Ihrer Schule. Der Projektleiter der Oberstufe bzw. die

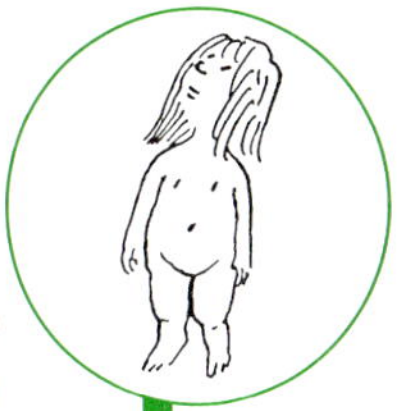

Jahrgangsstufenberater werden Ihnen sicher Daten zur Verfügung stellen, wenn Sie dafür sorgen, dass die Daten aus Gründen des Datenschutzes anonymisiert werden. (Im Gleichstellungsministerium des Landes NRW liegen repräsentative Vergleichsdaten vor, z.B in der Studie „Mädchen, Macht (und) Mathe“, Düsseldorf 1989.)

B Interessant wäre – vor allem aus der Perspektive des Pädagogikunterrichtes – qualitativ zu untersuchen, ob sich das Klima in mädchendominierten Kursen von dem in jungendominierten Kursen unterscheidet.
Hierzu könnten Interviews mit Schülerinnen und Schülern, Lehrerinnen und Lehrern erstellt werden.

C Das Schulamt Ihrer Stadt oder die Gleichstellungsbeauftragte Ihrer Stadt würden sicher bei der Klärung der Frage helfen, wie hoch der Frauenanteil in der Lehrerschaft der unterschiedlichen Schulformen ist und wie Frauen in schulischen Führungspositionen anteilmäßig vertreten sind.

D Auch die Inhalte von Schulfächern und deren Aufbereitung in Schulbüchern könnte daraufhin untersucht werden, welches Bild der Frau/des Mannes in unseren Schulen vermittelt wird.

E Das Ministerium für die Gleichstellung von Frau und Mann des Landes NRW (Hg.) hat allen Schulen eine Studie zur Verfügung gestellt: Was Sandkastenrocker von Heulsusen lernen können – ein handlungsorientiertes Projekt zur Erweiterung sozialer Kompetenz von Jungen und Mädchen, Düsseldorf 1996, kostenlos zu beziehen (den Schulen auch im April 1996 zugegangen) über o.g. Ministerium, Breite Str. 27, 40213 Düsseldorf. In dieser Veröffentlichung wird ein Forschungsprojekt vorgestellt sowie Materialien zur Erweiterung sozialer Kompetenzen zur Verfügung gestellt.
Thematisiert werden die Selbst- und Fremdwahrnehmung von Lehrerinnen und Lehrern sowie Schülerinnen und Schülern in Bezug auf ihr geschlechtsspezifisches Verhalten als Lehrende oder Lernende in einzelnen Fächern. Deutsch, Sport, Naturwissenschaften und Sprachen, die geschlechtsspezifische Interaktion. Dies wird qualitativ und quantitativ erfasst über Befragung, Beobachtung, Videodokumentation. Die Ergebnisse werden ausführlich dokumentiert und interpretiert.
Interessant ist auch die methodische Vorgehensweise, die z.T. auch als Untersuchungsmethode von Pädagogik-Kursen übernommen werden könnte. So werden z.B. Beobachtungskategorien vorgestellt, mit denen man die Körpersprache im Sportunterricht untersuchen kann, z.B. folgende Leitfragen zur Körperhaltung: „Was wird geöffnet oder ist offen, was verschlossen? Was wird gezeigt, was versteckt? Was ist zu- und was ist abgewandt? Was ist auf die anderen aus-, was von ihnen weggerichtet? Wird etwas versperrt? Wird der Körper verkleinert oder vergrößert?“ (S. 25).
Interessant auch konkrete Vorschläge für die Bearbeitung geschlechtsspezifischer Konflikte, etwa die Einrichtung von

Mädchen- bzw. Jungenkonferenzen oder die Ausführungen zur Jungenarbeit an der Schule.

F Der Bundesverband des Spielzeugwareneinzelhandels (BVS) hat 1997 eine Marktstudie veröffentlicht, die u. a. zu folgenden Ergebnissen führt:

- 61% aller Ausgaben für Spielzeug entfallen auf das männliche Geschlecht;
- 2% der Mädchen, aber 55% der Jungen erhalten „Aktionsspielzeug";
- 12% der Mädchen, 43% der Jungen erhalten Video-Kassetten;
- 27% der Mädchen, 43% der Jungen erhalten „Kinderfahrzeuge".
- Auch weiterhin werden für Mädchen überwiegend „Plüsch und Puppen", für Jungen überwiegend Technik, Aktionspielzeug und Computerspiele gekauft.

(Nach: Angelika Müller-Heisrath/Hedwig Kückmann-Metschies, Aufwachsen in der Familie, in: Horstkemper/Zimmermann [Hrsg.], Zwischen Dramatisierung und Individualisierung, Opladen 1998, S. 50ff.)

Recherchieren Sie in Spielzeuggeschäften Ihrer Stadt oder mit einer Elternbefragung, ob sich diese Ergebnisse bestätigen lassen. Mit exemplarischen Beispielen, Umfragedaten und Thesen zu den Folgen dieser geschlechtsspezifischen Spielförderung können Sie an die Öffentlichkeit gehen (Ausstellung, Zeitungsartikel o.Ä.).

G Die gesprochene und veröffentlichte Sprache ist ein guter Indikator für Trends und Trendwenden. Durch die Analyse von Sprachäußerungen kann auch überprüft werden, ob im Geschlechterverhältnis die Dramatisierung oder der individuelle Freiraum überwiegt. Der SPIEGEL berichtete unter der Überschrift „Fuß-Föhner waschen bei Mami" über ein kurioses Medienereignis (SPIEGEL 14/2000, S. 111f.):
Ein hessischer Privatradio-Sender (FFH) hatte mit einer Blödel-Idee eine wahre Lawine losgetreten. Ein Moderator hatte die Zuhörer aufgefordert, Schimpfwörter für „Weichlinge" zu erfinden und dem Sender mitzuteilen. Die Redaktion wurde daraufhin mit 200 E-Mails pro Tag bombardiert. Die Ergebnisse sind auf der homepage des Senders zu bewundern (www.ffh.de), die inzwischen schon über 655 000-mal angeklickt wurde. Hier einige Beispiele: Beckenrand-Schwimmer, Sitzpinkler, Bei-Mami-Wäscher, Sockenfalter, Warmduscher, Labello-Benutzer. Besonders schön und zum Thema passend: Frauenversteher!
Untersuchen Sie den Sprachgebrauch in Ihrem Umfeld und in den Massenmedien. Sammeln Sie Beispiele für „Männersprache" und „Frauensprache". Diskutieren Sie im Kurs, wie sich sprachliche Trends interpretieren lassen.

2.4 „Ist ja irre!“ – Psychische Krankheiten von Kindern und Jugendlichen

(Zeichnung: Fritz Arnold)

Vorgehensweise:

1. Was sehe ich?
   Stichpunktartig das Bild in allen Einzelheiten beschreiben.
2. Was fällt mir dazu ein?
   Schnellschreiben: In 6 Minuten alles, was zu dem Bild assoziativ im Kopf umhergeht, notieren.
3. Was sagt es mir?
   Die Assoziationen durchgehen und das mir Wichtige markieren oder unterstreichen. Dann einen kurzen Text schreiben, bei dem der erste und der letzte Satz gleich ist.

Einführung

Ohnmächtig, frech und rasend sich gebärden,
großmütig, sanft, scheu und vor Wut erbeben,
stark, sterblich, schon gestorben leben,
feig, treu, verräterisch, tollkühn werden,

ohn' Ruhe wie im Himmel so auf Erden,
sich fröhlich, trüb, stolz und erniedrigt geben,
streitsüchtig, fest und – flugs entschweben,
zufrieden, doch zerfetzt vor Argwohn sterben,

die Blicke jedem Lug und Trug entziehen,
Gift trinken wie ein Glas des allerbesten Weins,
das Unheil suchen und dem Glück entfliehen,

glauben, dass Höll' und Himmel eins,
Leben und Seele geben für ein falsches Blühen:

Formulieren Sie eine letzte Zeile zu diesem Gedicht.
Was meinen Sie: Wer hat es wann geschrieben?
Auflösung folgt!

Weitere Vorschläge zum Einstieg in das Thema:

Übungen

1. Das ABC der psychischen Krankheit/psychischen Gesundheit

- Individuelle Variante:
  Jedes Kursmitglied schreibt zu jedem Buchstaben des Alphabets assoziierte Begriffe, die zum einen psychische Krankheit betreffen (von „abgedreht" bis „zu") und zum anderen die psychische Gesundheit betreffen (von „anerkannt" bis „zufrieden"). Jede Assoziation ist erlaubt, auch diskriminierende, da diese Assoziationen immer vorhanden sind. Ein Aufschreiben macht sie bearbeitbar.
  Im Kurszusammenhang kann in der Auswertung dann nach Gemeinsamkeiten, Auffälligkeiten usw. gesucht und Fragen und Thesen für die weitere Arbeit gesammelt werden.
- Kollektive Variante (entwickelt von Christiane Loos und Christina Vogt):
  Der Kurs wird in zwei Großgruppen (eine bearbeitet das ABC der psychischen Gesundheit, die andere das der psychischen Krankheit) aufgeteilt. Diese erhalten lange Tapetenbahnen mit den Buchstaben des Alphabets und sollen sie dann, ausgestattet mit dicken Markern, in einem kollektiven Brainstorming ausfüllen.
  Jede der beiden Gruppen soll sich eine ihrer Themenstellung entsprechende Art der Präsentation überlegen. (Auswertung wie oben)

2. Vertrautes und befremdendes Verhalten

Jede Schülerin und jeder Schüler schreibt in konzentrischen Kreisen um einen Mittelpunkt ihnen vertrautes bzw. sie befremdendes Verhalten auf – je weiter vom Mittelpunkt entfernt, desto befremdender ist das Verhalten.
In der Auswertung im Kurs kann dann überlegt werden: Ist eine Grenzziehung möglich? Wo endet Normalität? Wo beginnt das „Irre"?

3. Etwas „Verrücktes" tun:

„Mutige" Schülerinnen und Schüler könnten in der Schulöffentlichkeit oder in der allgemeinen Öffentlichkeit gezielt ungewöhnliche Dinge tun und Reaktionen darauf beobachten und festhalten. Also z. B.:

- rückwärts die Treppen in der Schule hochgehen
- auf dem Schulhof singen und tanzen
- auf dem Marktplatz Pfennige in die Luft werfen usw.

Die Schülerinnen und Schüler haben sicher noch viele Ideen, sie sollten nur darauf achten, kein „öffentliches Ärgernis zu erregen".

Definitionsversuche

Nach Angaben der „Aktion Psychisch Kranke" aus dem Jahre 1994 sind:

- 15 - 20 % aller Kinder und Jugendlichen von psychischen Störungen unterschiedlicher Art betroffen. Dies sind 2,5 Millionen Kinder und Jugendliche. 800000 Kinder und Jugendliche davon benötigen dringend eine Behandlung.
- 5 % der Kinder benötigen die Betreuung in Sondereinrichtungen.
- 10 - 15 % aller Schulanfänger gelten als „auffällig" in ihrem Verhalten.
- 40000 Kinder und Jugendliche laufen in jedem Jahr von zu Hause weg.
- 1 % aller Mädchen leidet an Magersucht.
- Fast 15000 Jugendliche sind selbsttötungsgefährdet.

Das Dunkelfeld der psychischen Krankheiten ist weitgehend unerforscht. Die Probleme, psychische Krankheiten von Kindern und Jugendlichen objektiv zu erfassen, beginnen mit den Definitionsproblemen. Sie werden bei den Einführungsübungen schon darauf gestoßen sein, dass es sehr schwierig ist, das „Normale" vom „Verrückten", das „Gesunde" vom „Kranken" abzugrenzen.
Wir wollen Ihnen eine vorsichtige Definition der „Aktion Psychisch Kranke" anbieten:

Gesundheit – das ist ein „Zustand vollkommenen körperlichen, psychischen und sozialen Wohlbefindens …". So beschreibt die Weltgesundheitsorganisation (WHO) einen idealen Zustand, der selten erreicht wird:
Einem Menschen geht es rundherum gut. Er ist zufrieden. Er ist körperlich gesund. Er lebt mit Menschen zusammen, die er liebt und die ihn lieben. Er hat Freunde. Er hat einen Beruf, dessen Ausübung ihn befriedigt und der ihm einen sicheren Arbeitsplatz garantiert. Er hat Hobbies, die ihm Spaß machen.
Gesundheit bedeutet also nicht nur, dass der Mensch körperlich gesund ist. Zu ihr gehören auch seelisches Gleichgewicht und befriedigende Beziehungen zu seiner Umwelt.
Das, was den Menschen ausmacht – seine Persönlichkeit – bildet eine Einheit aus Seele, Geist und Körper. Körper und körperliche Fähigkeiten sind klar erkennbar. Beim Sport sind sie unmittelbar zu erleben und zu beobachten.
Bricht sich jemand ein Bein, dann kann er davon ausgehen, dass er eine bestimmte Zeit lang behandelt wird und danach wieder laufen kann. Er bleibt in seinem gewohnten Lebensbereich und behält seinen Arbeitsplatz. Die ganze Sache ist schnell vergessen.

Seele und Geist, seelische und geistige Fähigkeiten jedoch sind nicht so ohne weiteres sichtbar, obwohl jeder Mensch in unterschiedlichem Maße über diese Fähigkeiten verfügt: Wahrnehmen, Erinnern, Denken, Sprechen, Fühlen, Wollen. Solange der Mensch über diese Fähigkeiten uneingeschränkt verfügt, wird er sich ihrer kaum bewusst. Sie sind ihm selbstverständlich. Sind jedoch Wahrnehmen, Erinnern, Denken, Sprechen, Fühlen oder Wollen gestört, dann sind zwangsläufig auch die Beziehungen des Menschen zu seiner Umwelt gestört, zu seiner Familie, zu seinen Freunden, seinen Kollegen. Sie erleben ihn als verändert und bei schweren psychischen Störungen als ver-rückt.

Kleinere psychische Störungen und Konflikte gehören zum täglichen Leben. Unsere Sprichwörter spiegeln wider, wie sich manche seelischen Störungen äußern können:

- Das ist mir auf den Magen geschlagen
- Der ersäuft seinen Kummer in Alkohol
- Das hat ihr den Schlaf geraubt
- Sie hat die Nase voll
- Der ist aus dem Häuschen geraten

Diese Sprichwörter signalisieren ein belastendes Ereignis, eine problematische Situation, eine Krise.

In eine Krise kann jeder geraten.

Krise ist das griechische Wort für Entscheidung. Krise bedeutet: ein Wendepunkt, eine Veränderung, eine bedenkliche Lage, die vor einer Verbesserung oder Verschlechterung steht. Jeder Mensch erlebt Veränderungen. Probleme können sich zuspitzen. Er muss sich mit ihnen auseinander setzen, ob er will oder nicht. Eine Krise kann durch äußere Ereignisse hervorgerufen werden, wie durch den Tod eines nahe stehenden Menschen, Scheidung, Übergang von der Schule in die Arbeitswelt. Eine Krise kann aber auch durch das Innenleben eines Menschen, durch innere Veränderungsprozesse ausgelöst werden; beispielsweise bei Jugendlichen, die erwachsen werden, aber noch nicht stabil sind.

Der Mensch kann eine Krise bewältigen. Das bringt ihm in der Regel Selbstvertrauen, das Gefühl, das Leben zu meistern, mehr Stabilität gegenüber ungünstigen Einwirkungen, eine größere Integrität, mehr Unabhängigkeit. Dieser Mensch kann kreativer und mutiger werden. Seine Persönlichkeit ist gereift.

Eine Krise kann aber auch unbewältigt bleiben. Das bedeutet in der Regel mehr Unsicherheit, mehr Angst, weniger Selbstvertrauen, größere Verletzbarkeit, mehr Abhängigkeit von anderen, Rückzug in sich selbst.

Es ist möglich, diesen Misserfolg mit den dazugehörigen schlechten Gefühlen durch spätere gute Erfahrungen wieder auszugleichen. Geschieht das jedoch nicht, und häufen sich die Probleme und die ausweglos erscheinenden Situationen, dann kann am Ende einer Entwicklung eine psychische Krankheit stehen.

Schwere psychische Krankheiten können aber nicht nur im Anschluss an ernstere psychische Krisen, sondern auch ohne erkennbaren Anlass verhältnismäßig plötzlich anfangen. Oft sprechen Patienten und Angehörige dann von einem „Nervenzusammenbruch". Oder die Störung entwickelt sich langsam, beginnt zunächst mit leichten Veränderungen des Verhaltens oder der Leistung, was von Angehörigen und Kollegen kaum bemerkt und nicht als krankhaft empfunden wird. Erst von einer bestimmten Ausprägung an entsteht dann der Verdacht auf eine psychische Krankheit. Spätestens zu diesem Zeitpunkt sollte fachlicher Rat gesucht werden. Denn wenn wirklich eine psychische Krankheit vorliegt, dann ist rechtzeitige Hilfe besonders wichtig.

(Aktion Psychisch Kranke e. V., Gestörte Einheit, Informationen über seelische Störungen, Bonn 1995, S. 9ff.;
Bei dieser Organisation sind zu allen Formen psychischer Krankheiten Informationen erhältlich, die kostenfrei gegen Erstattung des Porto abgegeben werden. Anschrift: Brunsgasse 4–6, 53117 Bonn, Tel.: 0228/676740, Fax: 0228/676742)

1. Fertigen Sie mithilfe der Materialien ein Doppelcluster an. Ausgehend von den eingekreisten Wörtern „Psychische Gesundheit“ und „Psychische Krankheit“ gestalten Sie Gedankenketten, die die Begriffe vom Allgemeinen zum Konkreten hin erläutern.
2. Erläutern Sie vor diesem Hintergrund die folgende These von Klaus Dörner, dem Leiter des Landeskrankenhauses in Gütersloh, und Ursula Plog, Leiterin einer Tagesklinik in Berlin:
   „Ein psychisch Kranker ist ein Mensch, der bei der Lösung einer altersgemäßen Lebensaufgabe in eine Krise und Sackgasse geraten ist, weil seine Verletzbarkeit und damit sein Schutzbedürfnis und sein Bedürfnis, Nicht-Erklärbares zu erklären, für ihn zu groß geworden sind. Das Ergebnis nennen wir Krankheit, Störung, Leiden. Weil all dies jedem von uns jeden Tag widerfahren kann, ist es uns grundsätzlich innerlich zugänglich und bekannt.“ (Klaus Dörner/Ursula Plog, Irren ist menschlich. Lehrbuch der Psychiatrie/Psychotherapie, Bonn 1996, Psychiatrie Verlag, S. 16)
   Sie können hier auch auf die Wabe zur Sozialisation im Jugendalter (S. 213ff.) zurückgreifen.

Fallbeispiele

Können Kinder und Jugendliche wirklich depressiv werden? Hier drei Berichte über die Depression von drei verschiedenen Kindern, beschrieben von einer Mutter, einem Lehrer und einem 14-jährigen Mädchen (die Namen und einige Einzelheiten wurden geändert).

Die Mutter

Bens Mutter, eine Kunstlehrerin, beschreibt die Veränderungen ihres Sohnes nach einer kurzen Viruserkrankung: „Er veränderte sich irgendwie. Die Veränderung fand so allmählich statt, dass sie am Anfang schwierig zu erkennen war. Wir dachten, dass er sich noch immer von der Viruserkrankung erholt, und brachten ihn zum Arzt, aber langsam wurde uns klar, dass es schlimmer wurde. Er schien sein sprühendes Wesen verloren zu haben. Er war immer so ein lebendiger, interessierter und interessanter Zehnjähriger, der sich leidenschaftlich für Fußball interessierte. Schließlich verlor jedoch sogar der Fußball jeglichen Reiz für ihn. Wir hatten das Gefühl, dass er im Alltagsleben nachlässig wurde. Er war mit dem meisten einverstanden, tat aber alles ohne Freude. Schon bei kleineren Anlässen brach er leicht in Tränen aus. Er blieb mehr und mehr zu Hause, und wir bemerkten, dass er immer weniger von seinen Freunden und ihren gemeinsamen Unternehmungen erzählte. Wenn wir ihn nicht zwangen, etwas zu unternehmen, tat er einfach gar nichts. Der Unterschied zu dem energischen, manchmal anstregenden und lebhaften Kind, das wir bisher gekannt hatten, war alarmierend.“

Der Lehrer

Angela ist ein 8-jähriges, intelligentes Mädchen, mit dem ihre Klasse laut ihrem Lehrer dennoch „bestraft“ ist. In dieser halbwegs angenehmen Klasse von 32 Kindern ist sie die totale Außenseiterin. Manche Kinder, vor allem die Jungen, amüsierten sich zwar über ihre merkwürdigen Geräusche, wenn die Klasse gerade still sein sollte, die meisten anderen aber fühlten sich, so wie der Lehrer, gestört von der Art, wie sie die Aufmerksamkeit auf sich zog. Wenn sie einmal nicht störte, saß sie da und sah aus dem Fenster, offensichtlich in eine eigene Welt versunken. Auf dem Schulhof mischte sie sich oft unter eine Gruppe kleiner Kinder, die sie manchmal herumschubste und denen sie dabei weh tat, so dass der Lehrer dazwischen gehen musste. Obwohl Angelas Mutter kürzlich behauptet hatte, mit ihr zu Hause kein Problem zu haben, beschloss der Lehrer, beim nächsten Zusammentreffen beharrlicher nachzufragen. Schließlich erklärte Angelas Mutter unter Tränen, dass ihr Mann arbeitslos geworden sei, dass er sehr viel trank und selbst depressiv war. Das Geld war sehr, sehr knapp. Angela war ihm die Liebste seiner vier Kinder, aber er nahm sich jetzt weniger Zeit für sie und schob sie weg, wenn sie auf

seinem Schoß sitzen wollte. Die Mutter selbst machte sich Sorgen um ihre Tochter, die zu Hause überhaupt nicht ungezogen, sondern vielmehr unglücklich und teilnahmslos wirkte. Angela wollte auch nicht mehr mit ihren Freunden spielen und sagte manchmal sogar, sie wäre am liebsten tot.

Auf den Vorschlag des Lehrers hin wurde Angela durch ihren Hausarzt in die örtliche Kinder- und Familienpsychiatrie überwiesen. Dreimal erschienen alle Familienmitglieder gemeinsam in der Sprechstunde, und Angelas Vater konnte über seine Versagensängste sprechen. Die familiären Probleme blieben zwar immer noch beträchtlich, aber Angela schien die Situation zu verstehen, war ruhiger und weniger unglücklich, spielte wieder mit ihren Freunden und verursachte in der Schule weniger Ärger.

Der Teenager

Anna ist ein 14-jähriges Mädchen, das seine Depression sehr bewegend schildert. „Ich hatte das Gefühl, niemand könne mich leiden. Ich begann mich zu fragen, was eigentlich der Sinn von allem war. Zuerst verlor ich an allem mein Interesse. Ich fühlte mich die ganze Zeit müde und schlief nicht richtig. Ich wachte als Erste der Familie auf, lag da und fühlte mich allein und von der ganzen Welt vergessen. Ich fühlte mich, als ob alles dunkel wäre und voll von einem Nichts, das sich bis zum Horizont erstreckte und jede Ecke ausfüllte."

Wenn Erwachsene auf ihre Kindheit zurückblicken, beschreiben sie manchmal eindeutig depressive Phasen. Sir Peter Hall, Theaterdirektor und Gründer der Royal Shakespeare Company, beschreibt in seiner Autobiografie „Making an Exhibition of Myself", wie er immer wieder in seinem Leben bis hin zu Selbstmordgedanken depressiv wurde. Beim ersten Mal war er 8 Jahre alt. Seine Familie war von einem kleinen Dorf in die, wie ihm schien, riesige Stadt Cambridge gezogen. Er schreibt:

„Ich habe oft an Selbstmord gedacht… Damals war es das erste Mal, dass es mich traf, vielleicht weil ich weniger inneren Rückhalt hatte und mich nicht so gut zerstreuen konnte wie ein Erwachsener. Vielleicht war es zu diesem Zeitpunkt am allerschlimmsten. Ich war dem Abgrund sehr nahe… Man schickte mich in die Grundschule gleich um die Ecke… Als achtjähriges Kind, als Einzelgänger aus dem hintersten Winkel von Suffolk, wurde ich von krakeelenden Jungen und kichernden Mädchen verspottet – vielleicht wegen meines gutturalen Suffolk-Dialekts. Ich erinnere mich, wie die Kinder mir zuhörten und dann in Gelächter ausbrachen… Meine Depression war heftig, heute würde ich sie gefährlich nennen. Ich überlebte, so wie ich immer überleben sollte, durch verzweifelte Tätigkeit. Allmählich entfernte ich mich vom Abgrund."

Sylvia Plath, die Dichterin, die 1962 Selbstmord beging, als sie Anfang 30 war, schrieb in einem ihrer letzten Gedichte „Lady Lazarus":

„Ich hab es wieder getan.
Alle 10 Jahre einmal schaffe ich es.
Eine Art wandelndes Wunder…
Ich bin erst dreißig.
Und wie eine Katze kann ich neunmal sterben.
Dies ist Nummer drei…"

Sylvia Plath hat als Kind mit Sicherheit depressive Phasen durchlebt, in denen sie zumindest mit dem Gedanken an Selbstmord spielte, wenn sie nicht sogar im Alter von 10 Jahren einen Suizidversuch unternommen hat.

(Philip Graham/Carol Hughes, Traurige Kinder verstehen, übers. von Luise Poustka, Beltz, Weinheim 1998, S. 21ff.)

Beschreiben und interpretieren Sie die Fallbeispiele vor dem Hintergrund Ihres bisher erworbenen Wissens.

Grundbegriffe und Grundthesen

Depression: Erscheinungsbild, Ursachen, Therapie

Das Krankheitsbild der Depression

Wie lässt sich eine Depression feststellen?

Test: Bin ich depressiv?

Eine Depression ist – besonders für den Laien – schwer zu beschreiben. Die Schwierigkeit liegt auch darin begründet, dass sie weder mit den Augen zu sehen noch mit dem Tastsinn zu spüren ist. Deshalb haben depressive Menschen oft Mühe, ihr momentanes Erleben in Worte zu fassen. Einfache Gefühlsqualitäten wie traurig und lustlos reichen meist nicht aus, um sich ihren Mitmenschen verständlich zu machen und die Depression von einem normalen Stimmungstief zu unterscheiden.
Um eine Depression zu erkennen, ist es hilfreich, sich folgende Fragen zu stellen:

- Kann ich mich noch freuen?
- Habe ich Mühe, mich zu konzentrieren?
- Fühle ich mich lustlos und ohne jegliches Interesse?
- Fällt es mir schwer, Entscheidungen zu treffen?
- Neige ich in letzter Zeit häufiger zum Grübeln?
- Fühle ich mich müde und energielos?
- Schlafe ich schlechter als früher?
- Habe ich keinen Appetit mehr?
- Habe ich keinen Spaß mehr, mit meinem Partner sexuell zusammen zu sein?
- Fühlt sich mein Körper kraftlos und schwer?
- Denke ich an Sterben und Tod?

Der Test kann jedoch immer nur Hinweise auf eine Depression liefern – keine Gewissheit. Erschrecken Sie also nicht, wenn Ihre Zustimmung zu den Aussagen sehr hoch ausfällt. In diesem Fall sollten Sie den Rat eines Experten suchen und sich gründlich untersuchen lassen. Denn je früher eine Depression erkannt wird, desto besser ist sie zu behandeln.

Was ist eine Depression?

Heike stöhnt über ihren Job. Die Arbeit mache sie „depressiv“. Die Nachrichten aus aller Welt findet Jochen „deprimierend“. Felix zieht sich jedes Mal auf sein „Wettertief“ zurück, wenn es in Strömen regnet. Steffen kommt morgens kaum aus dem Bett: „Morgendepression“! Und Karla „erlebt ihre schlimmste Depression“, seit sie sich von Michael getrennt hat. Sind diese Menschen alle depressiv?
Depressionen haben sich in unseren Wortschatz eingeschlichen, ohne dass wir genau wissen, was wir damit eigentlich meinen. Auch bei unpassenden Gelegenheiten sprechen wir von „Depressionen“.

Stimmungstiefs sind normal

Dabei befindet sich jeder hin und wieder in einem Stimmungstief. Wir reagieren verärgert auf einen verregneten Urlaub oder auf einen motzigen Chef. An trüben Tagen fühlen wir uns mut- und lustlos. Das sind normale Gefühlsschwankungen. Bliebe die Stimmung des Menschen immer gleich, wäre unser Leben eintönig und fad.
Auch Leid, Schmerz und Tod sind Erfahrungen, die zu unserem Leben gehören. Wir sind unglücklich, weil uns der Partner verlassen hat. Der Tod eines Angehörigen macht uns

traurig. Auch dies ist eine natürliche Reaktion. Manchmal fühlen wir uns auch grundlos niedergeschlagen. Doch wer eine Zeit lang trauert, bedrückt oder verstimmt ist, leidet noch nicht an einer Depression.

Trauer ist keine Depression

Gerade trauernde Menschen, die sich nach dem Tod ihres Partners eine Zeit lang in ihre Wohnung oder in sich selbst zurückziehen, werden häufig als „depressiv“ bezeichnet. Dabei ist Trauer nicht mit einer Depression zu verwechseln. Dazu ein klassisches Beispiel: Ein Depressiver wird in fröhlicher Runde noch depressiver. Ein trauriger Mensch ist dagegen ablenkbar. Denn im Gegensatz zu einem Trauernden können sich Depressive nicht mehr freuen. Dieser fühlt sich auch im Umgang mit anderen völlig hoffnungslos.

Depression: Krankhaft niedergedrückte Stimmung, die ohne Grund auftritt oder ungewöhnlich heftig ist oder auffallend lange anhält. Das Wort „deprimere“ stammt aus dem Lateinischen und bedeutet niederdrücken.

Mit Stimmungstiefs und leichtem Niedergedrücktsein wissen wir in der Regel umzugehen. Unsere schlechten Tage gehen vorbei, und wir erleben bald wieder auch gute Tage. Wenn die Stimmungstiefs aber nicht mehr abrücken, die schlechten Tage fast unerträglich scheinen, immer häufiger werden und länger als gewöhnlich andauern, dann sollten wir etwas dagegen unternehmen. Wir brauchen sogar Hilfe.

Verschiedene Schweregrade von Depressionen

Die Depression hat viele Gesichter. Ihre Erscheinungsformen, aber vor allem ihre Ursachen sind vielfältig. Eindeutige, sichere Antworten auf die Frage nach einer bestimmten Ursache gibt es kaum. Depressionen entstehen vielmehr durch ein Zusammenwirken verschiedener – biologischer, sozialer, persönlicher oder psychischer – Faktoren.
Viele Ärzte fragen daher nicht mehr nach Ursachen, sondern teilen Depressionen heute nur noch nach der Schwere der Erkrankung ein. Sie unterscheiden ausschließlich

- leichte
- mittelschwere und
- schwere

Depressionen, die mit und ohne Wahnvorstellungen oder körperliche Symptome auftreten können.

(Claudia Röttger, Depressionen – Stimmung in Moll, Frankfurt 1995, S. 7 ff. Die Autorin ist Apothekerin und will mit ihrem Buch Patienten aufklären und beraten.)

Unterschieden werden heute unterschiedliche Formen der Depression:

- Unipolare Depression – rein depressive Symptomatik
- Bipolare Depression – Wechsel von manischen (heiter-euphorischen) und depressiven Momenten
- Psychogene Depression – ausgelöst durch nachweisbare Anlässe und Faktoren, reaktiv – z. B. nach Schicksalsschlag, neurotisch – als Störung der psychischen Erlebnisverarbeitung.
- Endogene Depression – durchgehende affektive Herabgestimmtheit, die durch äußeren Einfluss kaum veränderbar ist und die sich bis zu Wahnvorstellungen steigern kann.

Unterscheiden kann man auch Depressionen nach besonderen Lebenslagen:

- Involutionsdepression, klimakterische Depression – treten bei körperlichen Umstellungsprozessen, etwa dem Klimakterium, auf

- Wochenbettdepression – in den ersten Wochen nach der Niederkunft, bedingt durch körperliche Umstellungsprozesse, Überforderungssituationen und Beziehungsstörungen
- Altersdepression – häufig auftretende Verstimmungen im hohen Alter, hervorgerufen auch durch Isolation, körperliche Einschränkungen, Verlust der Selbstständigkeit …
- Depression im Kindes- und Jugendalter – Minderwertigkeitsgefühle bis zu Suizidwünschen durch das Scheitern an altersspezifischen Entwicklungsaufgaben.

(Nach: Manfred Wolfersdorf, Depression. Verstehen und bewältigen, Springer, Berlin 1994, S. 51 ff.)

1. Beantworten Sie individuell die Fragen des Tests und tauschen Sie sich dann mit Ihrem Nachbarn aus.
2. Gibt es im Umfeld der Schule „depressionsfördernde Elemente"?
3. Erstellen Sie eine (nach oben offene?) Skala der Moll-Gefühle. An welchem Punkt Ihrer Skala beginnt der Krankheitsbereich Depression?

Daten zur Depression bei Kindern

Etwa zwei von 100 Kindern unter zwölf Jahren sind so depressiv, dass sie von der Behandlung eines Kinderpsychiaters profitieren würden. Weitere vier bis fünf von 100 Kindern dieser Altersgruppe zeigen deutliche Herabgestimmtheit, einige von ihnen könnte man als „am Rande der Depressivität" beschreiben. Der Anteil steigt mit dem Alter an, so dass ungefähr fünf von 100 Teenagern ernsthaft depressiv sind und etwa doppelt so viele unter erheblicher Belastung stehen. Diese Zahlen beziehen sich auf Kinder, die unter angemessenen sozialen Umständen in einer sicheren, geordneten Umgebung leben. In unsicheren Stadtbezirken mit einem hohen Anteil an zerbrochenen Familien, mit wenig Unterstützung durch die Gemeindeverwaltung und hoher Kriminalitätsrate in der unmittelbaren Umgebung, kann die Depressionsquote doppelt so hoch liegen. Ungefähr 6 von 100.000 Jungen im Alter zwischen 15 und 19 Jahren und etwa zwei von 100.000 Mädchen im selben Alter begehen jährlich Selbstmord. Der Anteil der 10- bis 14-Jährigen ist geringer, bei Kindern unter 10 Jahren kommt Selbstmord sehr selten vor. Selbstmordversuche dagegen sind sehr viel häufiger, besonders bei Mädchen. Von 100 Mädchen unternehmen nicht weniger als zwei oder drei irgendwann im Teenageralter einen Selbstmordversuch. Üblicherweise werden Tabletten eingenommen. Der Grad der Ernsthaftigkeit solcher Versuche schwankt sehr stark.
Diese Zahlen, die sich auf Depression und Selbstmord beziehen, bedeuten, dass in einer halbwegs ruhig gelegenen höheren Schule mit 1.000 Kindern etwa 50 in irgendeinem Jahr an einer Depression leiden. In einer Grundschule mit etwa 400 Kindern in einem Problembezirk werden etwa acht Kinder ernsthaft depressiv sein und doppelt so viele unter deutlichen Belastungen leiden. Eine große Anzahl anderer Kinder zeigt störendes (aggressives) Verhalten und hat Lernschwierigkeiten.

Unterschiede zwischen Mädchen und Jungen

Vor der Pubertät leiden Jungen und Mädchen etwa zu gleichen Teilen an der Depression. Nach der Pubertät steigt der Anteil der depressiven Mädchen an, so dass er im Alter zwischen 15 und 16 Jahren gegenüber den Jungen ungefähr doppelt so hoch ist. Dafür könnte es psychische, vielleicht auch hormonelle oder genetische Ursachen geben. Es ist jedoch wahrscheinlicher, dass Mädchen auf Belastungen sehr viel häufiger depressiv

reagieren, weil sie auf persönliche Bindungen sensibler reagieren oder in anderen Lebensbereichen emotional stärker engagiert sind.

(Philip Graham/Carol Hughes, Traurige Kinder verstehen, übers. von Luise Poustka, Beltz, Weinheim 1998, S. 55f.)

1. Beschreiben Sie die quantitative Bedeutung der Depression im Kindes- und Jugendalter.
2. Welche geschlechtsspezifischen und sozialen Unterschiede nennen die Autoren? Welche Rückschlüsse lässt dies zu?

Ursachen der Depression

Die Depression wird etwas global als *multifaktorielles Geschehen* bezeichnet, womit gemeint ist, dass viele Bedingungen an der Entstehung und der Auslösung sowie Aufrechterhaltung einer depressiven Erkrankung beteiligt sind. Spricht man von „Ursachen", der Ätiologie einer Erkrankung, meint man diejenigen Faktoren bei einem Menschen, die Grundvoraussetzung für die Entstehung der Erkrankung sind. In der Infektionslehre wäre dies zum Beispiel bei der echten Virusgrippe das Vorhandensein von Grippeviren, bei der Tuberkulose von entsprechenden Bakterien. Das Vorliegen von Ursachen bedeutet jedoch nicht, dass der Betroffene krank werden muss, er hat jedoch eine erhöhte Disposition, beim Vorhandensein zusätzlicher auslösender Faktoren zu erkranken (Abb. 2).

Psychologische Faktoren

Das tiefenpsychologische Modell der Entstehung einer Disposition zur Depression ist in der Abb. 3 dargestellt (Wolfersdorf 1992 a, b). Eine wichtige Rolle spielen dabei frühkindliche Erfahrungen, vor allem in der Beziehung zur Mutter bzw. zu der frühen Bezugsperson.

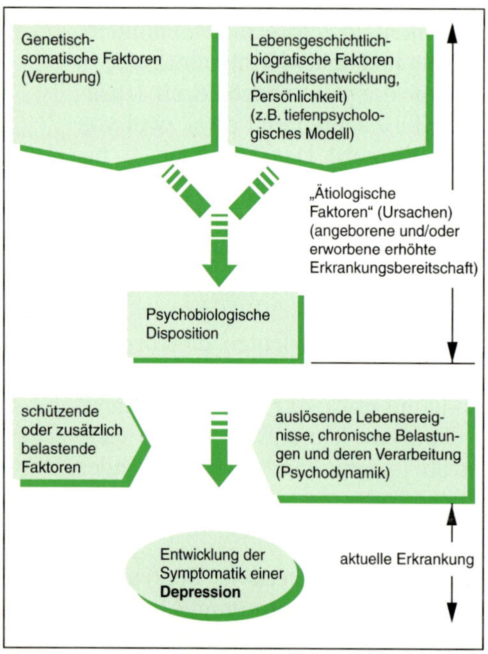

Abb. 2. Psychobiologisches Modell der Depressionsentstehung (Ursachen, Auslösung) [...]

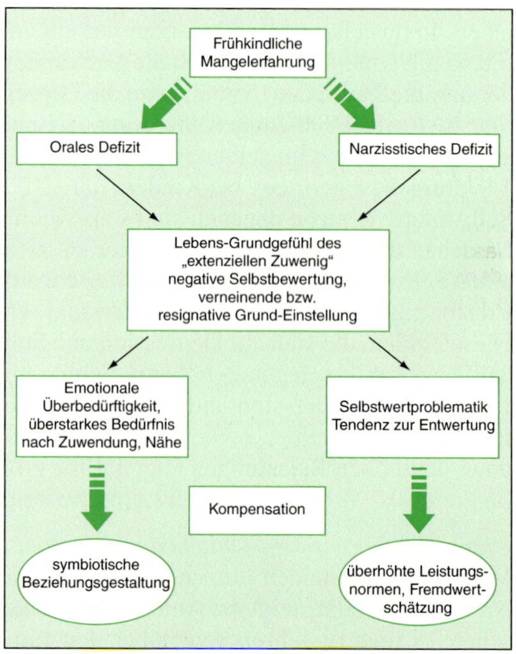

Abb. 3. Tiefenpsychologisches Modell der Entstehung einer Disposition zur Depression [...]

Biologische Faktoren

Ein *neurobiochemisches* Modell der Depressionsverursachung ist in Abb. 4 skizziert. Hier kommt den Neurotransmittern im zentralen Nervensystem (Gehirn, vor allem Zwischenhirn) eine besondere Bedeutung zu. Am besten erforscht ist dabei die Rolle von Serotonin und Noradrenalin. Wie alle Neurotransmitter dienen sie der Informationsübertragung innerhalb des Nervensystems. Zahlreiche Untersuchungen haben gezeigt, dass bei Depressionskranken ein Noradrenalin- und Serotoninmangel besteht. Die medikamentöse Depressionstherapie zielt deshalb darauf ab, diesen Mangel zu beheben.

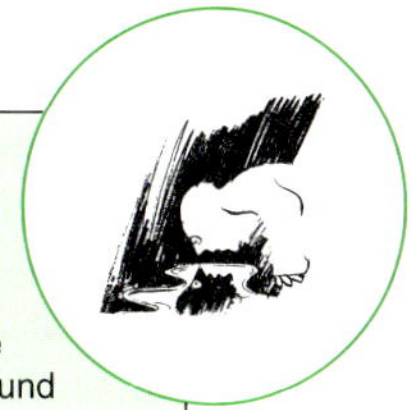

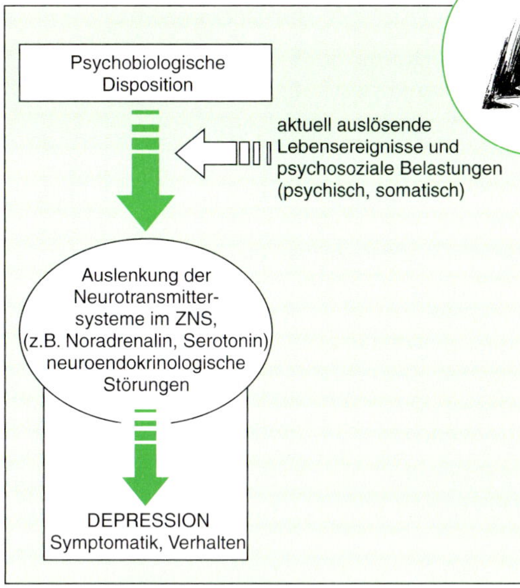

Abb. 4. Neurobiochemisches Modell der Depressionsursachen und -auslösung

Man kann zusammenfassen, dass bei der Entstehung einer Depression sowohl genetisch-biologische als auch lebensgeschichtlich-biografische Faktoren eine Rolle spielen. Sie führen zu einer erhöhten Erkrankungsbereitschaft bei entsprechenden auslösenden Lebensereignissen und/oder chronischen Belastungen.

(Manfred Wolfersdorf, Depression. Verstehen und bewältigen, Berlin 1994, S. 38 ff.; der Autor leitet die Depressionsabteilung eines psychiatrischen Landeskrankenhauses und lehrt an der Universität Ulm.)

1. Erläutern Sie die unterschiedlichen Komponenten in dem multifaktoriellen Zusammenhang.
2. Schlagen Sie im Kapitel zur Psychoanalyse (S. 61ff.) nach und erläutern Sie im Anschluss daran die möglichen einer Depression zugrunde liegenden frühkindlichen Defizite.
3. Welche Rolle chemische Prozesse, genetische Faktoren und konkrete Lebensbedingungen für Ursachenanalyse und Therapie spielen, wird weiterhin sehr kontrovers diskutiert. So wird in der März-Ausgabe 1999 der Zeitschrift ‚Psychologie' die These vertreten, dass die Wirkung von Antidepressiva auf Placebo-Effekten beruhe (man also genauso gut ein Scheinpräparat nehmen könne). Der Psychiater Prof. Dr. Jörg Aldenhoff geht davon aus, dass sowohl psychosoziale Faktoren wie auch genetisch-körperliche Faktoren „biologische Narben" entstehen lassen, die Menschen für Depressionen anfällig werden lassen (vgl. Klaus Wilhelm, Das depressive Gehirn, in: Psychologie heute 3/99, S. 26ff.).
   Erläutern Sie das Wechselspiel von körperlichen und sozialen Faktoren mit Hilfe der Grafiken auf den Seiten 132/133.
4. Welche Faktoren können aus einer Stimmung der Traurigkeit eine Depression werden lassen? Welche Faktoren können diesen Prozess wieder umkehrbar machen?

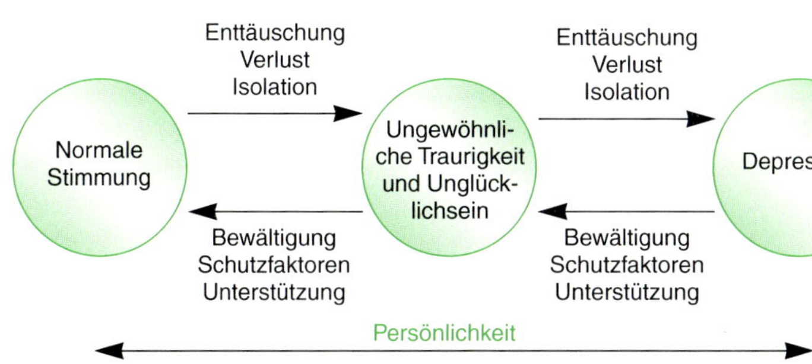

(Philip Graham/Carol Hughes, Traurige Kinder verstehen, übers. von Luise Poustka, Beltz, Weinheim 1998, S. 75)

Therapie der Depression

Bei den heutigen klinischen Therapieformen in der ambulanten und klinischen Psychiatrie und Psychotherapie unterscheidet man zwischen

- biologisch-körperbezogenen,
- psychotherapeutischen und
- soziotherapeutisch-systemischen Maßnahmen (Tabelle 5).

Tabelle 5: Übersicht über die Therapieformen in der Depressionsbehandlung

Zeitlich	Akutbehandlung, Rückfall- bzw. Verschlechterungsprophylaxe, Langzeittherapie
Ort	ambulant (z. B. Hausarzt; Psychiater, Psychologe) stationär (psychiatrische Abteilung, Klinik, Depressionsstation)
Biologische Therapien	– Psychopharmaka (Antidepressiva) – Lithium-Prophylaxe, Carbamazepin – Schlafentzug (sog. Wachtherapie) – Lichttherapie
Psychotherapie	– Tiefenpsychologische Kurz-, Fokaltherapien, seltener klassische Psychoanalyse – kognitive Verhaltenstherapie – Familientherapie, Angehörigenarbeit
Systematische Therapie	– Angehörigenarbeit – Sozialarbeit – Arbeitsplatz, auf die Lebenssituation bezogene Arbeit
Ergänzende Therapieformen	– Ergotherapie, Kunsttherapie – Musiktherapie – Bewegungstherapie – Entspannungsmethoden – Massagen, Sport […]

Helfender Umgang mit Depressiven

Wesentlicher Bestandteil jeglicher Interaktion zwischen einem Therapeuten (Arzt, Psychologe) und einem Patienten ist das *Gespräch* (Abb. 7). Es dient der Kontaktaufnahme, der Erhebung der Krankengeschichte, der Erklärung von Untersuchungsmaßnahmen und der Erläuterung der Diagnose sowie schließlich dem Entwurf und dem Angebot von Behandlungsmaßnahmen. Dabei haben Ärzte gegenüber psychologischen Therapeuten, die ihre Patienten nicht körperlich untersuchen dürfen, den Vorteil, bereits über diese Schiene einen Kontakt herzustellen. Die körperliche (internistisch-neurologische) Untersuchung erleichtert häufig den Zugang zur *Frage nach der seelischen Befindlichkeit.* […]

Was sind, wie wirken Antidepressiva?

Sicherlich ist es schwierig für den einzelnen depressiv Kranken, den Einfluss von Medikamenten, hier von Antidepressiva, auf seine Symptomatik zu beschreiben, denn dies würde eine distanzierte Beobachtung voraussetzen, die in der depressiven Einengung

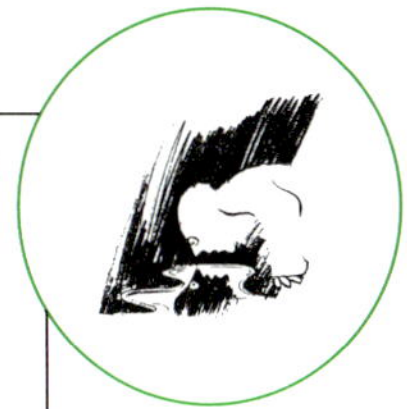

kaum möglich ist. Dies ist erst am Ende einer Behandlung oder in einem etwas gebesserten Zustand möglich. Ärzte sollten nicht nur nach den Nebenwirkungen fragen, sondern auch danach, wie Patienten diese eingenommene chemische Substanz für sich selber, hinsichtlich ihres Krankheitskonzeptes, ihres Bewältigungskonzeptes von Krankheit, hinsichtlich ihres Erlebens von Wirkung beurteilen. Denn in dem Moment, in dem ein Patient ein Antidepressivum zur Behandlung seiner Erkrankung einnimmt, akzeptiert er auch ein somatisches Krankheitskonzept, sozusagen die biologische Seite seiner Depression, die ja, in Worte übersetzt, lauten kann: „Ich habe eine Depression, und diese wird behandelt". Der psychotherapeutische Ansatz wäre dagegen ein anderer, er würde die Einsicht beinhalten: „Ich bin depressiv aus bestimmten Gründen, die in meinem Denken, meinem Verhalten, meiner Lebensgeschichte liegen", und die Psychotherapie würde dann eher auf die Entwicklung von Erkenntnis, auf die Stärkung von eigenen Veränderungsmöglichkeiten und Eigenverantwortlichkeit des Patienten abheben. Beide Konzepte, das Sichbehandelnlassen mit Medikamenten und das aktive Nachdenken als eigenverantwortliche Leistung, sollen sich in der Therapie ergänzen.

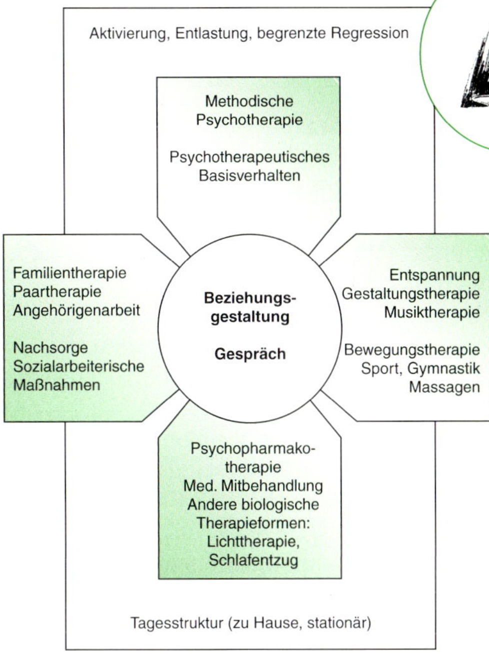

Abb. 7. Schematische Darstellung antidepressiver Therapie

In der Behandlung psychischer Störungen werden heute so genannte Psychopharmaka eingesetzt.

- Unter Psychopharmaka versteht man Medikamente, die auf die Psyche, die seelische Befindlichkeit einwirken, und zwar auf dem Wege über die Beeinflussung der Erregungsbildung und Informationsübertragung an den Neuronen des zentralen Nervensystems, hier des Gehirns.

(Manfred Wolfersdorf, Depression. Verstehen und bewältigen, Berlin 1994, S. 64ff. [Auszüge])

Genau wie man heute von einem multikausalen Erklärungszusammenhang ausgeht, werden unterschiedliche Therapieformen und Therapieelemente individuell auf den einzelnen Patienten abgestimmt.

1. Die einzelnen Therapieformen können hier im Detail nicht vorgestellt werden. Da es viele „Therapieführer" auf dem Büchermarkt gibt, können Sie sich in der Stadtbücherei arbeitsteilig das nötige Wissen beschaffen.
2. Informieren Sie sich im Kapitel zur systemischen Sichtweise (S. 152ff.) über therapeutische Strategien und versuchen Sie diese auf die Krankheit Depression zu beziehen.
3. Welche Rolle sollten Medikamente in der Therapie spielen?
4. In Amerika wird ein Psychopharmakon frei auf dem Markt angeboten, welches für ein (zumindest während der Einnahme) andauerndes Hochgefühl sorgt. Wäre dies nicht ein Weg, depressive Stimmungen grundsätzlich auszuschalten?

Kindertherapie

Was geschieht in der Kindertherapie?

Psychotherapie findet in einem persönlichen Raum statt – immer derselbe Raum mit demselben Spielzeug und denselben Möbeln. Der Therapeut und das Kind treffen aufeinander. Das Kind kann durch Spiele oder Zeichnungen dazu ermutigt werden, sich auszudrücken. Besonders bei älteren Kindern findet jedoch die Behandlung hauptsächlich in Form von Gesprächen statt.

Die folgenden zwei Beispiele zeigen, wie zwei depressive Jungen ziemlich unterschiedlich auf die Entwicklung einer Diabetes reagiert haben. Beide Jungen wehren sich gegen die Behandlung und weigerten sich, an der Planung einer Diät beziehungsweise Insulin-Kur teilzunehmen. Beide zogen sich in sich zurück, und ihre schulischen Leistungen wurden immer schlechter.

Stefan war ausschließlich an Sport interessiert, sowohl was die Ausübung selbst als auch das Zusehen betraf. Seine ständigen sportlichen Aktivitäten verursachten andererseits bei der Kontrolle seiner Diabetes Probleme. Während der Psychotherapie stellte sich heraus, dass er große Ängste hatte, die Kontrolle über seinen Körper zu verlieren. Er hatte das Gefühl, dass all die Injektionen die Fähigkeit seines Körpers beschädigten, ihn „zusammenzuhalten", so als würde seine Haut überall durchlöchert und könne ihn dadurch nicht mehr in sich festhalten.

Daniel hatte ganz andere Sorgen. Er war vorrangig darüber beunruhigt, „anders" zu sein. Er konnte sich nicht vorstellen, zu einem aktiven und leistungsstarken Mann heranzuwachsen, weil er sich doch von seinem gesunden Vater so völlig unterschied.

Als diese Punkte einmal entdeckt und in der Therapie angesprochen wurden, waren beide Jungen in der Lage, sich an der Kontrolle ihrer Diabetes zu beteiligen, und konnten auf diese Weise zu einem normalen Leben zurückkehren.

Psychotherapie ist für jene Kinder hilfreich, deren emotionale Entwicklung verzögert oder auf irgendeine Weise stecken geblieben ist. Veränderungen innerhalb der Familie oder die Beseitigung von Problemen, die auf ihnen lasten, ist für manche Kinder keine ausreichende Hilfe, um mit ihren komplexen Gefühlen fertig zu werden. Die Psychotherapie konzentriert sich auf die Hoffnungslosigkeit und auf die Verzweiflung, die ein depressives Kind empfindet. Gemeinsam mit dem Kind versucht der Therapeut zu verstehen, was passiert, wenn es depressiv ist. Die Psychotherapie beschäftigt sich jedoch nicht nur mit problematischen Anteilen, sondern mit der gesamten Persönlichkeit des Kindes und seinen Bewältigungsstrategien.

Mit Hilfe von Spielen, Zeichnungen oder durch das Gespräch wird ein depressives Kind schrittweise eine Beziehung zu seinem Therapeuten entwickeln. Auf diese Weise erkunden der Therapeut und das Kind gemeinsam, wie es mit dem Leben fertig wird. Der Psychotherapeut wird dem Kind helfen, Verständnis für die eigenen Gefühle zu entwickeln und zu begreifen, auf welche Weise diese Gefühle Verhalten und Beziehungen beeinflussen. Dazu gehört vielleicht auch herauszufinden, wie frühere Erfahrungen und Beziehungen darauf einwirken, wie das Kind jetzt zurechtkommt. Der Therapeut wird indes keine fertigen Lösungen für die Schwierigkeiten des Kindes vorschlagen wollen, weil es für das Kind besser ist, über seine eigenen Fähigkeiten nachzudenken und Alternativen zu finden, die es stärken, als vom Therapeuten abhängig zu sein. Psychotherapie ist ein allmählicher Prozess, der Kindern erlaubt, ihre Depression zu erforschen. Der Therapeut respektiert, was das Kind durchmacht; dieses Einfühlungsvermögen und die Möglichkeit, Gefühle zum Ausdruck zu bringen, schafft Erleichterung. Er versetzt das Kind in die Lage, sich psychologisch weiterzuentwickeln, um neue Stärken und Fähigkeiten bei sich zu entdecken, die ihm helfen, mit Problemen zurechtzukommen.

Im Verlauf der Therapie werden Kinder erwartungsgemäß dem Therapeuten gegenüber eine ganze Reihe von Gefühlen erleben und durchmachen, was heilsam ist. Manchmal wollen die Kinder deswegen eine Therapie abbrechen. Für ihre Eltern kann es dann schwer werden, sie weiterhin zur Therapiestunde zu bringen, und sie werden selbst Ermutigung brauchen, um dem Kind zu helfen, die Therapie weiter fortzusetzen und seine negativen Gefühle auszudrücken. Bei der Depression ist es besonders wichtig, dass aufkeimende Gefühle von Zorn oder Aggressivität zur Sprache gebracht werden. Es ist eine Erleichterung für das Kind, wenn es entdeckt, dass diese negativen Gefühle ausgesprochen und toleriert werden können. Üblicherweise schreiben Therapeuten den Kindern nicht vor, was sie tun oder wie sie sich ausdrücken sollen. Oft werden sie abwarten, was das Kind zur Sprache bringt. Psychotherapeuten glauben, dass sie sich auf diese Weise mit dem Anliegen des Kindes befassen und dem Kind nicht ihr Programm aufzwängen. Die Kinder haben die Freiheit zu spielen, zu zeichnen, zu sprechen oder zu malen, wie sie Lust haben. Der Therapeut schließt sich dabei ihrer Art der Kommunikation an. Unter diesen Umständen erwartet man, dass wichtige Gefühle an die Oberfläche dringen und das man dem Kind helfen kann, sie zu verstehen. Dieser Vorgang selbst wird zu Verbesserungen führen.

(Philip Graham/Carol Hughes, Traurige Kinder verstehen, übers. von Luise Poustka, Beltz, Weinheim 1998, S. 100ff.)

1. Was unterscheidet die Kindertherapie von der therapeutischen Arbeit mit Erwachsenen?
2. Welche psychoanalytischen und systemischen Elemente erkennen Sie in dem hier beschriebenen Ansatz?

Welchen Sinn macht Depression?

Diesen Titel gibt ein Depressionsexperte seinem neuesten Buch. Versuchen Sie diese Frage zunächst selbst auf der Basis Ihres Vorwissens zu beantworten.
Wie lassen sich die hier abgedruckten Zeichnungen einer Depressionspatientin interpretieren? Versuchen Sie zunächst eine eigene Interpretation. Auf der nächsten Seite finden Sie Erklärungen aus der Sicht des Therapeuten.

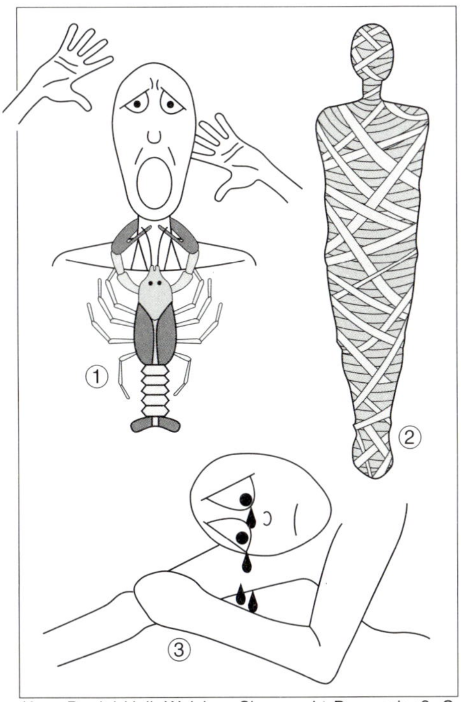

(Aus: Daniel Hell, Welchen Sinn macht Depression?, S. 267; Copyright © 1992 by Rowohlt Verlag GmbH, Reinbek)

Veränderte Fragestellungen

Gewöhnlich versuchen Depressionsforscher Antwort auf die Frage zu geben, *warum* eine depressive Erkrankung eintritt. Mit dieser „kausalen“ (auf die Ursachen bezogenen) Art der Fragestellung wird jedoch das Untersuchungsfeld – und damit auch die Zahl und Art der möglichen Antworten – bereits eingeschränkt. Ich möchte deshalb auch noch einer anderen Frage Raum geben: der Frage

„Wozu“, „zu welchem Ziele?“, die im Laufe der letzten Jahrzehnte wissenschaftlich dank der Kybernetik wieder mehr Bedeutung gewonnen hat. Dies ist aber auch die Frage, die einen Roman spannend macht: Wohin führt die Handlung? Wozu tut der Held das? Diese auf das Ziel gerichtete („finale“) Frage ist es, die auch unseren Alltag zumeist leitet: Wozu muss ich um acht Uhr aufstehen? Damit ich um Punkt neun Uhr im Geschäft bin. Rein kausale Fragestellungen würden unser Leben praktisch nicht führbar machen. Wie soll ich denn kausal erklären, dass ich um acht Uhr aufstehen muss, obwohl ich noch müde bin und das Bett so kuschelig warm ist?

Der Vorteil einer um das „Wozu?“ erweiterten Fragestellung liegt auch wissenschaftlich darin, dass sich neue Antwortmöglichkeiten ergeben. Diese können wiederum zu neuen Sichtweisen und praktikableren Handlungsanweisungen führen. Solange eine Depression ausschließlich als pathologische Folge schädlicher Kindheitsverhältnisse, als Wirkung einer belastenden Lebens- und Beziehungssituation oder als Konsequenz einer biologischen Stoffwechselstörung betrachtet wird, werden nur Warum-Fragen beantwortet. Infolgedessen wird die Depression als Endglied einer kürzeren oder längeren Kausalkette gesehen. Erst die Frage nach der Botschaft, die eine Depression ebenfalls enthält, oder die Frage, wie denn der betroffene Mensch in der belastenden Lebenssituation ohne Depression zurechtkommen könnte, führt über das gewohnte Denkschema einer ausschließlich kausal gesehenen Welt hinaus.

Diese über das „Warum?“ hinausführende Frage- und Sichtweise ist in der Psychiatrie und Psychotherapie nicht prinzipiell neu. Doch sind Wozu-Fragen lange Zeit von älteren Therapeuten eher intuitiv als systematisch angewandt worden.

So hat zum Beispiel C. G. Jung ein großartiges „finales“ Bild geprägt, um die Depression zu beschreiben. Sie gleiche, sagte er, einer schwarz gekleideten alten Dame. Wenn diese „Frau in Schwarz“ auftauche, solle man sie nicht vertreiben, sondern im Gegenteil als Gast zu Tisch bitten und hören, was sie zu sagen habe. Ein anderer führender Psychotherapeut, Victor Emil Freiherr von Gebsattel, empfiehlt, sich auf die Depression einzulassen und dem Patienten gewissermaßen Mut zur Depression zu machen: „Nicht ist hier die Not dem Notleidenden auszureden, sondern umgekehrt: Aufgestellt muss sie werden rings um ihn, wie ein Spiegel seines in die Irre der Lebensflucht ausgewichenen Daseins.“

(Daniel Hell, Welchen Sinn macht Depression? Ein integrativer Ansatz, Rowohlt, Reinbek 1994, S. 15 f., 207; der Autor ist ärztlicher Direktor der Psychiatrischen Klinik Zürich)

1. Welche Antwort gibt der Autor auf seine Frage: Welchen Sinn macht Depression?
2. Wie sehen systemische Therapeuten die Funktion eines Symptoms (s. Wabe „Im Netz von Beziehungen“, S. 152ff.)?
3. Daniel Hell erklärt die Zeichnungssequenz einer depressiven Frau (S. 137) wie folgt:
   Mit Beginn der Depression fühlt sich die Patientin in einer Alarmphase existenziell bedroht①. Mit zunehmender depressiver Erstarrung empfindet sie sich handlungsunfähig②. Bei Aufhellung der Depression löst sich die Erstarrung in Trauer und Tränen③.
   Vergleichen Sie Ihre Interpretation mit den Angaben von Daniel Hell. Wenn Sie z. B. die dritte Zeichnung anders interpretiert haben, diskutieren Sie im Kurs über die möglichen Gründe dafür.

Wie soll man sich depressiven Menschen gegenüber verhalten?

– Die negativen Empfindungen des Depressiven (z. B. Klagen über Unlust, körperliche Beschwerden, Schlaflosigkeit) nicht bagatellisieren, wegdeuten oder ausreden. Kein platter Trost oder triviale Aufmunterungen. Keine weiteren Aufheiterungsmanöver, wenn erste Versuche nichts fruchten.

- Die momentane Hoffnungslosigkeit des Depressiven als ein Zeichen des depressiven Zustands nehmen, realistisch Hoffnung auf ein Ende der Depression geben.
- Nicht an den Willen appellieren. Nicht sagen, der Depressive solle sich zusammennehmen; er könne schon, wenn er nur wolle. Ihn hingegen spüren lassen, dass er kein Versager ist, dass er nicht einfach an seiner gegenwärtigen Befindlichkeit Schuld hat.
- Nicht an Tugenden wie Glaube oder Verantwortung appellieren.
- Dem schwer Depressiven Entscheidungen abnehmen, wenn sie ihm qualvoll sind. Ruhige, bestimmte, sichere Führung. Allenfalls selber Arztbesuche organisieren und ihn dorthin begleiten.
- Keinesfalls lebenswichtige Entscheidungen während der depressiven Episode treffen lassen, wie z. B. Berufswechsel, Scheidung, Kinder bekommen etc.
- Nur relative Entlastung im Beziehungs- und Berufsbereich (außer bei schweren Depressionen). Keine einschneidende Veränderung der bisherigen Lebensgewohnheiten. Bei deutlich ausgeprägter Depression nicht in die Ferien gehen.
- Einfühlendes Verständnis zeigen, wenn der Depressive Schwierigkeiten hat, etwas zu tun; ihn jedoch darin unterstützen, dass er eigene und realistisch angesetzte Aufgaben durchführt. Den Depressiven auf alles, was ihm gelungen ist, aufmerksam machen – ohne triumphierenden Ton.
- Auf eine regelmäßige, rhythmische Gliederung des Tagesablaufs achten (aufstehen, arbeiten, essen, zu Bett gehen), die auch an Fest- und Feiertagen beibehalten werden sollte.
- Den Depressiven unterstützen, dass er am Morgen nicht regelmäßig im Bett liegen bleibt, sich am Abend nicht zu früh ins Bett zurückzieht und sich während des Tages nicht völlig isoliert.
- Verständnis dafür zeigen, dass sexuelle Gefühle während der Depression schwinden oder verloren gehen.
- Selbstständige Körperpflege unterstützen.
- Sich im Umgang mit Depressiven nicht entmutigen lassen, z. B. wenn man spürt, dass der Depressive auf alles nur negativ reagiert und alles abwertet. Beziehung nicht verdünnen oder gar abbrechen, wenn die verbale Verständigung stockt.
- Vorgespielte Fröhlichkeit, Umtriebigkeit, dralle Aktivität im Zusammensein mit Depressiven meiden.
- Äußerungen vermeiden, die den Depressiven lächerlich machen könnten, die bei ihm Schuldgefühle wecken oder die ihn bloßstellen. Keine Vorwürfe oder Vorhaltungen. Daran denken, dass er sehr empfindlich und verletzbar ist und leicht heraushört, er sei nichtswürdig und unwert.
- Vorsicht mit Ironie, Sarkasmus und sog. harmlosen Scherzen. Der Sinn für Humor geht in der Depression oft verloren.
- Nicht auf das Grübeln über vergangene Ereignisse eingehen. Während einer schweren depressiven Phase nicht nach Anlässen und Gründen für die Verstimmung forschen. Möglichst in der Gegenwart, beim aktuellen Empfinden bleiben.
- Wenn der Depressive weinen kann (was viele Depressive nicht können), fördern, dass er sich ausweint. Die Tendenz, dass er immer Selbstbeherrschung von sich verlangt, nicht unterstützen.
- Bei nicht zu schweren Depressionen evtl. die Atmung anregen (Atemtherapie, Schwimmen, Leibtherapie). Evtl. spezifische Massage, z. B. Nacken, Bauch.
- Kreativen Selbstausdruck (Malen, Musik, Tanz) erst dann und nur dann fördern, wenn der Depressive selbst danach Verlangen hat.

(Daniel Hell, Welchen Sinn macht Depression? Ein integrativer Ansatz, Rowohlt, Reinbek 1994, S. 267)

1. Diese Hinweise gelten für Partner von stark an Depression erkrankten Patienten.
Welche Aspekte könnten für depressive Vorformen übernommen werden? Vielleicht haben Sie eigene Vorschläge zum Umgang mit depressionsgefährdeten Mitschülerinnen und Mitschülern.
2. Welche Konsequenzen kann man allgemein für die Beziehungsgestaltung in der Schule und für Depressionsprophylaxe in der Institution Schule ziehen?

Vertiefung

Ein neues psychiatrisches Selbstverständnis

Klaus Dörner und Ursula Plog skizzieren eine neue therapeutische Sichtweise im Umgang mit Depressiven:

Annäherung von innen (Grundhaltung der Begegnung)

Jedem psychiatrischen Problem liegt zugrunde, dass ein Mensch und seine Angehörigen/Bezugspartner Gefühle von Angst, Schmerz, Verunsicherung, die ein gemeinsames Lebensproblem signalisieren, nicht nutzen, sondern abwehren. Daher haben wir psychiatrisch Tätigen so zu handeln, dass der Mensch und seine Angehörigen wieder genug Selbstvertrauen finden, sich der Angst von innen zu nähern, um das zugrunde liegende Lebensproblem zu verstehen und zu lösen. Das ist die Grundlage für jede Hilfs- und Veränderungsaktion. Wir haben uns also in die Begegnung mit dem Betroffenen und seinen Angehörigen hineinzubegeben. Dabei muss uns klar sein, dass es sich um eine Be-Gegnung von Gegnern handelt, beide Seiten mit Sicherheit anfangs Unterschiedliches wollen. Damit wir zu uns, der Patient zu sich und die Angehörigen zu sich kommen, damit an die Stelle der verclinchten Beziehung wieder Begegnungsspannung tritt, müssen wir eine dafür geeignete Grundhaltung entwickeln. [...]

Selbstwahrnehmung der eigenen depressiven Möglichkeiten

Beim Einfühlen (Empathie) in einen Anderen kann ich mich leicht verlieren. „Schrecklich, wie schlecht es Ihnen geht.“ Einfühlen geht gar nicht, kann vielmehr nur heißen, dass beide zugleich sich in sich selbst einfühlen. Wie geht das?

Übung, dringend zu empfehlen: Bitten Sie eine Gruppe von Freunden oder Team-Kollegen, jeder solle beschreiben, wie er sich depressiv fühlt. Die Vollständigkeit des Gruppen-Ergebnisses wird Sie überraschen.

Beispiele: „Das Gefühl, dass mir alles misslingt, was ich anfasse, dass ich alle Menschen schädige, die mit mir in Berührung kommen, besetzt mich zwar nur manchmal; aber ich weiß, dass es eine Grundstimmung ist, die tief in meinem Inneren mein ganzes Leben begleiten wird.“ – „Ich bin gelähmt und leer, wenn ich einen Schritt, z. B. zu mehr Unabhängigkeit, tun möchte, ihn mir aber verbiete, weil mein Wunsch nach Abhängigkeit, Geborgenheit gleich stark ist. Ich rede mir dann ein: Ich verzichte um des lieben Friedens meines Partners willen.“ – „Solange ich mich mit meinem Partner offen auseinander setze, spüre ich Angst. Vermeide ich sie, ziehe mich ins Bett zurück, bin ich wütend, fühle mich schuldig, bin gehemmt; aber die Angst ist dann weg.“ – „Manchmal fühle ich mich grundlos niedergeschlagen, auch körperlich schlecht. Den Grund dafür kann ich erst wahrnehmen, wenn es mir wieder besser geht.“ – „Ich spüre, dass ich nicht mehr kann. Will ich mich entsprechend fallen lassen, wird meine Leistungserwartung immer stärker („das darfst du nicht“) und treibt mich auswegslos in noch größere Unfähigkeit hinein.“ – „Ich kenne von mir, dass ich in der Auseinandersetzung mit jemandem auch durch Hilflosigkeit, Langsamkeit oder Schwäche den Anderen niederschlagen und Sieger bleiben kann.“ – „Ich kann meinen Freund auch so kontrollieren: Ich sitze für jeden sichtbar deprimiert, kummervoll herum. Der Freund fragt: ‚Was ist?‘ Ich antworte: ‚Nichts!‘

Diese *„Suchhaltung bei mir selbst“* erweitert die Chance jeder Begegnung mehrfach:

a) Früher wollten Psychiater den Patienten (= Objekt) besser verstehen. Unser Ziel sollte vielmehr sein, dass der Patient (= Subjekt) sich selbst besser versteht – auf dem Umweg über mich: Ich zeige in meiner Suchhaltung, dass ich durch Begegnung und Austausch mit dem Patienten mich besser verstehe und dadurch er auch sich. Ich suche in mir, nicht in ihm: nur dadurch kann eine Subjekt-Subjekt-Beziehung entstehen. Ich teile ihm mit Wort und Haltung mit: „Dich verstehen geht gar nicht, denn ich kann nicht an deine Stelle treten. Du bleibst für dich, mir fremd. Nähe entsteht nur über Abstand. Aber deinen depressiven Selbsthilfeversuch kenne ich von mir, nicht im Ausmaß oder in der Qualität. Ich kann die Erfahrung mit dir teilen. Du musst mit ihr nicht mehr total isoliert sein. Es gibt Gemeinsames zwischen uns.“ Übrigens: „Ich verstehe dich“ heißt vom Wortsinn her präzise: „Ich verstehe *mich* auf dich“. Das tritt an die Stelle des objektivierenden, besitzergreifenden Anspruchs, einen Anderen überhaupt verstehen zu wollen. – Ich kann einem Patienten eine eigene depressive Erfahrung mitteilen. Noch besser ist es, Bilder auszuprobieren, die der Andere als für seinen Zustand zutreffend annehmen oder ablehnen kann und die die Erfahrung mitteilbar machen.

Beispiel: „Ich bin so depressiv, alles ist sinnlos.“ Antwort: „Ihre Trauer und Verzweiflung ist uferlos, und Sie haben keinen Strohhalm, an den Sie sich klammern können.“

Merke: Gefühle können wir überhaupt nur in Bildern sprachlich ausdrücken.

b) Die Suchhaltung erhält mir meine Handlungsfähigkeit, da sie ausschließt, dass ich von der Hoffnungslosigkeit einer depressiven Situation weggeschwemmt werde.

c) Die Suchhaltung bei mir selbst wird zwangsläufig zum Modell für den Patienten: Meine ihm wahrnehmbare Haltung steckt ihn unmerklich an, verführt ihn. Statt, wie bisher, mich mit seinen endlosen Hilfserwartungen zu lähmen, kann sich meine auch für mich schmerzliche Zurückweisung, dass ich ihn nicht verstehen kann, allmählich auszahlen: Von mir angesteckt beginnt er, auch bei sich selbst zu suchen, sich zu fragen, sich wahrzunehmen, sich zu diagnostizieren. Damit tut er, wozu er seit langem den Mut verloren hatte, was unvereinbar mit seiner Depression ist. Er hofft nicht mehr hoffnungslos nur auf Hilfe von Anderen, sondern beginnt, auf Hilfe von sich selbst zu hoffen. Es entsteht eine gemeinsame Arbeitsatmosphäre, in der jeder bei sich selbst sucht. Zurückweisung von etwas, was nicht geht (direktes Verstehen oder Helfen), ist nicht Ablehnung, sondern Voraussetzung für Annahme. Es entsteht eine Begegnungsstruktur: Ich bin ich, und du bist du.

d) Die Suchhaltung bei mir selbst schützt auch die Handlungsfreiheit des Patienten: Sie schützt ihn vor mir, nämlich vor meinem Aktivismus in Worten und Werken. Denn mit der Suchhaltung drücke ich aus: „Innerhalb unserer Begegnung bleibst du ein Anderer, Gegenüber, Gegner. Daher kann ich nicht etwas für dich tun oder dich für dich verstehen. Ich will dir auch nicht meine theoretische Erklärung über deinen Kopf stülpen; denn sie gilt für mich und nicht für dich. Meine Suchhaltung bei mir ist Ausdruck meiner Solidarität mit dir. Sie kann dich ermutigen, dass du tiefer in dir suchst, als du dich allein bisher getraut hast, weil das so schmerzlich ist; dass du nicht stehen bleibst; dich nach dem Sinn deines Depressiv-Sein fragst; dich fragst, welches Lebensproblem du mit dem Depressiv-Sein lösen bzw. verdecken wolltest.“ Diesen Prozess kann ich etwa mit fol-

genden Äußerungen fördern: „Wie kommt es, dass das, was Sie gerade sagen, mir Angst macht?“ – „Die Trauer, die Sie gerade äußern, möchte ich gern noch tiefer verstehen; können Sie sie noch genauer (mal anders) ausdrücken?“ – „Ich frage mich (nicht: Ich frage Sie), was Ihnen das Gefühl X bedeutet.“ – „Ich frage mich, wie stark Ihr Wunsch nach Unabhängigkeit eigentlich ist; ist er wie …“, und dann biete ich immer umfassendere Bilder an, bis der Patient sich selbst einschätzt und mich korrigiert: „Das eine Bild trifft zu, das andere ist übertrieben.“ Das Gemeinsame an diesen Äußerungen ist das Bemühen, die Suchhaltung, die Selbstwahrnehmung immer wieder auf die Seite des Patienten hinüberzuspielen.

(Klaus Dörner/Ursula Plog, Irren ist menschlich. Lehrbuch der Psychiatrie/Psychotherapie, Bonn 1996, S. 200ff.)

1. Welches Bild der psychischen Krankheit Depression haben die Autoren? Rufen Sie sich die Definition von psychischer Krankheit von Dörner/Plog aus der Einleitung in Erinnerung.
2. Welche Rollen haben in diesem therapeutischen Konzept Patient, Therapeut und Angehörige?
3. Lässt sich dieses therapeutische Selbstverständnis auch auf pädagogische Handlungssituationen übertragen?

Gesundheitswissenschaftliche Ansätze in der Sozialisationsforschung

Ein Bedingungsgefüge für Gesundheitsbeeinträchtigungen und Verhaltensauffälligkeiten

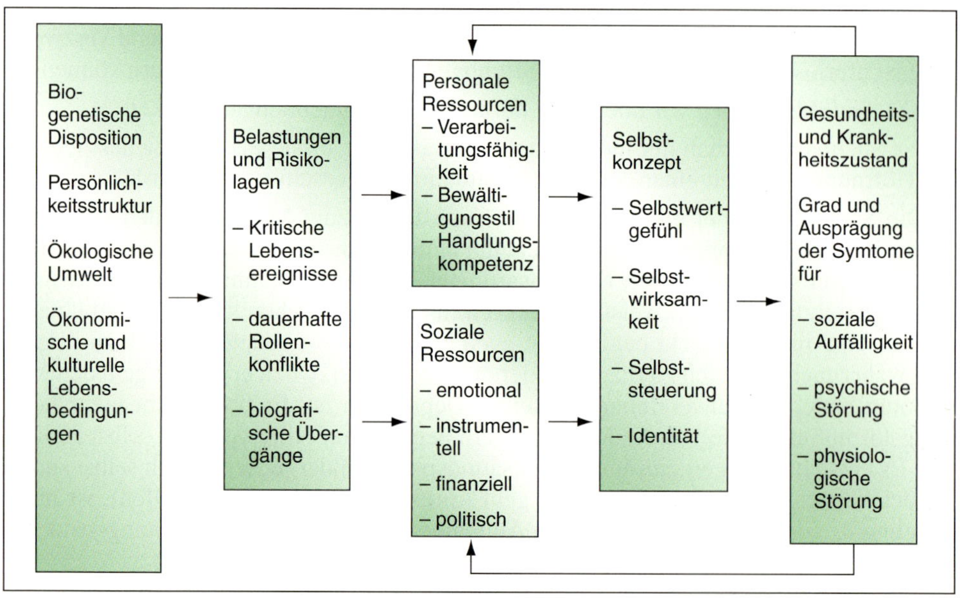

(Klaus Hurrelmann, Gesundheitswissenschaftliche Ansätze in der Sozialisationsforschung, in: K. Hurrelmann/D. Ulich, Neues Handbuch der Sozialisationsforschung, Beltz, Weinheim und Basel, 4. Aufl. 1991, S. 190)

1. Konkretisieren Sie die einzelnen Komponenten des Bedingungsgefüges für die Krankheit Depression. Zum Verständnis der einzelnen Begriffe können Sie auf das Kapitel zum Jugendalter zurückgreifen, in dem der Ansatz von Hurrelmann ausführlich dargestellt wird.
2. Welche Möglichkeiten zur Prävention und Therapie lassen sich aus diesen Überlegungen ableiten?
3. Welche Rolle spielt Erziehung in Familie, Kindergarten und Schule bei der (Mit-) Verursachung, der Therapie und der Prävention?

Pädagogische Anwendung

Wie erhalten wir unsere psychische Gesundheit?

Wenn ein Kurs sich über lange Zeit mit psychischem Leid von Kindern und Jugendlichen befasst, ist es sehr wichtig, sich auch mit positiven, stärkenden Aspekten zu beschäftigen. In diesem Bereich soll es daher zunächst um die Frage gehen, was wir – Lehrerinnen und Lehrer, Schülerinnen und Schüler – zum Erhalt und zur Stabilisierung unserer psychischen Gesundheit tun können.

Ich bin ich! – eine Meditationsübung nach Virginia Satir

Vorbereitung: Benötigt werden: Papier und Buntstifte, evtl. Vorlagen für Mandala-Bilder, eine CD oder Kassette mit Meditationsmusik (z. B. Paul Horn, Inside the great Pyramid, Kuckuck Schallplatten, München 1976 o. a., in Stadtbüchereien entleihbar), ein ruhiger, evtl. abgedunkelter Raum

Durchführung: Die Lehrerin/der Lehrer liest den Text „Ich bin ich" (s. u.) langsam und mit ruhiger Stimme vor. Die Schülerinnen und Schüler schließen die Augen oder fixieren einen Punkt in der Ferne und konzentrieren sich auf den Text.
Nach der Lesung des Textes gestaltet jeder ein Bild mit freien Farben und Formen oder malt ein Mandala nach seinen Farbvorstellungen. Mandalas sind ursprünglich aus dem Buddhismus stammende Bilder, die Einheit und Vielfalt symbolhaft darstellen und der Meditation dienen sollen. Sie sind aber in allen Kulturen auf der ganzen Welt in unterschiedlicher Ausprägung zu finden.

(Vorlagen zum Vergrößern, aus: Uschi Neidhardt, Meditative Spiele, Copyright © 1991 by Rowohlt Taschenbuch Verlag GmbH, Reinbek, S. 23, 26, 27)

Zum Schluss schreibt jeder einen kurzen Satz unter das Bild mit der Botschaft, die ihr/ihm die Meditation gebracht hat. So soll das Bild Erinnerung und Auslöser für die Botschaft werden.

Auswertung: Eine Besichtigung aller Bilder kann sich anschließen. Eine inhaltliche Diskussion ist in der Folgestunde sinnvoll, wenn alle Zeit hatten, das Erlebte zu verarbeiten.

Ich bin ich

Auf der ganzen Welt gibt es niemanden, der genauso ist wie ich.
Alles, was aus mir herauskommt, ist auf authentische Weise mein eigen, denn ich allein habe es gewählt.
Alles, was mit mir zu tun hat, gehört mir – mein Körper, meine Gefühle, mein Mund, meine Stimme;
alles, was ich tue, sei es anderen oder mir selbst gegenüber.

Mir gehören meine Fantasien, meine Träume, meine Hoffnungen, meine Ängste.

Mir gehören all meine Triumphe und Erfolge, all meine Misserfolge und Fehler.

Weil alles, was mich ausmacht, mir gehört, werde ich mit mir selbst sehr vertraut.

Und indem ich dies werde, kann ich mich lieben und zu mir mit allen meinen Teilen freundlich sein.

Ich weiß, dass es Aspekte von mir gibt, die mir rätselhaft sind, und andere Aspekte, die ich nicht kenne.

Doch solange ich freundlich und liebevoll zu mir selbst bin, kann ich mich ermutigen und hoffnungsvoll nach den Lösungen der Rätsel suchen

und nach Möglichkeiten, mehr über mich selbst herauszufinden.

Wie immer ich aussehe und klinge, was immer ich sage und tue,

und was immer ich denke und fühle in jedem beliebigen Augenblick und zu jeder Zeit, ist authentisch ich selbst.

Später, wenn einige Teile dessen, wie ich ausgesehen, geklungen, gedacht und gefühlt habe, sich als etwas herausgestellt haben,

das nicht passt, kann ich das, was nicht passt, ablegen, den Rest behalten und für das, was ich abgeworfen habe, etwas Neues erfinden.

Ich kann sehen, hören, fühlen, denken, reden und handeln.

Ich verfüge über die Mittel zu überleben, anderen nahe zu sein, produktiv zu sein und der Welt der Menschen und der Dinge außerhalb von mir einen Sinn abzugewinnen und Ordnung zu geben.

Ich gehöre mir, und deshalb kann ich mich selbst organisieren.

Ich bin ich selbst, und ich bin okay. (Virginia Satir u. a., Das Satir-Modell, Paderborn 1995, S. 41)

(Aus: Uschi Neidhardt, Meditative Spiele, © 1991 by Rowohlt Taschenbuch Verlag GmbH, Reinbek, S. 22, 24, 25)

Das Immunsystem der Seele

So wie unser Körper sich in einem ständigen Abwehrkampf gegen Krankheitserreger, gegen Viren und Bazillen befindet und selbst Krebszellen vernichtet, ohne dass wir uns dessen bewusst sind, so verteidigt auch die Psyche unsere seelische Gesundheit „automatisch“ mit einem Arsenal von Schutzmechanismen. Für die überlebensnotwendige Homöostase, die gesundheitsbewahrende Balance aller biologischen Lebensprozesse sorgt die „Weisheit des Körpers“, wie der große Physiologe Walter Cannon dieses unbewusst ablaufende Schutz-Programm genannt hat. In Anlehnung daran spricht nun der Psychotherapeut und Lebenslauf-Forscher George E. Vaillant von der „Weisheit des Ich“: Unser Ich mobilisiert sein eigenes Immunsystem, um die Bedrohungen der seelischen Gesundheit abzuwehren – die Abwehrmechanismen. […]

Freud sah in den Abwehrmechanismen eher krankhafte und neurotische Versuche, mit der Realität fertig zu werden. Für ihn waren sie eine Art psychischer Notlösung, um den

Psychotische Abwehrmechanismen:
– wahnhafte Projektion
– Verleugnung
– Realitätsverzerrung

Unreife Abwehrmechanismen:
– Projektion
– Fantasien
– Hypochondrie
– passive Aggression (Selbstbestrafung)
– Ausagieren
– Dissoziation oder Abspaltung

Neurotische Abwehrmechanismen:
– Verschiebung
– Rationalisierung
– Intellektualisierung
– Verdrängung
– Reaktionsbildung

Reife Abwehrmechanismen:
– Altruismus
– Sublimation
– Unterdrückung/Kontrolle
– Antizipation oder Vorwegnahme
– Humor

inneren Triebkonflikten auszuweichen. Er betonte die verzerrende, realitätsentstellende Seite dieser Mechanismen und übersah, dass sie eine unverzichtbare und lebenserhaltende Funktion haben. […]

- Illusionen, Fantasien, Realitätsverzerrungen sind Höchstleistungen der Psyche, und die Abwehrmechanismen gleichen einem komplizierten Filter- und Reinigungssystem. Abwehrmechanismen lassen sich in Träumen, Phobien und Halluzinationen, im Humor, in religiösen Erfahrungen oder in künstlerischen Ausdrucksformen finden. Alle diese seelischen Prozesse dienen der Konfliktverarbeitung und Schmerzminderung.
- Abwehrmechanismen sind größtenteils unbewusst: Ihr „Benutzer" erkennt sie selbst nicht als solche, zumindest nicht in dem Augenblick, in dem er von ihnen Gebrauch macht.
- Abwehrmechanismen entstellen, verleugnen und unterdrücken wesentliche Teile der Realität. Wenn wir vom Tod eines geliebten Menschen hören, ist die erste, fast reflexartige Reaktion: Das ist nicht wahr! Ich will es nicht glauben!
- Abwehrmechanismen sind in der Regel gesund: So bizarr, unvernünftig und verrückt manche Abwehrstrategien auf den Beobachter wirken, so sind sie doch der Beweis für ein anpassungsfähiges und um seelische Gesundheit bemühtes Gehirn. […]

Was meint die Ich-Psychologie mit „Reife" – einer Qualität, die sie nun auch den Abwehrmechanismen zubilligt? Sie umschließt die Fähigkeit zu lieben und zu hoffen, realistische und angemessene Ziele für sich zu definieren und sie auch erreichen zu können. Reife bedeutet, auch negative Gefühle ausdrücken zu können, ohne sich selbst zu schaden oder andere über Gebühr zu verlezten. Reife bedeutet jedoch auch, seine Identität als Erwachsener vorübergehend suspendieren zu können und bewusst wieder zum Kind werden, das spielen und intensiv fühlen kann. Reife bedeutet schließlich, sich an Veränderungen anpassen und Frustrationen und Verluste aushalten zu können. Reife Menschen können aus solchen Erfahrungen sogar die Kraft zu altruistischem Engagement gewinnen.

So ist die Reifung des Ich – und nicht das Gewissen oder ein innerer Agent äußerer moralischer Zwänge – der wahre Träger von Moral und Menschlichkeit. Der erste große Reifungsschritt in diesem Sinne findet statt, wenn wir den „Ort der Kontrolle" in uns selbst suchen und nicht mehr alles auf externe Ursachen zurückführen, wenn wir erkennen können: „Das ist *mein* Problem".

Der nächste Schritt zu reifen Bewältigungsstrategien findet statt, wenn sich das Ich nicht mehr in bizarres oder pathologisches Verhalten flüchten muss, um mit den inneren Konflikten fertig zu werden. […]

Neben der Reife ist Kreativität das zweite Schlüsselwort der psychologischen Ich-Entwicklung. Kreativität ist nicht nur in der künstlerischen Sublimation die treibende Kraft, auch im Leben jedes „Normal"-Menschen spielt sie eine entscheidende Rolle bei der Lösung psychischer Krisen und Konflikte. Das Ich ist letztlich nichts anderes als die

Summe seiner mehr oder weniger einfallsreichen Versuche, innere Stabilität und Kohärenz herzustellen, sich an eine komplizierte Umwelt anzupassen und dennoch weiterzuwachsen.

Während die meisten Abwehrreaktionen reaktiv bleiben, zeichnen sich die reiferen und kreativeren dadurch aus, dass sie aktiv und fast spielerisch neue Lösungen suchen und noch nicht begangene Wege erproben. [...]

- Bei der *Sublimation* werden Affekte und Wünsche nicht verdrängt oder maskiert, sondern „veredelt“ und auf einer höheren Stufe nutzbar gemacht. In zahllosen Künstlerbiografien lässt sich diese Verarbeitung von bedrückenden Erfahrungen, seelischen Konflikten und Nöten nachvollziehen. [...]
- Eine besondere Form reifer Abwehr ist die *Unterdrückung*. Das Ich ist stark genug, um alle in Widerstreit liegenden Wünsche und Gedanken wahrzunehmen, sie aber unter Kontrolle zu halten und den Schmerz zu ertragen. Im Grunde entspricht diese „Verarbeitung“ der Konflikte der philosophischen Lehre der Stoiker: den unvermeidlichen Problemen des Lebens beherrscht und gelassen zu begegnen. Ichstärke bedeutet beispielsweise auch, Triebbefriedigungen aufzuschieben, von jeher das „Markenzeichen“ psychischer Reife.
- Die *Vorwegnahme* oder Antizipation ist ein Abwehrmechanismus, der fast gänzlich auf das Neuarrangement von innerer und äußerer Realität verzichtet. Das Ich baut sich selbst Widerstandskraft auf, indem es sich auf absehbare, schmerzhafte Konflikte vorbereitet und sich gegen die Bedrohung impft. Es „portioniert“ die unangenehmen Gefühle und macht sie so handhabbar. Indem ein Problem immer wieder durchgespielt wird, verliert dessen seelisches Gift allmählich an Kraft.
- Schon Sigmund Freud hielt *Humor* für einen besonders effektiven und hoch entwickelten Abwehrmechanismus. Humor erlaubt es, sich den Realitäten des Lebens zu stellen, ohne sie bis zur Unkenntlichkeit zu verzerren. Mit Humor lassen sich seelische Konflikte ausdrücken, ohne damit sich selbst zu behindern oder andere zu verstören, verletzen oder auszubeuten. [...]

(Heiko Ernst, Das Immunsystem der Seele, in: Psychologie heute 2/1995, S. 20ff.)

1. Wandeln Sie den Text um in ein Interview mit Heiko Ernst, in dem er die Möglichkeiten zum Erhalt und zur Stabilisierung der psychischen Gesundheit darstellt.
2. Überlegen Sie Wege, wie wir diese Möglichkeiten bewusst in unser tägliches Leben und hier auch in Schule und Pädagogikunterricht einbauen können.

Entwicklungsprinzip	**Aufblähung**	**Gleichgewicht**	**Verkümmerung**
Existenz	anarchisch laissez-faire	schöpferisch originell	steril konventionell
Wahrnehmung	hyperwachsam inquisitorisch	respektvoll wachsam	abgestumpft unsensibel
Identität	egoistisch ich-zentriert	sich selbst bewusst unterscheidend	anonym sich selbst verleugnend
Kompetenz	dominierend brutal	fähig stark	schwach impotent
Engagement	fanatisch sich vergessend	engagiert beteiligt	passiv unentschlossen
Intensität	überschwänglich	umsorgend	apathisch
Authentizität	naiv	echt	verschlagen
Risiko und Wartenkönnen	unbekümmert unbeständig schnell aufgebend	moralisch mutig flexibel anpassungsfähig	mutlos starr blindgläubig

Selbst-	manipulativ	beeindruckend	klüngelhaft
Bestätigung	selbst-gefällig	selbst-verwirklichend	frustriert
und Selbst-	jenseitig	unsterblich	weltlich
Transzendenz	bigott	schöpferisch	beschränkt

[...]

(Charles Hampden-Turner, Die Kybernetik der psychischen Gesundheit, in: Ders., Modelle des Menschen. Dem Rätsel des Bewusstseins auf der Spur, Weinheim: Psychologie Verlags Union, 1996, S. 181)

1. Erläutern Sie an ausgewählten Beispielen: Wie erlangt bzw. erhält man den vom Autor beschriebenen Gleichgewichtszustand?
2. Was sagt dieses Modell grundsätzlich über psychische Krankheit und Gesundheit aus? Verdeutlichen Sie dies am Krankheitsbild der Depression.

An-Sichten

(Christine Nöstlinger/Jutta Bauer, Ein und Alles, 1992 Beltz Verlag, Weinheim und Basel, Programm Beltz & Gelberg, Weinheim, S. 306)

Die beiden Autorinnen haben in ihrem Jahresbuch mit Geschichten und Bildern für Kinder und Jugendliche eine Reihe von Parodien auf Werbeanzeigen geschaffen, mit denen sie provokativ auf die Art und Weise, wie unsere Gesellschaft auf kindliche Lebensweise und Probleme eingeht, aufmerksam machen wollen. Welchen Denkanstoß für unseren Bereich geben die Autorinnen?

Dass die Parodie nicht aus der Luft gegriffen ist, zeigen folgende Zitate:

In einem Elternbrief propagiert ein Münchner Kinderarzt im Jahre 1976 (!) die Behandlung von auffälligen Kindern mit Psychoanaleptika wie folgt:

„Das Kind wird ausgeglichener, umgänglicher, hilfsbereiter, weniger mürrisch. Es packt freiwillig Dinge an, die getan werden müssen, seien es Hausaufgaben, seien es außerschulische Tätigkeiten. Es räumt plötzlich ohne Verlangen sein Zimmer auf … Kurz: Das Medikament ermöglicht es dem Kind, seine Impulse besser zu steuern, es kann besser und länger aufpassen, es verhält sich im sozialen Bereich angemessener, auch die Überaktivität wird etwas reduziert.“ (Eichlseder 1976, 5)

Was Kinder erwartet, die sich gegen die Medikamenteneinnahme wehren, zeigt folgendes Zitat von demselben Autor (Eichlseder 1981, 99):

„Sobald Kinder derart reagieren, stelle ich ihnen anheim, die Dosis zunächst einmal zu reduzieren, und stelle ihnen in Aussicht, die Medikation im Erfolgsfall einzustellen. Sie sollen sich aber in der medikamentenfreien Zeit so benehmen, wie es der soziale Verband der Familie von ihnen erwarten könne. Falls sie das nicht schaffen, müsse man eben leider etwas mit Medikamenten nachhelfen. Gelegentlich ermuntere ich die Eltern, das Kind mit einer Drohung der erneuten Medizineinnahme unter Druck zu setzen.“

(Reinhard Voß, Vom Eigen-Sinn und vom Wider-Sinn, in: Ders., Das Recht des Kindes auf Eigensinn. Die Paradoxien von Störung und Gesundheit, München 1995, S. 13)

1. Informieren Sie sich über das Angebot von Psychopharmaka im Bereich des auffälligen Verhaltens in der Schule.
2. Erörtern Sie ausgehend von diesen Zitaten, aber auch unter Berücksichtigung der Ausführungen zum Thema Depression, den Einsatz von Psychopharmaka.

Ein-Spruch

„Eine Tugend gibt es, die liebe ich sehr, eine einzige. Sie heißt Eigensinn. – Von allen den vielen Tugenden, von denen wir in Büchern lesen und von Lehrern reden hören, kann ich nicht so viel halten. Und doch könnte man all die vielen Tugenden, die der Mensch sich erfunden hat, mit einem einzigen Namen erfassen. Tugend ist: Gehorsam. Die Frage ist nur, wem man gehorche. Nämlich auch der Eigensinn ist Gehorsam. Aber alle anderen, so sehr beliebten und gelobten Tugenden sind Gehorsam gegen Gesetze, welche von Menschen gegeben sind. Einzig der Eigensinn ist es, der nach diesen Gesetzen nicht fragt. Wer eigensinnig ist, gehorcht einem anderen Gesetz, einem einzigen, unbedingt heiligen, dem Gesetz in sich selbst, dem Sinn des Eigenen.“

(Hermann Hesse, Eigensinn [1919], in: H. Hesse, Gesammelte Werke Bd. 10, S. Fischer Vlg., Frankfurt a. M. 1970, S. 454)

Wer sagt
was
mit welchen Mitteln
und welcher Absicht
zu wem ???

Ist das Gegenteil auch richtig?

Was heißt das für Erzieherinnen und Erzieher?

Mein Kommentar:

(Aus: Philip Graham/Carol Hughes, Traurige Kinder verstehen, übers. von Luise Poustka, Beltz, Weinheim 1998, S. 30, 33, 40, 57, 96; Zeichnerin: © Christine Roche/co Gaskell Publications/West London Health Promotion Agency)

Nutzen Sie die Zeichnungen für die Gestaltung eines Info-Blattes über Depressionen von Kindern und Jugendlichen. Ziehen Sie dabei möglichst viele im Unterricht erarbeitete Erkenntnisse heran.

Nachtrag

Auflösung zu Seite 124:

Der letzte Satz in diesem Gedicht lautet:

wer dies je fühlte, von der Liebe weiß.

(Autor des Gedichtes: Félix Lope de Vega Carpio (1562-1635), in: Fliegende Wörter, Kalenderblatt 12.–18.2.1996, Übers.: Hiltrud Herbst, Daedalus Verlag, Münster 1995)

Was sagen Sie nun? Wie erklären Sie sich Ihre Interpretationen im Kurs?

P Projektvorschlag zum selbstständigen Weiterarbeiten

Es gibt tausend Möglichkeiten, einige wollen wir Ihnen vorschlagen:

A Informieren Sie sich bei Ihrem Gesundheitsamt bzw. Kreisgesundheitsamt über psychiatrische und psychotherapeutische Angebote in Ihrer Region.

B Jeweils am 2. Samstag im Juni ist der so genannte „Tag der Psychiatrie". Nutzen Sie solche Tage der offenen Tür in kinder- und jugendpsychiatrischen Einrichtungen.

C Informieren Sie sich über sonderpädagogische Einrichtungen in Ihrer Region. Erkundigen Sie sich nach Ausbildungsgängen in diesem Bereich. Hier helfen die Veröffentlichungen der Bundesanstalt für Arbeit auch weiter.

D Vor allem im Vor- und Grundschulbereich, z. T. aber auch im Bereich der Sekundarstufe I gibt es Bemühungen behinderte Kinder in die Regelklassen zu integrieren. Informieren Sie sich über die Chancen und Probleme solcher Integrationsansätze.

E Die Schule ist eine Institution, die psychisch krank machen oder die Entstehung von psychischen Krankheiten begünstigen kann.
Sie können in diesem Bereich eine Befragung zum Thema „Schulangst" durchführen oder ein Gespräch mit der Schulleitung initiieren, z. B. darüber, was an der Schule vorbeugend zur Förderung der psychischen Gesundheit getan wird.

F Wenn Sie in eine ganz andere Richtung arbeiten wollen:
In allen künstlerischen Bereichen (Musik, Theater, Literatur, Film, Malerei usw.) ist das Thema psychische Krankheit ein gern benutztes Motiv; viele psychisch kranke Menschen sind aber auch künstlerisch sehr produktiv und der Bereich Kunsttherapie spielt in vielen Einrichtungen eine große Rolle. Vielleicht ergibt sich hier die Möglichkeit, mit Kunst- oder Musik-Kursen an Ihrer Schule etwas gemeinsam zu erarbeiten. Sie könnten in Ihrer Schule Ausstellungen zu diesem Thema, Lesungen oder Filmabende veranstalten, zu denen Sie z. B. andere Pädagogikkurse einladen.

G Anregungen für Facharbeit und Referat:

Auch die rätselhafte psychische Krankheit Autismus fasziniert viele Menschen. Vielleicht wollen einzelne Schülerinnen oder Schüler aus dem Kurs dazu eine Facharbeit schreiben oder ein Referat halten. Als Hilfestellung hier Film- und Literaturtipps:

Filme: „Rain Man" mit Dustin Hoffman (USA 1989)
„Der Wolfsjunge" von François Truffaut, siehe auch Phoenix Bd. 1
„Wie ein wuchernder Erdklumpen auf der Seele". Mitteilungen eines stummen Autisten. TV-Film von Felix Kuballa, WDR (60 Min.)

Literatur: Ein preiswerter Überblick: Stichwort Autismus, Heyne Taschenbuch, München 1993
Den neuesten Stand der Autismusforschung bietet: Hans E. Kehrer, Geistige Behinderung und Autismus, Thieme Verlag, Stuttgart 1995
Für Pädagogiklehrerinnen und Pädagogiklehrer hat Anton Stephan Reyntjes in der Mediensammlung des Verbandes der Pädagogiklehrer eine Materialmappe (Nr. 26, 1996) zusammengestellt.

Auch das Thema „Angst“ eignet sich für eine Facharbeit oder ein Referat. Orientiert an den Gliederungspunkten Erscheinungsformen – Ursachen – Handlungsmöglichkeiten kann das Thema selbstständig erarbeitet werden. Als einführende Lektüre eignet sich das Themenheft „Angst“ der Zeitschrift GEO (4/1996).

2.5 Im Netz von Beziehungen – Der systemische Ansatz

Dies ist die Familie Linton: Alice, 38 Jahre alt, Hans, 40 Jahre alt, Bernd und Robert, beide Jungen, 17 und 16 Jahre alt, Trudi, ein Mädchen, 12 Jahre alt. […] Jedes Mal, wenn die Lintons zusammen sind, sind zweiundvierzig verschiedene Einheiten in Gang – fünf Individuen, zehn Paare und siebenundzwanzig Dreiecke. […] Die Rollen in der Familie teilen sich in drei Hauptkategorien ein: die eheliche […], die elterlich-kindliche […] und die geschwisterliche […]. Jede Rolle ist mit unterschiedlichen Erwartungen verknüpft. Familienrollen entstehen immer aus Paaren. Du kannst die Rolle der Ehefrau nicht ohne die Rolle des Ehemanns sehen, keinen Vater ohne Sohn oder Tochter usw. […]
Wichtig ist es, herauszufinden, was die verschiedenen Rollen für die jeweiligen Familienmitglieder bedeuten.

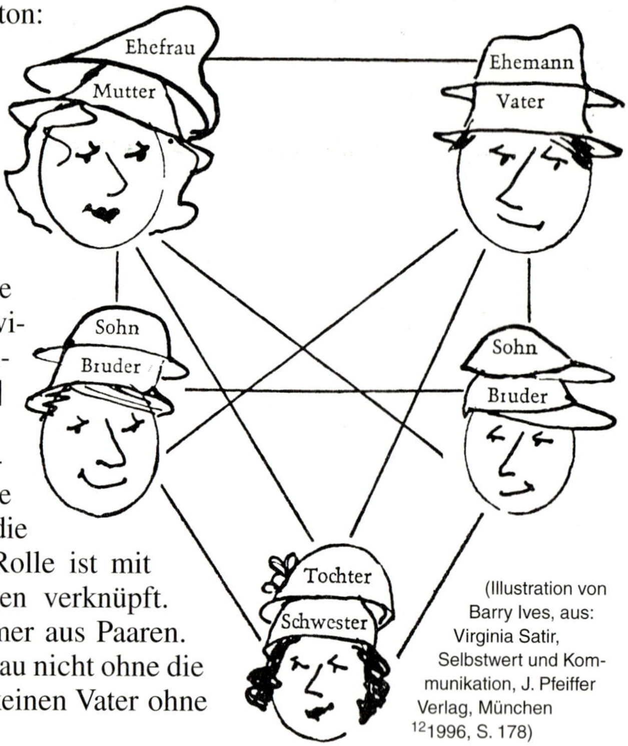

(Illustration von Barry Ives, aus: Virginia Satir, Selbstwert und Kommunikation, J. Pfeiffer Verlag, München [12]1996, S. 178)

(Virginia Satir, Selbstwert und Kommunikation. Familientherapie für Berater und zur Selbsthilfe, Übers.: Maria Bosch/Elke Wisshak, J. Pfeiffer Verlag, München [12]1996, S. 178ff.)

Suchen Sie sich drei ‚Rollenhüte' aus und schreiben Sie zu jeder entsprechenden Rolle mindestens fünf Sätze der Art:

Rolle X (Ehemann, …) zu sein bedeutet, …
Wer könnte diese Erwartungen aussprechen?

Tauschen Sie sich aus.
Suchen Sie nach weiteren Rollenhüten (Schülerin, Schüler, …) und ergänzen Sie das obige Familien-Netzwerk nach ‚außen'.

Formulieren Sie auch zu diesen Rollenhüten charakteristische Sätze.

Einführung

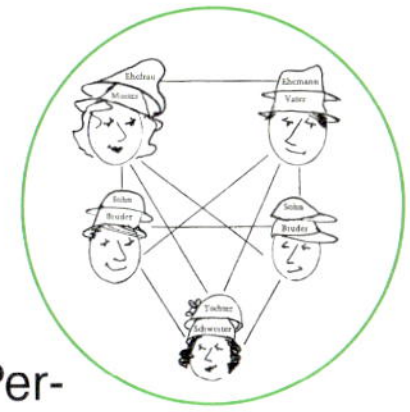

Übung

Setzen Sie sich in Fünfer-Gruppen zusammen und schreiben Sie für jede Person der Familie Linton eine Rollenkarte, in der einige charakteristische Merkmale der jeweiligen Person beschrieben werden. Wählen Sie aus Ihrem Kurs fünf Personen (z.B. eine Fünfergruppe), die Lust haben, in die Rolle der Familienmitglieder zu schlüpfen und eine kleine Übung zu machen. Dabei sollen die Rollenspieler nicht ihre eigene, vorher geschriebene Rollenkarte spielen, sondern sie bekommen eine fremde Rollenkarte, die sie darstellen sollen.
Das Ende einer jeden Szene sollte von einem vorher gewählten, dreiköpfigen Gremium festgelegt werden, welches auch die Instruktionen entsprechend oder ähnlich den nachfolgenden Beschreibungen gibt.
Nach jeder Szene sollen die Spielteilnehmer Gelegenheit haben, aus ihrer Rolle heraus ihre Eindrücke und Empfindungen mitzuteilen.
Die anderen Kursteilnehmer beobachten sorgsam die folgenden Übungen und machen sich Notizen.

Schneiden Sie ein Stück Wäscheleine oder dicke Schnur immer in Vier-Meter-Stücke, vier für jeden von euch. Zusätzlich schneiden Sie fünf Stück zu einem Meter Länge. Binden Sie solch ein kurzes Stück jeder Person um die Taille. […] Als Nächstes bindet jeder seine vier längeren Seile an den Strick, den er um die Taille gebunden hat. Damit besitzt jeder buchstäblich eine Verbindungsschnur zu jedem seiner Familienmitglieder. Jetzt gibt jeder jeweils ein Seil der Person, die an das andere Ende gehört. „Hans" zum Beispiel gibt sein „Ehemann-Seil" seiner Frau. Sie wird ihm ihr „Ehefrau-Seil" geben. Wenn jeder eine andere Person am Ende jedes Seiles hat, seid ihr soweit. […] Jeder bindet nun das Seil, das er bekommen hat, an das Seil, das um seine Taille gebunden ist (viele Menschen machen dies sofort, ohne sich dessen überhaupt bewusst zu werden). Nun sieht jeder aus wie auf dem Bild dargestellt:

Lasst die Seile fest gebunden während der folgenden Experimente.
Wir beginnen damit, dass wir Stühle in einem Kreis aufstellen – nicht mehr als ein und einen viertel Meter von der Mitte des Kreises entfernt. Setzt euch hin. Nun werdet ihr die Verbindungslinien kaum merken. Jeder sitzt auf seinem eigenen Stuhl. Ihr könnt miteinander reden, lesen oder anderen ruhigen Beschäftigungen nachgehen.
Soweit gut. Stellt euch nun vor, das Telefon läutet und das ältere Kind springt auf, um zu antworten. Der Apparat steht ungefähr zehn Meter entfernt. Seht, was mit euch anderen geschieht. Ihr werdet alle aufgerüttelt! Im Einzelnen fühlt ihr euch vielleicht angegriffen, gezogen oder ärgerlich. […] Was passiert mit euch anderen, während Bernd redet? […]

Geht nun zurück, um eine andere Szene zu spielen. Mutter, du bist an der Reihe. Stelle dir vor, auf dem Herd, der sechs Meter entfernt ist, kocht etwas, und es brennt an. Beobachte, was mit allen anderen passiert, wenn du zum Herd läufst. Dann kehr zurück und komme wieder ins Gleichgewicht.

Jetzt wirst du, „Hans", müde. Vielleicht langweilst du dich und willst aufstehen und einen Spaziergang machen. [...]

Nun bist du, Trudi, müde und willst ins Bett gehen. Gehe hinüber zu deiner Mutter und lege deinen Kopf in ihren Schoß. Beobachtet, was jetzt geschieht.

Robert, du beschließt, mit Bernd ein wenig Blödsinn zu treiben und beginnst mit ihm zu raufen. [...]

Hans und Alice fangen an, in entgegengesetzter Richtung zu ziehen. [...] Wenn ihr sanft und zart zieht, werden es eure Kinder vielleicht nicht bemerken. [...] Aber wenn ihr so zieht, dass eure Absicht deutlich wird, straffen sich die Verbindungslinien zu den Kindern. [...]

Überlegt euch für das nächste und letzte Experiment ein wichtiges Ereignis, das sich in eurer Familie demnächst ereignen wird, oder eine alltägliche Situation, die häufig Probleme verursacht. Spielt diese an den Seilen angebunden durch und beobachtet, was mit diesen Verbindungen zwischen den verschiedenen Familienmitgliedern passiert. Wo zieht etwas? Was könnt ihr tun, um Erleichterung zu schaffen?

(Virginia Satir, Selbstwert und Kommunikation. Familientherapie für Berater und zur Selbsthilfe, Übers.: Maria Bosch/Elke Wisshak, J. Pfeiffer Verlag, München [12]1996, S. 195ff.)

Virginia Satir: „Die Idee zur Arbeit mit Stricken bekam ich, als ich mir bewusst machte, dass wir alle mit einem Strick geboren werden, den wir Nabelschnur nennen. Diese wird zwar nach der Geburt abgetrennt, doch ich erlebte wiederholt, dass es im Leben so schien, als ob die Schnur nicht wirklich durchtrennt wäre. So entschloss ich mich, dieses Phänomen sichtbar zu machen und Menschen zu zeigen, was zwischen ihnen ist, sodass sie Wahlmöglichkeiten zur Veränderung erkennen."

(Virginia Satir, Aus Virginia Satirs Werkzeugkasten, in: Gaby Moskau/Gerd F. Müller u.a., Virginia Satir – Wege zum Wachstum, Junfermann, Paderborn 1995, S. 86)

Eine Alternative zu der oben beschriebenen Übung:

Die Rollenspielteilnehmer platzieren sich so zueinander, wie es ihnen entsprechend der Rollenspielkarten und ihrer Intuition als angemessen erscheint (‚Ausrichtung' der Personen, Blickkontakt, wer sitzt wem gegenüber?, Abstand der Personen, ...). Diese Grundposition sollte auch von den Beobachtern dokumentiert werden. In dieser Situation werden die Rollenspielteilnehmer mit Stricken untereinander verbunden (s.o.), die Stricke können dabei stramm, locker, ... gespannt sein - eine Rückfrage an die Rollenspieler kann dies abklären. Aus dieser Situation heraus werden kleine Szenen improvisiert, die sich aus der Situationsbeschreibung der Rollen und der Fantasie der Teilnehmer ergeben.

Das Beziehungsgeflecht der Familie Linton sollte jetzt reflektiert werden: Wer hat einen intensiven Kontakt zueinander, welche ausgesprochenen (unausgesprochenen) Regeln lassen sich vermuten, sagen sich die Familienmitglieder wirklich immer ehrlich ihre Meinung, was wird passieren, wenn die beiden älteren Jungen die Familie verlassen, ...???

Nach dieser Übung und einer gemeinsamen Reflexion wird notiert, ob die Familie Linton eine andere Platzierung vornehmen möchte; über Gründe lässt sich an dieser Stelle spekulieren.

In dieser Wabe werden wir einige Beispiele aus dem Bereich der Familie heranziehen, um Ihnen die Betrachtungsweise des ‚systemischen Denkens' nahe zu bringen. Diese Betrachtungsweise lässt sich auch in anderen Zusammenhängen anwenden, worauf wir bei Gelegenheit hinweisen werden.

Grundbegriffe und Grundthesen

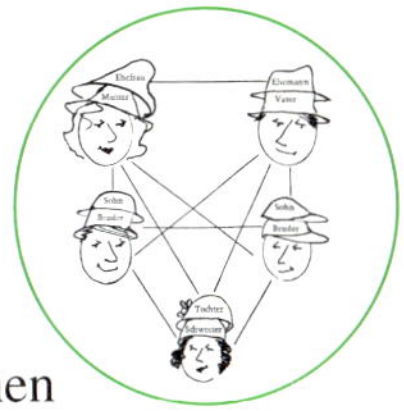

Das System der Triade

Die Triade kann in vieler Hinsicht als Grundlage des gesamten gesellschaftlichen Lebens betrachtet werden. Viele Theoretiker beschreiben die Familie als eine Gruppe miteinander verzahnter Dreiecksbeziehungen. Selbst in einer perfekt funktionierenden Familie entsteht mit der Geburt des ersten Kindes eine gewisse Komplexität, die wir einmal näher betrachten wollen. Bevor ein Individuum (eine Monade) eine Beziehung zu einem anderen Individuum aufnimmt, drückt es sich als Einheit aus und trifft auch seine Entscheidungen aus dieser Perspektive. Seine Gedanken, Gefühle und Handlungsweisen basieren ausschließlich auf seinen eigenen Wahrnehmungen („wie ich über mich denke/fühle"). Wenn zwei Individuen aufeinander treffen und ein Paar werden, kommen drei Wahrnehmungs- und Kommunikationseinheiten ins Spiel: zwei Monaden und eine Dyade, („wie ich über dich und mich denke/fühle"). Sobald ein Kind dazukommt, wird die Interaktion bedeutend komplexer: Das aus drei Personen bestehende System enthält jetzt sieben strukturelle Einheiten (drei Monaden, drei Dyaden, eine Triade) und noch bedeutend mehr funktionelle Einheiten. In jeder der drei Monaden Vater, Mutter, Kind stellt sich die Frage: Was denkt Mutter über sich und wie fühlt sie sich, was denkt Vater über sich und wie fühlt er sich, was denkt das Kind über sich und wie fühlt es sich? In den drei Dyaden Mutter-Vater, Mutter-Kind und Vater-Kind stellen sich folgende Fragen: Was denkt, wie fühlt und wie handelt die Mutter ihrem Mann gegenüber und was denkt, wie fühlt und wie handelt sie ihrem Kind gegenüber? Was denkt, wie fühlt und wie handelt der Vater seiner Frau und seinem Kind gegenüber? Was denkt, wie fühlt und wie handelt das Kind seiner Mutter, seinem Vater gegenüber? [...]

Wir wollen einmal die Merkmale einer gesunden Triade betrachten, die wir als Orientierung für die seelische Gesundheit und Vorsorge betrachten. Das erste Merkmal einer gesunden Triade besteht darin, dass jeder die Freiheit hat, zu kommentieren und zu reagieren. Jeder Einzelne kann seinen Gefühlen Ausdruck verleihen, ohne deshalb getadelt zu werden. In einer Atmosphäre, die von gegenseitigem Respekt geprägt ist, kann das Kind seine Eltern wissen lassen, dass es sich ausgeschlossen fühlt. Das bedeutet nicht, dass die Eltern das unterbrechen müssen, was sie gerade tun, um sich ihm zu widmen, sondern dass sie seine Gefühle würdigen und dann in der Lage sind, angemessen darauf zu reagieren. In einer solchen Triade repräsentieren die Wörter „Ja" und „Nein" die Realität des Augenblicks und werden nicht als Symbole für Liebe oder Mangel an Liebe verwendet.

Das zweite Merkmal einer gesunden Triade besteht darin, dass jeder Einzelne die Freiheit hat, die Art und Weise, wie er die Situation erlebt, zu kommentieren und/oder seine Wahrnehmungen zu überprüfen. Wie wichtig das ist, wird einem klar, wenn man sich vor Augen führt, dass in einer dysfunktionalen Triade eine solche Überprüfung unmöglich ist, was dazu führt, dass solche Wahrnehmungen ungeprüft als Tatsachen angesehen werden. Je größer die Störung

(Aus: J. O'Connor/J. Seymour, Neurolinguistisches Programmieren: Gelungene Kommunikation und persönliche Entfaltung, Freiburg, VAK, 6. Aufl., 1996, S. 121)

einer Triade ist, um so wahrscheinlicher ist es, dass Kommunikationen auf einer komplexen Ebene von Interpretationen stattfinden, die als Tatsachen angesehen werden. So kann eine Frau, deren Mann ihren Hochzeitstag vergessen hat, möglicherweise zu dem Schluss kommen, dass er sie nicht mehr liebt. Wenn das als Tatsache angesehen wird, kann eine solche Interpretation eine Lawine schwerer Kommunikationsstörungen auslösen, wohingegen eine einfache Frage genügt hätte, um zu klären, dass der Mann sich intensiv mit einem Geschäftsproblem beschäftigt hat, für das er keine Lösung finden konnte.
Das dritte Merkmal einer gesunden Triade besteht darin, dass es keinen Zwang zur Konformität gibt. Jeder Einzelne darf denken, fühlen und sich so verhalten und entwickeln, wie er will […] und muss sich z.B. nicht schuldig fühlen, weil er als Kind Differenzen zwischen seinen Eltern ausgelöst hat.
Und schließlich kann eine Paarbildung in einer solchen Triade ohne großes Risiko stattfinden. Der Vater ist glücklich, weil er sieht, wie gut sich seine Frau um das Kind kümmert, und wenn er sich ausgeschlossen fühlt, kann er das sagen und muss sich deshalb nicht zurückgesetzt fühlen. Die Mutter kann sich freuen, wenn sie sieht, wie ihr Mann und ihr Kind gemeinsam etwas unternehmen, und das Kind weiß, dass seine Eltern ein Recht darauf haben, eine gewisse Zeit ungestört miteinander verbringen zu können. In einer solchen Triade kommt es zu den drei möglichen Paarbildungen, wobei Übergänge fließend sind. Die „ausgestoßene" Person weiß zu jeder Zeit, dass es nicht lange dauern wird, bis auch sie wieder im Vordergrund steht. Entscheidend ist dabei, dass jeder Einzelne das Bewusstsein hat, das Zentrum seines eigenen Universums zu sein und dass ihm klar ist, dass das bei den anderen genauso ist. Das grundsätzliche Dilemma der Triade, einen Freiraum für drei Leute zu schaffen,wo doch immer nur zwei zur gleichen Zeit eine bedeutsame Interaktion haben können, wird akzeptiert. Eine solche Erkenntnis wird dem Menschen jedoch nicht in die Wiege gelegt: Als Säugling kennt er nur seine eigenen Bedürfnisse. Die Eltern haben die wichtige Aufgabe, dem Kind Vorbild zu sein, damit es lernen kann, die Bedürfnisse der anderen zu respektieren und sich auch dann wohl zu fühlen, wenn es nicht im Mittelpunkt steht.

(Michele Baldwin, Das Konzept der Triaden in Virginia Satirs Arbeit, in: Gaby Moskau/Gerd F. Müller u.a., Virginia Satir – Wege zum Wachstum, Junfermann, Paderborn 1995, S. 48, 55–57)

1. Skizzieren Sie das Modell einer ‚kranken Triade'.
2. Verdeutlichen Sie in einer kurzen Spielszene anhand einer gleichen Ausgangssituation ein Negativ- und ein Positivbeispiel für eine gesunde Triade (für jedes Merkmal einer Triade ein Szenenbeispiel).
3. Diskutieren Sie mögliche Einschränkungen/Gefährdungen für das Entstehen/das Bestehen/die Entwicklung einer ‚gesunden Triade'.
4. Welche *besondere* Verantwortung haben Eltern zur Erhaltung/Förderung einer gesunden Triade?

Symptome – symptomatisch?

Symptomverschiebung

Heimliche Familienregeln, komplizierte Interaktionssysteme und verschiedene Wahrnehmungskompetenzen machen es oft schwierig, sich so auszudrücken und zu verhalten, wie man sich wirklich fühlt – besonders gilt dies bei einer ‚kranken Triade'. Die folgende Tabelle aus dem Bereich des schulischen Lebens gibt in diese Problematik einen kurzen Einblick:

Symptomverschiebungen

Zu spät kommen: Ausdruck von Desinteresse	➔ Zeichen für besonderes Interesse, weil sonst die Stunde vollends geschwänzt worden wäre
Freche Bemerkungen: Angriff auf die Selbstachtung des Lehrers	➔ Ungeschickte Bitte um Zuwendung
Abschreiben: Betrugsversuch	➔ Ausdruck von Angst. Bitte um Ermutigung.
Prügelei: Aggression	➔ Missglückte Form von Körperkontakt. Suche nach Zärtlichkeit

usw.

(Claudius Hennig/Gustav Keller, Lehrer lösen Schulprobleme, Ludwig Auer Vlg., Donauwörth 1993, S. 86)

1. Suchen Sie weitere Beispiele (Paarbeziehungen, Freundschaften, Kursgruppe, Familie, …) und spekulieren Sie über Hintergründe für das gezeigte Verhalten.
2. Reflektieren Sie die gezeigten Symptome aus der Übung in der Einführung zu dieser Wabe.

Was tun …?

Symptome sind sozusagen Problemlöseversuche, die Probleme schaffen oder aufrecht erhalten. Die Problemlösung wird so zum Problem. Symptome haben stets eine Funktion, auch wenn sie meist auf den ersten Blick nicht erkennbar ist.
Im Folgenden wollen wir die verschiedenen Betrachtungsebenen eines Symptoms anhand einer Skizze und eines Fallbeispiels verdeutlichen:

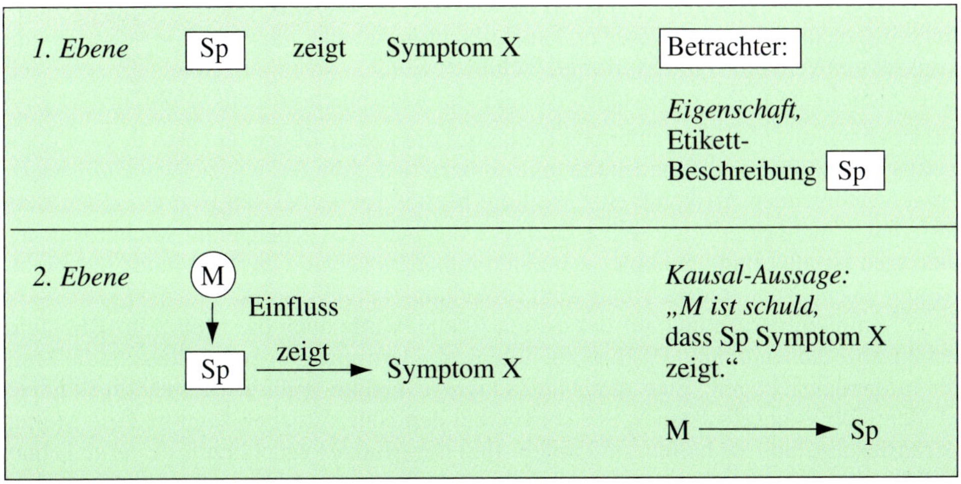

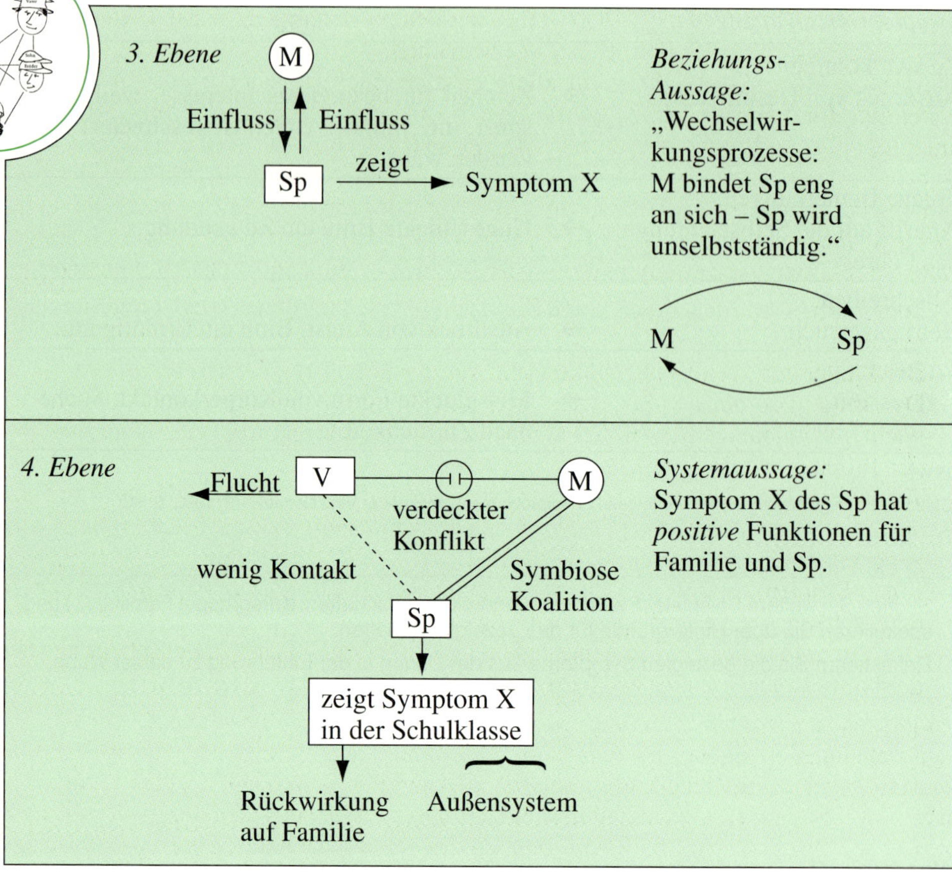

Abb. 13: Mögliche Betrachtungsweisen eines Symptoms (Welchen Fokus wähle ich?)
Abkürzungen: Sp: Schüler mit Schulproblemen; M: Mutter; V: Vater

Wir können Symptome mit einem relativ engen oder sehr weiten Fokus betrachten. Wenn wir den Fokus sehr verengen (1. Ebene), können wir zum Beispiel Tobias' Verhaltensschwierigkeiten etikettierend beschreiben, sozusagen als isolierte Eigenschaft, wie z.B. er sei „ungezogen“, „unkonzentriert“ oder „verhaltensgestört“ […]. Eine nützlichere Beschreibung auf dieser ersten Betrachtungsebene wäre es dann schon, wenn konkret sein Verhalten ohne Wertung geschildert würde, also zum Beispiel: „Er zeigt sich öfter nicht in der Lage, Arbeitsanweisungen der Klassenlehrerin auszuführen.“ […]

Begeben wir uns als Beobachter des Tobias auf die zweite Ebene und erweitern wir den Fokus etwas, indem wir die Mutter mit einbeziehen, könnten wir zu *Kausalaussagen* etwa der folgenden Art kommen: „Weil die Mutter Tobias bei den Hausaufgaben stets hilft, hat er nicht gelernt, sie selbstständig zu machen.“ […] Die Gefahr solcher Kausalaussagen ist allerdings die einer schnellen *Schuldzuweisung* an die Mutter nach dem Motto: „Kein Wunder, dass Tobias sich so verhält – bei *der* Mutter.“
Eine Symptombetrachtung auf der dritten Ebene würde auch die Mutter im Blickfeld haben, aber nicht nur ihren Einfluss auf Tobias, sondern auch seinen Einfluss auf die Mutter mitberücksichtigen. Eine *Beziehungsaussage* könnte dann etwa wie folgt lauten: „Indem Tobias unselbstständiges Arbeiten bei den Hausaufgaben zeigt und die Mutter herausfordert, ihm zu helfen, und indem ihm die Mutter tatsächlich hilft, lernt Tobias nicht, seine Hausaufgaben selbstständig zu machen!“ […] Die Interaktionsprozesse

werden also nicht nur von der Warte eines der beiden Beteiligten, sondern von den Standpunkten beider Betroffener aus betrachtet.
Da jedoch Mutter und Sohn nicht allein zusammenleben, sondern noch ein Vater mit zur Familie gehört, würde eine nochmalige Fokuserweiterung die Interaktion zwischen Tobias, seiner Mutter und seinem Vater mit einbeziehen (Ebene 4). […]
An unserer zunehmenden Fokuserweiterung von der individuellen Ebene (Ebene 1) bis zur Systemebene der Eltern-Kind-Interaktion (Ebene 4) können wir auch die verschiedenen Funktionen, die ein Symptom in der Schule hat, zunehmend klarer erkennen:

- Tobias erhält Aufmerksamkeit und Zuwendung von der Lehrerin und den Klassenkameraden.
- Die Mutter erhält einen „Kontaktersatz“ für den häufig abwesenden Ehemann.
- Der Vater wird als möglicher Helfer zur Beseitigung der Schwierigkeiten wieder wichtiger, indem die Mutter ihm mehr und mehr signalisiert, dass sie alleine nicht mit den Problemen fertig wird.
- Tobias Probleme können vom verdeckten Paarkonflikt der Eltern ablenken (so kann die Mutter unter den mangelnden Kontakten mit dem Ehemann leiden, dies ihm gegenüber aber nicht klar und offen äußern).
- Tobias Probleme können die Eltern im gemeinsamen Abwehrkampf gegen die Schule bzw. die Klassenlehrerin zusammenschweißen.
- Der Vater muss sich gezwungenermaßen mehr mit Tobias auseinander setzen, als dies der Fall wäre, wenn alles zu Hause und in der Schule „glatt“ liefe usw.

Es gibt also unserer Überzeugung und Erfahrung nach bei jedem Symptom, das nicht auf der individuellen Ebene des einzelnen Schulkindes angesiedelt ist, wie z. B. Begabungsmängel, körperliche Einschränkungen, Allergien, Benutzung falscher Lernkanäle usw., zwei Seiten: eine nach außen sichtbare destruktive, die scheinbar in selbstzerstörerischer Weise das schulische Fortkommen des Schülers behindert, und eine verdeckte konstruktive Seite, die einen Versuch darstellt, mit einer psychisch belastenden Situation fertig zu werden. Diese Prozesse laufen selbstverständlich unbewusst und nicht absichtlich oder geplant ab.

(Claudius Hennig/Gustav Keller, Lehrer lösen Schulprobleme, Ludwig Auer Vlg., Donauwörth 1993, S. 72ff.)

1. Diskutieren Sie die Vor- und Nachteile der verschiedenen Betrachtungsweisen. Suchen Sie zu jeder Betrachtungsweise ein Musterbeispiel, welches den Vorteil der jeweiligen Sichtweise verdeutlicht.
2. Diskutieren Sie: Wer entscheidet bei den verschiedenen Betrachtungsweisen, was ‚richtig‘ oder ‚falsch‘ ist?

Systemisches Denken

Ich denke, es gibt einige Berechtigung, zwei grundlegend entgegengesetzte Arten von Denken zu unterscheiden, analytisch-dualistisches und ganzheitlich-systemisches. Aus diesen Denkformen folgen m.E. zwei voneinander grundverschiedene Paradigmen, nämlich eins, das ich jetzt polemisch linear-kausal nennen möchte, und ein anderes, das ich ebenso parteiisch als ganzheitlich, ökologisch und systemisch bezeichnen möchte.
Kernpunkt des linearen Denkens ist die Suche nach Ursachen. Es beruht auf einem individualistischen Ursache-Wirkungs-Denken, wie wir es z.B. in der Psychiatrie finden, wo der somatogene Ansatz pathologisches Verhalten als durch chemische Faktoren verursacht ansieht – ebenso der psychogene, der es z.B. auf „Ich-Schwäche“ reduziert. Demgegenüber sieht systemisches Denken jedes Verhalten als bedingt durch die Struktur

eines komplexen transaktionellen Feldes, innerhalb dessen es selbst eine Einflussgröße darstellt. Unter dieser Sichtweise erscheinen Regeln besser geeignet, die Wirklichkeit zu erklären als Reiz-Reaktions-Mechanismen. Zentraler Begriff ist hier der der Zirkularität statt Linearität. [...]

Das Ideal war (und ist) für lange Zeit die völlige objektive Beschreibung der Natur und ihrer Kontrolle. Der Einfluss der atomistischen Sichtweise auf Medizin und Sozialwissenschaften ist bedeutend: Wenn man den Menschen aufteilt, kommt man zunächst zu zwei Teilen, Körper und Seele, die beide weiter beliebig aufteilbar sind (Organe, Substanzen etc. oder Über-Ich, Ich, Es usw.) Das ist im Grunde nicht weiter tragisch, oft sogar erforderlich, um die Komplexität der Welt zu reduzieren. Teilweise ist diese Art des Herangehens an die Welt ja auch sinnvoll. Wir wissen heute über Teilbereiche unendlich viele Einzelheiten. Der Nachteil ist, dass dieses Denken künstliche Dichotomien, die es sich als Arbeitserleichterung geschaffen hat, als Realitäten ansieht und so die komplexe Ganzheit zerstört. [...]

Dennoch setzt sich in der Wissenschaft wie auch in unserem gesamten öffentlichen Leben die Erkenntnis immer stärker durch, dass wir nicht in einer Welt von Individuen leben, sondern in einem komplexen ökologischen Kontext, in einem globalen System mit eigenen Gesetzmäßigkeiten.

Immer weniger wird der Mensch als mechanistisches Triebaggregat verstanden, genauso wenig als Reflexmaschine, sondern eher als ein aktives Persönlichkeitssystem, das mit seiner Umwelt in einem komplexen Beziehungsgeflecht interagiert. In einer solchen Sichtweise werden Interdependenzen stärker bewusst, schließlich ist der Betrachter wieder selbst ein Teil des Systems. Was folgt aus einer solchen Sicht: eine Relativierung von Theorien. Eine Theorie kann nie die Wirklichkeit perfekt abbilden, da es abstrakte Wirklichkeit nicht gibt, sondern nur Wirklichkeit in Beziehung auf den Beobachter. Mit meiner Theorie versuche ich, einer komplexen und nicht strukturierten Realität eine Struktur zugrunde zu legen (Landkarte), die mir hilft, mich in ihr zurechtzufinden. Theorie hat, so betrachtet, die Funktion eines Wegweisers. [...]

Die Systemtheorie ist der Versuch, umfassend die inneren Zusammenhänge der Natur zu beschreiben. [...] Parallel zur Entwicklung der akademischen Psychologie entwickelte sich in psychologisch-psychotherapeutischen Praxisfeldern in den letzten 25 Jahren zunächst sehr langsam, inzwischen deutlich schneller ein Untergebiet psychotherapeutischer Forschung und Theoriebildung mit dem Anspruch, ein neues Paradigma zu beanspruchen: die Familientherapie, bzw. weiter gefasst: System- und Kommunikationstherapie. Den vielfältigen und unterschiedlichen Therapieformen gemeinsam ist eine Betrachtung von Störungen unter dem Aspekt des an der Störung beteiligten Systems, zunächst also der Familie, aber auch des sozialen Netzwerks. [...] Zentral ist, dass es um die Betrachtung der Beziehung zwischen und nicht der Natur von Phänomenen geht. [...]
Im Folgenden werde ich versuchen, die abstrakte Sprache der Systemtheorie auf menschliche und soziale Systeme (vor allem Familien) hin anwendbar bzw. verstehbar zu machen.

Verbundenheit der Elemente, Holismus

Systeme sind Ganzheiten. Alles, was existiert, existiert in ganzheitlichen Zusammenhängen. Als System betrachtet ist die Familie ein Ganzes, etwas qualitativ anderes als die Summe ihrer Teile, mit denen sie sich (und diese untereinander) in Wechselwirkung befindet: Jeder Einzelne ist mit dem anderen so verbunden, dass eine Änderung des einen automatisch eine Veränderung des gesamten Systems mit sich bringt. Statt das System in seine Bestandteile aufzusplittern und damit seine Ganzheit zu zerstören, ist es möglich, es als Ganzes zu untersuchen und seine Eigenschaften und Verhaltensweisen zu beschreiben. [...]

Zielorientierung, Prozess

[…] Die Familie ist nicht statisch, sondern ständig im Prozess begriffen […]. Es wird zwischen zwei Arten von Prozessen unterschieden, dem der progressiven Segregation, also der zunehmenden Desintegration des Systems bis zu dessen Zerfall, und dem der progressiven Systematisierung, dem zunehmenden Fortschritt in Richtung auf Ganzheit. Beide Prozesse können gleichzeitig in demselben System auftreten, und es kann für Familientherapeuten bedeutsam sein zu wissen, auf welchem Weg sich eine Familie befindet. So kann z.B. das Ziel eines 18-Jährigen sein, die Familie zu verlassen (Segregation), und das der Eltern, ihn zu halten (Systematisierung). Wenn auch die Eltern ihn gehen lassen, finden wir ein Stadium der Desintegration, dem u.U. eine neue Systematisierung des Ehesystems folgen kann, wenn es z.B. das einzige oder letzte Kind war, das die Familie verließ. […]

Regulierung

Hierunter ist zu verstehen, dass ein System auf dem Weg zu seinem Ziel selbstregulierende Prozesse durchführt. […] Wie überall, wo wir der Wirklichkeit begegnen, stoßen wir auch bei der Familie auf eine dialektische Beziehung, auf ein Spannungsfeld, in dem sich Leben abspielt. Es ist das Spannungsfeld zwischen morphostatischen Kräften, die den Status quo erhalten und auf die Homöostase der Gesamtfamilie hinwirken, und morphogenetischen Kräften, die über Regeländerung Entwicklung vorantreiben. Beide Tendenzen sind notwendig: die morphostatischen, um den Bestand des Systems zu erhalten, um Konstanz in einer sich wandelnden Umwelt zu bieten; die morphogenetischen erreichen Entwicklung, Veränderung und Bewegung und damit auch wiederum Anpassung an die gewandelte Umwelt. […]

Homöostase

Ein lebendes System ist ständig im Fluss, ständig im Übergang. Homöostase lässt sich als Gleichgewicht übersetzen, ein Zustand, den jedes System anstrebt, jedoch nur kurze Zeit halten kann, weshalb man auch den Begriff ‚Fließgleichgewicht' benutzt.
In einer Familie mit einem funktionalen ‚homöostatischen Plateau' finden wir ein harmonisches Wechselspiel zwischen Gleichgewicht und Ungleichgewicht. Veränderung ist akzeptiert, Konflikte werden als Chance angesehen. Paradoxerweise ist eine solche Familie also in der Lage, sich auf Ungleichgewichtszustände einzulassen, wie z.B. die Modifizierung der Ausgehzeiten. Eine rigide Familie kann dagegen oft nur über Symptombildung ihre Homöostase aufrechterhalten.
Wir können bei jedem Symptom fragen, welche Bedeutung es für die familiäre Homöostase hat – Beispiel: Ein Kind unterbricht mit irrelevantem Verhalten jegliche Transaktion der Eltern. Dazu lässt sich die Hypothese aufstellen, dass es mit diesem Mittel dafür sorgt, dass der elterliche Konflikt nicht virulent wird. (Dahinter steht möglicherweise der Familienmythos: wenn die Eltern sich streiten, bricht unsere Familie auseinander.) […]

Kalibrierung, Stufenfunktion

Ein weiterer wesentlicher Aspekt systemischer Sichtweise ist das Phänomen diskontinuierlicher Sprünge. Entwicklung vollzieht sich – systemtheoretisch gesehen – nicht linear, sondern in Stufen. […] Wir können interfamiliäre Entwicklungsprozesse (Geburt von Kindern, Pubertät, Altern, Reife) und außerfamiliäre (Schule, Militärdienst, Ablösung der Kinder durch Beruf oder Heirat, Arbeitslosigkeit, Pensionierung usw.) unterscheiden, die ständige Herausforderungen an das Familiensystem darstellen, sich neu zu kalibrieren.

Hierarchie

Systeme sind zerlegbar in Subsysteme, auch Untersysteme genannt, die ebenfalls für sich als ein System zu betrachten sind. [...] Ein System (z.B. Familie) kann also immer auch als ein Untersystem zu Übersystemen (einer Dorfgemeinschaft) gesehen werden oder als Übersystem für Untersysteme (z.B. geschwisterliches Subsystem). [...]

Regeln

[...] Es sind die Wege gemeint, mit denen sich ein System in der Balance hält, mit denen es den Fluss von Gleichgewicht und Ungleichgewicht steuert. [...]
Regeln können offen (explizit) und verdeckt (implizit), funktional oder dysfunktional sein. Auch hier gibt es keine absoluten Werte. So kann die Regel „keiner darf sich vom anderen trennen“ für ein Baby und seine Mutter sinnvoll, zwanzig Jahre später für beide dysfunktional sein. Offene Regeln sind nicht direkt Leid erzeugend (z.B. Tischsitten), anders die verdeckten, die Tabus, die die offenen auch heimlich verändern können: „Bei uns gibt es keine Unstimmigkeiten, wir können über alles reden“ – dieser expliziten Regel der Familie kann die implizite Regel: „Bei uns darf es keine Unstimmigkeiten geben“ unterliegen. Der Familientherapeut wird in diesem Fall ein leichtes Unbehagen in der Familie feststellen, wenn Schwierigkeiten, Differenzen auftauchen, ein plötzliches Abschweifen, Wechsel des Themas [...]. Die impliziten Regeln sind den Systemmitgliedern nicht bewusst und können daher nicht ohne weiteres verändert werden wie z.B. die Taschengeldration der Kinder. Überraschende Effekte erzielt dagegen die Bewusstmachung solcher Regeln. Eine Familie, der aufgegeben wurde, die Regel: „Nur wer stark ist, zählt etwas in dieser Familie“ auf ein Plakat zu schreiben und dieses einen Monat über dem Esstisch hängen zu lassen, kann nicht mehr in gleicher Weise dieser Regel unausgesprochen gehorchen wie früher. [...]
Systemisches Denken erfasst Ganzheiten und nicht Individuen. Es achtet auf die in diesen Ganzheiten geltenden Regeln und die zwischen ihnen bestehenden Wechselwirkungen. Das systemische Denken verlässt somit die Kategorien von Ursache – Wirkung (und damit Schuld) zugunsten einer zirkulären Sichtweise. Alles im System ist aufeinander in Wechselwirkung bezogen. Menschen sind keine isolierten Einzelwesen, und daher ist jede Handlung darauf zu befragen, welche Bedeutung sie für das System hat, in dem der Mensch lebt. [...]
Das, was menschliche Systeme von anderen unterscheidet, ist Kommunikation, die einen Dialog konstituiert, anders als bei Information, die auch im Austausch zwischen Computern fließen kann. Im Dialog werden menschliche Systeme mit Sinn erfüllt. Sinn entsteht im Kontext zwischen den Sprechenden. Menschen sprechen miteinander, und nicht nur das, sie sprechen auch über etwas, über ein Thema.

(Arist von Schlippe, Familientherapie im Überblick, Paderborn 1991, S. 16 ff.)

1. Versuchen Sie Beispiele aus dem Bereich der Naturwissenschaften für das analytisch-dualistische und ganzheitlich-systemische Denken zu finden.
2. Peter M. Senge beschreibt das systemische Denken als: „Die Kunst, den Wald *und* die Bäume zu sehen“. Weiterhin schreibt er:
   „Das Wesentliche an der Disziplin des Systemdenkens ist ein grundsätzliches Umdenken:
   – die Wahrnehmung von Wechselbeziehungen statt linearer Ursache-Wirkung-Ketten und
   – die Wahrnehmung von Veränderungsprozessen statt von Schnappschüssen.“
   (Peter M. Senge, Die fünfte Disziplin, Klett-Cotta, Stuttgart 1996, S. 94, 158)

   Welche Konsequenzen hat eine solche Sichtweise für die Betrachtung erzieherischer Vorgänge?
3. Ein/e systemisch denkende/r Erzieher/in, Berater/in, Therapeut/in kann helfen, Sichtweisen zu verdeutlichen, er/sie kennt aber keine ‚objektiven Wahrheiten‘.
   Erörtern Sie die Möglichkeiten und Grenzen, die sich aus diesem Ansatz ergeben.

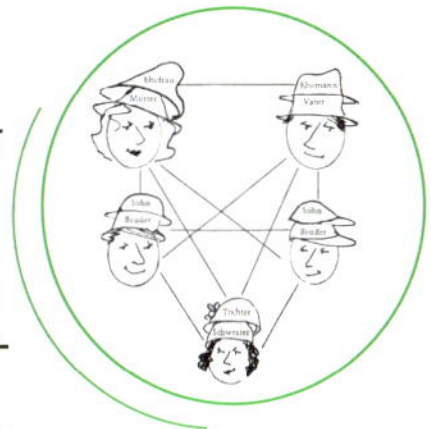

4. Formulieren Sie über die Beispiele im Text hinaus typische Fragestellungen aus der Sicht systemischen Denkens und stellen Sie diesen Fragestellungen mehr analytisch orientierte Fragen gegenüber. Diskutieren Sie die Unterschiede!
Beispiel: Was glauben Sie, welchen Sinn/welche Funktion es für ein Kind und seine Familie haben kann, wenn es seine Eltern bei ihrem Zweiergespräch (ständig) unterbricht?
Bzw.: Welche entwicklungspsychologisch (Pubertät, ...) bedingten Ursachen oder nicht verarbeiteten früheren Erlebnisse können ein Kind dazu veranlassen, seine Eltern bei ihrem Zweiergespräch (ständig) zu unterbrechen?

5. Suchen Sie aus den Waben dieses Themenkreises Beispiele, wo der systemische Ansatz andere Betrachtungsweisen ermöglicht.
Ergeben sich neue Problemlösemöglichkeiten?

Vielen Menschen – ich nenne sie Tat-Kranke – ist Krankheit so willkommen, dass man ihnen alles nehmen darf, nur nicht ihre Beschwerden. Sie sind ihnen ein Quell der Schonung, der Aufmerksamkeit, eine Möglichkeit, andere zu manipulieren. Kranksein macht den Tat-Kranken stark, denn er versteht es meisterhaft, von seinen eigentlichen Wünschen und Zielen abzulenken. [...] Er weist klar diagnostizierte und diffuse Beschwerden vor. Verborgen bleibt, dass er eigentlich etwas will, dass er mit der Waffe Krankheit um seelisches Wohlbefinden kämpft.

Was ihm fehlt, muss der Tat-Kranke jemandem abringen. Dazu bedarf es eines Gegenübers: des *Schuld-Partners*. Ihm weist man Schuld zu, um Schuldgefühle zu erzeugen. Wer Schuldgefühle hat, ist manipulierbar. [...] Das Stichwort „krank“ versetzt den Schuld-Partner in eine emotionale Stimmung, die ihn eingleisig polt – und zwar in Richtung des Tat-Kranken. Dem Appell „Ich bin krank, kann also Rücksichtnahme verlangen“, muss die Reaktion „Ich tue, was du verlangst“ folgen. Was passiert mit jemandem, der mit einem leidenden Menschen konfrontiert wird? Er wendet sich von sich selbst ab und dem anderen zu. Er versucht, Zuspruch zu leisten, zu trösten, zeigt Anteilnahme, fragt, was geschehen ist, stellt die eigenen Sorgen und Probleme zurück und lässt sich auf die des Gegenübers ein. Was immer er selber gerade vorhatte oder wollte – es verblasst angesichts des scheinbar Schlimmeren, das dem anderen widerfahren ist. [...] Wer über etwas klagt, sorgt dafür, dass andere sich ihm zuwenden: „Was brauchst du? Kann ich helfen? Probiere doch mal dieses Mittel aus! Möchtest du, dass ich bei dir bleibe?“ [...] Menschen setzen Krankheit ein, um das Defizit an Liebe nicht spüren zu müssen, das möglicherweise in ihrem Leben herrscht. Andere Kranke vermeiden es – oder haben es nie richtig gelernt –, direkt ihre emotionalen Bedürfnisse auszusprechen, sie haben unbewusst entdeckt, dass sie ihre Wünsche erfüllt bekommen, wenn sie ihren Körper sprechen lassen. [...] In der Krankheit sehen sie die einzige Möglichkeit, um andere darauf aufmerksam zu machen, dass in ihrem Leben etwas fehlt oder schief läuft.

(Rita Stiens, „Du machst mich krank“/Ursula Nuber, Krankheit als SOS-Signal der Seele. in: PSYCHOLOGIE HEUTE, Heft 2/Februar 1998, S. 20, 22, 27)

(Zeichnung: Michel Meyer/PSYCHOLOGIE HEUTE 2/1998)

1. Analysieren Sie das System ‚Tat-Kranke und Schuldpartner' anhand der Ausführungen des Textes und stellen Sie es grafisch – z.B. in der Form eines Teufelskreises – dar. Überlegen Sie auch, was den Teufelskreis in Gang hält bzw. ob es mehrere sich überlagernde und ergänzende Kreise geben könnte.

   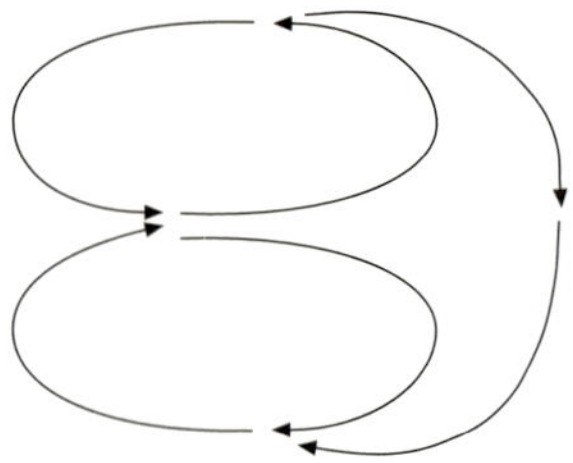

   Geben Sie unter Bezugnahme auf die Abbildung einige Antworten auf die Frage: „Wozu wird ein Kind – im Sinne eines Tat-Kranken – krank?"
2. Stellen Sie für den Fall des ‚Krank-Seins' der systemischen Sichtweise die linear-kausale gegenüber.
3. Diskutieren Sie Möglichkeiten, den Teufelskreis zwischen tat-kranken Kindern und Schuldpartnern Eltern aufzulösen.

Systemisches Denken muss sich nicht nur auf das (Sub-) System Familie beschränken, wie die folgenden Ausführungen verdeutlichen:

So wie wir Sinn und Wert der Symptombildung innerhalb einer Familie nicht begreifen können, wenn wir den Symptomträger isoliert sehen, können wir Sinn und Wert einer Familienkrise nur dann vollständig verstehen, wenn wir sie im Zusammenhang mit dem Lebensumfeld der Familie, mit dem Stadtteil sehen. [...]
Auch das Leben in einem Stadtteil verändert sich natürlich ständig zielgerichtet. Ob es der Bau einer Umgehungsstraße ist, die Schließung eines Kindergartens oder die Eröffnung eines neuen Supermarktes – Veränderungen im Stadtteil sind ständig und unausweichlich gegeben und haben gravierende Auswirkungen auf das Leben der Familien im Stadtteil. So bietet die Eröffnung des neuen Supermarktes vielleicht in einer Familie der Ehefrau plötzlich eine stundenweise Beschäftigungsmöglichkeit in erreichbarer Nähe, oder aber er nimmt ihr die Möglichkeit, einmal in der Woche mit dem Auto zum Großeinkauf in den Supermarkt in der Nähe der Mutter zu fahren, etc. Der langersehnte Bau der Umgehungsstraße beschert vielleicht einer anderen Familie endlich ruhige Nächte. Verwundert bemerken die Eltern, dass ihr Kind trotzdem jede Nacht mehrmals aufwacht. Das alte Erklärungsmuster greift nicht mehr. Das Aufwachen des Kindes wird jetzt mindestens als störend, wenn nicht als Aggression gewertet, womit sich das Verhalten gegenüber dem Kind drastisch verändert. In der Stadtteilarbeit gilt es, Veränderungen sehr sensibel zu registrieren und ihre Bewertung durch die verschiedenen Subsysteme immer wieder zu erfragen und zu berücksichtigen.

(Felicitas Lehmann/Rainer Mockewitz, Systemische Stadtteilarbeit – Gedanken zur Koevolution von Stadtteilarbeit und Therapie an Erziehungsberatungsstellen, in: Familiendynamik; J.G. Cotta'sche Buchhandl. Nachfolger GmbH, Stuttgart, S. 132ff.)

Verfolgt man in diesem Sinne den systemischen Ansatz weiter, so kommt man schließlich zu der Aussage, dass alles mit allem zusammenhängt.
Aber auch die Individualebene ‚für sich gesehen' lässt sich unter diesem Gesichtspunkt systemisch/ganzheitlich betrachten: Der Körper bildet mit seinen Organen, seiner hormonellen Steuerung, ... ein sich selbst organisierendes System. Individuen sind also auch ‚Ganzheiten', ein Ansatz, den sich besonders die ‚ganzheitliche Medizin' zunutze macht.
Vertiefen Sie diesen Aspekt mit Ihren Kenntnissen aus dem naturwissenschaftlichen Unterricht!

Anmerkung: In der Systemtheorie gibt es die verschiedensten Ansichten, das folgende Zitat von Gregory Bateson stellt Ihnen eine Fragerichtung vor:

Das Erlernen der Lebenskontexte ist ein Problem, das nicht von innen her, sondern als eine Sache der äußeren Beziehungen zwischen zwei Geschöpfen diskutiert werden muss. [...]

Es ist richtig, wenn man anfängt, über die beiden Parteien der Interaktion so nachzudenken wie über zwei Augen, von denen jedes eine monokulare Sicht des Geschehens gibt, beide zusammen aber ein binokulares und tiefes Bild entstehen lassen. Diese doppelte Sicht *ist* die Beziehung.

Eine Beziehung existiert nicht innerhalb einer einzelnen Person. Es ist Unsinn, von ‚Abhängigkeit', ‚Aggressivität' oder ‚Stolz' und so weiter zu reden. All diese Worte haben ihre Wurzeln in dem, was zwischen Personen vor sich geht, und nicht in irgendeinem Innerhalb einer Person, was es auch sein mag.

Zweifellos gibt es noch ein Lernen von einer speziellen Art. Es gibt Veränderungen in A und in B, die der Abhängigkeit – Unterstützung der Beziehung entsprechen. Aber die Beziehung geht vor; sie *geht voraus.*

Nur wenn man sich eng an den Primat und die Priorität der Beziehung hält, kann man einschläfernde Erklärungen vermeiden.

(Aus: Gregory Bateson, Geist und Natur, Frankfurt 1987, S. 165)

Wir haben uns im Weiteren für die Darstellung eines Ansatzes entschieden – er wird als der ‚wachstumsorientierte Ansatz' oder auch speziell als das ‚Satir-Modell' bezeichnet –, der den Einzelmenschen, die Beziehungen und die Struktur der Beziehungen in ihrer Verwobenheit berücksichtigt und nicht nur z.B. den strukturellen Aspekt bevorzugt.

Vertiefung

Veränderungen gestalten – Das Satir-Modell

Selbstwert

Übung: Beantworten Sie die Fragen in Ihrem Journal (z.B. 1.3/2.2/3.4/...; 1 = stimmt genau, 2 = stimmt zum Teil, 3 = stimmt weniger, 4 = stimmt überhaupt nicht).

1. Ich akzeptiere meine Schwächen nicht.	- 1 -	- 2 -	- 3 -	- 4 -
2. Ich habe keine Angst davor, Fehler zu begehen.				
3. Ich beurteile mich nicht danach, wie viel ich leiste.				
4. Ich halte nichts davon, anderen zu sagen, was ich fühle.				
5. Ich kann so leben wie ich möchte.				
6. Ich kann mich bei anderen durchsetzen.				
7. Es macht mir nichts aus, nicht das zu tun, was andere von mir erwarten.				
8. Ich habe mich von moralischen Grundsätzen gelöst, die mir früher beigebracht wurden.				
9. Ich kann mich darauf verlassen, dass ich eine Situation richtig einschätze.				
10. Ich habe Angst, dass ich mich unangemessen verhalten könnte.				
11. Ich fühle mich durch meine Pflichten und Verpflichtungen anderen gegenüber gebunden.				

12. Ich brauche nicht immer nach den Regeln und Maßstäben der Gesellschaft zu leben.				
13. Ich brauche gute Gründe, um meine Gefühle zu rechtfertigen.				
14. Ich halte es oft für notwendig, meine früheren Handlungen zu verteidigen.				
15. Ich mag jeden, den ich kenne.				
16. Ich habe Angst, auf denjenigen böse zu sein, den ich gern habe.				
17. Ich muss Kummer um jeden Preis vermeiden.				
18. Ich nehme Kritik nicht gern an, weil ich nicht glaube, dass sie mir hilft mich als Mensch zu entwickeln.				

(Die Fragen stammen aus dem ‚Personal Orientation Inventory' von Shostrom, zit. nach Lutz Schwäbisch/Martin Siems, Anleitung zum sozialen Lernen für Paare, Gruppen und Erzieher, Reinbek bei Hamburg 1974, S. 175, 176)

Diskutieren Sie: Gibt es ein ideales Antwortschema?

Eine Anmerkung zu diesem Fragebogen finden Sie nach dem folgenden Text.

Die Bedeutung des Selbstwertgefühls

Virginia Satir war aktive Familientherapeutin mit einem unerschütterlichen Glauben an ‚das Gute im Menschen' und seine konstruktiven, produktiven Möglichkeiten. Sie arbeitete nach der systemischen Sichtweise, betrachtete dabei aber nicht nur, was sich zwischen Menschen abspielt, sondern auch, was *im* Menschen ist, was sein Wachstum und seine Entwicklung hemmt bzw. wo seine Ressourcen sind und sein Wachstum gefördert werden kann.
In diesem Zusammenhang setzte sie sich intensiv mit dem Aspekt des Selbstwertes auseinander, der eine entscheidende Rolle in ihrem Therapiekonzept, welches der humanistischen Psychologie zuzuordnen ist und als ‚wachstumsorientierter Ansatz' bezeichnet wird, ausmacht.

Als kleines Mädchen lebte ich auf einer Farm in Wisconsin. Vor unserem Hintereingang stand ein großer schwarzer Eisentopf. Er war rund und schön und stand auf drei Beinen. Meine Mutter machte unsere Seife selber, und so war einige Zeit im Jahr der Topf voller Seife. Wenn es im Herbst Dreschzeit wurde, füllten wir den Topf mit Eintopf. Und zu anderen Zeiten benutzte ihn mein Vater, um Dünger für die Blumenbeete meiner Mutter darin aufzubewahren. Im Laufe der Zeit nannten wir den Topf „SED-Topf". Immer wenn irgendjemand den Topf benutzen wollte, musste er sich folgende zwei Fragen stellen:
1. Was ist gerade im Topf?
2. Wie voll ist er?
[…] Eines Tages vor ein paar Jahren saß eine Familie in meinem Büro. Die einzelnen Mitglieder versuchten jeweils den anderen zu erklären, wie sie über sich selber fühlten. Ich dachte wieder an den schwarzen Pott und erzählte ihnen seine Geschichte. Bald begannen die Familienmitglieder jeder über seinen eigenen individuellen Pott zu sprechen und was er enthielt: Gefühle des Selbstwerts oder der Schuld, Scham oder Wertlosigkeit. […]
Wenn ich […] das Wort „Pott" gebrauche, meine ich immer „Selbstwert" oder „Selbstachtung". […] In all den alltäglichen Erfahrungen meines beruflichen und privaten Lebens gelangte ich zu der Überzeugung, dass der entscheidende Faktor für das, was sich

in einem Menschen abspielt, die Vorstellung von dem eigenen Wert ist, die jeder mit sich herumträgt – also sein Pott.

Integrität, Ehrlichkeit, Verantwortlichkeit, Leidenschaft, Liebe – alles strömt frei aus dem Menschen, dessen Pott voll ist. Er weiß, dass er etwas bedeutet und dass die Welt ein kleines Stückchen reicher ist, weil er da ist. Er glaubt an seine eigenen Fähigkeiten. Er ist fähig, andere um Hilfe zu bitten, aber er glaubt an seine eigene Entscheidungsfähigkeit und an die Kräfte in sich selbst. Weil er sich selber wertschätzt, kann er auch den Wert seiner Mitmenschen wahrnehmen und achten. Er strahlt Vertrauen und Hoffnung aus. Er hat seine Gefühle nicht mit Regeln belegt. Er akzeptiert alles an sich selbst als menschlich. […] Mit den momentanen Tiefpunkten (low-pot-feelings) geht ein solcher Mensch so um, wie sie es verdienen, nämlich als Krisen des Augenblicks, aus denen er heil wieder auftauchen kann, als etwas, was im Augenblick sehr mühsam und unangenehm ist und dessen man sich nicht zu schämen braucht.

Andere Menschen dagegen verbringen die meiste Zeit ihres Lebens im Zustand des fast leeren Potts (low-pot); weil sie sich selber wenig wert finden, erwarten sie von ihren Mitmenschen, dass sie sie hintergehen, mit Füßen treten und verachten. Da sie immer das Schlimmste erwarten, beschwören sie es selbst herauf und bekommen es auch häufig. Um sich zu schützen und zu verteidigen, verstecken sie sich hinter einer Wand von Misstrauen und versinken in den grausamen Zustand des Menschseins, der Einsamkeit und Isolation heißt. […] Wenn der Mensch mit dem ständig niedrigen Pott noch irgendeine Niederlage erlebt – eine Niederlage, die auch einem Menschen, der sich normal stabil fühlt, für eine Weile einen niedrigen Pott bringt –, wird er verzweifelt. Er fragt sich, wie er wertloser Mensch mit solchen Sorgen fertig werden soll. Es überrascht nicht, dass ein Mensch mit solch niedrigem Pott, wenn er unter starken Druck gerät, unter Umständen eben Drogen oder Selbstmord oder Mord als einzigen Ausweg sieht. Ich bin ganz davon überzeugt, dass der größte Teil der Probleme, Schmerzen und Scheußlichkeiten im Leben – auch Kriege – das Ergebnis von niedrigem Pott irgendwelcher Menschen ist, über den sie nicht offen reden können. […]

Ich bin überzeugt, dass das Gefühl des Wertes nicht angeboren ist, es ist erlernt. Und es ist in der Familie erlernt. Du hast dein Gefühl von Wert oder Unwert in der Familie gelernt, die deine Eltern gegründet haben, und deine eigenen Kinder lernen es in ihrer Familie jetzt gerade.

Ein neugeborenes Kind hat keine Vergangenheit, keine Erfahrungen im Umgang mit sich selbst und keinen Maßstab, an dem es seinen eigenen Wert messen könnte. Es muss sich verlassen auf die Erfahrungen mit seiner Umwelt und die Botschaften, die es von dort bekommt hinsichtlich seines Wertes als Mensch. In den ersten 5 oder 6 Lebensjahren wird das Selbstwertgefühl des Kindes ausschließlich von seiner Familie bestimmt.

Wenn es in die Schule kommt, erweitert sich der Einflussbereich, aber bis hin zur Pubertät bleibt die Familie sehr wichtig. Die Einflüsse außerhalb der Familie unterstützen im Allgemeinen nur, was das Kind zu Hause gelernt hat. Das Kind mit hohem Pott kann Fehlschläge in der Schule und mit Gleichaltrigen gut aushalten, während das Kind mit niedrigem Pott viel Erfolg erleben kann und trotzdem nie den Zweifel über seinen eigenen Wert los wird. Jedes Wort, jeder Ausdruck im Gesicht oder in der Haltung und jede Handlung der Eltern gibt dem Kind einen Hinweis über seinen Wert. Es ist traurig, wie viele Eltern nicht ahnen, was ihre Botschaften für das Kind bedeuten: oft wissen sie nicht mal, was sie an Botschaft aussenden. Eine Mutter kann den Fäustchen ihres 3-Jährigen einen Strauß entnehmen und sagen: „Wo hast du den gepflückt?“, während in ihrer Stimme mitschwingt: „Wie lieb von dir, dass du ihn mir bringst; wo wachsen solche schönen Blumen?“ Diese Botschaft gibt dem Kind ein Gefühl seines eigenen Wertes … Oder sie sagt: „Wie hübsch“ und fügt hinzu, „hast du ihn etwa in Frau Randalls Garten

geholt?" Sie lässt mitschwingen, dass das Kind schlecht ist, weil es stiehlt. Diese Botschaft lässt das Kind sich bös und unwert fühlen. Oder sie sagt: „Wie hübsch, wo hast du ihn gepflückt?" Gleichzeitig zeigt ihr Gesichtsausdruck, dass sie glaubt, der Strauß ist gestohlen. In diesem Fall wird das Kind einen niederen Pott empfinden, aber die Mutter merkt nicht, dass sie dies verursacht. […]

(Virginia Satir, Selbstwert und Kommunikation. Familientherapie für Berater und zur Selbsthilfe, Übers.: Maria Bosch/Elke Wisshak, J. Pfeiffer Verlag, München [12]1996, S. 37ff.)

1. „Selbstwert oder Selbstachtung ist der Wert, den ein Mensch sich selbst zumisst, die Liebe und Achtung, die er für sich aufbringt, unabhängig davon, wie andere ihn sehen. Ein Mensch mit niedrigem Selbstwert ist ängstlich und unsicher und über die Maßen mit dem beschäftigt, was andere über ihn denken. Diese Abhängigkeit von anderen blockiert sein Leben. Niedriger Selbstwert ist nicht dasselbe wie Niedergeschlagensein. Man kann sich auch mit hohem Selbstwert entmutigt, traurig oder verzweifelt fühlen. Solche Gefühle werden aber dann zu geringem Selbstwertgefühl, wenn man sich wertlos fühlt, aber unfähig ist oder zu viel Angst hat, dieses Gefühl zu akzeptieren. Mit anderen Worten: Geringer Selbstwert hängt damit zusammen, wie weit man solche Gefühle bei sich selbst zulässt …."
   (Virginia Satir/Michele Baldwin, Familientherapie in Aktion, Paderborn 1989, S. 159)

   Ist Ihrer Meinung nach der Fragebogen zu Anfang des Abschnittes geeignet, einen augenblicklichen ‚high-pot-Zustand' abzufragen?
2. Erstellen Sie eine Tabelle, aus der die Charakteristika eines schwachen und eines starken Selbstwertgefühls deutlich werden.
   Konstruieren Sie auch ein Beispiel und diskutieren Sie die Auswirkungen auf das zugehörige System für den Fall eines eher schwachen und eines eher starken Selbstwertgefühls eines Mitglieds.
3. Diskutieren Sie Faktoren aus dem Bereich der familialen Erziehung (Kommunikationsmuster, Familienregeln, …), die die Entwicklung eines Selbstwertes fördern können.
   Suchen Sie auch nach Negativbeispielen (vgl. Sie aus Phoenix 1 die entsprechenden Waben).
4. Diskutieren Sie die These, dass Drogenkonsum und Kriege Ergebnis eines niedrigen Selbstwertgefühls sind.

Eine wichtige Botschaft Virginia Satirs liegt u.a. darin, sich so anzunehmen, wie man ist und auf seine eigenen Kräfte und Ressourcen zu vertrauen, da nur so aufrichtige Veränderung – und dies zu jeder Zeit – möglich ist; jeder Mensch trägt genügend Kompetenzen in sich, um sich zu entwickeln und seinen Weg zu finden.
Virginia Satir brachte es auf die Kurzformel: „Ich bin ich. Ich bin o.k."
Ein von Virginia Satir geschriebenes Gedicht setzt hier noch einmal Akzente:

Verbundenheit mit sich selbst und anderen

Erlaube dir,
dich innig mit allen deinen Teilen zu verbinden.
Frei zu sein, verschiedene Möglichkeiten zu haben
und diese auch frei und kreativ zu nutzen.
Zu wissen, dass alles,
was in der Vergangenheit war,
das Beste war, das wir tun konnten,
weil wir es nach bestem Wissen und Gewissen getan haben.
Es war das Beste, zu dem unser Bewusstsein in der Lage war.
Da wir danach streben, mehr zu wissen,
bewusster zu sein,
wird auch unsere Verbindung zu uns selbst stärker.
Und indem wir unsere Verbindung zu uns selbst stärken,
können wir auch Verbindungen zu anderen herstellen.

(Aus: Virginia Satir/John Banmen/Jane Gerber/Maria Gomori, Das Satir-Modell: Familientherapie und ihre Erweiterung, Paderborn 1995, S. 322)

1. Bedeutet nach den Überlegungen von Virginia Satir das ‚Ich bin ich. Ich bin o.k.' auch ein ‚Du bist du. Du bist o.k.'?
2. Diskutieren Sie: Bedeutet das ‚Ich bin ich. Ich bin o.k.', dass man tun und lassen kann, was man will, ohne sich (moralisch) rechtfertigen zu müssen?
3. Nehmen Sie Stellung: Führt die ‚systemische Sichtweise' dazu, die Verantwortung für das eigene Handeln und Tun an das ‚System' abzugeben und somit den Einzelnen aus jeglicher ‚Schuld' zu entlassen?

Ein-Spruch

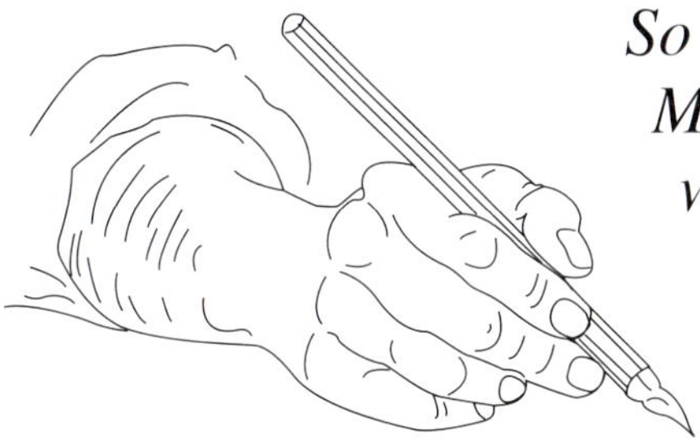

So wie für mich das Wichtigste an einem Menschen sein Wert ist, ist das Zweitwichtigste für mich, diesen Wert zu respektieren. Deshalb versuche ich auf jede mir mögliche Weise, jenen Wert zu bestätigen. Dieser Respekt vor dem speziellen Wert eines Menschen und das Bestätigen desselben steht bei mir immer an erster Stelle, bevor ich anfange, mich mit Problemen zu beschäftigen, die die Person haben mag. Der Eigenwert und die Anerkennung desselben ist das Wichtigste. Ich kann mir nicht vorstellen, mit irgendjemandem in irgendeiner Weise zu kommunizieren, ohne dieser Person zunächst auf ihrer essenziellen Ebene Respekt gezollt und sie bestätigt zu haben.

Virginia Satir

(Aus: Virginia Satir/John Banmen/Jane Gerber/Maria Gomori, Das Satir-Modell: Familientherapie und ihre Erweiterung, Paderborn 1995, S. 277)

Wer sagt
was
mit welchen Mitteln
und welcher Absicht
zu wem ???

Ist das Gegenteil auch richtig?

Mein Kommentar:

Kongruenz

Kongruenz ist einer der wichtigsten Bestandteile des Satir-Modells. Es handelt sich dabei um einen Zustand des Seins und um eine Art, mit sich selbst und mit anderen zu kommunizieren. Eine starke Selbstachtung und Kongruenz sind zwei der wichtigsten Anzeichen dafür, ob Menschen in ihrer Entwicklung zu einem gewissen Grad der Ganzheit gelangt sind. Kongruenz wird charakterisiert durch:

- die Würdigung der Einzigartigkeit des Selbst,
- den freien Fluss persönlicher und interpersoneller Energie,
- das Inanspruchnehmen des Personseins,
- die Bereitschaft, sich selbst und anderen zu vertrauen,
- die Bereitschaft, Risiken einzugehen und sich verletzlich zu machen,
- Nutzen der eigenen inneren und äußeren Ressourcen,
- Offenheit gegenüber Intimität,
- die Freiheit, man selbst zu sein und andere zu akzeptieren,
- Liebe sich selbst und anderen gegenüber,
- Flexibilität und Offenheit Veränderungen gegenüber.

(Virginia Satir/John Banmen/Jane Gerber/Maria Gomori, Das Satir-Modell: Familientherapie und ihre Erweiterung, Paderborn 1995, S. 83, 84)

Kongruenz kann sich auf mehreren Ebenen entwickeln, diese Grafik soll das veranschaulichen:

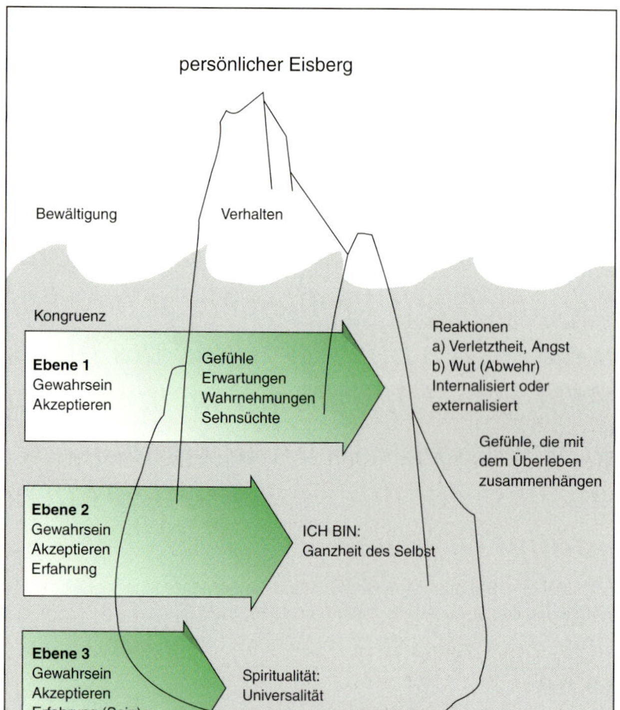

Arbeit auf Ebene 1

Auf der ersten Ebene der Kongruenz geht es hauptsächlich darum, dass wir den Kontakt zu unseren Gefühlen herstellen, dass wir sie akzeptieren, dass wir sie anderen gegenüber offen zeigen und dass wir uns mit ihnen auseinander setzen. Wenn der Klient sich wütend oder verletzt oder beides fühlt, sollte man ihn dazu ermutigen, seine Gefühle anzuerkennen und zu akzeptieren und dann ihnen entsprechend zu handeln. Er wird dann vielleicht sagen: „Ich bin wütend; deshalb brauche ich ein wenig Zeit, bevor ich über dieses Thema sprechen kann.“
Wenn meine Wut sich auf ein äußeres Ereignis bezieht, habe ich Wahlmöglichkeiten bezüglich des Umgangs mit meinen Gefühlen. Vielleicht muss ich meine alten Famili-

enregeln überprüfen, um festzustellen, welchen Botschaften ich immer noch folge. Beispielsweise könnte eine solche alte Regel lauten: „Ich sollte nicht wütend sein.“ Wenn ich in der Lage bin, mich kongruent zu verhalten, erkenne ich meine Wut an und sehe sie als einen Teil von mir, und ich habe dann die Kontrolle über sie – was bedeutet, dass ich nicht zulasse, dass sie mein Verhalten bestimmt. […]

Arbeit auf Ebene 2

Auf der zweiten Ebene der Kongruenz müssen Menschen häufig ihre Wahrnehmungen verändern und anschließend ihre Selbstachtung wieder bestärken. Dadurch werden ihre Wahrnehmungen, ihre Interpretationen und ihr Selbst in einen Zustand der Harmonie versetzt, was zu Folge hat, dass sie sich auf Ebene 2 kongruent ausdrücken können.
Der gleiche Prozess der Veränderung ist notwendig hinsichtlich Erwartungen. Andernfalls kann es sein, dass wir uns anhand einer unerfüllten Erwartung definieren. Wenn wir beispielsweise erwarten, akzeptiert zu werden, wir uns jedoch unwürdig, zurückgewiesen oder herabgesetzt fühlen, müssen wir an unseren Wahrnehmungen (bzw. Empfindungen) und Erwartungen arbeiten. Und dazu müssen wir unsere Empfindungen verändern und unsere Erwartungen hinsichtlich unserer selbst und anderer loslassen. Dadurch entsteht Kongruenz auf der Ebene des Selbst. Wenn wir unsere Erwartungen an uns selbst mit unserem Selbstgefühl in Einklang gebracht haben, so hilft uns dies, Vertrauen, ein Bewusstsein unserer eigenen Fähigkeiten und Selbstachtung aufzubauen.
Auf Ebene 1 ging es hauptsächlich darum, dass wir lernen sollten, auf unsere Gefühle und Körperbotschaften zu hören, uns diese einzugestehen und sie uns zu eigen zu machen. Auf Ebene 2 geht es vor allem darum, die Wahrnehmungen zu verändern und unerfüllte Erwartungen aufzugeben, die wir auf andere projizieren. Dies hat zur Folge, dass wir selbst und unsere Kommunikation in Harmonie mit unseren inneren Erfahrungen bleiben.

Arbeit auf Ebene 3

Auf der dritten Ebene der Kongruenz stellen wir die Harmonie mit unserer spirituellen Essenz her oder mit dem, was Virginia Satir universelle Lebenskraft nannte.
[…] Über die dritte Ebene der Kongruenz sagt sie:

Wenn ich mit der spirituellen Energie eines anderen Menschen in Kontakt sein kann und dieser andere mit der meinen, kommt es zu einer Veränderung im Bewusstseinszustand. Wir alle haben die ganze Welt in uns, und wir alle haben eine besondere Funktion. Wir sind nicht aneinander befestigt, sondern durch die Zwischenräume zwischen uns miteinander verbunden. Wir sind Teile eines universellen Ganzen. Geburt und Tod sind Transformationsprozesse. Ich lerne immer mehr über die tieferen Schichten des Universums, ohne irgendeinen meiner anderen Bereiche des Gewahrseins dafür aufgeben zu müssen. Das Leben spricht mit dem Leben.

(Virginia Satir/John Banmen/Jane Gerber/Maria Gomori, Das Satir-Modell: Familientherapie und ihre Erweiterung, Paderborn 1995, S. 85, 97–99)

Diskutieren Sie das Bild des ‚Eisberges‘ und suchen Sie konkrete Beispiele für die verschiedenen Ebenen.

Transformation: Veränderung durch Hinzufügen

Wie ist nun Kongruenz zu erreichen?

Da für Virginia Satir die Einzigartigkeit und Integrität eines jeden Menschen einen ausdrücklichen Wert hat, ist es nur folgerichtig, wenn in der Beratungs- und Therapiearbeit versucht wird, den Menschen in seinem ‚So-Sein' zu würdigen und ihn nicht in seinem ‚So-Sein' einzuschränken oder gar zu beschränken. Jedes Verhalten des Menschen hat für ihn bzw. aus der Sicht des Systems, in dem er sich befindet, einen Sinn. Eine innere Veränderung des Menschen ist jederzeit möglich – wenn der Betreffende es will –, dies kann allerdings nicht durch Verbote und Einschränkungen geschehen, sondern dadurch, dass dem Menschen ein Spektrum neuer Möglichkeiten eröffnet wird, sodass er durch ‚Hinzufügen' zu seinem bisherigen Muster seine Einstellungen verändern kann und möglicherweise seine alten Verhaltensmuster ablegen möchte. Klammert also eine Person ihr ‚Selbst' aus und ist nur auf ‚Andere' oder den ‚Kontext' fixiert (vgl. das so genannte ‚Helfersyndrom', siehe Phoenix Bd. 1), so ist sein ‚So-Sein' zu würdigen, als wichtige Dimension wäre aber einer solchen Person z.B. die Dimension des ‚Um-Sich-Selbst-Sorgens' anzubieten. Dazu müssten Gefühle und Muster erkannt werden, es müsste genau ergründet werden, ob das diese Person einbindende System mit einer solchen Veränderung umgehen kann usw. Dieser Vorgang wird auch ‚Transformation' genannt.

1. Konstruieren Sie weitere Beispiele für Transformationsprozesse.
2. Diskutieren Sie den Ansatz der ‚Veränderung durch Hinzufügen' für den Erziehungsprozess und stellen Sie andere Möglichkeiten Veränderungsprozesse zu gestalten dagegen (vgl. Sie auch den Abschnitt ‚Symptome – symptomatisch?' in dieser Wabe).

Dem Prozess anvertrauen

Der Mensch neigt zwar zu Automatismen und Gewohnheiten (Überlebensregeln), weil diese (scheinbar) Sicherheit ermöglichen und auch einen Schutz gewähren, erkennt dabei aber oftmals nicht, dass er die inneren Ressourcen nicht dazu nutzt, um die Einstellung einer *Überlebenshaltung* zu einer der *besseren Lebensbewältigung* zu verlagern.

„Wenn wir nicht das Gefühl haben, einen uns wesenseigenen Wert zu haben, vermögen wir nicht genügend Selbstvertrauen aufzubringen, um Neues ausprobieren, Ziele verfolgen und uns in irgendeinem wesentlichen Maß entfalten zu können. Noch einmal sei gesagt, dass es keineswegs darum geht, ob wir einen Wert haben, sondern darum, wie es um unser Selbstwert*gefühl* bestellt ist."

(Virginia Satir/John Banmen/Jane Gerber/Maria Gomori, Das Satir-Modell: Familientherapie und ihre Erweiterung, Paderborn 1995, S. 39)

Dazu muss allerdings akzeptiert werden, dass das Leben auch sehr bewegt verlaufen kann. Im Einzelnen kann der Veränderungsprozess folgendermaßen aussehen:

[...] Die nun folgenden Fragen sind hilfreich, wenn die Veränderung bereits eingetreten ist.

- Hat die Veränderung bei Ihnen irgendwelche Gefühle der Schuld, des Zorns, der Verletztheit oder der Enttäuschung hinterlassen?
- Sind Sie darüber zufrieden, glücklich oder erfreut?

- Sind Sie erleichtert, weniger angespannt,weniger gestresst?
- Sehen Sie sich in einem anderen Licht als zuvor (entweder in einem besseren oder in einem schlechteren)?
- Haben Sie durch diese Veränderung an Zuversicht gewonnen oder verloren?
- Nehmen Sie andere seit Eintreten der Veränderung anders wahr (entweder günstiger oder weniger günstig)?

Sie können die Fragen einfach mit „Es kommt darauf an“ beantworten und sich nicht weiter darum kümmern. Aber Sie können diese Übung auch als eine interessante Untersuchung darüber ansehen, in welchem Maße Sie über Ihr eigenes Leben entscheiden, wie gut Sie mit Ihren Gefühlen zurechtkommen und wie Sie sich dazu motivieren, Veränderungen herbeizuführen.

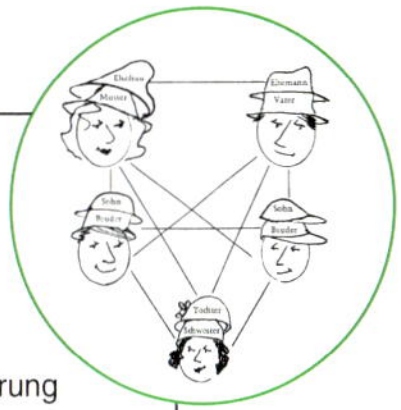

PHASE 1
Status quo
Notwendigkeit einer Veränderung taucht auf; Schmerz, Ungleichgewicht usw.

PHASE 2
Notwendigkeit einer Veränderung wird artikuliert. Fremdes Element dringt in das System ein.

PHASE 3
Chaos
Bewegung vom dysfunktionalen zum funktionalen Zustand.
Vom Vertrauten zum Unbekannten.
Angst, Furcht

PHASE 4
Integration neuer Lernerfahrungen.
Neue Sicherheit
Neues Gefühl des Wohlbehagens
Neue Hoffnung

PHASE 5
Übungsphase
Stärkung des neuen Zustands.

PHASE 6
Neuer Status quo
Gleichwertigkeit
Harmonie
Ganzheit
Ausgewogenheit
Offen für neue Möglichkeiten und Wohlbehagen statt Vertrautheit

(Virginia Satir/John Banmen/Jane Gerber/Maria Gomori, Das Satir-Modell: Familientherapie und ihre Erweiterung, Paderborn 1995, S. 136f.)

Im Griechischen meint der Begriff *krisis* eine Situation, in der eine Entscheidung ansteht – etwa eine Trennung, eine Wendung zum Guten oder Bösen, eine kranke Entwicklung, die zur Gesundung oder zum Tod führt. Erst im 18. Jahrhundert wurde es üblich, unter dem Einfluss des französischen *la crise* jene Situation so zu bezeichnen, die man als „Klemme“, „Bedrohung“ oder auch „schwierige Entwicklung“ erlebt. Treffend heißt es deshalb im Grimm'schen Wörterbuch (5. Bd., Sp. 2332): Die Krise ist „die entscheidung in einem zustande, in dem altes und neues, krankheit und gesundheit u. ä. mit einander streiten.“
Wer oder was immer in einer Krise steckt, kennt noch nicht den Ausgang. Alles ist möglich: Bewältigung oder Untergang, Rettung oder Vernichtung. […]
Die Krise ist Gefährdung und Chance zugleich. (Rainer Winkel, PÄD Forum Okt. 97, S. 415)

Was gibt letztlich den Ausschlag, ob eine Krise als Chance oder als Gefährdung erlebt wird?

Die hier beschriebenen Veränderungsprozesse sind nicht immer alleine zu leisten, manchmal reicht auch eine Freundin/ein Freund nicht aus, da sie nicht immer genügend Abstand haben oder vielleicht Angst, ihre wirklichen Gefühle mitzuteilen. Ein Therapeut/eine Therapeutin kann Dank seiner/ihrer professionellen Ausbildung ein manchmal notwendiger Wegbegleiter sein, der einem hilft, Ressourcen zu entdecken oder/und auch neue Sichtweisen oder sogar Verhaltensmöglichkeiten zu erspüren:

Bewusste Veränderung, einschließlich Therapie, ist das Bemühen, ein anderes Seinsgefühl zu entwickeln, zu anderen Erwartungen und Wahrnehmungen, einer anderen Art des

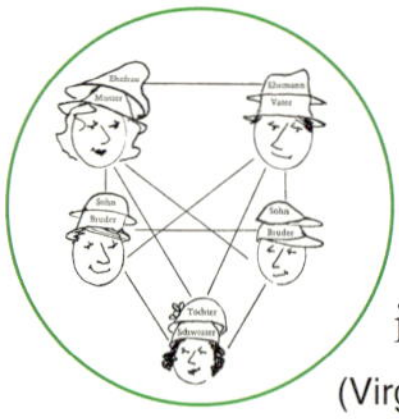

Umgangs mit Gefühlen und zu funktionelleren Arten des Umgangs mit Problemen zu finden. All dies führt natürlich letztlich zu einem veränderten Verhalten, aber das Verhalten repräsentiert nur die sichtbare, äußere Form der komplexen inneren Grundlagen.

(Virginia Satir/John Banmen/Jane Gerber/Maria Gomori, Das Satir-Modell: Familientherapie und ihre Erweiterung, Paderborn 1995, S. 111)

Versuchen Sie mit Therapeuten Kontakt aufzunehmen und informieren Sie sich über ihre Arbeitsweisen und ihre Ziele.

Pädagogische Anwendung

Alles eine Einstellungssache ...

Virginia Satirs therapeutische Glaubenssätze

1. Veränderung ist möglich. Wenn eine äußere Veränderung schwierig ist, ist in jedem Fall eine innere Veränderung möglich.
2. Eltern tun zu jedem gegebenen Zeitpunkt ihr Bestmögliches.
3. Wir alle verfügen über die inneren Ressourcen, die wir brauchen, um unser Leben erfolgreich zu gestalten und um innerlich wachsen zu können.
4. Wir verfügen über Wahlmöglichkeiten, besonders wenn es darum geht, in angemessener Weise mit Stress umzugehen, statt einfach nur auf Situationen zu reagieren.
5. Therapie sollte sich auf die Gesundheit und die Möglichkeit der Klienten konzentrieren statt auf ihre Pathologien.
6. Hoffnung ist ein signifikanter Faktor oder Bestandteil von Veränderung.
7. Die Menschen treten in Beziehung zueinander auf der Grundlage ihrer Gemeinsamkeiten, und sie wachsen aufgrund ihrer Verschiedenartigkeit.
8. Ein Hauptziel jeder Therapie ist, dass wir in die Lage versetzt werden, eigenständig Entscheidungen zu treffen.
9. Wir alle sind Manifestationen der gleichen Lebenskraft.
10. Die meisten Menschen ziehen die Vertrautheit dem Sich-Wohlfühlen vor, besonders in Stresssituationen.
11. Das Problem liegt nicht im Problem als solchem, sondern in der Art des Umgangs mit Schwierigkeiten.
12. Gefühle sind ein Teil von uns. Wir alle haben sie.
13. Menschen sind im Grunde ihres Wesens gut. Um mit ihrem Selbstwertgefühl in Verbindung zu sein und dieses zu stärken, müssen sie ihren eigenen inneren Schatz finden.
14. Eltern wiederholen oft die Muster ihrer eigenen Ursprungsfamilie auch dann, wenn diese Muster dysfunktional sind.
15. Ereignisse der Vergangenheit können wir nicht ändern, lediglich die Auswirkungen, die sie auf uns haben.
16. Die Vergangenheit zu schätzen und zu akzeptieren vergrößert unsere Fähigkeit, die Gegenwart zu bewältigen.
17. Ein Ziel auf unserem Weg zur Ganzheit ist es, unsere Eltern als Menschen anzunehmen und ihnen auf der Ebene ihres Person-Seins (ihrer Individualität) zu begegnen, statt lediglich mit ihren Rollen in Kontakt zu treten.
18. An unseren Bewältigungsstrategien zeigt sich, wie es um unser Selbstwertgefühl bestellt ist. Je stärker unser Selbstwertgefühl ist, um so gesünder sind unsere Bewältigungsstrategien.

19. Menschliche Prozesse sind universell und deshalb in den unterschiedlichsten Zusammenhängen, Kulturen und äußeren Umständen zu finden.
20. Der Prozess ist die Straße der Veränderung. Zufriedenheit bildet den Kontext, in dem Veränderung stattfinden kann.
21. Kongruenz und ein starkes Selbstwertgefühl sind die Hauptziele des Satir-Modells.
22. Gesunde zwischenmenschliche Beziehungen gründen auf Gleichwertigkeit.

(Virginia Satir/John Banmen/Jane Gerber/Maria Gomori, Das Satir-Modell: Familientherapie und ihre Erweiterung, Paderborn 1995, S. 33, 34)

1. Sind diese therapeutischen Glaubenssätze Ihrer Meinung nach auch ‚pädagogische Grundsätze'?
2. Welche Aufgabe und Rolle hat eine Pädagogin/ein Pädagoge, wenn sie/er diese Grundsätze akzeptiert?
3. Wählen Sie fünf Grundsätze aus, die Ihnen besonders wichtig sind.

Ein Fallbeispiel – Familien und Systemtherapie in der Sozialpädagogischen Familienhilfe

Im letzten Jahr feierte die Sozialpädagogische Familienhilfe des Diakonischen Werkes Hagen ihr zehnjähriges Bestehen. Unser Dienst, in dem ich seit sieben Jahren tätig bin, hat sich zu einem anerkannten und etablierten Angebot der ambulanten Erziehungshilfe (§ 31 KJHG) in der Stadt Hagen entwickelt. [...] Die Arbeit mit Ressourcen und Kompetenzen der Familien ist bereits seit langem ein effektiver Bestandteil der Arbeit. Ebenso stellen biografische Hintergründe der Familien und Sozialisationsbedingungen eine wichtige Arbeitsgrundlage dar. Zusätzlich ist der Aufbau von Vertrauen und die Entwicklung einer professionellen Beziehung erforderlich.

Mit der folgenden Falldarstellung möchte ich die Möglichkeit der Anwendung von Familientherapie im Rahmen der SPFH skizzieren. Ich beschränke mich auf die wesentlichen Aspekte, da die adäquate Darstellung des vielschichtigen Prozesses an dieser Stelle nicht möglich ist.

Frau H. ist eine allein erziehende Mutter mit vier Kindern. Die Familie wurde vom Jugendamt als Multiproblemfamilie überwiesen. Die positive Grundhaltung der Mutter gegenüber dem Jugendamt stellte eine wichtige Voraussetzung dar. Von Beginn an waren Motivation und Kooperationsbereitschaft gegeben. Aufgrund der Schulversäumnisse der ältesten Tochter war das Jugendamt eingeschaltet worden. Die Mutter hatte der Bezirkssozialarbeiterin über weitere Probleme berichtet. Sie beklagte die mangelnde Anerkennung ihrer Autorität als Mutter. Ihr ältester Sohn verhalte sich innerhalb der Familie sehr aggressiv und höre nicht auf sie. Auch der unkontrollierte Konsum von Süßigkeiten der beiden mittleren Kinder mache ihr Sorgen, da beide bereits an erheblichem Übergewicht litten. Außerdem habe sie durch verschiedene Umstände ihre Verantwortung als Mutter sehr vernachlässigt.

[...] Es fanden insgesamt sechs Sitzungen in den Räumen der SPFH statt, die sich über einen Zeitraum von vier Monaten verteilten. [...] Die Herkunftsfamilie der Mutter stellte einen für die Problematik der Familie bedeutsamen Kontext dar. Sie wuchs mit ihrer Familie in einer Obdachlosenwohnung (städtische Notunterkunft) auf. Der Vater von Frau H. war alkoholkrank und verhielt sich häufig gewalttätig gegenüber seiner Frau und den Kindern. Die eigene Ehe geriet zu einer Wiederholung, weshalb sie sich von ihrem Mann trennte.

Die in der Obdachlosenwohnung erlebte Stigmatisierung bedeutete das permanente Gefühl der Minderwertigkeit und Andersartigkeit sowie ein daraus resultierendes niedriges Selbstwertgefühl. […] Die Familie erlebte sich als ‚schlimmer' und ‚schlechter' als andere. Durch Nachfragen meinerseits konnten jedoch ebenso Ausnahmen sowie Positives zur Familie entdeckt werden. Eines der wichtigsten Ziele stellte in dieser Familie die Stärkung des Selbstwertgefühls dar.

Die eigene Mutter erlebte Frau H. als verantwortungsbewusste Frau, die stets zuerst an die Kinder gedacht habe und dann erst an sich. Auch Frau H. stellte die eigenen Bedürfnisse zum Preis ihrer Lebensqualität zurück und erkannte, dass sie bislang in vielen Bereichen durchaus Verantwortung für ihre Kinder übernommen hatte. Sie betrachtete dies als ihre „Pflicht" und konnte ihr eigenes Handeln nur schwer würdigen. Die Kinder äußerten den Wunsch, die Mutter solle doch auch einmal an sich denken. Darüber zeigte Frau H. sich überrascht und wehrte zunächst ab. Erst im späteren Verlauf des Prozesses veränderte sich ihre Haltung.

Mit Hilfe der Erstellung einer Familienskulptur wurde der von allen als positive Ressource erlebte Familienzusammenhalt deutlich. Gleichzeitig zeigte die Skulpturarbeit der Mutter auf, dass die eigene zentrale Position ihr nur wenig Handlungsspielraum ermöglichte. Die beiden älteren Töchter wirkten quasi wie „verlängerte Arme" der Mutter. Auch im realen Familienalltag übernahmen beide häufig Außenkontakte, zB. Einkäufe, Behördengänge etc.

Das Thema einer weiteren Sitzung waren die Kommunikationsstrukturen innerhalb der Familie. So wurden Wünsche und Forderungen entweder mit Gewalt oder Erpressung durchgesetzt. Zu diesem Thema habe ich beispielhaft an dem Interaktionsmuster zwischen der Mutter und ihrem ältesten Sohn gearbeitet. Bemerkenswert war, dass das in der Familie als aggressiv geltende Kind außerhalb (Kindergruppe, Schule) häufig als lieb und umgänglich beschrieben wurde. Bei der genaueren Betrachtung fiel Frau H. auf, dass ihr Sohn einen Weg gefunden hatte, auf seine Bedürfnisse aufmerksam zu machen. Frau H. versuchte in der Folgezeit, seine Bedürfnisse genauer wahrzunehmen und darauf einzugehen. Seinem aggressiven Verhalten maß sie weniger Bedeutung bei und versuchte es zu ignorieren.

Wichtig war, dass Frau H. die zu ihrem Lebensalltag passenden Handlungsweisen selber entwickelte und ausprobierte. Auch die Kinder trugen durch Vorschläge und Ideen zu Veränderungen des Umganges miteinander bei. So schlugen sie beispielsweise ein gemeinsames Frühstück vor. Die von diesem Wunsch zunächst überraschte Mutter ging bereitwillig darauf ein und berichtete nach einiger Zeit, dass sie Stolz und Befriedigung empfinde, ihren Kindern das Frühstück zuzubereiten. Bisher gab es keine gemeinsamen Mahlzeiten oder andere gemeinsame Rituale. Bereits nach wenigen Wochen beschrieb die Familie erste Veränderungen. Mit der Wahrnehmung eigener Kompetenzen und Ressourcen vertraute die Familie mehr und mehr eigenen Ideen und Lösungen.

Die älteste Tochter hat sich mit Hilfe der Mutter um eine berufsvorbereitende Maßnahme gekümmert. Das aggressive Verhalten des ältesten Sohnes hat erheblich abgenommen und wird von der Familie nicht mehr als Problem definiert. Der Kontakt untereinander wird von allen als wesentlich verbessert beschrieben. Weiterhin haben sich die Rollen und Positionen innerhalb der Familie verändert. Die älteste Tochter, die lange eine Partnerfunktion für die Mutter hatte, ist entlastet, wie sich auch die symbiotische Beziehung der Mutter zum jüngsten Sohn langsam gelockert hat.

Auf die mir bewussten Probleme des Settings und meiner Rolle konnte ich in meiner Darstellung nicht eingehen. In den Räumen der Familie hat sich meine Rolle eher zu der einer „Sachkundigen in sozialarbeiterischen Fragen" umgewandelt. Die Familientherapie hat jedoch insgesamt die sozialarbeiterischen Anteile in dieser Familie reduziert. Dabei glaube ich, in einem hohen Maße dem Anspruch der Sozialpädagogischen Familienhilfe der „Hilfe zur Selbsthilfe“ gerecht geworden zu sein. Die Integration bietet neben einem hohen Beratungsniveau eine intensive Betreuungsmöglichkeit insbesondere in Krisensituationen. Mit dem gängigen Beratungssetting, z.B. einer Beratungsstelle, wäre man dieser Familie nicht gerecht geworden.

(Gerda Röttgers, Dipl.-Sozialarbeiterin, System – Sozialpädagogische Familienhilfe des Diakonischen Werkes Hagen, zit. nach: Ev. Fachverband für Erziehungshilfen in Westfalen Lippe e. V. [Hg]: Dazwischensein, Veröffentlichung anlässlich des 75-jährigen Bestehens, Münster 1996, S. 70f.)

1. Welche der vorher genannten therapeutischen Glaubenssätze werden an diesem Fallbeispiel deutlich?
2. Ein Prinzip systemischer Arbeit lässt sich folgendermaßen formulieren:

   ‚Es ist nützlicher, sich auf Lösungen und auf die Zukunft auszurichten und weniger auf das Problem und die Vergangenheit. Also: nicht in das Problem hinein, sondern aus dem Problem heraus, vom ‚problem talk' zum ‚change talk'. Als Berater/Beraterin nehme ich die Haltung des Nicht-Wissens, der Neutralität und Allparteilichkeit ein. Ich entscheide mich für eine innere Haltung und nicht nur für eine wirksame Methode, ich begegne den Sichtweisen anderer respektvoll und wertschätzend, es gibt kein ‚richtig' oder ‚falsch' in dem, was jemand denkt, fühlt oder sagt.'

   Nehmen Sie Stellung!

Das Video-Home-Training

Das Video-Home-Training ist eine aus den Niederlanden stammende Methode zur Diagnose, Beratung und Behandlung von Erziehungs- und Kommunikationsproblemen in Familien. Es geht dabei nicht um Defizitanalysen in Familien, sondern um das Training vorhandener Ressourcen.

Die Methode des VHT

Das VHT mit Familien wird von so genannten Home Trainern (HT) durchgeführt. Der HT geht in die Familie und macht, nachdem die Eltern über diese Methode informiert wurden, mit der Videokamera eine 5–10-minütige Aufnahme des alltäglichen Familienlebens (z.B. Essens-, Spiel- oder Zubettgehensituationen). Die Auswahl der Situationen treffen in der Regel die Eltern. Diese Aufnahmen analysiert der HT mit seinem Berater in Hinblick auf positiv verlaufene Kommunikationsprozesse.

Informationen über Störungen, Schwierigkeiten bzw. die Hilfefrage der Eltern wird dabei als Basis verschiedener Interpretationszusammenhänge genommen.

Dadurch entsteht ein differenziertes Bild der Familiendynamik und -struktur auf der einen Seite sowie der beteiligten Individuen auf der anderen Seite.

Der HT schaut mit den Eltern den Film an. Anhand der Aufnahmen verdeutlicht er den Eltern, welche Fertigkeiten sie verwenden, um zu einem erfolgreichen Austausch mit ihren Kindern zu gelangen. Auf Kontaktinitiativen der Kinder können Eltern anhand der gemachten Bilder aufmerksam gemacht werden. Das Video zeigt auf, welche und wie viele Ressourcen an Kontaktfähigkeit in der Familie noch erhalten sind und wo das Bedürfnis nach Wiederaufbau besteht.

Grundprinzipien

1. Eltern nehmen die Initiativen ihrer Kinder wahr und folgen diesen, d.h. Aufmerksamkeit für einander haben (Zuwendung und Augenkontakt);
2. Sie bestätigen den Empfang der Kontaktsignale des Kindes z.B. durch Kopfnicken, lächeln, freundlichen Tonfall;

3. Interaktionen werden in Worte gefasst und dadurch zustimmend benannt;
4. Eltern sorgen dafür, dass jedes Familienmitglied eine gleiche/notwendige Aufmerksamkeit bekommt – auf Reihenfolge beim Sprechen achten;
5. Eltern lenken die Interaktion und Kommunikation.

Der HT vermittelt den Hilfesuchenden Schritt für Schritt diese Fertigkeiten. So werden Eltern darin bestärkt, dass sie die Fertigkeit haben, konstruktiv mit ihren Kindern umgehen zu können, und ermutigt, in ihren Bemühungen weiterzumachen. Eltern erleben sich somit selbst als wirksam. Dadurch bekommen sie eine neue Sicherheit im Umgang mit ihren Kindern.
Nach Beendigung des VHT innerhalb einer Familie gibt es nach einigen Monaten einen erneuten Kontakt des HT zur Familie, bei dem weitere Entwicklungen in der Familie besprochen werden.

(M. Kühling [VHT-Beraterin], Ev. Kinder- und Jugendhäuser „Blaukreuzwäldchen", Münster, in: Ev. Fachverband für Erziehungshilfen in Westfalen Lippe e. V. [Hg.]: Dazwischensein, Veröffentlichung anlässlich des 75-jährigen Bestehens, Münster 1996, S. 73f.)

Neue Möglichkeiten, neue Chancen?

Reflektieren Sie noch einmal die präventiven und intervenierenden Möglichkeiten, die Sie in zuvor von Ihnen bearbeiteten Waben dieses Themenkreises herausgefunden haben. Stellen Sie diesen die systemische Sichtweise bzw. den Satir'schen Ansatz vergleichend gegenüber.

P Projektvorschlag zum selbstständigen Weiterarbeiten

Die folgende **Übung** bietet Ihnen die Möglichkeit ganzheitliche Erfahrungen mit sich selbst zu machen.
Sie haben natürlich jederzeit die Freiheit und auch die Möglichkeit die Übung abzubrechen. Überlegen Sie vorher gut, ob Sie mit Ihrem Kurs diese Übung durchführen wollen. Für diese Übung sollte ein ruhiger Ort gewählt werden, bis zu vier Stunden sollten zur Verfügung stehen. Der Leiter/die Leiterin dieser Übung (Ihr Fachlehrer/Ihre Fachlehrerin, ...) gibt die Anweisungen und steht für angeforderte Unterstützungen zur Verfügung. Bedenken Sie:

Die Ergebnisse Ihrer Arbeit gehören nur Ihnen!

Benötigtes Material: großformatiges Paketpapier oder Tapeten, Bleistifte, dicke Filzstifte oder Wachsmalstifte, Papier zum Schreiben.

1. Jeder Teilnehmer/jede Teilnehmerin legt sich auf eine Papierbahn und lässt mit Bleistift von sich den Körperumriss nachzeichnen.
   Ziehen Sie danach mit einem dicken Filzstift o.Ä. die Bleistiftlinie nach, Sie können auch Korrekturen vornehmen.
2. Schreiben Sie auf die Papierbahn an die Stelle Ihrer Wahl die folgenden Sätze, die Sie dann möglichst ergänzen sollten:
   A: – *Ich kann gut ... (positive Eigenschaften)*
   B: – *Ich wäre gerne ... (Wünsche und Hoffnungen)*
   C: – *Mir macht Angst, wenn ...*
   Nehmen Sie sich für diesen Teil genügend Zeit!

3. Schreiben Sie von den Ergänzungen zu den drei Sätzen jeweils eine Ergänzung auf ein Blatt Papier und setzen Sie sich dann alle in einen Kreis.
4. Stellen Sie sich hin und lesen Sie den Satz A mit Ihrer Ergänzung den anderen Teilnehmern/Teilnehmerinnen vor, danach sofort den Satz C, ebenfalls mit Ihrer gewählten Ergänzung. Die anderen Teilnehmer/Teilnehmerinnen geben Ihnen jetzt eine Rückmeldung über die Unterschiede zwischen den beiden ‚Vorträgen' von A und C:
   Hat sich die Körperhaltung verändert, woran hat sich Ihr Körper jeweils ‚festgehalten', hatten Sie immer genügend ‚Halt' bei den beiden Vorträgen?
   Waren der Stimmfall, die Stimmung unterschiedlich?
   ...
   Diskutieren Sie Ihre Eindrücke!
   Danach ist der nächste Teilnehmer/die nächste Teilnehmerin an der Reihe.
5. Bevor Sie nun Satz B mit Ihrer Ergänzung vortragen, soll Ihr linker Nachbar/Ihre linke Nachbarin vermuten, an welcher Stelle Ihres Rückgrates Sie sich von seiner/ihrer Hand einen unterstützenden Druck wünschen würden.
   Korrigieren Sie gegebenenfalls die Stelle und die Intensität des Druckes und tragen Sie dann den anderen Teilnehmern Ihren Satz B einschließlich Ihrer Ergänzung vor.
   Wie haben Sie sich bei dem Vortrag gefühlt?
   Fragen Sie gezielt nach Rückmeldungen!
   Zum Abschluss sollte Ihr Nachbar/Ihre Nachbarin die Stelle Ihrer Rückgrates noch einmal kurz, aber intensiv massieren, damit Sie Ihnen in guter (Körper-) Erinnerung bleibt.
6. Nachdem alle Teilnehmer/Teilnehmerinnen Ihren Satz B entsprechend der in 5. gegebenen Anweisungen vorgetragen haben, sollte jeder Teilnehmer/jede Teilnehmerin mindestens drei unterstützende Maßnahmen bzw. Hilfen aufschreiben, damit ihr Satz B in Erfüllung gehen kann.
   Wenn Sie wollen, können Sie sich mit einem Partner darüber austauschen.
7. In einer Abschlussrunde sollten Sie sich über Ihre Erfahrungen mit dieser Übung austauschen.

Hinweise:

In dem Buch von Virginia Satir und Michele Baldwin, Familientherapie in Aktion, Paderborn 1989, finden Sie eine längere Darstellung einer familientherapeutischen Sitzung von Virginia Satir mit einer sechsköpfigen Familie. Auf der linken Seite finden Sie die authentischen Äußerungen der Familienmitglieder bzw. der Therapeutin Virginia Satir, zugehörig auf der rechten Seite die entsprechenden Kommentare zum therapeutischen Prozess.

Es ist durchaus möglich, mit einer entsprechenden Vor- und Nachbereitung an einem Tag diese ganze Therapiesituation nachzuspielen und dabei noch einmal den wachstumsorientierten Ansatz Virginia Satirs und ihre besondere systemische Sichtweise nachzuvollziehen.

Literaturtipp:

Arist von Schlippe/Jochen Schweitzer, Lehrbuch der systemischen Therapie und Beratung, Vandenhoeck & Ruprecht, Göttingen 1999

3 Reflexionen: „Die geborenen Experten“ – Methoden und Ergebnisse der neuen Säuglingsforschung

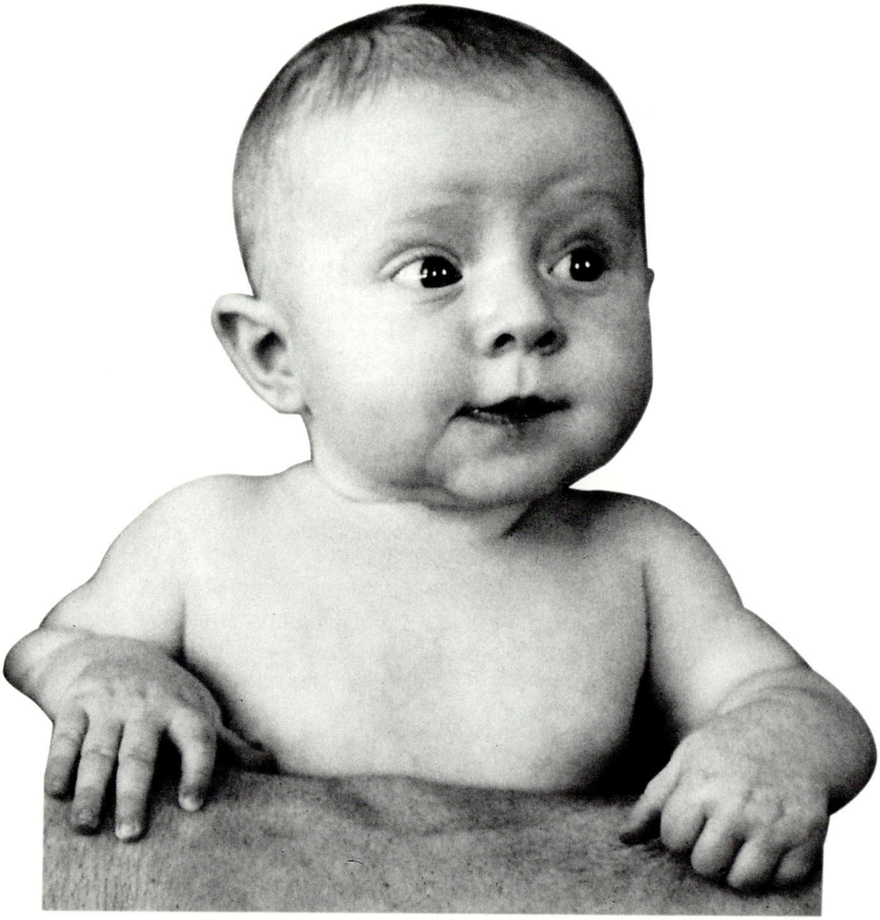

(Foto: © Nicholas DeVore III Photographers/ Aspen)

Welche Assoziationen löst dieses Foto bei Ihnen aus?

Die Lebenserfahrung des Säuglings

Daniel Stern, amerikanischer Entwicklungspsychologe, ist einer der Pioniere der neuen Säuglingsforschung. In seinem Buch „Die Lebenserfahrung des Säuglings“, das 1985 in den USA erschien und 1992 erstmals in deutscher Übersetzung vorlag, beschreibt er Methoden und Ergebnisse der neuen Säuglingsforschung.
Stern geht davon aus – und mit neuen Methoden kann die Säuglingsforschung dies auch belegen –, dass bereits unmittelbar nach der Geburt der Säugling seine Umwelt aktiv wahrnimmt, aktiv Reize auswählt und aktiv Antwortreaktionen tätigt.
Auch ein erstes Gefühl seiner selbst, Stern nennt es „Empfindung des auftauchenden Selbst“, ist vorhanden. Dieses differenziert sich immer weiter aus, bis es auf der Verhaltensebene bewusst interagiert und dann mit dem Medium der Sprache weitere Differenzierungsmöglichkeiten hinzukommen.

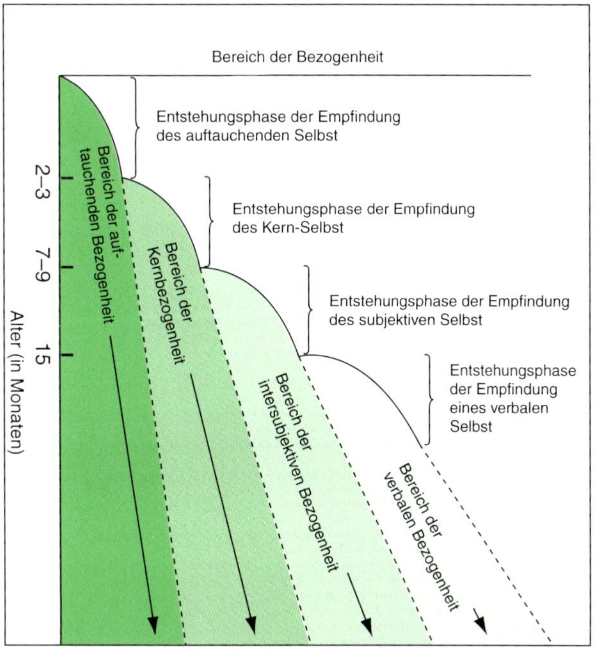

(Aus: Daniel N. Stern, Lebenserfahrung des Säuglings. Aus dem Amerikanischen übersetzt von Wolfgang Krege. Die Übersetzung wurde überarbeitet von Elisabeth Vorspohl. © 1985 by Basic Books, Inc., Publishers, New York. Stuttgart: Klett-Cotta, 1992, 5. Auflage 1996, S. 56)

Das Empfinden des auftauchenden Selbst

Das Alter von zwei Monaten markiert eine fast ebenso deutliche Schwelle wie die Geburt selbst. Etwa mit acht Wochen machen die Säuglinge eine qualitative Veränderung durch: sie fangen an, direkten Blickkontakt aufzunehmen. Bald darauf werden sie häufiger lächeln, ein Lächeln erwidern oder sich davon anstecken lassen. Sie beginnen zu gurren. Tatsächlich geht während dieses Entwicklungsschritts weit mehr vor, als sich in den nun vermehrt auftretenden, beobachtbaren sozialen Verhaltensweisen widerspiegelt. Die meisten Lernprozesse verlaufen schneller und sind umfassender. Die Strategien zur aufmerksamen Beobachtung der Außenwelt verändern sich mit den neuen Möglichkeiten des visuellen Abtastens. Die motorischen Verhaltensmuster reifen. Die sensomotorische Intelligenz erreicht eine höhere Stufe, wie Piaget dargestellt hat. Elektroenzephalogramme zeigen große Veränderungen. Das Hormonniveau stabilisiert sich, ebenso wie die Schlaf- und Aktivitätszyklen. Fast alles ändert sich. Und alle Beobachter von Säug-

lingen, einschließlich der Eltern, stimmen in dieser Feststellung überein (Piaget 1952; Sander 1962; Spitz 1965; Emde et al. 1976; Brazelton et al. 1979; Haith 1980; Greenspan und Lourie 1981; Bronson 1982).

Bis zu diesem Entwicklungsschritt, so wird gemeinhin angenommen, befindet sich das Kind in einer Art präsozialer, präkognitiver und noch nicht organisierter Lebensphase, die sich von der Geburt bis ins Alter von zwei Monaten erstreckt. Die zentralen Fragen dieses Kapitels lauten: Wie könnte der Säugling die soziale Welt während dieser ersten Phase erleben? Und wie könnte sein Selbstempfinden während dieser Zeit beschaffen sein? Ich komme zu dem Ergebnis, dass der Säugling während der ersten zwei Monate aktiv ein Empfinden seines auftauchenden Selbst entwickelt. Es ist das Empfinden einer im Entstehen begriffenen Organisation, und es ist ein Selbstempfinden, das während des gesamten weiteren Lebens aktiv bleiben wird. Ein übergreifendes Selbstempfinden ist in dieser Phase noch nicht erreicht, aber es ist im Auftauchen begriffen. Um zu verstehen, wie dieses Ergebnis erzielt wurde, ist es notwendig, den mutmaßlichen Charakter der kindlichen Erlebensweise in diesem Alter zu verstehen.

In den letzten fünfzehn Jahren hat in der Beobachtung und Beurteilung von Säuglingen eine Revolution stattgefunden. Diese Revolution hat u.a. zur Folge, dass man das subjektive Sozialleben des Säuglings während der ersten zwei Lebensmonate einer Neubetrachtung unterziehen muss.

Beobachtung während der ersten Lebensmonate: eine Revolution in der Säuglingsforschung

Die folgende Darstellung der Revolution in der Säuglingsforschung hat mehrere Aufgaben: sie soll kindliche Fähigkeiten aufzeigen, die die Entstehung eines Selbstempfindens beeinflussen, Fähigkeiten, von denen vor zehn oder zwanzig Jahren noch niemand glaubte, dass sie so früh überhaupt schon vorhanden seien; sie entwickelt ein Vokabular und stellt eine Reihe von Begriffen vor, die zum Verständnis der weiteren Ausführungen erforderlich sind; und schließlich soll sie das Bezugssystem erweitern, in das der Säugling von Klinikern und anderen Interessenten, die die schnell anwachsende Literatur über die frühe Kindheit nicht verfolgen konnten, für gewöhnlich gestellt wird. Die Kenntnis der neu entdeckten Fähigkeiten der Säuglinge wird allein schon für eine solche Erweiterung sorgen.

Schon immer hätten die Menschen den Säuglingen gerne mancherlei Fragen gestellt. Was sehen, riechen, fühlen, denken oder wünschen Säuglinge? An guten Fragen war kein Mangel, wohl aber an Antworten. Wie könnte ein Säugling Antwort geben? Die Revolution in der Forschung kam zustande, indem man die Situation auf den Kopf stellte und nicht länger nach geeigneten Fragen suchte, die man dem Säugling stellen könnte, sondern sich überlegte, welches Verhalten des Säuglings (z.B. das Saugen) vielleicht als Antwort dienen könnte. Mit dieser simplen Umkehrung begann die Suche nach kindlichen Fähigkeiten, die man möglicherweise als Antwort verstehen könnte (Reaktionsmessungen), und die Revolution kam in Gang.

Noch eine weitere Veränderung der Sichtweise war nötig, nämlich die Einsicht, dass die Verhaltenszustände des Neugeborenen sich nicht auf Schlaf, Hunger, Nahrungsaufnahme, Unruhe, Schreien oder lebhafte Aktivität beschränken. Wäre dies der Fall, so bestünden alle potenziellen, am Verhalten ablesbaren „Antworten" entweder in der Aktivität selbst oder sie würden durch eine andere Aktivität oder einen anderen Zustand ausgeschlossen. Aber so verhält es sich durchaus nicht. Von Geburt an befindet sich der Säugling oft in einem Zustand der so genannten wachen Inaktivität, in dem er körperlich ruhig und wach ist und offenbar äußere Vorgänge in sich aufnimmt (Wolff 1966). Darüber hinaus kann die wache Inaktivität mehrere Minuten lang, manchmal noch länger, andauern, und sie tritt regelmäßig und oft auf, solange das Kind wach ist. Die wache Inaktivität ist das erforderliche Zeit-„Fenster“, durch das hindurch den Neugeborenen Fragen gestellt und aus ihren Aktivitäten Antworten abgelesen werden können.

Die Frage, um die es hier geht, lautet: Wie können wir erfahren, was der Säugling „weiß“? Die guten „Antworten“ müssen leicht beobachtbare, häufig ausgeführte Verhaltensweisen sein, die der willkürlichen Muskelkontrolle unterliegen und während der wachen Inaktivität abrufbar sind. Drei Verhaltensweisen können, und zwar von Geburt an, als „gute Antworten“ dienen: Kopfwenden, Saugen und Blicken.

Das Neugeborene kann weder seine Kopfbewegungen hinreichend kontrollieren noch den Kopf in aufrechter Position hochhalten. Wenn es aber auf dem Rücken liegt, sodass der Kopf abgestützt ist, reicht seine Muskelkontrolle aus, den Kopf nach rechts oder links zu wenden. Das Kopfwenden wurde zur Antwort auf folgende Frage: Können Säuglinge die Milch ihrer Mutter am Geruch erkennen? Mac Farlane (1975) ließ drei Tage alte Säuglinge auf dem Rücken liegen; auf die eine Seite legte er neben ihren Kopf eine Stilleinlage der eigenen, auf die andere Seite die Stilleinlage einer fremden Mutter. Die Neugeborenen drehten den Kopf zuverlässig zur Stilleinlage der eigenen Mutter hin, gleichgültig auf welcher Seite sie lag. Das Kopfwenden beantwortete MacFarlanes Frage also positiv: Säuglinge können die Milch der eigenen Mutter am Geruch erkennen.

Neugeborene verfügen über eine hervorragende Saugfähigkeit. Ihr Leben hängt davon ab, und dieses Verhalten wird mit willkürlichen Muskelbewegungen kontrolliert. Auch wenn sie nicht gestillt werden, saugen sie gern an allem, was sich dazu anbietet, auch an der eigenen Zunge. Dieses nicht-nutritive Saugen erfolgt in den Phasen wacher Inaktivität, sodass es möglicherweise eine „gute Antwort“ darstellt. Man kann Neugeborene schnell darauf trainieren zu saugen, damit etwas passiert: Man steckt dem Kind einen Schnuller, in dem sich ein elektronischer Druckumwandler befindet, in den Mund. Dieser ist mit dem Auslösemechanismus eines Tonbands oder eines Bilderkarussells verbunden, und wenn das Kind mit einer bestimmten Intensität und Frequenz saugt, beginnt das Tonband zu laufen bzw. erscheint ein neues Bild. Auf diese Weise kontrolliert das Kind, was es sieht oder hört, indem es eine bestimmte Intensität und Frequenz der Saugbewegungen beibehält (Siqueland und DeLucia 1969). Mit diesem Experiment versuchte man die Frage zu beantworten, ob Säuglinge der menschlichen Stimme besonderes Interesse entgegenbringen und sie anderen Geräuschen gleicher Höhe und Lautstärke vorziehen. Die Saugfrequenz der Kinder beantwortete die Frage positiv (Friedlander 1970).

Die Augenmuskulatur der Säuglinge ist im Wesentlichen schon bei der Geburt voll entwickelt. Neugeborene können in der ihnen angemessenen Fokaldistanz verhältnismäßig gut sehen; die Reflexe, die die Augenbewegungen beim Fixieren und Begleiten eines Objekts steuern, sind bereits vorhanden. Das Blickverhalten ist also eine dritte potenzielle „Antwort“. Als Antwort auf die Frage, ob Säuglinge menschliche Gesichter lieber ansehen als verschiedene andere Muster, dienten Fantz (1963) in einer Reihe bahnbrechender Untersuchungen die visuellen Präferenzen der Säuglinge. Tatsächlich zeigen sie eine Vorliebe für Gesichter, aber die Gründe dafür sind kompliziert. (Man beachte, dass alle drei in diesen Untersuchungen gestellten Fragen interpersonale oder soziale Themen betreffen und die frühe Responsivität der Kinder auf ihre soziale Umwelt bezeugen).

Um solche „Antworten“[1] mit interessanteren Fragen zu verbinden, wurden mehrere Paradigmen entwickelt und ausgearbeitet. Um zu erfahren, ob ein Säugling eine bestimmte Sache lieber mag als eine andere, muss man nur die beiden Reize in einem „gekoppelten Vergleichs-Präferenz-Paradigma“ miteinander konkurrieren lassen, um zu

[1] Auch Veränderungen der Herzfrequenz und andere Messwerte können als psychische Reaktion auf äußere Ereignisse Antworten darstellen, entweder isoliert oder zur Validierung der Verhaltensantworten.

sehen, welcher von beiden mehr Aufmerksamkeit auf sich zieht. Wenn man zum Beispiel dem Säugling ein symmetrisches Muster zeigt, in dem die linke Seite das Spiegelbild der rechten ist, und ihm danach dasselbe Muster auf der Seite liegend zeigt, sodass die obere Hälfte die untere spiegelt, wird er das rechts-links-symmetrische Muster länger ansehen als das horizontal-symmetrische (siehe Sherrod 1981). Folgerung: Säuglinge geben der Symmetrie um die vertikale Achse, die für das menschliche Gesicht charakteristisch ist, vor der Symmetrie um die horizontale Achse den Vorzug. (Man beachte, dass Eltern automatisch dazu neigen, ihr Gesicht zu dem des Kindes in die Vertikale zu bringen.)

Aber nehmen wir an, es gäbe keinerlei Präferenz: Können wir trotzdem feststellen, ob das Kind beide Reize auseinander halten kann? Um diese Frage zu beantworten, wird man irgendeine Form des „Habituations-/Dishabituations"-Paradigmas benutzen. Diese Methode beruht auf der Beobachtung, dass der Säugling auf einen Gegenstand, den man ihm wiederholt präsentiert, nach und nach schwächer reagiert. Vermutlich ist diese Habituationsreaktion darauf zurückzuführen, dass der ursprüngliche Stimulus mit der Neuheit auch an Wirkung verliert. Tatsächlich wird er für das Kind bald langweilig (Sokolov 1960; Berlyne 1966). Wenn man zum Beispiel wissen will, ob Säuglinge ein lächelndes von einem überraschten Gesicht unterscheiden können, zeigt man ihnen das lächelnde Gesicht sechs- bis siebenmal; sie beachten es immer weniger. Statt dem Säugling bei der nächsten Darbietung das lächelnde Gesicht zu zeigen, wie er es erwartet, präsentiert man das überraschte Gesicht derselben Person. Wenn die Säuglinge den Unterschied bemerken, werden sie dishabituieren: sie schauen das überraschte Gesicht ebenso lange an wie das lächelnde bei der ersten Präsentation. Wenn sie die beiden Gesichter nicht voneinander unterscheiden können, wird die Habituation nicht unterbrochen, d.h. sie schauen das überraschte Gesicht mit dem gleichen, geringen Interesse an, das die wiederholte Präsentation des lächelnden Gesichts auslöste.

Mit diesen Verfahren kann man nur erkennen, ob die Kinder einen Unterschied bemerken oder nicht. Man kann nicht erkennen, ob sie eine Vorstellung oder eine Repräsentation derjenigen Eigenschaften entwickelt haben, die im Allgemeinen ein Lächeln konstituieren. Um das zu erfahren, muss man einen Schritt weiter gehen, indem man zum Beispiel nachweist, dass ein Säugling ein Lächeln erkennt, gleichgültig auf welchem Gesicht es zu sehen ist. Erst dann kann man sagen, dass der Säugling eine abstrakte Repräsentation jener invarianten (unveränderlichen) Eigenschaften entwickelt hat, die unabhängig von varianten (veränderlichen) Eigenschaften, wie z.B. dem Gesicht, das das Lächeln zeigt, „Lächeln" konstituieren.

Mithilfe solcher Paradigmen und Methoden,

(© Charles Maurer)

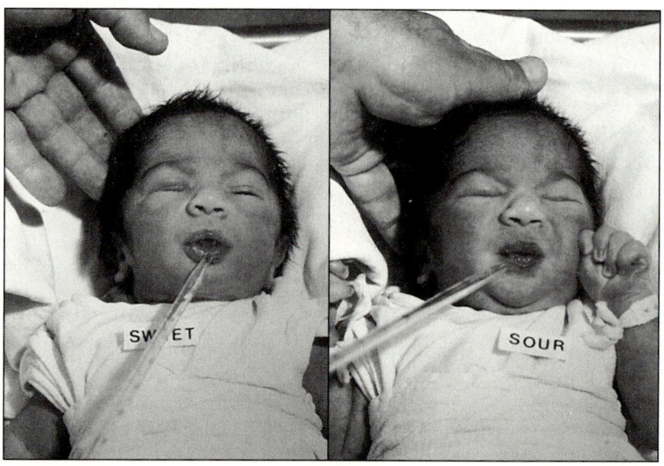

Zuckerwasser schmeckt dem Neugeborenen sichtlich. Der Hang zum Süßen ist offenbar angeboren, denn vor dem Versuch hat das wenige Stunden alte Kind noch keine Milch bekommen, deren Geschmack diese Vorliebe hätte auslösen können.

den Säuglingen „Antworten“ zu entlocken, wurde ein ansehnlicher Komplex von Informationen zusammengetragen. Die genannten Beispiele erklären nicht nur, wie man neue Erkenntnisse über Säuglinge gewinnen und welche Fähigkeiten man bei ihnen nachweisen kann; sie helfen uns auch, die Informationen über frühkindliche Wahrnehmung, kognitive und affektive Eigenschaften zu systematisieren, sodass wir einige allgemeine Prinzipien entwickeln können, auf die wir in diesem Kapitel an anderer Stelle angewiesen sein werden. Dies sind in Kürze:

1. Säuglinge suchen nach sensorischer Stimulierung. Mehr noch, dieses Suchen hat jene präemptorische Qualität, die eine Grundvoraussetzung für eine Hypothesenbildung über Triebe und Motivationssysteme darstellt.

2. Sie haben deutliche Vorlieben und Abneigungen im Hinblick auf die Sinneseindrücke, die sie aufnehmen wollen, und die Wahrnehmungen, die sie sich bilden. Diese sind angeboren.

3. Von Geburt an scheint es ein zentrales Bestreben zur Bildung und Prüfung von Hypothesen über das, was in der Welt geschieht, zu geben (Bruner 1977). Säuglinge nehmen fortwährend „Einschätzungen“ vor, indem sie sich fragen: „Ist dies anders als jenes, oder ist es dasselbe? Wie sehr weicht das, was mir eben begegnet ist, von dem ab, was mir früher begegnet ist?“ (Kagan et al. 1978). Es ist klar, dass dieses zentrale innerliche Bestreben, wenn es sich fortwährend realisiert, die soziale Welt rasch nach übereinstimmenden und kontrastierenden Mustern, Ereignissen, Zusammenhängen und Erfahrungen kategorisieren wird. Der Säugling wird schnell herausfinden, welche Merkmale eines Erlebnisses invariant und welche variant sind – d.h. welche Merkmale wesentlich zu der Erfahrung „gehören“ (J. Gibson 1950, 1979; E. Gibson 1969). Er wird dieselben Verfahren auf sämtliche Sinnesempfindungen und Wahrnehmungen anwenden, die ihm zugänglich sind, von den einfachsten bis zu den kompliziertesten – den Gedanken über die Gedanken.

4. Affektive und kognitive Prozesse lassen sich nicht ohne weiteres trennen. Bei einer einfachen Lernaufgabe baut sich Aktivierung auf und fällt wieder ab. Das Lernen selbst ist motiviert und affektgeladen. Ähnlich finden Wahrnehmungs- und kognitive Prozesse auch in intensiv affektiven Momenten weiterhin statt. Und schließlich haben affektive Erlebnisse (z.B. die vielfältigen Situationen der Überraschung) ihre eigenen unveränderlichen und veränderlichen Merkmale. Sich unter diesen zurechtzufinden, ist eine kognitive Leistung, die das affektive Erleben betrifft.

(Foto: Enrico Ferorelli/FOCUS)

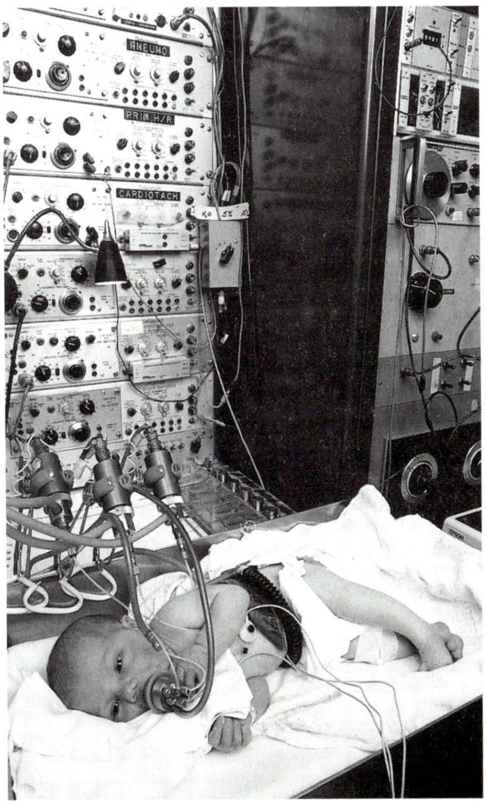

Hilflos scheint das Baby den Apparaten ausgeliefert zu sein. Dabei reguliert es sein Wohlbefinden aktiv. Bei diesem Experiment saugt das Kind um so häufiger am Schnuller, je weniger süß die Lösung in den Schläuchen ist.

Diese Auffassung des Neugeborenen, die durch die Revolution in der Forschung ermöglicht wurde, konzentriert sich in erster Linie auf seine kognitive Kompetenz und ist weitgehend durch die Art der experimentellen Beobachtungen bestimmt. Wie aber sehen Kliniker und Eltern das Neugeborene, und wie können wir uns die Affektivität des Neugeborenen vorstellen, seine Motivationen und Triebe, die es aus dem Zustand wacher Inaktivität heraustreiben? Dies ist vielleicht der Punkt, an dem das aus der Beobachtung gewonnene und das klinisch rekonstruierte Bild vom Säugling voneinander abzuweichen beginnen.

(Daniel Stern, Die Lebenserfahrung des Säuglings. Aus dem Amerik. von Wolfgang Krege. Die Übers. wurde bearbeitet von Elisabeth Vorspohl. © 1985 by Basic Books, Inc., Publishers, New York. Klett-Cotta, Stuttgart 1992, S. 61–67 [Auszüge])

1. Mit welchen methodischen Innovationen gelang es der neuen Säuglingsforschung, zu diesen Ergebnissen zu kommen?
2. Vergleichen Sie diese Ergebnisse mit dem Stand der Erkenntnisse, wie ihn Psychoanalytiker oder z.B. Jean Piaget formulierten.
   Weitere spannende Einblicke in diesen Bereich liefert das Heft GEO Wissen 2/1993 „Kindheit und Jugend", aus dem auch die Fotos entnommen sind.

„Ich höre – also bin ich"

I. Wir beginnen: hörend

Der menschliche Embryo – also jeder von uns – ist noch keinen Zentimeter groß (acht oder neun Millimeter – sieben oder acht Tage nach der Befruchtung der weiblichen Ei-Zelle; eben erst ist das kleine Zellbündel, das da zu wachsen beginnt, aus der Gebärmutter nach oben in den Uterus gewandert, damit es dort mehr Platz findet), da sind bereits mikroskopisch kleine Ansätze zur Bildung von Ohren an ihm erkennbar. Und dann wachsen diese Ansätze unverhältnismäßig schnell, und viereinhalb Monate nach der Befruchtung ist unser eigentliches Hörorgan, das sogenannte Labyrinth mit der Cochlea, komplett fertig.

Noch erstaunlicher ist, dass es gleich in seiner endgültigen Größe fertig ist. Wir alle wachsen, bis wir achtzehn oder neunzehn Jahre alt sind. Wir besitzen nur ein einziges Organ, das seine endgültige Größe erreicht, lange bevor wir geboren werden – unser Innenohr. Wir müssen noch einmal so lange im Bauch unserer Mutter verbringen – noch weitere viereinhalb Monate –, und dennoch ist unser eigentliches Hörorgan fertig.

Da ist also ein kleines Wesen, das hören will – mit einer Zielstrebigkeit, die die Wissenschaftler immer wieder verblüfft. In allem ist es von der Mutter abhängig – Atem, Blutkreislauf, Ernährung, Verdauungs- und Reinigungsfunktionen –, nur eines will es unbedingt selbst – so schnell wie möglich: hören!

Sogar die für unser erwachsenes Bewusstsein so wichtige Gabe des Geschlechtes beginnt sich erst nach etwa sechs Wochen auszuprägen. Aber das Ohr: nach sieben bis acht Tagen! Wie früh der Hörsinn in der Ontogenese des Lebens einsetzt, wird noch deutlicher bei Wesen, deren Lautsinn ähnlich reich entwickelt ist wie der der Menschen: bei den Vögeln. Da piepen und zirpen die kleinen noch nicht ausgeschlüpften Küken bereits im unversehrten Ei. Sie täten das nicht, wenn sie nicht hören könnten – in ihrer dünnen, sie schützenden Schale.

II. Wir enden: hörend

Gehen wir nun ans andere Ende unseres Lebens – wenn wir sterben. Die moderne Sterbeforschung – Elisabeth Kübler-Ross und andere, die Tod und Sterben so plötzlich in

unser Bewusstsein gerückt haben – (aufschlussreich ja für die Verdrängung des Todes in der westlichen Welt, dass Sterbeforschung eine so neue Disziplin ist – noch eben hätte kaum jemand an etwas Derartiges gedacht), … diese Sterbeforschung hat gezeigt: Wenn wir sterben – wenn alle unsere Sinne erlöschen – wenn wir vor lauter Schmerzen, die wir dann vielleicht haben, schon lange nichts mehr fühlen können – schon längst die Augen geschlossen halten – schon nichts mehr schmecken und nichts mehr riechen –, dann ist der Sinn, der bei der Mehrzahl der Menschen als letzter erlischt, der Hörsinn.

Deshalb richten sich die Aufforderungen des Tibetanischen Totenbuches – das weiseste Buch, das die Menschheit über Tod und Sterben besitzt (da gab es „Sterbeforschung“ schon vor achthundert Jahren!) – an den Sterbenden als an ein hörendes Wesen. Absatz für Absatz in diesem Buch – auf weite Strecken – beginnt mit den Worten „O Edelgeborener, höre!“ Ja, die Anweisungen, die da gegeben werden, richten sich auch an den bereits Gestorbenen, das Totenbuch ist also der Überzeugung, dass unser Hörsinn uns noch über die Grenze zwischen Leben und Tod hinausführe.

III. Hören = Sein

Damit ist deutlich: Keiner unserer Sinne deckt die Strecke, auf der wir in diesem Leben verweilen, so vollständig ab wie unser Hörsinn.

Deshalb immer wieder die „Ontologische Gleichung“ (die Ontologie ist die Wissenschaft vom Sein): Hören = Sein.

Wenn wir aufhören zu hören, dann hören wir auf zu sein!
Wenn wir beginnen zu hören, dann beginnen wir zu sein!
Ich höre – also bin ich!

Lauschen wir einen Augenblick dem Wort „aufhören“ nach. Die Sprache kann es nur deshalb gebildet haben – nur deshalb macht es seiner linguistischen Struktur nach Sinn –, weil Sprache, lange bevor unser Kopf dies erkannt hat, ahnt, fühlt, weiß: Wenn wir aufhören zu hören, dann hören wir auch mit irgendeiner Tätigkeit, die uns gerade beschäftigen mag, auf: Dann hören wir auf, etwas zu tun, zu gehen, zu reden, zu leben, hören letztlich auf zu sein.

(Joachim-Ernst Berendt, Ich höre – also bin ich. Hör-Übungen. Hör-Gedanken, Bauer, Freiburg 1989, S. 12–14)

Welche Konsequenzen für die Entwicklungsforschung und die Erziehung könnten aus einer solchen Erkenntnis gezogen werden?

Neues aus der Hirnforschung

Christian schnappt sich den Kochlöffel als Mikrofonersatz, zerwühlt sich die blonden Locken und setzt sich zur Musik von Michael Jackson in Szene: Der Fünfjährige hat den Hüftschwung der Pop-Ikone verinnerlicht, jeden Seufzer präzise einstudiert.

Laura singt das Kinderlied „Bruder Jakob“ hingebungsvoll in Englisch, Französisch und Italienisch. „Gibt es noch eins?“, fragt die Dreijährige neugierig und treibt die Eltern in die Bibliothek. Woher bekommt man den Text von „Bruder Jakob“ auf tschechisch oder spanisch?

Keine Wunderkinder: Christian und Laura sind beileibe keine frühreifen Genies, sie optimieren nur das Zusammenspiel ihrer 100 Milliarden Gehirnzellen. Mit schier unstillbarer Neugier suchen sie sich immer neue Reize und lernen scheinbar mühelos all das, was Erwachsene mitunter verzweifeln lässt: eine fremde Sprache oder eine verzwickte Tanzschrittkombination.

Erst seit wenigen Jahren untersuchen Neurobiologen, Biochemiker, Neuropsychologen und Psycholinguisten die „Plastizität“ unseres Nervensystems und sind zu überraschenden Ergebnissen gelangt: Frühkindliche Erfahrungen strukturieren das Gehirn; formen es wie Plastilin. Die Qualität und Menge der Inputs, die es in sensiblen Phasen aufnimmt, entscheiden, wie dicht und damit leistungsfähig die neuronalen Strukturen geknüpft werden.

In jeder dieser Entwicklungsphasen lernen Kinder bestimmte Fähigkeiten besonders schnell: Bewegungen, Sehen, Musik, Sprache und Emotionen. In diesen Zeitfenstern entstehen die „Information Highways“ zwischen verschiedenen Hirnarealen, mit denen wir später im Leben zurechtkommen müssen.

„Die Fenster fallen zu, eins nach dem anderen, mit jeder neuen Kerze, die auf der Geburtstagstorte brennt“, warnte kürzlich das US-Magazin „Newsweek“. Wolf Singer, Direktor im Frankfurter Max-Planck-Institut für Hirnforschung, unterstreicht diese Fenster-These: „Wenn die Verschaltung der Nervenzellen nicht zum richtigen Zeitpunkt erfolgt, lässt sich das nicht mehr nachholen.“

Mit dieser Erkenntnis sollten Wissenschaftler und Pädagogen die Lernangebote in Kindergärten und Schulen überdenken.

Wie lassen sich die „neuronalen Fenster“ optimal nutzen? Wann lernen Kinder leichter eine zweite Fremdsprache? Welche Rolle spielt die musikalische Förderung für räumliche Vorstellungskraft und logisches Denken?

Angela Friederici plädiert eher für ein spielerisches Lernen als den intellektuellen Drill. „Man sollte dem Kind vielfältige Stimuli schaffen und sehen, was es sich herauspickt.“ Die Gefahr, ein Kind mit Informationen zu überfluten, hält die Direktorin des Max-Planck-Instituts für Neuropsychologie in Leipzig für gering. „Das kindliche Verarbeitungssystem nimmt nur die Informationen, die es gerade gebrauchen kann.“ Im Kindergarten sollte man alles anbieten. „Einige Kinder haben im Vorschulalter Spaß daran, Worte zu entziffern, und andere fangen an, richtig zu lesen oder sich für Musik zu begeistern.“

Faszinierende Verbindungen: Bei der Geburt liegt nur der Grundbauplan der neuronalen Vernetzung vor. Die Gene legen die „Architektur“ unseres Gehirns fest. Eine Art Grundversorgung, um zu überleben: Herzschlag, die Atmung, die Körpertemperatur und einfache Bewegungsreflexe. Noch im Mutterleib und verstärkt nach der Geburt beginnt die Feinverschaltung. Diese „Inneneinrichtung“ des Hirns ist von Umweltreizen und Erfahrungen abhängig. „Neurone formieren sich erst durch den sensorischen Input, also durch akustische, visuelle und taktile Reize. So gestalten sich die Verbindungen zwischen den Zellensembles“, erklärt Max-Planck-Direktorin Friederici.

Mit dieser zweigeteilten Entwicklung des Gehirns – gentechnisch festgelegt und abhängig von Umweltreizen – ist ein strenger Ausleseprozess verbunden. Werden die im Überschuss angelegten Verbindungen zwischen den Neuronen in einer festgelegten Zeitphase nicht benutzt, verkümmern sie. Häufig durch Sinnesreize aktivierte Nervenzellen bilden dagegen immer mehr und stabilere Verknüpfungen. Dabei ebnen zahlreiche chemische Substanzen den Nervenfortsätzen ihren Weg durch den Wirrwarr der Neurone. Nur wenn sie die richtige Zielzelle erreicht haben, überleben sie (siehe Grafik S. 189).

In einer sensiblen Phase entstehen fast explosionsartig neue Verbindungen. Fortwährend perfektioniert sich die Kommunikation der Hirnzellen. Jede leitet dann Impulse zu rund 15000 anderen, oft weit entfernt liegenden, Neuronen. Es entsteht eines der komplexesten Netzwerke des Universums mit bis zu 10 Billionen Informationsschaltstellen, den Synapsen.

Dieser grandiose Lernprozess kann nur beginnen, wenn Sinnesreize das Hirn füttern. Lächelt eine Mutter ihr Baby an, festigen sich die Informationsbahnen von der Retina des Auges zum visuellen Cortex in der Hirnrinde. Singt ein Vater abends ein leises „Schlafe mein Prinzlein, schlaf ein, …“, entstehen immer mehr Quervernetzungen vom

Ohr zum Hörcortex im Schläfenlappen, und der nächtliche Trost in den wiegenden Armen der Eltern lässt die emotionalen Hirnareale des Sprösslings reifen.
Die revolutionäre Erkenntnis, dass wir selbst das Sehen erst lernen müssen, erarbeiteten die Nobelpreisträger Torsten Wiesel und David Hubel in den 70er-Jahren: Junge Katzen, denen ein Auge zeitweise abgedeckt wurde, blieben auch später auf diesem – im Prinzip gesunden – Auge blind. Visuelle Reize prägen die Sehrinde auf die Umwelt. Lässt man Katzen in einer Umgebung aufwachsen, in der sie nur vertikale Schwarzweißstreifen sehen, erkennen sie später in einer normalen Umgebung nur vertikale Linien.
Auch beim Menschen sind diese Lernfenster im Sehsystem des Gehirns nachgewiesen. Die kritische Phase liegt zwischen dem vierten und dem achten Lebensmonat, wenn Babys ihre Umwelt erkennen lernen. So bleiben Säuglinge und Kleinkinder, die in der Vergangenheit wegen einer Linsentrübung erst nach dem zweiten Lebensjahr operiert wurden, blind, auch wenn der optische Apparat des Auges nach dem Eingriff einwandfrei funktionierte – das Fenster für die neuronale Verkoppelung von Auge und Hirn war zu.
Spezifische Lernphasen, so vermuten die Neurowissenschaftler, existieren auch für viele andere Fähigkeiten.

● *Sprechen und Spracherwerb*

„Die Sprache ist ein Wunderwerk der Natur", begeistert sich Steven Pinker, Kognitionswissenschaftler am Massachusetts Institute of Technology in Boston, in seinem Buch „Der Sprachinstinkt".
Wir eignen uns, schreibt Pinker, die Sprache an wie Spinnen lernen, ein Netz zu weben. „Indem sie ihrem eigenen Lallen zuhören, schreiben Babys ihre eigene Gebrauchsanweisung." Schon vor der Geburt lauschen sie der Stimme ihrer Eltern. Später ahmen sie die Laute nach und besitzen mit fünf unbewusste grammatische Kenntnisse, die komplexer sind, als jedes Lehrbuch sie ausweist – allerdings nur in der Sprache, mit der sie aufwachsen. Unser Sprachzentrum passt sich schrittweise immer mehr dem angebotenen Reizmuster an.

(Aus: FOCUS Nr. 10/1996, S. 160 ff.)

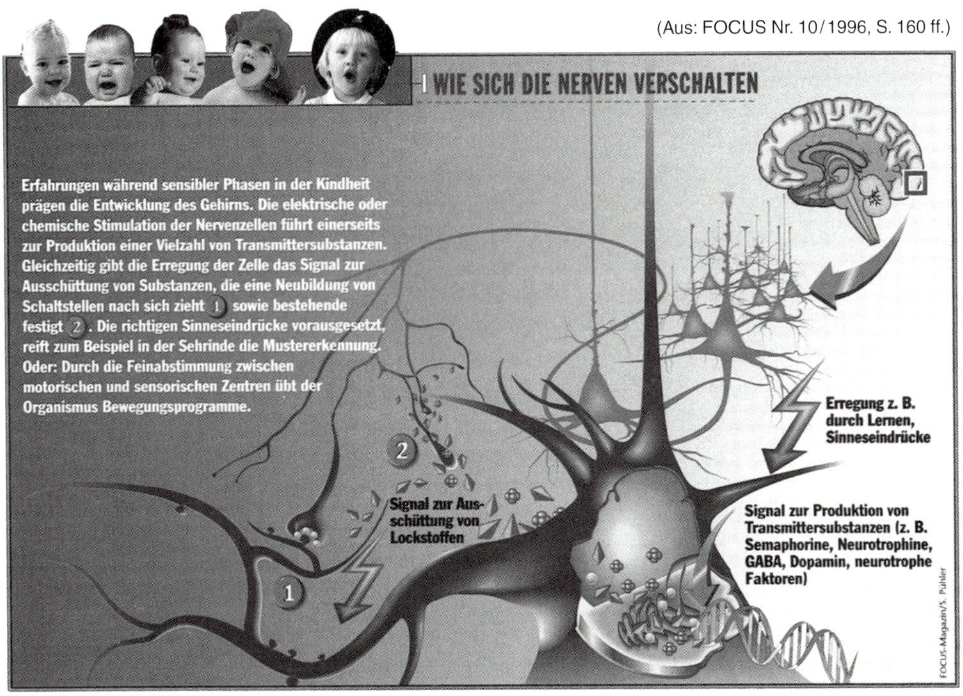

„Mit zwölf Monaten“, resümiert die US-Forscherin Patricia Kuhl von der University of Washington die Untersuchungen, „haben die Kinder die Fähigkeit verloren, Laute zu unterscheiden, die in ihrer Sprache keine Rolle spielen.“

Ihr Gehirn hat sich, gesteuert durch akustische Inputs, für eine Sprache entschieden. Etwa ab einem Jahr nimmt das Geplapper der Kinder die Lautart und den Rhythmus ihrer künftigen Muttersprache an. Dann liegen bei Japanern zum Beispiel die Neurone, die durch die Silben „ra“ und „la“ aktiviert werden, sehr nahe beieinander. Da ihre Sprache kaum Unterschiede zwischen den beiden Silben macht, können Japaner auch später nur schlecht zwischen „ra“ und „la“ unterscheiden, selbst wenn sie englisch sprechen.

Zweisprachig aufgewachsene Kinder sprechen beide Silben vermutlich deshalb akzentfrei, weil das neuronale Schaltmuster im Kopf nicht auf eine Erstsprache festgelegt ist. Doch das Fenster bleibt nicht lange offen: „Wahrscheinlich werden die Grundlagen für die hoch automatisierten Prozesse der syntaktischen Strukturierung bis zum vierten Lebensjahr gelegt“, sagt Friederici. Später können wir zwar noch eine Zweitsprache lernen, aber weit weniger effektiv. Die Chance, nach dem zehnten oder elften Lebensjahr eine Fremdsprache wie die Muttersprache zu beherrschen, ist gering. […]

● *Bewegung und Motorik*

Die Verdrahtung der motorischen Schaltkreise beginnt bereits in der siebten Schwangerschaftswoche. Doch erst am Ende des zweiten Lebensjahrs hat sich die neuronale Matrix im Austausch mit der Umwelt verfestigt: Das Gehirn kann jetzt schwierigere Bewegungsabläufe wie einen Purzelbaum auf der Wiese oder das Balancieren auf einer Mauer steuern. Zunächst lernt dabei das Kleinhirn, die unwillkürlichen Bewegungen zu koordinieren. Für zielgerichtete Aktionen ist das motorische Rindenfeld zuständig: einen Löffel mit leckerem Brei zum Mund führen oder Bauklötze stapeln.

Wer den Schaltkreis, z.B. wegen einer Krankheit oder einer Behinderung, bis zum vierten Lebensjahr nicht verankert hat, kann das Versäumte kaum noch nachholen. Ein Kind wird dann nie mehr richtig lernen, sich elegant und sicher zu bewegen.

● *Emotionen und Stress*

Wahrscheinlich bilden sich bereits im Mutterleib die Neuronenschaltkreise für unser Gefühlsleben aus. Die Hirnareale, die unsere Emotionen steuern, unterliegen genauso wie der Hörcortex, die Sehrinde, das motorische Rindenfeld oder das Gedächtnis einem erfahrungsabhängigen Reifungsprozess. Mit jedem Schmusen und Trösten, aber auch durch Gefühlskälte und Ablehnung intensivieren sich die entsprechenden Verbindungen im limbischen System.

Dieser Teil des Gehirns, der aus vielen verschiedenen Strukturen besteht, ermöglicht uns Empfindungen wie Angst, Freude, Wut und Glück. Ein anderes Areal, der präfrontale Cortex hinter der Stirn, verbindet dagegen Emotionen mit vernünftigem Handeln. Es ist das Emotionsgedächtnis, mit dem wir Gefühle einordnen und steuern. Genau dieser Bereich ist zum Beispiel zwischen dem sechsten und 20. Lebensmonat besonders aktiv. Dies konnte der US-Kinderarzt Harry Chugani mit PET-Aufnahmen nachweisen. In dieser Entwicklungsphase bauen Babys eine starke emotionale Bindung zu ihrer Bezugsperson auf. Im limbischen System entscheidet sich auch, ob wir in Stresssituationen gelassen, aggressiv oder verzweifelt reagieren. Traumatische Erfahrungen und emotionale Belastungen in der Kindheit hinterlassen dort eine Art bio-chemischer Narbe. Diese Kinder produzieren noch als Erwachsene bereits unter geringsten Belastungen zu viele Stresshormone. Geprägt wurde diese Fehlregulation in der sensiblen emotionalen Phase.

Gerade beim emotionalen Lernen sind genetische Ausstattung und frühe Erfahrungen eng verzahnt. So wird ein ängstliches Kind in der Regel trotz warmherzigster Ermutigung kein Draufgänger. Charaktereigenschaften wie Temperament oder Jähzorn dürften

zu einem guten Teil vererbt sein. Und da nützt dann auch die optimale Ausnutzung des „sensiblen Fensters“ wenig. Allerdings bleibt das Lernfenster für Emotionen sehr lange offen, vermutlich bis zur Pubertät. Bis dahin lernen wir grundlegende soziale Verhaltensmuster.

Unser Gehirn bleibt sogar bis ins hohe Alter plastisch und lernfähig, länger, als dies Forscher noch vor wenigen Jahren vermutet hätten. Die gleichen Signalmoleküle und Leitsubstanzen, die im Hirn eines Kindes aktiv sind, ermöglichen uns auch, geistig fit zu bleiben. Werden Nervenzellen zum Beispiel bei einem Schlaganfall zerstört, übernehmen benachbarte Zellen deren Aufgaben und organisieren sich neu. Nur lernen Erwachsene nicht mehr wie von selbst. Ist das sensible Fenster erst geschlossen, bedarf es einer gehörigen Portion Motivation und Anstrengung, um den Horizont zu erweitern.

● *Angeborene Talente.* Kinder suchen sich neugierig genau die Reize, die in jeder Entwicklungsphase ihren Wissensdurst stillen. Hoch begabte Kinder nehmen in ihrer Not sogar Telefonbücher, um mit drei Jahren lesen zu lernen. Ein Turntalent wird ganz von allein seinem Spaß an akrobatischen Übungen frönen, auch wenn den Eltern angesichts des Wagemuts das Herz stehen zu bleiben droht.

Jahrhunderttalente wie Boris Becker und Steffi Graf, die kaum den Windeln entwachsen auf dem Tennisplatz standen, trainierten ihre motorischen Künste genau zum richtigen Zeitpunkt. Kein Spätberufener kann selbst mit größtem Fleiß diesen Vorsprung wettmachen. Harry Chugani von der Wayne State University beobachtete, dass sich die meisten berühmten Komponisten bereits sehr früh intensiv mit Musik beschäftigten. „Genies“, sagt er, „hatten immer beides: Talent und eine optimale frühkindliche Förderung.“

(Gaby Miketta/Werner Siefer/Sharon Begley, in: Focus 10/1996, S. 160ff.)

1. Wie insgesamt in der neuen Säuglingsforschung gilt auch in der Hirnforschung: Neue methodische Möglichkeiten der Wissenschaft ermöglichen neue Erkenntnisse. Welche neuen methodischen Möglichkeiten wurden hier genutzt?
2. Welche „alten“ Einsichten werden durch diese Untersuchungen bestätigt und welche „neuen“ Einsichten wurden gewonnen?
3. Welche Konsequenzen müsste man aus pädagogischer Sicht ziehen?

Rück · Blick

In der Raummitte (Stühle und Tische zurückgeschoben) wird ein „Dimensionenkreuz“ auf dem Boden dadurch angedeutet, dass man z.B. die Begriffe „sehr wohl“ und „sehr unwohl“ bzw. „viel gelernt“ und „nichts gelernt“ sich gegenüberliegend auf Wortkarten auslegt. Den Kursteilnehmern/-teilnehmerinnen wird erklärt, dass sie durch ihre Stellung im Raum nun innerhalb dieses Dimensionenkreuzes andeuten können, wie zum einen ihre Befindlichkeit und zum anderen ihr Lernerfolg war.

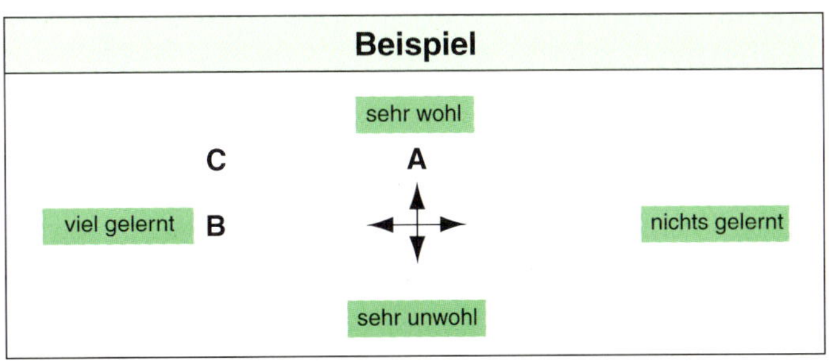

(Aus: Peter Brauneck/Rüdiger Urbanek/Ferdinand Zimmermann, Methodensammlung, Verlag für Schule und Weiterbildung, Soest 1996, Karte 070)

Nehmen Sie Ihre Position ein und tauschen Sie sich über Ihren jeweiligen ‚Standpunkt‘ aus.

4 Perspektiven: Was braucht der Mensch? Entwicklungs-Wege

(Foto: Kathrin Lorenz-Müller)

Erweitern Sie den obigen Ausschnitt durch eine Skizze oder Collage, um Ihre Vorstellungen über einen gelungenen Entwicklungs-Weg zu verdeutlichen.

Wie stellen Sie sich dabei die Haltung des Kindes vor, wie verhält sich der Erwachsene zum Kind, wohin ist der Kopf des Kindes gerichtet, was ist mit seinen Händen, in welcher Umgebung stehen die beiden Personen, wie sieht der weitere Weg aus, ...?

Tauschen Sie sich mit Ihren Mitschülern/Mitschülerinnen über Ihre Ergebnisse aus.

Kinder als Subjekte

Kinder sind nicht an dem zu messen, was sie noch nicht sind, sondern sie sind junge Menschen mit eigener Wahrnehmung, eigenen Bedürfnissen und eigenen Erwartungen, die grundsätzlich denselben Respekt verdienen wie die Wahrnehmungen, Bedürfnisse und Erwartungen der anderen Gesellschaftsmitglieder. Die Gesellschaft ist darauf angewiesen, dass Kinder mit ursprünglicher Neugier ihre Welt erkunden, denn Wissen, Können und Verständnis lassen sich nicht einflößen. Nur weil Kinder Subjekte sind und sich in ihrem Subjekt-Sein entfalten, können Kinder zu aktiven Mitgliedern in Beziehungen und Gruppen, in Institutionen und der Gesellschaft werden.

Diesen Weg finden Kinder vor allem dann, wenn alle, die an den Prozessen der Entwicklung, Erziehung und Bildung beteiligt sind, sie nicht nur einzupassen versuchen, sondern sie ihr eigenes Sinnverständnis entfalten lassen. Regeln und Normen, Wissen und Werte einer Gesellschaft stehen auf dem Prüfstand, wenn die „Neuen“ kommen und prüfen, was ihnen geboten wird. Selbstverständlich machen sie Fehler, wie nur Subjekte sie machen können. Aber sie stoßen auch auf schlechte Kompromisse und Doppelmoral. Wenn jedoch Kinder in einer Gesellschaft aussprechen können, was sie entdecken, gibt es Entwicklungschancen für Kinder und die Gesellschaft.

In gewisser Weise sind Kinder die „moderneren“ Menschen. Veränderungen, die Erwachsenen Sorgen bereiten, weil sie das Gewohnte infrage stellen, sind Kindern selbstverständlich. Sie gehören zu all dem, worauf sie sich ohnehin einstellen müssen. Diese Haltung bezieht sich nicht nur auf technische Neuerungen; Kinder wissen, dass Erwachsene oft große Probleme miteinander haben. Sie sind Realisten, sie akzeptieren, dass es Dinge gibt, an denen man nichts ändern kann. Aber sie verlangen, dass man sie anerkennt, dass es Menschen gibt, die sie lieben, dass Menschen ihnen gegenüber ehrlich und zuverlässig sind und ihnen Schutz geben, wo sie nicht weiterwissen und weiterkönnen. Insofern sind Kinder „konservativ“, und die Gesellschaft hätte keinen Grund, vor Kindern Angst zu haben.

Das Subjekt-Sein der Kinder hat noch eine andere Seite: Kinder reagieren auf das, was sie vorfinden, nicht selten in unerwarteter Weise. Sie sind mit Beziehungen oder Regeln nicht zufrieden und bringen dies zum Ausdruck; sie sind irritiert oder verstört, entziehen sich oder sabotieren. Es zeigt sich, dass sie starke Subjekte sind und Erziehungsberater, Sozialarbeiter, Sonderpädagogen und Therapeuten an den Rand ihrer Kompetenz und Kraft zu bringen vermögen. Weil Kinder Subjekte sind, können sie sich intolerabel destruktiv verhalten. Allerdings begegnet sich die Gesellschaft in diesen Akten der Verweigerung, Selbstzerstörung und Gewalt gegen Sachen und Personen selber. Was sie beklagt, ist eine erschreckende Antwort auf das, was Menschen diesen Kindern vorgeben.

Die Subjektstellung der Kinder hat auch ihre rechtliche Seite. Kinder sind Träger von unveräußerlichen Rechten, die das Grundgesetz ihnen zuerkennt. Die Würde der Kinder als Person ist geschützt und ihre körperliche Unversehrtheit garantiert. Es gab Bemühungen, das Recht der Kinder auf Entwicklung ebenfalls in das Grundgesetz aufzunehmen. Diese Entwicklungschancen dürfen Kindern nicht aus ausländer- oder aufenthaltsrechtlichen Gründen vorenthalten werden.

(Bundesministerium für Familie, Senioren, Frauen und Jugend, [Hg.] Zehnter Kinder- und Jugendbericht, Bonn 1998, S. 288)

1. Erstellen Sie zum Thema ‚Subjekt-Sein' ein Mind-Map, welches die hier angesprochenen Aspekte zum Ausgangspunkt nimmt. Über den Text hinausgehende Verzweigungen sollten Sie dann besonders farbig kennzeichnen.

2. Nehmen Sie zu dem folgenden Zitat von Erhard Meueler Stellung.

„Niemand von uns kann über seine Lebensumstände beliebig verfügen, aber wir sind frei, diese Begrenzungen zu erkennen, um – stets Objekt und Subjekt zugleich – die Subjektanteile zu vermehren und zu erweitern. Wir können dazu ein Vermögen nutzen, das nur unserer Gattung eigen ist: Wir können uns zu uns selbst verhalten. Wir können uns mit uns selbst und all unseren Lebensumständen auseinander setzen und über notwendige Veränderungen nachsinnen. [...] Wenn als Richtung all dieser Bemühungen um Orientierung und Selbsterweiterung „Bildung zum Subjekt" angegeben wird, dann steht der Subjektbegriff als Chiffre für freiheitliches Fühlen, Denken, Wollen und Handeln, selbstständige Entscheidungen. Er steht für Widerständigkeit, Selbstbewusstsein und weitgehend selbstbestimmte Verfügung über Lebensaktivitäten. [...] Sie (die Subjektivität) ist anderen Zielen verpflichtet als der rigiden Selbstdurchsetzung im alltäglichen Konkurrenzkampf. Sie bedarf, um zustande zu kommen, der solidarischen Wertschätzung durch andere ebenso wie der eigenen Offenheit für fremdes Leid." (Erhard Meueler, Die Türen des Käfigs, Klett-Cotta, Stuttgart, 2. Aufl. 1998, S. 8)

Das entwicklungszentrierte Erziehungsverständnis

In welcher Gesellschaft oder Kultur Erzieher auch immer tätig sein mögen (als Väter und Mütter, als Erzieherinnen in Kindertagesstätten, als Lehrer usw.) – stets verkörpern sie gleichsam eine *Mittlerfunktion* im Sinne der Vorbereitung, Ausrüstung, Förderung des Kindes für seinen Weg in und durch die Bewährungsfelder der Gesellschaft. Die hier entstehende Frage lautet: *Wie interpretiert der Erzieher diese Mittlerfunktion?* Die Antwort ist u.a. abhängig von folgenden Bedingungen:

von den Merkmalen des gesellschaftlichen Systems, soweit sie anthropologisch bedeutsam sind; vom offiziellen Menschenbild dieses Systems; vom offiziellen Kind-Bild dieses Systems, d.h. von Anschauungen über das Wesen, die Natur des Kindes und seiner Entwicklung, die Position und Funktion des Kindes in den sozialen Strukturen, die Rechte und Pflichten des Kindes, den Rangplatz des Kindes im hierarchischen System der Werte, die Normen für den Umgang mit dem Kind; vom Ausmaß der Identifizierung der Erzieher mit dem gesellschaftlichen System, seinem Menschenbild und seinem offiziellen Kind-Bild; und schließlich von der Erfahrungsverarbeitung der Erzieher, bezogen auf die eigene Kindheit und Jugendzeit, auf das an ihnen praktizierte Kind-Bild ihrer Erzieher.

Aus dem Zusammenspiel dieser Bedingungen erwachsen viele Möglichkeiten der Interpretation der erzieherischen Mittlerfunktion. Dennoch lassen sie sich in der Regel *zwei Typen* zuordnen:

- Ausgehen vom Vorrang gesellschaftlicher Anforderungen/Erwartungen, denen sich das Kind schrittweise anpassen muss. Erzieher sind hier Förderer und Kontrolleure dieser schrittweisen Anpassung an die Bedingungen kindlicher Lebensräume in Familie, Krippe, Kindergarten, Schule und an vorgegebene Entwicklungsziele;
- Ausgehen vom Vorrang kindlicher Bedürfnisse, Ansprüche, Rechte, auf die kindliche Lebensräume und Lebensweisen zugeschnitten und für sie passfähig gemacht werden. Erzieher sind hier Mitgestalter kindlicher Lebenssphären und Lebensweisen, die den altersspezifischen Bedürfnissen, Ansprüchen und Fähigkeiten des Kindes entsprechen und deshalb kindliche Selbstverwirklichung ermöglichen.

Ich plädiere für Interpretationen erzieherischer Vermittlung, die dem zuletzt genannten Typ zuzuordnen sind! Diese Aussage provoziert aber eine Frage: Ist das nicht illusionär – angesichts der Tatsache, dass das Kind unwiderruflich in kulturelle Strukturen hineinwächst, die Bewährungslagen definieren, an die es sich anpassen muss, ob es will oder nicht, die auch Erzieher respektieren müssen, wenn sie Aufgaben und Ziele ins Auge fassen?! Auf diese Frage antworte ich folgendermaßen:

● Kindliche Bedürfnisse, Ansprüche, Fähigkeiten usw. sind – aus ihren *Entstehungs*bedingungen heraus (in der Phylogenese, Anthropogenese, Ontogenese) – auf soziale, kulturelle, zivilisatorische Kontexte menschlicher Umwelten zugeschnitten; wir verstehen sie falsch, wenn wir sie aus diesen Entstehungs- und Wirkungskontexten heraustrennen.

– Vorrang kindlicher Bedürfnisse und Ansprüche bedeutet nicht Negierung von Bewährung in Situationen, die Erfolg *und* Misserfolg, Triumph *und* Enttäuschung, Bewältigung *und* Versagen einschließen. Kindliche Bedürfnisse und Ansprüche sind die eines flexiblen menschlichen *Lernwesens,* dessen physische und psychische Konstitution auf Grund seiner biotischen und soziokulturellen Evolution Anforderung und Bewährung *braucht* (und auch anstrebt!), um die anthropologische Besonderheit seines „Bauplans" herauszubilden!

● Das Kind verkörpert Menschenrechte! Kindliche Rechte sind Rechte von Schwachen, die deshalb ethische Pflichten der Erzieher definieren: die Pflicht des Schutzes, der Vor- und Fürsorge, der Hilfe, der Schaffung einer kinderfreundlichen Kultur.

Das Recht des Kindes auf Entwicklung

Eine Interpretation der erzieherischen Mittlerfunktion im Sinne der Anerkennung des Vorrangs kindlicher Bedürfnisse, Ansprüche und Rechte unter dem Aspekt der Beachtung ihrer Entstehungsbedingungen – sie schließt ein: Anerkennung des Vorrangs kindlicher Entwicklung und die Entscheidung für ein *entwicklungszentriertes* Erziehungsverständnis. Wie wären seine Inhalte zu kennzeichnen?

Sie sind identisch mit Anschauungen über den Sinn von Kindheit, die man als entwicklungszentriertes Kind-Bild beschreiben kann. Ich will seine drei wesentlichen Merkmale nennen: Dieses Kind-Bild akzentuiert die *„Offenheit"* der Entwicklung (analog der Offenheit von Geschichte), d.h. eine Absage an Auffassungen einliniger Entwicklung mit vorgegebenem Entwicklungsziel: ferner *qualitative* Veränderungen (Niveaustufen, Phasen) des Entwicklungsverlaufs als Abfolge alterstypischer ganzheitlicher Strukturen; und die *eigenaktive* Entwicklungsdynamik als Ergebnis der Wechselwirkung biotischer, sozialer, innerpsychischer Komponenten, die das Kind als Subjekt seiner Entwicklung verarbeitet.

Was besagen diese drei Merkmale, wenn sie entfaltet und präzisiert, wenn Voraussetzungen hinzugefügt und pädagogische Konsequenzen abgeleitet werden? – Ich versuche, diese Fragen zu beantworten:

1. Stets ist das Kind ein empfindendes, fühlendes, strebendes, denkendes und lernendes Wesen – also eine *ganzheitlich* handelnde Persönlichkeit. Bildung und Erziehung müssen auf diese Ganzheit zugeschnitten sein; es geht um die Entfaltung der Emotionalität, der Intelligenz, der Antriebskräfte und des Lernens, ohne Vereinseitigung des einen oder anderen.

2. Kindliches Handeln ist auf die Auseinandersetzung mit der Natur und Sachwelt, mit der sozialen Welt seiner Partner, mit der Welt gesellschaftlicher Prozesse und Ereignisse und nicht zuletzt mit sich selbst (d.h. der eigenen Stellung in allen diesen Strukturen) gerichtet. Als ganzheitliche Person steht das Kind also seiner Lebenswelt als Mikrokosmos gegenüber und muss sich in ihm bewähren. Bildung und Erziehung haben dementsprechend (auch durch eine „Öffnung" der Institutionen nach „außen", d.h. unter Einbeziehung *aller* kindlichen Lebensräume) die *Gesamtheit* des Lebens zu repräsentieren – wiederum ohne Vereinseitigung.

3. Entwicklung ist die *Existenzweise* des Kosmos, der Lebewesen, des Menschen und also auch des Kindes: Kindliche Entwicklung ist zugleich *Sozialisation,* d.h. sozial vermittelter Erwerb von Kompetenzen, um in sozialen Strukturen handlungsfähig zu wer-

den und zu sein; *Akkulturation,* d.h. Hineinwachsen in die alterstypischen Lebensräume als Kultursphären der gesellschaftlichen Umwelt, dabei Aneignung von Techniken, Werten und Normen, die – in ihrer Vielfalt – eine individuelle Ausprägung der „Verhaltenskultur“ zulassen; *Humanisation,* d.h. Erwerb kulturübergreifender menschlicher Handlungswerte, -ziele, -normen und -formen; und *Individuation,* d.h. Herausbildung des je einmaligen, unverwechselbaren Individuums mit der ihm wesenseigenen Subjektivität.

Das Recht des Kindes auf Gegenwart

Darum sollten Bildungs- und Erziehungsanforderungen mindestens drei Funktionen zugleich erfüllen. Sie sollten, um als angemessen zu gelten, *Entwicklungsaufgaben* verkörpern, und zwar solche, die auf die Bewährung des Kindes in der „Zone seiner *nächstfolgenden* Entwicklung“ (Wygotski) gerichtet sind und eben nicht auf das abstrakte, kindfremde Fernziel „Erwachsensein“; sie sollten ausgewählte sozial-kulturelle Techniken, Güter und Werte vertreten, die für die produktive, kritische Aneignung und „Fortschreibung“ der Menschheitskultur unerlässlich sind; und sie sollten es zulassen, dass das Kind seine individuellen Bedürfnisse, Interessen und Denkweisen, kurz: sein Anderssein, in allen diesen Entwicklungsvorgängen zur Geltung bringt. Letzteres gehört zu seiner Selbstbestimmung und schließt das pädagogische Bekenntnis zu pluralen Entwicklungszielen ein.

Kindliche Entwicklung ist Selbstentwicklung, in der das Kind gleichsam als Schöpfer seiner selbst tätig ist. Bildung und Erziehung sind, so gesehen, Angebote für die Selbstentwicklung. Sie sind als Auslöser und Medien von Entwicklung um so wirksamer, je besser sie die selbsttätigen Entwicklungsantriebe des Kindes zu wecken, zu nutzen und am Leben zu erhalten verstehen: den natürlichen Erkundungsdrang, die kindliche Neugier, die Lust am Probieren und Knobeln, das Auskosten von Risiken.

Im „Verhaltensbauplan“ des Kindes ist ein stammes- und menschheitsgeschichtliches Erbe enthalten und wirksam. Das Kind verfügt also nach seiner Geburt über biotische *„Prädispositionen“* seiner Entwicklung, die allen Verhaltensbereichen zugrunde liegen. Je jünger das Kind ist, desto stärker sind sie als unbedingt zu beachtende Rahmenbedingungen wie Zielfunktionen von Bildung und Erziehung anzusehen. Das gilt z.B. für die biologischen Rhythmen von Schlafen und Wachen, von Ruhe und Bewegung; es gilt für das intensive Explorationsstreben, das soziale Kontakt- und Bindungsbedürfnis, die erotisch-sexuellen Tendenzen; es gilt für den Bewegungsdrang und die Spielneigung unserer Jüngsten. Damit sind zugleich Vorgaben für Bildungsangebote der Kindergärten und Schulen und für deren organisatorische Vorbereitung beschrieben. Mit dem Älterwerden des Kindes nimmt das Gewicht der soziokulturellen Umweltbedingungen und ihres Einflusses auf die Entwicklung immer mehr zu.

Das Recht des Kindes auf Achtung

Wohin zielt die kindliche Entwicklung? Seine entscheidenden Entwicklungsziele liegen im *Hier* und *Jetzt* tätiger individueller Bewährung, sodann im *nahen* Woanders und Danach – nicht aber in der weiten Ferne der Kompetenzen des Erwachsenen. Die wesentlichsten Quellen der Entwicklungsdynamik entspringen dem *aktuellen* kindlichen Erleben von Erfolg und Bewährung, z.B. gebunden an das Verwandeln von Nichtwissen in Wissen, an den Umschlag von Noch-nicht-Können in Könnerschaft, an die Erfahrung der gelungenen Herstellung sozialer Akzeptanz seitens der „Großen“.

Die Welt, in die sich das Kind hineinentwickelt, ist aus seiner Sicht ungemein kompliziert, weitgehend undurchschaubar und rätselhaft. Und sie wird von den Erwachsenen beherrscht! So ist es nicht verwunderlich, wenn neben Zugriff und Wagnis auch Unsi-

cherheit, Gehemmtheit, ja Angst sich ausdrücken. Die Position des Kindes ist die eines zwar weithin naiv und unerschrocken zupackenden, aber eben auch tastenden, suchenden, fragenden Wesens.

Daraus erwachsen Konflikte und Gefährdungen, und sie wiederum definieren Erziehungsaufgaben: Schutz vor Unbill und Traumatisierung, Schaffung von Feldern entspannten Tätigseins, Hilfe bei der Überwindung von Schwierigkeiten – und das alles, ohne dem Kind das Gefühl zu geben, es sei abhängig, unterlegen und schwach! Das Kind muss erleben, dass es ein ernst genommener, *gleichberechtigter* Partner im gemeinsamen Lösen von Entwicklungsaufgaben ist.

Aus dem entwicklungszentrierten Bild des Kindes erwachsen Konsequenzen für die erzieherische *Positionsbestimmung*. Sie reichen über das oben Gesagte hinaus. Erzieher können sich mit diesem Bild als *kritische* (und das heißt auch: kreative) Vermittler zwischen Kind und Gesellschaft verstehen. Zunächst prüfen sie empfohlene Bildungsgüter und Erziehungsinhalte auf ihren Wahrheitsgehalt, ihre Bedeutung. Bei Anforderungen, welche dieser Prüfung standhalten, fragen sie sich, wie sie am besten in kindgerechte Entwicklungsaufgaben zu verwandeln sind. Dabei blicken sie zunächst auf das Kind: Welche alterstypischen Fähigkeiten und Eigenschaften besitzt es, welche individuellen Eigenarten kommen ihm zu, welche Entwicklungspotenziale sind zu wecken, wo liegen seine produktiven Lernmöglichkeiten?

Dieser Blick auf das Kind ist Erkennen und Wertschätzen zugleich, und das Resultat ist ein *empfindendes* Wissen um die Würde, um den Eigenwert des Kindes, den es zu bewahren und zu mehren gilt. Aus der Palette der Bildungsstoffe und Erziehungsziele wählen sie aus (oder komponieren es), was ihrer Meinung nach am besten geeignet ist, die Entwicklung des Kindes zu fördern. Dabei gilt es vor allem, Fähigkeiten des eigenständigen Wissens- und *Könnenserwerbs* und Bewertens auszubilden, die angesichts der dramatischen Zunahme möglicher Bildungsstoffe und der komplizierten Wertevielfalt immer bedeutsamer werden. Sie knüpfen an das im Kind Vorhandene, Gegebene an, gewähren – soweit möglich und vernünftig – Alternativen des Wählens und verbinden das mit einer Aktivierung, die dem Kind „Appetit macht" auf neues Wissen, besseres Können, auf Erahnen und Verstehen. Außerdem sind sie vorsichtig und sparsam mit Lob und Tadel – wohl bedenkend, dass Fremdbewertung und -kontrolle durch den Erwachsenen abgelöst werden müssen durch die kritische Selbstreflexion des Kindes, weil nur so Gewissen und Scham, Selbstsicherheit und Stolz entstehen und wirksam werden.

Erzieherinnen wissen – über das alles hinaus: Pädagogisches Tätigsein bedeutet Achtung vor der Würde des Partners, emotionale Wärme der Beziehung, Tolerieren des Andersseins und das Gewähren von Freiraum; es darf nicht darauf hinauslaufen, Planziele durchzusetzen, Stoffe abzuarbeiten, Überlegenheit zu demonstrieren oder Macht auszuüben.

(Hans-Dieter Schmidt, Anmerkungen zu einem entwicklungszentrierten Erziehungsverständnis, in: Welt des Kindes 4/92, S. 17–19)

1. Stellen Sie die Merkmale eines entwicklungszentrierten Erziehungsverständnisses in einem Mind-Map dar.
   Diskutieren Sie die von dem Autor vorgenommene ‚erzieherische Positionsbestimmung' und ergänzen Sie diese gegebenenfalls.
2. Suchen Sie für ein Gegenmodell des entwicklungszentrierten Erziehungsverständnisses einen Namen und stellen Sie die Merkmale dieses Modells ebenfalls in einem Mind-Map dar, formulieren Sie für dieses Modell eine erzieherische Positionsbestimmung.
3. Teilen Sie sich in zwei Gruppen auf und ordnen Sie sich dem Modell 1 bzw. dem Modell 2 zu. Diskutieren Sie zunächst, ob sich die in diesem Kapitel bearbeiteten Waben den zwei Modellen (näherungsweise) zuordnen lassen.

Wählen Sie einen/mehrere Gruppensprecher Ihrer Gruppe, der/die dann mit dem/den Gruppensprecher/n der anderen Gruppe eine kontroverse Diskussion führen soll/sollen. Protokollieren Sie deutliche Gegensätze und Annäherungen der Positionen.

4. Diskutieren Sie gemeinsam die Möglichkeit eines dritten Modells und erörtern Sie dessen Merkmale und Forderungen an eine Erziehung.
5. Von Maria Montessori stammt der Satz: „Hilf mir, es selbst zu tun". Informieren Sie sich über die Montessori-Pädagogik (z.B. im Internet unter den Adressen: http://www.montessori-moedling.at/mm.htm oder http://www.onidasteinmetzler.de/mmo_ haupt.htm).

Was macht Kinder glücklich?

Glück: Dieser Begriff entschwindet bei grobem Zugriff wie ein Blatt im Wind. Versuchen wir es so: Was brauchen Kinder, um daraus ihr individuelles Glück zu schmieden? Sie brauchen mehr als nur eine gemeinsame Familienmahlzeit pro Woche! Ungestörten Schlaf, der nicht kontaminiert ist mit Bildern bluttriefender Brutalitäten en detail, Pornografie und Menschennot! Bewegung jenseits des Zappelns und Zappens zu Hause, in der Schule, vor dem Fernseher! Sinneserfahrungen pur, aus erster Hand, denn Sinneserfahrungen machen emotional satt! Rituale, um bei täglich sich wiederholenden Handlungen die Kraft des Symbols wieder zu entdecken und um sich bei Festen und anderen Highlights eingebettet zu fühlen in die Gemeinschaft, in Vergangenheit und Zukunft. Sprechsituationen und Zuhörer brauchen Kinder, deren berufstätige Mütter elf, deren nicht berufstätige Mütter dreißig und deren Väter nur acht Minuten täglich mit ihnen interagieren. Sie dürfen sich abhängig fühlen, werden nicht zu früh „emotional ausgesetzt" und erfahren Grenzen: zum eigenen Schutz und um Selbstachtung, aber auch um Respekt vor der Individualität anderer zu lernen. Sie brauchen Werte, Tugend- und Moralvorstellungen, nicht zuletzt um diese eines Tages revidieren zu können.
Hoffnungen und positive Zukunftsbilder sind überlebensnotwendig gerade für Kinder, die schon mit sieben Jahren wissen, dass die Atomkraftwerke bersten und das Ozonloch uns ebenfalls den Tod bringen kann. Kinder brauchen Zärtlichkeiten, sinnlich und konkret, als großzügige und freigiebige Geschenke, ohne dass sie für die tiefen Bedürfnisse der Erwachsenen herhalten müssen. Ebenso ist Humor lebensnotwendig.
Sie brauchen keineswegs die 36. Barbiepuppe, das 54. Kuscheltier, das 17. T-Shirt, Kitsch, Tand und Waffen, alle zwei Jahre ein neues Fahrrad und Reisen rund um den Globus. Fünfjährige werden überfordert und auf ihren kindlichen Größenwahn fixiert, wenn sie über die Wochenendbesuche bei der Großmutter entscheiden sollen. Und die grassierende Schonung grenzt oftmals an Lebensbehinderung, wenn sie noch nicht mal für ihren eigenen Hund verantwortlich sind und nicht regelmäßig im Haushalt helfen. Da Kinder mit der Fähigkeit zu Hilfsbereitschaft und Altruismus auf die Welt kommen, können es eigentlich nur die Erwachsenen sein, die ihnen diese Möglichkeiten einer sinnvollen Lebensgestaltung verwehren, jenseits des Sinnlosigkeitshorrors, der um sich greifenden Kinder- und Jugenddepressionen. Und die angeblich demokratische Mitbestimmung der Jüngsten kaschiert nicht selten einen ausgeprägten Infantilismus der Erwachsenen.
Was Kinder brauchen zu ihrem Glück? Sie brauchen unsere Lebenszeit, offene, unstrukturierte Zeit, auch von Großeltern und Vätern, um diese gemeinsam zu füllen, ohne Umwege über Konsum, Hektik, Wochenendtrips und anderen Eitelkeiten. Nur im engen Miteinander entsteht Kontakt, kann sich die Basis für Zwischen- und Mitmenschlichkeit entwickeln, werden Eltern wie Kinder emotional satt, erfahren Freude und Lebenslust.

(Astrid von Friesen, in: Deutsche Lehrerzeitung v. 18.1.1996; die Verfasserin ist Diplompädagogin, Journalistin und Gestalttherapeutin in Freiberg und Dresden.)

1. Erstellen Sie ein Mind-Map zu der Frage: ‚Was macht Kinder glücklich?', indem Sie nach möglichst ‚verzweigten' Antworten suchen.
2. Diskutieren Sie folgende Aussage:
„Entwicklung kann sich in pädagogischen Prozessen nur dort vollziehen, wo das Kind die Freiheit hat, nicht zu kommunizieren. Das Kind braucht den Raum zum Alleinsein in Gegenwart eines anderen…" (Aus: Günther Bittner, Kinder in die Welt, die Welt in die Kinder setzen, Kohlhammer, Stuttgart 1996, S. 256)

Hinweis:

Johannes Werner Erdmann/Georg Rückriem/Erika Wolf (Hrsg.), Kindheit heute: Differenzen und Gemeinsamkeiten, Klinkhardt, Bad Heilbrunn 1996

Ein-Spruch

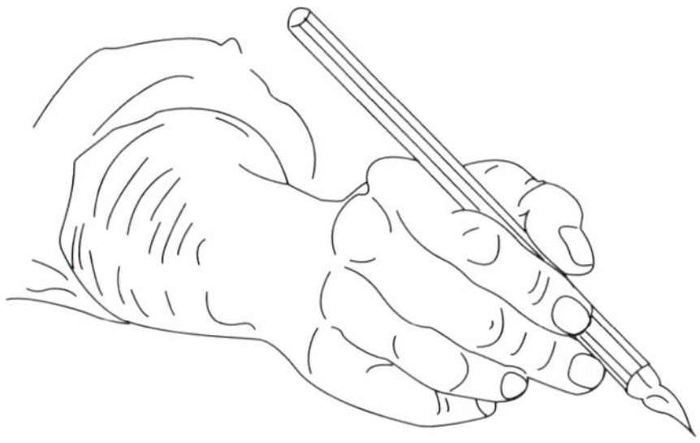

Ich vermute,
dass Kinder in der
Erwachsenenentwicklung
eine ähnlich
bedeutsame Rolle spielen
wie wir Erwachsenen
in der Entwicklung
der Kinder.

(Ronald D. Laing)

Wer sagt
was
mit welchen Mitteln
und welcher Absicht
zu wem ???

Welche Konsequenzen hat diese Aussage für Erziehung?

Themenkreis 2.2

Warum verlaufen im Jugend- und Erwachsenenalter Entwicklung und Sozialisation oft krisenhaft und wie kann Pädagogik hier präventiv und intervenierend eingreifen?

Inhaltsverzeichnis

1 Einführung: Wenn Kinder und Jugendliche anders sind…

(Zeichnung: Karlheinz Groß, in: Henning Venske, Ist Ludwig Puhlnase ein garstiges Ungeheuer?, Spectrum Verlag, Stuttgart 1983, S. 3)

Vermisst wird seit den frühen Morgenstunden der elfjährige Ludwig Puhlnase aus Carstadt. Der Junge ist ungefähr 1,65 Meter groß, er hat rote Haare, braune Augen und auf der Nase zwölf Sommersprossen. Als Ludwig Puhlnase heute früh das Haus verließ, trug er folgende Kleidungsstücke: Am linken Bein einen blauen Gummistiefel, am rechten Bein einen gelben Gummistiefel. Es kann auch umgekehrt sein. Zu verwaschenen Jeans hatte er sich Hemd und Weste seines Vaters angezogen und einen lila Schlapphut seiner Mutter aufgesetzt.
Augenzeugen, die den Jungen auf seinem Schulweg sahen, berichteten, er habe trotz strömenden Regens eine Sonnenbrille – allerdings nur mit einem Glas – auf der Nase gehabt. Wir weisen darauf hin, dass Ludwig Puhlnase auffällige Verkleidungen liebt und möglicherweise jetzt schon ganz anders aussieht. Sachdienliche Hinweise nimmt jede Polizeidienststelle entgegen.
Es ist 18 Uhr 33. Und jetzt weiter im Programm …

(Henning Venske, Ist Ludwig Puhlnase ein garstiges Ungeheuer?, Spectrum Verlag, Stuttgart 1983, S. 6)

Warum ist Ludwig Puhlnase verschwunden?
Formulieren Sie einen Brief Ludwig Puhlnases an die Radiostation.

Können Erzieherinnen und Erzieher es zulassen, wenn Kinder/Jugendliche anders sind?

Oder bekämpfen/ignorieren sie etwas bei Kindern/Jugendlichen, was eigentlich ihnen selbst gilt? Scheuen sie es vielleicht nur, sich selbst zu befragen, sich mit sich selbst auseinander zu setzen und bekommen in diesem Fall Kinder/ Jugendliche diese Angst oder auch Unfähigkeit ab?
Der folgende Text soll Ihnen Hinweise geben differenzierte Fragestellungen zu erkennen und mögliche Antworten zu finden.

Jeder Mensch hat im Laufe seiner individuellen Erfahrungen ein eigenes Maß entwickelt, wie stark er bestimmte Emotionen zulassen kann und möchte. Problematisch wird es selbstverständlich immer dann, wenn die Grenze erlebter bzw. erlebbarer Gefühle eher in einem oberen Bereich angesiedelt ist und somit Gefühlstiefen verschlossen bleiben. Ergeben sich plötzlich einschneidende Eindrücke in unserem Leben, dann kann es geschehen, dass wir von den damit verbundenen eigenen Gefühlen überfahren werden, weil in der bisherigen Biografie die Tiefe der Gefühle nicht erfahren wurde oder zugelassen werden konnte, obgleich Emotionen ja zum täglichen Leben gehören. Wenn es stimmt, dass unser ganzes Leben in Beziehungen (!) zu Menschen und Erlebnissen eingebettet ist, dann kann davon ausgegangen werden, dass nichts, was Menschen tun, beziehungslos und damit gefühlsfrei geschieht. Eine Erzieherin mag sich über das Gelingen eines schwierigen Elterngesprächs freuen, sich über eine bestimmte Unzuverlässigkeit einer Kollegin ärgern, über die plötzliche Erkrankung eines Kindes traurig sein oder bei der Beobachtung von gewalttätigen Kindern Angst empfinden. Beziehungen zur (Um-)Welt werden als Gefühle erlebt, und sie geben Auskunft darüber, in welchem (Un-)Gleichgewicht von **Persönlichkeit** und **Umwelt** der Mensch in diesem Augenblick in dieser Situtation steht. Gefühle sind ein Spiegel dieser Waage und führen uns täglich vor Augen, ob ihr Anzeiger z.B. nur heute oder eher grundsätzlich ein Übergewicht in einem bestimmten Gefühlsfeld hat. Gefühle sind nie abstrakt – weil sie eingeflochten sind in Begebenheiten – und treten daher niemals isoliert auf. Sie lassen sich weder für die eigene Person noch für Kinder oder Erwachsene durch irgendwelche Trainings erlernen und auch niemals verordnen bzw. verbieten, weil sie zur Persönlichkeit eines Individuums so lange gehören, wie bestimmte Erlebnisse mit besonderen Gefühlswerten verknüpft sind. Die Fähigkeit, Gefühle zu haben, ist jedem Menschen angeboren; in welcher Weise sie sich entwickelt, auf welcher Qualität und Intensität die Gefühle erfahren werden, ist selbstverständlich abhängig von den individuellen biografischen und sozialpsychologischen Bedingungen, unter bzw. mit denen Menschen aufwachsen.
Erwachsene reagieren dadurch, dass bestimmte Wahrnehmungen und Beobachtungen unser Denksystem mit einem Signalimpuls belegen, wodurch wir reflektieren (= nachdenken). *Durch* diese kognitiven Prozesse werden Gefühle aktiviert und bringen uns dazu, in ganz bestimmter Art und Weise zu handeln. Verdeutlicht durch ein kleines Schaubild, sieht es so aus:

Wahrnehmen/Beobachten
↓
Denken
↓
Reflektieren/Nachdenken
↓
Gefühle
↓
Handeln

Verdeutlichen wir das Ganze an einem Beispiel: Die Erzieherin Birgit nimmt wahr, dass plötzlich in einer Ecke des Kindergartenraumes ein Kind weint. Sie blickt auf und sieht Sven, der vor einem zusammengestürzten Holzturm steht. Ihre Gedanken kreisen um die Tatsache, dass Sven nur sehr gering belastbar ist. Sie überlegt, ob es günstig sei, zu ihm

hinzueilen oder ihn nicht zu trösten, weil er einerseits hilflos ist, andererseits braucht er auch Mut machende Worte (Nachdenken). Ihr tut der kleine Kerl Leid, wie er dort völlig zerknirscht steht und nicht zu wissen scheint, was er machen soll (Birgit spürt eigene Gefühle der Traurigkeit). Sie steht von ihrem Platz auf und geht auf Sven zu, um ihn mit ihrer Sprache zu begleiten (Handlung). (Anmerkung: Bis ins frühe Grundschulalter hinein – Forschungsergebnisse weisen auf ein Alter von ca. 7 1/2 Jahren hin – wird das Verhalten der **Kinder** ausgesprochen stark von Gefühlen beherrscht.)

Kinder erleben und empfinden *ihr* Gefühl und drücken es unmittelbar durch ihr *Handeln* aus. Vereinfacht – wie oben – soll an dieser Stelle der Ablauf des kindlichen Tuns skizziert werden:

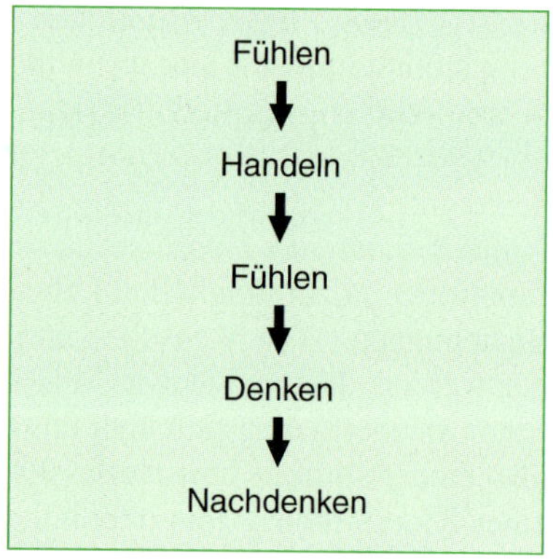

Das bedeutet im Gegensatz zum Erwachsenen, dass Kinder Gefühle als einen psychischen Zustand spüren (Erleben von Spannung), Motive, jetzt etwas zu tun, erleben (Wunsch nach Entspannung) und dann in eine **Handlung** einsteigen (Handlung als ein Resultat erlebter Spannung und dem Bedürfnis nach Entspannung). Da somit Handlungen gefühlsbetont sind, verhilft die Aktivität Kindern dazu, aus, während und nach dem Handeln Gefühle zu erleben. Kognitive Vorgänge wie Denken und Nachdenken folgen erst zum Schluss. Bevor an dieser Stelle ein Beispiel genannt werden soll, sei unmissverständlich auf die Gültigkeit und pädagogische Bedeutung dieser Verhaltensfolge hingewiesen:

- Kinder handeln aufgrund gespürter Gefühle, nicht, weil sie sich dazu entschieden haben, sondern weil es ihren psycho-physiologischen Grundlagen entspricht.
- Wenn Kinder aus Sicht der Erwachsenen etwas ‚Unüberlegtes' oder ‚Falsches' tun, so ist es zunächst keine Absicht von Kindern; es entspricht vielmehr ihrer Entwicklungsphysiologie.

Die Konsequenzen für ein kompetentes Erzieherinnenverhalten liegen auf der Hand:

- Wer Kindern ein ‚unüberlegtes' Handeln unterstellt, lässt das Wissen um die Ergebnisse aus der Entwicklungsphysiologie außer Acht.
- Wer glaubt, ständig und immer mit Kindern über ihr Verhalten reden zu müssen, trägt fast immer zur Verwirrung von Kindern bei und provoziert durch eigenes Verhalten häufig Missverständnisse.
- Alles *Lernen* (definiert als ein Verändern von Verhaltensweisen, nicht als ein isoliertes Aneignen von Einzelwissen) geschieht durch das Handeln, Tun, Agieren und *nicht* durch Worte. […]

Kinder und Erwachsene unterscheiden sich im Umgang mit eigenen Gefühlen vor allem durch die Fähigkeit (bezogen auf **Kinder**) und Unfähigkeit (bezogen auf viele **Erwachsene**), mit ihnen umzugehen, sie zu erleben und zum festen Bestandteil ihres Lebens werden zu lassen. Da erscheint die Frage von Kristiane Allert-Wybranietz an Erwachsene durchaus berechtigt:

„Immer mehr legen ihre Gefühle
in die Tiefkühltruhe.
Ob sie glauben,
dadurch die Haltbarkeit zu verlängern?" (aus: Trotz alledem, Fellbach 1985)

(Armin Krenz, Kompetenz und Karriere, Herder, Freiburg 1995, S. 65ff.)

1. Vergleichen Sie die Reaktionsschemata von Kindern und Erwachsenen, indem Sie die Unterschiede und Übereinstimmungen an einem konkreten Beispiel nachvollziehen.
2. Wenn Kinder und Jugendliche anders sind, dann …
   Geben Sie drei ausführliche Antworten.
   Formulieren Sie drei Hinweise/Hilfen für Erzieher und Erzieherinnen.

Inwiefern das Verhalten und Erleben Erwachsener durch die Erlebnisse der Kindheit geprägt werden und welche Auswirkungen dies auf die Kommunikationsstruktur und die eigene Lebensplanung hat, ist ein wesentliches Arbeitsgebiet der so genannten ‚Transaktionsanalyse'. Weiterführende Literatur dazu:

- Eric Berne: Was sagen Sie, nachdem Sie ‚Guten Tag' gesagt haben?, Frankfurt a.M., Fischer TB Verlag, 1983
- Werner Rautenberg/Rüdiger Rogoll, Werde, der du werden kannst, Freiburg/Basel/Wien, Herder Verlag, 1992
- Ian Stewart/Vann Joines, Die Transaktionsanalyse, Freiburg/Basel/Wien, Herder Verlag, 1990

Was kann geschehen, wenn Kinder und Jugendliche anders sind?

Sich selbst verstehen, im Ansatz den anderen verstehen, dazu braucht es auch Irritation, Befremdung, Überraschung. Oft führt erst eine Irritation zur intensiven Reflexion. Ein Buch, das in besonderer Weise irritiert und befremdet, ist der Roman ‚Burt' von Howart Buten (Howard Buten, Burt, Goldmann Taschenbuch 42153, Hamburg 1992, 12,90 DM; übersetzt von Christiane Buchner).

Der Amerikaner Howard Buten, Jahrgang 1950, ist ein Multitalent: Psychotherapeut, spezialisiert auf autistische Kinder, Schriftsteller und Clown.

Nachdem 1982 sein Roman in Frankreich großen Erfolg und literarische Auszeichnungen brachte, siedelte er von New York nach Paris über, lebt und arbeitet heute nun in der Nähe von Paris. In dem Roman ‚Burt' erzählt er die Geschichte des achtjährigen Jungen Burt, der in den 50er-Jahren im konservativen und prüden Amerika aufwächst und nach einem ‚Vorfall' in die Kinderpsychiatrie eingewiesen wird. Er beschreibt diesen Aufenthalt und seine Vorgeschichte radikal, mit großer Einfühlsamkeit, Offenheit, Humor und Drastik aus der Perspektive des achtjährigen Jungen.

EINS

Wie ich fünf war, hab ich mich umgebracht.

Ich habe auf Popeye gewartet, der kommt nach den Nachrichten. Er hat sehr dicke Ellenbogen für einen Menschen, und er ist wahnsinnig stark. Aber die Nachrichten haben ewig gedauert. Papa hat sie angeschaut. Ich habe mir die Ohren zugehalten, weil ich mich vor den Nachrichten fürchte. Ich mag sie nicht, als Fernsehprogramm. Da kommen die Russen, die wollen uns fertig machen. Da kommt der Präsident von Amerika, der hat eine Glatze. Da kommt das Tollste von der großen Autoausstellung dieses Jahr, wo ich auch einmal hin bin, es war ganz reizend, so als Ausflug.

Dann kam ein Mann in den Nachrichten. Er hatte was in der Hand, eine Puppe, und die hat er hochgehalten. (Man hat gesehen, dass es kein echter Mensch ist, wegen den Nähten.) Ich habe die Hände von den Ohren weg.

„Das war die Lieblingspuppe des kleinen Mädchens", sagte der Mann. „Und dieses kleine Mädchen ist heute Abend bei einem sinnlosen Autounfall ums Leben gekommen."

Ich bin in mein Zimmer gerannt.

Ich bin auf mein Bett gesprungen.

Ich habe das Gesicht ins Kopfkissen gedrückt und immer tiefer reingebohrt, damit ich nichts mehr höre. Und dann habe ich die Luft angehalten.

Dann ist mein Papa reingekommen, hat das Kopfkissen weggetan und mich gestreichelt und meinen Namen gesagt. Ich habe nämlich geweint. Er hat sich rübergebeugt, mir die Hände drunter geschoben und mich aufgesetzt. Dann hat er so gemacht, über meine Haare, und ich habe den Kopf an ihn gelehnt. Er ist sehr stark. Er hat geflüstert: „Ist ja gut, mein Schatz, nicht weinen.“ „Tu ich ja gar nicht“, habe ich gesagt. „Ich bin doch schon groß.“

Ich habe aber doch geweint. Dann hat Papa gesagt, dass jeden Tag einer stirbt, und kein Mensch weiß warum. Das ist einfach so. Dann ist er wieder runtergegangen.

Ich bin noch lange auf meinem Bett sitzen geblieben. Ganz, ganz lange. Irgendwas in mir hat nicht gestimmt, das habe ich im Bauch gespürt, und ich hab nicht gewusst, was ich machen soll. Deshalb habe ich mich auf den Boden gelegt und den Zeigefinger ausgestreckt und auf meinen Kopf gezielt. Und den Daumen runtergezogen. Und hab mich umgebracht.

ZWEI

Ich bin hier im Heim für gestörte Kinder Haus Sonnenschein. Ich bin hier wegen dem, was ich mit Jessica gemacht habe. Ich habe immer noch Nasenbluten, das tut nicht weh, aber auf der Backe habe ich einen großen blauen Fleck. Der tut weh. Ich schäme mich.

Wie ich hier hergekommen bin, habe ich als erstes Mrs. Cochrane kennen gelernt. Sie hat mich am Empfang abgeholt, wo ich mit meinen Eltern gewartet habe. Alle haben sich die Hand geschüttelt außer mir. Ich hatte die Hände in den Hosentaschen. Und zwar als Fäuste. Mrs. Cochrane hat mich mitgenommen. Sie ist hässlich. Ich könnte kotzen, wenn ich sie bloß anschaue, und sie zieht Schlabberhosen an, obwohl sie schon alt ist. Sie redet immer ganz leise mit mir, wie wenn ich schlafen würde. Ich schlafe aber nicht.

Sie hat mich in meine Abteilung gebracht. In meinem Zimmer sind sechs Betten. Keine Vorhänge. Kein Teppich. Keine Schränke, kein Fernseher. Die Fenster haben Gitter davor, wie im Gefängnis. Ich bin im Gefängnis wegen dem, was ich mit Jessica gemacht habe.

Dann bin ich zu Dr. Nevele.

Sein Sprechzimmer ist da hinten, man geht da den Gang lang und durch die große Tür und dann da lang und dann ist man da. Er hat Haare in der Nase, das sieht aus wie Akopads. Er wollte, dass ich mich hinsetze. Das habe ich gemacht. Ich habe aus dem Fenster geschaut, was keine Gitter davor hat, und Dr. Nevele hat gefragt, was ich da sehe. Vögel, habe ich gesagt. Aber eigentlich habe ich meinen Papa gesucht, dass er mich abholt.

Auf dem Schreibtisch von Dr. Nevele stand ein Foto mit Kindern und eines von Jesus, was bestimmt gefälscht ist, weil es damals überhaupt noch keine Fotoapparate gegeben hat. Er hing am Kreuz, und irgendwer hatte ein Schild drüber gehängt, auf dem stand INFO. Das heißt, dass man ihn nach dem Weg fragen kann.

Dr. Nevele setzte sich an seinen Schreibtisch. Er sagte: „So, jetzt erzählt uns der Burt mal was von sich, zum Beispiel, was er am liebsten macht.“

Ich habe die Hände im Schoß gefaltet. Wie ein kleiner Kavalier. Ich habe keinen Muckser gesagt.

„Na komm, Burt, was machst du denn am allerliebsten, sagen wir mal, mit deinen Freunden?“

Ich saß da. Geantwortet habe ich nicht. Er hat mich angeschaut, mit seinen Augen, und ich habe aus dem Fenster geschaut, wegen meinem Papa, bloß dass ich ihn nicht gesehen habe. Dr. Nevele hat mich nochmal gefragt und dann nochmal und dann aber nicht mehr. Dann hat er gewartet, bis ich was sage. Und zwar ewig gewartet. Ich wollte aber nichts sagen. Er ist aufgestanden und im Zimmer rum gegangen, und dann hat er auch aus dem Fenster geschaut, also habe ich damit aufgehört.

Ich habe gesagt: „Es ist Nacht."

Dr. Nevele hat mich angeschaut. „Nein, Burt, es ist Tag. Es ist helllichter Tag draußen, mitten am Nachmittag."

„Es ist Nacht, wenn Blacky kommt", habe ich gesagt. (Habe gesagt ist Erzählvergangenheit. Beim Schreiben schreiben wir aber Schreibvergangenheit. Da sagt man sagte ich. Sagt Miss Iris.) (Das ist meine Klassenlehrerin.)

Dr. Nevele sah mich an. „Heißt die Nacht Blacky?", fragte er.

(Draußen vor dem Fenster parkte ein Auto ein, und ein anderes fuhr weg. Mein Bruder Jeffrey kennt alle Automarken. Echt alle. Er ist ein Spezialist für Autos. Aber bei uns hinten auf dem Rücksitz dürfen wir keine fiesen Matenten machen, sonst kriegen wir geschimpft.)

„In der Nacht kommt Blacky zu mir", sagte ich, aber nicht zu Dr. Nevele. Sondern zu Jessica. „Wenn ich gemütlich im Bett liege. Er bleibt vor meinem Fenster stehen und wartet. Er weiß genau wann. Er ist ganz stille. Er macht überhaupt keinen Krach, nicht so wie Pferde sonst normal. Aber ich weiß, dass er da ist, weil ich ihn höre. Er klingt wie der Wind. Ist es aber nicht. Er riecht nach Orangen. Dann knote ich meine Bettlaken zusammen und lasse mich aus dem Fenster. Es geht hundert Meter runter. Ich wohne nämlich in einem Turm. Es ist der einzigste Turm in meiner Straße.

Wenn ich auf ihm reite, dann hören sich seine Hufe so an wie Bierdeckel in Fahrradspeichen, und alle glauben, das ist es. Ist es aber nicht. Es bin nämlich ich. Und ich reite auf Blacky raus, bis dahin, wo es keine Häuser und keine Menschen mehr gibt. Und keine Schule. Bis dahin, wo dieses Gefängnis ist, wo sie die Leute reinstecken, die überhaupt nichts gemacht haben, und da bleiben wir vor der Mauer stehen. Alles ist stille. Ich stelle mich auf Blacky, er ist sehr rutschig, aber ich rutsche nicht ab. Und dann klettere ich über die Mauer.

Innen drin sind Soldaten, die haben auf der Brust so weiße Bänder über Kreuz, wie Schülerlotsen, bloß mit Bart. Sie schlafen. Und schwitzen. Der eine schnarcht, und zwar der Dicke, der fies zu Kindern ist. Ich schleiche mich zu dem Gefängnisteil, wo die Fenster Gitter davor haben, und flüstere den Leuten drinnen zu: ‚Seid ihr unschuldig?' Sie sagen ja. Also schließe ich die Gitter mit dem Zeigefinger auf und lasse sie frei.

Wie ich wieder über die Mauer klettere, wacht der Dicke auf, der keine Kinder mag, und sieht mich, aber es ist schon zu spät. Ich winke ihm bloß noch zu und springe. Es geht hundert Meter runter.

Alle meinen, ich bin tot. Bin ich aber nicht. Ich habe nämlich einen Umhang an, und den breite ich so aus, und der Wind bläst den Umhang auf und ich fliege richtig. Ich lande auf Blacky, und dann gehen wir zusammen Kekse essen. Mit Milch, wo ich sie reintunke."

Dr. Nevele starrte mich an. „Das ist sehr interessant", sagte er.

„Ich habe nicht mit Ihnen geredet." „Mit wem dann?"

„Das wissen Sie doch."

„Mit wem?"

(Draußen spielte ein kleiner Junge, so einer wie ich, mit einem Ball, er prellte ihn auf dem Parkplatz rum und lachte. Dann kam sein Papa und hat ihn aus dem Heim für gestörte Kinder Haus Sonnenschein rausgeholt – und mit nach Hause genommen, wo er mit einer Eisenbahn spielt, die richtig fährt.) „Burt, ich möchte, dass wir Kumpel werden. Und zwar solche Kumpel, die sich etwas erzählen. Ich glaube nämlich, dass ich dir helfen kann, deine Probleme zu erkennen und dann, sie zu lösen. Du bist leider krank, aber je eher du dir helfen lässt, desto eher wirst du wieder gesund und kommst nach Hause. Also hilf mir, ja?"

Ich habe die Hände auf dem Schoß gefaltet. Das macht man so beim Sitzen. So ist man gut manierlich. Nicht reden, kein Kaugummi. Dr. Nevele stand vor mir und wartete, aber ich habe keinen Muckser gesagt. Ich habe auf die Geräusche von draußen gehorcht, vom Korridor im Heim für gestörte Kinder Haus Sonnenschein, da haben Kinder geweint.

„Ich muss jetzt gehen", sagte ich.

„Warum?"

„Mein Papa ist da."

„Deine Eltern sind doch abgefahren, Burt."

„Nein, es ist was Besonderes, sie sind wieder da, weil sie mir noch was sagen wollten. Sie wollen mich nämlich mitnehmen." „Setz dich bitte wieder hin."

Ich war schon an der Tür. Ich habe die Hand auf die Klinke gelegt.

„Setz dich bitte wieder hin, Burt."

Ich beobachtete ihn und machte die Tür ein Stückchen auf, und er kam auf mich zu. Ich rannte um seinen Schreibtisch herum. Er machte die Tür wieder zu und stellte sich davor.

„Burt, hast du vielleicht mit Jessica geredet?" Ich habe keinen Muckser gesagt.

„Jessica ist nicht hier", sagte er.

Da habe ich das Jesusbild genommen und auf den Boden geschmissen. Ich habe den Papierkorb draufgestellt und es richtig zermatscht, und dann habe ich ihm einen Tritt gegeben und bin in die Ecke am Fenster gerannt.

„Sie ist im Krankenhaus. Ihre Mutter war sehr böse. Sehr, sehr böse. Vielleicht möchtest du mir ja deine Seite der Geschichte erzählen."

Mein Hals hat plötzlich wehgetan. Scheußlich weh. Ich habe ihn angeschrien: „Du blöder Arsch", da hat es noch mehr wehgetan, also hab ich es immer wieder geschrien. Immer wieder, ganz laut.

Dr. Nevele ist an seinen Schreibtisch gegangen. Er hat keinen Muckser gesagt. Er hat sich hingesetzt und einen Zettel gelesen, wie wenn überhaupt keiner da wäre. Es war aber einer da. In der Ecke war ein kleiner Junge. Und zwar ich.

„Ich muss meinen Papa anrufen", sagte ich. „Ich muss ihm noch was sagen, ist mir grade eingefallen."

Dr. Nevele schüttelte den Kopf, ohne mich anzusehen.

Ich bin zu seinem Bücherregal und habe mich drangelehnt. Es hat gewackelt. Ich habe Doktor Nevele angeschaut und gesagt: „Ich habe nicht mit Ihnen geredet", aber er hat nicht aufgeschaut. „Sondern mit Jessica."

„Jessica ist nicht hier."

Da sind die Bücher runtergekracht und durchs ganze Zimmer geflogen, weil ich das Regal umgeschmissen habe. Bei dem Krach bin ich erschrocken. Ich bin zur Tür gerannt und habe sie aufgemacht. Dr. Nevele ist aufgestanden. Da habe ich sie wieder zugemacht. […]

(Howard Buten, Burt, übers. von Christiane Buchner, Goldmann TB, Hamburg 1992, S. 7ff.)

Halten Sie schriftlich fest:

1. Was erfahre ich?
2. Wie interpretiere ich diese Fakten?
3. Welche Gefühle löst Burt in mir aus?
4. Wenn ich mich mit Dr. Nevele – dem Psychiater – identifiziere, wie erlebe ich die Situation aus seiner Perspektive?

Am Ende der Wabe 2.1 „Sozialisation im Jugendalter" erfahren Sie, welcher ‚Vorfall' sich ereignet hat. Lesen Sie die Passage aber erst, nachdem Sie die obigen Aufgaben im Kurs ausgewertet haben.

Unter uns lebt eine Menge Menschen,
- die keine freie Verfügung über Ausgang und Umgang mit anderen haben,
- die keine Verfügung über Art und Menge des Essens bzw. die Essenszeiten haben,
- denen die Schlafenszeiten vorgegeben sind,
- denen die Kleidung vorgeschrieben ist – sowohl danach, was jahreszeitgemäß, als auch was schön ist,
- die nicht über Geld verfügen dürfen, höchstens über kleinste Mengen – die sie u.U. auch noch genauestens abrechnen müssen,
- denen vorgeschrieben ist, welche Informationen sie woher aufnehmen dürfen,
- die keinen ausreichenden Schutz vor körperlichen Misshandlungen haben,
- denen auch die Gefühle vorgeschrieben sind,
- denen sogar vorgeschrieben ist, was sie wann auf dem Klo zu tun haben.

Um was für Menschen handelt es sich hier?

(Gisela Ulmann, Über den Umgang mit Kindern: Orientierungshilfen für den Erziehungsalltag, Argument Verlag, Hamburg/Berlin 1999, S. 9)

Beantworten Sie die Frage.
Stellen Sie in Gruppen einen Beschreibungskatalog für eine spezifische ‚Menge von Menschen' auf und lassen Sie diese von den anderen Kursmitgliedern erraten.

Wann sind Kinder verhaltensgestört?

Verhaltensstörung ist nicht, wie meist gesagt wird, Ausdruck einer gestörten Beziehung in der Familie, sondern gibt Auskunft über die normale Beziehungsstruktur in ihrer unaufbrechbaren Geschlossenheit. Die Differenz besteht also nicht zwischen einer intakten und einer gestörten Beziehung, sondern zwischen einer unaufgeklärten Normalität mit ihrer Borniertheit und einer für Dialektik offenen Atmosphäre, in der Beziehungen überhaupt erst reflektiert werden. Das ist ein entscheidender Schritt über das bisherige Denken hinaus: der Schritt von der ‚Fehlersuche' zur Interpretation der Bedingungen für unser Verhalten in der heutigen Gesellschaft überhaupt. [...]
Je entschiedener sich die pädagogische Institution gegen die Außenwelt abschottet und sich aus sich selbst heraus produziert, desto unbefangener realisiert sie ein nicht in Frage gestelltes Paradigma des normalen oder gestörten Verhaltens. Für die Pädagogen geht es daher zunächst stets darum, den Grad der Geschlossenheit des ihn umgebenden Systems zu erkennen. Daraus folgt die Reflexion darüber, was er als Normalfall voraussetzt und von welchem Paradigma er selbst ausgeht. Der reflektierte Umgang mit einem als verhaltensgestört bezeichneten Kind führt den Pädagogen dazu, sich diesen Zusammenhang klarzumachen, denn das einzelne Kind versetzt ihn in Zugzwang, auch wenn ihm das nicht bewusst sein sollte. Je mehr Kompetenz er für sich selber in Anspruch nimmt, desto weniger kann er den grundlegenden Fragen nach den Voraussetzungen seines Handelns ausweichen: Was will (oder muss) ich zum Normalfall erklären? Was kann ich tolerieren? Welche Merkmale gelten mir als akzeptabel, welche als störend? Worauf beziehen sich meine Wertkriterien? Vertrete ich sie mit meiner Person, oder exekutiere ich nur die Interessen meiner Institution? [...]
Im Hinblick auf das Gebaren von Kindern und Jugendlichen wird der Begriff ‚verhaltensgestört' oft synonym mit ‚auffällig' oder auch ‚abweichend' gebraucht und ist stets negativ besetzt. Nun gibt es aber in der Gesellschaft zahlreiche Lebensgebiete, auf denen ein Auffallen gerade erwünscht ist und als ‚Normalfall' gilt. Hier wird deutlich, dass in der Massengesellschaft verschiedenartige Botschaften vermittelt und wahrgenommen

werden. Einerseits soll man sich anpassen, so sein wie die anderen, sich nicht vom Durchschnitt abheben, nicht auffallen und nichts Außergewöhnliches tun, denn das alles würde negativ beurteilt werden. Andererseits soll man sich gerade von anderen unterscheiden, sich gegen andere durchsetzen, eine herausragende Leistung erbringen und dadurch in der gesellschaftlichen Öffentlichkeit Profil gewinnen. [...]

Das Urteil, jemand sei in seinem Verhalten gestört, hat demnach mit der objektiv wahrnehmbaren Auffälligkeit nichts zu tun. ‚Gestört' ist vielmehr das, was in einem begrenzten Feld von der Norm abweicht. Sieht die Norm die Auffälligkeit vor, so wird unauffälliges zum gestörten Verhalten. Nicht die Auffälligkeit als solche, sondern die soziale Anerkennung nach den faktisch wirksamen Kriterien in einem gegebenen Rahmen entscheidet. Gestört ist ein Verhalten nur dann, wenn es gegen eine gesetzte und unter jeweils herrschenden Bedingungen gültige Norm verstößt, wenn ein Einzelner sein eigenes Spiel spielt und sich damit selber isoliert. Welches Paradigma liegt dem gewünschten Verhalten zugrunde? – das ist immer wieder die Frage.

(Aus: Heinrich Kupffer, Paradigmenwechsel erfordert Umdenken, in: Heinrich Kupffer/Ulrich Ziethen [Hrsg.], Erziehung verhaltensgestörter Kinder und Jugendlicher, Quelle und Meyer UTB, Heidelberg/Wiesbaden 1992, S. 14ff.)

1. Nehmen Sie Ihr Journal zur Hand und beantworten Sie die im Text gestellten Fragen. Tauschen Sie sich aus.
2. Gibt es schwierige Kinder oder Kinder mit Schwierigkeiten?
   Gibt es gestörtes Verhalten oder Verhalten, was stört?
   Gibt es erziehungsschwierige Kinder oder ...?
   Suchen Sie ähnliche Sätze und nehmen Sie Stellung!
3. Diskutieren Sie: Sind Kinder ‚verhaltensauffälliger' als Erwachsene?

Ein-Spruch

„Gleichheitsvorstellungen ohne Ausgrenzungen implizieren die Akzeptanz gleichwertiger Differenzen und gehen damit über die Gleichheitsvorstellungen, die nur für Gleichartiges gelten und Abweichendes ausgrenzen, qualitativ hinaus. [...]

Differenz ohne Gleichheit bedeutet gesellschaftlich Hierarchie, kulturell Entwertung, ökonomisch Ausbeutung. Gleichheit ohne Differenz bedeutet Assimilation, Anpassung, Gleichschaltung, Ausgrenzung von ‚Anderen'."

(Aus: Annedore Prengel, Pädagogik der Vielfalt, Opladen 1995, S. 47, 184)

Wer sagt
was
mit welchen Mitteln
und welcher Absicht
zu wem ???

Ist das Gegenteil auch richtig?

Mein Kommentar:

BLICK-RICHTUNG:

Sucht man nach Gründen, warum Entwicklung und Sozialisation im Jugend- und Erwachsenenalter krisenhaft verlaufen – wie es für diesen Themenkreis als Leitfrage formuliert wurde –, so gibt es verschiedene Möglichkeiten, auf Ursachenforschung zu gehen.
Unter entwicklungspsychologischen Gesichtspunkten wird man nach störenden Einflussgrößen im Entwicklungsverlauf eines Menschen suchen; die Betrachtung der Bedeutung und Funktion ‚unterbewusster' Verarbeitungsprozesse legt den Fokus sehr stark auf das ‚Innenleben' eines Menschen – hierzu haben Sie bereits im Themenkreis 2.1 wichtige Erkenntnisse erlangt. Bei den Überlegungen zu den Sozialisationstheorien haben Sie die Bedeutung sozialer Kontexte auch unter geschlechtsspezifischen Aspekten kennen gelernt, unter der Perspektive des Jugendalters werden diese Überlegungen in der Wabe 2.1 weitergeführt.

Bei der Wahl der Wabe(n) in diesem Themenkreis sollten Sie einige besondere Bedingungen berücksichtigen:
Einige in diesem Themenkreis vorgestellten Inhalte zeichnen sich dadurch aus, dass sie grundsätzlich eine starke Betroffenheit auslösen können. Bei der Wabe: ‚Grenzüberschreitungen – Sexueller Missbrauch von Kindern und Jugendlichen' kommt hinzu, dass es sich hierbei um ein weitgehend tabuisiertes und emotionsgeladenes Thema handelt. Im Vorfeld sollten Sie sich als Lehrer bzw. Lehrerin deshalb bewusst machen, dass in der Kursgruppe u.U. persönlich betroffene Schülerinnen und Schüler sind. Als Lehrer oder Lehrerin ist es daher sinnvoll, folgende Vorsichtsmaßnahmen zu treffen: Wichtig erscheint uns, dass Sie sich bewusst machen, welche Probleme aufgrund des persönlichen Betroffenseins von Schülerinnen und Schülern auftreten können. Deshalb ist es von besonderer Bedeutung, dass Sie sich selbst bereits mit dem Thema auseinander gesetzt haben.
Als vorsorgende Maßnahme empfehlen wir, sich Adressen von Beratungsstellen für betroffene Mädchen und Jungen in der jeweiligen Region zu besorgen, um Betroffene ggf. an kompetente Ansprechpartner oder -partnerinnen verweisen zu können.
Als Schülerinnen und Schüler sollten Sie die Abstimmung über die Wahl der Wabe grundsätzlich anonym durchführen. Wichtig ist auch, keine ad-hoc-Entscheidungen zu treffen, sondern sich möglichst einige Tage Zeit zu lassen und sich zu überlegen, was die Auseinandersetzung mit dem Thema ‚Sexueller Missbrauch' Ihnen persönlich bedeutet. Im Kurs sollten auch Absprachen darüber getroffen werden, wie verfahren werden soll, wenn nur ein Schüler oder eine Schülerin sich *gegen* das Thema des sexuellen Missbrauchs ausspricht. Gerade im Umgang mit diesem Thema sollte darauf geachtet werden, die Grenzen anderer zu respektieren.

Letztlich müssen Sie selbst entscheiden, welche Betrachtungsweisen Ihnen besonders ergiebig erscheinen, einfache Antworten für die diesen Themenkreis kennzeichnende Leitfrage werden Sie sicherlich nicht finden.
Versuchen Sie die besondere Fragerichtung eines Erklärungsansatzes ausfindig zu machen, denn jede Theorie hat auch besondere Anliegen und bevorzugte Sichtweisen und kommt damit zu unterschiedlichen Ansätzen für präventive und intervenierende Maßnahmen.

Methodische Anregung

Individuelle Fälle erziehungswissenschaftlich betrachtet

Während man mit quantitativ-statistischen Methoden eine große Zahl von Fällen erforschen und so repräsentative Aussagen mit hohem Verallgemeinerungsgrad treffen kann, ist es möglich, mit qualitativen Methoden eine kleine Zahl von Fällen, diese dafür aber mit hoher Genauigkeit und Differenziertheit zu erforschen.
So ist es möglich, durch eine sehr intensive Ausrichtung auf den Einzelnen sein Leben, seine Wahrnehmung der Welt und seine Erfahrung als Erzogener oder Erzieher sehr authentisch und sehr konkret nachzuvollziehen.

Bei der Arbeit mit **Fallbeispielen** (z. B. Fälle aus der psychoanalytischen Praxis, siehe z. B. „Das Beispiel Carine", S. 87ff., oder aus der juristischen bzw. sozialpädagogischen Praxis, siehe z. B. Gerichtsakten Michael P. und Lars C., S. 267ff., Fälle aus dem Drogenbereich, S. 319f., S. 324f., Fälle von sexuellem Missbrauch, S. 284ff., oder die Rekonstruktion einer Biografie im Nationalsozialismus) sollte berücksichtigt werden, dass jede Rekonstruktion eines Falles eine Konstruktion aus einer Beobachterperspektive darstellt: Jemand wird zum Fall gemacht.
Im Pädagogikunterricht haben wir es oft mit sehr plakativen und verkürzten Fallbeispielen zu tun, die z.T. zu Lehr- und Demonstrationszwecken geschrieben wurden. Hier ist die Gefahr der unkritischen, monoperspektivischen Sichtweise sehr groß. Um hier nicht in Fallen zu laufen, ist es ratsam, sich bei jedem Fallbeispiel zu vergegenwärtigen:

a) Was ist das Besondere an dem Fall? Wer ist wie zum Fall geworden?
b) Was ist das Allgemeine an diesem Fall? Vor welchem theoretischen Hintergrund soll der Fall betrachtet werden? Welche gesellschaftlichen Rahmenbedingungen sind zu berücksichtigen?
c) Aus welcher Perspektive ist der Fall berichtet worden?
d) Welche anderen Perspektiven auf diesen Fall sind denkbar und welche anderen Interpretationen ergeben sich dadurch?
e) Wie sehen wir nach diesen methodischen Schritten das Verhältnis von Konkretem und Allgemeinem in diesem Fall und was heißt dies für erzieherisches Handeln?

Eine andere Möglichkeit, zu qualitativen Erkenntnissen zu gelangen, ist die **Biografiearbeit**, mit der man sich selbst zum eigenen Fall macht und die eigene Lebensgeschichte zu rekonstruieren versucht. Viele biografische Schreibanlässe in diesem Buch haben dazu einen Anreiz geschaffen. Der Rückblick auf die eigene Lebensgeschichte kann für jeden Aufschluss darüber geben, wie er geworden ist und wie er ist, und kann dazu führen, sich selbst mit allen „Macken" und Stärken besser wahr- und anzunehmen. Dies eröffnet zugleich Perspektiven für die Zukunft.
Für Pädagoginnen und Pädagogen sowie alle, die es werden wollen, ist die Auseinandersetzung mit der eigenen Biografie noch aus einem anderen Grund wichtig. Wir alle sind erzogen worden und diese Erziehung hat großen Einfluss auf unser Denken und Handeln. Wenn wir uns diese Einflüsse bewusst machen, schützen wir uns davor, unser eigenes Erzogen-Sein ohne es zu merken auf die, die wir erziehen, zu übertragen. So neigt vielleicht jemand, der in seiner Kindheit sehr streng erzogen wurde, dazu, seine Kinder zu verwöhnen oder aber genauso streng zu erziehen, nach dem Motto: Mir hat das auch nicht geschadet. In beiden Fällen merkt der Erzieher oft nicht, dass seine Auffassung von Erziehung die Reaktion auf eigene Erziehungserfahrungen ist.

2 Das Wabenmodell

2.1 Sozialisation im Jugendalter – Ein produktiver und konstruktiver Prozess der Gestaltung von Identität

Der Begriff Sozialisation kann definiert werden als die Entstehung und Bildung der Persönlichkeit aufgrund ihrer Interaktion mit einer spezifischen, materiellen, kulturellen und sozialen Umwelt. [...]
Sozialisationsforschung erforscht bzw. erweitert unser Verständnis vom Menschen, seiner Bildsamkeit und der verschiedenen anthropologischen und psychologischen Bedingungen für menschliche Bildungsprozesse. Insbesondere klärt sie genauer, welche äußeren Bedingungen hierbei wichtig sind und welche Art der Wechselwirkung zwischen ihnen und dem Subjekt besteht.

(Zeichnung: Katharina Joanowitsch)

(Dieter Geulen, Sozialisation, in: Dieter Lenzen [Hrsg.], Erziehungswissenschaft. Ein Grundkurs, Rowohlt, Reinbek bei Hamburg 1994, S. 101, 102)

Stellen Sie sich vor, Sie würden in einem Institut für Sozialisationsforschung arbeiten und sollten dort Forschungsaufträge formulieren und durchführen. Wie könnten diese lauten?

Einführung

Bildgestaltung

Legen Sie sowohl links wie auch rechts von der Grafik Katharina Joanowitschs ein leeres Blatt Papier.

Lassen Sie Ihrer Fantasie und Kreativität freien Lauf:
Was war ‚vor' dieser Grafik (linksseitig liegendes leeres Blatt Papier), wie wird sich das Bild ‚weiter entwickeln'?
Gestalten Sie die beiden leeren Blätter links und rechts der vorgegebenen Grafik aus! Nehmen Sie sich dafür genügend Zeit!

Wenn Sie mit der Ausgestaltung fertig sind, befassen Sie sich mit den folgenden Fragen:
- Drehen Sie Ihr Bild, verändert sich etwas?
- Haben Sie mit Farben gearbeitet? Warum bzw. warum nicht?
- Was für einen Rahmen möchten Sie Ihrem Bild geben? Gestalten Sie diesen aus!
- Welchen Titel möchten Sie Ihrem Bild geben?
- Gibt es Bezüge Ihres Bildes zur Kapitelüberschrift?

Entscheiden Sie in der Kursgruppe, ob Sie Ihr Bild einem Partner oder der gesamten Gruppe vorstellen wollen. Tauschen Sie Ihre Wahrnehmungen und die Antworten auf die oben gestellten Fragen aus.
Diskutieren Sie anschließend die Frage:
War diese Übung für Sie eher eine ‚Beschäftigungs-Therapie' oder ein Beispiel für einen ‚kreativen Pädagogikunterricht'?

Lebensphase Jugend – wie lässt sie sich kennzeichnen?

Da in diesem Kapitel die Überlegungen zur Sozialstruktur und Persönlichkeit hauptsächlich auf die Lebensphase Jugend beschränkt werden sollen, wird in folgenden Texten eine Präzisierung und Charakterisierung dieses Lebensabschnittes versucht.

Pele: Die [= Erwachsene] machen doch große Sprüche. Ich mein' solche Leute, die so was sagen, die denken vielleicht nur an sich. Die denken gar nicht an diese Zeit. Sie fühlen sich wohl in einer anderen Zeit. Die denken nur an sich. Wenn sie Ruhe haben wollen, schreien sie: Hör auf zu spielen, ich will endlich Ruhe haben. Die denken nicht an die anderen Leute, die denken nur an sich.
Interviewer: Ich glaube, manchmal sind die auch ein bisschen neidisch.
Peter: Die ältere Generation soll auch mal dran denken, dass sie mal auf der Straße gespielt haben. Dass sie auch mal Kinder waren.
Michael: Ja, und dass sie auch mal jung waren.
Interviewer: Du wolltest eben noch was von eurer Straße, glaub ich, sagen.
Peter: Ja, bei uns in der Straße, also in dem Haus, da ist auch so ein älteres Ehepaar, Hausmeister.
Pele: Der Müller.
Peter: Nein, der Meier. Und da war ich klein, da haben sie mich so, irgendwie gern gehabt. Gell, und jetzt bin ich älter, und da können sie mich wohl nicht leiden, und wenn

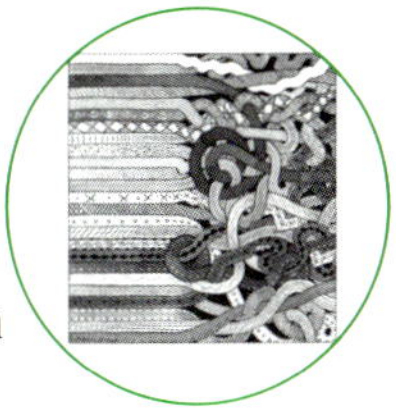

ich dann mal mit ein paar Freunden in mein Zimmer gehe und dann wieder raus, und dann kommen die gleich wieder raus und sagen: Was soll denn das und so, und warum sind die da drinnen. Als ob ich denen immer Rechenschaft geben muss. Immer wenn ich bei mir in die Wohnung reingehe, also ins Zimmer, dann muss ich immer erst sagen: Der und der geht mit mir ins Zimmer.
Interviewer: Der Hausmeister?
Petra: Ja. Also, und wenn ich mal auf die Toilette gehe, komme wieder raus, ist er da vorne im Hof. Und dann macht er die Tür auf, und dann geht er wieder. Macht er extra noch mal die Tür auf, um mal zu gucken, wer da ist. Wenn einer rauskommt. Wenn irgendwie im Haus etwas dreckig ist oder so, sagt er gleich, das wär ich gewesen.

(Projektgruppe Jugendbüro und Schülerarbeit, Die Lebenswelt von Hauptschülern, München 1975, S. 200f.)

Das Interview zeigt deutlich, dass es im Alltag durchaus „Generationsspannungen" aufgrund unterschiedlicher Interessen gibt: Peter muss dabei den Wandel vom Kind zum Jugendlichen besonders schmerzlich erfahren: Als Kind hatten die Leute ihn „irgendwie gern", während er jetzt, „wenn irgendwie im Haus etwas dreckig ist oder so", gleich verantwortlich gemacht wird. Der Schutz der Zuneigung, auf den auch Jugendliche noch stark angewiesen sind, wird ihnen brüsk entzogen.

(Dieter Baacke, Die 13- bis 18-Jährigen, Beltz, Weinheim u. Basel 1994, S. 61, 62)

1. Die bereits in dem Text zitierte Projektgruppe Jugendbüro und Schülerarbeit analysiert die ‚jugendliche Schutzlosigkeit' folgendermaßen:
„Die Jugendlichen befinden sich in einer Übergangssituation von der sozialen Kategorie ‚unmündiger Heranwachsender' in die des ‚selbstverantwortlichen Erwachsenen'. Das heißt, sie genießen bei vielen Aktivitäten und in vielen Situationen nicht mehr den unbedingten Schutz ihrer ‚Aufbewahr-Institution' Familie, ohne dass sie bereits voll in den Genuss der verschiedenen sozialen Schwimmgürtel kommen, die dem einzelnen Erwachsenen helfen, sein eigenes Leben zu organisieren und vor unkontrollierten Störungen zu bewahren."
(Projektgruppe Jugendbüro und Schülerarbeit, a.a.O., S. 180 ff., zit. nach: Dieter Baacke, a.a.O., S. 60)
Erläutern Sie diese Aussage und nehmen Sie Stellung.
2. Stellen Sie gegenüber und vergleichen Sie:
Welche Erwartungen werden an Kinder, welche werden an Jugendliche gestellt?
Formulieren Sie dazu Sätze der Art: ‚Kinder sollen …', ‚Jugendliche sollen …'.
Diskutieren Sie geschlechtsspezifische Unterschiede.

So wird auch heute noch die Lebenswelt eines Jugendlichen maßgeblich durch die Art bestimmt, in der seine Jugendzeit als Initiation, als Einführung in einen „neuen Abschnitt" verstanden wird. Bei den meisten Naturvölkern (aber nicht allen!) findet sich die Initiation als besonderer Ritus, der den Eintritt in ein neues Lebensstadium vorbereitet. In ihn werden bei Eintritt in die Geschlechtsreife vor allem die männlichen Jugendlichen einbezogen. Häufig werden die Initianten, nach Geschlechtern getrennt, für eine bestimmte Zeit abgesondert (Beschneidung, Zahnverstümmelung, Tätowierungen, Anbringen von Schmucknarben als Stammesabzeichen usw.). Der Jugendliche stirbt in seiner alten sozialen Rolle als Kind ab und wird als Gewandelter für die Gesellschaft wiedergeboren.

Wie eindrucksvoll, aber auch beängstigend für den Heranwachsenden eine Initiation vor sich gehen kann, beschreibt George D. Spindler (1970). Bei den Tiwi in Nordaustralien hat die Initiation stark aggressiven Charakter und damit ohne Zweifel traumatisierende Elemente. Ein etwa 13-Jähriger wird, wenn die physiologischen Zeichen der Pubertät sichtbar werden, eines Nachts von einer Gruppe schwer bewaffneter, schweigender fremder Männer aus der Familie geraubt. Die Frauen beginnen zu heulen, der Vater läuft,

um seine Speere zu holen – aber das ist nur ein Ritual, denn der „Überfall" ist verabredet. Der Knabe selbst, von Panik erfasst, versucht sich zu verstecken. Er wird ergriffen und wie bei uns ein jugendlicher Delinquent abgeführt; weder die Familie noch die Nachbarn greifen dabei ein. Während der Knabe bisher spielen konnte, wird er nun unmittelbar mit der Härte des Lebens konfrontiert. Er muss lange und schwierige Instruktionen annehmen, die ihm von unfreundlichen und untersagenden Präzeptoren geboten werden. Die Zahl der Tabus und künstlichen Verhaltensweisen, die von ihm nun gefordert werden, ist Legion. Er darf nur sprechen, wenn er angesprochen wird; er darf nur bestimmte Speisen zu sich nehmen; Kontakt mit Frauen, auch mit Mutter oder Schwestern, ist in jeder Form strikt verboten, usw. Ein solches Schockerlebnis wird aber im Stamm der Tiwis für notwendig gehalten, um einen „rechten Erwachsenen" aus dem Knaben zu machen.

(Dieter Baacke, Die 13- bis 18-Jährigen, Beltz, Weinheim u. Basel 1994, S. 48, 59)

1. Welche ‚Initiationsriten' (materiell orientierte wie Verhaltensweisen) sind für die Lebensphase Jugend Ihrer Meinung nach in unserer Gesellschaft kennzeichnend um zu einem „rechten Erwachsenen" zu werden?
   Unterscheiden Sie zwischen Erwartungen von ‚außen' und von Jugendlichen selbst entwickelten ‚rites de passage'.
   Gibt es Ihrer Meinung nach geschlechtsspezifische Unterschiede?
2. Gibt es Ihrer Meinung nach auch eine ‚Erwachsenen-Initiation'?

Grundbegriffe und Grundthesen

Sozialisation von Jugendlichen – Lebensphase Jugend

Lebensphase Jugend – ‚High life'?

Jugendliche sehen sich vielfältigen Erwartungen gegenübergestellt, die sie annehmen, relativieren oder ablehnen, mit denen sie aber in irgendeiner Art und Weise in Auseinandersetzung treten und diese Erwartungen somit als Orientierung benutzen. Bevor auf diese Aspekte weiter eingegangen wird, soll zunächst die Lebensphase Jugend genauer betrachtet werden:

Orientierungen in der Zeit

Wie ist es um die zeitbezogenen Orientierungen bestellt, das heißt um die Vorstellungen, die sich Jüngere vom Umgang mit der eigenen Lebenszeit machen? Dieser Orientierungsbereich wurde anhand von sieben Skalen abgefragt. Zum einen geht es darum, ob sich die Jugendlichen vergangenheits-, gegenwarts- oder zukunftsorientiert zeigen. Zum anderen wird der spezifischen Qualität des Zukunftsbezuges nachgegangen. Sehen Jugendliche sich eher als selbst- oder fremdbestimmt Handelnde? Sehen sie ferner das künftige Leben als vorstrukturierten Lebensplan vor sich oder eher als unbekanntes Territorium, das es erst noch zu erkunden gilt?
Jugendliche in Ost und West sind mehrheitlich zukunfts- und gegenwartsorientiert, während die Bindung an die Vergangenheit eine geringere Rolle spielt. Das erscheint angesichts der frühen Lebensphase der Befragten trivial. Bemerkenswert ist aber, dass sich 13–16-Jährige positiv wie negativ abgrenzend mehr auf das Vergangene beziehen, als dies junge Erwachsene (25–29-Jährige) tun. Den stärksten positiven Bezug zur Pflege und Reflexion des Vergangenen haben junge Mädchen und Frauen.

Nur sehr wenige Jugendliche in Ost und West sehen ihre Zukunft als fremdbestimmt an. Allerdings gibt es einen größeren Prozentsatz, der vorwiegend auf die Gegenwart hin ausgerichtet ist; sei es spontan und lustbetont oder eher passiv. Welcher Typ von Zeitorientierung bei den einzelnen Jugendlichen dominiert, ist in Grafik 7 dargestellt. „Vorwiegend“ heißt in diesem Fall, dass ein Jugendlicher dem entsprechenden Zeitbezug am stärksten zustimmt, was Nebenorientierungen natürlich nicht ausschließt. Das Schaubild macht deutlich, dass die planmäßige Orientierung an fest vorgestellten Zukunftszielen bei rund einem Viertel der Jugendlichen im Vordergrund steht. Allerdings sind ein gutes Drittel der Befragten in erster Linie an einer lustvollen Gegenwart ausgerichtet bzw. lassen sich eher passiv treiben.

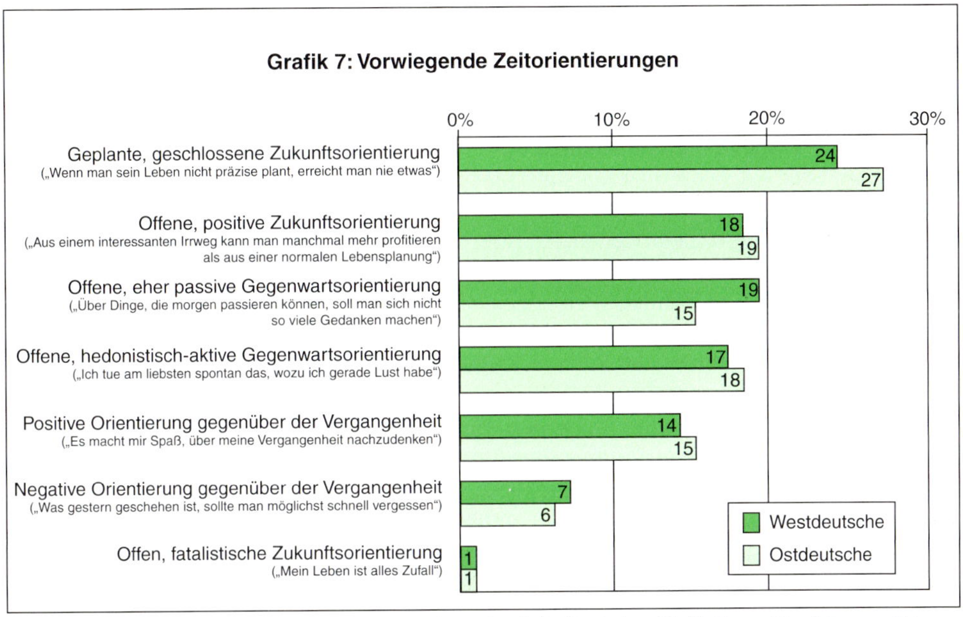

(Imbke Behnken/Arthur Fischer, Jugend '92 [hg. vom Jugendwerk der Deutschen Shell], Gesamtdarstellung und biografische Porträts, Band 1, Opladen 1992, S. 234)

1. Suchen Sie nach Erklärungen/Arbeitshypothesen für die Ergebnisse der Umfrage.
2. Können Sie in Ihrem Kurs die Aussagen der befragten Jugendlichen bestätigen?

Was sind überhaupt *Szenen?* Klären wir zunächst einmal, was sie *nicht* sind. Wir reden hier nicht über den alten, unscharfen Begriff *der Szene,* mit dem noch in den 80er-Jahren ein subversiv-diffus-querköpfiger Untergrund bezeichnet wurde. Wir reden vielmehr über viele *verschiedene* Szenen. Szenen, die überall dort entstehen, wo Menschen freiwillig gemeinsame Interessen, Wertvorstellungen und Freizeitaktivitäten entwickeln oder ganz einfach die gleichen Konsumartikel schön finden. Szenen sind soziale Netzwerke. Sie weichen die alten Strukturen der Gesellschaft, also soziale und lokale Herkunft oder Bildungshierarchien, auf und erzeugen neue. Szenen sind die Gesellschaftsordnung der 90er-Jahre.
Um zu zeigen, wie das in der Realität vor sich geht, untersuchen wir einen „naturidentischen“ Fall: Sascha, 20-jähriger Arbeitersohn und Elektriker-Geselle aus Düren, und Katinka, 26-jährige Verlegerstochter und angehende Journalistin aus Bremen, sind zwar gemäß einer konservativen Lebensart nach wie vor durch die Schranken ihrer sozialen Herkunft getrennt, nicht jedoch in ihrer alltäglichen Freizeitgestaltung: Beide lieben

Techno-Raves, tragen T-Shirts des Londoner Labels ‚Mau Mau', dazu Turnschuhe der Marke ‚Adidas Gazelle'. Beide mögen süße Energy-Drinks wie ‚GuVi' oder ‚Flying Horse', begeistern sich für den Techno-DJ WestBam und lassen im Durchschnitt 600 DM pro Monat für Nightlife aus dem Portmonee.

Katinka und Sascha gehören deshalb zur Techno-Szene. Und dort haben sie sich auch kennen gelernt: im April 1994 in der Dortmunder Westfalenhalle, auf der ‚Mayday VI'. Im Juli haben sie sich auf der Berliner ‚Love Parade' wiedergetroffen, und seitdem stehen sie in ständigem Kontakt, meist per Telefon oder auch mal per Fax. Sie tauschen Platten und CDs, geben sich Tipps, welche Klamotten gerade angesagt sind, und reden mittlerweile auch über persönliche Wünsche und Ängste.

Sascha und Katinka haben innerhalb einer *Szene* zueinander gefunden. Früher suchte man sich seine Freunde fast ausschließlich in der Nachbarschaft, auf dem Schulhof, im Sportverein oder an der Uni. Meist auch am Arbeitsplatz. Heute sind zu diesen traditionellen Kontaktbörsen – die deutlich an Einfluss verloren haben – die Szenen hinzugekommen. Es reicht den Jugendlichen der 90er-Jahre nicht mehr, nur in der unmittelbaren Umgebung nach Gleichgesinnten zu suchen. Man ist anspruchsvoller geworden, die Interessen bei jedweder Art von Freizeitgestaltung sind oft in unübersehbar viele Facetten aufgesplittert. Gleichzeitig ist die mediale Versorgung – und dadurch die Verbreitung von Szene-Symbolen – durch Fernsehen, Zeitschriften und Rundfunk während der letzten 15 Jahre ebenso gestiegen wie die Möglichkeit zur Kommunikation. Man benutzt das Telefon oder schickt hastige Handskizzen oder akribisch montierte Computer-Ausdrucke per Fax zum Szene-Adressaten. […]

Wichtig für die Entwicklung der Szenen-Kultur ist jedoch auch die gesteigerte Mobilität. Sie ist mittlerweile fester Bestandteil des jugendlichen Alltags geworden, sei es in Form eines besonderen Schüler- oder Studenten-Tickets für den Nahverkehr oder in Form des ersten eigenen Autos. Gerade in gemeinsamen Fahrten mit Bekannten, in der Länge der Anreise liegt ein zusätzliches Erlebnismoment. Veranstaltungen werden allein schon dadurch aufgewertet, dass man sehr weit fahren muss.

Diese Mobilität hat Folgen: Jugendkultur verliert ihre lokale Angebundenheit. Die ganze Republik wird zur potenziellen Tummelwiese. Gleichzeitig wird es möglich, dass sich überregionale Szenen bilden. Natürlich sind dem u.a. schon zeitliche Grenzen gesetzt. Denn meist hat man nur am Wochenende die Möglichkeit zu weiten Fahrten.

Die Bedeutung dieser Szenen kann kaum überschätzt werden. Und auch ihre Funktion nicht: Sie ordnen eine immer unübersichtlicher werdende Welt in homogene Sinnsysteme, die dem Einzelnen Orientierung und Halt geben in einer komplexer werdenden Gesellschaft, in einer immer größeren Vielfalt der Werte-, Konsum- und Lebensstilangebote. Der Soziologe Gerhard Schulze ortet in 'Die Erlebnisgesellschaft' den Ursprung der Szenenbildung in „der Suche nach Eindeutigkeit, nach Anhaltspunkten, nach kognitiver Sicherheit in einer zunehmend unübersichtlichen Situation. Dem ständig drohenden Chaos setzen die Menschen vereinfachende Strukturvorstellungen entgegen. Szenen, alltagsästhetische Schemata, […] sind Versuche, sich in einer schwer überschaubaren sozialen Wirklichkeit zu orientieren".

Persönliche Orientierungen des Einzelnen werden innerhalb solcher Szenen ausgebildet, denn kein Mensch kann seine Persönlichkeit ohne ständigen Austausch mit der Umwelt entwickeln. Erst das Erkennen des Unterschieds zu anderen führt überhaupt zur Wahrnehmung der eigenen *individuellen* Existenz. Und das Wahrnehmen der anderen, etwa auch gegensätzlichen Szenen führt entsprechend zur Wahrnehmung und Ausbildung der eigenen *sozialen* Existenz. […]

Eine weitere Unterscheidung muss noch getroffen werden: die zwischen *Szenen* und *Szene-Cliquen*. Eine Szene, z.B. die der Michael-Jackson-Fans, kann sich quer über den

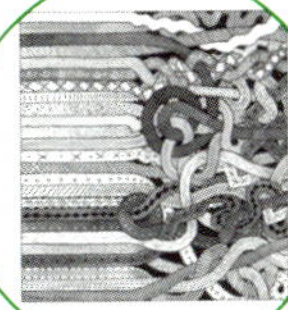

gesamten Globus erstrecken. Der Teenager in Hongkong kennt Songtexte, Melodie-Floskeln und Styling seines Idols genauso detailliert wie der Jugendliche in Boston oder Erfurt. Doch die Möglichkeit und Wahrscheinlichkeit einer Kontaktaufnahme mit diesen weit entfernt lebenden Szene-Mitgliedern ist sehr gering. Unberührt davon teilt man aber Anschauungen und Sehnsüchte, lebt in der gleichen Wertewelt. Eben in der Michael-Jackson-Szene – und da gibt es nur eine auf der ganzen Welt. Michael-Jackson-Szene-Cliquen existieren dagegen unzählig viele. Denn eine Szene-Clique ist eine Teilmenge der Gesamtszene. Sie bildet sich, wo Angehörige dieser Szene einander namentlich kennen, mündlich oder fernmündlich miteinander kommunizieren und regelmäßige Treffen abhalten. Denn wenn auch Mobilität und digitalisierte Kommunikationstechnik enorme Fortschritte gemacht haben, setzen Zeit und Geldbeutel einer direkten, globalen Vernetzung der Szenen bislang natürlich noch Grenzen. Szene-Cliquen sind die kleine Lösung dieses Problems, sie weisen deshalb auch einen höheren Grad an Intimität und Privatheit auf als die übergreifenden Szenen.

Wie verbreitet Szenen in Deutschland sind, wird etwa in der Shell-Jugendstudie '92 belegt. Auf die Frage „Bist du in einem Kreis von jungen Leuten, der sich regelmäßig oder öfter trifft und zusammengehörig fühlt? Ich meine nicht einen Verein oder Verband", antworteten nur 23 Prozent der Befragten mit „nein". Und wie prägend Szenen (oder Cliquen) für die individuelle Biografie des Jugendlichen sind, unterstreicht eine Studie des Instituts für Jugendforschung (IJF) aus dem Jahr 1992: Eine repräsentative Befragung von fünfhundert 14- bis 22-Jährigen ergab, dass über 70 Prozent bei der Berufswahl entscheidend von der Meinung der eigenen Szene oder Clique beeinflusst wurden und werden. Dagegen legten nur 35 Prozent Wert auf das Urteil ihrer Eltern. Das Gleiche gilt für die Freizeit: 88 Prozent der Befragten gaben das Zusammensein mit Freunden als bevorzugte Freizeitbeschäftigung an. Ihren Freunden fühlen sich alle Befragten am nächsten. Weitaus näher als dem Beruf oder der Ausbildung, dem Geld oder abstrakten Werten wie Selbstverwirklichung. Ganz am Ende der Beliebtheitsskala rangiert die eigene Familie. Wie können aber Szenen wichtiger sein als die eigene Familie? Schließlich, so ein gängiger Einwand, sind doch Michael-Jackson-Poster, Surfbretter, ‚Mau-Mau'-T-Shirts nur Äußerlichkeiten. So was kann doch keine Szene zusammenhalten. Weit gefehlt. Genau dadurch konstituieren sich Szenen: durch Äußerlichkeiten, die allerdings mit Bedacht gewählt wurden und deshalb große Aussagekraft haben. Zum Beispiel durch Kleidung, denn was man außen auf der Haut trägt, ist ein Symbol der inneren Befindlichkeit und dient dazu, Identitäten zu schaffen und sich abzugrenzen. Selbst wer von sich behauptet, keinerlei Wert auf Mode und Äußerlichkeiten zu legen, verfolgt damit eine gewisse Geisteshaltung, orientiert sich an einem gewissen Wertekatalog. Nur dass der sich eben durch das Vermeiden bestimmter Äußerlichkeiten und Konsumformen manifestiert.

So oder so ist Konsum oder Nicht-Konsum symbolischer Natur. Wer sich eine bestimmte Jeans-Marke kauft oder nicht kauft, tut das nicht mehr nur aus dem schlichten und uralten Bedürfnis heraus, seinen Körper gegen Kälte, Schmutz und Feuchtigkeit zu schützen. Er vollzieht im Konsum vielmehr einen symbolischen Akt. Das Objekt der Begierde steht für mehr als nur warme Beine, es gewährt oder verwehrt den Eintritt zu einer gewissen Lebenshaltung, einer bestimmten Wertewelt und einer charakteristischen Sicht des Lebens.

(Klaus Janke/Stefan Niehues, Echt abgedreht: Die Jugend der 90er-Jahre, Beck, München 1995, S. 17ff.)

1. Vergleichen Sie die hier beschriebene Bildung ‚individueller' und ‚sozialer Existenz' und die ‚Schaffung von Identitäten' mit dem Ansatz der klassischen Rollentheorie (vgl. Sie insbesondere mit dem Begriff der ‚Ich-Identität').
2. Klären Sie den Begriff der Erlebnisgesellschaft.
   Welcher Zusammenhang besteht zur heutigen Jugendkultur?
3. Welchen Einfluss haben die ‚sozialen Netzwerke' Szenen auf die Sozialisation Jugendlicher?

Entwicklungsaufgaben des Jugendalters

Die psychischen Bewältigungsverfahren zur Auseinandersetzung mit den Anforderungen und Herausforderungen aus dem biologischen und psychosozialen Bereich sind im Kindheitsalter gänzlich anders als im Jugendalter. Im Unterschied zur Kindheit wird in der Jugendzeit eine Bewältigung nur dadurch möglich, dass sich Jugendliche von den primären Bezugspersonen, meist Mutter und Vater, innerlich ablösen und eine eigenständige, autonome Organisation des Bewältigungsprozesses vornehmen. Waren in der Kindheitsphase noch Imitation und Identifikation mit den Eltern die vorherrschenden psychischen Mechanismen, um mit den Anforderungssituationen zurecht zu kommen, so treten sie jetzt deutlich in den Hintergrund. Nach der beginnenden psychosozialen Ablösung von den Eltern sind eigenständig entwickelte Bewältigungsmechanismen die Voraussetzung für die Steuerung des persönlichen Entwicklungsprozesses. [...]

In der Entwicklungspsychologie hat sich der Begriff „Entwicklungsaufgabe“ als ein Konzept durchgesetzt, um die Umsetzung von körperlichen, psychischen und sozialen Anforderungen in den einzelnen Lebensphasen in individuelle Verhaltensprogramme zu bezeichnen. Unter einer Entwicklungsaufgabe werden die psychisch und sozial vorgegebenen Erwartungen und Anforderungen verstanden, die an Personen in einem betimmten Lebensabschnitt gestellt werden. Die Entwicklungsaufgaben definieren für jedes Individuum in bestimmten sozialen Lebenslagen die vorgegebenen Anpassungs- und Entwicklungsprobleme, denen es sich stellen muss. Die Entwicklungsaufgaben sind also psychosoziale Bezugssysteme, innerhalb derer die eigene Persönlichkeitsentwicklung vorgenommen werden muss. [...]

Die Bewältigung einer Entwicklungsaufgabe im Jugendalter, wie z.B. die psychosoziale Ablösung von den Eltern, wirkt sich auf die Art und Weise aus, wie eine Auseinandersetzung mit verwandten Entwicklungsaufgaben in anderen Bereichen – etwa der Aufbau einer Partnerschaftsbeziehung zu Gleichaltrigen des gleichen und des anderen Geschlechts – verläuft. Entwicklungsaufgaben sind demnach keine isolierten Verhaltens- und Entfaltungsbereiche, sondern sie berühren sich und gehen ineinander über. Auch bestehen Beziehungen zwischen dem erfolgten „Abarbeiten“ einer Entwicklungsaufgabe in einer vorangehenden Lebensphase und der Möglichkeit der erfolgreichen Auseinandersetzung mit neuen, auf die alten aufbauenden Aufgaben in einer nachfolgenden Lebensphase. [...]

Für die Jugendphase lassen sich vor allem die folgenden Entwicklungsaufgaben in vier großen Entwicklungsbereichen benennen:

1. Entwicklung einer intellektuellen und sozialen Kompetenz, um selbstverantwortlich schulischen und anschließend beruflichen Qualifikationen nachzukommen, mit dem Ziel, eine berufliche Erwerbsarbeit aufzunehmen und dadurch die eigene, ökonomische und materielle Basis für die selbstständige Existenz als Erwachsene zu sichern.
2. Entwicklung der eigenen Geschlechtsrolle und des sozialen Bindungsverhaltens zu Gleichaltrigen des eigenen und des anderen Geschlechts, Aufbau einer heterosexuellen Partnerbeziehung, die langfristig die Basis für eine Familiengründung und die Geburt und Erziehung eigener Kinder bilden kann.
3. Entwicklung eigener Handlungsmuster für die Nutzung des Konsumwarenmarktes und des Freizeitmarktes einschließlich der Medien mit dem Ziel, einen eigenen Lebensstil zu entwickeln und zu einem gesteuerten und bedürfnisorientierten Umgang mit den entsprechenden Angeboten zu kommen.
4. Entwicklung eines Werte- und Normsystems und eines ethnischen und politischen Bewusstseins, das mit dem eigenen Verhalten und Handeln in Übereinstimmung steht, sodass die verantwortliche Übernahme von gesellschaftlichen Partizipationsrollen im kulturellen und politischen Raum möglich wird.

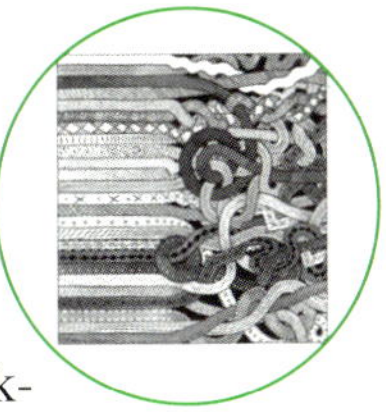

Diese Entwicklungsaufgaben sind qualitativ und in ihrer Stukturiertheit deutlich anders als die im Kindesalter. Im Kindesalter geht es um die Entwicklung elementarer kognitiver und sprachlicher Kompetenzen, die Erstentwicklung sozialer Kooperationsformen und moralischer Grundorientierung – also um Aufgaben, deren Bewältigung und Lösung in vielerlei Hinsicht die Basis für die Entwicklungsaufgaben im Jugendalter bilden. […]

In unserem Kulturraum wird der Status des Erwachsenen meist durch die hiermit angesprochenen Merkmale charakterisiert, also vor allem durch Persönlichkeitsmerkmale, die sich durch einen hohen Grad von Selbstständigkeit und Selbstbestimmung auszeichnen und zugleich Verantwortlichkeit gegenüber den Belangen und Interessen anderer Menschen zum Ausdruck bringen. In entwicklungspsychologischer Perspektive kommt es darauf an, dass die unruhige Such- und Tastphase, die für alle Bereiche der Körper-, Psyche- und Sozialentwicklung im Jugendalter charakteristisch ist, zu einem zumindest vorläufigen Ende gekommen ist. Erst hiermit ist das Kriterium gegeben, dass Jugendliche aus der bewegten und unruhigen, sehr dynamischen und teilweise auch unkontrollierten Jugendphase der Persönlichkeitsfindung herausgetreten sind, also eine Art „Sturm- und Drang-Periode" hinter sich gebracht und ihre Motive, Bedürfnisse und Interessen in eine vorläufige persönliche Ordnung gebracht haben. Ein solcher „Reifungsprozess" kann in psychologischer Sichtweise als Voraussetzung für den Austritt aus dem Jugendalter und damit auch als die Bedingung gewertet werden, als Erwachsener anerkannt zu sein.

Ein besonders markantes Kennzeichen für das Erreichen dieses vorläufigen Stadiums der persönlichen Stabilität ist in der Regel die psychische und soziale Ablösung von den eigenen Eltern. Nur wenn sie erfolgt ist und ein neues, abgeklärtes Verhältnis zu den Eltern hergestellt wurde, kann eine eigene stabile Partnerbeziehung zu Gleichaltrigen aufgebaut werden. Es ist gerade diese Neuorganisation der Affekte und Bindungen, die als Maßstab für das „Erwachsensein" herangezogen werden kann.

(Klaus Hurrelmann, Lebensphase Jugend, Weinheim und München 1995, S. 32ff.)

Abbildung 5: Entwicklungsaufgaben in drei Lebensphasen und dazwischenliegende Statuspassagen

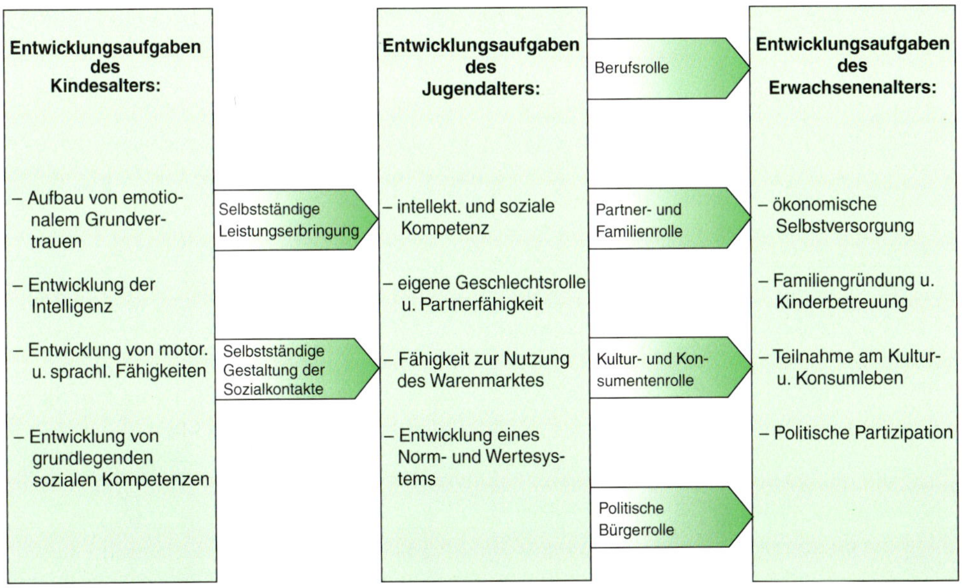

(Aus: Klaus Hurrelmann, Lebensphase Jugend, Juventa, Weinheim und München 1995, S. 47)

1. Teilen Sie sich in Gruppen auf und setzen Sie sich mit je einer Entwicklungsaufgabe des Kindes-, Jugend- und Erwachsenenalters auseinander. Betrachten Sie auch die entsprechend ‚dazwischenliegenden' Statuspassagen. Sie können Ihre Überlegungen durch weiterführende Literatur vertiefen. Diskutieren Sie auch den Fall einer nicht bewältigten Entwicklungsaufgabe und die Folgen für die weitere Persönlichkeitsentwicklung.
   Stellen Sie anschließend Ihr Gruppenergebnis den anderen Teilnehmern vor.
2. Stellen Sie eine ideale Bewältigung von Entwicklungsaufgaben/eine optimale Sozialisation von Kindern/Jugendlichen dar.
3. Diskutieren Sie Möglichkeiten und Grenzen von Erziehung zur Unterstützung der Entwicklungsaufgaben von Kindern und Jugendlichen.
4. „Bestimmte, in unserer Gesellschaft gelenkte Initiationsprozeduren, schicht- und geschlechtsspezifische Erwartungspatterns, von Fremden und Jugendlichen an sich selbst gestellte Entwicklungsaufgaben und Momente der Schutzlosigkeit sind meiner Meinung nach wesentliche Lebenswelt-Konstituenten." (Aus: Dieter Baacke, Die 13- bis 18-Jährigen, Weinheim und Basel 1994 (7. unv. Aufl.), S. 56–62)
   Nehmen Sie begründet Stellung!

Vertiefung

Einleitende Aspekte

Bevor auf das Modell der ‚produktiven Realitätsverarbeitung' von Klaus Hurrelmann eingegangen wird, sollen Sie zunächst durch eine Übung für die nachfolgenden theoretischen Ausführungen sensibilisiert werden:

Übung
Verwenden Sie bei der Bearbeitung dieser Übung Ihr Journal.

A	B	C	D	
Norm „......................... ...."	Wie bin ich damit früher umgegangen? „......................... ...." Und welche Folgen hatte das für meine Laune und meine Gesundheit? „......................... ...."	Wie wirkt diese Norm jetzt noch?	Leibsprache 	1. Bestimmt werden
Dieselbe Norm	Was will ich von dieser Norm jetzt noch behalten?	– und was nicht?	 Leibsprache	2. Freiheit
A	B	C	D	

Fülle nacheinander aus: 1A, 1B, 1C, 1D, danach: 2A, 2B, 2C, 2D.

1A Schreibe hier nur eine Norm aus einer der Einflusssphären auf. Wähle eine Norm, die irgendwie deine Neugier anstachelt und die du näher untersuchen möchtest. Eine Norm, die dir etwas bedeutet.
(Wird diese Aufgabe in einer Gruppe gemacht, dann kann zu demselben Thema jeder eine eigene Norm für die Übung wählen, beispielsweise zu „arbeiten", zu „Geld" oder zu „Aggression".)

1B Trage ein, wie du in der *Vergangenheit* mit dieser Norm umgegangen bist:
1. unterwürfig = *ja* sagend; 3. ausweichend = versteckt *nein* sagend
2. aufmüpfig = *nein* sagend; 4. bewusst entscheidend, teilweise 1, 2 oder 3.

1C Welchen Einfluss hat diese Norm *jetzt* noch in deinem Leben? Das heißt: In welchen Handlungen, Gedanken, Prinzipien, Gefühlen und Situationen kannst du den Einfluss dieser Norm jetzt erkennen?

Beispiel: die Norm – „Wenn du dich normal benimmst, bist du schon verrückt genug."
Was bewirkt diese Norm heute noch bei dir?
Antwort: Ich möchte nicht auffallen, darum halte ich mich unter Menschen immer ein bisschen zurück. Ich erzähle auch nicht gerne, was ich mache oder womit ich mich gerade beschäftige, sonst halten mich die Leute vielleicht für einen Angeber oder Wichtigtuer.

1D Schreibe in den Körper des Selbstbildnisses, was du dabei an einer bestimmten Stelle fühlst, wenn du auf diese Weise über die Norm nachdenkst.

2 A Stell das Blatt Papier auf den Kopf und fange außen rechts bei A an, indem du die gleiche Norm hinschreibst wie bei 1 A.

2 B Was möchte ich von dieser Norm beibehalten?
In dieser Norm steckt etwas Wertvolles, aber was? Sei so konkret wie möglich, nenne ein Beispiel.

2C Was will ich von dieser Norm nicht behalten? In dieser Norm steckt auch etwas, was ich nicht mehr will und also nicht tue … oder immer weniger tue oder tun will. Einfach weil ich es nicht mehr will. Was? Konkret, mit Beispiel!

2D Schreibe in den Körper des Selbstbildnisses, was du an welcher Stelle dabei fühlst. Achte darauf, wie dein Körper sich jetzt verhält.

(Bruno-Paul De Roeck/Joos van den Abeele, Leben lernen statt gelebt zu werden, Offenbach/M. 1988, S. 86–88)

1. Suchen Sie sich aus Ihrer Gruppe einen Gesprächspartner/eine Gesprächspartnerin, mit dem/der Sie sich austauschen wollen.
2. Diskutieren Sie mit Ihren Mitschülerinnen bzw. Mitschülern das folgende Zitat und suchen Sie nach Übertragungsmöglichkeiten auf die vorige Übung.

Charakter und Gestalt der Persönlichkeit sind das Resultat der individuell spezifischen Auseinandersetzungs- und Verarbeitungsprozesse, die von den äußeren Lebensbedingungen und den individuellen Bedürfnissen abhängig sind und durch die Syntheseleistung eines jeden Menschen bestimmt werden. Die Ergebnisse der Verarbeitung der äußeren und inneren Realität werden in einer individuell einmaligen, von Mensch zu Mensch verschiedenen Form zusammengezogen.

(Klaus Hurrelmann, Einführung in die Sozialisationstheorie, Über den Zusammenhang von Sozialstruktur und Persönlichkeit, Weinheim und Basel 1993, S. 176)

‚Innere‘ und ‚äußere Realität‘ werden von Klaus Hurrelmann folgendermaßen definiert:

> Zum einen die Analyseeinheit Gesellschaft, repräsentiert durch Sozial- und Wertstruktur und soziale und materielle Lebensbedingungen, hier vereinfacht auch als ‚äußere Realität' bezeichnet. [...] Zum anderen die Analyseeinheit menschlicher Organismus, analog auch als ‚innere Realität' bezeichnet. Unter diesem Begriff werden die organismusinternen psychischen Prozessstrukturen, die körperlichen Grundmerkmale und die physiologischen Strukturen und Prozesse zusammengefasst.

(Klaus Hurrelmann, Einführung in die Sozialisationstheorie, Über den Zusammenhang von Sozialstruktur und Persönlichkeit, Weinheim und Basel 1993, S. 71)

Das Modell der ‚produktiven Realitätsverarbeitung' von Klaus Hurrelmann

Acht Maximen zur Lebensphase Jugend

Die zugrunde liegende Annahme ist, dass es einen wechselseitigen Zusammenhang zwischen individueller und gesellschaftlicher Entwicklung gibt. Die Persönlichkeitsentwicklung im Jugendalter wird in einen gesellschaftlichen und ökologischen Kontext gestellt, der subjektiv aufgenommen und verarbeitet wird, in diesem Sinn auf das Individuum einwirkt, immer auch zugleich durch das Individuum beeinflusst, verändert und gestaltet wird. [...]

Erste Maxime

Menschen im Jugendalter sind als produktiv realitätsverarbeitende Subjekte und als schöpferische Konstrukteure ihrer eigenen Lebenswelt zu verstehen.

Mit dieser Maxime soll zum Ausdruck gebracht werden, dass sich Menschen in der Lebensphase Jugend auch dann, wenn sie – im Vergleich zu Erwachsenen – typischerweise noch nicht den vollen Grad der Autonomie des Handelns und das volle Spektrum von Kompetenzen für den Umgang mit den Lebensanforderungen in den verschiedenen Bereichen besitzen, als aktiv sich verhaltende und handelnde Individuen verstanden werden müssen. Gerade in der Lebensphase kommt es wegen der alterstypischen Umbruchsituation zu einem ständigen Prozess des Suchens und Tastens, des Ausprobierens von Spielräumen und Verhaltensmöglichkeiten und zum Versuch, aktiven Einfluss auf die gegebenen Bedingungen in der sozialen und ökologischen Umwelt zu nehmen. Gerade der unfertige, noch offene Charakter dieses Lebensabschnittes ermöglicht eine intensive und bereichernde Lebensführung.

Zweite Maxime

Die Lebensphase Jugend ist durch die lebensgeschichtlich erstmalige Chance gekennzeichnet, eine Ich-Identität zu entwickeln.

Im Unterschied zum Kindesalter wird es im Jugendalter möglich, die Individualität im sozialen und ökologischen Kontext zu entwickeln, indem Jugendliche in einen Prozess der Kommmunikation mit anderen über Werte, Normen und soziale Strukturen eintreten und diese mit ihren eigenen Interessen, Neigungen und Handlungsmöglichkeiten in Verbindung bringen. Sie werden zur Teilnahme an sozialen Interaktionen fähig, indem sie sich lebensgeschichtlich zum ersten Mal nicht nur als handelndes Subjekt empfinden, sondern sich selbst im Prozess des Handelns auch als Objekt wahrzunehmen vermögen.

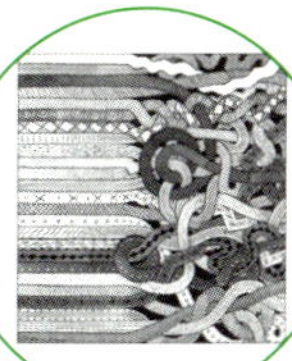

Sie bauen auf diese Weise ein erstes Bild von sich selbst auf, in dem sie alle Ergebnisse der bisherigen Interaktionen auswerten und zu einem in sich stimmigen und schlüssigen Entwurf als „Selbstbild“ („Selbstkonzept“) zusammenfügen. Im Jugendalter bietet sich zum ersten Mal im Lebenslauf die Chance, ein identitätsstiftendes Selbstbild zu entwickeln, das die Voraussetzung für die Fähigkeit von flexiblem und situationsangemessenem sozialen Handeln ist. Mit Identität ist dabei die Kontinuität des Selbsterlebens auf der Basis des Selbstbildes gemeint.
Eine Kontinuität des Selbsterlebens und des inneren Sich-Selbst-Gleichseins kann nur aus der Synthese von Individuation und Integration entstehen. Die Identität umfasst das Empfinden der Einmaligkeit und Unverwechselbarkeit der eigenen Person genauso wie das Empfinden der Akzeptanz und Anerkennung durch die soziale Umwelt. Beide Komponenten müssen zusammentreffen und in die Kontinuität des Selbsterlebens einfließen. Das sich hieraus notwendig ergebende Spannungsverhältnis wird im Jugendalter zum ersten Mal bewusst erlebt. Das Austragen dieses Spannungsverhältnisses entscheidet über die Belastbarkeit und damit über die Entfaltungsmöglichkeiten der weiteren Persönlichkeitsentwicklung.
Typisch für das Jugendalter ist es, dieses auch in anderen Lebensabschnitten immer wieder auftretende Spannungsverhältnis in einer besonders intensiven und grundsätzlichen Weise zu erleben. Jugendliche befinden sich im Aufbau ihrer psychischen und sozialen Identität, sie fragen die vorhandenen Sozial- und Wertstrukturen der Gesellschaft nach Sinn und Bedeutung ab und stellen sie mitunter fundamental in Frage. Die sozialstrukturellen Gegebenheiten, denen sich Jugendliche gegenüber sehen, werden zum Gegenstand von Reflexion, Widerstand und möglicher Veränderung. Das bezieht sich sowohl auf die institutionellen und organisatorischen Strukturen der gesellschaftlichen Welt wie auf die Normstrukturen und Wertmuster.

Dritte Maxime

Die Lebensphase Jugend birgt wegen des Zusammentreffens von Individuations- und Integrationsprozessen ein erhebliches positives Stimulierungspotenzial, aber zugleich auch ein hohes Belastungspotenzial in sich.

Jugendliche müssen eine schnelle Veränderung ihrer psycho-physischen Disposition, also der Struktur ihrer Motive, Gefühle, Denkweisen und Reaktionsmuster bewältigen und mit dem Aufbau von Selbstbild und Identität in Verbindung bringen. Im gleichen Zeitraum, in dem sich diese wichtigen biopsychischen Gestaltveränderungen und individuellen Persönlichkeitsformungen abspielen, werden von ihnen mit massivem Nachdruck soziale Integrationsleistungen verlangt, insbesondere sozio-kulturelle Anpassungsleistungen und ökonomisch relevante Qualifizierungs- und Leistungsanforderungen. Aus diesem Zusammenprall von psychisch-biologischen und sozial-ökologischen Anforderungen in einem knappen Zeitraum der Lebensspanne können sich Belastungen ergeben, wenn die Bewältigungsstrukturen nicht ausreichen.

Vierte Maxime

Der Sozialisationsprozess im Jugendalter kann krisenhafte Formen annehmen, wenn es Jugendlichen nicht gelingt, die Anforderungen der Individuation und der Integration aufeinander zu beziehen und miteinander zu verbinden.

– Unter Integration soll dabei der Prozess der „Vergesellschaftung“ der menschlichen Natur verstanden werden, also die Anpassung an die gesellschaftlichen Werte, Normen, Verhaltensstandards und Anforderungen und die Platzierung in der ökonomischen Chancenstruktur. Der Prozess der sozialen Integration ist die Basis für die Entwicklung der *sozialen Identität* von Jugendlichen, also für das subjektive Erleben einer anerkannten gesellschaftlichen Mitgliedschaftsrolle.

– Unter *Individuation* soll der Prozess des Aufbaus einer individuellen Persönlichkeitsstruktur mit unverwechselbaren kognitiven, motivationalen, sprachlichen, moralischen und sozialen Merkmalen und Kompetenzen verstanden werden. Zur Individuation gehört auch das subjektive Erleben als einzigartige, einmalige Persönlichkeit, das mit dem Aufbau der *personalen Identität* gleichzusetzen ist.

Beide Prozesse, Integration und Individuation, sind im Sozialisationsprozess des Jugendalters zum ersten Mal in intensiver und bewusster bzw. bewusstseinsfähiger Weise aufeinander zu beziehen. Der Sozialisationsprozess kann als gelungen gelten, wenn eine Synthese von Individuation und Integration erreicht wird, die sich in der Kompetenz zu autonomem Handeln und einer zwischen personaler und sozialer Identität ausgewogenen Ich-Identität niederschlägt.

Abbildung 6: Das Spannungsverhältnis zwischen Individuation und Integration

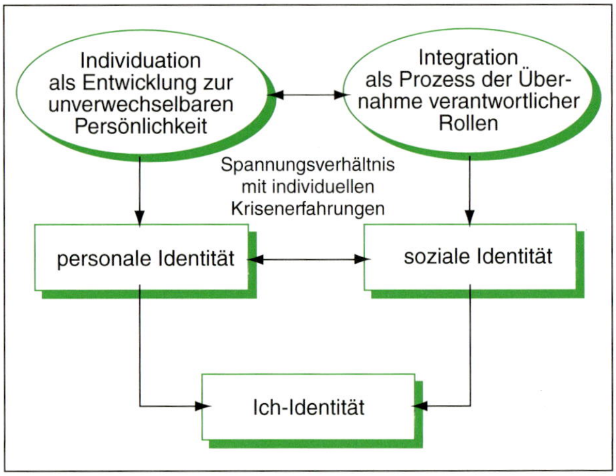

Fünfte Maxime

Der Individuations- und der Integrationsprozess folgen jeweils einer eigenen, *voneinander abweichenden Dynamik. Um das hieraus resultierende Spannungsverhältnis abzuarbeiten, sind angemessene und flexible individuelle Bewältigungsstrategien notwendig.*

Unter den heutigen Lebensbedingungen in Industriegesellschaften sind die Chancen und Möglichkeiten für den Aufbau der personalen Identität sehr hoch, insbesondere, weil traditionelle Vorgaben an Rollenverhalten und Wertorientierungen entfallen sind. Zugleich sind hiermit aber auch die Ansprüche an jedes Individuum – und zwar auch schon im Jugendalter – gestiegen, eine eigene Lösung für die vielfältigen Aufgaben und Probleme der Alltagsbewältigung zu finden. So sind etwa mit der Übernahme eines neuen sozialen Teilstatus (z.B. „Auszubildender") neue Interaktionsfelder mit neuen Verhaltensanforderungen zu erschließen, die eine Erweiterung der vorhandenen Handlungskompetenzen verlangen.

Mit jedem Statusübergang muss sich das Repertoire psychischer und sozialer Kompetenzen weiter ausdifferenzieren, da ein vielfältiger gewordenes soziales Netz mit unterschiedlichen Rollenanforderungen entsteht. Im Jugendalter muss diese Koordination zum ersten Mal völlig in eigener Regie erfolgen, da die organisierenden und synthetisierenden Leistungen der Herkunftsfamilie schrittweise entfallen. Im Verlauf des Jugendalters steigen deswegen die Anforderungen an die Selbst-Steuerung der Koordination der entsprechenden situations- und rollenbezogenen Handlungen ständig weiter an. Im Bereich der schulischen und berufsvorbereitenden Entwicklungsaufgaben ist eine Entfaltung der Leistungsfähigkeiten in verschiedenen Dimensionen notwendig, und auch im Bereich partnerschaftlicher, konsumorientierter und politischer Entwicklungsaufgaben ist ein entsprechendes Anwachsen von Kommunikations- und Interaktionskompetenzen notwendig, um zu einer produktiven Auseinandersetzung mit den Anforderungen der Umwelt zu kommen.

Sechste Maxime

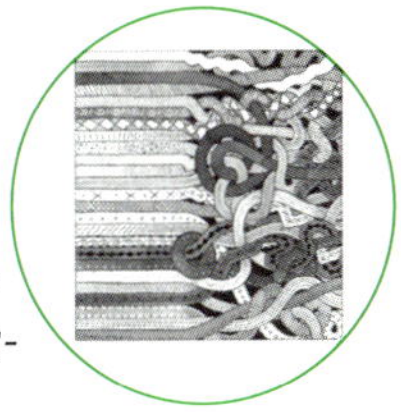

Um das Spannungsverhältnis von Individuations- und Integrationsanforderungen abzuarbeiten, sind neben individuellen Bewältigungsfähigkeiten auch wirkungsvolle und vielseitige soziale Unterstützungen durch die wichtigsten Bezugsgruppen notwendig.

Jugendliche, die sich noch im Aufbau ihrer Persönlichkeit befinden, sind mit den Widersprüchen und Inkonsistenzen der Erwartungen aus der sozialen Umwelt konfrontiert. Sie sind dabei auf die organisierende Kraft von sozialen Definitionen und Traditionen angewiesen, die ihnen Hinweise bei der Bewältigung von situations- und rollenspezifischen Anforderungen geben.
Die einzelnen Statuspassagen, die jeweils eine Neuorganisation der Persönlichkeitsstruktur und der Handlungskompetenzen erfordern, werden heute dadurch erschwert, dass die normativen Vorgaben und Erwartungen sehr komplex oder sogar widersprüchlich sind und auch nicht eindeutig von der sozialen Umwelt an die Jugendlichen herangetragen, sondern oft durch eigenaktives Verhalten erschlossen werden müssen. Erfolg und Versagen bei den Problemlösungen und Bewältigungsstrategien, die sie einschlagen, werden den Jugendlichen individuell zugerechnet. Besonders bei der Gestaltung ihrer eigenen Schullaufbahn, die als Vorstufe zur Übernahme eines beruflichen Status gilt, erfahren die Jugendlichen, wie weitreichend die von ihnen erwarteten Formen der Selbstorganisation eigener Aktivitäten sind.
Wie Jugendliche mit diesen Anforderungen zurechtkommen, hängt in entscheidendem Ausmaß von den Hilfestellungen ihrer sozialen Umwelt ab. Wichtig ist es dabei, dass Spielräume für verschiedene Lösungsversuche der Spannungszustände und probeweises Handeln bereitstehen und erlaubt sind. Die Existenz solcher Spielräume kann das vorübergehende Einschlagen eines vom Erwartungsspektrum abweichenden Entwicklungsweges für die Bewältigung von Überforderungen ermöglichen – bis hin zur vorübergehenden Weigerung, eine Entwicklungsaufgabe anzugehen und eine vorgesehene Rolle zu übernehmen. In Familie, Schule, Freundeskreis und anderen wichtigen Bezugsgruppen müssen möglichst flexible, wenn auch in ihren Kernstrukturen eindeutige und „Mindeststandards" festlegende Haltepunkte für die Gestaltung der sozialen Beziehungen vereinbart werden. […]

Siebte Maxime

Ob die Stimulierungs- oder die Belastungspotenziale im Verlauf der Persönlichkeitsentwicklung im Jugendalter überwiegen, hängt wesentlich von den sozialstrukturellen Vorgaben für die Gestaltung der Jugendphase ab.

Grundsätzlich stellt sich für jede Gesellschaft die Aufgabe, Jugendliche auf solche Motivations- und Kompetenzstrukturen einzustimmen, die bei ihrem Nachrücken in Erwachsenenpositionen das Funktionieren des gesellschaftlichen Systems sichern. Zugleich aber ist es auch Aufgabe der gesellschaftlichen Sozialisationsinstanzen, so viele Freiräume für kreative und möglicherweise von der vorherrschenden Norm abweichende Motive und Kompetenzen einzuräumen, dass für neuartige Probleme des Systemerhalts der Gesellschaft auch innovative Lösungswege erschlossen werden können.
Die gesellschaftlich vorgegebenen Handlungsspielräume für die persönliche Entfaltung von Bedürfnissen dürfen nicht so eng werden, dass eine restriktive Anpassung von Jugendlichen an soziale Verhaltenserwartungen und eine mechanische Einpassung in die vorgegebene Statusstruktur der Gesellschaft vorgesehen ist. In einer solchen Konstellation kann weder das entwicklungsbedingte starke Individuationsverlangen der Jugendlichen noch das systemnotwendige Integrationsverlangen der Gesellschaft erfüllt wer-

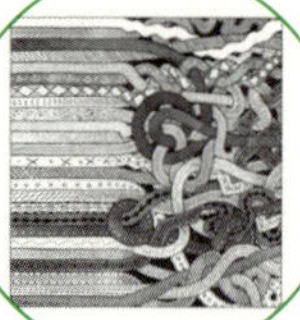

den. Andererseits dürfen die gesellschaftlich vorgegebenen Handlungsspielräume auch nicht so weit und damit undefiniert und in sich möglicherweise widersprüchlich sein, dass Jugendliche keine Orientierungs- und Verhaltenssicherheit finden können und hierdurch der Individuations- und der Integrationsprozess gestört werden.

Den in den Industriegesellschaften speziell für die Aufgabe von Erziehung und Sozialisation eingerichteten Instanzen, insbesondere Familie, Kindergarten, Schule, Ausbildungsstätte, Jugendfreizeitstätten, Jugendberatungsstellen und Einrichtungen der Jugendhilfe kommt die Vermittlung von gesellschaftlichen Normen und Werten zu, um diese Ziele zu erreichen. Die Sozialisationsinstanzen sind die intensivsten Transformatoren für die gesellschaftlich vorherrschenden Erwartungen und Wertmuster und stehen deshalb auch strukturell im Vordergrund der kritischen Auseinandersetzung und auch des kritischen Engagements von Jugendlichen. An diesen Instanzen entzündet sich die Bereitschaft zum Widerspruch und zum Widerstand gegen gesellschaftliche Anpassungen besonders stark. In einer Gesellschaft mit einer pluralistischen Wertestruktur und mit stark relativierten Orientierungssystemen ist die Erfüllug dieser Aufgaben durch die traditionellen Sozialisationsinstanzen strukturell äußerst schwierig geworden.

Achte Maxime

Die Lebensphase Jugend kann auch unter veränderten historischen, sozialen und ökonomischen Bedingungen in heutigen Industriegesellschaften als eine eigenständige Phase im Lebenslauf identifiziert werden.

Die Lebensphase Jugend unterscheidet sich von anderen Lebensphasen nach ihren inneren Entwicklungsaufgaben und ihrer gesellschaftlichen Bedeutung, wenn auch die Abgrenzung zu der vorangehenden Lebensphase Kindheit und zu der nachfolgenden Lebensphase Erwachsenenalter schwieriger als vor ein oder zwei Generationen geworden sind. Tendenzen für eine Ausdifferenzierung der Lebensphase Jugend in eine Phase des früheren Jugendalters (unter 18 Jahre) und eine des späteren Jugendalters sind erkennbar. Auch sind Tendenzen für eine „Nach-Jugendphase“ auszumachen, die im zweiten Lebensjahrzehnt vor dem endgültigen Übergang in die Lebensphase „Erwachsenenalter“ liegt. Diese Tatsachen ändern aber nichts an der Identifizierbarkeit der Lebensphase Jugend durch ihre von anderen Lebensphasen deutlich unterschiedenen Entwicklungsaufgaben und ihre inneren Dynamik, die durch das Spannungsverhältnis von Individuation und Integration beschrieben wurden.

(Klaus Hurrelmann, Lebensphase Jugend, Juventa, Weinheim und München 1995, S. 72ff.)

1. Diskutieren Sie, ob eine arbeitsteilige Gruppenarbeit zur Bearbeitung der Maximen sinnvoll ist. Fertigen Sie zu jeder Maxime ein Mind-Map an.
   Vertiefen Sie Ihre Auseinandersetzung mit den Maximen durch Zuhilfenahme entsprechender Beispiele.
2. Skizzieren Sie eine entsprechend dieser Maximen gelungene Sozialisation.
   Erörtern Sie auch geschlechtsspezifische Aspekte.
3. Diskutieren Sie: Welche Maximen erscheinen Ihnen besonders bedeutsam?

Realistische und identitätsstiftende Selbstbilder

Jugendliche sind sehr häufig von außen gesetzten Fremdbildern unterworfen, die dann oft auch Merkmal eines Generationenproblems sind.
So beschreibt Benno Hafeneger vier Jugendbilder:

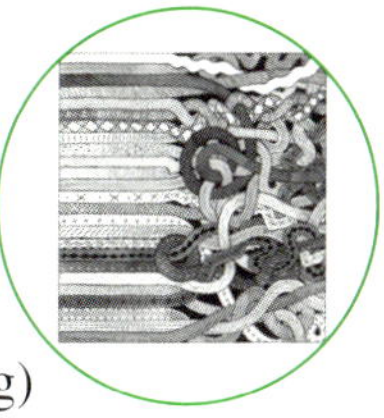

Die *erste Grundfigur* von „Jugend" ist die eines idealisierten „Hoffnungsträgers", soziokulturellen Veränderungspotenzials und „Fortschrittsprojektes". Jugend wird zur Metapher für kritisches Potenzial, zum (euphorischen) Träger einer „besseren Zukunft" und „anderen Wirklichkeit" sowie zum Motor des politisch-gesellschaftlichen (kulturellen) Wandels, von Reformen (Demokratisierung) und vielfältigen Neuerungen stilisiert. Diese positive Mystifizierung, der teilweise heroische „Jugendmythos" und seine projektive Aufladung mit Symbolik hat eine lange Geschichte und ist vor allem seit der Jahrhundertwende mit der Entstehung von sozialen Bewegungen und der (bürgerlichen und proletarischen) Jugendbewegung wiederholt inszeniert worden. [...]

In der *zweiten Grundfigur* wird Jugend zum Risiko, zur Gefahr und Gefährdung, als Phase „potenzieller Devianz" vorgestellt. Mit dieser negativen Mystifizierung wird Jugend zur Projektionsfigur (Bühne, Leinwand) für aufgebaute Gefährdungs- und Bedrohungsszenarien, in der die Leistungen und Normen der Erwachsenengeneration, das hierarchische Generationsverhältnis und die kontrollierte Kontinuität als gefährdet und bedroht gesehen werden. Dieses Jugendbild durchzieht das Verhältnis der Generationen mit der Metapher: dem von Natur aus „wilden, bösen, rebellischen Jugendlichen" und der „Jugendlichkeit" zu misstrauen, weil sie – so wird suggeriert – die gesellschaftliche Ordnung (innere Sicherheit) gefährdet. [...] Für diese Perspektive müssen auffällige, abweichende Bewusstseins- und Verhaltensweisen (wie Verwahrlosung, Gewalt, Kriminalität) als Belege herhalten. [...]

Die *dritte Grundfigur* von Jugend setzt auf den Erhalt von Status quo. Geleitet von den Erwachseneninteressen, wird Jugend zum Träger von Tradition, Kontinuität und kontrollierter Entwicklung. [...] Der Jugendliche wird (kulturell) autonom und einem fremd, gleichzeitig ist er einem eigen und von den Erwachsenen abhängig. Er wird gespalten; er ist ‚vernünftig und unvernünftig, wild und zahm, unzugänglich und zugänglich' zugleich; Jugend ist nach dieser Vorstellung eine Projektionsfigur, die noch hilfe-, bildungs- und erziehungsbedürftig und auch -fähig ist; dieser Prozess muss von Erwachsenen organisiert, geleitet und kontrolliert werden. Dabei ist die Idee der Moderne, dass Jugend herstell-, plan- und machbar sei; daher müssen in den gesellschaftlichen Planungsprozessen für diesen Teilbereich institutionelle Ordnungen geschaffen werden: Dies sind insbesondere Erziehung in Familie, Schule, Jugendhilfe.

[...] In der neueren Geschichte der Bundesrepublik kann eine *vierte* – qualitativ modernisierte – *Grundfigur* identifiziert werden. Diese hat sich auf dem Hintergrund [...] eines dialogischen Beziehungsmodus und eines verständigungsorientierten Leitmotivs in den Familien herausgebildet und durchgesetzt. Auf Veränderungen zwischen den Generationen im Modernisierungsprozess (u.a. Entrationalisierung der Beziehungsformen), die vor allem eine neue dialogische Verhandlungs-/Aushandlungskultur betonen, verweisen Jugendstudien der letzten Jahre. Dies würde tendenziell den Abschied von hierarchischen Generationsbeziehungen, traditionellen Befehlskulturen zwischen den Generationen und einen Perspektivenwechsel (Erweiterung) von projektiv und erzieherisch aufgeladenen Jugendbildern andeuten.

(Benno Hafeneger, Jugendbilder, Unsere Jugend 6/95, S. 233ff.)

1. Welche Einstellungen und Verhaltensweisen hätten Jugendliche, würden sie den ersten drei Bildern bedingungslos entsprechen?
2. Suchen Sie nach Belegen für die vom Autor dargestellte ‚vierte Grundfigur'.

Diese Jugendbilder sind Teil einer ‚äußeren Realität', mit der sich Jugendliche u.U. auseinander zu setzen haben.

In der Maxime 2 verweist Klaus Hurrelmann eindringlich auf die Notwendigkeit von realistischen und identitätsstiftenden Selbstbildern und ihre Bedeutung für den Identitätsprozess (Bildung von Ich-Identität).

Das folgende Zitat macht dies noch einmal deutlich:

Ein nicht nur realistisches, sondern zugleich auch identitätsstiftendes Selbstbild muss als die Voraussetzung für die Fähigkeit flexiblen und situationsangemessenen sozialen Handelns im Laufe des Lebens angesehen werden. [...] Das Selbstbild entsteht durch die Verarbeitung selbstbezogener Informationen, die durch Wahrnehmung und Beobachtung eigener Tätigkeiten während des Prozesses der Auseinandersetzung mit der sozialen und dinglich-materiellen Umwelt sowie mit der eigenen Körperlichkeit und den Bedürfnissen und Interessen gewonnen werden. Voraussetzung für den Aufbau eines Selbstbildes ist die Fähigkeit, zwischen der eigenen Person und der umgebenden Realität unterscheiden zu können.

(Klaus Hurrelmann, Einführung in die Sozialisationstheorie, Über den Zusammenhang von Sozialstruktur und Persönlichkeit, Weinheim und Basel 1993, S. 167)

1. Erstellen Sie ein Mind-Map mit dem Schlüsselbegriff: ‚Selbstbild' (vgl. Sie auch Maxime 2).
   Suchen Sie Beispiele für ein solches Selbstbild.
   Grenzen Sie dieses Selbstbild von anderen möglichen (Selbst-) Bildern ab.
2. Welche Beiträge kann die Erziehung zur Unterstützung der Entwicklung eines realistischen und identitätsstiftenden Selbstbildes (bzw. Selbstkonzeptes) Ihrer Meinung nach leisten?

Identität als ‚Findungsprozess'

Nach dem Modell von Klaus Hurrelmann ist die Persönlichkeitsentwicklung ein aktiver Prozess der Auseinandersetzung mit der inneren und äußeren Realität, unter der (positiven) Annahme, dass „jedes Individuum Fähigkeiten der Realitätsaneignung, -verarbeitung, -bewältigung und -veränderung besitze, einsetze und weiterentwickle. [...] Denn ein Mensch wird um so besser eine stabile Identität bilden können, je selbstständiger, entscheidungsfähiger und handlungsfähiger er sich in der sozialen Umwelt bewegt, je mehr Fertigkeiten zur Bewältigung psychischer und sozialer Probleme er besitzt und je mehr er in eine sichere soziale Beziehungsstruktur des sozialen Netzwerks einbezogen und von der sozialen Umwelt in wichtigen gesellschaftlichen Rollenzusammenhängen anerkannt ist. Zur Identität gehört aber zugleich auch eine lebensgeschichtliche Komponente, also das Erfahren des Sich-Selbst-Gleichseins im Verlaufe des Durchschreitens verschiedener Entwicklungsabschnitte, Entwicklungsaufgaben und Lebensereignisse."

(Klaus Hurrelmann, Einführung in die Sozialisationstheorie, Über den Zusammenhang von Sozialstruktur und Persönlichkeit, Weinheim und Basel 1993, S. 63, 79, 80)

1. Begründen Sie die von Klaus Hurrelmann für seine Überlegungen gewählte Bezeichnung ‚Modell der produktiven Realitätsverarbeitung'.
2. Suchen Sie nach anderen charakteristischen Bezeichnungen.

Übung: Lebensplanung (vgl. Sie auch Band 1, Themenkreis 1.2, Wabe 2.3, Übung: Ziele und Zielformulierungen, S. 327f.)

Ziel:

Auseinandersetzung mit persönlichen Zukunftsperspektiven, Abklärung realisierbarer und nicht realisierbarer Ziele, Entwicklung konkreter Handlungsschritte

Durchführung:

Diese Übung wird am Anfang vom Moderator/der Moderatorin gründlich erklärt und dann schrittweise moderiert. Jeder Teilnehmer/jede Teilnehmerin arbeitet eine längere Phase für sich allein und diskutiert in einer zweiten Phase in einer Dreiergruppe die Ergebnisse.

1. Jeder Teilnehmer/jede Teilnehmerin benötigt mehrere DIN-A4-Blätter. Das erste Blatt erhält die Überschrift: *„Meine Lebensziele"*. Jede/r schreibt nun im Brainstorming-Verfahren alle Ziele auf, die ihm/ihr einfallen: persönliche, berufliche, finanzielle, familiäre usw. Nach drei Minuten wird die Zielliste erneut, jetzt gründlich reflektierend durchgegangen unter der Frage: „Welche Ziele sind mit hoher Wahrscheinlichkeit für mich erreichbar, welche sind zweifelhaft, welche sind völlig irreal?" Die drei oder vier realitätsnächsten Ziele werden auf einen zweiten Bogen geschrieben.
   (Zeit: 5 Min.)
2. Auf den zweiten Zettel wird als Überschrift geschrieben: *„Meine nächsten drei Jahre"*. Für jedes auf diesem Zettel notierte Ziel wird jetzt die Frage gestellt: „Was muss und kann ich in den nächsten drei Jahren zur Erreichung dieser Ziele tun?" Diese Frage wird für jedes Ziel gestellt und beantwortet.
   (Zeit: 10 Min.)
3. Auf den dritten Zettel wird jetzt geschrieben: *„Die nächsten sechs Monate"*. Jeder Teilnehmer/jede Teilnehmerin geht den zweiten Zettel nochmals durch und entscheidet, zu welchem Ziel (eins auswählen!) er/sie in den nächsten sechs Monaten konkret am meisten tun kann und muss. Manchen Teilnehmern/Teilnehmerinnen fällt es schwer, auf die anderen Ziele zu verzichten. Wenn aber praktische Realisierung angestrebt wird, ist *zunächst* diese Beschränkung nötig. Gleichwohl können die Teilnehmer/Teilnehmerinnen die Übung später allein zu den anderen Zielbereichen fortsetzen.
   Jeder Punkt, der auf dem zweiten Zettel zum gewählten Ziel notiert wurde, wird jetzt einzeln auf den dritten Zettel geschrieben und jeweils unter der Frage konkretisiert: „Was kann und muss ich in den nächsten sechs Monaten zu diesem Punkt konkret tun?"
   (Zeit: 5 Min)
4. Auf den vierten Zettel wird jetzt als Überschrift geschrieben: *„Aktivitätenliste"*. Bogen drei wird nochmals durchgegangen und gegebenenfalls konkretisiert und ergänzt. Dann werden die dort genannten Handlungsmöglichkeiten und -notwendigkeiten in eine Prioritätenliste umgeformt, die auf dem vierten Blatt notiert wird. Leitfrage ist dabei: „Welche Aktivität ist die nächstliegende, muss zuerst angepackt werden, welche folgt dann, usw.?" Auf diese Weise entsteht eine konkrete Aufgabenliste nach zeitlicher Priorität.
   (Zeit: ca. 4 Min.)
5. Auf den letzten Zettel wird schließlich geschrieben: *„Handlungsplan"*. Hier werden jetzt nach der Reihenfolge des vierten Blattes ganz praktische Handlungsschritte notiert, Termine, Gespräche, Entscheidungen, Zeiteinteilungen, ganz konkrete zu erledigende Aufgaben notiert (eventuell in Verbindung mit einem Terminkalender).
   (Zeit: 5 Min.)
   (Gesamtzeit: ca. 35 Min.)

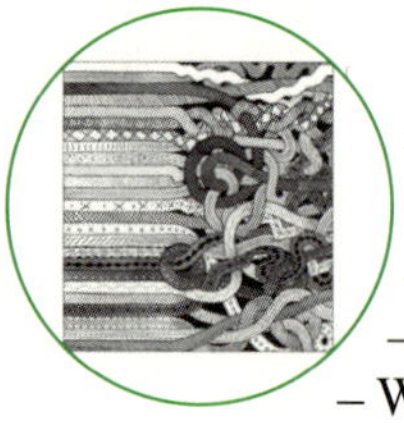

Auswertung:

In Dreiergruppen:

- Gibt es Widersprüche zwischen Zielbereichen?
- Aus welchen Motiven wurden Auswahlentscheidungen getroffen?
- Welche Gefühle entstehen gegenüber diesem Versuch der Lebensplanung?
- Welchen Verbindlichkeitsgrad haben die Entscheidungen?
- Wird der „Abstand" zwischen Lebenszielen und praktischen Handlungsschritten eher enttäuschend oder ermutigend empfunden?

Material:

Mindestens fünf DIN-A4-Bögen für jeden Teilnehmer/jede Teilnehmerin, Stift.

(Herbert Gudjons/Marianne Pieper/Birgit Wagener, Auf meinen Spuren, Hamburg 1994, S. 251, 252)

Bezüge zu den in der Übung gemachten Erfahrungen werden Sie möglicherweise in dem folgenden Schema bzw. Text wiederfinden:

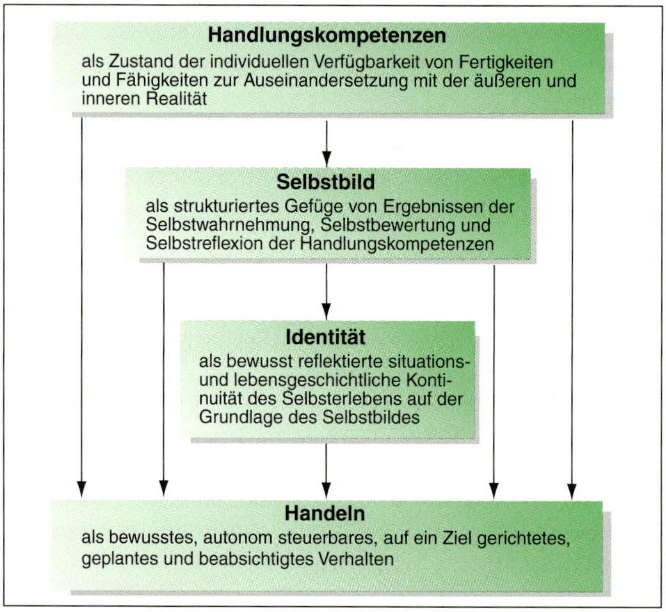

Abbildung 7: Sachlogischer Zusammenhang zwischen den Konzepten Handlungskompetenzen, Selbstbild, Identität und Handeln

Identität wird in diesem Verständnis nicht als ein für allemal gelungener, feststehender und verlässlicher Besitz eines Menschen verstanden, sondern als ein Zustand des Selbsterlebens, der ständig neuen Interpretations- und Aushandlungsprozessen mit der äußeren Umwelt und der eigenen inneren Natur unterliegt. Dabei bildet die Geschichte des bisherigen Kontinuitäts- oder Diskontinuitätserlebens eines Menschen die Grundlage für die aktuellen „Balancierungen" der Identitätsdimensionen. Identität muss immer als ein Koordinationsprozess des Individuums verstanden werden, der sich nach zwei Seiten richtet: Sie ist dann hergestellt, wenn die Auseinandersetzung mit der äußeren und mit der inneren Realität zu Lösungen geführt hat, die miteinander vereinbar sind. Die Bedürfnis- und Interessenstruktur eines Menschen und auch die Handlungskompetenz müssen dabei nicht in „Übereinstimmung" mit den jeweils institutionell und organisatorisch definierten sozialen Erwartungen der Umwelt stehen. Die eigentliche Koordinierungsleistung, die das Spezifikum von Identität ist, liegt gerade darin, die notwendigerweise bestehenden Spannungen auszuhalten, auszugleichen oder aktiv zu bearbeiten, die sich aus der Nicht-Übereinstimmung zwischen eigenen Bedürfnissen und Kompetenzen und sozialen und dinglichen Anforderungen ergeben.

(Klaus Hurrelmann, Einführung in die Sozialisationstheorie, Über den Zusammenhang von Sozialstruktur und Persönlichkeit, Beltz, Weinheim und Basel, 5. Aufl. 1995, S. 173; Schaubild: S. 171)

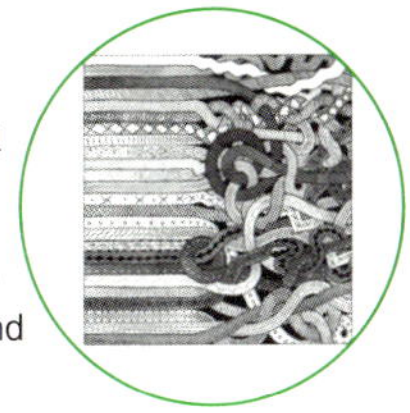

1. Diskutieren Sie den Zusammenhang von ‚Entwicklung' und ‚Sozialisation'.
2. Ergänzen Sie das folgende Bild so, dass die wesentlichen Elemente des Modells der produktiven Realitätsverarbeitung deutlich werden.

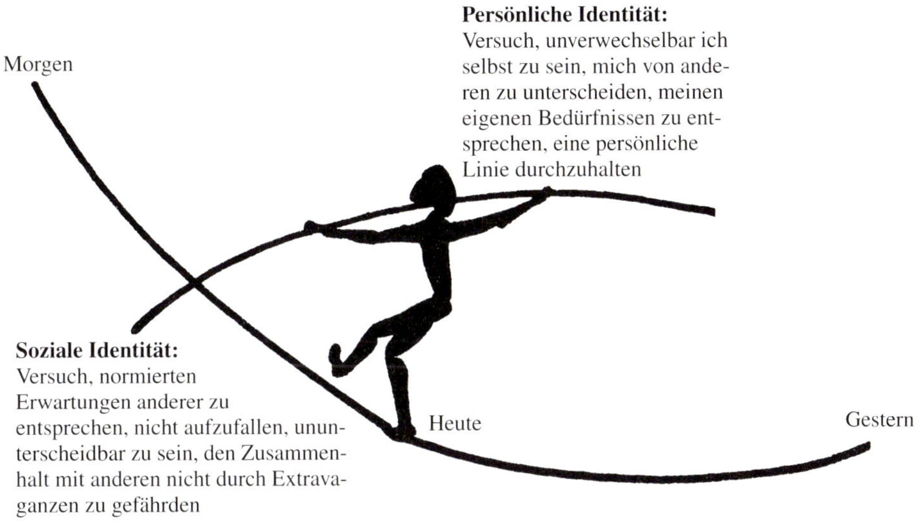

(Aus: Erhard Meueler, Wie aus Schwäche Stärke wird, Schibri-Verlag, Milow 1999, S. 54)

3. Welche Folgerungen für die Erziehung sind aus dieser Sichtweise von ‚Identität' abzuleiten? Beachten Sie: Der Erzieher/die Erzieherin ist Teil der ‚äußeren' und auch Teil der ‚inneren Realität'.
Erläutern Sie Ihre Überlegungen durch Beispiele.

Identitätsprobleme des postmodernen Menschen

(© PIB, Copenhagen)

Psychologie Heute: Man hat den Eindruck, dass für viele Menschen heute nichts dringlicher ist als die Beantwortung der Frage: Wer bin ich? Sie empfinden eine innere Leere, ein vages Unwohlsein darüber, keinen Ort für sich in der Gesellschaft gefunden zu haben. Identitätssuche ist ein Dauerthema in Literatur und Psychotherapie. Warum ist diese Suche heute so wichtig geworden?

Zygmunt Bauman: Ihre Identität bleibt den meisten Menschen unbewusst, sie werden gar nicht gewahr, dass sie so etwas wie eine Identität besitzen – bis sie zum Problem wird. Ja, man könnte geradezu sagen, sie taucht im Bewusstsein eigentlich nur als Problem auf. Die Idee einer „Identität" wurde gleichsam als eine zu lösende Aufgabe geboren. In prä-modernen Zeiten dagegen war Identität schon deshalb kein Thema, weil das Schicksal der meisten Menschen von Geburt an für den Rest des Lebens vorgezeichnet war – durch Stand, Klasse, Kaste oder Geografie, in die sie hineingeboren wurden. Nur sehr wenige waren mobil in dem Sinne, dass sie ihre vorgezeichnete Lebensbahn oder Rolle verlassen konnten, eigentlich ermöglichte nur der Klerus oder die Armee eine gewisse soziale Mobilität.

Das Problem der Identität – Wer bin ich? Wo gehöre ich hin? – stellte sich für die meisten einfach nicht.

PH: Diese historische Phase dauerte jahrhundertelang, jahrtausendelang. Aber irgendwann ging diese fest gefügte Form des „problemlos" vorgegebenen Lebensentwurfes zu Ende …

Bauman: Mit der Heraufkunft der Moderne änderte sich die Situation grundlegend – sie zerschnitt die Bande, mit denen die Individuen an ihren Stand, ihre Klasse oder auch ihren Ort gefesselt waren. Ihre Stellung in der Gesellschaft, ihre Rolle, ihr Charakter wurde nun „verhandelbar", eine veränderliche Größe. Weil nichts mehr auf Lebenszeit festgeschrieben war, wurde der Lebensentwurf aber auch unsicher, unbestimmt – und das Problem der Identität tauchte auf.

PH: Die soziale Mobilität, die mit der Moderne kam, ist also der Auslöser für das Identitäts-Problem?

Bauman: Auch die geografische Mobilität spielte sicher eine Rolle – man konnte sein Glück nun leichter woanders suchen –, aber vor allem die soziale und psychologische Mobilität waren ausschlaggebend für das Auftauchen des Identitätsproblems.

Die Menschen waren nicht mehr an *ein* verbindliches System bestimmter religiös oder politisch verbindlicher Werte gebunden, sie wurden nun mit einer Vielzahl von solchen Wert-Systemen konfrontiert. Auch Familienbande und Loyalitätsbande lockerten sich. Und mit der Mobilität kam der Zwang zu vergleichen, zu wählen und sich zu fragen: Wer bin ich? Was will ich, was kann ich sein? Wo ist mein Platz in dieser Gesellschaft? Von Anfang an musste der Einzelne selbst eine Antwort auf diese Fragen finden – er musste seinen Platz, seine Rolle in der Gesellschaft selbst definieren, selbst erkämpfen. Identität ist das Problem von Menschen, die noch nicht sicher sind, wohin sie gehören und ob sie mit ihrer selbst definierten Einordnung auch von den anderen akzeptiert werden. Ja, man könnte geradezu definieren: Das Streben nach Identität ist unser Bemühen, dieser Unsicherheit zu entkommen.

PH: Dieses Streben hat zu unterschiedlichen Zeiten der Moderne unterschiedliche Formen und Sozialcharaktere hervorgebracht, denken wir nur an den Tellerwäscher-Mythos, den *selfmade-man,* den Parvenu und Neureichen. Aber die so genannte Postmoderne hat das Problem offenbar noch verschärft. Ein einmal eingeschlagener Lebensweg garantiert noch lange nicht „Identität".

Bauman: Wenn wir heute so viel über Identität diskutieren, dann nicht deshalb, weil der Inhalt, die Bedeutung dessen, was wir unter „Identität" verstehen, sich geändert hat. Bis zur Mitte unseres Jahrhunderts war Identität vor allem das Problem, sich als konsistenter, kohärenter, stabiler Charakter zu etablieren, der entschlossen ein einmal definiertes Lebensprogramm verwirklicht. Zwar gab es in der Moderne eine Vielzahl von möglichen Rollen, aber diese selbst waren sehr genau definiert. Jeder wusste genau, ob er einem bestimmten Verhaltensmuster entsprach oder nicht. Das größte Problem war deshalb das der Konformität – entspreche ich der Rolle, die ich anstrebe? Kann ich sie ausfüllen? Und

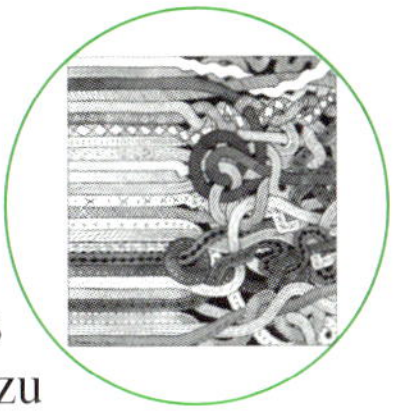

die größte Furcht war, nicht-konform zu sein und von der verbindlichen Norm abzuweichen. Heute dagegen ist die Situation anders – und noch komplizierter: Zwar wollen die Menschen noch immer eine klare, verlässliche, solide Identität – aber zugleich fürchten sie nichts so sehr wie eine Festlegung für den Rest ihres Lebens. Es ist die Angst, mit 20 bereits das „Ende der Fahnenstange“ erreicht zu haben, abgeschnitten zu sein von allen Veränderungsmöglichkeiten und Chancen. Es ist beispielsweise die Angst, dass man ewig im selben, langweiligen Job bleiben muss, dass nichts mehr passieren wird und alles vorhersagbar verläuft.

Das neue Problem lautet also: Wie kann ich diese beiden widersprüchlichen Strebungen miteinander versöhnen – die Sehnsucht nach Sicherheit und sozialer Anerkennung meiner Identität einerseits und den Wunsch nach Mobilität, nach Weiterentwicklung andererseits? Anders ausgedrückt: Wie kann ich „identisch“ sein und gleichzeitig offen bleiben für neue Herausforderungen, Abenteuer – und neue Identitäten? Die „Furcht vor Fixierung“, *Fixeophobie,* liegt im Streit mit der „Furcht vor Formlosigkeit“, *Proteophobie.* [...]

PH: Aber das Verlangen nach Identität, das die in der Jetzt-Zeit lebenden Zeitgenossen spüren, bedeutet doch auch, Ziele in der Zukunft anzustreben. Auch in der Postmoderne geht es nicht ohne zumindest befristete Verpflichtungen und Festlegungen.

Bauman: Sicher. Aber Identität bedeutet immer: Noch nicht. Es gibt eine Diskrepanz zwischen dem gegenwärtigen und dem angestrebten Zustand. Wer eine Identität schon hat, braucht nicht darüber nachzudenken. Die Frage ist aber heute: Wie weit reichen diese Ziele in die Zukunft hinein? Geht es um eine Identität, die die ganze Lebensspanne umfasst, oder um mittelfristige Projekte – „bis auf Widerruf“? Selbst wenn eine Form der Identität dann doch länger beibehalten wird, leben die Menschen so, als ob sie täglich zur Disposition stünde. Niemand geht davon aus, dass er im Jahre 2010 noch dieselbe Person ist wie heute. Identitätsziele werden also in der sehr nahen Zukunft gesetzt.

Um noch einmal das Bild des Pilgers aufzugreifen: Die relativ fest gefügte Welt der Moderne brachte bei den meisten Angehörigen der Mittelschichten Lebensstrategien hervor, die einer Pilgerfahrt gleichen – da gibt es ein Heiligtum, ein großes Ziel, das angestrebt wird. Und jeder Schritt, jede Etappe auf dem Weg dorthin wurde danach gemessen, ob er den Menschen diesem Ziel näher brachte.

PH: Und heute haben wir die postmodernen „Kurzurlauber“?

Bauman: In diesen komplexen und konfusen Zeiten gibt es nicht die eine Metapher, die die Lebensstrategien der Mehrheit beschreibt – weil es auch die eine, richtige Logik des Planens nicht mehr gibt. Deshalb sind wir manchmal *Vagabunden,* werden herumgestoßen und sind an vielen Orten unerwünscht, so wie früher die Zigeuner. Manchmal sind wir aber auch reiche *Touristen,* die nach eigenem Gusto herumreisen und so viel wie möglich „mitnehmen“. Dann sind wir auch *Flaneure,* die betrachtend an verschiedenen Orten herumspazieren, ohne aber zu diesen Orten zu gehören. Schließlich sind wir manchmal *Spieler,* die an diversen Spielen teilnehmen – wobei wir weder an objektive Gesetze noch an völligen Zufall glauben – es kommt nur darauf an, sein „Blatt“ richtig auszuspielen. Die „Spiele“ sind also eine Mischung aus Glück und eigener Anstrengung. – Aus Anteilen dieser vier Typen setzt sich die Persönlichkeit des heutigen Durchschnittsmenschen zusammen. [...]

(Identität bedeutet immer: noch mehr; Heiko Ernst interviewt Zygmunt Bauman, in: Psychologie heute, Aug. 1995, S. 54–58)

1. Veranschaulichen Sie sich die Ausführungen Zygmunt Baumans an einem Schaubild (Tipp: Verwenden Sie Collageelemente).
2. Nehmen Sie Stellung zu den Thesen Zygmunt Baumans.
3. Diskutieren Sie Konsequenzen für ein Verständnis von Erziehung.

An-Sichten

1. Was sehe ich?
   Beschreiben Sie stichpunktartig das Bild in allen Einzelheiten.
2. Was fällt mir zu dem Bild ein?
   Notieren Sie alles, was Ihnen zu dem Bild assoziativ im Kopf umhergeht.
3. Welche Bezüge zu dem bisher Erarbeiteten fallen Ihnen auf?
   Machen Sie sich stichpunktartige Notizen.

Pädagogische Anwendung

Wann ist Sozialisation erfolgreich? Welche Hilfen können im Erziehungsbereich Tätige für eine gelingende Sozialisation geben?

Strategien pädagogischen Handelns

Hier wird keine Erziehungsphilosophie ausgebreitet. Vielmehr geht es um pädagogische Strategien, die erprobt worden sind (bis auf die letzte). Unter ihnen muss sich jeder pädagogisch Tätige die seine begründet auswählen. Ich selber meine allerdings, dass die pädagogischen Strategien nicht beliebig sind und die mit dem letzten Stichwort mitgeteilte Strategie „Austausch von Kompetenzen“ am angemessensten ist.

Strategie 1: Kontrolle

Kontrolle meint, dass die Erwachsenen sich gegenüber der neuen Generation vollständig verantwortlich fühlen, und zwar in der Rolle des „Führers“. Es sind die Erwachse-

nen, die die Welt gemacht haben und die den Nachwuchs in diese ihre Welt einführen. Es gilt ihre Ordnungen zu *tradieren.*
Praktisch kann sich diese Strategie ausdrücken in Haltungen wie: Wer abweicht, muss eben ins Gefängnis und muss dort sühnen; Ursachenuntersuchungen sind einzuschränken, denn wer sich erzieherischen Bemühungen verweigert, versieht das Erziehungsverhältnis mit einem Makel, den er selbst beseitigen muss; zeigen mehr Jugendliche kriminelles Verhalten, brauchen wir eben mehr Polizei, mehr strenge Erzieher, mehr Regeln, mehr „Dinge, an die man sich halten kann". [...]
Jugendlicher Narzissmus kann nicht durch Strenge und Verweis auf „objektive Ordnungen" eingeholt werden. Natürlich gibt es Maßstäbe, gibt es vernünftige Überzeugungen, die Ältere den Jüngeren vorleben und plausibel machen sollen. Dazu gehören: Humanität, Antifaschismus, Fairness, Ehrlichkeit und andere „Grundtugenden", deren Wert eigentlich nie umstritten war. Natürlich gilt auch dies: Der Heranwachsende braucht zunächst eine *verlässliche Welt,* damit er sich überhaupt orientieren kann. Aber nichts Verlässliches lässt sich heute einzementieren als unveränderlich; der Jugendliche muss früh lernen, mit sich verändernden Situationen fertig zu werden und sie dennoch deuten zu können. Trainiert er dies nicht, wird er mit Flucht, Ablehnung und Gleichgültigkeit reagieren. „Kontrolle" scheint mir keine probate Erziehungsstrategie mehr zu sein.

Strategie 2: Hereinnahme

Mit diesem Ausdruck bezeichne ich eine pädagogische Strategie, die beispielsweise der amerikanische Soziologe Coleman (1961) vorgeschlagen hat. In seinem Buch „The Adolescent Society" stellte er fest, dass sehr viele Jugendliche ihre entscheidenden Erlebnisse in Altersgruppenbildungen suchen und die Einflüsse der Schule dagegen verblassen. So ist für Jungen Popularität ein hoher Wert, und sie wird erworben durch Erfolg im Fußball, durch die Zugehörigkeit zu einer höheren sozialen Schicht und durch Erfolg in der Schule, der erst an dritter Stelle rangiert. [...] Coleman meint nun, es sei nicht angemessen, diesen Dingen ihren Lauf zu lassen. Andererseits könne man den Jugendlichen nicht verbieten, ihre neuen Interessen auszuleben. Kontrollen und Verbote würden die Probleme nur vergrößern. Statt dessen schlägt Coleman vor, dass die Schule, will sie erfolgreich sein, das Interesse für Autos, für Sport und vor allem gesellige Aktivitäten innerhalb ihres eigenen Angebots befriedigen muss. Sie muss für den Jugendlichen so attraktiv sein, dass sie seine intellektuellen und vitalen Energien bindet und auf diese Weise kanalisiert.
Dies sind Überlegungen, die in viele Konzepte zur Schulreform eingegangen sind. Man will die Schule lebendiger, realitätsgerechter machen und nicht nur von den Forderungen des Gegenstands ausgehen, sondern auch von den artikulierten Bedürfnissen der Heranwachsenden. [...]
„Hereinnahme" in die Erziehungswelt ist eine vernünftige Strategie, wenn man darunter nicht die totale Institutionalisierung der Lebenswelt von Jugendlichen versteht und Fluchtwege, Abenteuerräume offen lässt.

Strategie 3: Akzeptanz der Distanzierung

Diese Verhaltensstrategie „akzeptiert" einfach, dass Jugendliche von einem gewissen Alter ab (etwa ab 14 Jahren) sich von Erwachsenen zurückziehen, Vertrauen nur noch in kleinen Dosen schenken (oder gar nicht). Es gibt ein Schamgefühl, das auch Pädagogen gegenüber Jugendlichen wiedererwerben müssen. Freilich, dieses Verhalten setzt voraus eine hohe Risikobereitschaft und das Vertrauen, dass die Mehrzahl der Jugendlichen nicht scheitert, wenn sie ohne pädagogischen Einfluss, ohne pädagogischen Rat bleibt. [...]
Die hier gemeinte Strategie setzt ein hohes Maß von pädagogischer Intuition und Sensi-

bilität voraus: zu wissen, wann Rückzug angemessen ist, wann Hilfe angeboten werden muss, auch wenn sie nicht erbeten wurde.

Strategie 4: Dialektik von Distanz und Nähe

Aus den Überlegungen zur „Akzeptanz der Distanzierung“ ergibt sich eine vierte Grundhaltung, die am angemessensten mit „Dialektik von Distanz und Nähe“ bezeichnet wird. Stierlin hat auf zentripetale und zentrifugale Tendenzen im Rahmen der Familiendynamik hingewiesen. Einerseits weicht der Jugendliche aus, er sucht seine eigenen Erfahrungen und Abenteuer, ja er lässt sich von Erwachsenen unbewusst „ausschicken“, um für sie die Fülle des Erlebnisses einzuheimsen. Doch er kehrt auch gern zurück, um Schutz zu suchen, um zu berichten, sich anhören zu lassen. Nach Stierlin glückt der Ablösungsprozess dann problemlos, wenn der Jugendliche nicht zu sehr gebunden bleibt, aber doch die *Fähigkeit zur Bindung* nicht aufgibt.

Strategie 5: Austausch von Kompetenzen

Es bleibt ein fünfter Weg zu skizzieren, für den bisher praktische Einlösungen noch ausstehen. […]

Wenn „Erziehungsberechtigte“ und Jugendliche partnerschaftlich miteinander umgehen, so muss dies keine liberale Ideologie sein, sondern ist Folge eines gewandelten Generationsverhältnisses. Von „retroaktiver Sozialisation“ war schon die Rede: Jugendliche lernen nicht nur von Erwachsenen, sondern diese auch von jenen. Dies bedeutet: In einer sich schnell wandelnden Welt besitzen alle Menschen, welcher Alterskohorte sie sich auch zugehörig fühlen, bestimmte Kompetenzen, über die sie verfügen und die sie weitergeben können. Ganz deutlich wird dies beim Computer, der vor allem von geisteswissenschaftlich gebildeten Pädagogen noch heute mit Misstrauen betrachtet wird, während Jugendliche (übrigens auch Mädchen!) sich grundsätzlich durchaus unbefangen mit den neuen elektronischen Möglichkeiten und ihren Leistungskapazitäten auseinander setzen, sodass in Computercamps häufig Jüngere Ältere belehren, ohne dass dies zu Schwierigkeiten führt.

Nach dem Konzept „Austausch von Kompetenzen“ gibt es kein kategoriales Prius einer Altersgruppe mehr. Nur dies erlaubt letztlich, heute noch von „Erziehung“ zu sprechen: wenn kein anmaßendes Besserwissen, kein kontrolliert-orientiertes Bescheidwissen zugrunde liegen, sondern die Einsicht, dass sozialer Wandel eine Fülle von Kompetenzen braucht, die mehr oder weniger ungleich unter den Menschen verteilt sind.

(Dieter Baacke, Die 13- bis 18-Jährigen, Beltz, Weinheim und Basel 1994, S. 322ff.)

1. Diskutieren Sie Vor- und Nachteile der einzelnen Strategien.
2. Welche erleichternden und behindernden Faktoren zur Umsetzung dieser Strategien lassen sich aufführen?
3. Welche Auffassung von Erziehung spiegelt sich in den Ausführungen Dieter Baackes wider? Erläutern Sie diese an konkreten Beispielen. Versuchen Sie auch eine inhaltliche Festlegung des Begriffs ‚Erziehung im Jugendalter' vorzunehmen.
   Für welche der oben angeführten Strategien würden Sie sich entscheiden?
4. Auf die Frage: Welchen Rat, welche Lebensweisheit würdest du den Jugendlichen weitergeben?, antwortete Wolfgang Hemel:
   „Du bist nicht auf der Welt, um sie zu beeindrucken. Sei, wer du bist. Übersetzt heißt das: Lass dir die Zeit, die du brauchst, um zu wachsen. Auch eine Kastanie braucht ihre Zeit, bis sie ein Kastanienbaum ist. In dieser Entwicklung gibt es viel Regen und Unwetter. Dein Traum fürs Leben muss nicht morgen realisiert sein und daran musst du auch nicht zerbrechen. Dies bewirkt nur Unglücklichsein. In all dem Erlebten und Erlernten siehst du Veränderung und kannst diese schätzen.“
   (Aus einem Gespräch mit Wolfgang Hemel, in: Ulrich Baer u.a. [Hrsg.], Lernziel: Lebenskunst, Kallmeyer'sche Verlagsbuchhandlung, Seelze 1997, S. 67)
   Nehmen Sie Stellung!

Netzwerkbildung als Unterstützungskonzept

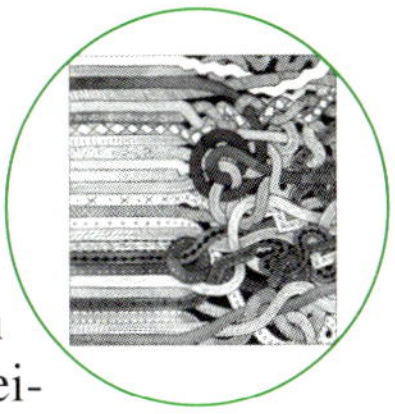

Der Ausdruck „Netz“ wird als ein analytisches Instrumentarium benutzt, um Beziehungen zwischen sozialen Einheiten darstellen zu können. Demnach bestehen Netze sowohl aus Menschen als auch aus deren Beziehungen untereinander, die sich in Form von Interaktionen ausdrücken. Sommer und Rellermeyer verstehen unter einem sozialen Netzwerk das Gesamt an Beziehungen, das eine Person zu einzelnen Menschen und Gruppen hat, also zu Partner, Familienmitgliedern, Freunden, Nachbarn, Arbeitskollegen, Sportkameraden usw. […]

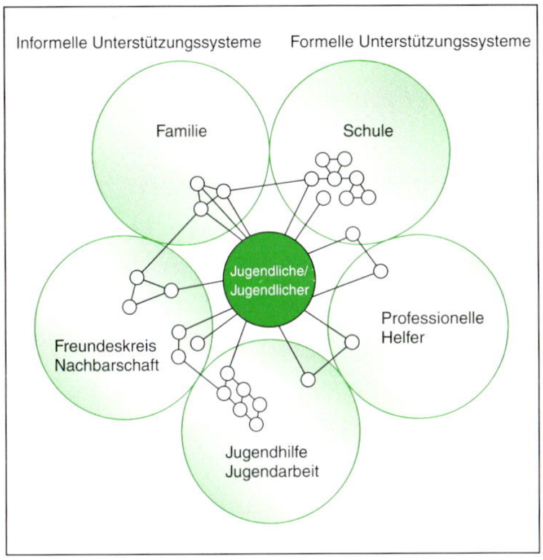

Abbildung 16: Die typische Struktur des Unterstützungsnetzwerkes im Jugendalter

Für den spezifischen situativen Kontext bedeutet dieses, an den jeweils vorhandenen Verknüpfungspunkten zur Familie und/oder zum Freundeskreis anzusetzen und auf eine Stärkung dieser Beziehungen hinzuarbeiten. Gleichzeitig sollte eine bessere Einbettung in übergreifende soziale Bezugssysteme gelingen. Die professionellen „Helfer“ sind somit Initiator und Begleiter eines Prozesses, in dem Beziehungen zwischen Menschen neu etabliert werden.

(Klaus Hurrelmann, Einführung in die Sozialisationstheorie, Über den Zusammenhang von Sozialstruktur und Persönlichkeit, Weinheim und Basel 1993, S. 246ff.)

1. Welche Unterstützungssysteme kennen Sie durch persönliche Erfahrung? Sind die ‚Szenen' ein solches Unterstützungssystem? Tauschen Sie sich aus.
2. Reichen die hier genannten Unterstützungssysteme aus um Hilfen für eine erfolgreiche Sozialisation zu erhalten? Welche Möglichkeiten sehen Sie, fehlende Unterstützungssysteme einzufordern? Diskutieren Sie konkrete Strategien.
3. Wie sieht Ihr persönliches Netzwerk aus? Machen Sie sich in Ihrem Journal Notizen und vermerken Sie auch, an welcher Stelle Ihnen Unterstützungen fehlten bzw. fehlen.

P Projektvorschlag zum selbstständigen Weiterarbeiten

A *Collage*

Entwerfen Sie zu dem Thema: ‚Die Lebenswelt von Jugendlichen – Jugendkultur heute' eine Collage unter Berücksichtigung von geschlechtsspezifischen Aspekten. Verwenden Sie dabei vorzugsweise aktuelle Jugendzeitschriften.

B Das folgende Zitat ist möglicherweise Anregung für eine plastische Arbeit mit Ton oder anderen Materialien mit dem Titel: Lebenskunst (Untertitel: ...?)

„Der Begriff der Lebenskunst muss betonen, dass das Leben nicht nur ein Dahintreiben, ein Vegetieren sein soll, sondern gestaltungsbedürftig und gestaltungsfähig ist. Lebenskunst kann heißen, dem Leben ein besonderes Profil zu geben im Sinne eines Entwurfs, ihm eine unverwechselbare Gestalt zu geben, so wie jedes Kunstwerk auch eine individuelle, unverwechselbare Gestalt haben kann. Das ist zweifellos ein hoher Anspruch. Denn wer könnte schon behaupten, dass das Leben von Anfang bis Ende durchgängig einem Kunstwerk ähnlich wird? Deshalb darf man es weniger vom Produkt, sondern muss es vielleicht mehr vom Prozess her sehen, vom Prozess des künstlerischen Gestaltens als einer Metapher für das Leben.“

(Aus einem Gespräch mit Ludwig Duncker, in Ulrich Baer u.a. [Hrsg.], Lernziel: Lebenskunst, Kallmeyer'sche Verlagsbuchhandlung, Seelze 1997, S. 61)

Ergeben sich Möglichkeiten der Zusammenarbeit mit dem Fach Kunst?

C *Unterstützungskonzepte in unserer Umgebung: Erstellung eines Leitfadens*

Welche informellen und formellen Unterstützungssysteme gibt es in Ihrer Umgebung, welche Laien- und professionellen Helfersysteme sind besonders von Bedeutung?

Erstellen Sie einen übersichtlichen Leitfaden, z. B. unter der Fragestellung: An wen kann ich mich wenden für den Fall...?

D *Planen Sie einen Projekttag/eine Projektwoche zum Thema: ‚Lebensphase Jugend'.*

Die sozialpädagogisch-hauswirtschaftlichen Schulen des Kreises Borken in Ahaus (Klasse 12 der Fachoberschule Sozial- und Gesundheitswesen) haben zu diesem Thema ein zweiwöchiges Projekt durchgeführt (Kontaktadresse: Dr. P. Fringes, 48683 Ahaus).

Dabei bildeten sich vier Gruppen zu folgenden Themen:

- Jugendkultur als Ausdruck eines Lebensgefühls
- Wertorientierungen im Jugendalter
- Freizeit – auf der Suche nach dem großen Kick
- Jugendliche in schwierigen Lebenslagen.

Suchen Sie weitere Themen und prüfen Sie die Möglichkeit der Umsetzung einer Projektwoche an Ihrer Schule (z.B. für eine Jahrgangsstufe). Möglicherweise kann Ihr Kurs die Vorbereitung der Pro-Wo, Betreuung der Arbeitsgruppen, Überlegungen zur Präsentation, ... übernehmen.

Hinweise:

- Erhard Meueler, Die Freiheit auf dem hohen Seil und auf dem harten Boden, PÄD FORUM Juni 1996, S. 272ff.
- Johannes Werner Erdmann/Georg Rückriem/Erika Wolf (Hrsg.), Jugend heute: Wege in die Autonomie, Klinkhardt, Bad Heilbrunn 1996

Im Internet finden Sie unter der Adresse http://paedpsych.jk.unilinz.ac.at/INTERNET/ARBEITSBLAETTERORD/ARBEITSBLAETTER.html die Rubrik: Entwicklungs- und Jugendpsychologie.

Nachtrag

Fortsetzung des Romans „Burt“ von Howard Buten

Erst ganz am Ende des Romans erfährt der Leser, was das „schreckliche Ereignis“ war, wie es dazu kam und welche Konsequenz es hatte:

Ich stand auf. Ich ging in die Diele. Es roch nach Jessica. Ich schaute die Tasche an. Ich horchte. Man hörte nichts. Ich stellte den Fuß auf die erste Stufe. Sie hatte Teppich drauf. Dann stand ich auf der Treppe.

Ich ging die Treppe rauf. Als ich oben war, habe ich mich umgesehen. Ich konnte fast nichts sehen. Ich habe gewartet, bis sich meine Augen daran gewöhnt haben. Da war ein Bad. Daneben war ein Schlafzimmer mit einem großen Bett für zwei Menschen, und daneben ein Wandschrank. Ich machte ihn auf, er hatte Bettwäsche und Handtücher drin. Dann schaute ich den Gang hinunter. Hinten war noch ein Zimmer, die Tür stand offen, und Jessica war drin, sie saß seitlich auf ihrem Bett und sah aus dem Fenster, die Füße baumelten herunter. [...]

„Peter Pan ist ein Mädchen.“ Sie sah immer noch aus dem Fenster. „Sie haben sie nur so zurechtgemacht, dass sie wie ein Junge aussieht, aber in echt ist sie ein Mädchen, sie haben ihr bloß die Haare ganz kurz geschnitten und einen engen Büstenhalter zum Anziehen gegeben.“

(Das habe ich auch gesehen, im Fernsehen, und dann wollte ich fliegen, also musste mein Papa bei dem Fernsehsender anrufen, wie sie das gemacht haben, aber Jeffrey hat gesagt, da war gar keiner am anderen Ende, Papa hat mich angelogen.)

„Ich bin noch nicht alt genug für einen BH“, sagte Jessica. „Aber ich habe schon einen, den hat mir meine Mami geschenkt, für später.“

Sie suchte in ihrem Schrank und holte ihn heraus. Sie zeigte ihn mir, und da wurde mir komisch. Ich soll mir sowas nicht ansehen. Aber dann habe ich was gemacht. Ich habe ihn genommen und mir selber angezogen, aber falschrum. „Schau mal“, sagte ich, „ich bin ein Kamel.“

Sie hat gelacht. Das hat mich überrascht. Sie hat gelacht, wie ich sie noch nie lachen gehört habe, es klang wie Singen. Ich setzte mir den BH auf den Kopf und führte einen Tanz auf, und sie hat noch mehr gelacht, und dann habe ich ihn wie eine Brille aufgesetzt, und da ist sie vor Lachen auf ihr Bett gefallen.

„Poch poch“, sagte ich. (Das war so ein Witz wie im Tierpark.)

„Wer da?“

„Bu.“

„Bu Hu“, sagte Jessica.

„Du brauchst aber nicht gleich zu weinen“, sagte ich.

„Tu ich ja gar nicht.“ Sie hörte auf zu lachen.

„Es ist doch ein Witz“

„Was ist ein Witz?“

Sie hat sich einfach umgedreht, zum Fenster, weil sie meinen Witz nicht verstanden hat.

„Jessica, es ist bloß ein Witz“, sagte ich.

Aber sie hat sich nicht wieder umgedreht. Ich habe hingeschaut, ihre Schultern machten lauter kleine Buckel, sie hat geweint.

„Jessica.“ Ich habe ihren Namen gesagt, aber sie hat einfach den Kopf aufs Bett gelegt, und ihre Schultern sind immer rauf und runter gegangen. Ich habe nicht gewusst, was ich machen soll, deshalb bin ich zu dem Bett hingegangen.

Ich habe versucht, ihr einen Zaubertrick zu zeigen, da sieht es so aus, wie wenn man sich den Daumen ausreißt, aber sie hat einfach nicht hergesehen.

„Vielleicht könnten wir uns ja was ausdenken“, sagte ich.

„Irgendwas. Damit du nicht mehr traurig bist.“

„Nein“, sagte sie. „Das ist was für Kinder. Ich will aber kein Kind mehr sein.“ Sie sagte: „Ich hasse Kindsein“, und haute auf ihr Bett, und dann hat sie mit der Stimme was gemacht, was wie ein Tier geklungen hat. „Ich hasse Kindsein!“, hat sie geschrien und den Kopf auf den Arm gelegt, und dann hat sie sich aufs Bett gelegt und geweint.

Ich habe nicht gewusst, was ich tun soll. Ich stand einfach da und schaute und war wütend. Weil ich auch noch Kind bin. Und es auch hasse.

Meine Mami hat gesagt, dass ich später mal jemand liebe, wenn ich groß bin und das heißt dann, dass ich aufpassen will, dass ihm keiner was tut. Ich dachte immer, das wäre Shrubs. War es aber nicht. Sondern Jessica.

Ich setzte mich neben sie auf das Bett und fasste mit der Hand an die Schleifen in ihren Haaren und ich zog an einer, und sie ging auf und fiel herunter. Und dann die andere. Die habe ich in der Hand behalten und an meine Backe gelegt. Weil sie so weich war. Wie Jessica.

Wie sie aufgesehen hat, hatte sie lauter Haare im Gesicht. Ich habe sie ihr zurückgeschoben, und sie waren nass, aber nicht mehr von draußen, sondern vom Weinen. Ich habe mit dem Finger eine Träne genommen und mir in die Augen getan.

Ich habe Jessica die Arme rumgelegt, wie es Papa bei mir macht, wenn ich weine, und habe so gemacht, über ihre Haare. Sie hat sich umgedreht und sich mit der Seite an mich gelehnt. Das war warm.

Ich habe meine Jacke ausgezogen, und da ist jemand rausgefallen. Und zwar Schmuser der Affe. Ich habe ihn aufs Fensterbrett gesetzt, sodass er raussehen kann und Jessica Renton und mich beschützt.

Und ich habe sie angeschaut, wie sie so geweint hat, und dann habe ich ganz leise was gesagt. „Ich pass auf, dass dir keiner was tut. Ehrlich. Ich mach, dass wir keine Kinder mehr sind.“

Und sie hat zu mir hochgeschaut, mit ihren Augen, und in mich reingedrückt, mit ihrem Kopf an meinem Bauch, und ich habe sie fest an mich gezogen, und es war warm. Draußen hat es angefangen zu schneien, und Schmuser der Affe hat dem Wind zugeschaut, aber bei uns drinnen war es warm. Und plötzlich ist was passiert. Und zwar habe ich gesehen, wie die Straßenlaternen angegangen sind. Sie wurden hell und haben uns angestrahlt. Jessica hat das Gesicht an meinen Bauch gelegt und gesagt: „Du bist mein Freund“, und ihre Augen hatten Diamanten drin.

Ich habe das Kinn auf ihre Haare gelegt, und sie ist mit ihrem Gesicht ganz nah an meins gekommen, das war so weich wie Wollideck, und sie hat den Mund an mein Gesicht gelegt, und sie hat an meinem Hemd gezogen. Sie hat sich weggerollt, und das Kleid fiel ihr über die Arme, die um mich herum waren, und dann kam sie wieder aufs Bett und zog mich auf sich drauf, und ich habe ihre Hände in meinen Taschen gespürt, die haben runtergeschoben, über meine Beine, über mich. Ich habe ein Flugzeug unter meinem Bauch gespürt, mit einem Gummiband, das immer fester aufgezogen wurde. Jessica hatte die Hände auf meinem Popo und hat immer so gedrückt, dass er rauf und runter ging. Bei ihr vorne, wo ich sie gestreichelt habe, hatte sie auch einen kleinen Popo, und der war so weich wie ein Kuss. Und plötzlich habe ich was gehört, von ganz weit weg, es kam auf Jessicas Haus zu. Es rannte die Seven Mile Road entlang. Und zwar mit Hufen. Ein Pferd mit niemand obendrauf. Blacky. Immer lauter, an allen Geschäften vorbei. Und dann habe ich noch was gehört. Und zwar ein Fahrrad mit Bierdeckeln in den Speichen neben Blacky, es kam auf uns zu, mit niemand obendrauf, es fuhr immer schneller, auf mich zu. Das Flugzeug unter meinem Bauch hat sich immer fester gespannt, und ich habe Jessica festgehalten, und ihre Beine waren um mich rum, und ich habe gesagt: „Hab keine Angst mehr“, und sie hat gesagt: „Hab ich auch nicht, jetzt nicht mehr. Jetzt nicht mehr." Der Krach wurde immer lauter, und Blacky und das Fahrrad kamen immer näher, und ich wusste, dass sie kommen, und das Gummiband wurde immer fester, und ich habe gedacht, ich sterbe, ich war schon fast tot. Und dann bin ich geflogen. Ich bin über das Haus geflogen, und über die Straße und Maxwell's, über die Lauder Street und die Schule, über alles, und runter zu Jessica. Es war nicht mehr weit. Ich war fast da. Und dann war ich da.

Jemand hat geschrien: „Um Gottes Willen." Das Licht ist angegangen. Sie hat mich vom Bett gezerrt und an die Wand geschmissen, und aus meinem Gesicht ist Blut gekommen. Ich bin auf den Boden gerutscht. Ich habe nur ihre Handtasche gesehen, und sie hat Jessica gepackt, und da habe ich geschrien: „Fass sie nicht an! Fass sie bloß nicht an!" und mit den Fäusten auf sie drauf geprügelt, aber sie hat mich noch mal hingeschmissen, und dann konnte ich nicht mehr aufstehen.

ZWANZIG

„Deine Telefonnummer!", schrie Jessicas Mutter. Ich dachte, ich kann mich nicht mehr rühren, es war lauter Blut auf meinem Gesicht. Es war mir so schlecht, dass ist fast gekotzt hätte.

„Deine Telefonnummer! Bist du taub?" Sie hat mich am Arm gepackt. „Ich rede mit dir!"

Ich habe die Augen zugemacht und bin einfach weg.

„Wie hat das bloß passieren können?", sagte ihre Mutter. „Was bist du für ein widerliches Tier? Dich müsste man einsperren. Was hast du nur für Eltern? Aber jetzt kriegst du's mit mir zu tun. Na warte. Du machst deine Schweinereien mit niemand mehr, verlass dich drauf, weder mit meiner kleinen Jessica noch mit sonst jemandem. Hast du verstanden?"

Sie packte mich an den Haaren und riss meinen Kopf hoch. „Hast du verstanden?"

Ich kam wieder zurück. Ich machte die Augen auf. „Wenn Sie sie anfassen", habe ich geflüstert, „bring ich Sie um."

Ich weiß nicht, woher sie die Nummer hatte, aber sie hat meine Eltern angerufen. Sie hat gesagt, ich habe gesagt, ich bringe sie um.

Dann ist meine Mami gekommen und hat mich ins Auto gesetzt. Ich wollte unbedingt bei Jessica bleiben, ich habe mich an ihrem Bett festgehalten, ich habe einen Tobsuchtsanfall gekriegt, aber ich konnte mich nicht festhalten. Zu Hause war dann ein Polizist und mein Vater. Ich habe mit keinem geredet. Meine Mutter hat mir Medizin aufs Gesicht getan. Sie hat geweint, das weiß ich noch.

Ich weiß noch, dass ich ins Bett musste, und dann ist der Doktor gekommen und hat mir Tabletten gegeben, damit ich einschlafe. Ich konnte nicht mehr aufstehen. Ich kann mich fast gar nicht erinnern, aber ich weiß noch, dass das Telefon die ganze Zeit geklingelt hat, ganz laut, und es war Jessicas Mutter, das habe ich noch gehört.

Am nächsten Tag haben mich mein Vater und meine Mutter ins Auto gesetzt und hierher gebracht, ins Heim für gestörte Kinder Haus Sonnenschein. Und mich alleine gelassen. Das mussten sie von Jessicas Mutter aus, ich habe gehört, wie sie gesagt haben, dass sie irgendeine Anzeige machen will, aber sie haben es selber auch am besten gefunden. Haben sie gesagt.

(Howard Buten, Burt, übers. von Christiane Buchner, Goldmann, Hamburg 1992, S. 144–149 [Auszüge])

1. Hat sich Ihr Bild von Burt geändert? Wie? Warum?
2. Wenn Sie das in Wabe 4 (Themenkreis 2.1) bereitgestellte Wissen auf den „Fall Burt" anwenden, zu welcher Einschätzung gelangen Sie? Ist Burt psychisch krank?

2.2 „Help me or I beat you!“ – Gewalt

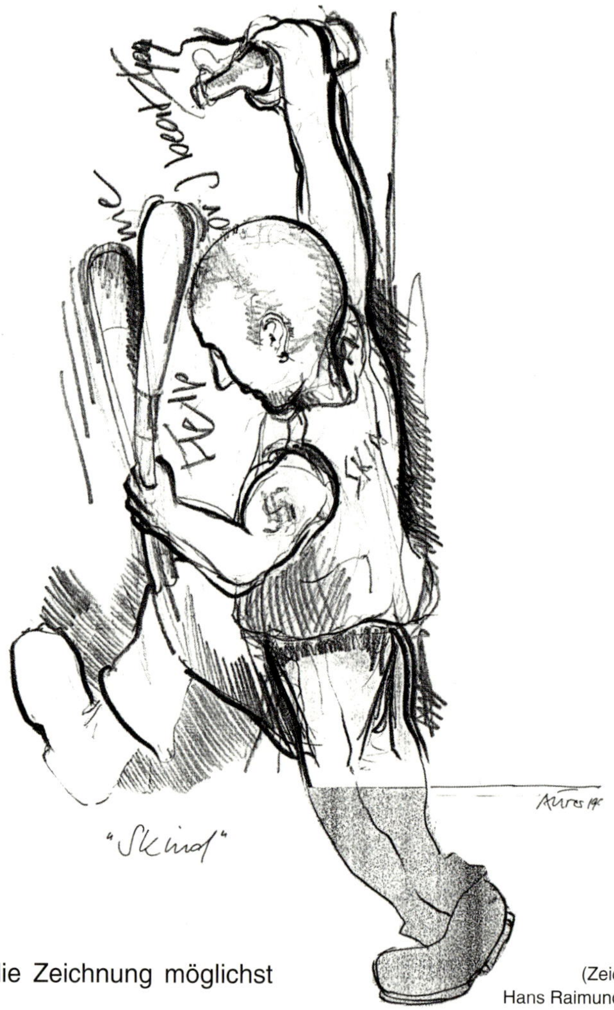

(Zeichnung: Hans Raimund Aurer)

1. Beschreiben Sie die Zeichnung möglichst detailliert.
2. Der Zeichner nennt die Figur „Skind“. Welches Problemverständnis drückt sich darin aus?
3. Ergeben sich hier schon Fragen oder Thesen zum Thema? Halten Sie diese als individuelle (in Ihrem Journal) oder als gemeinschaftliche Fragen fest.

Einführung

Assoziationsfeld Gewalt

Schriftliches Bewertungs-Brainstorming

Das „Brainstorming“ ist eine recht bekannte Methode um möglichst viele Einfälle oder Assoziationen zu einem Thema in kurzer Zeit zu produzieren. Die hier gewählte Variante (entwickelt von Udo Baer, Akademie Remscheid) hat überdies den Vorteil, dass die Ergebnisse des Brainstormings für die weitere Planung im Kurs weiterverwendet werden können.

1. Vorbereitung

benötigt werden:	für jede Schülerin/jeden Schüler mindestens 10 Din A5-Zettel und dicke Marker für alle Din A4-Karton Wandzeitungspapier Krepp-Klebeband Klebepunkte

2. Durchführung (Dauer: etwa 90 Minuten)

Ausgangsfrage:	„Woran denken Sie, wenn Sie den Begriff Gewalt hören?“
Brainstorming	Innerhalb von 10 Minuten werden alle Einfälle, Gedanken usw. stichpunktartig individuell notiert, auch ganz abwegige oder unsinnig erscheinende Aspekte. Wichtig ist, dass der „Sturm der Gedanken“ ohne Zensur wirbelt. Für jeden Einfall wird ein Din A5-Zettel benutzt. Am besten mit dicken Markern groß schreiben, damit die Zettel nachher auch aus größerer Distanz lesbar sind.
Sichtungsphase (ca. 30 Min.)	In Kleingruppen werden die geschriebenen Karten gesichtet und strukturiert. Alle Karten müssen benutzt werden, damit kein Aspekt verloren geht. Übergeordnete Stichpunkte, Fragen oder Thesen werden auf Din A4-Karton geschrieben.
Bewertungsphase (ca. 15 Min.)	Die Gruppen stellen ihr Ergebnis im Plenum vor. Alle erhalten Gelegenheit sich die Wandzeitungen der anderen Gruppen in Ruhe anzusehen. Anschließend erhält jede Schülerin/jeder Schüler drei Klebepunkte, die sie/er an den Begriff, die Frage oder These klebt, die sie/er persönlich für so dringlich und wichtig hält, dass sie in der weiteren Arbeit des Kurses berücksichtigt werden sollen.
Auswertungsphase (ca. 30 Min.)	Alle haben jetzt das strukturierte und bewertete Assoziationsspektrum des Kurses zum Thema Gewalt vor Augen und können darauf aufbauend interpretieren: Was heißt dieses Ergebnis für uns? Danach kann der Kurs in die Planung der weiteren Arbeit eintreten.

Partnerübung: „Wie würden Sie sich verhalten, wenn…?“

Wie würden Sie sich verhalten, wenn Ihre Eltern Ihnen einen Fetenbesuch verbieten?	Wie würden Sie sich verhalten, wenn Sie auf der Straße von Gleichaltrigen absichtlich angerempelt werden?
Wie würden Sie sich verhalten, wenn Ihre Lehrerin/Ihr Lehrer Sie vor dem ganzen Kurs blamiert?	Wie würden Sie sich verhalten, wenn Sie bei einer Diskussion im Kurs nie zu Wort kommen?
Wie würden Sie sich verhalten, wenn Ihr Freund/Ihre Freundin seine/ihre Wut an Ihnen auslässt?	Wie würden Sie sich verhalten, wenn Ihr Vater/Ihre Mutter Ihnen eine Ohrfeige gibt?
Wie würden Sie sich verhalten, wenn auf der Autobahn ein Autofahrer dicht auffährt und die Lichthupe betätigt?	Wie würden Sie sich verhalten, wenn Ihr Lehrer/Ihre Lehrerin Ihnen den Kurs wegen zu hoher Fehlzeiten nicht anerkennen will?
Wie würden Sie sich verhalten, wenn Ihr Klausurnachbar/Ihre Klausurnachbarin Sie nicht abschreiben lässt?	Wie würden Sie sich verhalten, wenn Ihre jüngeren Geschwister oder Besuchskinder lärmend in Ihrem Zimmer toben?
Wie würden Sie sich verhalten, wenn…	Wie würden Sie sich verhalten, wenn Ihre Clique Sie ausschließen will?

Jedes Partnerpaar sucht sich zwei Situationen aus und tauscht sich über Erfahrungen in solchen Situationen und darin spontan gezeigtes Verhalten aus.
Folgende Fragen könnten im Partnergespräch und anschließend im Plenum angesprochen werden:

1. Ist das auslösende Verhalten als Gewalt zu bezeichnen? Wenn ja, warum? Wenn nein, wie könnte man es sonst nennen?
2. Ist das spontan-reaktive Verhalten als Gewalt zu bezeichnen? Wenn ja, warum? Wenn nein, wie könnte man es sonst nennen?
3. Welche alternativen gewaltärmeren oder gewaltfreien Reaktionsweisen sind vorstellbar?

Im Gesamtkurs könnten Partnerpaare ihre gewählten Situationen im Rollenspiel vorstellen und ihre Überlegungen dazu zur Diskussion stellen.
Zum Schluss können Thesen und Fragen für die weitere Arbeit gesammelt werden.

Selbstreflexion

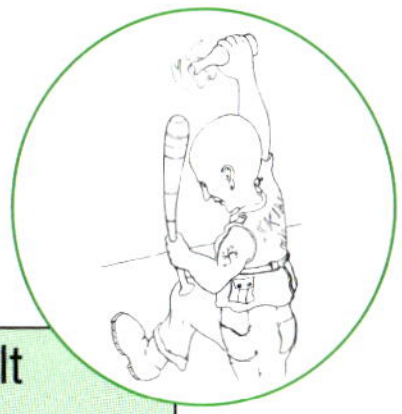

Übertragen Sie die folgende Matrix in Ihr Journal.

Ich als	Körperliche Gewalt	Psychische Gewalt
Opfer		
Täter(in)		
Zuschauer(in)		

Jede(r) von uns hat die unterschiedlichsten Erfahrungen mit Gewalt. Versuchen Sie für jedes dieser Felder eine Situation zu finden und schreiben Sie Stichpunkte zu dieser Situation in das entsprechende Feld der Matrix.
Überlegen Sie dann: Was war der Anlass? Was ging in mir vor? Was habe ich getan bzw. nicht getan? Wie könnte ich beim nächsten Mal anders handeln? Was müsste ich dafür lernen?
Tauschen Sie sich mit einer Partnerin oder einem Partner aus und überlegen Sie, welche Thesen und Fragen Sie den anderen mitteilen möchten.

Der Fall „Mölln“

Mahnwache mit Blumen und Kränzen vor dem Haus in der Mühlenstraße
(Foto: Michael Meyborg / SIGNUM)

Feiger Anschlag erschüttert Mölln – Nachbarn ließen ihren Tränen freien Lauf

Aus dem geborstenen Dachgebälk des schmalen Altstadthauses Mühlenstraße 9 in Mölln steigt am Montagmorgen noch Rauch in den nieselgrauen Novemberhimmel. Auf der verkohlten Fensterbank im ersten Stockwerk steht noch ein Weihnachtsstern, dessen eingerußte Blätter nach unten hängen. Hier sind in der Nacht zuvor zwei türkische Mädchen und eine Frau bei einem der bislang hinterhältigsten Brandanschläge in der Bundesrepublik gegen ausländische Menschen verbrannt und erstickt, unter ihnen ein zehnjähriges Mädchen. […]
(Thomas Wolgast, in: Flensburger Tageblatt v. 24.11.1992)

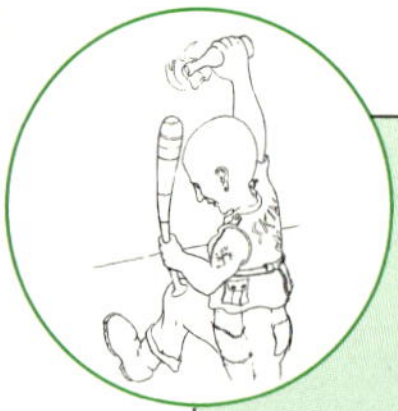

DER GENERALBUNDESANWALT
BEIM BUNDESGERICHTSHOF

Karlsruhe, den 25. Februar 1993

ANKLAGESCHRIFT

1. Den Hilfsarbeiter

Michael P.

geboren am 26. Juni 1967 in Mölln, deutscher Staatsangehöriger, ledig, …

2. den Auszubildenden

Lars C.

geboren am 18. August 1973 in Eutin, deutscher Staatsangehöriger, ledig,…
klage ich an,

I. den Angeschuldigten Michael P.

1. am 6. September 1992 in Gudow und
2. am 12. September 1992 in Kollow gemeinschaftlich mit anderen durch zwei rechtlich selbstständige Handlungen tateinheitlich versucht zu haben,

a) aus niedrigen Beweggründen, heimtückisch und mit gemeingefährlichen Mitteln Menschen zu töten sowie

b) ein Gebäude, welches zur Wohnung von Menschen diente, in Brand zu setzen;

II. beide Angeschuldigte, am 23. November 1992 in Mölln gemeinschaftlich

1. durch dieselbe Handlung

a) aus niedrigen Beweggründen, heimtückisch und mit gemeingefährlichen Mitteln Menschen zu töten versucht sowie

b) ein Gebäude, welches zur Wohnung von Menschen diente, in Brand gesetzt zu haben;

2. durch eine weitere rechtlich selbstständige Handlung tateinheitlich

a) aus niedrigen Beweggründen, heimtückisch und mit gemeingefährlichen Mitteln drei Menschen getötet und weitere Menschen zu töten versucht sowie

b) ein Gebäude, welches zur Wohnung von Menschen diente, in Brand gesetzt und dadurch den Tod von drei Menschen, die sich zur Zeit der Tat in dieser Räumlichkeit befanden, verursacht zu haben,

wobei der Angeschuldigte Lars C. als Heranwachsender, auf den Jugendstrafrecht Anwendung findet, handelte.

(Landeszentrale für politische Bildung [Hrsg.], Das Verfahren vor dem Oberlandesgericht Schleswig über die Anschläge in Mölln im November 1992, Kiel 1994, S. 12f., 41f.; Verf.: Günter Kahl)

Welche Fragen und Thesen ergeben sich aus solch einem Fall?

Grundbegriffe und Grundthesen

Gewalt – was ist das eigentlich?

Über Gewalt wird in letzter Zeit viel geschrieben und viel diskutiert: nicht nur in Talk-Shows und Regierungskommissionen, sondern auch in Lehrerkonferenzen und Elternversammlungen. Dabei unterstellen die Beteiligten oft, dass man schon wisse, was mit „Gewalt" gemeint sei. Dieser Artikel soll zeigen, dass diese Unterstellung falsch ist, dass der Gewaltbegriff „ungenau und zweideutig ist, dass die Leute sehr leicht meinen können, sie sprächen über dieselbe Sache, wenn das gar nicht der Fall ist" (Borkowski u. a. 1983, S. 50).

Beispiel Elternversammlung

In der Elternversammlung einer 7. Klasse wird über „Gewalt an der Schule" gesprochen. Unter einer Vielzahl von Diskussionsbeiträgen fallen mir einige Äußerungen auf:

Während eine Mutter die Zunahme der Prügeleien auf dem Schulweg beklagt, erklärt ein Vater: „Solche Kämpfe zwischen Jungen sind in dem Alter ganz normal, da sollte man nicht gleich von ‚Gewalt' reden." Gewalt – so ein anderer Vater – übe die Schule selbst aus: Sie zwinge den Jugendlichen sechs Stunden hintereinander einen bewegungsarmen, verkopften und leistungsorientierten Unterricht auf und wundere sich dann, wenn sich die Heranwachsenden anschließend körperlich ausagierten. Auf einen anderen Aspekt verweist die Lehrerin: Nicht so sehr die körperliche, vielmehr die verbale Gewalt mache ihr besondere Sorgen: Zynische Spitzen, verbale Anmache, massive Beschimpfungen zwischen den Jugendlichen – das sei die alltägliche Gewalt an der Schule. Hier wird deutlich: Über „Gewalt" wird viel gesprochen, doch selten wird nachgefragt, was die Einzelnen darunter verstehen. Genau das soll im Folgenden geschehen.

Minimalkonsens: Gewalt als körperliche Attacke

Bei bestimmten Erscheinungsweisen, die in der Diskussion immer wieder angesprochen werden, ist es wohl unstrittig, dass es sich um „Gewalt" handelt: Ehemänner, die ihre Frauen verprügeln, deutsche Jugendliche, die Ausländer mit dem Messer bedrohen; Schüler, die zu dritt einen Klassenkameraden zusammenschlagen. Sie alle üben Gewalt aus, das scheint unstrittig; doch nach welchem Kriterium wird hier „Gewalt" definiert? In allen Fällen haben wir es hier mit Konflikten zwischen zwei oder mehreren Personen zu tun. In diesem Konflikt wendet mindestens eine Seite physische Mittel (Körperkräfte, Waffen) an, um die andere Seite zu schädigen bzw. mit einer solchen Schädigung zu drohen. Dabei sind die Schädigungen ebenfalls körperlicher Natur: Von der brennenden Wange nach einer Ohrfeige über gebrochene Knochen bis hin zu lebensgefährlichen Verletzungen kann dabei das Spektrum reichen. So eingesetzter physischer Zwang, der zu körperlich geschädigten Opfern führt, wird als „Gewalt" bezeichnet – im Alltagsverständnis genauso wie im wissenschaftlichen Diskurs. Doch Vorsicht! So klar und unstrittig, wie es zunächst aussieht, ist auch dieses enge Verständnis von Gewalt nicht: Ist jede Ohrfeige „Gewalt", oder kommt es da nicht auf die soziale Situation an? Wenn man einen Betrunkenen daran hindert, sein Auto zu besteigen, und er dabei blaue Flecken abbekommt – hat man dann Gewalt angewendet, hat man ihn gar geschädigt? Der „Klaps" auf den Hintern eines Dreijährigen galt lange Zeit als normales Erziehungsmittel. Ist er nun als „Gewalt" zu bezeichnen? Also: Auch bei der körperlichen Attacke sind die Grenzen des Gewaltbegriffs fließend. Ob eine konkrete Handlung „Gewalt" ist oder nicht, ob sie als gut oder schlecht, als normal oder abweichend angesehen wird, ist eine soziale Interpretation (vgl. Honig 1985, S. 90). Insgesamt gilt jedoch: Bei der körperlichen Attacke ist der Konsens, dass es sich hier um „Gewalt" handelt, am leichtesten herzustellen. [...]

Erste Erweiterung: Gewalt als verbale Attacke

Dass man Menschen nicht nur mit einem Faustschlag, sondern oft viel wirkungsvoller mit Worten treffen kann, ist offensichtlich. An dieser Stelle setzt auch die Kritik an einem allzu engen, allein physisch definierten Gewaltbegriff an. Indem man Einzelne ausgrenzt oder abwertet, indem man sie beleidigt, erniedrigt oder emotional erpresst, wird eine Person oft viel stärker „verletzt" als durch einen Tritt gegen das Schienbein.

Wenn man in dieser Weise auch verbale Attacken (bis hin zu sublimen Formen verletzender Ironie) als gewaltförmiges Verhalten ansieht, so vollzieht sich die „Schädigung" des Opfers auf einer anderen, auf der psychischen Ebene: Sie ist – anders als ein „blaues Auge" – nicht mehr klar sichtbar, sondern muss jeweils interpretiert werden.

Zum einen haben wir vielfältige Berichte, dass gerade im schulischen Bereich verbale Attacken häufig vorkommen und von vielen als psychische Gewalt erlebt werden.

Zugleich wird aber auch deutlich, dass die Grenzen hier immer fließender werden, dass in einer konkreten Situation die Bewertungen, ob „Gewalt“ vorliege, höchst unterschiedlich ausfallen können. Was ein Schüler als „lockeren Spruch“ über die neue Frisur der Lehrerin versteht, sieht diese unter Umständen als verbale Attacke mit sexistischem Inhalt. Und auch umgekehrt gilt: Was Lehrkräfte als humorvolle Anmerkungen verstehen, kann von Schülerinnen und Schülern als Bloßstellung verstanden werden. […]

Doch verbale Gewalt kommt nicht weniger selten auch zwischen den Jugendlichen vor. Niebel u. a. (1993, S. 788) ermittelten, dass Sekundarschüler besonders häufig von „Spotten, Beschimpfen, Auslachen, gemeinen Ausdrücken“ zwischen den Heranwachsenden berichten – und dass solche verbalen Attacken sehr häufig der Ausgangspunkt für Prügeleien sind. Ob „verbale Gewalt“, ob „psychische Schädigung“ vorliegt, kann im konkreten Fall mal sehr eindeutig, mal höchst umstritten sein. Das gemeinsame „Mobbing“ einer Schülergruppe gegen eine(n) Einzelne(n) dürfte ein solch eindeutiger Fall sein.

Wann aber aus „Witzeln“ verbale Gewalt wird, ist äußerst schwer zu bestimmen. Deutlich wird allerdings, dass eine solche Definitionsrichtung zugleich auch als Türöffner für eine Entgrenzung des Gewaltbegriffs dienen kann: Was wir früher als „Unhöflichkeit“ bezeichnet haben, heißt dann möglicherweise auf einmal „Gewalt“.

Zweite Erweiterung: Gewalt als institutioneller Zwang

Die bisher vorgestellten Definitionen von „Gewalt“ beziehen sich immer auf eine unmittelbare Interaktion zwischen Personen: Gewalt – ob körperlich oder psychisch – wird von einer konkreten Person gegen eine andere ausgeübt. Doch lassen bereits die Verweise auf die Schüler-Lehrer-Interaktion erkennen, dass sie ja in institutionelle Verhältnisse eingebunden ist. Die Lehrperson ist – so gesehen – ausführendes Organ institutioneller Anforderungen.

Diese Institution handelt gegenüber den Schülerinnen und Schülern in machtvoller Weise, sie fordert Konformität und Leistung, sie verhindert spontanes und bedürfnisorientiertes Verhalten, sie verteilt Chancen, und sie liest aus. Gemäß dieser Sichtweise stehen Schüler(innen) einer übermächtigen Institution gegenüber: Diese Machtausübung lässt sich in ihrer konkreten Ausprägung auch als „Gewalt“ bezeichnen: Gewalt durch die Schulklingel, Gewalt durch das Versetzungszeugnis, Gewalt durch den Notendruck, Gewalt durch den Stoffplan.

Die Vertreter solcher Definitionen verweisen darauf, dass solche entpersonalisierte Gewalt besonders schwer zu erkennen sei, dass es aber gerade deshalb darauf ankomme, solche verdeckten Formen von „Gewalt“ sichtbar zu machen (vgl. Neidhardt 1986, S. 119). Solche Verweise können helfen, eine gewisse Einseitigkeit der gegenwärtigen Diskussion zu relativieren: Nicht allein die Schüler(innen) sind als potenzielle Gewalttäter in den Blick zu nehmen, die Institution selbst hat gewaltförmige Aspekte. Und in der Tat wird dies von Jugendlichen nicht selten so empfunden: „Noten“ und „Stofffülle“ werden von Schüler(innen) als Gewaltmittel der Schule und der Lehrer bezeichnet (vgl. Staudt 1993, S. 19f.) Doch spätestens mit einer solchen Ausweitung besteht die Gefahr, dass der Gewaltbegriff uferlos wird.

Alle Probleme, die bisher unter der weiten Überschrift „Schulkritik“ behandelt wurden – von der Vorherrschaft des Frontalunterrichts über die Fachorientierung – sind damit auf einmal Teil des Gewaltdiskurses. Individuelle „Opfer“ können nicht mehr so leicht ausgemacht werden. Deshalb wird die Schülerschaft generell als eine Gruppe von Opfern angesehen, und dabei wird eine kollektive Schädigung unterstellt. Für die Diskussion der Sache (Kritik der bestehenden Schule) ist damit zwar kein einziger neuer

Aspekt gewonnen, allerdings erhält diese Kritik durch den Gewaltbegriff eine zusätzliche, eine dramatisierende Verschärfung. Zu vermuten ist, dass hierin auch das Interesse an einer solchen Begriffserweiterung liegt. Davon weiter unten mehr.

Die Aufweichung des Begriffs: Strukturelle Gewalt ist überall

Mit der oben skizzierten Definition wird Gewalt „entpersonalisiert". Noch weiter in diese Richtung geht ein Begriffsverständnis, das in der sozialwissenschaftlichen Literatur der letzten Jahre eine große Karriere gemacht hat: die „strukturelle Gewalt". Der Begriff stammt von dem norwegischen Friedensforscher Johan Galtung, der den Begriff der „Gewalt" als generellen Gegensatz zu „Frieden" entwickelt. Dabei dient ihm der Gewaltbegriff der Idealisierung von Friedensvorstellungen: Je mehr unerwünschte gesellschaftliche Phänomene als „Gewalt" bezeichnet werden, desto gehaltvoller ist die Qualität von „Frieden" (vgl. Galtung 1978, S. 11ff.)

Die Erweiterung des Gewaltbegriffs bei Galtung erfolgt an zwei Fronten und führt zu einem kaum noch überschaubaren Geländegewinn. Zum einen fragt Galtung, „wieso es für etwas, das als Gewalt definiert werden soll, einen identifizierbaren Täter geben muss – Gewalt kann dem menschlichen Körper auch auf eine andere Weise angetan werden (1978, S. 21). „Strukturelle Gewalt" braucht daher keinen Täter, sondern wird als Dauerzustand, etwa als „Armut" (S. 14), beschrieben. Zum Zweiten fragt Galtung, „ob diese Gewalt unbedingt dem menschlichen Körper zugefügt werden muss, um als Gewalt charakterisiert zu werden" (S. 21). Damit ist „Gewalt" sowohl zur Täter- wie zur Opferseite hin weitgehend geöffnet, nun gehört alles dazu, „was einem Menschen Schaden zufügt" (S. 20). Daraus ergibt sich dann als Definition für „strukturelle Gewalt":

Gewalt liegt dann vor, wenn Menschen so beeinflusst werden, dass ihre aktuelle somatische und geistige Verwirklichung geringer ist als ihre potenzielle Verwirklichung." (1975, S. 9).

Oder – noch weiter: Gewalt ist „etwas Vermeidbares, das der menschlichen Selbstverwirklichung im Wege steht" (1978, S. 11).

In einem solchen Gewaltbegriff geht es nur noch am Rande um körperliche Schädigungen, vielmehr geraten grundlegende (und sicher kritikwürdige) gesellschaftliche Zustände wie Armut, Unterdrückung, Entfremdung in den Rang von Definitionsbestandteilen. „Gewalt" wird zur zentralen Kategorie einer Gesellschaftskritik und zum „Oberbegriff für alles menschliche Leid, von dem man sich vorstellen kann, dass es nicht so sein müsste, wie es ist" (Neidhardt 1986, S. 129).

Eine solche Begriffs-Entgrenzung transportiert zum einen ein wichtiges politisches Argument: Verwiesen wird damit auf die gewalthaltigen Potenziale, die in den Strukturen gesellschaftlicher Ungleichheit, Ausbeutung und Ungerechtigkeit stecken. Dass es andere, dass es schlimmere Gewalt gibt als den Faustschlag eines Jugendlichen – das ist der Kern dieses Verständnisses. Zum anderen führt eine solche Definition aber dazu, dass alles Leid, dass alle Ungerechtigkeit der Welt nun als „strukturelle Gewalt" bezeichnet wird.

Gewalt wird damit zu einem „catch-all"-Begriff, der zu einer sinnvollen Verständigung nicht beiträgt: Dass Grundschullehrerinnen nur nach A 12 (und nicht nach A 13) bezahlt werden, fällt nämlich genauso unter „Gewalt" wie der Verkehrsstau auf der Autobahn; denn in beiden Fällen handelt es sich um „etwas Vermeidbares, das der menschlichen Selbstverwirklichung im Wege steht" (Galtung 1978, S. 11).

Mein Vorschlag: Man sollte die kritischen Intentionen, die mit dem Begriff der „strukturellen Gewalt" verbunden sind, sehr wohl aufnehmen, aber die Definition deutlich enger fassen. Armut, Ungleichheit und Unterdrückung sind als Ursachenkomplexe, als „Nährboden" für Gewalt anzusehen; aber sie selbst als „Gewalt" zu bezeichnen, trägt mehr zur Verwirrung als zur Klärung bei.

(Klaus-Jürgen Tillmann, Gewalt – was ist das eigentlich? in: Wolfgang Melzer u. a. [Hrsg.], Schüler 1995: GewaltLösungen, Friedrich Verlag, Seelze 1995, S. 10–13)

1. Vergleichen Sie die Begriffseingrenzungen des Autors mit Ihrem in der Einführung verwendeten Gewaltverständnis.
2. Diskutieren Sie die Position des Autors, strukturelle Gewalt aus einer engeren Definition von Gewalt auszugrenzen.

Verdrehungen, Beschwichtigungen, Instrumentalisierungen

Verzerrungen und Übertreibungen, Schuldzuweisungen und Polemiken in der laufenden Gewaltdiskussion veranlassen uns, das Herausgeberteam, zu einigen kritischen Anmerkungen und Einwänden, mit denen wir uns einmischen wollen:

1. Die in den Medien vielfach breit vorgetragene Sorge und Erregung über zunehmende Gewalt von Heranwachsenden hat häufig einen spektakulären, ja sogar zynischen Zug: Kinder und Jugendliche werden als Gewalttäter dargestellt, denen eine friedliche Welt fassungslos gegenübersteht. Ohne hier im Einzelnen auf Ignoranz und zum Teil auch Verlogenheit solcher Darstellungen eingehen zu können, möchten wir aber nachdrücklich dagegenstellen, *dass Kinder und Jugendliche in aller Regel nicht Gewalttäter, sondern Gewaltopfer sind.* [...]

2. Gegen viele reine Medieninszenierungen schulischer Gewaltexzesse stellen wir fest, *dass die Schule keine Gewaltinsel inmitten einer friedlichen Welt ist.* Die ideologische Verklärung der Gewalt allein zu einem pädagogischen Problem, das vor allem Kinder und Jugendliche sowie die Schule betrifft, blendet die vielfältigen realen Ursachenzusammenhänge aus, macht Opfer zu Tätern und entlastet herrschende Gewaltverhältnisse und deren Verantwortliche und Repräsentanten von Kritik und Schuldfragen. Schule ist in vieler Hinsicht ein Spiegelbild ihrer Gesellschaft; sie hat ihre Gewaltprobleme wie andere Institutionen auch. Sie hat eigene Handlungsmöglichkeiten gegen die Gewalt und nimmt diese auch vielfach wahr.

3. *Es gibt keine gewaltfreie Schule!* Wo immer Menschen zusammenleben und -arbeiten, entstehen Reibungen, Störungen und Konflikte, die dazugehören. Das ist in der Familie so, im Sportverein, in der Kommunalverwaltung, im Supermarkt oder im Parlament – auch in der Schule. Entscheidend ist, wie mit diesen Konflikten umgegangen wird, wie sie bearbeitet oder gelöst werden. Die Gewaltfrage spielt dabei häufig eine Rolle; denn was für die einen (körperlich oder sozial Stärkeren) als ganz normal erscheint, wird von den anderen (körperlich, seelisch, sozial oder institutionell Schwächeren) vielleicht schon als Gewalt erlebt. Schule ohne Aggression und bestimmte Gewaltsamkeiten gibt es nicht; sie muss damit leben. Aber wie? Gewalt ist keine Infektionskrankheit. Sie kann nicht durch Antibiotika und Hygienemaßnahmen bekämpft werden; darum wird die Schule nie eine keimfreie und sterile Einrichtung werden. Sie muss sich tagtäglich mit der Gewalt von außen auseinander setzen sowie mit ihren schuleigenen Bedingungsfaktoren von Gewalt.

4. Diese Differenzierung zwischen schulinternen und schulexternen Gewaltursachen, zwischen hausgemachten und außerschulischen Gewaltfaktoren ist unter der Frage nach aussichtsreichen Handlungsmöglichkeiten die angemessene pädagogische Reaktion auf Gewalterscheinungen in der Schule. Das Ziel einer gewaltfreien Schule ist illusionär. Deswegen ist die Schule der Gewalt aber nicht ausgeliefert; es kommt darauf an, sie zu verringern und eine (humane und soziale) gewaltarme Schulkultur zu entwickeln.

(Botho Priebe, Verdrehungen, Beschwichtigungen, Instrumentalisierungen, in: Wolfgang Melzer u. a. [Hrsg.], Schüler 1995: GewaltLösungen, Friedrich Verlag, Seelze 1995, S. 8f.)

1. Visualisieren Sie in einem Mind-Map, welchen Formen der Gewalt Kinder und Jugendliche ausgesetzt sind.
2. Stellen Sie mithilfe des Textes schulinterne und schulexterne Gewaltursachen gegenüber.
3. Diskutieren Sie die These des Autors: „Das Ziel einer gewaltfreien Schule ist illusionär.“

Wie denken Jugendliche über Gewalt? Wie hoch ist das Ausmaß der von Jugendlichen begangenen Gewalttaten?

Die folgenden Daten stammen aus einer repräsentativen Befragung von 1709 Jugendlichen der alten und 1692 Jugendlichen der neuen Bundesländer im Alter von 15 bis 22 Jahren.

Einstellung: „Gewalt ist normal“

Abbildung 7: Normalität von Gewalt II

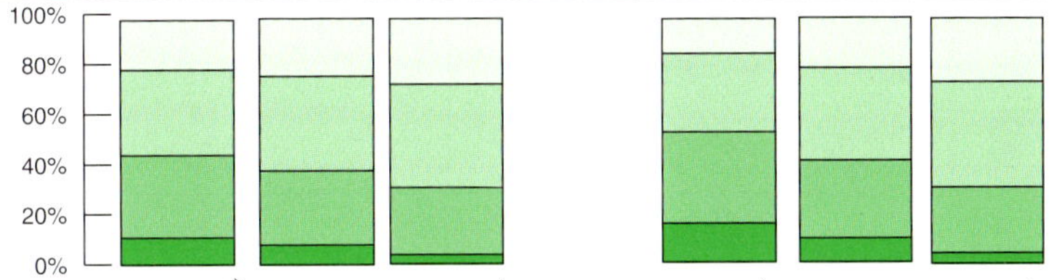

	West (Mann)	West	West (Frau)		Ost (Mann)	Ost	Ost (Frau)
stimmt gar nicht	19,8%	23%	26,2%		13,9%	20%	25,4%
stimmt eher nicht	34%	37,7%	41,4%		31,3%	36,9%	42,1%
stimmt eher	33,1%	29,8%	26,7%		36,6%	31,2%	26,3%
stimmt völlig	10,7%	7,8%	4,7%		15,4%	9,5%	4,2%

Item: „Gewalt gehört selbstverständlich zur menschlichen Natur“
(N: 1709 West; N: 1692 Ost: an 100 fehlende Prozent: „keine Angabe“)

Abbildung 10: Gründe für Jugendgewalt II

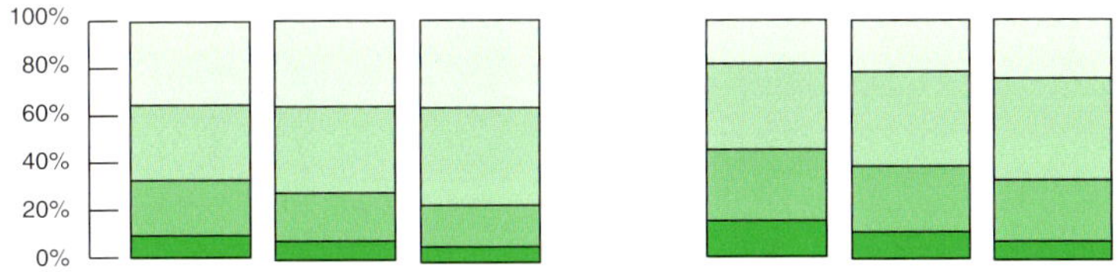

	West (Mann)	West	West (Frau)		Ost (Mann)	Ost	Ost (Frau)
stimmt gar nicht	33,4%	34,4%	35,1%		17,5%	20,7%	23,6%
stimmt eher nicht	30,4%	34,9%	39,4%		34,7%	38,1%	41%
stimmt eher	22,1%	19,3%	16,6%		28,5%	26,4%	24,6%
stimmt völlig	8,8%	7,5%	6,2%		14,3%	10,6%	7,3%

Item: „Über Gewalttätigkeit schaffen Jugendliche klare Verhältnisse. Die Erwachsenen reden nur viel und wissen sowieso nicht, was heute wirklich Sache ist“ (N: 1709 West; N: 1692 Ost; an 100 fehlende Prozent: „Keine Angabe“)

Einstellung gegenüber Fremden

Abbildung 12: Fremden zeigen, wer der Herr ist (s. S. 254)

Item: „Wenn andere sich bei uns breit machen, muss man ihnen zeigen, wer der Herr im Hause ist“ (N: 1709 West; N: 1692 Ost; an 100 fehlende Prozent: „keine Angabe“)

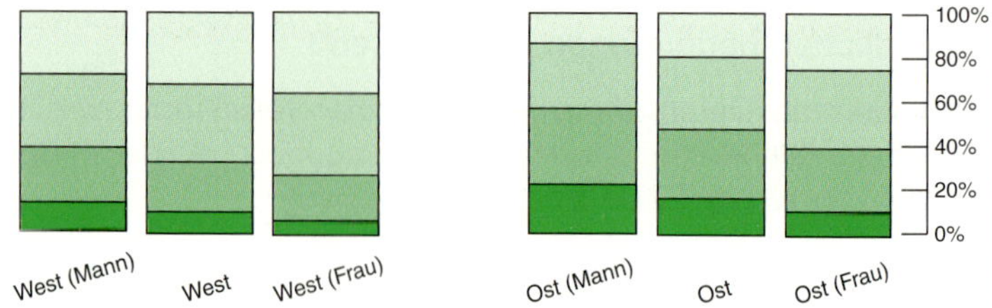

	West (Mann)	West	West (Frau)		Ost (Mann)	Ost	Ost (Frau)
stimmt gar nicht	27,6%	31,7%	35,8%		13,4%	19,4%	25%
stimmt eher nicht	32,3%	34,4%	36,3%		28,8%	32%	34,7%
stimmt eher	24,5%	22,3%	20,3%		33,7%	30,8%	28,1%
stimmt völlig	12,8%	9,6%	6,4%		21,8%	16,1%	10,9%

Gewalttätigkeit

Um einen Eindruck über das Ausmaß an gewalttätigem Handeln bei den Jugendlichen zu gewinnen, wurden diese befragt, ob sie in den letzten 12 Monaten (Abbildungen 14 und 15):

- „Sachen von anderen absichtlich zerstört oder beschädigt haben",
- „jemanden absichtlich geschlagen oder verprügelt haben",
- „jemanden bedroht haben, damit er/sie tut, was Sie wollen",
- „jemandem eine Sache mit Gewalt weggenommen haben",
- „irgendwo eingebrochen haben (z. B. in ein Gebäude, ein Auto oder einen Automaten)".

Abbildung 14: Gewalttätigkeit (West) – in den letzten 12 Monaten

(N: 1709)

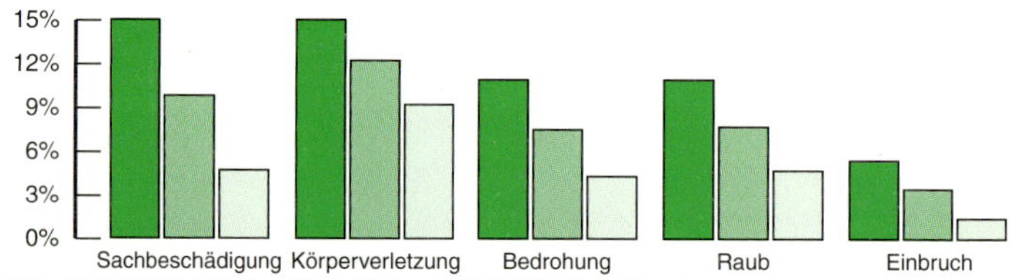

	Sachbeschädigung	Körperverletzung	Bedrohung	Raub	Einbruch
West (Mann)	15%	15%	10,9%	10,9%	5,4%
West (gesamt)	9,8%	12,2%	7,5%	7,7%	3,4%
West (Frau)	4,7%	9,2%	4,3%	4,7%	1,4%

Abbildung 15: Gewalttätigkeit (Ost) – in den letzten 12 Monaten

(N: 1692)

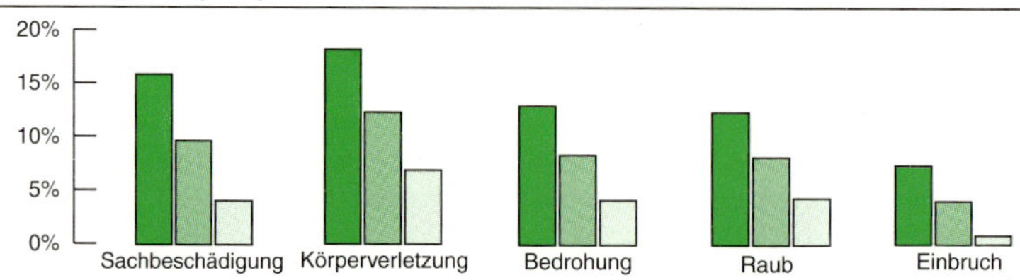

	Sachbeschädigung	Körperverletzung	Bedrohung	Raub	Einbruch
Ost (Mann)	15,9%	18,2%	13%	12,4%	7,4%
Ost (gesamt)	9,7%	12,3%	8,4%	8,2%	4,1%
Ost (Frau)	4,1%	6,9%	4,2%	4,4%	0,9%

(Wilhelm Heitmeyer u. a., Gewalt: Schattenseiten der Individualisierung bei Jugendlichen aus unterschiedlichen Milieus, Juventa, München 1995, S. 126-140 [Auszüge])

1. Formulieren Sie zentrale Ergebnisse in Thesen und geben Sie jeweils die Belegstellen an.
2. Wie bewerten Sie diese Ergebnisse vor dem Hintergrund der Ausführungen von Tillmann und Priebe?
3. Welche Thesen und Fragen ergeben sich für die Suche nach den Ursachen der Gewalt?

Vertiefung

Wissenschaftliche Erklärungsansätze

Sozialisationsforschung

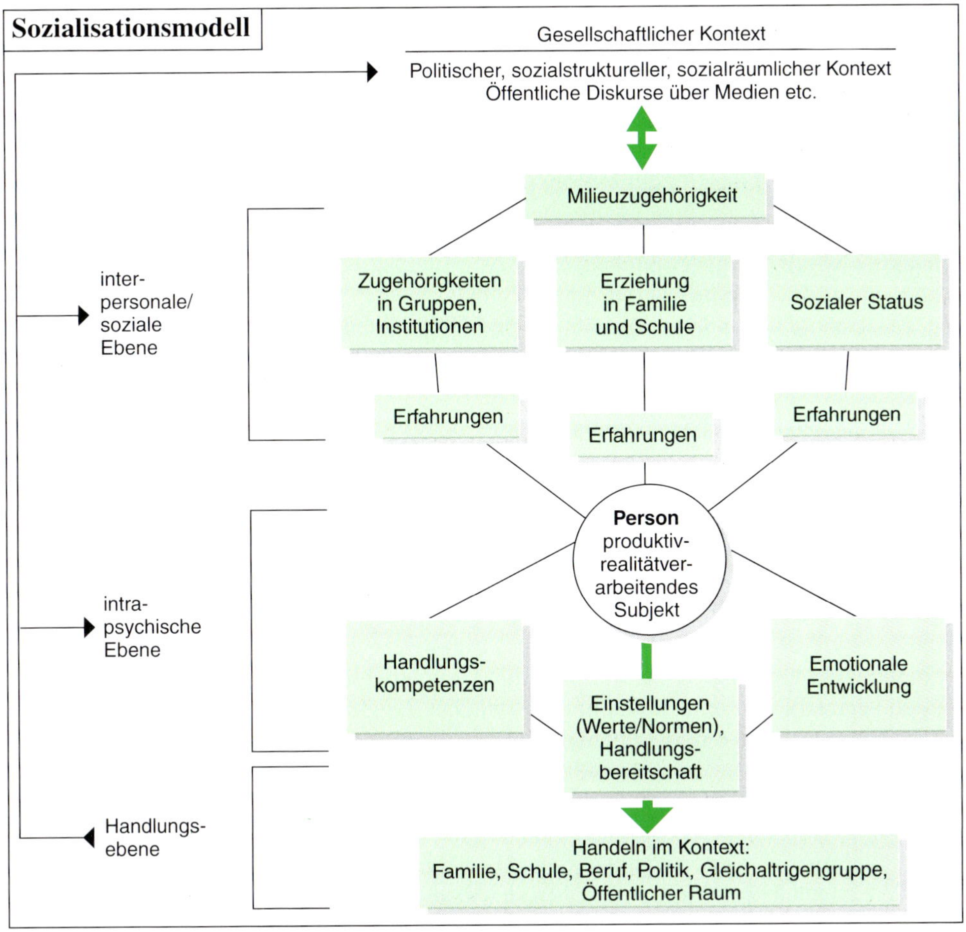

(Aus: W. Heitmeyer u.a., Gewalt. Schattenseiten der Individualisierung bei Jugendlichen aus unterschiedlichen Milieus, Juventa, Weinheim/München 1995, S. 32)

1. Heitmeyer orientiert sich bei seinen Überlegungen am allgemeinen Sozialisationsmodell von Klaus Hurrelmann. Informieren Sie sich in Kap. 2.1 über dieses Modell (S. 224ff.) und erörtern Sie, ob produktive Realitätsverarbeitung und Gewalt einen Gegensatz darstellen.
2. Versuchen Sie, bevor Sie den Text von Heitmeyer lesen, seine grafische Darstellung für eine erste eigene Erklärung zu nutzen: An welchen Stellen des Schaubilds könnte man Ansatzpunkte für die Entstehung von Gewalt im Sozialisationsprozess festmachen?

Im Jugendbericht des Ministeriums für Arbeit, Gesundheit und Soziales des Landes Nordrhein-Westfalen wird folgende Ausgangsthese zu den Ursachen politisch motivierter Jugendgewalt vertreten:

„Die Erklärungsansätze für politisch motivierte Gewaltbereitschaft sind differenziert. Bezogen auf die Neigung zu fremdenfeindlicher Gewalt werden die Ursachen aber vorrangig in gesamtgesellschaftlichen Entwicklungen, in Orientierungsproblemen sowie in der Auflösung traditioneller Milieus gesehen. Es handelt sich dabei um Ursachen, die offensichtlich in der persönlichen Lebenslage bzw. im unmittelbaren Umfeld des einzelnen Jugendlichen zu suchen sind."

(MAGS, Kinder und Jugendliche in Nordrhein-Westfalen, 6. Jugendbericht, Düsseldorf 1994, S. 102)

Ohne dass dies im Jugendbericht ausgewiesen wird, stützt sich das Ministerium in seinen Aussagen vor allem auf die Untersuchungen von Wilhelm Heitmeyer. Heitmeyer hat auf der Basis von repräsentativen quantitativen und biografisch-qualitativen Studien seinen Erklärungsansatz formuliert. Er geht davon aus, dass unsere Gesellschaft einem rapiden strukturellen und sozialkulturellen Wandel unterliegt, der vor allem durch Individualisierung, die Auflösung traditioneller Milieus und eine Verschärfung alter und neuer sozialer Ungleichheiten gekennzeichnet ist. Seine Analyse fasst er folgendermaßen zusammen:

Fazit: Ambivalente Lebenssituationen von Jugendlichen

Generell ergibt sich die Ambivalenz aus dem Zuwachs vermehrter Handlungsmöglichkeiten auf der einen Seite und gleichzeitig einsetzenden Gefährdungslagen und Risiken durch den Zwang zu einer Bewältigung von immer komplexeren Lebensaufgaben ohne den Rückhalt stabiler Vergemeinschaftungsformen.

In vielen Facetten zeigt sich diese Ambivalenz:

- Die Chancen der Lebensplanung und die Vielfalt der Optionen nehmen zu, aber die Berechenbarkeit der Lebenswege nimmt ab.
- Die Entscheidungschancen werden größer, aber es steigt auch der Entscheidungszwang.
- Die Gleichheit in manchen Bereichen wird größer, dadurch steigt aber auch der individuelle Konkurrenzdruck zur sozialen Platzierung und Statussicherung.
- Die Individualisierung nimmt zu, aber als Masse verschwindet sie in Standardisierung.
- Selbst wo Autonomie auftaucht, ist auch Anomie nicht weit.
- In dem Maße, in dem alte Strukturen und Umgangsformen reißen und neue Optionen sich vervielfachen bis zur Kontingenz, wächst das Bedürfnis nach Unterscheidung.
- Die Befreiung aus einem Lebenslaufkorsett erhöht die Verlustmöglichkeiten sozialer Verortung.
- Die Möglichkeiten größerer individualistischer Selbstdeutung gehen mit einer Destabilisierung sozialer Lebenszusammenhänge einher.
- Durch Entwicklung zur organisierten Gesellschaft ist der Einzelne immer weniger auf andere angewiesen. Dadurch erhöhen sich die Möglichkeiten für eine individualisierte Lebensweise, aber auch das Einmünden in isolierte und anonymisierte Lebensformen ergibt sich, ohne dass ein Zurück in gemeinschaftlich unterfütterte Sozialformation möglich ist.
- Der Verlust von Gewissheiten entsteht, aber das Bedürfnis nach ihnen bleibt (Keupp 1992, 171). Dies ist dann besonders bedrängend, wenn sich das Wissen darum durchsetzt, dass das Besondere dieser Epoche darin besteht, dass mit neuen Gewissheiten politischer oder sonstiger Art nicht mehr gerechnet werden kann (Dubiel 1994, 12).
- Die Auflösung von Traditionen eröffnet neue Verhaltenschancen, aber die selbstverständlichen Regelungswege zur Verminderung von Konflikten sind verloren.

– Die Lockerung von Normen und die Optitionsvielfalt erhöhen die Freiräume, führen aber auch zu einer Subjektivierung von Werten und Normen. Kommt es zu Verständigungsverlusten über gemeinsam geteilte Werte und Normen, die zur sozialverträglichen Lösung von Konflikten vorauszusetzen sind, dann kann der Freiheitsgewinn in das Recht des Stärkeren umschlagen.

Die Ambivalenzen stellen also erhöhte Anforderungen an Jugendliche und insbesondere ihre Fähigkeiten zur Identitätsbildung, also zu wissen, wer man ist mit seinen Emotionen und seiner Handlungskompetenz, wozu man gehört, und zu wissen, warum das, was man tut, auch sinnvoll ist. Die Fähigkeiten zur Bearbeitung von *Ambivalenzen* gehen dabei einher mit jenen zur Ausbalancierung von Ambiguitäten und des Umgangs mit *Kontingenzen.*

Vor diesem Hintergrund ist anzunehmen, dass der Sozialisationsprozess von komplizierten *Suchbewegungen* gekennzeichnet ist, um

– Mitgliedschaften und soziale Beziehungen zu entwickeln und zu sichern,
– Statuspositionen zu erwerben,
– identitätsrelevante Handlungskompetenzen und emotionale Sicherheit zu gewinnen,
– Lebensplanungskonzepte aufzubauen,

um in Bezug auf Familie, Schule, Gleichaltrigengruppe, Politik und Beruf handlungsfähig zu sein.

Gerade angesichts der Spannbreite der skizzierten Ambivalenzen ist mit ganz unterschiedlichen Bearbeitungsweisen zu rechnen, die bei Problemlagen von abwartenden und hilfesuchenden bis zu autoaggressiven und gewalthaltigen Verhaltensweisen reichen.

(Wilhelm Heitmeyer u. a., Gewalt. Schattenseiten der Individualisierung bei Jugendlichen aus unterschiedlichen Milieus, Juventa, Weinheim und München 1995, S. 50f.)

1. Die Soziologin Elisabeth Beck-Gernsheim und der Soziologe Ulrich Beck, auf die sich Heitmeyer auch stützt, gaben einer von ihnen herausgegebenen Veröffentlichung den Titel „Riskante Freiheiten". Untersuchen Sie die von Heitmeyer skizzierten Ambivalenzen auf solche Chancen und Grenzen hin.
2. Finden Sie Ihre Lebenssituation in dieser Beschreibung wieder? Dominieren die Chancen oder die Risiken?
3. Welche der genannten Ambivalenzen könnten im engeren Zusammenhang mit politisch motivierter Jugendgewalt stehen?

Der subjektive Sinn von Gewalt

In diesem ambivalenten Sozialisationskontext kann Gewalt, auch wenn sie objektiv unmenschlich und „unsinnig" ist, für die Jugendlichen einen Sinn machen – durchaus im Sinne von „produktiver" Realitätsverarbeitung.

Auch wenn Gewalthandeln für Außenstehende zumeist sinnlos erscheint, verbinden diejenigen, die so handeln, damit einen subjektiven Sinn. Dies liegt darin begründet, dass jedes Individuum nach *Legitimationen* für sein Handeln sucht, denn es müssen Gewalthemmungen überwunden werden. Dieser subjektive Sinn wird nun von mehreren Seiten geliefert oder selbst konstruiert; sei es die leidvolle Erfahrung in der Opfer-Rolle als Kind, aus der heraus Gewalt als ‚erfolgreiches' Handlungsmodell interpretiert wird; sei es durch die massenmediale Botschaft, dass sich Gewalt „lohnt"; sei es durch politische Legitimationen der „gerechtfertigten" Überlegenheit; sei es die Vermeidung von Desintegration in der Gruppe durch Überkonformität gegenüber herrschenden Gruppennormen. Im Rahmen solcher Interaktionsprozesse kann Gewalt unterschiedlichen Motiven entstammen (vgl. Heitmeyer 1994a).

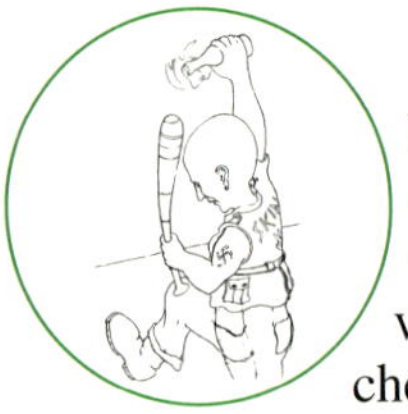

Eine erste Variante ist die *expressive Gewalt.* Sie gewinnt an Bedeutung im Zuge der Präsentation von Einzigartigkeit, über die das Individuum wahrgenommen werden will. Dazu ist das Medium Gewalt besonders geeignet, weil es zur Tabuverletzung dienen kann, die erhöhte Aufmerksamkeit sichert, damit die angebliche Einzigartigkeit unterstreicht und die Suche nach immer neuen Spannungszuständen befriedigt. Diese Variante ist auf die Person selbst zugeschnitten, die Opfer sind zweitrangig und beliebig. Deshalb wird diese Form zunehmend gefährlich, weil sie unkalkulierbar wird, nur dem Situationsgefühl ausgeliefert. Kalkulierbarer ist die *instrumentelle Gewalt,* weil sie nach antizipierbaren Kalkülen ausgerichtet ist und vor allem auf die individuell definierten tatsächlichen oder angeblichen „Problemlösungen" zielt. Sie ist gewissermaßen die soziale Variante, weil es um Anschluss, Sicherung von Positionen und Aufstieg geht, die diese Gewalt stützen sollen. Diese Gewaltform ist eine Radikalisierung und Ausnutzung von Freiheitsräumen.

Eine kollektive Variante ist die *regressive Gewalt,* die so genannt wird, weil sie hinter den erreichten Stand der demokratischen Entwicklung zurückfällt. Ihr liegen politische Motive zugrunde, um unsicherheitsfördernde soziale, berufliche oder politische Desintegrationsprozesse durch eine kollektiv einbindende Gewalt aufzuheben, die an nationalen und ethnischen Kategorien ausgerichtet ist. Es ist gewissermaßen die kollektive „Furcht vor der Freiheit" (Fromm 1987).

Die negative Individualisierung im Ungleichheitskorsett erzeugt Anfälligkeiten
- für expressive Gewalt, wenn die Standardisierung, also Nicht-Unterscheidbarkeit und Langeweile, als bedrängend wahrgenommen wird,
- für instrumentelle Gewalt, wenn die Durchsetzungschancen sinken,
- für regressive Gewalt, wenn „stabilisierende" Feindbilder lanciert werden,
- für autoaggressive Gewalt, wenn sich Auswege verknappen.

Je größer die Unübersichtlichkeit, um so wahrscheinlicher wird Gewalt, wenn sich der Zusammenhang von Zugehörigkeit und sozialer Kontrolle in sozialen Milieus auflöst, Inkonsistenzen auftreten und Identitätsmuster hervorgebracht werden, die zum Teil mit hohem Anomiegehalt verbunden sind und zur Klärung drängen. Gewalt wird dann attraktiv
- zur Selbstbespiegelung des Ichs, zu der die beschriebene expressive Gewalt nötig ist,
- zur Realisierung der geforderten Selbstdurchsetzung, die instrumentelle Gewalt sinnhaft macht,
- zur ethnischen Überlegenheit, sodass man auf aggressive Gewalt zurückgreifen muss,
- zur Wahrnehmung durch andere, sodass autoaggressive Gewalt „letztes Mittel" ist.

Dass solche Handlungsformen in Situationen und Interaktionssequenzen präferiert werden, hängt auch von der Funktion und der zugeschriebenen subjektiven Sinnhaftigkeit ab: Die Attraktivität dieser Handlungsweise kann daher steigen, denn
- sie schafft Eindeutigkeit in unklaren und unübersichtlichen Situationen; es ist eine Bearbeitung von Ambivalenz;
- sie ist eine zumindest augenblicklich wirkende (Selbst-) Demonstration der Überwindung von Ohnmacht: es geht um die Wiedergewinnung von Kontrolle;
- sie garantiert Fremdwahrnehmung, die mit anderen Mitteln nicht mehr herstellbar war: die Selbstwirksamkeit wird gesteigert;
- sie schafft zumindest kurzfristig partielle Solidarität bzw. erweist sich als klar erkennbarer Prüfstand für Solidarität in Gruppenzusammenhängen: es entsteht Machtzugewinn;
- sie verspricht Rückgewinnung von körperlicher Sinnlichkeit für Jugendliche aus spezifischen Milieus als Gegenerfahrung zur Unterlegenheit in einer Umgebung, in der nur rationaler, sprachlich vermittelter Kompetenzbeweis zählt.

Diese Attraktivität nimmt auch zu, wenn Gewalt im eigenen Sozialisationsverlauf bereits erlitten, aber trotzdem als ein effektives Handlungsmodell erkannt wurde, und wenn gleichzeitig aktuell das Gefühl auftritt, die Realitätskontrolle zu verlieren, die über die Erfahrung „Der Stärkere setzt sich durch“ vermittelt wird. Die genannten Orientierungen bekommen dann eine besondere Bedeutung, wenn sich die Erfahrungen verallgemeinern lassen, also Gewalt als „Normalität“ wahrgenommen wird. Daraus entsteht ein wichtiger Zusammenhang: Je höher der Normalitätsstandard, desto niedriger die Gewaltschwelle.

(Wilhelm Heitmeyer u. a., Gewalt. Schattenseiten der Individualisierung bei Jugendlichen aus unterschiedlichen Milieus, Juventa, Weinheim/München 1995, S. 72ff.)

1. Stellen Sie einen Zusammenhang zwischen den ambivalenten Sozialisationsbedingungen und den unterschiedlichen Varianten von Gewalt her.
2. Welche pädagogischen Ansatzpunkte für Gewaltprävention lassen sich aus dem subjektiven Sinn und den unterschiedlichen Funktionen von Gewalt gewinnen?
3. Nutzen Sie noch einmal das Schaubild von Heitmeyer auf Seite 255 und erläutern Sie die gewaltfördernden Prozesse auf den unterschiedlichen Ebenen. Halten Sie auch fest, was auf den unterschiedlichen Ebenen präventiv und intervenierend geleistet werden könnte.

Wissenschaftlicher Erklärungsansatz: Psychoanalyse

„Ich schlage, also bin ich!“
(Zeichnung: Hans Raimund Aurer)

1. Orientieren Sie sich im Kapitel 2.2, Themenkreis 2.1, über grundlegende Thesen der Psychoanalyse und versuchen Sie davon ausgehend eine Interpretation der Zeichnung.
2. Welche Fragen ergeben sich aus diesem Kontext an die Psychoanalyse?

In der theoretischen Auseinandersetzung mit Heitmeyer und anderen, die versuchen Gewalt primär soziologisch zu erklären, wird kritisch angemerkt, dass sich rein soziologisch noch nicht erklären lässt, warum nicht alle „Modernisierungsopfer" gewalttätig werden. Über gesellschaftliche Einflussgrößen hinaus muss also nach den sehr individuellen, lebensgeschichtlich verankerten Motiven gesucht werden, die Einzelne gewalttätig und andere nicht gewalttätig gegenüber anderen, dafür aber vielleicht gegen sich selbst werden lässt.
Der Psychoanalytiker und Psychotherapeut Prof. Udo Rauchfleisch aus Basel arbeitet sowohl theoretisch wie auch praktisch auf diesem Gebiet. Er geht davon aus, dass jeder von uns aggressive Potenziale besitzt, die unter bestimmten lebensgeschichtlichen Umständen zerstörerisch wirksam werden. Er plädiert dafür, dass wir alle in uns hineinhorchen sollen, um unsere eigenen Feindbilder, Diskriminierungstendenzen und Gewaltanteile kennen zu lernen und mit ihnen bewusster umgehen zu können. In seiner Praxis arbeitet er auch mit gewalttätigen Kindern und Jugendlichen. Hier ein Auszug aus einer Veröffentlichung darüber:

Aggressive Kinder, Jugendliche und Erwachsene sind nicht Menschen, die einfach „triebhaft" und lustvoll aggressive Impulse ausleben. Bei ihnen liegen vielmehr komplizierte Störungen der gesamten Persönlichkeit vor, die ihren Ursprung in frühkindlichen Entwicklungsbedingungen haben und ein spezifisches pädagogisches und psychotherapeutisches Vorgehen erfordern.
Betrachten wir die Lebensgeschichte aggressiver Menschen, so fällt auf, dass sie in der frühen Kindheit ebenso wie im weiteren Verlauf ihres Lebens - zum Teil schwerste – Traumatisierungen erfahren haben. Eine in diesem Zusammenhang im psychoanalytischen Schrifttum immer wieder aufgeworfene und kontrovers diskutierte Frage ist die, ob die vom Erwachsenen rückblickend als traumatisierend geschilderten Ereignisse in der Kindheit tatsächlich diese Qualität gehabt haben oder ob es, zumindest von der äußeren Realität her betrachtet, eher „harmlose", alltägliche Ereignisse waren, die jedoch subjektiv als sehr belastend erlebt und womöglich aufgrund der früh einsetzenden psychopathologischen Entwicklung verzerrt wahrgenommen worden sind (Kernberg, 1978, 1989b; Klein, 1972; Waldinger, 1987). Im Hinblick auf viele aggressive Menschen ist diese Frage relativ eindeutig dahingehend zu beantworten, dass die frühkindlichen Traumatisierungen zumeist der äußeren Realität entsprechende, schwerwiegende Beeinträchtigungen waren, die vor allem aus der sozialen Instabilität der Herkunftsfamilie (mit zum Teil gravierenden ökonomischen Problemen und intrafamilialen Spannungen) und aus den vielfältigen Beziehungsabbrüchen, denen diese Kinder ausgesetzt waren, resultieren (Rauchfleisch, 1981).
Diese Informationen erhalten wir nicht nur von den erwachsenen Klienten selber oder – im Falle von Kindern und Jugendlichen – von ihren Angehörigen, sondern wir finden die entsprechenden Angaben vor allem bei aggressiven Menschen mit dissozialen Fehlentwicklungen in einer Fülle von Akten, die über diese Familien – zum Teil sogar noch die Großelterngeneration betreffend – in den verschiedensten Institutionen (psychiatrischen Kliniken, Beratungsstellen, Vormundschaftsbehörden, Heimen etc.) vorliegen. Daraus ergibt sich eine weitere Besonderheit dieser Familien: Sie sind oft nicht nur sozial benachteiligt und in ökonomischer Hinsicht großen Problemen ausgesetzt, sondern sie sind vielfach „sozial bekannt", d. h. auch: stigmatisiert als Angehörige von Randgruppen, als Menschen, deren Familiengeschichte ein zum Teil großes Ausmaß an „Öffentlichkeit" aufweist und bei denen bekanntlich die sozialen Kontrollinstanzen ungleich schneller eingreifen als bei Angehörigen anderer Gruppierungen (Brusten et al., 1972, Kury et al., 1983).
Die in der frühen Kindheit erfahrenen Traumatisierungen sind von diesen Kindern vielfach als sie in ihrer psychophysischen Ganzheit, im Kern ihrer Existenz bedrohende

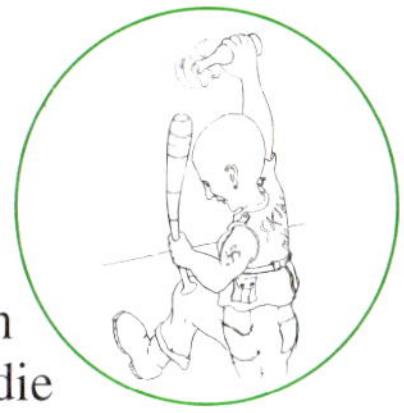

Erfahrungen erlebt worden. Dies führt zu extremen – tief in ihrer Persönlichkeit verankerten, allerdings weitgehend abgewehrten – Ängsten und archaischen Abwehrmaßnahmen.

Die Folgen dieser Entwicklungsbedingungen sind eine große Instabilität in den sozialen Beziehungen und eine starke aggressive Besetzung der Bilder, welche die betroffenen Menschen von der eigenen Person und bedeutsamen anderen Menschen entwickelt haben. In alle ihre Beziehungen mischt sich stets auch eine erhebliche, aus frühkindlichen Quellen stammende Aggression, die sich – in eher indirekter Form – etwa in ungeheurer Gier manifestiert. Ganz unverhüllt treten diese Impulse jedoch hervor in den starken manipulativen Tendenzen dieser Menschen, in ihren Impulsdurchbrüchen und in den ausgesprochen heftigen Neidimpulsen allen gegenüber, die es tatsächlich oder vermeintlich besser haben als sie und die vor allem ihnen etwas zu geben vermögen.

Die frühen Traumatisierungen und die pathologischen verinnerlichten Beziehungserfahrungen der Kindheit führen nicht nur zu den beschriebenen psychodynamischen Konflikten, sondern schlagen sich auch in ich-strukturellen Störungen nieder. Betroffen sind insbesondere die Abwehrformationen sowie die Realitätsprüfung, die antizipierenden Funktionen und der Reizschutz. Bei den Abwehrmechanismen herrschen die archaischen Formen wie Spaltung, Projektion und projektische Identifizierung, Verleugnung, Idealisierung und Entwertung sowie die Verkehrung ins Gegenteil vor. Diese Mechanismen dienen zwar primär dem Schutz der Persönlichkeit vor dem Gewahrwerden der inneren Konflikte, vor der daran gebundenen unerträglichen Angst und vor dem Überflutetwerden durch Aggressivität. Sie sind insofern im Sinne Mahlers (1972) Erhaltungsmechanismen. Zugleich wirken sie sich aber auch unheilvoll aus, weil sie die weitere Entwicklung erheblich beeinträchtigen, indem sie beispielsweise Reifungsschritte stören, den Realitätsbezug behindern und dazu beitragen, dass diese Menschen viele für ihre soziale Integration wichtige Erfahrungen nicht bzw. in nur ungenügendem Maße machen (z. B. mangelnde Schul- und Berufsausbildung und Schwierigkeiten beim Erlangen sozialer Kompetenzen).

Die Störung in den Abwehrformationen führt ferner auch zu der für aggressive Menschen charakteristischen Beeinträchtigung in ihrer Angst- und Spannungstoleranz.

Eine weitere Störungskomponente betrifft die Gewissensinstanz. Immer wieder wird das Fehlen eines Über-Ich gleichsam als „Kardinalsymptom“ aggressiver Menschen, speziell solcher dissozialen Tendenzen, postuliert. Diese Annahme trifft nach meiner Erfahrung jedoch keineswegs zu. Diese Menschen haben sehr wohl eine Über-Ich-Instanz aufgebaut, nur weist sie in ihrer Entwicklung und Struktur spezifische Störungen auf: Die Teilstruktur des Über-Ich im engeren Sinne (d. h. die einschränkende, verbietende Instanz) setzt sich aus sadistischen Über-Ich-Kernen zusammen, die Niederschläge früher traumatischer Beziehungserfahrungen sind. Gegen die von diesen Kernen ausgehende Verurteilung und Selbstentwertung sucht sich ein solcher Mensch vor allem durch eine Projektion dieser sadistischen Impulse auf Über-Ich-Träger in der Außenwelt zu schützen. Auch die Substruktur des Ich-Ideals weist spezifische Störungen auf: Die Vorstellungen von dem, was der betreffende Mensch sich als Leitlinie und Idealentwurf vor Augen stellt, sind zum Teil extrem überhöht und so hoch geschraubt, dass sie in Realität nie zu erreichen sind. Die Folge dieser Über-Ich-Störung sind einerseits extreme Selbstentwertungen und Selbstverurteilungen und andererseits so überhöhte Selbstentwürfe und Ansprüche an die eigene Person, dass ein Versagen von vornherein einprogrammiert ist. Außerdem kommt es auch in der Über-Ich-Instanz zu Spaltungen. Diese manifestieren sich in einem – oft ganz abrupten – Umschlagen von zentralen Selbstunsicherheitsgefühlen einerseits zu völlig unrealistischen Größenvorstellungen andererseits. Beide Reaktionsweisen sind Ursache vielfältiger sozialer Konflikte und verstärken nochmals die Störungen im Realitätsbezug.

Neben den Ich- und Über-Ich-Problemen finden sich schließlich auch starke narzisstische Störungsanteile. Viele aggressive Menschen haben aufgrund ihrer frühkindlichen Entwicklungsbedingungen eine pathologische Selbststruktur in Form eines „Größen-Selbst" aufgebaut, das ein pathologisches Verschmelzungsprodukt aus dem Real-Selbst („jemand Besonderes" zu sein), dem Ideal-Selbst (Fantasien und Vorstellungen von Macht, Reichtum, Allwissenheit, die vom kleinen Kind kompensatorisch gegen Erfahrungen von schwerer oraler Frustration, Wut und Neid entwickelt worden sind) und den Ideal-Objekten darstellt (Fantasie von einer unablässig gebenden, grenzenlos liebenden und akzeptierenden Elternfigur, im Gegensatz zu den wirklichen Eltern, wie das Kind sie erlebt hat).
Die narzisstische Dimension prägt die Beziehungen dieser Menschen in starkem Maße. Partnerinnen und Partner sind für sie vor allem insofern von Bedeutung, als sie narzisstische Befriedigung garantieren und als idealisierte Objekte zur Aufwertung der eigenen (sich insuffizient fühlenden) Person benutzt werden können. Auch die starke Neigung aggressiver Menschen, sich durch Manipulation anderer das Gefühl eigener Macht zu verschaffen, sowie ihre erhöhte Kränkbarkeit und ihre geringe Frustrationstoleranz sind Ausdruck der narzisstischen Fehlentwicklung. Diese Störungskomponente ist bei ihnen insbesondere deshalb so verhängnisvoll, weil sie zum einen den ohnehin schon geringen Realitätsbezug immer noch weiter lockert und zum Ausweichen vor jeglicher Konfrontation mit irgendeiner unangenehmen, belastenden Situation führt. Zum anderen resultieren aus der narzisstischen Beeinträchtigung gerade bei diesen Menschen so große Probleme, weil sie durch ihre vielfältigen sozialen Einschränkungen und ihren Mangel an sozialen Kompetenzen dauernden Kränkungen ausgesetzt sind und kaum über realitätsgerechte Kompensationsmöglichkeiten verfügen.
Bei der Auseinandersetzung mit aggressiven Menschen ist, insbesondere wenn sich die Aggression im Rahmen dissozialer Fehlentwicklungen äußert, gerade der zuletzt erwähnten sozialen Komponente besondere Beachtung zu schenken. Wie dargestellt, spielen die sozialen Beeinträchtigungen in der Entwicklung dieser Menschen eine zentrale Rolle; sie sind charakteristisch für das aktuelle Erscheinungsbild, und sie sind auch wichtig für die Behandlung und für die Prognose. Zu den „sozialen Beeinträchtigungen" gehören etwa die Probleme in der Schul- und Berufsausbildung, die aus der frühen Sozialisation und aus den Heim- und Strafanstalts„karrieren" resultierenden Schädigungen wichtiger sozialer Kompetenzen, die negativen Etikettierungen als „Verwahrloste", „Delinquente" oder „Strafentlassene" sowie die vielen sekundären Folgeerscheinungen wie Verschuldung, Wohn- und Arbeitsprobleme und Partnerkonflikte.

(Udo Rauchfleisch, Einleitung, in: Evelyn Heinemann/Udo Rauchfleisch/Tilo Grüttner, Gewalttätige Kinder, Frankfurt 1992, S. 7ff.)

1. Welche zentralen Aussagen können als Ergänzung zu soziologischen Erklärungen herangezogen werden?
2. Erklären Sie vor dem Hintergrund der Aussagen von Rauchfleisch die empirisch gestützte These, dass vor allem stark autoritär, mit Gewaltmitteln erzogene Jugendliche unter den rechtsextremen Gewalttätern zu finden sind.

Erklärung der Deutschen Psychoanalytischen Vereinigung zu Fremdenhass und Gewalt in Deutschland,
verabschiedet in der Generalversammlung der DPV am 19. November 1992 in Wiesbaden

1. Als Psychoanalytiker erforschen wir die seelischen Ursachen und Folgen von Verunsicherung, Angst und Bedrohungsgefühlen; wie sie reifes seelisches Funktionieren

zurückdrängen; wie Vorurteile wirksam werden und gewalttätiges Handeln freisetzen; wie untergründige Kontinuitäten das Weiterwirken der Vergangenheit in der Gegenwart ermöglichen. Wir melden uns jetzt in der öffentlichen Auseinandersetzung zu Wort, um mitzuwirken, dass den alarmierenden Entwicklungen in unserem Land Einhalt geboten wird. Der jähe Ausbruch von Hass und Gewalt gegenüber Asylbewerbern und Ausländern sowie sich verschärfende Einstellungsänderungen bis hin zu eindeutig rechtsradikalen, rassistischen Vorstellungen zeugen von regressiven massenpsychologischen Phänomenen, die durch tiefgreifende politische Veränderungen der jüngsten Zeit ausgelöst worden sind.

2. Eine der tieferen Ursachen liegt in dem längst nicht mehr zeitgemäßen Selbstverständnis der Bundesrepublik als einer homogenen Nation. Die Anwesenheit von Ausländern und Asylbewerbern erscheint vor diesem Hintergrund als Angriff auf jene in sich geschlossene idealisierte Gemeinschaftlichkeit, die offenbar eine kollektiv unbewusste Sehnsucht vieler Deutscher geblieben ist. Berührung mit Fremden wird als Gefährdung der eigenen Identität und als Sprengung einer vermeintlich einheitlichen Gesellschaft erlebt. In der regressiven Vorstellung einer homogenen Staatsnation kehrt die mytische „Volksgemeinschaft“ aus der Verdrängung wieder. Sie soll in der „Wohlstandsfestung“ Deutschland Schutz gewähren vor jenen großen Flüchtlingsbewegungen, die durch die kriegerischen Auseinandersetzungen in Europa und die Armut in der Dritten Welt ausgelöst werden. Hinzu kommen die sich aus dem Vereinigungsprozess ergebenden Herausforderungen, Verunsicherungen und Ängste.

3. In dieser Situation besteht die einfachste, aber auch primitivste psychische Möglichkeit, sich Erleichterung zu verschaffen, darin, den „Fremden“ zum Sündenbock zu erklären, das heißt in ihm den Verursacher aller Missstände und allen Unbehagens zu sehen. Damit ist aufs engste die illusionäre Erwartung verknüpft, man brauche ihn nur zu beseitigen und sei alsbald alle Probleme los. Wir wissen, dass Fremdenfeindlichkeit der „natürliche“ Rohzustand einer Gesellschaft ist und dass Fremdenangst und Fremdenhass zu unseren psychischen Grundantworten gehören. Zwar können wir den Fremden als Unbekannten auch als verlockend und Neues versprechend erleben; in Zeiten von Bedrängnis aber benutzen und missbrauchen wir ihn vorwiegend dazu, von uns selbst abgelehnte eigene Strebungen in ihn hineinzufantasieren, wie wir sagen, auf ihn zu projizieren: Unordnung, Schmutz, Betrug, Diebstahl, Brutalität und sexuelle Belästigung. Wir alle müssen die eigene Fremdenangst wahrnehmen und das Fremde, soweit es unbewusst Eigenes ist, psychisch integrieren lernen. Toleranz und Humanität gegenüber Fremden erfordern also anhaltende zivilisatorische und kulturelle Anstrengung. Nur so kann die Macht von Projektionen eingeschränkt und die Vorstellung vom nationalen, andere aggressiv ausgrenzenden „Wir“ relativiert werden.

4. Die Verankerung des uneingeschränkten Asylrechts im Grundgesetz geschah zweifellos im Gedenken an unzählige Verfolgungs- und Flüchtlingsschicksale von Emigranten, die während der Zeit des Nationalsozialismus auf die Aufnahmebereitschaft anderer Staaten angewiesen waren. Wir Psychoanalytiker wissen, wovon wir sprechen: so gut wie sämtliche kontinentaleuropäische Repräsentanten der seinerzeit insgesamt verfolgten und schließlich vertriebenen Wissenschaft der Psychoanalyse – inklusive Sigmund Freuds – konnten nur dank des Wohlwollens asylgewährender Staaten überleben. Der das Asylrecht garantierende Grundgesetzartikel beinhaltet eine Schuldanerkennung und einen Versuch der Wiedergutmachung – beides psychische Leistungen, die schwer zu erbringen waren und die nun in akuter Gefahr sind, wieder verloren zu gehen. Wer die Meinung vertritt, Deutschland sei nicht in besonderer Weise dem im Grundgesetz verankerten Asylrecht verpflichtet, entledigt sich der Verantwortung für die deutsche Vergangenheit. Dadurch fühlen sich diejenigen bestärkt, die heute Gedenkstätten des Holo-

caust in Brand stecken oder jüdische Friedhöfe schänden und damit die schuldbehaftete Erinnerung an die beispiellosen Verbrechen des Nationalsozialismus auszulöschen versuchen.

5. Zögernde Reaktionen von Politikern und Organen des Rechtsstaates sowie unsere mangelnde Zivilcourage tragen zum Zusammenbruch des individuellen Gewissens bei und decouvrieren so ein Verstricktsein in eben dasselbe vorurteilsbehaftete Denken, das den offenen Gewalttaten zugrunde liegt. Hass und Angriffe auf Ausländer und Asylbewerber, denen wir nicht entschlossen entgegentreten und denen nicht mit Mitteln des Rechtsstaates Einhalt geboten wird, reißen in erschreckend kurzen Zeiträumen Barrieren nieder, die jahrzehntelang für stabil gehalten wurden, und drohen in einer Kettenreaktion – wie die brutaler werdenden Formen des Antisemitismus zeigen – mehr und mehr die überwunden geglaubte Barbarei der Vergangenheit wiederzubeleben.

(Erklärung der Deutschen Psychoanalytischen Vereinigung zu Fremdenhass und Gewalt in Deutschland, in: Psyche 2/1993, Kett-Cotta Verlag, Stuttgart 1993, S. 202f.)

1. Welche ergänzenden psychoanalytischen Argumentationen werden hier sichtbar?
2. Psychoanalytische Erklärungen werden hier in einen politischen Rahmen gestellt. Erörtern Sie an diesem Beispiel das Verhältnis von innerpsychischen Vorgängen und politisch-gesellschaftlichen Rahmenbedingungen.

In einer neuen Studie zur „Sozialpsychologie des Rechtsextremismus“ versuchen Prof. Klaus Ottomeyer u.a. soziologische und psychoanalytische Erklärungsansätze zu verbinden:

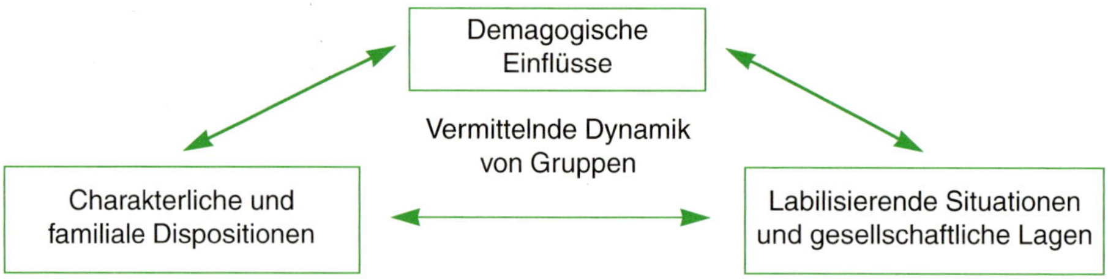

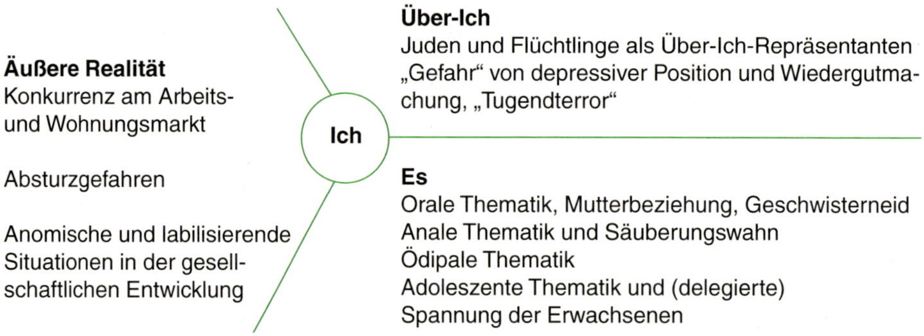

(Klaus Ottomeyer, Theoretischer Rahmen und Ergebnisse der Studie, in: Jutta Menschik-Bendele/Klaus Ottomeyer, Sozialpsychologie des Rechtsextremismus. Entstehung und Veränderung eines Syndroms, Leske + Budrich, Opladen 1998, S. 14, 30)

Interpretieren Sie die beiden Schaubilder auf der Basis Ihrer erworbenen Kenntnisse.

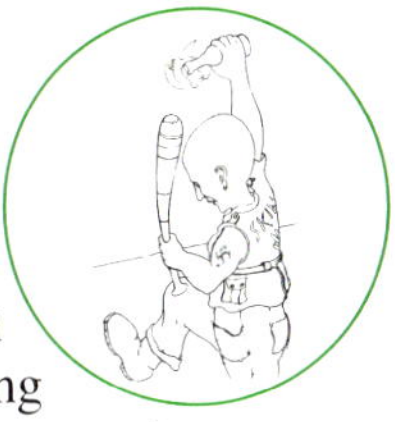

„Die Ergebnisse unserer Studie sind keineswegs deprimierend, sondern ermutigen zum Handeln.[...] Ein Schlüssel für die *schulische Arbeit* mit rechtsextremen und gewaltbereiten SchülerInnen liegt in der Frage, inwieweit es bei gleichzeitiger Grenzsetzung und notwendiger Zurückweisung gelingt, den Jugendlichen dennoch in fairer Weise Chancen auf Erfolg und soziale Anerkennung einzuräumen. Man sollte sie nicht über Stigmatisierungsprozesse marginalisieren und damit ihre Orientierungsmuster noch festigen. Die Institution Schule kann dabei auf ihre Stärken zurückgreifen und sollte es vermeiden, sich an dem Versprechen unablässiger oraler Versorgung einer Konsum- und Freizeitkultur zu orientieren. [...] In der Schule wird dies erst möglich, wenn Jugendlichen die Gelegenheit gegeben wird, produktiv im Unterrichtsprozess tätig zu werden. Gelingt es, dem Bedürfnis nach produktiver Arbeit bei den Jugendlichen zu entsprechen, so wird ihr Selbstvertrauen gestärkt und die Überwindung adoleszenter Omnipotenzfantasien kann zugunsten einer realistischen Einschätzung der eigenen Fähigkeiten gefördert werden. [...] Ein besonderes Gewicht im Lernprozess kommt der Beachtung von Entwicklungsressourcen in den Peergroup-Beziehungen zu. [...] Und nicht zuletzt bedarf es auch glaubhafter Modelle von jenen Erwachsenen, die mit den Heranwachsenden kooperieren wollen. Jugendliche können sehr differenziert wahrnehmen, wie Erwachsene mit brisanten Themen umgehen."

(Klaus Ottomeyer, Theoretischer Rahmen und Ergebnisse der Studie, in: Jutta Menschik/Klaus Ottomeyer, Sozialpsychologie des Rechtsextremismus. Entstehung und Veränderung eines Syndroms, Leske + Budrich, Opladen 1998, S. 297ff.)

Materialien zum Fall „Mölln"

Aus der Anklageschrift: Wesentliches Ergebnis der Ermittlungen

A. Die persönlichen Verhältnisse der Angeschuldigten

I. Der Angeschuldigte Michael P. wurde am 26. Juni 1967 in Mölln als erstes Kind des Postschaffners Jens P. und seiner Ehefrau Ilse geboren. Mit seiner zwei Jahre jüngeren Schwester wuchs er im Hause seines Großvaters in Gudow auf, wo er bis zu seiner Festnahme wohnte. An diesem Ort besuchte er seit dem 24. August 1973 die Grundschule, und nachdem er die 3. und 4. Klasse wiederholt hatte, seit dem 31. August 1978 die Pestalozzi-Schule für Lernbehinderte, welche er nach der 9. Klasse mit dem Ende der Schulpflicht am 12. Juni 1982 verließ.

In der Zeit vom 2. August 1982 bis zum 14. Juni 1983 absolvierte er an der „Beruflichen Schule des Kreises Herzogtum Lauenburg" in Mölln ein „Berufsbefähigendes Jahr" im Bereich Technik, ohne danach ein Lehrverhältnis oder eine Erwerbstätigkeit aufzunehmen. Er belastete vielmehr im Laufe der nächsten Jahre das von seinem am 13. September 1983 verstorbenen Großvater geerbte Anwesen durch die Aufnahme von Darlehen in Höhe von 40.000,– DM und verkaufte am 31. Mai 1986 und 15. Juli 1988 Teile des ererbten Besitzes zum Preis von insgesamt 19.000,– DM.

Am 21. Mai 1986 wurde die Ehe seiner Eltern geschieden. Sein Vater verzog daraufhin nach Lübeck, wo er am 13. Januar 1990 verstarb.

In der Zeit vom 1. April 1987 bis zum 30. Juni 1988 leistete der Angeschuldigte seinen Wehrdienst beim 3. Panzergrenadierbataillon 162 in Wentorf und Elmenhorst. Dort erwarb er am 26. Juni 1987 die Befähigung zum Führen von Panzerfahrzeugen und am 1. Oktober des gleichen Jahres den Rang eines Gefreiten.

Auch nach seiner Entlassung aus der Bundeswehr ging er nur gelegentlich einer Erwerbstätigkeit nach.

Am 20. April 1990 verkaufte er das geerbte Hausanwesen zum Preis von 40.906,70 DM, bewohnte dort aber weiterhin drei Räume im Obergeschoss als Mieter, zunächst gemeinsam mit seiner Mutter, die jedoch im August 1991 nach Schwarzenbeck verzog. Seit dem 3. Mai des gleichen Jahres bezieht er vom Sozialamt der Gemeinde Gudow Sozialhilfe.

Die Ereignissc um die deutsche Wiedervereinigung weckten bei dem Angeschuldigten Interesse für politische Fragen, deren Beantwortung er vorwiegend von „rechten" Parteien erwartete. Er besuchte in Mölln Versammlungen der Nationaldemokratischen Partei Deutschlands, trat ihr in der zweiten Hälfte des Jahres 1990 als Mitglied bei und unterstützte sie im Bundestagswahlkampf des Jahres 1990 durch das Aushängen von Plakaten in seinem Wohnort. Da er seine Mitgliedsbeiträge nicht leistete, wurde er nach Ablauf weniger Monate aus der Partei ausgeschlossen. Seine Kontakte zu ihrem Vorsitzenden des Bezirks Lauenburg blieben jedoch erhalten.

Unabhängig davon suchte der Angeschuldigte P. seit dem Jahre 1989 Anschluss an Skinhead-Gruppen in Gudow und Mölln, mit denen ihn seine ausländerfeindliche Einstellung und der Hang zu Symbolen aus der Zeit des Dritten Reiches verband. Seine Gesinnung zeigte sich schon in der typischen Kleidung und Haartracht, mehr aber noch in seinem Handeln. Er beteiligte sich an überörtlichen Treffen und gelegentlichen Ausschreitungen.

Auf Medienberichte über die ausländerfeindlichen Ausschreitungen in Rostock nach dem 22. August 1992 begab er sich mit dem Angeschuldigten Lars C. in dessen Personenkraftwagen an einem nicht genau feststellbaren Tag des folgenden Wochenendes dorthin, ließ sich jedoch durch die starken Polizeikräfte von der Fahrt zum eigentlichen Ereignisort abhalten.

Seit dem Jahre 1991 veranstaltete er in seiner Wohnung Treffen, an denen sich auch Gesinnungsfreunde aus dem überörtlichen Bereich, überwiegend aus Hamburg und Lübeck, beteiligten. Da sein Einfluss infolge seines erheblichen Alkoholmissbrauchs und ständiger Geldnot sank, verlegte er seine Aktivitäten nach Mecklenburg, wo er sich in einer Diskothek in Zarrentin häufig mit Mitgliedern der so genannten Wittenburger Gruppe traf.

Der Angeschuldigte ist vorbestraft. Durch Strafbefehl des Amtsgerichts Mölln vom 8. Januar 1990 wurde er wegen eines Vergehens der gefährlichen Körperverletzung zu einer Geldstrafe von 15 Tagessätzen zu je 30,– DM verurteilt.

Drei weitere gegen ihn gerichtete Ermittlungsverfahren wurden eingestellt.

II. Der Angeschuldigte Lars C. wurde am 18. August 1973 in Eutin als zweiter Sohn des Regierungsamtmanns Ralf C. und dessen Ehefrau Gisela geboren. Dort besuchte er seit Beginn des Schuljahres 1980/81 die Gustav-Peters-Schule und anschließend seit dem 1. August 1984 die Wilhelm-Wisser-Schule – eine Realschule für Jungen und Mädchen – bis zum Ende des Schuljahres 1985/86.

Nachdem seine Mutter 1983 verstorben war und sein Vater 1985 erneut geheiratet hatte, verzog die Familie am 23. Juni 1986 nach Mölln.

Dort wurde er mit Beginn des Schuljahres 1986/87 in die 7. Klasse der Paul-Weber-Realschule übernommen, wo er seine schulische Laufbahn am 23. Juni 1990 mit der Abschlussprüfung beendete.

Da er zunächst keine Lehrstelle fand, trat er einen Grundausbildungslehrgang im kaufmännischen Bereich an der Wirtschaftsakademie Schleswig-Holstein in Ahrensburg an. Diesen brach er jedoch wieder ab, da er ein Lehrverhältnis als Einzelhandelskaufmann bei der Firma R. aufnahm und fortan in Schwarzenbeck ausgebildet wurde. Diese Lehre ist noch nicht abgeschlossen.

Seit dem 2. Mai 1992 bewohnt er eine eigene Wohnung in Mölln.

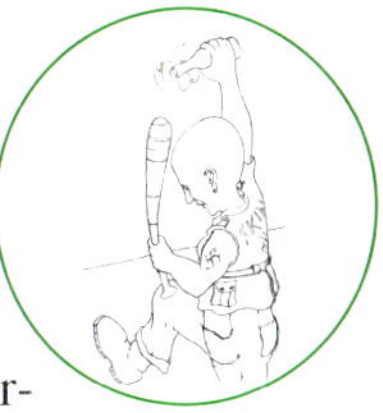

Noch im Jahre 1986 schloss er sich in Mölln einem Sportverein an und spielte in dessen Nachwuchsmannschaften bis zum Ende der Jugendklasse B Fußball. Dort verhielt er sich wie in der Schule zunächst unauffällig und galt als ruhig, sogar verschlossen.

1988 fand er Anschluss an eine Skinhead-Gruppe und Gefallen an der dort gehörten Musik mit dem darin zum Ausdruck gebrachten rechtsradikalen Gedankengut. Er beschaffte sich Gegenstände mit Nazi-Symbolen und brachte seine gewandelte Einstellung auch nach außen durch seine Haartracht und Kleidung zum Ausdruck. Mit Äußerungen, die diese Wandlung bestätigt hätten, hielt er sich jedoch zurück. Von einem Lehrer ausdrücklich nach dem Sinn seiner Aufmachung befragt, bezeichnete er diese als Anpassung an einen Modetrend.

Seine Abneigung gegen die in der Bundesrepublik um Asyl nachsuchenden Ausländer steigerte sich allmählich zum Hass und veranlasste ihn, sich zur Teilnahme an den ausländerfeindlichen Aufmärschen am Wochenende nach dem 22. August 1992 nach Rostock zu begeben.

Der Angeschuldigte wurde am 28. November 1992 vorläufig festgenommen. Seit dem 29. November 1992 befindet er sich in Untersuchungshaft.

In der Nacht zum 2. Dezember 1992 unternahm er in der Justizvollzugsanstalt einen Selbstmordversuch, wurde jedoch gerettet.

Der Angeschuldigte ist nicht vorbestraft. [...]

B. III.3. Der Tötungsvorsatz

Beide Angeschuldigten bestritten anlässlich ihrer Vernehmungen, den Tod von Menschen gewollt oder in Kauf genommen zu haben.

Der Angeschuldigte P. ließ sich hierzu unter anderem wie folgt ein:

„Die Sache tut mir Leid, wir wollten niemanden umbringen. Ich glaube nicht einmal, dass uns klar war, was tatsächlich passieren konnte, sonst hätten wir das bestimmt nicht gemacht."

„Ich wollte die Asylanten ja auch nur erschrecken, damit sie endlich aus Deutschland verschwinden".

„Wir wollten Leute nur erschrecken und nicht unbedingt ein ganzes Haus abbrennen".

Der Angeschuldigte Lars C. beteuerte:

„Ich bin über die Folgen der beiden Brandanschläge maßlos entsetzt und traurig. Ich habe es nicht gewollt, dass bei diesen Brandanschlägen Menschen verletzt werden und ums Leben kommen".

Gespräche mit den Angeklagten

Lars C., Juli 1993

1. Juli 1993

Heute bin ich während einer Verhandlungspause mit Lars C. zusammengetroffen. Wir setzen uns auf die in der Zellenwand verankerte Pritsche. In einer Ecke des Raumes eine offene Toilette und ein Stahlwaschbecken. Auch die folgenden Gespräche finden hier statt.

„Was meinen Sie, wie das ist, wenn man immer wieder vorgehalten bekommt, du bist ein dreifacher Mörder. Das hält man doch nicht aus. Ich weiß genau, dass ich es nicht war! Aber das glaubt mir keiner, das ist ja hier alles ein abgekartetes Spiel. Ich hab da so meine Gedanken, aber die kann ich noch nicht sagen, ich kann das ja auch nicht beweisen".

„Meine verstorbene Mutter hab ich sowieso abgeschrieben, das ist vergessen, abgehakt. Also, die war wohl auch krank.“

Ob das auch auf ihn zutreffen könnte?

„Ja, nein, aber man wird ja verrückt, bei diesem ganzen Theater hier“.

Und Angst vor einem neuen Selbsttötungsversuch?

„Ja, natürlich. Nein, das kann ich schon meinen Eltern überhaupt nicht antun.“

Rotierendes Blaulicht sei in der Zelle gewesen, in die er nach seiner Festnahme gebracht wurde. Dort habe er auch Rasierklingen in einem Beutel gefunden.

Sein linkes Handgelenk – die Innenseite – weist mehrere Narben auf. Er spricht stoßweise. Seine Pupillen sind geweitet, er ist freundlich und will offensichtlich viel mitteilen und er sagt, dass die Kindheit für ihn alleine deswegen schon wahnsinnig schwer war, weil der ältere Bruder immer vorgezogen wurde.

Er sagt, er hat Todesangst, denn selbst ein Freispruch würde ihm keine Freiheit bringen. „Und selbst wenn ich freigesprochen würde, ich würde doch keine 5 Minuten leben. Die Türken würden mir doch auflauern und mich abknallen!“ Und es irritiere ihn, dass die türkischen Nebenkläger so unwahrscheinlich ruhig alles im Gerichtssaal mit anhören. Eine Ruhe, die ihn ängstigt. […]

Sein Bruder sei 24 und das Verhältnis zu dem sei „tot“ – seit der Anklageerhebung. „Meine Eltern sind prima. Wenn die nicht wären, säße ich nicht mehr hier“.

Das Verhältnis zum Vater war schon immer gut. Gefordert habe der viel und Druck gab's auch wegen der Schule.

Schläge? „Selten, aber immer zu Recht“.

Mich irritiert seine Nervosität. Er sagt, dass er immer „unter Dampf“ stehe, dann rede er so stoßweise und es stimme, er beginne Antworten, bevor die Fragen beendet seien. In seinen Schulzeugnissen stand oft, dass er zu ruhig sei. […]

Die Schulzeit sei eigentlich nicht gut gewesen. Er hat sich immer ungerecht behandelt gefühlt. Andere wurden bevorzugt. Keiner behandelte ihn fair. „In Sport war ich einwandfrei, hatte immer eine Zwei. Und im letzten Zeugnis dann eine Drei.“

„1988 oder 89 hatten wir einmal eine Stunde, da brachte der Lehrer eine Schallplatte mit einer Goebbelsrede mit in den Unterricht. Der Lehrer sagte dann, wie gut das alles war und stand regelrecht stramm.“

„Zu den Rechten hab ich mich eigentlich nie gezählt.“

Mit den anderen hat er mitgegrölt. „Es machte auch schon mal Spaß, Menschen damit Angst zu machen. Aber identifiziert habe ich mich damit nie. Ich habe oft zu Hause gedacht, welcher Quatsch diese Texte sind und hab mir immer Termine gesetzt: Dann gehst du raus aus der Gruppe, jetzt lässt du dir wieder die Haare wachsen und nimmst den Scheiß von der Wand. Aber irgendwie hat das nie geklappt. Ich hab mich ja auch gut mit den anderen verstanden und die waren ja auch alle in Ordnung.“

Als er sich dann „'ne Glatze“ schneiden ließ, sei das eigentlich nicht gewesen, um anderen Angst zu machen. „Das war das nicht, was ich wollte. Das war eigentlich mehr so um aufzufallen, anders zu sein, irgendwie – naja – geil. Ja und das fing an in der 8. Klasse in der Realschule. Da hatte ich einen Banknachbarn. Von dem kriegte ich mal 'ne Kassette mit „Oi“-Musik, Onkelz, und so. Die fand ich gut. Dann haben wir uns Bomberjacken gekauft. Nach und nach waren wir dann so zehn Mann. Wir sind dann rumgezogen, haben gesoffen. Ich wurde lauter, mehr Sprüche und so. Aber nicht direkt aggressiv. Meine Eltern fanden das natürlich nicht gut. Die Bomberjacke durfte ich nicht zur Schule anziehen. Die habe ich dann heimlich eingepackt, und wenn ich aus dem Haus war, angezogen und die andere Jacke eingepackt.“

Er sei Jahre nicht durchgängig ‚Skin‘ gewesen, zwischendurch sei er auch auf dem

„Psycho-Trip“[1] gewesen, dann aber zu der alten Clique zurückgekehrt. „Die ‚Psychos‘ waren mal was anderes, aber es gefiel mir nicht. In der Skin-Clique wurde nicht diskutiert, – gequatscht, nur Sprüche gemacht. Ich hab mir dann von der DVU Material schicken lassen. Und daraufhin schickten die mir 2 Jahre kostenlos ‘ne Zeitung.“

„Es war irgendwie reizvoll, negativ aufzufallen.“

18. August 1993

Wir sprechen uns nur ganz kurz. Lars C. ist fahrig, unruhig, geht in der Zelle immer wieder auf und ab.

„Mein Schlusswort wird sein: Sie können mir meine Freiheit nehmen – schlimmer kann es für mich nicht kommen – ich habe alles erlebt – aber meine innere Freiheit kann mir keiner nehmen – ich habe es nicht getan.“

Lars C. hat Geburtstag. Er ist jetzt 20 Jahre alt.

Michael P., Juli 1993

20. Juli 1993

Ich treffe mit Michael P. in einer Besucherzelle der Justizvollzugsanstalt zusammen. Die Verhandlung ist für knapp 3 Wochen unterbrochen. Auch zu den folgenden Gesprächen fahre ich in die JVA.

Ja, er habe auf die Asylantenheime in Gudow und Kollow Mollis geworfen. Aber da sei ja kein Schaden passiert. Der Rechtsanwalt Bossi habe ja wohl gesponnen, ihn als schwachsinnig und als Alkoholiker zu bezeichnen. „Ja, ich hab die Sonderschule besucht und den Hauptschulabschluss gemacht.“ Und Panzerfahrer bei der Bundeswehr sei er auch gewesen, da könne man wohl nicht schwachsinnig sein, „normalerweise nicht.“

Aber bei der Bundeswehr habe er dann doch nicht bleiben wollen, der Wochenenddienst hat ihm nicht gefallen. Aber das Militärische, das machte Spaß. Die ganzen fünf Tage lang in der Woche. Und keiner hat ihn getriezt, die Kameradschaft war super. Als Gefreiter ging er dann weg von der Bundeswehr.

Dann, nach der Bundeswehr, war er arbeitslos. Keine regelmäßige Arbeit, mal hier und da etwas. Mit 16 kam er aus der Schule, „nichts Richtiges gefunden“. Meierist wäre er gern geworden.

In der Schule war er in Mathe schwach. „Mit Schreiben und Lesen, das war ganz gut.“ Aber ein Buch lesen – weniger. Und Briefeschreiben auch nicht.

Bei der Arbeitsplatzsuche half der Opa. Bei dem war er oft. Die Häuser standen genau gegenüber.

„Mein Vater war Alkoholiker.“ Finanziell sah es schlecht aus. Gelebt hätten sie alle „von meinem Opa“. Der hatte auch zwei Häuser, wenn auch das eine „mehr ‘ne Bruchbude“ war.

Es war viel Streit in der Familie. Und dann sei da noch seine jüngere Schwester, die müsste jetzt 24 sein. Der Kontakt zu ihr sei noch heute sehr gut. Sie besuche ihn oft, und auch seine Mutter käme. Zwei Kinder habe die Schwester, und jetzt läge sie in Scheidung.

Der Tod des Opas sei schon ziemlich schlimm gewesen. […]

„Ich hab überlegt, wegzugehen, ganz aus Deutschland, wenn die Scheiße hier vorbei ist. Amerika. Ich hab vor, Englisch zu lernen, über ein Fernstudium, und dann weg. Ich weiß ja nicht, wofür die mich hier verurteilen. Ich hoffe ja, dass die die wahren Täter von Mölln noch kriegen. Ich werd denen auch helfen, wo ich nur kann.“

---

[1] sprich: Pseiko; gelten in der Szene als Skin-Sympathisanten.

„Das Geständnis habe ich erst am ersten Verhandlungstag widerrufen, weil ich nicht noch einmal von der Polizei verhört werden wollte." Um dem zu entgehen, habe er auch seinem Anwalt vorher nichts gesagt. „Die Polizei hat ja von Anfang an gesagt, dass ich es war. Als die mich festgenommen haben, war denen schon alles klar."

Zunächst sei er ja „durch einen Typ" in die rechte Szene in Lübeck reingekommen, „ganz normale Skinheads."

„Auf dem Dorf ist das doch ganz anders, wenn du Ärger hast. Das heißt dann, das ist doch dein Problem. Und bei den Skins war das so, dass der Kumpel dir half."

Es sei ein richtiger Zusammenhalt gewesen. Und Sprüche, wie „Sieg Heil", seien von Anfang an gewesen. Und auf Ausländer bezogen habe er eigentlich nur etwas gegen Asylanten.

„Die nehmen uns die Buden weg und die Arbeit. Was kriegen die alles an Sozialgeldern, machen Schwarzarbeit. Und was die noch alles rauskriegen durch Zigarettenschmuggel, Prostitution und so weiter und so fort! Drogenhandel! Was die hier alles reinschleppen. Jugoslawien zum Beispiel: Ist doch klar, dass die hier sein dürfen, bis der Krieg vorbei ist. Hab ich doch gar nichts gegen. Aber die Schwarzen: Wenn die dann irgendwo kein Geld kriegen, nur Lebensmittelpakete, dann haun die ab und sind verschwunden."

Seine Schwester mit ihren beiden Kindern laufe schon ewig rum und suche eine Wohnung. Die bekäme keine, auch vom Sozialamt nicht. Und in seinem Dorf habe man für die Asylanten ein Ferienheim geräumt. Wieso eigentlich? Was wollen die hier? „Wieso bekommen nicht diejenigen von uns genug vom Staat, die es brauchen? Erstmal soll man den Deutschen geben, was sie brauchen!"

Er habe sich von der NPD Aufkleber schicken lassen und dann habe einer mit ihm Kontakt aufgenommen und ihn und seine Kumpel eingeladen. Aber das sei ihm zu langweilig gewesen, der politische Kram.

23. Juli 1993

„Ich hab eigentlich immer alles in mich reingefressen. Und eigentlich nie mit jemanden über meine Probleme gesprochen. Ab und zu mal mit meiner Schwester oder meiner Mutter. Aber das meiste hab ich immer für mich behalten. Na ja, ich bin immer ganz gut damit klargekommen. Und über die Anschläge hätte ich sowieso mit keinem reden können, was wir da in Gudow und Kollow gemacht haben. Das kam ganz spontan. Gudow war ganz allein meine Sache. In Gudow hab ich nur ein' Molli geschmissen und in Kollow glaub ich auch. Das ging alles ganz schnell. Bierflaschen warn das. Und oben rein kam ein Lappen. Der wurde dann angezündet. Aber so genau kenn ich mich da auch nicht aus. Ich hab nicht daran gedacht, dass Menschen zu Schaden kommen können. Wir hatten genug getrunken. Nicht total besoffen, – angetrunken."

Vorher habe er ja auch keinen Hass gegen Asylanten gehabt. Erst als die sich im Dorf „so aufgeführt" hätten – so ein schönes, sauberes Dorf sei das gewesen –, das habe „nachher" ausgesehen! „Dann kamen die Einbrüche im Dorf, am helllichten Tag in Wohnungen. Oder die gingen auf den Hof und klauten Spielsachen von den Kindern oder Klamotten von der Leine. Das hat es vorher nicht gegeben.

Ja, er habe das auch selbst erlebt. „Meiner Nichte und meinem Neffen haben die Spielzeug geklaut." Er habe das vom Fenster aus beobachtet und sei dann runter und habe es „denen" wieder abgenommen. Die Kinder von seiner Schwester bedeuten ihm sehr viel, die sind ihm „sehr wichtig." Drei Jahre alt sei der Junge und das Mädchen fünf oder sechs.

Auf jeden Fall würde er, hätte er eigene Kinder, alles besser machen, als er es selbst erlebt habe. „Schläge gibts überhaupt nicht, das wäre das Letzte!"

(Landeszentrale für polit. Bildung Schleswig-Holstein [Hg.], Das Verfahren vor dem Oberlandesgericht Schleswig über die Anschläge in Mölln im November 1992. Dokumente und Eindrücke, Kiel 1994, S. 53ff.; Verf.: Günter Kahl)

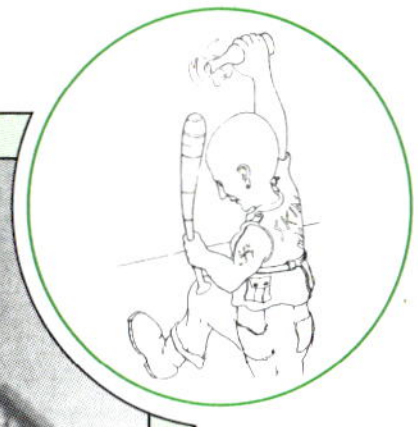

Auf dem Foto: Lars C.
Skin-Zeichnungen von Lars C.
(Aus: DER SPIEGEL 9/1993)

Das Urteil

Am 8. Dezember 1993, ab 11.02 Uhr, verkündete der Vorsitzende des II. Strafsenats am Oberlandesgericht Schleswig, Hermann Ehrich, das Urteil gegen Lars C. und Michael P. Sein Vortrag erstreckte sich über mehr als zwei Stunden.
Es gab aus dem voll besetzten Zuhörerraum weder Missfallens- noch Beifallsbekundungen. Kaum ein Geräusch war zu hören.
Michael P. schien von der Entscheidung nicht überrascht zu sein. Er folgte aufmerksam den Ausführungen des Vorsitzenden. Lars C. schwankte, als der Urteilstenor verlesen wurde, seine Hände umkrampften die Tischplatte. Später kehrte Farbe in sein Gesicht zurück, gelegentlich schüttelte er den Kopf. Das von den Medien überwiegend gezeichnete Bild seiner Teilnahmslosigkeit und Ungerührtheit kann nicht geteilt werden.
Vor dem Urteilsspruch hatte Lars C. angekündigt, sich vom Vortrag der Senatsentscheidung ausschließen zu lassen. Dem Rat zuzuhören, um sich mit dem – wie auch immer ausfallenden – Urteil später auseinander setzen zu können, war er dann doch gefolgt.
Während einer Gerichtsverhandlung sind Tonbandaufzeichnungen nicht zulässig. Der gesprochene Text wurde mitgeschrieben, dennoch sind Abweichungen in der Wiedergabe nicht auszuschließen. (Red.)

Im Namen des Volkes

Die Angeklagten sind des Mordes an 3 Menschen in Tateinheit mit versuchtem Mord an 7 Menschen und besonders schwerer Brandstiftung sowie des versuchten Mordes an 32 Menschen in Tateinheit mit schwerer Brandstiftung schuldig. Der Angeklagte Michael P. wird zu einer lebenslangen Freiheitsstrafe als Gesamtstrafe verurteilt. Der Angeklagte Lars C. wird zu einer Jugendstrafe von zehn Jahren verurteilt. [...]

(Landeszentrale für politische Bildung [Hg.], Das Verfahren vor dem Oberlandesgericht Schleswig über die Anschläge in Mölln im November 1992; Kiel 1994, S. 177 [Auszüge]; Verf.: Günter Kahl)

1. Wie lassen sich die wesentlichen Ergebnisse der Ermittlungen und die Aussagen der Täter vor dem Hintergrund der Erklärungsansätze interpretieren?
2. Wie denken Sie über das Urteil? Schreiben Sie einen Kommentar.

Pädagogische Anwendung

Dieses Plakat ist Bestandteil einer Plakataktion, die von der Stadt Solingen ausging und vom Innenministerium des Landes NRW landesweit verbreitet wurde.

(Foto: Dag Sundberg, IMAGE BANK)

1. Beschreiben Sie das Plakat in allen Details.
2. Welche inhaltliche Botschaft soll das Plakat vermitteln?
3. „Zur Brust nehmen“ ist eine doppeldeutige Formulierung. Welche beiden Aspekte sind gemeint?
4. Auf den nächsten Seiten werden Ansätze akzeptierender Jugendarbeit vorgestellt. Welche Bedeutung von Akzeptanz visualisiert das Plakat?

Akzeptierende Jugendarbeit

Außerschulische Jugendarbeit mit „rechten“ Gruppierungen

2. Grundverständnisse außerschulischer Jugendarbeit mit „rechten“ Gruppierungen

So unterschiedlich diese Projekte arbeiten, gibt es doch eine ganze Reihe von grundlegenden konzeptionellen Gemeinsamkeiten, die nicht zuletzt deshalb verdienen, herausgehoben zu werden, weil sie weithin in der Öffentlichkeit sonst gängigem Verständnis widersprechen. Thesenhaft zusammengefasst, sind das vor allem folgende Grundverständnisse:

1. Mit Informationen und Belehrungen erreicht man nichts gegen verwurzelte ausländerfeindliche Haltungen und rechtsextremistische Deutungsmuster. Denn Belehrungen kommen gegen Erfahrungen nicht an,
   - Belehrungen sind reaktiv,
   - Belehrungen sind defensiv,
   - Belehrung und Reflexion vertragen sich selten,
   - Belehrungen schaffen oft verhärtendes Gegeneinander,
   - Belehrungen sehen oft nur die Sache, nicht die Person,
   - Belehrungen sind oft mit Sanktionsdrohungen gekoppelt,
   - Belehrung ist Einweg-Kommunikation,
   - Belehrung fragt meist nicht nach dem Nutzen für die Belehrten,
   - Belehrungen setzen oft die Stärke des Wortes gegen die Stärke der Tat.
2. Ausgangspunkt und Mittelpunkt der Arbeit sind nicht die Probleme, die diese Jugendlichen machen, sondern die Probleme, die sie haben. Denn die Probleme, die Jugendliche machen, sind immer ihr subjektiver Versuch, mit den Problemen klarzukommen, die sie haben. Und zum anderen hätten die Jugendlichen keinen Grund, sich überhaupt auf Pädagoginnen und Pädagogen einzulassen, wenn diese nicht an ihnen interessiert sind und nicht nur an demjenigen Ausschnitt ihrer Persönlichkeit und ihrer Versuche von Lebensentfaltung, der anderen große Probleme bereitet. Ja, sie haben gelernt, sich solch halbiertes Interesse – „es interessiert nicht, wie jemand ist und wie es ihm geht, sondern nur, was ich von ihm will“ – immer wieder höchst effektiv vom Leibe zu halten.
3. Jugendarbeit hat – entgegen weitverbreiteten Auffassungen – auch diesen Jugendlichen gegenüber diejenigen Ansprüche und Grundverständnisse ernst zu nehmen, die in anderen Bereichen von Jugendarbeit als selbstverständlich gelten, wie:
   - die Jugendlichen dort abzuholen, wo sie stehen,
   - an ihren Erfahrungen, Interessen und Bedürfnissen anzusetzen,
   - Jugendliche bei ihren Prozessen der Alltags- und Lebensbewältigung zu begleiten und zu unterstützen,

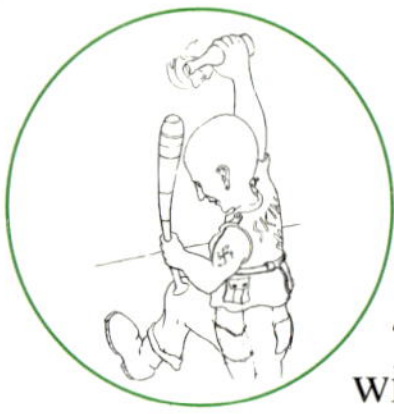

– Jugendliche als komplexe Personen und nicht nur über ein Merkmal wahrzunehmen,
– eine entsprechende Parteilichkeit in der Arbeit zu zeigen.

4. Extreme Auffassungen, Provokationen und Gewalt sind Jugendlichen immer wieder ein wesentliches Mittel, auch dort wahrgenommen und ernst genommen zu werden, wo sie es eigentlich nicht (oder nicht mehr) erwarten. Solange diese Verhaltensweisen aus Sicht der Jugendlichen „Sinn machen", werden sie auch nicht davon ablassen
– was auch immer pädagogisch versucht werden mag. Ablassen werden sie davon nur, wenn sie andere Orientierungs- und Handlungsmuster für sich als mindestens so sinnvoll und effektiv entdeckt und erkannt haben wie die bisherigen.
[…]

(Franz Josef Krafeld, Außerschulische Jugendarbeit mit „rechten" Gruppierungen, in: Bundeszentrale für politische Bildung [Hrsg.], Verantwortung in einer unübersichtlichen Welt, Bonn 1995, S. 202–203 [Auszug])

Wo liegen nach Ansicht des Autors die Möglichkeiten erzieherischer Prävention und wo liegen ihre Grenzen?

Akzeptierende Jugendarbeit konkret:

Grenzen setzen, Schutz geben, Konflikte führen – Bericht über die pädagogische Arbeit mit Skinheads in Nottuln

Skinheads in Nottuln: Wie sind sie?

Noch vor 15 Jahren war die Stadt Nottuln in der Nähe von Münster ein beschauliches Bauerndorf mit 5000 Einwohnern. Heute zählt die Einwohnerschaft ca. 16000 Bürger. Günstig gelegen, zwischen Ruhrgebiet und Münsterland, war es Politik der Gemeinde Nottuln, viel Bauland auszuweisen und Platz zu schaffen für Einfamilienhäuser. Viele junge Familien bauten hier ihr Häuschen. Die Kinderzahl in Nottuln ist hoch, verglichen mit dem Durchschnitt der Kindereinwohner der Gemeinden in NRW hätte die 16000-Einwohner-Gemeinde Nottuln eine Einwohnerzahl von 25000. Die Eigenheimbauer stehen aber vielfach unter hohem finanziellen Druck, so müssen häufig beide Elternteile arbeiten. Vielleicht hängt auch damit die hohe Scheidungsrate in Nottuln zusammen. Die Einwohnerschaft ist sozial heterogen, mit einem leichten Überhang von „intellektuellen" Berufen (Lehrer, Beamte, leitende Angestellte usw.). Bedingt durch den schnellen Zuzug der unterschiedlichsten Familien besteht zur Zeit keine fest gefügte traditionelle Sozial- und Gemeinschaftsstruktur. Der Ort gibt sich den Charakter einer liebenswerten Kleinstadt im Grünen, hat aber durchaus die Folgen der Heterogenität der neu zugezogenen Bevölkerung zu tragen.
Gar nicht zu dem Image des netten Dörfchens passt das Bild der gewaltorientierten Jugendcliquen von Skinheads und Hooligans, die es seit einigen Jahren in Nottuln gibt. Noch bis vor ca. einem Jahr waren die Nottulner Skins berüchtigt und gefürchtet als Gewaltbande im Münsterland und im Ruhrgebiet. Inzwischen ist es ruhiger geworden um sie, auch dank der erfolgreichen Jugendarbeit in der Kleinen Offenen Tür der Katholischen Kirchengemeinde St. Martinus und des engagierten Einsatzes der Pädagogen Herrmann Kohaus und Annita Cladder-Micus. Die beiden Hauptamtlichen haben mir in Interviews und Beratungsgesprächen ihr Konzept erläutert und die Informationen über ihre Arbeit gegeben, die Grundlage dieses Textes geworden sind. […]

Die pädagogische Arbeit mit den Skinhead-Jugendlichen in Nottuln [...]

Akzeptieren, Grenzen setzen, schützen und stützen

Die Pädagogen des Jugendheimes in Nottuln verstehen ihre Arbeit als „akzeptierende Jugendarbeit“. Sie grenzen von vornherein keine Jugendlichen aus. Sie versuchen, die Personen der Jugendlichen zu akzeptieren, wie sie sind, das heißt aber nicht, dass sie die politischen Überzeugungen und Gewalthandlungen akzeptieren. Sie trennen zwischen Person und Politik und vermitteln der Person, dass sie erwünscht und wertvoll ist. Auf dieser Basis können dann auch Streit und Auseinandersetzung über die rechtsextremen Überzeugungen und über das Gewalthandeln stattfinden.

Das Akzeptieren ist auch möglich auf der Basis von bestimmten Regeln und Grenzen, die die Hauptamtlichen für die Jugendlichen festgeschrieben haben. So gibt es ein Gewaltverbot im Haus, ebenso ist Alkohol (oder Betrunkensein) verboten. Die Skinheads dürfen auch keine ideologische Propaganda machen durch rechte Musik, Flugblätter, Info-Zettel oder andere Medien. Die Folge dieser Regeln ist, dass ihnen zentrale Merkmale der Skin-Identität genommen werden. Sie stehen quasi „nackt“ im Jugendheim, allein die Kleidung und die Glatze bleiben ihnen. Diese Ausgangslage ist für die Skin-Jugendlichen stark verunsichernd und macht es nötig, dass andererseits Versicherungen durch die Hauptamtlichen gegeben werden. Es ist sehr spürbar, dass die Jugendlichen kaum wissen, wie sie jenseits der Skin-Rolle Beziehungen gestalten sollen. Ohne ihr Rollenkorsett Skin werden sie zu „armen kleinen Würstchen“. Angesichts dieser Schwäche stützen die Hauptamtlichen die Personen, indem sie ihr Interesse an ihnen zeigen. Die Öffnung wird nicht missbraucht und gegen die Skins gewendet. So achten die Pädagogen besonders auf die Beziehungsgrenzen, die die Jugendlichen selber setzen: z. B. bestehen sie oft eine Weile auf der distanzierten Anrede „Sie“. Ebenso sind direkte Körper- oder Augenkontakte für sie leicht bedrohlich. Erst recht nicht dürfen sie in irgendeiner Weise vorgeführt oder bloßgestellt werden. Die Pädagogen zeigen Interesse an den Einzelpersonen und ihren Schicksalen und Alltagsproblemen. Die Qualitäten, die die Pädagogen an den Jugendlichen entdecken, werden von ihnen gelobt und hervorgehoben. Solche positiven Rückmeldungen sind oft anfangs für die Jugendlichen äußerst verwirrend und überraschend. Sie sind es nicht gewöhnt, dass ein Erwachsener vertrauenswürdig und verlässlich ist, ebenso wie sie es nicht kennen, positiv bestärkt zu werden.

Im geschützten Rahmen des Jugendheimes und „frei“ von den einzwängenden Korsagen der Skin-Rolle können die Jugendlichen Handlungsweisen erproben, die ihnen das Skin-Sein sonst verbietet.

Das ist auch das Ziel der Jugendarbeit mit den Skins: Die Hauptamtlichen wollen sie nicht umkrempeln, sondern sie sollen ihre Lebensweise reflektieren, ihre Zwänge und Folgen erkennen können und sich selbstständig für eine Identität und ein Lebensmodell entscheiden können. Dazu sollen sie alternative Lebens- und Handlungsmöglichkeiten kennen gelernt und erprobt haben. Ebenso gehört zum Ziel ihre Selbstachtung zu stärken, aber auch die gegenseitige Achtung als Wert zu vermitteln. Ihrem Gefühl „Wir sind der letzte Dreck“ soll die Erkenntnis der eigenen Fähigkeiten und Qualitäten gegenübergesetzt werden.

Alltägliche Aktivitäten im Jugendheim

Wie werden im Alltag die pädagogischen Ziele umgesetzt?

Zunächst einmal bietet das Jugendheim den Skinheads eine Möglichkeit, sich zu treffen, ohne von der Öffentlichkeit angefeindet zu werden. Im Gegensatz zu ihren Treffpunkten in der Stadt können sie im Jugendheim unbehelligt sein. Die Pädagogen verpflichten sie

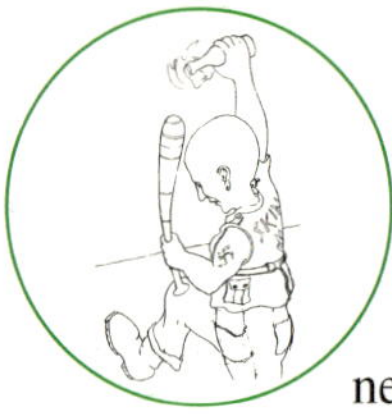

nicht zu bestimmten Aktivitäten, es gibt keinen Zwang und die Skins können freiwillig entscheiden, wie lange sie bleiben, was und mit wem sie etwas tun wollen. Allerdings müssen sie die gesetzten Grenzen einhalten. Sicherlich bleibt auch ein Bedürfnis, sich alleine und ohne pädagogischen Kontakt treffen zu können, dennoch kommt der große Teil der Gruppe regelmäßig ins Haus. Das liegt nicht nur daran, dass es dort warm, trocken und sicher ist, sondern auch daran, dass sie hier positiven Kontakt zu vertrauenswürdigen Erwachsenen und auch zu anderen Jugendlichen finden, die anders sind als sie. Auch an solchen Beziehungen haben die Skin-Jugendlichen großes Interesse.

Die Arbeit mit den Skins (wie die Jugendarbeit überhaupt) verlangt von den Hauptamtlichen, beständig zu sehen und zu verstehen, in welcher Lage die Jugendlichen sich befinden und wie ihre Handlungsweisen zustande kommen. Sie müssen also genau beobachten und analysieren. Auf Grund solcher pädagogischer Sensibilität ergeben sich dann manchmal überraschend einfache Handlungsweisen. So erkannten die Hauptamtlichen, dass die Jugendlichen oft sehr hungrig ins Haus kommen. Zu Hause nehmen sie nicht an den Mahlzeiten teil, werden schlecht versorgt oder haben kein Geld, sich selber Essen zu kaufen. Ihr Hunger schlägt aber leicht in Ärgerlichkeit und Aggressivität um, die dann auch im Jugendhaus zu Konflikten führen kann. Deshalb sorgen die Pädagogen dafür, dass im Haus oft gekocht wird und die Möglichkeit besteht, für wenig Geld gutes und schmackhaftes Essen zu bekommen. Diese spaßeshalber als „Futterpädagogik" bezeichnete Strategie (voller Bauch schlägt nicht gern) ist wirkungsvoller als es zunächst erscheint. Die Möglichkeit, zu essen und Grundbedürfnisse im Haus zu befriedigen, stellt auch für die Jugendlichen ein Stück Heimat dar, weil hier ihre Bedürfnisse anerkannt und erfüllt werden.

Im Alltag des Jugendhauses tun die Skins genau das Gleiche wie die anderen Jugendlichen, sie hängen herum, hören Musik, machen Brettspiele, sind am Billard und am Kicker. Dabei ergeben sich auch zahlreiche Gespräche und Situationen mit den Pädagogen und anderen Jugendlichen. Den Skinheads ist es oft wichtig, die Pädagogen zu sehen und sie im Raum zu wissen, ein Rückzug der Pädagogen in das Büro macht sie misstrauisch und unsicher. In diesen offenen Situationen ist von den Pädagogen verlangt, oft spontan auf die Interessen und Lagen der Skin-Gruppe einzugehen. Ein Programm kann selten lange im Voraus geplant werden, sondern muss in der jeweiligen Situation angemessen improvisiert werden. Die Pädagogen müssen erkennen, was die Jugendlichen gerade beschäftigt und müssen aus kleinen Ansätzen und Angeboten eine Aktivität entwickeln können. Die Skins sind dabei oft mit wenig zufrieden, weil sie wenig gemeinsame strukturierte Aktivitäten (z. B. aus der Familie) gewohnt sind. So haben sie z. B. Spaß an gemeinsamen Spielen (z. B. Brett- und Kartenspiele).

Ein weiterer Schwerpunkt ist die individuelle Beratung und Unterstützung bei Alltags- und Lebensproblemen. Die Jugendlichen zeigen starkes Interesse an persönlichen Beratungsgesprächen mit den Pädagogen. Die Jugendlichen haben ein großes Bedürfnis nach diesen Gesprächen, auch weil sie sich anderen Menschen gegenüber mit ihren persönlichen Schwierigkeiten oft völlig verschlossen halten. Die Freiwilligkeit und Zwanglosigkeit der Gespräche auf der Basis gegenseitigen Vertrauens ermöglichen ihnen, sich offen auszusprechen. Sie können selber entscheiden, wann, mit wem, wie lange und zu welchen Themen sie sprechen wollen. Es zeigt sich auch, dass die Jungen eher mit dem männlichen Pädagogen arbeiten und die Mädchen eher mit der Pädagogin sprechen. Die alltäglichen Schwierigkeiten, die oft Thema in diesen Gesprächen sind, sind Straffälligkeit, Strafvollzug, sexueller Missbrauch, massive familiäre Schwierigkeiten, Schwangerschaft, lebensbedrohliche Krankheiten, Arbeitslosigkeit, Isolation und Vereinsamung, Drogen, Wohnungssuche, Suizidgefahr und Rechtsextremismus. Oft geht es in

den Gesprächen zunächst darum, überhaupt einmal die eigenen Schwierigkeiten zu erzählen und auch dabei zu erfahren, dass es dem Gegenüber nicht egal ist, wie es dem Jugendlichen geht. Statt dessen erfährt er oder sie Interesse und Anteilnahme, eine Erfahrung, die für die Jugendlichen oft neu ist. In den Gesprächen geht es aber auch darum, Lösungs- und Veränderungsmöglichkeiten für die Jugendlichen zu suchen. Dabei kann es auch nötig sein, sie an andere soziale Dienste und Hilfsstellen zu vermitteln. Es gilt aber das Prinzip, dass die Pädagogen aus Nottuln die Jugendlichen, besonders bei den Erstgesprächen, begleiten. Sonst würden sie diese Dienste kaum in Anspruch nehmen. Die Jugendlichen werden auch nicht an andere Stellen abgeschoben, sondern die Hauptamtlichen bemühen sich, weiter Vermittler zu den anderen Hilfestellen zu sein und den Entwicklungsprozess zu begleiten. Die Hauptamtlichen versuchen, den Jugendlichen zu vermitteln, dass es auch aus ihrer verfahrenen Situation heraus Lösungswege gibt. Die großen Probleme der Jugendlichen und die starke Nachfrage nach Einzelberatung und sozialarbeiterischer Unterstützung können allerdings kaum durch die zwei halben Stellen geleistet werden, denn es wird ja nicht nur mit den Skins gearbeitet, sondern weiterhin ein ganz normales Jugendzentrum geführt.

Neben den Alltagskontakten und der Beratungsarbeit werden aber auch zunehmend Kurse und strukturierte, langfristig geplante Aktivitäten mit den Skins durchgeführt. So z. B. zeigte sich, dass die Skins Interesse an einem Standard-Tanzkurs hatten. Sie wollen auch auf Familienfesten „ganz normal“ mittanzen können. Es ist aber nicht einfach für einen harten Skin zuzugeben, eine solche brave und zarte Handlungsform erlernen zu wollen. Ein Skin in Doc Martens und Bomberjacke beim Walzertanzen passt kaum zum gewalttätigen Härte-Image. So mussten die unsicheren Annäherungsversuche der Skins verstanden werden und die Hauptamtlichen mussten den Tanzkurs so gestalten, dass er die Skins nicht bloßstellte. Die weichen Bewegungen des Tanzes sind aber eine Erfahrung, die konträr zur muskelgepanzerten Steifheit und Brutalität der Skins steht. Dabei können sie Erfahrungen außerhalb des Korsetts der Skin-Rolle machen.

Ein Schreiner-Kurs wird von einem der Skinheads selber geleitet. Für ihn ist die Erfahrung wichtig, anderen Menschen Kompetenzen vermitteln zu können und Verantwortung zu tragen. Er und die anderen sind stolz darauf, diesen Kurs selber durchführen zu können. Auch in Video- und Fotoprojekten wird (wie bei anderen Jugendlichen auch) die eigene Jugendkultur präsentiert, z. B. durch das Filmen und Vergleichen von Tätowierungen. Dabei entsteht aber auch eine Möglichkeit zur Distanzierung und Reflexionsfähigkeit der eigenen kulturellen Ausdrucksformen und ihrer Folgen für die Gruppe und andere Menschen.

Auf deutlichen Wunsch der Skins wurde ein Anti-Gewalt-Training (in Zusammenarbeit mit Psychologen der Jugendvollzugsanstalt Hameln) entwickelt. Die Nottulner Skinheads hatten selber immer wieder ihre problematische Verhaftung in der Gewaltsucht benannt und gewünscht, in einem Training anderes Handeln einzuüben.

Mit manchen Aktivitäten geht die Gruppe jetzt auch mehr in die Öffentlichkeit, so z.B. mit Freundschafts-Fußballspielen mit Jugendzentren aus Nachbarstädten.

(Benedikt Sturzenhecker [unter Mitarbeit von Annita Cladder-Micus und Hermann Kohaus, Nottuln], Grenzen setzen, Schutz geben, Konflikte führen – Bericht über die pädagogische Arbeit mit Skinheads in Nottuln, in: Landesjugendamt Münster [Hrsg.], Gewalt? Antworten der Jugendarbeit!, Münster 1994, S. 115–135 [Auszüge])

1. Akzeptierende Jugendarbeit will verstehen ohne Verständnis zu haben und akzeptieren ohne gutzuheißen! Wie äußert sich dies in der konkreten Arbeit?
2. Pädagogische Handlungskonzepte sollten an den Ursachen misslingender Sozialisation ansetzen! Welche Bezüge zu den Erklärungsansätzen im Vertiefungs-Abschnitt lassen sich herstellen?

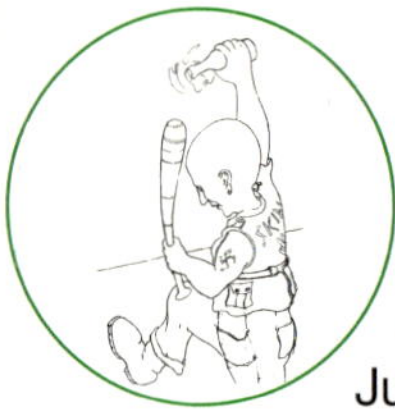

Das Sozialpädagogen-Team in Nottuln führt mit gewalttätigen Jugendlichen, die von suchtartiger Gewalt loskommen wollen, ein Anti-Aggressivitätstraining durch. Dabei orientieren sie sich an einem Trainingskonzept, welches Jens Weidner in der Jugendanstalt Hameln unter den Bedingungen des Jugendstrafvollzugs entwickelt hat. Grundidee ist, den Gewalttäter auf einem „heißen Stuhl“ mit seiner brutalen Tat und ihren Folgen in allen Einzelheiten zu konfrontieren. In einem anschließenden Konfrontations-Training wird der Gewalttäter in Rollenspielen provoziert um ihn zu „desensibilisieren“ und ihm andere Wege der Konfliktlösung aufzuzeigen.

Literaturhinweise:
- Annita Cladder-Micus/Hermann Kohaus, Ambulantes Antiaggressionstraining mit gewalttätigen Jugendlichen, in: Deutsche Jugend 6/1995
- Jens Weidner, Anti-Aggressivitäts-Training für Gewalttäter, Bonn 1990
- Jens Weidner, Wie aus Gewalttätern „bessere Menschen“ werden, in: Päd extra 3/1995

Welche lernpsychologischen Thesen stecken hinter dieser Grundidee?
Was halten Sie davon, dies auch im schulischen Kontext einzusetzen?

Kinder und Jugendliche laufen Amok

In den letzten Jahren haben Amokläufe von Kindern und Jugendlichen in den USA, aber auch in der Bundesrepublik Deutschland für Aufsehen und Entsetzen gesorgt.

Experten denken über die Erklärung des Unerklärlichen nach und finden unterschiedliche Antworten:

- Kinder der Kälte; „Der Terror der Ökonomie zerstört immer schneller jene Instanzen, die Aggressionen bisher gebändigt haben: Familie, Schule und Beruf taugen nicht mehr als Geländer, an dem die junge Generation zu Identität und Orientierung finden kann.“ (Ankündigungstext zu: Götz Eisenberg; Amok – Kinder der Kälte, Rowohlt, Reinbek 2000)
- „Digital spielen – Analog morden? Inszenierte Ballerspiele kommen bei Jugendlichen in der Regel gut an. Sind sie auch die Ursache für reale Verbrechen der Heranwachsenden?“ (Ankündigung eines Themenabends auf arte am 18.5.2000) Videospiele wie „Mortal Combat Trilogy“, „Quake“ oder „Doom“ stehen in dem Verdacht, Vorlagen für reale Blutorgien zu sein; ebenso Filme („Tötet Mrs. Tingle“ – Mrs. Tingle ist Lehrerin! – wurde in vielen Städten abgesetzt, da kurz vor dem Kinostart ein 15-jähriger Junge seine Lehrerin in Meißen erstochen hatte.) Auch Bücher von Stephen King („Amok“) werden als Anleitung zum Mord genutzt.

Verfolgen Sie in der aktuellen Presse und im Fernsehen die Berichterstattung über Gewalttaten und erweitern Sie Ihre Auseinandersetzung mit den Ursachen um die oben aufgeführten Punkte.

P Projektvorschlag zum selbstständigen Weiterarbeiten

In diesem Kapitel ging es schwerpunktmäßig um extreme Formen von Gewalt. Im Einführungsteil war aber ein Ausgangspunkt, dass wir alle Erfahrungen mit gemäßigteren oder versteckten Formen von Gewalt haben, als „Opfer" und als „Täter" und dies auch an unserem Arbeitsplatz: Schule.
Ein Pädagogikkurs könnte es als seine Aufgabe ansehen, zunächst einmal eine Bestandsaufnahme über das Auftreten unterschiedlichster Formen von Gewalt an der eigenen Schule zu machen.

A *Umfrage*

Hilfestellung kann hier folgendes Handbuch geben:

Die Ministerin für Frauen, Bildung, Weiterbildung und Sport des Landes Schleswig-Holstein (Hrsg.), Gewalt in der Schule. Was wir wissen und was wir tun können, Kiel 1994
Das Handbuch ist kostenlos erhältlich beim o.g. Ministerium, Anschrift: Gartenstr. 6, 24103 Kiel.

B *Schüler helfen Schülern*

Schülerinnen und Schüler können einen aktiven Beitrag zur Gewaltprävention an ihrer Schule leisten. Dies könnte auch besonders für Pädagogikkurse eine Aufgabe sein.
Ein Literaturhinweis dazu: Wolfgang Kindler/Ludger Linneborn, Schüler/innen engagieren sich. Ein Schlichtermodell am Gymnasium, in: Wolfgang Melzer u.a (Hrsg.), Schüler 1995: GewaltLösungen, Seelze 1995

C *„Schule ohne Rassismus"*

Wenn der Kurs oder einzelne Schülerinnen und Schüler einen Beitrag gegen politisch motivierte Gewalt leisten wollen, bietet sich die „Schülerbewegung" Schule ohne Rassismus an.
Ein Gymnasium in Dortmund hat den Anfang gemacht, viele andere Schülervertretungen haben sich auch auf diesen Weg begeben.

Kontaktadresse: Aktion Courage e. V. – SOS Rassismus
Postfach 26 44
53016 Bonn

2.3 ⚠ Grenzüberschreitungen – Sexueller Missbrauch von Kindern und Jugendlichen

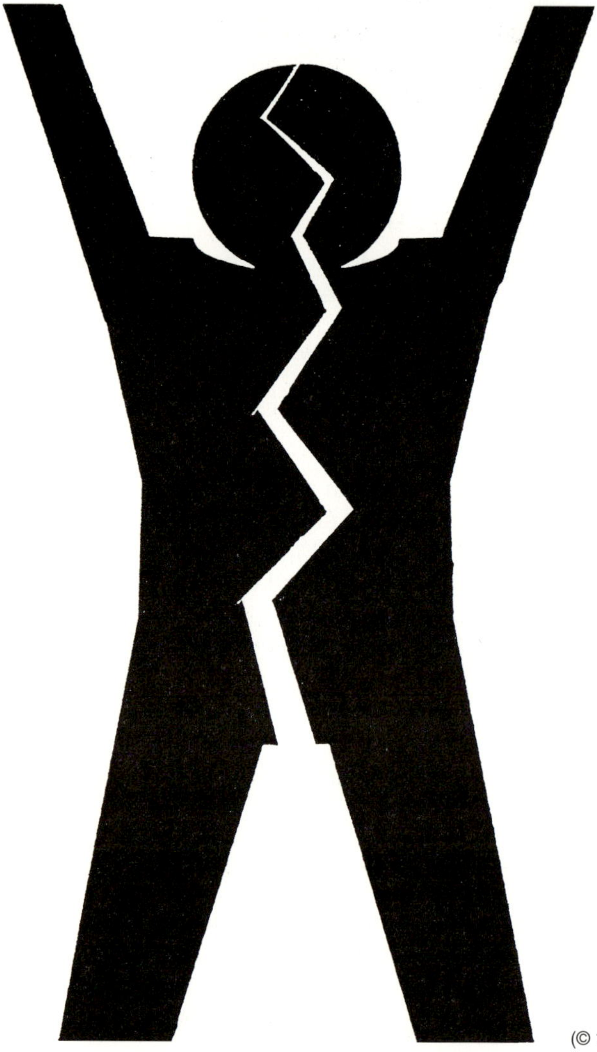

(© 1996 by Holger Urmoneit)

1. Beschreiben Sie die Zeichnung möglichst detailliert.
2. Welche Assoziationen löst die Zeichnung bei Ihnen aus?
3. Vielleicht trauen Sie sich zu, die oben abgebildete Körperhaltung selbst einzunehmen? Beschreiben Sie Ihre Gefühle dabei.

Einführung

1. Stellen Sie sich vor, Sie wären Redakteur/Redakteurin bei einer Zeitung und hätten die Aufgabe einen Artikel zum Thema „Sexueller Missbrauch von Kindern und Jugendlichen“ zu schreiben. Für diesen Zeitungsbeitrag sollen Sie ein Bild auswählen. Für welches würden Sie sich entscheiden? Welchen Titel würden Sie für das Bild wählen? Suchen Sie in Zeitschriften, Bildbänden etc. nach geeigneten Bildern.
2. Stellen Sie in einem Rundgespräch Ihr Ergebnis vor und tauschen Sie Ihre Meinungen aus.
3. Haben sich für Sie durch die Auseinandersetzung mit der Zeichnung auf der Aufmacherseite und den Bildern für einen fiktiven Zeitungsbeitrag Fragen und/oder Anregungen für den Unterricht ergeben? Halten Sie diese auf einem Plakat schriftlich fest.

Was ist sexueller Missbrauch?

Im Folgenden finden Sie verschiedene Situationen von Grenzüberschreitungen. Schätzen Sie die einzelnen Situationen daraufhin ein, ob es sich dabei Ihrer Ansicht nach um einen sehr intensiven (5), einen intensiven (4), einen weniger intensiven Missbrauch (3), um Missbrauch ohne Körperkontakt (2) oder um gar keinen Missbrauch (1) handelt.

(in Anlehnung an Marion Mebes)	1	2	3	4	5
Der Freund der Mutter zeigt der 12-jährigen Pia Pornofilme und masturbiert dabei.					
Der 19-jährige Jugendgruppenleiter gibt der 12-jährigen Ingrid einen Zungenkuss.					
Eine Mutter nimmt ihren Säugling zwischen die Beine und befriedigt sich dabei.					
Vater küsst die 8-jährige Tochter auf den Mund.					
Vater möchte seine 12-jährige nackte Tochter nach Pickeln untersuchen. Er ist dabei erregt.					
Onkel Dieter steckt seinen Finger in den After der 4-jährigen Sabine, um zu gucken, ob sie dort gesund ist. Sie soll das nicht ihren Eltern erzählen.					
Vater fordert seinen 12-jährigen Jungen auf, vor ihm zu masturbieren. Als Vater müsse er wissen, ob sein Sohn das schon kann.					
Zwei Kinder – 6 und 4 Jahre alt – tauschen Zungenküsse aus.					
Onkel Ernst legt es darauf an, die 14-jährige Nichte beim Baden zu beobachten. Er macht ihr dabei Komplimente zu ihren schönen Brüsten.					
Der Freund des Vaters streichelt der 14-jährigen Claudia über den Po und sagt: „Der ist aber schön knackig“.					
Stiefvater Rudi schläft mit seiner 13-jährigen Tochter, weil „er sie so gerne hat“. Mutter darf das nie erfahren.					
Peter, 14 Jahre, lebt im Kinderheim. Er spielt mit dem 10-jährigen Dieter auf dem Dachboden. Er zieht dann sowohl Dieters als auch seine Hose herunter, um sich und Dieter zu befriedigen. Dieter hat Angst. Peter wurde über Jahre von seinem Vater missbraucht.					
Vater badet mit der 13-jährigen Tochter.					
Lehrer läuft mit einer 15-jährigen Schülerin Arm in Arm die Straße runter.					

Diskutieren Sie Ihre Ergebnisse im Plenum. Nach welchen Kriterien haben Sie die einzelnen Situationen als intensiven, weniger intensiven Missbrauch etc. eingeschätzt?

Definitionsvorschläge

1. Sexueller Missbrauch ist „all das, was einem Mädchen vermittelt, dass es nicht als Mensch interessant und wichtig ist, sondern dass Männer frei über es verfügen dürfen, dass es durch seine Reduzierung zum Sexualobjekt Bedeutung erlangt; dass es mit körperlicher Attraktivität und Einrichtungen ausgestattet ist, um Männern „Lust" zu verschaffen."

(Aus: Barbara Kavemann/Ingrid Lohstöter, Väter als Täter. Sexuelle Gewalt gegen Mädchen. „Erinnerungen sind wie eine Zeitbombe", Rowohlt, Reinbek b. Hamburg 1994, S. 10)

2. „Inzest liegt vor, wenn ein Familienmitglied (d.h. eine Person, die ständig oder nur zeitweise diese Rolle innehat) in einer Machtposition ein Bedürfnis (z.B. Machtbedürfnis, Bedürfnis nach Körperkontakt, nach Anerkennung) bei einem anderen Familienmitglied in einer schwächeren Position durch Sexualisierung zu befriedigen sucht."

(Aus: Eva Hildebrand, Therapie erwachsener Frauen, die in ihrer Kindheit inzestuösen Vergehen ausgesetzt waren, S. 52 – 69. In. L. Backe/N. Leick/J. Merrick/N. Michelsen, Sexueller Missbrauch von Kindern in Familien. Mit einer Einführung zur deutschen Ausgabe von G. Rust und einem kriminalpolitischen Beitrag von H. Ostendorf, Deutscher Ärzte-Verlag, Köln 1986, S. 52)

1. Erarbeiten Sie Unterschiede und Gemeinsamkeiten der beiden Definitionen.
2. Welche der beiden Definitionen sagt Ihnen eher zu?
3. Versuchen Sie selbst eine Definition zu entwickeln. Überlegen Sie zunächst, welche Kriterien die Definition umfassen sollte.
4. In dem Fragebogen „Was ist sexueller Missbrauch?" wird zwischen sehr intensivem, intensivem, weniger intensivem Missbrauch und Missbrauch ohne Körperkontakt unterschieden. Welchen Vorteil besitzt eine solche Differenzierung?

Grundbegriffe und Grundthesen

Die Situation missbrauchter Kinder und Jugendlicher

Fallbeispiele

I. J., 29 Jahre, Gärtner

Es fing an, als ich neun oder zehn Jahre alt war. Ich bin jetzt neunundzwanzig. Ich bin damals in eine Jugendgruppe eingetreten, in eine Pfadfindergruppe, mit sehr viel Spaß und Freude. Der Leiter dieser Pfadfindergruppe war ein Mann, der bei uns im gleichen Haus gewohnt hat. Er hatte Medizin studiert, seine Doktorarbeit fertig und war deswegen sehr angesehen. Er war an sich sehr sympathisch, freundlich und nett und für meine Eltern, als Leiter der Jugendgruppe, eine Vertrauensperson. Sie kannten ihn eben, er wohnte ja im gleichen Haus. Und zu dem bin ich dann ab und zu mal hochgegangen, wenn zu Hause nichts weiter los war. Zu dem raufgehen und dann mit dem Auto irgendwo hinfahren oder zu irgendeinem Gruppentreffen gehen, das lief am Anfang ganz normal ab. Und irgendwann fing es dann an, dass er Übergriffe gestartet hat, Kabbeleien. Er hielt meine Hand an seinen Schwanz und fing an zu reiben. Damit kam ich überhaupt nicht klar. Das war jemand, zu dem ich Vertrauen gehabt habe, und es war eine Situation, in der ich vorher nie gewesen war. Das war sehr verwirrend. Ich konnte ihn in dem Moment nicht wegstoßen, weil ich nicht wusste, ist es Spiel oder etwas anderes. Mit Sexualität hatte ich bis dahin auch nie etwas zu tun gehabt. Er meinte dann, ihm würde das gefallen, und ob mir

das denn auch gefallen würde? Und dann ging es so hin und her; sich auch die Hose auszuziehen und so. Lange Zeit blieb es nur beim Onanieren. Ich musste ihn befriedigen und er machte das dann auch mit mir. Das ging bestimmt zwei Jahre. Er tat so, als wollte er mich aufklären. Dass das eben ganz normal sei, ich sollte aber keinem anderen Menschen davon erzählen, weil es dann Schwierigkeiten gäbe. Wenn da mal irgendjemand darauf käme, wenn meine Eltern mich zum Beispiel beim Onanieren sehen und erschreckt gucken würden, dann sollte ich sagen, das hätte ich von irgendwelchen Leuten in der Schule gehört, dass ja kein Verdacht auf ihn fällt. Das wurde dann immer aufdringlicher und unangenehmer, weil ich mit meinen Eltern eigentlich wenig zu tun hatte und diese Jugendgruppe mein Halt und meine Bindung war. Deswegen war ich überhaupt nicht in der Lage zu sagen, das will ich nicht.

II. A., 22 Jahre, Tischlerlehrling

Angefangen hat alles, da war ich etwa drei, vier Jahre alt. Ich habe ganz erschreckende Erinnerungsblitze an diese Zeit. Meine Mutter hat mich damals ziemlich oft geschlagen, und mein Vater war für mich immer unheimlich dominant. Ich hatte große Angst vor ihm. Das fing sonntagsmorgens an, wenn meine Schwester und ich aufwachten und es im Kinderzimmer laut wurde. Da riss er auf einmal die Tür auf und schmiss einen Pantoffel ins Zimmer. Und zwar mit ziemlicher Wucht, manchmal traf er uns auch. Wir hatten höllische Angst vor unserem Vater. Da waren wir noch ganz klein. Meine Schwester ist drei Jahre älter als ich. An so einem Sonntag hat er mich dann aus dem Kinderzimmer rausgeholt ins Wohnzimmer. Ich weiß noch, dass das Wohnzimmer dunkel war. Die Jalousien waren noch unten. Er hat sie auch nicht hochgezogen, es fand alles im Dunkeln statt. Er hat mich mit ganz lieber Stimme ins Wohnzimmer gebracht. Ich habe überhaupt nicht geschnallt, was er von mir wollte. Ich weiß nicht mehr genau, ob er mich dann ganz ausgezogen hat oder nur die Hose runtergezogen, und hat mir dann am Glied gelutscht. Es muss wohl mehrere Male gewesen sein. Er hat mich dann mehrmals sonntags – er war immer nur sonntags zu Hause – ins Badezimmer geholt, mir die Hose ausgezogen, und mich auf die Waschmaschine gesetzt. Da wollte er eben, dass ich auch an seinem Glied lutsche. Und ich weiß noch ganz genau, wie groß das war, einfach riesig, und auch so hoch für mich als Drei-, Vierjähriger. Damit ich dann nicht schmecke, wie widerlich das schmeckt, hat er mir einen Lolli in die Hand gedrückt. Er hat mir den Lolli mit dieser Begründung gegeben. Es kostet mich unheimliche Überwindung, das Wort „lutschen" auszusprechen. Wenn ich sage, dass ich ein Eis lutsche, wird mir schon übel. Ich musste ihn richtig mit dem Mund befriedigen. Bei mir hat er das ja auch gemacht. Da kann ich nun nicht sagen, dass ich das als unangenehm empfunden hatte, im Gegenteil, ich fand das angenehm. Aber ich wusste damit überhaupt nichts anzufangen. Ich wusste gar nicht, was los ist. Für mich war das völlig unverständlich, was wir da gemacht haben.

(Nele Glöer/Irmgard Schmiedeskamp-Böhler, Verlorene Kindheit. Jungen als Opfer sexueller Gewalt, München 1990, S. 40f., 60f.)

1. Beschreiben Sie das Verhältnis zwischen den Tätern und den Kindern vor dem Missbrauch.
2. Wie nutzen die Täter dieses Verhältnis für ihren Zweck aus?
3. Warum wehren die Kinder sich nicht?
4. In welche Situation geraten die Kinder durch den Missbrauch?

III. Sandy, die mit vier Jahren erstmals von ihrem Vater missbraucht wurde, schreibt:

„Dann schob er seinen Penis zwischen meine Schenkel und begann, ihn hin und her zu reiben. ‚Mommy hat das gern, wenn ich das tue', sagte er. Ich lag nur da. Ich hatte keine Ahnung, was er da machte. Ich erinnere mich, wie ich dahinterkommen wollte, was das

für ein Ding zwischen meinen Beinen war. Ich konnte mir nicht vorstellen, dass das ein Körperteil von jemandem sein sollte. Wenn wir Kinder zusammen spielten, hatte ich schon die Penisse kleiner Jungen gesehen, aber die waren nicht so. [...] Ich habe nie irgendjemand erzählt, was er tat – wahrscheinlich, weil ich es selbst nicht wusste." (Armstrong, L., 1985, S. 65)

(Karin Gutjahr/Anke Schrader, Sexueller Mädchenmissbrauch, Papyrossa, Köln, 2. überarb. Aufl. 1993, S. 89)

IV. Das Verhältnis zum Vater ändert sich. Als ich etwa 13 Jahre alt war, fing mein Vater an, Bemerkungen über meine kleinen Brüste zu machen, wenn er mich zudeckte – er fasste sie an und berührte mich weiter unten am Körper bis hin zum Schritt und der Klitoris. Nach und nach ging er immer gezielter an meinem Körper vor, bat mich, seinen Körper und seinen Penis anzufassen, zeigte mir wie. Ich war neugierig, aber auch schockiert und voller Ekel vor seinem Körper. Er kam im Unterhemd herein, manchmal war sein Penis steif, wenn er kam. Dabei hatte ich sehr gemischte Gefühle. Gleichzeitig, wie ich ihn anfasste, berührte er mich mit sehr sanften Bewegungen und sagte viel Schönes über mich, dass er mich nicht entbehren könnte, dass er alles für mich tun wollte. Ich empfand Lust, wenn er mich anfasste, aber wenn ich sah, dass er sonderbar wurde, seine Augen so sonderbar wurden und das, was er sagte, sonderbar war, dann kam es mir irgendwie verkehrt vor, und ich bekam Angst, fand es widerlich. Ich fühlte mich auch meiner Mutter gegenüber schuldig, weil ich glaubte, dass sie und Vater dasselbe miteinander taten.
Ich sagte ihm oft, dass ich es doch sehr merkwürdig fand, was da geschah, aber er antwortete, dass er nichts Merkwürdiges dabei fände, da wir uns doch so gern hätten und unser Verhältnis so vertraut sei. Er sagte auch, daß es wichtig sei, dass er mir etwas über die Sexualität beibrachte, jetzt wo ich dabei war, erwachsen zu werden. Ich merkte, dass mein Vertrauen zu ihm allmählich verschwand. Ich spürte, dass es nicht mir zuliebe geschah, sondern dass er es selber nötig hatte.

(L. Backe u.a. [Hg.], Sexueller Missbrauch von Kindern in Familien, Dt. Ärzte-Verlag, Köln 1986, S. 49)

V. „Ich hab mir nachts die Hose festgehalten aus lauter Angst, dass er wieder an mich rangeht. Wenn ich morgens aufwachte, war mein erster Gedanke wegzukommen [...] wenn ich zur Schule ging und es war wieder so 'ne Nacht – in der Schule kam mir alles wie ein Traum vor."

(Wildwasser [Hg.], Sexueller Missbrauch von Mädchen. Strategien zur Befreiung, Donna Vita, Berlin 1985, S. 44)

VI. „Ich dachte, dieses Verhalten gehört in den Familien dazu, sodass ich den Eindruck hatte: das ist meine Macke, dass ich dabei so ein schlechtes Gefühl habe, denn offensichtlich machen es ja alle so. Das ist normal, damit musst du leben."

(Barbara Kavemann/Ingrid Lohstöter, Väter als Täter. Sexuelle Gewalt gegen Mädchen, Rowohlt, Reinbek 1984, S. 66)

VII. „Obgleich ich schon in Therapien über den sexuellen Missbrauch gesprochen habe und die Therapeuten mir glaubten, habe ich mich geschämt, ein Erlebnis mit meinem Vater zu erzählen. An einem Samstagnachmittag rief er mich. Ich war es gewohnt, dass ich mich vor ihm befriedigen musste – oft auch ihn. Manchmal setzte er uns vier Geschwister in einen Kreis und wir mussten uns alle selbst befriedigen. Wir haben uns alle so geschämt, dass wir niemals miteinander darüber gesprochen haben."

(Ursula Enders [Hg.], Zart war ich, bitter war's, Sexueller Missbrauch an Mädchen und Jungen – Erkennen – Schützen – Beraten, Kölner Volksblatt Verlag, Köln 1990, S. 49)

1. Erarbeiten Sie anhand der Fallsituationen in Partnerarbeit, welche Faktoren zur Isolation des Kindes und zur Unmöglichkeit, über den Missbrauch zu reden, beitragen.
2. Stellen Sie Vermutungen darüber an, welche Möglichkeiten ein Kind hat, um diese Situation einigermaßen ertragen zu können.

Abwehrmechanismen als Schutzmaßnahme sexuell missbrauchter Kinder und Jugendlicher

Beispiele:

1. „Ich habe mich gewaschen und gewaschen. Zweimal zog ich mir am Tag von Kopf bis Fuß saubere Kleidung an. Niemand sollte mir den Dreck ansehen, und so habe ich versucht, ihn abzuschrubben.“
2. „Viele Jahre bin ich aus der Wirklichkeit in eine Fantasiewelt geflüchtet. Ich wurde zur Anne von der Alm. Damals sammelte ich Lindt-Schokoladen, denn auf der Verpackung waren kleine Puppenbilder. Ich schnitt die Püppchen aus und illustrierte mit ihnen meine Geschichten über das Leben auf der Alm. In den Bergen lebte ich zusammen mit Heidi und ihrem Großvater, der auch zu mir gut war und mich beschützte. Im wirklichen Leben gab es keinen Opa. Als kleine Anne war ich ein liebenswertes und glückliches Mädchen. Tagelang malte, schrieb und klebte ich meine Geschichten. Um mich herum konnte passieren was wollte, ich lebte auf der Alm und bekam vom Alltag nichts mehr mit.“
3. „Ich hab relativ früh angefangen, mir Schmerzen zuzufügen [...] das war eine Zeit, die war so schlimm, dass ich mit dem Kopf gegen die Wand gerannt bin, ich wusste, dass diese Handlungen so eine Macht über mich haben [...] ich hab mir überlegt, mir an der Brotmaschine den Arm abzuschneiden.“
4. „Ich bin nichts wert ... Mir sieht jeder den sexuellen Missbrauch an ... Ich schäme mich, solch einen Vater, solch eine Familie zu haben ... Ich bin nur noch dreckig ... Wie soll ich etwas wert sein, wenn in mir nur dieser Dreck und Ekel steckt! ... Ich bin eine Zumutung.“
5. „Ich war Opas Lieblingsenkel, auch wenn er noch so ekelig war – eigentlich habe ich mit ihm viel Spaß gehabt. Er war halt ein alter, kranker Mann!“

(1, 2, 4, 5 aus: Ursula Enders [Hg.], Zart war ich, bitter war's. Sexueller Missbrauch an Mädchen und Jungen – Erkennen – Schützen – Beraten, Kölner Volksblatt Verlag, 1990, S. 48, 58, 60, 80; 3 aus: Wildwasser, Arbeitsgemeinschaft gegen sex. Missbrauch von Mädchen e.V. [Hg.], Sexueller Missbrauch von Mädchen. Strategien zur Befreiung. Neue Materialien, vorgestellt auf der Fachtagung im Wannseeheim für Jugendarbeit Berlin, 12.–16. Oktober 1985, Donna Vita Verlag, Berlin o. J., S. 47)

1. Beschreiben Sie anhand der Beispiele das jeweilige Verhalten des Kindes/Jugendlichen und interpretieren Sie es hinsichtlich seiner möglichen Funktion.
2. Lesen Sie im Kapitel „Wo Es war, soll Ich werden“, S. 61ff., den Text über die Abwehrmechanismen und versuchen Sie die o.g. Verhaltensweisen mit Hilfe der unterschiedlichen Abwehrmechanismen zu kategorisieren.
3. Überlegen Sie, welche grundsätzliche unbewusste Absicht hinter allen Formen der Abwehr des sexuell missbrauchten Kindes stecken könnte.
4. Inwiefern könnte es pädagogisch wichtig sein, die Verhaltensweisen der Kinder als Abwehrmechanismus zu identifizieren?

Die Beurteilung des sexuellen Missbrauchs aus der Sicht von Tätern

Im Folgenden sind zwei Interviews mit Männern abgedruckt, die Kinder sexuell missbraucht haben. Hierbei handelt es sich um Fremdtäter, d.h. den Tätern waren die Kinder vor dem Zeitpunkt des Missbrauchs kaum oder gar nicht bekannt. Das Bild, das durch die Aussagen der Täter entsteht, kann sicher nicht auf alle Täter und auch Täterinnen übertragen werden. Diese Beispiele wurden jedoch aus dem Grund gewählt, weil an ihnen eine Tendenz zu erkennen ist, die sich auch bei anderen Tätern und Täterinnen abzeichnet: das scheinbar fehlende Schuldbewusstsein. Zugleich wird deutlich, mit welchen – vermutlich größtenteils unbewussten – Abwehrstrategien Täter den sexuellen Missbrauch von Kindern von sich weisen.

Täter kommen zu Wort

Beispiel 1: Täter: Ich halte mich halt auf Kinderspielplätzen auf, nicht unbedingt immer, und in gewissen Abständen bin ich auf Kinderspielplätzen, aber nicht um sexuellen Sachen, sondern es ergibt sich halt.

Interviewer: Wie überzeugst du denn die Kinder?

T.: Es wird halt auf Neugierde gearbeitet, nicht, das heißt, die Kinder sind so neugierig, um zu wissen, was ist da los und Sex, ja, kenn ich, hab ich schon was von gehört und das hat Mutti verboten, Vati verboten, darf nicht sein, aber ich hab das schon von Vati gesehen mit Mama, da kommt dann die Neugierde langsam auf und, ähm, halt muss ich dann mal zur Toilette oder irgend, dann ich da ins Gebüsch, dann is die Neugierde bei den Kindern so angegriffen, dass sie halt, eh, dann doch auch ma, da nich, nich grad den Weg nehmen, wo ich grad zum Penicken war, sondern andre Wege gehn.

I.: Und erstmal zugucken?

T.: Ja, erstmal zugucken. Und dann kommt das dann Ansprechen: Was has du da und und und. Ganz klare Sache. Ne, und da is die Gehirnzellen der Kinder groß. Und das ist bei den Kindern meistens so. Da wo die Sexualität, wie sagt man, ja Sexualität gehemmt ist, also, da, Sex, Pornos ja – mein Kind nie, da solche Dinger, kriegen Sie am meisten an Kindern. Also z.B. die offen über Sexualität sprechen, in der Familie, passiert so etwas nicht.

Beispiel 2: Interviewer: Kennen Sie Sexualität mit Kindern?

Täter: Ich kenne Sexualität mit Kindern.

I.: Und hat das zu Schwierigkeiten geführt?

T.: Nein, niemals.

I.: Warum nicht?

T.: Weil ich das, weil ich das so geschickt gemacht habe und dann auch schon in einem Alter war, wo man sagen kann, man hat eine hohe Erfahrung. Da hab ich erst damit angefangen.

I.: Das Kind hat sich also wohl gefühlt?

T.: Das Kind hat sich völlig wohl gefühlt, nich wahr. Im Gegenteil, hat sich gefreut, und wir haben dann so Spiele gemacht, unter der Bettdecke, wie: Ich spiel mal den Maulwurf, nich wahr. Is dann unter die Bettdecke gekrochen, nich wahr. Hat mich dann am am am Penis angefasst, nich wahr. Das war eine völlige Selbstverständlichkeit, das war überhaupt nichts, überhaupt nichts (Lachen), nich wahr, mir hat es gewissermaßen Freude gemacht, nich wahr.

I.: Wie alt war denn das Kind, von dem Sie gerade erzählt haben?

T.: Das Kind, das war, ja, das war vier, das war vier, und das hab ich immer mal wieder getroffen, bis es in die Pubertät kam. Dann war Schluss. Da plötzlich wollte sie wissen, und da hat es gesagt, „also, weißt du, Onkel, wenn ich das damals, ich hab damals das überhaupt gar nicht, gar nich empfunden, ja, ich wusste das gar nich, was es bedeutet. Jetzt weiß ich es, was was das is.

I.: Sollte Sex mit Kindern nach Ihrer Meinung generell legalisiert werden?

T.: Ja. Ja.

I.: Bei welchen Ereignissen?

T.: Ja. Ja.

I.: Würden Sie auch in ein Kinderbordell gehen?

T.: Au ja.

I.: Kennen Sie Kinderpornos?

T.: Äh, nur die, die ich selbst gemacht hab.

(Transkribiert nach: „Männergewalt – sexueller Missbrauch von Jungen", Fernsehsendung [NDR 3 Direkt – Nahaufnahme, Autoren: Burkhard Oelemann/Jürgen Drossart], ausgestrahlt am 6.2.1991)

1. Äußern Sie sich möglichst spontan zu den Aussagen der Täter.
2. Versuchen Sie die Rechtfertigungsversuche der Täter mit Hilfe Ihrer psychologischen Kenntnisse über Abwehrmechanismen zu erklären.
3. Welche Bedeutung und welche Konsequenzen haben derartige Aussagen Ihrer Ansicht nach für die betroffenen Kinder und Jugendlichen?
4. Versuchen Sie unter Berücksichtigung Ihrer Kenntnisse über die Situation von missbrauchten Kindern und Jugendlichen die Argumente der Täter zu entkräften.

Ein-Spruch

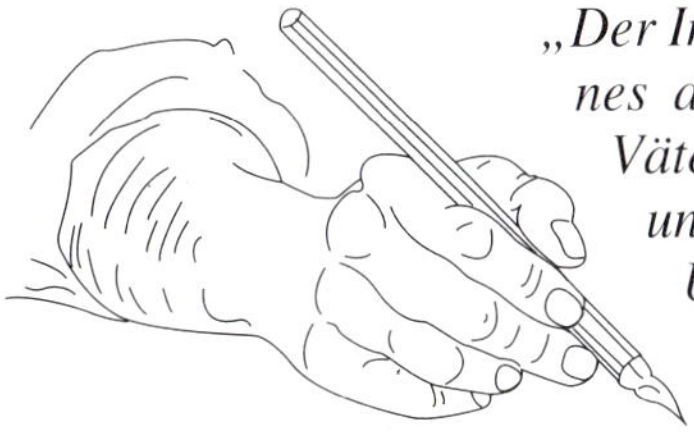

„Der Inzesttäter hat mehr und mehr die Züge eines ‚normalen' Mannes angenommen. Diese Entwicklung hat ihr Gutes; inzestuöse Väter sind keine Ungeheuer, sondern Menschen, und wir müssen uns darüber im Klaren sein, dass auch normale Menschen zu Ungeheuerlichem fähig sind. Vor zwei Jahrzehnten erst schrieb Herbert Maisch, dass von der Art der Tat nicht ohne weiteres gültige Rückschlüsse auf die Täterpersönlichkeit möglich sind. Er meint damit, dass Inzest zwar fraglos ein abscheuliches Verbrechen ist, der Inzesttäter deswegen aber nicht ein durch und durch abscheulicher Mensch sein muss. Ich habe das Gefühl, dass heute eher umgekehrt von der Persönlichkeit des Täters auf die Art der Tat geschlossen wird und dass die „Vermenschlichung" des Inzesttäters zur Verharmlosung seines Verbrechens führt."

(Josephine Rijnaarts [dt. von Barbara Heller], Lots Töchter, Claassen, Düsseldorf 1988, S. 240)

Wer sagt
was
mit welchen Mitteln
und welcher Absicht
zu wem ???

Welche Kontroverse wird deutlich?

Mein Kommentar:

Die Situation von Müttern sexuell missbrauchter Kinder

Die nachfolgenden Texte beschäftigen sich mit der Frage, warum Mütter von Kindern, die vom eigenen Vater missbraucht werden, ihren Kindern oftmals nicht helfen. Das heißt, die Situation von Müttern, deren Kinder von Fremdtätern missbraucht werden, wird hier außer Acht gelassen.

1. Überlegen Sie zunächst, bevor Sie die Texte lesen, welche Erwartungen die Gesellschaft an eine Frau in ihrer Rolle als Mutter und in ihrer Rolle als Ehefrau stellt.
   Halten Sie das Ergebnis in einem Schaubild fest.
2. In welche Situation gerät eine Frau in Bezug auf die Rollenerfüllung durch den Missbrauch ihres Kindes durch den eigenen Ehemann?

Der stumme Partner

Täter und Opfer werden zu ausgezeichneten Schauspielern, um ihr Geheimnis für sich zu behalten. Aber was ist mit dem anderen Elternteil?
Zu Beginn meiner Arbeit mit Erwachsenen, die als Kinder sexuell misshandelt worden waren, stellte ich fest, dass viele Vater-Tochter-Opfer auf die Mütter wütender waren als auf die eigentlichen Täter. Viele Opfer quälten sich mit der oft nicht zu beantwortenden Frage, wie viel ihre Mütter über den Inzest wussten. Häufig waren sie davon überzeugt, ihre Mütter müssten es zumindest geahnt haben, weil die Zeichen für die Misshandlung in einigen Fällen recht offensichtlich waren. Andere waren sich sicher, ihre Mütter hätten Bescheid wissen müssen. Sie hätten die Verhaltensveränderungen an den Töchtern bemerken und spüren müssen, was sich in der Familie abspielte. Tracy, die eigentlich sehr sachlich beschrieben hatte, wie ihr Vater, der Versicherungsvertreter, allmählich vom Beobachten, wenn sie sich auszog, dazu überging, ihre Genitalien zu streicheln, weinte mehrere Male, als sie über ihre Mutter sprach.

> „Ich schien immer auf meine Mutter wütend zu sein. Ich konnte sie immer zugleich lieben und hassen. Diese Frau sah mich ständig bedrückt und erlebte, wie ich hysterisch in meinem Zimmer weinte, aber sie hat niemals auch nur ein Wort gesagt. Ist es möglich, dass eine Mutter bei rechtem Verstand es nicht ungewöhnlich findet, wenn ihre Tochter ständig in Tränen aufgelöst ist? Ich konnte ihr einfach nicht sagen, was vor sich ging, aber wenn sie mich gefragt hätte … ich weiß es nicht. Vielleicht hätte ich es ihr auch dann nicht sagen können. Gott, ich wünschte, sie hätte herausbekommen, was er mir antat."

Tracy drückte einen Wunsch aus, den ich von Tausenden von Inzestopfern gehört habe – dass irgendjemand, besonders aber die Mutter, den Inzest entdeckt, ohne dass das Opfer es auf sich nehmen muss, davon zu berichten.
Mit dreizehn unternahm Liz einen verzweifelten Versuch, ihrer Mutter über die zunehmenden sexuellen Übergriffe ihres Stiefvaters zu erzählen.

> „Ich saß in der Falle. Ich dachte, wenn ich es meiner Mutter erzähle, wird sie zumindest mit ihm reden. Das war ein Witz. Sie brach fast in Tränen aus und sagte – ich werde niemals ihre Worte vergessen: ‚Warum erzählt du mir das? Weißt du, was du mir antust? Ich lebe seit neun Jahren mit deinem Stiefvater zusammen. Ich bin sicher, das könnte er nie tun. Er ist schließlich Pfarrer. Jedermann respektiert uns. Du musst geträumt haben. Warum willst du mein Leben ruinieren? Gott wird dich strafen.' – Ich konnte es kaum glauben. Es hatte mich so viel gekostet, es ihr zu erzählen, aber sie wandte sich einfach gegen mich. Am Ende habe ich sie getröstet."

Liz begann zu weinen. Ich nahm sie ein paar Minuten in den Arm, als sie sich den Schmerz und den Kummer von der Seele weinte, weil ihre Mutter allzu typisch auf die Wahrheit reagiert hatte. Liz' Mutter war der klassische stumme Partner – passiv, abhängig und infantil. Sie war stark mit dem eigenen Überleben beschäftigt und bemüht, die Familie intakt zu halten. Daher musste sie alles ableugnen, was das Familienboot ins Schaukeln gebracht hätte.
Einige Mütter drängen die Töchter geradezu zum Inzest. Debra, ein anderes Mitglied von Liz' Inzestgruppe, erzählte eine besonders schockierende Geschichte:

> „Man sagte mir immer, ich sei hübsch – ich weiß auch, dass Männer mich anziehend finden –, aber ich habe fast mein ganzes Leben mit dem Gedanken zugebracht, ein Wesen von einem anderen Stern zu sein. Ich fühlte mich immer schleimig und abstoßend. Was mein Vater mir antat, war schlimm genug, doch wirklich weh getan hat mir meine Mutter. Sie war die Vermittlerin. Sie bestimmte Zeit und Ort und hielt manchmal sogar meinen Kopf im Schoß, wenn er es mit mir machte. Ich flehte sie an,

mich nicht dazu zu zwingen, aber sie sagte: „Bitte, Schatz, tu es für mich. Ich bin nicht genug für ihn, und wenn du ihm nicht gibst, was er will, sucht er sich eine andere Frau. Dann stehen wir auf der Straße."

Viele Psychologen glauben, dass stumme Partner die Frau-/Mutterrolle auf die Tochter übertragen. Dies traf mit Sicherheit auf Debras Mutter zu, doch so ist es offensichtlich ungewöhnlich.

Meiner Erfahrung nach übertragen stumme Partner nicht nur ihre Rolle, sondern entsagen auch jeglicher persönlicher Macht. Sie drängen gewöhnlich die Tochter nicht, sie zu ersetzen, sondern lassen zu, dass sie und die Tochter von dem Aggressor beherrscht werden. Ihre Ängste und Abhängigkeitsbedürfnisse erweisen sich als stärker als alle mütterlichen Instinkte und lassen die Tochter völlig ungeschützt.

(Susan Forward, Vergiftete Kindheit. Vom Missbrauch elterlicher Macht und seinen Folgen, München 1990, S. 155–158)

Warum schützen Mütter ihre Töchter nicht?

Das Verhalten einer Mutter, den sexuellen Missbrauch an der Tochter nicht wahrhaben zu wollen oder gar zu verleugnen, hat verschiedene Ursachen: Alle Frauen in dieser Gesellschaft leben in Gewaltverhältnissen. Gewalt gegen Frauen ist „ganz alltäglich", sie ist so subtil, dass Frauen sie oftmals nicht bemerken. Frauen stellen sich unter den Schutz eines Mannes, dem sie vertrauen, um vor sexuellen Übergriffen durch einen Fremden sicher zu sein. Aber: gerade im häuslichen Rahmen, in „vertrauensvollen Beziehungen", spielt sich die brutalste Gewalt von Männern gegen Mädchen und Frauen ab; das zeigt die Arbeit der Frauenhaus- und Notrufbewegung. Diese Gewalt durch männliche Familienmitglieder, Verwandte und gute Bekannte ist deshalb so entsetzlich und gefährlich, weil sie heimtückisch, unausgesprochen und gemein ist – und weil Mädchen und Frauen sich gerade zu Hause am sichersten glauben.

Frauen, die ausschließlich Hausfrau und Mutter sind, haben die Verantwortung für ihr Leben und das ihrer Kinder meist abgegeben und diese vertrauensvoll in die Hände ihrer Männer gelegt. Gerade Frauen, die das traditionelle Rollenbild leben, sich über Mann und Kinder definieren und von ihrem Mann finanziell abhängig sind, wird ihr gesamter Lebensplan zerstört, wenn sie den sexuellen Missbrauch als Realität anerkennen. Ihre Vorstellung, „in einer heilen Familie zu leben", eine gute Hausfrau, Ehefrau und Mutter zu sein, „es besser gemacht zu haben als die eigenen Eltern", zerbricht. Sie haben das Gefühl, als Hausfrau, Ehefrau und Mutter versagt zu haben. Ihr gesamtes Lebenskonzept ist zerstört, nichts bleibt übrig.

Konsequentes Handeln bedeutet für die Mutter, ihr Leben grundsätzlich zu verändern und endet immer in einer Trennung vom Ehemann bzw. Partner (Täter). Es ist ihnen nicht möglich, ihre Lebensgrundlage aufrechtzuerhalten und gleichzeitig den Schutz der Tochter zu sichern. Konsequentes Handeln bedeutet neben Trennung, Auseinanderbrechen der Familie in dieser Gesellschaft in der Regel auch sozialen Abstieg für die Frauen. Frauen, die sich in dieser Situation von ihren dominierenden Männern trennen und mit ihren Kindern alleine leben, finden keine neuen Rollenmodelle vor. Sie haben ihre gesellschaftlich definierte Rolle, sich ihrem herrschenden Mann unterzuordnen, verlassen und sich von ihm abgegrenzt. Mit ihrer neuen Rolle als Alleinerziehende und damit „Rabenmutter" stehen sie allein gegenüber vielfältigen Vorurteilen und sozialen Stigmatisierungen.

Nicht selten haben Mütter, deren Tochter vom Ehemann bzw. Partner sexuell missbraucht wird, als Mädchen selbst sexuelle Gewalt in ihrer Familie erlebt. Sie haben die eigenen Erfahrungen nicht verarbeitet und sind deshalb auch nicht in der Lage, die Tochter zu schützen. Weil sie ihren eigenen Schmerz in der Kindheit nicht wahrnehmen durften, können sie auch die Signale ihrer Tochter nicht sehen. Werden sie direkt auf die sexu-

ellen Übergriffe angesprochen, reagieren sie so, wie sie der sexuellen Gewalt ihres Vaters gegenüberstanden: Sie sind wie gelähmt, hilflos und unfähig, etwas zu unternehmen und die Tochter zu schützen.

Eine Frau, die die Gewalttätigkeiten ihres Mannes erduldet, ist auch nicht fähig, sich zum Schutz ihrer Tochter gegen ihn zu stellen. Sie reagiert auf den Missbrauch, indem sie ihren Wahrnehmungen nicht vertraut und die sexuellen Übergriffe verdrängt. Ihre Wut und Enttäuschung, ihr Ärger und ihr Hass richten sich überwiegend gegen die Tochter, nicht gegen den Mann.

Die gesellschaftliche Tabuisierung und auch gesellschaftliche Vorurteile über das Verhalten von Müttern hindern diese, sich um Rat und Unterstützung an Dritte zu wenden. Selbst wenn sie ihre Scham überwinden, gibt es kaum Beratungsstellen, wo Mütter kompetente Beratung erfahren können. Zu Recht befürchten sie, dass sie bei öffentlichen Institutionen mit Vorwürfen konfrontiert werden, über ihren Kopf hinweg Dinge unternommen werden und sie keine Möglichkeit haben, selbst zu entscheiden oder auch nur mitzubestimmen.

Konsequentes Handeln heißt für diese Frauen aber auch, das eigene Leben selbstbestimmt in die Hand zu nehmen und nicht wieder an einen Mann abzugeben. Und das macht Angst, für Frauen besonders, denn das haben Frauen nicht gelernt. Immerhin gilt es immer noch als „normales Frauenleben" in dieser Gesellschaft: zusammen mit einem Mann zu leben, von diesem ökonomisch abhängig zu sein, den eigenen Arbeitsplatz aufzugeben und Kinder zu haben.

Zu diesen gesellschaftlichen Faktoren, die verhindern, dass Mütter sich schützend auf die Seite ihrer Töchter stellen, kommen immer auch persönliche hinzu, oft sind beide nicht voneinander zu lösen.

(Rosemarie Steinhage, Sexueller Missbrauch an Mädchen. Ein Handbuch für Beratung und Therapie, Rowohlt, Reinbek bei Hamburg 1989, S. 103–105)

Untersuchen Sie die Texte unter folgenden Fragestellungen:

1. Welche Gründe nennt die jeweilige Autorin dafür, dass manche Mütter ihre Kinder nicht schützen?
2. Welcher Standpunkt deutet sich in der jeweiligen Darstellung an?
3. An wen sind die Texte möglicherweise gerichtet und mit welcher Absicht?
4. Diskutieren Sie, ob man die Mütter, die ihre Kinder nicht schützen, Ihrer Ansicht nach dafür verantwortlich machen kann.
5. Wo sehen Sie Ansatzpunkte für Hilfen für die Mütter?

Auswirkungen des sexuellen Missbrauchs auf die Persönlichkeitsentwicklung der Betroffenen

Persönlichkeitsentwicklung

Die materialistische Pädagogik geht davon aus, dass der Mensch ein aktives Wesen ist, das sich in der Auseinandersetzung mit seiner Umwelt entwickelt. Für die Persönlichkeitsentwicklung ist weniger das biologische Erbe als vielmehr die Wechselwirkung zwischen Mensch und Umwelt von Bedeutung.

Menschliche Lernprozesse zeichnen sich dadurch aus, dass der Mensch sich die ihm gegebenen gesellschaftlichen Verhältnisse aneignet, jedoch gleichzeitig auf diese Verhältnisse einwirken und sie verändern kann. Ziel aller Tätigkeiten/Lernprozesse ist der Gewinn einer zunehmenden Realitätskontrolle, die aber nur erreicht werden kann, wenn bestimmte Bedingungen gegeben sind. […]

Die Isolationstheorie ist das materialistische Erklärungsmodell für die Entstehung psychischer und psychosomatischer Störungen. Der Begriff der Isolation wird zur Bezeichnung dieser Theorie benutzt, weil Störungen zurückzuführen sind auf beeinträchtigte Lernprozesse, also auf Isolation von dem, was Menschen lernen können und müssen.
Isolation tritt erst dann auf, wenn *Ursachen* und *Bedingungen* von Isolation bei einem Menschen zusammentreffen.
Die Ursachen sind in unmittelbar und mittelbar soziale Ursachen aufzuteilen: Unmittelbar soziale Ursachen sind das Vorenthalten von Objekten (z.B. von Spielzeug) und von menschlichem Kontakt (z.B. bei Vernachlässigung).
Mittelbar soziale Ursachen sind krankheitsbedingte, individuelle Defekte (z.B. Körperbehinderungen). [...]
Zu den isolierenden Bedingungen zählen Situationen der Unterforderung, der Reizüberflutung und des „double bind“ (widersprüchliche Situation). In Verbindung mit den Ursachen verhindern sie jeweils angemessenes Lernen.
Obwohl also der Schweregrad der Folgen isolierender Bedingungen von vielen individuellen Faktoren abhängt und deshalb Einzelfalluntersuchungen aufgrund von Biografien unerlässlich sind, können allgemein folgende Störungsstufen festgestellt werden:

Situationen der Unter- bzw. Überforderung oder „double bind“	Konflikt	negative Emotionen	Stress	massive psychosomatische Erkrankungen, psychische Störungen

Sexueller Missbrauch und Persönlichkeitsentwicklung

Bei der Übertragung sexuellen Missbrauchs auf das Isolationskonzept sind zum einen die Ursachen der Isolation zu analysieren und zum anderen die isolierenden Bedingungen herauszuarbeiten.
Von den mittelbaren und unmittelbaren Ursachen werden die mittelbaren sozialen Ursachen wie z.B. Defekte der Sinnesorgane oder gelähmte Körpergliedmaßen nur am Rande erwähnt. Sie kommen indirekt als Ursache der Isolation bei sexuellem Missbrauch in Frage, weil davon auszugehen ist, dass „behinderte“ Mädchen häufiger als andere von sexuellen Übergriffen betroffen sind. Erklärbar wird dies durch die größere Wehr- und evtl. auch Sprachlosigkeit der Mädchen aufgrund ihrer „Behinderung“. [...]
Für alle Betroffenen von Bedeutung sind dagegen die unmittelbaren sozialen Ursachen. Darunter fallen das Vorenthalten der Objektwelt und realer Verhältnisse sowie das Vorenthalten menschlichen Kontakts.
Vorenthaltung der Objektwelt und realer Verhältnisse bedeutet, dass Mädchen weder einen Zugang zu adäquatem Aufklärungsmaterial haben noch von Eltern, LehrerInnen oder anderen Bezugspersonen umfassend aufgeklärt werden. Zum Vorenthalten der Objektwelt gehört auch, Mädchen kein Recht auf sexuelle Selbstbestimmung zu vermitteln. Die Mädchensozialisation gestaltet sich in der Regel derart, dass Mädchen zur Passivität und zum Gehorsam erzogen werden. Bei sexuellen Übergriffen werden sie, infolge dieser Sozialisation, den Angriff stillschweigend erdulden, ohne das Tun des Missbrauchers in Frage zu stellen. Das Vorenthalten menschlichen Kontakts realisiert sich dann, wenn Mädchen keine Möglichkeit haben, ihre Erlebnisse sexueller Gewalt einer Vertrauensperson mitzuteilen. Hinderungsgründe dafür können sein, dass die Mädchen keine Worte finden, sei es, dass sie nicht beschreiben können, was passiert ist, oder dass ihnen in ihrer Erziehung vermittelt wurde, nicht über Sexualität zu sprechen. Diese Faktoren bedingen selbst noch nicht die Isolation. Hinzu kommen *isolierende*

Bedingungen: Für sexuellen Missbrauch sind Reizüberflutung und „double bind"-Situationen relevant.

Reizüberflutung – Situation, die für das jeweilige Entwicklungsniveau des Kindes zu vielfältig strukturiert ist – betrifft vor allen Dingen Mädchen vor der Pubertät. Sie werden mit der Sexualität der erwachsenen Männer (z.B. Vorzeigen des erigierten Penis) wider Willen konfrontiert und können das geheimnisvolle Verhalten der Männer nicht einordnen.

„Double bind"-Situationen ergeben sich fast ausnahmslos für alle sexuell missbrauchten Mädchen. Aus der Vielzahl der Widersprüche sollen einige wesentliche hier genannt werden. Da die meisten Mädchen nicht von Fremden, sondern von engen Bekannten oder Verwandten missbraucht werden, stoßen sie auf den Widerspruch zwischen Gelerntem und gemachten Erfahrungen. Mädchen lernen z.B., nicht mit fremden Männern in den Park zu gehen, weil diese „Böses" mit ihnen vorhaben. Eines Tages erleben sie, dass es nicht der Fremde ist, der sie lockt, sondern der nette Nachbar, Onkel oder auch Vater. [...]

Um diese Widersprüche lösen zu können, wäre es für die Mädchen notwendig, ihre Erfahrungen zu schildern. Durch Drohungen oder durch Erpressung werden sie jedoch am Aussprechen gehindert. Damit stehen sie vor einem erneuten „double bind", dem Reden-Wollen und Nicht-Reden-Können.

Aus innerfamiliärem Missbrauch erwachsen weitere Widersprüche. Auf der einen Seite wird den Mädchen eingeprägt, dass Eltern ihre Kinder lieben und nur das „Beste" wollen, auf der anderen Seite machen sie die Erfahrung, dass der Vater sie missbraucht. [...]

Mögliche Auswirkungen von sexuellem Missbrauch

Hier soll von *möglichen* Auswirkungen die Rede sein, weil sie nach sexuellem Missbrauch auftreten können, aber nicht müssen. Jedes betroffene Mädchen, jede betroffene Frau verarbeitet sexuelle Übergriffe anders. Der Schweregrad der psychischen und psychosomatischen Störungen ist abhängig von vielen individuellen und gesellschaftlichen Faktoren [...]

Demnach lässt sich bei allen Betroffenen nachzeichnen, zu welchem Zeitpunkt ihrer Geschichte Ursachen der Isolation und isolierende Bedingungen aufeinander trafen und auf welcher Stufe des gestörten Aneignungsprozesses sich das Individuum momentan befindet.

Der Isolationsprozess schreitet dann von Stufe zu Stufe, wenn die Probleme der vorangegangenen Stufe nicht gelöst werden können. Das bedeutet aber auch, dass der Isolationsprozess an jeder beliebigen Stelle gestoppt werden kann. [...]

Überforderungen und „double bind"-Situationen führen zum Konflikt – der *zweiten Stufe* des Isolationsprozesses. Ein Konflikt, der als Mangel, Bedrohung oder Hindernis erlebt wird, kann Verwirrung und Orientierungsunfähigkeit zur Folge haben. Schwere psychische Konflikte werden von negativen Emotionen – *dritte Stufe* – begleitet. Emotionen stellen eine subjektive Bewertung der Situation dar, beim sexuellen Missbrauch findet man Hass, Wut, Angst, Selbstzweifel, Schuldgefühle, Gefühle des Verlassenwerdens.

Hass und *Wut* sind sehr diffuse Gefühle, da nicht zugelassen wird, dass Mädchen den Tätern die Verantwortung für Missbrauch geben und die Mädchen deshalb diese negativen Emotionen selten auf die Täter richten (können).

Angst ist ein Gefühl, das in allen Erfahrungsberichten betroffener Frauen und Mädchen vorkommt. Die Angst bezieht sich dabei nicht nur auf die Furcht vor weiteren sexuellen Übergriffen, sondern auch auf Drohungen der Missbraucher. Die Drohungen erstrecken sich von körperlicher bis hin zu psychischer Misshandlung.

Selbstzweifel und *Minderwertigkeitsgefühle* kennt ebenfalls jedes sexuell missbrauchte Mädchen. Diese Gefühle resultieren aus den oft tagtäglich erfahrenen Demütigungen. Die

Mädchen werden in ihren Bedürfnissen und Wünschen nicht ernst genommen, sie sind ausschließlich zur Bedürfnisbefriedigung ihrer Väter, Onkel, Nachbarn da. [...] Weitere, fast allen sexuell missbrauchten Mädchen bekannte, negative Emotionen sind *Schuldgefühle.* Viele Mädchen nehmen aufgrund mangelnder Aufklärung an, dass sie die Einzigen sind, die sexuell missbraucht werden, und suchen deshalb die Schuld dafür einzig und allein bei sich. [...]

Diese Selbstvorwürfe führen zu Schuldgefühlen, die die Mädchen zum Schweigen über den Missbrauch verurteilen.

Andere Mädchen befinden sich für schuldig, weil sie das Gefühl haben, „mitgemacht zu haben“, nur weil sie sich nicht körperlich wehrten. [...]

Gefühle des Verlassenwerdens können durch den Vertrauensbruch zwischen Missbraucher und Opfer hervorgerufen werden. Der Vertrauensbruch wird in der Literatur oft als Schlüsselerlebnis des innerfamiliären sexuellen Missbrauchs beschrieben. Das verwundert nicht angesichts der Tatsache, dass die ersten Bezugspersonen aus der nahen Verwandtschaft hervorgehen. Die ersten Vertrauensverhältnisse sind von elementarer Bedeutung für die gesamte weitere Persönlichkeitsentwicklung, da Vertrauen eine Voraussetzung für Lernen und Entwicklung ist.

Nicht nur das Vertrauensverhältnis zwischen Missbraucher und Opfer wird durch den Missbrauch grundlegend gestört, sondern meist auch weitere wichtige Beziehungen zu Vertrauenspersonen wie z.B. der Mutter.

Aber nicht nur der innerfamiliäre Missbrauch ist durch einen Vertrauensbruch gekennzeichnet. Auch sexueller Missbrauch außerhalb der Familie hat gravierende Folgen, da die Mädchen merken, dass ihr in diese Menschen gesetztes Vertrauen missbraucht wird. Mit Misstrauen, Angst, Schuldgefühlen oder anderen negativen Emotionen können Menschen auf Dauer nicht leben. Sie müssen aktiv werden und handeln, um eine für sie weniger belastende Situation herzustellen. Drei Reaktionsweisen sind möglich: erstens zufälliges, unbewusstes Handeln aufgrund emotionaler Erregtheit, zweitens Anpassung und drittens Verdrängung.

1. Von dieser Reaktionsweise – zufälligen, unbewussten Handelns – ist nur in ganz wenigen Erfahrungsberichten die Rede. Meistens sind die Mädchen wie gelähmt und handlungsunfähig. [...]

2. Ein Anpassungsprozess ist immer ein bewusster oder unbewusster Prozess der Resignation. Die Mädchen merken, dass sie an den sexuellen Übergriffen nichts ändern können. Um ihre Leiden nicht ins Unerträgliche zu steigern und mit ihren Emotionen leben zu können, erscheint ihnen die Anpassung als einzig gangbarer Weg. Dieser kann verschiedene Formen annehmen:

– Sexuell missbrauchte Mädchen und Frauen können *extrem angepasst* wirken. Da sie oft ab der frühen Kindheit gelernt haben, an ihren eigenen Gefühlen und Wahrnehmungen zu zweifeln, da oft gegen ihre Bedürfnisse verstoßen wurde, sind ihnen ihre eigenen Bedürfnisse nicht bewusst. Sie haben dagegen frühzeitig gelernt, Bedürfnisse anderer Menschen (z.B. des Missbrauchers) über ihre eigenen zu stellen. Dadurch entwickelt sich ein extrem angepasstes Verhalten, das sich im Umgang mit anderen Menschen in Entscheidungsunfähigkeit und Unterordnung unter den Willen anderer zeigt. [...]

– Eine weitere Form der Anpassung sind die *indirekten Abwehrstrategien der Opfer* gegen die Täter. Die Mädchen wissen, dass sie sich ihrem Missbraucher nicht entziehen können und treten ihm deshalb nicht offensiv entgegen. Sie versuchen, Situationen des Missbrauchs zu entgehen oder mit allen erdenklichen Mitteln das Interesse des Missbrauchers von sich abzulenken.

Eine andere, oft beschriebene Abwehrstrategie ist die des Bettnässens oder Einkotens. Da der Missbrauch häufig nachts stattfindet, versuchen die Mädchen mit solchen Mitteln, die Täter aus dem Bett zu ekeln, und erhoffen sich dadurch ein Ende des Missbrauchs. Alle diese Strategien sind eine Form der Anpassung, weil sich die Mädchen nicht grundsätzlich gegen die sexuellen Übergriffe wehren (können). Andererseits stellen sie eine Form des Widerstandes dar, weil die Mädchen versuchen, sich handelnd Missbrauchssituationen zu entziehen.

Häufig zeigen die als Kind erworbenen Anpassungsstrategien bis ins Erwachsenenalter hinein ihre Auswirkungen:

– Aus vielen Erfahrungsberichten betroffener Frauen und Mädchen wird deutlich, dass sie auch als Erwachsene *Gewalt in allen Formen* erdulden. Dies ist eine Form der Anpassung, weil sie nie lernen konnten, sich gegen direkte Gewalt, wie z.B. sexuellen Missbrauch, zu wehren. [...]

– Viele Mädchen und Frauen berichten von einer *Verarmung ihrer Erlebnisfähigkeit.* Sie passen sich an die oft täglich erfahrenen Demütigungen und ihre Ohnmachtsgefühle an, indem sie bestimmte Gefühle wie Hass, Wut, Angst, Ekel abtöten. Dadurch erhalten sie den Eindruck, als wenn sie sich einen kleinen Teil ihres Lebens nicht zerstören ließen. [...]

3. Verdrängung ist ein Schutzreflex gegen belastende, für das Individuum unauflösbar erscheinende Widersprüche. Verdrängungsprozesse können ein unterschiedliches Ausmaß haben. [...]

Langfristige Verdrängungsprozesse treten besonders bei jungen Mädchen auf, weil diese durch Missbrauchssituationen überfordert sind und sie als Situationen des völligen Ausgeliefertseins empfinden. Bei vielen funktioniert der Schutzmechanismus Verdrängung so „perfekt“, dass sie sich später nicht mehr erinnern können.

Für das Leben von sexuell missbrauchten Mädchen und Frauen können die Verdrängungsprozesse vielerlei Konsequenzen haben:

– Betroffene Mädchen und Frauen berichten von Schwierigkeiten im zwischenmenschlichen Bereich. Wird der oft grundlegende Vertrauensbruch der Kindheit nicht verarbeitet, sondern verdrängt, dann bestimmen die daraus resultierenden Folgen das weitere Leben der Frauen. Sie werden kaum in der Lage sein, Vertrauen zu anderen Menschen zu entwickeln, Wärme, Liebe und Geborgenheit zu geben und anzunehmen. Dies kann zu extremen Formen der Isolation führen.

Eine andere Schwierigkeit im zwischenmenschlichen Bereich kann darin bestehen, dass hauptsächlich über den Körper Zuwendung bezogen wird. Denn die Missbrauchserlebnisse haben die Mädchen gelehrt, dass ihr Körper und nicht ihre gesamte Persönlichkeit von Interesse ist. [...]

– Weitere Schwierigkeiten liegen in der Sexualität. Sexualität ist der Bereich, in dem die Mädchen nie nach ihren Wünschen und Bedürfnissen gefragt, sondern in dem immer gegen sie gehandelt wurde. Durch sexuellen Missbrauch ist Frauen und Mädchen die Möglichkeit genommen, sich in Zärtlichkeiten zu entspannen und Sicherheit und Wärme über körperliche Zuwendung zu erhalten. Die Folge ist keine Möglichkeit der Entspannung und des Fallen-Lassens, kein Genießen des Körpers und seiner Reaktionen ohne Angst vor erneutem Missbrauch. [...]

– Eine weitere Folge von Verdrängungsprozessen sind Depressionen. Meist kennen Betroffene die Ursache ihrer Depressionen nicht, fühlen nur Trauer, Einsamkeit und Leblosigkeit. Diese Gefühle sind sehr diffus und stellen die Frauen vor – scheinbar ohne jeden Auslöser auftretende – negative Gefühlslagen. [...]

Unaufgelöste, negative Emotionen führen zu Stress – der *vierten Stufe* des Isolationsschemas. Diese immer häufiger und langfristig auftretenden Emotionen haben im Bereich des autonomen Nervensystems erhöhte Beanspruchungsvorgänge zur Folge. Dabei kommt es zu Adaptionsvorgängen auf dieser Ebene, d.h. zu Veränderungen in der Regulation von Körperfunktionen. Es treten Hormonstörungen im Rahmen der autonom-

nervösen Steuerung ein, die letztendlich dann zu psychosomatischen Syndromen wie z. B. Magengeschwüren führen. Im Kontext mit sexuellem Missbrauch werden hauptsächlich Schlaf- und Essstörungen (Appetitlosigkeit und Bauchschmerzen), Nervosität und Konzentrationsstörungen genannt.
Mädchen, die nachts sexuell missbraucht werden, gehen mit großer Angst schlafen. [...]
Der Körper reagiert mit erhöhter Anspannung und Wachsamkeit, Schlafstörungen sind die Folge.
Darüber hinaus berichten Frauen von Hauterkrankungen, Sprachstörungen und chronischen Unterleibsbeschwerden. Die durch Stress hervorgerufenen körperlichen Symptome entwickeln sich bei fortgesetztem Missbrauch zu psychosomatischen Störungen. Sie bilden zusammen mit den schweren psychischen Schäden die *fünfte Stufe* des Schemas. Sexuell missbrauchte Mädchen berichten am häufigsten von Essstörungen, selbstverletzendem Verhalten und Missbrauch von Rauschmitteln – Drogen, Alkohol, Psychopharmaka. Gemeinsam ist diesen Symptomen, dass sie sich selbstzerstörerisch gegen den Körper des Opfers richten und nicht mehr vom Bewusstsein gesteuert werden.
Auf den vorherigen Stufen des Isolationsprozesses kommt es durch Verdrängung, Anpassung oder zufälligem, unbewusstem Agieren nicht zu einer „Lösung" der Konflikte. Die negativen Emotionen und Widersprüche bleiben aufrechterhalten, sie bedürfen der individuellen Auflösung, ansonsten ist das Individuum nicht überlebensfähig. Die Auflösung erfolgt in individuellen Schuldzugeständnissen. [...]
Ein anderes Verhaltensmuster zur Bewältigung des Schuldzugeständnisses ist die Selbstbestrafung. Mit der Selbstbestrafung in Form von selbstverletzendem Verhalten sieht das Mädchen seine Schuld „gesühnt" und fühlt sich zumindest kurzfristig erleichtert.
Alle Auswirkungen sexuellen Missbrauchs verstehen wir als „Ergebnis" eines sich fortsetzenden gestörten Aneignungsprozesses, als Bewältigungsmechanismus und individuell angemessene Reaktion, als zweckmäßige Überlebenspraktik. [...]

(Karin Gutjahr/Anke Schrader, Sexueller Mädchenmissbrauch. Ursachen, Erscheinungen, Folgewirkungen und Interventionsmöglichkeiten, Papyrossa, Köln, 2. überarb. Aufl. 1993, S. 87–108)

1. Erarbeiten Sie zunächst das Grundmodell der Isolationstheorie.
2. Versuchen Sie die Anwendung der Isolationstheorie auf die Bedeutung des sexuellen Missbrauchs für die Persönlichkeitsentwicklung in einem Schema grafisch darzustellen.

Vertiefung

Entstehungsbedingungen des sexuellen Missbrauchs

Der Beginn des Interviews mit A. ist auf S. 283 abgedruckt, lesen Sie dort zunächst noch einmal nach.

A., 22 Jahre, Tischlerlehrling

[...] Niemand wusste das von mir. Ich habe das erst gesagt, als meine Eltern sich getrennt haben und meine Schwester damit rausgerückt ist. Mit der hat er das auch gemacht. Ich habe das nie gemerkt. Es kam alles erst raus, als meine Eltern sich scheiden ließen. Ich war damals etwa zwölf Jahre alt, konnte aber nur sagen, dass mein Vater mich sexuell missbraucht hatte. Vor einem halben Jahr konnte ich zum ersten Mal wirklich darüber reden. Was für mich grauenhaft ist, ist aber weniger die Erinnerung an die Misshandlungen. Was danach gekommen ist, hat mir Angst vor mir selber gemacht. Er hat in mir das Bedürfnis geweckt, das Gefühl wieder haben zu wollen. Ich habe mir als Kind gewünscht, dass das wieder jemand mit mir macht, aber nicht er. Ich habe damals schon eine kleine Freundin gehabt, die das gemacht hat. Die habe ich dazu aufgefordert, auf die gleiche Art wie er. Das war aber nicht das einzige Mal, sondern ich habe das noch mit mehreren Kindern danach getan. […]

Ich schäme mich dafür. Auch heute noch, wo ich mir einigermaßen darüber im Klaren bin, dass ich nichts dafür kann, ekelt es mich noch vor mir selbst.

[…] Von meinem Vater bin ich ab und zu geschlagen worden, von meiner Mutter bin ich ziemlich viel geschlagen worden, als ich klein war, und ich musste früher oft zu meiner Großtante, die mich ziemlich oft geschlagen hat. Ich weiß, dass auf mir früher manch ein Bügel kaputt gegangen ist. Das Schlimmste ist für mich, dass zwischen meiner Schwester und mir auch ähnliche Sachen abliefen. Das ging immer von meiner Schwester aus und lief bis zur Scheidung meiner Eltern. […]

Auch heute noch habe ich unheimliche Angst, dass meine Freundin das Gefühl hat, von mir ausgenutzt zu werden. Es fällt mir schwer, auch eigene Wünsche zuzulassen. Es ist mir wahnsinnig wichtig, dass meine Freundin sich wohl fühlt und dass es für sie angenehm ist. Das ist mir viel wichtiger, als dass ich meine eigenen Wünsche äußern könnte. […]

I: Sind dir deine eigenen Wünsche unheimlich?

A: Es geht so. Es ist wie Licht und Schatten. Teilweise sind sie mir unheimlich, teilweise weiß ich, dass ich sie auch äußern kann. Ich äußere sie ja auch. Ich habe immer das Gefühl, auch weil ich so klein war, dass ein Gefühlsgespenst in mir rumspukt und von Zeit zu Zeit wieder auftaucht. Im Moment ist es wieder ganz schrecklich durch den Verdacht, den meine Schwester und ich momentan gegenüber meinem Vater hegen. Wir befürchten, dass er eventuell seine Patenkinder sexuell missbrauchen könnte. […]

Ich weiß noch ganz genau, dass ich, als ich klein war, mit meiner Schwester von zu Hause weglaufen wollte und wir uns auch schon ein Versteck ausgesucht hatten. Wir wurden zu Hause halt sehr häufig von unserer Mutter geschlagen. Schlimm war die Hundekette. Aber die schrecklichste Erinnerung habe ich an das Springseil. Ich war ungefähr vier oder fünf Jahre alt, da tauchte bei uns zu Hause ein Springseil auf. Ich hatte das nie vorher gesehen. Meine Mutter war wahnsinnig wütend, weil die dachte, wir hätten das Seil geklaut. Und dann fragte sie nur: Wem gehört das? Und meine Schwester sagte, es sei von unserem Nachbarn, ich hätte das mitgebracht. Ich hatte das aber nicht mitgenommen, das weiß ich noch ganz genau. Meine Mutter ist zu mir gekommen, hat mir das Seil gezeigt, hat mich fürchterlich angeschrieen und mich mit dem Seil geschlagen. Und nicht nur einmal, sondern ganz oft. Ich weiß noch, dass ich hinterher richtige Striemen hatte. Sie hat mir dann geholfen und die Striemen mit Salbe eingerieben. Erst hat sie mich geschlagen, dann ist sie zu dem Nachbarn rüber und hat ihn dann erst gefragt, ob das Seil ihm gehört und es ihm gegeben. Dann ist sie zu mir gekommen und hat geheult und hat mir die Striemen eingerieben. Ich habe sie gar nicht wahrgenommen. Ich habe sie teilweise gehasst. Meine Mutter hat mich immer aus nichtigem Anlass geschlagen.

I: Wie hat deine Mutter reagiert, als sie erfahren hat, dass du von deinem Vater sexuell missbraucht worden bist?

A: Sie war schockiert. Meine Schwester hat ihr im Alter von etwa drei Jahren zum ersten Mal von den sexuellen Misshandlungen erzählt. Sie hat gesagt: „Du Mammi, der Pappi fasst mich dauernd an der Scheide an." Ich weiß nicht, wie sie da reagiert hat. Meine Mutter hat sie, glaube ich, nicht ernst genommen, weil meine Schwester nie wieder darüber gesprochen hat. Zwischen meiner Mutter und meiner Schwester war das Verhältnis ganz schlecht. Meine Schwester hat dann später sechs Jahre lang überhaupt nicht mehr mit meiner Mutter gesprochen.

I: Aber ihr habt nach der Scheidung bei deiner Mutter gelebt?

A: Das war dann so, dass meine Schwester es gesagt hat. Meine Mutter war völlig hilflos und ist dann mit uns zur Erziehungsberatung gegangen. Da fing eigentlich für mich die erste Therapie an. Ich habe eine Spieltherapie gemacht, und parallel dazu hatten wir zu dritt Familientherapiesitzungen. Später wechselte das bei mir in eine Gesprächstherapie. Ich bin eigentlich, seit ich dreizehn bin, mit längeren Unterbrechungen in therapeutischer Behandlung.

I: Wann haben die Schläge aufgehört?

A: Seit der Trennung meiner Eltern bin ich nie wieder von meiner Mutter geschlagen worden. Völlig abrupt war das zu Ende. Meine Schwester und ich haben uns früher auch viel geprügelt. Unser Verhältnis war früher ganz schlecht. Im Grund hatten wir uns auch wahnsinnig lieb, aber trotzdem hatten wir uns schrecklich in der Wolle. […]

I: Hattest du irgendeinen Menschen, in dessen Gegenwart du dich einigermaßen sicher gefühlt hast?

A: Ich fand eigentlich erst jemand in der sechsten Klasse, das war mein Deutschlehrer. In der Zeit fing dann die Trennung meiner Eltern an. Das ging hin und her und dauerte fast zwei Jahre. Mein Vater hatte zusätzlich zu meiner Mutter, die wohl einiges über sich ergehen lassen musste, und meiner Schwester und zeitweise auch mir auch noch mehrere Freundinnen. Ein Monster, würde ich mal sagen. In der Zeit hatte er halt auch eine Freundin und meine Mutter hat ihn dann irgendwann rausgeworfen. Dann war er drei Monate bei seiner Freundin, dann wieder bei uns und dann wieder bei ihr usw. Als Kind hatte ich niemanden. Ich habe mich unheimlich lange allein gefühlt, ganz allein. Allein gelassen auch im Spiel, und ich war auch in der Schule immer der Außenseiter. […]
Mit meinem Vater war das eigentlich immer ganz komisch. In einer normalen Familie freuen sich die Kinder, wenn der Vater von der Arbeit nach Hause kommt, fallen ihm um den Hals und jubeln. Wenn er nach Hause kam, mussten wir nach oben in unsere Zimmer gehen und uns möglichst ruhig verhalten, damit er erst einmal ins Wohnzimmer gehen, Schuhe ausziehen und sich ausruhen konnte. Wir durften ihn nicht sofort begrüßen. Und dann durften wir nach unten kommen, guten Abend sagen und wieder nach oben gehen. Das war alles an Kommunikation wochentags, weil er seine Ruhe haben wollte. Mein Vater ist in einem technischen Beruf tätig. An Wochenenden haben wir auch kaum zusammen gespielt. Ich habe wenig gute Erinnerungen an meinen Vater. Wirklich schön war, wenn wir mit ihm rumgetobt haben. Ansonsten hat er immer Sachen von mir gefordert, die ich nicht erfüllen konnte. Beispielsweise hat er mal meiner Schwester – da war ich so acht, neun – beigebracht, wie man ein Fahrrad flickt. Und das sollte ich dann natürlich auch lernen. Ich habe das einfach nicht geschafft, das war alles für mich viel zu groß und zu schwer und überhaupt nicht hinzukriegen. Meine Mutter hat das hinterher auch erzählt, wie er mich dann immer angeschrieen hat. Und er hat mich auch geschlagen, weil ich es nicht hingekriegt habe. Meine Mutter hat erzählt, sie stand drinnen in der Küche und hat geheult, weil er so mit mir umgegangen ist. Ich war im Vergleich zu meiner Schwester mehr der Liebling meiner Mutter. Meine Schwester ist öfter von ihr geschlagen worden. Ich weiß gar nicht, wie oft das war. Ich weiß nur, dass wir immer unheimliche Angst vor ihr hatten.

I: Du konntest ja keinen Augenblick Kind sein.

A: Nein, Kind sein konnte ich erst in der Spieltherapie und da auch nur ein gekünsteltes Kind. Ich konnte nicht mehr richtig Kind sein. […]

Im Moment ekelt es mich total vor meinem Vater. Mich widert es schon an, mit ihm am Telefon sprechen zu müssen, seine Stimme zu hören. Nach außen hin ist er der netteste Mensch überhaupt. Wir waren auch früher nach außen hin die intakte Familie. Es waren alle völlig schockiert, als meine Eltern sich getrennt haben. Wir waren sehr religiös, und meine Eltern waren aktiv in der Gemeinde. Meine Eltern hatten Freunde, und wir hatten auch Besuch zu Hause.

I: Und dann wurde heile Familie gespielt.

A: Ja ... Bei uns sind auch Kindergartenfeste gelaufen, und meine Eltern haben Kinderfahrten mitorganisiert.

I: Mochtest du Kinder mit nach Hause nehmen?

A: Ich habe keine Freunde gehabt, die mit mir nach Hause gekommen wären. Ich habe mich von Kindern sehr zurückgezogen, ich habe sehr viel alleine gespielt. Meistens habe ich einen kleinen Jungen gespielt, der von allen unterdrückt wird, der aber trotzdem unheimlich stark ist und alle Sachen schafft und besser ist als alle anderen.

[...] Meine Mutter hat von meiner Schwester, als sie etwa drei Jahre alt war, zum ersten Mal von den sexuellen Misshandlungen erfahren. Sie hat meinen Vater in psychiatrische Behandlung geschickt, und er ist ein halbes Jahr in dieser Behandlung gewesen. Es ging bis zu dem Punkt, dass der Psychiater, um die Behandlung weiter fortzusetzen, es vor der Krankenkasse quasi hätte öffentlich machen müssen. Und das wollte meine Mutter nicht und hat dann darauf bestanden, dass er die Behandlung abbricht. Und in seiner Therapie ging es damals darum.

I: Deine Mutter hätte also unter Umständen deine Misshandlung und die weitere sexuelle Ausbeutung deiner Schwester verhindern können?

A: Ja, im Prinzip schon. Ich habe auch mehr Probleme mit meiner Mutter. Ich wüsste gar nicht, wie ich an ihrer Stelle mit der Schuld, die sie auf sich geladen hat, leben könnte. Sie hat die ganze Sache überhaupt zugelassen, und sie hat uns so viel geschlagen, weil eigentlich die ganze Familie ein völliges Chaos war. Wir waren für sie der Blitzableiter. Ich weiß auch, dass sie als Kind vergewaltigt worden ist. Das weiß ich übrigens auch von meinem Vater. Für mich war von beiden Elternteilen eigentlich meine Mutter immer die dominantere Person gewesen. Ich hatte zwar vor meinem Vater auch einen ungeheuren Respekt, aber er war ja viel seltener zu Hause. Ich bin von ihm immer zu meinen Verwandten geschickt worden, weil ich ihn gestört habe. Er hat mich richtig aus dem Weg geräumt. Ich war ihm lästig. [...]

Als ich ausgezogen bin, war zwischen meiner Mutter und mir der totale Horror. Sie hat es mir sehr übel genommen, dass ich, in ihren Augen so Hals über Kopf, umgezogen bin. Sie empfand es als ein bewusstes Wegstoßen ihrer Person. Nach der Scheidung hatte sie sich an mich geklammert. Ich habe mich zu Hause emotional unheimlich gebunden gefühlt. Im Moment hat sich die Situation zwischen uns aber wieder etwas entspannt.

(Nele Glöer/Irmgard Schmiedeskamp-Böhler, Verlorene Kindheit. Jungen als Opfer sexueller Gewalt, München 1990, S. 60–68 u. S. 74–75)

1. Untersuchen Sie das Fallbeispiel im Hinblick auf:
   a) das Verhalten und die Persönlichkeit der Familienmitglieder,
   b) die Beziehungen der Familienmitglieder zueinander,
   c) die Art der sozialen Kontakte der Familienmitglieder zur Umwelt.
2. Formulieren Sie unter Berücksichtigung der Ergebnisse aus Aufgabe 1 Thesen zu möglichen Entstehungsbedingungen des sexuellen Missbrauchs von Kindern bzw. Jugendlichen.

Der familiendynamische Erklärungsansatz

Macht und Ohnmacht – Familiale Dynamik im Prozess sexueller Ausbeutung von Kindern

[…] Sexuelle Gefühle und Fantasien, die Kinder bei Erwachsenen auslösen können, gehören zu den – für die meisten Erwachsenen – völlig unaussprechbaren Bereichen. Dabei ist wichtig, dass wir uns vergegenwärtigen, dass nicht diese Fantasien für ein Kind schädlich sind, sondern wenn die damit verbundenen sexuellen Bedürfnisse mit dem Kind befriedigt werden. Auch Kinder haben ihre eigene Sexualität, die sich jedoch ganz wesentlich von Erwachsenensexualität unterscheidet. Kindliche Sexualität richtet sich nicht auf die Herstellung und Gestaltung sozialer Beziehungen, sondern ist in einem umfassenden Sinne autoerotisch.

Welche Bedingungen müssen zusammenkommen, damit ein Erwachsener die Grenze von der Fantasie zum sexuellen Handeln überschreitet, seine Sexualität mit der des Kindes gleichsetzt und die Andersartigkeit kindlicher Bedürfnisse nicht mehr wahrnehmen kann?

In den Anfängen unterscheiden sich oft die sexuell ausbeuterischen Verhaltensweisen des Erwachsenen nur in der Intention von nichtsexuellen Zärtlichkeiten.

Marquit, ein amerikanischer Psychotherapeut, beschreibt aus seiner Praxis einen solchen Prozess, in dem sich sexuelle Ausbeutung entwickelt hat: „Der Vater, der sich meist einsam fühlte, hatte zu seiner Tochter ein ‚inniges' Verhältnis entwickelt. Oft saß sie auf seinem Schoß oder schmuste mit ihm. Immer häufiger dachte er daran, was für ein gutes Kind sie sei. Er suchte ihre Nähe, da er sich dann immer erleichtert und besser fühlte. Ständig dachte er daran, wie glücklich sie ihn machte, wenig daran, wie sie sich dabei fühlte. […] Es gelang ihm oft, Situationen zu arrangieren, in denen er mit ihr zusammen sein konnte. Da für ihn Zuneigung und Sexualität eins waren, suchte er sie zu berühren und von ihr berührt zu werden. Sobald er an sie dachte und an das, was sie zusammen taten, verspürte er eine zunehmende sexuell erregende Euphorie. Langsam wurde er von diesem Gefühl vollständig beherrscht. Jeder Streit mit seiner Frau oder seinem Chef geriet in Vergessenheit, und er fühlte sich wieder wohl, sobald er an seine Tochter dachte, die ihn wirklich verstand."

Um diesen Prozess, in dem der Erwachsene die Beziehung zum Kind sexualisiert, wirklich zu verstehen, ist es notwendig, sich zum einen die lebensgeschichtlichen Erfahrungen des Erwachsenen, zum anderen die Struktur und Dynamik seiner Familie anzusehen.

Es gibt keine repräsentativen Untersuchungen über sexuell ausbeutende Erwachsene. In einer eigenen Untersuchung von 50 Klienten stellte Marquit fest, dass die sexuell ausbeutenden Erwachsenen zu 48 Prozent selber sexuellen Übergriffen in ihrer Kindheit ausgesetzt waren, 20 Prozent hielten es durchaus für möglich, waren sich aber nicht sicher. 27 Prozent waren körperlichen, aber nicht sexuellen Übergriffen ausgesetzt. Von diesen 27 Prozent berichteten die meisten von sexueller Ausbeutung von Geschwistern oder nahen Verwandten durch andere Verwandte. Nur fünf Prozent sagten, sie wären weder physisch noch sexuell missbraucht worden. Auch die Mütter sexuell ausgebeuteter Kinder sind zu 70 bis 80 Prozent selber als Kinder sexuell ausgebeutet worden.

Obwohl die Eheleute ähnliche Erfahrungen gemacht haben, teilen sie sich diese Erfahrungen nicht mit. Die Erfahrung sexueller Ausbeutung ist stillschweigendes Erbe, das Mann oder Frau in ihre Familien einbringen.

Die Persönlichkeit sexuell ausbeutender Erwachsener zeichnet sich besonders durch zwei Merkmale aus: ein geringes Selbstwertgefühl und eine Persönlichkeit voller Scham; einer Scham, die sie an der Existenzberechtigung ihrer Person zweifeln lässt.

Nach meinen Erfahrungen äußert sich dies häufig in zwanghaftem Verhalten; Kritik an ihrem Verhalten beziehen sie schnell auf die ganze Person. Außerdem können sie sich selbst kaum als Individuen wahrnehmen, ihre Identität ist eine Gruppenidentität. Daher ist es für sie schwer, eigene Gefühle wahrzunehmen oder sich zuzugestehen, sie verwechseln ihre Gefühle mit den Gefühlen anderer. Dadurch sind auch ihre sozialen Fähigkeiten eher gering, und sie sind wenig in der Lage, sich in andere hineinzuversetzen. Ihre Allmachtsfantasien sind begleitet von großen Versagensängsten, und sie leugnen ihre negativen Erfahrungen als Abwehr gegen den erlittenen Schmerz.
Ausbeutende Erwachsene wiederholen häufig ihre in der Kindheit erlebten Erfahrungen, diesmal aber mit vertauschten Rollen: Sie sind jetzt diejenigen, die Macht und Kontrolle ausüben, und andere sind diejenigen, die ohnmächtig und hilflos sind. Um in dieser Position so wenig wie möglich gefährdet zu sein, fällt ihre „Wahl" auf Kinder.
Kinder bringen ihren Bezugspersonen normalerweise großes Vertrauen entgegen. Der Erwachsene kann bei Kindern nahezu sicher sein, dass er von ihnen nicht zurückgewiesen, gedemütigt und nicht in Frage gestellt wird, dass er auf jeden Fall der Überlegene bleibt.
Durch ihre Missbrauchserfahrungen haben diese Erwachsenen gelernt, Nähe häufig in sexualisierter Form zu suchen und zu geben, sie können zwischen Zuneigung, nichtsexueller Zärtlichkeit und Sexualität nicht unterscheiden.
Diese Verhaltensmuster hat der Erwachsene in einem Familiensystem gelernt, das er häufig in seiner Familie zusammen mit seinem Partner/seiner Partnerin neu wiederherstellt. Aufgrund ihrer eigenen negativen Kindheitserfahrungen entwickeln Erwachsene eine Vorstellung von Familie, die ihnen die Erfüllung aller Wünsche und Bedürfnisse verspricht.
Um diese Vorstellung zu verwirklichen, schaffen die Familienmitglieder ein Familiensystem, das nach außen sehr geschlossen und harmonisch wirkt. Diese Geschlossenheit erreichen sie um den Preis, dass sie sich von ihrer Umwelt stark isolieren, diese häufig als feindlich erleben und beschreiben. Damit wird wiederum die Notwendigkeit verstärkt, die Familie tatsächlich als den (einzigen) Ort anzusehen, an dem eine Erfüllung von emotionalen Bedürfnissen möglich ist.
Da die Eltern aufgrund ihrer lebensgeschichtlichen Erfahrungen wenig dazu in der Lage sind, Zuneigung und Anerkennung zu geben, vielmehr ständig auf der Suche, diese für sich zu bekommen, sind, entsteht in der Familie eine Konkurrenz aller gegen alle um die knappen emotionalen Zuwendungen. Das führt dazu, dass die Generationsgrenzen – zwischen Eltern und Kindern – nicht mehr klar erkennbar sind. Kinder spüren die emotionale Bedürftigkeit ihrer Eltern schon sehr früh und versuchen, diese zu befriedigen. Häufig lässt sich in diesen Familien eine Rollenumkehr beobachten: Die Kinder übernehmen fürsorgerische, tröstende und pflegende Aufgaben, während die Eltern abhängig, hilflos und kindlich erscheinen.
Die Not dieser Familien ist ihnen meistens nicht anzumerken, sie gelten als freundlich und harmonisch. Was ihnen nicht gelingt, ist, durch eine Willensentscheidung den Kreislauf ihrer Verstrickung anzuhalten. Dazu benötigen sie professionelle Hilfe von außen, die sie als so wenig bedrohlich erleben, dass es ihnen möglich wird, diese zu akzeptieren.

(Deutscher Kinderschutzbund e.V. [Hg.], Das ist unser Geheimnis. Sexuelle Ausbeutung von Kindern. Bedingungen, Familiendynamik, Handlungsfelder. Sonderdruck aus „Kinderschutz aktuell" 2/89, S. 7–9)

1. Lassen sich aus dem familiendynamischen Erklärungsmodell Handlungsmöglichkeiten für die pädagogische Praxis ableiten?
2. Beurteilen Sie den familiendynamischen Ansatz kritisch. Erklärt der Ansatz die Ursachen des sexuellen Missbrauchs ausreichend oder bleiben Fragen offen? Wenn Fragen nicht geklärt werden, formulieren Sie diese und halten Sie sie schriftlich fest.

Der soziologisch-feministische Erklärungsansatz

[…]

Der feministische Ansatz innerhalb der Soziologie geht von einem Geschlechterverhältnis aus, das durch die Herrschaft von Männern über Frauen gekennzeichnet ist. Ein konstitutives Element der patriarchalen Ordnung ist die geschlechtsspezifische Arbeitsteilung. Die gesellschaftliche Teilhabe an Produktion und Reproduktion, Macht und Einfluss wird getrennt nach Geschlecht und Klasse verteilt. Unabhängig von der Klassenzugehörigkeit besetzen Männer die oberen Positionen der Hierarchie, wohingegen Frauen auf die unteren Plätze verwiesen werden. […]

Sexueller Missbrauch als Ausdruck struktureller Gewalt

Der Begriff strukturelle Gewalt zielt auf die ungleichen Lebenschancen von Frauen gegenüber Männern, auf die Differenz von „Wirklichem“ und „Möglichem“ in ihrem Leben.
Die Geschlechtsanalyse bietet für die Darstellung des sexuellen Missbrauchs zwei grundlegende Fakten: Die Täter sind zu über 90% Männer und die Opfer sind zu 75 bis 80% Mädchen. Damit steht nicht die elterliche Gewalt gegen Kinder (wie z.B. bei Kindesmisshandlungen), sondern die Männergewalt gegen Mädchen im Mittelpunkt der feministischen Betrachtung. Die Bezeichnungen Gewalt in der Familie, Gewalt gegen Kinder und elterliche Gewalt verschleiern die tatsächliche Situation, indem sie weder die Inhaber der Macht noch die Opfer der Gewalt beim Namen nennen.
Bei der Analyse der Geschlechterverhältnisse geht es nicht primär um die Betrachtung geschlechtsspezifischen Verhaltens und die Beziehungen der Geschlechter zueinander, sondern um die gesellschaftliche Verteilung von Macht. Verhältnisse und Verhalten sind in diesem Zusammenhang zwei grundsätzlich zu unterscheidende Ebenen. Die gesellschaftliche Organisation ist durch ein Herrschaftsverhältnis gekennzeichnet, das sich in der Macht von Männern über Frauen manifestiert. Diese gesellschaftliche Organisationsform legitimiert die Verfügungsmacht des einzelnen Mannes über die Frau.
Die zunehmende Diskussion um den Täter als Opfer (durch selbst erlittene Übergriffe in der Kindheit, Rache an der übermächtigen Mutter bzw. an der sich verweigernden Ehefrau) vermischt gerade die beiden Ebenen, Verhältnisse und Verhalten: sie ignoriert, dass der Täter aufgrund seines Geschlechts Teilhaber an der Bestimmung der Verhältnisse ist. Auch als Opfer im konkreten Einzelfall (das Patriarchat stigmatisiert auch das männliche Geschlecht) gehört er dem Geschlecht der Herrschenden an und hat damit gegenüber der Frau als Opfer den Zugriff auf die gesellschaftliche Verfügungs- und Gestaltungsmacht (Partizipation am Arbeitsmarkt, autonome Lebensführung, Verbleib in der Wohnung, allg.: Verfügung über Ressourcen). […]
Ohne diese strukturelle Verankerung der Privilegien des männlichen Geschlechts wären die subjektiven Vorrechte und Möglichkeiten qua Geschlecht eingeschränkt. Das Fehlen einer männerbündischen Ordnung würde die stillschweigende Duldung der individuellen Gewalthandlung gegen Mädchen und Frauen gesellschaftlich aufheben. Zudem ist die Ausbeutung Gleichgestellter entschieden schwerer zu realisieren.
Die dem Patriarchat inhärente strukturelle Gewalt, die bezüglich der Gewalt gegen Frauen hinlänglich untersucht und beschrieben wurde, wirkt auf Mädchen in besonderer Weise, da sie a) auf die Rolle der Frau, also zur Duldsamkeit und Unterordnung hin erzogen und sozialisiert werden und b) zu einer sozioökonomisch unabhängigen und autonomen Lebensführung noch nicht in der Lage sind. Insofern sind sie – im Falle der sexuellen Gewalterfahrung – im doppelten Sinne unterdrückt und ausgebeutet. […]
Was bedeutet diese Struktur nun für die sexuellen Gewalthandlungen von Männern an Mädchen? Die Autorität des Vaters gegenüber dem Mädchen ist institutionalisiert durch die Stellung, die der Vater in der Familie innehat.

„Ihr Kennzeichen (das der Autorität, L.H.) ist die fraglose Anerkennung seitens derer, denen Gehorsam abverlangt wird; sie bedarf weder des Zwangs noch der Überredung.“

Die persönliche, individuelle Autorität des Vaters gegenüber dem Mädchen wird aber durch Gewalthandlungen untergraben, indem Schläge als Gewaltmittel zur Sicherung der Autorität eingesetzt werden, die aber tatsächlich Ausdruck von Machtverlust sind. Dieser Sachverhalt ist für die Mädchen selbst nicht oder nur sehr eingeschränkt durchschaubar, weshalb sie sich existenziell ausgeliefert fühlen. […]

Geschlechtliche Arbeitsteilung und patriarchale Ordnung der Familie

[…] Familie zeichnet sich strukturell durch generative und geschlechtliche Hierarchie aus. Beide ‚Ordnungsprinzipien' werden mittels Intimität und Abhängigkeit sichergestellt. Die Familie als Keimzelle des Staates sichert gesellschaftlich notwendige Reproduktionsaufgaben und wird daher in Artikel 6 des Grundgesetzes dem besonderen Schutz des Staates unterstellt.

Die Zuständigkeit von Frauen für die Reproduktionsarbeit, ihre Dienstleistungen an Mann und Kindern, sichern die familialen Strukturen. Hausarbeit als „Arbeit aus Liebe“ an einem ‚Produkt', das Frauen nicht gehört, und das sie, sofern die Arbeit erfolgreich war, wieder verlieren, weist zahlreiche Übereinstimmungen zur Lohnarbeit auf. Nur der Lohn als Voraussetzung für die ökonomische Eigenständigkeit fehlt Frauen bei der Hausarbeit. Familienfrauen sind in besonderer Weise von ihrem Ehemann und der Familie finanziell und psychosozial abhängig. […]

Nun deutet der Machtmissbrauch im Falle der ehelichen Vergewaltigung und des sexuellen Missbrauchs bereits auf die Stellung des Mannes/Vaters in der Familie hin. Das System Familie wird durch sexuellen Missbrauch nicht in Frage gestellt, im Gegenteil: Hierarchie und Abhängigkeit werden durch die sexuelle Ausbeutung der Tochter stabilisiert und intensiviert. Sexuelle Ausbeutung dient schon seit Jahrhunderten der Herrschaftssicherung. Diese Form der Gewalt setzt sich unverändert fort, weil Frauen die Arbeit an der Wiederherstellung des Ehe- und Familienbündnisses als Geschlechtsrolle zugewiesen wurde und ihnen darüber hinaus die Machtmittel zur Befreiung und Gleichstellung bislang versagt blieben. Ohne individuelle Existenzsicherung gibt es für Frauen keine freie Entscheidung, den Mann als Missbraucher zu verlassen. Als notwendige (aber nicht hinreichende) Voraussetzung ist ein existenzsicherndes Einkommen erforderlich.

Häufig gehen schwere Beziehungsstörungen den sexuellen Übergriffen voraus. Mit Gewalt versucht der Mann, die familiale Ordnung und damit die Reproduktionsfunktion seiner Familie aufrechtzuerhalten. Er stützt seine Position – im Falle des sexuellen Missbrauchs – durch die Geschlechts- und Generationshierarchie in der Familie. Das Mittel zur Erstellung dieser Ordnung ist Gewalt; sie konkretisiert sich in sexuellen Übergriffen.

In diesem Zusammenhang hat die Alleinverantwortlichkeit der Frau für Haushalt und Kinder, die ihre reale Abhängigkeit manifestiert, besonders fatale Folgen.

„Aufgrund ihrer Schlüsselfunktion dominiert faktisch die Frau in den Familien, was oftmals den Mann autoritär und gewalttätig werden lässt, da sein Selbstverständnis als ‚Herr im Haus' ständig bedroht wird.“ (Schuhmacher 1987b: 65) […]

Familie als Gefahrenort für Mädchen

In der Bevorzugung der Familie als Form privater Lebensorganisation überträgt der Staat den Schutz des Einzelnen auf die Familie. Dort wird dieser ‚Schutz' funktionalisiert durch Maßnahmen der Gefahrenvermeidung. Durch Einschränkungen bei Ausgangszeiten, das Begrenzen der räumlichen Bewegungsfreiheit, die Warnung vor dem fremden Mann und die Empfehlung für einen festen Freund als Beschützer („Zieh dich nicht so aufreizend an“,

„geh nicht alleine aus“, etc.) werden Mädchen systematisch auf Gefahrenvermeidung als einzige Strategie zur Sicherung ihrer körperlichen Integrität hin erzogen. Die Verhaltensnormen, die den Mädchen zu ihrem Schutz vermittelt werden, bedeuten für sie jedoch in erster Linie die Einschränkung ihres Lebens- und Aktionsraums. Der vermeintliche Schutz vor gefährlichen Fremden widerspricht zudem den tatsächlichen Gewalterfahrungen der Mädchen, denn sexueller Missbrauch geschieht vorwiegend in der Familie, an dem Ort, wo Mädchen sich sicher und beschützt fühlen sollten. Die Warnungen und Einschränkungen – wie sie z.B. von der Kriminalpolizei proklamiert werden – verschleiern also die tatsächliche Gefahr und fördern den Rückzug der Mädchen in die Privatheit und damit de facto in den Gefahrenbereich.

In der Familie werden Mädchen nicht auf eine Auseinandersetzung mit der Gefahr vorbereitet. Sie lernen nicht, sich zu wehren, sich der Gefahr zu stellen, und auch nicht, sich Hilfe zu organisieren. Sie sind seltener als Jungen in Gruppen von Gleichaltrigen organisiert, sehen die Freundin nicht als kraftvolle Stütze gegen Übergriffe, sondern ‚suchen’ den Freund bzw. den Vater als Schützenden. Mädchen lernen so nicht, auf die eigene Stärke zu setzen und ihre eigene körperliche Unversehrtheit selbst zu verteidigen. Sie lernen lediglich, Bedrohungen von außerhalb der Familie aus dem Weg zu gehen. Den innerfamilialen sind sie uninformiert ausgesetzt.

Der Gefahr in der Familie können Mädchen durch ihren Status als Kind nicht einfach ausweichen. Zudem lernen sie in ihrer Erziehung keine Mechanismen der Gegenwehr. Ihre Verantwortung für den Zusammenhalt der Familie, die Betreuung jüngerer Geschwister und die Mithilfe im Haushalt binden sie geradezu an den Ort, an dem sexueller Missbrauch droht. [...]

(Luise Hartwig, Sexuelle Gewalterfahrungen von Mädchen. Konfliktlagen und Konzepte mädchenorientierter Heimerziehung, Beltz, Weinheim und München 1990, S. 59–68)

1. Beurteilen Sie den soziologisch-feministischen Erklärungsansatz unter den gleichen Kriterien wie den familiendynamischen (vgl. S. 299f.).
2. Prüfen Sie, inwieweit die beiden Erklärungsmodelle auf das Fallbeispiel des Tischlerlehrlings (vgl. S. 295ff.) anzuwenden sind.
   a) Welche Stärken und Schwächen der Modelle zeigen sich dabei?
   b) Welche Aspekte können durch die Modelle nicht erklärt werden?
   c) An welchen Fragen/Aspekten müssten weitere wissenschaftliche Untersuchungen ansetzen, um die Ursachen des sexuellen Missbrauchs möglichst umfassend erklären zu können?

Pädagogische Anwendung

Familientherapie bei sexuellem Kindesmissbrauch?

Gründe gegen die Familientherapie

Gerade die grundlegende Voraussetzung aller Therapien, die Freiwilligkeit der Inanspruchnahme, ist im Fall von innerfamilialem sexuellem Kindesmissbrauch oft nicht gegeben, da Täter kaum Schuldgefühle entwickeln und die Notwendigkeit zur Therapie nicht einsehen. Auch das der Therapie zugrunde liegende Erklärungsmodell für den sexuellen Missbrauch von Kindern in Familien ist kritisch zu hinterfragen: Das Verständnis von sexuellem Missbrauch als Ausdruck und Symptom familialer Funktionsstörungen beinhaltet, dass eine Familie als Einheit versagt hat: der Missbraucher wird zu einem Opfer unter vielen. So wird die Schuld am Geschehenen in diesem Erklärungsmodell umverteilt:

Frauen werden zu (Mit-)Verantwortlichen, während die Täter in ihren Handlungen entschuldigt werden, da es bei dem Inzest „weniger um Sexualität als um die Möglichkeit geht, sich durch ein offenes Geheimnis gegen Trennung und Verlust zu schützen“ (Sperling. Eckhardt: 1982). Die Ursachen für den sexuellen Missbrauch liegen nach dem familientherapeutischen Erklärungsansatz ausschließlich in der Familie selbst. [...]

KritikerInnen sehen hier die Privatisierung eines gesellschaftlichen Problems und lehnen eine Lösung auf privater Ebene mit Hilfe der Familientherapie ab.

Auch das familientherapeutische Behandlungsmodell an sich ist in seiner Anwendung bei Familien mit Missbrauchsproblematik fragwürdig. Mit der Behandlungseinheit „Familie“ und dem Ziel, diese zu erhalten, wird der Familientherapie vorgeworfen, eine gesellschaftliche Institution zu therapieren, ohne deren Qualität als geeignete Lebensform zu prüfen. [...]

Die Familientherapie, so die Kritik, geht besonders im Fall von sexuellem Kindesmissbrauch „auf Kosten von Frauen und Mädchen, denn es wird nur gelingen, das Verhalten der meist unwilligen Männer zu korrigieren, wenn die Tochter verzeihend und kooperativ ist und eigene Bedürfnisse erneut verleugnet und wenn die Frau fest an der Seite ihres Mannes steht“ (Kavemann, Barbara; Lohstöter, Ingrid; 1985).

Die in der Familientherapie geforderten Grundhaltungen der TherapeutInnen lassen ebenso Zweifel an ihrer Eignung für das Problem sexuellen Kindesmissbrauchs aufkommen. Bedingungslose Achtung und Wertschätzung aller an der Therapie teilnehmenden Personen – also auch des Täters –, die Bereitschaft, davon auszugehen, dass alle Handlungen verständlich werden, wenn Hintergründe und Kontext deutlich werden – also auch der sexuelle Missbrauch eigener Kinder –, die Einstellung der Allparteilichkeit, die Kinder nicht als Opfer, sondern als Mitwirkende an Ereignissen im Familienleben betrachtet, sowie die angenommene Gleichberechtigung aller Familienangehörigen sind im Umgang mit Familien mit Missbrauchsproblematik von zweifelhaftem Wert. Sie machen deutlich, dass die Familientherapie bei dem Problem Inzest wohl kaum als geeignete Methode anzusehen ist.

Notwendigkeiten zur Veränderung – Ansätze zum Wandel

Die gegensätzlichen Schlussfolgerungen bezüglich der Familientherapie als geeignete bzw. ungeeignete Herangehensweise an das Problem innerfamilialen sexuellen Kindesmissbrauchs sind m. E. beide nachvollziehbar. Sie führen – besonders im Hinblick auf fehlende ausschließlich positiv zu bewertende Handlungsansätze – noch zu keiner Verbesserung im praktischen Umgang mit dem Problem. Um dies zu erreichen, ist es notwendig, die Kritik am familientherapeutischen Hilfskonzept als Herausforderung anzunehmen und die Familientherapie im Hinblick auf die Anwendung bei Familien mit Missbrauchsproblematik zu modifizieren.

Grundsätzliche Voraussetzungen

Zunächst gilt es, einige grundsätzliche Voraussetzungen für eine Familientherapie mit Familien mit Missbrauchsproblematik zu gewährleisten:

1. Hat die Familie überhaupt den Wunsch, trotz eines so ungeheuerlichen Geschehens weiterhin zusammen zu leben, und kommt sie zu dem Schluss, Möglichkeiten zu haben, mit der Situation zurechtzukommen? Insbesondere sind hier die Wünsche und Befürchtungen des vom Missbrauch betroffenen Kindes zu berücksichtigen. Möchte es aus einem eigenen Bedürfnis heraus weiterhin in der Familie leben oder sind es die fehlenden Möglichkeiten, eine andere Lebensform zu realisieren, und die Propaganda für die Familie als einzig mögliche Gemeinschaft, die es am Familienverband festhalten lassen?

2. Verfügt die Familie neben dem Wunsch, weiterhin zusammen zu leben, über die notwendigen Ressourcen, eine Therapie konsequent zu Ende zu führen und ihre Zukunft anders zu gestalten? Hier sind Kategorien zu entwickeln, die eine Anwendung der Familientherapie indizieren (vgl. dazu: Summit, Roland; Kryso, JoAnn; 1978). Die Einschätzung der generellen Behandlungsfähigkeit einer Familie sollte immer auf dem Hintergrund erfolgen, „dass in manchen Fällen das Kind niemals in seiner eigenen Familie gedeihen wird, selbst wenn die den Eltern angebotene Behandlung hervorragend ist und lange genug andauert“ (Kempe, C. Henry; Kempe, Ruth S.; 1980).

3. Ist nach eingehender Untersuchung jeder einzelnen Familie eine Indikation zur Familientherapie gegeben, muss der Schutz des Kindes während der Therapie gewährleistet sein. Der sexuelle Missbrauch muss sofort und dauerhaft unterbunden werden.

4. Zu Beginn der Therapie muss deutlich werden, dass „nicht Familien Kinder sexuell missbrauchen, sondern dass es Männer sind, die das tun“ (Fegert, Jörg: 1987). Der Täter muss vor dem Kind und allen Familienangehörigen seine alleinige Schuld bekennen.

5. Die Mütter müssen den Aussagen ihrer missbrauchten Kinder uneingeschränkten Glauben schenken und bereit sein, sich zumindest zeitweise von ihrem Mann zu trennen.

Ein erweitertes Erklärungsmodell

In einem nächsten Schritt sollten Familientherapeut(inn)en ihr Erklärungskonzept für den sexuellen Missbrauch von Kindern in der Familie um gesellschaftliche Aspekte, die das Familiengeschehen mitbestimmen, erweitern. So ist die ökonomische Abhängigkeit der Frauen und Kinder von den Männern als Ernährer der Familie als ein Faktor zu sehen, der dazu beiträgt, die Missbrauchssituation über einen langen Zeitraum aufrechtzuerhalten. Auch die von den TherapeutInnen oft zitierte Ablehnung der Frauen- und Mutterrolle, die sexuelle Veweigerungshaltung der Frauen, in deren Familien sexueller Kindesmissbrauch vorkommt, sind in ihren gesellschaftlichen Ursachen zu hinterfragen. Der Vorwurf, die Frau sei ihren „ehelichen Pflichten“ nicht nachgekommen und habe damit automatisch ihre Tochter gefährdet, impliziert schließlich, „was in unserer Gesellschaft meist fraglos angenommen wird: Eine Frau hat ihrem Mann auf Abruf zur Verfügung zu stehen“ (Saller, Helga; 1985).
Als einen weiteren Faktor, der den sexuellen Missbrauch von Kindern mitbedingt, nennen die Familientherapeutinnen den inadäquaten Umgang mit Macht und Autorität. Dass das Verhältnis zwischen Kindern und Erwachsenen gesellschaftlich grundsätzlich als ein Abhängigkeitsverhältnis mit ungleicher Machtverteilung konzipiert ist, in dem Gewalt auch heute als legitimes Erziehungsmittel in vielen Erscheinungsformen auftritt, bleibt dabei unberücksichtigt.
Schließlich – und gerade hier sollten gesellschaftliche Zusammenhänge ins Auge springen – erklären TherapeutInnen den innerfamilialen sexuellen Kindesmissbrauch als Symptom einer Familienstruktur, die sich vor allem durch starre, rigide Grenzen zwischen Familie und sozialer Umwelt, also in sozialer Isolation darstellt. Unerkannt bleiben hierbei gesellschaftliche Bedingungen, wie z.B. Arbeitslosigkeit, moderne Städteplanung und Städtebau. Bedingungen, die das Familienleben stark beeinflussen und die mit dem Begriff „excessive change and stress“ (Justice, Blair; Justice, Ruth; 1979) treffend beschrieben sind. […]

Veränderte therapeutische Grundhaltungen

Die Berücksichtigung gesellschaftlicher Aspekte bei der Erklärung innerfamilialen sexuellen Kindesmissbrauchs führt zu einem Verständnis von Familie als einer historisch gewachsenen und gesellschaftlich geprägten Institution. Nur das Bewusstsein darüber,

„dass auch die Familie in unserer Gesellschaft (...) im Grunde genommen wie alle anderen sozialen Einheiten ein Machtsystem mit zum Teil sehr subtilen Strukturen, Verpflichtungen und Einschränkungen, die in Form von Familienrollen verteilt sind und letztlich auf Gewalt basieren, (ist)" (Gravenhorst, Lerke; et. al.; 1985) und insbesondere für Frauen und Mädchen viele Negativseiten hat, verhindert, dass in der Familientherapie fraglos stereotype Rollenzuschreibungen verstärkt werden. Die kritische Sicht der „Sozialform Familie" führt zudem zu einem veränderten Verständnis von gelungener Therapie, da sich ein Therapieziel, das ausschließlich auf den Erhalt der Familie gerichtet ist, erübrigt. Gerade im familientherapeutischen Umgang mit innerfamilialem sexuellem Kindesmissbrauch „kann eine gute Klärung sein, dass eine Familie auch auseinander geht" (Steinhage, Rosemarie; 1987).
Die Grundhaltung der Allparteilichkeit ist im Fall von sexuellem Kindesmissbrauch zugunsten einer kindzentrierten Haltung aufzugeben. Auch der Grundsatz der Gleichheit aller Familienmitglieder, der mit dem Alltag und der Realität der Familie sowieso wenig zu tun hat, sollte fallen. [...]

Ein erweiterter Behandlungsansatz

Schließlich geht es bei der Modifizierung der Familientherapie um die Erweiterung der eigentlichen Behandlungsform. Sie richtet sich zum einen nach „außen" und meint z.B. die Zusammenarbeit der TherapeutInnen mit den Strafverfolgungsbehörden. Eine rechtliche Intervention ist oft das einzige Mittel, das Kind vor weiteren sexuellen Übergriffen zu schützen, dem Missbraucher deutlich zu machen, dass sein Verhalten falsch und strafenswert war, und seine konsequente Teilnahme an der Therapie zu garantieren. Zudem ist die Kombination von therapeutischen und sozialen Hilfsmaßnahmen anzustreben. Soziale Unterstützung wird dann nötig, wenn Familien aufgrund rechtlicher Interventionen in finanzielle Schwierigkeiten geraten, wenn im Umgang mit Behörden Hilfe gefordert ist oder auch zur Unterstützung der Organisation des Familienalltags. [...]
Zum anderen richtet sich die Ausweitung des familientherapeutischen Behandlungsansatzes nach „innen" und bezieht sich auf die notwendige Kombination mit anderen therapeutischen Maßnahmen. Bevor eine Familientherapie einsetzt, sollten verschiedene therapeutische Settings mit einzelnen Angehörigen oder Teilgruppen der Familie durchgeführt werden. Giaretto (1975) fordert für das Problem innerfamilialen sexuellen Kindesmissbrauchs einen Behandlungsrahmen, der folgende Einheiten umfasst:

1. Einzeltherapien für das Kind, die Mutter und den Vater;
2. Therapiesitzungen, in denen an der Mutter-Kind-Beziehung gearbeitet wird;
3. Paartherapie für Mann und Frau;
4. Therapiesitzungen, in denen an der Vater-Kind-Beziehung gearbeitet wird;
5. Familientherapie;
6. Gruppentherapie für betroffene Kinder und Eltern.

Sofern alle Voraussetzungen für eine Familientherapie gegeben sind und alle unterschiedlichen Settings auf eine solche hinauslaufen, werden sie unter dem Blickwinkel der Familie als Einheit durchgeführt; alle an der Behandlung beteiligten TherapeutInnen (und Personen aus anderen HelferInnenberufen) erarbeiten gemeinsam einen Behandlungsplan, der unter größtmöglicher Transparenz realisiert wird. [...]

(Nicole Sornig, in: päd extra und demokratische Erziehung, Mai 1989, S. 38–41)

1. Erarbeiten Sie mögliche Therapieziele
   – für das sexuell missbrauchte Kind und
   – für das Verhältnis des Kindes zu den Eltern und den restlichen Familienmitgliedern.
2. Entwickeln Sie ausgehend von dem Text eine Podiumsdiskussion zu der Frage: „Familientherapie bei sexuellem Kindesmissbrauch?“ Erarbeiten Sie dazu zunächst unterschiedliche Positionen, z.B. Vertreter oder Vertreterinnen gegen die Familientherapie, Vertreter oder Vertreterinnen für die Familientherapie, Vertreter oder Vertreterinnen des erweiterten Behandlungsansatzes u.a. Überlegen Sie vorher, welche Meinung Sie persönlich am ehesten vertreten.
   Ist es möglich, bei der Diskussion zu einer allgemein akzeptierten Lösung zu gelangen?
3. Welche Bedeutung spielt die Diskussion um die Familientherapie bei sexuellem Missbrauch für Pädagogen und Pädagoginnen? Befragen Sie hierzu, wenn Sie die Möglichkeit haben, Heimerzieher und -erzieherinnen.

Pädagogische Arbeit mit sexuell missbrauchten Mädchen in der Heimerziehung

Der familientherapeutische Ansatz scheint nur in den Fällen sinnvoll, in denen allen Beteiligten an einem weiteren Zusammenleben in der Familie gelegen ist. Zu überlegen ist jedoch, wie den Jugendlichen geholfen werden kann, bei denen ein Zusammenleben in der Familie nicht mehr sinnvoll oder möglich ist.

Die in dieser Untersuchung befragten Mädchen wollen – mit einer Ausnahme – nicht in ihr Elternhaus zurück. Die Reintegration in die Familie kann demnach nicht das Ziel der Jugendhilfemaßnahme sein. Das Heim oder die Wohngemeinschaft ist der angestrebte Lebensort der Mädchen geworden. Trotzdem besteht bei den meisten Mädchen ein Klärungsbedarf bezüglich der familialen Bindungen. Insofern ist eine Trauerarbeit im Hinblick auf das Wunschbild Familie und auf die real erlebte Familie sowie auf eine Loslösung von ihr zu erarbeiten. Gewünschte Kontakte zu Geschwistern müssen neu hergestellt und bei drei Mädchen muss eine Wiederannäherung an die Mutter – ohne Kontakt zum Vater – ermöglicht werden.
Da in der Regel das Personensorgerecht weiterhin bei den Eltern liegt, ist über eine neue Kooperationsform mit ihnen nachzudenken. Für das Mädchen selbst kann Elternarbeit mit oder ohne Eltern verlaufen. Dabei ist genau darauf zu achten, dass notwendige Kontakte zu den Eltern *nicht* gegen den Willen des Mädchens geknüpft oder unterhalten werden, damit die Entmündigung der Tochter nicht weiter fortgesetzt wird. [...]
Im Rahmen der Aufarbeitung der familialen Bezüge gilt es auch zu klären, ob die Mädchen Vertrauenspersonen außerhalb der Familie und außerhalb des Heims gefunden haben. Gibt es eine neue soziale Mutter, einen neuen sozialen Vater, die oder der für das Mädchen wichtig geworden ist? Die Bezugspersonen, die für das Mädchen im Zusammenhang mit dem sexuellen Missbrauch bedeutsam geworden sind, tragen zur Verarbeitung des Erlebten bei. Diese Beziehungen der Mädchen zu fördern ist wichtiger, als die Arbeit ausschließlich auf die Herkunftsfamilie zu richten. [...]
Daneben ist der Aufbau neuer Beziehungen für die Mädchen wichtig, um die in der Familie erfahrene Isolation zu beenden.

Ausflüge auf dem Weg zur Autonomie

Wie die Darstellung der Folgen von sexuellem Missbrauch zeigt, sind die Widerstandsformen und Überlebensstrategien der Mädchen sehr unterschiedlich. Sie flüchten in Traumwelten, greifen zu Drogen oder Alkohol, isolieren sich, werden krank oder wählen die Flucht aus dem Elternhaus. Heimliche Widerstandsformen wie die Flucht in Krankheiten wählen eher die Mädchen, die für sich keine Chance sehen, das Missbrauchsgeschehen als Faktum anzunehmen und ihnen Sprache zu geben.

Spätestens hier reagieren die Institutionen sozialer Kontrolle. Die ‚Abweichlerinnen' werden in Öffentlicher Erziehung untergebracht, wobei sie scheinbar selbst die Indikation geliefert haben. So werden die Mädchen für ihre Befreiungsversuche wie Weglaufen, Prostitution und Drogenkonsum von der Heimerziehung bestraft, und zugleich wird die notwendige Hilfe für die Bearbeitung der Erlebnisse unterlassen. Damit weist die Jugendhilfe den Opfern sexueller Gewalt Schuld und Versagen zu, macht sie zu ‚Täterinnen'. [...]

Statt Unterstützung und Entlastung erfahren betroffene Mädchen so weitere Stigmatisierung und Schuldzuweisung. Auf ihr auffälliges Verhalten reagiert Heimerziehung mit ‚Einschluss und Behüten', d.h. mit der Einschränkung ihrer Erfahrungs- und Handlungsräume. Dies führt Mädchen wieder zurück in die Isolation, der sie gerade entflohen waren. Die erlebten Strukturen der Mädchen werden so weiter verfestigt, anstatt einen Lebensraum zu schaffen, in dem Mädchen sich mit der erfahrenen Gewalt auseinander setzen können. Wenn sie sich in ihrer eigenen Geschichte erkennen und verstehen lernen, könnten sie sich von eigenen Schuldgefühlen, den Ängsten und den Stigmatisierungen befreien, um neue Strategien zu entwickeln, die auf Erhaltung der eigenen Unversehrtheit, Herstellung von Wehrhaftigkeit und auf ein Leben in Selbstständigkeit zielen.

Aufgrund der mangelnden Bearbeitung ihrer Erlebnisse flüchten einige Mädchen in neue Abhängigkeitsbeziehungen, für die sie im Rahmen der Heimerziehung abermals sanktioniert werden.

Auf der fachlichen Ebene verlangt dies, dass Erzieherinnen und Erzieher sich für die Problematik sensibilisieren und jedem Anzeichen, jeder Spur (Krankheit oder Devianz), die auf einen sexuellen Missbrauch hinweisen könnte, nachgehen. Dies gilt für die Mädchen, die im jeweiligen Heim leben, und insbesondere für die Aufnahmegespräche. Alle Handlungen müssen dabei parteilich im Sinne der Betroffenen und auf die Vermeidung von Sekundärfolgen bedacht sein. Hilfen dürfen die Mädchen und ihre spezifischen Konfliktzusammenhänge nicht länger individualisieren, sondern müssen das Verständnis für die gemeinschaftliche Betroffenheit durch strukturelle gesellschaftliche Benachteiligungen bei den Mädchen fördern.

Dabei müssen die Hilfen auf Stärkung des Selbstbewusstseins und der individuellen Verteidigungsmöglichkeiten abzielen, indem sie an bereits vorhandenen Widerstandsformen und Überlebensstrategien (z.B. Flucht aus dem Elternhaus) ansetzen. Der pädagogische Alltag sollte die Erprobung von alternativen Handlungs- und Durchsetzungsmöglichkeiten bieten, z.B. durch Auseinandersetzungsmöglichkeiten mit Jungen/Männern. [...]

Neue Erfahrungs- und Lebensräume

Die Mädchen dieser Untersuchung sind in ihren Erfahrungs- und Entfaltungsräumen durch den sexuellen Missbrauch und die familiale Isolation entscheidend beeinträchtigt worden. Sie brauchen neue Möglichkeiten der Erfahrungs- und Handlungsräume – im wörtlichen und übertragenen Sinne. Eine wesentliche Forderung für die Arbeit in den Heimen mit Mädchen lautet daher: „Mädchenräume schaffen".

Für die praktische Arbeit bedeutet die Forderung nach Mädchenräumen zuerst und unmittelbar wörtlich die Überprüfung der architektonischen Bedingungen sowie der Raumausstattung dahingehend, ob hier männliche Dominanz eine Raumaneignung durch Mädchen verhindert. Gemütlich gestaltete Gemeinschaftsräume, wenn möglich ein besonderer Mädchenraum, Raumunterteilungen, ein großer beweglicher Spiegel als Pendant zum Tischtennis etc. können geeignete Mittel sein, um Mädchen ‚Räume' bereitzustellen.

Das Anbieten von ‚Lern- und Lebensräumen' (d.h. Räumen im übertragenen Sinne) erfordert *geschlechtshomogene* Angebote für Mädchen: „Räume, die frei von Beobachtung, Leistungs- und Konkurrenzdruck, männlichen Maßstäben und/oder autoritären Sanktionen sind" (Schuhmacher, 1987a: 92).

Die Konzipierung von Angeboten für Mädchen setzt dabei notwendigerweise die Kenntnis ihrer Interessen und Bedürfnisse voraus, damit Mädchen für eine aktive Teilnahme motiviert werden können. Freizeitangebote müssen an den Kompetenzen der Mädchen ansetzen, die ihnen als eigene Stärken bewusst werden können. Hier eignen sich viele ‚mädchentypische' Tätigkeiten wie gemeinsam kochen, nähen, tanzen, schminken, Theater, Briefe oder Tagebücher schreiben, die in diesem Rahmen eine Neubewertung erfahren können.

Darüber hinaus sind jedoch Beschäftigungsangebote notwendig, die Gegenerfahrungen und Kompetenzerweiterungen ermöglichen, wie handwerkliche Tätigkeiten, Kampfsportarten und Fotoaktionen. Aktionen und Erkundungen außerhalb der Wohngruppe können dazu beitragen, neue ‚Räume' zu erforschen und sich anzueignen. Jugendarbeiterinnen und Jugendarbeiter stellen immer wieder fest, dass Mädchen freie Angebote gut nutzen können, z.B. bereitgestellte Materialien, mit denen sie selbstständig experimentieren und gestalten können, oder offene Sportangebote.

Für Angebote in homogenen Gruppen muss beachtet werden, dass „die Arbeit in ihnen nicht zu oder in neue(n) Zwänge(n) führen darf. Es muss die Entscheidung jedes einzelnen Mädchens bleiben, ob und inwieweit es sich (ver-)ändern, sich auf neue, unkonventionelle Lebenskonzepte/-modelle einlassen will" (Schuhmacher 1987a: 95). [...]

Ein wichtiger Schritt in der Arbeit mit sexuell missbrauchten Mädchen ist, dass sie wieder Zugang zu den eigenen originären Gefühlen finden, dass sie sie ausdrücken lernen und darüber hinaus neue (Körper-)Erfahrungen machen. Wenn die Mädchen Zärtlichkeit wünschen, müssen sie diese endlich nicht mehr mit Sex bezahlen. Zärtlichkeit können sie auch bei Mitarbeiterinnen bekommen und damit ein Stück mehr weibliche Autonomie erlernen, weil sie an dieser Stelle von einem Jungen/Mann unabhängiger werden. In der Regel war das Verhältnis zur Mutter nicht durch Liebe, Geborgenheit und Zuwendung geprägt. Um so wichtiger ist eine vertrauensvolle Beziehung zu einer Erzieherin.

Um diese Gedanken umzusetzen, bietet Sexualpädagogik vielfältige Möglichkeiten. Eine Sexualpädagogik, die selbstbestimmte Sexualität und autonome Körperlichkeit entwickeln und unterstützen will, muss zunächst die gängige und einschränkende Gleichsetzung von Sexualität und Geschlechtsverkehr aufgeben, die die Mädchen dieser Untersuchung in extremster Form erleben mussten. Die Form gelebter Sexualität ist immer Ausdruck des Verhältnisses zum eigenen Körper und zum eigenen Geschlecht. [...]

Weibliche Körperkonzepte drücken eine weibliche Biografie aus, die die Mädchen eher ein Gefühl der Unterlegenheit, Objekthaftigkeit, Begrenzung und Distanz zu ihrem Körper entwickeln lassen. Entsprechend diesem Verhältnis zum eigenen Körper wird Sexualität gelebt. In der Untersuchung berichten fast alle Mädchen, wie sie sich in ihrem Körper unwohl fühlen, ihn ablehnen oder ein sehr ambivalentes Verhältnis zu ihm haben. Sie beurteilen ihn kritisch, suchen ihn zu ignorieren oder zu verändern, schmücken und verpacken ihn, setzen ihn ein, arbeiten mit ihm, zerstören ihn durch Alkohol oder Drogen oder bringen dem eigenen Körper Schnittwunden bei, um ihn überhaupt noch zu spüren. Die Mädchen haben auf gewaltvolle Weise die Missachtung ihrer körperlichen und sexuellen Integrität erlebt. Sie wurden missbraucht und vergewaltigt. Sie mussten immer wieder erleben, dass Freundschaften und Existenzsicherung nur über den Einsatz ihres Körpers zu erreichen sind.

Mädchenarbeit setzt hier an mit dem Ziel, der Fremdbestimmung weiblicher Körperkonzepte und der Enteignung weiblicher Sexualität offensiv Raum und Möglichkeiten entgegenzusetzen, um Körper und Sexualität selbstbestimmt zu entdecken und zu erfahren.

Körperarbeit bietet einen sinnvollen Ansatz, ein von anderen unabhängiges Verhältnis zum eigenen Körper, eine (sexuelle) Selbstbewusstheit und ein ganzheitliches Selbstwertgefühl zu gewinnen. Nur wem der eigene Körper etwas wert ist, kann ihn gegen (sexuelle) Ausbeutungs- und Abhängigkeitsverhältnisse verteidigen. [...]
Auch *sportliche Aktivitäten* beinhalten vielfache Möglichkeiten der Körpererfahrung. [...]

Berufsintegration: Autonomie statt Abhängigkeit

Berufliche Integration ist eine wesentliche Voraussetzung, um sexuell missbrauchte Mädchen zu einer autonomen Lebensführung zu befähigen. Beide Funktionen von Berufstätigkeit – materielle Existenzsicherung und Beitrag zur Identitätsbildung – wirken sich bei einer gelungenen beruflichen Integration für Mädchen positiv aus: sie werden unabhängig von Ehe/Familie als Form der Existenzsicherung, und sie erfahren sich selbst als leistungsfähige und gesellschaftlich wertvolle Personen. Berufliche Integration mit der Prämisse möglicher sozialer Unabhängigkeit trägt der bei Mädchen zunehmenden Doppelorientierung auf Beruf *und* Familie Rechnung.

(Luise Hartwig, Sexuelle Gewalterfahrungen von Mädchen: Konfliktlagen und Konzepte mädchenorientierter Heimerziehung, Beltz, Weinheim/München 1992, S. 267–288)

1. Erarbeiten Sie anhand des Textes Erziehungsziele der pädagogischen Arbeit mit sexuell missbrauchten Mädchen. Begründen Sie Ihre Zielvorstellungen mithilfe Ihres Wissens zum Thema des sexuellen Missbrauchs. Würden Sie für sexuell missbrauchte Jungen die gleichen Ziele setzen oder sehen Sie Unterschiede?
2. Luise Hartwig erklärt in dem Text, dass für die Eltern der sexuell missbrauchten Mädchen auch Hilfen notwendig seien, auch wenn eine Rückführung des Mädchens in die Familie ausgeschlossen wird. Warum könnten derartige Hilfen für die Eltern wichtig sein?
3. Sehen Sie ausgehend von den Überlegungen Luise Hartwigs Möglichkeiten der Schule, in Bezug auf das Problem des sexuellen Missbrauchs aktiv zu werden? Welche Möglichkeiten hat Schule, wo sehen Sie Grenzen?

Prävention von sexuellem Missbrauch

Sicher, stark und frei – ein Programm zur Sicherung von Grundrechten für Jungen und Mädchen

In den USA ist die Öffentlichkeit viel aufmerksamer für sexuelle Übergriffe gegen Mädchen, Frauen und Jungen. Die polizeiliche wie die sozialarbeiterische Intervention ist dort wesentlich massiver. Ein Programm zur Prävention und zur Sicherung von Grundrechten fasst jetzt auch bei uns Fuß.
Mit dem einprägsamen Motto „Sicher, stark und frei" arbeitet das CAP-Programm aus den USA (Child Assault Prevention). Ziel des Programms ist die Prävention von Übergriffen und sexueller Gewalt gegen Mädchen und Jungen. Das nationale CAP-Büro in Kolumbus/Ohio führt Trainingsprogramme durch, in denen Erwachsene für die Durchführung der Präventions-Workshops mit Kindern qualifiziert werden. Inzwischen gibt es ein Netz von etwa 220 CAP-Projekten in den USA, Kanada und England, die vor Ort in Kindergärten und Schulen Kurse abhalten. [...]
Entstanden ist die CAP aus der Gruppe WAR in Kolumbus (Women Against Rape – dem Notruf vergleichbar). Ein Anruf aus einer Schule brachte 1978 den Stein ins Rollen: Ein Mädchen der 2. Klasse war vergewaltigt worden, Mitschülerinnen und Mitschüler reagierten verängstigt und verstört und brauchten Hilfe. Die erste Überlegung war, alle Informationen über Vergewaltigung und die bis dahin praktizierten Präventionsformen aus der Arbeit mit erwachsenen Frauen zusammenzufassen und kindgerecht umzumünzen.

Bestimmend für den Status in der Gesellschaft ist für Kinder und Frauen – mit graduellen Unterschieden –, dass sie machtlos, abhängig und isoliert sind. Diese Faktoren prägen die Gefährdung und Verwundbarkeit von Kindern und Frauen; dem entgegenzuwirken setzt sich das CAP-Modell als Aufgabe und formuliert entsprechend Ziele:

- Richtige Information
- Wissen um und Macht über die eigene Stärke
- Abhängigkeit von Erwachsenen
- Isolation

Vermittlung von Information, Macht über die eigene Stärke, Reduzierung der Abhängigkeit und Aufhebung der Isolation sind deshalb die zentralen Punkte der einstündigen Workshops, den die CAP-Frauen im Kindergartenalter, im Schulalter und mit Jugendlichen durchführen. In aufeinander aufbauenden, fest vorgegebenen Rollenspielen sind die zu vermittelnden Strategien immer gleich, der didaktische Rahmen wird altersgemäß angepasst:

Zwei Rollenspielerinnen führen die Szenen vor, die Dritte leitet die Gespräche, erklärt die Szenen und beobachtet die Reaktionen in der Gruppe. In der ersten Szene nimmt eine ältere Schülerin einer Jüngeren ihr Pausengeld ab, in der zweiten greift ein Fremder ein Kind an und in der dritten Szene zwingt ein Onkel seine Nichte, ihn zu küssen. Auf jede Szene folgt ein Gespräch über die Gefühle des Kindes und die Strategien, wie er oder sie sich schützen könnte.

„Nein“ wird zum Schlüsselwort für die Durchsetzung der Grundrechte von Mädchen und Jungen, sicher, stark und frei zu sein. Die Rollenspiele werden mit der Klasse wiederholt. Alle können so die erarbeiteten Strategien der Gegenwehr üben. Sie lernen, sich Hilfe unter Gleichaltrigen zu holen, z.B. indem eine Freundin in der ersten Szene dabei hilft, der älteren Schülerin die Herausgabe des Pausengeldes zu verweigern.

Die positive Wendung der zweiten Szene passiert ebenso mit Unterstützung von Gleichaltrigen, die in einen Selbstverteidigungsschrei mit einstimmen, zu dem betroffenen Kind laufen und so den Angreifer in die Flucht schlagen. Die Mädchen und Jungen lernen den lauten, tiefen Ton als Sicherheitsmittel, den sie nur verwenden dürfen, wenn Gefahr droht – nicht zum Spaß.

Neben dem Schrei werden einfache, wirksame und für Kinder handhabbare Selbstverteidigungselemente eingeübt, für den Fall, dass sie nicht wegrennen können. Davor steht jedoch der ganz einfache Hinweis, zwei oder mehr Armlängen vom Fremden wegzubleiben. Im Spiel wird die Wirksamkeit dieser Möglichkeiten sichtbar gemacht.

Die dritte Szene ist so gehalten, dass Mädchen und Jungen, die Opfer sexuellen Missbrauchs sind oder waren, sich wiederfinden können, nicht betroffene Kinder aber nicht verschreckt werden. Das Hamburger Fundus-Theater, das die Problematik am Beispiel einer Mäusefamilie darstellt, berichtet über einen ähnlichen Effekt – betroffene Kinder nehmen die Missbrauchsszene wahr, für Nichtbetroffene bleibt es ein lustiges Puppenspiel.

Im CAP-Workshop wird anhand der Onkel Harry-Szene über gute und schlechte Geheimnisse gesprochen. Onkel Harry verlangt von der verängstigten Nichte Zärtlichkeiten und zwingt sie, nicht über das Geschehene zu sprechen, das „gemeinsame“ Geheimnis zu wahren. Kinder verstehen, dass gute Geheimnisse, wie z.B. Geburtstagsüberraschungen, nur für kurze Zeit gelten und gute Gefühle machen. Ein Geheimnis wie dieses macht jedoch Angst und ist „schlecht“.

Mädchen und Jungen werden ermutigt, schlechte Geheimnisse nicht für sich zu behalten und einem Erwachsenen weiterzuerzählen, dem sie vertrauen können. Dass nicht jeder Erwachsene Kindern glaubt, wird nicht verschwiegen. Gleichzeitig werden sie aufgefordert, nicht aufzugeben und weiter zu suchen, bis ihnen jemand glaubt und hilft.

In der positiven Wendung der Szene – die allerdings ohne Mitwirkung von Kindern aus der Gruppe gespielt wird – sagt die Nichte „Nein“ und macht klar, dass sie ihrer Tante von seinen Angriffen erzählen wird. Sie ist kein schweigendes, verfügbares Opfer mehr.

In den Teenager-Workshops werden Mädchen und Jungen getrennt. CAP meint, dass in diesem Alter die Geschlechterrollen so stark antrainiert und eingeprägt sind, dass sich Aufgaben deutlich unterscheiden, ja geradezu widersprechen. „Mädchen müssen lernen, wo ihre Rechte anfangen, Jungen dagegen, wo ihre Rechte aufhören.“ Macho-Verhalten auf der einen, gefügiges Unterordnen auf der anderen Seite sind zentrale Diskussionspunkte in beiden Gruppen. Außerdem wird besonders auf „date rape“ eingegangen: Verabredungen zwischen Mädchen und Jungen in diesem Alter – dating – ist fast als Institution zu bezeichnen und liefert oft den Deckmantel für sexuelle Übergriffe auf Mädchen.
Nach dem Workshop stehen die drei CAP-Frauen oder -Männer für persönliche Gespräche zur Verfügung. Die Gelegenheit wird oft genutzt, um von selbst erfahrenem Missbrauch zu berichten und um Hilfe zu bitten. Vor dem Workshop hat CAP mit dem Lehrerkollegium und den Eltern gearbeitet, wurden die Hilfsmöglichkeiten im Rahmen der Schule, dem Kindergarten und vor Ort erkundet. Deshalb können sie die Kinder jetzt an Vertrauenspersonen weiterleiten. Da in den USA bei sexuellem Missbrauch Meldepflicht für Professionelle besteht, stellen die Mitarbeiterinnen sicher, dass die Schule dieser Meldepflicht nachkommt. […]
Präventionsarbeit hat immer auch aufdeckende Wirkung. Gerade dieser Effekt ist – neben vielen anderen Dingen – zu bedenken, wenn die Übertragbarkeit dieses emanzipatorischen Präventionsansatzes auf unsere Verhältnisse überlegt wird.
In den USA ist seit Mitte der 70er-Jahre sexueller Missbrauch durch die Frauenbewegung und die Notrufarbeit in die Öffentlichkeit gebracht worden. Professionelle haben Beratungs-, Therapie- und Behandlungsangebote erforscht und entwickelt. Projekte und Zentren wurden eingerichtet. Die Erfahrungen und Erkenntnisse haben viele Veränderungen im sozialen und legalen Helfersystem bewirkt.
Die Arbeit mit dieser Problematik hat also langjährige Traition. Sie ist Teil der Ausbildung für alle sozialen und medizinischen Berufe. In einigen Staaten wurde der Umgang mit sexuell missbrauchten Mädchen und Jungen zum Bestandteil polizeilicher Aus- und Weiterbildung. […]

(Marion Mebes, in: Sozial extra. Magazin für soziale Arbeit, 10/1987, S. 44–45)

1. Erarbeiten Sie Ziele und Methoden des CAP-Programms.
2. Beurteilen Sie dieses Programm hinsichtlich möglicher Vor- und Nachteile.
3. Halten Sie es für möglich, dieses Programm auf die BRD zu übertragen?

P Projektvorschlag zum selbstständigen Weiterarbeiten

A Analysieren Sie Kinder- und Jugendbücher zum Thema. Bücherlisten erhalten Sie bei Beratungsstellen wie Erziehungsberatungsstellen, Dt. Kinderschutzbund, Deutscher Paritätischer Wohlfahrtsverband, Zartbitter e.V., Pro Familia, Caritas-Beratungsstelle, Jugendamt etc. Analyseaspekte könnten folgende sein:

a) Was sagt das Buch aus
   - über das Verhalten des Opfers als Folge des bzw. im Zusammenhang mit dem sexuellen Missbrauch?
   - über Empfindungen und Gedanken der Opfer?

b) Welche Beweggründe veranlassen das Mädchen, den Jungen
   - nicht
   - dann doch
   - in welcher Form/mit wem über den sexuellen Missbrauch zu sprechen?

c) Welche Hinweise gibt das Buch auf das Bild vom Täter,
   - sein Verhalten
   - seine psycho-soziale Persönlichkeitsstruktur?

d) Wie reagiert das soziale Umfeld auf den sexuellen Missbrauch bzw. auf das Verhalten des Opfers/des Täters?
   - Mutter
   - Freund/Freundin
   - Lehrer/Lehrerin bzw. andere Bezugspersonen?

e) Wie glaubwürdig/überzeugend werden die einzelnen Verhaltens- und Gefühlsebenen dargestellt
   - für sich genommen
   - aufeinander bezogen?

f) Ist das Buch geeignet, um (auch betroffene) Kinder/Jugendliche mit dem Thema zu konfrontieren?
   Für welches Lesealter?

B Einige Theater haben Stücke zum Thema entwickelt. Laden Sie ein Theater in Ihre Schule ein. Kontaktadressen:

- Theater Rote Grütze, Berlin, Tel.: 030/6926618
- Theaterproduktion Wilde Mischung, Berlin, Tel.: 030/6246142
- Fundus-Theater, Hamburg
- Schnürschuh-Theater, Bremen, Tel.: 0421/554793
- Klecks-Theater, Hamburg, Tel.: 040/343436
- Kölner Tourneetheater Comic On, Köln, Tel.: 0221/210272–74

C Erkunden Sie, wen Sie in Ihrer Gemeinde ansprechen können, wenn Sie Hilfe in Bezug auf das Problem des sexuellen Missbrauchs bräuchten. Welche Beratungsstellen gibt es? Erstellen Sie eine entsprechende Liste.

D 1. Besorgen Sie sich bei Beratungsstellen wie Pro Familia, der Polizei etc. Aufklärungsbroschüren für Kinder und Jugendliche zum Thema „Sexueller Missbrauch“.
   a) Welche Vorstellung vermitteln die Broschüren über die Realität des sexuellen Missbrauchs von Kindern? Vergleichen Sie diese Vorstellung mit den Ihnen bekannten Tatsachen.
   b) Erläutern Sie die pädagogische Strategie dieser Broschüren, mithilfe derer Kinder vor dem sexuellen Missbrauch geschützt werden sollen.

2. Beurteilen Sie den pädagogischen Wert der Aufklärungsbroschüren unter Berücksichtigung des soziologisch-feministischen Erklärungsansatzes über die Ursachen des sexuellen Missbrauchs.

3. Entwickeln Sie Vorschläge, wie Kinder durch die Erziehung im Elternhaus vor sexueller Ausbeutung geschützt werden könnten. Beachten Sie dabei Ihre Kenntnisse über die Ursachen des sexuellen Missbrauchs.

4. Entwerfen Sie in Grundzügen eine Aufklärungsbroschüre für Kinder zur Prävention des sexuellen Missbrauchs, die Ihnen pädagogisch sinnvoll und kindgerecht erscheint.

2.4 Gelingendes Leben heilt und schützt – Die Abhängigkeit von Drogen

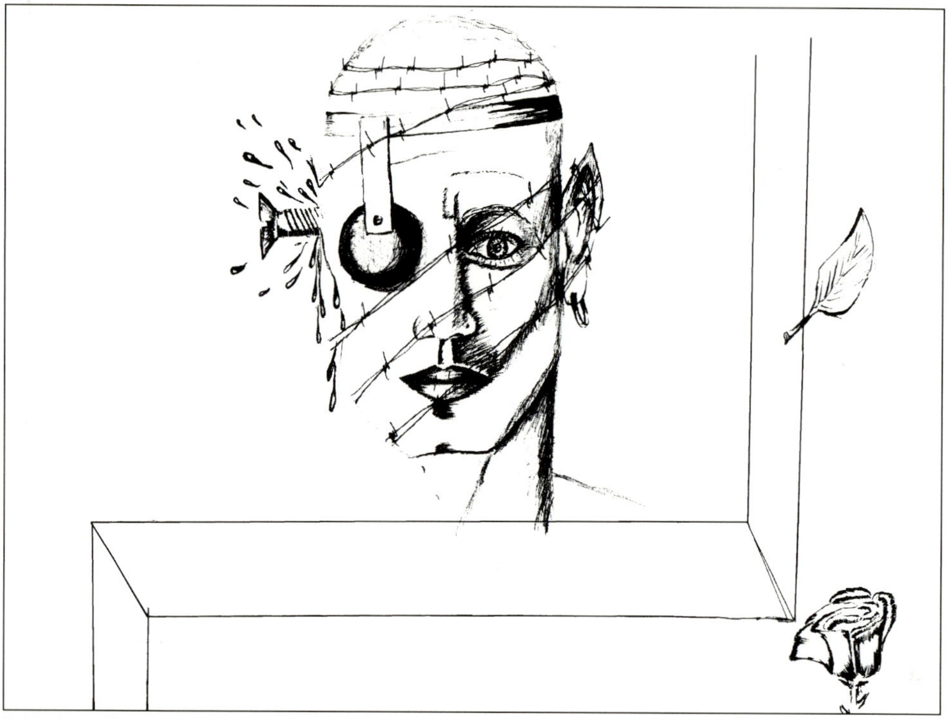

Süchtiger (Selbstporträt, September 1988, Bleistiftzeichnung)

(Bundeszentrale für gesundheitliche Aufklärung, Köln, im Auftrag des Bundesministeriums für Gesundheit [Hg.], Lebensbilder, Kunst und Gestaltung in therapeutischen Einrichtungen mit Drogenabhängigen, Köln o.J., S. 12)

Beschreiben Sie das Selbstporträt möglichst detailliert.

Schreiben Sie Ihre Assoziationen dazu auf.

In welcher Beziehung steht der porträtierte Mensch zum Bildbetrachter / zur Bildbetrachterin? Welche Signale werden dem Betrachter / der Betrachterin gesendet?

Schreiben Sie, nachdem Sie Ihre Ergebnisse im Kurs vorgestellt und diskutiert haben, ausgehend von Ihren Gedanken und Gefühlen zu dem Porträt einen „Elternbrief", in dem Sie darstellen und begründen, warum Sie es für wichtig halten, dass sich Eltern mit dem Thema Drogenabhängigkeit auseinander setzen.

Einführung

Sucht – ein Thema, das mich nicht betrifft?

Bevor Sie das Konsumprofil für Ihren Kurs erstellen, stellen Sie Vermutungen darüber an, welche Bedeutung Suchtstoffe in Ihrem Kurs haben. Welches ist vermutlich die Lieblingsdroge Ihres Kurses? Welche Rolle spielt der Alkohol?

Konsumprofil

Erstellen Sie ein Konsumprofil Ihres Kurses.
Dazu brauchen Sie ein großes Plakat und Klebepunkte in (z. B.) Gelb und Rot. Schreiben Sie auf das Plakat all die Dinge, die in Ihrem Alltag eine Rolle spielen, beispielsweise Zigaretten, Alkohol, Ecstasy, Medikamente, Haschisch, Süßigkeiten, Spielautomaten etc.
Jeder bzw. jede von Ihnen soll nun zunächst für sich allein über die vergangene Woche nachdenken: Wann habe ich in welcher Situation geraucht, Alkohol zu mir genommen, Medikamente genommen etc.?
Nachdem Sie sich überlegt haben, wie Ihre persönliche Konsumwoche verlaufen ist, geht es ans Punkten.
Kleben Sie in jede Spalte, die auf Sie zutrifft, entweder einen gelben Punkt – bei ein- bis dreimaligem Konsum – oder einen roten Punkt – bei mehr als drei Konsumsituationen.
Wenn alle gepunktet haben, schauen Sie sich Ihr Kurskonsumprofil gemeinsam an. Vergleichen Sie Ihre Vermutungen mit den Ergebnissen: Was ist die Lieblingsdroge des Kurses? Welche Rolle hat der Alkohol in der letzten Woche gespielt?
Hätten Sie dieses Ergebnis vermutet?
Bewahren Sie Ihr Konsumprofil auf und erstellen Sie am Ende der Reihe ein neues, das Sie dann mit diesem Erstprofil vergleichen.

(Nach: Eva Bilstein/Annette Voigt-Rubio, Ich lebe viel. Materialien zur Suchtprävention, Verlag an der Ruhr, Mülheim an der Ruhr 1991, S. 27)

Die Zeichnung zeigt das Konsumprofil einer 10. Klasse mit 21 Schülerinnen/Schülern und einer Lehrerin.

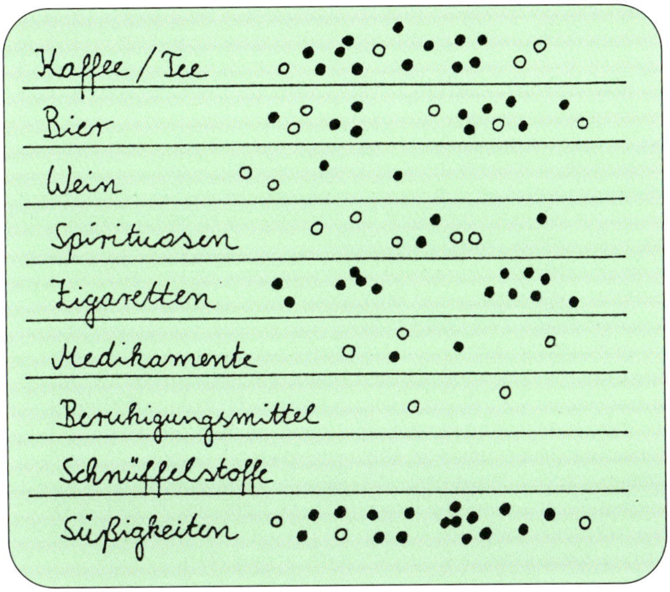

(Eva Bilstein/Annette Voigt-Rubio, Ich lebe viel. Materialien zur Suchtprävention, Verlag an der Ruhr, Mülheim an der Ruhr 1991, S. 27)

Allgemeine Süchte

Nikotin-Sucht
Fress-Sucht
Sex-Sucht
Arbeits-Sucht
Konsum-Sucht
Hab-Sucht
Mode-Sucht
Trimm-dich-Sucht
Macher-Sucht
Steigerungsraten-Sucht
Eifer-Sucht
Schlankheits-Sucht
Erfolgs-Sucht
Fort- und Weiterbildungs-Sucht
Spezialisierungs-Sucht

Erlebnis-Sucht
Profit-Sucht
Rekord-Sucht
Fernseh-Sucht
Mager-Sucht
Streit-Sucht
Tob-Sucht
Genuss-Sucht
Lese-Sucht
Spiel-Sucht
[...]
Ich-Sucht
Ich-bin-ein-armes-Schwein-Sucht
Ich-bekomme-nicht-genug-Sucht

Ich-bin-so-leidend-Sucht
Ich-opfere-mich-auf-Sucht
Ich-rege-mich-so-gerne-auf-Sucht
Ich-kann-mich-selbst-nicht-leiden-Sucht
Ich-muss-allen-helfen-Sucht
Ich-weiß-was-für-andere-gut-ist-Sucht
Ich-weiß-alles-am-besten-Sucht
Ich-unterdrücke-andere-so-gerne-Sucht
Ich-vergleiche-mich-Sucht

(Diether Wolf von Goddenthow, Alles fängt so harmlos an, Kursbuch zur Suchtprävention und erfolgreichen Behandlung Abhängiger, Freiburg im Breisgau 1988, S. 26)

1. Lesen Sie die Übersicht über allgemeine Süchte in Ruhe durch.
   Halten Sie in Ihrem Journal fest, welche dieser Süchte möglicherweise auf Sie zutreffen. Schreiben Sie auf, welchen Einfluss die Süchte oder die Sucht auf Ihr Leben haben. Wie bewerten Sie ihre persönlichen Süchte?
2. Tauschen Sie sich in Ihrem Kurs darüber aus, warum die hier genannten Süchte im Allgemeinen nicht thematisiert und problematisiert werden, sondern eher tabuisiert sind.
   Diether Wolf von Goddenthow behauptet: „Damit wir uns um uns selbst nicht zu kümmern brauchen, beschränken wir die Krankheit ‚Sucht' auf das Abhängigsein von Drogen, Alkohol und Medikamenten."
   Stimmen Sie dieser Aussage zu?

Drogenabhängigkeit – was bedeutet das?

Metaphernmeditation

Ergänzen Sie jeder bzw. jede für sich den Satzanfang: „Drogenabhängigkeit ist für mich wie..."
Sammeln und deuten Sie die Bilder.

Das ABC der Drogensucht

Gestalten Sie eine anschauliche Plakatdarstellung zum ABC der Drogensucht. In diesem ABC sollen Sie Ihre Vorstellungen vom Leben mit der Drogenabhängigkeit darstellen. Sie können einen Fließtext formulieren, in dem die Anfangsbuchstaben wichtiger Begriffe farbig markiert werden. Jeder Buchstabe des Alphabets soll dadurch abgedeckt werden. Alternativ können Sie das Alphabet auch nur aus einzelnen Begriffen erstellen.
Werten Sie anschließend Ihre Plakate im Kurs aus.
Nach dieser Auswertung können die Plakate in Ihrer Schule ausgestellt werden. Von daher ist es wichtig, diese in ansprechender Form zu gestalten.

Alltag im Leben eines Drogenabhängigen – zwei Beispiele

„Morgens acht Uhr. Es ist kalt und regnet. Scheiße, ich habe keinen Codein-Saft mehr – keine Pillen – aber einen Riesenaffen. Ich geh schnell zur Toilette, zieh mich an und geh – vielmehr taumel – zum Bus. Mir ist schrecklich kalt, meine Beine schmerzen, ich geh nach vorne gebeugt, die Hände in den Taschen, die Schultern hochgezogen. Ich glaub, ich muss mich übergeben. Da kommt der Bus endlich. Die Fahrt dauert eine Ewigkeit. Ich starre die ganze Zeit aus dem Fenster. Zusätzlich zum Affen kommen jetzt noch Depressionen. Ich sehe die Einfamilieneigentumshäuser, und eine Stimme in meinem Kopf sagt mir: „Hättste mal nicht angefangen, hättste die gute Arbeitsstelle … hättste, hättste … Dann würdest du jetzt auch so ein Haus haben, ein Motorrad usw. Aber!!"

Endlich da. Jetzt muss ich noch die ganze Fußgängerzone zum Arzt runterlaufen. Ich sehe mich in einem Spiegel, an einem Geschäft, meine Pupillen sind riesengroß, meine Nase läuft, meine Gesichtsfarbe weißgrau.

Endlich beim Arzt. „Ein Rezept für drei Flaschen Codein und Oxazepam 50 für R.K." „Ja, Sie sind heute dran. Warten Sie." Fünfzehn Minuten, zwanzig Minuten. „Herr K.? Ihr Rezept." Endlich, jetzt wieder zurück zum anderen Ende der Fußgängerzone zur Apotheke, denn es gibt hier nur zwei Apotheken, die Codein verkaufen. Da ich nur zwanzig Mark habe, muss ich mein Rezept in der Apotheke lassen – als Pfand. Der Apotheker gibt mir eine Flasche Codeinsaft und Tabletten und einige Traubenzuckerbonbons für den Nachgeschmack. Ich schütte noch in der Apotheke sofort Codein in meinen Messbecher – 20 ml – und schlucke drei Pillen. Nach einer Stunde endlich ist die ganze Scheiße – Schmerzen, Depressionen und so – weg. Endlich geht's mir gut."

„Es ist morgens halb acht. Ich werde wach. Das Erste, was mir in den Sinn kommt, ist: „Oh Gott." Mein ganzer Körper ist ein Schmerz, mir ist schlecht, ich bin traurig und depressiv, ich schleppe mich zum Tisch, packe eine saubere Spritze aus und koche mir meinen Rest Heroin auf, ziehe die Shore auf – gleich wird die Welt wieder schön sein – binde meinen Arm ab und setz die Nadel an die Vene, treffe sofort und drücke ab. Ein warmer Schauer läuft durch meinen Körper, die Kälte, die Schmerzen, die Depressionen, alles ist weg. Mit einem Lied auf den Lippen zünde ich eine Zigarette an, trinke fünfzig Milliliter Codein und nehme fünf Oxazepam 50. Nach einer Stunde, wenn die Tabletten und der Codeinsaft wirken, setze ich mich in den Bus, fahre in die Innenstadt – Geld besorgen – für den Rest des Tages und den nächsten Morgen.

Ich schleiche erstmal durch die Innenstadt, überall trifft man bekannte Junkies, man tauscht Infos aus, über gute Klaugelegenheiten, wer guten Stoff hat, was die Polizei wann, wo und mit wem gemacht hat und wer wieder mit 'ner Nadel im Arm tot aufgefunden wurde.

Danach gehe ich in ein Kaufhaus, aber das Personal erkennt sofort, dass ich drogenabhängig bin, und verfolgt mich mit den Blicken. In einer kleinen Boutique habe ich Erfolg, zwei Pullover zu je 180 DM. In einem Brillengeschäft zwei Sonnenbrillen, eine für 250 DM, die andere 175 DM. Die Sachen verkaufe ich bei einem Hehler, einem Restaurantbesitzer, für die Pullover bekomme ich 120 DM, für die Brillen nur 100 DM. Nach langem Hin und Her gibt er mir für alles zusammen 250 DM.

Ich kaufe mir anschließend ein Gramm Heroin für 120 DM, Kokain für 80 DM, eine Flasche Codeinsaft und eine Packung Oxazepam, alles zusammen 242 DM.

Mittags gegen elf Uhr dreißig mach ich mir meinen zweiten Druck auf einer Toilette, ich koche zuerst ein Drittel Gramm Heroin auf, mische es mit Kokain und drück es. Ich muss erstmal fünfzehn Minuten auf der Toilette sitzen bleiben, habe einen totalen Flash von

dem Druck bekommen. Danach kram ich meine Sachen zusammen, hole mir im Supermarkt eine Dose Bier, nehme noch fünf Oxazepam und setze mich auf der Platte zu den anderen auf eine Bank. Gegen 19 Uhr fahre ich nach Hause, zünde zu Hause ein paar Kerzen an, denn der Strom ist schon seit Monaten abgestellt, und drücke die restlichen Drogen weg. Für morgen habe ich ja noch Codeinsaft. Völlig breit schlafe ich um 21 Uhr ein. Heute war ein sehr guter Tag."
(R. K., unveröffentlichtes Manuskript)

1. Äußern Sie möglichst spontan Ihre Gefühle und Eindrücke zu den Texten.
2. Was sagen die Texte über das Leben eines Drogenabhängigen aus? Vergleichen Sie dies mit Ihren eigenen in der Metaphernmeditation und im Drogensucht-ABC entwickelten Vorstellungen.
3. a) In der Fachliteratur über Süchte heißt es unterschiedlich, der Begriff Sucht käme von „Suchen" und „Sehnsucht" oder aber von „Siechen". Was glauben Sie?
   b) Vergleichen Sie die Drogensucht mit den allgemeinen Süchten auf S. 316. Wo sehen Sie Unterschiede oder Gemeinsamkeiten?

Eine Definition des Begriffs „Sucht"

Nach der Definition der Weltgesundheitsorganisation (WHO) ist Sucht dadurch gekennzeichnet, dass beim Süchtigen ein übermäßiges Verlangen nach dem suchtverursachenden Stoff erzeugt wird und eine Tendenz zur Erhöhung der Dosis erfolgt, verbunden mit psychischer und körperlicher Abhängigkeit.
Die Abhängigkeit von einer Droge ist meist wie folgt gekennzeichnet:

- seelisch durch ein Verlangen nach Wiederholung des Drogengenusses und ein Nicht-mehr-aufhören-Können, d.h. den Kontrollverlust bezüglich der Einnahme der Droge (Alkohol, Medikamente, Rauschmittel),
- körperlich durch Toleranzausbildung und Dosissteigerung sowie Entzugserscheinungen bei Fehlen der Droge.

[...] Typisch für den Suchtkranken ist die zunächst fehlende Krankheitseinsicht. [...] Die Auswirkungen der verschiedenen Suchtstoffe sind hinsichtlich körperlicher und seelischer Störungen unterschiedlich ausgeprägt. Langfristig gesehen sind ihnen gemeinsam: Vergröberung, Nivellierung, Aushöhlung und schließlich schwerer Abbau der ursprünglichen Persönlichkeit sowie Leistungsminderung und Intelligenzverlust.

(Bundeszenrale für gesundheitliche Aufklärung, Köln, im Auftrag des Bundesministeriums für Gesundheit [Hg.], Lebensbilder, Kunst und Gestaltung in therapeutischen Einrichtungen mit Drogenabhängigen, Köln, o.J., S. 15)

1. Zu Beginn der Einführung haben Sie sich mit allgemeinen Süchten beschäftigt. Schlagen Sie noch einmal zurück und schauen Sie sich die Liste der allgemeinen Süchte an. Trifft die von der WHO formulierte Definition von Sucht auch auf die allgemeinen Süchte zu? Versuchen Sie Abgrenzungen zu treffen, was Sucht ist und was nicht. Vergleichen Sie diese Definition auch mit Ihren Ergebnissen zur Metapherndiskussion und zum ABC der Drogenabhängigkeit.
2. Wenn Sie meinen, Sie hätten kein oder zu wenig Hintergrundwissen über einzelne Drogen, können Sie sich bei Krankenkassen und Drogenberatungsstellen Informationsmaterial über Drogen besorgen und in Form eines Referates eine Übersicht über einzelne Drogen geben.
3. Haben sich ausgehend von den vorangegangenen Gesprächen zu den Aufgaben und Texten im Einführungsteil dieser Wabe Fragen und/oder Thesen ergeben? Halten Sie diese schriftlich fest.

Grundbegriffe und Grundthesen

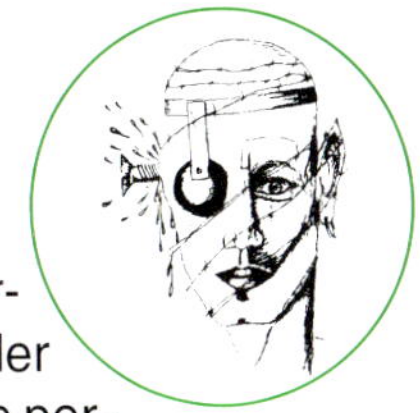

Im Einführungsteil dieser Wabe haben Sie sich erste Gedanken über Ihre persönlichen Konsumvorlieben gemacht. Nun sollen Sie sich damit auseinander setzen, welche Funktionen der Konsum bestimmter Stoffe oder Dinge für Sie persönlich und für andere Menschen haben kann.
Folgende Fragen werden Sie in diesem Teil der Wabe beschäftigen: Warum greifen Menschen zu Drogen? Welche Funktionen haben Drogen? Warum können manche Menschen nicht aus dem Suchtprozess aussteigen? Und: Welche tiefer liegenden Ursachen führen zur Drogensucht?

1. Unterteilen Sie ein Blatt in Ihrem Journal in zwei Spalten. Schreiben Sie in die linke Spalte Frustsituationen, die Sie belastet haben oder aktuell belasten. Denken Sie einen Augenblick nach und schreiben Sie dann in die rechte Spalte, wie Sie mit diesen Situationen umgehen. Welche „Froststopper" setzen Sie ein?
2. Tauschen Sie sich in Kleingruppen über Ihre Bewältigungsformen von Frustsituationen aus und entwerfen Sie ein Plakat, auf dem Sie mögliche konstruktive und destruktive Froststopper darstellen. Eine Hilfe dazu kann das folgende Spiel („Wenn ich…") sein.
3. Überdenken Sie anschließend Ihre bisherigen Strategien auf Frustsituationen zu reagieren. Gäbe es konstruktivere Bewältigungsformen? Formulieren Sie für sich selbst in Ihrem Journal für Ihre persönlichen Problemsituationen alternative „Froststopper", die Sie in der nächsten Zeit ausprobieren wollen.

„Wenn ich…"

Spieldurchführung: Bitten Sie zunächst Ihren Lehrer oder Ihre Lehrerin, die Karten in ausreichender Zahl zu kopieren.
Die Gruppe sitzt im Kreis, in der Mitte liegt der Stapel mit den kopierten Karten. A zieht die erste Karte und überlegt einen Augenblick, was ihm oder ihr aus dem Alltag dazu einfällt und erzählt es den anderen. Die Gruppenmitglieder können jederzeit Fragen dazu stellen. Anschließend zieht der oder die Nächste.

Wenn ich ausgelassen bin…

Wenn ich zufrieden bin…

Wenn ich gut gelaunt bin…

Wenn ich von anderen bewundert werde…

Wenn ich mich missverstanden fühle…

Wenn ich unsicher bin…

Wenn ich eifersüchtig bin…

Wenn ich enttäuscht bin…

Wenn ich Angst habe…

Wenn ich was Aufregendes erleben will…

Wenn ich Wut habe…

Wenn ich erschöpft bin…

Wenn ich Probleme habe…

Wenn ich mich ausgeschlossen fühle…

Wenn ich einsam bin…

Wenn ich im Stress bin…

Wenn ich neidisch bin…

Wenn ich traurig bin…

Wenn ich Langeweile habe…

Wenn ich mich schäme…

(Eva Bilstein/Annette Voigt-Rubio, Ich lebe viel. Materialien zur Suchtprävention, Verlag an der Ruhr, Mülheim an der Ruhr 1991, S. 18–20)

Wie entstehen süchtige Verhaltensweisen?

Ein Fallbeispiel

Angefangen hat's, wie bei vielen, erst mit Nikotin und Alkohol, dann Haschisch und dann Heroin.
Drogen haben mich irgendwie schon immer interessiert, „anders sein", „sich abheben von dem Rest" und auch „breit sein". Letzteres war auch die Hauptsache.
Mit 19 wohnte ich in einem Partyschuppen, der im Garten des Freundes meiner Mutter stand. Er wollte mich nicht in seiner Wohnung haben. Meine Mutter hatte H. kennen gelernt, als ich 13 war. Ein Jahr später sind wir dann zu ihm nach X gezogen.
Der Schuppen wurde schnell zum Treffpunkt, jeden Tag wurde gekifft, und wir tranken Unmengen Bier, ab und zu auch härtere Sachen. Das Kiffen gefiel mir irgendwie nicht mehr. Als ich mit 16 anfing, hatte ich noch „Lachkicks" u.Ä., aber jetzt wurde ich nur noch still und nachdenklich. Eines Tages brachte ein Freund von mir Heroin mit. Wir machten uns zu viert eine Bahn fertig. Ich zog die Shore durchs rechte Nasenloch mit einem zusammengerollten Hundertmarkschein. Es brannte ein wenig, und ich hatte einen seltsamen Geschmack im Hals, doch dann spürte ich die Wirkung; mir wurde warm und ich fühlte mich vollkommen „gesund". Ich hatte keine Hemmungen, konnte reden ohne Ende, wir vier redeten und redeten. Leuten gegenüber, die nichts von der Shore abbekommen hatten, weil sie später kamen, habe ich mich – unbewusst – distanziert verhalten.
Ich fühlte mich total wohl, das musste ich öfter haben, das Gefühl. Schon am nächsten Wochenende holte ich mir gleich ein Päckchen für fünfzig Mark, ich kam damit zwei Tage aus. Je nach Geld holte ich mir dann so zwei bis vier Päckchen pro Monat, hatte aber nie einen Affen.
Dann hatte ich endlich eine Wohnung. Gegenüber wohnte ein Bekannter von mir, der inzwischen tot ist, er zeigte mir, wie man Heroin aufkocht und es drückt. Er machte mir meinen ersten Druck. Ich merkte aber kaum was, denn er nahm sehr wenig, ich war Heroin ja schon gewöhnt, hatte aber noch nie gedrückt.
Jetzt, wo ich wusste, wie's geht, habe ich mir dann zu Hause meinen ersten richtigen Druck gemacht. So viel hatte ich von Heroin noch nie gemerkt, ich lag auf der Couch, hörte Musik, hatte eine totale Euphorie und fühlte mich einfach klasse.
Seitdem drückte ich nur noch. Da ich jetzt öfter zur Heroinszene ging, um Shore zu kaufen, hatte ich auch immer mehr Kontakt zur Szene.
An einem Sonntagmorgen hatte ich dann meinen ersten „richtigen" Affen. Ich war samstags bei Freunden gewesen, wo wir ein bisschen getrunken und gekifft hatten. Ich machte mir auch einen Druck. Am nächsten Morgen – ich hatte keine Shore – merkte ich schon, dass etwas nicht stimmte. Ich zitterte, mir war kalt, meine Knochen taten tierisch weh, besonders der Rücken und die Knie. Als ich dann auch noch von einer Haschischpfeife zog, was das Schlimmste ist, was man auf Entzug machen kann, ging's erst richtig los. Ich ging ins Badezimmer und fiel der Länge nach hin und zitterte am ganzen Körper. Meine Freunde, die nicht viel mit Shore zu tun haben, fragten, was los wäre. Ich sagte nur: „Mir ist schlecht, Kreislauf und so."
Ich schleppte mich dann nach Hause. Den ganzen Sonntag hab ich dann einen Affen geschoben. Ich sagte mir: „Scheiße, jetzt ist es zu spät, jetzt bist du ganz drauf!"
Vorher hatte ich wohl schon mal leichtere Entzugserscheinungen gehabt, aber so schlimm wie diesen Sonntag und die Nacht war es noch nie.
Am Montagmorgen, immer noch auf'm Affen, traf ich meinen Freund P. Er hatte etwas Shore. Er gab mir Shore, die ich dann auch sofort wegdrückte. Es war nicht viel, aber

der Affe war weg. Später gingen wir zur Platte, wo P. und ich uns immer öfter aufhielten. Als uns ein Bekannter ansprach, ob wir nicht eine Flasche Codeinsaft kaufen wollten, sagten wir ja. P. und ich teilten uns die Flasche. 100 ml sind in der Flasche, ich nahm 15 ml, er zehn. Also hatte ich noch 35 ml. Abends nahm ich noch 10 ml und am nächsten Morgen den Rest. Das Codein wirkte am Anfang fast so gut wie Shore.

Sofort ging ich zu Dr. X, ich wusste, dass er Codein verschreibt, und wollte mir was verschreiben lassen. Ich saß also beim Doc und sagte ihm, dass ich abhängig sei. Er hatte schon seinen Rezeptblock in der Hand, er ließ mich gar nicht ausreden und fragte nur: „Wie viel? 50 ml am Tag? Okay. Kommen Sie am Montag wieder, hier Ihr Rezept." Er hatte mir drei Flaschen à 100 ml aufgeschrieben. Eine Flasche kostete 23 DM, immerhin, für Heroin brauchte ich 200 DM, mindestens aber 80 DM am Tag. Jetzt nahm ich jeden Morgen 50 ml Codeinsaft, sodass ich fit aus dem Haus gehen konnte, und besorgte mir dann Geld für Heroin, denn der Codeinsaft hält nur sechs Stunden an.

So verlief dann jeder Tag: morgens Saft, dann in die Stadt, klauen, verkaufen, Shore kaufen, Druck machen, auf der Platte rumhängen und Alkohol trinken. Ich war jetzt jeden Tag in der Woche mitten in der Fußgängerzone auf der Szene. Mit meinen alten Freunden hatte ich mich immer seltener getroffen, zwei Freunde folgten mir aber. Jetzt nahm ich auch immer öfter Pillen, Diazepam, Oxazepam, Rohypnol, Medinox usw., einfach alle Benzodiazepine und Barbiturate, die es auf dem Markt gab. Ich ließ mir auch sofort vom Arzt Oxazepam 50 verschreiben und von einem Neurologen in einer anderen Stadt ebenfalls. Also hatte ich von einem Arzt 20 Pillen und vom Neurologen 40, 60 Pillen pro Woche. Ein Apotheker in X gab mir aber für ein Rezept für 20 Pillen 100 Pillen, manchmal auch mehr, also hatte ich ca. 250-300 Pillen pro Woche. 200 Pillen verkaufte ich immer, aber ich schluckte immer mehr Pillen, sodass ich manchmal nur 20 Pillen pro Woche verkauft habe. Ich bekam dann auch epileptische Anfälle, wenn ich keine Pillen mehr hatte, und landete so mehrmals im Krankenhaus.

(R. K., unveröffentlichtes Manuskript)

1. Versuchen Sie den Verlauf der Drogensucht nachzuvollziehen, indem Sie ihn grafisch darstellen. Berücksichtigen Sie dabei folgende Fragestellungen: Welche möglichen Frustsituationen könnten die Bereitschaft zum Drogenkonsum des Jugendlichen gefördert haben, welche Funktionen haben die Drogen für ihn? Verändern sich diese Funktionen im Verlauf des Suchtprozesses? Lassen sich Bedingungen ablesen, die den Ausstieg aus der Drogensucht erschwert haben könnten?
2. Sehen Sie an irgendwelchen Stellen im Suchtverlauf des Jugendlichen Möglichkeiten, die ein weiteres Abrutschen in die Drogensucht hätten verhindern können?
3. Prüfen Sie das Fallbeispiel daraufhin, welche wichtigen Hintergrundinformationen über die Entstehung der Drogensucht nicht genannt oder nur angedeutet werden. Welche Gründe könnte es dafür geben, dass der Betroffene dies nicht reflektiert?

Ursachen der Drogenabhängigkeit aus sozialisationstheoretischer Sicht

Bevor Sie das nachstehende Variablenmodell erläutern, sollten Sie noch einmal die acht Maximen zur Lebensphase Jugend von Klaus Hurrelmann auf S. 224 ff. dieses Buches nachschlagen.

Das Variablenmodell

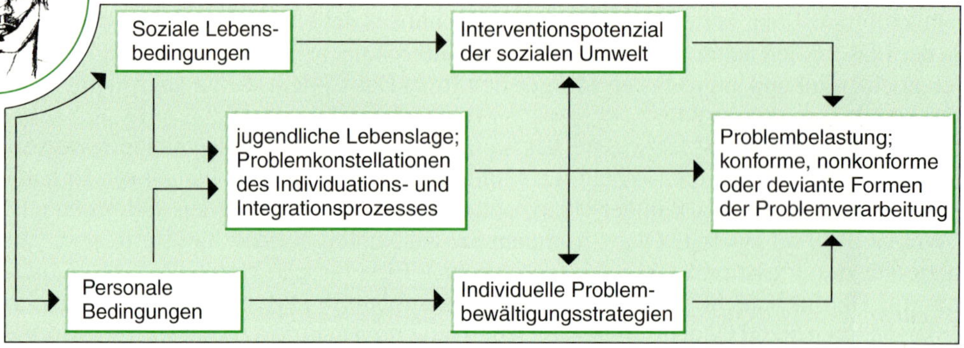

(Aus: Klaus Hurrelmann, Warteschleifen: keine Berufs- und Zukunftsperspektiven für Jugendliche? Beltz, Weinheim/Basel 1989, S. 51)

1. Füllen Sie die einzelnen Variablen dieses Modells möglichst konkret mit Inhalt.
2. Nennen Sie ausgehend von dem Modell Hurrelmanns mögliche Bedingungen, von denen die produktive bzw. nicht-produktive Bewältigung von Frustrationssituationen abhängig sein kann.

Der Drogenkonsum Jugendlicher als eine Verarbeitungsform von Leistungs- und Beziehungskonflikten

1. Bisheriger Erkenntnisstand der Forschung

Die sozialwissenschaftliche Forschung hat in den letzten Jahren vielfältige Belege dafür erbracht, dass die Weichen für das gesundheitsrelevante Verhalten schon früh in der Lebensgeschichte eines Menschen gestellt werden. Jede Beschäftigung mit dem Thema Drogenkonsum, Abhängigkeit von Drogen und Sucht muss sich aus diesem Grund mit dem Sozialisationsprozess in Kindheit und Jugend beschäftigen. [...]

Der Schwerpunkt sozialwissenschaftlicher Untersuchungen in den letzten Jahren lag auf der Suche nach dem subjektiven Nutzen und den instrumentellen, sozialen und symbolischen Funktionen des Alkohol- und Tabakkonsums von illegalen Drogen. Wir können aus den vorliegenden Ergebnissen schließen, dass Drogenkonsum jeweils zur Befriedigung vielfältiger und unterschiedlicher alters- und entwicklungsbezogener sowie ereignis- und lebenslagenspezifischer Bedürfnisse von Kindern, Jugendlichen und Erwachsenen beiträgt. [...]

Alle vorliegenden Studien (Jessor/Jessor 1977, Silbereisen/Kastner 1985, Franzkowiak 1986) unterstreichen die Bedeutung, die Untersuchungen von Konsummustern bei legalen Drogen im Kindes- und vor allem im Jugendalter zukommt. Der Einstieg in den Drogenkonsum läuft in der Regel über die legalen Drogen Alkohol und Tabak. Die Mehrzahl aller Jugendlichen beschränkt den Drogenkonsum auf solche legalen Substanzen. In der Regel greifen zu illegalen Substanzen solche Jugendlichen, die vorher einen exzessiven Gebrauch der legalen Substanzen eingeschlagen haben.

Der Drogenkonsum ist demnach fest in den alltäglichen Verhaltensmustern schon von Kindern und vor allem Jugendlichen verankert. Denn das Erlernen des Umgangs mit Drogen gehört zu den von der Gesellschaft erwarteten Aufgaben der Entwicklung zum Erwachsenen. Schon im Alter von sechs bis zehn Jahren entwickeln Kinder erste Vorstellungen über spezifische Charakteristika und Wirkungen von Alkohol und Tabak

ebenso wie über die kulturelle und soziale Wertung dieser Drogen. Das zentrale Lernfeld für das Einüben im Umgang mit Drogen ist die Familie. [...]
Der Konsum der legalen Drogen Tabak und Alkohol – so lässt sich aus diesen Befunden schließen – muss zwar wegen der gesundheitlichen Folgen für die Person als eine spezifische Form von „auffälligem" und „Problemverhalten" klassifiziert werden, ist aber zugleich „normal" für die Entwicklung im Kindes- und Jugendalter. *Drogenkonsum ist als eine besondere Ausdrucksform der individuellen Verarbeitung der Realität zu verstehen.* Je nach Rollen- und Handlungsanforderungen, Lebenssituation und Lebensphase sind auch auffällige und problematische Verhaltensweisen – wie alles andere Verhalten – ein Medium der Lebensbewältigung (Hurrelmann 1986). [...]

2. Neuere Untersuchungsergebnisse zum jugendspezifischen Konsum legaler Drogen

Im Rahmen des Sonderforschungsbereiches „Prävention und Intervention im Kindes- und Jugendalter" untersuchen wir in Nordrhein-Westfalen anhand einer repräsentativen Stichprobe von Jugendlichen zwischen 12 und 17 Jahren die Zusammenhänge zwischen spezifischen belastenden Lebenssituationen, individuellen Verarbeitungsstilen der Bewältigung von Belastungen, sozialen Unterstützungen aus dem Beziehungsnetzwerk eines Jugendlichen und der Ausprägung von auffälligen Verhaltensweisen. Als auffällige Verhaltensweisen werden in unserer Untersuchung neben dem Konsum legaler Drogen auch Kriminalität, psychosomatische Beschwerden, depressive Stimmungslagen und Lernstörungen erfasst. Besondere Aufmerksamkeit wird in dem hier herangezogenen Forschungsprojekt [...] der Frage zugewandt, unter welchen sozialen Bedingungen Formen gesundheitsgefährdenden Verhaltens im Unterschied zu anderen Formen aufälligen Verhaltens auftreten. In sozialisationstheoretischer Sprache geht es hierbei also um die Erklärung der *differenziellen Verarbeitung von Lebensrealität,* indem eine systematische Verknüpfung von spezifischen Lebensbedingungen mit spezifischen Verhaltensweisen hergestellt wird.

2.1 Erstes Ergebnis

Drogenkonsum setzt im frühen Jugendalter ein und verstärkt sich in schnellen Schritten, sodass dieses Verhalten am Ende der Pflichtschulzeit zum „Mehrheitsverhalten" im Jugendalter geworden ist. [...]

2.2 Zweites Ergebnis

Drogenkonsum im Jugendalter verstärkt sich, wenn relative Benachteiligungen in der schulischen Laufbahn empfunden werden und wenn schulisches Versagen eingetreten ist. [...]

2.3 Drittes Ergebnis

Drogenkonsum im Jugendalter verstärkt sich, wenn sozialer Konflikt mit den Eltern über die eigene Lebensgestaltung und wenn Unsicherheiten in der Lebensorientierung gegeben sind. [...]

(Klaus Hurrelmann, Warteschleifen: keine Berufs- und Zukunftsperspektiven für Jugendliche? Beltz, Weinheim/Basel 1989, S. 116–122)

1. Lesen Sie den Text „Entwicklungsaufgaben des Jugendalters" auf S. 220f. Welche Aufgaben haben Jugendliche zu bewältigen und welche Funktionen können Drogen als Problembewältigungsversuch möglicherweise übernehmen?
2. Welche Rolle spielen familiäre, gesellschaftliche und individuelle Einflussfaktoren bei der Entstehung von Drogenabhängigkeit?
3. Wo sehen Sie Ansatzpunkte für pädagogische Interventionen?

Ursachen der Drogenabhängigkeit aus psychoanalytisch orientierter Sicht

Warum Huckleberry Finn nicht süchtig wurde

Als Siebenjähriger fand ich die Geschichten um Tom Sawyer und Huckleberry Finn mitunter reichlich gruselig. Später waren die Geschichten sehr anregend: Sommerferien mit einem Floß auf der Hunte und der Weser als großes Abenteuer in den Tagträumen – so wie der Huck auf dem Mississippi ungezwungen und ungebunden leben können…

Nun, bis zu einem improvisierten Floß aus einer alten Badewanne, die mit Kanistern seitlich stabilisiert wurde, haben meine Freunde und ich es immerhin gebracht. Damit sind wir im Frühjahr auf den großen Entwässerungsgräben im Moor geschippert. Das war genauso gut und aufregend. Mindestens einer ist dann ja auch zur Freude aller in das aromatische Moorwasser geplumpst. Hinterher hockten wir mit tränenden Augen um ein Feuerchen in einer selbst gebauten, windschiefen Bude und freuten uns über unsere Heldentaten. Das soeben Erlebte, Früheres und Zukünftiges kamen in einer Geschichte zusammen, das Erzählen wurde zur Erinnerung an Möglichkeiten. Natürlich spielte das „große Floß“ auch eine Rolle dabei. Bretter, Balken und Kanister wurden „besorgt“, gestapelt. Spannend war das und aufregend, konnte aber dennoch vergessen werden, zwischendurch über Schularbeiten, Streitereien und neuen Abenteuern. Aber es blieb immer noch: als Erinnerung an die Möglichkeit.

Gut dreißig Jahre später entwickelten wir im Mitarbeiterkreis unserer Abteilung ein Therapiekonzept für Patienten mit Spielsüchten, „Null-Bock-Syndromen“ und Ess-Brech-Krankheiten.

„Inter-Aktionsgruppe“ haben wir diese Unternehmung genannt, als „Erlebnistherapie“ wird dasselbe an anderen Stellen, zum Beispiel in der Jugendpsychiatrie, bezeichnet.

[…]

Das Problem unserer Patienten mit den eben genannten Krankheiten ist eine leere, öde innere Welt ohne lebendige Fantasie. Deswegen mussten bislang Suchtmittel herhalten, um diese innere Öde aufzubessern.

Die Fantasie des Huckleberry Finn ist alles andere als öde und schlaff. Sein inneres Erleben ist für ihn immer wieder Grund, auf seine äußere Welt zuzugehen, diese auszuprobieren, so wie es ihm selbst gerade in den Sinn kommt. Er kann mit seiner Welt etwas anfangen. Fabelhaft: Schwimmen, Tauchen, Rudern, Klettern, Schnitzen, Fluchtburgen bauen, Zündeln, Raufen, Rennen, Springen – Huck erfährt seine Welt mit all seinen Sinnen und nach seinen Bedürfnissen. Er geht an die Welt heran, wie es ihm Spaß macht. Auf diese Weise kann er dann auch ohne Suchtmittel über-leben, wenn er viele Dinge aushalten muss, die ihm ganz und gar nicht Freude bereiten.

Meine Patientin Wiebke hatte mit sechs Jahren ihre erste Käthe-Kruse-Puppe bekommen. Mit der durfte sie aber nur am Sonntag spielen, weil die ja echte Haare hatte. Als sie das mit den „echten Haaren“ ausprobieren wollte und sie der Puppe einen prächtigen Bubikopf verpasste, gab es, wie sie sich selber ausdrückte, „Stress“. Die Puppe war weg und lag erst sieben Jahre später mit einer anderen Puppe zusammen auf dem Gabentisch zum 13. Geburtstag – als sie nach Meinung der Eltern vernünftig genug war, damit zu spielen. Statt der Puppe gab es dann schon im Grundschulalter zweimal Klavierunterricht die Woche, einmal Ballett und dreimal Flötenunterricht. Bald spielte sie so gut Flöte, dass sie an Wettbewerben teilnehmen konnte. Zur Freude der Eltern siegte (!) sie bei diesen Wettbewerben wiederholt. Mit ihrer einzigen Freundin, die gleichfalls mit der Flöte meisterhaft umzugehen wusste, spielte sie zusammen – Flöte. Das Problem begann, als die Freundin ebenfalls an den Wettbewerben teilnahm, worüber es zum Krach und zum

Bruch der Freundschaft kam. Wenig später legte Wiebke die Flöte beiseite, um sie bis heute nicht wieder anzurühren, nachdem sie bei Bewerbungen an den Hochschulen Beurteilungen bekommen hatte, die ihren Erwartungen an sich selbst nicht entsprachen. Das sei zu kränkend für sie gewesen. „Alles oder nichts“ war ihre Devise. Später erkrankte sie an einer Magersucht.

Als Wiebke mit 25 Jahren zu uns in die Klinik kam, fragte ich sie nach ihren Fantasien und Tagträumen und worauf sie sich denn freuen könne. Sie sah mich zunächst sehr erstaunt an, dann schwieg sie lange und sagte: „In meinem Beruf erfolgreich sein.“

Huckleberry Finn hatte Glück, dass er keine Eltern hatte, die aus Sorge um die Zukunft ihrer Kinder diese zu Sklaven machen, diesen – in unserer Zeit, die Leistung vergötzt – Wettbewerb und Leistung aufnötigen, wo Raum für spontanes Spielen, Ausprobieren, Sinnenlust und Spaß erforderlich wäre. Spiel ist alles das, so Schiller, was „weder äußerlich noch innerlich nötigt.“

Wettbewerbe für Kinder unter dem Motto „Jugend malt, musiziert, turnt, singt, tanzt, reitet…“ oder was auch immer sind Ausdruck der Verbissenheit, mit der in jüngster Zeit immer mehr kindlicher Freiraum gegen programmierte Nachmittage und Wochenenden eingetauscht wird. Dazu gibt’s noch die Schulaufgaben, versteht sich.

Zumindest gilt dies für die karriere- und kulturbeflissenen Familien. Hier wird eine andauernde innere Friedlosigkeit erzeugt, denn die Leistung der eigenen Kinder steht im Vergleich zu der der jeweils anderen. Die Szene wird von Konkurrenz und Wettbewerb beherrscht. Was ist mein Marktwert? Wie steche ich meinen Konkurrenten aus? […]

Auch Huckleberry Finn und seine Freunde raufen und wetteifern miteinander. Dabei gibt es auch Gemeinheiten, Intrigen und Tränen.

Die Chance des Spielens besteht jedoch darin, das Eigene umzusetzen ohne Nötigung. In solch einem Spielen bin ich bereits ich selbst, da brauche ich später nicht das modisch strapazierte Schlagwort der Selbstverwirklichung (die ja oft auf Kosten anderer geschieht). Genötigt werden wir in unserem Leben schon ausreichend. Wird das Spielen noch vorprogrammiert, lernen wir nie ein ursprünglich Eigenes kennen, nie einen eigenen Sinn entwickeln.

Solche Nötigungen haben viele Gesichter, verkleiden sich oft als modische Trends oder Erziehungsideale. Grundmotiv ist zumeist, dass wir – als Eltern – in unserer Lebens-Not den Impuls haben, den Freiraum für das Spielen immer mehr einzuschränken. Das kann auch sehr still und unbemerkt ablaufen. Alles scheint in Ordnung zu sein. […]

Was an dem literarischen Huckleberry Finn aufgezeigt werden soll, ist, dass ein solches Erleben der Welt mit allen Sinnen – die Erfahrung der eigenen „Kompetenz“ – eine fehlende Geborgenheit zum Teil ersetzen kann. Nicht vollständig natürlich, aber Zutrauen in die Welt kann auch auf diese Weise erworben werden.

Dies meint zugleich, dass ich die Fähigkeiten, die in mir schlummern, ausprobiere, ohne dass ich den Interessen und Weisungen eines anderen folge, d.h. mich selbst finde und „verwirkliche“, indem *meine* Motivation im Spielen umgesetzt wird.

Damit soll also weiterhin aufgezeigt werden, dass elterliche Geborgenheit in einen Würgegriff umschlagen kann, wenn die Eltern aus eigener Not heraus nicht mehr die Bedürfnisse und Interessen ihres Kindes im Auge haben, sondern vorwiegend ihre eigenen Ängste in Schach halten. Von daher wäre weniger Einflussnahme auf das Kind oft mehr. Dies meint aber keinesfalls Gleichgültigkeit oder antiautoritäre Erziehung, sondern ein Bereitstellen von Freiräumen, in denen ein Kind so wie der Huckleberry Finn abenteuern kann und dabei über sich und die Welt etwas erfährt.

(Eckhard Schiffer, Warum Huckleberry Finn nicht süchtig wurde. Anstiftung gegen Sucht und Selbstzerstörung bei Kindern und Jugendlichen, Beltz, Weinheim/Berlin 1994, S. 13–19)

1. Was kennzeichnet die Kindheit von Huckleberry Finn und sein Erleben? Kennen Sie ähnliche, selbst erlebte Situationen? Erinnern Sie sich, wie Sie sich gefühlt haben? Überdenken Sie Möglichkeiten, sich heute vergleichbare Erlebnisse zu verschaffen.
2. Was unterscheidet laut Eckhard Schiffer Huckleberry Finn von Menschen mit Süchten?
3. Fassen Sie thesenartig die Ursachen von Drogenabhängigkeit nach E. Schiffer zusammen.

Ein Fallbeispiel

Herbert hatte das Pech, in der „schlechten Zeit“ aufzuwachsen. Die Mutter stellte das mickerige Kerlchen beim Arzt vor, der ein Geräusch über dem Herzen hörte und den Verdacht auf einen Herzfehler äußerte. Kälte, Sport, körperliche Anstrengungen seien zu vermeiden, erklärte der Arzt der besorgten Mutter. Wollmütze, Schal, Handschuhe und warme Strümpfe wurden für Herbert sehr wichtig. Wenn er aus dem Hause stürmen wollte, um zu spielen, wurde er stets zurückgepfiffen und auf seine vollständige Ausrüstung hin überprüft. Er ließ sich's wohl auch ohne größeren Widerspruch gefallen – vielleicht weil er merkte, dass die Mutter entspannter, manchmal sogar glücklich wirkte, wenn sie ihn umsorgen konnte. Sonst war Mutter eher kühl, distanziert, teilnahmslos. Später, nachdem Herbert „aus dem Haus war“, begann Mutter zu trinken und Beruhigungs- und Schlaftabletten zu nehmen. Die letzten 30 Jahre ihres Lebens waren öde und trostlos.

Offensichtlich konnte die Mutter nur über die gesundheitliche Fürsorge ihre Zuneigung und ihre Liebe ausdrücken, eine andere Möglichkeit besaß sie nicht. Sie war gehemmt und verklemmt, musste ihre gemüthaften Bewegungen verbergen und alle Gefühle in sich hineinfressen. Über das frühere Schicksal der Mutter war wenig zu erfahren, Herbert war selber erschrocken darüber, wie wenig er eigentlich von seiner Mutter wusste, wie wenig diese ihm von sich selbst erzählt hatte. Auch vom Vater gab es wenig zu erzählen. Dieser war aus beruflichen Gründen sehr oft nicht zu Hause gewesen. Herbert ist ein braves Kind, zieht sich warm an, geht nicht so weit weg, ist abends pünktlich. Nur einmal, als er in eine Rauferei verwickelt wird, wirft er mit einem Stein so unglücklich, dass er einen Klassenkameraden am Kopf trifft. Entsetzt läuft er nach Hause und verkriecht sich vierzehn Tage im Bett, gesundheitliche Beschwerden vortäuschend. Mutter versorgte ihn gern. Bis zum Abitur bleibt er „brav“. Dann nimmt er sich in der Nähe des Elternhauses ein Zimmer und beginnt ein wildes Leben: Frauen, Alkohol und wilde Fahrten mit dem Auto. Gleichzeitig spürt er – wenn er nüchtern ist – seit dem Auszug aus dem Elternhaus häufiger einen Drehschwindel, verbunden mit Angstzuständen. Nicht lange Zeit darauf lernt er seine spätere Frau kennen, mit der er bald zusammenzieht. Seitdem leidet er an massiven Klaustrophobien, das heißt Ängsten im Fahrstuhl, Auto oder in der Schlange vor der Kasse im Supermarkt. Wie gewohnt bekämpft er diese Ängste zunächst mit Alkohol, dann zusätzlich mit Beruhigungsmitteln, ist dabei jedoch immer noch beruflich erfolgreich und ein fürsorglicher Familienvater.

Dies hält er gut getarnt lange Zeit durch. Als er dann jedoch bemerkt, dass der Alkohol- und Tablettenkonsum eine Eigengesetzlichkeit gewinnt, das heißt, dass er ohne Betäubungsmittel gar nicht mehr vernünftig leben kann, wird er bei uns vorstellig. Im Gespräch wirkt er freundlich zugewandt, verbindlich, dann jedoch wieder distanziert und distanzierend.

Sehr angepasst, streckenweise geflissentlich, wirkt er zu Beginn der Therapie. Er bringt einen Schreibblock mit und notiert sich die wichtigsten Sätze. Nach einem Jahr ändert sich das. Herbert fängt an zu motzen, ist mit den Ergebnissen der Therapie nicht mehr einverstanden.

(Eckhard Schiffer, Warum Huckleberry Finn nicht süchtig wurde, Anstiftung gegen Sucht und Selbstzerstörung bei Kindern und Jugendlichen, Beltz, Weinheim/Berlin 1994, S. 22–24)

1. Welche Funktionen hat der Alkohol für Herbert?
2. Schreiben Sie in Kleingruppen einen fiktiven Brief an die Mutter von Herbert, indem Sie der Mutter Tipps geben, was in Herberts Kindheit und Jugend hätte anders laufen können.
3. Inwiefern sind die bereits vorgestellten Modelle zur Erklärung der Entstehung von Drogenabhängigkeit auf dieses Fallbeispiel anwendbar?

Vertiefung

Wer wird süchtig?

„Psychisch Schwache" greifen zu Drogen: Heißt das, dass der Rest „psychisch stark" ist? Gilt diese „Schwäche" nicht auch als Merkmal derjenigen, die in Sekten und ähnlichen Organisationen landen; kann man totalitäre religiöse und politische Vereinigungen dann als „Droge" verstehen? Selbst wenn wir dem orthodoxen psychiatrischen Ansatz, dem Christiane Schmerl diese Ansichten zuschreibt, zubilligen, Symptome von Persönlichkeitsstörungen bei Heroinabhängigen manchmal richtig beobachtet zu haben, heißt das noch lange nicht, dass diese Symptome zum Drogenmissbrauch geführt haben. Unlogisch ist auch der Schluss, dass eine Behandlung dieser Störungen zur Abstinenz führen könnte oder sollte. Wenn die Drogeneinnahme „primär Symptom eines psychischen Konflikts" sei, garantiert das nicht – wenn der Konflikt nicht mehr vorliegt –, dass der Patient Drogen in Zukunft nicht auch aus anderen Gründen nimmt.
Diese Ansätze könnten nicht erklären, folgert Schmerl kritisch, „wieso es eigentlich zu bestimmten Zeiten zu einem epidemischen Anstieg von Drogengebrauch und -abhängigkeit kommt". Die beobachteten frühkindlichen Störungen und negativen Erfahrungen, die angeblich zum Drogenmissbrauch disponieren, seien „keineswegs spezifisch für Drogenabhängige, sondern finden sich bei anderen ‚unangepassten' ebenso und – nicht zu vergessen – auch bei unauffälligen, als ‚normal' klassifizierten Jugendlichen und jungen Erwachsenen".
Außerdem bleibt die Frage offen, warum „wirklich seelisch Kranke viele Verhaltensauffälligkeiten zeigen, darunter aber kaum jemals Drogenmissbrauch". [...]
Da die psychiatrischen und psychoanalytischen Ansätze einer Sucht-Theorie ohnehin weder zwischen verschiedenen Drogen noch zwischen Abhängigen und gelegentlichen Konsumenten unterscheiden, sollte, so Schmerl, den therapeutischen Maßnahmen gegen die „Drogensucht" mit erheblichem Misstrauen begegnet werden. Bei Heroin komme noch hinzu, dass es „viel eindeutiger eine geschlechtsspezifische Ungleichverteilung zugunsten männlicher Adepten" gebe, „ein Verhältnis, das noch keinen Drogenforscher zu der Behauptung hingerissen hat, Männer seien eher neurotisch prädisponierte Drogenpersönlichkeiten".
Die eher sozialisationstheroretischen Ansätze, die das Umfeld oder, noch grober: die Gesellschaft für Drogenmissbrauch verantwortlich machen, erfreuen sich vor allem des-

halb großer Beliebtheit, weil sie sich durch populäre Stammtisch-Theorien bestätigt wissen und durch die Medien relativ simpel darzustellen sind. Die klassische Heroin-Story ist so einfach gestrickt, dass sie ein journalistischer Anfänger als Gesellenstück vorlegen könnte, ohne jemals einen Junkie zu Gesicht bekommen zu haben. [...]

Auch in dieser Argumentation ist keinerlei zwingende Logik zu erkennen. Die statistische Häufigkeit von Merkmalen, die angeblich den Drogenkonsum fördern, wie sexueller Missbrauch in der Kindheit, mangelnde Zuwendung, „broken home", gestörtes Verhältnis zum Vater, wahlweise zur Mutter, Pubertätsprobleme, verzögerter Reifungsprozess, grassierende Arbeitslosigkeit usw. bedeutet noch keinen kausalen Zusammenhang. [...]

Ein dritter Ansatz für die Erklärung des Drogen-Konsums – vor allem im anglo-amerikanischen Raum verbreitet – baut auf den Prämissen der Lerntheorie auf. Es sei nachgewiesen, so Schmerl, dass „bei Beginn, Beibehaltung und Rückfall im Heroin-Gebrauch sich das Wirken klassischer Lernprinzipien beobachten und mit Erfolg zur Erklärung von Drogenverhalten heranziehen lässt". Diese Lernprozesse seien bei jedem Menschen gleich, wenn er in eine dementsprechende Situation gerate, es bedürfe daher zur „Entwicklung einer Abhängigkeit keiner persönlichkeitsspezifischen Zusatzannahmen". Ähnlich argumentiert auch der Kieler Arzt Gorm Grimm: Auslöser für den (ersten) Drogenkonsum sei keine psychische Störung, „sondern eine jedem Menschen mehr oder weniger stark immanente Neugier, ein Erlebnisdrang, der zwar fatale Folgen haben kann, aber doch für sich gesehen eine ganz normale menschliche Motivation darstellt". [...]

Im lerntheoretischen Ansatz zur Sucht spielen diese Beobachtungen eine wichtige Rolle. Positive Verstärker der Gruppe, in der man sich bewegt, können den Wunsch erzeugen, durch die Droge Anerkennung und Geltung in der Clique zu bekommen. Was positiv empfunden wird, führt in der Regel zur Wiederholung des Verhaltens. Dabei ist die real erlebte Wirkung der Droge weniger bedeutsam: Dass der Erst-Konsument von Heroin sich körperlich schlecht fühlt, kann durch die positive Verstärkung der Gruppe überlagert werden.

Die Droge ist Teil des sozialen Status, ja kann sogar, wie in England untersucht, für diejenigen ein wichtiges Element des „life-style" werden, denen der traditionelle soziale Aufstieg durch Arbeit verwehrt bleibt. Der hier eingeführte Begriff der „sozialen Ansteckung" besagt, dass Neulinge von erfahrenen Drogengebrauchern initiiert werden, dass die Meinungsführer einer Gruppe eine wichtige Rolle spielen, ob jemand eine Droge probiert oder nicht – ungeachtet seiner Persönlichkeit. War noch in den Sechzigerjahren der Anführer in subkulturellen Gruppen „tough", zeichnete sich also vorwiegend durch körperliche Stärke und Fitness aus, wandelte sich das Bild: Jetzt musste man „cool" sein – eine Aussage über eine bestimmte psychische Qualität, deren Vorhandensein insbesondere durch Heroin suggeriert wird.

Die positiven sozialen und, bei erfolgter Gewöhnung, auch psychischen Verstärker werden ihrerseits ergänzt durch negative Verstärker: Wenn man die Entzugssymptome der Droge vermieden hat, ist das ein Erfolg. [...]

Dieser Ansatz zur Erklärung, was Sucht sei, gibt keinen Anlass zu Optimismus. Gerade das „aufregende" Leben in der illegalen Drogenszene führe zu Verhaltensgewohnheiten, die kaum zu verändern seien, da sie nach dem Prinzip der „unregelmäßigen (intermittierenden) Verstärkung" aufgebaut seien. Heroin-Abhängige müssen eine Reihe von Fertigkeiten entwickeln, um sich den Stoff zu beschaffen. Sie sind in der Regel in ihrem „Metier" recht erfolgreich. Diese Flexibilität, auf die unterschiedlichsten Situationen angemessen zu reagieren – die unregelmäßige Verstärkung – erzeuge aber weitaus fes-

tere und schwerer zu lösende Muster als regelmäßige Verstärker (wie etwa im Schulunterricht). Als Konsequenz des lerntheoretischen Ansatzes steht daher eher die Prävention im Vordergrund, nicht aber die Rehabilitation Drogenabhängiger.

Doch ist damit etwas gewonnen?

(Burkhard Schröder, Heroin. Sucht ohne Ausweg? – Ein Aufklärungsbuch. Rowohlt, Reinbek bei Hamburg 1993, S. 102–107)

1. Welche Ursachen der Entstehung von Drogenkonsum und -abhängigkeit nennt B. Schröder in seinem Text und welche Gegenargumente stellt er zu den einzelnen Erklärungsansätzen auf?
   Stimmen Sie dem zu?
2. Trifft die Kritik auch auf die Modelle zur Entstehung von Drogenkonsum von K. Hurrelmann und E. Schiffer zu?

Ein-Spruch

Das Recht auf Rausch?!

„Zu den grundlegenden Sektoren menschlicher Selbstbestimmung gehört die verantwortliche Entscheidung darüber, welche Nahrungs-, Genuss- und Rauschmittel der Bürger zu sich nimmt. Die Geschichte der Drogen belegt, dass die Menschen, obwohl der Konsum auch erhebliche Probleme herbeiführte, auf den Gebrauch nicht verzichten konnten oder wollten. Der Rausch gehört wie Essen, Trinken und Sex zu den fundamentalen Bedürfnissen der Menschen. Je technisierter, schneller und funktionaler eine Gesellschaft aufgebaut ist, desto stärker wird das Bedürfnis, aus dieser Umklammerung auszubrechen. Die Kammer (gemeint ist die Lübecker Strafkammer, d. Autoren) ist daher der Auffassung, dass das „Recht auf Rausch“ durch Artikel 2 Absatz 1 im Rahmen der freien Entfaltung der Persönlichkeit geschützt ist. Dabei steht es dem Einzelnen frei, sich nicht nur selbst zu schädigen oder die Gefahr einer Selbstschädigung in Kauf zu nehmen, sondern in der verfassungsrechtlichen Literatur wird sogar die Auffassung vertreten, dass das Recht auf Selbsttötung (also die schärfste Form der Selbstschädigung) zum Schutzbereich des Artikel 1 Absatz 1 gehört.“

(DIE ZEIT, Nr. 10 v. 28. Februar 1992, S. 56; Verf.: Wolfgang Nešković)

1. Schreiben Sie einen Kommentar zu dem Inhalt des Zitates und beziehen Sie Stellung.
2. Ist das Gegenteil auch richtig?
3. Welche Konsequenzen hätte die gesetzliche Anerkennung des „Rechtes auf Rausch“?

Pädagogische Anwendung

Wege aus der Sucht

In diesem Teil der Wabe soll es um die Frage gehen, welche pädagogischen und therapeutischen Ziele den Umgang mit Drogenabhängigen bestimmen sollten, welche Voraussetzungen und Bedingungen gegeben sein müssen, um einen Ausstieg aus der Drogensucht zu finden und um die Frage, was präventiv getan werden kann, um Drogenabhängigkeit zu vermeiden.
Zunächst wird ein Text vorgestellt, der die Maßnahmen in einer therapeutischen Einrichtung, die exemplarisch für viele ähnliche Einrichtungen steht, aufzeigt. Daneben gibt es jedoch Einrichtungen, die nach ganz anderen Konzepten arbeiten. Ein Beispiel dafür werden Sie später kennen lernen.
Voraussetzung für die Aufnahme in eine Therapieeinrichtung ist die vorherige „Entgiftung", also der Entzug des Klienten oder der Klientin von Drogen. Diese Entgiftung wird in örtlichen Krankenhäusern oder in speziellen Abteilungen psychiatrischer Einrichtungen durchgeführt.

Die traditionelle Drogentherapie

Mein erstes Treffen mit Vera findet – im Herbst 1991 – unter konspirativen Vorzeichen statt, fast wie in einem zweitklassigen Kriminalroman. Eine Bekannte in Berlin empfiehlt mich, wir verabreden uns in einem Café in einer Großstadt im Westen Deutschlands, ohne dass ich den Namen meiner Gesprächspartnerin wissen darf. Sie fährt in einem japanischen Kleinwagen vor, setzt sich zu mir und sagt: „Nenne mich Vera." Vera ist 26, Medizin-Studentin und hat gerade ihr Physikum mit Erfolg abgeschlossen. Das Außergewöhnliche an ihr: Sie ist seit elf Jahren heroinabhängig. Niemand, außer wenigen engen Freunden, weiß davon, und wenn der Sachverhalt publik würde, wäre ihre berufliche Karriere erledigt. Vera ist Teil der großen Dunkelziffer derjenigen, die mit der Droge kontrolliert umgehen. Sie taucht nicht „auf der Szene" auf, und wenn ihr das Geld für Heroin fehlt, substituiert sie sich mit dem Hustenmittel Remedacen, das das Opiat Codein enthält. Als sie mehrere Monate ausschließlich Codein nahm, bestand sie ihre Führerscheinprüfung. Bis heute ist sie unfallfrei gefahren, trotz ihrer Drogenabhängigkeit.
Vera war in einigen Therapie-Einrichtungen und hat sich geschworen, sich freiwillig nie wieder in die Hände von Drogentherapeuten zu begeben. Bei unserem zweiten Treffen erklärt sie sich bereit, mir ihr Tagebuch zu zeigen, das sie während einer Therapie führte und vor dem Verlassen der Einrichtung hatte abgeben müssen. Nur durch einen glücklichen Zufall – sie kam in persönlichen Kontakt mit einem Mitarbeiter – ist es wieder in ihre Hände gelangt. Das Tagebuch gehörte zum Pflichtprogramm der Drogentherapie. Sie schrieb es unter der Voraussetzung, dass die Therapeuten jederzeit Einblick nehmen konnten und das auch taten – um sich über den „Fortschritt" der Entwicklung zur Drogenfreiheit zu informieren. Ich musste versprechen, alle Passagen – die stark gekürzt sind – so zu verändern, dass nichts auf Veras wahre Identität hindeutet. [...]
In der Therapieeinrichtung leben rund 30 Drogenabhängige, betreut von einem halben Dutzend Psychologen, Sozialarbeitern, Therapeuten und Ex-Junkies. Vera wird – zunächst für vier Wochen – einer Anfängergruppe zugewiesen, die sich „Stufe eins" nennt. Private Dinge muss sie abgeben, Schminken, Schmuck und alles, was auf „die Szene" hinweisen könnte, sind verboten. Geraucht werden darf nur im Gruppenraum. Kaffee ist morgens, Tee nur abends erlaubt. Alkohol – auch Rumkugeln oder Amaretto-Eis – ist verboten, ebenso wie das Hören bestimmter Musik. Dafür gibt es eine „Index-Liste", anhand derer man sich informieren kann. Weitere Regeln in der Anfängerzeit:

„1. Kein Briefempfang und -abschicken; ausgenommen sind dringende bzw. amtliche Schreiben. Die Post wird von den Betreuern gelesen.
2. Das Innere der Therapie-Einrichtung darf nicht ohne Betreuer oder Angehörige der Stufe zwei verlassen werden.
3. Kein Telefonkontakt.
4. Kein Besuch.
5. Kein Bargeld, kein Taschengeldkonto.
6. Keine sexuellen Beziehungen, da der therapeutische Prozess des Einzelnen hiervon meist behindert wird."

Zum Kennenlernen dient in der Einrichtung das „Seminar". Es findet einmal im Monat statt. Im „Seminar" entscheidet sich, ob jemand endgültig aufgenommen wird. Vera muss vor allen ihren Lebenslauf schildern und kommentieren lassen. Jede Woche findet ein „Encounter-Spiel" statt, das der Aggressionsabfuhr dienen soll, täglich eine Gruppensitzung. Zweimal in der Woche gibt es eine „Therapie"-Sitzung, einmal zwei Schulstunden zur Weiterbildung.

Auf dem Gang des Haupthauses steht ein Stuhl, auf den jeder und jede, über den oder die sich jemand geärgert hat, „gesetzt" wird: „Du hast dein Geschirr vergessen", „du hast dich nicht genug beim Frühsport beteiligt", „du hast versucht, die Gruppe zu verarschen." Manchmal bleiben der „Sünder" oder die „Sünderin" stundenlang auf diesem Stuhl sitzen, damit sie darüber nachdenken können, was sie angestellt haben. Dann werden er oder sie von allen anderen wegen der Verfehlung oder des Regelverstoßes kritisiert. Auf die Vorwürfe darf nichts erwidert werden, man soll „es wirken lassen".

Falls nach einigen Wochen in „Stufe eins" therapeutische „Erfolge" zu beobachten sind, dürfen die Zöglinge die Aufnahme in die Zwischenstufe beantragen. Voraussetzung ist ein Gespräch mit der jeweiligen Gruppe und dem Psychologen-Team. Für die dann folgende „Stufe zwei" sind eine weitere Bewerbung und ein Gespräch notwendig, das Gleiche gilt für die letzte „Stufe drei". Die Drogenabhängigen, die „Stufe zwei" erklommen haben, wohnen nicht mehr im Hauptgebäude, sondern in Kleingruppen in einem anderen Haus. Wird einer aus diesen Gruppen beim Drogenkonsum ertappt, müssen die anderen ihn denunzieren, oder alle werden der Einrichtung verwiesen. Wer aus „Stufe eins" einen Angehörigen der „Stufe zwei" besuchen will, muss ein „Besuchsprivileg" beantragen.

(Burkhard Schröder, Heroin. Sucht ohne Ausweg? – Ein Aufklärungsbuch, Rowohlt, Reinbek b. Hamburg 1993, S. 121–125)

1. Zeigen Sie die einzelnen Maßnahmen der Therapie auf und diskutieren Sie deren möglichen Sinn.
2. Seit einiger Zeit haben sich pädagogische und psychologische Mitarbeiter und Mitarbeiterinnen sowie betroffene Drogenabhängige zusammengeschlossen, um für die Beachtung der Menschenwürde in therapeutischen Einrichtungen für Drogenabhängige zu kämpfen. Würden die Mitglieder dieser Vereinigung die oben dargestellte Therapieeinrichtung kritisieren?

Der Zwang zur Heilung

Seit 1981 sieht das Gesetz zur Neuordnung des Betäubungsmittelrechts für rechtskräftig verurteilte Drogenabhängige unter bestimmten Voraussetzungen die Möglichkeit vor, statt eine Haftstrafe abzusitzen sich in eine stationäre therapeutische Behandlung zu begeben.
Glauben Sie, dass eine solche Maßnahme Erfolg hat?

Ein Drogenabhängiger äußerte in einem Interview:

„Also, ich denke, Sucht kann man nur heilen, wenn einer wirklich selber was dafür tut. Man kann keinen irgendwo einsperren und sagen: Das machst du jetzt. Und da bleibst du. Und du bleibst bei dir und du guckst bei dir. Das wär Gehirnwäsche."

(Aus: Bundeszentrale für gesundheitliche Aufklärung, Köln, a. a. O., S. 13)

1. Nehmen Sie Stellung zu der obigen Äußerung.
2. Ein großer Teil der therapeutischen Maßnahmen zielt auf die Abstinenz der Klienten und Klientinnen. Wenn nicht die Abstinenz das Therapieziel sein sollte, welche Ziele würden Sie als wichtig erachten?
3. Diskutieren Sie, ob und inwieweit ein Leben mit der Sucht tolerierbar ist. Sollten sich bei Ihnen Widerstände gegen diese Vorstellung ergeben, versuchen Sie diese genauer zu definieren.

Akzeptierende Drogenarbeit

Das Beispiel der Entzugsstation CLEANOK in Lengerich

CLEANOK – ein Konzept schmerzender Konsequenzen

Aus meinen bisherigen Darstellungen wird deutlich, dass wir mit dem Konzept von CLEANOK den Versuch unternehmen, uns von der bisher auch von uns selbst praktizierten Behandlung Drogenabhängiger im Entzug weitestgehend zu lösen, uns von ungerechtfertigten Dogmen zu befreien und umfassend zur Kenntnis zu nehmen und zu berücksichtigen, dass der Klient noch nicht da ist, wo wir ihn uns gerne wünschen: ein hochmotivierter, zu allen schmerzvollen Erfahrungen und aller Härte bereiter, willensstabiler Mensch, der mit dem Therapeut und dem allein befriedigenden Ziel der Abstinenz in seiner Haltung quasi verschmilzt. Wir nehmen zur Kenntnis, dass gerade die Erfahrung des Entzuges und die damit verbundenen Erfahrungen sich in der Wahrnehmung des Patienten/des Klienten bis in tiefe Schichten hinein verankern, traumatisiertes Ereignis geworden sind, das er aus seinem Alltag in vielfacher Weise kennt. Es gibt keinen Drogenabhängigen, der nicht lange vor der Aufnahme in stationäre Entzugsbehandlung Erfahrungen mit dem Entzug gemacht hat, egal, ob in der Form des selbstverordneten, nicht ärztlich begleiteten Selbstentzuges infolge von erhöhtem Leidensdruck, ob in der Folge von Versorgungsengpässen, ob in der Folge von unvorhersehbaren Inhaftierungen oder in der Folge von stationär behandelten Intoxikationszuständen oder anderer, etwa operativer Eingriffe mit dann einsetzenden Entzugssymptomen vielfacher Couleur, dass in seinem Erleben der Entzug selbst ein unüberwindbares Ereignis auf dem Wege zur Drogenfreiheit und Drogenbehandlung darstellt. Das Scheitern solcher Entzugsprozesse hat beim Klienten Haltungen der Resignation, der Apathie und der Demotivierung und des verstärkten negativen Selbstbildes zur Folge. CLEANOK unternimmt den schwierigen Versuch, die Entzugsphase so auszugestalten, dass sie trotz aller auch dann auftretenden Beschwerden in ihrem Erleben zu einem angenehmen, wiederholbaren Ereignis wird. Eine Vielzahl solcher kurzer Behandlungseinheiten soll den Klienten in seiner Sucht begleiten und Einfluss auf sein Konsumverhalten nehmen, ihm hilfreich sein bei der HIV-Prophylaxe und ihm, wenn möglich, behilflich sein beim *Einstieg in den Ausstieg.*

Was heißt das für uns?

Entscheidendes geschieht bereits bei den Aufnahmebedingungen. Uns ist bereits derjenige Klient willkommen, dessen Vorstellungskraft allenfalls dazu ausreicht, einen „Urlaub vom Drogenkonsum" zu machen, sich zeitweise der Szene und dem Konsum zu entziehen – wenn auch nur kurzzeitig –, um seinen Allgemeinzustand zu bessern durch eine aktive Form der Behandlung. Dieser Klient ist uns genauso willkommen wie derjenige, der bereits in mühevoller Kleinarbeit einen ausgereiften Therapieplan – mit wessen Hilfe auch immer – erarbeitet hat und einen therapievorbereitenden Entzug durchführen will. Wir wissen, dass die Phase des Entzuges von überflutenden Ängsten, von kaum zu bewältigenden Affektstürmen, von nagender Dysphorie, von leichten bis schweren Depressionszuständen sowie von einer Abwehr innerer Konflikte durch Externalisierung begleitet wird. Für uns heißt das:
Wir müssen diese Probleme so ernst wie möglich nehmen, dürfen sie nicht zu Bagatellen umdefinieren. Der Klient soll wissen: „Ich kann mich mit einer größtmöglichen Freiheit von Angst und Gelassenheit sowie Vertrauen in diesen Prozess begeben. Die Entzugsphase ist für mich schaffbar, ja vielleicht ist sie sogar ein angenehmes Erlebnis". [...] Wir kommen mit medikamentöser Behandlung der Erwartungshaltung des Patienten/des Klienten entgegen. Wir vermitteln ihm gleichzeitig eine unvermittelbar spürbare Erleichterung durch die Teilnahme an anderen Therapieverfahren und wir bemühen uns um die Schaffung einer warmen Atmosphäre in einem von ihm selbst als kalt erlebten Entzugsprozess. Wir wollen ihm vermitteln, dass er selbst aktives Subjekt bei der Erzeugung von erwünschter Euphorie ist, anstatt passiver Konsument (durch die Droge) zu sein.
Als Erfolg gilt es uns, wenn der Klient nach Abschluss einer solchen Behandlung bereit ist, sich zu einem früheren oder späteren Zeitpunkt erneut in eine solche Behandlung zu begeben und damit zum ersten Mal seit langer Zeit generalisierte Widerstände gegen alle Formen von Therapien aufzugeben, und wir haben die Erfahrung gemacht, dass wir bei der 2. oder 3. Entzugsbehandlung nicht am Punkt Null beginnen, sondern an die im Verlauf einer vorhergehenden Behandlung gemachten Erfahrungen anknüpfen können. An die damit einhergehenden Auseinandersetzungen des Klienten selbst mit seinem Suchtgeschehen knüpfen wir an.

Die Praxis von CLEANOK

1. Spannungsreduktion

Auf vielfältige Art und Weise versuchen wir, der in der Phase des Entzuges fast gesetzmäßig auftretenden erhöhten Spannung bis hin zur Verkrampfung beim Klienten entgegenzutreten. Wir setzen dazu eine Reihe von körperorientierten Verfahren ein. Dazu gehören u. a. die sich in der Gruppe vollziehende Bewegungstherapie, einfache Entspannungsverfahren wie das Bio-feed-back. Die Spannungsabfuhr durch dosierte Langlaufprogramme, der Besuch der Sauna (bereits in der 1. Woche des Entzuges) sowie andere sportliche und gymnastische Übungen etwa wie Frühgymnastik, das Tennisspielen, das Kegeln und das Schwimmen. Die genannten Verfahren nehmen einen Großteil unseres Alltages ein. Sie sollen dazu beitragen, sich von der Fixierung auf die kognitive Ebene zu lösen, der bekannten Kopflastigkeit durch aktives, eigenes Umgehen mit dem Körper und seinen Kräften zu begegnen und damit den Klienten selbst von der Rolle des passiven Konsumenten hin zum selbsttätigen Akteur, zum Subjekt zu bewegen. Wir unterscheiden zwischen so genannten Pflicht- und Küraufgaben: Nicht alles, was therapeutisch vorgehalten wird, ist für jeden obligatorisch. Wir beziehen den Patienten ein und fragen ihn z. B.: Welches dieser Angebote ist z. Zt. für dich unannehmbar? Dann hat er die Möglichkeit sich zunächst dagegen zu entscheiden, sich von der Teilnahme befreien zu lassen. Wir vermitteln ihm: Die Teilnahme an Angeboten ist wich-

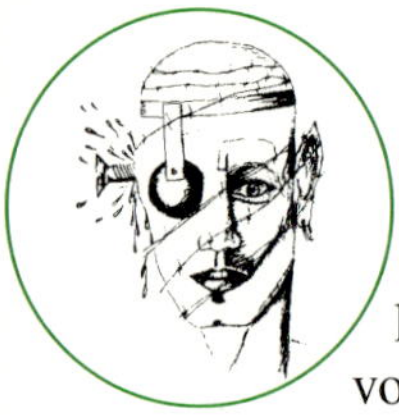

tig, weniger wichtig ist, wie aktiv deine eigene Rolle in diesen Angeboten ist. Wenn dein Vertrauen gering ist, dann begib dich zunächst ausschließlich in die Rolle des teilnehmenden Beobachters. Wie weit du dich auf ein Verfahren einlassen kannst, bleibt deiner Selbsteinschätzung überlassen. Wir versprechen uns von diesem Herangehen, den Umfang des Widerstandes beim Klienten so gering wie möglich zu halten und damit seinen Ängsten Platz zu geben.

2. Themenzentrierte Gruppe

Wie in anderen Therapiephasen auch arbeiten wir mit der themenzentrierten Interaktion in 2 Sitzungen pro Woche. Wir geben in der Regel für die jeweilige Gruppensitzung ein Thema vor, das aus dem Stationsalltag der jeweiligen Gruppendynamik sich ergibt und im weitesten Sinne mit der Thematik der Sucht einhergeht. Jeder Gruppenteilnehmer entscheidet selbst, inwieweit er sich in den Gruppenprozess einbringt. Auch der Schweigende, der Stille ist für uns ein aktiver Teilnehmer, denn er spricht zwar nicht, aber er sieht, er hört, er fühlt und teilt dadurch in der Regel auch mit.

3. Medizinische Behandlung

Wenn ich oben bemerkt habe, dass wir das Kind nicht mit dem Bade ausschütten wollen, dann heißt das, bezogen auf die Entzugsphase: Wir nehmen den körperlichen Allgemeinzustand und das akute Befinden des Patienten, einschließlich seiner Schmerzwahrnehmungen sehr ernst. Wir gestehen ihm grundsätzlich zu, dass er bei Aufnahme noch nicht in der Lage ist, sich von der generalisierten Fixierung auf Medikamente und Drogen zu lösen. Medikamente im Entzugsprozess zu beanspruchen ist grundsätzlich nichts Schlechtes. Wir beraten mit ihm sehr ausführlich, welches Medikament in welcher Dosierung wir bis zu welchem Zeitpunkt einsetzen. […] Alle Medikamente werden ausschließlich eingesetzt, d. h. wir beginnen mit einer bestimmten Höchstdosierung und setzen im weiteren Verlauf stufenweise das verordnete Medikament ab, bis zur Medikamentenfreiheit, verbunden mit dem Wunsch, dass eine 2. Phase des Entzuges medikamentenfrei ausgestaltet ist. […]

Die Gesamtheit dieses umfassenden Behandlungsprogrammes füllt den gesamten Tag. Sie beginnt morgens um 7.00 Uhr mit dem gemeinsamen Aufstehen und Frühsport. Sie endet am Ende des Tages etwa gegen 21.00 Uhr mit der Beteiligung am Snoezeln, gemeinsamen Freizeitaktivitäten oder einfach auch dem geduldeten Rückzug in das eigene Zimmer, „die kleine Flucht". Mit der ganztägigen Strukturierung verbinden wir die Hoffnung, auftretende Leergefühle im Entzugsprozess aufzufangen. Durch die räumliche Nähe und die überschaubare Größe der Station setzen wir insbesondere auf selbstregulierende Prozesse innerhalb der Behandlungsgruppe:
Was die Patienten unter sich selbst regeln können, muss nicht von außen aufgesetzt von ihnen abgefordert werden. Dazu gehört, sich weitestgehend, bezogen auf die alltäglichen Bedürfnisse, zu versorgen, den Stationsbereich weitestgehend selbst zu übernehmen, einschließlich der Selbstversorgung mit Nahrung, der Herstellung des eigenen Essens und des dazugehörigen Einkaufens. Die Behandlung umfasst maximal 5 Wochen. Mit der Entlassung aus dieser Behandlung sind viele Wege möglich, sowohl der Übergang in eine stationäre Entwöhnungsbehandlung als auch in die ambulante Therapie oder „die Vermittlung und das Aufsuchen ambulanter Beratung" oder anderer Formen professioneller Hilfe. Auch die Entscheidung des Patienten, zunächst ins Drogenmilieu zurückzukehren und erneut zu konsumieren. Alle Formen sind möglich, obwohl man nicht alle erwünscht oder bevorzugt, verständlicherweise.

(Referat: J.-H. Heudtlass: CLEANOK, Neue Wege im Drogenentzug!?, S. 11–14. In: Landschaftsverband Westfalen-Lippe [Hg.], Tagungsbericht „Schmerz lass nach!" – Konzepte des Drogenentzugs im nationalen und internationalen Vergleich. Intern. Symposium anlässlich der Eröffnung der Drogenentzugseinrichtung CLEANOK, Lengerich am 1. und 2. Juni 1989 in der Westf. Klinik für Psychiatrie und Neurologie, Lengerich, Münster 1990, S. 8–16)

1. Entwerfen Sie in Gruppen mögliche Werbebroschüren für CLEANOK. Adressaten sollen Drogenabhängige sein. Stellen Sie darin die besondere Zielsetzung und die konkreten Maßnahmen in den Mittelpunkt. Durch welche Bilder oder Illustrationen würden Sie Ihre Broschüre ergänzen? Welchen Titel würden Sie ihr geben?

   Alternativ:

2. Stellen Sie sich vor, Sie wären ein Sozialarbeiter in einer Drogenberatungsstelle. Zu Ihnen käme ein Drogenabhängiger, der in psychisch und physisch sehr schlechter Verfassung ist und Hilfe sucht. Versuchen Sie ihm die Einrichtung CLEANOK zu erklären. Welche Bedenken, Probleme und Wünsche könnte der Drogenabhängige äußern? Stellen Sie dies in einem Rollenspiel dar.
3. Diskutieren Sie mögliche Grenzen dieser Kurzzeitbehandlung.
4. Was kennzeichnet die akzeptierende Drogenarbeit, wie sie auf CLEANOK praktiziert wird, im Vergleich zur traditionellen Drogenarbeit, so wie Sie sie im Bericht über die Drogentherapie (vgl. S. 332f.) kennen gelernt haben?
5. Welche grundsätzliche pädagogische Haltung wird bei der akzeptierenden Drogenarbeit deutlich?

Pädagogische Maßnahmen zur Prävention von Drogenkonsum

Plakate

(Hg. von der Suchtpräventionsstelle Zürich, Suchtprophylaxestelle am Pestalozzianum, in: Eva Bilstein/Annette Voigt-Rubio, Ich lebe viel, Verlag an der Ruhr, Mülheim a. d. Ruhr 1991, S. 21)

Warum brauchen Kinder Zärtlichkeit? Damit sie ohne Drogen alt werden!

Walter S., 93 Jahre, und Sohn Karl, 71
(Kampagne der Dt. Humanistischen Union)

(Hansen WA, Köln, im Auftrag des Ministeriums für Arbeit, Gesundheit und Soziales des Landes NRW)

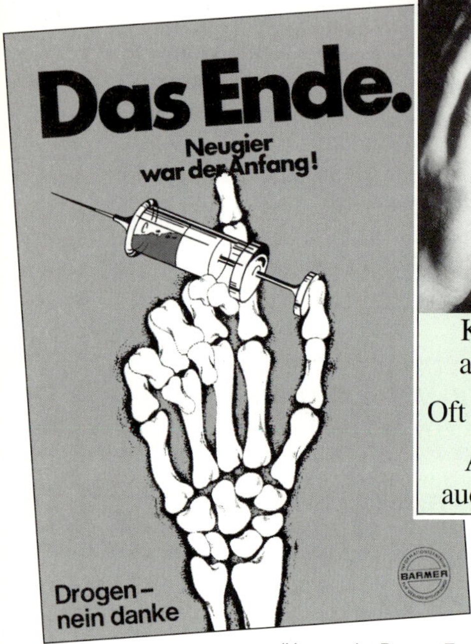

(Hg. von der Barmer Ersatzkasse; Hinweis: Die Kampagne ist nicht mehr aktuell, das Plakat nicht mehr erhältlich!)

1. Sehen Sie sich die unterschiedlichen Plakate eine Weile an. Welches Plakat spricht Sie selbst am stärksten an, welches am wenigsten? Welches Plakat erreicht Ihrer Ansicht nach am ehesten die beabsichtigte Präventionswirkung? Warum?
2. Inwiefern berücksichtigen die Plakate die wissenschaftlichen Erkenntnisse über die Ursachen der Drogensucht?
3. Analysieren Sie die Plakate hinsichtlich der dahinter stehenden pädagogischen Strategie zur Prävention des Drogenkonsums. Vergleichen Sie diese mit den Ihnen bekannten Ansätzen, wie sie in der therapeutischen Arbeit mit Drogenabhängigen zum Ausdruck kommen.
4. Entwerfen Sie selbst in Gruppen Plakate zur Drogenprävention und stellen Sie diese in Ihrer Schule aus. Welches Motiv und welchen Text würden Sie wählen, wen möchten Sie ansprechen?

Präventive Maßnahmen aus sozialisationstheoretischer Sicht

Ausgehend von seinen Überlegungen zu den Ursachen der Drogensucht gelangt K. Hurrelmann zu folgenden pädagogischen Konsequenzen:

Präventive Maßnahmen, die sich auf die Vorbeugung oder Vermeidung von Abhängigkeit und Sucht im hier diskutierten Bereich richten, müssen von zwei Leitsätzen ausgehen:

a) Der gezielten Beeinflussung von jugendlichem Verhalten durch Information und Aufklärung sind enge Grenzen gesetzt, wenn nicht die gesamte Lebenssituation und ihre Ver-

arbeitung durch Jugendliche berücksichtigt wird. Der Konsum legaler Drogen gehört, wie Jugendliche alltäglich wahrnehmen können, zum regulären Verhalten im Erwachsenenalter. Aufklärungsstrategien, die auf Abstinenz bei Jugendlichen setzen, wirken entsprechend unglaubwürdig.

b) Abschreckende Beschreibungen von Gesundheitsrisiken wirken auch deshalb wenig überzeugend auf Jugendliche, weil im Vordergrund ihres alltäglichen Erlebens die Funktionalität des Tabak- und Alkoholkonsums im eigenen Prozess der Persönlichkeitsentwicklung und der täglichen Lebensbewältigung steht. Jugendliche gehen von einem gegenwartsbezogenen Begriff des Wohlbefindens aus, der nicht dem Gesundheitsbegriff der klassischen Informations- und Aufklärungskampagnen entspricht. [...]

Für konkrete Maßnahmen der Prävention im Bereich des hier angesprochenen Drogenkonsums lässt sich aus den bisherigen Forschungsergebnissen folgern:

1. Da der Konsum legaler Drogen schon vor dem Eintritt in das Jugendlichenalter einsetzt, müssen vorbeugende Beeinflussungsversuche früher ansetzen, nämlich vor dem ersten konkreten Kontakt mit den legalen Drogen. [...]
Auch Präventionsmaßnahmen im Jugendalter selbst dürfen den Drogenkonsum nicht als abweichendes Verhalten stigmatisieren, sondern sie müssen ihn als psychosozial funktionalen und kulturell legitimen Bestandteil des täglichen Lebens akzeptieren, mit dem die Herausforderungen der Lebensphase Jugend bewältigt werden. Wegen der enormen gesundheitlichen Problematik des Drogenkonsums muss der Schwerpunkt aller Maßnahmen auf der ursachenbezogenen Prävention liegen, also an den psychosozialen Funktionen ansetzen, die die Nutzung von Alkohol und Tabak im Alltag hat. [...]
Hier ist es wichtig, sich die Erkenntnisse der Bezugsgruppentheorie und der sozialen Netzwerkforschung zunutze zu machen. *Es geht – im weitesten Sinn – um den Aufbau von angemessenen Handlungskompetenzen, mit denen auch komplizierte und belastende Lebensereignisse und Lebenssituationen bewältigt werden können.* [...]

2. Neben der Kompetenzförderung muss eine ursachenorientierte Prävention aber auch auf die sozialstrukturellen und sozialökologischen Lebensbedingungen orientiert sein, die die Grundlage für die Persönlichkeitsentwicklung im Rahmen des Sozialisationsprozesses abgeben. Die körperzentrierte und individualistische Ausrichtung der Gesundheitserziehung bleibt unzureichend, weil Jugendliche wie gesagt ein lebensweltbezogenes Gesundheitskonzept besitzen und den Drogenkonsum als sozial integrierten Bestandteil des Alltags wahrnehmen. Präventionsprogramme müssen die Umwelt von Kindern und Jugendlichen mit ihren vielschichtigen Erscheinungsformen in die Gesundheitserziehung einbeziehen. *Gesundheitserziehung muss als Hilfe zur Lebensbewältigung verstanden werden und deshalb alle Bedingungen berühren, die mit der lebensphasenspezifischen Bewältigung von Lebensbedingungen in Zusammenhang stehen.*

(Klaus Hurrelmann, Warteschleifen: Keine Berufs- und Zukunftsperspektiven für Jugendliche?, Beltz, Weinheim/Basel 1989, S. 122–125)

1. Welche Erfahrungen haben Sie selbst mit Drogenpräventionsmaßnahmen in der Schule, in der Freizeit, durch Medien o. Ä. gemacht? Welche Wirkungen haben sie bei Ihnen hinterlassen?
2. An wen richten sich die Vorschläge Hurrelmanns, wer könnte oder sollte sie in welcher Form umsetzen?
3. Beurteilen Sie die Vorschläge hinsichtlich ihrer möglichen Wirkung.

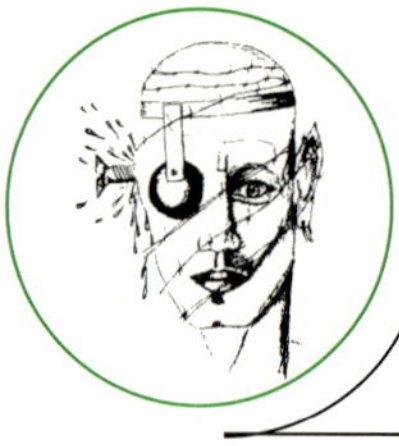

Ein-Spruch

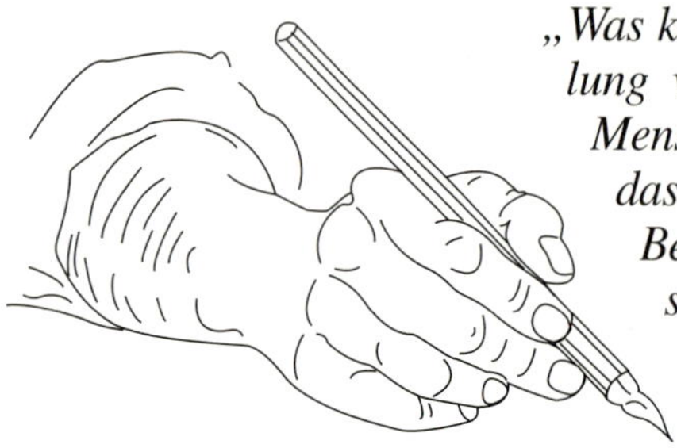

„Was kann Prävention anderes sein als die Vermittlung von Verhaltensnormen? Die hehre Absicht, Menschen zu veranlassen, das Böse zu meiden und das Gute zu tun, scheitert auch in vielen anderen Bereichen der Gesellschaft. Aufklärung, da sind sich die meisten Fachleute einig, schützt nicht vor Drogenkonsum. Ohnehin lässt sich der Nutzen von Einrichtungen, die um Prophylaxe bemüht sind, nicht messen: Wie soll man kontrollieren, ob jemand durch eine Beratung vor Drogenmissbrauch geschützt wurde? Prävention, so kann man vermuten, dient vor allem der moralischen Beruhigung derer, die mit dem Thema Drogen befasst sind. Man hat getan, was man konnte. Wer dennoch uneinsichtig ist, dem ist nur begrenzt zu helfen."

(Burkhard Schröder, Heroin. Sucht ohne Ausweg? – Ein Aufklärungsbuch, Rowohlt, Reinbek b. Hamburg 1993, S. 107)

Wer sagt
was
mit welchen Mitteln
und welcher Absicht
zu wem ???

Ist das Gegenteil auch richtig?

Mein Kommentar:

Präventionsmaßnahmen aus psychoanalytisch orientierter Sicht

Auch Eckhard Schiffer hat ausgehend von seinen Erkenntnissen über die Ursachen der Sucht einen Forderungskatalog aufgestellt:

An dieser Stelle sollen zunächst die bisherigen Überlegungen in einigen Sätzen noch einmal zusammengefasst werden.
Der Hauptgedanke ist der, dass eine lebendige Fantasie unserer Kinder für eine „Immunisierung" gegen spätere Suchterkrankungen wesentlich ist.
Die besten Möglichkeiten für das Wachsen, Blühen und Gedeihen der Fantasie sind mit dem kindlichen Spiel gegeben, in dem das Kind Welt erfährt und gestaltet. Spielen ist die sichtbare Seite der Fantasie.
Mit dem Spielen ist das Geschehen gemeint, in dem das Kind sich spontan und nach seinen Regeln entfaltet. Ein Geschehen also, in dem der Prozess selbst und nicht das Produkt das Entscheidende darstellt. Es handelt sich also um das Spielen im Sinne des Englischen „play" und nicht Spielen im Sinne von „game". Bei Letzterem tritt der Prozess gegenüber dem Ergebnis, zum Beispiel dem Sieg, zurück. Bei dem „play" steht der Prozess selbst im Vordergrund.

Spielen im Sinne von „play“ ist heute aus zwei Gründen heraus bedroht:

1. Die kindliche Erfahrungswelt wird nicht mehr dem Sinnenhunger gerecht. […]
2. *Zu früh* wird das Regel- und Leistungsprinzip in die kindliche Welt des „play“ eingeführt. […]

Leistung ist heute nicht Ausdruck eines eigenständigen oder eigenständig werdenden Subjektes, so wie noch das Laufenlernen des Kleinkindes Ausdruck einer solchen Leistungsfreude im Sinne einer „Lust auf Welt“ sein kann. Leistung vollzieht sich heute vielmehr vor dem Hintergrund der angstvollen Entborgenheit, aufgrund derer Leistung als magisches Mittel gegen Angst auch schon von den Kindern gefordert wird. Und eben dies bedeutet eine erhebliche Einschränkung der Autonomie, das heißt des eigenen Weges.

Die Folge dessen ist, dass sich immer mehr der Eindruck festsetzt, dass Geliebtwerden und Geborgenheit nur möglich sind, wenn vorher etwas geleistet, das heißt die Autonomie verraten worden ist. Dies gilt insbesondere für unauffällige Leistungsanforderungen wie „lieb, brav und leise zu sein“ – vor allen Dingen in einer hellhörigen Sozialwohnung oder wenn Vater und Mutter genervt von der Arbeit kommen.

Ein Kochbuch mit Rezepten gibt es für das Spielen in den ersten acht Lebensjahren nicht, jedenfalls keines, das nicht wieder Schuldgefühle erzeugt oder neue Zweifel und Fragen hinterlässt. Wesentlich erscheint ein kritisches Verhältnis zum Leistungsdenken (im Sinne einer Leistungsvergötzung) sowie der Gedanke, dass bei diesem Spielen der Prozess das Entscheidende ist und nicht das Ergebnis bzw. das Produkt.

Als Willensbildung unter Eltern, Lehrern und Politikern wäre eine Entwicklung wie in Schleswig-Holstein mit dem Abschaffen der Schulnoten in den ersten vier Grundschuljahren nur zu begrüßen. In den schöpferischen Fächern wie Kunst, Musik, Sport und Werken wäre dies, wie schon mehrfach hervorgehoben, sogar bis zur 7. Klasse sinnvoll. Eine Besinnung auf das hohe therapeutische Potenzial in diesen Fächern ohne Notenandrohung brächte vermutlich mehr als alle bloß informative „Drogenaufklärung“. […]

Aus dem bisher Angeführten lassen sich nun als Fazit zwei Hauptforderungen ableiten:

1. Ausgleich des Mangels an sinnenhafter Erfahrung („synästhetisches Defizit“) insbesondere über die konkretisierbaren Einwirkungsmöglichkeiten der Schule.
   - Kritik und Drosselung des Fernseh/Video-Konsums im Unterricht und Elternhaus, kein Ersatzunterricht durch Video.
   - Gestalten im Unterricht mit den verschiedensten Materialien.
   - Verknüpfung z. B. von Musik, Bewegung und Gestaltung.
   - Projekte: Salat pflanzen, gießen, jäten, Salat ernten, putzen, waschen, würzen … oder: auch beim Brotbacken gelegentlich nicht erst mit dem fertigen Mehl anfangen.
   - Auch in der Mittel- und Oberstufe neben den Paukfächern Freiraum für eigenes Gestalten. Keine kahlen Klassenräume!
   - Im Kunstunterricht Vermittlung einer lebendigen Kunst entsprechend der Konzeption der Jugendkunstschulen oder der Museumspädagogik. Kein normierender Kunstunterricht.
2. Kritische Reflexion des Leistungsideals und der Unterrichtsgestaltung durch Lehrerschaft und Eltern.
   - Vorschulerziehung als Freiraum für Spiel und gestaltende Kreativität (ohne Wettbewerb) und als Ort sozialen Lernens.
   - In den kreativen Fächern (Kunst, Werken, Musik, Sport) eine „ästhetische Erziehung“ statt Leistungsdruck. Insbesondere in den Grundschulklassen keine Benotungen in diesen Fächern. Ästhetik als Lehre des Eindrucks und gestaltenden Ausdrucks.
   - Insbesondere im Sport mehr Reflexion auf einen beseelten Leib als auf einen durch Techniken ausplünderbaren Körper.

- Keine Angst vor den Vorschlägen der SchülerInnen nicht nur in den Projektwochen.
- Pflege der holding-function in den Gruppen/Klassen bei regelmäßigen Aktionen, in denen der Prozess mehr als das Produkt im Vordergrund steht. Zum Beispiel: Spiel, Gymnastik, Diskussionen in Arbeitsgemeinschaften.
- Reflexion des verinnerlichten Leistungsideals als Selbstideal und Identitätsprothese der Lehrerschaft sowie Reflexion des gesellschaftlichen Auftrages zur „Produktion von Tüchtigkeit“.
- Mehr als 20 Schüler in einer Klasse, mit denen die LehrerInnen „fertig werden müssen“, sind zu viel. Hier bleibt kein Raum für Synästhesieentfaltung, die Disziplinierung der SchülerInnen steht im Vordergrund.

(Eckhard Schiffer, Warum Huckleberry Finn nicht süchtig wurde, Beltz, Weinheim/Berlin 1994, S. 110ff.)

1. Entwerfen Sie ausgehend von den Überlegungen Schiffers zur Bedeutung des Spiels und der kindlichen Erfahrungswelt in arbeitsteiliger Gruppenarbeit, wie ein Kinderzimmer, ein Garten und eine Grundschule für Kinder gestaltet sein müssten, um den Forderungen Schiffers gerecht zu werden. Sie können dies in Form einer Zeichnung, einer Collage oder Ähnlichem machen.
2. Nehmen Sie kritisch Stellung zu den Präventivmaßnahmen Schiffers. Glauben Sie, dass diese Maßnahmen einen ausreichenden Schutz bieten?

P Projektvorschlag zum selbstständigen Weiterarbeiten

A Informieren Sie sich, inwieweit an Ihrer Schule Drogenprävention geleistet wird. Ermitteln Sie Möglichkeiten auf diesem Gebiet aktiv zu werden; z. B. durch die Gestaltung von Plakaten, Elternabenden, dem Verfassen eines Artikels für die Schülerzeitung oder auch der Erarbeitung einer Radiosendung für den regionalen Kanal.

B Gibt es an Ihrer Schule einen Drogenberatungslehrer oder eine Drogenberatungslehrerin? Laden Sie diesen oder diese in Ihren Unterricht zu einer Expertenbefragung ein.

C Informieren Sie sich über die Arbeit und den pädagogischen Ansatz von Suchtberatungsstellen an Ihrem Ort.

Hinweise

Die beiden folgenden Bücher sind sehr empfehlenswert: Das Buch von Anatol Feid gibt einen Einblick in die Problematik eines Menschen, dessen Freund drogenabhängig ist. Thematisiert werden die Hoffnungen und die immer wieder auftretende Resignation und Ratlosigkeit angesichts des Elends des drogenabhängigen Freundes. Das Buch von Hubert Selby gibt einen realistischen und beeindruckenden Einblick in die Träume und Wünsche eines Drogenabhängigen und in die immer weiter führende Selbstzerstörung.

- Anatol Feid, Die Spur des Fixers, Düsseldorf, Patmos, 1991
- Hubert Selby, Requiem für einen Traum. Deutsch von Kai Molvig, Reinbek bei Hamburg, Rowohlt, 1985

2.5 Alter Mensch, was nun? – Entwicklung im Alter

(Foto: Mike Schröder/argus)

1. Beschreiben Sie zunächst das Foto möglichst genau.
2. Schreiben Sie eine Geschichte, in der der Kontext, das Vorher und Nachher der Situation deutlich wird.
3. Schreiben Sie aus der Perspektive einer der Personen einen charakteristischen Satz.

Einführung

Vorstellungen von Alter

Bei den nachfolgenden Übungen empfiehlt es sich, diese in der angegebenen Reihenfolge durchzuführen und die Ergebnisse sowohl individuell als auch gemeinsam für die weitere Arbeit zu sichern.

1. Wie stelle ich mir „das Alter“ vor?

Notieren Sie in Ihr Journal:
a) Mit dem Wort „alt“ verbinde ich folgende Eigenschaften: …
b) Ältere Leute werden mit zunehmendem Alter …
Sammeln Sie anschließend die notierten Eigenschaften im Kurs.

2. Wie stelle ich mir mein Alter vor?

Was verbinden Sie ganz persönlich mit Ihrem zukünftigen Alt-Sein? Welche Befürchtungen haben Sie? Welche Wünsche haben Sie? Halten Sie diese, abgestuft nach Bedeutung für sich, im Journal fest. Tauschen Sie sich dann in einer Kleingruppe aus und überlegen Sie, was Sie dem Plenum mitteilen können. Vielleicht gibt es interessante Differenzen zwischen Punkt 1 und 2.

3. Wie stellen sich Kinder das Alter vor?

Patrick: Ich will so alt wie möglich werden.
Paul: So 90 ungefähr.

Cornelius: Bis 91 möchte ich knackgesund bleiben, und dann, so langsam … Wahrscheinlich sieht man ziemlich viel fern, weil man nicht mehr viel tun kann.

Paul: Man geht viel spazieren. Fußball und Tennis spielen geht auch nicht mehr.

Antonia: Ich kann das gar nicht sagen. Manche Menschen finden es ja nicht schlimm, alt zu werden, und andere sagen, es ist gar nicht gut.

Coraly: 85 Jahre will ich werden.

Leonie: Ich auch. Oder noch älter. So 95.

Antonia: Aber stell dir das vor: Du hast keine Freunde mehr. Du hast nicht mehr so viel Spaß.

Leonie: Doch, du hast ja auch Enkelkinder.

Coraly: Aber die vergessen dich auch, gut möglich. Solche alten Menschen kenne ich auch, die Kinder haben, die sich überhaupt nicht mehr kümmern. Sie freuen sich über jeden Besuch, unheimlich.

Bernhard: Die jungen Menschen wünschen sich immer, älter zu sein. Und wenn man alt ist, dann will man wieder ein kleines Kind sein, um das ganze Leben wiederholen zu können.

Coraly: Die Alten sagen immer zu den Kindern: Als ich so alt war wie ihr, war ich ja viel netter zu alten Menschen und habe auch immer gleich guten Tag gesagt.

Leonie: Alt sein ist nicht schön. Wenn man alt ist, ärgern einen die Kinder. Gucken frech und rufen: Hey Opi! Sie können sich auch nicht mehr so gut bewegen. Aber man ist weise. Man weiß genau, was früher alles passiert ist. Ich kann erzählen, was ich früher erlebt habe.

Cornelius: Ich will mal sechzehn Enkelkinder haben. Wenn ich 85 bin, ist schon das Jahr 2070. Ob die Welt dann noch so aussieht wie heute?

Antonia: Wenn ich alt bin und sehe Kinder, dann denke ich an meine Kindheit zurück. Dann denke ich: Jetzt haben die Kinder alles, was wir gar nicht kannten. Ich habe dann auch Enkelkinder.

(DIE ZEIT, 8.12.1995, S. 82 f. [Auszüge]; Bearb.: Anna von Münchhausen)

Welches Bild vom Alter haben die Kinder? Ist es realistisch? Klischeehaft? Wie kommt es zustande?

4. Meine verschiedenen Lebensalter

Übertragen Sie den Lückentext in Ihr Journal und füllen Sie die Lücken.

Ich bin   Jahre alt.
Ich fühle mich wie eine/ein   -Jährige/r.
Manchmal fühle ich mich   Jahre alt.
Es gibt Gelegenheiten, da habe ich das Gefühl, wie eine/ein   -Jährige/r behandelt zu werden.
Manche sagen zu mir, ich sähe aus wie   .
Am liebsten wäre ich   Jahre alt.

Welche Fragen und Thesen ergeben sich für die weitere Arbeit?

„Instant Aging“ – Altsein für kurze Zeit selbst erfahren.
Wenn Sie möchten, können Sie sich für kurze Zeit „alt“ machen.

Einfühlungsvermögen steigern

Fühlen sich alte Menschen wirklich so? Wird mir das auch passieren, wenn ich einmal alt bin? Diese Hilflosigkeit und die Wut über das eigene Unvermögen und keine Macht mehr über seinen Körper zu besitzen – plötzlich verstehe ich die Verbitterung vieler Senioren. Wie muss sich jemand fühlen, der will, aber nicht kann und dann auch noch auf Unverständnis stößt?

Die Idee, durch Selbsterfahrung mehr Einfühlungsvermögen für kranke Menschen zu schaffen, kommt aus den Vereinigten Staaten. Ärzte, Schwestern und Pfleger wurden aufgefordert, sich im Rahmen ihrer Ausbildung selbst einiger Untersuchungsmethoden zu unterziehen. Medizinstudenten sollten mittels einer Darmspiegelung oder einer Lumbalpunktion mit der Patientenrealität vertraut gemacht werden. Nach Deutschland importiert und für die spezifischen Belange alter Menschen modifiziert wurde diese Idee vor drei Jahren von Professor Robert Heinrich.

Der Chef des Zentrums für Akutgeriatrie und Frührehabilitation in München kennt die Probleme und Nöte seiner betagten Patienten und weiß um das Dilemma bei ihrer ärztlichen Versorgung: Denn Arzt und Patient leben in einer anderen Erfahrungswelt. Das Personal einer Klinik, die Mitglieder einer Praxis sind fast ausnahmslos jünger als die Mehrheit ihrer Patienten. Leiden, Behinderungen und die damit verbundenen Mühseligkeiten eines hohen Lebensalters kennen sie nicht.

Da eigene Erfahrungen bekanntlich nachhaltiger und wirkungsvoller sind als alle theoretischen Exkurse, entwickelte Professor Heinrich gemeinsam mit den Ergotherapeutinnen Birgit Endmann und Claudia Keck das „Instant Aging“-Programm. Mit einfachsten Hilfsmitteln soll ein künstlicher Alterungsprozess erreicht werden. Verschmierte Brillen,

Ohrstöpsel und Halsmanschetten schränken die Seh- und Hörfähigkeit ein, beeinträchtigen die Mobilität. Durch Schuhsohlen, die kleine Kieselsteine enthalten, einem falsch herum aufgezogenen Rucksackverband oder Knieschienen und Beinbandagen werden häufige Krankheitsbilder des Alters nachgestellt. Der summende Walkman sollte mich mit dem von Senioren oft beklagten Ohrensausen vertraut machen. Die Gummihandschuhe meines Vorgängers dienten dazu, ihm die durch Diabetes hervorgerufenen Sensibilitätsstörungen näherzubringen. Der jungen Frau, die nach mir nach vorne gekommen ist, wird ein Sandsackarm umgebunden. Er soll ihr ein Gefühl von Hemiplegie, halbseitiger Lähmung, vermitteln.
„Instant Aging“, als Möglichkeit eines artifiziellen Alterungsprozesses, wird in Zukunft für viele Ärzte und Angehörige von Pflegeberufen an Bedeutung gewinnen. Schon jetzt stellen ältere Patienten die Stammkundschaft der meisten Praxen und Kliniken. 20 Prozent der Bevölkerung sind älter als 60, der Trend ist steigend. Bereits heute wächst die Gruppe der über 85-Jährigen am schnellsten. Nach der Jahrtausendwende wird die allmählich ergrauende Gesellschaft immer auffälliger in Erscheinung treten. Aufgrund der zunehmend ambulanten Versorgung von pflegebedürftigen Senioren wird die Sensibilisierung für ihre Gebrechen bald auch für die Angehörigen ratsam werden.

(Felicitas Stephan, „Instant Aging" – Altsein für kurze Zeit selbst erfahren, in: Rheinische Post v. 7.1.1995)

Informationen zum Programm und der Durchführung von „Instant Aging“ sind erhältlich bei: Institut für Praktische Geriatrie, Herrn P. Kotzolt, Kreuzstr. 151, 44575 Castrop-Rauxel, Tel. 02305/43018

Was unterscheidet alte Deutsche von alten Indianern?

Es gibt Lebensabschnitte, die positiver gewertet werden als die des Alters – sowohl von Einzelpersonen als auch von Gruppen, Gesellschaftsschichten und Meinungsmachern. Der Einzelne denkt sich in die Kindheit zurück und stellt fest, dass er ein gutes Stück Unbeschwertheit, Vertrauen in sich selbst und Lebensfreude verloren hat.
Eine Gruppe von – z.B. – Leistungssportlern und deren Funktionäre legen fest, dass man ab dem 26. Lebensjahr zu alt für einen Weltrekord im 100-Meter-Lauf sei. Relativ jugendliche Vertreter unserer Gesellschaft halten am Vorurteil fest, dass ältere Menschen schlechter Auto fahren als jüngere, obwohl dies keiner statistischen Überprüfung standhält.
Und zu allem Überfluss sorgen Fernsehen und Presse täglich für einen Jugendkult, der nur eine Funktion erfüllen soll: die Steigerung der Einschaltquoten und der langfristigen Verkaufszahlen. In welcher Gesellschaft leben wir eigentlich, wenn unbewusst das 25. Lebensjahr positiver bewertet wird als das 66.? Da hilft auch der einzelne Song eines einzelnen Popsängers nichts, da wird mehr oder weniger amüsiert darüber berichtet, wenn ältere Menschen sich zusammenschließen, um gemeinsame Ziele zu verfolgen, und geradezu hämisch wird den Lesern ein Exklusivfoto mit dem Beweis angeboten, dass die ehemals schöne Schauspielerin nun auch schon einige Falten um die Augen hat.
Der „alte Deutsche“ sieht sich einer Flut von Vorurteilen gegenüber, die fast alle aus den typisch deutschen Tugenden abzuleiten sind: die Mitglieder der Gesellschaft haben *zuverlässig, gehorsam* und *fleißig* zu sein.
Zuverlässig ist man dann, wenn man nicht vergisst, Akten zur Abteilungsleiter-Besprechung mitzubringen. Sucht der 58-jährige Mitarbeiter dennoch verzweifelt und vergeblich in seiner Aktentasche, kann er sich des Spotts seiner Kollegen sicher sein: na ja, in

seinem Alter vergisst man schon einmal leicht was. Trifft das gleiche Missgeschick einen jungen Mitarbeiter, reagiert man eher amüsiert: der mit seinem ungestümen Temperament – der vergisst noch einmal seinen eigenen Kopf zu Hause.

Gehorsam ist man dann, wenn die Regeln der Hierarchie respektiert werden. Sagt der Chef „Mach' das", dann macht man das. Ist man als langjähriger und erfahrener Mitarbeiter gänzlich anderer Meinung als der Chef, bleibt meist nur die Alternative: resignieren oder opponieren. *Doch Vorsicht:* Resignation ist ein typisches Altersmerkmal! Schnell sind die Mitarbeiter und Vorgesetzten zu dem Urteil bereit: der kümmmert sich überhaupt nicht mehr um den Betrieb, der lässt alles schleifen, der ist wohl mit den Gedanken schon im Ruhestand. Also bleibt die Opposition. *Doch Vorsicht:* Opposition ist ein typisches Altersmerkmal, weil renitentes Opponieren nichts weiter ist als die Vorstufe zum Altersstarrsinn! Resigniert ein jüngerer Mitarbeiter, tritt man ihm in den Hintern oder schmeißt ihn raus. Opponiert ein jüngerer Mitarbeiter, schmeißt man ihn entweder raus, oder man hält ihn für geeignet, Führungspositionen zu erreichen. Gehorsam zu sein, ist für ältere Menschen also gar nicht so einfach – abgesehen davon, dass im Arbeitsumfeld auch immer eine gehörige Portion Stolz und Selbstwertgefühl mitspielt.

Fleißig ist man dann, wenn man die Leistungsanforderungen übertrifft. In vielen Berufszweigen wird das mit zunehmendem Alter immer schwieriger, weil die körperliche Belastbarkeit im Alter einfach nachlässt, Sehschwächen sich verschlimmern oder die Koordination nicht mehr so gut ist wie in jungen Jahren. Dass andere Fähigkeiten wie Präzision, Behutsamkeit oder Umsicht diese Defizite meist wettmachen, scheint z.B. in den Betrieben mit Massenproduktion von untergeordneter Bedeutung zu sein – Hauptsache, die Mitarbeiter halten mit der Bandgeschwindigkeit Schritt.

Die Einstellung zum Älterwerden ist hierzulande so erbärmlich und demütigend, dass man sich über handfeste Skandale eigentlich nicht zu wundern braucht:

Häufiger liest man in der Zeitung, dass wieder einmal eine vereinsamte Witwe erst Wochen nach ihrem Tod in der Wohnung aufgefunden wurde. Vermisst hatte sie keiner, weder die Söhne und Töchter … noch die Enkelkinder … noch die Hausbewohner … noch irgendeine Behörde.

Geht es in unserem Land um Einsparungen, sind die älteren Leute immer mit von der Partie, sei es durch die Verzögerung von Rentenerhöhungen, sei es durch das Anheben von Arzt- oder Arzneimittelkosten, sei es durch die Erhöhung der Mineralölsteuer, die den Alten den letzten Rest an Mobilität nimmt.

Sieht man die „Altenaufbewahrungsstätten" an, hat man zunächst einmal einen denkbar guten Eindruck. Die Flure sind klinikmäßig steril, die Grünanlagen vor den Betonklötzen gut gepflegt und garantiert unbetreten. Auch die Verwaltung von Eigenanteilen, Zuschüssen von Bund, Ländern und Gemeinden, privaten Spenden usw. funktioniert ausgezeichnet. Das Personal ist unterbezahlt und nett, mit anderen Worten: die Betriebe funktionieren ausgezeichnet. Das Einzige, was hin und wieder stört, sind die Alten.

Aber nicht nur in der öffentlichen oder veröffentlichten Meinung kommen die älteren Menschen meist schlechter weg als andere Altersgruppen – auch im familiären Bereich hat sich einiges verändert. Ich bin nun nicht der Typ, der einer Familienidylle aus der Jahrhundertwende nachtrauert, aber einige meiner Beobachtungen machen mich schon stutzig. Bis auf wenige Ausnahmen lassen alte Menschen mit sich machen, was andere wollen. Wird darüber diskutiert, ob die eigene Mutter nicht besser in einem Altenheim untergebracht sei, steht nicht die Frage im Vordergrund, ob sie in einer solchen Institution untergebracht werden soll, sondern wie.

„Ja, Mutter, freu dich doch – du brauchst keine Treppen mehr zu steigen, hast deine regelmäßigen Mahlzeiten und du darfst sogar deine geliebte Kommode mitnehmen."

„Im *Altersruh* können wir dich ja auch viel bequemer und öfter besuchen." „Sicher wirst du dort auch nette Freundinnen finden, und du bist nicht mehr so einsam – um die Finanzen kümmern wir uns dann schon."

[...]

Es ist doch nicht einzusehen, dass ältere Indianer von ihren jüngeren Stammesbrüdern und -schwestern noch immer respektvoller behandelt werden, als dies in einem hoch entwickelten Industriestaat wie Deutschland überhaupt denkbar wäre. Kein Indianer käme auf die Idee, den Häuptling abzuwählen, weil der gerade das Rentenalter von 62 Jahren erreicht hat, keine Alt-Squaw würde in die Berge gejagt, nur weil sie nicht einmal mehr für die Sippe kochen kann. Die Achtung des Alters ist bei den Naturvölkern ganz anders ausgeprägt als bei uns, weil jahrhundertelange Erfahrung gezeigt hat, wie man von den Lebenserfahrungen der Älteren profitieren kann. So ist es auch nicht verwunderlich, wenn die Friedenspfeife nicht von den jugendlichen Heißspornen, sondern von den Ältesten der bislang verfeindeten Stämme geraucht wird. Nach einer solchen Zeremonie kann sich ein Jung-Indianer den Mund fusselig reden – es findet bis auf weiteres keine Stammesfehde mehr statt.

Auch in anderen Regionen und Kulturen dieser Welt sind andere – und auch positivere – Einstellungen zum Alter erkennbar... in Indien, Japan, Zentralafrika, und, und, und ... ja, man braucht sich nur ins Auto zu setzen, in zwei Stunden den Brennerpass zu bewältigen, und schon sieht man sich einer völlig anderen Mentalität bei der Behandlung älterer Menschen gegenüber. „La mama" gehören Achtung und Respekt der gesamten Familie – warum nur sind die Deutschen ihren Alten gegenüber so kalt, desinteressiert und manchmal sogar respektlos und gehässig?

(Wolfgang E. Lehmann, Leben schützt vor Alter nicht, Frankfurt 1995, S. 15 ff.)

1. Wie charakterisiert der Autor das Verhältnis von Alt und Jung in unserer Gesellschaft?
2. Implizit ist in dem Text auch eine Vision eines besseren Verhältnisses enthalten. Arbeiten Sie diese heraus und diskutieren Sie diese Vision im Kurs.
3. Welche Folgen des realen und des idealen Verhältnisses ergeben sich für die Erziehung?

Grundbegriffe und Grundthesen

Dimensionen des Alters

Der Begriff Alter ist mehrdeutig, weil er verschiedene Dimensionen und Aspekte umfasst. Schon in der Alltagssprache verwenden wir das Wort Alter in verschiedener Weise und zwar zur Kennzeichnung einer Zeitspanne, die seit einem bestimmten Datum vergangen ist (jemand oder etwas ist so und so alt), als Bezeichnung eines Lebensabschnitts, in dem sich ein Individuum befindet (Kindesalter, Jugendalter, Erwachsenenalter, Greisenalter), zur Kennzeichnung der Sozialkategorie der alten Menschen (die Alten), und schließlich meinen wir mit Alter eine bestimmte Lebensphase (das Alter). Der Begriff Alter enthält verschiedene Aspekte, die zueinander in mehr oder weniger enger Beziehung stehen. Für alle Altersaspekte gilt, dass sie sich sowohl auf das gesamte Leben als auch auf die Lebensphase beziehen, die wir das Alter nennen. Die folgenden Altersaspekte sind nur eine Auswahl der wichtigsten (vgl. z.B. Rühberg 1991, Reimann & Reimann 1983).

1. Das *chronologische (oder kalendarische) Alter* ist die seit der Geburt verstrichene Lebenszeit. Alle anderen Altersaspekte werden zu ihm in Beziehung gesetzt.

2. Das *rechtliche Alter* betrifft Veränderungen, die eintreten, wenn ein bestimmtes kalendarisches Alter erreicht ist (z.B. Schulpflicht, Volljährigkeit, Rentenalter).
3. Das *biologische Alter* ist auf die gesamte Lebensspanne bezogen, die seit der Entstehung des Organismus verstrichen ist, und auf den ihr entsprechenden Entwicklungs- oder Erhaltungszustand. Im engeren Sinn kennzeichnet der biologische Begriff Alter die Lebensphase eines Organismus, die „post-reproduktiv" ist, d.h. auf die Zeit der Fortpflanzungsfähigkeit folgt und durch zunehmende Anfälligkeit für Krankheiten gekennzeichnet ist.
4. Das *soziale Alter* bezeichnet die Übernahme von Positionen und Rollen, die ein Individuum in einer bestimmten Altersphase aufgrund gesellschaftlicher Erwartungen vorfindet (z.B. Schulkind, Berufstätiger, Rentner). Für die Altersphase gilt, dass die Zuordnung zur Sozialkategorie „Alter" zwischen den verschiedenen sozialen Bereichen beträchtlich variieren kann. So kann eine Person bei früher Elternschaft schon zu der Alterskategorie „Großeltern" gehören, wenn sie im beruflichen Bereich noch weit von der Alterskategorie „Rentner" entfernt ist. Ein Fußballspieler zählt spätestens mit 40 Jahren zu den „Alten", während ein 50-jähriger Politiker durchaus noch zur „jungen" Politikergeneration gerechnet werden kann. Es hat aber den Anschein, dass sich auch in diesem Bereich die „Jugendlichkeit als Maßstab" (Rosenmayr 1989) immer mehr durchsetzt.
5. Das *funktionale Alter* oder psychologische Alter im weiteren Sinn bedeutete ursprünglich auf die Altersphase bezogen den „Aufweis individueller Unterschiede in der Funktionskapazität des alternden Menschen" (Thomae 1987 a, S. 177). Mittlerweile wird der Begriff erweitert auf die verschiedenen Aspekte sozialer Kompetenz und schließt biologische und psychologische Alternsaspekte mit ein.
6. Das *subjektive Alter* oder psychologische Alter im engeren Sinn meint die Art und Weise, in der ein Mensch seinen körperlichen, seelischen und geistigen Zustand auf dem Hintergrund seines kalendarischen Alters deutet. Dieser Aspekt drückt sich in dem bekannten Spruch aus: „Man ist so alt, wie man sich fühlt".

Auch der Versuch, den Begriff „Altern" zu bestimmen, gestaltet sich schwierig, und das Ergebnis ist je nach Blickwinkel (biologisch, sozial, psychologisch) ein anderes: Während Rosenmayr (1990) Altern durch einen biologischen Prozess der Rückbildung aller Organe und ihrer Leistungen (Involutionsprozess) bestimmt sieht, der allerdings psychisch, sozial und kulturell beinflussbar und zum Teil steuerbar ist, betont Thomae (1969, S. 23) die soziale Komponente: „Altern ist heute primär soziales Schicksal und erst sekundär funktionelle oder organische Veränderung".
Eine allgemeine und unspezifische Begriffsbestimmung des Alterns geben Shock et al. (1984): „Altern (wird) heute als Ausdruck einer ganzen Anzahl von Prozessen angesehen, die teils unabhängig voneinander, teils im Konzert mit anderen die Veränderungen im Individuum bewirken, die wir als Altern bezeichnen" (zit. n. Lehr 1991, S. 35).

Was versteht man in der *Biologie* unter Altern?
Die Tatsache, dass die Lebensdauer der Arten sehr unterschiedlich ist, spricht für die Wirksamkeit biologischer Mechanismen beim Altern. Das bedeutet aber nicht, dass die Steuerung von Altersprozessen nur durch sie erfolgt. Der Mensch ist ein „entwicklungsoffenes System" (Rosenmayr 1990). Sein Organismus steht in Wechselwirkung mit seinen seelischen und geistigen Fähigkeiten. „Leib" und „Seele" wiederum sind im Austausch mit der natürlichen und sozialen Umwelt, die ihrerseits von der Kultur und dem Stand der Zivilisation bestimmt werden. Diese haben einen erheblichen Einfluss auf die Lebensdauer.

In der Biologie wird Altern allgemein als progressiver Verlust lebenserhaltender Mechanismen verstanden, der zu einer Verringerung der biologischen Kapazität und Funktionstüchtigkeit führt. So nimmt z.B. vom 30. Lebensjahr an die funktionelle Kapazität der Organe um etwa 1,5% pro Jahr ab (Fries 1989). Weil die Mechanismen der Selbstregulation mit steigendem Alter immer fehlerhafter werden, lässt auch die Anpassungsfähigkeit an innere und äußere Reize nach und damit die Fähigkeit des Organismus, sich selbst zu erhalten.
Beim biologischen Altern laufen mehrere Prozesse nebeneinander ab und greifen in verschiedener Weise ineinander ein, d.h. biologische Alternsveränderungen sind *„multifaktoriell“*. Wovon letztlich die entscheidenden Wirkungen für das Altern ausgehen, ist noch nicht hinreichend bekannt. Deshalb konkurrieren auch noch verschiedene biologische Alternstheorien miteinander (vgl. Platt 1976).
Eine *molekulare Theorie* des Alterns nimmt an, das während des ganzen Lebens die DNS (Desoxyribonukleinsäuren), die Kernsäuren der Chromosomen, schädigenden Einflüssen ausgesetzt sind und entstehende Defekte mit der Zeit nicht mehr „repariert“ werden können. Schließlich komme es zur „Fehlerkatastrophe“, die zeitlich mit der maximalen Lebensdauer zusammenfalle.
Zelluläre Theorien des Alterns vermuten, dass Altern sehr wahrscheinlich zu charakteristischen Schädigungen im Zellkern führt. Sie gehen von Hinweisen aus, dass Altern besonders hoch differenzierte Zellen im Nerven-, Gefäß- und Muskelsystem betrifft, die ihre Fähigkeit zur Zellteilung erschöpft haben. Die dafür verantwortliche „biologische Uhr“ scheint im Zellkern zu liegen, und eine fehlerhafte Protein- und Enzymsynthese dürfte das Gangwerk der Uhr beeinflussen (Riede et al. 1989). Rosenmayr (1990) berichtet von immunologischen Forschungen, nach denen es mit dem Altern zu einer vermehrten Bildung von Antikörpern gegen körpereigenes Gewebe, sog. „Auto-Antikörpern“ kommt. Vereinfacht ausgedrückt, wendet sich die „Körperpolizei“ nicht mehr gegen fremde Eindringlinge, sondern trägt zu einer Art organischer Selbstzerstörung bei.
Eine auf den *gesamten Organismus* bezogene biologische Theorie sieht Altern durch lebenslangen Stress verursacht. Nach Selye (1967) verfügt jeder Mensch über eine individuelle Menge an „Anpassungsenergie“. Je nach Art der Lebensführung und der Lebensumstände kann diese Energie früher oder später verbraucht sein. Die experimentelle Bestätigung für diese Theorie steht allerdings noch aus.

(Helmut Walter, Das Alter leben! Herausforderungen und neue Lebensqualitäten, Darmstadt, Wissenschaftliche Buchgesellschaft 1995, Seiten 7–10 und 40–43 [Ausz.])

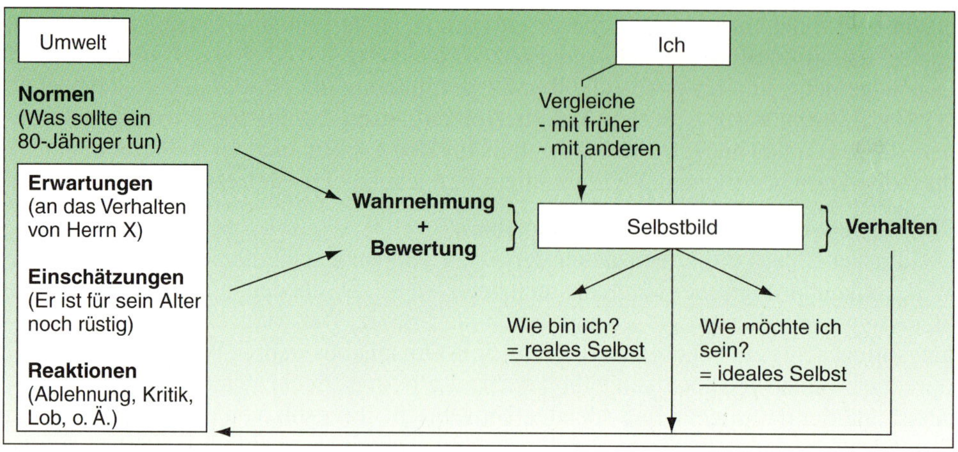

(Silvia Kauffeld/Sabine Kuhnert/Andreas Wittrahm, Psychologische Grundlagen der Altenarbeit, Ferd. Dümmler's Verlag, Bonn 1995, S. 57)

1. Erläutern Sie die verschiedenen Dimensionen des Alters an einem konkreten Beispiel. Sie können dies auch in einem Rollenspiel verdeutlichen.
2. Nicht nur biologische Altersveränderungen verlaufen multifaktoriell. Auch das Zusammenspiel der biologischen mit den nicht-biologischen Faktoren verläuft multifaktoriell. Erläutern Sie diesen Sachverhalt an Ihrem Ausgangsbeispiel.
3. Alle multifaktoriellen Stränge laufen im konkreten Individuum zusammen. Erläutern Sie mithilfe der Grafik, inwieweit das Selbstbild des Menschen von diesen Prozessen beeinflusst wird. Orientieren Sie sich in der Wabe ‚Sozialisation im Jugendalter' über den Zusammenhang von Selbstbild und Identität aus der Sicht von Hurrelmann.

Entwicklungspsychologie der gesamten Lebensspanne

Der Entwicklungs- und Gerontopsychologe Paul B. Baltes veröffentlichte 1990 „theoretische Leitsätze" einer 'Enwicklungspsychologie der Lebensspanne' in einer deutschen Zeitschrift, die er bereits zehn Jahre zuvor in den USA der Fachöffentlichkeit vorgelegt hatte. Die wichtigsten Thesen seines Konzepts sind:

1. Entwicklung ist ein lebenslanger Prozess: Entwicklungsprozesse finden auf allen Altersstufen statt. Jede Altersstufe ist nur im Zusammenhang der Entwicklung über die gesamte Lebensspanne zu verstehen. Das Altern eines Menschen steht im Kontext seiner Kindheits-, Jugend- und Erwachsenenbiografie. Diese These stimmt mit der Auffassung von Ch. Bühler, Erikson und Havighurst überein.
2. Die Entwicklung kann kontinuierlich oder diskontinuierlich verlaufen: Für einen Menschen mag der „Lebensabend" die Fortsetzung seines bisherigen Lebens sein, für einen anderen jedoch der Schritt in einen neuen Abschnitt der Entwicklung. [...]
3. Entwicklung verläuft multidirektional und multidimensional: Es gibt nicht nur einen Weg der Entwicklung, sondern viele. Auf das Altern bezogen bedeutet dies: Altern vollzieht sich auf mehreren Ebenen, z.B. körperlich und geistig (Multidimensionalität). Daraus folgt, dass es *den* Verlauf des Alterns nicht gibt, da der Alternsverlauf von Person zu Person und innerhalb der Person von Bereich zu Bereich verschieden ist. Entwicklung im Alter ist „richtungsoffen" und „typische Verhaltensweisen des alten Menschen gibt es nicht" (Lehr 1983, S. 140).
4. Entwicklung bedeutet über die gesamte Lebensspanne hinweg Wachstum (Gewinn) und Abbau (Verlust): Diese These ist in der Entwicklungspsychologie relativ neu. Sie bedeutet, dass jeglicher Entwicklungsprozess, in der Kindheit wie im Alter, ein Produkt von Wachstums- und Abbauprozessen ist. Entwicklung bringt auf „allen Altersstufen Gewinne und Verluste von Erkenntnis- und Erlebnismöglichkeiten mit sich" (Weinert 1992, S. 183). Für das psychologische Verständnis von Altern und Alter ist diese These von großer Bedeutung. Altern wird nicht nur in den umfassenderen Begriff von Entwicklung eingebettet (Wachstum- und Abbauprozesse), sondern dem Alter werden, wie jeder anderen Entwicklungsstufe auch, Möglichkeiten zur *Weiterentwicklung* zugesprochen. Die Unterordnung des Alternsbegriffs unter den Begriff der Entwicklung bedeutet aber nicht, dass auch das Verhältnis von Gewinnen und Verlusten über die gesamte Lebensspanne gleich bleibt. Mit dem Alter steigen die *Entwicklungsverluste*. Dazu trägt vor allem die nachlassende Fähigkeit des Organismus zur Selbsterhaltung bzw. Anpassung bei und damit die sich verringernde „Kapazitätsreserve" (Baltes 1990). Außerdem schließt jeder Entwicklungsschritt den Verzicht auf mögliche andere Optionen zur Entwicklung ein. Die Chancen für neue Wendungen im Leben verringern sich deshalb mit steigendem Alter.

5. Entwicklung ist intraindividuell plastisch. Menschen können sich – auch im Alter – stärker verändern, als noch bis vor wenigen Jahren angenommen wurde. Im Bereich der kognitiven Entwicklung, speziell der Intelligenz, konnte nachgewiesen werden, dass es auch im Alter ein Entwicklungspotenzial, eine „Kapazitätsreserve“ gibt. „Es ist deshalb zu einem Hauptanliegen der Life-Span-Forschung geworden, die intraindividuelle Variationsbreite und die Leistungsgrenzen des Einzelnen zu bestimmen“ (Baltes 1990, S. 12).
6. Entwicklung wird durch drei sich wechselseitig beeinflussende Systeme bedingt:
   - normativ-altersbezogene Einflüsse
   - normativ-historische Einflüsse
   - nicht-normative Einflüsse

   „Normativ-altersbezogene Einflüsse“ sind die biologischen Prozesse (Reifung) und die Umweltbedingungen (Sozialisation), die eng mit dem chronologischen Alter verknüpft sind. Die Einflüsse sind normativ, weil die meisten Menschen (einer Gesellschaft) in einem bestimmten Alter von ihnen betroffen sind. Beispiele für biologische Prozesse sind die körperlichen Veränderungen der Jugendlichen in der Pubertät oder die nachlassende Sehfähigkeit im Erwachsenenalter. Beispiele für altersbezogene Sozialisationseinflüsse sind der Schulbesuch und die Pensionierung.
   „Normativ-historische Einflüsse“ können ebenfalls auf der biologischen und der umweltbezogenen Ebene auftreten. Sie sind aber mit der historischen Zeit verknüpft und nicht mit dem Lebensalter. Sie betreffen die meisten Mitglieder einer Generation (Kohorte). Baltes verweist auf Untersuchungen zum Einfluss des historischen Kontextes auf die individuelle Entwicklung. So konnte z.B. nachgewiesen werden, dass sich die Intelligenz nicht nur mit dem chronologischen Alter verändert, sondern auch von Generation zu Generation, und dass historische Ereignisse wie z.B. die „Große Depression“ in den USA in den 30er-Jahren oder der Vietnamkrieg die Entwicklung der Persönlichkeit beeinflussten. „Auch für die Gruppe der jeweils Älteren und Altwerdenden gilt jene *Generationsgesetzmäßigkeit,* die für die Jugend in die Augen springt und die aus gemeinsamen Erlebnissen, aus gemeinsamer zeitgeschichtlicher Beeinflussung und gemeinsamen Versuchen, das Leben zu bewältigen, sich ergibt“ (Rosenmayr & Rosenmayr 1983, S. 46).
   „Nicht-normative Einflüsse“ schließlich sind die Bedingungen, die nicht für die Mehrzahl einer Altersgruppe gelten, sondern Einzelne in unterschiedlicher und nicht vorhersagbarer Weise betreffen. So genannte „kritische Lebensereignisse“, wie z.B. Krankheiten, Tod naher Angehöriger, Verlust des Arbeitsplatzes sind solche nicht-normativen Einflüsse. Ihre Auswirkungen auf die Entwicklung dürfen nicht unterschätzt werden.

Für Baltes ist jeder individuelle Entwicklungsverlauf das Ergebnis der Wechselwirkung (Dialektik) der drei Systemgruppen von Entwickungseinflüssen. Das dialektische Entwicklungsmodell, das von der „Entwicklungspsychologie der Lebensspanne“ favorisiert wird, ist erst in Umrissen erkennbar, bietet aber für die psychologische Betrachtung des Alterns Vorteile. Es kann nämlich „die Vielfalt von individuellen Entwicklungsprozessen einfangen“ (Faltermaier et al. 1992, S. 31). Im Mittelpunkt dieses Modells steht das Individuum als handelndes Subjekt, das mithilfe seiner kognitiven Struktur die Umwelteinflüsse interpretiert und gestaltet, dabei ständig auf seine Umwelt einwirkt und sich dadurch selbst wieder verändert. Wenn man bedenkt, wie unterschiedlich und vielfältig Entwicklungsverläufe unter den drei Einflusskomplexen sein können, liegt die Schlussfolgerung nahe, dass es keine Entwicklungspsychologie geben kann, die für längere Zeit gültig ist.

(Helmut Walter, Das Alter leben! Herausforderungen und neue Lebensqualitäten, Wiss. Buchges., Darmstadt 1995, S. 40 ff.)

1. Vergleichen Sie diese Aussagen mit den allgemeinen Thesen zur Entwicklungspsychologie zu Beginn des Kapitels. Welche neuen Aspekte nennt der Autor?
2. An welche Aussagen der Sozialisationsforschung knüpft der Autor an?
3. Welche pädagogischen Konsequenzen kann man aus einem solchen Verständnis von Entwicklung und Sozialisation im Alter ziehen?

Vertiefung

„Die Natur ist erstaunlich nachsichtig. Das ‚Defizitmodell' des Alterns haben die Mediziner längst abgeblasen – aber kaum einer hat hingehört."

Als eine Art Versuchsaffe und von aller Welt mit einem Kopfschütteln verabschiedet – so startete der 77-jährige John Glenn im vergangenen Oktober mit der Raumfähre „Discovery" ins All. Als Galionsfigur für Millionen von Alten in aller Welt kehrte er auf die Erde zurück. Der Gruftie im Orbit hatte die Strapazen des Weltraumtrips nicht schlechter überstanden als seine 30 bis 40 Jahre jüngeren Mitflieger und der Spott, der die Nostalgie-Tour des ältesten Astronauten aller Zeiten begleitet hatte, verstummte: Noch nie war es der NASA gelungen, mit einem Shuttle-Ausflug einen vergleichbaren PR-Erfolg wie mit der Mission STS-95 zu landen. Ein vorsorglich mit ins Weltall gehievter Arzt brauchte den Notfallkoffer für den Weltraumveteranen gar nicht erst zu öffnen.

(Foto: dpa/Buck)

„Dies ist ein großer Tag für unsere Senioren", hauchte ein ergriffener US-Präsident Bill Clinton beim Start des Oldies in den azurblauen Himmel über Florida ins Mikrofon. […] Nur wenige haben das Image des Alters so aufpoliert wie das NASA-Idol mit seinen 134 Erdumrundungen. Die Jahre jenseits von 65 werden in den dem Jugendwahn frönenden Gesellschaften des Westens immer noch gleichgesetzt mit Hoffnungslosigkeit und körperlichem Verfall: Körper und Geist leiden nach landläufiger Auffassung gleichermaßen unter den Abnutzungserscheinungen des Lebens. Das „Defizitmodell" des Alterns, wie Gerontologen die Vorstellung vom siechen, wenig erstrebenswerten Dahinvegetieren in höheren Jahren bezeichnen, sitzt unausrottbar in den Köpfen.

Die Gründe dafür sind einleuchtend. „Das Alter ist angstbesetzt", sagt Robert Heinrich, Geriatrie-Chef am Städtischen Krankenhaus Neuperlach in München, „weil man sieht, wie mit den alten Menschen umgegangen wird."

Tabuisiert werde das Alter, ähnlich wie der Tod, weil es „für eine hedonistische Gesellschaft eine narzisstische Kränkung" darstellt. Mit der Wirklichkeit, so haben Altersforscher und Mediziner in den vergangenen Jahren zu ihrer eigenen Verwunderung festgestellt, hat dieses Zerrbild jedoch nicht viel zu tun.

Die Mehrzahl der Männer und Frauen über 65 ist körperlich und geistig leistungsfähi-

ger, als es ihr schlechtes Image suggeriert. Etwa 85 Prozent von ihnen altern „erfolgreich", wie wissenschaftliche Studien gezeigt haben: Ihr „Leben im Alter", so Heinrich, „ist nicht mehr oder minder durch Krankheiten gekennzeichnet als ihr Leben in jüngeren Jahren". Der Schlaganfall, der Herzinfarkt oder der Tumor, an dem sie letztlich sterben, tritt in der Regel erst etwa ein halbes Jahr vor ihrem Lebensende auf. Viele 70-Jährige haben, ähnlich wie die Weltraumlegende Glenn, das biologische Alter von Mittvierzigern. Zwar gehen die Jahre auch an ihnen nicht spurlos vorüber: Jenseits der 75 etwa hat jeder Zweite Arthritis, jeder Dritte leidet unter zu hohem Blutdruck, Herzbeschwerden oder Hörschäden, und mehr als jeder Zehnte der Langzeitüberleber ist zuckerkrank.

Doch dem Lebensgefühl der Senioren tun die Abnutzungserscheinungen, für die der Zahn der Zeit sorgt, offenbar keinen Abbruch. „Im Großen und Ganzen", konstatiert der Berliner Altersforscher Paul B. Baltes, „fühlen sich 70- bis 80-Jährige genauso wohl wie Jüngere." Die meisten von ihnen sind viel unabhängiger, produktiver und gesünder als vermutet, wie Forscher der amerikanischen MacArthur Foundation nach einer zehnjährigen Studie unlängst berichteten.[...]

„Eine Belle Epoque des dritten Lebensalters ist im Werden", preisen Wissenschaftler wie Baltes die Vorzüge des so genannten jungen Alters. Ganz anders ist dagegen das Bild, das er und seine Kollegen von den Spätachtzigern, den 90- und 100-Jährigen zeichnen. Erst in dieser Spanne beginnt die Uhr des Lebens unerbittlich zu ticken.

„Ab 85 lässt die Gedächtnisleistung drastisch nach", konstatiert Georg Nehen, Geriater an der Memory Clinic Essen. Die Hochbetagten fühlen sich häufiger einsam und von der Umwelt kontrolliert. Ihre Offenheit für Neues geht verloren, das Risiko für den gesunden Geist im alten Körper nimmt sprunghaft zu. Während beispielsweise nur 2 bis 3 Prozent der 70-Jährigen unter Altersdemenz leiden, sind es bei den 80-Jährigen schon 10 bis 15 Prozent, bei den 90-Jährigen fast 50 Prozent. Für den Fall, dass sich die durchschnittliche Lebenserwartung der 80-Jährigen von derzeit 87 bis 88 Jahren um weitere zwei bis drei Jahre erhöht, würde sich das Demenzrisiko fast verdoppeln.

Eine US-Studie über Hochbetagte liefert ähnlich düstere Erkenntnisse. Danach sind bei 70-Jährigen etwa 20 Prozent der ihnen verbleibenden Lebenszeit wenig attraktiv. Bei 90-Jährigen fallen dagegen fast 60 Prozent des restlichen Lebens unter diese Rubrik – ihre Lebensqualität ist mies, sie sind auf fremde Hilfe angewiesen und nicht mehr Herr über ihre eigene Lebensführung. „Je älter man wird", schildert Baltes die Janusköpfigkeit des gesegneten Alters, „um so länger wird im Durchschnitt die Zeit ‚schlechter' Jahre."

Von den Fährnissen des vierten Lebensabschnitts sind Frauen stärker betroffen als Männer: schon deshalb, weil ihr Anteil unter den 90-Jährigen viermal größer ist als der der Männer. [...] Immer deutlicher zeigen die Zahlen der Altersforscher, dass das Leben kein Kurzstreckensprint ist, sondern eine Marathondistanz.

(Günther Stockinger, Die Natur ist erstaunlich nachsichtig, in: Spiegel spezial 2/1999, S.130ff.; G. Stockinger ist Wissenschaftsjournalist und 48 Jahre alt)

1. Zu welchen Ergebnissen kommt die Altersforschung heute? Formulieren Sie Thesen.
2. Erläutern Sie die These, dass „das Leben kein Kurzstreckensprint ist, sondern eine Marathondistanz", vor dem Hintergrund der Textes.
3. Der in dem Text zitierte Paul B. Baltes hat theoretische Leitsätze einer Entwicklungspsychologie der Lebensspanne formuliert. Beschreiben Sie kurz diesen Ansatz und vergleichen Sie ihn mit den Ausführungen von G. Stockinger.
4. Welche Konsequenzen kann man sowohl für die Pädagogik als auch für die das gesellschaftliche Zusammenleben bestimmenden Normen ziehen?

„Das Ausmaß von Stärken und Schwächen im Alter ist auch davon abhängig, welche Fähigkeiten und Fertigkeiten Menschen in jüngeren Lebensjahren ausgebildet haben. Ebenso ist die Lebenseinstellung des Menschen sowie seine Fähigkeit und Bereitschaft, sich mit Entwicklungsaufgaben im Alter bewusst und verantwortlich auseinander zu setzen, von seiner biografischen Entwicklung beeinflusst.“

(Andreas Kruse, Störungen im Alter: Intervention, in: Urs Baumann/Meinrad Perrez [Hrsg.], Lehrbuch Klinische Psychologie-Psychotherapie, Huber, Bern 1998, S. 988)

Auseinandersetzung mit Krankheiten im Alter

Das Monster der Vergesslichkeit

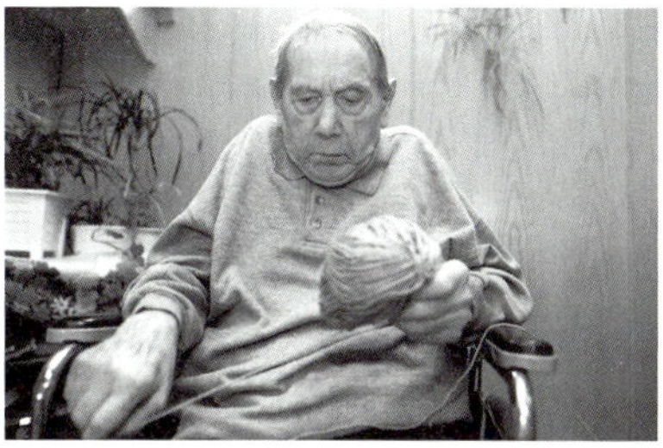

(© Werner Krüper Fotografie)

Alzheimer ist eine komplexe und verwirrende Krankheit. Das Verhalten einer dementen Person ist allerdings weniger unerklärlich, als es bisweilen den Anschein hat. Man muss nur die beiden ‚Demenz-Gesetze‘ kennen. Das Verhalten einer dementen Person gibt dem Umfeld oft Rätsel auf. Sich nicht mehr an den gestrigen Tag erinnern zu können und sich zugleich in der fernen Vergangenheit gut auszukennen. Nach Hause zu wollen, obwohl man zu Hause ist. Alles Mögliche zu vergessen, aber selten über Vergesslichkeit zu klagen. Mit einer Puppe zu spielen und dennoch beleidigt zu sein, wenn man die Person wie ein Kind anspricht. Was das Umfeld am meisten verwirrt, ist die Tatsache, dass das Verhalten nicht mehr wie früher vorhersehbar ist. […] *Das erste Demenz-Gesetz* nun besagt: Dementen Menschen gelingt es nicht mehr, Informationen vom Kurzzeit- ins Langzeitgedächtnis zu transportieren. Die Brücke zwischen Kurzzeit- und Langzeitgedächtnis ist zerstört. […] Dass man sich etwas nur eine halbe Minute lang merken kann, hat nun eine ganze Reihe anderer Demenzsymptome zur Folge:

- immer und immer wieder die gleichen Fragen zu stellen,
- mehrmals am Tag die gleichen Besorgungen zu machen,
- ununterbrochen irgendetwas zu vermissen, weil man vergessen hat, wo man es hingelegt hat. […]

Kurzum: Alles, was die demente Person erlebt, verschwindet sofort im gierigen Maul des Monsters der Vergesslichkeit. […] Mit Fortschreiten der Alzheimerkrankheit fängt auch das Langzeitgedächtnis an abzubröckeln. Die Informationen, die vor Ausbruch der Krankheit gespeichert wurden, verschwinden. Und zwar auf eine ganz besondere Weise: Das Gedächtnis wird wie ein Wollknäuel abgewickelt. Das ist *das zweite Demenz-Gesetz*. Zuerst verschwinden die Tagebücher der letzten zehn Jahre, später die der letzten zwanzig, dann die letzten dreißig usw. Schließlich bleiben nur Reste der Erinnerung aus frühester Jugend übrig. […] Neuere Tagebücher, die häufig aufgeschlagen werden, und solche, die Ereignisse enthalten, die einen tiefen emotionalen Eindruck hinterlassen haben, bleiben bisweilen länger verschont. […] Wenn man das Gedächtnis mit einem Videorekorder vergleicht, führt die Alzheimerkrankheit zu einem defekten Aufnahmekopf. Infolgedessen können keine neuen Aufnahmen mehr gemacht werden, lediglich alte Bänder können abgespielt werden (erstes Demenz-Gesetz). Wenn die Demenz fortschreitet, geht auch der Wiedergabekopf kaputt (zweites Demenz-Gesetz). Dabei können zunächst nur Bänder der letzten zwanzig Jahre nicht mehr abgespielt werden, später gilt das dann auch für immer ältere Bänder.

(Huub Buijssen, Das Monster der Vergesslichkeit, in: Altenpflege 3/1999, S. 30 ff. [Auszüge])

Therapieansätze:

1. Realitätsorientierungstraining (ROT)

Eine kognitiv orientierte Methode, die mit verschiedenen Gedächtnisübungen arbeitet, u. a. mit Bildtafeln, auf denen bekannte Gegenstände abgebildet sind, die von den desorientierten alten Menschen benannt werden sollen. Diese Übungen sollen vorhandene Fähigkeiten und Kenntnisse möglichst lange erhalten oder sogar verbessern. Mit zunehmender Demenz führt dieses Training allerdings zu Misserfolgserlebnissen, weil die Demenz-Kranken zwar den Gegenstand kennen, aber nicht mehr richtig benennen können.
Diese Methode wird heute überwiegend ersetzt durch humanere Ansätze.

2. Validation

„Jemanden zu validieren bedeutet, seine Gefühle anzuerkennen, ihm zu sagen, dass seine Gefühle wahr sind.“ (Naomi Feil) Naomi Feil nennt ihre Methode „einfühlende Kommunikation“. Der Ausgangspunkt ist immer die Frage, welches Gefühl sich hinter dem verwirrten Verhalten und den verwirrten Ausdrucksformen befindet. Dieses dahinterliegende Gefühl wird akzeptiert und wertgeschätzt; dabei wird vermieden, die Verhaltensweisen zu korrigieren, abzuschwächen oder die Dementen in unsere Realität zu holen.

Weitere Informationen über die Alzheimer-Krankheit erteilen:

- Deutsche Alzheimer-Gesellschaft e.V. Bundesverband, Kantstr. 152, 10623 Berlin, Tel. 0 30/31 50 57 33
- Alzheimer Forschung Initiative e.V., Grabenstr. 5, 40213 Düsseldorf, Tel. 08 00/200 400 1

Die Alzheimer-Forschungsgesellschaft hat ein Kinderbuch (für Kinder im Alter von 5 bis 9 Jahren) über den Umgang mit Alzheimer-Kranken herausgegeben: „Meine Oma Gisela“. Es ist unter der o.g. Adresse zu beziehen.

1. Gibt es Erfahrungen von Kursmitgliedern im Umgang mit verwirrten älteren Angehörigen? Wie kann man im Alltag handeln?
2. In allen größeren Städten gibt es inzwischen gerontopsychiatrische Einrichtungen. Experten könnten zu diesem Thema befragt oder Einrichtungen besucht werden.
3. Welche Folgen kann es haben, dass sich im Alter der pädagogische Bezug umkehren kann und die Kinder für ihre Eltern zuständig sind? Erziehen dann Kinder ihre Eltern?

Altern als Auseinandersetzung mit inneren und äußeren Veränderungen

Das Verständnis vom Altern als einem Prozess der aktiven Auseinandersetzung des Individuums mit inneren und äußeren Veränderungen fordert Mitarbeiter in der Altenarbeit zu einer ganzheitlichen Sichtweise auf. Der alte Mensch kann nicht nur in seinen Einschränkungen und als Hilfs- und Unterstützungsbedürftiger wahrgenommen werden. Stattdessen sind – selbst bei starker körperlicher und/oder psychischer Beeinträchtigung – auch die vorhandenen Kompetenzen zu berücksichtigen. Wie ein alter Mensch auf seine spezifischen Lebensumstände reagiert, liegt letztendlich in seiner Verantwortung und Entscheidung und ist nicht ausschließlich von der gewährten Unterstützung anderer abhängig.
Das bedeutet, dass jede Altenpflegekraft sich mit ihren Möglichkeiten und Grenzen von Hilfe und mit ihrem Verständnis von Kompetenz auseinander setzen muss. Dass ein rüstiger 80-jähriger Mann, der mit seiner Frau im eigenen Haus lebt, seinen Garten in Ordnung hält und die Einkäufe übernimmt, über Kompetenzen verfügt, ist unbestritten. Welche Kompetenzen besitzt aber ein 80-jähriger Mann, der desorientiert und bettlägrig ist und sich nicht allein waschen und anziehen kann und Hilfe beim Essen benötigt?
Um diese Frage beantworten zu können, ist es erforderlich zu klären, was unter *Kompetenz im Alter* verstanden wird und wodurch Kompetenz beeinflusst wird.
Häufig werden als Kompetenzen Fähigkeiten zur selbstständigen Lebensführung und zur effektiven Bewältigung von Umweltanforderungen bezeichnet. Dazu zählen eine Vielzahl körperlicher, psychischer und sozialer Fähigkeiten wie zum Beispiel

- sensomotorische und psychomotorische Fähigkeiten wie Bewegungssicherheit, Bewegungskoordination, Zielsicherheit und die Fähigkeit, auf Reize angemessen zu reagieren,
- die Fähigkeit, sich in neuen Situationen zurechtzufinden,
- der Aufbau und die Wiedergewinnung eines positiven Selbstbildes und einer realistischen Einschätzung der eigenen Fähigkeiten,
- die Fähigkeit, mögliche Belastungssituationen vorherzusehen und angemessen zu bewältigen; darunter fällt auch die Fähigkeit, eigene Problemlösungsmöglichkeiten sowie Hilfestellungen aus der Umwelt wahrzunehmen und zu nutzen,
- die Fähigkeit zur Entwicklung einer realistischen Lebensperspektive, darunter fallen u.a. die Anerkennung der eigenen Grenzen und das Aufgreifen noch verbliebener Lebensmöglichkeiten,
- die Fähigkeit, neue soziale Kontakte zu schließen.

Über welche Kompetenzen ein Mensch verfügt, ist immer von seiner Persönlichkeit und von seinem sozialen Umfeld abhängig, wie folgendes Beispiel zeigt:
Frau X ist nach einem Schlaganfall halbseitengelähmt und kann sich nur im Rollstuhl fortbewegen. Sie wohnt allein im zweiten Stock einer Altbauwohnung ohne Fahrstuhl. Da sie ohne fremde Hilfe ihre Wohnung nicht mehr verlassen kann und die Tür zum Badezimmer zu schmal für einen Rollstuhl ist, ist eine selbstständige Lebensführung für sie nicht mehr möglich. Unter diesen Lebensbedingungen reichen ihre Kompetenzen nicht aus, um eine Heimübersiedlung zu verhindern. Würde Frau X jedoch in einer rollstuhlgerecht ausgebauten Wohnung im Erdgeschoss wohnen und würde sie über ausreichende Hilfsmittel für Halbseitengelähmte verfügen, wären ihre Kompetenzen für eine selbstständige Lebensführung ausreichend, vorausgesetzt sie wäre bereit und in der Lage, die angebotenen Hilfen auch zu nutzen. […]
Wohlbefinden entsteht dann, wenn ein Gleichgewicht zwischen persönlichen Kompetenzen und Umweltanforderungen besteht. Sind die Umweltanforderungen größer als die verfügbaren Fähigkeiten zu deren Bewältigung, stellt sich ein Gefühl der Überforderung

ein. So ist z.B. ein desorientierter Heimbewohner, der in ein neues Zimmer umziehen muss, mit der Anpassung an diese Veränderung überfordert und wird mit Unruhe, Angst oder verstärkter Verwirrtheit reagieren.
Doch nicht nur Überforderung, sondern auch Unterforderung wird als unangenehm erlebt. Eine rüstige Bewohnerin wird sich im Altenheim unwohl fühlen, wenn sie dort keine Betätigungsmöglichkeiten mehr findet.
Sind die Anforderungen jedoch etwas größer als die verfügbaren Fähigkeiten, wird dies als Herausforderung erlebt und spornt die Leistungsfähigkeit an. Reichen die persönlichen Kompetenzen jedoch aus, um die gestellten Umweltanforderungen zu bewältigen, so wird Zufriedenheit erlebt. Es besteht jedoch kein Anreiz, sich anzustrengen.
Aus diesem Modell lassen sich folgende Schlüsse ziehen:

1. Ein alter Mensch kann nie einfach als kompetent oder inkompetent bezeichnet werden, sondern erscheint immer für bestimmte Umwelten mehr oder weniger kompetent.
2. Je geringer die eigenen Kompetenzen sind, desto weniger Umweltanforderungen können bewältigt werden. Die Belastbarkeit eines desorientierten alten Menschen ist geringer als die eines rüstigen Menschen. Damit gewinnen mit abnehmender Kompetenz Umwelteinflüsse für Anpassung und Wohlbefinden zunehmend an Bedeutung. Über je mehr Kompetenzen ein Mensch verfügt, desto eher ist er in der Lage, ungünstige Umweltbedingungen zu bewältigen.
3. Eine optimale Anpassung an Umweltgegebenheiten ist auf zweifache Art möglich; erstens durch die Veränderung individueller Kompetenzen und zweitens durch Veränderung des Lebensumfeldes. So können z.B. zur Verminderung der Desorientierung eines Heimbewohners sowohl dessen noch verbliebene Orientierungsfähigkeiten trainiert werden (Förderung individueller Kompetenzen) als auch Orientierungshilfen im Heim angebracht werden (Umweltveränderungen).

(Silvia Kauffeld u.a., Psychologische Grundlagen der Altenarbeit, Ferd. Dümmler's Verlag, Bonn 1995, S. 14 ff. [Auszüge])

1. Erläutern Sie vor dem Hintergrund des Sozialisationsmodells von Klaus Hurrelmann (s. Wabe „Sozialisation im Jugendalter“, S. 224ff.) die Sozialisationsprozesse im Alter.
2. Welche pädagogischen und sozialpolitischen Konsequenzen lassen sich aus einem solchen Verständnis der Lebensphase Alter ziehen?

Entwicklungsaufgaben im Alter

Neben körperlichen Reifungsprozessen sind vor allem Umweltanforderungen und selbst gesetzte Ansprüche und Ziele als die wichtigsten Triebkräfte für die menschliche Entwicklung anzusehen, die für viele alte Menschen zu folgenden Entwicklungsaufgaben führen:

1. Durch körperliche Veränderungen hervorgerufene Entwicklungsaufgaben:

- Anpassung an eine abnehmende körperliche Leistungsfähigkeit
- Anpassung an Veränderungen der Wahrnehmungsfähigkeit (Sehkraft, Hörvermögen)
- Anpassung an ein verändertes äußeres Erscheinungsbild
- Anpassung an eine veränderte Sexualität
- Bewältigung von Gesundheitsbeeinträchtigungen, ggf. Anpassung an eintretende Hilfs- und Pflegebedürftigkeit
- Anpassung an Veränderungen der kognitiven Leistungsfähigkeit des Gedächtnisses, der Informationsverarbeitung und der Reaktionsfähigkeit

2. Durch soziale Lebensumstände hervorgerufene Entwicklungsaufgaben:

- Anpassung an den Auszug der Kinder aus dem Elternhaus und Neudefinition des Verhältnisses zu den erwachsenen Kindern
- Anpassung an die Großelternrolle
- Anpassung an Veränderungen in der Partnerschaft bedingt durch die Pensionierung und den Auszug der Kinder aus dem Elternhaus
- Anpassung an den Tod des Partners
- Anpassung an den Tod von Freunden und Verwandten
- Anpassung an die Pensionierung
- Anpassung an eine veränderte finanzielle Situation
- Anpassung an eine veränderte Wohnsituation, ggf. Anpassung an eine Heimübersiedlung
- Auseinandersetzung mit bestehenden Erwartungen an alte Menschen

3. Selbst gesetzte individuelle Entwicklungsaufgaben:

- Suche nach neuen Lebensaufgaben
- Auseinandersetzung mit der Gestaltung des bisherigen Lebens und Anerkennung des persönlichen Lebensweges als sinnhaft
- Auseinandersetzung mit der Endlichkeit des eigenen Daseins, ggf. Anerkennung und Aufgabe nicht erreichter Ziele

Diese Auflistung von Entwicklungsaufgaben ist weder vollständig noch für alle alten Menschen zutreffend. Manche von ihnen – wie die Anpassung an die Pensionierung – stellen sich für viele alte Menschen, andere wiederum sind einzigartig. Darüber hinaus sind auch keine Aussagen darüber möglich, wie der Einzelne auf die ihm gestellten Anforderungen reagiert, da dies von einer Vielzahl von persönlichen Faktoren wie den bisherigen Erfahrungen, den verfügbaren Ressourcen und den persönlichen Kompetenzen sowie von weiteren Umwelteinflüssen, so z.B. der Wohnsituation oder den vorhandenen sozialen Kontakten, abhängig ist.

(S. Kauffeld/S. Kuhnert/A. Wittrahm, Psychologische Grundlagen der Altenarbeit, Ferd. Dümmler's Verlag, Bonn 1995, S. 14)

1. Orientieren Sie sich zum Begriff der Entwicklungsaufgabe in der Wabe „Sozialisation im Jugendalter" und erläutern Sie auf dieser Basis ausgewählte Entwicklungsaufgaben des Alters.
2. Recherchieren Sie in Ihrem lokalen Umfeld (evtl. in arbeitsteiliger Gruppenarbeit), welche Institutionen sich mit der Lebenssituation von alten Menschen beschäftigen. Nutzen Sie die hier skizzierten Entwicklungsaufgaben als Strukturierungshilfe. Wie sehen die in den aufgesuchten Institutionen arbeitenden Fachleute die sozialen Lebensumstände, die körperlichen Veränderungen und individuellen Wünsche ihrer Klienten?
3. Lohnend könnte für Sie sein, Kontakt mit Menschen aufzunehmen, die in einer Ausbildung zur Altenpflegerin/zum Altenpfleger sind. Fachseminare für Altenpflege gibt es in jeder größeren Stadt.
4. Ist diese Sicht des Alters, als einer Phase mit neuen Entwicklungsaufgaben, im Bewusstsein der Öffentlichkeit verankert? Erörtern Sie diese Frage im Kurs. Verfolgen Sie die Darstellung alter Menschen in den Medien und schreiben Sie Leserbriefe.

An-Sichten

Das Seniorenstudium ist für alte Menschen ein Anreiz, ihr geistiges Potenzial zu nutzen und aktiv zu bleiben.

(Foto: Holger Floß)

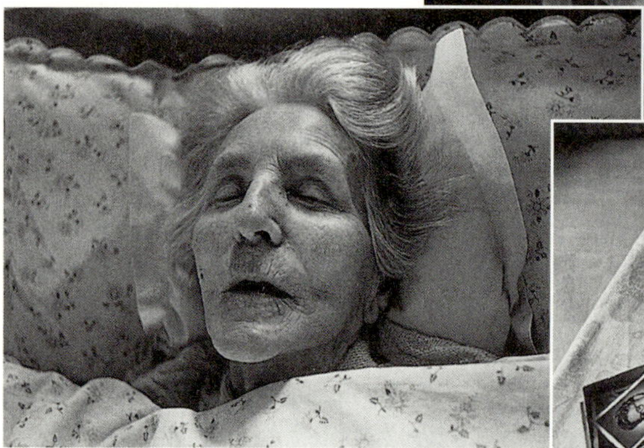

(Fotos: Ines Krüger)

1. Beschreiben Sie die Fotos in allen Details.
2. Erfinden Sie eine Geschichte, in der der Kontext, das Vorher und Nachher deutlich wird.
3. Schreiben Sie aus der Perspektive der abgebildeten Personen einige Sätze, die auf den Aspekt Entwicklungsaufgabe Bezug nehmen.

Pädagogische Anwendung

Geragogik

Die „Erziehung“ alter Menschen

Das Wort Päd-agogik setzt sich aus zwei griechischen Wörtern zusammen und bedeutet so viel wie „Knaben-Führung“: Kinder und Heranwachsende werden von ihren Erziehern zu verbindlichen Erziehungszielen hingeführt; sie werden erzogen. Unter Andragogik wird die „Führung der Erwachsenen“ [die Erwachsenen-Bildung] verstanden.

Gerontagogik: Wer führt die Greise?

Bereits 1962 sprach der Pädagoge Otto Friedrich Bollnow von Gerontagogik, von der „Führung der Greise“. Hierunter verstand er die Lehre von der „Erziehung“ alter Menschen:

Er erachtete es nicht als ausreichend, den Senioren auf der einen Seite medizinische Hilfen anzubieten, die darauf hinzielen, einzelne Beschwerden zu erleichtern bzw. auf der anderen Seite durch Unterhaltungsangebote hiervon abzulenken. Vielmehr argumentierte der Autor, dass es notwendig sei, Hilfen anzubieten, die den Einzelnen befähigen, sein Alter selbstständig und sinnvoll zu gestalten. Diesen Prozess bezeichnete er als Erziehung alter Menschen und umschrieb ihn mit dem Begriff Gerontagogik.

Auch Bollnow musste sich mit dem Einwand auseinander setzen, dass es unsinnig sei, von einer Erziehung alter Menschen zu sprechen, da nur die Heranwachsenden form- und erziehbar seien, dass alte Menschen hingegen ihre Persönlichkeitsentwicklung schon längst abgeschlossen hätten und in ihrem Wesen fast erstarrt seien. Die Senioren, so hieß es, seien höchstens noch pflegerisch zu betreuen.

Eine solche Kritik verkennt aber das tatsächliche Anliegen der alten Menschen: Wenn uns die Erfahrung lehrt, dass ein großer Teil der Senioren nicht in der Lage ist, sich mit den Fragen des Alters und des Alterns kompetent auseinander zu setzen, so kann eine mögliche Hilfe sich nicht auf die Linderung körperlicher und seelischer Beschwerden beschränken. Vielmehr sollen die Betroffenen befähigt werden, sich mit ihrem Alter aktiv auseinander zu setzen und zu einer sinnvollen Erfüllung der darin liegenden Möglichkeiten angeleitet werden.

Wollte Otto Friedrich Bollnow den alten Menschen Hilfen bei der Auseinandersetzung mit ihrem Alter anbieten, so wird die „Erziehung alter Menschen“ in der Umgangssprache doch meist als etwas Negatives gesehen.

„Es dauerte lange, bis ich meine Eltern richtig erzogen hatte“, sagte eine Klientin in der Sprechstunde zu ihrem Therapeuten. Solche Äußerungen lassen vermuten, dass die alten Menschen hier zu Unmündigen, Abhängigen geworden sind, die – gleich kleinen Kindern – „erzogen“ werden.

Tatsächlich beschreibt Erziehung aber etwas ganz anderes als die Manipulation der zu Erziehenden durch einen Erzieher!

„Erziehung“ als Bildungshilfe

Erziehung ist im Leben allgegenwärtig und meint immer mehr als eine reine Informationsvermittlung. Unter dem Begriff Erziehung werden alle Hilfen zusammengefasst, die dem Menschen von frühester Kindheit an zuteil werden,

- um ihm eine selbstbestimmte und selbstverantwortete Lebensführung zu ermöglichen
- um zu einem selbstständigen Denken, Fühlen, Werten und Handeln gelangen zu können
- um seine Persönlichkeit ausbilden zu können (Persönlichkeits-Bildung).

Erziehung meint nichts anderes als den Prozess, durch den einzelne Gesellschaftsmitglieder die Persönlichkeitsentwicklung anderer beeinflussen, die hierauf durch Anpassung oder Widerstand reagieren (können).
Die Begriffe Bildung und Erziehung beschreiben nur zwei Seiten der selben Medaille. Bildung kennzeichnet eine innere Haltung und Geformtheit des Menschen, das Bemühen einen eigenen Standpunkt (immer wieder neu!) zu finden; damit betont sie die Seite des Betroffenen. Bildung ist nach diesem Verständnis immer Selbst-Bildung.
Erziehung meint demgegenüber die Unterstützung dieses Bemühens von außen; sie ist Bildungshilfe. Die einseitige Manipulation Heranwachsender ist keine Erziehung, sondern Manipulation oder Dressur. Wenn es in der Erziehung um die Ausformung einer inneren Haltung, um das Werden der Persönlichkeit geht, so ist offenbar, dass es hierbei nicht nur um ein beschränktes Sachlernen, um eine einseitige Informationsvermittlung geht.
Ein unangemessenes Verhalten (z.B. Schwierigkeiten auf andere Menschen zuzugehen) wird nicht nur durch einen Mangel an Informationen hervorgerufen; vielmehr ist es das Ergebnis der vielfältigen Lebenserfahrungen und unterschiedlichen Erlebnisse. Die Zielsetzung, Menschen zu befähigen, Gefühle zu äußern, Kontakte zu knüpfen, sich durchzusetzen, ist auch im Rahmen der Arbeit mit Erwachsenen und alten Menschen nicht mit einer Vermittlung von Informationen umzusetzen. Vielmehr müssen entsprechende positive Erfahrungen erst ermöglicht werden. [...]

Die Ausweitung des Begriffs: „Geragogik"

Der 1962 von Otto Friedrich Bollnow geprägte Begriff „Gerontagogik" konnte sich allerdings nicht durchsetzen. Gebräuchlicher ist ein Begriff, den Hilarion Petzold drei Jahre später in einer französisch-sprachigen Veröffentlichung wählte, in der er von „Geragogik" sprach.
Das, was Petzold mit Geragogik umschrieb, geht aber auch inhaltlich über die Ausführungen O.F. Bollnows hinaus. Wie wir noch sehen werden, wird der Grundstein für die Art und Weise, wie der Einzelne sein Alter vollzieht, bereits in der Kindheit und Jugend gelegt. Eine Auseinandersetzung mit Fragen des Alters schließt immer Fragen nach den Formen des Alterns, also nach den Formen, wie der Einzelne alt wurde, mit ein. So beschäftigt sich die Geragogik nicht nur mit Fragen der „Erziehung alter Menschen", sondern schließt alle pädagogischen Fragestellungen, die mit dem Altern zu tun haben, mit ein.
Geragogik ist jenes Teilgebiet der Gerontologie und Erziehungswissenschaft, das sich in Forschung, Lehre, Theorie und Praxis mit allen Problemen, Lerninhalten und Lernprozessen befasst, die mit dem Altern und dem Alter zusammenhängen.
In seinem Gutachten zur Erwachsenenbildung definierte der „Deutsche Ausschuss für Erziehung und Bildungswesen" 1960, dass derjenige – im Sinne der Erwachsenenbildung – als gebildet anzusehen ist, der sich ständig bemüht, sich selbst, die Gesellschaft und die Welt zu verstehen und diesem Verständnis gemäß zu leben. Für Ludger Veelken hat Bildung die Aufgabe, den Menschen mit den Fähigkeiten auszustatten, die es ihm ermöglichen, sich in der politischen, sozialen und beruflichen Welt zurechtzufinden. Dieses Verständnis von Bildung zeigt eine große inhaltliche Nähe zum Kompetenz-Begriff.
Über die Ausbildung von Fähigkeiten und Fertigkeiten, die der Bewältigung konkreter Umweltanforderungen dienen (Kompetenz), hinaus beinhaltet Bildung aber noch das Bemühen, einen eigenen Standpunkt zu entwickeln, „sich selbst zu verstehen und diesem Verständnis gemäß zu leben" und zu einem selbstbestimmten Leben zu gelangen.
Es wäre demnach falsch, Bildungsarbeit mit alten Menschen oder Alten-Bildung mit einer Auseinandersetzung mit den so genannten „höheren Kulturgütern" gleichzusetzen. Vielmehr soll Bildung zur Bewältigung konkreter Lebenslagen, zur praktischen Lebensführung befähigen.

(Jürgen Wingchen, Geragogik. Lehr- und Arbeitsbuch für Altenpflegeberufe, Kunz, Hagen 1995, S. 20 ff. [Auszüge])

1. Mit der Problematik des Begriffes Erziehung haben Sie sich schon auseinander gesetzt (s. Phoenix, Bd. 1). Im Alter taucht diese Problematik vielleicht mit besonderer Schärfe auf. Setzen Sie sich mit dem Erziehungsverständnis des Autors auseinander und formulieren Sie eine Stellungnahme, die auch das vorher Erarbeitete einbezieht.
2. Wo sehen Sie spezielle Möglichkeiten und Grenzen von Erziehung in der Lebensphase Alter?

Interventionsgerontologie

In der Gerontologie werden unter dem Begriff der **Intervention alle Maßnahmen und Bemühungen zusammengefasst, die ein größeres psychophysisches Wohlbefinden des alternden Menschen zum Ziel haben.**

Intervenieren bedeutet wörtlich: dazwischenkommen, eingreifen. Durch Interventionen wird etwas verändert: Wenn ich im Flur einer Pflegestation Bilder an die Wände hänge, wenn ich von „Essen anreichen“ statt von „füttern“ spreche, wenn ich Frau X. zum Besuch des Sommerfestes überrede, interveniere ich, indem ich eine Situation, ein Verhalten oder eine Befindlichkeit beeinflusse oder verändere.

Die gerontologische Forschung der vergangenen Jahre hat zu der Einsicht geführt, dass Interventionsmaßnahmen im Alter nützlich sind.

1. Es wurde deutlich, dass Altern nicht unvermeidlich mit Abbau, Verlust und Defizit gleichzusetzen ist. Erst auf dem Hintergrund dieser Erkenntnis bekommen Interventionsmaßnahmen überhaupt einen Sinn, und es wird wichtig, dass auch an ältere Menschen Anforderungen gestellt werden: „fördern durch fordern“.
2. Es wurde nachgewiesen, dass die Alternsprozesse nicht nur durch biologische Faktoren, sondern auch durch soziale und biografische Bedingungen mitbestimmt werden. Dementsprechend müssen sich auch die Interventionsmaßnahmen auf verschiedene Bereiche erstrecken und mehrgleisig sein (medizinische, physische, psychosoziale, ökologische, d.h. die Umgebung betreffende, und andere Interventionen).
3. Es wurde erkannt, dass das Altern verschiedener Personen sehr unterschiedlich verläuft und dass es daher keine gesetzmäßigen Alternsvorgänge gibt. Dies bedeutet für die Intervention eine Abkehr von allgemeinen Beschäftigungsprogrammen und eine Hinwendung zu individueller, persönlichkeitsspezifischer Förderung.
4. Es wurde ersichtlich, dass nicht so sehr die objektiven Lebensumstände (z.B. objektiver Gesundheitszustand, objektive finanzielle Situation) den Zustand und das Verhalten des Menschen beeinflussen, sondern vielmehr die Tatsache, wie er diese Umstände subjektiv erlebt. Dementsprechend sollte bei jeder Interventionsmaßnahme darauf geachtet werden, wie der ältere Mensch seine Situation erlebt und ob er sie noch als veränderbar wahrnimmt.

Mit der Erkenntnis, dass Altern nicht nur durch biologische Prozesse bedingt ist, sondern durch die Umwelt stark beeinflusst wird, werden therapeutische Interventionen bis ins hohe Lebensalter hinein nicht nur sinnvoll, sondern auch notwendig. Ein „therapeutischer Nihilismus“ („Da ist doch sowieso nichts mehr zu machen“) ist also weder angebracht noch gerechtfertigt!

Lehr unterscheidet im Wesentlichen zwei Gruppen von Interventionen, die den Alternsprozess positiv beeinflussen:

1. Intervention im Sinne von Optimierung und Prävention

Optimierung bedeutet in diesem Zusammenhang die Schaffung günstiger Entwicklungsbedingungen für den Einzelnen. Prävention bezeichnet die Maßnahmen zur Vor-

beugung des Altersabbaus. Wie mein Alter aussieht, ist in hohem Maße davon abhängig, wie ich mein Leben vorher gestaltet habe. Die Lebensführung in der Jugend und im Erwachsenenalter ist mitentscheidend für den Verlauf des Alternsprozesses. Zu den günstigen Voraussetzungen für ein psychophysisches Wohlergehen im höheren Alter zählen: lebenslange körperliche Bewegung, richtige Ernährung, das Training geistiger Fähigkeiten, die Pflege von Freizeitinteressen und sozialen Kontakten, Gesundheitsvorsorge und das ständige Bemühen um Anregung und Abwechslung.

Um ein positiv erlebtes Altern zu unterstützen und dem Altersabbau vorzubeugen, sollte älteren Menschen der Zugang zu Bildungs- und Freizeiteinrichtungen erleichtert werden. Sie sollten sich ermutigt fühlen, aktiv am gesellschaftlichen Leben teilzunehmen. Das setzt voraus, dass die Gesellschaft das immer noch negativ gefärbte Altersbild korrigiert.

2. Intervention im Sinne von Rehabilitation und der Bewältigung von Problemsituationen

Rehabilitationsbemühungen haben zum Ziel, Selbstständigkeit und Unabhängigkeit in den verschiedenen Lebensbereichen nach bereits eingetretenen Störungen wiederzugewinnen. Körperliche, geistig-seelische und soziale Fähigkeiten sollen wieder reaktiviert und eingetretene Abbauerscheinungen rückgängig gemacht werden (z.B. durch Krankengymnastik, Logopädie, Ergotherapie, Psychotherapie). Falls es sich um nicht mehr zu verändernde Einschränkungen handelt, besteht die Intervention in dem Bemühen, alten Menschen zu helfen, mit dieser Situation zurechtzukommen und mögliche Hilfsmittel (z.B. Rollstuhl, Greifhilfen, Hörgerät) zur Verfügung zu stellen sowie deren Benutzung einzuüben.

In der gegenwärtigen Altenarbeit stehen – besonders in der stationären Altenpflege – die Interventionen im Sinne von Rehabilitation und der Bewältigung der Situation im Vordergrund. Präventive (vorbeugende) Maßnahmen spielen bisher nur in seltenen Fällen, meistens im Bereich der Offenen Altenhilfe (Altenclubs, Seniorenbegegnungsstätten oder Bildungsstätten), eine Rolle. Dies ist zu bedauern, da das Fehlen von Präventivmaßnahmen meistens kostenträchtige Folgen nach sich zieht (z.B. Pflegekosten).

(Silvia Kauffeld / Sabine Kuhnert / Andreas Wittrahm, Psychologische Grundlagen der Altenarbeit, Ferd. Dümmler's Verlag, Bonn 1995, S. 239 ff.)

Interventionsgerontologie muss das Umfeld und die ‚Lebenslage' des alten Menschen mit einbeziehen. Dies erfordert eine Sozialpolitik, die durch Prävention und Kompensation angemessene Rahmenbedingungen schafft, damit der Einzelne sein Leben nach seinen Interessen gestalten kann (vgl. Gerhard Naegele, Lebenslagen älterer Menschen, in: A. Kruse [Hrsg.], Psychosoziale Gerontologie, Band 2: Interventionen, Göttingen Hogrefe, 1998, S. 106ff.)

1. Die Begriffe Prävention, Kompensation und Intervention sind auch in anderen pädagogischen Arbeitsfeldern von großer Bedeutung. Erläutern Sie beide Begriffe mithilfe des Textes.
2. Hurrelmann geht davon aus, dass es für pädagogische Intervention entscheidend wichtig ist, die individuelle Problemlösungskompetenz der Menschen zu stärken und nicht, wie es durch institutionelles Handeln auch möglich ist, zu schwächen. Überprüfen und diskutieren Sie an konkreten Beispielen, ob dies von der Interventionsgerontologie auch angestrebt wird. Hierzu können Sie auch die folgende Grafik nutzen.

Soziale und pflegerische Dienste in der Altenhilfe

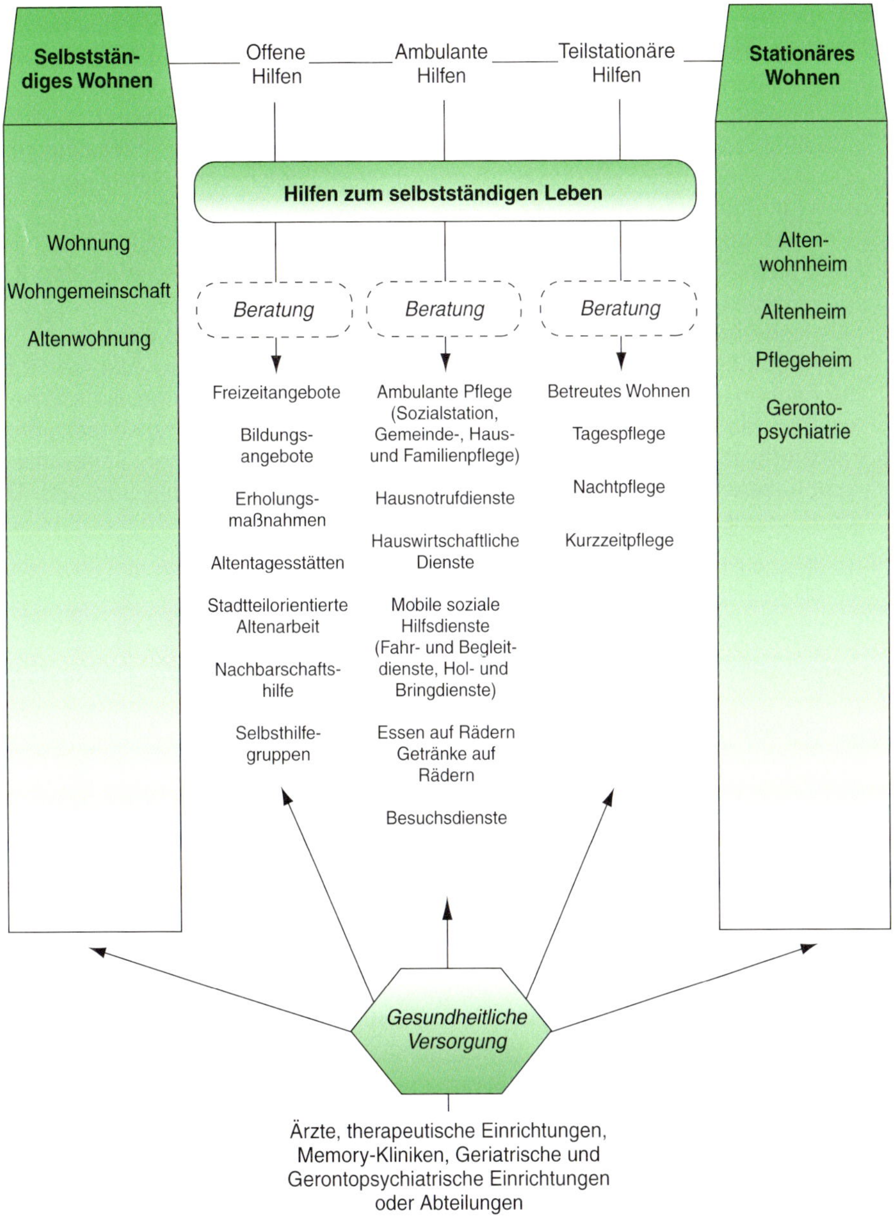

(Barbara Buchmann-Stiller, Arbeitsmaterial für das Fach „Angewandte Gerontologie“ in der Altenpflegeausbildung, unveröff. Manuskript, Dorsten 2000)

Erläutern Sie mithilfe der Grafik die pädagogischen Möglichkeiten, alten Menschen bei der Bewältigung ihrer Entwicklungsaufgaben zu helfen.

P Projektvorschlag zum selbstständigen Weiterarbeiten

Dialog der Generationen

In der Bundesrepublik Deutschland gibt es Hunderte von Projekten, die auf unterschiedliche Weise den Dialog der Generationen fördern. Inzwischen existiert ein Projektbüro „Dialog der Generationen", welches die Arbeit koordiniert und für Öffentlichkeitsarbeit zuständig ist:
Projektbüro „Dialog der Generationen", Fehrbelliner Str. 92, 10119 Berlin, Tel.: 030/44383475, Fax: 030/44383452, Internet: http://www. pfefferwerk.de/projektebuero.
Als Begründung der Arbeit führt das Projektbüro auf der Homepage an: „Die demographische Entwicklung hält uns in Atem: Immer mehr Alte und ältere Menschen leben künftig mit immer weniger Jungen zusammen. Bereits heute werden die Veränderung des Bevölkerungsaufbaus und ihre Konsequenzen vielerorts diskutiert. Entsolidarisierung und einen ‚Krieg der Generationen' prophezeien die einen, neue Formen sozialen Engagements und eine Solidargemeinschaft der Generationen die anderen."

In diesen Projekten geht es um
- Miteinander reden – voneinander lernen
- Miteinander spielen
- Gemeinsam erleben
- Gemeinsam handeln
- Gemeinsam leben
- Einander helfen

Beteiligt an diesen Dialog-Projekten sind Kindergärten, Jugendgruppen, Jugendzentren, Schulklassen und Kurse, die mit Bürgerzentren, Altentagesstätten, Altenheimen usw. etwas Gemeinsames tun.
Für Pädagogik-Kurse wäre es denkbar, Kontakt zu einer Einrichtung der pädagogischen Altenarbeit aufzunehmen um zu sondieren, was gemeinsam getan werden könnte. Gerade die Thematik dieses Halbjahres bietet es an, Lebensläufe, Bedingungen der Entwicklung und Sozialisation im Dialog forschend zu erkunden.
Im „Kleinen Phoenix" (für die Jahrgänge 9 und 10) beschreiben wir ein solches Projekt am Albert-Schweitzer-Gymnasium in Marl. Der Pädagogik-Leistungskurs 12 unter der Leitung von Christel Schrieverhoff besuchte ein Seniorenheim in der Nachbarschaft. Die vielen intensiven Gespräche wurden fortgesetzt bei einem Besuch der Senioren im Unterricht der Jgst. 12 (Englisch, Philosophie, SoWi, Pädagogik). So konnten im Anschluss Schulerfahrungen authentisch miteinander verglichen werden.

3 Reflexionen: Vorbeugen ist besser als heilen … – Was kann die Pädagogik präventiv und intervenierend leisten?

(Zeichnungen: Alexander Pey)

Die Fantasie des Huckleberry Finn ist alles andere als öde und schlaff. Sein inneres Erleben ist für ihn immer wieder Grund, auf seine äußere Welt zuzugehen, diese auszuprobieren, so wie es ihm selbst gerade in den Sinn kommt. Er kann mit seiner Welt etwas anfangen. Fabelhaft: Schwimmen, Tauchen, Rudern, Klettern, Schnitzen, Fluchtburgen bauen, Zündeln, Raufen, Rennen, Springen – Huck erfährt seine Welt mit all seinen Sinnen und nach seinen Bedürfnissen. Er geht an die Welt heran, wie es ihm Spaß macht. Auf diese Weise kann er dann auch ohne Suchtmittel über-leben, wenn er viele Dinge aushalten muss, die ihm ganz und gar nicht Freude bereiten. […]
Huckleberry Finn braucht sich nicht viel zu kaufen, da er alles, was ihn reich machte, bereits in seiner Welt vorfand: Zeit zum Träumen, Freunde zum Spielen, Räume zum Gestalten und Verweilen!

(Eckhard Schiffer, Warum Huckleberry Finn nicht süchtig wurde, Weinheim/Berlin 1994, S. 15, 91)

Tauschen Sie Ihre Eindrücke über das Bild vor dem Hintergrund dieser Aussagen aus.
Informieren Sie sich über die Geschichte des Huckleberry Finn!

Das „Twain-Modell“

Eckhardt Schiffer, der in diesem Abschnitt aus seinem Buch: ‚Warum Huckleberry Finn nicht süchtig wurde: Anstiftung gegen Sucht und Selbstzerstörung bei Kindern und Jugendlichen‘, Weinheim/Berlin 1994, zitiert wird, ist praktizierender ‚ärztlicher Psychotherapeut‘; möglicherweise haben Sie ihn bereits in der Wabe 2: ‚Gelingendes Leben heilt und schützt – Die Abhängigkeit von Drogen‘ kennen gelernt.

Unter Sucht versteht E. Schiffer „ein Handeln, über das ein innerer Zustand des Unglücklichseins, der Spannung und der Unruhe oder der qualvollen Leere verändert werden soll.“ (Aus: Eckhard Schiffer a.a.O., S. 8)

Er vertritt die These, „dass Sucht in ihren verschiedensten Formen oft vermeidbar ist, wenn die Welt unserer Kinder vor Zerstörung bewahrt wird und unsere Kinder ihre schöpferischen Kräfte darin entfalten können.“ (a.a.O., S. 10) – kurz: das ‚Twain-Modell‘!

Huckleberry Finn hatte Glück, dass er keine Eltern hatte, die aus Sorge um die Zukunft ihrer Kinder diese zu Sklaven machen, diesen – in unserer Zeit, die Leistung vergötzt – Wettbewerb und Leistung aufnötigen, wo Raum für spontanes Spielen, Ausprobieren, Sinnenlust und Spaß erforderlich wäre. Spiel ist alles das, so Schiller, was „weder äußerlich noch innerlich nötigt“. […]

Vermutlich würde ein Huckleberry Finn in unserer Gegenwart ganz anders leben. Vielleicht würde er aufgrund der fehlenden „ökologischen Nischen“, das heißt Freiräumen wie Wald, Fluss, Floß, auch die meiste Zeit des Tages vor dem Fernseher oder dem Videogerät sitzen. Vielleicht könnte er uns aber auch noch einige neue Nischen zeigen.

Was an dem literarischen Huckleberry Finn aufgezeigt werden soll, ist, dass ein solches Erleben der Welt mit allen Sinnen – die Erfahrung der eigenen „Kompetenz“ – eine fehlende Geborgenheit zum Teil ersetzen kann. Nicht vollständig natürlich, aber Zutrauen in die Welt kann auch auf diese Weise erworben werden.

Dies meint zugleich, dass ich die Fähigkeiten, die in mir schlummern, ausprobiere, ohne dass ich den Interessen und Weisungen eines anderen folge, d.h. mich selbst finde und „verwirkliche“, indem *meine* Motivation im Spielen umgesetzt wird.

Damit soll also weiterhin aufgezeigt werden, dass elterliche Geborgenheit in einen Würgegriff umschlagen kann, wenn die Eltern aus eigener Not heraus nicht mehr die Bedürfnisse und Interessen ihres Kindes im Auge haben, sondern vorwiegend ihre eigenen Ängste in Schach halten. Von daher wäre weniger Einflussnahme auf das Kind oft mehr. Dies meint aber keinesfalls Gleichgültigkeit oder antiautoritäre Erziehung, sondern ein Bereitstellen von Freiräumen, in denen ein Kind so wie der Huckleberry Finn abenteuern kann und dabei über sich und die Welt etwas erfährt. Diese Freiräume sind jedoch in unserer Welt mit ihrer Technik und ihrem Leistungsdenken nicht mehr selbstverständlich. Die Welt der Kinder ist einbetoniert und zuasphaltiert. […]

Als ich mit unserem ältesten Sohn in seinem neuen großen Sandkasten saß und er nach wiederholten väterlichen Vorgaben immer noch keine Burg bauen wollte, sondern seinen größten Spaß darin fand, mit den aus Sand geformten Törtchen um sich zu schmeißen und dabei auch mich bewarf, beschlich mich ein zunehmendes Unbehagen. Warum, zum Teufel, baut er keine Burg, wo er jetzt einen so schönen Sandkasten hat, fragte ich mich. Erst später, als ich den Sandkasten bereits verdrossen verlassen hatte, wurde mir klar, dass auch „im pädagogisch wohlverstandenen Interesse“ meines Sohnes die Burg einfach noch nicht „dran“ war. Viel mehr war dran, dass er sich – erfolgreich – gegen mein aufdringliches Interesse wehrte. […]

Leistung wird heute als magisches Mittel gegen die Angst in der Welt eingesetzt. Es ist eine Welt, in der wir unter dem Eindruck globaler Vernichtungsbedrohung aufgrund möglicher atomarer und ökologischer Katastrophen keine Geborgenheit mehr finden. Auch wenn Geborgenheit noch in der Kindheit möglich gewesen sein sollte, so ist sie im Erwachsenenalter doch in weite Ferne gerückt. [...] Um dennoch „über-leben" zu können, werden zahlreiche Abwehrmechanismen mobilisiert. Hierzu gehören:

Die bekannte Verdrängung der Angst, die Abtrennung, Verschiebung und Isolierung von Gefühlen. Unbeteiligt werden die Katastrophen im Fernseher verfolgt, wir fühlen uns nur „irgendwie" gelähmt, weil die Abwehr der Angst so viel Kraft bindet.

Ferner der illusionäre Glaube an die eigene Allmacht, vom PS-starken Automobil über die Goldmedaillen der Nationalmannschaft bis zur eigenen Leistung als workaholic. Leistung ist heute nicht Ausdruck eines eigenständigen oder eigenständig werdenden Subjektes, so wie noch das Laufenlernen des Kleinkindes Ausdruck einer solchen Leistungsfreude im Sinne einer „Lust auf Welt" sein kann. Leistung vollzieht sich heute vielmehr vor dem Hintergrund der angstvollen Entborgenheit, aufgrund derer Leistung als magisches Mittel gegen Angst auch schon von den Kindern gefordert wird. Und eben dies bedeutet eine erhebliche Einschränkung der Autonomie, das heißt des eigenen Weges.

Die Folge dessen ist, dass sich immer mehr der Eindruck festsetzt, dass Geliebtwerden und Geborgenheit nur möglich sind, wenn vorher etwas geleistet, das heißt die Autonomie verraten worden ist. Dies gilt insbesondere für unauffällige Leistungsanforderungen wie „lieb, brav und leise zu sein" – vor allen Dingen in einer hellhörigen Sozialwohnung oder wenn Vater und Mutter genervt von der Arbeit kommen.

Das Streben nach Autonomie, das heißt nach dem eigenen Weg und der Selbstverwirklichung, ist heute so verzweifelt, weil die Motive des Handelns schon im Kleinkindesalter durchsetzt sind von der Fremdbestimmung des Leistungsauftrages. Von dem Kind wird Leistung vor dessen Akzeptanz gefordert.

Die elterliche Doppelaufgabe, die Kinder zu fördern, ohne deren Freiraum, in dem sie sich spielerisch entfalten können, fremd zu bestimmen, ist schwieriger geworden.

Der Angst-Druck, dem Eltern heute ausgesetzt sind, schlägt als störendes Moment stärker und nachhaltiger in die Welt der möglichen spielerischen Freiheitserfahrung durch als noch in den Zeiten, in denen es darum ging, die Kinder als Hilfskräfte für die wirtschaftlichen Nöte und Interessen der Familien einzuspannen. Gerade der früher noch übliche Freiraum in den ersten acht Lebensjahren wird heute durch den Erwartungsdruck immer mehr zerstört ...

Wegkommandieren lassen sich allerdings die Ängste und der magische Glaube an die Leistung nicht. Aber es kann schon hilfreich sein, einfach darum zu wissen. [...]

Vielleicht lässt es sich auch gelassener ertragen, wenn wir mit unseren Freunden über unsere Sorgen und Ängste sprechen können und nicht nur unsere Kinder mit denen der Freunde und Bekannten vergleichen – wer denn wohl worin besser sei. Auch im gemeinsamen Spiel mit unseren Kindern spüren wir – wenn wir nur etwas sensibilisiert sind und die Chance haben, mit jemandem darüber zu sprechen –, wie viel wir organisieren, besser machen und Vorschriften herausgeben möchten, „damit aus dem Spiel etwas wird", damit schließlich ein Produkt vorweisbar ist.

Ein Kochbuch mit Rezepten gibt es für das Spielen in den ersten acht Lebensjahren nicht, jedenfalls keines, das nicht wieder Schuldgefühle erzeugt oder neue Zweifel und Fragen hinterlässt. Wesentlich erscheint ein kritisches Verhältnis zum Leistungsdenken (im Sinne einer Leistungsvergötzung) sowie der Gedanke, dass bei diesem Spielen der Prozess das Entscheidende ist und nicht das Ergebnis bzw. das Produkt.

(Eckhard Schiffer, Warum Huckleberry Finn nicht süchtig wurde: Anstiftung gegen Sucht und Selbstzerstörung bei Kindern und Jugendlichen, Weinheim/Berlin 1994, S. 16, 18, 19, 112 ff.)

1. Welche Freiräume benötigen Kinder heute?
   Diskutieren Sie die Auffassung des Autors (das „Twain-Modell") und ergänzen Sie gegebenenfalls seine Überlegungen.
2. Gerd E. Schäfer schreibt über Fantasien: „Emotionen bekommen eine Form, Sachbezüge emotionale Tiefe. Das ist es, was Fantasien leisten. Sie gehören damit weder nur der innerpsychischen Welt des Subjekts an noch der äußeren Welt der Objekte und Ideen. Da sie gleichermaßen beiden Bereichen angehören, bilden sie eine Art Zwischenwelt [...] – einen intermediären Bereich. Will man nicht, dass Kinder in reiner Subjekthaftigkeit und damit Lebensuntüchtigkeit befangen bleiben, aber auch nicht, dass sie zu Menschen heranwachsen, die nur roboterhaft funktionieren und kein Gefühl, keine subjekthafte Bedeutungsfähigkeit kennen, dann stellt sich die Aufgabe, im Laufe des Heranwachsens, diesen Zwischenbereich der Fantasie zu entwickeln." (Aus: Gerd E. Schäfer, Bildungsprozesse im Kindesalter, Weinheim und München 1995, S. 135)
   Diskutieren Sie die Auffassung von Eckhard Schiffer, „dass eine lebendige Fantasie unserer Kinder für eine ‚Immunisierung' gegen spätere Suchterkrankungen wesentlich ist". (Aus: E. Schiffer, a.a.O. S. 110)
3. „Huckleberry Finn brauchte sich nicht viel zu kaufen, da er alles, was ihn reich machte, bereits in seiner Welt vorfand: Zeit zum Träumen, Freunde zum Spielen, Räume zum Gestalten und Verweilen." (Aus: E. Schiffer, a.a.O. S. 95)
   Welche Lebensbedingungen würde Huckleberry Finn heute vorfinden und wie würde er darauf reagieren?
4. Was sollte die Pädagogik heute leisten?
   Stellen Sie sich vor, Sie sollten zu diesem Thema einen Vortrag halten. Fertigen Sie ein Redemanuskript (Mind-Map, ...) an und nehmen Sie wahlweise als Zielgruppe Eltern, Lehrer/Lehrerinnen oder Politiker/Politikerinnen an.
   Tragen Sie Ihren Mitschülern/Mitschülerinnen einige Vorträge vor, vielleicht möchten Sie Ihren Vortrag ja auch in die Postfächer der Lehrer/Lehrerinnen verteilen, ihn als offenen Brief veröffentlichen, ...

An-Sichten

1. Was sehe ich?
   Beschreiben Sie stichpunktartig das Bild in allen Einzelheiten.
2. Was fällt mir zu dem Bild ein?
   Notieren Sie alles, was Ihnen zu dem Bild assoziativ im Kopf umhergeht.
3. Halten Sie ein Vergrößerungsglas auf das Bild und ergänzen Sie Details um zu verdeutlichen, wie Ihrer Meinung nach die Pädagogik in schwierigen Situationen helfen kann.

Wenn das Kind „in den Brunnen gefallen“ ist – Hilfen zur Erziehung durch erlebnispädagogische Maßnahmen

Eckhard Schiffer, aber auch Annedore Prengel betonen die Bedeutung des Erlebens und Erfahrens sowie deren Reflexionen für eine gelingende Entwicklung. Die folgenden Materialien dienen der Reflexion der Funktion von Erlebnissen und Erfahrungen, die die Erlebnispädagogik in der sozialpädagogischen Betreuung von Kindern und insbesondere von Jugendlichen vor allem intervenierend nutzt.

Wer kennt das nicht? Man trifft Jugendfreunde, plaudert kurz über das Hier und Jetzt und ist dann ganz schnell beim Damals – bei den Erlebnissen, die man gemeinsam hatte. Erinnerungen an den Überfall im Zeltlager oder an die Kanufahrt im Gewittersturm, an eine Nachtwanderung oder auch an den herzlichen Empfang bei wildfremden Leuten in einem fremden Land. Schnell ist man sich einig, dass diese Erlebnisse nicht nur einen „Kick“ brachten, sondern Kameradschaft, Mut, Neugierde, Verantwortungs- und Selbstbewusstsein förderten. Ähnliches erleben wir auch immer wieder bei Klassentreffen mit unseren Schülern. Nicht die mühsame Erarbeitung der Algebra kommt auf den Tisch, sondern die Gespensternacht oder die Kletterpartie auf der Klassenfahrt. Gemeinsam durchstandene Ängste und Anstrengungen – daran erinnern wir uns offenbar gerne.

(Jörg Ziegenspeck, Erlebnispädagogik. In: nds (Neue deutsche Schule), 47. Jg., Juli 1995, S. 18)

(Zeichnung: Helmut Egerer, in: Outward Bound, Deutsche Gesellschaft für Europäische Erziehung e. V. [Hg.], Outdoor-Training: Neue Wege der betrieblichen Aus- u. Weiterbildung, o. O., o. J. S. 4/5)

1. Der Text von Jörg Ziegenspeck soll Anlass sein sich an ähnliche Erlebnisse zu erinnern. Denken Sie einen Augenblick nach und notieren Sie Erlebnisse, die Ihnen einfallen. Tauschen Sie sich mit einem Mitschüler oder einer Mitschülerin oder der Gesamtgruppe darüber aus.
2. Stellen Sie Vermutungen darüber an, warum Ihnen diese Erlebnisse so lange in Erinnerung geblieben sind.
3. Versuchen Sie ausgehend von Ihren erzählten Erlebnissen die Begriffe ‚Abenteuer‘, ‚Erlebnis‘ und ‚Erfahrung‘ zu definieren und voneinander abzugrenzen. Fallen Ihnen weitere Begriffe aus diesem Wortfeld ein?

Wenn Pädagogik zum Erlebnis wird

Wann sprechen Sie im Alltag von einem Erlebnis? Sicher nicht, wenn Sie sich mit einem Freund zum Kaffeetrinken treffen, Zeitung lesen oder Straßenbahn fahren. Erlebnis meint etwas anderes. Erlebnis ist unmittelbar, macht einen betroffen ganz und gar, es ist nicht 100%-ig kalkulierbar und von relativer Einmaligkeit. Sie kennen alle diese Erlebnisse, von denen man noch nach Jahren spricht. Sie werden mir ferner zustimmen, dass man ohne Wagnis kaum etwas erleben wird. Hinter Wagnis jedoch steht ein Wortspiel wie Wagemut. Wer etwas wagt, braucht Mut, wägt jedoch dabei ab, ohne tollkühn zu werden. Man nimmt sehr bewusst die Kalkulation des Risikos vor. Die Spannung zwischen Wagemut und abwägen ermöglicht einerseits ein Ziel anzusteuern, andererseits fordert sie jedoch die nötige Vorsicht, um dieses Ziel auch tatsächlich zu erreichen (Czech, 1989, Seite 2). Erlebnisse weisen aber noch einen weiteren Aspekt auf, der sich am ehesten mit dem Begriff des Abenteuers veranschaulichen lässt. Lateinisch adventura oder englisch adventure geben den Sinn für „das auf einen Zukommende" am deutlichsten wieder (Czech, 1989, S. 13). Erlebnisse selbst zu haben, drückt also einen echten Zukunftsbezug der eigenen Person aus.[…]
Wir sehen also, dass der Begriff des Erlebnisses sowohl die Gefühlsebene, die Vernunftebene und die Handlungsebene des Menschen anspricht. Entwicklungspsychologisch sind wir Menschen als Generalisten angelegt, das heißt, unsere menschliche Natur ist darauf angewiesen, möglichst viele Fähigkeiten in der Auseinandersetzung mit der Umwelt zum Einsatz zu bringen und auszuprobieren. Nur so bleibt unser Gleichgewicht erhalten und damit auch unsere innere Zufriedenheit (Strasser W., 1988, S. 14).
Somit ist seinem Wesen nach das Erlebnis ein ganzheitliches Phänomen. […]

(Jugendstiftung Baden-Württemberg [Hg.], Erlebnispädagogik: Theorie und Praxis in Aktion, Ökotopia Verlag, Münster 1993, S. 12–13; Verf.: Wolfgang Antes)

Erleben ist das subjektive Innewerden von Vorgängen, die als bedeutsam empfunden werden. Die Erfahrung stellt dann die Summe von Erlebnisanteilen dar. Erfahrung ist das durch eigenes Erleben und eigene Anschauung erworbene Wissen. Und aus Erfahrungen erwachsen schließlich Erkenntnisse, aus diesen können möglicherweise Einsichten resultieren, die als die höchste Stufe menschlicher Weisheit zu bezeichnen sind. Erlebnis, Erfahrung, Erkenntnis und Einsichten sind also wichtige Begriffe in der und für die Erlebnispädagogik.

(Jörg Ziegenspeck, Erlebnispädagogik, in: nds, 47. Jg., Juli 1995, S. 19)

1. Versuchen Sie anhand von Beispielen deutlich zu machen, was mit dem Begriff ‚Erlebnis' gemeint ist. Veranschaulichen Sie dabei die Handlungs-, Vernunft- und Gefühlsebene des Erlebnisses.
2. In welcher Verbindung stehen Erleben und Lernen? Versuchen Sie diese Verbindung konkret zu benennen.

Frigga – Das Schiff

Seit Bestehen des Vereins Outlaw e. V. bietet dieser sozialpädagogische Segelreisen im Rahmen von Kriseninterventionen an.
Im Jahre 1993 wurde der Verein mit Unterstützung der Stiftung Deutsche Jugendmarke dann Schiffseigner der Frigga. Seither führen wir sozialpädagogische Mädchensegelreisen durch. Der Weg hin zu diesem mädchenspezifischen Segelangebot war weit, da wir

durch vielfältige Erfahrungen mit koedukativen Segelprojekten feststellten, dass die Teilnahme beider Geschlechter die Benachteiligung und Diskriminierung von Mädchen weiter festschreibt. [...] Die Erfahrungen der ersten Mädchensegelreisen sowie vereinsinterne als auch Diskussionen in der Fachöffentlichkeit um einen jungenspezifischen Ansatz in der öffentlichen Erziehungshilfe haben uns aber dazu bewogen, die Nutzung der Frigga um das Angebot von spezifischen Jungensegelreisen zu erweitern. Nunmehr ist unser Bestreben, alternierend geschlechtsspezifische Segelreisen auf der Frigga anzubieten.

Mit geschlechtsspezifischen sozialpädagogischen Segelreisen will Outlaw e.V. Mädchen und Jungen in krisenhaften Lebenssituationen Entlastung und damit verbunden die Möglichkeit zur weiteren Orientierung anbieten. In solchen Situationen haben sich die Problemlagen oft so verschärft, dass die Bedingungen zu einer befriedigenden Perspektiventwicklung nicht mehr vorhanden sind. Hier scheint eine „Auszeit" eine hilfreiche Möglichkeit zu sein, Abstand zu der bisherigen Lebenssituation zu bekommen und sich von „auslösenden" Bedingungen mit Trauer, Wut und Enttäuschungen auseinander zu setzen. Hier kann der Raum geschaffen werden, eigene Bedürfnisse überhaupt zu erleben, Wünsche zu äußern und Hoffnungen wachsen zu lassen. In dieser Zeit wollen wir Mädchen und Jungen anregen, ihre bisherigen Wahrnehmungs- und Handlungsmuster zu überprüfen, andere zu erproben und neue Perspektiventwicklungen zu wagen, die sich in erster Linie an den Möglichkeiten, Bedürfnissen und Stärken orientieren.

Diesen Prozess gerade auf ein Schiff zu verlegen, bedeutet eine doppelte Herausforderung. Auf der einen Seite verlassen die Jugendlichen für einige Monate ihr vertrautes Lebensumfeld und begeben sich in eine neue, zum Teil auch unausweichliche Situation. Sie stellen sich damit einer starken Verunsicherung ihrer gewohnten Verhaltensmuster. Dies geschieht jedoch in einer zeitlich und räumlich überschaubaren Situation. Auf der anderen Seite werden die Mädchen und Jungen mit einer unmittelbar nachvollziehbaren Sachorientierung – Schiffsbewältigung – konfrontiert, die keiner „abgehobenen" Überzeugungsarbeit bedarf.

(© Outlaw GmbH)

Die Mithilfe jeder/jedes Einzelnen ist gefragt und muss nicht über persönliche Einsicht vermittelt werden. Es ist direkt erlebbar, dass nur unter Mitwirkung jeder/jedes Beteiligten ein sicheres Fortkommen gewährleistet ist. Jede/Jeder muss sich auf die andere/den anderen verlassen können, jeder/jedem wird ihr/sein Beitrag zum Schiffsalltag zugetraut. Solidarität unter Mädchen und Frauen sowie Jungen und Männern wird erfahrbar.

Der Alltag während der Reisen wird strukturiert durch den Segelbetrieb (Wachsystem) und die Versorgung der Frauschaft/Mannschaft. Die Mädchen und Jungen sind gleichermaßen für beide Bereiche zuständig. Die Intensität und Nähe im Schiffsalltag stellt dabei für alle hohe Anforderungen im Zusammenleben dar, was sicherlich vielfache Auseinandersetzungen bedeutet, in denen aber ebenso viele Chancen des (Er-)Wachsens und der Neuorientierung liegen. [...]

(Outlaw-Gesellschaft für Jugendhilfe GmbH [Hg.], Outlaw: Der Ansatz. Die Praxis. Die Perspektiven. Eine Jugendhilfeeinrichtung stellt sich der Diskussion, Münster 1996, S. 111–112)

1. Untersuchen Sie das Beispiel einer erlebnispädagogischen Maßnahme hinsichtlich folgender Kriterien: Zuweisungkriterium (Indikation) zu der jeweiligen erlebnispädagogischen Maßnahme; Konzeption (Ziele und Methoden) der jeweiligen Maßnahme; Vorbereitung und Durchführung der Maßnahme; besondere Anforderungen, die an die jeweiligen Pädagogen und Pädagoginnen gestellt werden.
2. „Ausgangspunkt für Veränderung ist eine grundlegende Verunsicherung der Mädchen und Jungen in ihren gewohnten, aber für sie nicht mehr bewährten Verhaltensmustern und Orientierungen. Ihre bisherigen Organisations- und Bewältigungsformen werden radikal infrage gestellt. Gleichzeitig sollen ihnen neue unmittelbar nachvollziehbare Ordnungen innerhalb von klaren räumlichen und zeitlichen Grenzen geboten werden."
(Outlaw e. V. [Hg]: Ideen – Konzepte – Projekte, Münster o. J.)
Im Zitat wird von einer doppelten Herausforderung von Jugendlichen gesprochen. Worin besteht diese? Weisen Sie diese doppelte Herausforderung an dem Beispiel nach.
3. Befragen Sie Schüler und Schülerinnen einer Klasse, die bereits eine Klassenfahrt als Segelreise gemacht haben. Welche Erfahrungen haben diese Schüler und Schülerinnen gemacht?

Zum Stellenwert erlebnispädagogischer Maßnahmen in den Hilfen zur Erziehung – erste Ergebnisse der Evaluationsstudie Erlebnispädagogik

Das Institut des Rauhen Hauses für Soziale Praxis (isp) in Hamburg führt im Auftrag des Bundesministeriums für Familie, Senioren, Frauen und Jugend eine zweijährige Evaluationsstudie zur „Erlebnispädagogik in den Hilfen zur Erziehung" durch. [...]

1. Struktur der Befragung und Rücklauf

Im Rahmen des ersten Forschungsabschnittes unserer Studie wurden alle 653 Jugendämter der Bundesrepublik befragt. Von den im Oktober 1996 versandten Fragebogen erhielten wir bis zum Stichtag 10.7.1997 40,9% zurück. [...] Die Ergebnisse des ersten Forschungsabschnittes beziehen sich auf unsere Befragung aller bundesdeutschen Jugendämter. Die Interpretation der Ergebnisse sollte sich immer auf diese Teilperspektive beziehen.

- Zirka 2,2% aller Hilfen zur Erziehung außerhalb des Elternhauses sind erlebnispädagogische Projekte im In- bzw. Ausland (mit einer Durchführungszeit von mehr als 2 Monaten, ca. 650 Projekte pro Jahr).
- Die Inanspruchnahme erlebnispädagogischer Maßnahmen bzw. die Angebote der Träger sind immer noch sehr stark auf männliche Jugendliche fixiert.
- Der durchschnittliche Kostensatz für Maßnahmen im Inland beträgt 262,- DM (Ausland 282,- DM).
- Setzt man das Kriterium „Maßnahme regulär beendet vs. vorzeitig abgebrochen" als ein vages Erfolgskriterium, so unterscheiden sich die Strandprojekte, Reiseprojekte und Schiffsprojekte nicht in der regulären Beendigung der Maßnahmen (ca. 72% aller erlebnispädagogischen Maßnahmen werden regulär beendet).
- Bei dem gleichen Kriterium unterscheiden sich die Abbruchquoten jedoch wesentlich in Abhängigkeit der erzieherischen Hilfen, die vor der erlebnispädagogischen Maßnahme von dem Jugendlichen in Anspruch genommen wurden (vorläufige Schutzmaßnahme vs. Erziehungsbeistand: Abbruchquote 54% zu 18%).

- Die wichtigsten Zuweisungskriterien zu erlebnispädagogischen Maßnahmen aus der Sicht der Jugendämter sind: 1. Unfähigkeit, tragfähige soziale Beziehungen aufzubauen; 2a. aggressives und wiederholt kriminelles Verhalten bei Jungen; 2b. Selbstgefährdung bei Mädchen.
- Bei aggressivem bzw. kriminellem Verhalten werden eher Inlandsprojekte, bei Selbstgefährdung eher Auslandsprojekte bevorzugt. [...]

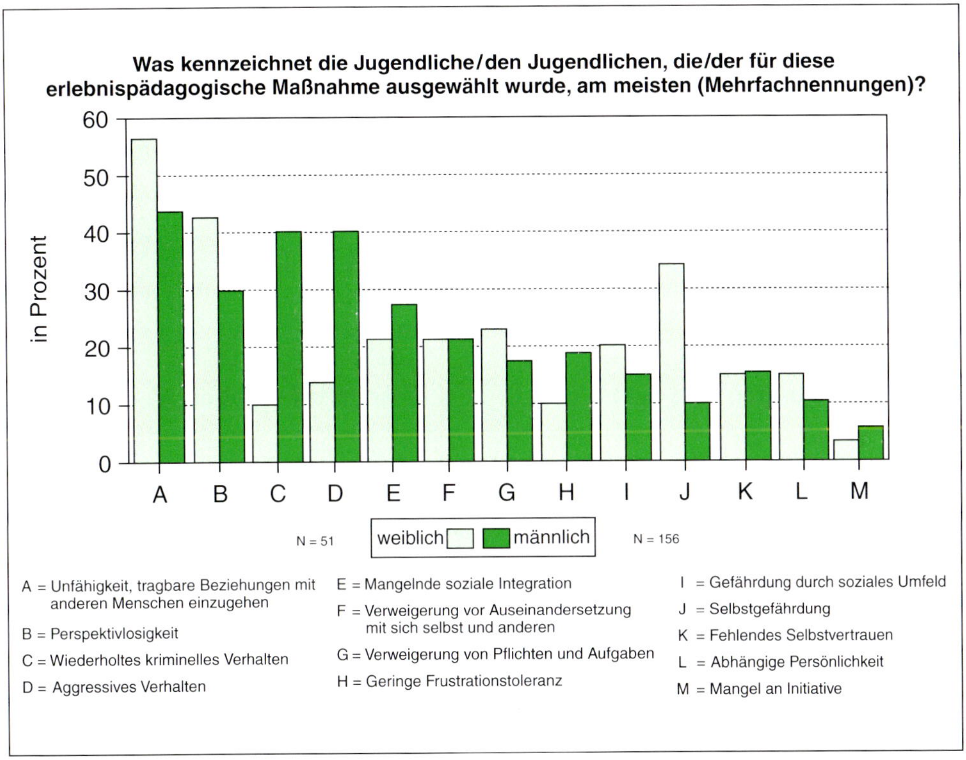

(Wolfgang Bräuer/Willy Klawe, in: Forum Erziehungshilfen: Themenschrift Mädchenarmut, hg. von der Internationalen Gesellschaft für erzieherische Hilfen, Heft 1, Februar 1998, S. 51)

1. Stellen Sie wichtige Ergebnisse, die Sie verwundern, heraus. Wie erklären Sie sich diese Ergebnisse?
2. Inwieweit halten Sie erlebnispädagogische Maßnahmen für die Fälle, die Sie in den vorangegangenen Waben behandelt haben, für geeignet?

Probleme erlebnisorientierten Arbeitens

[...] Kann Erfahrungslernen etwas zur Persönlichkeitsbildung beitragen und wenn ja, werden die dort gelernten Fähigkeiten in den Alltag umgesetzt? [...]
Ein streng wissenschaftlicher, empirischer Beweis ist nur in manchen Details führbar. In der Regel sind Erziehungssituationen so komplex, dass in Anlehnung an die moderne Physik nur vom deterministischen Chaos der Pädagogik gesprochen werden kann, da unter nahezu identischen Ausgangsbedingungen völlig unterschiedliche Ergebnisse erzielt werden können. Das ist auch eine flüssige Formel für Erfahrungslernen. Perso-

nen, Konstellationen, Ausgangsbedingungen, Stimmungen und Gefühle sind so vielfältig und in ihrer Mischung so einmalig, dass wohl kaum eindeutige und sichere Aussagen über Wirkungen gemacht werden können. [...]

(Bernd Heckmair/Werner Michl, Erleben und Lernen. Einstieg in die Erlebnispädagogik, Luchterhand, Neuwied/Kriftel, Berlin 1993, S. 35)

> Was könnte der Anlass dafür sein und wer könnte ein Interesse daran haben zu wissen, welche konkreten Wirkungen durch Erlebnisse zu erwarten sind und wie diese in den Alltag umgesetzt werden?

Aufgaben der Jugendhilfe

Überblick über die Aufgaben der Jugendhilfe nach dem Kinder- und Jugendhilfegesetz (KJHG)

Aufgaben der Jugendhilfe §§ 11–60

- **Leistungen §§ 11–41**
  - Jugendarbeit/Jugendsozialarbeit / erzieherischer Kinder- und Jugendschutz §§ 11–15
  - Förderung der Erziehung in der Familie §§ 16–21
    - Familienbildung (§ 16 Abs. 1 Nr. 1)
    - Familienberatung (§ 16 Abs. 2 Nr. 2)
    - Familienerholung (§ 16 Abs. 2 Nr. 3)
    - Partnerschafts- und Trennungsberatung (§ 17)
    - Beratung Alleinerziehender (§ 18)
    - Mutter-/Vater-Kind-Einrichtungen (§ 19)
    - Betreuung und Versorgung bei Ausfall eines Elternteils (§ 20)
    - Unterstützung bei Unterbringung zur Erfüllung der Schulpflicht (§ 21)
  - Förderung in Tageseinrichtungen und Tagespflege §§ 22–26
    - Kindergärten (§ 22 Abs. 1)
    - Horte (§ 22 Abs. 1)
    - Krippen (§ 22 Abs. 1)
    - Tagespflege (§ 23)
  - Hilfen zur Erziehung Hilfen für junge Volljährige §§ 27–41
    - Erziehungsberatung (§ 28)
    - Soziale Gruppenarbeit (§ 29)
    - Erziehungsbeistand/Betreuungshelfer (§ 30)
    - Sozialpädagogische Familienhilfe (§ 31)
    - Erziehung in einer Tagesgruppe (§ 32)
    - Vollzeitpflege (§ 33)
    - Heimerziehung (§ 34)
    - Intensive sozialpädagogische Einzelbetreuung (§ 35)
- **Andere Aufgaben §§ 42–60**
  - Inobhutnahme (§ 42)
  - Herausnahme (§ 43)
  - Pflegeerlaubnis (§ 44)
  - Heimaufsicht (§ 45–48)
  - Vormundschafts-/Familiengerichtshilfe (§ 50)
  - Beratung und Belehrung in Adoptionsverfahren (§ 51)
  - Jugendgerichtshilfe (§ 52)
  - Vormundschaftswesen (§§ 53–58)
  - Beurkundungen (§ 59–60)

Hierarchisches Zielsystem nach dem KJHG

Oberziel

Erziehung junger Menschen zu eigenverantwortlichen und gemeinschaftsfähigen Persönlichkeiten (§ 1 KJHG)

Teilziele

z. B. Förderung junger Menschen in ihrer individuellen und sozialen Entwicklung (§ 1)

z. B. Förderung der Erziehungsfähigkeit der Familie

Unterziele

z. B. Beteiligung von Kindern und Jugendlichen an allen sie betreffenden Entscheidungen (§ 8)

z. B. Beratung und Unterstützung von Eltern und anderen Erziehungsberechtigten (§ 1)

arbeitsfeld-bezogene Ziele

z. B. Jugendarbeit:

Mitbestimmung, Mitgestaltung (§ 11), Befähigung zur Selbstbestimmung (§ 11), Anregung und Hinführung zu gesellschaftlicher Mitverantwortung und sozialem Engagement (§ 11), etc.

z. B. Tageseinrichtungen:

Förderung und Entwicklung des Kindes zu einer eigenverantwortlichen und gemeinschaftsfähigen Persönlichkeit (§ 22), etc.

z. B. Familienförderung:

Stärkung der Erziehungsverantwortung von Müttern, Vätern und anderen Sorgeberechtigten (§ 16), Förderung der Selbst- und Nachbarschaftshilfe (§ 16), Unterstützung bei der Entwicklung eines einvernehmlichen Konzeptes bezüglich der elterlichen Sorge bei Trennung und Scheidung (§ 17), etc.

z. B. Hilfen zur Erziehung:

Unterstützung bei der Lösung von Erziehungsfragen (§ 28), Einbeziehung des sozialen Umfeldes, Erhalt des sozialen Umfeldes, Erhalt des Lebensbezugs zur Familie, Förderung von Verselbstständigung (Erziehungsbeistandschaft § 30), Unterstützung von Familien bei Erziehungsaufgaben und bei der Bewältigung von Alltagsproblemen, Unterstützung bei der Lösung von (Familien-) Konflikten und Krisen, Hilfe zur Selbsthilfe (Sozialpädagogische Familienhilfe § 31), Soziales Lernen in der Gruppe, schulische Förderung, Sicherung des Verbleibs des Kindes oder Jugendlichen in seiner Familie (Tagesgruppe § 32) etc.

(Schaubilder: Erwin Jordan/Reinhold Schone, Jugendhilfeplanung. Aber wie? Eine Arbeitshilfe für die Praxis, Votum Verlag, Münster 1992, S. 43, 127)

1. Welche präventiven und intervenierenden Maßnahmen könnten Sie sich in den von Ihnen bearbeiteten Fällen im hier skizzierten Rahmen vorstellen?
2. Erkunden Sie in Ihrer Region, wie das Jugendamt die Aufgaben des Kinder- und Jugendhilferechts umsetzt und welche freien Träger (Caritas, AWO, DPWV u.a.) mit welchen Einrichtungen in die Arbeit einbezogen werden.

Hilfe zur Erziehung, potenziell beteiligte Institutionen

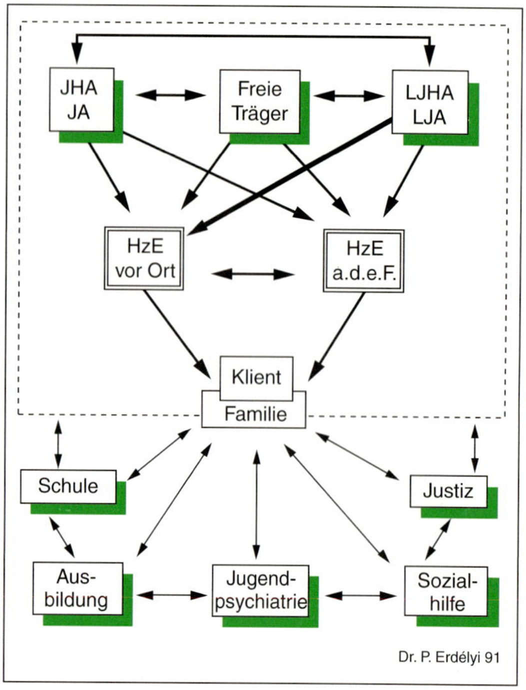

Erklärung der Abkürzungen:

JHA – Jugendhilfeausschuss
JA – Jugendamt
LJHA – Landesjugendhilfeausschuss
LJA – Landesjugendamt
HzE vor Ort – Hilfe zur Erziehung innerhalb der Familie
HzE a.d.e.F – Hilfe zur Erziehung außerhalb der eigenen Familie

(Unveröffentlichte Folie von Dr. Paul Erdélyi, als Handreichung verteilt bei einer Fortbildung des Landesjugendamtes Westfalen-Lippe in 1991)

1. Welche präventiven und intervenierenden Maßnahmen könnten Sie sich in den von Ihnen bearbeiteten Fällen im hier skizzierten Rahmen vorstellen?
2. In einer Erziehungskonferenz soll in jedem individuellen Einzelfall die richtige und abgestimmte Kombination der notwendigen Maßnahmen getroffen werden.
   Simulieren Sie an einem von Ihnen bearbeiteten Fall eine solche Konferenz. Erkunden Sie vor Ort, ob und wie solche vernetzten Erziehungskonferenzen arbeiten.

Rück·Blick:

Nehmen Sie die Leitfrage dieses Themenkreises zum Anlass einer Diskussion.

Gehen Sie dabei nach der Übung ‚4+1 für alle' vor:
Vier Mitglieder des Kurses diskutieren nach einem vorgegebenen inhaltlichen Aspekt. Sie bilden dazu einen kleinen Stuhlkreis. Alle anderen sitzen um sie herum. Im Kreis der vier Teilnehmer steht ein fünfter leerer Stuhl. Während des Gesprächs haben die Teilnehmer aus dem Außenkreis das Recht, sich auf diesen Stuhl zu setzen, um Aspekte einzubringen, die die vier noch nicht erwähnt haben. Haben sie ihr Anliegen jeweils dargestellt, so wechseln sie zurück in den großen Teilnehmerkreis.

(Nach: Peter Brauneck/Rüdiger Urbanek/Ferdinand Zimmermann, Methodensammlung, Verlag für Schule und Weiterbildung, Soest 1996, Karte 081)

Nehmen Sie sich einen zu Beginn des Themenkreises bearbeiteten Text oder eine Übung nochmals vor. Hat sich Ihre Einstellung, Ihr Wissen, … verändert?
Worin genau besteht Ihr Lernfortschritt?

4 Perspektiven: Was macht die Schule mit Kindern und Jugendlichen, die anders sind?

Fallbeispiele

Der Ruhiggestellte

Mit fünf Jahren hatte der Junge die anderen Jungen gebissen. Die meisten wendeten sich von ihm ab. Die Mutter, die ihn allein aufzog, hatte den Psychologen aufgesucht. Doch der hatte den Jungen nicht von seiner Wut befreien können. Sie hatte sich verschoben und richtete sich auf Gegenstände, die der Junge in seiner Umgebung fand.
Als er in die Schule kam, zerkratzte er die Schulbänke, stach Löcher in die Reifen der Lehrerautos und riss die Mantelaufhänger in den Schulfluren ab. Obwohl er sich bemüht hatte, seine Attacken geheim zu halten, wurde er entdeckt. Die Lehrer hatten keine Zeit für ihn. Sie empfahlen der Mutter, ihn in ein Erziehungsheim einzuweisen.
Aussichtslose Einkerkerung der Seele über Jahre.
Dabei war seine Wut aus den unglücklichen Interaktionserfahrungen aufgestiegen, die er täglich mit den Jungen seiner Schulklasse gemacht hatte. Schon im Kindergarten hatten sie ihn bei ihren Spielen ausgeschlossen. Er war zu dick und zu weichlich gewesen. Und als die Jungen anfingen, Fußball zu spielen und prahlerisch vorführten, wie geschickt sie mit dem Ball umgehen und wie hart sie ihn schießen konnten, hatte er sich aus der Jungengesellschaft zurückgezogen. Mit angeschlagenem Ich.
Der Psychologe hatte ihm die Wut fortgenommen, die die schreiende Jungenhorde, die ihn ausgeschlossen hatte, dauernd in ihm erzeugte. Doch die Wut verlagerte sich auf die Gegenstände. Was hatte sich darin ausgedrückt?
Am Ende fragte danach niemand mehr.
Als er abtransportiert wurde, weinte er.
Der Junge war elf Jahre alt.

(Foto: Luke Golobitsh, 1996)

Der therapeutische Diskurs thematisiert die kindlichen Seelen und ihre ungezähmte, wilde Impulsivität. Es geht um deren Befriedigung. Doch sie gelingt nicht. Die Abschiebung in die Anstalt verlagert den therapeutischen Diskurs von der Ebene psychologischer Gesprächsführung auf die psychiatrisch-pharmakologischer Beruhigungsverfahren.

(Friedrich Thiemann, Zeit für einen neuen Dialog zwischen den Generationen. Fallgeschichten gegen die Therapeutisierung von Kindern, in: Pädagogik 2/94, S. 43 f.; der Autor ist Professor für Pädagogik an der Universität Köln).

1. Wie äußert sich Anderssein in dieser Fallgeschichte?
2. Wer ist an der Ausgrenzung mit welchem Anteil beteiligt?
3. Stellen Sie den Fall in den Kontext Ihrer Arbeit in diesem Halbjahr und skizzieren Sie vor diesem Hintergrund alternative Handlungsmöglichkeiten.

Ende 1994 wurde in mehreren pädagogischen Fachzeitschriften (so auch in PÄDAGOGIK 11/1994) zum ersten Mal ein Anne-Frank-Jugendpreis für Deutschland veröffentlicht, der sich an zehn- bis sechzehnjährige Jungen und Mädchen aller Schularten richtete. Gefragt wurde nach Textbeiträgen (Briefe, Tagebucheintragungen, Aufsätze), die berichten könnten über positive Erfahrungen zwischen Menschen, die auf den ersten Blick als unterschiedlich wahrgenommen werden – weil sie anders aussehen, sich anders verhalten oder andere Überzeugungen haben. […]

Ausgrenzung als Neue in der Klasse

Dabei fiel zuerst auf, wie viele Kinder und Jugendliche von einem fast immer schlimmen Anfang berichten, wenn jemand als Neue oder Neuer in eine Klasse kommt. Dies scheint beinah jede(r) schon einmal erlebt zu haben, da braucht man gar nicht Ausländerin oder Ausländer zu sein. Und offenbar sind Situationen, wo Lehrerinnen und Lehrer außer mit allgemein-freundlichen Worten („Seid mal nett zu dem!") so eine Ur-Fremdheitserfahrung einfühlsam vorbereiten, noch immer eher die Ausnahme.

Die 13-jährige Annemarie beschreibt ihre Ausgrenzungserfahrung als „Neue" so: „Ich machte mich auf die Suche nach meinem Klassenzimmer. Ah, hier war es. Durch die offene Tür hörte ich laute Gespräche. Noch einmal tief Luft holen, und dann trat ich ein. Zuerst bemerkte mich keiner, bis einer schrie: ‚Hej, die Neue!', und dann wurde es schlagartig still. Ich spürte die Blicke aller auf mir, und die Röte schoss mir in die Wangen. Schließlich zwang ich mich zu einem schüchternen ‚Hallo!' Nun, während ich zum einzigen freien Platz in der letzten Reihe ging, setzte das Gemurmel und Geflüster wieder ein, nur drehte es sich wohl jetzt *nicht* um mich, wie ich deutlich vernahm. Als ich mich setzte, rückte das Mädchen gleich ein Stück ab, und ich hätte am liebsten geschrien: ‚Ich bin doch genauso wie ihr!' Doch dazu fehlte mir der Mut. In den folgenden Minuten bis zum Schulanfang, die mir wie Stunden vorkamen und in denen ich kaum den Kopf hob,

(© Veit Mette/Bielefelder Fotobüro)

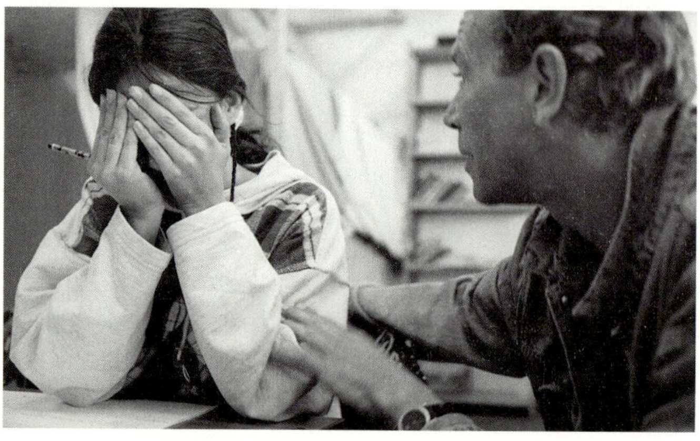

fühlte ich immer wieder Seitenblicke auf mir … Nun gongte es, und der Lehrer kam herein. Er grüßte und kam dann auf mich zu, stellte sich und mich vor, er sich mir, dann er mich der Klasse, und danach ging der Unterricht schon los. Von den ersten zwei Stunden bekam ich nicht viel mit. Ich sah mich verstohlen um, und mein erster Eindruck war folgender: Hier bin ich bestimmt nicht beliebt, so wie die mich ansehen …"

Viele berichten Ähnliches wie Annemarie. „Die Lehrerin oder der Lehrer … haben mir guten Tag gesagt und dann begann der normale Unterricht", „… haben mich auf den einzigen freien Platz gesetzt und den anderen meinen Namen gesagt" oder „… haben mich vor die Klasse geholt und den anderen erzählt, dass ich aus T. komme." Und dann beginnt der normale Unterricht. Normal ist in diesen Berichten, dass so ein Anfang ein Leidensweg sein muss, da geht es zuerst um Unterricht (welchen auch immer) und die Kinder werden das schon irgendwie regeln.

Noch fünf Jahre nach der Vereinigung beider deutschen Staaten erinnern sich mehrere ehemals ostdeutsche Jugendliche, die mit ihren Eltern in den Westen gekommen waren, an ihren ersten Tag in der neuen Klasse. Die jetzt fünfzehnjährige Babett schreibt: „Als ich das erste Mal meine neue Klasse betrat, wurde ich gleich ‚runtergemacht', denn ich trug ja keine Levi's oder einen Pullover von Benetton. Als ich mich dann endlich mit Worten zur Wehr setzte, hagelte es noch mehr Kritik, und es kamen Sprüche wie: ‚Du Ossi-Kuh, sprich' mal Deutsch!' Seitdem zog ich mich immer mehr zurück und fand natürlich auch keine Freunde. Dadurch sanken auch meine Zensuren immer mehr in den Keller."

Viele haben Szenen miterlebt, wo schließlich nur noch brutale Gewalt regiert, nicht immer unter den Augen der Lehrerinnen und Lehrer, sondern zum Beispiel in der Pause, wie es der vierzehnjährige Nico beschreibt:„ ‚… Du abgefucktes Türkenschwein!' Diese Worte kamen von niemand anderem als von Kevin und seinen Kumpels Uwe und Thomas. ‚He, Kümmelfresse, du hirnloser Hintern!' Sie traten ihn und verhöhnten ihn, wo es gerade nur ging. Hakeem hatte es nicht leicht als Neuer. Er war gerade erst mit seinen Eltern und seiner kleinen Schwester nach Deutschland gezogen … Der Pausengong rettete Hakeem gerade noch einmal." Aus der Sicht der fünfzehnjährigen Jasintha sieht so eine Ausgrenzung im Rückblick so aus: „Ich kam mit fünf Jahren von Sri Lanka nach Deutschland und bin jetzt zehn Jahre hier. Vom Kindergarten bis in die 5. Klasse hatte ich so gut wie keine deutschen Freunde. Viele Mitschüler wollten nicht, dass ich mit ihnen zusammen war, meistens stand ich in den Pausen ganz allein. Wenn ich von der Schule nach Hause kam, war ich ab und zu traurig und musste sogar weinen."

(Lutz van Dijk, Wie Kinder und Jugendliche Ausgrenzung erleben, in: Pädagogik 10/1995, S. 18f.; der Autor ist pädagogischer Mitarbeiter des Anne-Frank-Hauses in Amsterdam.)

1. Wie äußert sich Anderssein in diesen Fällen?
2. Wer ist an der Ausgrenzung mit welchem Anteil beteiligt?
3. Stellen Sie die Fälle in den Kontext Ihrer Arbeit in diesem Halbjahr und skizzieren Sie vor diesem Hintergrund alternative Handlungsmöglichkeiten.
4. Äußern sich in den beiden Fotos auf den Seiten 379 und 380 vielleicht unterschiedliche pädagogische Haltungen?

Zum Umgang mit „Problemkindern" im Bildungswesen

Unterricht ist dann am leichtesten, wenn die Lehrerinnen und Lehrer mit Kindern arbeiten können, die in ihrer sozialen und emotionalen Entwicklung und in ihrem Wunsch zu lernen auf die Schule gut vorbereitet sind. Selbst dann ist es manchmal schwierig genug, jedem Kind das Maß an individueller Anerkennung und Unterstützung zu geben, das es

eigentlich benötigt. Viele Kinder ertragen diese übliche Situation mit vergeblichem Fragen, viel zu knappen Auskünften und anderen Enttäuschungen ohne auffallende Reaktionen. Einige können sich schon selbstständig Hilfe besorgen; manchen gibt das Elternhaus zusätzliche Erklärungen und psychischen Halt bei Misserfolgen. Nicht wenige vergessen ihren Kummer in der Freundesgruppe.
Aber es gibt andere Kinder, denen Menschen und Mittel fehlen, um bei Aufrechnen von Enttäuschungen, Fehlern und Tadeln einerseits und gelösten Aufgaben, Lob und Anerkennung andererseits zu einer überwiegend positiven Bilanz zu gelangen. Sie hängen vielleicht in ihrer Entwicklung weit zurück; sie können sich den sozialen Anforderungen des Schullebens nicht anpassen; sie erhalten nicht genug Zuwendung von Anteil nehmenden Erwachsenen zu Hause. In manchen Schulen, in manchen Klassen sammeln sich solche Fälle: langsam lernende Kinder, unruhige und aggressive Kinder oder auch Kinder, die sich völlig zurückziehen. Zu einem hohen Anteil stammen sie aus sozial benachteiligten Lebensverhältnissen und aus Familien, die in eine Krise geraten sind. Aber auch Wohlstand und intakte Verhältnisse können Kinder offenbar nicht vor Problemen schützen. Die Diagnose der Ursachen ist im Einzelfall meist sehr schwer, vom Lehrer oft nicht zu leisten. Auch wenn man ahnt, was ein Kind belasten mag, kann der Lehrer zumeist keine Abhilfe schaffen. Somit müssen Lehrerinnen und Lehrer versuchen, diesen Kindern als Person besonders nah zu sein und ihnen zusätzliche Förderungen anzubieten.
Um ein oder zwei Kinder mit derartigen Problemen werden sich Lehrer neben allen anderen Aufgaben kümmern können. Wenn die Zahl jedoch steigt, fühlen sie sich überfordert und suchen nach Entlastung. Verständlicherweise fragen sie sich, ob diese Kinder im üblichen Unterricht gut aufgehoben sind. Der Lehrerin oder dem Lehrer fehlen oft nicht nur die Zeit, sondern meist auch pädagogische Ausbildung und Erfahrung, um Kindern in besonderen Problemlagen wirksam zu helfen. Diese Probleme spitzen sich zu, wenn es sich um Kinder handelt, die nicht nur „schwierig“ im allgemeinen Sinne sind, sondern denen man ein objektives Defizit meint nachweisen zu können, sei es, dass ihr Verhalten als „gestört“ diagnostiziert wird, sei es, dass sie in ihrer kognitiven Leistungsfähigkeit deutlich unter den altersangemessenen Erwartungen liegen, oder sei es, dass sie physisch beeinträchtigt sind.
Brauchen diese Kinder nicht besondere Lernbedingungen, die ihre jeweiligen psychischen oder körperlichen Probleme berücksichtigen, und eine andere Art der Förderung ihrer persönlichen Entwicklung, als die Regelschulen sie bieten? Auf diese Aufgaben besonders ausgerichtete Schulen, die Sonderschulen, gibt es in den alten und den neuen Bundesländern. Sie nehmen etwa 3 bis 4 Prozent der Schülerschaft als Problemfälle unterschiedlicher Art auf. Nach Schätzungen, die allerdings wenig verlässliche Grundlagen haben, gelten über 7 Prozent der Kinder und Jugendlichen als „sonderschulbedürftig“.
Die für diese Kinder eingerichteten „besonderen“ Schulen neben den Regelschulen haben eine Geschichte, die für körperlich und sinnesbehinderte Kinder bis ins 18. Jahrhundert, für Kinder, die „dem normalen Unterricht nicht folgen können“, bis ins 19. Jahrhundert zurückreicht. Ihre Gründung stützte sich auf die Einschätzung, dass den physisch behinderten sowie extrem lernschwachen Kindern die ihnen angemessene Hilfe am besten in ihnen vorbehaltenen Einrichtungen geboten werden könne, aber auch immer wieder auf die Hoffnung, durch gezielte Förderung in derartigen Einrichtungen Defizite überwinden, wenn nicht gar einen Teil der Betroffenen nach dieser Förderung wieder in die Regelschulen integrieren zu können. Aus heutiger Sicht ist deutlich, wie viele bildungsfremde Motive im Verlauf der Geschichte dieser Einrichtungen in deren Zielsetzungen einflossen: Ängste um eigenes Wohl und das der eigenen Kinder, Wünsche, eine heile Welt zu erhalten, Versuche, die Menschen vor „Krankhaftem“ zu schützen, die bis

zur Vernichtung „lebensunwerten Lebens" führten. Sicher gab es und gibt es auch aufrichtige Bemühungen und bemerkenswerte Beispiele, diesen Kindern in den für sie geschaffenen Einrichtungen zu helfen. Aber auch die Anstrengungen besonders motivierter Lehrer konnten nicht verhindern, dass die damaligen Hilfsschulen und vergleichbare Einrichtungen oft nur Auffangbecken für nicht Einzupassende, für Gescheiterte und für Aufgegebene waren und häufig dazu beitrugen, den weiteren Lebensweg dieser Kinder in nachteiliger Weise festzulegen.
In den letzten Jahrzehnten ist sowohl in der Bundesrepublik als auch in der DDR ein hoch differenziertes Sonderschulwesen entstanden, das auf die Beeinträchtigungen verschiedener Gruppen von Kindern in sehr spezifischer Weise abgestimmt ist. Wenn auch nicht alle Wünsche erfüllt wurden, haben diese Schulen doch in den alten Bundesländern in den vergangenen Jahrzehnten ihren Anteil an den personellen und materiellen Verbesserungen im Bildungswesen erhalten. Auch in pädagogischer Theorie und Praxis haben sie sich beträchtlich weiterentwickelt, um Kinder wirksamer zu fördern. Erfolge sind durchaus vorweisbar. Dennoch wehren sich immer mehr Eltern aus Sorge über die Entwicklungs- und Lebenschancen ihres Kindes dagegen, ihr Mädchen oder ihren Jungen in eine Sondereinrichtung „abschieben" zu lassen, wie sie es empfinden, und es gibt nicht wenige Lehrer und Sonderpädagogen, die diese Bedenken teilen. […]

Die Problemgruppen

1. Extrem lernschwache und verhaltensschwierige Kinder
Bei dieser Gruppe handelt es sich zum einen um die Kinder, denen es sehr schwer fällt, dem Unterricht zu folgen, und die es oft nicht schaffen, Lernanforderungen innerhalb des Rahmens beurteilungsfähiger Leistungen zu entsprechen. Zum anderen zählen zu dieser Gruppe die Kinder, die zeitweilig oder dauerhaft nicht in der Lage sind, ihr Verhalten der Unterrichtssituation und den Erfordernissen des Soziallebens in der Klasse anzupassen.

2. Geistig behinderte Kinder
Neben den Kindern, die aufgrund sozialer und psychischer Faktoren Lern- und Verhaltensprobleme zeigen, gibt es eine Gruppe von Kindern, die durch Störung der Gehirnfunktionen oder durch organische Schädigungen, oft von Geburt an, nur eingeschränkt lernen können.

3. Kinder mit körperlichen und Sinnesbeeinträchtigungen
Eine dritte Gruppe von Kindern hat von Geburt an oder durch Krankheit oder Unfall körperliche oder Sinnesmängel, die den normalen Schulbesuch erschweren oder sogar unmöglich machen, obwohl die geistigen Fähigkeiten nicht unmittelbar beeinträchtigt sein müssen, sich allerdings oft als Folge der körperlichen Unvollkommenheiten nicht gut entfalten können. Es handelt sich um gehbehinderte, gelähmte, hör- und sehgestörte, blinde oder taube Kinder.

(Arbeitsgruppe Bildungsbericht am Max-Planck-Institut für Bildungsforschung [Hg.], Das Bildungswesen in der Bundesrepublik Deutschland, Rowohlt, Reinbek 1994, S. 341ff.; Verf.: Lothar Krappmann, Rainer Benkmann)

1. Wie werden Kinder nach Ansicht von Autoren zu „Problemkindern"?
2. Welche Vorzüge und welche Probleme sehen die Autoren in besonderen Einrichtungen für „Problemkinder"? Wie sehen Sie das?
3. Informieren Sie sich über sonderpädagogische Einrichtungen in Ihrer Region.
   Vielleicht können Sie als Kurs eine solche Einrichtung besuchen oder Sie laden eine Lehrerin/einen Lehrer als Expertin/Experten in Ihren Kurs.
   Inzwischen gibt es an vielen Grundschulen und z.T. auch an weiterführenden Schulen so genannte i-Klassen, in denen Behinderte mit Nichtbehinderten gemeinsam lernen. Vielleicht gelingt es Ihnen, Kontakt zu einer solchen i-Klasse aufzunehmen und mit Lehrerinnen und Lehrern über ihre Erfahrungen zu sprechen.

Themenkreis 3.1

Wie müssen staatliche und gesellschaftliche Institutionen der Zukunft gestaltet sein, die „die Sachen klären und die Menschen stärken" (Hartmut von Hentig)?

Inhaltsverzeichnis

2.3 Selbstregulierung – Die radikale Infragestellung gegenwärtiger Schule durch Alternativschulen am Beispiel der Schule „Summerhill“ . . . 453

2.4 Waldorfpädagogik – eine Alternative? . . . 477

2.5 Für Führer, Volk und Vaterland – Erziehung und Bildung im Nationalsozialismus . . . 503

3 Reflexionen: Hollywood macht Schule . . . 538

4 Perspektiven: Wege erziehungswissenschaftlicher Erkenntnis . . . 544

1 Einführung: Erfahrungen mit Schule – Zukunftswerkstatt Schule

(Zeichnung: Wilhelm Busch)

Die Figur des Lehrers Lämpel von Wilhelm Busch (Max und Moritz – Vierter Streich) aus dem Jahre 1865 ist sicherlich die bekannteste Karikatur des Lehrers.
Was drückt sie über Lehrer und Schule aus?
Wie müsste eine aktuelle Karikatur aussehen? Sammeln Sie aktuelle Karikaturen.

Zukunftswerkstatt Schule

Wir wollen Ihnen zu Beginn eine Methode vorstellen, die Sie, je nach Zeit und Interesse, in einer Kurzversion oder in zwei Langversionen einsetzen können. Sie können aber auch auf die Methode verzichten und die anderen Einführungsmaterialien nutzen. Die Methode „Zukunftswerkstatt“ wurde von dem Zukunftsforscher Robert Jungk in den 60er-Jahren entwickelt um zur Demokratisierung aller Lebensbereiche beizutragen. Seitdem ist sie im Bildungsbereich, in der Industrie und in Bürgerinitiativen, Parteien usw. sehr oft eingesetzt und weiterentwickelt worden.

Zielsetzung und Merkmale von Zukunftswerkstätten

Die Ziele und Merkmale von Zukunftswerkstätten können schlagwortartig und zusammenfassend wie folgt beschrieben werden:

- Zukunftswerkstätten sind *basisdemokratisch,* das heißt, sie verstehen sich als Demokratisierungsinstrument, als Plattform, von der aus eine maßgebliche Bürgerbeteiligung an der Ausgestaltung des Kommenden möglich wird.
- Zukunftswerkstätten sind *integrativ,* das heißt, sie versuchen eine Aufhebung des Gegensatzes von Experten und Laien, Herrschenden und Beherrschten, Wissenden und Unwissenden, Planern und Verplanten sowie Aktiven und Passiven.
- Zukunftswerkstätten sind *ganzheitlich,* das heißt, sie versuchen eine Integration von Selbst- und Gesellschaftsveränderung, Rationalität und Intuition, Intellektualität und Spiritualität sowie Kognition und Emotion.
- Zukunftswerkstätten sind *kreativ,* das heißt, es handelt sich um eine Methode des Planens, Entwerfens und Entwickelns, die die schöpferische Fantasie und den sozialen Erfindungsgeist der Beteiligten herausfordert.
- Zukunftswerkstätten sind *kommunikativ,* das heißt, sie sind eine Chance für die sonst Sprachlosen, die vielen Ungefragten in der Gesellschaft, ihre Bedürfnisse und Sehnsüchte, ihre Vorstellungen und Ideen, aber auch ihre Ängste und Befürchtungen frei zu äußern.
- Zukunftswerkstätten sind *provokativ,* das heißt, sie sind eine Herausforderung an die staatlichen und wirtschaftlichen Institutionen, aus der Bevölkerung kommende Lösungsvorschläge und soziale Erfindungen ernst zu nehmen und aufzugreifen. [...]

Kritikphase

In dieser ersten Hauptphase geht es um eine möglichst präzise und radikale Kritik gegenwärtiger Missstände und ungelöster sozialer Verhältnisse. Es wird in folgenden Schritten vorgegangen:

1. *Kritiksammlung:* Der Moderator formuliert zunächst provozierende Leitfragen, wie etwa: „Was stört Sie?“, „Was haben Sie zu kritisieren?“ oder „Wovor haben Sie Angst, was bedrückt Sie?“, „Worüber empfinden Sie Wut und Empörung?“ Die Teilnehmer sollen sich in kurzen Stichworten äußern; alle Aussagen werden auf einem Papierbogen protokolliert. Die Teilnehmer können auch ihre Kritikpunkte auf einem DIN-A4-Blatt mit großer Schrift notieren und dieses Blatt in die Mitte des Kreises legen und laut vorlesen.
2. *Systematisierung und Bewertung:* Nach der Kritiksammlung sollen die Kritikpunkte nach Problembereichen zusammengefasst werden. Danach findet eine Bewertung dieser Problembereiche durch die Gruppe statt, und zwar in der Form, dass jeder Teilnehmer etwa drei bis fünf Punkte nach Belieben und Interesse auf die einzelnen Problembereiche verteilt.

3. *Thematische Schwerpunkte bilden:* Durch diese Bewertung kristallisieren sich Problemthemen heraus, von denen die Teilnehmer meinen, dass sie vorrangig diskutiert werden sollen. Die Kritikphase endet mit der für alle Teilnehmer deutlich sichtbaren Zusammenstellung dieser vorrangigen Problembereiche.

Fantasiephase

In dieser Phase geht es darum, die in der Kritikphase aufgedeckten Probleme, Schwierigkeiten, Ängste und Befürchtungen ins Positive zu wenden. Die Teilnehmer werden durch den Moderator ermuntert, ihrer Fantasie freien Lauf zu lassen. Es wird ihnen zugestanden, dass sie alle Macht und alles Geld haben, um sich ihre neue Zukunft zu schaffen. In der Regel werden die Problemschwerpunkte der Kritikphase aufgenommen und in Arbeitsgruppen durch die Entbindung sozialer Fantasie und utopischen Denkens positiv gewendet. Auch diese Phase ist wieder in einzelne Schritte untergliedert, und zwar

1. *Kritikpunkte positiv umformulieren:* Hier wird zu jedem Kritikpunkt eine positive Alternative gesucht. Das ist jedoch erst die Vorbereitung für die eigentliche Fantasie- oder Utopiephase, denn diese Umformulierungen enthalten in der Regel noch keine Fantasien oder Utopien. Dies geschieht im nächsten Schritt, dem
2. *Brainstorming:* Hier werden die Teilnehmer aufgefordert, in Stichworten möglichst fantasievolle Vorschläge zur Problemlösung zu entwickeln, ohne Rücksicht auf irgendwelche Gesetze, Vorschriften, ökonomische oder soziale Zwänge. Alles ist möglich, alles ist machbar.
3. *Systematisierung und Bewertung:* Die von den Teilnehmern geäußerten Ideen werden im nächsten Schritt systematisiert und wiederum durch Punktvergabe bewertet. Die besten Ideen, also diejenigen mit den höchsten Punktzahlen, werden dann im nächsten Schritt von den Kleingruppen weiterentwickelt.
4. *Ausarbeitung und Konkretisierung eines utopischen Entwurfs:* In diesem letzten Schritt sollen die Ideen so weit konkretisiert werden, dass sie zu möglichst vollständigen und anschaulichen Projektskizzen bzw. „utopischen Entwürfen“ ausgearbeitet werden. Die Gruppen überlegen sich dann, in welcher Weise sie den anderen Gruppenmitgliedern ihre Ergebnisse in möglichst anschaulicher Form präsentieren. Hierzu bieten sich vielfältige Darstellungsformen an (Kurzgeschichte, Rollenspiel, Pantomime, Gedicht, Gesang, Collage, Comic, Gruppenbild usw.).

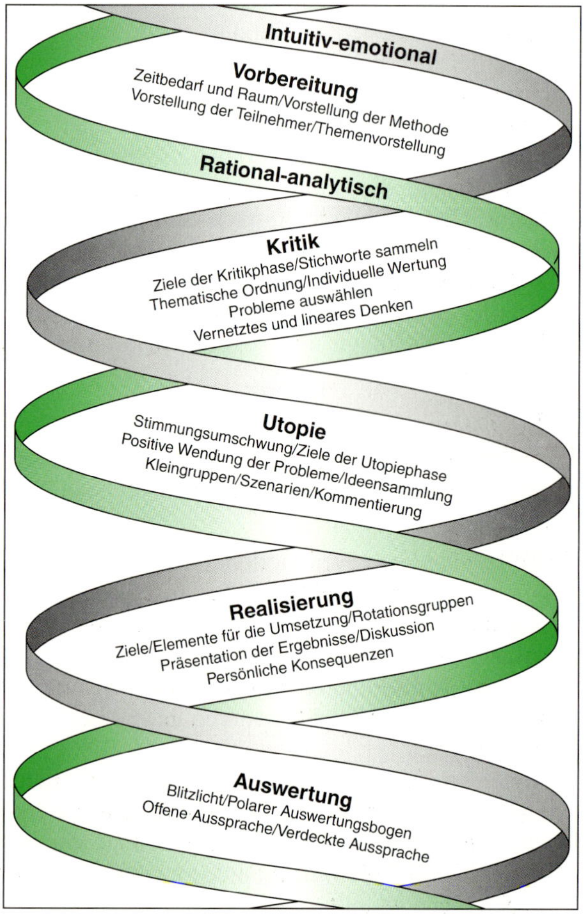

Verwirklichungsphase

In dieser dritten Hauptphase geht es darum, die Zukunftsentwürfe und sozialen Fantasien mit den realen Verhältnissen der Gegenwart zusammenzubringen sowie Wege und Strategien zu ihrer Durchsetzung zu finden. Jetzt darf die bis dahin aufgestaute Kritik wieder voll zum Zuge kommen, ohne dass die Zukunftsentwürfe gleich wieder erdrückt werden. Vielmehr sind auch in dieser Phase wieder Erfindungsreichtum und soziale Fantasie notwendig, um möglichst vielfältige, neuartige und erfolgversprechende Wege zur Verwirklichung der besseren Zukunft zu finden. Auch diese letzte Phase wird in mehrere Verwirklichungsschritte untergliedert, und zwar

1. *Kritische Prüfung der utopischen Entwürfe:* Hierbei sollen die Entwürfe auf ihre Realisierbarkeit unter den gegenwärtigen und noch zu schaffenden Bedingungen überprüft werden. „Inwieweit lassen sie sich schon jetzt in Angriff nehmen? Gibt es bereits reale Ansätze in der gewünschten Richtung? Welche Hindernisse stehen ihnen entgegen? Welche Beharrungskräfte müssen überwunden werden? Wie beurteilen Fachleute, Wissenschaftler, Politiker ihre Erfolgschancen?“
2. *Entwicklung von Durchsetzungsstrategien:* „Woran muss unbedingt festgehalten werden? Wie müsste vorgegangen und taktiert werden, um wenigstens Teile zu retten? Welche politischen und ökonomischen Voraussetzungen wären notwendig? Gibt es Bündnispartner, die für eine Unterstützung in Frage kommen? Soll man offen vorgehen oder so lange wie möglich ohne große Publizität arbeiten?“
3. *Planung eines gemeinsamen Projekts bzw. einer Aktion:* Keine Zukunftswerkstatt sollte folgenlos bleiben. Im günstigsten Fall entwirft die Gruppe selbst einen Projektplan bzw. bereitet eine gemeinsame Aktion vor, um Neuerungen, Vorstellungen oder Utopien zu verwirklichen. „Was muss bei einem solchen Unternehmen bedacht werden? Wie sieht es mit der Finanzierung aus? Wer engagiert sich und mit welchem Einsatz? Wie wird die Öffentlichkeit hergestellt? Welche Repressalien sind zu befürchten, und wie ist ihnen zu begegnen? Welche Absicherungen des Projekts sind möglich, welche sollten vorgenommen werden?“

Nachbereitungsphase

Da alle Zukunftswerkstätten letztlich dazu beitragen sollen, eine bessere, das heißt *sozial- und umweltverträgliche Zukunft* vorzubereiten, sollten sie nicht auf der Ebene eines intellektuellen Spielvergnügens verbleiben, sondern unmittelbar in die Gesellschaft und ihre Verhältnisse positiv verändernd eingreifen. Daher umfasst die Konzeption der Zukunftswerkstatt grundsätzlich eine nachbereitende Phase, und zwar als Idee einer „permanenten Werkstatt“ beziehungsweise einer „weiterführenden Werkstattarbeit“.

(Peter Weinbrenner/Walter Häcker, Theorie und Praxis von Zukunftswerkstätten, in: Olaf-Axel Burow/Marina Neumann-Schönwetter [Hrsg.], Zukunftswerkstatt in Schule und Unterricht, Hamburg 1995, S. 25 ff. [Auszüge])

Einsatzvarianten:

1. Sie können die Methode als Einstieg in das Halbjahr verwenden und drei Doppelstunden dafür nutzen (pro Kernphase eine Doppelstunde). Entsprechend der so gewonnenen Fragen und Thesen können Sie dann die Wahl der Waben treffen. Die alternativen Einführungsübungen und Texte brauchen Sie dann nicht unbedingt.
2. Sie können die Kernphasen der Zukunftswerkstatt auf das Halbjahr verteilen und sich so viel Zeit für jede Phase nehmen, wie Sie brauchen. Als Einstieg in die Kritikphase können Sie eine oder mehrere Übungen („Meine Schulzeit“, „Das mach' ich mit links“, Biografisches Schreiben) nutzen. Dann formulieren Sie in einem Brainstorming Ihre Kritik. Ergänzen können Sie Ihre Kritik durch die Materialien „Schule in der Kritik“ und „Schulische Sozialisation“.
   Anschließend durchlaufen Sie die Utopiephase und können dann mit den Waben 3 oder 4 fortsetzen. Dann treten Sie in die Verwirklichungsphase ein und können die dort entwickelten Vorschläge mit Materialien aus der Wabe 1 vergleichen und anreichern. Das Halbjahr schließen Sie dann mit „Reflexionen“ und „Perspektiven“ ab.

3. Wenn Sie die günstige Gelegenheit einer Projektwoche haben, können Sie die Zukunftswerkstatt, wie es auch ursprünglich von Robert Jungk vorgesehen war, in aller Ausführlichkeit und viel Kreativität an drei Tagen bzw. Halbtagen durchführen.
4. Mit Methoden sind immer auch Inhalte und Ziele verbunden. Der Pädagoge Otto Herz fordert, Schulen sollen sich von Lehranstalten zu Zukunftswerkstätten wandeln. Diskutieren Sie im Kurs: Was könnte eine Schulreform von der Methode Zukunftswerkstatt lernen?

Übung: Meine Schulzeit

(angelehnt an: Gerhard Fatzer, Ganzheitliches Lernen, Paderborn 1990, S. 138)
Übertragen Sie diese Übung ins Journal oder kopieren Sie diese Seite zum Ausfüllen.

Versuchen Sie Ihre bisherigen Erfahrungen mit Schule mit sechs Begriffen zu charakterisieren und tragen Sie diese in die Kästchen ein:

Formulieren Sie nun mit jedem dieser Begriffe einen Satz, der Ihre Erfahrungen auf den Punkt bringt:

Wenn Sie Lehrer wären, welche Konsequenzen würden Sie aus Ihren Überlegungen ziehen? – Notieren Sie Stichpunkte:

Setzen Sie sich nun in Gruppen zusammen und diskutieren Sie über die in den Begriffen und Sätzen sowie in den Konsequenzen deutlich gewordenen Erfahrungen mit Schule und die vorgeschlagenen Konsequenzen.
Überlegen Sie, welche Aspekte Sie im Gesamtkurs besprechen und sich evtl. als Thesen und Fragen für das Halbjahr vornehmen wollen.

Übung: „Das mach' ich doch mit links...!"

Nehmen Sie Ihren Füller oder Kugelschreiber in die linke Hand (Linkshänder in die rechte Hand) und schreiben Sie drei Sätze zum Thema „Mein erster Schultag".

Was fällt Ihnen auf? Was schließen Sie daraus? Unterhalten Sie sich darüber mit Ihrem Nachbarn und tauschen Sie sich dann im Kurs darüber aus.

Schule in der Kritik

Ganz unten

In der Grundschule haben alle Angst. Kinder und Eltern vor den Lehrern. Lehrer vor Eltern und Kindern. Und voreinander. Doch Lehrer sind die Mächtigen in diesem System. Und Kinder die Schwachen.

„Um Himmels willen, die Zenker kriegt ihr in der ersten Klasse? Ihr Armen, da kommt ja was auf euch zu …" Die typische Szene vor dem Kindergarten: Entsetzen und Mitleid spiegeln sich auf dem Gesicht der Mutter, als sie beim Abholen ihres Sprösslings diese Warnung einer anderen hört. Die dämpft den Tonfall und blickt sich nach allen Seiten um, bevor sie das, was kommen soll, noch düsterer ausmalt: „Um *der* Frau zu entkommen, haben manche ihre Kinder sogar freiwillig zurückgestuft:"

Der Lehrer als Schicksal, der Lehrer als Alptraum: Schüler und Eltern können ein Lied davon singen. Schwarze Schafe gibt es zwar in jedem Beruf, unter Klempnern und Journalisten wie unter Einwohnermeldeamtsleitern. Doch kaum jemandem ist man so wehrlos ausgeliefert wie den Erziehungsexperten im Schutze der Schulbürokratie. Dabei treffen die mit ihren pädagogischen Fehlern und persönlichen Macken gerade die Verletzlichsten, Schwächsten: Lehrer können Kindern restlos den Spaß am Lernen und an sich selbst zerstören.

Zum Beispiel Felix. Im September ist er in die Schule gekommen, stolz, aber auch ein bisschen ängstlich, so wie die vielen anderen Kinder, die sich von heute auf morgen in einer fremden Welt bewähren müssen. „Schon in der ersten Woche hat sich das Ganze sehr traurig entwickelt", erzählt Felix' Mutter. „Er hat sich über die Lehrerin beklagt, dass sie immer so schreie – und sie jammerte mir vor, dass er so schwierig sei. Und nach einer Weile war er dann tatsächlich völlig verändert: grau, traurig, depressiv." Felix sagt, dass er die Schule hasst.

So wie Lucy. Sie ist in der zweiten Klasse und war bis zum Schuleintritt ein fröhliches, selbstbewusstes und kreatives Mädchen. Ihre Leistungen sind nicht besonders gut; deshalb wird sie von anderen Kindern oft ausgelacht. Zu Hause muss sie mit ihrer Mutter zusätzlich zu den Hausaufgaben das nacharbeiten, was sie im Unterricht nicht mehr geschafft oder falsch gemacht hat. Lucy leidet unter Kopfweh und Müdigkeit, hat zu nichts mehr richtig Lust, bricht beim kleinsten Anlass in Tränen aus. Für das, was sie gut kann, ist in der Schule keine Zeit: Vier Bilder hat sie nach Abschluss der ersten Klasse mit nach Hause gebracht. Jetzt malt sie fast gar nicht mehr.

Unterricht ohne Lob, ohne Spaß, ohne Lachen, zwei ganze Jahre lang – das hat auch Thomas den Rest gegeben. Als er die vierte Klasse endlich hinter sich hatte, trug er sämtliche Hefte, Bücher und Arbeitsunterlagen zu einem Scheiterhaufen zusammen, um sie zu verbrennen. „Das war die Horrorzeit für mich", sagte er. „Meine Lehrerin hat manche Kinder total fertig gemacht. Wenn einer mal Quatsch machte, dann war der ganz unten. Sie hatte auch Lieblingskinder, aber total! Und zwar immer nur die Fleißigen, die sind ja auch angenehmer als jemand, der keine Lust hat. Aber wenn man mal zwei, drei Sechser hat, dann will man auch nicht mehr." Weihnachten verteilte die Lehrerin Weihnachtssterne, jeder bekam einen, das Lieblingskind fünf. Die Atmosphäre war streng, straff und freudlos; Kommentare grundsätzlich negativ. Nur Leistung zählte.

„Eine eiserne Ruhe, gegen die keiner zu mucken wagte", bescheinigt auch Thomas' Mutter der Lehrerin: „Die hat eine Ausstrahlung, die jeden verstummen lässt. Zum Schluss kamen die meisten Väter und Mütter ihretwegen nicht einmal mehr zum Elternstammtisch. Etwas zu sagen hat sich schon vorher niemand getraut."

Als ihr Sohn nicht mehr frühstückte, ständig unter Bauchweh litt, seine Leistungen immer schlechter und die Hausaufgaben zum Drama wurden, sagte Thomas' Mutter dann

doch etwas. „Ich habe aber immer vermieden, sie persönlich zu kritisieren, weil ich schon wusste, dann klappt das Visier runter, dann geht gar nichts mehr." So wie bei anderen Eltern: Da hatte die Lehrerin einfach keine Sprechstundentermine mehr vergeben. Und ergebnislos verlief auch das Gespräch mit dem Rektor, selbst mit dem Schulrat.

Schlechte Lehrer – es darf sie nicht geben, also gibt es sie auch nicht offiziell. Unfähige Pädagogen werden in den Schulen oft ein Berufsleben lang einfach als „ausgezeichnete Lehrkräfte" gehandelt. Und mit dem Standardargument „menschliche Schwäche" kommentieren die Verantwortlichen die Fälle, die vereinzelt dennoch an die Öffentlichkeit kommen: „Menschlichkeit lässt sich nun einmal nicht verordnen …" Dabei ist das Fehlen dieser Eigenschaft in diesem Job fatal. […]

Berufsanfänger mit den besten Vorsätzen oder Lehrer, die mit unkonventionellen Methoden zu unterrichten versuchen, haben oft einen schweren Stand. Wer nicht stromlinienförmig ist, kommt schnell in eine Außenseiterrolle. Und Mobbing kommt auch im Lehrerkollegium vor. Kein Wunder, dass immer mehr resignieren. Wenn man der Statistik glauben darf, lässt sich jeder vierte Lehrer unter 55 vorzeitig pensionieren. Hörsturz, Sucht und Depressionen sind häufige Krankheitsbilder. Lehrer sind also auch Opfer. Werden sie deshalb so oft Täter? […]

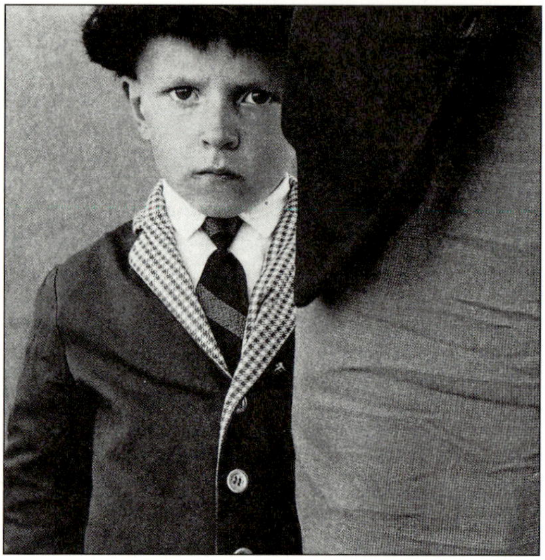

Wie groß das Bedürfnis nach Hilfe ist, zeigen die langen Wartelisten bei den Beratungsstellen. Eine staatlich geprüfte Schulpsychologin: „Es gibt kein Gebiet, das so sehr mit Angst besetzt ist wie die Schule. Angst der Lehrer untereinander, vor den Kindern, vor den Eltern, vor dem Schulrat. Angst der Eltern von den Lehrern, Angst der Kinder vor den Lehrern – Angst eines jeden vor jedem." Ihre Erfahrung: „Ein Teil der Lehrer ist bemüht, aber überfordert. Und die andere Hälfte sind pflichtbewusste und rigid strukturierte Leute, die ins Schleudern geraten, wenn etwas nicht klappt. Die brennen irgendwann aus. Ein nicht funktionierendes Kind ist für sie eine Beleidigung. Und bei den Katastrophen schaue ich immer, dass ich die Kinder wegkriege. Denn die Lehrer werden nicht entfernt. Die müssten schon silberne Löffel klauen oder kleine Kinder verführen …"

Nach Ansicht der Schulpsychologin werden Konflikte zugunsten einer heilen Scheinwelt in die Ecke gedrängt. Routine schützt vor der ständigen Angst, den gigantischen Ansprüchen nicht zu genügen. In diesem zerbrechlichen Selbstschutzsystem ist es fast unmöglich für den Lehrer, die Kinder ganzheitlich zu sehen: „Wenn nur Ordnung und Pflicht und anständig Schreiben zählen, dann fallen viele der kreativen Kinder einfach raus."

Dass das ganze System gründlich entrümpelt und neu überdacht werden muss, meinen so gut wie alle Bildungsexperten. Offene Türen, offene Schulhöfe, offenes Lernen – das sind nur Schlagworte für die neuen pädagogischen Konzepte, mit denen die Schule auf die gesellschaftlichen Veränderungen reagieren muss.

Rainer Brockmeyer von der nordrhein-westfälischen Bildungskommission plädiert als eine Lösungsmöglichkeit für das Dilemma im Klassenzimmer dafür, den Beamtenstatus für Lehrer abzuschaffen: „Eine Schule muss einen Lehrer auch entlassen können." Und Klaus Hurrelmann von der Universität Bielefeld findet, dass sich schon die Auswahlkriterien ändern müssten: „Indem man etwa in geeigneten Tests die Belastbarkeit und Empathiefähigkeit der zukünftigen Lehrer prüft." Dann gelte es, die Schulaufsicht zu reformieren: „Aufsicht – schon das Wort sagt doch alles! Lehrer brauchen statt dessen die partnerschaftliche, sympathisierende, konstruktive Rückmeldung eines Fachmanns." Und die Gelegenheit, ihre Probleme mit Kollegen zu reflektieren: „In anderen sozialen Berufen bemüht man sich schon lange, durch kollegialen Austausch Spannungen abzubauen", so Hurrelmann. „Bei Ärzten oder Therapeuten beispielsweise gibt es Gesprächskreise, Selbsterfahrungsgruppen, Supervision. Nur an den Schulen – da passiert gar nichts." Außer an vielen privaten.

Kein Wunder, dass immer mehr Eltern tief in die Tasche greifen und täglich lange Wege in Kauf nehmen, um ihren Kindern eine angstfreie und kreative Ausbildung zu ermöglichen. Eine Mutter, die ihren Sohn seit kurzem in eine Waldorfschule schickt, strahlt erleichtert: „Zum ersten Mal seit sechs Jahren hat eine Lehrerin etwas Positives über mein Kind gesagt."

(Die Namen der Eltern und Lehrer wurden von der Redaktion geändert.)

(Iris von Finckenstein, in: Süddeutsche Zeitung–Magazin, v. 3.2.1995)

Dieser Bericht mag dramatische Einzelschicksale, die nicht repräsentativ sind, in den Vordergrund rücken. Aber jeder dramatische Einzelfall ist Anlass über grundsätzliche Probleme nachzudenken.

1. Auf welche zentralen Probleme der staatlichen Institution Schule macht der Artikel aufmerksam?
2. An welchen Stellen überzeichnet der Artikel Ihrer Meinung nach?
   Wo kommen strukturelle Probleme, die unabhängig von den handelnden Personen existieren, zum Ausdruck?

Schulische Sozialisation

Schule heute aus dem Blickwinkel der Sozialisationsforschung; Klaus Hurrelmann: „Schulen und Ausbildungseinrichtungen als Sozialisationsinstanzen"

Vereinfacht lässt sich sagen: *Die Jugendzeit in den modernen Industriegesellschaften ist zur Schulzeit geworden.* Wie die statistischen Analysen in den vorigen Abschnitten gezeigt haben, bestimmt die Schule praktisch bis an das Ende des zweiten Lebensjahrzehnts für die große Mehrheit der Jugendlichen den täglichen Lebensrhythmus. Wegen der hohen Bedeutung, die hochwertige Schulabschlüsse haben, bestimmt die Sozialisationsinstanz Schule natürlich nicht nur den zeitlichen Tages-, Wochen- und Jahresrhythmus, sondern auch die soziale Orientierung. Die Schule ist der „Arbeitsplatz" der Jugendlichen, an dem sich über eine lange Spanne der Lebenszeit hinweg wichtige Gedanken und Planungsvorstellungen orientieren.

Der hohe Stellenwert der Schule als Sozialisationsinstanz im Jugendalter erscheint uns heute selbstverständlich, doch er hat sich erst in jüngerer Geschichte herausgebildet. Noch zur Zeit der Industrialisierung war die Schule faktisch nur für einen kleinen Teil der Jugendlichen ein wichtiger Aufenthaltsraum, da es die Familie war, die neben sonstigen Aufgaben der Erziehung auch die Einweisung in berufliche und gesellschaftliche Qualifikationen vornahm. Diese Funktion hat die Familie inzwischen vollständig an die Spezialinstitution Schule abgegegen. [...]

Die subjektive Einschätzung der Schulzeit – Ergebnisse empirischer Studien

In Untersuchungen an der Universität Bielefeld wurden am Sonderforschungsbereich 227 (Prävention und Intervention im Kindes- und Jugendalter) seit Mitte der 80er-Jahre mehrere Studien durchgeführt, die sich auf die subjektive Auseinandersetzung von Jugendlichen mit der Schule und die sozialen, psychischen und gesundheitlichen Konsequenzen für die Jugendlichen beziehen, wenn schulischer Erfolg oder Misserfolg eintritt.

In einem fallstudienartig angelegten Projekt wurde die Untersuchung von subjektiven Einstellungen und Bewertungen der eigenen Schullaufbahn von zu Beginn der Untersuchung 14-jährigen Jugendlichen über einen Zeitraum von insgesamt 8 Jahren vorgenommen. Die Ergebnisse dieser Längsschnittstudie sind im Forschungsbericht „Schulerfolg und Schulversagen" zusammengefasst (Hurrelmann & Wolf 1986; weitere Teilveröffentlichungen aus diesem Projekt: Arbeitsgruppe Schulforschung 1980).

Aus den Interviews mit den 14- bis 21-jährigen Jugendlichen ergibt sich insgesamt das folgende Bild von der Schule als Sozialisationsinstanz:

- Die entscheidende Bestimmung der Aufgaben schulischer Bildung wird von der Mehrzahl der befragten Schülerinnen und Schüler – übrigens im Einklang mit den ebenfalls interviewten Lehrern und Eltern – in der „Vorbereitung auf das spätere Leben" gesehen.
- Der Schule wird ein subjektiv nachvollziehbarer Sinn für die eigene Lebensplanung zugesprochen, soweit sie etwas für die Gestaltung und Bewältigung der Zeit nach der Schule, also einer ferneren Zukunft, leistet.
- Die gesellschaftliche Auslese- und Platzierungsfunktion der Schule wird von den Jugendlichen erkannt und auch für notwendig und legitim gehalten.
- Damit zusammen hängt ihre Einschätzung, dass das Abschlusszeugnis das eigentlich wichtige Resultat der Lernvorgänge in der Schule sei. Dem Abschlusszeugnis wird eine Art „Tauschwert" für den Eintritt in das „Leben nach der Schule" zugesprochen, das mit der Berufs- und Erwerbstätigkeit gleichgesetzt wird.
- Je nach Qualität des Abschlusszeugnisses verfügt man – so die Sichtweise der Jugendlichen – über eine mehr oder weniger gute Ausgangsbasis für den Eintritt in das Berufsleben. Diese Aufgabenzuschreibung schulischer Bildung folgt dem gesellschaftlichen Deutungsmuster „Man lernt nicht für die Schule, sondern für das Leben". Die Implikation ist, dass man als Jugendlicher 10 oder 13 Jahre in einem diffus als Zwischen- oder Übergangsphase definierten Lebensabschnitt verbringen müsse, um sich auf das „eigentliche Leben", das mit dem Berufsleben gleichgesetzt wird, vorzubereiten.
- In der Schulzeit muss man sich als Jugendlicher nach diesem Interpretationsmuster unter Zurückstellung eigener Bedürfnisse und Interessen intellektuell trainieren lassen, um sich ausreichende Kenntnisse und eine geeignete Startposition für den Einstieg in den Beruf anzueignen. Dieser Aneignungsprozess dokumentiert sich am Schluss der Schulzeit mit einem mehr oder weniger gut verwertbaren Zertifikat.

Dieses Deutungsmuster ist bei der Mehrheit der Schülerinnen und Schüler verbreitet. Es zwingt die Schülerinnen und Schüler zu einer instrumentellen Sicht der Schule: Der Wert des schulischen Bildungsprozesses drückt sich demnach maßgeblich oder sogar ausschließlich in dem Wert des Abschlusszertifikats aus. Die Schüler bewältigen die Zumutung einer instrumentellen Orientierung, indem sie die schulische Tätigkeit wie eine industrielle, quasi den Gesetzen von Lohnarbeit folgende, definieren und gestalten. Der Lohn ist für sie das Zeugnis mit seinem Tauschwert für vermeintlich erfüllendere Lebensbereiche.

Damit wird die pädagogische Bildungsfunktion der Schule immer stärker zurückgedrängt, was zwangsläufig zu Defiziten im pädagogischen Spektrum dieser gesellschaftlichen Institution führen muss. Die Jugendlichen fühlen sich zu einer die Berufs- und Lebenschancen sichernden „Optimierungsstrategie" gezwungen, eine in Bezug auf die Bildungsinhalte offene oder sogar indifferente Handlungsperspektive. Die schulischen Bildungsgänge werden im Rahmen dieser Strategie instrumentalisiert. Sie sind Mittel zum Zweck des Erwerbs eines Abschlusszertifikates. Damit wird deutlich, dass die in der subjektiven Perspektive der Jugendlichen sich massiv abzeichnende „Instrumentalisierung" schulischer Bildungsabschlüsse angesichts der veränderten Bedingungen für Bildungs- und Berufslaufbahnen Gefahren für die Persönlichkeitsentwicklung der Jugendlichen in sich birgt. Es wird zur notwendigen, aber für eine gesicherte Lebensperspektive nicht mehr hinreichenden Bedingung, zumindest einen mittleren Bildungsabschluss mit möglichst guten Zensuren zu erreichen.

Die biografische Bedeutung der Schulzeit

Wie bereits deutlich wurde, ist Schule als gesellschaftliche Institution in vielfältiger Weise mit der Sozialisation Jugendlicher verbunden. Sie greift wie kaum eine andere Instanz strukturierend und definierend in die Gestaltung der Lebensphase Jugend ein. Besonders deutlich wird dieser Einfluss auf die biografische Entwicklung von Jugendlichen im Falle des Schulversagens.

Aus den Einschätzungen und Bewertungen des schulischen Bildungsganges durch die Jugendlichen, wie sie sich aus unserer Längsschnittstudie ergeben, lässt sich erkennen, dass Versagen im schulischen Bildungsprozess einen hohen biografischen Stellenwert erhält. Versagensereignisse werden von den Jugendlichen und ihren Eltern angesichts ihrer großen Tragweite als empfindliche Störfaktoren im schulischen Qualifikationsprozess empfunden. Das umso mehr, als die versagenden Schülerinnen und Schüler, wie die übrigen Schüler auch, die Legitimität der bestehenden Lern-, Beurteilungs- und Auslesemechanismen der Schule ausdrücklich nicht in Frage stellen, obwohl sie davon negativ betroffen sind. Die Leistungsanforderungen werden von ihnen als unvermeidbar und formal gerechtfertigt verstanden und hingenommen (Hurrelmann & Wolf 1986).

(Klaus Hurrelmann, Lebensphase Jugend, München 1994, S. 105 ff.)

1. Welche Antworten und Erklärungen auf die bisher im Einführungskapitel aufgeworfenen Fragen und Probleme lassen sich aus den Ergebnissen der Sozialisationsforschung ableiten?
2. Welche weiterführenden Fragen und Thesen ergeben sich?

BLICK-RICHTUNG:

Wie Sie jetzt weiterarbeiten, hängt besonders in diesem Themenkreis davon ab, ob Sie eine der Varianten der Zukunftswerkstatt durchgeführt haben bzw. durchführen. Dann werden Ihnen die dort aufgetauchten Fragen, Probleme und utopischen Entwürfe den Weg weisen.
Grundsätzlich eignen sich alle Waben, ergänzt durch Querverweise, dazu, die von den Richtlinien geforderten thematischen Schwerpunkte einzulösen. Sie könnten also eine Wabe für die gemeinsame Arbeit im Kurs auswählen und ergänzende Materialien aus anderen Waben hinzuziehen.
Sie können auch Waben kombinieren um so eine historische Vertiefung oder einen Vergleich unterschiedlicher pädagogischer Konzepte vorzunehmen.
Damit Sie die Auswahl leichter treffen können, wollen wir Ihnen hier einen Überblick über die Waben geben:

- Die Wabe 1 „Häuser des Lernens" beschäftigt sich mit der Struktur, der Geschichte, den Besonderheiten und der zukünftigen Entwicklung des Bildungssystems der Bundesrepublik Deutschland.
- Die Wabe 2 stellt einen modernen Klassiker der Pädagogik – Janusz Korczak – und sein Denken und Handeln in seiner Zeit vor und stellt zur Diskussion, was die heutige Pädagogik von ihm lernen könnte.
- In der 3. Wabe wird am Beispiel „Summerhill" eine radikale Alternative zum staatlichen Schulsystem vorgestellt.
- In der 4. Wabe stellen wir eine weitere Schule in freier Trägerschaft mit ihren pädagogischen Besonderheiten vor: die Waldorf-Schule.
- Einen historisch-politischen Rückgriff leistet die 5. Wabe, sie setzt sich intensiv mit Erziehung und Bildung im Nationalsozialismus auseinander.

Mit der ersten Wabe könnten Sie also eine gemeinsame Grundlage im Kurs erarbeiten und weitere Waben in arbeitsteiliger Gruppenarbeit bzw. auch in individuellen Facharbeiten oder Referaten hinzuziehen.
Wenn Sie in der Zukunftswerkstatt sich schon intensiv mit Kritik am Bildungssystem und utopischen Gegenentwürfen befasst haben, könnten Sie die Waben 3 und 4 in den Mittelpunkt der gemeinsamen Arbeit stellen, vertiefend Elemente aus der ersten Wabe hinzuziehen und historische und vergleichbare Exkurse in Referate auslagern.
Für die fächerübergreifende Kooperation eignet sich vor allem die Wabe 5. Hier könnte mit einem Geschichtskurs zusammengearbeitet werden oder punktuell ein Austausch bzw. eine Ergänzung der fachlichen Arbeit stattfinden.

Methodische Anregung

Fächerübergreifende Perspektiven: Wie können EW-Kurse mit Geschichtskursen zusammenarbeiten?

1. Inhaltliche Basis:

Unter den unverzichtbaren Gegenstandsbereichen nennt der Lehrplan Geschichte die NS-Herrschaft, wobei betont wird, dass ein Unterrichtsthema im Sinne einer Problemorientierung zu formulieren ist. Zugrunde liegende Leitprobleme, die als Orientierungshilfe für eine problematisierende Themenstellung dienen, sind u.a.: Menschenbild und Weltauffassung, Das Eigene und das Fremde, Menschliche Entwicklung und Umwelt. Diese Aufzählung macht bereits deutlich, dass es viele Möglichkeiten der Zusammenarbeit gibt, wird eine beiden Fächern gemeinsame Problemstellung gefunden. Für 13.1 könnte diese z.B. lauten: ‚Erziehung im Dienste der Herrschenden – Der Nationalsozialismus'.

2. Ziele fächerübergreifenden Lernens:

• *Zusammenhänge erkennen*

Das folgende Zitat ist geradezu kennzeichnend für die nationalsozialistische Ideologie:

„Beides, das Politische sowohl als auch das Erzieherische, ist eine organische Funktionseinheit, nur jedes Mal von einem anderen Blickpunkt betrachtet, das eine Mal von der Gemeinschaft her, das andere Mal von der Persönlichkeit her."

(Friedrich Adolf Beck, Geistige Grundlagen der neuen Erziehung, dargestellt aus der nationalsozialistischen Idee, Osterwieck 1933 – vgl. auch S. 521f.)

Das Erkennen und Analysieren der Verwobenheit zwischen Erziehung und Politik im historischen Kontext hilft Zusammenhänge besser zu verstehen.

• *Differenzen wahrnehmen*

Die Historische Perspektive hilft das kollektive Bewusstsein der damaligen Zeit zu verstehen; die Verarbeitungsmechanismen und Identitätsprozesse sowohl aus individueller wie aus kollektiver Sicht lassen sich aus einer pädagogisch/psychologischen Sicht erschließen. Der auf den Seiten 507ff. dargestellte Fall Walter und weitere Lebensgeschichten, die zusammengetragen werden können, helfen beide Perspektiven aufzuzeigen.

• *Multiperspektivisch denken*

Die Fächer Geschichte und Erziehungswissenschaft haben unterschiedliche Betrachtungsweisen, aber beiden geht es u.a. um ein Verständnis menschlicher Verhaltensweisen in historischen Kontexten, also auch um das Verhältnis Individuum/Gesellschaft. Begreift man diese Sichtweisen als zwei Gläser einer Brille, so ergibt sich durch diese gemeinsame Perspektive erst die richtige Tiefenschärfe. Das Ideologramm auf S. 522 gibt weitere Hinweise!

• *Gemeinsamkeiten formulieren*

„Das Gegenteil der Vergangenheit ist nicht die Zukunft, sondern deren Abwesenheit, das Gegenteil der Zukunft ist nicht die Vergangenheit, sondern deren Abwesenheit. Der Verlust einer der beiden Zeiten ist gleichbedeutend mit einer Opferung der anderen."

(Elie Wiesel, 1986 – vgl. S. 505ff.)

Das Thema ‚Vergangenheitsbewältigung' (... über das Wort lässt sich streiten!) ist auch heute noch aktuell, sowohl auf politischer wie auf persönlicher Ebene – für viele Familien ergibt sich hieraus ein besonderer Generationenkonflikt!

• *Kontroversen austragen*
‚Erziehung nach Auschwitz‘ heißt ein berühmt gewordener Aufsatz von Th. W. Adorno – ‚Gesellschaftliche Strukturen nach der Zeit des Nationalsozialismus, wie sollten sie aussehen?‘ ist eine weitere sich ergebende Frage.
Ist der Mensch ein Produkt gesellschaftlicher Verhältnisse? Welche Aufgaben hat die Erziehung, soll sie Formen des Widerstandes ermöglichen? Wie sollte eine Erziehung zur Verantwortung aussehen, welche Verantwortungsbereiche sind gemeint? Wie ist das Verhältnis von Erziehung und Politik?
Hier ergeben sich viele Fragen für Streitgespräche und Podiumsdiskussionen, die so grundsätzlich sind, dass sie auch heute noch Bedeutung haben.

3. Organisationsformen:

Es wird sehr stark von der Abstimmung der Fachkonferenzen und der schulinternen Lehrpläne abhängen, wann genau sich eine Kooperation zwischen den Fächern anbietet; aus der Perspektive von Pädagogik bietet sich in erster Linie das (frühe) Kurshalbjahr 13/1 an. Bei einer entsprechenden Vorbereitung durch ein Lehrer/Schüler-Team können z. B. kurze Sequenzen zu bestimmten Themen angeboten werden, bei denen die Schülerinnen und Schüler aus beiden Kursen ein freies Belegrecht haben. In gemeinsamen kursübergreifenden Veranstaltungen können Referate oder Facharbeiten vorgetragen werden, die zu einer anschließenden Diskussion genutzt werden. ‚Oral history‘ ist für beide Kurse eine aufschlussreiche Methode, biografische wie gesellschaftliche/politische Aspekte zu erkunden, eine kleine Gruppe kann hier begleitend arbeiten. Eine gemeinsam geplante Ausstellung kann abschließend die Ergebnisse einer Öffentlichkeit präsentieren.
Materialien liegen im größerem Umfang vor; in der Materialsammlung des Verbandes der Pädagogiklehrer wird man auch unter dem Aspekt des fächerübergreifenden Unterrichts fündig (Christiane Bastert/H. Dorlöchter, Nationalsozialismus im fächerübergreifenden Unterricht Erziehungswissenschaft/Geschichte, Lydia Spieker-Döhmann, Erziehung im Nationalsozialismus), in der Deutschen Lehrerzeitung 10–12/98, S. 84ff., findet man eine Unterrichtsreihe von Helmut Fritsch: Auf Spurensuche – Das Schicksal jüdischer Schüler im nationalsozialistischen Deutschland.

Weitere Hinweise zum fächerübergreifenden Lernen bzgl. der Fächer Erziehungswissenschaft und Geschichte finden Sie im Phoenix auf den Seiten 505, 522, 523, 536, 537.

2 Das Wabenmodell

2.1 Die „Häuser des Lernens“ – Das Bildungswesen der Bundesrepublik Deutschland

(Zeichnung: Hans Traxler)

Welche Elemente der Karikatur halten Sie für sinnvolle Elemente einer guten Schule der Zukunft?
Welche Elemente halten Sie für nicht ernst gemeinte Überspitzungen eines Karikaturisten?

Einführung

Wie sehen Schülerinnen und Schüler ihre Schulen?

Ab jetzt sind Lehrer versetzungsgefährdet!

Lehrer haben es in Deutschland nicht leicht. Weder an ihrem eigentlichen Arbeitsplatz, der Schule, noch in der Öffentlichkeit. Den Politikern ist der Berufsstand immer mal wieder ein Bonmot wert. An den Stammtischen ist Ehrenrührendes so gut wie die Norm, in der Schwere lediglich abhängig von der Tagesform der Beteiligten. Und nun haben auch noch die Schüler der weiterführenden Schulen ihr Urteil über Lehrer gefällt – irgendwo zwischen den Noten „befriedigend" und „mangelhaft", im Zweifelsfall eher in der Nähe von „mangelhaft". Warum, fanden jetzt Michael Kanders, Ernst Rösner und Hans-Günther Rolff mit ihrer nach Bundesland, Schulform und Geschlecht repräsentativen Erhebung unter 2000 Schülern der Sekundarstufe I heraus.
Die drei Bildungsexperten vom Institut für Schulentwicklungsforschung der Universität Dortmund nahmen die vom Bundesministerium für Bildung und Wissenschaft, Forschung und Technik finanzierte Studie im Frühjahr 1995 in Angriff. Ihr Ziel: Eine erstmalig bundesweit repräsentative Untersuchung darüber, was vierzehn- bis sechzehnjährige Schülerinnen und Schüler an weiterführenden Schulen über ihre Lehrer, Mitschüler und den von ihnen erlebten Unterricht denken.

Diskrepanz zwischen erlebtem und gewünschtem Unterricht

Die ersten Ergebnisse stellten Kanders, Rösner und Rolff jetzt in einem Beitrag für die „Frankfurter Rundschau" vor. Sie sind, wie sie schreiben, „in mehrerlei Hinsicht erstaunlich". Zum Beispiel die Antworten auf die Frage, wie die Schüler den heutigen Unterricht einschätzen und wie sie sich ihn zukünftig wünschen. Eine nicht unbedeutende Frage. Immerhin steht der Unterricht nach wie vor im Mittelpunkt des schulischen Alltags.
Die Aussage, dass die Schüler im letzten halben Jahr in der Schule die Möglichkeit hatten, viel Neues zu lernen, wurde von der überwiegenden Mehrheit der Befragten bejaht – genau von 62 Prozent. Nur ganze 6 Prozent der Schüler verneinten dies. Aber: Lediglich 32 Prozent finden den Unterricht deshalb auch meistens interessant, 21 Prozent lehnten dererlei Erfahrung als unbekannt ab.
Noch deutlicher, so die Bildungsforscher, falle die Diskrepanz zwischen erlebtem und gewünschtem Unterricht aus Schülersicht aus, wenn man die Fragestellung konkretisiere. So erklärten 66 Prozent der Befragen, der Lehrer redet und stellt Fragen, die von einzelnen Schülern beantwortet werden, doch nur 38 Prozent hielten das auch für wünschenswert. Die Schüler arbeiten jeder für sich an den gleichen Aufgaben, bejahten 52 Prozent. Allerdings verschafft diese Situation nur 26 Prozent auch Befriedigung.
Nicht anders sieht es bei der Feststellung aus: Die Schüler sitzen und hören zu, der Lehrer redet. 48 Prozent stimmten dem zu, nur 26 Prozent fanden das auch gut. Das Pendant: Der Lehrer und die Klasse diskutierten gemeinsam, wurde nur von 29 Prozent aus eigener Erfahrung bestätigt, steht aber bei 74 Prozent der befragten Schüler auf dem Wunschzettel.
Die Erfahrung, dass Schüler in Gruppen Aufgaben bearbeiten, machten 14 Prozent. Für 50 Prozent bleibt es ein Wunsch. Und dass Schüler eigene Untersuchungen durchführen, erlebten lediglich 7 Prozent. Ihnen stehen 51 Prozent gegenüber, die das auch einmal gerne machen würden.

Fazit der Forscher: „Die konventionellen, eher lehrerzentrierten oder stillarbeitsorientierten Unterrichtsformen dominieren offenbar. Schülerinnen und Schüler würden eher einen reformpädagogisch orientierten Unterricht vorziehen."
Die Studie gibt hinsichtlich der schwierigen Schüler-Lehrer-Beziehung aber noch über andere Aspekt wichtige Aufschlüsse. Zum Beispiel darüber, dass die beachtliche Unzufriedenheit der Schüler über die Lehrer kaum daraus resultiert, dass die Vierzehn- bis Sechzehnjährigen ihr Lehrpersonal als zu streng empfinden oder sich vom Lernstoff überfordert fühlen. Denn, so Kanders, Rösner und Rolff: „Dass die meisten Lehrer sehr streng sind, sagen nur 14 Prozent der Befragten (ohne mitteilenswerte Unterschiede zwischen Geschlechtern, Schulformen und Ost/West). Und nur 10 Prozent der Schülerinnen und Schüler geben an, dass der geforderte Lernstoff in der Schule zu schwer für sie sei, 9 Prozent fühlen sich in der Schule überfordert."

Nur für zehn Prozent der Schüler ist der Lehrer Vertrauensperson

Nein, was den Schülern wohl eher zu schaffen macht, ist die Schere zwischen dem, wie sie sich ihre Lehrer wünschen, und dem, welche sie tatsächlich vor ihrer Nase haben.
So fühlen sich nur 27 Prozent der Schüler von ihren Lehrern gleich behandelt, während es 77 Prozent gerne so hätten. 20 Prozent sind sich sicher, dass sie schwierige Unterrichtsstoffe von ihren Lehrern verständlich erklärt bekommen, 76 Prozent würden dies auch gerne sagen wollen – insbesondere von ihren Gymnasiallehrern.
Lediglich für 10 Prozent ist der Lehrer eine Vertrauensperson, für 59 Prozent sollte er es sein. Wenn es um das Gefühl der Geborgenheit geht, meinen 19 Prozent der Schüler, dass sich ihre Lehrer darum kümmern, wie es ihnen geht.
Hingegen hätten es 57 Prozent gerne so, machen sich allerdings im Hinblick auf die Gymnasiallehrer kaum Hoffnungen.
Und nahezu kläglich nimmt sich aus, wie es aus Schülersicht um die Mitbestimmung bestellt ist: Nur 8 Prozent bejahen, dass sie im Unterricht eine Mitbestimmungschance haben, 52 Prozent warten sehnsüchtig darauf. […]
„Wenn es nach den Schülern ginge, hätten wir eine andere Schule als heute, eine Schule, in der anderes auf andere Weise gelehrt und gelernt würde."

(Uwe Hage-Ali, Ab jetzt sind Lehrer versetzungsgefährdet!, in: Deutsche Lehrerzeitung, 25.1.1996, S. 7)

Welche Schule wollen die Eltern?

Die Hauptschule. Ein Nachruf

In aller Stille wurde vergangene Woche im Saarland die Hauptschule beerdigt – und mit ihr das dreigliedrige Schulsystem. Nachdem der Schüleranteil auf gerade mal acht Prozent gesunken ist, werden die verbliebenen Hauptschulklassen den Realschulen angegliedert – ein Ver-

(Zeichnung: Thyrso A. Brisólla/DIE ZEIT v. 2.2.1996)

fahren, das die Kultusministerkonferenz schon 1993 vorsorglich ermöglicht hatte. Nur noch ein paar Formalitäten sind zu erledigen, wie die Änderung der Landesverfassung, die ein dreigliedriges Schulsystem garantiert; doch darüber hatten sich die Regierungsparteien SPD und CDU schon im Sommer geeinigt. Keiner scheint der Hauptschule eine Träne nachzuweinen.

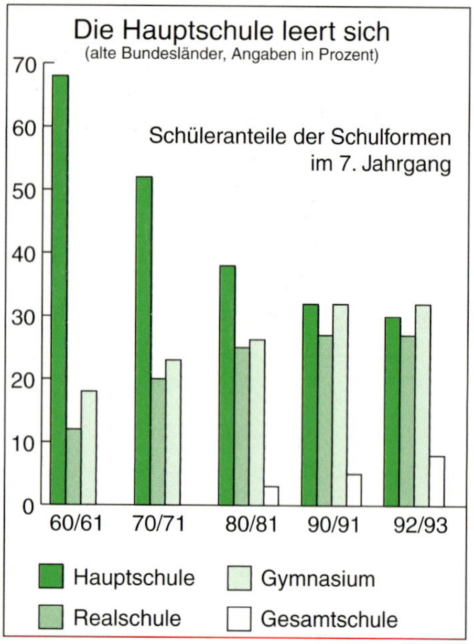

(Quelle: Statistisches Bundesamt; ZEIT-Graphik)

Während Bildungspolitiker und -theoretiker das Schicksal des Gymnasiums und seiner Oberstufe zu einer Frage der Nation hochstilisieren, liebevoll auf die Realschule und euphorisch oder zornig auf die Gesamtschule blicken, nehmen sie das Siechtum des schwächsten Gliedes deutscher Schuldreigliedrigkeit seit vielen Jahren kaum noch zur Kenntnis. Liegt das vielleicht daran, dass ihr Nachwuchs vermutlich nicht zur Hauptschule geht? Alle Überlebensgarantien von Kultusministern ändern nichts am traurigen Befund: Seit ihrer Gründung Anfang der Sechzigerjahre, als die alte Oberstufe der Volksschule mit viel Reformeifer umgestaltet wurde in eine Schule „für mehr als die Hälfte aller Kinder", laufen der Hauptschule ihre Schüler davon. […]

Erich Rösner vom Institut für Schulentwicklungsforschung der Universität Dortmund bringt die Gründe auf den Punkt: „Verantwortlich sind die Eltern, ganz einfach deshalb, weil sie im Interesse ihrer Kinder verantwortlich handeln." Inzwischen sind, das haben Umfragen des Dortmunder Instituts ergeben, 54 Prozent der Eltern überzeugt, dass das Abitur ihrer Sprösslinge die beste Voraussetzung sei, später einen Arbeitsplatz zu bekommen. Nur noch 6 Prozent votierten für den Hauptschulabschluss. Unter den Schülern halten 65 Prozent das Abitur und nur 5 Prozent den Hauptschulabschluss für eine Arbeitsplatzgarantie. Hauptschüler haben überall das Nachsehen. Nur beim Anteil arbeitsloser Jugendlicher liegen sie statistisch weit vorn. Sie haben schlechte Karten in einer Gesellschaft, die, wie ein Frankfurter Autohaus, sogar einem „Handelsfachpacker" am liebsten das Abitur abverlangt. Und während das Gymnasium „an seinem Erfolg erstickt", so der Bielefelder Erziehungswissenschaftler Klaus Hurrelmann schon 1991 in der *ZEIT,* verödet die Hauptschule weiter. […]

Für das Jahr 2001 sagen die Demographen einen dramatischen Schülerschwund voraus. Die Bundesländer sollten nicht bis dahin auf den Tod der Hauptschule warten, sondern vorher aktive Sterbehilfe leisten. Mit der Hauptschule wird das dreigliedrige Schulsystem verabschiedet und damit endlich zu den Schulstrukturen der europäischen Nachbarn aufgeschlossen.

(Sabine Etzold, Die Hauptschule. Ein Nachruf, in: DIE ZEIT, 2.2.1996, S. 33)

Auf der Flucht vor dem Fitnesstraining – Die öffentlichen Schulen verlieren immer mehr Schüler an die private Konkurrenz

Was viele angeht, sollte in einer Demokratie ohne weiteres zum politischen Thema werden – oder nicht? An die elf Millionen von den gut achtzig Millionen Einwohnern der Bundesrepublik besuchten im vergangenen Jahr eine Schule. Dazu kommen gut fünfzehn

Der Streber – ein Bildungsideal? Karikatur von Nils Steinbock aus „Der wahre Jakob“ von 1930.

Millionen Schülereltern und eine knappe Million Lehrer; macht zusammen an die 27 Millionen, die von der Schule direkt betroffen (und nur in den seltensten Fällen mit ihr zufrieden) sind. Dennoch ist Schule kein Thema, jedenfalls kein großes.
Woran das liegt? Politik ist auch in einer Demokratie vor allem eine Sache der Lobbys. Schüler haben keine Lobby, Eltern haben keine Lobby – die beiden großen Gruppen, die die Schule zu ertragen haben, sind von der Mitwirkung an Schulfragen in Bayern und Baden-Württemberg radikal, in anderen Bundesländern weitgehend ausgeschlossen. Eine Lobby haben allein die Lehrer; kein Wunder also, dass sich die einzig nennenswerten schulpolitischen Auseinandersetzungen seit Jahrzehnten immer nur um Pflichtstunden, Beförderungsmöglichkeiten und Besoldungsfragen drehen.
Allerdings, es gibt auch andere Möglichkeiten der politischen Artikulation. Am Mitreden kann man Schüler und Eltern hindern; doch zum Mitmachen lassen sie sich nicht zwingen. Inzwischen machen immer weniger mit. Allein im letzten Schuljahr lag der Schülerzuwachs an privaten Schulen um 50 Prozent über dem der öffentlichen Schulen. Mittlerweile steht eine knappe halbe Million Privatschüler gut zehn Millionen Besuchern staatlicher Schulen gegenüber. Der Trend freilich wird sich so rasch nicht umkehren lassen, schon deswegen nicht, weil vor allem im Osten unserer Republik mittlerweile ein gewaltiger Nachholbedarf an privatem Schulwesen besteht.
So verlockend es in diesem Zusammenhang nun wäre, die positiven Seiten (die Freiheit?) der freien Schulen dem bürokratisch verwalteten Elend ihrer staatlichen Pendants gegenüberzustellen, so wenig käme bei einem solchen Vergleich heraus. Schon der Sammelbegriff „freie“ oder auch nur „private“ Schulen ist im Grunde genommen ein nichtssagendes Abstraktum; Internate verbergen sich dahinter genauso wie privat geführte Sonderschulen, ordinäre Paukinstitute (oder gar solche, an denen gelegentlich ein richtig platzierter Scheck das Fortkommen der Sprösslinge befördert) wie fortschrittliche oder zumindest fortschrittswillige Alternativschulen mit mehr oder minder starker weltanschaulicher Prägung.
Unmöglich, dieses recht bunte Durcheinander über einen Kamm zu scheren, unmöglich sogar, wenigstens ein gemeinsames Motiv zu finden, das mittlerweile so viele Eltern dazu bestimmt, ihre Kinder dem staatlich dirigierten Bildungsprozess zu entziehen und sie statt dessen den in der Regel sehr viel kostspieligeren Pivatschulen anzuvertrauen. Genau betrachtet sind die Beweggründe für eine solche Entscheidung sogar extrem gegensätzlich: Hoffen die einen, sich oder ihren Kindern auf diese Weise frühzeitig das Überleben und möglichst erfolgreiche Bestehen im gesellschaftlichen Leistungswettbewerb zu erkaufen, so geben die anderen das Schulgeld gerade dafür aus, ihren Kindern die Zumutung jenes gnadenlosen Konkurrenzdenkens, so lange es geht, zu ersparen und ihnen statt einer auf Noten fixierten Wissenshuberei eine möglichst humane Herzens- und Geistesbildung zu ermöglichen. […] (Rainer Stephan, in: Süddeutsche Zeitung v. 5.1.1996, S. 4)

Wie sieht ein (ehemaliger) Kultusminister die Schule?

„Fluchtreflex der Lehrer" – Der ehemalige hessische Kultusminister Hartmut Holzapfel (SPD) über den Schulalltag von morgen

Spiegel: Herr Minister, sind Sie als Kind ungern früh aufgestanden, waren Sie ein Langschläfer?

Holzapfel: Nicht nur als Kind, ich stehe auch heute noch ungern früh auf.

Spiegel: An den Schulen in der Bundesrepublik beginnt der Unterricht morgens zwischen 7 und 8 Uhr. Sie würden die Kinder gern länger schlafen lassen?

Holzapfel: In Westeuropa ist Deutschland das einzige Land, das so früh beginnt. Ein zeitgemäßer Unterricht sollte nicht nur später anfangen, sondern auch später enden. Die Kinder sollen von 9 bis 15.30 Uhr in der Schule sein und auch betreut werden, wenn kein Unterricht ist. Das ist meiner Meinung nach die Schulzeit der Zukunft.

Spiegel: Sie wollen die Ganztagsschule einführen?

Holzapfel: Nein. Ich will nicht mehr Unterricht, sondern den Stundenplan entzerren. Heute wird fast der gesamte Unterricht am Vormittag zusammengedrängt. Es ist eine völlig unnatürliche Erwartung, dass Schüler und Lehrer sich sechs Stunden hintereinander konzentrieren können. Die Schulen brauchen einen neuen Zeitrhythmus mit Unterricht, selbstständigem Arbeiten, Entspannungsphasen und einem gemeinsamen Mittagessen.

Spiegel: Viele pädagogische Neuerungen wie etwa Projektarbeit werden behindert, weil die Schulstunde stets genau 45 Minuten dauert.

Holzapfel: Der 45-Minuten-Takt ist überholt. Die Kinder müssen sich immer nach einer dreiviertel Stunde auf ein anderes Thema umstellen. Und die Schule erwartet dann, dass das, was die Erwachsenen zuerst in ihren Köpfen getrennt haben, in den Köpfen der Kinder wieder zusammenwachsen soll. So zu lernen ist weltfremd. Kein normaler Mensch tut das, aber den Kindern muten wir es zu.

Spiegel: Die Unterrichtszeiten sollen sich nach dem zu behandelnden Stoff richten?

Holzapfel: Nicht nur die Zeiten, auch die Unterrichtsform. Neben dem traditionellen Unterricht muss es Phasen geben, in denen die Schüler selbstständig arbeiten. Das wird in der Informationsgesellschaft, in der sich das Wissen ständig wandelt, immer wichtiger. Ich denke auch an Stunden, in denen ältere Schüler den jüngeren etwas erklären und beibringen. Solche Tutorensysteme sind in den anglo-amerikanischen Ländern selbstverständlich. Wir glauben in Deutschland noch immer, dass Unterricht nur dann stattfindet, wenn ein Lehrer vor der Klasse steht. Das erzieht die Kinder nicht gerade zur Selbstständigkeit.

Spiegel: Die Schüler brauchen die Lehrer aber als feste Bezugspersonen. Es wird heute zu Recht viel über die Anonymität an großen Schulen geklagt.

Holzapfel: Ich stelle mir vor, dass man so genannte Jahrgangsteams bildet. Eine bestimmte Klassenstufe, vielleicht auch über zwei oder mehr Jahre, wird ausschließlich von einer festen Gruppe von Lehrern betreut. An einzelnen

Hartmut Holzapfel will den deutschen Schulalltag radikal ändern. Der ehemalige hessische Kultusminister fordert, den Unterricht am Vormittag später beginnen zu lassen und ihn über die Mittagszeit hinaus auszudehnen. Der Sozialdemokrat, 51, der von 1991 bis 1999 das Kultusministerium in Wiesbaden leitete, ist von Beruf Soziologe und Lehrer. Nach nur einigen Monaten an einem Gymnasium wurde er 1969 Referent des damaligen hessischen Kultusministers Ludwig von Friedeburg. Von 1974 bis 1995 war Holzapfel Landtagsabgeordneter und ist es seit 1999 wieder. (Foto: argum/B. Bostelmann)

Schulen wird dies bereits praktiziert, solche Ansätze müssen weiterentwickelt werden. Den Schülern steht dann kein anonymes Kollegium von 80 oder mehr Personen gegenüber. Die Lehrer können besser zusammenarbeiten und haben eine überschaubare Zahl von Schülern, die sich wirklich gut kennen.

Schüler beim Mittagessen (am Gymnasium Klosterschule in Hamburg): „Besser als der Gutschein für McDonald's"
(Foto: Thomas Raupach/argus)

Spiegel: Für die meisten Lehrer ist Teamarbeit ein Fremdwort.

Holzapfel: Eine Hauptschwierigkeit heutzutage ist tatsächlich, dass der Lehrer ein Einzelkämpfer ist. Wir reden in der Gesellschaft über ganzheitliches Lernen und vernetztes Denken, doch die Schule tut sich sehr schwer damit.

Spiegel: Die Schüler sollen nicht nur unterrichtet werden, sondern sich auch entspannen und erholen. Was machen die Kinder in der freien Zeit? Hängen sie dann nur in den Klassenzimmern herum?

Holzapfel: Den Schülern müssen selbstverständlich Angebote gemacht werden, beispielsweise zum Spielen und Toben. Derzeit sollen die Kinder den ganzen Vormittag ruhig dasitzen, unterbrochen nur von diesem krampfhaften Auslauf auf dem Schulhof. Es gibt viele Jugendliche mit Bewegungsproblemen. Kinder, die nicht einmal mehr rückwärts gehen können.

Spiegel: Wenn Sie für die Schüler feste Betreuungszeiten einführen wollen, müssen Sie den Lehrern aber auch eine Anwesenheitspflicht an der Schule verordnen.

(Zeichnung: Marie Marcks)

Holzapfel: Das ist richtig. Die Lehrer müssen dann zwischen 9 Uhr und 15.30 Uhr an der Schule präsent sein, nicht nur wenn sie unterrichten.

Spiegel: Das wird die Pädagogen nicht begeistern.

Holzapfel: Heute gibt es ja so etwas wie einen

Fluchtreflex unter den Lehrern, also möglichst schnell aus der Schule raus. Das führt zu der unsinnigen Neigung, alle Stunden direkt hintereinander zu legen, sodass man spät kommen muss und früh wieder gehen kann. Das erzeugt natürlich Stress, kein vernünftiger Mensch würde seine Arbeit so organisieren. Eine Umstrukturierung des Schulalltags entlastet auch die Lehrer, er bringt einen Wechsel von Arbeits-, Ruhe- und Kommunikationsphasen [...]

Spiegel: Mit Ihrem Vorschlag ändern sich auch die Aufgaben des Lehrers, er wird vom Wissensvermittler zum Erzieher. Die Schüler werden mit ihren privaten Sorgen und Wünschen immer häufiger zu den Lehrern kommen.

Holzapfel: Ich glaube, dass die meisten Lehrer wissen, dass das unvermeidlich ist. Wenn sich die Schule nicht mehr um soziale und erzieherische Probleme kümmert, wird der traditionelle Fachlehrer seine Arbeit bald nicht mehr erledigen können, weil er täglich einen kleinen Partisanenkrieg gegen eine widerspenstige Klasse führen muss.

Spiegel: Kinder sollen in der Schule neben Vokabeln und Chemie-Formeln auch soziale Verhaltensweisen wie Hilfsbereitschaft lernen?

Holzapfel: Wir haben eine wachsende Zahl von Kindern, die grundlegende Werte zu Hause nicht mehr lernen – beispielsweise weil sie allein aufwachsen oder weil es immer mehr Einflüsse auf die Kinder gibt, die nicht zu kontrollieren sind, etwa durch die Medien.

Spiegel: Sozialdemokrat Holzapfel als Vorkämpfer der Werte-Erziehung?

Holzapfel: Der Begriff Tugend ist mir lieber, und die kann man Kindern nicht einfach eintrichtern. Sie müssen in der Schule erfahren, dass es sich lohnt, Rücksicht zu nehmen, dass es etwas bringt, sich konzentriert um ein Thema zu kümmern. Und dass Regeln nicht Selbstzweck sind, sondern die Voraussetzung für vernünftige Arbeit. [...]

(SPIEGEL-Interview mit Hartmut Holzapfel, in: DER SPIEGEL 5/1996, S. 65–68)

(Zeichnung: Lothar Ursinus/CCC)

Bearbeiten Sie die Zeitungsartikel vielleicht arbeitsteilig und orientieren Sie sich an folgenden Fragen:

1. Was soll jeweils mit der Überschrift plakativ ausgedrückt werden?
2. Welche Bilanz zur Situation der Schule heute wird aus der jeweiligen Sicht gezogen?
3. Welche Reformvorschläge werden gemacht?

Nach dem Zusammentragen der Ergebnisse können Sie versuchen Fragen und Thesen für die weitere Arbeit zu formulieren.

Bitte Fragebogen kopieren!

Prioritätenspiel

(Spielidee nach U. Baer)

„Welche Schule für mein Kind?“

Wenn Sie sich vorstellen, als Mutter oder Vater eine weiterführende Schule für Ihr Kind aussuchen zu müssen, auf welche Dinge würden Sie besonderen Wert legen? Füllen Sie individuell die beiden linken Spalten aus. Sammeln Sie die Kontrollabschnitte ein, dann können Sie das Gesamtergebnis für den Kurs ausrechnen.

Kontroll-abschnitt			Gesamt-ergebnis
A ❍	❍ A	Leistungsförderung und Leistungsforderung wird intensiv betrieben.	A
B ❍	❍ B	Ausländische und behinderte Kinder werden integriert und gefördert.	B
C ❍	❍ C	Ganztagsangebote mit Mensa und Freizeitbereich sind vorhanden.	C
D ❍	❍ D	Internet-Anschluss, Computer-Ausstattung auf neuestem Niveau wird genutzt.	D
E ❍	❍ E	Sehr differenziertes Sprachangebot mit mehreren internationalen Schulpartnerschaften wird gepflegt.	E
F ❍	❍ F	Handwerklich-praktisches Angebot von Tischlerei bis Autowerkstatt kann genutzt werden.	F
G ❍	❍ G	Die Schule sieht sich als Schulgemeinde mit vielen gemeinsamen Aktivitäten von Eltern, Lehrern und Schülern.	G
H ❍	❍ H	Besonders begabte Schülerinnen und Schüler werden in Spezialklassen mit verkürzter Schulzeit zusammengefasst.	H
I ❍	❍ I	Musik, Kunst und Theater haben einen besonderen Stellenwert.	I
J ❍	❍ J	Das soziale und pädagogische Engagement wird durch Kursangebote und Berufspraktika besonders gefördert.	J
K ❍	❍ K	Die Schülervertretung ist besonders aktiv und beteiligt sich am Projekt „Schule ohne Rassismus“.	K
L ❍	❍ L	Das Lehrerkollegium macht einen besonders aufgeschlossenen und hilfsbereiten Eindruck.	L

Vorgehen: Werte von 1 bis 12 eintragen, dabei jeden Wert nur ein Mal vergeben (eine 1 für das Wichtigste – eine 12 für das Unwichtigste); Kontrollabschnitt abgeben

Grundbegriffe und Grundthesen

Die gesellschaftliche Institution Schule ist ein Teilsystem des gesellschaftlichen Gesamtsystems und hat für das Funktionieren des Gesamtsystems folgende Aufgaben zu erfüllen:

- *Qualifikationsfunktion*
  Die Schule übernimmt, ergänzt durch andere Bereiche des Bildungssystems, die Ausbildung der Menschen für alle Aufgabenbereiche der Gesellschaft. Je komplexer und differenzierter eine Gesellschaft organisiert ist, desto komplexer und differenzierter muss die Ausbildung in der Schule sein.
- *Integrationsfunktion*
  Die junge Generation muss in das gesellschaftliche, kulturelle, politische und ethische System der Gesellschaft eingegliedert werden mit dem Ziel, dass die junge Generation sich aktiv an der Gestaltung und Erneuerung des gesellschaftlichen Lebens beteiligt.
- *Selektionsfunktion*
  Das Bildungssystem verteilt über die unterschiedlichen Qualifikationen und die unterschiedlichen Bildungsabschlüsse auch den Zugang zu sozialen Positionen, Einfluss, Macht und Geld. Damit ist es Bestandteil einer sozialen Auslese.
- *Personalisation*
  Eine weitere Funktion des Bildungssystems ist die Hilfestellung bei der Ausbildung der Persönlichkeit. Die umfassende Förderung aller menschlichen Entwicklungsbereiche begünstigt die Ausprägung von Individualität.

Diese vier Funktionen des Bildungssystems werden von allen Bildungssystemen wahrgenommen. Unterschiede ergeben sich aber in der ungleichen Gewichtung und der ungleichen Realisierung der Funktionen.
Der Pädagogik-Professor Peter Struck fordert in einer Veröffentlichung aus dem Jahre 1995 (Schulreport, Reinbek 1995, S. 207 ff.), dass die Schule heute völlig neue Funktionen übernehmen müsse: eine kompensatorische Funktion, eine familienergänzende Funktion, eine diagnostische und therapeutische Funktion oder eine die Einflüsse von Gleichaltrigen regulierende Funktion. Was meint er mit diesen Funktionen. Was meinen Sie dazu?

Institution Schule in der Kritik

Die Institution Schule ist in den letzten Jahrzehnten heftig in die Kritik geraten. Die Argumente pro und kontra Institution Schule lassen sich plakativ folgendermaßen gegenüberstellen:

Pro	Kontra
1. Die Schule ist zumindest im Bereich der Pflichtschulzeit eine staatlich verantwortete Zwangsveranstaltung, die mit hohem Mitteleinsatz gesellschaftlich notwendige Qualifikationen erbringen muss!	1. Die Schule soll zu einer anregungsreichen Begegnungsstätte werden, in der möglichst freiheitliche Lern- und Lebensbedingungen herrschen sollen!
2. Die Schule als abgesonderter, spezialisierter Ort des Lernens ist notwendig und	2. Die Trennung von Lernen und Leben soll möglichst aufgehoben werden und

sinnvoll, da in hoch entwickelten Gesellschaften Lernen abstrakt und symbolisch und nicht durch Mittun und Nachahmen geleistet werden kann!	die Schule muss sich gegenüber ihrer sozialen Umgebung öffnen!
3. Massenlernprozesse mit objektivierter Leistungsüberprüfung und der Vergabe von Berechtigungs-Zertifikaten müssen standardisiert und reglementiert ablaufen!	3. Die Schule muss entinstitutionalisiert werden durch z.B. die Aufhebung von Jahrgangsklassen, Fächertrennung und 45-Minuten-Rhythmus!

(Orientiert an: Hans-Jürgen Lambrich, Kritik der Institution Schule/Hans-Georg Herrlitz, Lob der Institution Schule, in: Ilka Gropengießer u.a. [Hrsg.], Schule. Zwischen Reform und Routine, Friedrich Jahresheft XII, Velber 1994, S. 24 ff.)

Setzen Sie sich mit diesen Positionen auseinander, sammeln Sie konkrete Beispiele für Ihre Argumentation und führen Sie ein Pro- und Kontra-Streitgespräch.

Struktur und Besonderheiten unseres Bildungssystems

Zunächst unterscheidet sich das Bildungswesen der Bundesrepublik durch zwei Merkmale von den Bildungssystemen der meisten anderen Industriestaaten:

1. Es bestehen drei oder vier getrennte Schularten nebeneinander im Bereich der Sekundarstufe I, die auf die gemeinsame Grundschule folgen. In einigen alten Bundesländern gibt es keine Gesamtschule, in einigen neuen keine Hauptschule.
2. Große Bedeutung hat die „duale“ Form der beruflichen Bildung, die ihren Schwerpunkt in einer betrieblichen Ausbildung hat. Diese wird durch den obligatorischen Besuch einer öffentlichen Teilzeitberufsschule ergänzt. Die rein schulische Berufsausbildung spielt demgegenüber eine weit geringere Rolle als in den meisten übrigen europäischen Staaten.

Die in Abbildung 1.1 dargestellte Struktur ist indessen gewissermaßen nur ein natio-

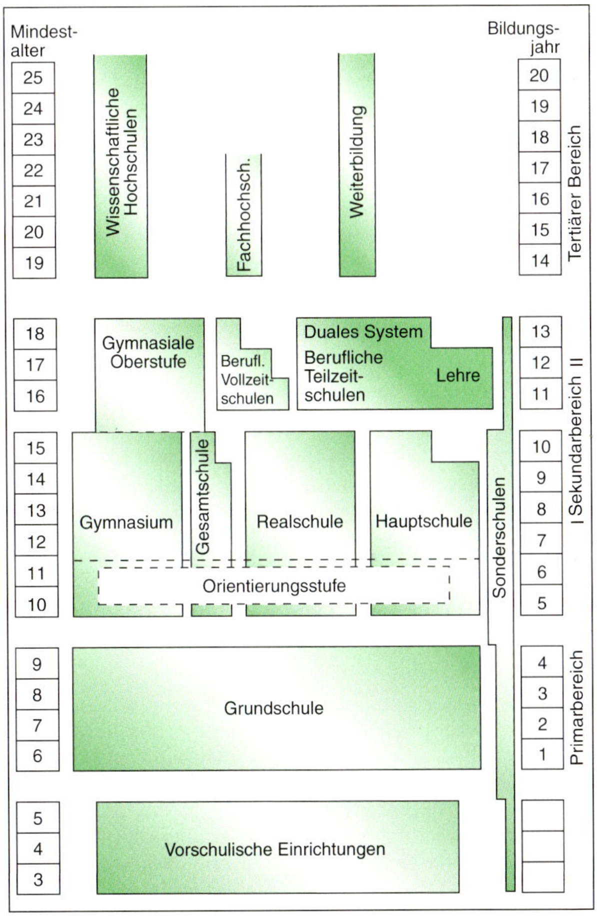

Abb. 1.1: Aufbau des Bildungssystems in der BRD Ende der 80er-Jahre

naler Durchschnittswert und nicht das Schema einer gesamtstaatlichen Bildungsorganisation. Denn:

3. Die *föderalistische Staatsstruktur* der Bundesrepublik behält die *„Kulturhoheit“* den 16 Bundesländern vor. Das bedeutet, dass das deutsche Bildungswesen nicht zentral, sondern multizentral organisiert ist. Soweit das Schulwesen in Grundzügen seines Aufbaus, seiner Inhalte und seiner Abschlüsse dennoch mehr oder weniger große Einheitlichkeit aufweist, beruht dies nur in den wenigsten Fällen auf einer zentral-staatlichen Regelung, meist aber auf Absprache zwischen den Kultusverwaltungen der 16 Länder, die hierfür ein eigenes Koordinierungsorgan haben: die Ständige Konferenz der Kultusminister der Länder (KMK). […]

4. Die weit überwiegende Mehrheit der Schüler und Studenten besucht *staatliche Bildungseinrichtungen: Privatschulen,* die allerdings im Regelfall staatlich subventioniert werden, besucht nur eine kleine Minderheit. In den fünf neuen Bundesländern, in denen zunächst der Umbau des öffentlichen Bildungswesens Vorrang hatte, kam die Gründung von Privatschulen zu Beginn der Neunzigerjahre nur zögernd in Gang.

5. Für das Verhältnis von *Kirche und Staat* sind drei Elemente wesentlich: Erstens gibt es zwei große, nach Mitgliederzahlen etwa gleich starke Glaubensgemeinschaften, die römisch-katholische Kirche und die in der Evangelischen Kirche Deutschlands (EKD) zusammengeschlossenen regionalen protestantischen Kirchen; jeweils rund 35 Prozent der Bevölkerung gehören diesen beiden Glaubensgemeinschaften an. Dabei sind das relative Gewicht dieser Kirchen in den Bundesländern und die Geschichte ihres Verhältnisses zum Staat sehr unterschiedlich. Zweitens räumte der Staat in Westdeutschland diesen Kirchen einen Einfluss *innerhalb* der öffentlichen Schule ein (mit Ausnahme von Bremen und Berlin; künftig wohl auch Brandenburg); insbesondere ist Religion ein reguläres Fach im Curriculum der öffentlichen Schule. In der DDR waren Staat und Kirche hingegen strikt getrennt. Kirchliche Aktivitäten wurden zeitweise stark behindert. Für die neuen Bundesländer gelten inzwischen die gleichen Grundprinzipien für das Verhältnis von Staat und Kirche, bei allerdings deutlich geringerer religiöser Bindung der Bevölkerung. Drittens – und dies ist auch für die Rolle privater Bildungseinrichtungen wichtig – blieben in der Bundesrepublik gewisse öffentliche Aufgaben im Rahmen des so genannten *„Subsidiaritätsprinzips“* weitgehend nichtstaatlichen Mächten überlassen, insbesondere den Kirchen und anderen „freien Trägern“. Dies traf zwar ausdrücklich *nicht* für die Schulen und Universitäten zu, wohl aber für Bereiche, die traditionell – im Gegensatz zur heutigen Sicht – nicht als Teil des (allgemeinen) Bildungswesens betrachtet wurden. So spielten die Kirchen als Träger von Einrichtungen des Vorschulbereichs in Westdeutschland eine größere Rolle als der Staat. Erhebliche Bedeutung haben sie auch in der Erwachsenenbildung, doch teilen sie sich hier den Einfluss mit anderen gesellschaftlichen Kräften und Vereinigungen.

6. Schließlich mag es mit der relativ geringen Bedeutung der Privatschulen (die zum Teil Internatsschulen sind) zusammenhängen und entspricht ähnlichen ideologischen Traditionen wie das Subsidiaritätsprinzip, dass fast alle Schulen in der Bundesrepublik *Halbtagsschulen* waren und sind. […]

(Arbeitsgruppe Bildungsbericht am Max Planck-Institut für Bildungsforschung, Das Bildungswesen in der Bundesrepublik Deutschland, Rowohlt, Reinbek 1994, S. 23 ff., Kap. 1; Verf.: Jens Naumann, Achim Leschinsky)

1. Was unterscheidet unser Bildungssystem von den Bildungssystemen vieler anderer vergleichbarer Länder?
2. Stellen Sie Informationen über die Bildungssysteme von England, Frankreich oder den USA zusammen. Vielleicht können Ihnen ehemalige Austauschschüler einen Bericht über ihre Erfahrungen beisteuern.

Historischer Wandel des Bildungssystems

Die verfeindeten Brüder: Sozialistische Herausforderung und bürgerliche Restauration

Im internationalen Vergleich mutet es einigermaßen erstaunlich an, dass in der Bundesrepublik der Fünfzigerjahre, zu einer Zeit, da in anderen östlichen wie westlichen Industriestaaten Bildungsreformen in Richtung auf eine „Demokratisierung“ und Ausweitung des Sekundar- und Hochschulbesuchs propagiert und zum Teil schon durchgeführt wurden, ein eher traditionelles und sozial hoch selektives Schul- und Hochschulwesen wiederaufgebaut wurde. Man kann insofern von einer bildungspolitischen „Restauration“ sprechen, auch wenn dies angesichts der gewaltigen Wiederaufbauleistungen in dem vom Krieg verwüsteten Land und angesichts vieler Erneuerungsbemühungen nicht einfach als Stagnation zu verstehen ist. Dabei ging es nicht nur um den Anschluss an Strukturen, die auf die Zeit vor der NS-Herrschaft zurückgingen, vielmehr wurden Reformansätze der ersten Nachkriegszeit wieder rückgängig gemacht, die bereits in die Richtung der internationalen Reformtrends wiesen. Dieser bildungspolitische Kurs in Westdeutschland, gegen den Strom der internationalen Entwicklung, wird jedoch recht plausibel, wenn man ihn im Zusammenhang der politischen Konstellationen sieht, die durch die Folgen des verlorenen Krieges und der nationalsozialistischen Herrschaft bestimmt waren. In der Tat war die gesamte Zeitspanne wesentlich geprägt durch die Einbindung der beiden deutschen Teilstaaten in die Systemauseinandersetzung zwischen Ost und West.

So prägten die Faktoren, die für das allgemeine kulturelle und politische Klima im ersten Jahrzehnt der Bundesrepublik bestimmend waren, auch das Bildungswesen. Kulturpolitisch wichtig waren dabei insbesondere die Reaktionen auf

- den Totalitarismus und Chauvinismus des NS-Regimes,
- die Reeducation-Bemühungen der westlichen Besatzungsmächte nach 1945, insoweit sie als ungerechtfertigte Maßnahmen gegen legitime kulturelle Traditionen und nationale Interessen empfunden wurden, und
- die sozialistische Herausforderung in der sowjetischen Besatzungszone und ihre stalinistische Verschärfung nach Gründung der Deutschen Demokratischen Republik (1949).

Neben der Reaktion auf diese Tatsachen sind zwei weitere Faktoren zu nennen, die gleichfalls – zumindest zum Teil – zu den Kriegsfolgen gehören. Der eine war das Fehlen einer zentralstaatlichen Verantwortung für eine republikweite Bildungspolitik, verschärft in seiner Wirkung durch die Zerschlagung Preußens, das in der Vergangenheit ein großes kulturpolitisches Gewicht gehabt hatte. Der andere ergab sich daraus, dass es im ersten Jahrzehnt der Bundesrepublik eine große Arbeitskräftereserve gab und dass bis zur Abriegelung der Grenze in Berlin 1961 der Zufluss qualifizierter Arbeiskräfte aus der Deutschen Demokratischen Republik anhielt. Zwischen 1945 und 1950 betrug der Zustrom von Flüchtlingen und Vertriebenen (aus den ehemaligen Ostgebieten des Deutschen Reiches sowie der sowjetischen Besatzungszone) rund 9 Millionen Menschen; weitere 2 Millionen kamen bis 1960. Dadurch sah sich die rasch expandierende westdeutsche Industrie auch in den späten Fünfzigerjahren nicht mit einem Mangel an qualifizierten Arbeitskräften konfrontiert. Dieses Problem aber gab in anderen Staaten eines der *wichtigsten Argumente* für die Erweiterung und Reform des Bildungswesens ab.
Das andere zentrale Argument der internationalen Diskussion, nämlich die Forderung nach einer egalitären Bildungsstruktur, kam aufgrund des politischen Klimas der Fünfzigerjahre im Westen nicht zum Tragen. Dieses Klima war wegen der Erfahrung mit der nationalsozialistischen Vergangenheit wie mit der kommunistischen Gegenwart im

anderen Teil Deutschlands so ausgeprägt vergangenheitsorientiert, dass Ansätze zur Strukturreform der Sekundarstufe, die unter egalitären Vorzeichen nicht nur von der Sowjetunion, sondern auch von westlichen Besatzungsmächten eingeführt worden waren, zurückgenommen wurden. Programmatische Erklärungen in derselben Richtung, die an den frühen politischen Leitsätzen selbst der West-CDU (Ahlener Programm) enthalten waren, wichen unter diesen Umständen dem erstarkenden bildungspolitischen Traditionalismus. [...]

Der Traditionalismus in der bundesrepublikanischen Bildungspolitik gewann jedoch seine besondere Schärfe in der Entgegensetzung zu den Entwicklungen in der sowjetischen Besatzungszone, der späteren Deutschen Demokratischen Republik. Die Gegensätze zwischen unterschiedlichen kulturpolitischen Tendenzen in der Bundesrepublik waren unbedeutend im Vergleich zu der Kluft, die diese ideologischen Positionen von den im anderen Teil Deutschlands herrschenden trennte. Diese Kluft deutete sich 1945/46 erst an; vertieft wurde sie ab Anfang der Fünfzigerjahre, als der Kalte Krieg auf allen Gebieten voll entfesselt war. Die Abschreckungswirkung der politischen Praxis in der DDR führte in der Bundesrepublik zu einem so allgemeinen Antikommunismus, wie er sich in den anderen westeuropäischen Ländern nicht durchsetzen konnte. So wurden angesichts der politischen, auch der bildungspolitischen Praxis in der sowjetisch besetzten Zone (SBZ)/DDR die verschiedensten Argumente egalitärer Kritik am Bildungswesen im westlichen Deutschland gleichgesetzt mit nationalsozialistischen oder stalinistischen Versuchen, kulturelle Uniformität und politischen Konformismus zu erzwingen. Mit dieser Argumentation gelang es, verschiedene Vorläufer der späteren Gesamtschulidee als Alternative zum dreiteiligen Bildungswesen politisch zu diskreditieren. Der relative bildungspolitische Immobilismus der Fünfzigerjahre in der Bundesrepublik ist nur erklärlich als Reaktion auf die sozialistische Herausforderung. [...]

Insgesamt gesehen waren die sozialistische Reform des Bildungswesens und seine Expansion von Anfang an einer der drei Schwerpunkte der kommunistischen Politik, neben Umbau und Kontrolle des politischen Systems und Kollektivierung von Industrie und Landwirtschaft. In seiner dogmatisch egalitären und materialistischen Ausrichtung stand das Regime im schroffen Gegensatz zu den Kirchen und

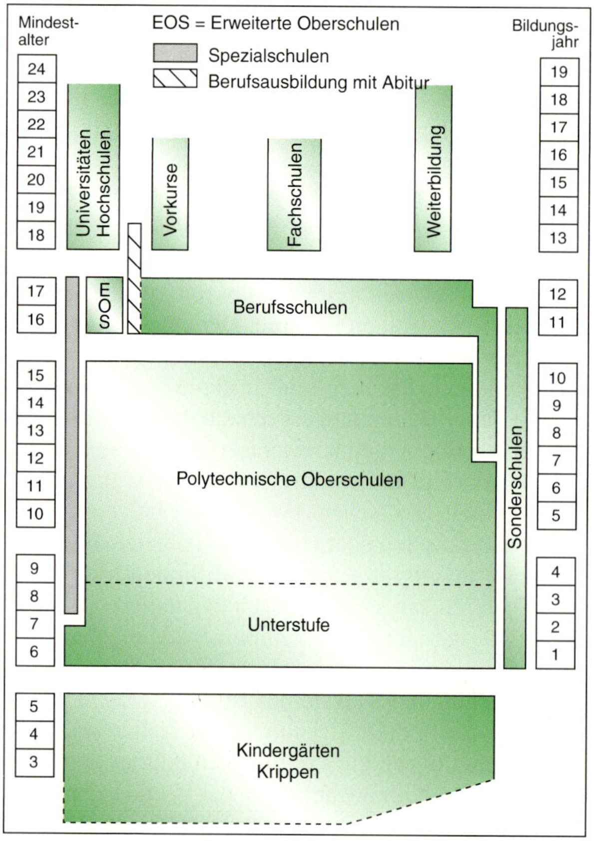

Abb. 1.2: Aufbau des Bildungssystems in der DDR Ende der 80er-Jahre

den bürgerlichen Schichten, die als Kräfte des Widerstands gegen die Bemühungen des neuen Deutschlands behandelt wurden, die herkömmlichen Muster der Vererbung von Privilegien ebenso wie den Nationalismus und Rassismus zu überwinden. Die sozialistische Einheitsschule wurde eingeführt, um die geschlechts- und klassenspezifisch diskriminierende Wirkung des traditionellen Sekundarschulwesens auszuschalten; Arbeiter- und Bauernfakultäten wurden eingerichtet, um den Hochschulbesuch der zuvor benachteiligten Schichten zu erhöhen; für den Zugang zur Hochschule wurde ein Quotensystem eingeführt, das die Chancengleichheit für Frauen und untere Sozialschichten gewährleisten sollte. Das Curriculum wurde reformiert, um einerseits den Naturwissenschaften und ihren technischen Anwendungen mehr Platz einzuräumen und um andererseits das „nationale Kulturerbe“ mit den sozialistischen Traditionen des Kampfes für Gleichheit und Gleichberechtigung in Einklang zu bringen.

Die Abbildung 1.2 zeigt den Aufbau des Bildungswesens der DDR, so wie es sich Ende der Achtzigerjahre darstellte, aber in seinen Grundzügen schon in der „antifaschistisch-demokratischen Schulreform“ der ersten Nachkriegsjahre aufgebaut wurde. […]

Das Bildungssystem stand unter zentralistischer staatlicher Leitung, um regionale Disparitäten möglichst auszuschließen und die sozialen Zielgruppen zu erreichen, das heißt, um Kinder von Arbeitern und Bauern, auch Mädchen, besonders zu fördern, teilweise offen zuungunsten von Kindern aus bürgerlichen Schichten. Auch Lehrpläne und Lehrmaterialien standen unter zentraler staatlicher – und das hieß parteilicher – Kontrolle.

Trotz der stalinistischen Rahmenbedingungen konnte das sozialistische System der DDR in den Augen vieler Beobachter reale Erfolge vorweisen: Die Reform und Expansion des Bildungswesens war deutlich sichtbar in den verbesserten Chancen der traditionell benachteiligten Gruppen; zwei Drittel der Lehrerschaft wurden durch „Neulehrer“ ersetzt, die fehlende Qualifikation durch Engagement und Loyalität wettzumachen versprachen; renommierte Intellektuelle aus dem westlichen Ausland und Westdeutschland zogen in die DDR, weil sie dort – und nur dort – eine zukunftsträchtige Chance zur Überwindung der faschistischen Gefahr sahen; der sozialistische Wiederaufbau konnte trotz schwieriger Bedingungen (Demontage als Hilfe für die Sowjetunion anstelle von amerikanischer Kapitalhilfe wie im Westen) Erfolge verzeichnen. […]

Eine kommunistische Version der Vorstellungen von einer modernen Gesellschaft wurde in der sowjetischen Besatzungszone (ab Herbst 1949 Deutsche Demokratische Republik) unter der Führung der Sozialistischen Einheitspartei Deutschlands (SED) institutionalisiert. Die Arbeiterbewegung hatte sich als weltgeschichtliche Kraft verstanden, die die Ideale der bürgerlichen Revolution (Freiheit, Gleichheit, Brüderlichkeit) gegen die feudalistischen Mächte und den sich entfaltenden Kapitalismus durchzusetzen suchte. Der Kapitalismus galt als fortschrittliche Entwicklungsstufe, die aber der unverkürzten Realisierung ihrer eigenen Hoffnungen und Ansprüche systematisch im Wege stehe.

Konsolidierungsphase in der DDR – Modernisierungsschub in der BRD (Sechziger- und Siebzigerjahre)

Der Mauerbau (August 1961) und die Kuba-Krise (1961/62) markierten einen Krisenhöhepunkt und Neubeginn im Ost-West-Verhältnis: Die bisher umstrittenen Einflusszonen, in die die beiden deutschen Staaten eingegliedert worden waren, wurden seitdem wechselseitig toleriert und damit stabilisiert, die bisher als offen geltende Frage der deutschen Einheit und des Weges zu ihr (z.B. Konföderationsvorschläge der Sowjetunion von 1957 und 1959) wurden faktisch in eine ferne Zukunft verschoben. Beide deutsche Staaten begannen ein eigenes Selbstbewusstsein auf der Grundlage der politischen Prinzipien und Mechanismen zu entwickeln, die ihnen westlicherseits und östlicherseits eingepflanzt worden waren.

Für die DDR bedeutete dies, dass weiter kollektiviert und verstaatlicht und das Prinzip des „demokratischen Zentralismus“ noch bestimmender wurde, es bedeutete aber auch relativen wirtschaftlichen Erfolg und internationale politische Anerkennung als zweitwichtigster Staat im sozialistischen Lager. Die Steuerung und Überwachung der öffentlichen Meinung durch die SED bestanden unverändert fort.
Ungleich stärker von der Dynamik gesellschaftlicher Modernisierung geprägt war die Entwicklung in der Bundesrepublik. Vor dem Hintergrund fortgesetzten wirtschaftlichen Wachstums etablierten sich – gegen die als Beengung wahrgenommene „formierte Gesellschaft“ – Individualismus und gesellschaftlicher Pluralismus: Öffentliche Konflikte wurden als legitim entdeckt und vielfältiger in ihren Themen und Paradigmen, die soziale Verankerung politischer Optionen wurde lockerer und verschob sich. Das Ende der „Ära Adenauer“ (1963), die erstmalige Regierungsbeteiligung der SPD auf Bundesebene in der Großen Koalition mit der CDU/CSU (Ende 1966), die erstmalige Verdrängung der CDU/CSU aus der Bundesregierung durch die Bildung der sozialliberalen Koalition (1969) und die Studentenunruhen (1967/68) signalisierten tiefgreifende Änderungen von gesellschaftlichen Strukturen und Prozessen.

(Arbeitsgruppe Bildungsbericht am Max Planck-Institut für Bildungsforschung, Das Bildungswesen in der Bundesrepublik Deutschland, Rowohlt, Reinbek 1994, S. 18ff.; Verf.: Jens Naumann, Achim Leschinsky)

Bilanz der Bildungsreform in der Bundesrepublik

Was wurde erreicht – und was nicht?

Wir haben die Bilanz einer etwa zwanzigjährigen Entwicklung gezogen, indem wir nach der Einlösung der zentralen Schulreform-Ziele gefragt haben. An dieser Stelle geht es nun darum, zusammenzufassen, die Bilanz der Bilanz zu ziehen. Dabei erscheint insgesamt das Ergebnis ernüchternd, für viele auch enttäuschend. Denn es ist unverkennbar, dass der Abstand zwischen den Zielvorstellungen der späten Sechzigerjahre und der gegenwärtigen Realität nach wie vor groß ist. Die inhaltlichen und organisatorischen Vorstellungen des Deutschen Bildungsrats von 1970 sind in vielen Bereichen uneingelöst. Es gibt kein einheitliches Sekundarschulsystem, keine Integration allgemeiner und beruflicher Bildung, keine höhere Selbstständigkeit der Einzelschulen, keinen Bedeutungsverlust von Leistungsbewertung und Auslese, keine curriculare Auflösung der Fächergrenzen, selbst das „Sitzenbleiben“ und die Hierarchie der Lehrämter existieren immer noch. Betrachtet man allein dies, so muss sich Enttäuschung einstellen, und zwar vor allem bei denjenigen, die (wie wir) sich seit den Sechzigerjahren intensiv engagiert haben, um diese Schulreform voranzutreiben. Diese Enttäuschung begegnet uns bei Lehrern immer wieder, vor allem bei Gesamtschullehrern, von ihnen wird ihr mehr als zehnjähriger Einsatz für die Reform häufig als eine Biografie von Niederlagen interpretiert. Erfolge und Fortschritte in der eigenen Arbeit sind demgegenüber kaum noch bewusstseinsrelevant. Eine solche Bewertung ist nachvollziehbar – und auch emotional verständlich, sie verkürzt aber Sachverhalte und bedarf insofern der Korrektur. Dabei liegt der Ausgangspunkt der Verkürzung zunächst einmal in einem unhistorischen Soll-Ist-Vergleich, der den „Erfolg“ allein an der (möglichst vollständigen) Einlösung einer ursprünglichen Reformplanung misst. Eine solche Betrachtung vergisst, dass Reformprozesse in gesellschaftlich-historische Entwicklungen eingebunden sind und dass dabei der Plan der Reform nur ein Faktor ist. Das heißt aber auch, dass pädagogische Reformen immer anders realisiert werden, als sie geplant wurden. Darüber hinaus wird von den in ihrer Erwartung Enttäuschten eine spezifische Eigengesetzlichkeit pädago-

gischer Reformpläne übersehen, die sich am besten mit dem chinesischen Sprichwort „Du musst auf den Mond zielen, wenn du über den nächsten Zaun willst“ kennzeichnen lässt: Pädagogische Reformprogramme sind immer auch konkrete Utopien, die einen idealen Entwurf zeichnen. Je überzeugender diese konkrete Utopie ist, desto mehr Bewegung wird damit in der bildungspolitischen Landschaft und in der pädagogischen Praxis erzeugt. „Bewegung“ bedeutet dann Annäherung an diese konkrete Utopie, ohne dass Programm und Praxis je zur Deckung gebracht werden können.

Insofern ist es überhaupt nicht verwunderlich, dass es viele uneingelöste Ziele der Schulreform gibt. Eine angemessene Bewertung kann jedoch nicht dabei stehen bleiben, auf diese Differenzen zu verweisen, sondern muss nach den Bewegungen im historischen Prozess fragen: In welche Richtung hat sich in den letzten zwanzig Jahren das Schulsystem entwickelt, in welcher Weise ist diese Entwicklung durch die Schulreform-Aktivitäten beeinflusst worden, wo haben sich auf diese Weise „Verbesserungen“ eingestellt, wo sind sie hingegen ausgeblieben?

Eine solche Betrachtungsweise kann persönliche Enttäuschungen zwar nicht ungeschehen machen, sie kann allerdings einen umfassenderen (und daher angemesseneren) Interpretationsrahmen zur Verfügung stellen. Nicht nur der Soll-Ist-Vergleich ist wichtig, vielmehr muss auch der Unterschied zwischen „früher“ und „heute“ gesehen werden. Und darauf bezogen ist zunächst einmal festzustellen, dass sich die bundesdeutsche Schule der frühen Sechzigerjahre stark von der gegenwärtigen Schule unterscheidet und dass zu diesem Unterschied die Reformaktivitäten ganz erheblich beigetragen haben. Als Beispiele seien genannt:

- didaktische Änderungen in der Grundschule bis hin zur Abschaffung der Noten in den ersten Schuljahren,
- (begrenzte) soziale Öffnung der weiterführenden Bildung in der Sekundarschule,
- Modernisierung der Curricula in allen Fächern,
- Abbau der traditionell-autoritären Lehrerrolle,
- Ausbau des „Zweiten“ Bildungswegs im Rahmen der beruflichen Vollzeitschulen,
- Einführung von Orientierungsstufen und Gesamtschulen als Alternativen zum gegliederten System,
- Abbau der geschlechtsspezifischen Benachteiligung im allgemeinbildenden Schulsystem,
- Aufgabe des „Bildungskanons“ zugunsten einer Fächerwahl in der gymnasialen Oberstufe,
- wissenschaftliche Ausbildung für alle Lehrämter,
- Überwindung des Konzepts der „volkstümlichen Bildung“ zugunsten eines wissenschaftsorientierten Lernens für alle Schüler,
- erhebliche Steigerung des Anteils von Schülern, die länger zur Schule gehen und einen qualifizierteren Abschluss erwerben.

Gewiss sind all diese „Erfolgspunkte“ im Einzelnen auch wieder kritisch zu sehen, in ihrer Summe machen sie jedoch zunächst eines deutlich: *Die Schulreform hat tatsächlich stattgefunden.* Sie nachträglich zu einer allein akademischen Debatte oder gar zu einer sozial-liberalen Propaganda-Aktion zu erklären, geht völlig an der historischen Realität vorbei. Vielmehr gilt für alle Bundesländer und alle Schulformen, dass die Jahre seit 1965 einen schulischen Modernisierungs- und Veränderungsschub gebracht haben, wie er seit der Reformpädagogik der Weimarer Zeit nicht mehr zu beobachten war. Zugleich hat die Bilanz deutlich gemacht, dass diese schulischen Veränderungen sich nicht allein, nicht einmal überwiegend, auf die Reform organisatorischer Regelungen

bezogen. Es mag sein, dass hierüber am meisten diskutiert und gestritten wurde, die durchgängigsten Veränderungen für alle Schulformen (die alten wie die neuen) lassen sich jedoch im Bereich der Curricula, der Lernarrangements, des pädagogischen Umgangs feststellen. Kurz: die Behauptung, die Schulreform sei lediglich eine Reform von Organisationsstrukturen gewesen, ist eine Legende. Ein kurzer Blick auf das Sekundarschulwesen verdeutlicht dies plastisch. In allen Bundesländern haben die alten Strukturen (Hauptschule, Realschule, Gymnasium) ihre Vormachtstellung behauptet, zugleich haben sich pädagogische Arbeitsformen und Curricula in diesen Schulformen erheblich gewandelt. Betrachtet man nun, in welche Richtung sich dieser Wandel vollzogen hat, so finden sich deutliche Parallelen zwischen den Intentionen und Zielen der Schulreform und den tatsächlichen Veränderungsprozessen: Der gesellschaftliche Bezug und die Lebensnähe der Curricula sind insgesamt ausgebaut und nicht reduziert worden; der Umgang zwischen Schülern und Lehrern ist weniger angstbesetzt und hierarchisch geworden, die Abstände wurden verringert und nicht vergrößert; die Benachteiligung bildungsferner Gruppen wurde reduziert, keinesfalls jedoch verschärft. Dies bedeutet immerhin: Die Schulreform hat einen Beitrag zur Humanisierung und Demokratisierung von Bildungsprozessen geleistet.
Mit diesen Feststellungen wird deutlich, dass die beliebte Rede von der angeblich „gescheiterten" Schulreform viel zu undifferenziert ist, um den Sachverhalt angemessen zu beschreiben; denn tatsächlich lassen sich auf vielen Ebenen Annäherungen der Praxis an die reformerischen Zielsetzungen feststellen. Eher zutreffend erscheint uns der Topos von der „stecken gebliebenen" Reform, die im Verlauf der Siebzigerjahre ihre gesellschaftliche Schubkraft in dem Maße verlor, in dem Arbeitsmarkt- und Ausbildungskrise das gesellschaftliche Interessenfeld zugunsten konservativer Positionen verschoben haben. Damit ist aber auch deutlich: Die Zielsetzungen der Schulreform sind bisher unabgegolten und uneingelöst, ohne dass sie an Berechtigung verloren haben.

(Klaus Klemm/Hans G. Rolff/Klaus-Jürgen Tillmann, Bildung für das Jahr 2000, Rowohlt, Reinbek 1985, S. 73 ff.)

1. Warum unterscheidet sich unser Bildungssystem von denen anderer vergleichbarer Länder? Begründen Sie dies aus der historisch-politischen Situation nach 1945.
2. Welche Entwicklung hat das Bildungssystem der ehemaligen DDR nach 1945 genommen?
3. Informieren Sie sich über Details des Bildungssystems der ehemaligen DDR und überlegen Sie, wie dort die Funktionen des Bildungssystems gewichtet und ausgestaltet wurden.
4. Welche Ursachen hatte die Modernisierung unseres Bildungssystems in den 60er-Jahren?
5. Welche Bilanz ziehen Klaus Klemm u.a. in Bezug auf die Bildungsreform der 60er-Jahre in der Bundesrepublik? Welche der Reformvorhaben halten Sie für weiterhin anstrebenswert?

Vertiefung

Bericht der Rau-Kommission

Die Kommission „Zukunft der Bildung – Schule der Zukunft" wurde vom nordrhein-westfälischen Ministerpräsidenten Rau 1992 einberufen. Ihr gehörten namhafte deutsche Erziehungswissenschaftler wie Hurrelmann und Klafki, ausländische Bildungsexperten, Gewerkschaftler und führende Vertreter der Firmen VW, Bertelsmann, IBM und der Deutschen Bank an. 1995 legte diese Kommission ihren Bericht vor, der seitdem intensiv in der Öffentlichkeit und in Fachkreisen diskutiert wird.
Der Erziehungswissenschaftler Uri Peter Trier aus der Schweiz, Mitglied der Kommission, verdichtete seine Ausgangspunkte zu fünf kleinen Sentenzen (zit. nach: Erziehung und Wissenschaft 1/1996, S. 8f.):

exzellenz
irgendwo stark werden kann jede und jeder
zunächst entdecken wo
dann dran arbeiten
hart
herausforderung des können wollens
spüren es wird, es geht.
es mag gelingen
gelingt
exzellenz ist norm
irgendwo, nicht überall,
das hilft
schwächen ertragen.

expression
wachsende wollen sich ausdrücken;
schnell verlernbar
wenn alles von außen kommt
gestalten
in form, farbe, wort, bewegung, klang
raum dafür
und zeit
und freiheit

kompass
ich, du, wir und die welt
orientierung;
was war, ist und wird?
warum, wie, wozu, wohin?
wissen, entscheiden und handeln;
verantwortung

gewusst wie
das lernen verstehen
irrwege und wege
tücken und tricks
im lernen gehen können
weil ich lerne wie es geht

‚kultur' geniessen
Mozart ging nie zur Schule

Welches Verständnis von Schule wird hier deutlich?

Zusammenfassung

Die Zusammenfassung soll die Leserinnen und Leser mit einigen Grundvorstellungen vertraut machen, auf diese Weise anregen, sich dem Text zuzuwenden, Argumente und Vorschläge im Zusammenhang zu bedenken und kritisch zu prüfen. Sie ist keine Abbildung der Denkzusammenhänge, Leitvorstellungen und Empfehlungen für politisches und fachliches Handeln, die der Text entfaltet. […]

Die *Bildungsdiskussion* hat zu tun mit Veränderungen, die am Ende des Jahrhunderts in allen vergleichbaren Industrieländern zu beobachten sind. Es geht aber nicht um die übliche Anpassung des Bildungssystems an eine sich kontinuierlich weiterentwickelnde Gesellschaft. Vielmehr sind Veränderungen zu erwarten, die grundlegende Neuorientierungen erfordern.

Die Kommission macht nicht den Versuch, aus einem bestimmten Szenario zukünftiger gesellschaftlicher Entwicklungen detaillierte Anforderungen an Ziele, Inhalte oder Organisationsformen schulischer und außerschulischer Bildung unmittelbar abzuleiten.
Um zu Klärungen und Orientierungen zu gelangen, werden aber *Zeitsignaturen* beschrieben, in denen nach Auffassung der Kommission langfristige gesellschaftliche Entwicklungsprozesse deutlich werden.

Dazu zählen

- die Pluralisierung der Lebensformen und der sozialen Beziehungen,
- die Veränderung der Welt durch neue Technologien und Medien,
- die ökologische Frage,
- die Bevölkerungsentwicklung und die Auswirkungen der Migration,
- die Internationalisierung der Lebensverhältnisse,
- der Wandel der Wertvorstellungen und Orientierungen.

Bildung soll *als Lern- und Entwicklungsprozess* verstanden werden, in dessen Verlauf die Befähigung erworben wird,

- den Anspruch auf Selbstbestimmung und die Entwicklung eigener Lebens-Sinnbestimmungen zu verwirklichen,
- diesen Anspruch auch für alle Mitmenschen anzuerkennen,
- Mitverantwortung für das Gestalten der ökonomischen, gesellschaftlichen, politischen und kulturellen Verhältnisse zu übernehmen und
- die eigenen Ansprüche, die Ansprüche der Mitmenschen und die Anforderungen der Gesellschaft in eine vertretbare Relation zu bringen.

Die *Empfehlungen der Kommission* zu den Schwerpunkten der Weiterentwicklung legen besonderes Gewicht auf

- Selbstverständnis, Zielvorstellungen und Gegenstände schulischen Lernens und Lebens.
- notwendige Veränderungen in Verantwortung und Steuerung des öffentlichen Schulwesens,
- die veränderte Professionalität von Lehrerinnen und Lehrern.

Die Leitvorstellungen formulieren Ziele und Prinzipien der künftigen Gestaltung. Die Empfehlungen sind der Versuch, daraus Konsequenzen für politisches und staatliches Handeln zu bestimmen.

Zu den schwierigsten Problemen gehören in diesem Zusammenhang die *Erziehungsaufgaben* der Schule.
Schule kann und soll Erziehungsaufgaben parallel und komplementär zur sie umgebenden Gesellschaft bewältigen, kompensatorisch kann sie jedoch nur begrenzt wirken. Werte, die in der Gesellschaft nicht gelebt werden, die nicht wenigstens in Teilen der Gesellschaft glaubwürdig vertreten werden, kann die Schule nur begrenzt und schwer, vielleicht gar nicht vermitteln.
Das Konzept einer öffentlich verantworteten Bildung wird immer wichtiger, je weiter sich die Schere zwischen technologischer Perfektion und den Schwächen des Menschen als eines sozialen Wesens auftut, je komplexer und unüberschaubarer die Verhältnisse und Zusammenhänge in modernen Gesellschaften sind, die nach demokratischen Verfahren bewältigt werden müssen.
Schulische Bildung wird ihre Aufgabe darüber hinaus stärker als in der Vergangenheit darin sehen müssen, die Bereitschaft und die Kompetenzen für ein *lebenslanges Lernen* zu vermitteln.

Die Kommission hat sich für das Konzept der *Schule als Lern- und Lebensraum* entschieden und entfaltet ihre Vorstellungen von der Schule der Zukunft unter dem Bild „Haus des Lernens".

Schulen werden nicht als statisch gesehen, sie müssen lernfähig und veränderungswillig sein, um sich als lernende Organisationen zu entwickeln.
Die Leitvorstellungen und Empfehlungen der Kommission sind schulformübergreifend angelegt. Stärker als die Differenzierung nach Schulformen sollen künftig angesichts der übergreifenden Bildungsprobleme die einzelnen Schulen mit ihren pädagogischen Zielvorstellungen das „Bild" der Schule im Bewusstsein der Schülerinnen und Schüler, der Lehrerinnen und Lehrer, der Eltern und der Öffentlichkeit bestimmen.
Schulen werden ihre Teilaufgaben neu gewichten müssen:

- Wissensvermittlung und Persönlichkeitsbildung sollen zusammen gesehen und wieder stärker zueinander in Beziehung gesetzt werden,
- fachliches und überfachliches Lernen müssen ins Gleichgewicht gebracht werden,
- soziales Lernen von Kindern und Jugendlichen untereinander und mit Erwachsenen unterschiedlicher Herkunft muss möglich werden,
- anwendungsorientiertes Lernen mit Bezug zu biografischen, historischen und umfeldbezogenen Erfahrungen wird unverzichtbar,
- das Finden der eigenen Identität und die Achtung der Integrität anderer, der Respekt vor dem Andersartigen müssen in der Schule gelebt werden können.

Die neuen *Medien* erweisen sich in diesem Zusammenhang als Instrumente, die nicht nur im beruflichen und privaten Bereich, sondern auch in der Schule vielfältige Möglichkeiten differenzierten, motivierenden, kreativen und neuen Lernens schaffen können. Andererseits greifen die Informationen und Botschaften, die über die Medien an Kinder und Jugendliche herangetragen werden, immer nachhaltiger in deren Wahrnehmung, Urteilsbildung und Verhalten ein. Dies erfordert Entwicklung von Urteilsfähigkeit und Nutzungskompetenz.
Die veränderten Bedingungen des *Aufwachsens von Kindern und Jugendlichen* machen außerdem eine Erweiterung der Aufgaben der Schule in Bereiche hinein notwendig, die bisher als „außerschulisch" galten. Deutschland hat in dieser Hinsicht gegenüber der Entwicklung in vergleichbaren Ländern einen deutlichen strukturellen Rückstand. Kennzeichen des Ausbaus sollte ein Angebot von Betreuungs- und Aktivitätsmöglichkeiten mit einer Angebotsvielfalt sein, die von der „klassischen" Ganztagsschule bis zu außerunterrichtlichen Ergänzungsangeboten der Halbtagsschule reicht.
Schule soll sich auf das Lernen konzentrieren, jedoch nicht im Sinne einer historisch überwundenen Lernschule. Schule bedarf vielmehr der Ausgestaltung und Ausformung einer *Lernkultur,* die Mittelpunkt für die damit verbundenen erzieherischen und sozialen Aufgaben sein kann.
Der traditionelle Lernbegriff geht von einem festen, geschlossenen Wissenskanon und einem auf seine Vermittlung hin organisierten Unterrichtsplan aus. Er ist auf Lernergebnisse im Sinne von Reproduktion überprüfbaren Wissens orientiert.
Das von der Kommission vertretene Verständnis von Lernen und Lernkultur setzt andere Schwerpunkte. Es zielt darauf, in den Lernzusammenhängen Identitätsfindung und soziale Erfahrung zu ermöglichen. Dies erfordert anders gestaltete Lernsituationen. Sie müssen Fachlichkeit und überfachliches Lernen, individuelle und soziale Erfahrungen, Praxisbezug und die Einbeziehung des gesellschaftlichen Umfeldes miteinander verknüpfen.
Fachliches Lernen und fachliche Kompetenz werden auch in der Schule der Zukunft ihren herausragenden Platz haben. Die Kompetenz, Lernprozesse selbst zu steuern, entwickelt sich nur im Aufbau von Wissen und Können. Zugleich werden aber Sinnhaftig-

keit und Anwendungsbezug erfahrbar sein müssen, wenn Lernen dauerhafte Bildungswirksamkeit haben soll. Alltagsfragen, Alltagserfahrungen und Lebensprobleme, die Schülerinnen und Schüler mitbringen, sollen die Lernsituationen mitbestimmen, sie realitätsnäher werden lassen.

In diesen Zusammenhang gehört ein weiterentwickeltes Verständnis von *Koedukation,* das der Tatsache Rechnung trägt, dass sich Geschlechtsstereotype nach wie vor durchsetzen und zur Beschränkung der Entfaltungsmöglichkeiten sowohl von Mädchen als auch von Jungen führen.

Zur Gestaltung von Unterricht, der optimale Entwicklungs- und Entfaltungsmöglichkeiten für Mädchen und Jungen will, empfiehlt die Kommission eine „reflexive Koedukation". Ihr Ziel ist die wechselseitige reflektierte Wahrnehmung des Geschlechterverhältnisses und dessen Veränderung zugunsten eines gleichberechtigten Zusammenlebens.

Lernkompetenz aufzubauen, wird das zentrale Ziel im „Haus des Lernens" sein. Der Aufbau von Lernkompetenz ist nur möglich im Erarbeiten konkreter Lerninhalte und in der Bewältigung anspruchsvoller Aufgaben. Wissensinhalte, die in diesem Sinne angeeignet werden, stellen das eigentliche Ziel des Lernens dar, nämlich „intelligentes Wissen".

Die Kommission geht davon aus, dass die von ihr für notwendig erachtete *neue Ordnung des Lernens* bestimmt wird durch

- fachliches und überfachliches Lernen in Dimensionen,
- Offenheit für aktuelle Schlüsselprobleme,
- Erwerb von Schlüsselqualifikationen,
- Erwerb von Kulturtechniken.

Dimensionen des Lernens bezeichnen Grundsituationen individueller und gesellschaftlicher Existenz. Sie sollen für die Unterrichtsgestaltung einen festen Bezugsrahmen bilden. Schulisches Lernen muss gegenüber den Fragen, die sich aus der Lebensaktualität von Schülerinnen und Schülern ergeben, offen sein. Aktuelle Problemlagen und Konflikte, die mit großen Problemen gegenwärtiger und zukünftiger Gesellschaft zusammenhängen, können als *Schlüsselprobleme* thematischer Bezugsrahmen für das Lernen in bestimmten Zeitabschnitten sein.

Schlüsselqualifikationen sind erwerbbare allgemeine Fähigkeiten, Einstellungen und Strategien, die bei der Lösung von Problemen und beim Erwerb neuer Kompetenzen in möglichst vielen Inhaltsbereichen von Nutzen sind. Sie sind nicht auf direktem Wege zu erwerben, z.B. in Form eines eigenen fachlichen Lernangebotes; sie müssen vielmehr in Verbindung mit fachlichem und überfachlichem Lernen aufgebaut werden.

Über alle Fächer hinweg stellt sich der Lernauftrag, *Sicherheit in den Kulturtechniken* zu vermitteln. Über elementare Techniken hinaus, die Voraussetzung von Lernprozessen sind, wie das Lesen und Schreiben, geht es um Instrumente der Wissensaneignung, angefangen von der Beherrschung von Arbeitsformen zur Informationserschließung über Darstellungs- und Schreibformen bis zum kompetenten Umgang mit Bibliotheken und neuen Verfahren der Exploration, zum Beispiel unter Verwendung der neuen Möglichkeiten der Informationstechniken.

Die *Internationalisierung* der Bildung vollzieht sich in einer schwierigen Situation, in der die Entwicklungsprobleme unserer Welt nur noch international gelöst werden können, in der das Miteinanderleben von Menschen unterschiedlicher kultureller Herkunft zur Normalität wird, in der auf der anderen Seite die Akzeptanz dieser Multikulturalität in Teilen der Gesellschaft, auch unter Jugendlichen, nicht selbstverständlich ist.

Die deutsche Schule wird in der Regel auf Dauer multikulturell zusammengesetzt sein und bleiben. In ihr wird es neben einer Mehrheit einheimischer Schülerinnen und Schüler solche aus einheimischen und zugewanderten ethnischen und lebensweltlichen Minderheiten geben.

Das Zusammenleben in einer multikulturellen Schule und einer dauerhaft multikulturellen Gesellschaft erfordert eine durchgängige interkulturelle Erziehung in allen Schulstufen und Bildungsgängen und die besondere Förderung der Chancengleichheit von Schülerinnen und Schülern aus den ethnischen Minderheiten.

Die Schule soll sich mit ihrem Angebot des Fremdsprachenlernens auf die aus der Internationalisierung der Lebensverhältnisse erwachsenden Anforderungen einstellen. An die *Schule in einer demokratischen Gesellschaft* richtet sich die Erwartung, Tendenzen zur Ausgrenzung von Menschen und Fremdenfeindlichkeit im eigenen Einflussbereich nicht zu dulden und durch entsprechende Bildungsprozesse ihrer gesellschaftlichen Verbreitung Widerstand zu leisten.
Schulen müssen sich – nicht nur als Reaktion auf Akte der Gewalt gegen Mitglieder von Minderheiten – damit auseinander setzen, wie das friedliche und demokratische Miteinander im Alltag – auch in einem geordneten Schulalltag – erreicht werden und welchen Beitrag Schule dazu leisten kann.
Schulen müssen daher positive Selbstwerterfahrungen als notwendige Voraussetzung eines guten Zusammenlebens ermöglichen. [...]

(Bildungskommission NRW [Hrsg.], Zukunft der Bildung – Schule der Zukunft, Luchterhand, Neuwied 1995)

1. Welche gesellschaftlichen Trends und damit verbundenen Aufgaben einer Schule der Zukunft skizziert die Kommission?
2. Welche Vorstellung vom Lernen entwirft die Kommission? Welche neuen lernpsychologischen Erkenntnisse wurden hier berücksichtigt (vgl. Band 1, Themenkreis 1.2)?
3. Was meint die Kommission mit der programmatischen Formulierung „Haus des Lernens"?
4. Finden Sie in diesem Kommissionsbericht Antworten auf Ihre Fragen, sehen Sie Ihre Kritik an Schule und Ihre Vorstellungen einer guten Schule berücksichtigt? Wenn nicht, was ist offen geblieben? Wenn Ihnen Kommissionsvorschläge unklar geblieben sind, schlagen Sie diese im ausführlichen Originalbericht nach. Alle Schulen haben mehrere Exemplare dieses Berichtes erhalten.
5. Zeichnen Sie Ihr Haus des Lernens. Sieht es anders aus als die Zeichnung auf der Aufmacherseite?

Ohne Freiheit keine Verantwortung

Wie muss die gute Schule der Zukunft aussehen?
Die Denkschrift „Zukunft der Bildung – Schule der Zukunft", an deren Entstehung ich in den vergangenen Jahren mitgearbeitet habe, zeichnet ein mahnendes Bild von einem „Haus des Lernens", in dem die vielfältigsten Bildungs- und Erziehungsbedürfnisse von Kindern und Jugendlichen ihren Platz finden sollen. Viele Schulen in Deutschland sind schon jetzt auf dem Weg, sich im Sinne einer lernenden Organisation zu entwickeln.
Die Bertelsmann Stiftung hat in den vergangenen Wochen große Resonanz auf die Ausschreibung des „Sonderpreis Innovative Schulen" erfahren. Innerhalb weniger Wochen meldeten sich mehr als 300 Schulleiterinnen und Schulleiter, um das innovative Potenzial ihrer Schule darzustellen. Die Berichte und Dokumente belegen in eindrucksvoller Qualität, dass sich in den Schulen bei Lehrern, Eltern und Schülern mehr bewegt, als in mancher Chefetage vermutet wird.
Diese Kraft zu nachhaltiger Entwicklung von innen ist das wichtigste gesellschaftliche Kapital im Bildungsbereich. Es zu pflegen, beständig weiterzuentwickeln und kontinuierlich zu fördern, muss eine zentrale gesellschaftliche Aufgabe sein.
Meiner Meinung nach charakterisieren vier Aspekte eine gute Schule:

1. Unsere Gesellschaft braucht, um die Anforderungen der Zukunft bewältigen zu können, wache, kreative, kooperationsfähige Menschen. Die wichtigste Voraussetzung für

eine „gute“ Schule sind motivierte, gut ausgebildete, ideenreiche Lehrerinnen und Lehrer: Ihre Aufgabe und ihre Vorbildfunktion erfordern einen Prozess des lebenslangen Lernens bei allen Beteiligten.

2. Die Schule muss, will sie ihrem Erziehungs- und Bildungsauftrag nachkommen, über Gestaltungsfreiräume verfügen und diese zur Verbesserung ihrer Leistungsfähigkeit ausschöpfen. Innovative Schulen brauchen anstelle bürokratischer Gängelung fördernde, ermutigende Rahmenbedingungen. Ohne Freiheit keine Verantwortung.

3. Führung muss auch im schulischen Bereich reflektiert und qualifiziert wahrgenommen werden. Nur wenn es Schulleitern gelingt, alle an der Schule tätigen Personen zu größerer Freiheit und Verantwortung zu ermutigen, wird die Qualität schulischer Arbeit verbessert werden können.

4. Die Schule muss offen sein für Anregungen und Anforderungen von außen. Die Denkschrift der nordrhein-westfälischen Bildungskommission ist ein gutes Beispiel dafür, dass außerhalb der Kultusverwaltungen und Schulpolitik kreativ über die Zukunft der Schule nachgedacht wird. Nun kommt es darauf an, diese Anregungen auch umzusetzen.

(Reinhard Mohn, in: Deutsche Lehrerzeitung v. 25.1.1996; der Verfasser ist Vorsitzender des Vorstands der Bertelsmann-Stiftung.)

Ein amerikanisches Schulprogramm

Vision 2020 – bezogen auf die Schülerbedürfnisse im 21. Jahrhundert

Gegenwärtige und zukünftige Lebensbedingungen

- kulturelle Vielfalt
- Veränderungen in den Familienstrukturen
- rascher technologischer Wandel
- Veränderungen der gesellschaftlichen Verhältnisse
- Veränderungen der Arbeitsplätze
- Gefährdung des Lebensstandards
- globale ökonomische Interdependenz
- globale Krise von Gesundheitssystem und Umwelt

Unsere Überzeugung

- Jeder Schüler kann lernen
- Jeder Schüler kann ein positives Selbstbewusstsein entwickeln
- Jeder Schüler ist in der Lage, Hoffnung und eine positive Perspektive für seine Zukunft zu entwickeln
- Jeder Schüler ist fähig, qualitativ gute Leistungen zu erbringen
- Jeder Schüler kann in einer positiven schulischen Umgebung gedeihen

Erwartungen des Gemeinwesens

Werthaltungen
- leidenschaftliche Liebe zum Leben
- Verantwortungsbewusstsein gegenüber sich selbst, Gesellschaft, Nation und Welt
- übt Selbstdisziplin
- Zuverlässigkeit und Stolz auf die eigene Leistung
- selbstmotiviert Lernender

Anwendungsbezogene Fähigkeiten
- anwendungsorientierter Problemlöser
- teamfähig
- kommuniziert effektiv
- setzt Kreativität ein
- ist imstande, Informationen selbst zu sammeln, zu verarbeiten und anzuwenden

Wissen/Kenntnisse
- Besitz von relevantem und bedeutsamem Wissen einschließlich grundlegender Fähigkeiten
- Bewusstsein über kritische Probleme in Gesellschaft und Umwelt auf lokaler und globaler Ebene
- Kenntnisse der Gesundheitspflege und darüber, wie Lebensstile die Lebensqualität beeinflussen

Einsichten
- positives Selbstbild
- Toleranz und Respekt gegenüber kulturellen und ethnischen Unterschieden
- Freude an verschiedenen Aktivitäten wie Kunst, Natur, Sport etc.
- lebenslanges Interesse am Lernen und an intellektueller Neugierde

Unsere Aufgabe

Unsere Aufgabe ist es, eine sichere, nährende, herausfordernde Umgebung zu schaffen, die unsere Schüler in die Lage versetzt, einen Kanon relevanten Wissens zu erwerben, nützliche Fähigkeiten, ein positives Selbstbild und ein Bewusstsein sozialer Verantwortung.

Lernziele

– auffassungsfähiger Denker
- beweist kritisches, logisches Denken
- äußert kreative, intuitive, schöpferische Ideen
- ist ein scharfsichtiger Denker

– teamfähiger Mitarbeiter
- zeigt wirksame Führungsqualitäten
- nutzt die Fähigkeiten der Gruppe
- entwickelt kooperative Beziehungen auch bei unterschiedlichen kulturellen Bedingungen und Gruppenkonstellationen

– engagierter Bürger
- zeigt Eigeninitiative
- dient der Schule und dem Gemeinwesen
- trägt zum eigenen und zum Wohlergehen anderer bei
- sorgt sich aktiv um die lokale/globale Umwelt
- zeigt physisches, psychisches und emotionales Wohlbefinden

– innovativer Arbeiter
- schafft neue Qualitätsprodukte
- nutzt entsprechende Technologie
- ist in der Lage, sich das erforderliche Wissen zu verschaffen, es aufzubereiten und anzuwenden
- ist fähig, Basisfähigkeiten anzuwenden

– verfolgt Ziele aus eigenem Antrieb
- formuliert positive, persönliche Wertvorstellungen
- setzt Prioritäten und Ziele
- verfolgt realistische Ziele
- kann Fortschritte einschätzen
- akzeptiert Risiken und Herausforderungen zum Lernen und Wachsen
- zeigt Begeisterung und Engagement

– anwendungsorientierter Problemlöser
- antizipiert, versteht und löst komplexe Probleme
- passt sich an rasch sich ändernde Bedingungen an
- entwickelt Fähigkeiten des Konfliktmanagements
- kann Fähigkeiten in einzigartigen und veränderlichen Situationen anwenden

– effektiver Gesprächspartner
- kann zuhören und dies mit Fähigkeiten des verbalen, nonverbalen und schriftlichen Ausdrucks verbinden
- kommuniziert in verschiedensten Situationen
- gebraucht die geeignete Kommunikationstechnologie
- ist vielsprachig
- liebt Humor

– ethisch-moralisches Individuum
- Hoffnung und Vertrauen
- verhält sich aufrichtig, verantwortungsvoll und mit Selbstkontrolle
- zeigt ein Bewusstsein von sozialer Gerechtigkeit

Entwickelt unter breiter Mitwirkung der Schulgemeinde von Nevada City und beschlossen vom Schoolboard am 12.4.1994 (eigene Übersetzung)

(Rüdeger Baron, Eine Schule nach eigenem Geschmack. „Charter-Schulen“ gewinnen in den USA immer mehr an Boden, in: Pädagogik 5/1995, S. 31)

1. Vergleichen Sie diese Konzeption einer amerikanischen Schule mit den Aussagen im Bildungsbericht der Rau-Kommission.
2. Könnten Sie sich diese Konzeption als Leitlinie für Ihre Schule vorstellen? Erörtern Sie und formulieren Sie eine begründete Stellungnahme.

Ein-Spruch

Schulgesetz

Wenn nicht das kleinste bisschen Solidarität
helfend durchs muffige Klassenzimmer weht,
wenn es bloß dumpfig nach Duckmäusern riecht
und Strebertum durch die Pultreihen kriecht,
wenn Leistungsdruck über den Köpfen schwebt
und jedermann nur zittert und bebt
und die Luft nach kalter Kinderangst schmeckt,
gehört der Lehrer sofort ins Gefängnis gesteckt!

(Christine Nöstlinger/ Jutta Bauer, Ein und Alles, Beltz Verlag, Weinheim und Basel 1992, Programm Beltz und Gelberg, Weinheim, S. 109)

Wer sagt
was
mit welchen Mitteln
und welcher Absicht
zu wem ???

Ist das Gegenteil auch richtig?

Mein Kommentar:

Pädagogische Anwendung

Pädagogikunterricht in einem neuen „Haus des Lernens“ – Was können Pädagogikkurse zum Schulprogramm beitragen?

Schulprofil – Schulprogramm. Versuch einer Verständigung über zwei nicht ganz deckungsgleiche Begriffe.

Seit Mitte der Achtzigerjahre hat die Diskussion um Erneuerung der Schule ein neues Kennwort. Es tritt in zwei Begriffsbildungen auf, die sich in der Bedeutung überschneiden, aber nicht deckungsgleich sind.

Ein ‚Schulprofil' hat jede Schule, mehr oder minder ausgeprägt, vorzuweisen. Gymnasien unterscheiden sich z.B. aufgrund ihrer Fremdsprachenfolge, bestimmter Wahlangebote im Fachunterricht, von Fördermaßnahmen, in der Tradition der Schule stehender Einrichtungen und Veranstaltungen. Sie werden an diesen Merkmalen erkennbar, unterscheidbar. Auch die Atmosphäre einer Schule, die besondere Art des Umgangs, die in ihr herrscht, bestimmte äußere Gegebenheiten, zum Beispiel der hermetisch abgeschirmte Verwaltungsbereich oder – auf der anderen Seite – die offene Tür zum Direktorzimmer in den großen Pausen bestimmen ein ‚Schulprofil'.

Ein ‚Schulprogramm' liegt jedoch erst dann vor, wenn eine Schule auf der Grundlage der Richtlinien ihrer Schulform ihren Unterrichts- und Erziehungsauftrag reflektiert, sich über die zentralen Zielvorstellungen verständigt, Verfahren zu ihrer abgestimmten Realisierung festlegt und eine verantwortungsvolle Evaluation beschließt. In diesem Zusammenhang können Elemente eines Schulprofils Bausteine eines Schulprogramms werden. Und als Ergebnis intensiver Arbeit an einem Schulprogramm wird eine Schule auch ein verändertes Profil gewinnen, gleichsam ein Schulprofil höherer Ordnung. Und auch dieses wird als Konsequenz eines fortgeschriebenen Schulprogramms Veränderungen erfahren und so Schule spiegeln als dynamischen Prozess.

Prof. Böhm nennt sechs Argumente für die gemeinsame Erarbeitung eines Schulprogramms:

1. Das Schulprogramm macht Ernst mit der einzelnen Schule als pädagogischer Handlungseinheit und Ressource. […]
2. Schulqualität bedarf gemeinsam zu leistender Entwicklungsarbeit. […]
3. Richtlinien werden nicht nur proklamiert, sondern eingelöst. […]
4. Schulprogramme sollen Schulen helfen ihre Erträge zu verbessern. […]
5. Schule wird Werkstatt für methodische Innovation. […]
6. Schule leistet im Rahmen eines Schulprogramms ihren Beitrag zur ethischen Orientierung der jungen Generation im Pluralismus. […]

Im Anschluss hieran formuliert er drei Thesen über den Beitrag des Faches EW im Prozess der Schulprogrammentwicklung:

These 1:

In der gegenwärtigen Phase der Verständigung über Anspruch, Ziele und Wege eines Schulprogramms ist die Kompetenz der Fachlehrerschaft für Erziehungswissenschaft in besonderer Weise gefragt.

Die neu herausgegebenen Richtlinien und Lehrpläne haben den fachlichen Anspruch in der Unterrichtsarbeit des Gymnasiums nicht gemindert, die Unterrichtsarbeit aber eindeutig unter ein allgemeines Erziehungs- und Bildungsziel gestellt. Unter Berücksichtigung der besonderen Bedingungen vor Ort entscheiden die schulischen Gremien, insbesondere Fach- und Klassenkonferenzen, in welcher Weise das heute erzieherisch Notwendige im Fachunterricht und durch ergänzende schulische Veranstaltungen reali-

siert werden kann. Fachlehrerinnen und Fachlehrer des Faches Erziehungswissenschaft sind in den Kollegien Experten im Bereich der Erziehungsthematik. Sie müssen sich des Faches wegen ständig mit den sich verändernden Bedingungen für Erziehung auseinander setzen, Lernausgangslagen analysieren und realisierbare Ziele definieren. Die Erziehungswirklichkeit ist Grundlage der Fachsystematik. Fachlehrerinnen und Fachlehrer des Faches Erziehungswissenschaft können die innerschulische Diskussion aufgrund ihrer Fachkompetenz in besonderer Weise befruchten.

Neben der Fachlehrerschaft für Sozialwissenschaften haben Fachlehrerinnen und Fachlehrer des Faches Erziehungswissenschaft außerdem eine besondere sozialwissenschaftliche Methodenkompetenz, die dazu beitragen kann, in den Schulen Verfahren zu entwickeln, eine schulinterne Schulprogrammentwicklung in Gang zu setzen. Schulen brauchen gegenwärtig Lehrkräfte, die – zusammen mit Eltern und je nach ihrem Entwicklungsstand dazu fähigen Schülern – Vorgaben für Arbeitsgruppen entwickeln, pädagogische Tagungen zur Initiierung der Arbeit am Schulprogramm vorbereiten und gestalten sowie Evaluationsvorgänge sachgerecht durchführen können. Der Bestand an Moderatoren, die schulische Organisationsentwicklung begleiten können, ist z.Zt. noch minimal. Unter diesen Umständen kommt es gerade in dieser Anfangsphase darauf an, dass Erziehungswissenschaftlerinnen und Erziehungswissenschaftler ihr methodisches Wissen in die Schule einbringen.

These 2:
Mit dem Schulprogramm erhalten zentrale curriculare Themen des Faches aktuellen Lebensbezug.

Mit dem Wegfall des Ost-West-Gegensatzes nach dem Untergang der sozialistischen Staaten in Osteuropa ist ein zentraler Gegenstand des Faches – der Vergleich zwischen Schultheorie und Schulsystem im Sozialismus und Schultheorie und Schulsystemen in demokratischen Staaten – weggefallen. Bei der Beschäftigung mit institutionalisierter Erziehung rückt – das zeigen auch die Vorschläge für die Abiturprüfung – der Vergleich zwischen Regelschule und alternativen Schulen in den Vordergrund. Reformentwicklungen im gegenwärtigen Schulwesen gewinnen als Unterrichtsthematik steigende Bedeutung. Mit Schulprogrammentwicklung wird aber nicht nur ein aktueller Gegenstand in den erziehungswissenschaftlichen Unterricht in der Jahrgangsstufe 13 eingeführt, diese Thematik bietet zudem in besonderer Weise Gelegenheit, das eigene schulische Umfeld intensiver wahrzunehmen und mitzugestalten. Schülerinnen und Schüler des Faches Erziehungswissenschaft im Abschlussjahrgang könnten so bei der Entwicklung eines Schulprogramms an der eigenen Schule konstruktiv mitwirken, indem sie die an der Schule schon vorhandenen Bausteine für ein Schulprogramm identifizieren, Weiterentwicklungsmöglichkeiten eruieren und an Schritten zu einer Konzeptualisierung und Realisierung des Schulprogramms aktiv mitwirken. Sie können aufgrund ihres Informationsvorsprungs die übrige Schülerschaft über die Grundidee eines Schulprogramms informieren, sich an themenbezogenen Arbeitskreisen beteiligen oder auch in eigenen Arbeitsgruppen Aspekte der Schulprogrammentwicklung behandeln. Sie erfahren so über die theoretische Befassung mit Schule hinaus die eigene Schule als Gestaltungsraum für verändernde Initiativen.

Nicht geringeres Gewicht könnte die Veränderung der Schule zu einem bewusst die Erziehungsaufgabe aufgreifenden Ort bei der Behandlung des Kursthemas 13/II ‚Personalisation' gewinnen. Hier könnten Schülerinnen und Schüler des Faches Erziehungswissenschaft die eigene Schule als Bedingungsfeld ihrer persönlichen Entwicklung deutlicher durchdringen und – dies allerdings dann stellvertretend für die Schülerschaft der kommenden Jahre – verbesserte Zielperspektiven einbringen.

These 3:
Schulprogrammentwicklung entscheidet an der einzelnen Schule erheblich über den künftigen Stellenwert des Faches in der Sekundarstufe II, aber auch in der Sekundarstufe I.

Schulprogrammentwicklung hat eine deutlichere Konturierung und Profilierung der einzelnen Schule zum Ziel. Dies wird sich in erheblichem Maße auch im Fächerangebot äußern. Damit wird durch das an der einzelnen Schule entwickelte Schulprogramm über Präsenz und Entfaltungsmöglichkeit des einzelnen Faches (Grund- und/oder Leistungskurs als Organisationsform; Pädagogikunterricht im Differenzierungsbereich der Sekundarstufe I) entschieden. Wir benötigen daher eine produktive Phase in der Arbeit der Fachkonferenzen Erziehungswissenschaft an den einzelnen Schulen, und dies in Zusammenarbeit mit Eltern und Schülern. Deutlicher als bisher muss herausgestellt werden, welchen Beitrag zu den Schlüsselkompetenzen und zu einer zeitgemäßen Form der Studierfähigkeit gerade das Fach Erziehungswissenschaft einbringen kann. Sein Stellenwert in der neu erkannten Bemühung um Schule als Erziehungsraum muss klarer erkennbar werden.
Die Bemühung um Stabilisierung des Faches wird um so überzeugender verlaufen, je uneigennütziger der Einsatz der Fachvertreterinnen und Fachvertreter bei der Schulprogrammentwicklung ihrer Schule ist.

(Günter Böhm, Schulprogramme als Weg zur Erneuerung des Gymnasiums, in: Pädagogik Unterricht 4/1995, S. 2 ff. [Auszüge]; Prof. Günter Böhm arbeitete als Ltd. Regierungsschuldirektor bei der Bezirksregierung in Münster. Als Fachdezernent trat er seit vielen Jahren sehr engagiert für die Belange des Faches Erziehungswissenschaft ein. Durch Veröffentlichungen, Fortbildungen und Tagungen hat er die Entwicklung des Faches in den letzten Jahren maßgeblich mitbeeinflusst.)

1. Stellen Sie einen Bezug zwischen der Argumentation von Prof. Böhm und dem Bericht der Rau-Kommission her.
2. Warum ist das Fach Pädagogik in besonderer Weise gefragt, wenn es um die Entwicklung eines Schulprogramms geht?
3. Informieren Sie sich, wie an Ihrer Schule der Stand der Schulprogrammentwicklung ist.
4. Ihr Kurs könnte es sich zur Aufgabe machen, die Tradition der Schule zu erforschen und zu dokumentieren, das Bild der Schule in der Öffentlichkeit zu erkunden, Besonderheiten und Stärken Ihrer Schule – im Sinne eines vorhandenen Profils – herauszuarbeiten.
5. Könnten Sie als Pädagogik-Kurs sich vorstellen einen praktisch-pädagogischen Beitrag zum Schulprogramm zu leisten (z.B. Hausaufgabenbetreuung, spielpädagogische Aktionen, Tutorenarbeit für untere Klassen usw.)?

P Projektvorschlag zum selbstständigen Weiterarbeiten

Das Abi naht! – Die Abiturreden auch! – Schreiben Sie Ihre Abschlussrede! – Hier ein literarisches Beispiel:

Direktor Iwan Ignatjewitsch, ein imponierender Mann mit athletischen Schultern, hielt seine pathetische Ansprache: „Vor euch liegen tausend Wege. Sie alle stehen euch offen, aber nicht jeder Weg wird für alle gangbar sein …“
Juletschka, die Anführerin ihrer Mitschüler zu den ersehnten tausend Wegen, war als Rednerin für die Laudatio ausersehen. Wer, wenn nicht sie, hatte der Schule

zu danken für all die mit ihrer Hilfe erworbenen reichen Kenntnisse, für die zehnjährige intensive Betreuung, für die unlösliche Verbundenheit mit der Schule, die alle mit so großer Wärme erfüllte.

„Mir wurde die Ehre zuteil, eine Rede zu halten. Ich werde sprechen – aber über mich, ausschließlich über mich ..."

Diese Erklärung, von der sich nie irrenden, nie Fehler begehenden Klassenbesten kategorisch ausgesprochen, erstaunte und beunruhigte niemanden. Der Direktor lächelte ermunternd, nickte zufrieden und setzte sich auf seinem Stuhl bequem zurecht. Wovon sollte sie schon sprechen wollen außer von Dankbarkeit, sie, die in der Schule nur Lob geerntet hatte, nur Bewunderung? Die Gesichter der Mitschüler zeigten daher auch bloß das übliche pflichtschuldige, höflich gelangweilte Interesse.

„Liebe ich die Schule?" In ihrer Stimme schwang ein aufgeregter Unterton mit. „Ja, ich liebe sie! liebe sie sehr! ... Wie ein Wolfsjunges seine Höhle ... Und jetzt muss ich meine Höhle verlassen, die Geborgenheit, die Sicherheit. Und vor mir sind plötzlich – tausend Wege! Tausend ...!"

Durch die Aula lief ein schwaches Flüstern.

„Welchen soll ich gehen? Diese Frage stellte sich mir schon oft. Immer wieder. Ich habe sie immer wieder beiseite geschoben, mich vor ihr versteckt. Jetzt kann ich mich nicht mehr verstecken. Jetzt muss ich gehen, aber ich kann es nicht, habe es nicht gelernt, weiß nicht wohin .... Die Schule hat mich gezwungen, alles, was *sie* wollte, zu lernen und zu wissen. Nur eins hat sie mich nicht gelehrt: selbstständig zu urteilen, zu wissen, was *mir* gefällt, was ich liebe, was ich selber will. Mir hat manches Spaß gemacht, anderes nicht. Und wenn etwas keinen Spaß machte, dann war es ein bisschen schwieriger, das heißt, man musste sich etwas mehr anstrengen, um die „Eins" zu bekommen, die von der Schule gefordert wurde. Und ich habe der Schule gehorcht und ... und ich wagte nicht, irgendetwas wirklich stark zu lieben ... Jetzt schaue ich mich um, und es kommt mir vor, als liebte ich – nichts! Nichts, außer Mama, Papa und der Schule. Tausend Wege – für mich sind sie alle gleich dunkel, ich kann sie nicht unterscheiden! Sie glauben, ich müsste glücklich sein –. Mir ist schrecklich zumute. Ganz schrecklich."

Juletschka hielt inne, blickte unruhig mit ihren wachsamen Vogelaugen um sich und in den schweigenden Saal. Aus der Turnhalle drang das Geräusch der Bankettvorbereitungen herauf.

„Mehr habe ich nicht zu sagen", erklärte sie und ging mit kleinen, zuckenden Schritten auf ihren Platz zurück.

(Wladimir Tendrjakow, Die Nacht nach der Entlassung, Frankfurt 1975, S. 7 ff. [aus dem Russischen von Heddy Pross-Weerth]. Ort der Handlung ist eine zehnklassige russische Oberschule im Jahre 1941. Die Entlassung eines Jahrgangs steht an. Eine Schülerin hält ihre Abiturrede.)

Diese Erzählung eignet sich auch gut als Ganzschrift-Lektüre für den Unterricht. Vielleicht spricht Ihnen die Schülerin aus dem Herzen. Wir hoffen aber, dass Sie Ihre Schulzeit und hier vor allem den Pädagogikunterricht in anderer Erinnerung haben und behalten werden.

Formulieren Sie aus der Sicht Ihres Pädagogikkurses eine Abschlussrede, die konstruktiv-kritisch Bilanz zieht und Perspektiven für die Zukunft aufzeigt. Nutzen Sie dafür die Materialien dieses Kapitels. Sie können die Rede im weiteren Verlauf des Schuljahres fortschreiben und so auch die Ergebnisse des Halbjahres 13/2 nutzen. Die Rede wird dann genau zum richtigen Zeitpunkt fertig.

2.2 Die Pädagogik der Achtung – Janusz Korczak

(Zeichnung: Wolfgang Würfel; © VG Bild-Kunst, Bonn 2000)

Ehrgeiz des Erziehers sollte es sein, günstige Ergebnisse auf dem Weg geringster Verletzungen der Menschenrechte zu erzielen.

(Janusz Korczak, zit. n. J. Korczak, Das Kind neben Dir [Hrsg.: Barbara Engemann-Reinhardt], Volk und Wissen Verlag, Berlin 1990, S. 161)

Sind Sie mit dieser Aussage einverstanden oder würden Sie den Satz: ‚Ehrgeiz des Erziehers sollte es sein,…' anders fortführen?

Ergänzen Sie den Satz von J. Korczak bzw. ‚Ihren Satz' durch einen zweiten, der mit der Formulierung beginnt:
Dazu sollte der Erzieher/die Erzieherin… .

Diskutieren Sie Ihre Ergänzungen!

Einführung

Janusz Korczak und seine Zeit

In den ‚Hinweisen' finden Sie einen Tipp zu einem Film über die Pädagogik Janusz Korczaks, der sich auch als Einstieg in diese Wabe eignet!

Ein Zeitzeuge berichtet

Janusz Korczak, mit richtigem Namen Henryk Goldszmit, wurde 1878 in Warschau geboren. Sein Geburtsjahr kann auch 1879 gewesen sein, genau ließ sich das auch für J. Korczak nicht mehr feststellen, da sein Vater – er war Rechtsanwalt – sich jahrelang nicht um eine Geburtsurkunde bemüht hatte.

Ein Eindruck von dem Warschau der damaligen Zeit lässt sich durch die folgenden Ausführungen eines Zeitzeugen gewinnen:

Ich gehörte zu jener Generation Warschauer Juden, die zwischen den zwei Weltkriegen heranwuchs. Meine Kindheit und Jugend verbrachte ich in einem Haus in der Warschauer Altstadt. Die Häuser waren immer dunkel und trübselig, in den Höfen und Zimmern waren Sonne und Licht nur seltene Gäste. Die Fenster unserer Wohnung blickten auf eine schmale Straße, auf viele Steintreppen. In dieser engen Gasse beleuchtete die Sonne nur die Spitzen der Schornsteine, und dies nur im Sommer vor Sonnenuntergang. Im kleinen Hof voller Schmutz und Abfall stand ein offener Mülleimer, stets voller Katzen, und zwei Toiletten zum allgemeinen Gebrauch der Hausbewohner und ihrer Unzahl von Kindern. Wir jüdischen und etwa dreißig polnische Kinder lebten zusammen in größter Harmonie und Einigkeit. Da waren viele Dinge, die uns verbanden: Zusammen haben wir gehungert, alle waren wir blass, und gemeinsam haben wir uns gesehnt, aus dem engen Hof in Sonne und Licht zu entrinnen. In die Schule jedoch gingen wir getrennt: die jüdischen Kinder in die Schulen der jüdischen Gemeinde, die polnischen Kinder in öffentliche Schulen. Die Unterrichtssprache in beiden war Polnisch.

In dieser Zeit wurden wir mit dem Namen Janusz Korczak bekannt. Wir lasen seine Bücher, lauschten seiner Stimme am Radio, und von ihm lernten wir, das Kind zu achten, zu verstehen. Er lehrte uns auch, uns nicht nur auf uns selbst zu konzentrieren, sondern unseren Mitmenschen zu helfen. Der „Doktor", wie wir Korczak nannten, war für uns alles und brachte Licht in unser armseliges Leben. Mir selbst war das Glück beschieden, in seiner nächsten Umgebung zu leben, ein Glück, dessen ich mir in jenen Tagen wohl kaum bewusst war. Ich habe Janusz Korczak kennen gelernt, als ich zwölf Jahre alt war. Wir haben einander Briefe geschrieben, deren größter Teil in der „Kleinen Rundschau[1]" veröffentlicht wurde.

Janusz Korczak leitete das jüdische Waisenhaus in Warschau, das sich in der Krochmalna befand, dort, wo der vorwiegend polnische Bezirk an die Gassen des jüdischen Viertels grenzte, die immer voller Menschen waren, als ob die Häuser den Überfluss an Bewohnern auf die Straßen ausleerten.

Die Häuser hatten viele Höfe, und die blockartigen Wohnungen dienten tagsüber als Werkstatt und nachts als Schlafstellen. In einem Zimmer hausten oft fünf bis zehn Menschen, Kinder und Erwachsene. Drei, häufig vier, mussten oft ein Bett teilen. […] Armut, Not und Verzweiflung – das war die Lage eines großen Teils der Juden Warschaus in den Dreißigerjahren. Ich kann heute nur schwer verstehen, wie Menschen in dieser Armut und Enge leben konnten. Wasserhähne gab es nur in den Korridoren zwischen den

---

[1] „Kleine Rundschau" – „Maly Przeglad" – Wochenschriftbeilage zu „Nasz-Przeglad" = „Unsere Rundschau"; „Maly Przeglad" wurde 1926 durch J. Korczak gegründet und erschien bis Ausbruch des Krieges September 1939.

Wohnungen; Toiletten in den Höfen, und immer eine Schlange von Wartenden. Doch an Betstuben fehlte es nicht, und sie waren immer voller Andächtiger. Nahe an 400 000 Juden lebten in den Dreißigerjahren in Warschau, mehr als ein Drittel der Gesamtbevölkerung. Ungefähr 40% davon, das heißt fast 160 000, waren Kinder im schulpflichtigen Alter, aber nur etwas mehr als die Hälfte besuchte Schulen. Die restlichen ca. 65 000 Kinder im Schulalter bekamen keinerlei Erziehung, sondern trieben sich in den Straßen herum, wurden für Hilfsarbeiten ausgenutzt, halfen den Eltern in den winzigen Werkstätten oder hausierten.

(Leon Harari, Janusz Korczak, wie ich ihn erlebte, in: Lothar Kunz [Hrsg.], Einführung in die Korczak-Pädagogik, Beltz, Weinheim und Basel 1994, S. 29ff.)

Erstellen Sie eine historische Zeittafel zu den wesentlichen Ereignissen während der Lebenszeit Janusz Korczaks.

Das Leben Janusz Korczaks

J. Korczak entschied sich 1911, seine gute, angesehene und aussichtsreiche Stellung als praktizierender Arzt aufzugeben und die Leitung eines neu gegründeten Waisenhauses für ca. 100 Kinder zu übernehmen. Die meisten Kinder in dem Waisenhaus waren so genannte ‚Straßenkinder', sie kamen oft aus ärmlichen Verhältnissen des jüdischen Stadtviertels von Warschau und waren froh im Dom Sierot (Haus der Waisen) aufgenommen zu werden.
Erste Erfahrungen im pädagogischen Bereich sammelte Janusz Korczak in den so genannten Sommerkolonien – Ferienheime auf dem Land – ‚die Kindern von Arbeiterfamilien die Möglichkeit preisgünstiger Ferien boten. Diese Sommerkolonien wurden von der ‚Warschauer Wohltätigkeitsgesellschaft' unterhalten, einer Vereinigung, die von wohlhabenden jüdischen Familien, insbesondere dem Arzt Dr. Eliasberg und seiner Frau, unterstützt und gefördert wurden. Diese privaten Wohlfahrtsunternehmen waren im Warschau der damaligen Zeit das einzig funktionierende System sozialer Fürsorge.
Janusz Korczaks erste Erfahrungen als verantwortlicher, ehrenamtlicher Betreuer in den Sommerkolonien waren eher deprimierend, wie das folgende Zitat verdeutlicht:

„Anfangs empfand ich einen brennenden Schmerz. Das gesamte Kristallgebäude meiner Träume stürzte ein, fiel in Trümmer. Zorn und beleidigter Ehrgeiz: ich werde zum Gespött derer, die ich an Gemütswerten weit überrage, die ich überzeugen, durch mein Beispiel hinanziehen, denen ich vielleicht auch imponieren wollte."

(Janusz Korczak, Wie man ein Kind lieben soll, Göttingen 1967)

1. Erstellen Sie eine Zeittafel über die Lebensgeschichte Janusz Korczaks, indem Sie unter den Stichworten: ‚Elternhaus, Tod des Vaters, schulische Erfahrungen, Krieg, Schriftsteller/Journalist, Arzt' Stichworte sammeln.
2. Spekulieren Sie über biografische Aspekte aus der Kindheit J. Korczaks, die ihn dazu bewogen haben könnten, die Leitung eines Waisenhauses zu übernehmen.
3. Diskutieren Sie die Aussage J. Korczaks:
   „Erkenne dich selbst, bevor du Kinder zu erkennen trachtest. Leg dir Rechenschaft darüber ab, wo deine Fähigkeiten liegen, bevor du damit beginnst, Kindern den Bereich ihrer Rechte und Pflichten abzustecken. Unter ihnen bist du selbst ein Kind, das du zunächst einmal erkennen, erziehen und ausbilden musst." (J. Korczak, Wie man ein Kind lieben soll, Göttingen 1967, S. 156)
   bzgl. seiner Konsequenzen für das pädagogische Verhältnis.

Das Warschauer Getto, ‚Der letzte Gang‘

Am 26. Oktober 1940 kam es zur endgültigen Bildung des Warschauer Gettos. Da das Waisenhaus Dom Sierot außerhalb des Gettobezirks lag, mussten auch J. Korczak und seine Mitarbeiter und die ca. 100 Kinder das Waisenhaus, in dem sie 30 Jahre lang gelebt hatten, räumen. Die Zahl der Kinder im Getto-Waisenhaus war auf 200 angestiegen, Korczak versuchte durch Bittbriefe um Geldspenden den Lebensunterhalt der Kinder zu sichern. Über die Stimmung in dem Waisenhaus äußert sich J. Korczak folgendermaßen:

(Foto: Ullstein)

„Die Kinder schleichen umher. Nur die äußere Haut ist normal. Aber darunter sind Erschöpfung, Unlust, Zorn, Aufruhr, Misstrauen, Traurigkeit und Sehnsucht verborgen. Schmerzlich ist der Ernst ihrer Tagebuchnotizen. Wenn ich auf ihre vertraulichen Mitteilungen eingehe, dann spreche ich zu ihnen als Gleicher zu Gleichen. Wir haben gemeisame Erlebnisse – sie und ich. Die meinen sind etwas verdünnter, verwässerter – aber sonst die gleichen.“

(Aus: J. Korczak, Das Recht des Kindes auf Achtung, Göttingen 1994, S. 324)

Anfang August 1942 wurde das Getto-Waisenhaus von SS-Truppen umstellt, Kinder und Erzieher wurden gezwungen, das Haus zu verlassen:

„Diese Szene ist bekannt, sie ist oft beschrieben und rekonstruiert worden, nicht immer wahrheitsgetreu. Ich will kein Bilderstürmer sein, niemand seines Nimbus berauben, aber ich muss sagen, wie ich das damals gesehen habe. Die Atmosphäre war duchdrungen von einer maßlosen Unordnung, einem Automatismus, von Apathie. Es gab keine sichtbare Erschütterung darüber, dass da Korczak ging, es wurde nicht salutiert (wie einige geschildert haben), es gab mit Sicherheit keine Intervention durch Abgesandte des Judenrats – niemand näherte sich Korczak. Es gab keine Gesten, keinen Gesang, keine stolz erhobenen Köpfe; ich erinnere mich nicht, ob jemand die Fahne des Waisenhauses trug, man sagt, ja. Es herrschte eine grauenvolle, erschöpfte Stille. Mühsam setzte Korczak einen Fuß vor den anderen, er wirkte irgendwie zusammengeschrumpft, murmelte hin und wieder etwas vor sich hin. Wenn ich mir diese Szene vergegenwärtige – selten verlässt sie mich – ist, als hätte ich ihn „warum“ murmeln hören, ich war nah genug, um das Wort aufzuschnappen. Doch vielleicht spielt mir meine Einbildung einen Streich? Das waren nämlich keine Augenblicke philosophischer Reflexionen; das waren

Augenblicke stumpfer, stummer, grenzenloser Verzweiflung, einer Verzweiflung längst ohne Fragen, auf die es keine Antworten gibt… .“[1]

Das Vernichtungslager Treblinka wurde eigens für die Ermordung der Juden des Warschauer Gettos errichtet. Die Deportationen erfolgten vor allem in den Monaten Juli, August, September […] 1942. Insgesamt wurden in Treblinka 800000 Menschen aus Polen, Österreich, Belgien, Bulgarien, der Tschechoslowakei, Frankreich, Griechenland, Jugoslawien, der Sowjetunion und Deutschland umgebracht. Die systematische Vernichtung der Juden wurde, wie bekannt, auf der Wannseekonferenz am 20. Januar 1942 strategisch und konkret geplant.[…]

Das Vernichtungslager wurde auf einer bewaldeten Anhöhe so angelegt, dass es weder von einer parallel verlaufenden Landstraße noch von der Eisenbahnlinie Sidlice-Malinkina her einsehbar war.

Täglich wurden in Treblinka 2000 Menschen vergast und anschließend verbrannt. Die gesamte Prozedur dauerte von der Ankunft im Lager bis zur Ermordung ca. zwei Stunden. Das Lager, das nur 600 m lang und 400 m breit war, wurde von ukrainischen und deutschen Posten massiv bewacht. Nur wenige Baracken dienten zur Aufbewahrung von Schmuck und Kleidern bzw. als „Umkleidekabinen“. Das Wachpersonal und die zur Verrichtung der notwendigen Arbeiten am Leben gelassenen „Hofjuden“ wurden im Wohnlager auf demselben Gelände untergebracht. Vier 8 m hohe Wachtürme und ein doppelter Stacheldrahtzaun, dazwischen ein breiter Graben machten nahezu alle Fluchtversuche unmöglich.

Janusz Korczak und die Kinder haben am Vormittag das Warschauer Getto verlassen. Man kann davon ausgehen, dass die Fahrt in den verplombten Güterwaggons etwa vier Stunden gedauert hat. Vermutlich waren sie am Abend des 5. oder 6. August 1942 schon nicht mehr am Leben.

Ein Jahr später, am Nachmittag des 2. August 1943, brach im Vernichtungslager Treblinka ein bewaffneter Aufstand aus, an dem sich 400 Häftlinge beteiligten. Die Wachposten konnten überrumpelt werden und es gelang zunächst die Flucht ins Umland. Doch in relativ kurzer Zeit wurden – bis auf 10 Häftlinge – von der SS alle eingefangen und getötet.

Im November 1943 wurde das Lager aufgelöst und dem Erdboden gleichgemacht. Lupinen wurden ausgesät, um den Eindruck einer friedlichen Landschaft zu suggerieren.

Heute ist das Vernichtungslager eine Gedenkstätte, in dessen Zentrum ein großer, behauener Granitstein und 17 000 kleinere Felssteine an die Massenvernichtung erinnern. Auf einem dieser Steine befindet sich die Inschrift „Janusz Korczak und die Kinder“.

---

[1] Marek Rudnicki: Der letzte Weg Janusz Korczaks, in: Beiner/Dauzenroth: Auf dass nichts in Vergessenheit gerät – Zeugen und Zeugnisse … Deutsche Korczak-Gesellschaft, 1989, S. 41ff.

(Lothar Kunz, Janusz Korczak – 50 Jahre danach …, in: Lothar Kunz [Hrsg.], Einführung in die Korczak-Pädagogik, Beltz, Weinheim und Basel 1994, S. 22ff.)

Informieren Sie sich über die (Über-)Lebensbedingungen im Warschauer Getto.
Im Geschichtsunterricht können Sie sicherlich auch nähere Informationen bekommen.

Von Igor Newerly ist folgender Bericht überliefert:

„Als die Kinder einwaggoniert waren, erfuhr der deutsche Platzkommandant, dass der hagere, alte Mann mit dem kurzen Bart, der die Kinder begleitete, Janusz Korczak hieß. Es fand dann folgendes Gespräch statt:

‚Sie haben den ‚Bankrott des kleinen Jack‘ geschrieben?‘

‚Ja.'

‚Ein gutes Buch. Ich habe es gelesen, als ich noch klein war. Steigen Sie aus.'

‚Und die Kinder...'

‚Die Kinder fahren. Aber Sie können hier bleiben.'

‚Sie irren sich', erwiderte Korczak, ‚nicht jeder ist ein Schuft', und er schlug die Waggontür hinter sich zu."

(Igor Newerly, zit. n. Wolfgang Pelzer, Janusz Korczak, rowohlt monographien, Reinbek 1994, S. 136,137)

In seinen letzten Tagebuchaufzeichnungen vom 4. August 1942 schreibt Janusz Korczak:

„Ich wünsche niemandem etwas Böses. Ich kann das nicht.
Ich weiß nicht, wie man das macht."

(Aus: J. Korczak, Das Recht des Kindes auf Achtung, Göttingen 1994, S. 345)

Grundbegriffe und Grundthesen

Das pädagogische Verhältnis in der Vorstellung Janusz Korczaks

Zur Begegnung Pädagoge – Kind

Janusz Korczak leitete zusammen mit Stefa Wilczynka und einigen Helfern dreißig Jahre lang ein Waisenhaus für ca. 100 Kinder. Das Waisenhaus war verbunden mit einer Ausbildungsstätte für Erzieherinnen und Erzieher, war in engem Kontakt mit einer zweiten Einrichtung, dem ‚Nasz Dom', geleitet von Marayana Falska, und einer Sommerkolonie Rozyczka, die über eine Landwirtschaft und Gärtnerei verfügte und sich selbst versorgen konnte. Die Kinder der beiden Waisenhäuser verbrachten dort ihre Ferien, ab 1928 lebten dort die ‚Kleinen' des Waisenhauses.
Während dieser Zeit entwickelte Janusz Korczak als Praktiker zusammen mit seinen Mitarbeiterinnen und Mitarbeitern und den Kindern seine Vorstellungen über eine Pädagogik, die heute als *‚Pädagogik der Achtung'* bezeichnet wird.

Das Kind hat eine Zukunft, aber auch eine Vergangenheit: denkwürdige Ereignisse, Erinnerungen, viele Stunden einsamen Grübelns über wesentliche Dinge. Es vergisst und erinnert sich genauso wie wir, schätzt oder missachtet, denkt logisch, doch irrt, wenn es nicht weiß. Es vertraut und zweifelt nicht unüberlegt.
Das Kind ist wie ein Fremdling, es versteht unsere Sprache nicht, weiß nicht, wohin eine Straße führt, kennt weder Gesetze noch Bräuche. Manchmal möchte es sich selber umtun; wenn es nicht weiter weiß, bittet es um Rat und Hilfe. Es braucht einen Menschen, der ihm freundlich alle Fragen beantwortet. Wir sollten Rücksicht nehmen und seine Unwissenheit achten!
Geschäftemacher, Spekulanten oder Spaßvögel nutzen die Unwissenheit von Fremden aus, geben ihnen unverständliche Antworten, führen sie absichtlich in die Irre. Ein grober Klotz gibt nur mürrisch Auskunft. Wir hadern, zanken mit den Kindern, rügen, tadeln, strafen, aber informieren sie nicht in freundlichem Tone. Wie beklagenswert kümmerlich wäre das Wissen unserer Kinder, wenn sie es nicht von den Altersgefährten schöpften, den Erwachsenen nicht ablauschten, ihren Worten und Unterhaltungen entnähmen?
Habt Achtung vor der Wissbegierde und dem Erkenntnisdrang des Kindes!
Habt Achtung vor Kummer und Tränen. Wir sollten nicht nur den zerrissenen Strumpf beachten, sondern auch das aufgeschürfte Knie, nicht nur über das zerschlagene Glas lamentieren, sondern die Schnittwunde am Finger sehen, den blauen Fleck, die Beule, den Schreck, den Schmerz.

Das Kind wächst heran, lebt intensiver, sein Atem geht rascher, sein Puls ist lebhafter, es nimmt Gestalt an, wird immer größer, wächst immer tiefer in das Leben hinein.[…]

Erschöpfung, Kopfschmerzen, Schnupfen, Hitzegefühle, Kälteempfinden, Schlafbedürfnis, Hunger, Durst, Überdruss, Mangel, schlechtes Allgemeinbefinden sind nur selten eine Laune, eine Ausrede, um nicht zur Schule gehen zu müssen.

Wir sollten Achtung haben vor den Geheimnissen und Schwankungen der schweren Arbeit des Wachsens!

Wir sollten Achtung haben vor der gegenwärtigen Stunde, vor dem heutigen Tag. Wie soll das Kind imstande sein, morgen zu leben, wenn wir ihm heute nicht gestatten, ein verantwortungsvolles, bewusstes Leben zu führen?

Tretet es nicht mit Füßen, missachtet es nicht, entlasst es nicht in die Sklaverei des Morgen, hetzt es nicht, treibt es nicht an!

Wir sollten jeden einzelnen Augenblick achten, denn er vergeht und wiederholt sich nicht und immer sollten wir ihn ernst nehmen, sonst hinterlässt er schmerzliches Bedauern.

In unserer Naivität fürchten wir den Tod, wissen nicht, dass das Leben eine Folge vergehender und neu entstehender Augenblicke ist. Ein Jahr mit seinen Jahreszeiten ist nur ein schwacher Versuch, die Ewigkeit begreifbar zu machen. Ein Augenblick währt so lange wie ein Lächeln oder ein Seufzer. Eine Mutter glaubt, sie ziehe ein und dasselbe Kind groß, dennoch ist es immer ein anderes, das sie verabschiedet und begrüßt. Und auch sie ist immer eine andere.

Wir unterscheiden in unzureichender Weise die Jahre in mehr oder minder reife. Es gibt kein unreifes Heute, keine Rangordnung der Lebensalter, keine höhere und geringere Bewertung von Freud und Leid, Hoffnungen und Enttäuschungen.

Wenn ich mit einem Kind spiele oder mich mit ihm unterhalte, verknüpfen sich zwei gleichwertig reife Augenblicke seines und meines Lebens; wenn ich mit einer Schar Kinder zusammen bin, verabschiede oder begrüße ich immer ein Einzelnes für einen Augenblick durch einen Blick, durch ein Lächeln. Wenn ich ärgerlich bin, vergiftet und vergewaltigt mein böser Augenblick einen reifen, wichtigen Augenblick seines Lebens. Entsagen um des Morgens willen? Was hat es denn für Verlockungen bereit? Malen wir es ruhig in übertrieben düsteren Farben. Die Prophezeiung erfüllt sich: Das Dach stürzt ein, denn man hat das Fundament des Gebäudes nicht fest genug gefügt. „Was wird aus dem Kind, wenn es groß ist?“, stellen wir uns die bange Frage.

Wir möchten, dass unsere Kinder einst vielseitiger, gebildeter sind als wir. Wir träumen von dem vollkommenen Menschen der Zukunft.[…]

Wir erlauben nicht, dass die Kinder uns kritisieren, und kontrollieren uns auch selber nicht. Von allen Sünden also gereinigt, entsagen wir dem Kampf mit uns selbst und überlassen ihn den Kindern.

Der Erzieher übernimmt beflissen das Vorrecht der Erwachsenen: nicht sich selber zu prüfen und zu überwachen, nicht eigene Vergehen zu registrieren, sondern nur die Verfehlungen der Kinder.

(Umschlagfoto der karton. Ausgabe von J. Korczak, *Wie man ein Kind lieben soll,* 11. Aufl. 1995, Vandenhoeck & Ruprecht, Göttingen)

Alles, was unsere Ruhe stört, unserem Ehrgeiz, unserer Bequemlichkeit zuwiderläuft, uns reizt und ärgert, gegen die Gewohnheiten verstößt, Zeit und Gedanken beansprucht, lasten wir den Kindern als Schuld an.
Dass es Verstöße ohne böse Absicht geben könnte, lassen wir nicht gelten.[...]
Unsere Befürchtungen, unsere Verdächtigungen, ja sogar seine Bemühungen finden tadelnde Worte: „Na, siehst du, wenn du willst, kannst du."
Immer finden wir etwas an dem Kinde auszusetzen, stets verlangen wir mehr.
Halten wir uns taktvoll zurück? Meiden wir unnötige Auseinandersetzungen? Versuchen wir, das Zusammenleben zu erleichtern? Sind nicht gerade wir diejenigen, die trotzig, nörgelig, aggressiv und launisch sind? Ein Kind erregt unsere Aufmerksamkeit, wenn es stört und Unordnung macht. Nur diese Momente gewahren wir und erinnern uns ihrer. Wir übersehen, wenn es ruhig, ernst und konzentriert ist. [...]
Böse Taten böser Kinder übertönen lautstark das Flüstern des Guten. Doch es gibt tausendmal mehr Gutes als Böses. Das Gute ist stark und standhaft. Es ist nicht wahr, dass man Kinder eher verderben als zum Guten führen kann.[...]
Wir fordern Achtung vor ihren hellen Augen, glatten Stirnen, ihren Bemühungen, ihrem Vertrauen in die Zukunft. Warum sollte ihnen weniger Achtung gebühren als den erloschenen Blicken, den gerunzelten Stirnen, den grauen Haaren, der gebeugten Resignation?
[...] Eine neue Generation wächst heran, eine neue Welle erhebt sich. Sie kommt mit Fehlern und Vorzügen; lasst uns die Voraussetzungen schaffen, dass sie bessere Menschen werden können. [...] Wir sind keine Wundertäter – wir wollen aber auch keine Scharlatane sein. Entsagen wir also der trügerischen Sehnsucht nach vollkommenen Kindern.
Nehmt euch in Acht: der starke brutale homo rapax bestimmt das moderne Leben; er diktiert die Verhaltensweisen. Seine Zugeständnisse an die Schwachen sind eine Lüge, unehrlich ist die Ehrerbietung für den Greis, die Gleichberechtigung für die Frau und das Wohlwollen für das Kind.
Obdachlos irrt das Gefühl umher – ein Aschenbrödel. Kinder jedoch – in ihrem Empfinden sind sie Königskinder, Dichter und Weise. Wir sollten Achtung haben, wenn nicht gar Demut, vor der hellen, lichten, unbefleckten, seligen Kindheit.

(Janusz Korczak, Das Recht des Kindes auf Achtung [1928,1929], in: Janusz Korczak, Das Recht des Kindes auf Achtung [Hrsg. Elisabeth Heimpel, Hans Roos], Göttingen 1994, S. 25ff.)

1. Vergleiche die Aussage von Kant: ‚Der Mensch kann nur Mensch werden durch Erziehung. Er ist nichts, als was Erziehung aus ihm macht' mit der von J. Korczak 1899 getroffenen Aussage: ‚Kinder werden nicht erst zu Menschen – sie sind schon welche. Ja! Sie sind Menschen, keine Puppen. Man kann ihren Verstand ansprechen – sie antworten uns; sprechen wir zu ihren Herzen – fühlen sie uns. Kinder sind Menschen; in ihren Seelen sind Ansätze all der Gedanken und Gefühle, die wir besitzen. Also gilt es, diese Ansätze zu entwickeln, ihr Wachstum behutsam zu lenken.'
(Aus: Janusz Korczak, Von der Grammatik und andere Pädagogische Texte, Heinsberg 1991, S.105)
2. Spinnwebanalyse:
Eine Fragestellung/ein Problem wird in die Mitte eines Blattes Papier geschrieben. Danach sammelt die Gruppe die direkten Ursachen des Problems. Diese werden in Kreisen um das Problem herum festgehalten (Ursachen erster Ordnung). Als nächster Schritt werden die direkten Ursachen der eben gefundenen Ursachen ausgemacht und wiederum festgehalten (Ursachen zweiter Ordnung), diese Ursachen werden wiederum auf ihre Entstehungsbedingungen zurückverfolgt (Ursachen dritter Ordnung),... .
So entsteht ein Ursachengeflecht, das vielfältige Querverbindungen aufweist und vielleicht auch einige der Hauptursachen nennt.
(Nach: Günther Gugel, Handlungsmodelle und Methoden für politisch-soziales Lernen in Schule und Lehrerfortbildung, Landesinstitut für Schule und Weiterbildung NRW, Soest 1994, S. 98ff.)
Erstellen Sie eine Spinnwebanalyse zu der Frage:
„Warum ist es schwierig, eine ‚Pädagogik der Achtung' zu praktizieren?"

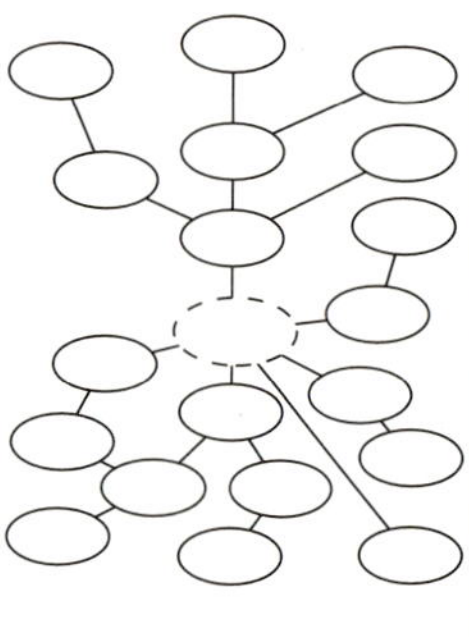

Eine demokratische Lebenswelt gestalten

Janusz Korczak war ein pädagogisch-literarischer Erzähler, aber vor allem ein Praktiker. Er versuchte durch entsprechende Einrichtungen seine Erziehungsvorstellungen umzusetzen (vgl. Sie dazu auch die Beispiele aus dem Abschnitt ‚Pädagogische Anwendung').

Das Recht, so zu sein, wie man ist, erfordert im Zusammenleben einer Gemeinschaft demokratische Regelungen zum Schutze aller. Korczak entwickelte dafür ein eigenes Gesetzbuch und ein Kameradschaftsgericht, vor dem sich nicht nur die Kinder, sondern auch die Erzieher rechtfertigen mussten.[…]
Korczak hatte zu Beginn seiner Erziehungstätigkeit die Beobachtung gemacht, dass innerhalb der Zöglingsschar typische Hierarchien ausgebildet waren, nach denen ungebrochen das Recht des Älteren über die Jüngeren, der Starken über die Schwächeren galt. Es mangelte ihnen durchaus an gegenseitiger Achtung. Daher bemühte Korczak sich darum, Gleichberechtigung nicht nur gegenüber den Erwachsenen (Erzieher und Personal) herzustellen, sondern auch in den Reihen der Kinder. Gelernt werden sollten demokratische Verhaltensweisen, um die Rechte jedes Einzelnen in der Gemeinschaft zu schützen.
Als Erstes wurde zu diesem Zweck das so genannte Kameradschaftsgericht gegründet. Hier konnte jedes Mitglied der Waisenhausgemeinschaft, das glaubte, Unrecht oder Missachtung erfahren zu haben, bei Gericht eine Anklage gegen den mutmaßlichen Täter erheben. Man konnte sich auch selbst anzeigen. Richter waren die Kinder. Dabei machten alle wichtige Erfahrungen: Sowohl als Kläger wie auch als Angeklagte und Richter entwickelten Kinder und Erzieher Sensibilität für Missachtung und das Bewusstsein der eigenen Würde! Sie erkannten, dass „Prüfstein für die Wichtigkeit eines Falles die Widerwärtigkeit ist, die man selbst erlebt und das Gefühl erlittenen Unrechts, das der Klageführende hat. Warum ist die zerbrochene Fensterscheibe eine wichtige Angelegenheit, und die Zerstörung des privaten Eigentums eines Kindes soll eine ‚Dummheit' sein? Ist Betrug im Spiel um Kastanien nur deswegen keine strafwürdige Unredlichkeit, weil es um Kastanien und nicht um Geld geht?" (WL S. 346f.)
Jedes Mitglied der Gemeinschaft hat „ein Recht darauf, dass seine Angelegenheit ernsthaft und gebührend bedacht wird." (WL S. 304)
Das Gericht diente somit als Forum, auf dem man sich um gegenseitiges Verstehen bemühte; auf dem man bestrebt war nachzuvollziehen, warum ein Kind oder ein Erzieher so oder so gehandelt hatte. Aufgabe des Gerichtes sollte sein, „Recht und Ordnung zu wahren und dafür zu sorgen, dass der Erzieher nicht gezwungen wird, wie ein Hirt oder Pferdeknecht mit Knüppel und Geschrei Gehorsam zu erzwingen, sondern ruhig und verständig, gemeinsam mit den Kindern, erwägen, beraten und beurteilen kann, mit den Kindern, die oft besser wissen, wer Recht hat, oder auch, inwieweit einer nicht Recht hat. Aufgabe des Gerichtes ist es, wilde Szenen durch Gedankenarbeit zu ersetzen, Zornesausbrüche in pädagogische Einwirkungen zu verwandeln." (WL S. 339)
Seine Urteile fällte das Gericht auf der Grundlage des Gesetzbuches des Waisenhauses. Dies war kein gewöhnliches Strafgesetzbuch. Es gab dort 109 ausformulierte Paragraphen und viele Leerstellen für spätere Ergänzungen. Die Paragraphen waren in der Mehrzahl keine Strafparagraphen, sondern Paragraphen des Verzeihens. „Wenn jemand etwas Böses getan hat, so ist es am besten, ihm zu verzeihen", lautete die Devise.
Das Gericht, wie alle anderen fantasievoll entwickelten Hilfsmittel zur Einübung in Verstehen, Achtung und Demokratie, prägte Korczaks eigene Vorstellungen von einer angemessenen Pädagogik entscheidend. Er schrieb: „Ich selbst habe mich im Verlaufe eines halben Jahres fünfmal dem Gericht gestellt. Einmal, weil ich einem Jungen eines hinter

die Ohren gegeben hatte, einmal, weil ich einen Jungen aus dem Schlafsaal hinausgeworfen hatte, einmal wegen Beleidigung eines Richters und einmal, weil ich ein Mädchen des Diebstahls beschuldigt hatte. In den ersten drei Fällen erhielt ich §23, im vierten §71, im letzten §7. [Die genannten Paragraphen des Kollegialgerichts lauten: §7: Das Gericht hat die Benachrichtigung über dieses Verschulden zur Kenntnis genommen; §23: Das Gericht meint, dass A den B nicht beleidigt hat; §71: Das Gericht verzeiht, denn A bedauert es, dass er so gehandelt hat (WL S. 312f.)] Jedes Mal legte ich eine umfangreiche schriftliche Aussage vor. Ich behaupte mit aller Entschiedenheit, dass diese wenigen Fälle Grundstein meiner eigenen Erziehung zu einem neuen ‚konstitutionellen' Pädagogen waren, der den Kindern kein Unrecht tut, nicht, weil er sie gern hat oder liebt, sondern weil eine Institution vorhanden ist, die sie gegen Rechtlosigkeit, Willkür und Despotismus des Erziehers schützt." (WL S. 353)

Die Pädagogik der Achtung lebt also nicht nur von der liebenden und wohlwollenden Respektierung der Rechte des Kindes, sondern sie ist auch angewiesen auf eine „konstitutionelle" (gesetzliche) Ordnung zur Einübung und Sicherung dieser Rechte.

Dass dieses kein einfacher Weg ist, zeigt sich z. B. an den vielen Veränderungen, die das „Gerichtswesen" im Laufe der Probezeit erfuhr. Nach anfänglicher „Prozesssucht" vieler Kinder wurde das Kameradschaftsgericht für vier Wochen ausgesetzt, um dann mit neuen Elementen wie dem „Gerichtsrat" erneut eingesetzt zu werden.

Nach ca. zweieinhalb Jahren wurde auch ein Kinderparlament eingeführt. Seine Aufgabe war es, das Gesetzbuch weiter auszuführen, die vom Gerichtsrat beschlossenen Gesetze zu bestätigen oder abzulehnen. Durch die anfänglichen Erfahrungen mit dem Gericht ging Korczak diese Sache sehr vorsichtig an. Der rechte Umgang mit der Freiheit musste schrittweise gelernt werden.

Dennoch – trotz der Rückschläge auf dem Weg zur Demokratie schreibt Korczak 1918: „Ich weiß, das Gericht ist notwendig, und in fünfzig Jahren wird es keine einzige Schule und keine pädagogische Anstalt geben ohne ein Gericht." (WL S. 332)

Anmerkung: Der abgekürzte Literaturhinweis WL bedeutet: Janusz Korczak, Wie man ein Kind lieben soll, Göttingen 1967 (Aus: Friedhelm Beiner, Wer kann Erzieher sein, ..., in: Lothar Kunz [Hrsg.], Einführung in die Korczak-Pädagogik, Beltz, Weinheim und Basel 1994, S. 93ff.)

Ein Beispiel aus dem Tagebuch der Bursistin Sara Bibermann von ihrem ersten Arbeitstag zeichnet noch einmal ein Bild dieser Einrichtung:

„Das war so: Um ein Uhr nachmittags hatte ich im Saal Aufsichtsdienst. Damals war ein bewölkter Tag. Die Kinder spielten im Saal, und die älteren Jungen spielten Ball auf dem Hof. Plötzlich hörte ich einen Knall. Ich wusste nicht, was geschehen war, aber später merkte ich, dass eine Scheibe zerbrochen war. Ich war erschüttert, dass es dazu während meines Aufsichtsdienstes gekommen war. Ich lief schnell auf den Hof, und sofort nahm ich den Jungen den Ball weg. Die reagierten so, dass sie ohne mit mir darüber zu reden, was passiert war, in den Saal liefen, wo sich die Liste der ‚Angelegenheiten' und Beschwerden befand und schrieben ihre Beschwerde über mich auf, weil ich ihnen den Ball weggenommen hatte. Eines der älteren Mädchen merkte, dass ich wegen des Verhaltens der Jungen sehr bewegt war und kam auf mich zu. Sie war mit dem im Haus existierenden Rechtskodex vertraut und erklärte mir, dass ich nach diesem Kodex kein Recht hatte, den Ball wegzunehmen, sondern selbst die Beschwerde über die Jungen für das Zerbrechen der Scheibe aufschreiben sollte."

Sara Bibermann schrieb diesen Vorfall in ihr Bursistenheft und wartete auf den Kommentar von Stefa Wilczyinska oder Korczak. Korczak hat am Rand ihres Heftes angemerkt: „Sie sollen nicht der Richter des Kindes sein."

(Michael Langhanky, Die Pädagogik von Janusz Korczak, Neuwied 1993, S. 127)

1. Zwischen 1930 und 1935 besuchte Jean Piaget das Waisenhaus. Zu der Einrichtung des Kindergerichts schrieb er Folgendes:

„Die Berichte aus den Sitzungen und die Beschlüsse dieses merkwürdigen Gerichtes wurden in einer Hauszeitung veröffentlicht, die wir durch die Vermittlung einer unserer Assistentinnen kennen lernten. Es gibt nichts Faszinierenderes für einen Psychologen als dieses Dokument, das ohne Zweifel während des Krieges in Warschau zerstört wurde: Humanismus, Nachsicht und Feinfühligkeit des Urteils dieses jugendlichen Gerichts hatten etwas Rührendes und Ermutigendes. […] An dieser Stelle möchten wir betonen, dass das Problem von Sanktionen einer der subtilsten Aspekte der Moralerziehung ist und zur größten Trennung zwischen den Methoden, die einerseits auf Autonomie und Gegenseitigkeit beruhen und andererseits der autoritären Methode angehören, führen muss. Es gibt Strafen, die erniedrigen und vom Kind als ungerecht empfunden werden; umgekehrt gibt es solche, die nicht auf dem Prinzip der Bestrafung beruhen, sondern auf Vertrauen und gegenseitiger Verantwortung gründen." (Jean Piaget, zit. n. Michael Langhanky, Die Pädagogik von Janusz Korczak, Neuwied 1993, S. 128)

Michael Langhanky nennt diesen Aspekt den ‚Diskurs der wechselseitigen Verantwortung'. Erläutern Sie diese Kennzeichnung.

2. Diskutieren Sie die Vor- und Nachteile eines konstitutionellen Organs der Rechtsprechung ähnlich dem des Kindergerichts des ‚Dom Sierot' an Ihrer Schule.

Pädagogik der Achtung: Die Rechte der Kinder

In seinem Buch: ‚Wie man ein Kind lieben soll' (Göttingen 1995, S. 40) fordert Janusz Korczak drei Grundrechte für Kinder ein: „Ich fordere die Magna Charta Libertatis, als ein Grundgesetz für das Kind."

Der folgenden Übersicht können Sie die Formulierung dieser Grundrechte und weitere Interpretationen entnehmen:

Konstitutionelle Grundlagen der Pädagogik der Achtung nach Korczak

Das Recht des Kindes auf Achtung:
Achtung als wechselseitiger Vorgang:
Respektierung des Kindes durch den Erwachsenen – lehrt das Kind, andere Menschen zu achten.

Das Recht des Kindes auf seinen Tod	Das Recht des Kindes auf den heutigen Tag	Das Recht des Kindes , so zu sein, wie es ist
„Aus Furcht, der Tod könnte uns das Kind entreißen, entziehen wir es dem Leben; um seinen Tod zu verhindern, lassen wir es nicht richtig leben." (WL S. 44)	„Wir sollten auch die gegenwärtige Stunde achten, den heutigen Tag. Wie soll es morgen leben können, wenn wir es heute nicht bewusst, verantwortungsvoll leben lassen?" (RA S. 29)	„Kinder werden nicht zu Menschen, sie sind es schon. Ja! Sie sind Menschen, keine Puppen. Man kann ihren Verstand ansprechen – sie antworten uns; sprechen wir zu ihren Herzen – fühlen sie uns." (VG S. 105)

Förderung von Selbstständigkeit und Selbstbestimmung; impliziert die Forderung nach

- Spielraum für eigene Erfahrungen, die prinzipiell risikobehaftet sind
- Möglichkeiten zur Welt- und Selbstentdeckung
- Möglichkeiten zur Willensausübung und zum Willenstraining
- Möglichkeiten, Erfahrungen „am eigenen Leibe“ zu machen
- Anerkennung des Rechts auf Fehler und Misserfolge

Betonung des absoluten Wertes der Kindheit; impliziert die Forderung nach

- Gleichberechtigung des Stadiums der Kindheit gegenüber dem Erwachsensein in Familie und Gesellschaft
- Zubilligung der spezifischen Kinderperspektive, spezifischer Bedürfnisse und Wünsche im Hier und Jetzt (z.B. Bedürfnis nach Spiel, nach kindgemäßer Beantwortung von Fragen etc.)
- Zubilligung altersadäquater Rechte und Pflichten

Förderung von Individualität und Identität; impliziert die Forderung nach

- Abbau eines überhöhten „Kindheitsideals“
- Recht des Kindes auf „Mittelmäßigkeit“
- Berücksichtigung von Veranlagung und Erziehungsmilieu als wichtige Erziehungsdeterminanten
- freien Entfaltungsmöglichkeiten, aber mit Rücksicht auf soziale Bezüge, Bedingungen, Ansprüche
- Gewährung eigener Ziele und Positionen

Recht auf demokratische Institutionen für das Gemeinschaftsleben: Parlament, Kollegialgericht, Betreuungskommissionen, Privateigentum, öffentliche Meinungsäußerung...

Anmerkung: Die Abkürzungen bedeuten:
Aus: Janusz Korczak,

RA: Das Recht des Kindes auf Achtung, Göttingen 1970
WL: Wie man ein Kind lieben soll, Göttingen 1967
VG: Von der Grammatik und andere pädagogische Texte, Heinsberg 1991

(Friedhelm Beiner, Wer kann Erzieher sein, ..., in: Lothar Kunz [Hrsg.], Einführung in die Korczak-Pädagogik, Beltz, Weinheim und Basel 1994, S. 98, 99)

1. Interpretieren Sie die drei Grundrechte für Kinder als kritische Korrektive gegen spezifische erzieherische Grundeinstellungen und diskutieren Sie die Notwendigkeit solcher Korrektive. Vergleichen Sie auch noch einmal die Ausführungen Janusz Korczaks zu Beginn dieses Abschnitts.
2. Aus den von Janusz Korczak formulierten Rechten für Kinder ergeben sich Folgerungen für das Erzieherverhalten / die Einstellung von Erzieherinnen und Erziehern. So schrieb J. Korczak 1924: „Der Erzieher ist nicht verpflichtet, Verantwortung für die entfernte Zukunft auf sich zu nehmen – aber er ist voll verantwortlich für den heutigen Tag.“ (Aus: Janusz Korczak, Verteidigt die Kinder!, Gütersloher Verlagshaus, Gütersloh 1992, S. 17)
Nehmen Sie Stellung zu dieser Aussage und diskutieren Sie weitere Folgerungen.
3. Versuchen Sie Beispiele für ‚demokratische Institutionen für das Gemeinschaftsleben‘ zu finden, die dem Ansatz J. Korczaks entsprechen würden. Sind diese Beispiele Ihrer Meinung nach Utopien?
4. Diskutieren Sie die Kennzeichnung ‚Pädagogik der Achtung‘ für die Erziehungsauffassung Janusz Korczaks. Führen Sie vorher ein ‚Brainstorming‘ zum Begriff ‚Achtung‘ durch.

(Zeichnung: Hans Traxler)

Ein-Spruch

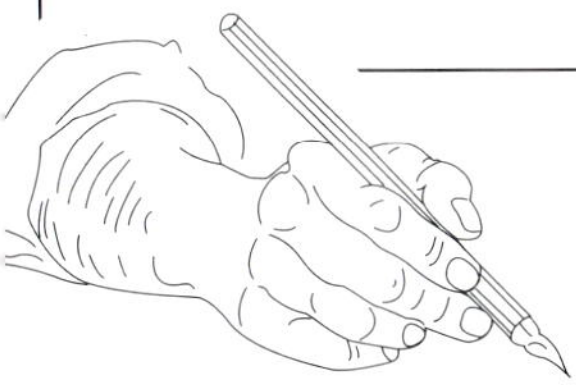

Ihr sagt: „Der Umgang mit Kindern ermüdet uns."
Ihr habt Recht.
Ihr sagt:
„Denn wir müssen zu ihrer Begriffswelt hinuntersteigen.
Hinuntersteigen, uns hinabneigen, beugen, kleiner machen."
Ihr irrt euch.
Nicht das ermüdet uns. Sondern – dass wir zu ihren Gefühlen emporklimmen müssen.
Emporklimmen, uns ausstrecken, auf die Zehenspitzen stellen, hinlangen.
Um nicht zu verletzen.

(Janusz Korczak, Wenn ich wieder klein bin und andere Geschichten von Kindern, Göttingen 1973, S. 7)

Wer sagt
was
mit welchen Mitteln
und welcher Absicht
zu wem ???

Ist das Gegenteil auch richtig?

Mein Kommentar:

Vertiefung

Der dialogische Erziehungsbegriff

Die Erziehung des Erziehers durch das Kind

Der folgende Artikel erschien 1926 in der polnischen Zeitschrift „Szkola Spejalna“.

Illusorisch und naiv ist die Meinung eines jungen Erziehers, dass er, wenn er auf die Kinder aufpasst, sie kontrolliert, lehrt, ihnen etwas beibringt, oder sie von etwas abbringt, sie gestaltet, selbst nicht unter dem Einfluss des Milieus, der Umgebung der Kinder steht, erwachsen, standhaft, also unveränderlich ist. Wer die Verantwortung für die Kinder auf sich nimmt und selbst keine kritische Einstellung gegen sich selbst hat, gerät in eine Gefahr, auf die ich aufmerksam machen möchte, um so intensiver, als die berufliche Psychohygiene der Allgemeinheit wenig bekannt ist. Bei seinen Bemühungen um das Verständnis des Menschen – des Kindes und der Gesellschaft – in einer Kindergruppe kommt der Erzieher zu wichtigen und wertvollen Erkenntnissen; wenn er nicht wachsam genug ist und die Selbsterziehung bagatellisiert, scheitert er. Durch das Kind sammle ich Erfahrungen, es hat Einfluss auf meine Anschauungen und auf die Welt meiner Gefühle; vom Kind bekomme ich Anweisungen an mich selbst, ich stelle Anforderungen, ich beschuldige mich, bin nachsichtig oder vergebe. Das Kind lehrt und erzieht. Für den Erzieher ist das Kind das Buch der Natur; indem er es liest, reift er. Man darf das Kind nicht geringschätzen. Es weiß mehr über sich selbst als ich über das Kind. Es befasst sich mit sich selber in allen Stunden des Wachseins. Ich kann es nur erraten. Deshalb ist es ein Irrtum, wenn ich versuche, seinen Nutzen und seine Mängel einzuschätzen. Es ist faul, unartig, kapriziös, lügt, stiehlt – das ist wenig positiv. Wie ist seine Meinung über sich selbst, sein Verhalten gegenüber der Gruppe und dem Erzieher; was für Erfahrungen hat es gemacht, zu welchem Kraftaufwand und zu welchen Zugeständnissen ist es fähig? Wie lange kann es etwas aushalten?[…]

Die Kinder belehren den Erzieher, aber sie tadeln und strafen ihn auch, sie schließen wieder Frieden, vergessen oder vergeben bewusst, aber rächen sich auch.

Sie hetzen einen Hitzköpfigen auf, lachen ihn aus, verdrehen ihm den Kopf und machen ihn rebellisch oder schieben einen Dummkopf vor (deshalb muss ein Unschuldiger so oft leiden). Sie fordern dickköpfig: Sei uns ein Vorbild und – ganz der Hauptforderung jeder Erziehungstheorie entspechend – gib uns ein Beispiel, nicht mit Worten, sondern mit Taten. Der Erzieher steht vor dem Dilemma: entweder beginnt er die beschwerliche, mühsame und unendliche Arbeit an seiner eigenen Unvollkommenheit, oder er verbannt – was wesentlich bequemer ist – die Theorie. […]

Den Weg zur Selbsterziehung und zum Kampf gegen dich selbst findest du, junger Erzieher, nur in dir.

(Janusz Korczak, Die Erziehung des Erziehers durch das Kind [1926], zit. nach: Das Kind neben Dir [Hrsg. Barbara Engemann-Reinhardt], Volk und Wissen Verlag, Berlin 1990, S. 29ff.)

Welche Vorstellung von Erziehung wird hier deutlich? Beziehen Sie die nachfolgenden Zitate von Janusz Korczak in Ihre Überlegungen ein und versuchen Sie eine kennzeichnende Definition zu formulieren!

- „Erzieher ist nicht, wer sich empört, wer schmollt, wer einem Kind grollt, weil es das ist, was es ist, wie es geboren ist oder wie die Erfahrung es erzogen hat. […] Man muss glauben, dass ein Kind nicht schmutzig, sondern nur beschmutzt sein kann. Ein kriminelles Kind bleibt ein Kind. Das darf man keinen Augenblick vergessen.“

(Janusz Korczak, Verteidigt die Kinder!, Goldmann Taschenbuch Verlag, Gütersloh 1978, S. 15, 16 – Original aus Szkola Specjalna, Warszawa 1927, Nr. 4)

- „Das Kind ist wie ein Fremdling …“

(Janusz Korczak, Das Recht des Kindes auf Achtung, a.a.O, S. 25)

- „Die pädagogische Arbeit ist ein Spiel auf einer blinden Klaviatur. Nicht an uns ist es zu urteilen, ob und wie viel Nutzen sie bringt.“
(Janusz Korczak w getcie. Nowe zrodla, Warszawa, S. 53, zit. nach Aleksander Lewin, So war es wirklich, Gütersloher Verlagshaus 1998)
- „Meine dreißigjährige Erfahrung hat mich in der Überzeugung gestärkt, dass ohne ihre Beteiligung eine erzieherische Arbeit undenkbar ist.“
(Janusz Korczak w getcie. Nowe zrodla, Warszawa, S. 37, zit. nach Aleksander Lewin, a.a.O., 1998)

Erziehung als Dialog

Das diesem Begriff zugrunde liegende Verb – dialegesthai – besagt, dass sich zwei oder auch mehrere Personen im Wechselgespräch gemeinsam um den logos, den Wahrheitsgehalt eines Sachverhalts, bemühen.

Ein solcher Dialog wird folglich immer dort wichtig, wo Wertorientierungen und Handlungsnormen nicht mehr fraglos von Generation zu Generation übernommen werden können, wo vielmehr argumentativ gemeinsame und insofern allgemeine Maximen für eine vernünftige statt routinemäßige Lebenspraxis erst noch gefunden werden müssen. Das dialogische Prinzip kann daher in der Erziehung immer dann Aktualität beanspruchen, wenn die vorherrschenden Erziehungstraditionen ihren allgemeinen Geltungsanspruch einbüßen und die Erziehungsaufgabe grundlegend neu durchdacht werden muss.[…]

Die „sokratischen“ Frühdialoge Platons werden heute als Anfänge und erste Höhepunkte einer „Logosbezogenen“, griechisch-humanistischen Dialogtradition angesehen, in der es zentral um die Wahrheitsfrage geht. Diesem Dialogverständnis wird dann mit Martin Buber die jüdisch-christliche Erziehungsphilosopie des Dialogischen vergleichend gegenübergestellt, die sich auf die Du-Beziehung zum Mitmenschen konzentriert und der auch Janusz Korczak zugerechnet wird. In der Perspektive dieses „Du-bezogenen“ Dialogverständnisses wird der Mitmensch als eigenständiges Gegenüber angesehen, über das nicht nach eigenem Gutdünken verfügt werden darf. Indem die Gesprächspartner vielmehr die Personalität und Freiheit des jeweils anderen anerkennen, ihn nicht nach ihren mitgebrachten Maßstäben beurteilen, um ihn darauf festzulegen, eröffnet der Dialog beiden Seiten die Möglichkeit, sich in Auseinandersetzung mit dem Du selbst zu entfalten und eine eigene Gestalt zu finden.

Die Enstehungsbedingungen beider Dialogversionen aber weisen eine gewisse Übereinstimmung auf; sie entstehen nämlich als Protest gegen die Verdinglichung und Verzweckung des Menschen als Objekt politischer Herrschafts- und wissenschaftlicher Verfügungsinteressen: Die „Logosbezogene“ Dialogvariante entsteht aus der Erfahrung des Platon-Sokrates, dass die mythische Glaubenswelt der Heroenzeit, in der die Götter für alle natürlichen und sozialen Phänomene allein verantwortlich waren, als Grundlage des öffentlichen Lebens unter der Aufklärungsarbeit der Sophisten und ihrer machtpolitischen Verzweckung des wissenschaftlichen Wissens immer mehr zerbricht. Die „Du-bezogene“ Dialogvariante wiederum findet vor allem nach der schockierenden Erfahrung der Materialschlachten des Ersten Weltkriegs in der Pädagogik größere Beachtung; denn mithilfe wissenschaftlicher Technologie wurden hier Menschen erstmals massenhaft vernichtet. Angesichts dieser Erfahrung wird mit der Forderung nach Achtung des anderen als Selbstzweck vor der Entmenschlichung des Menschen als Folge politisch-militärischer Herrschaftsansprüche und wissenschaftlich-technischer Anwendungsinteressen gewarnt. Beide Dialogversionen versuchen also, wenngleich mit unterschiedlicher Gewichtung, auf die gefährlichen Folgen wissenschaftlicher Rationalität im Dienste von Machtpolitik und Herrschaftsstreben eine kritisch-konstruktive Antwort zu entwickeln, indem sie rationales Denken und sittliches Handeln miteinander verschränken. Denn ohne Rückbindung an eine dialogische Verständigung über seinen Sinn und

Zweck wird wissenschaftliches Wissen, wie die Krisenerscheinungen in den modernen Industriegesellschaften besonders eindringlich zeigen, immer mehr zu einer Bedrohung für den Menschen als Einzelindividuum und Gattungswesen.

In diesem Problemzusammenhang von Macht und Wissenschaft aber heißt „Erziehung als Dialog", dass die Frage des richtigen Handelns weder in der wissenschaftlichen Theorie vorweg noch von den Älteren stellvertretend für die Jüngeren geregelt werden kann, dass vielmehr die Beantwortung dieser Frage der Erziehungspraxis selber überlassen bleiben muss bzw. den daran Beteiligten aufgegeben ist. In diesem Sinne hat Korczak ebenso wenig wie Sokrates eine vollständige, systematisch vorgehende Erziehungstheorie entwickelt. Ihre gemeinsame, radikale Ablehnung jedes wissenschaftlichen wie politischen Verfügungsinteresses am Menschen und ihr daraus folgendes Dialogverständnis aber haben viel mit ihrer Biografie bzw. ihrem beruflichen Werdegang zu tun. [...] Dabei sind beide zu der gleichen grundlegenden Überzeugung gekommen: Wenn über die Aufgaben und Möglichkeiten der Erziehung nicht in der Theorie verfügt werden kann, diese vielmehr nur in der Praxis selbst erfahren werden könne, dann kann die Richtigkeit des erzieherischen Handelns nicht an der Theorie, sondern nur am Handeln der Beteiligten überprüft werden. Daraus folgt für den Pädagogen, dass er das, was er in der Erziehungspraxis als wahr und richtig erkannt hat, auch mit dem Einsatz seiner ganzen Person und Existenz bestätigen muss. Nur das persönliche Zeugnis kann folglich in der Erziehung allgemeine Geltungsansprüche begründen.

In diesem Sinne hat der jüdische Arzt und polnische Schriftsteller Janusz Korczak seine glänzende berufliche Doppelkarierre aufgegeben, um sich der verwahrlosten Jugend in den Armenvierteln Warschaus anzunehmen. Als Heimleiter hat er die Kinder seines jüdischen Waisenhauses 1942 aus dem Warschauer Getto in das Konzentrationslager Treblinka begleitet und ist mit ihnen darin umgekommen, obwohl er wiederholt die Möglichkeit einer rechtzeitigen Flucht gehabt hätte.

(Herwart Kemper, Erziehung als Dialog: Anfragen an Janusz Korczak und Platon-Sokrates, Juventa Verlag, Weinheim und München 1990, S. 33 ff.)

1. Erschließen Sie sich mithilfe eines Mind-Maps die wichtigsten Aussagen des Textes.
2. Informieren Sie sich über Sokrates (Philosopieunterricht) und versuchen Sie den hier angesprochenen Vergleich zu J. Korczak nachzuvollziehen.
3. Setzen Sie sich vor dem Hintergrund des Textes mit dem folgenden Zitat auseinander:

   „Geben wir Acht, dass wir, indem wir alles erlauben, nicht um so nachdrücklicher die Willenskraft drosseln, je mehr wir den Gelüsten nachgeben. Hier schwächen wir den Willen, dort vergiften wir ihn. [...] Das kindliche ‚Gib her' und sogar nur die wortlos ausgestreckte Hand müssen auf unser ‚Nein' stoßen; und von diesem ersten ‚Du bekommst es nicht', ‚Das kann man nicht', ‚Das darf man nicht', ‚Das ist verboten' hängt ein sehr großes Stück Erziehung ab.
   Die Mutter will diese Frage beiseite schieben; sie möchte das alles – bequem und schwachherzig – lieber auf die lange Bank schieben, auf später vertagen. Sie möchte nicht wahrhaben, dass sich in der Erziehung der tragische Zusammenstoß von unbilligen, nicht realisierbaren und unreifen Wünschen mit einem auf Erfahrung beruhenden Verbot nicht vermeiden lässt, und ebenso wenig kann der noch weit tragischere Zusammenprall von zwei verschiedenen Wünschen, von zwei Rechten auf einem gemeinsamen Aktionsfeld vermieden werden. [...] Wir müssen die Grenzen seiner und meiner Rechte abstecken."
   (Aus: Janusz Korczak, Das Kind in der Familie [1914–1916], in: Janusz Korczak, Wie man ein Kind lieben soll, Göttingen 1995, S. 46,47)

4. Nehmen Sie Stellung zu folgendem Zitat:
   Lob heißt so viel wie: „Du bist so, wie ich dich haben möchte. Ich bin einverstanden mit dir. Du funktionierst in meinem Sinn. Wenn du dich in meinem Sinn verhältst, dann hast du auch nichts zu befürchten."
   Das Prinzip von Lob und Tadel verhindert den Weg, Selbstbewusstsein zu erlangen. [...] Wenn wir nicht mehr loben, dann hören wir auf, andere Menschen unseren Bedürfnissen entsprechend zu beurteilen und zu manipulieren. Wir machen uns auf den Weg, sie zu verstehen und dabei lernen wir uns selbst zu verstehen. [...] Anerkennung ist die Überwindung von Lob und Tadel. Anerkennung bedeutet, dass sich ein

Mensch am anderen Menschen erkennen kann. Ich erkenne an dir mich selbst – du bist mein Spiegel, wie ich ein Spiegel für dich bin. [...]
Wenn ich Anerkennung erfahre, erfahre ich mich selbst. Wenn ich gelobt oder getadelt werde, höre ich, wie jemand anders über mich denkt. Ich erfahre ihn. Es gibt viele Möglichkeiten, sich anderen Menschen mitzuteilen: Freude – Anerkennung – Erstaunen – Verständnis – Betroffenheit – Kritik – Sprachlosigkeit – usw. Alle Äußerungen haben aber nichts mit Lob und Tadel zu tun.

(Aus: Iris Mann, Lernen können ja alle Leute: Lesen-, Rechnen-, Schreibenlernen mit der Tätigkeitstheorie, Beltz Verlag, Weinheim/Basel, 1995[3], S. 25, 26)

5. Versuchen Sie in einem Rollenspiel das dialogische Prinzip zu verdeutlichen und diskutieren Sie die Bedeutung des dialogischen Prinzips für die Erziehung in der heutigen Zeit.

Ein-Spruch

„Wir verabschieden uns von euch und wünschen euch auf eurer langen Reise in ein fernes Land alles Gute. Diese eure Reise hat nur einen Namen und ein Ziel: euer Leben. Wir haben lange nachgedacht, wie wir uns von euch verabschieden sollten, welchen Rat wir euch mitgeben sollten. Leider können wir es mit Worten nicht ausdrücken, weil sie zu armselig und zu schwach sind. Daher können wir euch nichts mit auf den Weg geben.
Wir geben euch keinen Gott, weil ihr in eurer Seele suchen müsst mit eigenem Bemühen. Wir geben euch kein Vaterland, weil ihr dieses mit den Anstrengungen eures Herzen finden müsst und durch eure eigenen Gedanken. Wir geben euch keine Liebe zu euren Mitmenschen, weil es keine Liebe ohne Vergebung gibt und die Vergebung eine mühevolle Aufgabe ist, bei der jeder selbst entscheiden muss, ob er sie auf sich nehmen will. Wir geben euch nur eines: die Sehnsucht nach einem besseren Leben, das noch nicht existiert, das es aber eines Tages geben wird, ein Leben der Wahrheit und der Gerechtigkeit. Vielleicht wird auch die Sehnsucht danach zu Gott führen, zu einem wahren Vaterland und zur Liebe. Lebt wohl, vergesst es nicht."

Abschied von Zöglingen in Dom Sierot – Krochmalna 92. Sehr oft, wenn Janusz Korczak sich von Zöglingen verabschiedete, benutzte er diese Formulierungen.

(Zit. nach: Leon Harari, Janusz Korczak, wie ich ihn erlebte – Bericht eines israelischen Zeitzeugen, in: Lothar Kunz [Hrsg.], Einführung in die Korczak-Pädagogik, Beltz, Weinheim und Basel 1994, S. 40)

Wer sagt
was
mit welchen Mitteln
und welcher Absicht
zu wem ???

Ist das Gegenteil auch richtig?

Mein Kommentar:

Wer ist das Kind?

„Das Wichtigste in der Medizin ist die Diagnose. Der Medizinstudent untersucht ganze Reihen von Menschen, lernt erkennen, Symptome wahrzunehmen und sie zu erklären, sie zusammenzufassen und aus ihnen Schlüsse zu ziehen. Wenn die Pädagogik den von der Medizin geebneten Weg gehen will, muss sie eine Erziehungsdiagnostik ausarbeiten, die sich am Erfassen von Symptomen orientiert. Was Fieber, Husten, Erbrechen für den Arzt, das sind Lachen, Tränen, Erröten für den Erzieher. Es gibt kein Symptom ohne Bedeutung. – Man muss alles aufschreiben und sich darüber Gedanken machen, Zufälliges beiseite lassen und nach Gesetzmäßigkeiten suchen. Es geht nicht darum, sich Gedanken zu machen, was und wie man etwas vom Kind verlangt, was ‚man ihm befiehlt oder verbietet, sondern darum, was ihm fehlt und wovon es zu viel hat, was es von sich aus geben kann.“

(Aus: J. Korczak, Erziehungsmomente, Warszawa 1901, S. 1, zit. n.: Michael Langhanky, Die Pädagogik von Janusz Korczak, Neuwied/Kriftel/Berlin 1994, S. 96)

Diesen forschenden Ansatz der teilnehmenden Beobachtung charakterisiert Michael Langhanky wie folgt:

„Die Be-ob-achtung wird dabei zur vorsichtigen, Obacht nehmenden Beachtung in Achtung.“ (Aus: Michael Langhanky, Die Pädagogik von Janusz Korczak, Neuwied/Kriftel/Berlin 1994, S. 148)

Lesen Sie sich die folgenden Ausführungen von Michael Langhanky genau durch. Versuchen Sie anschließend Ihrem Nachbarn/Ihrer Nachbarin die wesentlichen Aussagen zu erklären.

Die Grundfrage in der Geschichte der Erziehungswissenschaft war das „Wie“ der Erziehung. Wie kann ein Kind erzogen werden, wie können seine Fähigkeiten entwickelt, es in seinem Tun unterstützt, es für sein Tun sanktioniert werden? Die Reformpädagogik hatte durch das Einläuten des ‚Jahrhunderts des Kindes‘ dieses „Wie“ nicht ersatzlos gestrichen, sondern an dessen Stelle die Diskussion um das „Was“ hinzugefügt. Erziehungsziele wurden diskutiert, reformiert und alt-neu entworfen. Das „Wie“ folgte auf dem Fuß. Es war und blieb die Kardinalfrage der Pädagogik.
Bis in die 70er-Jahre unseres Jahrhunderts blieb die Frage nach dem „Wie“ der Vermittlung, dem „Wie“ man ein Ziel erreicht, Dreh- und Angelpunkt in der Disskussion der Pädagogen aller Couleur. Ob es die antiautoritäre Bewegung war oder die sozialistische Erziehung, sie alle kreisten mehr oder minder um diese Frage herum.
Mit der Frage nach dem „Wie“ und dem „Was“ in der Pädagogik blieb eines dieser Wissenschaft immanent, es haftete ihr um so subtiler an, je mehr sie versuchte es abzuschütteln: Das Kind blieb weiterhin Objekt der Bemühungen der Erwachsenen, Objekt einer Wissenschaft und Erfüllungsgehilfe der erwachsenen Zielvorstellungen.
Korczak stellt an die Stelle des „Wie“ die simple Frage nach dem „Wer“. Wer ist das Kind, wer ist das Gegenüber in der pädagogischen Begegnung? Er behauptet, dass die Psychologie und die Pädagogik diese Frage keineswegs gelöst haben, sondern nur Fragmente zusammengetragen haben. […] Das Kind wird Subjekt der Begegnung, nicht Objekt der Prägung. Pädagogik wird von der Wissenschaft der Erziehung zur Wissenschaft über das Subjekt Kind. Der wesentliche Kern, der diesem Wechsel in Korczaks Pädagogik aber erst seine Sprengkraft verleiht, ist das, was Korczak als das Geheimnis des Kindes bezeichnet. Korczak geht keineswegs davon aus, das Kind durch eine genaue Diagnostik erfassen, objektiv abbilden zu können. Das Kind bleibt für ihn unergründbares Geheimnis des Lebens, dem sich Wissenschaft zwar annähern kann, das sie aber nie erfassen wird. (Michael Langhanky, Die Pädagogik von Janusz Korczak, Neuwied/Kriftel/Berlin 1994, S. 99)

1. Formulieren Sie aus der Sicht des Erziehers / der Erzieherin für die Begegnung: Erzieher/Erzieherin – Kind je drei ‚Leitfragen' beginnend mit „Wie …?" bzw. „Was …?", drei ‚Leitfragen' mit „Warum …?" (vgl. Sie auch den Themenkreis 2.1, Wabe 2) und drei mit „Wozu …?" (vgl. Sie auch den Themenkreis 2.1, Wabe 5).
   Diskutieren Sie die jeweils unterschiedlichen Konsequenzen für den Interaktionsprozess Erziehung.
2. Charakterisieren Sie die Besonderheit der Leitfrage: „Wer ist das Kind?" für die Begegnung zwischen einem Erzieher/einer Erzieherin und einem Kind (schauen Sie sich auch noch einmal die Aufmacherseite dieser Wabe an).
   Betrachten Sie in diesem Zusammenhang auch den Begriff ‚auseinander setzen'.

Pädagogische Anwendung

Beispiele aus Korczaks pädagogischer Praxis / Das System der Konstitution

Das Waisenhaus Dom Sierot war nach dem Prinzip der Selbstverwaltung aufgebaut, nur so ist es auch zu erklären, dass ca. 100 Kinder von nur zwei Personen, nämlich J. Korczak und Stefa Wilczynska, betreut und von dem Küchenpersonal versorgt wurden. Später kamen noch weitere Helfer dazu, die so genannten Bursisten, die in der Bursa, ein dem Dom Sierot angeschlossenen Ausbildungsseminar für Erzieherinnen und Erzieher, lebten.

Das Tagebuch

Im Waisenhaus wurde das Tagebuch zu einem halböffentlichen Reflexionsinstrument erklärt. Die Kinder und später, nach dem Entstehen der Bursa, die Bursisten führten Tagebücher.
Jedes Kind führte ein Notizbuch mit seinen Überlegungen, das es in seiner Schublade verwahrte, wie „ein im Archiv verwahrtes Geheimdokument." Dieses Tagebuch war aber keineswegs privates Geheimdokument, sondern Mitteilungs- und Reflexionsorgan zwischen dem jeweiligen Kind und seinem Beschützer, einem älteren Kind der Einrichtung. Jedes neu hinzugekommene Kind wurde nicht etwa von einem Erzieher in die Regeln und den Alltag des Waisenhauses aufgenommen, sondern von einem wesentlich kompetenteren Begleiter, einem Kind, bei seinen ersten Schritten beschützt. Diese „Beschützer", wie sie Ida Merzan nennt, hielten in den ersten Wochen mit ihrem Schützling ständigen Kontakt über das Tagebuch. Sie schrieben zu den Überlegungen der Neuen ihre Anmerkungen in das Tagebuch, gaben Erklärungen, spiegelten und verglichen mit ihren Ideen und Erfahrungen. In „Wie man ein Kind lieben soll" zitiert Korczak ausführlich aus einem solchen Tagebuchdialog zweier Kinder. Ein kleiner Ausschnitt daraus: Das neue Kind schreibt über seine Pläne:
„Das soll nun so sein: wenn ich von meiner Reise zurückkomme, dann heirate ich. Bitte rate mir, ob ich Dora, Helia oder Mania heiraten soll. Ich weiß nämlich nicht, wen ich zur Frau nehmen soll.
Anmerkung der Beschützerin: Dora hält dich für eine Rotznase, Helia ist sich nicht sicher und Dora hat gelacht."
Über das Tagebuch wurden die älteren Kinder zu Beratern und Erziehern, die viel dichter an der Situation des neuen Kindes waren, als es die Bursisten, Korczak oder Stefa Wilczynska hätten sein können. Sie verfügten über detaillierte Kenntnisse des Heimwehs, des Staunens und der Verunsicherung, die ein Kind nach seiner Ankunft im Waisenhaus überfiel.

In fast derselben Art führten die Mitglieder der Bursa ihre Tagebücher. Die Bursa, als eine Art Wohn-, Praxis- und Reflexionsstelle zukünftiger Erzieher geplant, war im Waisenhaus untergebracht und zur überwiegenden Zahl wohnten dort ehemalige Zöglinge des Waisenhauses. [...] Korczak hielt die Bursisten zu Notizen über ihre Praxis im Waisenhaus an und versuchte darin auszubilden. Hier sollten sie „sich im Inneren klären, das Zufällige aus den Gedanken ausspucken, in der stillsten Stille noch einmal das Gesehene und Gelesene erleben“, wie er es für sich selbst formuliert.

Stefa Wilczynska, die die „eigentliche Leiterin der Bursa war, [...] las die Tagebücher [der Bursisten], analysierte sie und schrieb Bemerkungen an den Rand.“

In ihren Erinnerungen an den ersten Dienst im Waisenhaus schreibt die Bursistin Lucja Gold: „Wir schrieben täglich am Abend einen Bericht aus unserem Arbeitstag in unser Heft. Am nächsten Tag fand ich in meinem Heft fast eine ganze Seite, die Frau Stefa geschrieben hatte.“ [...]

Josef Arnon (Halpern) schrieb 1930 mit 19 Jahren in sein Bursistenheft:

„Spiele. - Lolek, durch den Wettlauf und die Spiele aufgebraust, tritt mir versehentlich auf den Fuß. Ich bin nach einer schlechten Nacht müde und nervös und spaziere im Saal mit dem schmerzenden Bein, will mir aber nichts anmerken lassen. „Du Tölpel“, sage ich damit, „warum bist du so unvorsichtig; schau, du bist mir auf den Fuß getreten.“ Lolek blieb verlegen stehen. Ist es seine Schuld, dass er mir versehentlich auf den Fuß getreten ist? Hat er sich das verdient, was ich ihm mitteilte? Wollte er mich auf diese Weise provozieren, wie es die Kinder oft zu tun lieben? Wäre es unter anderen Umständen, wenn ich ausgeruht gewesen wäre, auch dazu gekommen? Ich schaue ihn an. Er steht abseits mit gesenktem Kopf und wortlos. Ich besinne mich. Ich ziehe ihn an mich und entschuldige mich mit einem Kuss bei ihm. Erst jetzt wird er rot, bis an die Ohrenspitzen. Er stellt sich an die Seite und sieht mich an. Erst jetzt schämt er sich. Warum? Ich reflektiere darüber: nachdem ich ihn angemuffelt hatte, entstand bei ihm nicht das Gefühl der Reue, sondern des Zorns und zugleich eine blöde Situation: was soll man jetzt machen? Aber in dem Augenblick, als ich ihn küsste und sagte „Sei künftig vorsichtiger“, verschwanden alle in ihm aufgebrochenen Gefühle. Als Reaktion kam Scham, Röte, Verlegenheit; er möchte um Verzeihung bitten, aber dessen schämt er sich schon. Es ist also meine Schuld: du sollst dich nicht ärgern.“

Das Tagebuch wurde im Alltag des Waisenhauses in der Krochmalna-Straße wichtiges Reflexionsinstrument. In ihm wurden die Chronik der Ereignisse aus persönlicher Sicht, die eigenen Schwierigkeiten und die Überlegungen über Veränderungen festgehalten. Pläne zur Umgestaltung der Arbeit oder des Alltages, Entwürfe über Neuerungen und die Unzufriedenheit mit den Ergebnissen der derzeitigen Situation wurden hier aufgeschrieben und nicht unter der „Matratze versteckt“, sondern öffentlich als Möglichkeit zur Kommunikation mit einem Gegenüber genutzt. Es gab, neben den Tagebüchern der Bursisten und der Kinder, noch das Tagebuch des Alltages im Waisenhaus. Es war eine Art Dienstbuch, wie es in vielen Einrichtungen geführt wird. Im Waisenhaus war dieses Dienstbuch aber nicht Mitteilungsorgan der Mitarbeiter untereinander, sondern eine Art öffentlicher Rechenschaftsbericht, der öffentlich zugänglich auf einem Regal stand.[...]

Korczak meinte, dass das Tagebuch durch die schlichte Notwendigkeit zur Notiz das Verhalten des einzelnen Erziehers verändern kann. Wenn ein Erzieher ein Kind schlägt und dies danach in einem öffentlichen Tagebuch notieren und begründen muss, wird er wahrscheinlich von dieser Sanktion sehr schnell Abstand nehmen. Das Tagebuch übt dabei eine Form der Selbstkontrolle aus, die es erst durch die öffentliche Auslegung oder den Dialog in den Aufzeichnungen bekommt.

(Michael Langhanky, Die Pädagogik von Janusz Korczak, Neuwied 1993, S. 112,113,116,117)

1. Ein neu aufgenommenes Kind im Waisenhaus ‚Dom Sierot‘ wurde von einem älteren Kind (‚Beschützer‘) zu Anfang betreut und mit dem Leben im Waisenhaus bekannt gemacht.
   Können Sie sich eine solche Einrichtung, dass ältere Schülerinnen und Schüler Neuankömmlinge an Ihrer Schule im Verhältnis 1:1 für eine gewisse Zeit betreuen, vorstellen?
   Wäre dies eine nahe liegende Aufgabe für die Schülerinnen und Schüler eines Pädagogikkurses?
2. Vergleichen Sie das ‚Notizbuch/Tagebuch‘ mit Ihrem Journal.
   Erörtern Sie die Führung eines Journals in der Schule.
3. Nehmen Sie Stellung: Alle Erzieher und Erzieherinnen, insbesondere Lehrerinnen und Lehrer, sollten ein ‚Tagebuch‘ schreiben.
4. Beobachten Sie sich im Kontakt mit Kindern in verschiedenen Situationen und fertigen Sie eine Notiz ähnlich der von Josef Arnon an.
   Beschreiben Sie dazu möglichst alle Details, die Ihnen auffallen.
5. In ‚Dom Sierot‘ hing ein Briefkasten, wir würden ihn heute als ‚Kummer-‘ bzw. ‚Meckerkasten‘ bezeichnen. Janusz Korczak schrieb dazu:

   „Es ist oft leichter, etwas niederzuschreiben als etwas auszusprechen. Es gibt wohl keinen Erzieher, der nicht schon Briefe mit Fragen, Bitten, Klagen, Entschuldigungen und Geständnissen erhalten hätte. Das war immer so, und der Briefkasten macht diese Gewohnheit zur ständigen Einrichtung.“ (J. Korczak, Wie man ein Kind lieben soll, a.a.O., S. 288)

   Sollte an Ihrer Schule auch ein Briefkasten aufgehängt werden?
   Könnten Sie sich vorstellen diesen als Pädagogikkurs zu betreuen?
   Oder/und können Sie sich vorstellen, dass an Ihrer Schule eine Wandzeitung mit einer ähnlichen Funktion wie das ‚Tagebuch des Alltags‘ hängt?

Das Parlament

Das Parlament (der „Sejm“) des Waisenhauses

Die Tagesdienste haben im Waisenhaus bereits eine siebenjährige Geschichte und in vielen Internaten ihre Feuerprobe bestanden. Küche, Wäscherei, Inventar, Heimpflege und Aufsicht über die jüngeren Kinder sind den Zöglingen anvertraut, wobei aus zehnjährigen Diensthabenden ein Hauspersonal im Alter von vierzehn bis fünfzehn Jahren geworden ist. Die Heimzeitung erscheint regelmäßig, das Gericht ist seit zwei Jahren ununterbrochen tätig. Wir sind herangereift, um es mit der Selbstverwaltung zu versuchen. Auf diese Weise entstand der Sejm, von dem noch nichts Bestimmtes gesagt werden kann. Der Sejm zählt zwanzig Abgeordnete. Fünf Kinder bilden einen Wahlkreis, wer vier Stimmen auf sich vereinigt, wird Abgeordneter. An der Abstimmung nehmen alle Kinder teil, Abgeordneter kann aber nur jemand werden, gegen den kein einziges Gerichtsverfahren wegen Unredlichkeit stattgefunden hat; Unehrlichen (Diebstahl, Betrug) steht das Recht auf Rehabilitation zu. Der Sejm bestätigt die vom Rat des Gerichts erlassenen Gesetze oder er lehnt sie ab. Der Sejm fasst Beschlüsse über besondere Kalendertage und billigt das Recht auf Erinnerungspostkarten zu. Wenn das Gericht bevollmächtigt ist, über die zwangsweise Entfernung eines Zöglings zu beschließen, so sollte der Sejm bestrebt sein, die Aufnahme neuer und das Ausscheiden älterer Kinder, ja auch des Personals von seiner Entscheidung abhängig zu machen. Dabei ist Vorsicht geboten. Die Befugnisse des Parlaments dürfen nur allmählich erweitert werden. Es mag ruhig zahlreiche Einschränkungen und Ermahnungen geben, aber sie sollten eindeutig und offen genannt werden. Andernfalls sollten wir keine Wahlen veranstalten, keine Spielerei mit einer Selbstverwaltung inszenieren und weder uns noch die Kinder irreführen. Denn ein solches Spiel wäre abgeschmackt und schädlich zugleich.

(J. Korczak, Wie man ein Kind lieben soll, a.a.O., S. 353, 354)

1. Können Sie sich die Einrichtung eines solchen Parlamentes an Ihrer Schule vorstellen?
   Welche Bedeutung sollte die Schülerverwaltung dabei haben?
2. Das Parlament hatte die Befugnis (§6) besondere Kalendertage einzurichten, so galt z.B. für den 22. Juni die Losung:
   ‚Es lohnt sich nicht hinzulegen. Wer will, kann die ganze Nacht wach bleiben. Bei schönem Wetter Nachtmarsch durch die Stadt.' (Aus: J. Korczak, Wie man ein Kind lieben soll, a.a.O., S. 355)
   Diskutieren Sie die Einführung solcher Kalendertage!

P Projektvorschlag zum selbstständigen Weiterarbeiten

A Einrichtungen mit dem Namen J. Korczak

In der Bundesrepublik gibt es über 60 Institutionen, die den Namen J. Korczaks tragen, daneben sind auch Straßen und Plätze nach ihm benannt.
Gibt es in Ihrer Nähe auch Einrichtungen mit dem Namen Janusz Korczaks?
Erkundigen Sie sich, warum die Namensgebung erfolgte.
Äußert sich die Namensgebung auch in dem pädagogischen Profil dieser Einrichtung?

Letzte Aufnahme von J. Korczak aus einem Meldebogen

B Janusz Korczak-Schule

Könnten Sie sich für Ihre Schule eine Namensgebung nach Janusz Korczak oder Stefania Wilczynska vorstellen? Wie würden Sie gegebenenfalls einen Antrag an die Schulkonferenz formulieren, welches pädagogische Profil müsste Ihre Schule dementsprechend vorweisen können?

C Suchen Sie eine alltägliche, möglichst aktuelle, zeitlich kurze Situation aus, in der Sie mit einer Person (Geschwister, Eltern, Verwandte, …) eine Konfliktsituation erlebt haben. Diese Situation muss nicht unbedingt ein offensichtlicher Streit sein, auch versteckte Konflikte oder Meinungsverschiedenheiten können als Anlass genommen werden.
Schreiben Sie aus Ihrer Sicht diese Situation möglichst detailliert auf und reflektieren Sie diese anschließend. Ein Mitschüler/eine Mitschülerin kann nun einen schriftlichen Kommentar zu Ihren Äußerungen anfertigen, auf den Sie wiederum antworten können. Reflektieren Sie anschließend gemeinsam, welche neuen Gesichtspunkte sich durch dieses Verfahren ergeben haben und ob Sie für zukünftige Verhaltensweisen Hinweise bekommen haben.
Eine Facharbeit zu diesem Thema könnte z.B. lauten:
Das Prinzip der Selbstreflexion: Theorie und Praxis des Tagebuchs als Selbstreflexionsinstrument.

D Im Kindergarten der evangelischen Auferstehungsgemeinde Frankfurt-Praunheim wird versucht organisatorische Konsequenzen aus dem Ansatz J. Korczaks zu ziehen. In einem von der Elternvertreterin und einer Erzieherin geschriebenen Artikel wird dies wie folgt formuliert:

Wer sich die Rechte des Kindes nach Korczak zur Grundlage seines pädagogischen Handelns macht, lässt sich mit Kindern auf eine dialogische Beziehungsebene ein. Für die Arbeit im Kindergarten heißt das:

– Die Selbstachtung des Kindes, die sich noch stark in der Entwicklung befindet, wird respektiert und gepflegt.
– Das Kind wird als gleichberechtigter Partner gegenüber dem Erwachsenen anerkannt.
– Die Autonomie des Kindes, also seine Fähigkeit zu selbstständigem Entscheiden, Handeln und Wahrnehmen seiner Befindlichkeit wird zugetraut und gefördert.

[...]

Damit die Kinder von ihren Rechten Gebrauch machen können, ist es erforderlich, die Gruppen zu öffnen und die Räume so auszustatten, dass sie für die Kinder Aufforderungscharakter haben. Unsere Räume sind wie folgt gestaltet:

– Turn- und Vielzweckraum mit dem Schwerpunkt Bewegungsbaustelle: Mit Materialien einer tatsächlichen Baustelle wie Leitern, Holzblöcken, Rohren, Brettern, Rollwagen, Kisten und vielem mehr können Kinder kreativ spielen und sich bewegen.
– Gelber Raum mit dem Schwerpunkt Bauen: Lego, Holzbausteine, Eisenbahn und viele andere Baumaterialien stehen den Kindern in einem großen Raum zur Verfügung
– Grüner Raum mit dem Schwerpunkt Malen und Werken: Werktisch, Staffeleien, Matschtisch, Holz, Papier und Farben bieten die Möglichkeit zu freiem Gestalten.
– Roter Raum mit dem Schwerpunkt Rollenspiel: Spielhaus, Puppenecke, bewegliches Podest zum Theaterspielen, großes Holzschiff zum Besteigen, großes Spielauto und etliches Spielzeug regen die Kinder zum spontanen und fantasievollen Spiel an.
– Spielstraße mit fünf Schwerpunkten: An- und Ausziehen mit Kleiderablage und Einzelfächern, Tischgruppe mit wechselnden Angeboten, Leseecke, Kinderküche mit Esstischen, Maltische für Bunt- und Wachsfarben.
– Garten mit Möglichkeiten zum Toben, Spielen, Bauen, Turnen und sich Verstecken: Sandkästen, Rutsche, Schaukeln, Wasserturm, Hütten und Berge, Wiese mit Kräuterschnecke, Urwald für geheimnisvolles Spielen.

Die Achtung vor dem Kind im Alltag umsetzen heißt, mit dem Kind zu leben. Dies aber bedeutet, die Gegenwart als die wichtigste Stunde leben und dafür Verantwortung übernehmen. Das Kind heute als gleichberechtigten Partner annehmen und mit ihm im Dialog stehen, so, wie Korczak es uns mit seiner Pädagogik ans Herz legt: „Wenn ich mit einem Kind spiele oder spreche – dann haben sich zwei gleichwertig reife Augenblicke in meinem und in seinem Leben verbunden...“ (J. Korczak, Das Recht des Kindes auf Achtung, a.a.O., S.28)

(Birgit Schmäh/Andrea Dohmen, Über die Rechte der Kinder im Kindergarten, Korczaks Pädagogik als Basis für die Konzeption einer Einrichtung, in: TPS 4/92, S. 240ff.)

Gibt es Kindergärten in Ihrer Nähe, die ein ähnliches ‚Programm‘ haben?

Hinweise

Film von Andrzej Wajda nach dem Drehbuch von Agnieszka Holland: Korczak. Im Internet sind Bezugsadressen für ein VHS-Video auffindbar.

- Christa Laird: Im Schatten der Mauer – Ein Roman um Janusz Korczak, dtv, München 1995

- Janusz Korczak, Wie man ein Kind lieben soll, Vandenhoeck & Ruprecht, Göttingen 1995

- Wolfgang Pelzer, Janusz Korczak, Rowohlt, Reinbek bei Hamburg 1994

- Peter Fauser/Henning Luther/Käte Meyer-Drawe (Hg.), Friedrich Jahresheft X, 1992: Verantwortung, Friedrich Verlag in Zusammenarbeit mit Klett, Seelze 1992

- Betty Jean Lifton, Der König der Kinder – Das Leben von Janusz Korczak, übersetzt von Annegret Lösch, Klett-Cotta, Stuttgart 1991 (4. Auflage)

Auch im Internet lohnen sich weitere Recherchen, so finden Sie z.B. unter der Adresse: http://omnibus.uni-freiburg.de/~mannes/korczak_traurig_oder_boese.html die Nachschrift einer Radio-„Plauderei“ von 1939 (aus dem Polnischen von Karin Wolff, Erstveröffentlichung: Smutny czy zly? in: „Antena“ 1939, Nr. 4 vom 28.1.).

2.3 Selbstregulierung – Die radikale Infragestellung gegenwärtiger Schule durch Alternativschulen am Beispiel „Summerhill“

(Aus: Joshua Popenoe, Schüler in Summerhill, Rowohlt, Reinbek bei Hamburg 1971, S. 44; © Hart Publ. Comp. Inc., New York; kleines Foto: G. Maciejewski, Januar 1996)

„Obwohl das Gelände übersät ist mit Hinweisen, wohin die Besucher gehen dürfen und wohin nicht – beispielsweise nicht in ein Privatzimmer, ohne eingeladen zu sein –, übergehen einige Leute diese Bestimmungen geschickt und stapfen in die Zimmer der Kinder. Manchmal wurden wir in so geistreiche Diskussionen wie diese verwickelt: Frage: „Wie lange bist du schon hier?“
Antwort: „Ungefähr acht Jahre.“ Frage: „Gefällt es dir?“
Fragen wie die letzte… ich verzichte lieber auf einen Kommentar. Gelegentlich schlugen wir auf besondere Art und Weise zurück. Wir bombardierten die Besucher manchmal mit Schneebällen oder einmal, als wir etwas frecher waren, mit Klumpen aus aufgeweichtem Toilettenpapier. Das Lustigste waren ihre Reaktionen. Normalerweise nahmen sie die Dinge gelassen hin und hielten es für eine großartige Sache, dass wir uns so ungehemmt und frei äußern konnten.“

(Joshua Popenoe, a.a.O., S. 43–45)

1. Beschreiben Sie das Bild möglichst detailliert.
2. Welchen Eindruck vermitteln Bild und Text über die Schüler und Schülerinnen in Summerhill?
3. Warum beurteilt J. Popenoe die Reaktionen der Besucher in Summerhill als „lustig“?

Einführung

In dieser Wabe werden Sie sich mit der Konzeption einer Alternativschule auseinander setzen. Schreiben Sie zunächst auf, was Sie mit dem Begriff „Alternative“ verbinden. Fertigen Sie dazu ein Mind-Map an und schreiben Sie ein 11-Worte-Gedicht.
Fertigen Sie anschließend ein Plakat an, das Ihre Vorstellungen von einer alternativen Schule bzw. Ihre Erwartungen an eine solche Schule ausdrückt.
Was könnte/sollte Ihrer Ansicht nach eine Alternative zur derzeit existierenden Praxis einer Regelschule sein?

Was ist eine „Alternativschule“?

Der Begriff der Alternative lässt sehr unterschiedliche Definitionen zu; er ist nicht mehr als ein Sammelbegriff für alle möglichen Änderungswünsche und beschreibt daher zunächst nicht viel mehr als eine weitgehend noch unbestimmte Sehnsucht, etwas grundlegend anders machen zu wollen. Gerade darin aber scheint die besondere Attraktivität und Aktualität des Begriffs in Krisenzeiten zu liegen: In seiner Unbestimmtheit lässt er individuell unterschiedliche Problemdefinitionen und -lösungen zu und vermittelt doch gleichzeitig allen, die sich auf ihn berufen, ein diffuses Gefühl der Solidargemeinschaft bzw. des gemeinsamen Widerstandes gegen gesellschaftliche Fehlentwicklungen.[…]
Aber gerade die Eigenschaft, die den „Begriff“ der Alternative in persönlichen und gesellschaftlichen Krisensituationen so attraktiv erscheinen lässt, macht ihn zur Klärung der Alternativschulszene ganz ungeeignet. Bereits die Beantwortung der Frage, welche Schulen denn eigentlich zu den „alternativen“ Schulen zu rechnen seien, stößt nämlich mangels einer klaren Begriffsbestimmung auf erhebliche Schwierigkeiten und endet rasch in scheinbar unüberbrückbaren Meinungsverschiedenheiten. Versteht man z.B. unter Alternativenschulen alle diejenigen Schulen, deren Träger in der Arbeitsgemeinschaft Freier Schulen organisiert sind, so gab es davon nach R. Winkel in der Bundesrepublik 1978 1.567 Schulen mit 365.391 Schülern. Zu diesen Schulen in freier Trägerschaft aber gehören sowohl die konfessionellen Schulen, die von der katholischen und der evangelischen Kirche unterhalten werden, als auch die so genannten Deutschen Privatschulen, die Landerziehungsheime und Freien Waldorfschulen, die gerade nicht konfessionell gebunden sind. Trotz ihrer zum Teil sehr unterschiedlichen Erziehungsziele und Unterrichtsinhalte teilen diese Schulen aber das gemeinsame Interesse an größtmöglicher Unabhängigkeit vom Staat. Dabei stehen vor allem die Schulen, denen umfassende, eigene pädagogische Konzepte zugrunde liegen, in einer jahrzehntelangen gemeinsamen Reformtradition, die bis in die Reformpädagogische Bewegung der Jahrhundertwende bzw. der Weimarer Republik zurückreicht. Daneben aber bestanden seinerzeit noch 1797 sonstige Privat- bzw. so genannte Ergänzungs- und Ersatzschulen mit 182.291 Schülern, die der Arbeitsgemeinschaft Freier Schulen nicht angehören. Bei diesen recht eindrucksvollen Zahlen über die Verbreitung „alternativer“ Schulen darf allerdings nicht übersehen werden, dass in der Bundesrepublik alle Schulen, auch die in privater Trägerschaft, entsprechend dem Privatschulrecht und dem Ersatzschulfinanzierungsgesetz staatlicher Aufsicht unterstehen und dass nur ca. 4–5 % aller Schüler nicht die staatliche Regelschule besuchen.
Demgegenüber sind neuere Alternativschulen, die sich selbst als kritische und konstruktive Antwort auf die Mängel und Fehlentwicklungen der staatlichen Bildungsreform verstehen, in der bundesdeutschen Schullandschaft nur sehr spärlich vertreten. Winkel

gibt hierzu lediglich 6 Schulen an: Die Freie Schule Frankfurt, das Grundschulprojekt Glocksee in Hannover, die Bielefelder Laborschule, die Freie Schule Essen, die Grundschule Münster-Gievenbeck sowie die Werkschule Berlin. Modell- bzw. Versuchsschulen wie die Gesamtschule oder die Oberstufenkollegs in Nordrhein-Westfalen bleiben dagegen in seiner Aufstellung unberücksichtigt. Derartige alternative Schulprojekte waren nämlich von vornherein auf eine Übernahme in das Regelschulsystem angelegt; sie können daher Winkel zufolge allenfalls als Alternativschulen auf Zeit bezeichnet werden. Dieser pragmatische Versuch Winkels, den Begriff der alternativen Schule nach Verbandszugehörigkeit der Schulträger bzw. nach dem privaten oder staatlichen Charakter der Trägerschaft zu präzisieren, mag zwar zunächst plausibel erscheinen, bleibt jedoch, wie der Autor selber anmerkt, in sich widersprüchlich. Denn dem Zuordnungskriterium der Trägerschaft zufolge wäre z. B. das Grundschulprojekt Münster-Gievenbeck, das als Ganztagsschule einen offenen, schülerorientierten Unterricht praktiziert, schulische und außerschulische Lernorte miteinander verknüpft und neben Lehrern auch Erzieher beschäftigt, eine Regelschule, nur weil es in staatlicher bzw. kommunaler Trägerschaft durchgeführt wird. Demgegenüber müsste die Marienschule in Münster als Bischöfliches Mädchengymnasium allein schon aufgrund ihrer nicht-staatlichen Trägerschaft zu den Alternativschulen gerechnet werden. Dieses Beispiel dürfte schon hinreichend deutlich machen, dass die Schulträgerschaft kein – zumindest pädagogisch – sinnvolles Zuordnungskriterium sein kann.

(Herwart Kemper, Wie alternativ sind alternative Schulen? Theorie, Geschichte und Praxis, Deutscher Studienverlag, Weinheim 1993, S. 18–20)

1. Welche Probleme zeigt H. Kemper auf, die sich mit dem Begriff der Alternativschule verbinden?
2. Einigen Sie sich in Ihrem Kurs auf eine gemeinsame inhaltliche Begriffsbestimmung.

Der erste Besuch in Summerhill

Nach den Erfahrungen dieses ersten Besuches würde ich mich sicherlich niemals um einen Platz in Summerhill beworben haben, hätte meine Schwester mich nicht ständig getreten. Das äußere Bild des Ortes entsprach überhaupt nicht meinen Vorstellungen. Der Name „Summerhill" hatte mir herrliche Wiesen und Felder mit vielen Blumen vorgespielt. In meiner Fantasie malte ich mir wunderbares, sonniges Wetter und einen Ort aus, wo nie jemand unglücklich ist. In Wirklichkeit aber sahen das Gelände und die Gebäude etwas schäbig aus – und dabei durchaus nicht abweisend, eher freundlich. Da ich ein etwas unglücklicher elfjähriger Junge mit einem leichten Minderwertigkeitskomplex wegen meiner eher bescheidenen Größe war, fühlte ich mich sehr unsicher, als ich die Schule besuchte. Ich war in einem Zustand, in dem ich jeden kleinen unglücklichen Zwischenfall tragisch genommen hätte. Und tatsächlich passierten mehrere solcher Zwischenfälle.

Zunächst war da die allgemeine Haltung der Kinder und der Lehrer uns gegenüber – überhaupt allen Besuchern gegenüber. Die Kinder nehmen entweder überhaupt keine Notiz von den Besuchern oder versuchen, Süßigkeiten oder Geld bei ihnen zu schnorren, oder verhalten sich offen ablehnend. Diese Begrüßungsart war nicht gerade ermutigend für mich; wir alle hatten das Gefühl, in ihr Privatleben einzudringen – was auch tatsächlich stimmte.

Der zweite Grund, warum ich mich fremd fühlte, war meine ordentliche Kleidung, Schlips, Sonntagshose usw., während die Kinder von Summerhill alle bequeme Jeans und

ausgebeulte Pullover trugen. Noch schlimmer war, dass fast die ganze Zeit meines Besuches über irgendein doof aussehendes Mädchen – im reifen Alter von elf Jahren sahen für mich alle Mädchen doof aus – mir dauernd folgte und mir alle möglichen lästigen Fragen stellte; beispielsweise, wer ich sei und ob ich im nächsten Trimester nach Summerhill kommen würde. Der Gipfel von allem war – ich suchte gerade meine Schwester, um ihr auf Wiedersehen zu sagen –, dass ein etwa sechzehn- oder siebzehnjähriger Junge auf mich zutrat und mich fragte, was ich hier eigentlich wolle, und mich etwas grob anfasste. Weinend lief ich fort.
Wie man sich denken kann, trugen diese Erlebnisse nicht gerade dazu bei, mir den Ort sympathisch zu machen. Dennoch glaubte ich, dass aufgrund von Janinas begeisterten Berichten doch irgendetwas an Summerhill sein müsste, und so entschloss ich mich, es für drei Monate zu versuchen.

(J. Popenoe, a.a.O., S. 9–12)

1. Schildern Sie die ersten Eindrücke des Schülers Joshua Popenoe.
2. Welchen Eindruck vermittelt Ihnen dieser kurze Bericht über die ersten Kontakte eines Schülers mit Summerhill?
3. Vergleichen Sie die Erfahrungen von J. Popenoe mit Ihren ersten Eindrücken Ihrer Schule. Was ist gleich, was ist anders?

Bilder aus Summerhill

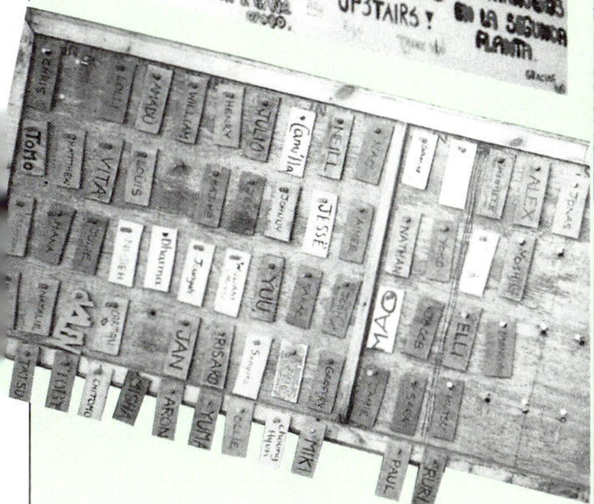

An diesem Brett können die Bewohner und Bewohnerinnen von Summerhill auf einen Blick erkennen, wo sich die einzelnen Schüler und Schülerinnen gerade aufhalten.

Der Werkraum

Zoe Readhead, die Tochter des Gründers A.S. Neill und gegenwärtige Schulleiterin, im Gespräch mit einer Gruppe von Schülern und Schülerinnen.

(Fotos: Gudrun Maciejewski, Januar 1996)

1. Stellen Sie aufgrund der Bilder Vermutungen darüber an, wie der Schulalltag in Summerhill möglicherweise aussieht.
2. Welche pädagogischen Grundsätze und Leitvorstellungen lassen sich vermuten? Bilden Sie Hypothesen.

Summerhill aus Schülersicht

Zu Beginn der Einführung haben Sie die ersten Eindrücke Joshua Popenoes über Summerhill kennen gelernt. Nach vier Jahren Summerhill kommt er zu folgender Einschätzung:

Abschließend: Die vier Jahre in Summerhill zeichneten mir ein Leben vor, wie ich es immer führen möchte. Würde jeder eine Schule wie Summerhill besuchen und nach dieser Lehre leben, bestünde die Welt nicht länger aus schablonenhaften, künstlichen Menschen, die lieber den Idealen ihres Lebens folgen als ihren eigenen. Ihre Seelen sind vergraben in den Handschuhfächern ihrer jährlich neuen, jährlich größeren und aufwändigeren Autos.
Das Kind ist das einzige Wesen auf dieser Erde, das genau weiß, was ihm am besten bekommt, und niemand hat das Recht, ihm gegenüber als Vorgesetzter aufzutreten; es wird seiner psychischen Entwicklung eher schaden als helfen. In zunehmendem Maße erkennen die Menschen allmählich diese Wahrheit. Aber unglücklicherweise haben gerade die Andersdenkenden die Macht in der Hand, und zweifellos werden noch viele Jahre vergehen, bis ein totaler Umschwung zu einer natürlichen und humanen Erziehung führt.

(J. Popenoe, a.a.O., S. 110)

1. Überlegen Sie, welche Erfahrungen zu diesem Urteil geführt haben könnten.
2. Nehmen Sie Stellung zu dem von J. Popenoe gezeichneten Bild des Kindes.
3. Haben sich durch die Beschäftigung mit dem Material aus dem Einführungsteil Fragen, Probleme oder Thesen ergeben? Halten Sie diese schriftlich fest.

Grundbegriffe und Grundthesen

Die Konzeption von Summerhill in der Praxis

Theorie, Praxis und Ende der antiautoritären Erziehung

Marks Zimmer geht nach Westen hinaus. Draußen treibt Schnee aus grauen Wolken auf eine zertretene Spielwiese. Winterluft kriecht durch die morschen Fensterrahmen. Ein Heizstrahler bricht der Kälte gerade die Spitze. Der Teekessel bläst Dampf in den Raum. Über das Bett ist eine orientalisch gewirkte Decke gebreitet. Auf dem Regal daneben stehen Bücher über Buddhismus und Bücher des okkulten Psychotherapeuten Wilhelm Reich.
Mark ist Lehrer der *house kids,* das sind die Zehn- bis Zwölfjährigen. Das Haus heißt Summerhill. Es ist die älteste antiautoritäre Schule der Welt. Vorletzte Woche, im 73. Jahr ihres Bestehens, hat ihr das englische Erziehungsministerium ein Ultimatum gestellt: „ausreichende Anwesenheit im Unterricht und größere Lernfortschritte" – oder Schließung.
Die Tür platzt auf. Drei Mädchen stürzen herein. Camilla, Jessie und Amy. „Mark, hast du'n bisschen Kleingeld für uns?"
Camilla macht sich an seinem Geldbeutel zu schaffen, fischt zwei Pfundstücke heraus. Dann hält sie ihm eine Fünfpfundnote hin. Er grapscht sie spielerisch. Sie reißt entzwei. Es ist Camillas Fünfpfundnote. „Du Vollidiot!", zieht Camilla vom Leder. „Du blöder Wichser. Du bist ja so bescheuert!"
Mark schluckt die Beschimpfungen wie Lebertran und lächelt.

„Das ist nicht witzig, du Blödmann", echauffiert sich Camilla. „Verpiss dich!"

Mark ist seit letztem Sommer in Summerhill. Ein milder junger Mann mit Goldring im linken Ohrläppchen, blauen Doc-Martens-Stiefeln und ob drinnen oder draußen – blauer Wollmütze auf dem seitlich kurzgeschorenen Kopf. Er absolvierte seine Lehrerausbildung – „liberal, kindorientiert" – am Teachers Training College in Bogor Regis, unterrichtete danach in einer verrufenen Innenstadtschule in Cardiff. Über dreißig Schüler waren in seiner Klasse, Jungkriminelle, Raufbolde, Lernbehinderte, Schwarze. „Eine unmögliche Situation", sagt er. „Es gab einfach zu viele Probleme. Ich wurde nicht fertig damit. Mein Selbstbewusstsein ging in die Brüche."

In Summerhill verdient er 6300 Pfund – etwas über 15 000 Mark – im Jahr, weniger als die Hälfte des staatlichen Lehrergehalts. Aber niemand, sagt er, übe Druck auf ihn aus. Er hat achtzehn Schüler auf seiner Liste. Sechs oder sieben, darunter Camilla, Jessie und Amy, kommen mehr oder weniger regelmäßig zum Unterricht, zwei weitere einmal die Woche. Den Rest, darunter eine Gruppe deutscher Jungen, hat er noch nie in der Klasse gesehen. Es steht jedem frei, ob er kommt oder nicht. Manchmal sitzt Mark ganz alleine im Klassenzimmer. Anfangs nahm er das persönlich. Mittlerweile hat er herausgefunden, dass es immer irgendeinen Grund gibt. Die *house kids* waren spätabends ausgerissen und hatten ein Lagerfeuer gemacht oder sie hatten die halbe Nacht Mäuse gejagt. Dann hängen sie tagsüber dösend und fernsehend auf den abgerissenen Sesseln in ihrem „Wohnzimmer" herum. Oder sie haben eben einfach keine Lust. Mittwochnachmittags leitet Mark den Theaterkurs. Die letzten zwei Wochen ist niemand aufgekreuzt. Jetzt überlegt er sich, ob er den Kurs ganz fallen lässt.

Als ordentlich ausgebildeter Lehrer hatte Mark trotz aller progressiver Erziehungstheorie anfangs hart zu beißen. Für die letzten eineinhalb Jahre gab es keinerlei schriftliche Aufzeichnungen über seine Schüler. Niemand wusste, wo sie standen. Er veranstaltete eine Quizrunde und war völlig baff über den – selbst verglichen mit der Problemschule in Cardiff – miserablen Wissensstand der Kinder.

Die Zwölfjährigen wussten weder den Unterschied zwischen einem Kontinent und einem Land noch hatten sie eine Vorstellung von der Geschichtlichkeit der Zeit. Bei der ersten Frage, die sie nicht beantworten konnte, schmiss Jessie ihren Stuhl um und rannte aus dem Zimmer. Mark hat mittlerweile gelernt, nie Fragen zu stellen, auf die sie möglicherweise keine Antwort weiß. Denn daraus könnte eine Lehrer-Schüler-Konfrontation entstehen. Und die darf es in Summerhill nicht geben.

„Man braucht viel Geduld und Selbstvertrauen, um das mitzumachen", sagt er. Vor allem, wenn die Mädchen ihn wieder einmal mit einem Schwall von Schmähungen überschütten.

Jessie ist ein nettes Mädchen, mädchenhaft-eitel, modebewusst und forciert keck. Sie überspielt wie viele Altersgenossinnen die einsetzende Pubertät durch Koketterie. Ihr Vater starb bei einem Unfall, als sie sieben Jahre alt war. Seither ist sie in Summerhill. Neben dem Seiteneingang ritzte ihre Mutter seinerzeit ihren Namen, Dane – das war falsch buchstabiert –, in den Backstein. Auch Jessies Großmutter ging hier zur Schule. In einem Buch hat „Dane" Dannë Goodsman später Summerhills soziale Struktur beschrieben: „Man kann sich die größeren Kinder als Hüter der schulischen Kultur vorstellen. Zu den *big kids* zu gehören bedeutet einen hohen Status. Das heißt im Endeffekt, dass die Kinder nicht unter der Obhut von Erwachsenen, sondern in der Obhut anderer Kinder aufwachsen."

„Soll ich dir die Schule zeigen?", fragt Jessie gewinnend und zieht ihre Freundinnen als Begleitschutz hinter sich die Treppe herunter.

„Ja, gerne."

„Okay, komm mit. Also hier, das ist unser Wohnzimmer, das Wohnzimmer für die *little*

kids. Hier an der Wand haben wir die Gesetze festgemacht, die jeder einhalten muss. Aber wir, Amy und ich, wollen jetzt in die Baracken umziehen, zu den *big kids*. Matthew will uns nicht umziehen lassen."
„Matthew?"
„Das ist unser Hausvater. Wir nennen ihn Blödmann." Amy kichert. „Es stört ihn nicht", sagt Jessie. „Er ist okay." Die Schlafzimmer der Jungen sind echte Räuberhöhlen. Ungemachte Betten, auf dem Boden verstreute Wäsche und herumliegendes Spielzeug. Die Bettgestelle alte Stahlrahmen wie in einem Feldlazarett. „Hier drinnen stinkt's immer", erklärt die Führerin die Eigenheit des anderen Geschlechts.
Das Schlafzimmer von Jessie und ihren Freundinnen ist ordentlich aufgeräumt und gelüftet. Es ist neu eingerichtet, mit Einbaubetten und Schränken aus Kiefernholz. „Die meisten Jungen", sagt Jessie, „mögen ihre alten Feldbetten lieber."
Die Schulräume sind ein Konglomerat von Baracken, Gartenlauben und Holzhütten. Eine Bretterbude, in der die Textilwerkstatt untergebracht ist, ist „völlig im Arsch". Die Hütte für Deutsch und Französisch nebenan so gut wie. Aber Fremdsprachen lernt sowieso fast niemand. Daneben ein winziger Neubau, das Klassenzimmer der *house kids*. Freundlich, hell, an der Tür hängt ein Zettel mit dem gerade bearbeiteten Thema im Umweltunterricht: „Wo geht unsere Scheiße hin?"
Ein Besuch im örtlichen Klärwerk ist geplant. Jessie hätte statt des Kacke-Themas viel lieber etwas über Beulenpest gemacht. Aber Mark ließ sie nicht. An Mark hat sie überhaupt viel auszusetzen. Er bringe immer sie und ihre Freundinnen auf den „Generalversammlungen" und „Tribunalsitzungen" zur Sprache.
Die wöchentlichen Versammlungen und Tribunale sind die gesetzgebende und rechtsprechende Körperschaft der Summerhillschen Basisdemokratie. Jeder, ob siebenjähriger Rotzbengel oder Schuldirektor, hat gleiches Stimmrecht. Übertretungen der immer wieder neu abgefassten „Gesetze" werden mit Taschengeldentzug geahndet. Jessie steht meist wegen „Belästigung anderer Schüler" am Pranger. Oder weil sie Mark eine Schwuchtel nannte.
„Ich mag ihn nicht", sagt sie. „Drum nenn' ich ihn Schwuchtel."
„Wir haben nichts gegen Homosexuelle", wirft Amy ein.
Und was die Belästigung anderer Schüler anginge, das sei eben ein großer Spaß, sagt Jessie. „Sonst ist es ja so langweilig hier. Es gibt nichts zu tun. Nur fernsehgucken oder in den Zimmern herumsitzen. Die Zimmer sind nicht richtig geheizt. Ich bin jetzt vier Jahre hier. Drei Jahre lang hatte ich Heimweh."
„Nach deiner Mutter?"
„Ja, auch. Und nach meinen Katzen."
Heimweh?
Zoe Readhead streitet ab, dass es so etwas in Summerhill gebe: „Die Kinder hier sind glücklich. Noch jedes Kind, das nur einen Vormittag lang hier war, möchte hier bleiben. Summerhill ist ein Kinderparadies!" Zoe, wie sie jeder nennt, ist die Tochter des berühmten Schulgründers A.S. Neill und jetzige Schulleiterin.
Und Langeweile?
„Langeweile ist ein ganz wichtiger Teilaspekt. Wenn einer mit sich etwas anzufangen weiß – gut. Wenn nicht, dann muss er damit umzugehen lernen."
A.S. Neill beschrieb Summerhill einmal als „wissenschaftliches Experiment. Wir enthalten uns möglichst jeder Einmischung, stellen uns daneben und beobachten, was Kinder auf sich selbst gestellt tun und lassen. Darin unterscheiden wir uns von üblichen progressiven Schulen, die ihren Gründungszweck in irgendeiner von Erwachsenen erfundenen Idealvorstellung haben."
Summerhill erwuchs 1921 aus einer internationalen Schule im österreichischen Hellerau.

Es gab dort drei Abteilungen, die Eurythmie, eine deutsche Schule und Neills Ausländerabteilung.
„Unser Zusammenleben“, schrieb Neill später, „war ein einziger Zank. Ich war ein Anhänger der Kinderpsychologie. Ich wusste nicht, was ein Kind war und was es sein sollte. Es war alles empirisch. Die Deutschen wussten von vornherein schon alles. Sie glaubten, man müsste ein Kind führen und inspirieren. Sie rauchten nicht und sie tranken nicht. Sie hingen der Wandervogel-Bewegung an und versuchten, alte Tänze und Bräuche wieder einzuführen.“
Das Streitobjekt war: „Formen oder nicht formen.“ Nach einem Jahr zog Neill nach England um. Er weigerte sich zu „formen“. Moral hatte in seiner Schule nichts zu suchen, auch keine neue Moral. Einmal kam ein Schüler von einer Privatschule zu ihm, vierzehn Jahre alt. Neill bemerkte seine gelben Finger und bot ihm eine Zigarette an. Er stammelte: „Danke, aber ich rauche nicht, Sir.“ Da fuhr Neill ihn an: „Du verfluchter Lügner!“ Er nahm eine. Er merkte, so Neill, „dass ich sein Rauchen bejahte“.
A.S. Neill war nie ein Theoretiker, eher ein pragmatischer Verfechter radikaler, schlichter Prinzipien. Selbstverwaltung, Unterrichtsfreiheit, Ablehnung moralischer oder religiöser Belehrung, ein angstfreies Schulleben. „Freiheit bedeutet“, schrieb er, „zu tun und zu lassen, was man will, solange das nicht die Freiheit anderer einschränkt. Das ist die oberflächliche Bedeutung. Auf einer tieferen Ebene streben wir nach innerer Freiheit. Freiheit von Angst, Heuchelei, Hass und Intoleranz.“

(Reiner Luyken, Theorie und Praxis und Ende der antiautoritären Erziehung. Das Beispiel Summerhill. In: Die Zeit, Nr. 10, 4. März 1994, S. 56)

1. Vergleichen Sie den Schulalltag und die pädagogische Konzeption in Summerhill und in einer Regelschule in der BRD.
2. Nehmen Sie Stellung zu den beiden Schulformen, indem Sie mögliche Vor- und Nachteile der jeweiligen Schulform diskutieren. Was gefällt Ihnen, was nicht?

Wie alles anfing – der erziehungstheoretische Hintergrund der Alternativschule Summerhill

Die Entwicklung von Neills Theorie und Praxis

Die Geschichte Summerhills beginnt zu einem Teil mit der Kritik Neills an der Erziehung in Elternhaus, Schule, Universität und dem Schulsystem und mit der Aufnahme neuer Erziehungsgedanken in den Reflexionshorizont. Sie findet ihre Fortsetzung in der gezielten Suche Neills nach einer neuen Erziehungpraxis. Wäre 1914 nicht der Erste Weltkrieg ausgebrochen, so wäre Neill möglicherweise Journalist in London geblieben. So begünstigten jedoch zwei Umstände die Rückkehr Neills in den Schuldienst, dem er bereits abgeschworen hat.
Einmal verursacht der Kriegsausbruch die Einstellung der Zeitschrift „Picadilly Magazine“ und macht ihn arbeitslos. Zum Zweiten fesselt ihn eine gefährliche Krankheit für mehrere Wochen ans Bett, sodass er nicht einrücken muss.
Beide Umstände veranlassen ihn, London zu verlassen und gegen seinen Willen wieder im erlernten Beruf zu arbeiten. So kommt er als stellvertretender Schulleiter nach Gretna Green, weil der bisherige Schulleiter in den Fronteinsatz zieht. In diesem damals recht kleinen Provinzort empfindet Neill den Mangel an Inspiration als besonders schmerzlich, sodass er sich oftmals intensiv mit Erziehungsfragen auseinander setzt, um nicht geistig zu veröden. Obgleich er dort keine wesentlichen Impulse erhält, gelingt ihm doch

der Durchbruch im Sinne einer Entscheidung: Er wird sich künftig nur noch mit Erziehung beschäftigen.
Er will nicht Soldat werden und meldet sich doch freiwillig zum Militärdienst, eine Tatsache, die im Gegensatz zur Überzeugung steht, aus Angst eigentlich dem Krieg fernbleiben zu wollen. Neill kommt zwar nicht zum Fronteinsatz, wird jedoch trotz seiner antimilitärischen Haltung Offizier. Die ablehnende Haltung gegen militärischen Drill und gegen die dort praktizierten Lebensformen zieht er als Unterscheidungskriterium heran, um zwischen Militär- und Orchesterdisziplin klar zu differenzieren.
Gerade in seine Militärzeit fällt die einflussreichste und ertragreichste Inspiration: Neill wird mit dem Gedankengut Freuds bekannt gemacht. Dabei erkennt er nicht nur, dass die moralischen Normen seiner Kindheit sein bisheriges Leben ruiniert haben, er sieht nun auch Begründungen und Wege für eine neue Erziehung. Außerdem sucht er die Nähe zu bekannten Erziehungspionieren seiner Zeit, weil er dazulernen will.
Nach seiner Genesungszeit schreibt er einen Brief an Homer Lane, weil er in dessen Schule eintreten und als Lehrer arbeiten möchte. Doch als er die Schule geschlossen findet und Lane krank in London weilt, entschließt er sich für den zweitbesten Weg: Neill geht an die King-Alfred-School nach Hampstead, einmal, weil sie für die damalige Zeit als eine der fortschrittlichsten Reformschulen gilt, zum anderen, weil Neill möglichst nahe an London bleiben will.
An dieser Schule erlebt er jedoch eine große Enttäuschung. Die freiheitliche Atmosphäre empfindet er als unecht, und der Schulleiter entpuppt sich nicht als Erziehungspionier, sondern als Moralist. Als Neill dagegen aufbegehrt, muss er die Schule verlassen, denn dort ist weder für eine freiheitliche noch für eine die Schülermitbestimmung praktizierende Pädagogik Platz, weil Schulleiter und Lehrerkollegium eine moderne Erziehung dieses Zuschnitts nicht wünschen.
Neben dem Studium der Schriften Freuds wird Homer Lane künftig zur persönlichen Einflussquelle, während Wilhelm Reich erst später dazukommt:
„Ich hatte angefangen, mich von Lane analysieren zu lassen und war oft Gast in seinem Haus. Was er über Freiheit sagte, war das Evangelium, nach dem ich gesucht hatte – eine wissenschaftliche Grundlage für das vage Sehnen, das in ‚A Dominie's Log' zutage tritt."
Zwei weitere Ereignisse sind kennzeichnend für den fortschreitenden Prozess der argumentativen Absicherung seiner Erziehungsgedanken.
Offenbar unter dem Einfluss Freuds und durch den Tod der eigenen Schwester bedingt, auf die er fixiert ist, befreit er sich zunehmend von den bisher bestehenden Bindungen an das Elternhaus und versöhnt sich mit dem eigenen Vater, wie er ausdrücklich hervorhebt.
Nach dieser geistig-seelischen Befreiung und Befriedung und der Anerkennung des väterlichen Über-Ich wird Neill offen für neue Impulse.
In London lernt er das Ehepaar Ensor kennen, welches sich der Theosophie Rudolf Steiners angeschlossen hat und dessen anthroposophisches Gedankengut in der von den Ensors herausgegebenen Zeitschrift „New Era" Verbreitung findet. Ihnen schließt sich Neill an und lernt so neben der Psychologie Freuds in der Interpretation von Lane Teilideen Steiners kennen und schätzen. Vor allem die Eurhythmie wird für Neill zu seinem wichtigsten Unterrichtsfach in Dresden-Hellerau, wo er wenige Jahre später eine internationale Schule mitgründet. Er teilt die Ansicht Steiners, dass muskuläre Verkrampfungen durch Eurhythmie zu lösen seien, weshalb er später in Summerhill großen Wert auf Tanzveranstaltungen legen wird. Er kritisiert jedoch an Steiners Eurhythmievorstellungen bald den Zwang zu geordneten und widernatürlichen Bewegungsabläufen, weil in den Waldorf-Schulen eine humorvolle, kindgemäße Atmosphäre fehle. Neill spürt, dass

die Anthroposophie durch ihre Ernsthaftigkeit die eigene Position überbewertet, und er sieht sein eigenes Freiheitsverständnis durch sie daher nicht entsprechend repräsentiert. Die Distanzierung fällt ihm in dem Augenblick leicht, als er erkennt, dass Steiner ein vorgegebenes Menschenbild vom Edukanden hat, weshalb er sich von der traditionellen „Charakterbildnerei“ nicht unterscheidet. Neill überwirft sich aus diesem Grund auch mit Mrs. Ensor und geht deshalb aus London fort.

Durch sein erstes Buch auf sich aufmerksam gemacht, erhält Neill Einladungen. Vorerst holt er für Mrs. Ensor jedoch noch österreichische Kinder in Holland ab, die an den freiheitlichen Schulen in England erzogen werden sollen. Dann folgt er einer Einladung der Gesellschaft für Neue Erziehung nach Calais und fährt nach der Kontaktaufnahme mit führenden Reformpädagogen Europas weiter nach Salzburg, wo er auf einem internationalen Frauenkongress einen Vortrag hält. Dort lernt er weitere reformerisch denkende Persönlichkeiten kennen. Die nächste Etappe dieser überaus hektischen Innovationsphase seines Lebens ist dann Hellerau, ein Vorort Dresdens, wo Neill zusammen mit Freunden aus aller Welt die freie internationale Schule Dresden nach den Grundsätzen des Reformpädagogen Dalcroze neu begründet, wobei er unter dem Einfluss Steinerscher Auffassungen die Auslandsabteilung leitet.

Neill bezeichnet diese Phase seines Lebens als die aufregendste. Sie dient zugleich der Abklärung und Relativierung seiner eigenen Erziehungsideen und der Inspiration durch die dort lehrenden Erzieherpersönlichkeiten. Das deutsche Erziehungssystem kann ihm jedoch keine weiteren, neuen Impulse vermitteln.

Neill experimentiert mit und orientiert sich an den Reformideen in Deutschland, bleibt jedoch darauf bedacht, eigenständig und original zu denken. Während er in der Eurhythmieabteilung bereits Vorträge über Freuds Psychologie hält, kommt er sich im Vergleich zum Bildungsstand der übrigen Hellerau-Erzieher grenzenlos unwissend vor, weil die Diskussionen auf einem sehr hohen Niveau geführt werden. Andererseits stoßen ihn die Gedanken der Arbeitsschule, der Bürokratisierung im Bildungswesen und der ideologische Ernst der Lehrerschaft ab, wobei in Deutschland um das Jahr 1920 bereits ein deutlicher Antisemitismus deutlich wird, ferner die deutsche Gründlichkeit und zunehmende revolutionäre Tendenzen.

Als 1923 in Sachsen die Revolution ausbricht, siedelt Neill mit seiner Eurhythmieabteilung und mit den sich ihm anschließenden Lehrkräften von Hellerau auf Schloss Laxenburg, vier Bahnstunden von Wien entfernt, über. Das Schloss liegt in malerischer Berglandschaft auf einem Berggipfel, daneben die Wallfahrtskirche.

Neill beschreibt die fanatische Gläubigkeit der katholischen Bauernschaft und wird durch deren Verhalten darin bestärkt, dass Österreich trotz der Attraktivität von Landschaft und Klima auf die Dauer nicht das Aufenthaltsland für eine freie Schule sein kann. Die repressive Sexualmoral der Bevölkerung und der Erlass des österreichischen Erziehungsministeriums, dass an jeder Schule in Österreich Religionsunterricht zu erteilen sei, macht ihm den Entschluss leicht, nach England zurückzukehren. Seit dieser Zeit gehört seine größte Aversion dem Katholizismus, den er neben den beiden „niederträchtigen Schwestern“ Kommunismus und Kapitalismus zu den größten Gefährdungen für die freie Menschheit zählt.

Von allen Staaten, die er künftig bereisen wird, kann keiner den Vergleich mit England aufnehmen. Es gilt ihm als das freieste Land der Welt, weil ihm dort das Erziehungsministerium mit großzügiger Toleranz begegnet und auch bei den Inspektionen in Summerhill sich die Vorschriften in Grenzen halten.

Nach der Übersiedlung nach England zum Ende des Jahres 1924 mit fünf Schülern und der Frau eines bayerischen Augenarztes, die Neill 1925 als seine erste Frau heiratet, mietet er sich in Lyme Regis in der Grafschaft Dorset nicht weit vom nun geschlossenen

„Little Commonwealth" Homer Lanes entfernt ein Haus, welches er Summerhill nennt, obwohl das Land dort völlig flach ist. Die österreichische Landschaft wirkt in ihm immer noch nach, und Neill bedauert die ungünstigeren Klimabedingungen in England.

Im Jahre seiner Heirat kommt er erstmals mit dem Philosophen Bertrand Russell zusammen, der selbst eine freie Schule gründen möchte und mit dem ihn lebenslange Freundschaft verbindet. Auch erste Lehrer werden nach der Zunahme der Schülerzahl eingestellt. Weil jedoch das Klima sich ungünstig auf den Appetit der Kinder auswirkt, zieht Neill nach dem Auslaufen des Mietvertrages mit seiner Frau, den beiden weiteren Lehrern und mit 27 Kindern an die Ostküste Englands, nicht sehr weit von London entfernt. Er kauft in der Nähe von Leiston, einem kleinen englischen Landstädtchen, ein großes Haus auf einem Grundstück von 45000 m^2 für 3250 Pfund Sterling, wozu er nur durch die Aufnahme einer großen Hypothek in der Lage ist. Bis heute ist dieser Standort (bis auf die Auslagerung während des Zweiten Weltkriegs) der Sitz der Schule Summerhill geblieben. Von 1927 bis zu seinem Tode publiziert Neill nun laufend die Ergebnisse seiner Beobachtungen und Erfahrungen.

(Hans Hartmut Karg, Erziehungsnormen und ihre Begründung in der Pädagogik von A.S. Neill, Haag und Herchen, Frankfurt am Main 1983, S. 59–65)

1. Vollziehen Sie die Entwicklung der Schule Summerhill und der in ihr wirksamen Leitideen nach.
2. Inwiefern könnten persönliche Erlebnisse Neills Pädagogik beeinflusst haben?

Das Prinzip der Selbstregulierung

Überlegen Sie zunächst selbst, was Sie unter dem Begriff „Selbstregulierung" verstehen. Halten Sie eine mögliche Definition schriftlich fest.

Das freie Kind

Es gibt so wenig Kinder, die nach eigenen Gesetzen leben dürfen, dass jede Beschreibung nur ein Versuch sein kann. Beobachtet man solche Kinder, so weisen sie auf den Beginn einer neuen Kultur hin, deren Beschaffenheit eine radikalere Veränderung aufweist als jede neue Gesellschaft, die von den politischen Parteien versprochen wird. Freie Verfügung über sich selbst schließt ein, dass man die menschliche Natur für gut hält und nicht daran glaubt, dass es Erbsünde gibt oder jemals gegeben hat.[…]

Wahrscheinlich würde in einer Gemeinschaft von frei über sich verfügenden Kindern kein Kind hervorstechen. Niemand würde ermutigt, sich aufzuspielen. Und es gäbe auch nicht jene Eifersucht, die andere Kinder zeigen, wenn sie sich einem Kind gegenübersehen, das von ihren Hemmungen frei ist.

Verglichen mit ihrem Freund Ted war Zoe als kleines Mädchen geschmeidig und frei in ihren Bewegungen. Wenn man sie aufhob, dann war ihr Körper entspannt wie der eines Kätzchens. Der arme Ted hob sich wie ein Sack Kartoffeln. Er konnte sich nicht entspannen. Alle seine Reaktionen waren defensiv, leisteten Widerstand. Er hatte in jeder Hinsicht eine lebensfeindliche Einstellung.

Ich prophezeite, dass autonome Kinder nicht diese unangenehme Phase durchlaufen werden. Ich sehe keinen Grund dafür. Denn wenn sie nicht das Gefühl haben, unter Zwang ihrer Eltern zu stehen und in ihrer Entfaltung gehindert zu werden, dann sehe ich nicht ein, warum sie später gegen sie rebellieren sollten. Selbst in einem halbfreien Heim ist die Gleichberechtigung von Eltern und Kindern so groß, dass das rebellische Ringen der Kinder um ihre Freiheit gar nicht erst aufkommt.

Leben nach eigenen Gesetzen, das ist das Recht des Kleinkindes auf freie Entfaltung, ohne äußere Autorität in seelischen und körperlichen Dingen. Das Kind bekommt zu essen, wenn es hungrig ist, es wird selber sauber und nur, weil es dies wünscht, es wird weder angebrüllt noch geschlagen, sondern immer geliebt und beschützt.

All das klingt einfach, natürlich und schön, doch ist es erstaunlich, wie viele Eltern, die von der Idee begeistert sind, sie missverstehen. Der vierjährige Tommy bearbeitet die Tasten des nachbarlichen Klaviers mit einem Holzhammer. Seine Eltern sehen ihm mit einem triumphierenden Lächeln zu, einem Lächeln, das bedeutet: „Ist freie Verfügung über sich selbst nicht wunderbar?"

Andere Eltern glauben, sie sollten ihr achtzehn Monate altes Baby nicht ins Bett bringen, weil das ein Eingriff in die Natur sei. Nein, das Kleine muss aufbleiben dürfen. Wenn es müde ist, wird seine Mutter es schon ins Bettchen tragen. In Wirklichkeit wird das Kind immer müder und missmutiger. Es kann nicht sagen, dass es ins Bett möchte, weil es sein Bedürfnis nicht in Worten ausdrücken kann. Schließlich bringt die erschöpfte und enttäuschte Mutter das Kind ins Bett, und das Kind schreit. Ein junges Ehepaar quälte sich mit der Frage, ob es richtig sei, im Kinderzimmer ein Gitter vor dem offenen Kamin anzubringen. All diese Beispiele zeigen, dass jede Idee, sei sie nun alt oder neu, gefährlich ist, wenn sie bei ihrer Anwendung nicht mit gesundem Menschenverstand verbunden wird.

Nur ein Narr würde die Fenster oder den offenen Kamin in einem Kinderzimmer ungesichert lassen. Und trotzdem kommen oft junge Menschen, die von dem Prinzip der Selbstbestimmung begeistert sind, als Besucher in meine Schule und wundern sich über unseren Mangel an Freiheit, weil wir Gift im Laboratorium einschließen oder das Spielen auf der Feuerleiter verbieten. Die gesamte Freiheitsbewegung wird geschmäht und verdorben, weil so viele Anhänger der Freiheit nicht auf dem Boden der Wirklichkeit stehen.[...]

Diesen Unterschied zwischen Freiheit und Zügellosigkeit können viele Eltern nicht begreifen. In einem Heim, in dem Disziplin herrscht, haben die Kinder *keine* Rechte. In einem Heim, in dem sie verwöhnt werden, haben sie *alle* Rechte. In einem guten Heim haben Kinder und Eltern jedoch gleiche Rechte. Und dasselbe trifft auf die Schule zu.

Es muss immer wieder darauf hingewiesen werden, dass Freiheit nichts mit Verwöhnung zu tun hat. Wenn ein dreijähriges Kind über den Esstisch spazieren will, dann sagt man ihm einfach, dass es das nicht darf. Es muss also gehorchen, das stimmt. Doch auch Sie müssen ihm gehorchen, wenn es nötig ist. Ich verziehe mich jedenfalls, wenn man mir im Zimmer der kleinen Kinder sagt, ich solle hinausgehen.

Die Erwachsenen müssen gewisse Opfer bringen, wenn die Kinder ihrer inneren Natur gemäß leben sollen. Gesunde Eltern schließen eine Art von Kompromiss. Ungesunde Eltern dagegen werden entweder Gewalt anwenden, oder sie verwöhnen die Kinder, indem sie ihnen alle gesellschaftlichen Rechte einräumen. In der Praxis können die voneinander abweichenden Interessen von Eltern und Kindern einander angenähert, wenn nicht sogar auf einen gemeinsamen Nenner gebracht werden – man muss nur ehrlich zu einem Kompromiss bereit sein. Zoe nahm Rücksicht auf meinen Schreibtisch und zeigte keinen inneren Drang, mit meiner Schreibmaschine oder meinen Papieren zu spielen. Ich wiederum respektiere das Kinderzimmer und die Spielsachen als ihren Bereich.

Kinder sind sehr verständig und akzeptieren bald die Gesetze der Gesellschaft. Sie sollten nicht ausgenutzt werden, wie dies so oft der Fall ist. Zu oft rufen Vater oder Mutter: „Jimmy, hol mir ein Glas Wasser!", wenn das Kind in sein Spiel vertieft ist.

(Alexander Sutherland Neill, Theorie und Praxis der antiautoritären Erziehung. Das Beispiel Summerhill, Rowohlt, Reinbek b. Hamburg 1969, S. 113–117)

1. Welches Bild hat Neill vom Kind?
2. Was versteht Neill unter Selbstregulierung? Vergleichen Sie sein Verständnis mit Ihrem eigenen.
3. „Die Freiheit des Menschen kann sowohl eine innere als auch eine äußere Freiheit kennzeichnen.“ Von welcher Form der Freiheit spricht Neill? Schlagen Sie in der Wabe „Wo ‚Es‘ war, soll ‚Ich‘ werden – Entwicklung aus psychoanalytischer Sicht“ nach (vor allem S. 66–77), und vergleichen Sie den Freiheitsbegriff Neills mit dem von Freud. Welche Unterschiede oder Gemeinsamkeiten stellen Sie fest? Nehmen Sie Stellung dazu.
4. Erich Fromm unterscheidet bezogen auf ‚autoritäre Persönlichkeiten‘ zwischen der Haben- und der Seinautorität (vgl. Band 1, S. 74f.). Welche Form der Autorität kritisiert Neill in dem Textauszug aus „Theorie und Praxis der antiautoritären Erziehung“?
5. Nehmen Sie Stellung zu seinen Erziehungsvorstellungen. Können Sie dem zustimmen?

Selbstregierung als Beispiel für das Prinzip der Selbstregulierung

Summerhill ist eine Schule mit demokratischer Selbstregierung. Alles, was irgendwie mit dem Leben der Gemeinschaft zusammenhängt – und dazu gehört auch die Bestrafung von Vergehen gegen die Gemeinschaft –, wird von der Schulversammlung am Samstag durch Abstimmung geregelt.

Jedes Mitglied des Lehrerkollegiums und jedes Kind, gleichgültig wie alt es ist, hat eine Stimme. Meine Stimme hat nicht mehr Gewicht als die eines Siebenjährigen.[…]

Bei einer anderen Gelegenheit übte ich scharfe Kritik daran, dass die Schüler sich nicht an die vorgeschriebene Zeit zum Schlafengehen hielten, Lärm machten und am folgenden Morgen verschlafen herumsaßen. Ich schlug vor, ein Verstoß gegen die Bestimmungen solle in jedem einzelnen Fall mit dem Entzug des gesamten Taschengeldes geahndet werden. Ein vierzehnjähriger Junge brachte einen Gegenantrag ein: Jeder, der über die Zeit hinaus aufblieb, solle je Stunde eine Belohnung von fünf Pfennig erhalten. Ich kriegte ein paar der Stimmen, der Junge die große Mehrheit.

Summerhills Selbstregulierung hat keine Bürokratie. Der Vorsitz auf der Schulversammlung wird jede Woche von einem anderen Schüler geführt, wobei der jeweils amtierende Vorsitzende den nächsten ernennt. Der Posten des Schriftführers ist ebenfalls ehrenamtlich. Die Abendaufsicht wird nur selten länger als ein paar Wochen von denselben Schülern ausgeübt.

Unsere kleine Demokratie gibt sich selbst ihre Gesetze – auch gute. So ist es zum Beispiel verboten, im Meer zu baden, ohne dass ein Rettungsschwimmer dabei ist. Die Rettungsschwimmer sind Mitglieder des Lehrerkollegiums. Es ist auch nicht gestattet, auf die Dächer zu klettern. Wenn die festgesetzte Zeit zum Schlafengehen nicht eingehalten wird, bringt das automatisch eine Geldstrafe mit sich. Ob der letzte Schultag vor den Ferien ein Donnerstag oder Freitag sein soll, wird durch Abstimmung in der Schulversammlung entschieden.

Der Erfolg einer Schulversammlung hängt weitgehend davon ab, ob der jeweilige Vorsitzende schwach oder stark ist; denn es ist nicht leicht, bei fünfundvierzig lebhaften Kindern Ordnung zu halten. Der Vorsitzende hat das Recht, allzu laute Versammlungsteilnehmer mit einer Geldstrafe zu belegen. Schwache Vorsitzende machen viel zu häufig davon Gebrauch.

Die Lehrer beteiligen sich natürlich an den Debatten. Dasselbe gilt für mich, wenn ich auch in einigen Fällen neutral bleiben muss. So habe ich tatsächlich schon erlebt, dass ein beschuldigter Junge ungestraft davonkam, weil er ein völlig einwandfreies Alibi vor-

bringen konnte, obwohl er mir unter vier Augen das Vergehen gestanden hatte. In einem solchen Fall muss ich mich jedoch immer auf die Seite des Einzelnen stellen.

Wenn es darum geht, über irgendeine Frage abzustimmen, mache ich natürlich wie alle anderen von meinem Stimmrecht Gebrauch, und ich bringe selbstverständlich auch meine eigenen Anträge ein. Ich will Ihnen ein typisches Beispiel dafür geben. An einem bestimmten Samstag stellte ich die Frage zur Diskussion, ob das Fußballspielen im Aufenthaltsraum erlaubt sein solle. Der Raum liegt unter meinem Büro, und ich erklärte, der Lärm des Fußballspielens störe mich bei der Arbeit. Ich schlug vor, das Fußballspielen im Gebäude zu verbieten. Einige Mädchen, ein paar der größeren Jungen und die Mehrzahl der Lehrer unterstützten mich, aber mein Antrag wurde trotzdem abgelehnt. Das hieß also, ich musste mich weiter mit dem Lärm unter meinem Büro abfinden. Über diese Frage wurde dann noch bei mehreren Schulversammlungen erhitzt gestritten, und schließlich wurde das Fußballspielen im Aufenthaltsraum dann doch durch Mehrheitsbeschluss verboten. In unserer Schuldemokratie kommt die Minderheit im Allgemeinen doch noch zu ihrem Recht, indem sie ihre Forderungen immer wieder vorbringt. Diese Regel gilt für Erwachsene und Kinder gleichermaßen.

Andererseits fallen gewisse Seiten des Gemeinschaftslebens nicht unter die Selbstregierung. Meiner Frau untersteht alles, was mit der Einrichtung der Schlafzimmer zu tun hat. Sie stellt die Speisekarte zusammen und verschickt und bezahlt Rechnungen. Die Lehrer werden von mir angestellt und entlassen, wenn ich sie für ungeeignet halte.

Die Aufgabe der Schulversammlung besteht nicht nur darin, Gesetze zu verabschieden, sondern auch über allgemeine Fragen der Gemeinschaft zu diskutieren. Am Beginn jedes Tertials werden die Bestimmungen über die Schlafenszeit erlassen. Sie ist je nach Altersgruppe verschieden. Dann wird über allgemeine Probleme des Verhaltens gesprochen. Ein Sportausschuss, ein Ausschuss, der den Abschlussball am Ende des Tertials organisiert, und ein Theaterausschuss müssen eingesetzt werden. Schüler, die abends nach dem Schlafengehen Aufsicht führen, werden bestimmt. Außerdem müssen einige Schüler benannt werden, die über ungehöriges Benehmen von Summerhill-Schülern in der Stadt berichten.[…]

Die Schulversammlung muss sich oft mit dem Problem des Tyrannisierens befassen. Gegen solche Tyrannen geht die Gemeinschaft eisern vor. Das am Schwarzen Brett angeschlagene Gesetz der Schulregierung *„Jede Tyrannei wird streng geahndet"* ist eigens unterstrichen worden. Die Untugend des Tyrannisierens von Mitschülern ist jedoch in Summerhill nicht so verbreitet wie in Schulen mit strenger Disziplin. Nach

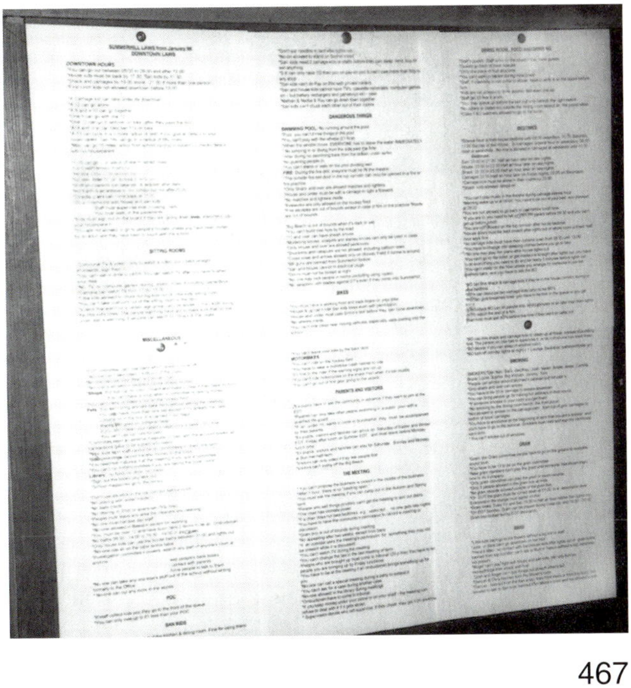

Die „Summerhill-Gesetze" von Januar 1996
(Foto: Gudrun Maciejewski, Jan. 1996)

dem Grund hierfür braucht man nicht weit zu suchen. Kinder, die unter der Knute von Erwachsenen stehen, entwickeln Hass. Da ein Kind seinen Hass nicht ungestraft an einem Erwachsenen auslassen kann, rächt es sich an seinen jüngeren oder schwächeren Mitschülern. Das kommt in Summerhill, wie gesagt, nur selten vor. Bei einer Untersuchung über einen angeblichen Fall von Tyrannei stellt sich oft heraus, dass Jenny nichts weiter getan hat, als Peggy wissen zu lassen, sie sei „verrückt“.

Hin und wieder wird auch ein Diebstahl in der Schulversammlung behandelt. Stehlen wird nie bestraft, aber der Schaden muss immer ersetzt werden. Häufig kommt ein Kind zu mir und sagt: „John hat David ein paar Münzen gestohlen. Ist das ein psychologischer Fall, oder sollen wir es in der Schulversammlung zur Sprache bringen?“

Wenn ich John für einen psychologischen Fall halte, der eine Einzelbehandlung erfordert, sage ich, man solle mir die Sache überlassen. Wenn John freilich ein zufriedener, normaler Junge ist, der einen mehr oder weniger belanglosen Gegenstand gestohlen hat, gebe ich die Erlaubnis, in der Schulversammlung Anklage zu erheben. Das Schlimmste, was ihm dabei geschehen kann, ist, dass ihm das Taschengeld gesperrt wird, bis die Schuld beglichen ist.

Wie verlaufen nun die Schulversammlungen? Am Beginn jedes Tertials wird der Vorsitzende für eine Sitzung gewählt, und dieser wiederum ernennt beim nächsten Mal seinen Nachfolger. Jedes Mitglied der Schulgemeinschaft kann auf der Versammlung seine Sorgen, eine Anklage, einen Vorschlag oder einen Gesetzentwurf vortragen.

Ein typisches Beispiel hierfür: Jim hat die Pedale von Jacks Fahrrad abmontiert, weil seine eigenen kaputt sind und er mit ein paar anderen Jungen über das Wochenende auf eine Fahrradtour gehen will. Nach gründlicher Prüfung der Beweismittel entscheidet die Schulversammlung, dass Jim die Pedale ersetzen muss und nicht auf seine Fahrradtour gehen darf.

Der Vorsitzende fragt: „Irgendwelche Einwände?“

Jim erhebt sich und schreit, er habe allerdings welche. „Das ist unfair. Ich wusste nicht, dass Jack überhaupt noch mit seiner alten Nuckelpinne fährt. Die liegt schon tagelang draußen herum. Ich habe nichts dagegen, ihm die Pedale wiederzugeben, aber ich finde, ich habe es nicht verdient, dass ich nicht auf Fahrt gehen kann.“

Eine erregte Debatte folgt. Dabei stellt sich heraus, dass Jim zwar gewöhnlich jede Woche einen bestimmten Geldbetrag von seinen Eltern geschickt bekommt, dass das Geld aber seit sechs Wochen

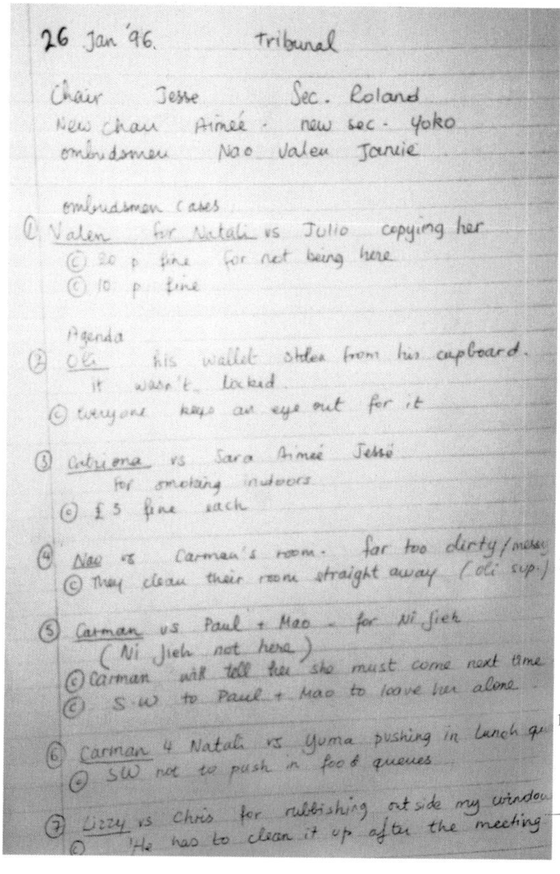
26 Jan '96. Tribunal
Chair Jesse Sec. Roland
New chair Aimée · new sec · Yoko
ombudsmen Nao Valen Janie

ombudsmen cases
① Valen for Natali vs Julio copying her
Ⓒ 20 p fine for not being here
Ⓒ 10 p fine

Agenda
② Oli his wallet stolen from his cupboard. it wasn't locked.
Ⓒ everyone keeps an eye out for it
③ Catriona vs Sara Aimée Jessé for smoking indoors
Ⓒ £ 5 fine each
④ Nao vs Carman's room. far too dirty/messy
Ⓒ They clean their room straight away (Oli sup.)
⑤ Carman vs Paul + Mao – for Ni Jieh (Ni Jieh not here)
Ⓒ Carman will tell her she must come next time
Ⓒ S.W to Paul + Mao to leave her alone
⑥ Carman 4 Natali vs Yuma pushing in lunch qu
Ⓒ SW not to push in food queues
⑦ Lizzy vs Chris for rubbishing outside my window
Ⓒ He has to clean it up after the meeting

Die Ergebnisse der Schulversammlung werden für alle einsehbar ausgehängt.
(Foto: Gudrun Maciejewski, Jan. 1996)

ausgeblieben ist. Jim hat also keinen roten Heller. Die Schulversammlung beschließt daher, das Urteil wieder aufzuheben.

Was wird aber jetzt aus Jims Fahrradtour, denn sein Rad hat ja keine Pedale? Die Versammlung entscheidet, eine Geldsammlung zu veranstalten, mit deren Ertrag Jims Fahrrad repariert werden kann. Seine Schulkameraden spenden, die Pedale werden gekauft, Jim geht glückstrahlend auf Fahrt.

Meistens wird das Urteil der Versammlung von dem Sünder akzeptiert. Wenn es aber unannehmbar erscheint, kann der Angeklagte Berufung einlegen, und der Vorsitzende rollt den Fall dann am Ende der Versammlung noch einmal auf. In der Berufungsverhandlung wird die Angelegenheit sorgfältiger als beim ersten Mal behandelt, und in der Regel wird das Urteil unter Berücksichtigung der Einwände des Angeklagten gemildert.

(Aus: J. Popenoe, a.a.O., S. 30; © Hart Publ. Comp. Inc., New York)

Die Kinder wissen, dass ein Angeklagter, der der Ansicht ist, er sei ungerecht beurteilt worden, mit großer Wahrscheinlichkeit tatsächlich nicht gerecht beurteilt worden ist.

In Summerhill zeigt kein Angeklagter jemals eine Spur von Trotz oder Hass gegen die Institution, die die Macht in der Gemeinschaft ausübt. Ich bin immer erstaunt, mit welcher Gefügigkeit die Schüler ihre Strafe hinnehmen.

(A.S. Neill, Theorie und Praxis der antiautoritären Erziehung, a.a.O., S. 60-65)

1. Diskutieren Sie mögliche Auswirkungen der Selbstregierung auf die Entwicklung der Kinder in Summerhill.
2. Nehmen Sie Stellung zu der Selbstregierung, wie sie in Summerhill auch heute noch praktiziert wird.
3. Wodurch und inwiefern wird neben der Selbstregierung des Weiteren das Prinzip der Selbstregulierung in Summerhill realisiert?

Auch in der Pädagogik der Alternativschule „Glocksee“ in Hannover spielt das Prinzip der Selbstregulierung eine entscheidende Rolle. Informieren Sie sich zunächst über die Schule „Glocksee“ und vergleichen Sie anschließend die pädagogische Zielsetzung sowie die konkrete Umsetzung des Selbstregulierungsprinzips in Summerhill und in Glocksee.

1. Vergleichen Sie die inhaltliche Füllung des Selbstregulierungsbegriffs und die pädagogische Zielsetzung, die sich mit dem Prinzip der Selbstregulierung verbindet, in der Pädagogik Summerhills und in der von Glocksee.
2. Wenn sich Neill und Oskar Negt, der Gründer der Glocksee-Schule, zu einem Gespräch treffen würden, in welchen Annahmen und Vorstellungen wären sie sich möglicherweise einig? In welchen Punkten könnte es Kontroversen geben?
3. Inwiefern stellen die beiden alternativen Schulen die gegenwärtige Regelschule infrage? Welche Kritik gegen die bestehende Schulpraxis wird deutlich?

Vertiefung

Kritische Stimmen zur Alternativschule Summerhill

Der folgende Artikel aus dem Jahr 1971 enthält kritische Einwände gegen das Schulkonzept Summerhill. Auch wenn diese Gedanken bereits recht „alt“ zu sein scheinen, so kann das in dem Artikel Gesagte dennoch Gültigkeit beanspruchen, da sich an der Konzeption Summerhills bis heute nichts verändert hat.
Der zweite Text dagegen ist ein aktueller Bericht über Summerhill, in dem drei verschiedene Perspektiven beleuchtet werden: die des britischen Premierministers John Major, die der Beamten des Schulinspektorats und die des Autors Reiner Luyken. So ergeben sich recht unterschiedliche Blickwinkel, unter denen die Schule Summerhill betrachtet werden kann.

Erarbeiten Sie diese unterschiedlichen Perspektiven bzw. Kritikpunkte und prüfen Sie sie hinsichtlich ihrer Begründetheit. Diskutieren Sie anschließend, welchen Standpunkt Sie in der Diskussion um Summerhill einnehmen. Würden Sie sich einem der dargestellten Standpunkte anschließen oder einen eigenen, der sich von den genannten unterscheidet, einnehmen?

„Künstlich errichtete heile Welt“ – Kritik der Frankfurter Kinderschule an Summerhill

Mit dem Summerhill-Prinzip der „Selbstregulierung“ setzte sich das antiautoritäre „Elternkollektiv der Kinderschule Frankfurt“, dem auch die Soziologin Monika Seifert angehört, kritisch auseinander. Dem von Gerhard Bott herausgegebenen Sammelband „Erziehung zum Ungehorsam – Antiautoritäre Kinderläden“ (März-Verlag, Frankfurt) [...] ist der folgende Auszug entnommen.

Alexander S. Neill hat seine Praxis in Summerhill nicht als Teil einer politischen Bewegung verstanden, er hat in wesentlichen Fragen – teilweise auch aus finanziellen Gründen – resigniert. Neill hat in seiner isolierten Situation den Kindern gewisse Tabus aufgebaut, beispielsweise, wenn sich die Kinder von ihm in Fragen von Religion, Moral und Politik auf ihre Eltern verweisen ließen. Zugleich ist er der bürgerlichen Gesellschaft und ihren Problemen ausgewichen: er hat sich auf das Land zurückgezogen.
Unter diesen äußeren Bedingungen entfallen viele Probleme, mit denen Großstadtkinder fast täglich konfrontiert werden. Gerade in diesen Zusammenstößen mit der Gesellschaft kann den Kindern gezeigt werden, dass die Welt auch anders eingerichtet sein könnte.
Bei solchen Zusammenstößen mit Vermietern, Parkwächtern, Straßenbahnschaffnern, Polizisten usw. würde es zwar die Kinder, die eine Erklärung dafür suchen, warum diese Erwachsenen sich ihnen gegenüber anders und aggressiver verhalten als ihre Eltern, zufriedenstellen, wenn diese Erwachsenen als beschränkt, aggressiv oder mit ähnlichen Adjektiven belegt werden. Aber nur eine Erklärung, die das individuelle Verhalten als geschichtlich-gesellschaftlich bedingtes Verhalten erklärt, ist in der Lage, Personalisierung zu vermeiden. Solange Beschränktheit oder Ähnliches als menschliche Natur erscheint, wird auch das Prinzip der Selbstregulierung infrage gestellt.
Selbstregulierung muss für alle möglich sein. Wenn Selbstregulierung beispielsweise durch autoritäre („beschränkte“) Eltern verhindert wird, dann muss diese Verhaltensweise gesellschaftlich erklärt werden. Wenn die Gesellschaft so weit wie heute in die Natur des Menschen eingreift, dann bedarf „Natur“ der Theorie und der durch sie vermittelten Praxis, um nicht völlig entfremdet zu werden.
Der Anspruch auf Selbstregulierung in einer künstlich errichteten heilen Welt, in der Ökonomie, Religion und Politik ausgeklammert bleiben, führt notwendig zur Resigna-

tion. In der Konfrontation mit der Gesellschaft und dem politischen System erweist sich der Anspruch auf Selbstregulierung jedoch als eminent politisch. Jedes Stück realisierter Selbstregulierung und jede Erfahrung der Grenzen, die der Selbstregulierung im Kapitalismus gesetzt sind, schafft in der alten Gesellschaft jene Keimzellen für die neue Gesellschaft.[…]

(Gerhard Bott, März Vlg., Augsburg, zit. nach: Der Spiegel, Nr. 17 v. 19. April 1971, S. 190)

Kritik an Summerhill aus der Sicht eines Journalisten

[…] In der Fantasiewelt des unglücklichen Premiers sind die Schulen Institutionen, in denen „linke Ideologen unseren Kindern die Chancen verbauen, die sie verdienen". Er hat in der Gesellschaft einen Trend entdeckt, „unsere Kinder durch die Unterminierung vernunftorientierter Wertvorstellungen, durch die Zurückweisung bewährter Lehrmethoden und durch die Entwürdigung gültiger Normen" zu identischen Wesen zu klonen. *Back to basics,* fordert er deshalb: Zurück zur Sittlichkeit!

Im britischen Schulalltag gibt es viele Mängel. Aber nach Indizien für die Klontheorie des Premiers fahndeten die Beamten des Schulinspektorats bislang vergeblich. Ganz im Gegenteil. Ihr Bericht über eine sehr stark von kindorientiertem, progressivem Denken geprägte Grundschule kommt zu dem Schluss: „Die Schüler wachsen in einem glücklichen, geborgenen und stimulierenden Lernumfeld auf. Sie sind höflich, hilfsbereit, selbstbewusst und ausdrucksfähig. Sie arbeiten gut zusammen, haben Spaß am Lernen und erreichen ein gutes Leistungsniveau." Da kommt Summerhill wie gerufen: ein „Beweis", wohin progressive Lernmethoden führen. Dort gibt es nicht nur nackt badende Schüler zu beobachten – im neupuritanischen England schockierend genug –, sondern eben auch einen Verfall schulischer Leistung, die angebliche Hauptursache für den Abstieg Großbritanniens in der Welt. Es ist natürlich lächerlich, auf eine Schule mit 38 britischen und 28 ausländischen Kindern einzuprügeln.

Sämtliche Kinder wurden von ihren Eltern ganz bewusst nach Summerhill geschickt. An Summerhill wird also ein Exempel statuiert. A.S. Neill schrieb einmal: „Eigentlich müsste ich konservativ wählen. Die Tories werden nie ihre Privatschulen fallen lassen. Solange es Eton und Harrow gibt, ist auch meine Schule sicher." Er konnte nicht ahnen, zu was für einer Spießerpartei die Tories sich einmal wandeln würden.

Allerdings, das ist wahr, hat sich Neills Erziehungsexperiment heute erschöpft. Neill gab der Schule durch seine starke, charismatische Persönlichkeit Richtung. Heute gibt es in Summerhill keine Persönlichkeiten, sondern nur Epigonen. Der Standard ist tatsächlich erbärmlich. Der Mathematiklehrer gesteht unumwunden ein, dass er von Mathematik nicht viel Ahnung hat. Bruce, ein gutmütiger Spräthippie mit verträumten Vorstellungen einer Idealwelt im afrikanischen Kral, leitet die Holzwerkstatt, ohne selber über grundlegende Kenntnisse der Holzverarbeitung zu verfügen. Und die Prinzipien Summerhills sind in Formalismen erstarrt. Dass Kinder fluchen dürfen, ist kein von sexuellen Repressionen befreiter sprachlicher Ausdruck mehr, sondern Selbstzweck und Mittel der Kinder zur Einschüchterung der Erwachsenen. In fast schon komischer Parallelität zur Erziehungsideologie John Majors zimmern sich die „Summerhillians" ein Zerrbild der Schulwelt draußen zusammen. In ihrer Vorstellung lebt die grausame Schule der Vergangenheit fort, in der sadistische Lehrer die Kinder mit dem Rohrstock malträtieren und Unterwürfigkeit erzwingen. Pioniergeist ist dem Sektierertum gewichen. Neill ist Gottvater, sein Buch die Bibel.

Aber Summerhill ist keine Insel der Seligen, eher ein Mekka gerissener, kleiner Händler. Der Höhepunkt jeder Woche ist die Verteilung des Taschengeldes, zugleich der Abrechnungstag für die Delinquenten, die am Vortag beim Tribunal mit Taschengeld-

entzug für ihre kleinen Missetaten bestraft wurden. Das ausgezahlte Geld wandert zumeist in die Ladenkassen der Schokoladen- und Bonbonverkäufer downtown, in der schmalen Hauptstaße von Leiston. Den Rest der Woche wird mit den leckeren Schätzen gefeilscht und gehandelt. Denn wenn die little kids und die big kids die Nachmittage vor laufendem Fernseher in ihren verschlissenen Wohnzimmern totschlagen, helfen Süßigkeiten ungemein bei dem selbsterzieherischen Umgang mit der Langeweile.

(Reiner Luyken, Theorie und Praxis und Ende der antiautoritären Erziehung. Das Beispiel Summerhill, in: DIE ZEIT Nr. 10 v. 4.3.1994, S. 56)

Summerhill Pro und Kontra

PRO: Neill ist ein genialer Erzieher, weil er in Theorie und Praxis von dem Grundsatz ausgeht: Die Schule ist für die Kinder da und nicht umgekehrt.

KONTRA: Neill ist ein Idylliker aus der pädagogischen Provinz. Er verkennt seine Hauptaufgabe als Erzieher, nämlich seine Schüler auf ihr späteres Leben nach der Schulzeit vorzubereiten; dann müssen sie den Anforderungen der Gesellschaft genügen, oder sie werden Versager.

PRO: Für die so genannten Anforderungen der bestehenden Gesellschaft können die Kinder nichts. Neill hat erkannt, dass unsere moderne Leistungsgesellschaft emotional gestört, krank und lebensfeindlich ist. Summerhill macht seine Schüler immun gegen die Ansteckungsgefahren der „Zeitgeisteskrankheit“.

KONTRA: Genau darin liegt Neills Illusion. Er flieht vor dem revolutionären Umsturz der bestehenden Gesellschaftsverhältnisse in das private Glück im Winkel. Die Summerhillians werden später meist Elfenbeinturmbewohner: Fotografen, Tänzer, Schauspieler, Maler, Schriftsteller, Musiker, Bühnenbildner und – meinetwegen – Mathematikprofessoren.

PRO: Zugegeben: für künftige Berufsoffiziere, Moraltheologen, Polizisten sowie für alle Sorten von karrierebesessenen Geldverdienern ist Summerhill nicht die passende Schule. Und darauf ist Neill stolz, mit Recht.

KONTRA: Summerhill ist nichts anderes als Eton mit umgekehrtem Vorzeichen, nämlich eine elitäre Insel für die Kinder des zahlungskräftigen Establishments. Arbeiterkinder gibt es in Summerhill nicht, weil deren Eltern den Luxus einer privilegierten Privatschulerziehung nicht bezahlen können.

PRO: Es ist nicht Neills Schuld, dass eine Schule wie Summerhill nun einmal nicht nur von Landluft und Liebe existieren kann, sondern Geld kostet. Um Kindern aus allen Schichten eine radikal freie Schulerziehung gewähren zu können, müsste entweder Neill ein philanthropischer Multimillionär sein, oder er müsste von mäzenatischen Stiftern aller Geldsorgen um Summerhill enthoben sein, oder – das öffentliche Schulwesen müsste Neills Erziehungsprinzipien übernehmen und aus jeder Schule ein Summerhill machen.

KONTRA: Die zuletzt genannte Möglichkeit gibt es nicht. Summerhill ist ein Sonderfall, kein Modell, das auf die staatlichen Schulen übertragen werden könnte.

PRO: Schade für die Kinder in den Staatsschulen. Und warum nicht?

KONTRA: Weil Summerhill mit Neill steht und fällt. Ohne Neill kein Summerhill. Und nach Neill kein Summerhill mehr.

PRO: Das Letzte ist eine unbewiesene Behauptung. Und selbst wenn Summerhill nach Neills Ausscheiden früher oder später geschlossen würde, dann wäre erst noch zu prüfen, ob das Fehlen einer großen Erziehergestalt wie Neill der entscheidende Grund dafür war. Und davon ganz abgesehen, bleibt eine richtige erzieherische Einsicht auch dann wahr und gültig, wenn eine Schule schließen muss, weil sich kein fähiger Nachfolger findet.

KONTRA: Das mag stimmen. Aber immerhin wäre dann die Behauptung stichhaltiger bewiesen, dass Summerhill für die Organisation der staatlichen Schulen nicht exemplarisch sein kann, weil große Erzieher wie Neill eben Ausnahmen sind, aus denen keine Regeln abgeleitet werden können.

PRO: Das behauptet man von allen Begründern, und zwar aus Angst vor dem Neuen, das sie hervorgebracht haben, und aus Trägheit, weil es nämlich viel anstrengender ist, junge Menschen zu einer lebensbejahenden Selbstverwirklichung zu erziehen, als im gewohnten Trott weiterzumachen und als Lehrplankommissare die Schüler zu gängeln.

(Max Rafferty, Summerhill: Pro und Kontra, 15 Ansichten zu A.S. Neills Theorie und Praxis, übers. von Guenther Ekkehard Weidle, Rowohlt, Reinbek bei Hamburg 1971, S. 7–8)

Überprüfen Sie die Begründetheit und Tragfähigkeit der Argumente. Welche Kriterien sind für Sie in Ihrer Beurteilung der Schule Summerhill am wichtigsten? Begründen Sie Ihre Meinung.

Pädagogische Anwendung

Prioritätenspiel

Im Folgenden sollen Sie selbst zu einer Gesamteinschätzung der vorgestellten Alternativschule gelangen.

In der Wabe „Häuser des Lernens“ finden Sie auf S. 407 einen Fragebogen, der bei der Entscheidungsfindung helfen soll, an welcher Schule Sie als Eltern Ihr Kind anmelden würden. Lesen Sie zunächst den Fragebogen und ergänzen Sie ihn durch weitere Entscheidungskriterien, die der Besonderheit der Alternativschule Summerhill Rechnung tragen. Führen Sie anschließend das Prioritätenspiel durch. Zu welchem Ergebnis ist Ihr Kurs gelangt? Würden Sie Ihr Kind an einer Schule wie Summerhill anmelden? Diskutieren Sie im Kurs Ihre begründete Meinung.

Die Frage der Übertragbarkeit der Summerhillpädagogik auf die Regelschule

1. Neill betont die Emotionalität in der Erziehung und wendet sich gegen die Intellektualisierung durch Unterricht. Damit will er das Engagement des Erziehers von der Unterrichtsdominanz auf eine freiheitliche Erziehung der Nichteinmischung verlagert wissen.

2. Die Gemeinschaftserziehung ist notwendig, damit die Kinder lernen, auch in der Gemeinschaft zurechtzukommen. Die Erziehung hat sich jedoch immer noch primär dem Individuum zuzuwenden und dieses zu fördern.

3. Die Atmosphäre einer Schule spielt eine große Rolle für die gesunde Entwicklung des Kindes. Dazu gehören auch Geduld und Hilfe des Erziehers außerhalb der Unterrichtsstunden.

4. In die Demokratie des Westens mit ihrer Denkfreiheit und ihrem Meinungspluralismus kann nur die praktische Staatsbürgerkunde in Form der Schulversammlung überzeugend, weil konventionskommunikativ, einführen.

Aus diesen vier Punkten ergeben sich entsprechende Forderungen für die Bildungspolitik und die Lehrplangestaltung. Wichtigste Forderung ist jene nach Berücksichtigung von Originalität und Emotionalität des Kindes. Damit wird deutlich, wie sehr die curricularen Lehrpläne der Revision bedürfen. Neill hat sich bereits in Dresden-Hellerau dadurch unbeliebt gemacht, dass er die Lehrpläne reduzierte und aus einem Lehrplan von zehn Seiten einen Rahmenplan von einer Din-A4-Seite entworfen hat. Die Bildungspolitik kann nur durch eine Revision der Lehrpläne und durch verstärkten Einbau von affektiven Lernzielen der Emotionalität des Kindes gerecht werden. Insgesamt sind jedoch die

Lehrpläne zu dezimieren, weil durch sie weder ein Schulleben noch die Möglichkeit für den Epochalunterricht oder Klassenfeiern offen gelassen wird. Dies würde bedeuten, die Curricula wieder als offene zu entwerfen, das Angebot alternativ zu gestalten und die starre Verbindlichkeit von Lernzielen und Lehrinhalten zu lockern. Freie Projekte und Vorhaben sind ebenfalls dem Fächerunterricht vorzuziehen, wie auch Umsetzungen von Ideen des Schullebens (Geburtstagsfeier, Weihnachtsfeier, etc.) nur möglich sind, wenn das Klassenleiterprinzip wieder vermehrt berücksichtigt wird – eine Forderung, die gerade bei großen Schulen aus stundenplantechnischen Gründen kaum durchsetzbar sein wird. [...]

Dass die Summerhill-Erziehung insgesamt auf lange Sicht auch Mängel aufweist, dafür gibt es empirische Daten. Wie Ashley Montagu schreibt, hat Emmanuel Bernstein über 50 ehemalige Summerhill-Schüler Nachforschungen angestellt und dabei interessante Ergebnisse publiziert: Frühere Schüler Summerhills haben ausnahmslos ihre eigenen Kinder in Freiheit erzogen und gegenüber ihren Kindern ein herzliches Verhältnis aufgebaut. Besonders die Toleranz gegen andere Menschen und Meinungen stellt Bernstein als überzeugenden Beweis der Summerhillerziehung heraus. Insgesamt gewinnt er von der Erziehung einen positiven Eindruck.

Allerdings zeigt die Untersuchung Bernsteins auch, dass die meisten bedauern, dass so wenig Wert auf die Unterrichtsfächer gelegt wird und es an wirklich guten Lehrern in Summerhill gefehlt hat. Ebenso finden sich Kritiker überhaupt nicht unter den Schülern, deren Aufenthalt in Summerhill nur kurz ist, während Schüler mit langem Aufenthalt Neill und Summerhill teilweise sehr kritisieren.

Montagu zieht daraus den Schluss, dass ein kürzerer Aufenthalt sich günstiger auf ein Kind auswirkt als ein längerer.

Für die Bildungspolitik bedeutet dies, dass mit der emotionalen Erziehung und mit der Berücksichtigung der kindlichen Emotionalität nicht die intellektuelle Bildung vernachlässigt werden darf. Auch sind in der Lehrerbildung nach wie vor wissenschaftliche Leistungen ebenso zu fördern wie schulpraktische, denn mit Toleranz allein kann keine Industrienation existieren. Eine demokratische Bildungspolitik muss sich auch überlegen, inwieweit sie die Politische Bildung als Unterrichtsfach beibehalten will oder durch eine Praktische Staatsbürgerkunde ersetzt bzw. ergänzt.

Die Ergänzung wird insofern sinnvoller sein, als es durchaus notwendig erscheint, dass die Schüler auch wissen, welche Institutionen mit welchen Aufgaben die jeweiligen Demokratien aufweisen. Deshalb reicht es nicht aus, im Sozialkundeunterricht nur zu diskutieren oder Beschlüsse zu fassen. Schließlich ist eine Klasse nicht die Schulversammlung und daher primär veranlasst, auch kognitive Inhalte mit in den Unterricht aufzunehmen.

Ein weiterer Punkt wird in der Summerhill-Pädagogik nur unzureichend dargestellt: die Öffnung der Kinder nach außen. In Summerhill werden keine Ausflüge gemacht, weil die ständige Atmosphäre des Ferienlagers ausreichen soll, die Spielfreude der Kinder zu stimulieren. An den staatlichen Schulen werden dagegen Ausflüge, Betriebserkundungen und Besichtigungen arrangiert, die den Schüler für seine Zukunft öffnen. Hier ist zumindest eine Emotionalität angesprochen, die in Summerhill vernachlässigt wird.

Die Bildungspolitik hat sich jedoch auch Gedanken zu machen, inwieweit bei weiterhin leeren Kassen Prioritäten gesetzt werden können. Als Christopher Jencks mit seinem Buch von der Chancengleichheit versucht hat zu verdeutlichen, dass es nicht so sehr auf die Ausstattung von Schulen ankommen kann als auf die Atmosphäre der jeweiligen Schule und auf die Lehrkräfte, wurde eines deutlich: die Bildungspolitik ist gehalten, die Lehrerbildung entsprechend weiterzuentwickeln, dass vor allem jene Lehrkräfte, die seit Jahren von der Hochschule fern sind, Impulse für ihre Arbeit erhalten. Damit wird nicht nur angedeutet, dass es eine erste und zweite Phase der Lehrerbildung geben darf, son-

dern auch eine dritte Phase, in welcher der bereits jahrelang unterrichtende Lehrer angesprochen werden kann.

Im Übrigen wird es die Aufgabe einer umfassenden Bildungspolitik sein, Gesetze zu verabschieden, die der konventionskommunikativen Normenbegründung zu ihrem Durchbruch in einem demokratischen Erziehungssystem verhilft. Vieles, was als reglementiert von der Administration auf die Schule herabkommt, wäre nicht notwendig. Dazu zählen beispielsweise immer mehr Statistiken, Umfragen, die von Abgeordneten angeregt sind, Formalien der Bürokratie, die wertvolle Zeit des Erziehers blockieren. Bildungspolitik lässt sich nicht primär durch Umfragen oder durch mehr Einflussnahme auf die Schule weiterentwickeln, weil die Schule sonst schließlich in der Fülle ihrer Aufgaben, die von außen an sie herangetragen werden, ersticken muss. Gerade die Zunahme freier und privater Schulen in der Bundesrepublik Deutschland [...] zeigt die Tendenz: in dem Maße wie Lehrkräfte an den staatlichen Schulen nicht mehr für eigentliche Erziehungsaufgaben zur Verfügung stehen, suchen die Eltern nach Möglichkeiten für eine Ausbildung, die den Lehrer als Bezugsperson arbeiten lässt und zugleich das Wettbewerbsdenken abbauen hilft. Die Schulen der Reformpädagogik – und Neill im Besonderen – haben allesamt das Verdienst, dass sie sich gegen ein Zuviel an Staat und an Einflussnahme durch Behörden gewehrt haben.

Möglicherweise wird auch staatlichen Behörden deutlich, dass Innovation für eine im demokratischen Sinne lebenstragende Erziehung nur aus der Schule selbst kommen kann. Die Bildungspolitik hat dafür nur die Rahmenbedingungen zu schaffen. Sie ist dafür verantwortlich, dass Impulse aus der Erziehung auf ihre Generalisierbarkeit auf das gesamte Schulsystem und auf die Ausbildung des Lehrers ganz besonders untersucht werden. Politische Entscheidungen ohne Einflussnahme des in der Erziehungsarbeit stehenden Pädagogen können nur Entscheidungen sein, die von einer finanz- oder rechtspolitischen Seite legitimiert werden können. Wo wäre dann die freie Erziehung geblieben, die den Schüler in die Verantwortung gegenüber dem demokratischen Gemeinwesen setzen will, wenn sie ihn und ihren Erzieher daran nicht beteiligen will? Trotz aller Schaffung von Bedingungen für die Pädagogik durch die Bildungspolitik muss es vorrangige Leistung unserer Demokratie bleiben, Innovationsschritte nicht auf einer Verwaltungsebene zu planen, sondern möglichst in der Schule selbst. Auch dazu will uns Neills Normengebung Anspruch und Beispiel zugleich sein, bei aller kritischen Einstellung also eine reflexive Grundlage für ernst zu nehmende Pädagogen.

(Hans Hartmut Karg, Erziehungsnormen und ihre Begründung in der Pädagogik von A. S. Neill, Haag und Herchen, Frankfurt a. M. 1983, S. 263–267)

1. Welche Möglichkeiten und Grenzen der Übertragbarkeit der Summerhillpädagogik auf die Regelschule nennt H. H. Karg?
2. Diskutieren Sie die Vorschläge Kargs. Halten Sie sie für pädagogisch sinnvoll und realistisch?
3. Lesen Sie die Vorschläge der Bildungskommision NRW zur Reformierung des Regelschulsystems auf Seite 417ff. der Wabe „Häuser des Lernens". Lassen sich in den Reformvorschlägen Ideen aus der Pädagogik der vorgestellten Alternativschule wiederfinden?
4. Im März 2000 wird gerichtlich entschieden, dass „Summerhill" nicht geschlossen wird. Die Süddeutsche Zeitung zitiert am 24.3.2000 aus einer Presseerklärung von „Summerhill": „Nach 79 Jahren ist jetzt zum ersten Mal offiziell anerkannt worden, dass Alexander S. Neills Erziehungs-Philosophie eine akzeptable Ausbildung anbietet, die eine Alternative zur Tyrannei von Pflichtstunden und Examen darstellt." Nehmen Sie Stellung zu der gerichtlichen Entscheidung und zur Presseerklärung.

P Projektvorschlag zum selbstständigen Weiterarbeiten

A Gestalten Sie eine Ausstellung über Summerhill, mit der Sie andere Interessierte informieren können.
Im Internet finden Sie unter der Adresse: http://www.s-hill.demon.co.uk/interview.htm Interviews mit Summerhill-Schülern.
Literaturtipp: Matthew Appleton, Summerhill – Kindern ihre Kindheit zurückgeben, Schneider Verlag, Hohengehren 1999

B Erkunden Sie Möglichkeiten eine Alternativschule zu besichtigen. Der folgende Zeitungsartikel über die Klassenfahrt von Schülern und Schülerinnen einer Fachschule für Sozialpädagogik kann Sie vielleicht anregen, ebenfalls eine Kursfahrt zu planen, bei der der Besuch einer Alternativschule im Mittelpunkt der Fahrt steht. Für den Fall, dass Sie selbst die Schulen Summerhill oder Glocksee besuchen möchten, haben wir die Anschriften abgedruckt.

Angehende Erzieherinnen besuchten antiautoritäre Schule Summerhill in England
„Selbsterziehung wichtiger als pauken"

Ahaus - Die Unterstufen der Fachschule für Sozialpädagogik der sozialpädagogisch-hauswirtschaftlichen Schulen aus Ahaus und Stadtlohn haben mit den Klassenleitungen Gudrun Maciejewski und Reinhard Wenker eine einwöchige Studienfahrt nach England unternommen.
Höhepunkt der Fahrt war für die angehenden Erzieherinnen zweifellos der eintägige Besuch der Schule Summerhill. Die Schule Summerhill wurde 1921 von Alexander S. Neill in dem Dorf Leiston in der Grafschaft Suffolk gegründet und gilt weltweit als das Modell für antiautoritäre Erziehung. Neill wollte mit dieser Schule ein Signal setzen – gegen das strenge System der Erziehungsanstalten in England. Sein oberstes Prinzip lautet: Selbstregulierung, das heißt, jedes Kind soll jede nur mögliche persönliche Freiheit haben und sein Tun und Lassen selbst bestimmen. Zensuren sind hier abgeschafft, die Teilnahme am Unterricht ist freiwillig.
Zoe Readhead, die Tochter Neills und jetzige Leiterin des Internats, empfing die Schülerinnen und Schüler aus Ahaus und Stadtlohn und erläuterte die Theorie und Praxis der antiautoritären Erziehung.
Die 67 Kinder und Jugendlichen, die derzeit diese Schule besuchen und vornehmlich aus England, Deutschland und Japan stammen, haben die persönliche Freiheit, Unterrichtsangebote auszuwählen oder „freizumachen". Sie müssen jedoch mitteilen, wo sie sich aufhalten. Ebenso gibt es bestimmte Ämter beziehungsweise Dienste für alle Internatschüler und eine von den Schülern gemeinschaftlich verabschiedete Hausordnung, die verbindlich ist.
Am Nachmittag bestand Gelegenheit, drei in Summerhill tätige Lehrer zu befragen. Die Lehrer leben tagtäglich, auch an Wochenenden, gemeinschaftlich mit den Schülern zusammen. Dieser Rhythmus wird lediglich durch fünf Wochen Sommerurlaub unterbrochen. Erfahrungsgemäß verweilen die Lehrkräfte im Durchschnitt circa drei Jahre in Summerhill und wechseln dann die Arbeitsstelle. Einhellig bekannten sich die drei Pädagogen zu dieser Art Schule, weil sie der Überzeugung sind, hier würden junge Menschen selbstbestimmt und selbstverantwortlich erzogen beziehungsweise erziehen sich selbst, was unterm Strich eindeutig wichtiger sei als die Anzahl der auswendig gepaukten Mathematikformeln.
Für die unterrichtliche Verwertung wurden dieser Besuch und die Interviews mit einer Videokamera dokumentiert und stehen somit der staatlichen Fachschule für Sozialpädagogik zur Verfügung.
[…]

(Münsterland Zeitung Nr. 45 v. 22.2.1996)

Summerhill School
Zoe Readhead
LEISTON
Suffolk IP 16 4HY
Tel: 01728/830540
(von Deutschland: 0044/1728/830540)

Glocksee-Schule
Am Lindenhofe
30519 Hannover

2.4 Waldorfpädagogik – eine Alternative?

Turnhalle der Rudolf-Steiner-Schule Nürnberg (Foto: Walter Beck)

Treppenhaus der freien Waldorfschule am Bodensee in Überlingen-Rengoldshausen (Foto: Florian Schmidtjansen)

Was fällt Ihnen an der architektonischen Gestaltung der Waldorfschule auf? Lassen sich Schlussfolgerungen ziehen für das, was sich hinter den Mauern abspielt?

Einführung

Fragebogen zu Vorwissen und Voreinstellungen

1. Gibt es eine Waldorf-Schule oder einen Waldorf-Kindergarten in Ihrer Nähe?
2. Kennen Sie Kinder, die eine solche Einrichtung besuchen bzw. besucht haben?
3. Haben Sie eine Waldorf-Schule schon einmal von außen oder innen gesehen?
4. Was meinen Sie, was unterscheidet eine Waldorf-Schule von einer staatlichen Regelschule?
5. Was meinen Sie, warum schicken Eltern ihre Kinder auf eine Waldorf-Schule?
6. Würden Sie später Ihr Kind auf eine Waldorf-Schule schicken?
7. Auf welche Informationen gründen Sie die Antworten auf die letzten drei Fragen?

Fragen werfen oft noch mehr Fragen auf. Es gibt viele Vorurteile (Urteile vor dem Wissen) und falsche Einschätzungen über die Waldorf-Pädagogik.
Halten Sie daher fest:
Was müssten Eltern wissen, bevor sie eine Entscheidung für oder gegen die Waldorf-Pädagogik treffen? Dies könnten auch die leitenden Fragen sein, die Sie im Kurs mithilfe des Kapitels klären könnten.

Zeugnis – ein Beispiel

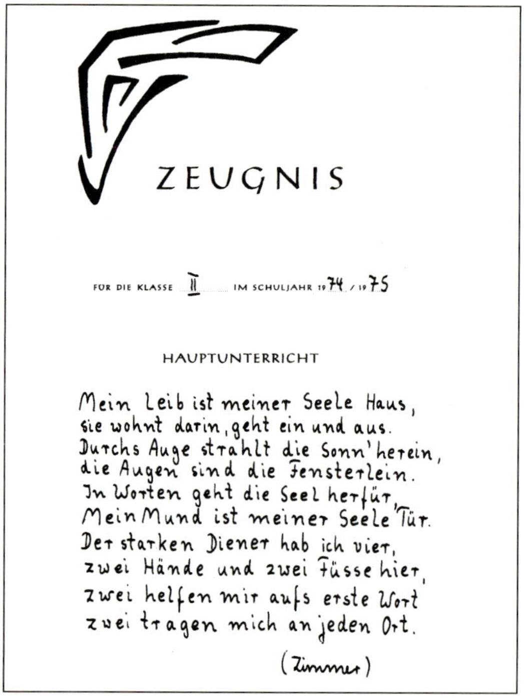
ZEUGNIS

FÜR DIE KLASSE II IM SCHULJAHR 1974 / 1975

HAUPTUNTERRICHT

Mein Leib ist meiner Seele Haus,
sie wohnt darin, geht ein und aus.
Durchs Auge strahlt die Sonn' herein,
die Augen sind die Fensterlein.
In Worten geht die Seel herfür,
Mein Mund ist meiner Seele Tür.
Der starken Diener hab ich vier,
zwei Hände und zwei Füsse hier,
zwei helfen mir aufs erste Wort
zwei tragen mich an jeden Ort.

(Zimmer)

Heike hatte es auch in der zweiten Klasse sehr leicht, das aufzunehmen, was es zu lernen und zu üben gab. Mühelos gelang es ihr den Zugang zur Rechtschreibung zu finden und ebenso mühelos rechnete sie. Es fällt Heike jedoch nicht leicht, dem Unterricht immer konzentriert und anteilnehmend zu folgen. Gern läßt sie ihre Gedanken herumspazieren und man wünscht sich von ihr vielmehr Gleichmaß in der Mitarbeit und viel mehr innere Anteilnahme.

Heikes Rechen- und Schreibhefte sahen zu Beginn des Jahres sehr schön aus, im Laufe der Zeit wurde ihre Schrift jedoch etwas nachlässig und glitt zu schnell und flüchtig dahin. Sie sollte sich wieder mehr um ein bewußtes Gestalten der Buchstaben und Zahlen mühen. Denn Heike hat, wenn sie sich bemüht, gute Formkräfte, wie man an ihren sehr schönen Formenzeichnungen sehen kann. Auch beim Wasserfarbenmalen zeigt sie viel Geschick und schönes Farbempfinden.
Bei unseren sprachlich-rhythmischen Übungen könnte sie noch viel tüchtiger mittun und die Klasse mehr stützen.

Bei all den schönen Fähigkeiten sollte man nicht übersehen, daß Heike doch recht schwankend und unsicher in ihrem Wesen ist und es schwer hat, zu einer inneren Harmonie und Ordnung zu kommen. Teils sehr empfindsam und schüchtern, teils aber auch keck und vorwitzig mit dem Wort, ist sie dem Lehrer oft keine Stütze, sondern braucht selbst viel Hilfe, um sich sammeln und ordnen zu können und etwa nicht den Unterricht zu stören. –
Eine große Freude und auch eine Hilfe für sie selbst ist es, daß sie ganz ohne Ehrgeiz und Stolz ihre Begabung erlebt und immer bereit ist, in netter Weise ihren schwächeren Mitschülern weiterzuhelfen. Hier findet sie ein Betätigungsfeld, das ihr hilft, ihre überschüssigen Kräfte, die sonst leicht vagabundieren, in sinnvoller, für alle hilfreicher Weise einzusetzen.

FACHUNTERRICHT

ENGLISCH

Heike hatte keine Mühe mehr, mutig und kräftig mitzusprechen. Sie hat sich sehr schön mit den fremden Lauten verbunden. In diesem Jahr wurde sie sogar oft recht übermütig, das lenkt ab.

~~FRANZÖSISCH~~ RUSSISCH

Nach kurzer Zeit des Übens vermochte Heike Worte und Verse klar geformt und sicher wiederzugeben. Sie tat dies jedoch nicht sonderlich gern allein. Heike möge sich nur rechte Mühe geben, die anderen nicht zu stören, wenn sie längere Zeit zum Lernen brauchen!

EURYTHMIE

Nur selten ist es Heike gelungen, sich intensiv mit dem eurythmischen Tun zu verbinden. Sie sollte viel aufmerksamer bei der Sache sein, um zu einer harmonischen Bewegung zu kommen.

MUSIK

Heike flötet sicher und schön und nimmt an allem musikalischen Tun freudigen Anteil.

HANDARBEIT

Heikes liebstes Tun in der Handarbeitsstunde ist das Vorlesen, doch müssen wir aufpassen, daß auch die geschickten Hände, wenn sie fleißig arbeiten, von Geduld und Freude begleitet werden.

LEIBESERZIEHUNG

Religionsunterricht der Christengemeinschaft:
Heike ist ein stiller, aber aufmerksamer Lauscher und malt schöne Bilder.

VERSÄUMNISSE: 28 Tage VERSPÄTUNGEN:

(Charlotte Rudolph, Waldorf-Erziehung, Luchterhand, Darmstadt 1987, S. 27–29)

Der Lehrplan

	Unter- und Mittelstufe								Oberstufe			
Schuljahr	1	2	3	4	5	6	7	8	9	10	11	12
Erzählstoff	Märchen	Legenden Fabeln	aus dem Alt. Testam.	nordische Mythologie	griechische Mythologie	römische Geschichte	fremde Völk. Entdecker	Biografien				
Geschichte					Alte Kulturen Griechen	Römer Mittelalter	von der Renaissance bis zur Gegenwart		Kultur- und Wirtschaftsgeschichte			
Kunstgeschichte									Malerei/ Plastik	Poetik	Musik	Architektur
Sachkunde/Erdkunde			Ackerbau Hausbau	Heimat-kunde	Geographie	Geographie/ Geologie	Geographie/ Astronomie	Geographie/ Klimatologie	Astronomie	Morphologie	Kartographie	
Technologie und Praktika									z.B. Forst-, Landwirtschaft, Industrie-, Sozialpraktika			
Naturkunde				Mensch/Tier	Pflanze	Mineral	Anthropologie			Biologie		
Physik						Physik						
Chemie							Chemie					
Sprache	Sprechverse Erzählübung	Lesen	schriftliche Berichte	Grammatik				Stilistik, Geschäftsbriefe			Literaturgeschichte	
Fremdsprachen: Englisch Französisch	Englisch/Französisch											
Latein						Latein						
Mathematik/Geometrie	Rechnen mit ganzen Zahlen			Brüche	Sachrechnen							
						Algebra			Kombinatorik	Logarithmen	Sphärische Trigonometrie	Diff.- und Integralrech.
							Planimetrie	Stereometrie		Trigonometrie	Darstellende Geometrie	Analytische Geometrie
Zeichnen	Formenzeichnen			Freihandgeometrie		Geometrie	Geometrisches und Technisches Zeichnen			Feldmessen		
	Zeichnen aus Erzählstoffen und Realfächern					Kohle-zeichnen	Perspektive	Schwarzweiß-zeichnen			Architekturzeichnen	
Malen	Farberleben, Übungen am Farbkreis						Aquarellmalen					
Plastizieren												
Singen							Chor					
Instrumentalmusik	Blockflöte			Spielgruppe andere Instrumente			Orchester					
Eurythmie	Laut- und Ton-Eurythmie						Leichtathletik/Sport					
Turnen	Spiel-Turnen		Gymnastik/Geräteturnen/Orientierungslauf									
Werkunterricht für Knaben und Mädchen					Holz-bearbeitung	Schnitzen			Metallarbeit/ Schmieden	Schreinern/Korbern		Steinhauen
Handarbeit für Knaben und Mädchen									Schneidern Schustern	Spinnen Weben	Buchbindern	
Gartenbau												
Kochen/Hauswirtschaft												
Religion (nach Konfessionen)												

Der Waldorf-Lehrplan ist seit 1919 nahezu unverändert und ist auch an den Waldorfschulen von Tokio bis Castrop-Rauxel bis auf landestypische Besonderheiten gleich.

1. Wenn Sie Zeugnis und Lehrplan der Waldorfschule betrachten, welche Aspekte und Elemente sind an Waldorfschulen anders als im staatlichen Regelschulsystem?
2. An Waldorfschulen gibt es weder „Ziffernzeugnisse“ noch Sitzenbleiben. Würden Sie lieber ein Zeugnis nach Waldorfart erhalten und nicht von einer Zwangswiederholung einer Klasse oder Jahrgangsstufe bedroht sein?
3. Welche Fragen und Thesen lassen sich für die weitere Arbeit aufstellen?

Grundbegriffe und Grundthesen

Rudolf Steiner – ein Portrait

1892 schrieb der damals 37-jährige *Ferdinand Tönnis* über den damals sechs Jahre jüngeren *Rudolf Steiner:* „Herr Steiner geht in grober Unwissenheit spazieren …(er) kennt nicht einmal das Abc der Weltgeschichte… Dieses Maß an Unwissenheit und Unklarheit ist nicht bloß ein Mangel des Verstandes. Es ist einem moralischen Richterspruch verfallen.“

21 Jahre später urteilte *Christian Morgenstern* über denselben, mittlerweile 52-Jährigen: „Es gibt in der ganzen heutigen Kulturwelt keinen größeren geistigen Genuss, als diesem Manne *R. Steiner* zuzuhören, als sich von diesem unvergleichlichen Lehrer ‚Vortrag halten zu lassen‘. Da kulminiert eben das europäische Geistesleben von 1913, dergleichen einmal und unersetzlich.“

(Zeichnung: Robert Hoffmann)

Der erste Kritiker war einer der renommiertesten deutschen Soziologen; der zweite Deutschlands berühmtester Galgenliedersänger; und der Kritisierte ist wohl zu Recht als der umstrittenste Pädagoge der ganzen Welt zu bezeichnen – oder war er gar kein Pädagoge, sondern Philosoph, Theosoph, Maler, Dramatiker, Heilpraktiker, Politiker, Journalist, Privatlehrer u.a.m.? Und wenn wir seinen Biografien glauben dürfen, dann hätte er durchaus folgende Rechnung aufgemacht: Summe der Geburts- und Sterbedaten beider Kritiker, Differenz der beiden Summen, geteilt durch den Abstand der beiden Geburtsjahre, ergibt: das Geburtsjahr *Rudolf Steiners*… Er hätte aber auch ebenso gut solche und ähnliche Zahlenmystiken in einem seiner über 6.000 Vorträge mit Leidenschaft und Ironie zurückgewiesen … Was also war das für ein Mensch? Was also sind das für Schulen, die sich auf diesen Mann berufen? Bereits sein Geburtstag ist mystisch umflort: Am 25. Februar 1861 kam *Rudolf Steiner* als ältestes von drei Kindern eines Bahnbeamten in Kraljevec, auf der damals zur österreichisch-ungarischen Monarchie und heute zu Kroatien gehörenden Mur-Insel zur Welt – er selbst bevorzugte sein Taufdatum: den 27. Februar 1861. Als Telegrafist wurde der Vater häufig versetzt, weshalb die Familie immer wieder umziehen musste: 1863 nach Pottschach in Niederösterreich; 1868 nach Neudörfl im Burgenland; ab 1872 besuchte er die Realschule von Wiener-Neustadt, an der er 1879 sein Abitur ablegte. Was war das für eine Kindheit? Alles deutet darauf hin, dass der Knabe *Rudolf* eine ökonomisch arme, eine emotional geborgene, eine sozial gesehen eher einsame und unter pädagogischen Gesichtspunkten eine geradezu bildungshungrige Kindheit erlebte. In einem Vortrag am 4.2.1913 sagte er: „Die Eltern haben… stets die Bereitschaft gezeigt, ihre letzten Kreuzer für das hinzugeben, was dem Wohle ihrer Kinder entsprach, aber es waren nicht sehr viele solche letzten Kreuzer vorhanden.“ Und in seiner Autobiografie, die vom 9.12.1923 bis zum 5.4.1925 in 70 Beiträgen im Goetheanum erschien und in demselben Jahr von *Maria Steiner* in Buchform herausgegeben wurde, schreibt er, dass er schon als Kind „voller Fragen war, die ich unbeantwortet mit mir herumtragen musste. Ja, diese Fragen über alles Mögliche machten mich als Knaben recht einsam.“

Zum Wintersemester 1879/80 immatrikulierte sich *Steiner* an der Technischen Hochschule in Wien, belegte Biologie, Chemie, Physik und Mathematik – sein Vater wollte aus ihm einen Ingenieur machen und hatte sich sogar nach Inzersdorf vor Wien versetzen lassen. Es kam ganz anders, denn er begegnete dem Germanisten *Karl Julius Schroer,* der just zu *Steiners* Studienbeginn über „Deutsche Literatur seit Goethe“ sowie über „Schillers Leben und Werke“ las. Und man wird seinem Biografen *J. Hemleben* zustimmen, wenn er schreibt (1963, S. 28): „Diese Hingabe an Goethes Geistesart übertrug sich von Schroer auf seinen Schüler.“ Folgerichtig wandte sich der lernbegierige Studiosus nun der Germanistik und der Philosophie zu, verdiente sich den Lebensunterhalt als Hauslehrer (von 1884–1890 in der Familie *Specht*) und wurde 1882 (als 21-Jähriger!) mit der Herausgabe der Naturwissenschaftlichen Schriften *Goethes* für „Kürschners Deutsche Nationalliteratur“ beauftragt. Zu diesem Zweck siedelte er 1890 nach Weimar über und gab dort als ständiger Mitarbeiter am Goethe-und-Schiller-Archiv die besagten Schriften der Goethe'schen Sophienausgabe heraus. 1891 erfolgte seine Promotion zum Dr. phil. (in Rostock), 1894 erschien seine „Philosophie der Freiheit“, 1897 übersiedelte er nach Berlin, wo er redaktionell-publizistisch und von 1899–1904 als Lehrer bzw. Referent an der Arbeiter-Bildungsschule tätig war. 1899 heiratete er die fast 8 Jahre ältere *Anna Schultz,* verwitwete *Eunike,* kam mit theosophischen Kreisen in Berührung, wurde 1902 gar Generalsekretär der Theosophischen Gesellschaft und setzte zu einem beispiellosen öffentlichen Wirken an: Eine rastlose Vortragstätigkeit im In- und Ausland, zahlreiche Publikationen und – 1912/13 die Gründung der (eigenen) Anthroposophischen Gesellschaft. Von da ab lebte er abwechselnd hauptsächlich in Berlin, Dornach und Stuttgart, wenn er einmal nicht zu seinen zahlreichen Vortragszyklen unterwegs war. 1915 fand das Richtfest des ersten Goetheanums in Dornach statt, das aber am 31.12.1922 durch Brandstiftung vernichtet und erst nach seinem Tod neu aufgebaut wurde. 1914 schloss er eine zweite Ehe mit *Maria von Sievers,* widmete sich im Krieg dem Ausbau des Goetheanums, der Anthroposophie sowie der „Dreigliederung des sozialen Organismus“ (Rechtsleben/Staatsverwaltung, Wirtschaftsleben/Ökonomie sowie Geistesleben/Bildungswesen). Und bereits hier findet sich eine ausführliche Begründung dagegen, dass „das Schulwesen eine vom Staat zu besorgende Angelegenheit sei“.

Der 25.1.1919 schließlich darf als der Kairos der späteren Waldorfschulen genannt werden. An diesem Tag meldeten sich bei *Steiner,* so sein Biograf *G. Wehr* (1987, S. 266), drei Männer an: „Emil Molt, Direktor der Waldorf-Astoria-Zigarettenfabrik, der Jurist Roman Boos und der…für soziale Fragen engagierte, kaufmännisch tätige Hans Kühn.“ Zwei Vorhaben wurden in dieser Besprechung ins Auge gefasst: Ein Aufruf „An das deutsche Volk und an die Kulturwelt“ sowie die Gründung einer „staatsfreien Schule“. Beides realisierte sich: Im März erschien der besagte Aufruf; und nachdem *Molt* 100.000 RM zur Verfügung gestellt hatte, sagte *Steiner* zu, nicht nur die Vorbereitung zur Gründung der anthroposophischen Schule, sondern auch deren Leitung zu übernehmen. Noch im August 1919 hielt er den grundlegenden Kurs für die ersten Lehrer/innen der gewünschten Schule, und am 7. September wurde die erste Waldorfschule im vollbesetzten Stuttgarter Stadtgartensaal feierlich eröffnet. Die restlichen Jahre seines Lebens waren einerseits der Leitung dieser Schule und andererseits der publizistischen Verbreitung und der organisatorischen Festigung der – jetzt auch international wirksamen – Allgemeinen Anthroposophischen Gesellschaft gewidmet. Und auch sein Tod, am 30. März 1925, hat seine Rätsel: Er selbst und seine Frau ließen durchblicken, dass er vergiftet worden sei (und zwar bereits am 1. Januar 1924); die behandelnden Ärzte schwiegen (auch nach seinem Zusammenbruch am 28. September des Jahres); und die Vermutung liegt nicht fern, dass er einem ganz gewöhnlichen Magen- und Darmkarzinom erlag (denn die letzten Jahre und Monate waren vor allem von einer mitunter qualvollen Ernährungsproblematik gekennzeichnet). Wie auch immer: Ein ungewöhnliches, ein sich selbst verzehrendes, ein kulturell herausragendes sowie umstrittenes Leben ging zu Ende und – fand seine Fortwirkung.

(Rainer Winkel, Reformpädagogik konkret. Rudolf Steiner und die nach ihm benannten Schulen, in: Pädagogik 6/1992, S. 47f.)

Zur Geschichte der Waldorfschule

Die erste Waldorfschule wurde 1919 in Stuttgart begründet. Die Initiative zur Gründung ging von *Emil Molt* (1876–1936) aus, damals Leiter und Teilhaber der Waldorf-Astoria-Zigarettenfabrik, der *Rudolf Steiner* (1861–1925) gebeten hatte, die Schule aufzubauen und zu leiten.[…]

Die Schule wurde am 7. September 1919 feierlich eröffnet. In seiner Ansprache wies Emil Molt auf die Zielsetzung mit folgenden Worten hin: Der Gründungsgedanke „wurde geboren aus der Einsicht in die Notwendigkeit unserer Zeit. Es war mir einfach Bedürfnis, in Wahrheit die erste so genannte Einheitsschule ins Leben zu rufen und dadurch einem sozialen Bedürfnis wirklich abzuhelfen, sodass künftighin nicht nur der Sohn und die Tochter des Begüterten, sondern auch die Kinder der einfachen Arbeiter in die Lage versetzt werden, diejenige Bildung sich anzueignen, die heute notwendig ist zum Aufstieg zu einer höheren Kultur […] Es genügt heute ja nicht, eine bloße ‚Einrichtung' zu schaffen, sondern es tut Not, diese Einrichtung zu erfüllen mit neuem Geiste."

Die Schule begann mit 256 Schülern in acht Klassen, davon waren 191 Kinder von Arbeitern der Waldorf-Astoria, der Rest kam vornehmlich aus dem Kreis anthroposophisch orientierter Eltern. Die Schule war „angegliedert an eine industrielle Unternehmung", also zunächst rechtlich Teil der Waldorf-Astoria. Daraus erwuchsen grundlegende Schwierigkeiten, als im folgenden Jahr die Schülerschaft um 174 weitere Kinder zunimmt und die Waldorf-Astoria nicht mehr die Kosten – für Nichtwerksangehörige – tragen kann oder will. Das Kollegium sieht darin eine harte, aber gesunde Entwicklung in die volle – auch wirtschaftliche – Selbstständigkeit neben der schon bestehenden pädagogischen Selbstverwaltung; der Schulgründer Emil Molt betrachtet dies zunächst als ein Abweichen vom ursprünglichen Konzept. Indessen kommt unter R. Steiner dann zwischen beiden Seiten eine Einigung zustande, als Steiner verdeutlicht, dass in der Pädagogik ja stets die allgemein-menschliche Entwicklung und nicht nur die der Kinder des Werkes im Blicke stehe und dass es die ursprüngliche Hoffnung war, es würden sich gleichzeitig weitere Freie Schulen nach der neuen Pädagogik an verschiedenen Orten bilden. Das Letztere konnte aus politischen Gründen (zunehmende Inflation; Weimarer Verfassung, die in der Grundstufe ‚Privatschulen' nur unter erschwerten Bedingungen zuließ) zunächst nicht geleistet werden, sodass die Waldorfschule zum ‚Modell' wurde, von Steiner keineswegs gewollt. Die Entscheidung indessen, all jene Kinder aufzunehmen, deren Eltern um Aufnahme nach-

Die erste Waldorfschule in Stuttgart

suchten, schloss einerseits die Abtrennung von der Firma ein und machte notwendig, dass die Eltern selbst an den Kosten der Schule mitzutragen, ja sie ganz zu übernehmen hatten; andererseits hieß das aber auch, dass sich die Schule damit vom ursprünglichen Rekrutierungsfeld, der Arbeiterschaft im strengsten Sinn, zunehmend entfernte. Im Rückblick erwies sich die Entscheidung gleichwohl als sachgerecht, denn nicht nur sank der Anteil der ‚Werkskinder', sondern die Firma ging an andere Eigentümer über, die schließlich die Produktion in Stuttgart ganz einstellten, was auf die 1920/21 rechtlich selbstständig gewordene Schule dann keine direkte Auswirkung hatte. Molt selbst führte zu Steiners Lebzeiten den stellvertretenden Vorsitz innerhalb des Träger-Vereins, später dann diesen selbst bis zu seinem Tode (1936).

(Stefan Leber u.a., Die Pädagogik der Waldorfschule und ihre Grundlagen [Reihe: Die Erziehungswissenschaft], 4., gegenüber der 3. unveränd. Aufl., Wissenschaftliche Buchgesellschaft, Darmstadt 1996, S. 1, 20f.)

1. Skizzieren Sie Hintergrund und Zielsetzung der Gründung der ersten Waldorfschule.
2. Welche Zusammenhänge zwischen dem Lebensweg von Rudolf Steiner und der Gründung der ersten Waldorfschule lassen sich erkennen?

Erkenntnisse anthroposophischer Anthropologie

Für die anthroposophische Menschenkunde rückt das individuelle Wesen des Menschen in den Mittelpunkt des Erkenntnisinteresses: die von Rudolf Steiner als „Ich" bezeichnete ewige Entelechie. Dieses Ich des Menschen aber ist ein Werdendes, und von ihm werden alle Prozesse menschlicher Entwicklung bestimmt. Diese Bestimmung manifestiert sich besonders in dem Wechselverhältnis zwischen dem Seelisch-Geistigen und dem Körperlich-Leiblichen des Menschen. Dies soll an drei für die Pädagogik wesentlichen Zusammenhängen *aufgezeichnet* werden:

1. Das Ich verbindet sich im Prozess der individuellen Menschwerdung schrittweise mit dem Körperlich-Leiblichen, was von Steiner als Inkarnation bezeichnet wird, und es löst sich ebenfalls schrittweise, als Exkarnation. Dadurch kommt es zu aufeinander folgenden Perioden mit je spezifischer Lebensqualität, die sich oft in krisenhaften Umschwüngen ablösen. Die für die Pädagogik bedeutenden Perioden in Kindheit und Jugend haben unter anderem eine jeweils andere Qualität der Lernbefähigung und auch der Lernbedürftigkeit.
Diese Entwicklungsstufen umfassen kleinere und größere Zeitintervalle, sie markieren sich durch körperliche und seelische Veränderungen des Kindes. Die drei bedeutendsten, die schon sehr frühzeitig von Steiner dargestellt und von einer jahrzehntelangen Erziehungspraxis voll bestätigt wurden, werden durch den beginnenden Zahnwechsel (ungefähr 7. Lebensjahr) und durch die Pubertät (ungefähr 14. Lebensjahr) markiert. Die besondere Qualität jeder dieser drei Entwicklungs- und Lernstufen tritt vor Augen, wenn man sich verdeutlicht, in welcher Weise jeweils der Erzieher auf das Kind wirkt.[…]

2. Es gibt nicht nur eine individuelle Menschwerdung, sondern auch eine geschichtliche Menschheitsentwicklung. Ihre Perioditität manifestiert sich in dem Auftreten immer neuer Leitkulturen. Wir stehen, seit dem 15. Jahrhundert, im Anfang einer neuen Kulturperiode; sie wird bestimmt durch das Aufkommen eines verselbstständigten individuellen Bewusstseins und daraus resultierender selbstbestimmter Handlungen. Für die Pädagogik folgt daraus:

– dass in unserer Zeit ein ganz neues, auf die Verwirklichung dieser neuen personalen Qualität gerichtetes Lernen konzipiert werden muss, also auf individuelle Freiheit gerichtete Lernprozesse;

– dass die damit notwendig eintretende Vereinzelung eine Qualität des Lernens fordert, durch die der Heranwachsende befähigt wird, diese Vereinzelung im Bewusstseins- und im Handlungsraum selbsttätig zu überwinden, also durch integrierende Lernprozesse z.B. in der Verbindung von Theorie und Praxis, von Lernen und Arbeiten, von „Freizeit“ und Beruf;
– dass jedem Heranwachsenden, solange er noch nicht selbstbestimmend lernen kann, ein auf seine allseitige Menschwerdung gerichtetes Lernen ermöglicht werden muss, also eine Gesamtschule ohne Sitzenbleiben und mit allseitigen (praktischen, theoretischen, künstlerischen) Lernangeboten.

3. Geschichtliche und individuelle Menschwerdung sind auf Höherentwicklung gerichtet. Es ist möglich, dies als einen Lernprozess zu beschreiben. Das hat auch schon Lessing in seiner Schrift: „Die Erziehung der Menschengeschlechts“ versucht, und er kam dabei zu der Auffassung, dass eine solche menschheitliche Lernentwicklung sinnlos wäre, wenn der einzelne Mensch an ihr nur mit einem Erdenleben beteiligt wäre. Er müsse *wiederholentlich* geboren werden, denn jedes neue Leben bedeute eine neue Stufe in der Teilnahme an der Höherentwicklung des Menschengeschlechts. Was so Lessing entwickelte, wurde von Rudolf Steiner als Ergebnis seiner Forschung bestätigt und konkretisiert.

Danach setzt die individuelle Menschenseele ihre lernende Entwicklung, die sie in ihrem irdischen Dasein vollzogen hat, nach dem physischen Tode fort, und zwar in einer Daseinsform, die außerhalb der Welt liegt, in der der Mensch im Körper lebt, wahrnimmt und denkt. Nach einer längeren Zeit rein geistigen Erlebens beginnt sie ein neues Erdenleben, in das sie die Ergebnisse der vorausgegangenen als Disposition und als Impulse zu weiterem Fortschreiten mitbringt.

Der sich wieder verkörpernde menschliche Wesenskern, sein Ich, ist in seiner Begabung von drei Faktoren bestimmt:
– den Ergebnissen der vorausgegangenen Erdenleben;
– den Erbanlagen des Leibes, die ihn in Zusammenhang bringen mit Volk, Rasse, Familie, Geschlecht;
– den Einflüssen der Umwelt mit ihren je besonderen kulturellen, sozialen und gesellschaftlichen Ausprägungen.

Zunächst erscheint der Mensch jedoch als Gattungswesen, das in die Erbanlagen des Leibes gebunden und durch die Einflüsse der Umwelt geprägt wird; würde der Mensch in seiner Entwicklung von den Erbanlagen und den Einflüssen der Umwelt allein bestimmt, so verwirklichte er sich auch nur als ein Gattungswesen.

Die Verwirklichung des Menschen als Individualwesen ist jedoch als ein Lernprozess aufzufassen, der auch durch die sinnlich erscheinenden Grenzen von Geburt und Tod in der Erscheinung des Menschen nicht begrenzt ist, da das Selbstbestimmen (denkende Bestimmung) seinem Wesen nach ein nicht sinnlicher Prozess ist und damit jede individuelle Selbstbestimmung in das Wesen des Denkens aufgenommen wird und so in individueller Art mit seiner Wesenheit, seinem Ich, verbunden bleibt, d.h. also Ewigkeitscharakter hat.

(Peter Schneider, Erkenntnistheorie und anthroposophische Menschenkunde: Die Grundlagen der Praxis der Rudolf-Steiner-Pädagogik, in: Gerhard Krems [Hrsg.], Waldorfpädagogik. Selbstdarstellung, Zustimmung, Kritik, Katholische Akademie, Schwerte 1987, S. 17ff.)

Entwicklungspsychologische Grundlagen der Waldorfpädagogik

Das Vorschulkind von der Geburt bis zum Zahnwechsel

Das Kind dieses Alters ist vor allem ein *Willenswesen.* Der unbewusste Wille äußert sich in der kräftigen Motorik seines Leibes, der mit dem Fühlen und Denken noch eine Einheit bildet. Der sich bewegende Leib ist das Organ, mit dem das Kind die Welt aufnimmt,

mit dem es lernt: er ist ganz Sinnesorgan.[…] Es tut dies völlig schutzlos, offen, ohne kritische Distanz, vielmehr mit Zuneigung und Liebe, im sicheren Grundgefühl: *die Welt ist gut.* Durch *Nachahmung* lernt es gehen, sprechen, ein erstes Nachfühlen und Denken. […] Für den Erzieher des Vorschulkindes ergibt sich somit die anspruchsvolle Aufgabe: Lebe, empfinde, denke dem Kind vor, was es nachtun, nachempfinden, nachdenken darf! Es muss das Gute, Richtige, Wahre in seiner Umwelt verkörpert vorfinden können. […]

Das Kind vom Zahnwechsel bis zur Erdenreife

[…] Das Kind will jetzt nicht mehr wie bisher nur unbewusst-leiblich nachahmen, sondern, wacher, sich *seelisch* hingeben an die Seele seiner Umgebung. Vor allem will es über das Wort des Erziehers in das Wesen der Menschen und Dinge eindringen. Es hat die Fähigkeit gewonnen, durch die Sprache hindurch aktiv zu lauschen, ‚hellhörig' fühlend das Wesen der menschlichen Persönlichkeit und der Dinge zu erfassen.
Es gewinnt jetzt auch die Fähigkeit, *Vorstellungen* zu bilden, die von den unmittelbaren Eindrücken aus der physischen Umgebung unabhängig sind, weshalb es sie auch willkürlich wieder in Erinnerung rufen kann. Und es entwickelt rasch ein ausgezeichnetes *Gedächtnis.* Was es innerlich schaut, prägt sich ihm tief ein, die vom Gleichklang des Reims und vom Reiz des Rhythmus getragen sind – auch wenn es deren Sinngehalt nicht versteht oder gar keiner vorhanden ist.[…] Es lebt in einem ahnenden, träumenden, erst langsam aufdämmernden *Bildbewusstsein,* das in der Mitte liegt zwischen dem noch schlafenden Bewusstsein des Vorschulkindes und dem wachen Bewusstsein des Erwachsenen. Denken, Fühlen und Wollen sind noch innig miteinander verbunden. Das Fühlen hat jedoch die Vorherrschaft. Das Denken ist erst ein denkendes Fühlen. […] Es sucht Menschen, denen es sich ganz anvertrauen und hingeben kann, die es als *Autorität* empfindet.
Verehrung und *Liebe,* die es solchen Menschen entgegenbringt, sind die Kräfte, mit denen es in diesem Alter lernt. Es möchte durch den geliebten Erzieher erfahren, was gut und böse, schön und hässlich, wahr und unwahr ist. Wie er über die Dinge denkt und sie empfindet, so denkt und empfindet es mit. Was er liebt und verehrt, liebt und verehrt es auch. Es verleibt sich die sittlichen, intellektuellen und ästhetischen Maßstäbe des verehrten Erwachsenen ein und richtet sich daran innerlich auf, wie sich das Kleinkind an den Sprossen des Laufgitters aufrichtet.[…] Welche Seelennahrung bedeuten […] beispielsweise für einen Fünftklässler die großartigen Bilder der griechischen Mythologie! Die Kinder lauschen mit ganzer Seele, werden warm und schöpferisch im inneren Bildschaffen, schwingen hin und her zwischen Hoffen und Bangen, Freud und Leid, Sympathie und Antipathie.[…] Was aber bleibt, ist die Sympathie mit dem Guten, die Antipathie gegen das Böse, die Liebe zur *moralischen Ordnung und Schönheit der Welt.* Die Vorbilder von Mut, Wahrhaftigkeit, Treue und so weiter senken sich tief in ihre Seele. […]

Das Kind in der Erdenreife

Mit dem dritten Jahrsiebent treten stürmisch die spannungsgeladenen Seelenmächte und Triebkräfte auf, die für dieses Alter bekannt sind. Der seelische Kräfteorganismus – Rudolf Steiner nennt ihn Seelenleib – wird frei zu individueller Betätigung. Bisher lebte das Kind, gesunde Verhältnisse vorausgesetzt, in innerer und äußerer Harmonie: zuversichtlich, heiter, wohlwollend, die Seelenkräfte knospenhaft vereinigt, in einem wohlgestalteten Körper von großer Anmut. Es lebte ein naturhaft geschenktes Menschliches dar und wiederholte so gleichsam die Menschheitsstufe der Unschuld vor dem Sündenfall. Nun wird diese Harmonie zerstört um der Individualisierung willen, durch die der Mensch hindurch muss, um aus eigenen Kräften zu einer *selbst* geschaffenen Harmonie zu gelangen.

Ein ganz eigenes, persönliches Innenleben will jetzt entstehen. Der Jugendliche beginnt nach den geistigen Hintergründen des Daseins, seinem Sinn und Zweck, zu forschen. Er möchte die *Wahrheit* der Welt ergründen. Und dabei setzt er nun mehr und mehr seinen erwachenden Intellekt ein. Sein *Eigendenken* regt sich wie ein Keim, bedarf jedoch noch jahrelanger Ernährung und Pflege, bis es im 20./21. Lebensjahr zur eigentlichen Geburt kommt und den jungen Menschen geistig selbstständig, mündig macht.

Nun kann der Unterricht in zunehmendem Maße wissenschaftlich erteilt werden, wobei es vor allem darauf ankommt, die *Zusammenhänge* sichtbar zu machen: den Zusammenhang der Tatsachen sowohl als auch ihren Zusammenhang mit den aufbrechenden *Existenzfragen* der jungen Menschen. Der Unterricht muss die in der Tiefe ihrer Seele pochenden Fragen ins Bewusstsein heben und darauf eingehen.

(Heinrich Eltz, Ich-Entwicklung und soziale Verantwortung, in: Freie Pädagogische Vereinigung Bern [Hrsg.], Die anthroposophische Entwicklungslehre, Breisgau 1976, S. 33ff.)

1. Welche Aussagen zur Anthropologie und Entwicklungspsychologie werden hier gemacht?
2. Welche Konsequenzen haben solche Aussagen für die praktische Waldorfpädagogik?
3. Vergleichen Sie die hier getroffenen Aussagen mit entwicklungspsychologischen Erkenntnissen von Piaget, Kegan und anderen im Buch vertretenen Ansätzen.

Die anthroposophische Temperamentlehre

Das Wort *Temperament* stammt vom lateinischen Verb „temperare“ (mischen) und bedeutet unter anderem „richtige Mischung“, „rechtes Maß“. Wenn wir Heinroth folgen, mischen sich im Temperament die Welt der Natur und die Welt der Freiheit, Physisches und Geistiges, und offenbaren uns eine weitere Qualität des Menschen als eines „Bürgers zweier Welten“. Ein weites Spektrum von Phänomenen wird durch das Temperament beeinflusst. Es wirkt auf den Organismus, die physiologischen Prozesse, prägt mit Konstitution und Gestalt, beherrscht die Lebensgewohnheiten, das Verhalten, und übt selbst auf Intelligenz und Begabung einen merkbaren Einfluss aus.

Die Temperamentlehre wurde begründet durch den griechischen Arzt *Hippokrates* (460–375 v. Chr.). Wir knüpfen an diese Lehre an und versuchen zu zeigen, wie die Kenntnis der hippokratischen Temperamente in der Pädagogik und Menschenführung heute noch höchst fruchtbar ist.[…] Hippokrates baute die Temperamentlehre auf der von ihm begründeten Humoralpathologie (humores = Säfte) auf, der Heilkunde, die den Säftehaushalt im menschlichen Organismus als Ursache von Gesundheit und Krankheit erklärte. Von den vier Körpersäften, die Hippokrates annahm, leiten sich die Temperamentnamen ab:

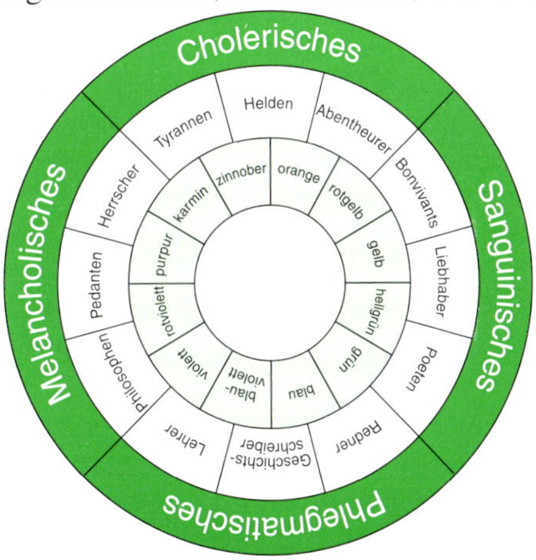

Temperamentsrose von Schillers Hand, mit Goethe erdacht, wahrscheinlich in Jena, Anfang 1799

1. cholerisch — von Galle (griechisch: chole)
2. phlegmatisch — von Schleim (griechisch: phlegma)
3. sanguinisch — von Blut (lateinisch: sanguis)
4. melancholisch — von schwarzer Galle (griechisch: melaina chole)

In der Hippokratischen Heilkunst nehmen die vier Elemente einen breiten Raum ein. Auch in der Temperamentlehre spielen sie eine wichtige Rolle. Die Beziehung zwischen Temperament und Element ist folgende:

Feuer = cholerisch
Luft = sanguinisch
Wasser = phlegmatisch
Erde = melancholisch

Inwiefern diese Zuordnung berechtigt ist, wird unsere Darstellung erhellen. Fassen wir die Beziehungen, die wir bis jetzt wahrgenommen haben, nochmals zusammen:

Temperament	*Körpersaft*	*Element*	*Jahreszeit*	*Eigenschaften*
cholerisch	gelbe Galle	Feuer	Sommer	warm/trocken
sanguinisch	Blut	Luft	Frühling	warm/feucht
phlegmatisch	Schleim	Wasser	Winter	kalt/feucht
melancholisch	schwarze Galle	Erde	Herbst	kalt/trocken

[…]

Das cholerische Temperament

Man pflegt dieses Temperament, entsprechend der Etymologie des Wortes „cholerisch“, auch das „gallige“ zu nennen. Die Verwandtschaft zwischen dem Körpersaft der Galle und der Zornmütigkeit dieses Temperaments ist uns heute noch durchaus vertraut. Unser Organismus sondert mehr Galle ab, wenn wir uns ärgern. Darum sagt man zu Recht: „Die Galle lief ihm über.“ Und wenn Galle im Übermaß ins Blut kommt, verfärbt sich die Haut gelb: der Mensch wird „gelb vor Wut“. Die Galle ist der die Aktivität anregende Saft im Menschen. Sie überläuft, wenn der Mensch in Tätigkeit gerät. Und wo sie fehlt, fühlen wir uns matt, ohne Entschlusskraft und Unternehmungslust.

Kein anderes Temperament ist wegen seiner Zornesausbrüche, der Wutanfälle und heftigen, unmittelbaren Reaktionen so bekannt und gefürchtet wie das cholerische. Auch die Beziehung des Zorns zum Element des Feuers ist bekannt und erscheint in mannigfachen sprachlichen Anspielungen.

Der Choleriker besitzt eine etwas untersetzte, zusammengeballte, breite Gestalt mit ausladenden, deutlich sich abzeichnenden Schultern. Der breite, massige und hohe Rumpf beherrscht die ganze Konstitution, während die Gliedmaßen kurz und kräftig geformt sind. Der Choleriker ist eine Sitzgröße (wie Napoleon, Fichte, Gottfried Keller). Der breite, große, eher eckige Kopf sitzt tief auf dem kurzen, massigen Hals und erscheint vielfach wie in den Rumpf hineingezwängt, wodurch der starke, wulstige Nacken entsteht. Die den Choleriker kennzeichnende Haarfarbe ist schwarz. Ebenso charakterisieren ihn schwarze, leuchtende Augen.

Wichtigen Aufschluss über die Temperamentform gewährt uns die Gestik. Der Choleriker macht schneidige, entschlossene, präzise Bewegungen. Sein Schritt ist fest und sicher. Man gewinnt den Eindruck, er wolle beim Auftreten den Fuß tief in den Boden hineinstemmen. Der energische, willengeladene Schritt verleiht dem Gang des Cholerikers etwas Kraftvolles, Eindruckerweckendes.

Von Bedeutung ist immer auch der Blick eines Menschen. Der Choleriker verfügt über einen scharfen, klaren und tiefen Blick. Wie er mit den Füßen sozusagen den Boden einstampfen möchte, so dringt er sein Adlerauge tief in das Gegenüber hinein. Etwas Durchbohrendes, Suggestives lebt im festen, entschlossenen Blick des Cholerikers. [...] An sich ist ein Temperament weder gut noch schlecht. Eine moralische Wertung der Temperamenteigenschaften ist darum völlig fehl am Platz. Ob sich irgendein Temperament in der sozialen Gemeinschaft vorteilhaft oder nachteilig auswirkt, hängt weitgehend vom ganz individuellen Charakter des Menschen ab.[...]

Die Erziehung des cholerischen Temperamentes

Das cholerische Kind – es offenbart sich uns an seinem entschlossenen, zielsicheren und draufgängerischen Wesen – braucht kraftvolle, sichere Erzieher und Lehrer, die es als Autoritäten annehmen kann. Menschen, die wissen, was sie wollen, deren Ja ein Ja, deren Nein ein Nein bleibt. Schmerzlich ist es für einen Choleriker, unentschlossene und unsichere Erzieher zu haben. Vor einem cholerischen Kind darf sich der Erzieher keine Blöße geben. Ein sanguinisches Kind kann über eine Schwäche hinwegsehen, wenn die Erzieherpersönlichkeit nur lieb ist mit ihm. Das cholerische Kind jedoch verliert die Achtung, wenn es gewahr wird, dass der Erzieher dies oder jenes nicht kann. Von der Sache her soll ein solches Kind überzeugt und korrigiert werden. Es muss erleben: Vater und Mutter können Schwierigkeiten überwinden, an denen ich selbst gescheitert bin. Das cholerische Kind fordert die Erzieher geradezu heraus, sich in die Finger zu nehmen und fest zu bleiben. Eine klare Entscheidung tut ihm innerlich wohl, und wenn es nach außen hin noch so brodelt und schmollt. An einer gefestigten Autorität kann sich der in ihm knospende Kern entfalten wie die Rebe an ihrem Stab. Und wenn das Kind seinen Zornesausbruch bekommt und mitten im Spiel davonläuft, dann möge man es nicht schlagen, nicht schelten, sondern warten, bis der Anfall abgeklungen, der Seelenkrampf sich wieder gelöst hat. Im Augenblick affektiver Entladungen mit harten, autoritären Maßnahmen durchgreifen zu wollen, hieße Öl ins Feuer gießen. In solchen Augenblicken bewahre der Erzieher Ruhe und Gelassenheit. Jedoch hüte sich der Erzieher, sich durch solche Anfälle tyrannisieren zu lassen und das Steuer der Führung aus der Hand zu geben. Der Choleriker will aus den Tiefen seines Wesens heraus den Widerstand, will die Korrektur, will Maßstäbe, an denen er sich orientieren kann. Wie soll er eine starke Persönlichkeit werden, wenn seine Vorbilder vor seiner Trotzköpfigkeit kapitulieren und immer nachgeben? [...]

(Kurt Brotbeck, Der Mensch – Bürger zweier Welten. Menschenkunde als Erziehungs- und Führungshilfe, Frankfurt 1986, S. 115ff., 120ff., 150f., [Auszüge])

1. Zeigen Sie am Beispiel des cholerischen Temperaments auf, wie die Waldorfpädagogik die kindliche Psyche betrachtet und welche erzieherischen Konsequenzen sie daraus ableitet.
2. Waldorf-Schulklassen umfassen in der Regel 40 Schüler und bei der Zusammensetzung wird auf eine ausgewogene Mischung der Temperamente geachtet. Klassenlehrer und anthroposophischer Schularzt ordnen die Kinder nach der Temperamentlehre ein und berücksichtigen die Ergebnisse bei der Klassenbildung und Sitzordnung. Wie beurteilen Sie die Temperamentlehre als zentrales Element der Waldorfpädagogik?

Vertiefung

Waldorfpädagogik in der kontroversen Diskussion

Prof. Peter Paulig, Lehrstuhlinhaber für Schulpädagogik: Pro

Die Bedeutung der Waldorfschulen für das allgemeinbildende Schulwesen der Bundesrepublik sehe ich zunächst ganz allgemein darin, dass in diesen Schulen Wege beschritten werden, die sich von denen der Staatsschule positiv grundlegend unterscheiden.

Damit beweisen diese Schulen täglich, dass das Schulleben und der Unterricht auch ganz anders gestaltet werden können, als man es aus den Realschulen kennt. Nun ist diese Andersartigkeit nicht von vornherein etwas Gutes, aber vieles, was ich über Jahre hinweg in Waldorfschulen immer wieder beobachtet habe, halte ich aus pädagogischen Gründen für nachahmenswert und auch in der Regelschule für realisierbar. Kurzum: Ich sehe die Bedeutung der Waldorfschulen darin, dass sie den staatlichen Schulen wichtigste Anregungen, Beispiele, ja Vorbilder dafür geben können, wie Schule vom Kinde aus zu gestalten ist.

Unter drei Aspekten möchte ich nun das Beispielgebende der Waldorfschulen konkretisieren und dabei zugleich meine pädagogischen Leitideen zur Sprache bringen, die ich in den Waldorfschulen eher verwirklicht sehe als in den Regelschulen.

1. Auch in der Schule hat das Kind das Recht, ein Kind zu sein

Diese grundlegende These bedeutet: Jeder Erwachsene, vor allem aber jeder Lehrer, muss wissen, dass nur über das Kind die Gesellschaft erneuert werden kann. Jeder muss auch wissen, dass Kinder neues Sein im Kontinuum des Lebens sind, und je sorgfältiger wir sie erziehen, je verständnisvoller wir uns ihnen in Elternhaus und Schule zuwenden und sie mit ihren kindgemäßen Bedürfnissen ernst nehmen, um so größer ist die Chance der Menschheit, sich kulturell weiterzuentwickeln. Aber je unaufmerksamer wir uns gegenüber dem Kind verhalten, desto größer ist die Gefahr des Rückfalls in Barbarei. Es liegt also allein an den Erwachsenen, und hier haben die Lehrer eine außerordentliche Verantwortung gegenüber jedem einzelnen Kind und der Gesellschaft, gerade in den Schulen einen Prozess des Umdenkens einzuleiten. Wir haben lernen müssen, dass der rücksichtslose Umgang mit unserer Umwelt die Existenz der Menschheit gefährdet. Ebenso müssen wir lernen, dass die Gesellschaft, in der wir leben, eine für ihren Fortbestand wichtige Funktion dadurch zu erfüllen hat, dass sie sich in verstärktem Maße dem Kinde zuwendet und jede erdenkliche Vorsorge trifft, um in Elternhaus und Schule einen möglichst ungestörten Ablauf seiner geistigen, seelischen, körperlichen und sozialen Entwicklung zu gewährleisten.[…]

Den Anspruch, dass das Kind auch in der Schule das Recht hat, ein Kind zu sein, erfüllen die Waldorfschulen auf pädagogisch sinnvollere Weise als die Regelschulen. Es sind Schulen, in denen auf spezifische Art *vom Kinde aus* gedacht und gehandelt wird, und insofern sind sie kindgerechtere Schulen. Diese Orientierung an der Entwicklung des Kindes und an kindgemäßen Bedürfnissen, wie sie Rudolf Steiner dargelegt hat und bis heute in den Waldorfschulen praktiziert wird, führt dazu, dass es in diesen Schulen besser als in den Staatsschulen gelingt, ein Gleichgewicht herzustellen von *einerseits* der Berücksichtigung *subjektiver* Interessen und Bedürfnisse der jungen Menschen und *andererseits* der *objektiven Ansprüche* und Forderungen der Gesellschaft, in der wir leben.

2. Die Schule ist keine Verteilungsstelle für sozialen Auf- oder Abstieg

[…] Was in diesen Schulen gelehrt wird, wie zu erziehen ist, was die Lehrer zu tun haben und wie man die Eltern in diese Verantwortungsgemeinschaft von Elternhaus und Schule einbezieht, orientiert sich stets an einer einzigen Frage: Was ist in dem einzelnen jungen Menschen veranlagt, und was kann in ihm entwickelt werden? Der Lehrer hat sich einzig und allein in den Dienst der Lösung dieser Aufgabe zu stellen. Also nicht der Staat oder die Wirtschaft haben die Anweisung zu geben: So brauchen wir den Menschen für ein bestimmtes Amt, prüft daher die Menschen, wie wir sie brauchen und sorgt dafür, dass sie das wissen und können, was wir brauchen. Diese Einflussnahme wird abgelehnt, und daher hat Rudolf Steiner schon 1919 die völlige Loslösung des Unterrichtswesens vom Staats- und Wirtschaftsleben gefordert. Andere sind nicht so weit gegangen, die völlige Auflösung des Regelkreises Schule-Wirtschaft zu fordern. Wenn ich mir aber ansehe, was in den Staatsschulen mit der nachwachsenden Generation geschieht, wenn ich mir ansehe, zu welchen Auswirkungen der Wahnsinn der Selektion Jahr für Jahr führt, und wenn ich wissenschaftliche Untersuchungen zum Thema „Die Schule in der Kritik der Betroffenen" studiere, dann muss ich ohne Wenn und Aber Rudolf Steiner zustimmen.[…]

3. Die pädagogische Freiheit des Lehrers ist unverzichtbar

Aus pädagogischen Gründen, vor allem aber auch aus politischen Gründen bin ich der Überzeugung, dass jedem Lehrer weitgehende pädagogische Freiheit gegeben werden muss. Als Erzieher und Unterrichtender wird man seinen vielfältigen, seinen überaus schönen, aber auch oft sehr schwierigen Aufgaben – und ich vermute: zunehmend noch schwierigeren Aufgaben! – nur dann annähernd gerecht werden können, wenn man in einer freien, selbst-verantworteten, individuellen Weise dem zu Erziehenden und zu Unterrichtenden gegenüberstehen darf. Der Lehrer darf sich bei seinem Tun und Lassen nur abhängig wissen von den Erkenntnissen, die das Wesen der Erziehung und das pädagogische Verhältnis zu den ihm anvertrauten Schülern ausmachen, nicht aber von Vorschriften und Gesetzen, die von außen gegeben werden.

In den Waldorfschulen wird von diesem Grundsatz ausgegangen und dem entspricht, dass jeder Lehrer einer Waldorfschule weitgehende pädagogische Freiheit hat. Und trotzdem – oder sollte ich besser sagen: gerade deswegen? – geht es in diesen Schulen nicht, wie man so sagt, drunter und drüber – gibt es in diesen Schulen kein organisiertes Chaos.

Ich habe den Eindruck gewonnen, dass man in den Waldorfschulen sehr genau weiß und Konsequenzen aus der Erkenntnis gezogen hat, dass Vorschriften und „einschlägige" Bestimmungen niemals eine Art Berufsethik-Ersatz sein können. Vielleicht liegt die hervorragende Bedeutung der Waldorfschulen für die Staatsschulen überhaupt darin, dass sie täglich den Beweis erbringen: Lehrer können durchaus mit der pädagogischen Freiheit eigenverantwortlich umgehen. Vielleicht weckt aber gerade diese Beweislage bei den für die Staatsschule Verantwortlichen Ängste, weil man fürchtet, der „Virus Freiheit" könnte sich ausdehnen. […]

(Peter Paulig, Die Bedeutung der Waldorfschulen für das allgemeinbildende Schulwesen in der Bundesrepublik Deutschland, in: Gerhard Krems [Hrsg.], Waldorfpädagogik. Selbstdarstellung, Zustimmung, Kritik, Schwerte 1987, S. 35ff. [Auszüge])

Waldorfpädagogik in erziehungswissenschaftlicher Kritik

Die kritischen Aspekte der Waldorfpädagogik

sind in den letzen Jahren so zahlreich von WissenschaftlerInnen vorgetragen worden, dass hier nur die wichtigsten genannt werden können: K.A. Wiederhold kritisiert u.a. das „*Mystische*" und damit das wissenschaftlich nicht Fassbare dieser Pädagogik (S. 19). Was damit gemeint ist, mag folgender Ausspruch R. Steiners zur Begründung der ersten Waldorfschule 1919 verdeutlichen: „Wir müssen uns bewusst sein bei einer solchen Aufgabe, dass wir nicht arbeiten bloß als hier auf dem physischen Plan lebende Menschen. Daher wollen wir uns zu Beginn unserer Tätigkeit zunächst darauf besinnen, wie wir im Einzelnen die Verbindung mit den geistigen Mächten, in deren Auftrag und deren Mandat jeder Einzelne von uns gewissermaßen wird arbeiten müssen, herstellen. Wir haben diese Schulgründung als einen Akt der Weltenordnung zu betrachten. Wir wollen uns selbst betrachten als Menschenwesenheiten, welche das Karma an den Platz gestellt hat, von dem aus nicht etwas Gewöhnliches, sondern etwas geschehen soll, was bei den Mittuenden die Empfindung eines feierlichen Weltenaugenblicks in sich schließt." (Steiner 1975, 176f)

Hierin kommt Entscheidendes der anthroposophischen Pädagogik zum Ausdruck: Hier arbeiten nicht LehrerInnen wie sonst in irgendeiner Schule, nur kinderfreundlicher und mit weniger Leistungsdruck, sondern diese sehen sich im Auftrag überirdisch-geistiger Mächte. Hier sieht der Lehrer in den SchülerInnen Menschenleben, die schon viele Erdenleben durchlaufen und weitere Inkarnationen vor sich haben. Wie sich dies konkret auf den Unterricht auswirkt, erläutert Steiner so:

„Bei einem Kind, das fest im Leben drinsteckte in seiner vorhergehenden Inkarnation, kann man sehen, dass es sich für alles interessierte im vorausgegangenen Erdenleben. Man wird daher bei einem solchen Kind darauf sehen müssen, dass man die Dinge aus dem Kind herausholt, denn es bringt ja viel mit aus jenem anderen Leben. Anders sind die Kinder, die trippeln, mit der Ferse kaum auftreten, denn die haben in flüchtiger Weise das vorherige Erdenleben verbracht. Man wird bei ihnen nicht viel herausholen können" (Steiner 1963, 29). Daraus wird deutlich: Erziehungswissenschaftliche Kategorien sind hier nicht maßgeblich, sondern kosmisch-übersinnliche Gesetze bestimmen die Handlungsweisen des Lehrers.

O. Hansmann verstärkt diese Kritik noch, wenn er die Waldorfpädagogik eine *„Intuitionspädagogik"* nennt, deren „erkenntnis- und menschenkundliche Begründung… letztlich auf ein gegebenes absolut sicheres Wissen beruht." Daraus folgt für ihn, dass Pädagogik nur noch als „Anwendung gegebener Normen oder als Technik ihrer Verwirklichung verstanden wird" (S. 260). Das bedeutet nicht nur, dass ein prinzipieller Unterschied besteht zwischen dem technologischen Praxisverständnis der Waldorfpädagogik und dem erziehungswissenschaftlichen Bewusstsein von der Wechselwirkung von Theorie und Praxis, sondern es fragt sich auch, wie aus jenem intuitionistischen pädagogischen Standpunkt Erkenntnisse für die Paxis hervorgehen können? Die Antwort kann nur lauten: Durch absolute Abhängigkeit von Steiner und durch totale Gläubigkeit gegenüber seinen übersinnlich gewonnenen Einsichten. Hansmann betont darum: Die Waldorfpädagogen kommen nicht darum herum, „den Zugang über den Schulungsweg Steiners offen zu legen und der prüfenden Bewährung auszusetzen"(S. 262).

H. Ullrich kritisiert u.a. die *Temperamentenlehre* Steiners, die für die Praxis der Waldorfschule fundamentale Bedeutung hat; denn die Anthroposophen sind davon überzeugt, dass sie mit dieser Lehre den Schlüssel für das Verständnis der SchülerInnen und für die Harmonisierung der Schulklassen in der Hand haben. Der heutige Waldorfdidaktiker Grosse verdeutlicht das so:

„Wenn der Lehrer vor seiner Schülerschaft steht, dann sitzen links die Phlegmatiker, dann folgen die Melancholiker, ihnen schließen sich die Sanguiniker an und zum Schluss kommen rechts außen die Choleriker." So würden sich einmal die verschiedenen Temperamente miteinander und gegenseitig „abarbeiten", zum anderen kämen hier „große Weltkräfte kosmischen Ursprungs" zur Wirkung (S. 207f.).

Die heutige Wissenschaft hält dagegen, dass das Werden des Menschen keineswegs so maßgeblich vom Temperament bestimmt wird, sondern hier sei eine Vielzahl von Faktoren wirksam: Naturell, Disposition, Charakter und vor allem das Wechselverhältnis von Individuum und Gemeinschaft, Einzelmenschen und Gesellschaft, Subjekt und Kultur. Wo also die Wissenschaft ein vielfältiges Geflecht individueller, sozialer und gesellschaftlicher Beziehungen sieht, glaubt der Anthroposoph an feste, unverrückbare, von Natur und Kosmos vorgegebene Kausalfixierungen, die ganz deterministisch verstanden werden.

F. Rest verweist auf den *„Antiintellektualismus"* der Waldorfpädagogik. Nach Steiners Entwicklungslehre – der sog. Vier-Leiber-Lehre – werden die Kräfte für Abstraktion und Reflexion erst nach dem 14. Lebensjahr frei. Darum kann und soll erst jetzt die Erziehung zu selbstständigem und eigenem kritischen Denken beginnen. Bis dahin soll das

Kind nach den pädagogischen Wesensgesetzen Steiners „Nachahmung und Vorbild" sowie „Nachfolge und Autorität" wachsen und lernen. Denn nur wer vorher „in scheuer Ehrfurcht hat verehren dürfen", reift sinnvoll in die Phase der persönlichen Autonomie und der kritischen Mündigkeit hinein.

Die moderne Pädagogik betont dagegen: Es sollte von Anfang an ein zunächst elementares und immer entwicklungsgemäßes Hinführen und schrittweises Einüben von kindlicher Eigenständigkeit und jugendlicher Kritikfähigkeit geben. Rest – selbst Waldorflehrer (!) – sieht darum in der Waldorfpädagogik ein systematisches Verhindern solcher Erziehung: „Die Waldorfpädagogik widersetzt sich standhaft diesem intellektuellen Selbstständigkeitsstreben der Kinder, (sei es, dass) der Verlust der Kindlichkeit durch Konservierung der Kindlichkeit aufgehalten wird. (Dieses sei) einer eingehenden Revision bedürftig. Im Übrigen wird ein tendenzieller Antiintellektualismus bereits in frühen Jahren durch die herausragende Mythenbildung (Märchen, Sagen, biblische Geschichten) deutlich, welche ausdrücklich nicht in kritisches Hinterfragen... münden soll" (S. 56/57).

K. Prange hat die vielleicht schärfste Kritik formuliert: Waldorfpädagogik sei *„Erziehung zur Anthroposophie"*, ja „Manipulation" (1985, 122), nicht nur, weil Steiner vom „Hineinverpflanzen in die kindliche Seele" und vom „Infiltrieren des Autoritätsgefühls" spricht, sondern weil die „Waldorfschule zur Anthroposophie erzieht, und zwar um so nachhaltiger, als sie nicht direkt und kontrollierbar gelehrt, sondern gleichsam eingeflößt wird. Der Lehrplan steuert das Lernen, und die anthroposophische Weltanschauung den Lehrplan" (1985,111). Aber „eine Theorie, zu der es keinen nachvollziehbaren Beweis gibt, sondern nur die Evidenzbehauptungen eines Überzeugten, hat den großen Vorzug, immun gegen Äußerungen und Kritik zu sein" (1985, 52).

Letztlich münden die Analysen aller Kritiker – Ullrich, Prange, Beckmannshagen, Badewien, Winkel, Rutt, Rest, Wehnes – in die Feststellung: „Waldorfschulen sind *Weltanschauungsschulen!"* Dies hat zuletzt R. Winkel auf folgende Formulierung gebracht: Da sie sich zu dieser Tatsache nicht stellen, „muss (ihnen) die Kritik zugemutet werden, diese Grundlegung ihrer selbst nicht offen zu bekennen, sondern als die bessere Wissenschaft auszugeben. Damit wird sie zur Ideologie, denn sie verschleiert und täuscht etwas vor, was sie nicht ist"(S. 247). Wo aber „die Pädagogik aus der Kritik der Erziehungswissenschaft entlassen wird, ... betreibt sie Ideologie, graben sich dogmatische Züge in ihr Gesicht und wird sie letztlich zum Kult" (S. 248). [...]

(F. J. Wehnes, Waldorfpädagogik in erziehungswissenschaftlicher Kritik, in: Päd. extra & demokratische erziehung 10/1990, S. 7ff.)

„Das ist keine Sektenschule"

Walter Hiller vom Bund der Freien Waldorfschulen setzt auf Steiner

Focus: Herr Hiller, Kritiker werfen den Waldorfschulen antiquierte, teilweise unwissenschaftliche Methoden vor. Als Beispiel wird dabei häufig auf die Temperamentenlehre verwiesen.

Hiller: Diese Lehre kann das Wahrnehmungsvermögen der Lehrer differenzieren und zur harmonisierenden

Steinhart: Walter Hiller vom Bund der Freien Waldorfschulen hält an Steiner fest.
(© Zeitenspiegel/Karl Holzner)

Handhabung der Kinder führen. Auch sind einzelne Methoden bereits von staatlichen Schulen übernommen worden.

Focus: Wissenschaftler beklagen, Rudolf Steiners Anthroposophie enthalte rassentheoretische Elemente. Hat das für Ihre Pädagogik Konsequenzen?

Hiller: Der Begriff der Rasse wird gerade auf seine historische Bedingtheit untersucht. Steiner in die Nähe des Rassismus zu stellen, ist absurd.

Focus: Dennoch scheinen viele Eltern Verständnisprobleme mit Steiners Anthroposophie zu haben.

Hiller: Die Vermittlung unserer Grundsätze ist nicht immer leicht. Bedauerlich ist, dass einige Eltern schwer Ansprechpartner finden. Es gibt ein Informationsdefizit. Aber auch die Eltern müssen sich intensiv bemühen.

Focus: Anti-Waldorf-Initiativen berichten von Schülern, die von Lehrern mit teilweise rüden Methoden zur Raison gebracht worden seien. Kennen Sie derartige Vorfälle?

Hiller: Rüde Methoden sind in keinem Fall Waldorfmethoden. An Hinwendung zu den Kindern und deren Interessen an der Welt sollte der Lehrer arbeiten. Deshalb sprechen sie auch von Erziehungskunst.

Focus: Einige Waldorfkritiker sehen in der anthroposophischen Bewegung eine „Sekte, die Schulen betreibt“. Stimmt das?

Hiller: Nein. Wir sind keine Sektenschule. Waldorfschulen entstehen aufgrund der Initiative von Eltern, die die Waldorfpädagogik für ihre Kinder haben wollen.

„Das Problembewusstsein fehlt“

Waldorfkritiker Paul-Albert Wagemann hält das Image der Privatschulen für falsch

Focus: Herr Wagemann, Sie haben als Lehrer an einer Waldorfschule unterrichtet. Würden Sie Ihre Kinder dort anmelden?

Wagemann: Auf keinen Fall.

Focus: Was kritisieren Sie?

Wagemann: Lehrplan und Unterrichtsinhalte sind anthroposophisch bestimmt, damit anachronistisch und antiaufklärerisch. Es gibt wissenschaftlich nicht gesicherte Unterrichtsmethoden und -verfahren. Die Kinder werden zur Anthroposophie, nicht zur Freiheit erzogen.

Focus: Das passt nicht zum Image der Waldorfschule.

Wagemann: Die anthroposophischen Hintergründe sind den Eltern meist nicht bekannt. Auf Informationsveranstaltungen der Schule bleibt die Ideologie unproblematisiert. Das liegt an ihrem Nimbus, an dem die Waldorfschule mit vielen Werbeschriften mitgearbeitet hat.

Focus: Entzieht sich die Waldorfschule der Kontrolle?

Wagemann: Grundlegende pädagogische Titel werden geheim gehalten, sind nicht im normalen Buchhandel erhältlich. Es besteht der Verdacht, dass hier eine Sekte eigene Schulen betreibt. Und den Kultusministerien scheint das Problembewusstsein zu fehlen.

(Interviews: Axel Wolfsgruber, in: FOCUS Nr. 16/1995, S. 42ff [Auszüge])

Versteinert? Mit Buch und Film will Ex-Waldorflehrer Paul-Albert Wagemann Eltern aufklären. Denn: Steiners antiquierte Pädagogik bestimme alle Bereiche des Schulalltags (Foto: Jan-Peter Böning/ZENIT)

Hinweis: Der im Focus-Artikel genannte Film „Ich lobe das Wort“ – „Mythos und Wirklichkeit der Waldorfschule“ von P.A. Wagemann (Pinguin Filmproduktion, Berlin 1994, 51 Minuten. Erhältlich über Media-Versand, Felix-Wankel-Str. 5, 97526 Sennfeld/Hafen, Preis: DM 79,00) zeigt Unterricht in verschiedenen Fächern und Waldorfschulen, lässt Waldorflehrer, ehemalige Schülerinnen und Schüler sowie den Erziehungswissenschaftler Prof. Prange zu Wort kommen und zeichnet ein sehr kritisches Bild der Waldorfschule.

Betroffene zur Waldorfpädagogik

Des Menschen Wille schafft noch mehr

„Ich bin 19 Jahre alt, war auf der Waldorfschule, habe einen fast dreijährigen Sohn und hole derzeit meine Mittlere Reife nach.
1973 wurde ich eingeschult. Meine beiden Geschwister waren schon auf der Schule, und mein Vater war selbst einmal Waldorfschüler. Im ersten Zeugnis wird mir bescheinigt, hoch begabt zu sein. Ich habe ein ‚vorbildliches diszipliniertes Verhalten‘, das mich zum ‚zuverlässigen und tüchtigen Träger der Klasse‘ werden lässt. In meinem künftigen Zeugnisspruch die Zeile: ‚Des Menschen Wille schafft noch mehr…‘
Die heile Welt überträgt sich nicht auf die Familie. Meine Eltern lassen sich scheiden. Im Zeugnis der zweiten Klasse werde ich dafür gelobt, dass ich meinen Mitschülern gerne und gut helfe, und dafür getadelt, dass ich die Klasse nicht mehr so oft stütze. Ich habe es (siebenjährig!) schwer, zu innerer Ordnung und Harmonie zu kommen. Ich bin ‚vorwitzig‘ und sage ein Jahr lang jeden Donnerstag ‚Mein Mund ist meiner Seele Tür‘. In den folgenden Jahren zeige ich schönste Anlagen auf allen Gebieten und erfreuliche Leistungen, aber ich bekomme keine Harmonie, weil meine Aufmerksamkeit wechselnd ist. Das ewige ‚Wenn sie nur‘ entmutigt mich. Ich täusche Mattigkeit und Migräne vor, die ich später tatsächlich habe, und ich bekomme meine ‚Schulkrankheit‘.
In der Ecke stehen oder vor die Tür müssen, Strafarbeiten und Drohungen werden häufiger, je mehr ich zu verstehen versuche und Fragen stelle. Probleme mit der Schilddrüse treten auf. Ich leide an Apathie. Meiner Mutter wird nahe gelegt, mich in eine anthroposophische Klinik zu geben. Cello spielen, was ich so gerne gemacht habe, wird mir dort verboten. Laut Arztbericht habe ich eine zu starke Helfermotivation und werde als präpsychotisch abgeurteilt. Ich bräuchte eine ‚geliebte Autorität‘. Zur Konfirmation werde ich entlassen. In den Sommerferien verstärken sich meine Konflikte. Ich stürze mich aus einem Fenster und liege 1/2 Schuljahr im Krankenhaus. Im zweiten Halbjahr kann ich nur noch den Hauptunterricht mitmachen und habe große Lücken. Die Lehrer wollen mich nicht zurückversetzen, weil ich die Klassengemeinschaft nicht zerbrechen darf. Nach einigen Kündigungen der Schule wegen ‚Provokationen‘ kündige ich.
Erstaunlich, wie gut ich inzwischen zurechtkomme, war ich doch immer wieder gewarnt worden, es fehle „draußen“ an Seelennahrung, Harmonie und Menschlichkeit.“

Rückblick einer ehemaligen Waldorfschülerin, aufgezeichnet am 25.1.1987
(Charlotte Rudolph, Waldorf-Erziehung. Wege zur Versteinerung, Luchterhand, Darmstadt 1987, S. 170f.)

Eltern über Waldorfpädagogik

Meine ersten Begegnungen mit Waldorfschulen und anthroposophischen Einrichtungen haben mich irritiert. Die ganz besondere Stimmung, die von ihnen ausgeht, hat mich verunsichert, befremdet. Die ganz eigene Farbigkeit der Räume, die Architektur, die unverwechselbare künstlerische Gestaltung schafften unvertraute Bezüge. Ich musste vieles erst verstehen lernen, mich in vieles einfühlen.

Was hat mich trotzdem bewogen, den Schritt in diese „Welt“ zu wagen? Den Anstoß gaben zunächst Menschen, deren Kinder die Waldorfschule besuchten. Der private Charakter, der ja ein ganz bewusstes Engagement der Eltern verlangt, lockte uns, meinen Mann und mich, besonders. Wir waren aber auch ganz einfach neugierig. „Lernen ohne Leistungsdruck“ – ist das den Kindern förderlich? Macht das pädagogische Menschenbild Rudolf Steiners junge Menschen tatsächlich selbstbewusster und angstfrei?[...]

In der Rückschau tauchen Bilder und Erinnerungen auf. Wie intensiv haben wir mit unseren Kindern die Ackerbauepoche erlebt: Da wurde gesät, geerntet, mit Flegeln gedroschen, Korn gemahlen und Brot gebacken. Oder die Hausbauepoche: jedes gemeinsame Wochenende, an dem ein Gartenhaus nach den Plänen eines Architektenvaters gemauert wurde, war ein kleines Fest. Immer entstand auch ein schönes Epochenheft dazu; sorgfältig gestaltet, mit Zeichnungen geschmückt. Diese Hefte sind ein wichtiger pädagogischer Inhalt, tragen immer das Wesentliche des Gelernten zusammen und ersetzen den Kindern herkömmliche Schulbücher. Sie dienen auch nach Jahren noch als Nachschlagwerke. Im Erdkundeunterricht werden die Kartenbilder ebenso gezeichnet wie die Pflanzen und Tiere im Biologieunterricht. Unsere Kinder konnten noch nach Jahren markante Strukturen zeichnerisch wiedergeben.

Hervorheben möchte ich auch die Monatsfeiern. Die Themen des Unterrichts werden spielerisch oder vortragend allen Schülern der Schule, gelegentlich auch den Eltern, dargeboten. Da spielen auch die Sprachen eine große und beliebte Rolle. (Bekanntlich wird ab erster Klasse Englisch, ab zweiter Klasse Französisch nachahmend vermittelt). Das regelmäßige Auftreten wird zur Selbstverständlichkeit; bei unseren Kindern beobachtete ich kaum Lampenfieber.

Viele Feste schließen sich im Laufe eines Jahres zu einem Kreis mit immer wiederkehrendem Rhythmus. Das funktioniert natürlich nur, wenn die Arbeit der Vorbereitung auf vielen helfenden Schultern ruht.[...]

In der Rückschau komme ich zu einer positiven Bilanz. Unsere Kinder haben sich wohl gefühlt und fühlen sich noch wohl. Klassenarbeiten werden natürlich im Hinblick auf das angestrebte Abitur immer wichtiger, aber sie haben nie das Schul-Dasein unserer Kinder überschattet. Unsere älteste Tochter hat vor vier Jahren ihr Abitur abgelegt und für unsere weiteren Kinder sehe ich ganz zuversichtlich in die Zukunft. Die Ängste mancher Eltern, über die Waldorfschule nicht zu diesem Ziel zu gelangen, da ja der berühmte Leistungsdruck nicht ausreichend ausgeübt wird, teilen wir nicht.

Diese Jahre waren auch für uns Eltern ein Erfahrungsprozess hinsichtlich des Erlebens räumlicher Atmosphäre: Wie sehr die Architektur der Anthroposophen vom Menschen ausgeht, Raumgestaltung das seelische Befinden anspricht und positiv beeinflussen soll, konnten wir noch besser nachvollziehen, als ein eigener neuer Schulbau entstand. Von diesen Erkenntnissen möchte ich sehr viel in meine Staatsschulklassen mitnehmen.

(Brigitte Rotter, Unsere Kinder gehen auf die Waldorfschule. Ein Erfahrungbericht, in: päd.extra & demokratische erziehung 10/1990, S. 11)

1. Stellen Sie die aus den Materialien entnehmbaren Argumente pro und kontra Waldorfpädagogik gegenüber.
2. Bereiten Sie die Kontroverse in Form einer Pro- und Kontra-Debatte auf.
3. Würden Sie, nachdem Sie alle Informationen und Stellungnahmen zur Kenntnis genommen haben, der Waldorfschule den Vorzug gegenüber staatlichen Regelschulen geben und Ihr (zukünftiges) Kind dort anmelden?

Pädagogische Anwendung

Von Waldorfschulen lernen?

Überprüfen Sie mithilfe der folgenden Quellen, ob einzelne Elemente der Waldorfpädagogik in das staatliche Regelschulsystem übernommen werden könnten und sollten:

1. Der künstlerisch-handwerkliche Unterricht

Neuntklässler der Freien Waldorfschule München-Gröbenzell in der Töpferei des Handwerkerhofes
(Foto: Redaktion Erziehungskunst)

Informieren Sie sich mithilfe des Waldorf-Lehrplans (s.S. 480) über das Angebot im künstlerisch-handwerklichen Unterricht und erörtern Sie, ob und was staatliche Schulen davon übernehmen sollten.

2. Eurythmie

Studenten der Freien Hochschule für anthroposophische Pädagogik in Mannheim bei eurythmischen Übungen
(Foto: Florian Schmidt-jansen)

Eurythmie (aus griech. *eu* = wohl, schön, gut und *rhythmos* = gleichmäßig gegliederte Bewegung. Das Wort wird nur mit „r“ geschrieben, im Gegensatz zu „Rhythmus“ und „Rhythmik“). Aus den Quellen der anthroposophischen Lebensgestaltung schuf Rudolf Steiner die Eurythmie, eine Ausdrucksweise durch die körperliche Bewegung, die als selbstständige neue Kunst neben Tanz, Musik, Dichtung, Theater, Malerei und Plastik getreten ist. Um ihre Prinzipien zu erklären, berief er sich auf Goethes Metamorphosenlehre. Wie im einzelnen Teil eines Organismus das Ganze enthalten ist, im Blatt beispielsweise die Pflanze, so steckt im Kehlkopf und in den zugehörigen lautbildenden Organen auch der ganze Mensch. Somit lässt sich aus dem Teil auch das Ganze gestalten, und das tut Eurythmie. Die durch die Sprech- und Gesangsorgane in der Luft und im Äther erzeugten Bewegungen und Formen können durch Mitwirkung des Körpers auf den ganzen Menschen erweitert werden. Laut und musikalischer Klang werden dabei allerdings nicht in ihrer alltäglichen Funktion als Kommunikationsmittel verstanden. Denn sie sind darüber hinaus ja auch akustische Kundgebung innerer Vorgänge. Vokale verkünden rein innerseelisches Erleben, zum Beispiel das Staunen, die Furcht, die Besinnung auf die eigene Wesenheit; Konsonanten und Konsonantengruppen sprechen vom Erleben äußerer Geschehnisse, vom Wehen und Sausen des Windes, dem Rollen eines Rades, dem Fließen und Wellen des Wassers. Diese Äußerungen der Sprache in Lyrik, Dramatik, Epik wie auch Betonung, Rhythmus, Reim, Strophe, Grammatik und ähnliche Elemente macht die Eurythmie durch die Bewegung des Körpers, Formen im Raum und das Zusammenwirken einer Gruppe sichtbar. Dasselbe gilt bezüglich Takt, Melos, Harmonie, Tonart usw. für das Musikalische. Je nachdem, ob Sprachliches oder Musikalisches eurythmisiert wird, spricht man von Lauteurythmie oder von *Toneurythmie.*

Die Eurythmie drückt nicht „etwas aus“, sie stellt weder allegorisch noch symbolisch „etwas dar“, sie spricht, ohne den rationalen Gedanken zu benötigen, ursprünglich und direkt zum Menschen. Eurythmie ist augenfällige Offenbarung eines objektiven ätherischen und seelischen Geschehens. Sie ist darum in keiner Weise Tanz, der eben gerade den subjektiven Ausdruck sucht oder zum Mindesten der individuellen Gestaltung durch Tänzer und Choreographen weiten Spielraum lässt.

Zweifel an der Objektivität der Eurythmie kann nur hegen, wer sich darin nie versucht hat. Einige Stunden Unterricht genügen, damit der für körperliche Bewegungen einigermaßen Begabte an der Belebung der Kräfteströme im Körper spürt, wie in dieser Kunst ein vom Menschen Unabhängiges sich im Körper einen Ausdruck sucht. Diese Belebung zeigt sich auch als langzeitige Wirkung auf den ausübenden Künstler. Eurythmistinnen werden in der Regel alt, und sie bewegen sich oft noch in hohen Jahren mit der Anmut und Leichtigkeit junger Mädchen. Der Körper verbraucht sich nicht wie beim Tanz, er verjüngt sich.

(Adolf Baumann, ABC der Anthroposophie. Ein Wörterbuch für jedermann, Hallwag Verlag, Bern 1986, S. 80ff.)

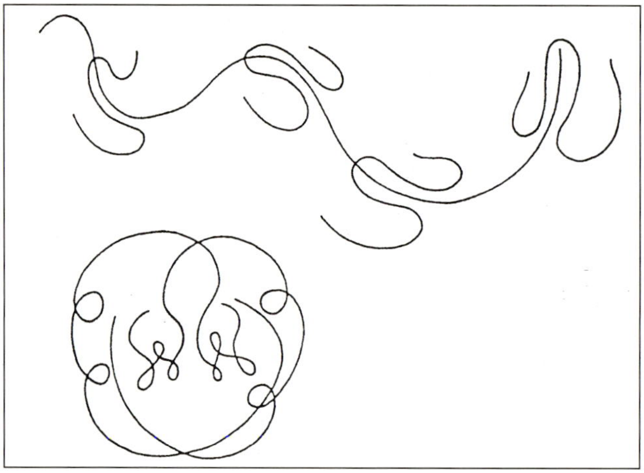

Zeichnungen von Rudolf Steiner zu eurythmischen Übungen

3. Epochenunterricht

1. Einrichtung der Epochen

Als Rudolf Steiner 1919 die Freie Waldorfschule in Stuttgart einrichtete, brach er mit der Gewohnheit des auch heute noch weitgehend üblichen Stundenplans, bei dem nach jeweils 45 Minuten der Übergang zu einem anderen Fachgebiet erfolgt, und führte das Unterrichten in *Epochen* ein.

Äußerlich gesehen verläuft der Epochenunterricht so, dass etwa durch vier Wochen hindurch ein und dasselbe Unterrichtsfach jeden Morgen zu Beginn eindreiviertel bis zwei Stunden lang ohne Pause behandelt wird. In dieser Zeit wird ein größeres Stoffgebiet oder der gesamte Stoff des Jahres durchgenommen.[…]

Landbau-Epoche in der 9. Klasse der Freien Waldorfschule Engelberg (Foto: Michael Lutz)

Die Aufeinanderfolge von Haupunterrichtsepoche, Übungsunterricht in Einzelstunden und handwerklich-praktischer Epoche entspricht den wechselnden Arbeitsmöglichkeiten des Kindes und des jungen Menschen. In den frühen Morgenstunden vermögen sie am leichtesten die größere geistige Konzentration aufzubringen, welche die mehr wissenschaftlichen Fächer insbesondere beim Epochenunterricht fordern.

Nach der großen Pause schließen sich die bewegteren Arbeitsformen der mehr die Empfindung schulenden künstlerischen Fächer an; den gleichen Charakter haben die Sprachen, wenn sie tätig-übend im Sinne der Waldorfpädgogik gelernt werden. Während es in der Mittagszeit wenig Sinn hat, noch stärkere Anforderungen an das Bewusstsein der Schüler zu stellen, können sie in den handwerklichen Fächern die Kräfte des noch nicht verbrauchten Willens unmittelbar voll einsetzen, wobei die Regelmäßigkeit der Beanspruchung, wie sie die praktischen Epochen ermöglichen, gerade diese Kräfte besonders bildet.

Zeit:	Unterrichtsform:	Unterrichtsfolge:	Größe der Gruppen:	Fächer:
8-10	Hauptunterrichts-Epochen	täglich	ganze Klassen	Deutsch, Geschichte, Erdk., Math., Phys., Chemie, Biologie, Sachkunde, Kunstgeschichte
10-12	Übungsunterricht in 1. Einzelstund. oder 2. Blockstunden	unregelmäßig verteilt	1. ganze, halbe 2. drittel Klasse	1. Sprachen, Eurythmie, Turnen, Relig., Musik, Orchester 2. Malen, Zeichnen, Plastizieren (Kl. 6-8)
12-14 15-17	Epochen	2-3-mal wöchentlich als Blockstunden	drittel Klassen ganze Klasse	Handarb., Handw., Gartenbau, Praktischer Zug, Technologie, Gesundheitslehre
ganztägig	Voll-Epoche	1-3 Wochen lang	ganze Klassen	Feldmessen (eine Woche), Reisen (zwei bis drei Wochen), Praktika
an Nachmittagen	epochenartig	2-3-mal wöchentlich	ganze Klassen	Dramatische Aufführungen, Eurythmie-Aufführungen
verschieden:	Feiern, Verfügungsstd.	frei eingestreut	13 Klassen 5 Oberklass.	Monatsfeiern, Spiele usw., Referat von Gästen

(Stefan Leber u.a., Die Pädagogik der Waldorfschule und ihre Grundlagen [Reihe: Die Erziehungswissenschaft], 4., gegenüber der 3. unveränd. Aufl., Wissenschaftliche Buchgesellschaft, Darmstadt 1996, S. 285–287: Wilhelm Rauthe, Erfahrungen mit dem Epochenunterricht in der Waldorfschule [Ausz.])

4. Rolle des Klassenlehrers

Es gibt an der Waldorfschule eine besondere Einrichtung, die es sonst in dieser Form nicht gibt: den Klassenlehrer. Schon bevor die erste Klasse beginnt, in der Aufnahmesprechstunde, bei der schulärztlichen Untersuchung, ist er dabei und lernt so seine Kinder kennen. Er führt dann die Klasse von der ersten bis zur achten Klasse: Jeden Morgen gibt er von acht bis zehn Uhr der Klasse den „Hauptunterricht". Nicht alle Fächer werden „epochenweise" im Hauptunterricht erteilt. Fächer, die wie die Fremdsprachen Englisch und Französisch regelmäßige Übung erfordern, ebenso Eurythmie und Turnen, Handwerk und Handarbeit, Musik und später eventuell auch Malen und Zeichnen – das zunächst in den Hauptunterricht integriert ist –, werden in regelmäßigen wöchentlichen Übungsstunden erteilt. Zu den Fächern des Hauptunterrichts gehören also:

Schreiben	Rechnen/Mathematik
Deutsch	Menschenkunde
Grammatik	Tierkunde
Mythologie	Pflanzenkunde
Geschichte	Physik/Astronomie/Geometrie
Sachkunde	Ernährungslehre/Chemie
Heimatkunde, Erdkunde	Gesteinskunde

Während es sonst heute an den staatlichen Schulen üblich ist, dass in der Grund- und Hauptschule der Lehrer etwa jedes Jahr oder alle zwei Jahre wechselt, sodass der Lehrer sich auf einen bestimmten Stoff und eine bestimmte Methode spezialisieren kann (und es darin womöglich zu einer gewissen Meisterschaft bringt), ist die Idee beim Waldorf-

klassenlehrer nicht, dass er sich auf einen Stoff spezialisiere: Vielmehr soll er sich auf eine Kindergruppe „spezialisieren“, oder besser gesagt, sich mit ihr auf acht Jahre verbinden.
Das ist eine ungemein schwere Aufgabe, die man eigentlich nur mit Herzklopfen beginnen kann. Und zwar nicht in erster Linie wegen der vielen Fächer, die zu unterrichten sind, obwohl es schwer ist, sich in alle diese Themen gründlich einzuarbeiten! Aber da hilft das System des Epochenunterrichts.

(Christoph Lindenberg, Waldorfschulen: angstfrei lernen, selbstbewusst handeln, Rowohlt, Reinbek 1975, S. 50f. [Auszug])

5. Fremdsprachenunterricht

In der ersten Klasse beginnt der Fremdsprachenunterricht in zwei modernen Sprachen, entweder Englisch/Französisch oder Englisch/Russisch.
„Der Sinn des Sprachunterrichts auf der Unterstufe liegt in erster Linie darin, dass die Kinder in regelmäßigen Abständen (2-3 Stunden pro Woche) möglichst ungestört in das Sprechen und rhythmische Bewegungen ‚eintauchen‘. Die Erfahrung zeigt, dass, von der Klassengemeinschaft gestützt, auch konzentrationsschwache Kinder in das nachahmende Tun hineinfinden und ihre Lernkräfte dadurch stärken können.“

(Brigitte Morgenstern, Fremdsprachenunterricht, in: Stefan Leber, Die Pädagogik der Waldorfschule und ihre Grundlagen, Wissenschaftliche Buchgesellschaft, Darmstadt 1992, S. 238f.)

P Projektvorschlag zum selbstständigen Weiterarbeiten

A Die eigene Anschauung kann durch noch so gute Materialien nicht ersetzt werden. Versuchen Sie Kontakt zu Schülerinnen und Schülern von Waldorfschulen aufzunehmen, vielleicht sind auch ehemalige Waldorfschüler auf Ihrer Schule. Sie könnten sie interviewen oder auch in den Kurs einladen.
Waldorfschulen veranstalten Tage der offenen Tür und laden zu öffentlichen Veranstaltungen in ihre Schulen ein. Nutzen Sie solche Gelegenheiten um auch mit Lehrerinnen und Lehrern ins Gespräch zu kommen.

B Ein wichtiges und interessantes Thema könnte auch sein, wie Waldorfschülerinnen und -schüler im Jahrgang 13 auf das Abitur vorbereitet werden, welches sie vor einer externen Kommission der Schulaufsicht ablegen müssen.

C Das Institut für Waldorf-Pädagogik in Witten/Annen, an dem in Nordrhein-Westfalen Waldorf-Lehrer ausgebildet werden, eignet sich gut als Exkursionsziel. Hier die Anschrift:
Institut für Waldorf-Pädagogik, Annener Berg 15, 58454 Witten/Ruhr, Tel.: 02302/96730
Der Bund der Waldorfschulen Deutschland ist auch im Internet vertreten: www.waldorf.net

D An Waldorfschulen existiert kein Pädagogikunterricht. Es gibt zwar Leistungskurse in Sozialwissenschaften, aber das Fach Pädagogik soll auch nicht in der Oberstufe der Waldorfschule angeboten werden.
Können Sie sich Gründe hierfür vorstellen? Wenn Sie Kontakt zu einer Waldorfschule haben, fragen Sie, warum dort das Fach Pädagogik nicht angeboten wird.

In der zehnten Klasse wird aber ein Kurs Kinderpflege angeboten.

Da kann es einem schon passieren, dass man ahnungslos einen relativ wenig benutzten Raum der Schule betritt und sieht sich einer Gruppe von Zehntklässlern gegenüber, von denen zwei vor Säuglingsbadewannen stehen und eine große Puppe fachgerecht von Kopf bis Fuß baden. Auf dem Tisch steht alles für das Abtrocknen, Pudern, Wickeln und Anziehen des „Säuglings" vorbereitet.

Die Klassenkameraden stehen mit guten Ratschlägen zur Verfügung, wenn ein Hemdchen oder Jäckchen nur mühsam über die nicht genügend abgetrockneten Arme gehen will.

Die Kameras werden gezückt, um das arme Opfer mit seinem „Kind" zur Belustigung der ganzen Klasse auf's Foto zu bannen.

Man kann sich fragen, was das soll? Gibt es doch besser qualifizierte Kurse, wenn es einmal „so weit ist".

Im elften Schuljahr gehen alle Schüler für drei Wochen in ein Sozialpraktikum. Etwa die Hälfte der Klasse verbringt diese Zeit in einem Waldorfkindergarten. Der Kurs „Kinderpflege" soll sie am Ende der zehnten Klasse auf diese Aufgabe vorbereiten.

Zum Unterrichtsplan gehören Themen wie „Ein Kind will auf die Welt", „Die innere und äußere Vorbereitung der Eltern", „Schwangerschaft und Geburt", „Die Einrichtung eines Kinderzimmers", „Die Entwicklung des Kindes in den drei ersten Lebensjahren" „Das Spiel des Kindes", „Sinnvolles und unsinniges Spielzeug. Wie unterscheide ich ein gutes von einem schlechten Bilderbuch?", „Was mir Kinderzeichnungen erzählen", „Wie gehe ich mit trotzenden Kindern um?", „Das Leben im Kindergarten", „Das Märchen als seelische Nahrung für das Kind".

Eine Besichtigung des Kindergartens und ein Gespräch mit den Erziehern beenden diesen intensiven Kurs.

Es ist immer wieder erstaunlich, mit welcher Ernsthaftigkeit die Schüler die Inhalte angehen. Trotz der Fülle des Unterrichtsstoffes werden die schriftlichen Ausarbeitungen liebevoll gestaltet.

In die Skizzen für den Grundriss eines Kinderzimmers fließen oft die eigenen Wünsche und Vorstellungen ein, zarte Gedichte und selbstgemachte Schlaflieder lassen ahnen, was sich hinter den oftmals ruppigen und albernen Bemerkungen wirklich verbirgt.

Immer erweist sich dieser Kurs als eine Möglichkeit für die Sechzehnjährigen, ganz anfänglich über die eigene Biografie nachzusinnen. Wenn es dann in die Praxis geht, ist es der schönste Lohn für die Schüler, wenn der Einzelne erlebt, ja es klappt, das Kind nimmt mich an.

Als Lehrer steht man immer wieder tastend vor der Frage „Was darf ich dieser Gruppe auch als pädagogisches Rüstzeug schon zumuten, was noch nicht?"

So kommt man gemeinsam das erste Mal bewusst in ein Tun für den anderen Menschen. Vielleicht liegt es daran, dass man sich nach diesem Kurs auf eine neue Weise begegnet.

(G. Klonk, in: Broschüre: 10 Jahre freie Waldorfschule Gladbeck, Gladbeck 1990, S. 22)

Vergleichen Sie die Herangehensweise an erzieherische Fragen mit Pädagogikunterricht an einem Gymnasium oder einer Gesamtschule.

2.5 Für Führer, Volk und Vaterland – Erziehung und Bildung im Nationalsozialismus

(Zeichnung: Walter Hanel/CCC)

Tragen Sie Ihr Wissen über die politischen Ereignisse in der Zeit zwischen 1933 und 1945 zusammen.
Gibt es jemanden, der Ihnen persönlich über die Ereignisse der damaligen Zeit berichtet hat?
Entwerfen Sie eine Zeichnung, die diese Situation (die Art der Information und wie sie Ihnen mitgeteilt wurde) kennzeichnet.

Einführung

Was geht mich das an… ?

„Ich erzähl dir alles, was dich interessiert. Frag mich nur", sagte er oft zu mir. Und dann kam immer wieder dieser entscheidende Satz: „Du musst es an deine Kinder weitergeben. Es darf nie wieder geschehen." Er machte mich verantwortlich für die Zukunft. Meine Kinder sollten seine Fehler nicht wiederholen. Problem für mich war nur: Was waren eigentlich seine Fehler? All diese historischen Darstellungen, diese Erzählungen waren immer so anonym.[…]

Als ich sechzehn war, fuhr er mit mir nach Auschwitz. Er kannte das Lager und hatte eine Zeit lang dort gearbeitet. Wir schlossen uns einer Gruppe an, die deutsch sprach, bekamen einen deutschen Führer, einen ehemaligen Häftling. Nie werde ich diese Bilder vergessen. In der Gruppe, die durch das Lager geführt wurde, waren viele in meinem Alter. Der einzige Unterschied: Es waren Kinder von Verfolgten. Mein Vater sprach während dieser Führung kein Wort. Später im Auto, auf dem Weg zurück in die Stadt, begann er, mir zu erklären, was seiner Meinung nach der Reiseführer falsch erklärt hatte. Er sprach über die Selektionen bei der Ankunft der Häftlinge und die Berechnungen, dass es immer zwischen 60 und 70 Prozent der Ankommenden waren, die sofort ins Gas mussten. Der Rest wurde zum Arbeiten abgeführt. Der Mann, der uns durch das Lager geführt hatte, sprach angeblich nur von wenigen, die nicht sofort vernichtet worden waren. Und mein Vater blieb ganz ruhig dabei. Sprach und beendete seine Rede mit der Frage: „Kannst du dir überhaupt vorstellen, wie furchtbar das alles damals war?" Es war das Sachliche an ihm, wenn ich heute zurückdenke, was so erschreckend war. Dieses Berichten, Beschreiben, dieses sorgfältige Aneinanderreihen von Erlebnissen. Nie hatte ich ihn z.B. in Tränen gesehen. Nie hatte ich erlebt, dass er aufhörte zu reden, stockte, dass er nicht imstande war zu erzählen.[…]

Er war, wie ich schon sagte, ein ruhiger, freundlicher Mensch. Alles war seiner Meinung nach erklärbar und hatte seine eigene Logik. Begreift man erst, warum etwas geschehen ist, löst sich das Unverständnis und die grausame Fantasie in Nichts auf. Alles, was damals geschah, war für meinen Vater ein System von Ursache und Wirkung.[…]

Aber, wenn ich ehrlich bin: Mein Vater beschönigte nichts. Er sprach von Mördern und Verbrechern. Nie entschuldigte er oder versuchte zu erklären, dass vieles nicht stimmen würde, was heute durch die Presse geht oder in unseren Lehrbüchern stand. Aber schuldig, schuldig fühlte er sich selbst nie. Kein einziges Mal auch nur, dass er einen Fehler begangen hätte oder an einem Verbrechen beteiligt gewesen wäre. Er war ein Opfer der Umstände. Und ich, ich glaubte ihm immer alles. Glaubte seinen Beteuerungen und hielt alles, was geschehen war, für einen furchtbaren Unglücksfall.

(Peter Sichrovsky, Schuldig geboren, Kinder aus Nazifamilien, Köln 1987, S. 83ff. – Bericht von Susanne, 42)

Schade, dass Vater so wenig von damals erzählt hat. Er war ein stiller Mensch. In den vielen Jahren waren es nur ein paar Sätze, die er über seine Tätigkeit in Dachau weitergab. Eine zufällige Bemerkung über Experimente, eine zufällige über Häftlingsbehandlungen, eine andere über den Tod von Tausenden oder das rasche Ende, das keiner im Lager erwartet hatte.

Ob ich damals auch so gehandelt hätte? Ich glaube schon. Es war Krieg, und alle waren begeistert. Und Krieg war nicht nur an der Front zwischen zwei verfeindeten Armeen. Es war auch Krieg im eigenen Land. Der Feind war nicht nur der Russe und der Amerikaner. Es war auch der Kommunist, der Jude und der Zigeuner. Was ist daran absurd? Jeder Feind, jeder feindliche Mensch hat etwas Absurdes an sich. Da steht einer vor mir, der genauso aussieht wie ich, und ist plötzlich mein Feind.

Entweder ich glaube es oder nicht. Und wenn ich es glaube, dann akzeptiere ich jeden als Feind. Den feindlichen Soldaten und die feindliche Rasse. So war damals die Ideologie.[…]
Vielleicht werden wir einmal die neue Intelligenz sein. Ich bin sicher, es kommt noch einmal eine ähnliche Zeit wie damals. Sie wird anders sein, aber auch anders als heute. Die Menschen können ohne Symbole und Leitfiguren nicht leben, zumindest auf die Dauer nicht. Die neuen Führer werden andere sein. Nicht mehr Krieg oder die Vernichtung Einzelner wird das Ziel sein, sondern die Macht ohne Krieg. Der Tod der einen wird nicht mehr Voraussetzung für das Leben anderer. Es wird eine Herrschaft geben ohne Opfer, nur durch Unterwerfung, positive Unterwerfung. Heute ist es nicht mehr so einfach, die Masse zu mobilisieren. Die Menschen sind kritischer geworden. Und kritische Menschen lassen sich nur begeistern, wenn sie einen Feind haben, der ihrem kritischen Bewusstsein entspricht. Das hat man bei der Friedensbewegung gesehen. Da konnte man sehen, dass sich der Deutsche immer noch mobilisieren lässt. Nur der Feind muss stimmen.

(Peter Sichrovsky, Schuldig geboren, Kinder aus Nazifamilien, Köln 1987, S. 137ff. – Bericht von Egon, 26)

1. Sammeln Sie Argumente für und gegen die Aussage:
   Im Pädagogikunterricht ist es wichtig, sich mit den Ereignissen aus der Zeit des Nationalsozialismus auseinander zu setzen.
2. Erkundigen Sie sich, wann das Thema ‚Nationalsozialismus' im Geschichtsunterricht behandelt wird.
   Diskutieren Sie: Was kann der Pädagogikunterricht/was der Geschichtsunterricht zu diesem Thema beitragen?

   Dieses Thema lässt sich auch im ‚fächerübergreifenden Verbund' Geschichte/ Pädagogik bearbeiten. Dazu könnten Sie:
   - sich gegenseitig Referate vortragen
   - einen Film gemeinsam anschauen und auswerten
   - eine gemeinsame Gesprächsrunde durchführen
   - zu bestimmten Themen/Fragestellungen gegenseitig hospitieren
   - mit den Schülerinnen und Schülern beider Kurse zu bestimmten Themen gemeinsam arbeiten (vgl. Sie z. B. die Projektvorschläge dieser Wabe).

Ein-Spruch

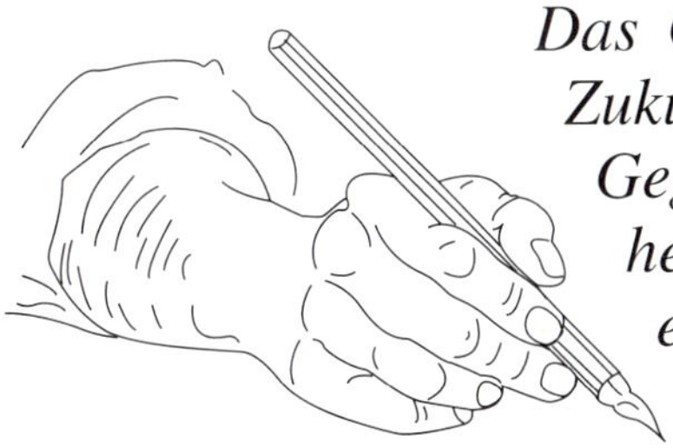

Das Gegenteil der Vergangenheit ist nicht die Zukunft, sondern deren Abwesenheit, das Gegenteil der Zukunft ist nicht die Vergangenheit, sondern deren Abwesenheit. Der Verlust einer der beiden Zeiten ist gleichbedeutend mit einer Opferung der anderen.[…]

Die Menschheit, das Juwel seiner Schöpfung, hatte es geschafft, einen Kopf stehenden Turm zu Babel zu errichten, der nicht in den Himmel, sondern in den Anti-Himmel reichte. Dort wurde eine Parallel-Gesellschaft kreiert – eine neue „Schöpfung" mit ihren eigenen Prinzen und Göttern, Gesetzen und Prinzipien, Kerkermeistern und Gefangenen. Eine Welt, in der die Vergangenheit nicht mehr zählte, keinerlei Bedeutung mehr hatte. Von ihrem Besitz beraubt und von menschlichen Bindungen losgelöst, fanden sich die Gefangenen in einer sozialen, kulturellen Leere wieder. „Vergesst" wurde ihnen befohlen. „Vergesst, woher ihr kamt, vergesst, wer ihr wart. Nur die Gegenwart zählt." Aber die Gegenwart war nichts als ein Augenzwinkern des Herrn. Der Allmächtige war selbst ein Schlächter, er war es, der entschied, wer leben und wer sterben sollte, wer gefoltert und wer belohnt wurde. Nacht um Nacht verschwanden scheinbar endlose Prozessionen in den Flammen, erleuchteten den Himmel. Angst beherrschte das Universum.

Aber dies war ein anderes Universum, in dem man die ursprünglichen Naturgesetze umgeformt hatte. Kinder sahen aus wie alte Männer, alte Männer wimmerten wie Kinder. Männer und Frauen aus allen Gegenden Europas waren plötzlich zu namen- und gesichtslosen Kreaturen reduziert, die verzweifelt auf die gleiche Brot- und Suppenration warteten, sich alle vor dem gleichen Ende fürchteten. Sogar ihr Schweigen unterschied sich nicht, denn es erklang mit der Erinnerung an die Toten. Das Leben war in diesem verfluchten Universum so verzerrt, so unnatürlich, dass sich eine neue Spezies entwickelt hatte. Wenn man unter den Toten wachte, fragte man sich, ob man überhaupt noch lebte.[…]

Es mag Zeiten geben, in denen wir kraftlos sind, die Ungerechtigkeit nicht verhindern können, aber es darf nie eine Zeit geben, in der wir es nicht schaffen zu protestieren. Der Talmud sagt uns, dass der Mensch die Welt retten kann, wenn er nur ein einziges menschliches Essen rettet. Wir mögen zu schwach sein all die Gefängnisse zu öffnen und all die Gefangenen zu befreien, aber wir klagen die Kerkermeister an, indem wir unsere Solidarität für die Gefangenen bekunden. Niemand von uns befindet sich in einer Position, die es ihm ermöglicht, den Krieg zu eliminieren. Aber es ist unsere Verpflichtung, ihn zu verurteilen und in all seiner Scheußlichkeit zu entlarven. Im Krieg gibt es keine Sieger, nur Opfer.[…]

Die Menschheit muss sich erinnern, dass der Friede nicht ein Geschenk Gottes an seine Geschöpfe ist, Friede ist unser Geschenk, das wir an unsere Mitmenschen weiterreichen müssen.

(Aus der Rede des Schriftstellers Elie Wiesel anlässlich der Verleihung des Friedensnobelpreises 1986 in Oslo, zit. n. Frankfurter Rundschau, 3.1.1987, S. 10)

Elie Wiesel wurde 1944 als Fünfzehnjähriger zusammen mit seinen Eltern und seiner Schwester nach Buchenwald und Auschwitz deportiert. Er überlebte als Einziger.

Wer sagt
was
mit welchen Mitteln
und welcher Absicht
zu wem ???

Ist das Gegenteil auch richtig?

Mein Kommentar:

Grundbegriffe und Grundthesen

Walter, geboren 1926…

1982 übernahm das Historische Museum in Frankfurt den Nachlass eines Frankfurter Jungen, Walter, der achtzehnjährig 1945 gefallen ist. Angesichts der außerordentlichen Geschlossenheit und Vielfalt an lebensgeschichtlichen Dokumenten wird das Leben des Jungen zum Thema einer einzigen Ausstellung gemacht und schriftlich dokumentiert. Die Autoren sind der Meinung, „dass das Leben des Jungen wie in einem Brennglas nationalsozialistische Lebens- und Sozialisationsbedingungen festhält".

Einige stichwortartige Bemerkungen zu den Eltern von Walter:

Vater: 1894 geboren, sechstes Kind einer 11-köpfigen Familie, 1914 zum Militärdienst eingezogen, Ausbildung (nur) zum Unteroffizier, bekommt eine Nervenentzündung, als er zur Front eingezogen werden soll, wird 1916 als kriegsuntauglich entlassen, Beamter bei der Stadtverwaltung (Vermessungstechniker), ab 1920 fest eingestellt, er lernt 1916 Walters zukünftige Mutter kennen, Verlobung Weihnachten 1919, Hochzeit 1921, war 1922 Mitglied der NSDAP (1923 wurde die NSDAP aufgelöst), 1924 erfolgreiche Prüfung zum Ingenieur der Fachrichtung Vermessungstechnik.
Mutter: 1899 geboren, jüngstes von vier Geschwistern, ab 1913 Lehre in einem Textilgeschäft, Ausbildung in einfacher Buchführung und kaufmännischem Rechnen, berufstätig bis 1925, Hochzeit 1921, Geburt von Walter im März 1926.

Auf den Fotos mit Mutter und Kind aus den ersten Lebensmonaten Walters verändert sich die Physiognomie der Mutter. Die glückliche Entspanntheit der ersten Tage nach Geburt und Klinikaufenthalt macht den Anzeichen zunehmender Erschöpfung Platz. Die Last der uhrwerksmäßig ablaufenden Pflege des Kindes trug sie allein. Ihr Asthmaleiden, das bald nach der Hochzeit auffällig geworden war, hatte sich verschlimmert, zwar langsam, aber unaufhaltsam. Es hatte auch die Mutterschaft in Frage gestellt. Vor allem auf Drängen des Vaters hatte sie die Mühen der Schwangerschaft auf sich genommen. Es war für sie ein Glück, dass das Kind ein Sohn geworden war. Mädchen zählten für den Vater wenig und unter Umständen hätte er sie, trotz des chronischen Asthmas, zu einer zweiten Schwangerschaft gezwungen.

[…] Der Vater war schnell ungeduldig. […] Erziehung war „Zucht" und „Förderung". „Zucht" war die möglichst frühe und schnelle Beseitigung kindlicher „Schwächen", „Förderung" war das Herausbilden positiver Eigenschaften, kurz gesagt bedeutete „Erziehung" möglichst frühe und intensive Herausbildung all dessen, was der erwachsen gewordene Sohn einmal brauchen würde. Ein bezeichnender Sektor, in dem der Vater auch Großzügigkeit bewies, war Spielzeug.

Der acht Monate alte Sohn, der gerade stehen konnte, bekam Weihnachten 1926 einen Fuhrbetrieb geschenkt, so hoch wie er selbst, mit Autos, Pferden und Wagen. Am Giebel stand, vom Vater aufgepinselt, „Auto und Fuhrbetrieb" mit Walters Vor- und Nachnamen. Der „junge Unternehmer" vermochte es gerade mit großer Konzentration das Gleichgewicht zu halten. Das Anspannen der Pferde oder gar das richtige Schieben der Autos überforderten bereits die altersspezifischen motorischen Kompetenzen völlig. 1927 standen und lagen ein Reitpferd, ein Reitbär, ein Ochsenfuhrwerk, ein Spielzeughund, ein Stehaufclown, eine Trommel und der Struwwelpeter (!) unter dem Weihnachtsbaum. Auf den Fotos, die zu diesem Fest entstanden, sitzt Walter auf dem Pferd, allein darauf konzentriert, nicht das Gleichgewicht zu verlieren, hat den Stehaufclown in den Händen oder versucht, altersgemäß zu trommeln. […]

1928 gab es ein Geschenk, das Walter sofort akzeptierte und „sinnvoll" handhabte: ein Spielzeuggewehr. Ein Foto, auf dem er mit Gewehr posiert, schickte die Mutter ihrem Bruder und dessen Frau und schrieb dazu: „Walter wie nebenstehend an Weihnachten. Gelt! Er ist groß geworden. Ohne angelernt, schwärmt er nur fürs Schießgewehr und Sonstiges."

[…] Bereits der Zweijährige grüßte auf Aufforderung durch den Vater vor der Kamera militärisch. Der erste Sonntagsanzug war ein Matrosenanzug. Im Struwwelpeter zeigte etwa die Geschichte vom Jäger am Beispiel des Hasen, wie einfach die Handhabung des Gewehrs ist und suggerierte zugleich Waffenbesitz als Besitz von Stärke und Macht. Kriegsspielzeug war fester Bestandteil weihnachtlichen Schenkens. Der Fünfjährige erhielt Weihnachten 1931 eine Burg kombiniert mit Spielzeugsoldaten des 19./20. Jahrhunderts. […]

Walter zu Pferd in „vorschriftsmäßiger" Haltung (2 Jahre, 5 Monate), fotografiert vom Vater 1928
(© Historisches Museum Frankfurt a. M.)

Die Überforderung durch Spielzeug war Folge des Wunsches nach einem „fabelhaften“ und „rekordverdächtigen“ Sohn. Die „Förderung“ des Sohnes geschah so von frühester Kindheit an im Zeichen der Konkurrenz. Dass Leben „Kampf“ und „Auslese“ sei, war für den Nationalsozialisten eine Binsenweisheit.
Von Überforderung wurde beim Militär ein positiver Einfluss auf Ausbildung und Lernen erwartet. Hier war auch die harte Bestrafung selbstverständlich, weil nicht selbstbewusstes Lernen, sondern „richtiges Funktionieren“ Ausbildungsziel war. Die Regeln, nach denen Walter spielen sollte, waren die Regeln der Erwachsenenwelt, die der Vater anhand des Spielzeugs so früh wie möglich eingeübt sehen wollte. Ein Unglück auf der Spielzeugeisenbahn, womöglich begleitet von kindlicher Freude, brach mit unumstößlichen Regeln, barg in sich die Drohung späterer Nichtangepasstheit, war sprichwörtlich zu „bekämpfen“, solange noch Zeit, Walter Kind und damit „formbar“ war. [...]

Der „Führer“ der NSDAP galt als Asket. Er rauchte nicht, trank keinen Alkohol, aß bescheiden und vegetarisch, mit Frauen hatte er wenig im Sinn, sein Lieblingskleid sei das Braunhemd des einfachen SA-Mannes, so sagte man jedenfalls. Die Nazi-Propaganda malte dieses Bild, das schlicht suggerieren sollte, dass der „Führer“ sich bedingungslos, zuallerletzt an sich denkend, für die Zukunft des deutschen Volkes einsetze. Walters Vater rauchte gern Zigarren und verzichtete auf diese Leidenschaft auch nicht, trotz des Asthmas der Frau. Er trank auch gern mal einen, und materielle Güter, seien es Kleidung, Zelt oder Paddelboot, die Sommerfrische in Rothenfels hatten im Leben der Familie einen hohen Stellenwert. Die Konsumorientierung schloss die Mutter ein, auch den Sohn: der teure Fuchspelz, die elektrische Eisenbahn sind dafür die anschaulichen Belege. Die Lust am Konsum hatte indes keine innere Begründung, zum Beispiel Genussfähigkeit oder Freude am Schenken. Konsum materieller Güter war untrennbar verbunden mit sozialer Demonstration und sozialen Zukunftserwartungen. [...] Konsum brachte Sozialprestige, demonstrierte Zugehörigkeit zu den besseren Kreisen. Der „fabelhafte Sohn“ gehörte als Ausstattungsstück dazu. Die Festlegung des Sohnes auf einen bestimmten sozio-kulturellen Habitus war zugleich ein Wechsel auf die Zukunft. Der Lebensplan des Vaters für den Sohn war in seinen Grundzügen klar und eindeutig: Alles, was ihm versagt geblieben war, sollte der Sohn erreichen. An erster Stelle gehörten dazu Abitur, Studium und die Offizierslaufbahn.[...]
Mit fünf Jahren erhielt er sein erstes Fahrrad, das er sicher beherrschte, bevor er vom Sattel aus mit den Füßen den Boden erreichen konnte. Walter mochte Tiere, sein

Zelten am Main bei Fechenheim, Pfingsten 1931. Walter grüßt militärisch. Die Miene und die Handhabung des hinter ihm sitzenden Vaters verraten, dass er es auf dessen Aufforderung tat.
(© Historisches Museum Frankfurt a. M.)

Leben lang. Darin glich er der Mutter. Das Verhältnis des Vaters zu Tieren war „herrenhaft“, er mochte den Hund, der auf Kommando sprang und sich überschwänglich freute, wenn der Herr erschien. Auf Walter übertrug sich die zärtliche, eher partnerschaftliche Beziehung der Mutter zu vielerlei Getier. Er sah überhaupt ihr ähnlicher und erinnerte von Jahr zu Jahr mehr an ihre „Art“. Der Vater war ungeduldig aufbrausend, zur Mutter gehörte, dass sie gelassen blieb, wenn er lospolterte. Sie wartete ab, sagte nur wenig, sie konnte ihn „nehmen“, auch mithilfe eines trockenen Witzes, der ihr eigen war.

Zum 1. Schultag 1932 trug Walter einen Matrosenanzug. Auf dem Band der Mütze stand „Kreuzer Emden“ zu lesen. Mit dem Kriegsschiff verband sich ein weiteres deutsches Heldenstück des 1. Weltkrieges. Der Matrosenanzug war verbreitetes kindliches Kleidungsstück in konservativen Elternhäusern mit politisch eindeutiger Symbolik. Die Kinder wurden als Kadetten der vergangenen großen Zeit des Vaterlandes ausstaffiert, erhielten mit dem Kleid symbolisch den Auftrag, diese Größe wieder zu erringen. Zu Walters Klasse gehörten etwa 50 Schüler. Auf dem obligaten Klassenfoto mit Lehrer vor dem Portal der Uhlandschule fällt ein Knabe auf, der nicht lacht, grinst oder feixt, wie die meisten, oder scheu und abweisend, sondern kindlich pflichtbewusst ernst in gerader Haltung in die Kamera schaut. Als Einziger trägt er eine Krawatte. Fast alle tragen einen Pony. Sein Kurzschnitt ist straff gescheitelt und pomadisiert: Walter. [...]

Die Reichstagswahlen September 1929, im Zeichen der Weltwirtschaftskrise, bescherten der NSDAP eine als Sensation empfundene Steigerung der Mandate von 12 auf 107. Ende 1931 gelangte die Zahl der Arbeitslosen bei fast 6 Millionen an, in Frankfurt allein stieg sie bis Ende 1932, dem Jahr, in dem Walter eingeschult worden war, auf 70.000. Auch die Stadtverwaltung entließ Mitarbeiter und führte Gehaltskürzungen durch. Walters Vater war gerade noch rechtzeitig verbeamtet worden. Im Unterschied zum Zusammenbruch des Kaiserreichs, den Walters Vater als persönliche Krise erlebt hatte, weil er mit der alten autoritären Ordnung und der ihr zugehörigen Gesellschaft seine Orientierungs- und Identifikationsmuster zu zerbrechen, sein Lebensplan zu scheitern drohte, sah er dem Sterben der Weimarer Republik und den Wahlerfolgen der NSDAP mit angespannter Erwartung zu.[...]

In den gesellschaftlichen Vorstellungen des Vaters war kein Platz für objektive ökonomische und gesellschaftliche Gegebenheiten. Die Weltwirtschaftskrise war für ihn Machwerk von Spekulanten und Volksschädlingen. Er war ein kleinbürgerlicher Antikapitalist. Er hasste diejenigen, die ohne Arbeit und unverdient zu ihrem Reichtum gekommen waren, die sich alles leisten konnten, ohne dafür Opfer zu bringen. Ebenso wenig empfand er Sympathie oder gar Solidarität mit den Arbeitern. Klassenkampf, Arbeiterbewegung waren für ihn jüdisch-marxistische Erfindungen, erfunden zur Zerstörung der „Volksgemeinschaft“, zur Paralysierung der natürlichen, rassisch-völkischen Urinstinkte, der Grundlage jeder Gemeinschaft. Sein antidemokratischer Affekt wurzelte in der Überzeugung, dass wirkliche Volksgemeinschaft eine Einheit von Führern, von in die Geheimnisse und Gesetze des Lebens Eingeweihten, und der Gefolgschaft, der Organisation der für sich allein „bewusstlosen“ Masse sei. Über Führerschaft entschieden nicht Herkunft, Besitz, Geld, entscheidend waren Charakter, Tugenden, „Talente“, die letztlich angeboren, sich im Daseinskampf durchzusetzen und zu bewähren hatten. Der entscheidende Punkt der Vorstellungen, die in seinem Inneren gärten, war eine bestimmte, festgefügte Ordnung des Ganzen, die sicherstellte, dass ein Talent sich durchsetzen konnte.[...]

In der privaten Perspektive des Vaters waren die „Machtergreifung“ 1933 und die Etablierung der nationalsozialistischen Herrschaft die große politische und soziale Verwirklichung eines seinem Motto: „Freie Bahn dem Tüchtigen!“ kovarianten Systems.

Das galt sowohl für die eigene Person wie für die Hoffnungen betreffs des Sohnes.[…]

Zum 1.4.1933 war Walters Vater wieder Parteigenosse. Im Mai trat er in die SA ein. Seinen Sohn meldete er beim „Jungvolk“ an, der Organisation der 10–14-Jährigen innerhalb der „Hitlerjugend“, der Parteijugend der NSDAP. Analog zum „Aufstieg“ der Partei zur „Staatspartei“ etablierte sich die Parteijugend als Jugendorganisation schlechthin, die ihren Monopolanspruch auf die Erziehung der deutschen Jugend im nationalsozialistischen Geist rigoros, mit Verboten traditioneller Jugendorganisationen, gewaltsamer Gleichschaltung, Repression, Terror und Verfolgung durchzusetzen suchte. Walters Anmeldung bei den „Pimpfen“ (Jungvolk) erfolgte freiwillig und demonstrierte, der Sohn war gerade sieben Jahre alt geworden, die Tiefe des Bekenntnisses zu Bewegung und Führer. Die Frage, ob er nicht noch zu jung sein könne, stellte sich dem Vater nicht. Das Prinzip des „Je früher, desto besser“, das Walters familiäre Sozialisation von kleinauf bestimmt hatte, hatte ungebrochen Gültigkeit. Neben Familie und Schule trat in Walters Leben ein dritter Erzieher, ein dritter Erziehungsanspruch, der seinem Selbstverständnis gemäß die Jugend im „nationalsozialistischen Geist“ formen, schon die Kinder auf den Führer einschwören und verpflichten wollte.[…]

Bekenntnis und Bekennertum offenbarten die Übereinstimmung mit Führer, Volk und Vaterland. An der Wand hinter dem Schreibtisch im Büro des Vaters prangte bald nach dem 30. Januar ein Karton, auf den er mit Ausziehtusche und Feder einen politischen „Sinn“-Spruch geschrieben hatte, der aus der 1923, während seiner Zugehörigkeit zur NSDAP erworbenen Broschüre „Schlageter“ stammte: „Ich bin geboren deutsch zu fühlen / Bin ganz auf deutsches Denken eingestellt / Erst kommt mein Volk / Dann all die anderen vielen / Erst meine Heimat, dann die Welt.“ […]

Aufgabe der nationalsozialistischen Mutter war die „liebevolle Unterstützung“ des Erziehungsprozesses, die Ausnutzung der emotionalen Bindung des Knaben zur Verstärkung der Verinnerlichung der Rollenerwartungen. Zum Zweiten hatte Walters Mutter auch ihren eigenen Kopf, war nicht einfach eine, die dem Sohn suggerierte, der Vater mache schon alles richtig. Allerdings musste sie „schlucken“, dass der Nationalsozialismus, wie vom Vater erwartet, der Familie kräftige Vorteile bescherte. Der erste große Erfolg seiner Übereinstimmung mit Nationalsozialismus und III. Reich war ein Ereignis, das auch sie herbeigewünscht hatte. Sie erhielten eine neue Wohnung. Der Sieg der NSDAP hatte eine für solche Siege typische Konsequenz: die zahlreichen arbeitslosen alten Kämpfer wollten die Belohnung für ihre zahllosen Opfer für die Bewegung. Auch in Frankfurt verfügte ein Runderlass des Oberbürgermeisters ihre Bevorzugung bei Neueinstellungen, Beförderungen und sozialen Leistungen. […]

Das Mobiliar der Wohnung verriet durchweg konservativen Geschmack, hielt Stilformen fest, die im Kaiserreich ausgebildet worden waren. Der „altdeutsche Stil“ der Wohnung implizierte politisch und gesellschaftlich die rückwärts gewandte Utopie. Der überreiche nationalsozialistische Bildschmuck versinnbildlichte die Versöhnung zwischen der „großen Vergangenheit“, von der die Möbel ästhetisches Zeugnis ablegten, und einer „großen“ Gegenwart und Zukunft, die sich im Wandschmuck, letztlich im Führerbild, personifizierte. Alles, was geschah, geschah unter den Augen des Führers. Die Wohnung war nicht in erster Linie Ort privater Lebensgestaltung. Die Allgegenwärtigkeit der Nazi-Herrschaft im Bildschmuck war eng mit der Funktion des Vaters als ihrem „Hohepriester“ verknüpft. Wenn Walter am Klavier saß, stand über ihm das Porträt das Vaters, darüber hing der Führer. Mutter und Sohn hatten keine eigenen Zimmer, die ihnen wenigstens theoretisch die Chance einer Flucht in wirkliche Privatheit geboten hätten.

Zum Geburtstag 1933 erhielt Walter Pimpfe und SA-Männer aus Elastolin, dazu eine leibhaftige Führerfigur mit beweglichem rechtem Arm zur Ausführung des Hitlergrußes.

Für den Achtjährigen gab es keinen relevanten Lebensbereich Familie, Schule oder Jungvolk, wo er nicht kontinuierlich mit dem Führer konfrontiert wurde. Dem kindlichen Gemüt konnte er als guter Freund des Vaters erscheinen. Die Allgegenwärtigkeit des Führers war austauschbar mit der Allgegenwärtigkeit des Vaters.

Die konsequente Nazifizierung des Privatbereichs hatte ihre Krönung im Schmuck des Weihnachtsbaumes mit kleinen Hakenkreuzen. [...]

Die Nationalsozialisten erklärten 1933, welches Wesen und welcher Charakter deutsche Jungen in Zukunft auszeichnen solle. Später fasste dies der Führer in der bekannten Kurzformel zusammen: „Zäh wie Leder, hart wie Kruppstahl und flink wie die Windhunde“. Die gesamte deutsche Jugend sollte auf ihn, als auch ihren Führer verpflichtet werden. Die Hitlerjugend war die einzige Organisation, die in ihrem Namen bereits die Bindung an den Führer ansprach. Adolf Hitler, der Führer, war zugleich der erste „Kämpfer“, der Sieger, der Recke der Wiedergeburt, der Künder oder, aus der Perspektive eines kleinen Jungen, der „Übervater“. Als bedingungsloser Kämpfer sollte er dem deutschen Jungen Vorbild sein. Kurz nach dem siebenten Geburtstag meldete der Vater Walter beim Jungvolk an. Die vom Führer benannten Erziehungsideale: Willensstärke, Kämpfertum und Leistungsvermögen entsprachen den väterlichen Vorstellungen einer jungenspezifischen Sozialisation seines Sohnes. Das Jungvolk war die Organisation der Zehn- bis Vierzehnjährigen innerhalb der Hitlerjugend. In der Aufbauzeit ab 1933 – bis zur „Machtergreifung“ war die Jugendorganisation der Partei eine verschwindend kleine Gruppe – wurden auch Jüngere aufgenommen.[...]

Walter bereitete sich nach dem Beitritt ins deutsche Jungvolk auf die Pimpfenprobe vor. Erst nachdem er diese Prüfung bestanden hatte, wurde er auf den Führer verpflichtet: „Ich verspreche in der Hitlerjugend allezeit meine Pflicht zu tun, in Liebe und Treue zum Führer und zu unserer Fahne. So wahr mir Gott helfe.“ Erst nach dem Ablegen des Eides war Walter in die Hitlerjugend aufgenommen. [...]

Nationalsozialistische Kinderkultur. Aus dem Besitz Walters, 1933/37.
(© Historisches Museum, Frankfurt a. M.)

Die endgültige Festlegung der Pimpfenprobe von 1934 vermittelt einen Eindruck vom Charakter der Prüfung: Laufen: 60 m in 12 sec, Weitsprung: 2,75 m, Schlagballwerfen: 25 m; Tornisterpacken, Kenntnis der Schwertworte des deutschen Jungvolks, Kenntnis des Horst-Wessel- und des Fahnenliedes, „Uns're Fahne flattert uns voran".

Zum Zeichen dafür, dass es bei der Pimpfenprobe nicht um einen bloß äußerlichen Leistungsnachweis, sondern um die Verpflichtung auf den Führer ging, dem man sich durch die Leistung erst würdig erweisen musste, durfte die Pimpfenprobe nur im Beisein der höchsten HJ-Führer des Bannes Frankfurt abgelegt werden. Nach bestandener Prüfung und Ablegen des Eides wurde Walter feierlich das Recht verliehen, den „Ehrendolch", das Fahrtenmesser der „Hitlerjugend" mit der Aufschrift „Blut und Ehre", zu tragen. [...]

Die Uniform machte alle gleich und sollte es tun. Adolf Hitler wies schon in den Anfangsjahren 1933/34 darauf hin, dass die hohe Bedeutung der Jugend gerade darin bestehe, dass die Kinder noch nicht durch Standesdünkel und Klassenbewusstsein geprägt und insofern aufnahmebereiter für die nationalsozialistischen Normen seien. Die neuen Normen wurden als „natürliche", das hieß „deutsche" tituliert. Pointiert hieß es in einem schon vor 1933 gesungenen Lagerlied: „Blonde und braune Buben / passen nicht in die Stuben. / Buben die müssen sich schlagen, / müssen Tollkühnes wagen, / Buben gehören ins Leben hinein, / Buben sind stolz, ob sie groß oder klein."

Die Reichsjugend arbeitete altersspezifische Aktionsprogramme aus, um zum Beispiel die Scheu, sich im Zweikampf voll einzusetzen, abzubauen. Die Jungenschaftsführer der unteren Einheiten bezogen aus den Anordnungen der Reichsjugend ihre Stärke. Als Führer hatten sie sie durchzusetzen – ohne Wenn und Aber. Im gegebenen Rahmen sollte Kameradschaftlichkeit selbstverständlich sein. Alle hatten sie die Schwertworte des deutschen Jungvolks gesprochen:

„Jungvolkjungen sind hart, schweigsam und treu / Jungvolkjungen sind Kameraden / Der Jungvolkjungen Höchstes ist die Ehre!" [...]

Ab 1937 gehörte die Wehrertüchtigung zum Dienst. Die Pimpfe wurden am Kleinkalibergewehr ausgebildet. Das Schießen machte Walter Spaß, und er galt schnell als guter Schütze.[...]

1940 wurde Walter 14 Jahre alt. Damit war die Jungvolkzeit zu Ende. Ihn erwartete die HJ, die Organisation der Vierzehn- bis Achtzehnjährigen. Der Übergang war durch Gesetz geregelt und somit verpflichtend.

Walters Jungzug, angetreten zur Hessen-Nassau-Fahrt. Fotografiert vom Vater, Sommer 1939.
(© Historisches Museum Frankfurt a. M.)

(Cornelia Rühlig/Jürgen Steen, Katalog: Walter, Kleine Schriften Bd. 20, hg. vom Historischen Museum Frankfurt a. M., Frankfurt a. M. 1986, S. 26ff., 38ff, 43ff., 51ff., 62ff., 66 ff.; Fotos: S. 31, 37, 65, 69)

„Da die Menschen wohl kaum nur das einzige Bedürfnis hatten „gut nationalsozialistisch“ zu sein, ist zu fragen, welche Bedürfnisse und Interessen sahen sie erfüllt, welche historischen Konstellationen nutzten die Nationalsozialisten aus, wo waren sie aus welchem Grund erfolgreich und wo nicht.“
(Cornelia Rühlig/Jürgen Steen, Vorwort zu „Walter“, a.a.O., S. 3)

Formulieren Sie zu diesem Zitat auf einem Flipchart-Bogen (oder einer Tapete oder Paketpapier) Arbeitshypothesen, sodass Sie diese im Laufe der Bearbeitung dieser Wabe immer wieder verändern bzw. ergänzen können.

Walter war kein begeisterter Pimpf gewesen, weder „hingerissen“ noch „entflammt“, wie es der Reichsjugendführer erwartet hätte. Der Konformitätsdruck belastete ihn sehr, was Walter z. T. mit schlechten Noten in der Schule zu kompensieren versuchte um sich damit in eine Gegenposition zum Leistungsdruck (auch des Vaters) zu stellen. Walter hatte zwischenzeitlich Klavier gelernt und somit war sein Interesse für Musik geweckt.

Ein Foto, 1942 auf der Rennbahn in Niederrad entstanden, zeigt Walter in einer lässig gemeinten Pose auf einer Bank. Zum Anzug gehört eine Hose mit „Schlag“, mit unten weit ausgestellten Beinen. Er gehörte ähnlich wie ein heller, möglichst weißer Mantel zu den modischen Details, die in der Kleidung Jugendlicher, wie Walter einer war, einen hohen Stellenwert hatten und dem Insider verrieten, ob jemand dazugehörte oder nicht. Was diese Jugendlichen sehr tief miteinander verband, war die Vorliebe für eine bestimmte Musik. Wenn die nationalsozialistischen Kulturwächter und Zensoren irgend etwas an ihren Vorlieben besonders unnachsichtig mit Verboten und Tabus verfolgten, dann war es diese Musik, „heiße“ und im III. Reich verbotene Musik: Jazz, als Stil seit Ende der 30er-Jahre unter jungen Leuten in den USA, Frankreich, England und anderswo in der westlichen Welt am populärsten der „Swing“.[…]
Gegen Jazz und Swing polemisierte die gleichgeschaltete Presse immer wieder heftig als „Urwaldmusik“, „Niggergedudel“ oder schlicht als „undeutsch“, wobei die Tatsache, dass viele schwarze Musiker Jazzgeschichte geschrieben hatten und weiterhin schrieben, Menschen also, die als rassisch minderwertig galten, ihre besondere Zuspitzung dadurch erhielt, dass Benny Goodman, der aktuelle „Superstar“ des Swing, jüdischer Abstammung war. Der Swing war zugleich ein sehr freier Tanz mit viel Raum für individuelle Ausgelassenheit, im Jargon der Gegner „Gehopse“, und einer speziellen Figur, nämlich dem „Mitswingen“ des Taktes mit hochgerecktem Arm und ausgestrecktem Zeigefinger. Im nationalsozialistischen Alltagsritual besetzte diese Figur einen Platz, der für den Hitlergruß oder „Deutschen Gruß“ (durch Sanktionen scharf gegen „Veralberung“ geschützt) vorgesehen war. Die „Jazzer“ benutzten den Swinggestus auch bei der Begrüßung auf der Straße.[…] Die öffentlichen Treffpunkte der Jugendlichen waren die Frankfurter Tanzcafes. Walters Notizbuch verzeichnet für das Jahr 1942 fast 70 Cafebesuche.
(Cornelia Rühlig/Jürgen Steen, Walter, a.a.O. S. 116f)

Walter schloss sich einer Clique älterer Schüler und Studenten an, die sich an bestimmten Treffpunkten zusammenfanden und Platten austauschten oder Musik hörten. Am 4. Juli 1942 geriet Walter abends in eine Gestapo-Razzia und verbrachte eine Nacht im Gefängnis, am nächsten Morgen wurde er verhört. Doch Walter und seine Clique ließen sich nicht entmutigen: Sie mieteten eine kleine Wohnung an, um sich weiterhin treffen zu können. Dies blieb der Gestapo nicht verborgen und so kam es wiederum zu Verhaftungen und Verhören, wovon Walter auf Anraten seiner Mutter auch seinen Vater informierte. Walter meldete sich 1943 „freiwillig“ unter dem Druck des Vaters und der Verfolgung durch die Gestapo zur Wehrmacht, worüber der Vater sicherlich froh war, weil er die Bedrohung durch den aufsässigen Sohn los wurde. Walter meldete sich nicht für die Offizierslaufbahn, sondern zur Luftwaffe.

gung auf pervertierte Vorstellungen führte zu der bekannten Umkehr des Pflicht-Neigungs-Konfliktes: *Nicht* töten zu wollen, wurde zu einer bösen Versuchung, der man mit moralischer Kraft zu widerstehen hatte. Denn: „Du sollst töten!“ war das neue moralische Gesetz.
Auf dieser Linie der Moral-Pervertierung dachte Himmler bekanntlich konsequent weiter, indem er 1943 in priesterlicher Attitüde seine SS-Vernichtungskommandos für ihre ruhmvolle Anständigkeit lobte, sich zu den befohlenen Massenmorden überwunden zu haben: „Von euch werden die meisten wissen, was es heißt, wenn 100 Leichen beisammen liegen, wenn 500 da liegen, oder wenn 1000 da liegen. Dies durchgehalten zu haben und dabei – abgesehen von menschlicher Schwäche – anständig geblieben zu sein, das hat uns hart gemacht. Dies ist ein niemals geschriebenes und niemals zu schreibendes Ruhmesblatt deutscher Geschichte.“ [Posener Rede]
Ich habe Zweifel, ob diese ideologische Indoktrination in den Köpfen nachvollzogen wurde. Entscheidend war wohl mehr das Brechen der Persönlichkeit und das Erzwingen totaler Hörigkeit. Mag sein, dass die Rückschau aus einem Abstand von 44 Jahren das Urteil beeinträchtigt. Aber bewusst erinnere ich mich nicht, dass in meiner Rekruten-Umgebung an viel mehr geglaubt worden wäre als daran, dass man unbedingt zu gehorchen, zu „spuren“ hatte, um nicht unterzugehen. Allerdings wurde auch allgemein fantasiert, dass der Krieg bald siegreich zu Ende gehen würde. Der Erfolg in Frankreich und der weite Vorstoß nach Russland nährten natürlich diese Erwartungen. Sie schürten eine diffuse euphorische Stimmung, welche die Verleugnung der vielfachen narzisstischen Kränkungen erleichterte. Aber diese wurden eben vor allem deshalb immer weniger empfunden, weil man auf eine regressive Verfassung schrumpfte, in der man sich hin und her schubsen lassen konnte, ohne sich noch aufzuregen. Ohne Gegenwehr erspart man sich viele Schmerzen.

(Horst Eberhard Richter, Die Chance des Gewissens: Erinnerungen und Assoziationen, Hamburg 1986, S. 26-29)

1. Horst E. Richter hat für diese Ausführungen die Überschrift: „In der Werkstatt der Entmündigung“ gewählt.
   Diskutieren Sie diesen Titel.
   Suchen Sie auch nach anderen möglichen Überschriften.
2. Diskutieren Sie die Chance sich zur Zeit des Nationalsozialismus eine ‚Höhle des Innerlichen‘ zu bewahren.
   Ist dies Ihrer Meinung nach die ‚Chance des Gewissens‘ (vgl. Buchtitel von H.E. Richter)?

Hitler-Jugend

Die weltanschauliche Erziehung, die Erziehung zu einem pseudoreligiösen, inhaltsleeren, die Blut- und Rasse-Ideologie, die Idee der Gefolgschaft fördernden „Glauben“ waren ganz wichtige Elemente der nahezu irreversiblen mentalitären Formung der Jugend. Das soldatisch-heldische Ideal wurde mit einem Glauben und einer Weltanschauung versehen, sodass es unverlierbar wurde, da auch die aussichtsloseste Situation den Gedanken einer Abkehr von diesem Ideal nicht aufkommen lassen sollte. […]
Der Nationalsozialismus versuchte, nicht nur die Freizeit, die Lebenspraxis der Jugend zu besetzen und zu bestimmen, nicht nur die Gesinnung, sondern auch die weltanschaulichen, die religiösen Kräfte, um den Zugriff wirklich „total“ zu machen.
Man versicherte sich freilich der Jugend auch auf besondere Weise im Vollzug ihres Alltags. Denn wenn die HJ auch vornehmlich die Freizeit der Jungen besetzte und es daneben ja durchaus Schule, Ausbildung usw. gab, so griff doch mit der Zeit die HJ tief auch in diese Lebensvollzüge außerhalb des unmittelbaren „HJ-Dienstes“ ein. Die HJ wurde nicht etwa in einem eigenen ‚Jungenland‘, einem ‚Jugendreich‘ erzogen, sondern dicht an der nationalsozialistischen Gesellschaft.[…]

Die HJ besetzte die Freizeit und – weit mehr als nur die Freizeit – praktisch alle alltäglichen Lebensvollzüge des Jugendlichen. Er wurde mit Verantwortung und Einsatz konfrontiert, wobei er stets gleichsam und geborgen war in einer lückenlosen Befehls- und Gehorsamsstruktur. Aber das Spiel war ihm praktisch verwehrt. Er stand unter Aufsicht, unter Kontrolle, er hatte bestimmte Dinge zu leisten, hatte sich in organisierter Ertüchtigung einsatzfähig und einsatzbereit zu halten. Was hier völlig zum Verschwinden gebracht war, war „Jugendzeit“ als eigener Freiraum. [...] Die Hitlerjungen waren nichts anderes als kleine Erwachsene, die vom Aufstehen morgens bis zum Schlafengehen am Abend ihre Pflicht zu tun hatten; die Übernahme bündischer Formen für Fahrten und Lager – auf denen es im Übrigen ja durchaus militärisch zuging – war vielleicht das einzige Zugeständnis an das Lebensalter der Hitlerjungen. Dass am Ende Hitlerjungen das letzte Aufgebot gegen die einrückenden Alliierten darstellten, ist die grausige Vollendung dieser Tendenz im Nationalsozialismus, das Jugendalter, die Jugendzeit ganz zum Verschwinden zu bringen.

Die HJ-Jungen wurden freilich auch „belohnt“. Hatten sie Verantwortung, so durften sie auch Macht ausüben. Das begann in der Schule gegenüber der Institution Schule. Die HJ durfte auch während des Schulunterrichts Uniform tragen. Für den HJ-Dienst gab es bei zeitlicher Kollision Schulbefreiung. Schon 1934 wurde der HJ-Streifendienst eingerichtet, der vor allem der HJ-internen Überwachung und Kontrolle, insbesondere bei Fahrten, diente. Der relativ freie Fahrtenstil aus der bündischen Jugend wurde so mithilfe des Streifendienstes diszipliniert. Wer sich anpasste, konnte an der Macht teilhaben. [...]

Jugendpolitisch gesprochen war die HJ [...] eine umfassende Instanz der Jugendpflege und Jugenderziehung, die in ihrem Aktionsbereich Kompetenzen von ähnlichem Ausmaß hatte wie Schule und Elternhaus in dem jeweils ihren.[...]

Jugend, wenn man so will, war in der nationalsozialistischen Gesellschaft ein eigener Stand innerhalb der Erwachsenenwelt geworden, aber sie war keine „Jugend“ mehr. Sie war völlig in die nationalsozialistische Gesellschaft integriert, es gab nicht die leiseste Möglichkeit zu einem noch so zurückhaltenden, kalkulierten Nonkonformismus.

(Christoph Schubert-Weller, Hitlerjugend, Juventa, Weinheim 1993, S. 188ff.)

1. Setzen Sie sich mit den Thesen des Autors auseinander und versuchen Sie diese zu belegen bzw. zu widerlegen.
2. War die (männliche) HJ auch als eine ‚Werkstatt der Entmündigung‘ konzipiert, gelten für sie auch die drei von H.E. Richter formulierten Hauptziele der Rekrutenausbildung?
3. Studieren Sie Erlebnisberichte aus dieser Zeit und diskutieren Sie die Auswirkungen einer aktiven Mitgliedschaft in der HJ auf die Persönlichkeitsentwicklung der Heranwachsenden. Informieren Sie sich auch über den Aufbau und die Struktur der HJ. (A. Hitler über die HJ: ‚Jugend muss durch Jugend geführt werden!) In den Hinweisen finden Sie entsprechende Literaturangaben.

Am 1. Juli 1933 nahm der Reichsjugendführer Baldur von Schirach eine grundlegende Neuordnung der HJ und des BDM (Bund Deutscher Mädel) vor:

Die Hitlerjugend gliedert sich nun als Gesamtverband in:

1. Deutsches Jungvolk in der HJ = DJ (Jungen von 10–14 Jahren)
2. Hitlerjugend = HJ (Jungen von 14 – 18 Jahren)
3. Jungmädel in der HJ = JM (Mädchen von 10–14 Jahren)
4. Bund deutscher Mädel in der HJ = BDM (Mädchen von 14–21 Jahren)

Seit 1938 wurden die 17 –21-jährigen Mädchen überdies im BDM-Werk „Glaube und Schönheit“ zusammengefasst.

Baldur von Schirach über die Idee und Gestalt der HJ bzw. des BDM (Berlin 1934):

Die Jugendbewegung von einst scheiterte nicht zuletzt an der Mädelfrage. Was ich an anderer Stelle als Grundfehler der einstigen Jugendbewegung anführte, Mangel an Gestaltungskraft, wurde ihr in dieser Frage zum Verhängnis. Der klare Trennungsstrich zwischen Jungenbund und Mädelbund wurde oft nicht gezogen, und dort, wo er gezogen wurde, fehlte es an der Fähigkeit zur klaren Bestimmung des organisatorischen Verhältnisses der Einheiten zueinander. So wurde kein Gemeinsames daraus, sondern ein Gegeneinander. Und häufig endete der Schwung solcher Jugendbunde in einer Liebelei, die alle Kameradschaft löste. […]

Das Verhältnis zwischen HJ und BDM bedingt gegenseitige Achtung. Der Hitlerjunge soll das BDM-Mädel achten oder zum Teufel gehen. Wenn wir das nicht fertig brächten, wie könnten wir sonst die Zukunft sein?

Der BDM gehört zum Gesamtverband der HJ. Als Bund ist er selbstständig bis in die Spitze, in der alle nationalsozialistischen Jugendorganisationen zusammenlaufen. Auch er ist ein Teil des Ganzen. Aber seine Führerinnen stehen nicht als Untergebene den HJ-Führern gegenüber, obwohl diese die Richtung der politischen Arbeit auch des BDM bestimmen und die gesamte nationalsozialistische Jugend bei den Stellen des Staates und der Bewegung vertreten.

Die örtlichen Gliederungen des BDM nehmen an den gemeinschaftlichen Veranstaltungen teil, die der HJ-Führer für die gesamte Jugend festsetzt. Aber sie gestalten ihren eigenen Heimatabend und ihren eigenen Dienst, der eben ein Mädeldienst ist und kein Jungendienst. Der BDM soll den Mädchen ihren Lebenskampf zeigen, wie er wirklich ist, er soll ebenso wenig zu einem höheren Töchtertum erziehen wie zum Rowdytum. Wer im BDM organisiert ist, soll lernen, dass der neue Staat auch dem Mädchen seine Aufgabe zuweist, Pflichterfüllung und Selbstzucht fordert. Wie der Junge nach Kraft strebt, so strebe das Mädel nach Schönheit. Aber der BDM verschreibt sich nicht dem verlogenen Ideal einer geschminkten und äußerlichen Schönheit, sondern ringt um jene ehrliche Schönheit, die in der harmonischen Durchbildung des Körpers und im edlen Dreiklang von Körper, Seele und Geist beschlossen liegt. Diesem Ziel dient die immer größer werdende sportliche Arbeit des BDM, diesem selben Ziel die weltanschauliche Schulung. Jeder Heimatabend, jedes Lager stehe in diesem Zeichen. Die Generation, die einmal an der deutschen Zukunft mitgestalten will, braucht heroische Frauen. Schwächliche ‚Damen' und solche Wesen, die ihren Körper vernachlässigen und in Faulheit verkommen lassen, gehören nicht in die kommende Zeit. Der BDM soll die stolzen und edlen Frauen hervorbringen, die im Bewusstsein ihres höchsten Wertes nur dem Ebenbürtigen gehören wollen.

Der Eintritt in den BDM verpflichtet die Mädels zu einem Leben, das anders ist als das aller anderen Jugend. Auch sie geloben sich der Gemeinschaft und stellen das Ziel der Gemeinschaft höher als ihr „Ich". Sie sollen tanzen und fröhlich sein, sollen aber wissen, dass es für sie kein Privatleben gibt, sondern dass sie Teil bleiben ihrer Gemeinschaft und ihres hohen Zieles.

(Baldur von Schirach, Die Hitlerjugend, Idee und Gestalt, Berlin 1934, S. 95-98; zit. nach: Gisela Schäfer-Koch, Frauen im Nationalsozialismus, nicht veröffentlichtes Arbeitspapier für Seminarteilnehmer der Friedrich Ebert Stiftung, Jan. 1984, S. 48)

Charakterisieren Sie das Idealbild der nationalsozialistischen Frau und stellen Sie diesem das Idealbild des nationalsozialistischen Jungen gegenüber.
Untersuchen Sie Lieder aus der damaligen Zeit!

Die Anmerkung von Hermann Giesecke weist auf eine ‚historische Einordnung‘ der Frauenrolle hin:

Der Erfolg der NS-Ideologie beruhte nun offensichtlich darauf, dass sie in diesem Widerspruch von traditioneller Familienorientierung und moderner Öffentlichkeitsorientierung eine Balance anbot. Die traditionelle Rolle wurde wieder aufgewertet, zugleich wurde der Frau aber auch eine öffentliche Bedeutung offeriert, – beides aufgehoben in der Idee der Volksgemeinschaft, wobei der Begriff des „Dienstes“ für beide Rollen wenn auch in unterschiedlicher Weise gleichermaßen Sinn ergab. Die NS-Ideologie bot so eine Lösung für massenhafte Identitätskrisen an. Für die Männer war dies natürlich auch eine Lösung; sie wurden in ihrer alten, dominierenden Rolle beruflich wie als „politische Soldaten“ bekräftigt und konnten so auch akzeptieren, dass den Frauen nun eine wenn auch begrenzte öffentliche Rolle zugestanden wurde. […] Im Alltag des Dritten Reiches wurde Frauen mehr Respekt und Achtung entgegengebracht als vorher – was sich in den Kriegsjahren noch steigerte.[…]

Die weibliche Hitlerjugend […] bot den Mädchen neben Familie und Schule einen öffentlichen Raum für ihr Aufwachsen an, der einerseits durch die Intimität der Gleichaltrigkeit Geborgenheit ausstrahlen konnte, andererseits aber mit der Kategorie des „Dienstes“ an der Allgemeinheit eine öffentliche Dimension bekam.

(Herrmann Giesecke, Hitlers Pädagogen – Theorie und Praxis nationalsozialistischer Erziehung, Weinheim und München 1993, S. 216f)

(Frauen unterm Hakenkreuz, Elefanten Press Berlin 1983, S. 23)

(Hessisches Landesmuseum Darmstadt)

Untersuchen Sie vor diesem Hintergrund die Rolle der Frau zur Zeit des Nationalsozialismus (vgl. Sie z. B. die Literaturliste im Abschnitt „Hinweise“).

Politik und Erziehung

Nationalsozialistische Erziehung ist […] die Formung der Persönlichkeit im Sinne der Aktivierung derjenigen Kräfte, die den Gemeinschaftsorganismus erhalten und in der Nation zur Vollendung führen. Wie die Gemeinschaft der Inhalt, die Nation als vollendete Gemeinschaftsidee das Ziel der nationalsozialistischen Politik ist, so ist hiermit auch das Ziel der nationalsozialistischen Erziehung gegeben. Jede nationalsozialistische politische Funktion ist somit auch gleichzeitig nationalsozialistisch erzieherische Funktion. Beides, das Politische sowohl als auch das Erzieherische, ist eine organische Funktionseinheit, nur jedes Mal von einem anderen Blickpunkt betrachtet, das eine Mal von der Gemeinschaft her, das andere Mal von der Persönlichkeit her. Da der Nationalsozialismus ein universales geistiges Lebensprinzip mit der Ausrichtung durch das Politische ist, ergeben sich daraus grundlegende Änderungen gegenüber der bisher herrschenden Erziehungsidee. Das Erziehungsziel kann nicht allein durch wesentlich intellektuelle Bildungsgehalte erreicht werden. Denn alle intellektuelle Bildung schafft trotz historischer, geistiger und charakterlicher Zugehörigkeit zur organischen Gemeinschaft nicht die Fähigkeit, die urgesetzte Grundrichtung, das Urlebensgesetz der Gemeinschaft ins klare Bewusstsein zu heben. Alle organische und organisierte Erziehung muss deshalb das unmittelbare Erlebnis der Gemeinschaftsverbundenheit im werdenden Menschen erstehen lassen. Dahin gehört die gemeinsame Erziehung jenseits der sozialen und wirtschaftlichen Unterschiede, ja in vielen erziehenden Organisationsformen auch jenseits der konfessionellen Gegensätze. Das Gemeinschaftserlebnis in seiner Totalität und Unmittelbarkeit hat den stärksten Einfluss auf die Willensbildung. In der Willensbildung liegt das Zentrum der Persönlichkeitsformung. Nationalsozialismus ist Durchführung und Vollendung der Gemeinschaftsidee, Entbindung des Gemeinschaftslebensgesetzes. Diese Kraft ist nur aus dem Willen der gemeinschaftsgebundenen und gemeinschaftsverbundenen Persönlichkeit zu gewinnen. Bei aller zuzugestehenden Differenzierung nach Anlage und Aufgabe muss die nationalsozialistische Erziehung dennoch diese Bildung eines einheitlichen, auf die Nationalgemeinschaft gerichteten Willens durchsetzen. Bloße Erkenntnis der Gemeinschaftslebensaufgabe und bloßes Erlebnis der Gemeinschaftsverbundenheit schaffen noch nicht die charakterliche persönliche Verpflichtung zum Dienst an der Gemeinschaft. Aus der Einheit der Erkenntnis und des Erlebens muss die Einheit des Willens erstehen. Derjenige stellt den absoluten Erziehungssinn der nationalsozialistischen Idee dar, der aus Bewusstsein und Erleben bei aller individuellen geistigen Besonderheit dennoch die charakterliche Größe und willentliche Kraft aufbringt, im Dienst an der Gemeinschaft der Nation die Sinnvollendung und Werterfüllung seines Lebens zu sehen.

Inhalt der politischen Erziehung wird das Deutschtum sein, Ziel die Idee der Deutschheit. […] Der deutsche Mensch findet die Sinnerfüllung seines Lebens in steter kämpfender Auseinandersetzung mit der empirischen Weltwirklichkeit und Tatsächlichkeit: in ihm das aufgegebene ungeborene Lebensgesetz, das nach Entbindung drängt, um ihn die Grenzen menschlicher und irdischer Vollendung.[…]

Nicht Objektivierung persönlicher Aufgaben und damit seelischer Befreiung, nicht Vergegenständlichung und Versachlichung ist der Sinn des deutschen Lebens; sondern tiefinnere persönliche Anteilnahme, Hineinnehmen der Welt in die Innerlichkeit, Assimilation und Verarbeitung. Eine Trennung von Person und Sache, von Schöpfer und Schöpfung ist im deutschen Leben nicht möglich.[…] Das ist der Sinn des deutschen Menschen und Volkstums: siegend oder sterbend, immer aber sich kämpfend mit der Lebenswirklichkeit auseinander zu setzen und in allem Kampf so viel heldisches Ethos aufzubringen, das Kraft gibt zum Einsatz aller individuellen Existenz für die Idee der deutschen Nation. Aus dieser Grunderkenntnis deutschen Wesens und Lebens werden alle Disziplinen, alle erzie-

henden Geistesinhalte, mag es sich nun um Geschichte, Deutsch, Rassenkunde, Rassenpflege, Wehrkunde oder Religion oder Ähnliches handeln, ihre Formung, ihre Ausrichtung erhalten. Nur von hier aus kann sich die Organisation der werdenden politischen Bildung aufbauen. Erst wenn der Nationalsozialismus die Idee seiner Erziehung vollendet, hat er seinen Sinn, seine historische und ewige Mission erfüllt. Denn erst in der Bildung der nationalen Persönlichkeit, in der Bildung des deutschen Menschentums wird ihm die geistige Kraft gegeben, die unbedingte politische und nationale Stabilität gewährleistet. Erst hier wird in der Persönlichkeit der neue Typus des ewigen Deutschen erstehen, der unter allen Umständen, also unabhängig von materiellen Dingen, unabhängig von wirtschaftlichen Situationen dem nationalsozialistischen Staat dient, weil er in ihm die Lebensform der deutschen Schicksalsgemeinschaft sieht.

(Friedrich Adolf Beck, Geistige Grundlagen der neuen Erziehung, dargestellt aus der nationalsozialistischen Idee, Osterwiek 1933, zit. nach: Hans-Jochen Gamm, Führung und Verführung – Pädagogik des Nationalsozialismus, Campus Verlag, Frankfurt/New York 1984, S. 105ff.)

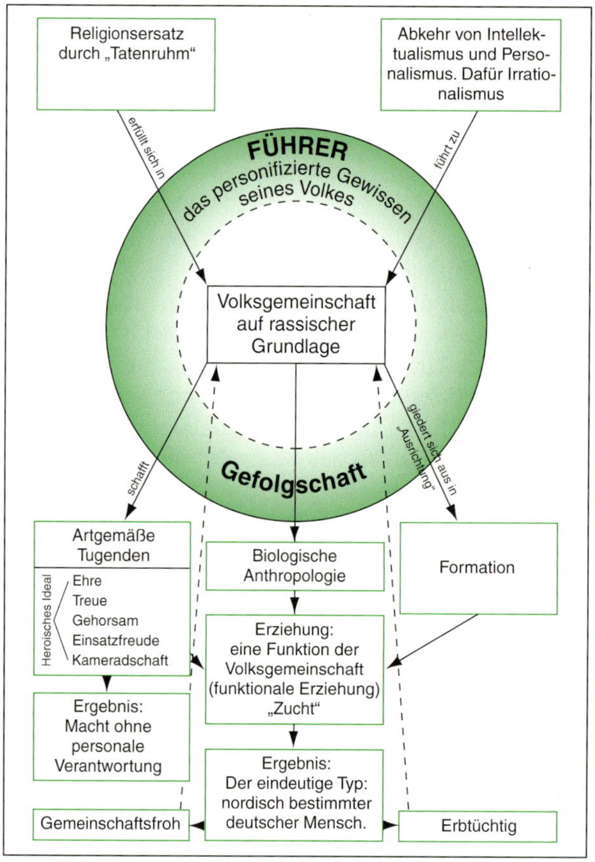

Dieses Ideologramm von Hans-Jochen Gamm kann Ihnen als zusammenfassende Übersicht dienen. Vergleichen Sie Ihren jetzigen Diskussions- und Erkenntnisstand mit den zu Anfang formulierten Arbeitshypothesen.

(Aus: Hans-Jochen Gamm, Führung und Verführung – Pädagogik des Nationalsozialismus, Campus Verlag, Frankfurt/New York 1984, S. 17)

1. Diskutieren Sie die Aussage „Jede nationalsozialistische politische Funktion ist somit auch gleichzeitig nationalsozialistisch erzieherische Funktion“ vor dem Hintergrund Ihrer historischen Kenntnisse.
2. Untersuchen Sie, wie über Lehrpläne und Unterrichtsmaterialien versucht wurde, diese Überlegungen umzusetzen. Alte Schulbücher, Berichte von Zeitzeugen und eine vielfältig vorhandene Literatur könnten Ihnen helfen, ein entsprechendes Referat anzufertigen.
3. Diskutieren Sie den Buchtitel H.-J. Gamms: ‚Führung und Verführung – Pädagogik des Nationalsozialismus‘.

Vertiefung

Erklärungsversuche

Ökonomisch und politisch orientierte Ansätze, wie sie durch die Fotomontage von John Heartfield angesprochen werden, sollen hier nicht berücksichtigt werden. Im Fach Geschichte oder Sozialwissenschaften können Sie zu diesem Aspekt nähere Informationen erhalten.

„Der Sinn des Hitler-Grußes", Fotomontage von John Heartfield, 16. Okt. 1932

(Foto: Archiv für Kunst und Geschichte, Berlin;)

In diesem Abschnitt werden Ihnen sozialpsychologisch orientierte Erklärungsansätze vorgestellt, d.h. es wird nach dem Zusammenwirken von psychischen Mechanismen und gesellschaftlichen Bedingungen gefragt.

Ein psychoanalytisch orientierter Erklärungsansatz

Es bleibt [...] die wichtige Aufgabe, jene Motive herauszufinden, die zur Zeit Hitlers die Menschen sich ihm so grenzenlos gläubig anvertrauen ließen, was sie dann auch über die Grenzen des Verantwortbaren hinaustrug. Auch dieser Zustand der Exaltation, die Erinnerung an die Verliebtheit in den Führer, muss in der Wiederbegegnung Scham erwecken. In Massenpsychologie und Ich-Analyse hat Sigmund Freud in Fortsetzung älterer Beobachtungen, besonders derer von Le Bon, die Dynamik des psychischen Geschehens bei der Machtübernahme durch einen Massenführer geschildert. Dieser tritt an die Stelle des Ich-Ideals jedes Einzelnen, jenes seelischen Selbstbildnisses, das von den kühnsten Fantasien über eigene Bedeutung, Vollkommenheit und Überlegenheit, aber auch von den natürlichen Hoffnungen des menschlichen Lebens, wie und was man sein oder werden möchte, gezeichnet wird. Indem ich dem Führer folge, ihm Verehrung

zolle, verwirkliche ich ein Stück dieses fantasierten Ich-Ideals. Ich nehme an diesem bedeutungsvollen Leben des Führers, an dessen historisch einmaligen Plänen unmittelbar teil, der Führer und seine Bedeutung werden zu einen Teil von mir.

Die ausschweifende eigene Fantasie und die Versprechungen des Massenführers gehen also eine Verschmelzung ein. Die Begabung des von Max Weber so genannten charismatischen Führers liegt recht eigentlich darin, die am schmerzlichsten, durch eine gegenwärtige Notlage getroffenen Idealvorstellungen seiner Anhänger anzusprechen und hier Abhilfe in Aussicht zu stellen, und zwar mit einer Sicherheit, die seine unerschütterliche Kraft erkennen lässt. Überspannte, wahnhafte, auf Vernichtung von Mitmenschen zielende Forderungen des Führers müssen die Massenglieder früher oder später aber auch zu schweren Konflikten mit ihrem eigenen Gewissen führen. Dabei ist besonders an solche Anhänger zu denken, die den Versprechungen erst als Erwachsener erliegen. Der Führer verlangt nun geradezu, dass das alte Gewissen der neuen, faszinierenden Aufgabe geopfert wird – was wir in Anlehnung an den Geheimdienstjargon die „Umkehrung" des Gewissens nannten. Der psychologische Mechanismus, der einen Massenführer zum Sieg führt, ist dadurch gekennzeichnet, dass im Streit zwischen diesem alten Gewissen und dem fetischhaft geschmeichelten Ich-Ideal das Gewissen unterliegt.[...]

Im Führer selbst bewirken die Massen, die ihm zujubeln, eine gewaltige Inflation seiner Machterlebnisse. Auch er kostet den Triumph des Zusammenfalls von Ich und Ich-Ideal aus. Für die Massenglieder ist der so idealisierte Führer das sichtbar existierende eigene Ich-Ideal: sie haben das Objekt ‚Führer' an die Stelle des Ich-Ideals eingesetzt. Gleichzeitig fühlen sich die Menschen brüderlich geeinigt, die bisher in rivalisierenden Gruppen und Klassen einander gegenüberstanden. Sie können sich plötzlich miteinander identifiziert erleben, weil sie ein gemeinsames Ideal mit so großer Leidenschaft besetzt halten; sie sind alle mit dem Führer identifiziert.

Die Rivalität innerhalb einer so geeinten Gesellschaft ist nun zwar stark gemindert, aber die bisher in ihr gebundene Aggression macht sich bald wieder bemerkbar, indem nun regelhaft nach außen, auf eine Fremdgruppe, sei es ein Volk oder eine Minorität, aggressiv projiziert wird. Es ist geradezu ein signifikanter Zug an hochgestimmten Massenbewegungen, dass Aggression aus ihrem Binnenraum verschwindet und in der Verfolgung von Sündenböcken wieder auftaucht. Ein jeder wird automatisch als Feind empfunden, der diese Idealbildung und diese feindselige Haltung festgelegten Aggressionsobjekten gegenüber nicht mitmacht. Das hat nicht nur die Nazibewegung bewiesen, das ist weiterhin gültig geblieben.[...]

Adolf Hitler hatte verlangt: „Deutschland erwache!" [...] Das Erwachen, das Hitler forderte, war doch ein paradoxes. Gemeint war ein Abdanken der bewussten Kritik zugunsten der Urahnungen von Blut und Boden. Das falsche Bewusstsein ist unter anderem durch den Abwehrmechanismus der ‚Darstellung durch das Gegenteil' gekennzeichnet. Es stellt sich zum Führer ein Hörigkeitsverhältnis, das heißt ein Verhältnis eines hohen Grades von Unfreiheit her. Im falschen Bewusstsein wird es aber als Selbstgefühl, als ein Gefühl der Befreiung erlebt. Dann vollzieht sich etwas Paradoxes: Im Zustand ihrer Hörigkeit erniedrigen sich Massen vor Führerfiguren, um neues Selbstgefühl zu erlangen. Das macht deutlich, dass zwei psychische Instanzen eine unnatürliche Beziehung zueinander eingegangen sein müssen. Einem Ideal nachzugehen wird zur Obsession und dieser Zwang selbst wiederum zum Ideal.[...]

Ohne reale Frustrationen, ohne eine lang dauernde Enttäuschung an der sozialen Ordnung, die bisher geherrscht hat, ohne allgemeine Entwertungsgefühle ist die Macht der Hoffnung, die in den charismatischen Führer gesetzt wird, jeoch nicht zu verstehen. Was

ihm die Liebe einträgt, ist die Ermunterung an das frustrierte Ich, wieder die Spannung zu einem neuen Ideal seiner selbst herzustellen. In diesem Überschwang sind die Massen zunächst fähig, die größten Strapazen zu ertragen, was wiederum die Selbstachtung steigert. Nach dem Kriege Hitlers blieben deshalb für das Erlebnis der meisten Soldaten [...] die Leistungen, die sie vollbrachten, das eigentlich Rühmenswerte, so, als wären sie unter einem gänzlich unbescholtenen obersten Befehlshaber erfolgt.[...]

Die Wahl Hitlers zum Liebesobjekt erfolgt also auf narzisstischer Grundlage, das heißt auf der Grundlage der Selbstliebe. Die Redewendung: „Liebe macht blind" hebt das charakteristische Moment der Realitätsvergessenheit narzisstischer Objektwahl hervor. Alles, was das vergottete Objekt, der Führer, befiehlt, wird ipso facto zur Wahrheit, zum Gesetz.[...]

Diese Form der hörigen Liebe unterscheidet sich wesentlich von einer reiferen, in der das kritische Ich seine Funktionen aufrechterhält. In dieser indentifiziert sich der Liebende nur teilweise mit dem Liebesobjekt, sein Ich wird zwar um bestimmte Eigenschaften des Objektes bereichert, verändert sich partiell nach seinem Vorbild, setzt aber nicht, wie in der Hörigkeit oder auch vielen Formen der Verliebtheit, ein fremdes Objekt geradezu an die Stelle des Ichs oder Ich-Ideals. Im Unterschied zur einfühlenden, sich teilweise identifizierenden Liebe muss das Ich im Zustand solcher Verliebtheit verarmen. Zum Wesen der Hörigkeit gehört also, dass das Ich sich blindlings überantwortet. Die Möglichkeit zur Distanzierung zum Objekt geht verloren, die Person wird im wahrsten Sinn des Wortes akut überfremdet. [...] Nach dem Erlöschen dieses symbiotischen Zustandes können sich Millionen aus der Faszination entlassene Subjekte um so weniger erinnern, als sie den Führer eben nicht ihrem Ich assimiliert hatten, wie man sich etwa das Vorbild eines Lehrers einverleibt, sondern ihr Ich zugunsten des Objektes, des Führers, aufgegeben hatten.[...]

Der Titel dieser Abhandlung, der unsere Unfähigkeit zu trauern mit solcher Art zu lieben in Zusammenhang bringt, findet in dem soeben beschriebenen Vorgang seine Erklärung.

Der Tod des Führers brachte für die Massen eine Entblößung von Schutz. Vom Führer verlachte Mächte konnten ihn vernichten. Da sein Imago das Ich-Ideal seiner Anhänger ersetzt hatte, waren sie in seinen Untergang mit hineingezogen, der Schande preisgegeben. Mit diesem Zusammenbruch des Ich-Ideals hörte notwendigerweise die Möglichkeit der gegenseitigen Identifizierung im Führerglauben auf. Auch wenn man nicht reuelos gemordet, sondern nur indirekt an diesen Untaten mitgewirkt hatte, die bedingungslose Kapitulation nach so viel Hochmut musste ein intensives Schamgefühl auslösen. Das Ich der Verlassenen fühlte sich betrogen; jedermann versuchte, dieses gescheiterte und gefährliche Ideal wieder „auszuspucken", zu externalisieren. Jetzt hieß es: Die Nazis waren an allem schuld. Diese Verdrehungen der Wirklichkeit dienten, wie wir sahen, dem Schutz des eigenen Ichs, des eigenen Selbstgefühls vor schroffen Entwertungen.

(Alexander und Margarete Mitscherlich, Die Unfähigkeit zu trauern, Piper Verlag, München/Zürich 1985, S. 71ff.)

1. Erstellen Sie ein Mind-Map zu dem Schlüsselbegriff: ‚Führer = Ich-Ideal'.
2. Diskutieren Sie die Konsequenzen der ‚Unfähigkeit zu trauern' (vgl. Sie auch den Abschnitt Einführung).
3. Sind die Gedanken A. und M. Mitscherlichs auch auf die heutige Zeit übertragbar, wenn Sie den Begriff ‚Führer' z.B. durch ‚Fortschrittsglauben' ersetzen?
4. Diskutieren Sie Voraussetzungen für die ‚Fähigkeit zu trauern'.
   Welche Bedeutung hat die Pädagogik dabei?

Ein-Spruch

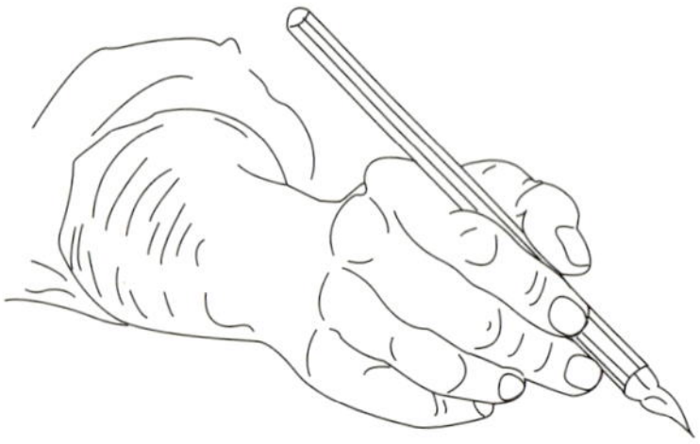

Anonyme Autorität – Konformismus

Von niemandem geht ein Befehl aus, weder von einer Person noch von einer Idee oder einem moralischen Gesetz. Dennoch passen wir uns alle an, weit mehr, als wenn wir in einer autoritären Gesellschaft lebten. In der Tat gibt es keine andere Autorität als „Es“. Was ist Es?
Profit, wirtschaftliche Notwendigkeiten, der Markt, der gesunde Menschenverstand, die öffentliche Meinung – was ‚man‘ tut, denkt, fühlt.[…]
Das Verschwinden der offenen Autorität ist in allen Lebenssphären deutlich bemerkbar. Die Eltern befehlen nicht mehr; sie legen dem Kinde nahe, dass es dies oder das ‚tun möchte‘. Da sie keine eigenen Grundsätze oder Überzeugungen haben, suchen sie die Kinder so zu führen, dass sie tun, was das Gesetz des Konformismus verlangt.[…]
Solange es bekannte Autorität gab, stellten sich Konflikte ein, und es gab Auflehnung, nämlich gegen die irrationale Autorität. Im Konflikt mit den Befehlen des eigenen Gewissens, im Kampf gegen die irrationale Autorität entwickelte sich die Persönlichkeit, und das Gefühl des Selbst bildete sich aus. Ich erlebe mich als „Ich“, weil ich zweifle, weil ich protestiere, mich auflehne. Sogar wenn ich mich unterwerfe und eine Niederlage empfinde, erlebe ich mich als „Ich“ – ich, der Unterlegene. Aber wenn ich mir keiner Unterwerfung oder Auflehnung bewusst bin, wenn ich von einer anonymen Autorität regiert werde, dann verliere ich das Gefühl meiner selbst, dann werde ich irgend-„einer“, ein Teil des „Es“.
Der Mechanismus, durch den die anonyme Autorität wirkt, ist der Konformismus.

(Erich Fromm, Der moderne Mensch und seine Zukunft, Europäische Verlagsanstalt, Frankfurt a.M. 1967, S. 137ff)

Wer sagt
was
mit welchen Mitteln
und welcher Absicht
zu wem ???

Ist das Gegenteil auch richtig?

Mein Kommentar:

Identitätskrisen und Lösungsversuche

Ich wage folgende These […]: Die Menschen, die Hitler folgten, waren auf der Suche nach ihrer verlorenen Identität, und Hitler versprach, diese wiederzufinden.

„Identität“ meine ich nicht im Sinne einer der bekannten Identitätstheorien. Diese sind durchweg psychologischer Herkunft, viel später entstanden und beziehen sich deshalb auf andere historische Situationen. Ich folge hier überhaupt keiner besonderen Theorie, sondern verbleibe im alltagssprachlichen Erfahrungshorizont. Dann stellt sich Identität als ein bedeutsames soziales Phänomen dar, das vom Individuum her gesehen aus der subjektiv befriedigenden Antwort auf einige wenige existenzielle Grundfragen resultiert, z.B.: Wer bin ich? Zu wem gehöre ich? Wozu bin ich da? Holt man sich die Antworten daraus aus der NS-Ideologie, dann bekommt deren konfuse, irrationale und widersprüchliche Kontur einen Sinn. Wer bin ich? Ein Deutscher. Zu wem gehöre ich? Zur deutschen Volksgemeinschaft. Wozu bin ich da? Um in dieser Volksgemeinschaft meine Pflicht zu tun. Diese Antworten schließen ein, dass der Betreffende mit einem sozial anerkannten Status in der Volksgemeinschaft rechnen kann.

Sie hätten damals auch anders lauten können: Ich bin ein Kommunist. Ich gehöre zur kommunistischen Internationale. Ich bin dazu da, im Rahmen meines Parteiauftrages an der Weltrevolution mitzuwirken. Die Nazis waren damals also nicht die einzigen Identitäts-Anbieter, und der wechselseitige Hass von Kommunisten und Nationalsozialisten mag auch darin begründet gewesen sein, dass sie gerade auf diesem Gebiet die schärfsten Konkurrenten waren. Rationale Argumentationen, Versuche zu einer kompromissorientierten Verständigung und Toleranz nicht nur zwischen diesen beiden „Identitätslagern“, sondern allgemein in der politischen Auseinandersetzung der Weimarer Zeit waren deshalb kaum möglich, weil sie sofort die eigene Identität angegriffen hätten. Der politisch-ideologische Fanatismus der Auseinandersetzungen hatte etwas von psychosozialer Heimatverteidigung an sich, etwa nach dem Motto, dass, wenn die andere Seite Recht hat, die eigene soziale Heimat bedroht ist.[…]

Identität ist primär ein soziales Phänomen, das lässt sich aus der Betrachtung dieser Zeit lernen. Sie stellt sich ein, wenn der Mensch sich sozial zugehörig weiß und in dieser Zugehörigkeit auch anerkannt und geachtet wird. Als soziale Tatsache ist Identität immer auch auf Abgrenzung aus. Soziales unterscheidet sich von anderem Sozialen. Zu der Frage: „Wer bin ich“? gehört die Gegenfrage: „Wer bin ich nicht?“ Üblicherweise ist eine solche Abgrenzung nicht mit Feindschaft verbunden. In besonderen Situationen jedoch, wo das Selbstwertgefühl wie in den Jahren vor 1933 erheblich angeschlagen ist, wird Feindschaft gegen andere zu einem wesentlichen Bestandteil des sonst zu schwachen Wir-Gefühls. Damals beruhte die Idee der „Volksgemeinschaft“ von vornherein auf der Feindschaft zu anderen, vor allem zu Juden, Kommunisten oder linken Intellektuellen, deren Bücher als Symbole dafür verbrannt wurden, – nicht weil sie eine andere Meinung vertraten, sondern weil diese Meinung als eine Bedrohung der Identität empfunden wurde.

Toleranz, Respekt vor anderen Überzeugungen und Lebensstilen und verhandelnde Kompromissbereitschaft kann man im Allgemeinen nur erwarten von Menschen, die eine zumindest relativ stabile soziale Identität aufweisen.[…]

Prinzipiell gibt es zwei extreme Möglichkeiten der Identitätsfindung: Entweder durch weitgehende Anpassung an die vorgegebenen Normen und Regeln der sozialen Gemeinschaft, etwa im Sinne eines „Typus“ […]. „Ich bin einer von…“ könnte der so Angepasste dann auf die Frage antworten, wer er sei. Für individuelle Variationen wäre hier nur ein geringer Spielraum vorhanden. Die Anerkennung würde durch Rückmeldungen der anderen Gemeinschaftsmitglieder erfolgen: „Ja, du bist einer von uns!“

Das andere Extrem wäre die totale Individualisierung. Die Bindekraft der Gemeinschaften würde hier fehlen, ein „Typus“ könnte nicht herausgebildet werden, der dadurch entstandene Freiraum müsste durch individuelle Entscheidungen bzw. Identifikationen gefüllt werden. Die soziale Rückmeldung würde weitgehend entfallen, der Maßstab für das Gelingen der Identität müsste in die je subjektive Innerlichkeit verlegt werden. […]

Schirach hat eine Reihe von Gedichten Hitler gewidmet bzw. über ihn verfasst, in denen das Identitätsthema mit Händen zu greifen ist. Dafür ein Beispiel:

„Dem Führer.
Das ist die Wahrheit, die mich dir verband:
Ich suchte dich und fand mein Vaterland.
Ich war ein Blatt im unbegrenzten Raum,
Nun bist du Heimat mir und bist mein Baum.
Wie weit verweht, verginge ich im Wind,
Wärst du nicht Kraft, die von der Wurzel rinnt.
Ich glaub an dich, denn du bist die Nation,
Ich glaub an Deutschland, weil du Deutschlands Sohn.“ (Schirach: Die Fahne der Verfolgten, Berlin 1933, S. 38)

[…] Heute wissen wir, dass Identitätskrisen keineswegs nur mehr ein Problem des Jugendalters sind, sondern einen Menschen zu jedem Zeitpunkt seines Lebens treffen können. Identitätsfindung und -behauptung sind zu einem lebenslangen Prozess geworden. Damals jedoch war eine solche Einsicht noch nicht möglich, sie wäre auch nicht akzeptabel gewesen. Wer als Erwachsener – vor allem als Mann! – sich sozial unbehaust und entfremdet fühlte, führte das auf Feinde zurück – Kapitalisten, Kommunisten, Juden, Parteibonzen – die ihm das angetan hatten. In diesen Zusammenhang gehört auch das vorhin erwähnte Schirach-Zitat. Konnte man diese Feinde ausschalten, würden sich auch die ersehnten sozialen Geborgenheiten wieder einstellen.[…]

Das Individuum als solches kann keine Identität haben. Auch heute suchen die Menschen nach sozialen Beziehungen, die ihnen Rückmeldungen zur Bestätigung der Identität anbieten. Die Soziologie spricht z. B. von „Bezugsgruppen“ und meint damit, dass wir alle in irgendwelchen informellen Gruppen leben – Freunde, Bekannte, Kollegen – die keineswegs beliebig und zufällig zustande kommen, sondern normative Gemeinsamkeiten aufweisen, in diesem Sinne also den Pluralismus für sich selbst einschränken. Die Mitglieder vertreten bestimmte gemeinsame politische, feministische, religiöse usw. Grundüberzeugungen, und der Toleranzspielraum ist weit, aber doch auch begrenzt, weil sonst die Funktion dieser informellen Gruppen in Frage stünde. Wir müssen uns also heute einen Kreis von Menschen suchen, deren Urteil uns wichtig ist, um unsere Identität sozial stabilisieren zu können.

Dabei können wir ähnliche Fehler machen wie die Generation derer, die auf Hitlers Identitätsangebot hereingefallen sind, indem wir nämlich die falschen sozialen Rückmelder wählen, z. B. extremistische Gruppen, autoritäre Sekten oder die so genannte „Psychoszene“ mit all ihren Merkwürdigkeiten. „Falsch“ sind solche Lösungen in dem Sinne, dass sie nur innerhalb solcher Gruppen und Organisationen von Wert, für das Leben außerhalb aber kaum brauchbar sind. Ähnliches war auch bei der HJ zu beobachten, deren Tugenden und Verhaltensstile galten auch zunächst einmal nur in den eigenen Reihen, schon weniger in der Schule oder gar im Beruf.[…]

Wir wären gut beraten, wenn wir bei der Lösung sozialer und ökonomischer Probleme nicht nur an finanzielle Kosten-Nutzen-Rechnungen denken, sondern auch daran, dass die Menschen eine soziale Heimat brauchen. Die meisten Menschen schaffen sie sich, indem sie die durch Pluralisierung und Individualisierung gebotenen Freiheitsräume

nutzen zur Herstellung entsprechender sozialer Felder, – sei es in Form verlässlicher Familien- und Freundschaftsbeziehungen, sei es im Rahmen von informellen Beziehungen unter Gleichgesinnten.
Es gibt aber auch eine nicht geringe Zahl von Menschen, die dies nicht schaffen, die z.B. den modernen Arbeits- und Leisungserwartungen nicht gewachsen sind, die randständig werden und sich soziale Nischen in der Gesellschaft suchen, wo sie eine wenn auch noch so labile Identität finden können. Wir sehen sie unter anderem in der radikalen Jugendszene. Bei der Beurteilung dieser Szenen und im Umgang mit ihr sollten wir deren psycho-soziale Funktion bedenken. Wenn wir z.B. eine neonazistische Jugendorganisation verbieten, haben wir die Probleme derer noch nicht gelöst, die sich dorthin geflüchtet haben.

(Hermann Giesecke, Hitlers Pädagogen, Weinheim und München 1993, S. 264ff)

1. Erörtern Sie diesen Erklärungsansatz.
   Vergleichen Sie ihn auch mit den anderen Erklärungsansätzen, indem Sie in einer Tabelle die wichtigsten Aspekte zusammentragen.
   Suchen Sie vorab gemeinsam nach geeigneten Vergleichskriterien.
2. Welche Konsequenzen für die Pädagogik ergeben sich aus dem Ansatz H. Gieseckes?

Pädagogische Anwendung

Erziehung nach Auschwitz

Die Forderung, dass Auschwitz nicht noch einmal sei, ist die allererste an Erziehung. Sie geht so sehr jeglicher anderen voran, dass ich weder glaube, sie begründen zu müssen noch zu sollen.[...] Sie zu begründen hätte etwas Ungeheuerliches angesichts des Ungeheuerlichen, das sich zutrug. Dass man aber die Forderung, und was sie an Fragen aufwirft, so wenig sich bewusst macht, zeigt, dass das Ungeheuerliche nicht in die Menschen eingedrungen ist, Symptom dessen, dass die Möglichkeit der Wiederholung, was den Bewusstseins- und Unbewusstseinsstand der Menschen anlangt, fortbesteht. Jede Debatte über Erziehungsideale ist nichtig und gleichgültig diesem einen gegenüber, dass Auschwitz nicht sich wiederhole. [...] Man spricht von drohendem Rückfall in die Barbarei. Aber er droht nicht, sondern Auschwitz *war* er; Barbarei besteht fort, solange die Bedingungen, die jenen Rückfall zeitigten, wesentlich fortdauern. Das ist das ganze Grauen. [...] Unter den Einsichten von Freud, die wahrhaft auch in Kultur und Soziologie hineinreichen, scheint mir eine der tiefsten die, dass die Zivilisation ihrerseits das Antizivilisatorische hervorbringt und es zunehmend verstärkt.[...] Wenn im Zivilisationsprinzip selbst die Barbarei angelegt ist, dann hat es etwas Desperates, dagegen aufzubegehren. [...] Da die Möglichkeit, die objektiven, nämlich gesellschaftlichen und politischen Voraussetzungen, die solche Ereignisse ausbrüten, zu verändern, heute aufs Äußerste beschränkt ist, sind Versuche, der Wiederholung entgegenzuarbeiten, notwendig auf die subjektive Seite abgedrängt. [...] Die Wurzeln sind in den Verfolgern zu suchen, nicht in den Opfern, die man unter armseligsten Vorwänden hat ermorden lassen. Nötig ist, was ich unter diesem Aspekt einmal die Wendung aufs Subjekt genannt habe. Man muss die Mechanismen erkennen, die die Menschen so machen, dass sie solcher Taten fähig werden, muss ihnen selbst die Mechanismen aufzeigen und verhindern trachten, dass sie abermals so werden, indem man ein allgemeines Bewusstsein jener Mechanismen erweckt. [...] Erziehung wäre sinnvoll überhaupt nur als eine zu kritischer

Selbstreflexion. Da aber die Charaktere insgesamt, auch die, welche im späteren Leben die Untaten verübten, nach den Kenntnissen der Tiefenpsychologie schon in der frühen Kindheit sich bilden, so hat Erziehung, welche die Wiederholung verhindern will, auf die frühe Kindheit sich zu konzentrieren. [...] Spreche ich von Erziehung nach Auschwitz, so meine ich zwei Bereiche: einmal Erziehung in der Kindheit, zumal der frühen; dann allgemeine Aufklärung, die ein geistiges, kulturelles und gesellschaftliches Klima schafft, das eine Wiederholung nicht zulässt.[...] Ich möchte aber nachdrücklich betonen, dass die Wiederkehr oder Nichtwiederkehr des Faschismus im Entscheidenden keine psychologische, sondern eine gesellschaftliche Frage ist.[...] Vielfach wird von Wohlmeinenden, die nicht möchten, dass es noch einmal so komme, der Begriff der Bindung zitiert. Dass die Menschen keine Bindung mehr hätten, sei verantwortlich für das, was da vorging.[...]

Gerade die Bereitschaft, mit der Macht es zu halten und äußerlich dem, was stärker ist, als Norm sich zu beugen, ist aber die Sinnesart der Quälgeister, die nicht mehr aufkommen soll. Deswegen ist die Empfehlung der Bindungen so fatal. Menschen, die sie mehr oder minder freiwillig annehmen, werden in eine Art von permanentem Befehlsnotstand versetzt. Die einzig wahrhafte Kraft gegen das Prinzip von Auschwitz wäre Autonomie, wenn ich den Kantischen Ausdruck verwenden darf; die Kraft zur Reflexion, zur Selbstbestimmung, zum Nicht-Mitmachen. [...]

Der manipulative Charakter – jeder kann das an den Quellen kontrollieren, die über jene Naziführer zur Verfügung stehen – zeichnet sich aus durch Organisationswut, durch Unfähigkeit, überhaupt unmittelbare menschliche Erfahrungen zu machen, durch eine gewisse Art von Emotionslosigkeit, durch überwertigen Realismus. Er will um jeden Preis angebliche, wenn auch wahnhafte Realpolitik betreiben. Er denkt oder wünscht nicht eine Sekunde lang die Welt anders, als sie ist, besessen vom Willen of doing things, Dinge zu tun, gleichgültig gegen den Inhalt solchen Tuns.[...] Hätte ich diesen Typus des manipulativen Charakters auf eine Formel zu bringen – vielleicht soll man es nicht, aber zur Verständigung mag es doch gut sein –, so würde ich ihn den Typus des verdinglichten Bewusstseins nennen. Erst haben die Menschen, die so geartet sind, sich selber gewissermaßen den Dingen gleichgemacht. Dann machen sie, wenn es ihnen möglich ist, die anderen den Dingen gleich. Der Ausdruck „fertig machen", ebenso populär in der Welt jugendlicher Rowdies wie in der der Nazis, drückt das sehr genau aus.[...]

Die Menschen sind geneigt, die Technik für die Sache selbst, für Selbstzweck, für eine Kraft eigenen Wesens zu halten und darüber zu vergessen, dass sie der verlängerte Arm der Menschen ist.[...] Keineswegs weiß man bestimmt, wie die Fetischisierung der Technik in der individuellen Psychologie der einzelnen Menschen sich durchsetzt, wo die Schwelle ist zwischen einem rationalen Verhältnis zu ihr und jener Überbewertung, die schließlich dazu führt, dass einer, der ein Zugsystem ausklügelt, das die Opfer möglichst schnell und reibungslos nach Auschwitz bringt, darüber vergisst, was in Auschwitz mit ihnen geschieht. Bei dem Typus, der zur Fetischisierung der Technik neigt, handelt es sich, schlicht gesagt, um Menschen, die nicht lieben können. [...]

Ich sagte, jene Menschen seien in einer besonderen Weise kalt. Wohl sind ein paar Worte über Kälte überhaupt erlaubt. [...] Jeder Mensch heute, ohne jede Ausnahme, fühlt sich zu wenig geliebt, weil jeder zu wenig lieben kann. Unfähigkeit zur Identifikation war fraglos die wichtigste psychologische Bedingung dafür, dass so etwas wie Auschwitz sich inmitten von einigermaßen gesitteten und harmlosen Menschen hat abspielen können. [...] Es war einer der großen, mit dem Dogma nicht unmittelbar identischen Impulse des Christentums, die alles durchdringende Kälte zu tilgen. Aber dieser Versuch scheiterte; wohl darum, weil er nicht an die gesellschaftliche Ordnung rührte, welche die Kälte produziert und reproduziert. [...] Wenn irgendetwas helfen kann gegen Kälte als

Bedingung des Unheils, dann die Einsicht in ihre eigenen Bedingungen und der Versuch, vorwegnehmend im individuellen Bereich diesen ihren Bedingungen entgegenzuarbeiten. […] Man möchte meinen, je weniger die Kindheit versagt wird, je besser Kinder behandelt werden, um so mehr Chance sei. Aber auch hier drohen Illusionen. Kinder, die gar nichts von der Grausamkeit und Härte des Lebens ahnen, sind, einmal aus dem Geschützten entlassen, erst recht der Barbarei ausgesetzt. Vor allem aber kann man Eltern, die selber Produkte dieser Gesellschaft sind und ihre Male tragen, zur Wärme nicht animieren. Die Aufforderung, den Kindern mehr Wärme zu geben, dreht die Wärme künstlich an und negiert sie dadurch. […] Das Erste wäre darum, der Kälte zum Bewusstsein ihrer selbst zu verhelfen, der Gründe, warum sie wurde. […] Wer heute noch sagt, es sei nicht so oder nicht ganz so schlimm gewesen, der verteidigt bereits, was geschah, und wäre fraglos bereit zuzusehen oder mitzutun, wenn es wieder geschieht. Wenn rationale Aufklärung auch – wie die Psychologie genau weiß – nicht gradewegs die unbewussten Mechanismen auflöst, so kräftigt sie wenigstens im Vorbewusstsein gewisse Gegeninstanzen und hilft ein Klima bereiten, das dem Äußeren ungünstig ist. […] Aller politischer Unterricht endlich sollte zentriert sein darin, dass Auschwitz nicht sich wiederhole. Das wäre nur möglich, wenn zumal er ohne Angst, bei irgendwelchen Mächten anzustoßen, offen mit diesem Allerwichtigsten sich beschäftigt. Dazu müsste er in Soziologie sich verwandeln, also über das gesellschaftliche Kräftespiel belehren, das hinter der Oberfläche der politischen Formen seinen Ort hat. […]

Ich fürchte, durch Maßnahmen auch einer noch so weit angespannten Erziehung wird es sich kaum verhindern lassen, dass Schreibtischmörder nachwachsen. Aber, dass es Menschen gibt, die unten, eben als Knechte das tun, wodurch sie ihre eigene Knechtschaft verewigen und sich selbst entwürdigen; […] dagegen lässt sich doch durch Erziehung und Aufklärung ein Weniges unternehmen.

(Theodor W. Adorno, Erziehung nach Auschwitz [1966], in: Th.W. Adorno, Erziehung zur Mündigkeit, Suhrkamp Verlag, Frankfurt a. M. 1971, S. 88ff.)

1. „Wenn irgendetwas helfen kann gegen Kälte als Bedingung des Unheils, dann die Einsicht in ihre eigenen Bedingungen und der Versuch, vorwegnehmend im individuellen Bereich diesen ihren Bedingungen entgegenzuarbeiten."

   Versuchen Sie auf der Grundlage dieser Aussage Forderungen an eine Erziehung zu stellen.

2. Hans Berner fasst die Auffassungen Th.W. Adornos wie folgt zusammen:

   „Eine Erziehung zum Widerstand, zum Widerspruch und zum Nein-sagen-Können ist die Konsequenz der allerersten Forderung an Erziehung: dass Auschwitz sich nie mehr wiederhole. Nicht eine selbstverständliche Integration in vorgegebene gesellschaftliche Strukturen von Herrschaftsverhältnissen und Ordnungen ist das anzustrebende Erziehungsziel, sondern die Fähigkeiten, gesellschaftliche Gegebenheiten kritisch nach Fehlern zu analysieren, Traditionen zu hinterfragen und gegebenenfalls verändern zu können. Kritisch-emanzipatorische Erziehung ist eine Erziehung zum Widerstand gegenüber Unmündigkeit verursachenden Faktoren. Es geht darum, die gesellschaftlich bedingte Beschädigung des Menschen rückgängig zu machen. Die junge Generation soll nicht primär in Vorgegebenes eingefügt werden, sondern sie soll Selbstbestimmung realisieren können. In einer so verstandenen Erziehung stellen Konflikte, Kritik, Unabhängigkeit, Kreativität und der Wille zum politischen Handeln grundlegende Forderungen dar."
   (Hans Berner, Über-Blicke – Ein-Blicke, Paul Haupt Verlag, Bern/Stuttgart/Wien 1996, S. 76)

   Diskutieren Sie diese Zusammenfassung. Haben Sie wichtige Ergänzungen?

Was kann Erziehung leisten...?

Wenn wir uns die politische Kriminalität des NS-Regimes vor Augen führen, dann drängt sich die Frage auf, welchen Anteil die Erziehung daran gehabt haben mag.[...]

Das Nürnberger Tribunal hat die HJ-Erziehung freigesprochen von dem Verdacht der Kriegsvorbereitung: Schirach musste nicht wegen seiner HJ ins Spandauer Gefängnis. Und die Richtlinien für die Schulen im Nationalsozialismus zielen zwar auch auf Selbstrechtfertigungen des Regimes, auf mancherlei Indoktrination, auf rassische Verfälschung von Sachverhalten, aber eine Anleitung zur politischen Kriminalität lässt sich daraus nicht ablesen. Weder die Schule noch der außerschulische kultische Mummenschanz haben vermocht, das deutsche Volk kriegslüstern zu machen. Selbst das verbreitete antisemitische Ressentiment konnte nicht von selbst und folgerichtig in die neue Qualität des planmäßigen Völkermordes umschlagen. Der Glaube, durch Erziehung könne so etwas verhindert werden, mag denen schmeicheln und sie wichtig machen, die diesem Geschäft ihre Profession verdanken, aber er führt am Kern des Problems vorbei.

Nicht mit dem Begriff der Erziehung, wohl aber mit dem Begriff der Sozialisation können wir uns diesem Kern nähern.

Die Verbrechen wurden nicht durch eine bestimmte Erziehung vorbereitet, sondern durch das Arrangement von Handlungssituationen, die kriminelles Handeln nicht nur möglich machten, sondern auch positiv bewerten ließen, und in denen dem entgegenstehende Bedenken kaum soziale Resonanz mehr erhielten.

Der Soldat oder SS-Mann, der sich am Morden beteiligen sollte oder auch nur Zeuge wurde, geriet in eine tiefe soziale Isolierung, wenn er auch nur Bedenken geäußert, geschweige sich verweigert hätte. Das Morden setzt voraus ein dafür passendes soziales Milieu, das sich in der Heimat nicht herstellen ließ, sondern des Krieges und der Besetzung anderer Länder bedurfte. Im europäischen Osten ließen sich – pädagogisch gesprochen – Sozialisationsbedingungen arrangieren, die denjenigen, der nicht mitmachen wollte, schon wegen der militärischen Befehlsstrukturen wenn nicht physisch, so doch mit dem Entzug von Identität bedrohte.

Die Menschen, die diese Verbrechen begangen haben, waren nicht nationalsozialistisch erzogen worden, sie hatten ihre Kindheit und Jugend ganz überwiegend vor 1933 verbracht, waren aufgewachsen in mehr oder weniger „normalen" Familien, hatten „normale" bürgerliche Schulen besucht. Die Erziehung in der Zeit zwischen 1933 und 1943 betraf eine Generation, die schon aus Altersgründen kaum Gelegenheit bekam, sich innerhalb der NS-Zeit an solchen Untaten zu beteiligen. Die meisten der in dieser Zeit Erzogenen wurden nach 1943 erst erwachsen und mussten den Wiederaufbau nach dem Kriege in die Hand nehmen. Sie taten dies bekanntlich mit erheblicher Energie und gliederten sich dabei in eine demokratische Staats- und Gesellschaftsverfassung ein, die sich als relativ stabil erwiesen hat. Welche Bedeutung dabei die in der NS-Zeit erlebte Erziehung hatte, ist kaum zu beurteilen.[...]

Der Blick auf die Erziehung darf den Blick auf die Politik nicht trüben. Zu lernen aus der NS-Zeit ist nicht, wie man Erziehung verbessern könne, um Ähnliches für die Zukunft zu vermeiden; zu lernen ist vielmehr, dass politische Verhältnisse verhindert werden müssen, in denen nur noch Helden moralische Prinzipien durchhalten können. [...] Der von Hitler mutwillig provozierte Krieg, der – an klassischen politischen Maßstäben gemessen – keinerlei Interessen der deutschen Bevölkerung diente, brachte jenes politisch-moralische Milieu hervor, in dem die politische Kriminalität nicht nur gedeihen, sondern sogar teilweise einen Schein von Rechtfertigung gewinnen konnte. Erpresst durch die scheinbare Notwendigkeit der Landesverteidigung und der Sicherung des Überlebens des eigenen Volkes wurden mehr und mehr Deutsche in die Verbrechen

als Mittäter involviert, gleichgültig, wie und nach welchen Maßstäben sie vorher erzogen worden waren.[...]

Adornos Hoffnung, dass eine bessere Erziehung künftig so etwas wie Auschwitz verhindern möge, wird nur dann nicht trügen, wenn dies in erster Linie *politisch* verhindert werden kann, nämlich durch die *rechtzeitige* Klärung der Machtfrage.[...]

Erziehung allein kann also die Barbarei nicht verhindern, wenn nicht zugleich die Politik dafür sorgt, dass die Alltagsverhältnisse die Menschen nicht zur Inhumanität zwingen oder diese ermutigen. Jedenfalls gilt dies für die Ebene des erkennbaren Verhaltens, die ja das Ergebnis der Erziehung am ehesten manifest werden lässt.[...]

Wer sich zur Distanz zum NS-Regime entschloss oder gar zum Widerstand, konnte dabei durchaus auf die moralischen Maximen seiner früheren Erziehung zurückgreifen. Man könnte sagen, dass diese Menschen jene Bewährungssituation einforderten, die ihnen ihre Erziehung versprochen hatte und die sie nun nicht vorfanden.

Diejenigen, die die Nazis unterstützten, hatten im Wesentlichen dieselbe Erziehung erfahren wie diejenigen, die sich zu widersetzen versuchten. Die Art und Weise der erlebten Erziehung erlaubt also keinerlei Prognose für das künftige Handeln und Verhalten. Deshalb sind alle Versuche illusorisch, mithilfe der Erziehung und durch deren Verbesserung Einfluss auf die Zukunft nehmen zu wollen. Ihre Möglichkeiten sind sehr viel bescheidener anzusetzen: sie kann über Natur und Gesellschaft aufklären, sozial bedeutsame Tugenden und Verhaltensweisen fördern, zur Identifikation mit positiven Vorbildern ermutigen. Was die so Erzogenen und Gebildeten später mit dieser Ausstattung anfangen werden, ist nicht antizipierbar, zumal damit kein Glücksversprechen verbunden werden kann. Aufklärung z.B. über die politisch gesellschaftlichen Zusammenhänge entfremdet auch, kann Geborgenheit und Loyalitäten brüchig werden lassen. Das ist ein Teufelskreis, in dem wir uns immer noch befinden.

Spezifisch nationalsozialistisch war nicht die öffentliche Erziehung, sondern das Arrangement des öffentlichen Lebens: die geradezu kultischen Selbstinszenierungen der Machthaber; das Fehlen jeder politischen Kontrolle und Gegenmacht; die Gleichschaltung der veröffentlichten Meinung; die kulturelle Zensur auf allen Ebenen; das allgemeine Klima von Drohung und Einschüchterung. [...]

Zu lernen ist also, dass „Auschwitz" nicht pädagogisch, sondern nur politisch verhindert werden kann, aber die Pädagogik könnte diese Einsicht verbreiten.

(Hermann Giesecke, Hitlers Pädagogen: Theorie und Praxis nationalsozialistischer Erziehung, Juventa Verlag, Weinheim und München 1993, S. 279ff.)

1. Diskutieren Sie die Auffassungen Hermann Gieseckes bzgl. ihrer Konsequenzen für die Erziehung.

2. Stellen Sie sich vor, Th.W. Adorno und H. Giesecke würden sich im Fernsehen zu einem Gespräch zum Thema Erziehung nach Auschwitz treffen.
Bereiten Sie in Gruppen arbeitsteilig das Gespräch vor und simulieren Sie eine solche Situation. Der Diskussionsleiter sollte dabei entsprechende Fragen vorbereiten und das Gespräch steuern (eine Gruppe hilft ihm bei der Vorbereitung).
Entwickeln Sie anschließend eine Stellungnahme zu beiden Positionen!

Ein-Spruch

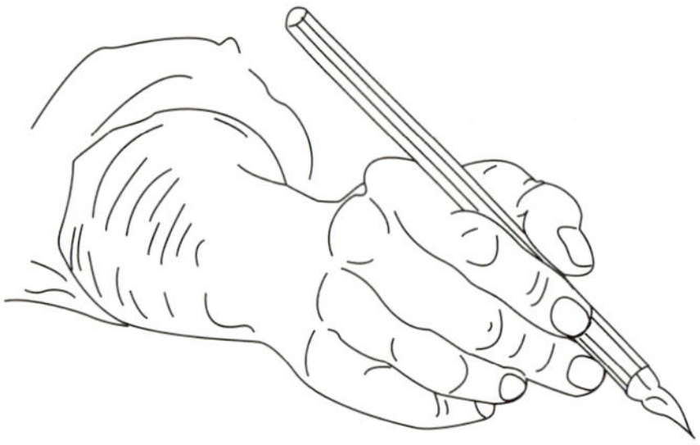

„Ich nehme mir nicht übel, dass ich da reingekommen bin.
Ich nehme mir übel,
dass ich so lange mitgemacht habe und
dass sich mein Herz so verhärtet hat,
dass ich kein Mitleid empfunden habe mit den Menschen,
dass ich Rechtfertigungen gesucht habe,
dass ich nicht eine Träne geweint habe,
als ich gehört habe, dass Menschen geschlagen worden sind und
dass ich für all diesen Terror bis zuletzt Rechtfertigungen gesucht habe."

(Carola Stern in dem Film *Sonnenblumen und Heldentod* von Paul Karalus und Alfred Segeth, WDF '86)

Wer sagt
was
mit welchen Mitteln
und welcher Absicht
zu wem ???

Ist das Gegenteil auch richtig?

Mein Kommentar:

‚...einen unbeugsamen Geist und ein fühlendes Herz!‘

„Zerreißt den Mantel der Gleichgültigkeit, den Ihr um Euer Herz gelegt habt. Entscheidet Euch, eh‘ es zu spät ist.“ Ein halbes Jahrhundert ist vergangen, seitdem die Weiße Rose diesen Aufruf in ihrem vorletzten Flugblatt verbreitete, kurz vor Verhaftung und Tod. Doch jede Zeit, zumal die unsere, erkennt auf ihre Weise sich selbst als Adressaten dieser Worte. Immer von neuem spüren wir in unserem Innern ein Echo auf das Zeichen der Weißen Rose.

Der Münchner Freundeskreis dachte, sprach und handelte aus der Tiefe der menschlichen Existenz heraus. Seine Mitglieder wollten nicht selbst den politischen Umsturz herbeiführen. Aber sie waren entschlossen, zu ihren Einsichten und Überzeugungen zu stehen. Sie nannten das Böse, das sie sahen und erkannten, bei seinem Namen. Und als die Gefahr sie unmittelbar bedrohte, da vollendeten sie ihren Weg mit beispielhaftem Mut, ohne sich durch die Flucht zu entziehen.

Nach dem Krieg war es für jede heranwachsende junge Generation am schwersten zu begreifen, wie es zu den unvorstellbaren Verbrechen hatte kommen können. Hatten eine Erziehung oder Überlieferung dazu geführt, daß sichtbares Unrecht geduldet, mitgetragen, von vielen gewollt, von mehr als nur einigen ausgeführt worden war? Wie konntet ihr Älteren zusehen, so fragten sie, daß der jüdische Nachbar stigmatisiert und quer über die Straße verschleppt wurde? Wie konntet ihr?

In der Haltung und Tat der Weißen Rose fand sich für die späteren jungen Generationen mehr Antwort auf ihre Fragen zum Nationalsozialismus als im hartnäckigen Schweigen verstörter Eltern und Erzieher. […]

Die studentische Widerstandsgruppe der Weißen Rose geht nicht nur die sachverständigen Zeithistoriker, sondern jeden an – und nicht nur jüngere, sondern sehr wohl auch ältere. „Allen Gewalten zum Trutz sich erhalten“, schrieb Hans Scholl auf seine Zellenwand, bevor er sich dem Vollstrecker des Todesurteils übergab. Woher waren er und sein Kreis so voller Lebensbejahung, ihrer selbst so gewiß? Wie hatten sie die Überzeugung gewonnen, dem nationalsozialistischen Unrechtsregime nicht zur Treue verpflichtet zu sein? Aus welchen Quellen kam die tiefe, innere Sicherheit, daß es kleinmütig ist, eine Politik einfach geschehen zu lassen, die böse ist? Sophie Scholl schreibt dazu in einem Brief: „Man hat uns eben politisch erzogen“ (Briefe Seite 174). Aber das heißt nicht Erziehung zum Widerstand, sondern Erziehung zu geistiger Freiheit, zu eigenständigem Urteil, zum Willen, sich selbst zu entscheiden, wo nötig auch zum Widerstand.

Es waren Eltern und geistige Lehrer da, die es ernst meinten mit der verantworteten Freiheit. Sie verstanden den Grundkonflikt zwischen den Generationen, in dem die Jungen alles von Grund auf neu schaffen wollen, während die Alten die Jungen an das Geschaffene anpassen möchten. Mit Verstand und Geist und Liebe brachten sie, die Alten, es fertig, den jungen Menschen zuzutrauen, ihre eigenen Erfahrungen zu machen, ihren Augen, Gefühlen und Werten Glauben schenken zu dürfen. Daraus wachsen die innere Kraft und Gewißheit, sich allen Gewalten zum Trutz zu erhalten. Aber wieviel Zeit und Zuwendung und Souveränität von seiten der Älteren sind notwendig, um die Jungen so frei und unabhängig und gewissenhaft werden zu lassen! Wer sich für die heutige Jugend solche Maßstäbe wünscht, wie sie den Studenten der Weißen Rose als Orientierung dienten, der frage zunächst nach den Maßstäben von Eltern und Erziehern in unserer Zeit.

Denken und Handeln waren bei der untereinander eng verbundenen Gruppe der Münchner Studenten eine Einheit, und sie empfanden das, was sie taten, als einen Beginn. „Einer muß ja doch mal schließlich damit anfangen“, antwortet Sophie Scholl vor dem sogenannten Volksgerichtshof auf die Frage, was sie zu ihrem Handeln bewogen habe. Das ist die Herausforderung, mit der sie der Gefahr im Menschen entgegentrat, abzustump-

fen gegenüber allem Leid und Unrecht und damit der ständig neuen Versuchung zum Konformismus zu erliegen. In ihrem Tagebuch und in einem Brief finden wir einen Satz des französischen Philosophen Jacques Maritain, der als eine Maxime für die Haltung der Weißen Rose gelten kann:

„Il faut avoir l'esprit dur et le coeur doux“ – einen unbeugsamen Geist und ein fühlendes Herz. Die Worte gelten zu aller Zeit und für jede Generation.[…]

Die Mitglieder der Weißen Rose haben ihr Leben in Gewaltlosigkeit für die Grundwerte aller hingegeben. Sie haben ihr Leben bejaht und erfüllt. Das Politische an ihnen war ihr Ethos. Ihr Widerstand ist kein Scheitern, sondern er weist über ihre Zeit hinaus. Ihr Denken und Handeln ist ein Zeichen der Hoffnung und Mahnung. Die Courage jeder Generation entscheidet über unsere Zivilisation neu. Wir können sie nur bewahren mit unbeugsamem Geist und mit fühlendem Herzen, 1993 wie 1943.

(Rede des damaligen Bundespräsidenten Richard von Weizsäcker zum 50. Gedenktag an die Geschwister Scholl und die „Weiße Rose“, zit. nach: Frankfurter Rundschau, 16. Febr. 1993, Nr. 39, S. 10; aus rechtlichen Gründen ist dieser Text nicht in reformierter Rechtschreibung gesetzt)

1. Informieren Sie sich über Widerstandsbewegungen während der Zeit des Nationalsozialismus (arbeitsteilige Gruppenarbeit).
   Woher nahmen diese Menschen die Kraft sich gegen das Unrecht aufzulehnen?
   Ziehen Sie auch Informationen aus der Wabe 2: ‚Help me or I beat you‘ – Gewalt/Themenkreis 2.2 hinzu.
2. Nehmen Sie Stellung: Ist ‚Widerstand lernen‘ eine pädagogische Aufgabe?
3. Erstellen Sie in Ihrem Kurs eine Liste von aktuellen Gegebenheiten, für die Ihrer Meinung nach der Satz gilt: ‚Einer müsste eigentlich damit anfangen, eine Veränderung herbeizuführen.‘
   Diskutieren Sie die Schwierigkeiten, wirklich anzufangen!
   Ergeben sich Ihrer Meinung nach Aufgaben für die Pädagogik?
4. Suchen Sie nach Merkmalen einer Erziehung zu einem ‚unbeugsamen Geist und einem fühlenden Herz‘.
   Diskutieren Sie: Trägt die (Erziehung in der) Schule zu diesem Ziel bei?
5. Immer wieder wurden empirische Untersuchungen zur Gehorsamsbereitschaft von Menschen vorgenommen, so z. B. das so genannte Milgram-Experiment von 1963 und 1965 in den USA, die Versuche von David Mark Mantell 1960 in München (vgl. Sie dazu den Film: Abraham – Ein Versuch) und die Grazer Untersuchungen von Grete Schurz (vgl. dazu: Die innere Stimme der Unterwerfung, PSYCHOLOGIE HEUTE Nov. 85, S. 24ff.). Der Film ‚Die Welle‘ nimmt ebenfalls diese Problematik auf.

   Diskutieren Sie die Möglichkeiten der Pädagogik, „damit Menschen lernen, vernünftigen und notwendigen Gehorsam zu leisten, aber sich unreflektierten oder gar destruktiven Gehorsamsanwendungen zu widersetzen“. (Grete Schurz)

P Projektvorschlag zum selbstständigen Weiterarbeiten

A ‚Oral History of Education‘

Schauen Sie noch einmal rückblickend auf diese Wabe.
Welche Fragen sind offen geblieben? Wo fehlen Ihnen noch tiefer gehende Erklärungsansätze?

Bereiten Sie in Kleingruppen Interviewfragen vor und befragen Sie Zeitzeugen. Stellen Sie ihnen auch die Frage, ob sich ihrer Meinung nach ‚Auschwitz‘ noch einmal wiederholen könnte.

B Vielfach haben Initiativgruppen Dokumentationen über die Ereignisse zur Zeit des Nationalsozialismus ‚vor Ort' erstellt.
Informieren Sie sich und suchen Sie Informationen bzgl. pädagogisch relevanter Fragestellungen.

C Diskutieren Sie den Vorschlag, an Ihrer Schule einen Gedenktag für die Opfer des Nationalsozialismus einzuführen. Bereiten Sie gegebenenfalls einen begründeten Beschlussvorschlag (für die Schulkonferenz) vor.

Hinweise

Elke Nyssen, Schule im Nationalsozialismus, Quelle & Meyer Verlag, Heidelberg 1979

Reinhard Diethmar (Hrsg.), Schule und Unterricht im Dritten Reich, Luchterhand, Neuwied 1989

Kurt Ingo Flessau, Schule der Diktatur – Lehrpläne und Schulbücher des Nationalsozialismus, Fischer Verlag, Frankfurt a. M. 1979

Wolfgang Keim, Erziehung unter der Nazi-Diktatur, Wissenschaftliche Buchgesellschaft, Darmstadt 1995

Peter Kohrs, Kindheit und Jugend unter dem Hakenkreuz – Nationalsozialistische Erziehung in Familie, Schule und Hitlerjugend, Metzler-Verlag, Stuttgart 1983

Matthias von Hellfeld/Arno Klönne, Die betrogene Generation – Jugend im Faschismus, Pahl-Rugenstein Verlag, Köln 1985

Wolfgang Klafki, Verführung – Distanzierung – Ernüchterung, Kindheit und Jugend im Nationalsozialismus, Autobiografisches aus erziehungswissenschaftlicher Sicht, Beltz Verlag, Weinheim und Basel 1988

Bernhardt Haupert/Franz Josef Schäfer, Jugend zwischen Kreuz und Hakenkreuz: biografische Rekonstruktion als Alltagsgeschichte des Faschismus, Suhrkamp Verlag, Frankfurt a.M. 1991

Horst Burger, Warum warst du in der Hitler-Jugend? Vier Fragen an meinen Vater, Rowohlt Verlag, Reinbek 1980

Schoschana Rabinovici, Dank meiner Mutter, Alibaba Verlag, Frankfurt a.M. 1994

Judith Hemmendinger, Die Kinder von Buchenwald, Moewig Verlag, Rastatt 1987

Kurt Piehl, Latscher, Pimpfe und Gestapo, Roman eines Edelweißpiraten, Extrabuch Verlag, Ravensburg 1984

Morton Rhue, Die Welle, Ravensburger Verlag, Ravensburg 1984

Lea Rosh/Günther Schwarberg, Der letzte Tag von Oradur, Steidl Verlag, Göttingen 1994

- Swing kids, Regie: Thomas Carter, USA 1995
- Der Untertan (nach dem Roman von Heinrich Mann), Regie: Wolfgang Staudte, Deutschland 1951
- Die Blechtrommel (nach dem Roman von Günther Grass), Regie: Volker Schlöndorff, Deutschland 1978/79
- Die Weiße Rose, Regie: Michael Verhoeven, Deutschland 1982

3 Reflexionen: Hollywood macht Schule …

Schule im Film

Das Kino greift alltägliche Schuldramen gerne auf und bereitet sie hollywoodgemäß auf. In den beiden hier vorgestellten Filmen gehen Lehrerin und Lehrer neue Wege um Schule zu revolutionieren:

Frei sein für sich selbst

Der Club der toten Dichter (Dead Poets Society)

Regie: Peter Weir – Produktion: USA (Touchstone Pictures) 1989 – Länge: 129 Min. – Verleih: Warner Bros. (35 mm, synchronisiert) – FSK: ab 12 Jahren.

(Foto: Cinetext, Frankfurt)

„Hinüber wall ich und jede Pein wird einst ein Stachel der Wollust sein" (Novalis)

Peter Weirs neuer Film hat erstaunlich viel mit Novalis zu tun. Im Gegensatz zu der mythischen Verklärung, die den deutschen Romantiker im vergangen Jahrhundert umgab, hat die jüngere Novalis-Forschung in Georg Friedrich von Hardenberg mittlerweile einen Vorläufer der Moderne entdeckt. Das Lebensgefühl der Entfremdung und die verstellte Wahrnehmung, so Novalis, können nur aufgebrochen werden, wenn das Alltägliche und Gewöhnliche mit dem Geheimnisvollen und Rätselhaften konfrontiert wird. Diese Verfremdung macht die scheinbar enträtselte Welt wieder auffällig: der Blick wird freigegeben. So ähnlich könnte man auch das Kino Peter Weirs beschreiben.

Zu einem verstellten Blick gehören auch die „toten Wiederholungen" (Novalis) von Sprache und Wissenschaft, die das Verstehen so konditionieren, bis Spontanität und Fantasie vollständig gelähmt sind. In Peter Weirs Film ist es die Theorie des Versmaßes, mit der die Schüler eines amerikanischen Internats traktiert werden. Mit dieser obskuren Gebrauchsanweisung für Poesie lässt sich der inhaltliche und künstlerische Wert eines Gedichts ganzflächig auf einer x-y-Koordinate abbilden, um zum Beispiel die Überlegenheit der Shakespeare'schen Versform gegenüber einem Gedicht von Byron wissenschaftlich zu beweisen. Gelehrt wird dieser Nonsens an einer Eliteschule Ende der Fünfzigerjahre und die Schüler, die für Führungsaufgaben der Gesellschaft programmiert werden, treten noch mit Bannern in die Aula des Lehrinstituts, auf denen „Tradition", „Honor", „Discipline" und „Excellence" stehen.

In „Club der toten Dichter" wird das Fremdartige durch John Keating repräsentiert, einen Englischlehrer, der an das Internat seiner Jugend zurückkehrt und durch unkonventionelle Lehrmethoden beharrlich die fortschreitende Konditionierung seiner Schüler aufbricht. Keating führt konsequent sein Motto „carpe diem" (Nutze den Tag) in den reglementierten Schulalltag ein. Sein Vorbild ist Walt Whitman, der demokratische Vorbereiter einer amerikanischen Nationalliteratur, der in seinen Gedichten einen radikalen Bruch mit dem traditionellen Versmaß vollzog. Whitmans Plädoyer für ein Leben im Hier und Jetzt, für Individualität und Freiheit wird von Keating konsequent in die Praxis umgesetzt. Vor den endlosen Jahrgangsfotos längst vergangener Generationen erklärt er den Schülern, dass sie ohne den Mut zum „carpe diem" banales Futter für die Würmer werden. Das Herausreißen der Gebrauchsanweisungen für Lyrik aus dem Englischbuch wird zur lustvollen Befreiung vom kruden fantasietötenden Kulturvollzug. Körper und Geist werden als Ganzes erlebt: Fußballspiel und Gedichtrezitation können in John Keatings Unterricht simultan vollzogen werden.

Keatings Methoden werden Schritt für Schritt zur Umsetzung eines lyrischen und damit schließlich in der Realität spontan erlebten Lustgefühls. Zunächst zaghaft, dann aber mit zunehmendem Selbstbewusstsein, lösen sich die Schüler aus ihren programmierten Biografien. Heimlich treffen sie sich in einer Höhle und gründen dort erneut den „Club der toten Dichter", ein Rezitationstreffen, bei dem sich anarchisches Lebensgefühl in harmlosen Gesten des Widerstandes äußert. Langsam wird die Konditionierung aufgeweicht: Neil, der nicht Medizin studieren will, sondern Schauspieler werden möchte, nimmt heimlich eine Rolle in einer Amateuraufführung des „Sommernachtstraums" an. Todd, der nicht frei vor der Klasse sprechen kann, erfährt, dass er wie viele Schüchterne eigentlich viel mehr zu sagen hat als die Extrovertierten. Knox findet heraus, dass die sensible Aura des Poeten auch bei den ersten erotischen Gehversuchen zu vielversprechenden Ergebnissen führt. Charlie schließlich, der mokant-zynische Pragmatiker, verwandelt sich in einen literarischen Guru, der offen den Aufstand wagt.

Als Neil in der Rolle des Pucks die Premiere des „Sommernachtstraums" zu einem Erfolg werden lässt, kommt es zur Katastrophe. Der ehrgeizige Vater will seinen Sohn

auf die Militärakademie schicken, Neil erschießt sich noch in der gleichen Nacht. Von den Eltern und der Schulleitung moralisch erpresst, müssen die Schüler Falschaussagen über Keatings Lehrmethoden unterzeichnen. Keating wird entlassen, kehrt aber noch einmal in sein altes Klassenzimmer zurück und gemäß Whitmans Überzeugung, dass die moralische Kraft des Menschen stärker ist als die Unfreiheit, springen einige Schüler auf die Bänke, um sich solidarisch zu ihrem Lehrer zu bekennen.

(Ortwin Thal, in: Merz [= Medien und Erziehung] 3/1990, Leske, Opladen 1990, S. 164ff. [Auszug])

Mit Karate und Poesie – ein Highschool-Drama mit Michelle Pfeiffer

Dangerous Minds

Regie: John N. Smith – Produktion: USA 1995 – Länge: 95 Minuten – Verleih: Buena Vista

Der Film erinnert zu Anfang an Richard Brooks' Halbstarken-Klassiker *Die Saat der Gewalt* aus den Fünfzigerjahren. Ein Song und sein Rhythmus bestimmen das Lebensgefühl an der Highschool einst wie jetzt: Anstelle von Bill Haleys wildem „Rock around the Clock" ist Coolios brodelnder und melancholischer Rap vom „Gangsta's Paradise" getreten. Eine neue Lehrkraft muss sich im Highschool-Dschungel bewähren: Aber es ist diesmal kein hoffnungsvoller, jungverheirateter Mann wie Glenn Ford vor 40 Jahren, sondern eine junge Frau, die gerade eine gescheiterte Beziehung hinter sich hat.

LouAnne Johnson heißt diese blonde Frau, die von Michelle Pfeiffer gespielt wird. An ganz alte amerikanische Zeiten lässt die auf den ersten Blick so zeitgemäße LouAnne denken: an die Pionierzeit, als Lehrerinnen die Zivilisation in den Wilden Westen brachten. LouAnne steht in dieser Tradition: Sie hat nicht nur besondere Referenzen aufzuweisen, was ihr Unterrichtsfach Englisch betrifft, sie hat auch einmal bei den Marines gedient.

Sie nimmt also den Kampf auf an der Highschool-Front. Schon an ihrem zweiten Tag hat sie das brave Lehrerinnen-Kostüm gegen Jeans und eine schwarze Lederjacke eingetauscht. Mit allen Mitteln versucht sie, das Interesse der schwierigen Schüler aus den Gettos der kalifornischen Stadtwelt zu gewinnen. Sie bringt diesem wilden Haufen von Schülern Karate bei und verteilt Schokoladenriegel für richtige Antworten. Und sie macht die Kids mir der Poesie vertraut: zuerst mit den Songs von Bob Dylan, dann mit Gedichten von Dylan Thomas: „Hey Mr. Tambourine Man, play a song for me." Sie gewinnt die Herzen der Boys und Girls, weil sie sich für ihre persönlichen Umstände interessiert, weil sie Poesie und Leben in einen Zusammenhang setzt.

Auf einmal gibt es innerhalb der Klasse keine Fronten mehr. Die Klasse wird zu einer Einheit, zu einer Mannschaft, die sich vorbereitet auf das Leben draußen. Die ersten schweren Gegner kommen aber wieder aus eigenen Reihen: Da ist die Bitternis mancher Elternhäuser und da ist die Borniertheit der Schulleitung, die LouAnne verzweifeln lässt.

Man kann in *Dangerous Minds,* den John N. Smith routiniert und nicht ohne Flair inszeniert hat, noch einmal die amerikanischen Träume träumen vom Melting Pot der Rassen, vom Zusammenschluss der Außenseiter und Underdogs. Die weiße Lehrerin, die vom Leben enttäuscht ist, und die farbigen Kids ohne Chance geben sich gegenseitig Hoffnung. Das mag man nun als kitschig und klischeehaft und pseudoliberal interpretieren. Aber dann hat man kein Gespür für Hollywood und auch kein Feeling fürs Kino. Das Wechselspiel zwischen der wunderbaren Michelle Pfeiffer und den Schülern: Das ist ein Ballett der Blicke, Gesten und Emotionen, dem man sich nicht entziehen kann.
Smiths Film ist auch deswegen so sympathisch, weil es keinen richtigen Bösewicht gibt, der ausgestoßen werden müsste, damit die anderen ihren Weg finden. Es gibt nur Opfer, Märtyrer und Engel.

Produziert wurde *Dangerous Minds* von dem Duo Don Simpson/Jerry Bruckheimer, die im Grunde lauter amerikanische Märchen drehen wie *Flashdance* oder *Top Gun*. Sie machen süffige Filme mit Action, Emotionen und Musik. Sie versuchen Naivität zu konzipieren und die Unschuld wiederzufinden. In *Dangerous Minds* gelingt ihnen dies, vor allem auch wegen der ausgezeichneten Schauspieler-Riege. Weil sich dieses Schuldrama so betont kintopphaft gibt, übertrifft es für mich sogar Peter Weirs ambitionierten, hochnäsigen *Club der toten Dichter*, mit dem man den Film gegen Ende vergleichen kann. Und überhaupt: So eine Lehrerin wie Michelle Pfeiffer hätte ich mir auch gewünscht.

(Hans Schifferle, in: Süddeutsche Zeitung, 5.1.1996)

Zum Einsatz von Filmen im Pädagogikunterricht haben wir in Phoenix Bd. 1 einen kleinen methodischen Exkurs geschrieben, auf den wir an dieser Stelle verweisen wollen.
Anhand der Filmbesprechungen kann man Unterschiede und Gemeinsamkeiten der beiden Filme und die durch sie repräsentierten Problemlagen herausarbeiten.
Wenn Sie die Filme gesehen haben, können Sie detaillierte Aspekte herausarbeiten:

1. Welche Kritik an der Institution Schule wird geübt?
2. Welche Utopie von Schule verkörpern Mr. Keating und Mrs. Johnson?
3. Welche Erziehungsziele und Erziehungsmethoden werden in Kritik und Utopie deutlich?
4. Wie werden unterschiedliche Schülertypen charakterisiert?
5. Wie kann man jeweils das Ende der Geschichte interpretieren?

Nach dem Film „Club der toten Dichter" ist übrigens eine Buchversion entstanden: N.H. Kleinbaum, Der Club der toten Dichter, Bastei-Lübbe Taschenbuch, Bergisch-Gladbach 1990.
Hier ein Auszug (S. 60ff.):

Die Klasse lachte. Keating klappte sein Buch zu, ging an die Tafel und hob die Landkarte hoch, die darüber hing. Auf der Tafel stand ein Zitat. Keating las es der Klasse laut vor:

„Glauben und Lehre lasse ich fahren und erlaube mir, mit äußerstem Risiko zu sagen: dass nur die Natur und ihre Kraft es gestatten..."

„Wieder mal Onkel Walt", sagte er. „Aber ach, wie schwer ist es für uns, Glauben und Lehre fahren zu lassen, da wir doch von unseren Eltern, unserem Herkommen und der modernen Zeit geprägt sind. Wie sollen wir, lieber Walt, unserer wahren Natur Ausdruck geben? Wie uns von Vorurteilen, Gewohnheiten und schlechtem Einfluss befreien? Die Antwort, meine lieben Freunde, lautet: Wir müssen uns ständig bemühen, einen neuen Standpunkt zu gewinnen." Die Jungen hörten ihm gespannt zu. Da sprang Keating plötzlich auf seinen Schreibtisch. „Warum stelle ich mich hier oben hin?", fragte er.
„Damit Sie sich größer vorkommen", vermutete Charlie.
„Ich habe mich auf den Schreibtisch gestellt, um mir ins Gedächtnis zu rufen, dass wir uns ständig zwingen müssen, die Welt von einem anderen Standpunkt aus zu betrachten. Von hier oben sieht alles ganz anders aus. Falls Sie es nicht glauben, kommen Sie her, und stellen Sie sich hier oben hin! Sie alle. Einer nach dem anderen!"
Keating sprang herunter. Alle Jungen außer Todd gingen nach vorn und stellten sich, immer ein paar auf einmal, auf Keatings Schreibtisch. Indessen schlenderte Keating zwischen den Bankreihen auf und ab und sah ihnen zu.
Während sie langsam an ihre Plätze zurückkehrten, sagte er: „Wenn Sie sich Ihrer Sache ganz sicher sind, dann zwingen Sie sich, sie von einem anderen Standpunkt aus zu betrachten, selbst wenn Sie ihn für falsch oder dumm halten! Wenn Sie etwas lesen, bedenken Sie nicht nur die Meinung des Autors, sondern lassen Sie sich Zeit, auch über Ihrer eigene Meinung nachzudenken!"

Als alle wieder saßen, fuhr er fort: „Ihr müsst versuchen, eure eigene Stimme zu finden, Jungs. Je länger ihr damit wartet, umso unwahrscheinlicher wird es, dass ihr sie findet. Thoreau hat gesagt: „Die meisten Menschen führen ein Leben in stiller Verzweiflung." Warum wollt ihr euch damit abfinden? Beschreitet doch lieber neue Wege! Nun…" Keating ging zur Tür, und aller Augen folgten ihm. Er drehte sich um, fasste sie ins Auge, schaltete mehrmals das Licht an und aus und ließ dabei Geräusche ertönen, die sich wie Donnerschläge anhörten. „Außer Ihren Aufsätzen", verkündete er im Anschluss an diese geräuschvolle Demonstration, „möchte ich, dass jeder von Ihnen ein Gedicht schreibt – aus sich heraus – und es in der Klasse vorträgt. Bis Montag."

Der Film „Club der toten Dichter" kann Schülerinnen und Schüler inspirieren selbst Gedichte zu verfassen; hier Beispiele aus der Gesamtschule Dorsten-Wulfen:

Jutta Giebel

Das Leben leben

Ich möchte mein Leben leben,
möchte Sonne, Wind und Wasser spüren
möchte merken, dass all dieses mich
kann noch berühren,
ich möchte Entscheidungen nach Gefühlen treffen,
ohne alles lange zu berechnen,
möchte hinlaufen, wo es mir gefällt
brauche trotzdem einen, der mich hält
möchte mich kennen und auch andere,
möchte fühlen ohne Schranken,
möchte lieben und geliebt werden,
dankbar sein für's Leben,
für alle guten Freunde
die mich mitnahmen,
wenn ich scheute

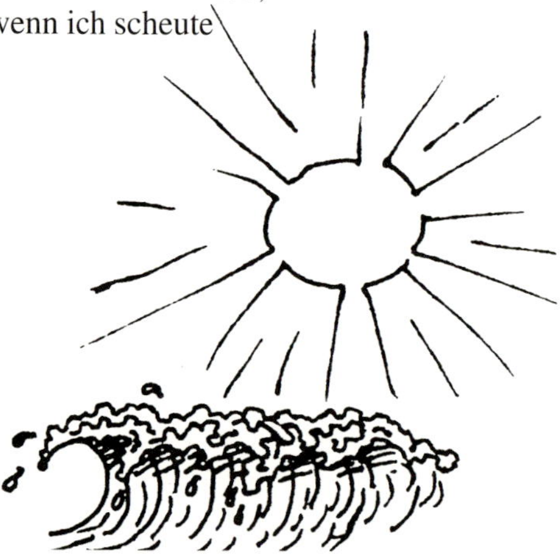

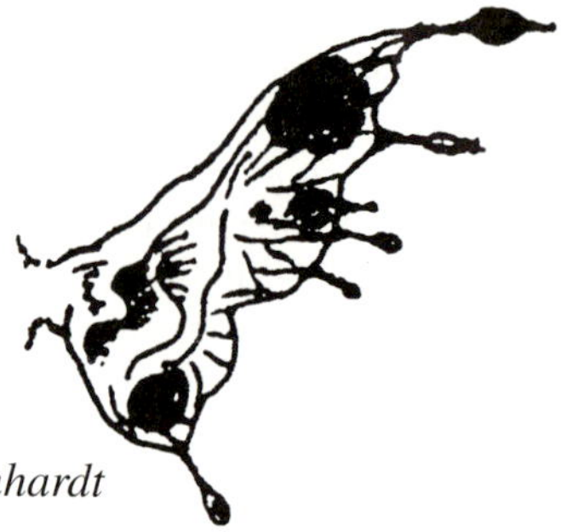

Antje Abenhardt

Das innere Ohr

Es hört auf dich selbst
auf dein Selbst was ganz tief in dir
vergraben liegt
es steht in direkter Verbindung
mit deinem Hirn
es wartet nur darauf, dass du
du selbst wirst
und
Wünsche
Träume
Ängste
ganz einfach erkennst und auslebst

Auch du hast dieses Organ
es schwimmt in deiner Seele
lass es nicht untergehen
dein inneres Ohr

Inzwischen liegt auch die literarische Vorlage zum Film „Dangerous Minds" vor.
Die Autorin widmet dieses Buch all denen, die Schule hassen:
LouAnne Johnson, Dangerous Minds/Wilde Gedanken, aus dem Englischen von Bodo Baumann, Bergisch-Gladbach (Bastei-Lübbe) 1996

RÜCK · BLICK

1. Von Albert Einstein stammt der Satz, dass jede Wissenschaft eine Verfeinerung des Alltagsdenkens darstellt.
   Trifft dies Ihrer Meinung nach auch für die Erziehungswissenschaft zu?

2. Welche Zusammenhänge sehen Sie zwischen den Begriffen:
   Erkennen, Wissen, Verstehen, Weisheit, ...?

3. Setzen Sie sich mit dem folgenden Zitat auseinander:

Die Frage, was eigentlich heute die richtige Erziehung ist, bewegt immer noch die Studierenden, aber auch die Lehrerinnen und Lehrer. Ihr liegt eigentlich das Problem zugrunde, durch welche sicheren Normen und Werte die gewünschte richtige Erziehung legitimiert und orientiert werden kann. [...] Normen sollen das Handeln orientieren, und man erwartet seitens der Studierenden von der Erziehungswissenschaft, dass sie die richtigen Werte begründet und vermittelt, sodass der Einzelne dann auch richtig handeln kann und wird. [...]
Der konstruktive Kerngedanke ist demgegenüber der, dass aus den Erfordernissen des Lernens selbst schon so viele Wertorientierungen entspringen, dass also das Lernen ein Ethos und Eigensinn hat, der eigentlich so weitgehend ist, dass die Orientierung an spezifischen gesellschaftlichen Werten und Normen nicht nötig ist. Das Entscheidende ist meiner Ansicht nach die Entwicklung einer Pädagogik, die vom menschlichen Lernen und den Grundlagen und Erfordernissen des Lernens ausgeht und von dort aus auch den Großteil der Werte begründet, die in der Erziehung zugleich vorauszusetzen und zu realisieren sind.

(Aus: Bernhard Koring, Vom Verlust der (r)einen Wahrheit, PÄD Forum August 1996, S. 388, 390)

4 Perspektiven: Wege erziehungswissenschaftlicher Erkenntnis

(Zeichnung: Zygmunt Januszewski/CCC)

1. Beschreiben Sie die Zeichnung möglichst genau.
2. Wenn man einmal annimmt, die abgebildete Person sei ein Ornithologe (Wissenschaftler, der sich mit der Welt der Vögel beschäftigt), wie lassen sich die Möglichkeiten und Grenzen dieses Wissenschaftlers beschreiben, die Welt der Vögel wissenschaftlich zu erfassen?
3. Wie stellt sich das Problem der Erfassung seines Gegenstandsbereiches für einen Erziehungswissenschaftler dar?
4. Wie sind die Aussagen dieses Großkapitels „Schule" zustande gekommen? Mit welchen Methoden sind Thesen, Daten, Werte, Ziele u.Ä. wissenschaftlich untersucht worden?

Hermeneutische Methoden

Wir gehen dabei von der Überlegung aus, dass Forschungsmethoden weniger für sich von Interesse sind denn als mehr oder weniger taugliche Hilfsmittel, Strategien und Techniken zur Beantwortung konkreter Fragen über eindeutig bestimmte Probleme. Über Methoden zu sprechen, ohne auf die Probleme zu blicken, die sie lösen sollen, könnte leicht zu dem Ergebnis führen, dass man Lösungen erhält für Probleme, die man gar nicht hat. Dementsprechend macht es auch wenig Sinn, über den Einsatz von Methoden zu reden, wenn man nicht zugleich über die Fragestellung spricht, die untersucht werden soll, und den Analysegegenstand, der Thema wird. Eine Zeit lang haben vor allem Wissenschaftstheoretiker die Hoffnung und den Glauben genährt, mit einer einzigen Gestalt von Wissenschaft und einer einzigen Methode der Forschung alle Probleme des Wissens und Handelns lösen zu können. Am Modell der so überaus erfolgreichen Naturwissenschaften schien man lernen zu können, welchen Standard Theorien, Fragestellungen und Methoden haben müssten, welche Qualität man von den Operationen erwarten darf, in denen Wirklichkeit repräsentiert wird, und dass erst präzise Messungen, möglichst mit Ergebnissen, die sich in Zahlen ausdrücken lassen, die eigenen Annahmen prüfbar machen. Zu den Hoffnungen zählte auch, dass es nur ein Schema der Erklärung gibt, mit dem alle wissenschaftlichen Fragen in allen Disziplinen beantwortet werden können. Die anderen Wissenschaften, vornehmlich solche, die für eigene Probleme und Methoden, z.B. für das „Verstehen" plädierten, schienen hoffnungslos veraltet, eher Aberglaube als Wissen darzustellen.

Heute sind diese hohen Ansprüche der einheitswissenschaftlichen Programme selbst historisch geworden. Es gibt nicht nur eine Ernüchterung über die überspannten Erwartungen, sondern auch – angesichts der Praxis der Wissenschaften – genauere Einsichten in die Gemeinsamkeiten und Unterschiede zwischen den Wissenschaften, und sie sind anders verteilt, als man früher gedacht hatte: Zu den Gemeinsamkeiten zählt u.a., dass jede Wissenschaft theoretisch strukturiert ist, das Thema ihrer Erkenntnis und die Verfahren seiner Bearbeitung konstruktiv entwirft, mit passenden Methoden der Repräsentation von Wirklichkeit und der Prüfung von Behauptungen arbeitet, eingebettet in die logische Struktur einer Argumentation. Aber dieses gemeinsame Gefüge von Merkmalen erzeugt zugleich die Unterschiede: die Vielfalt präzise gegeneinander abgegrenzter Themen, die offene Menge an Methoden, mit denen die Wirklichkeit oder die theoretischen Probleme erzeugt und dokumentiert werden, die Fülle an Verfahren, mit denen Realität „gemessen" und Befunde dargestellt und geprüft werden können. Mit anderen Worten: Das, was ich jeweils beobachte, hängt davon ab, was ich überhaupt wissen möchte, mithilfe welcher Methode ich hinsehe und welches Material (z.B. Fragebögen, Interviews, Dokumente) ich analysiere. Wer etwas über die Rituale jugendlicher Gangs erfahren möchte, ist schlecht beraten, wenn er mit einem ausgefeilten Fragebogen anrückt. Besser wäre es, teilnehmend zu beobachten. Und umgekehrt ist es wenig ergiebig, Jugendliche tagelang zu beobachten, wenn man etwas über ihre politischen Einstellungen erfahren möchte; hier könnten Fragebögen oder Interviews erfolgversprechender sein.

(Heinz-Elmar Tenorth/Christian Lüders, Hermeneutische Methoden, in: Dieter Lenzen [Hrsg.], Erziehungswissenschaft. Ein Grundkurs, Rowohlt, Reinbek 1994, S. 520ff. [Auszüge])

1. Vergleichen Sie die Ausführungen der Autoren mit Ihren Überlegungen zum methodischen Zustandekommen der Aussagen im Schulkapitel.
2. Was meinen die Autoren mit der Aussage, dass „...jede Wissenschaft theoretisch strukturiert ist..."? Sehen Sie einen Zusammenhang mit der Karikatur?

Hermeneutik – Verstehen als Methode

Im Unterschied zum Erklären in den Naturwissenschaften bezieht sich Verstehen auf die *Bedeutung* von menschlichen Lebensäußerungen: von geschriebenen Texten, Filmen, Bildern, aber auch Musik, – kurz von „Zeichen". Die Fallgesetze erklären das Fallen eines Steines; die mangelhafte Konzentration eines Schülers bei einem Mathe-Test im vierten Schuljahr hat natürlich auch ihre Gründe, – aber diese muss ich zu *verstehen* suchen. Das Verhalten des Kindes ist z. B. nicht einfach mit „Gleichgültigkeit" erklärt, sondern es bedeutet etwas: z. B. Angst vor Strafe bei Versagen oder Ausdruck einer Beziehungsstörung zur Lehrerin. *„Verstehen* ist das Erkennen von etwas *als* etwas (Menschliches) und gleichzeitig das Erfassen seiner *Bedeutung"* (Danner 1979, 34).

Dilthey hat eine zentrale Definition von „Verstehen" gegeben, die die wesentlichen Momente des Verstehens benennt: „Wir nennen den Vorgang, in welchem wir aus Zeichen, die von außen sinnlich gegeben sind, ein Inneres erkennen, Verstehen" (Dilthey 1958, Bd.V, 318). Verstehen meint allerdings nicht lediglich das psychologische Sich-Einfühlen, sondern vorrangig das Sinn-Verstehen.

Die Bedeutung erfassen können wir nur, weil wir durch „eine Sphäre von Gemeinsamkeit" (ebd.) verbunden sind: unsere Sprache, Kultur, Sinndeutungen etc.

3.2.2 Der hermeneutische Zirkel

Niemand geht „voraussetzungslos" an das Verstehen eines Textes oder einer Szene heran, jeder bringt immer schon ein Vorverständnis mit ein.

Eine Forscherin, die die Sozialisation von Mädchen in der Schule untersucht, war ja selbst einmal ein Mädchen und hat entsprechende Erfahrungen gemacht; diese können das Verstehen der Mädchen in der heutigen Schule erleichtern oder behindern, auf jeden Fall aber hat sie ein Vorverständnis der Situation, die sie erforscht.

Indem wir von diesem Vorverständnis her einen Text (oder eine Szene) nachvollziehen, erweitert sich unsere (Er-)Kenntnis, mit dieser gehen wir an einen andern Text heran (oder an denselben), wir bewegen uns im Grunde in einer Art Kreis oder Spirale: dem *hermeneutischen Zirkel.* „Als hermeneutischer Zirkel wird die Gebundenheit jedes Verstehens von Ganzheiten und ihrer Teile an Voraussetzungen verstanden, von denen jedes Verstehen seinen Ausgang nimmt und wieder zu ihm zurückkehrt. Man muss immer schon in der Sprache leben und die anderen Menschen verstehen, bevor man über die Sprache nachdenkt" (Tschamler 1978, 32).

In unserem Beispiel eines unkonzentrierten Schülers bei einem Test in Mathematik gehen wir von einem Vor-Verständnis der Situation aus: Wir wissen, was ein Test ist und wie sehr jeder dabei auf sich allein gestellt ist, kennen die Wichtigkeit des letzten Halbjahres im vierten Grundschuljahr, haben eine Vorstellung von weiterführenden Schulen usw. – Und die wahrgenommenen Zeichen (unruhiges Wippen auf dem Stuhl, Kauen auf

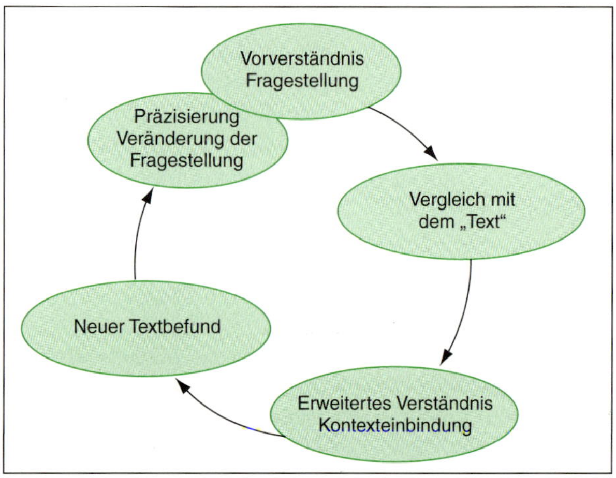

Hermeneutischer Zirkel

dem Bleistift, Herumgucken in der Klasse, Wackeln mit dem Kopf) interpretieren wir von diesem Verständnis der Gesamtsituation her nicht etwa als fröhlichen Bewegungsdrang, sondern als Konzentrationsschwäche: Wir geben ihnen eine Bedeutung. Dabei verstehen wir das Einzelne (z.B. die einzelnen Bewegungen, die Mimik) aus dem Ganzen (Konzentrationsproblem in einer Prüfungssituation) und das Ganze (eben diese Szene) aus den Einzelheiten (abgelenkte Einzeltätigkeiten).

Das eine vom andern her zu verstehen, sei es den Text vom Vorverständnis her oder die Einzelheit aus dem Ganzen oder das Ganze von den Einzelelementen her, – das meint die Figur des „hermeneutischen Zirkels". Es ergibt sich als Konsequenz: Hermeneutisches Verstehen ist nie abgeschlossen, denn das „Verstehen als Ziel hermeneutischer Bemühung hat nicht Produkt-, sondern Prozesscharakter" (Roth 1991, 38).
Manche Wissenschaftler haben deshalb vorgeschlagen, von einer hermeneutischen „Spirale" zu sprechen, aber die Bezeichnung „Zirkel" hat sich nun einmal eingebürgert… Lassen wir es also dabei.

Regeln der Auslegung

Natürlich hat die Hermeneutik – denkt man allein an die Jahrhunderte alte philologische Wissenschaft – eine Fülle von z.T. akribischen Regeln hervorgebracht. Wolfgang Klafki (1971, 134ff.) hat in einem klassischen Beispiel der Interpretation eines Humboldt-Textes elf solcher Regeln verstehender Textauslegung erarbeitet:

1. Welches Vorverständnis des Textes oder des Autors hat der Interpret? (Ist Humboldt erzreaktionärer Preuße oder der geistige Vater des von mir besuchten liberalen humanistischen Gymnasiums…?)
2. Diese vorgängige Fragestellung bzw. das Vorverständnis müssen am Text selbst immer wieder überprüft und ggf. geändert werden.
3. Welche Befunde ergeben sich aus der Quellen- bzw. Textkritik? (Handelt es sich z.B. um eine überarbeitete Fassung im Spätwerk eines Autors oder gar um ein Fragment aus dem von einem Schüler überarbeiteten Nachlass?)
4. Was bedeuten eigentlich genau die verwendeten Begriffe, die Wörter, die Form des Textes? (Für Humboldt bedeutet z.B. „Klasse von Menschen" etwas ganz anderes als bei unserem durch Marx geprägten Begriffsgebrauch; semantischer Aspekt!)
5. Welches ist die Entstehungssituation des Textes: Handelt es sich z.B. um eine polemische Streitschrift (dann müsste ich etwas über die Gegner wissen) oder um eine nüchterne wissenschaftliche Abhandlung?
6. Welche weiteren Quellen sind zum Verständnis nötig? Die Heranziehung ergänzender Quellen (z.B. sozialhistorischer Befunde) ist oft nötig, um nicht bei einer rein textimmanenten Interpretation stehen zu bleiben.
7. In welchem Kontext stehen einzelne Aussagen? Bedeutet ein Wort wie „aber" z.B. eine Gegenargumentation?
8. Wie ist die gedankliche Gliederung des Textes, welches sind Haupt-, welches (nur) Nebengedanken? Welches sind die Begründungen, was sind Beispiele, Exkurse etc.?
9. Der Interpret muss die Herleitungen, die gedanklichen Schlussfolgerungen etc. des Autors kritisch überprüfen: Ist das Ganze logisch stringent, wo sind Brüche oder Inkonsequenzen?
10. Was gibt die Anwendung des hermeneutischen Zirkels her, wo lassen sich Einzelelemente aus größeren Zusammenhängen und umgekehrt erklären?
11. Wie stellt sich der Zusammenhang zwischen gesellschaftlicher Lage und Bewusstsein dar, – wie steht's mit der Ideologiekritik? Was sagt die Aufnahme oder Ablehnung eines

Textes durch bestimmte Gruppen über seinen Charakter? Warum lehnt wer den Text ab oder stimmt ihm zu, aus welchem (verborgenen) Interesse?

Nach neueren Arbeiten zum Verstehen als Methode (Lenzen 1984, Uhle 1989, Hitzler/Hohner 1997) bezieht sich Verstehen nicht nur auf Texte, sondern auch auf Dinge, Personen, Handlungen, Werke etc. An einem kleinen Beispiel (in einem Eltern-Kind-Gespräch geht es um Süßigkeiten) entwickelt Uhle (in: Lenzen 1984, 486ff.) folgende sieben Schritte zum Verstehen:

1. Texterstellung (Was fällt z. B. bei der Übersetzung mündlicher Rede in schriftsprachliche Form weg, etwa der drohende Unterton des Vaters, wenn er auf die Schädlichkeit von Süßigkeiten hinweist?)
2. Kontextbeschreibung (Wie ist die Stimmung der Situation: vor dem drängenden Zu-Bett-Gehen oder entspannt am Sonntagnachmittag beim gemütlichen Plausch?)
3. Explikation der Deutungsfragestellung (Was will ich eigentlich wissen, woraufhin untersuchen ich oder andere die Gesprächssequenz? Geht es mir um die Schädlichkeit von Süßigkeiten für Kinder oder um die Beziehungsaspekte eines Vaters zu seiner Tochter?)
4. Vergewisserung der Deutungsgemeinsamkeit (Meinen die Beteiligten in ihren Äußerungen dasselbe, was ist der Sinn der zu verstehenden Gegebenheiten, sprechen sie dieselbe Sprache, verfügen sie über dieselben Situationsdeutungen etc.?)
5. Verwendung des hermeneutischen Zirkels (Wie kann man das Einzelne aus dem Gesamten verstehen und umgekehrt?)
6. Idiographisches Vorgehen (Ist dieser Vater ein Sonderling oder gar ein Spinner oder sagt sein Verhalten und das der Tochter etwas über typische Kommunikationsstrukturen in Kleinfamilien?)
7. Hermeneutische Kritik (Kann das Gegebene „entlarvt“ werden als Resultat determinierender Bedingungen und Einflüsse, seien es biologische, psychische oder soziologische, kann man von daher die Szene aus Zwängen heraus „besser“ verstehen als aus dem unmittelbaren Verstehen dessen, was direkt gemeint ist...?)

Wer jemals ein pädagogisches Dokument unter solchen und ähnlichen Fragestellungen interpretiert hat, bekommt eine Vorstellung von der Fruchtbarkeit des „Verstehens“. Ich kann daher dem Fazit Roths (1991, 38) nur zustimmen: „Historisch-hermeneutische Analysen gehören in vielen Wissenschaften zum konstitutiven Repertoire; sie sind für die Erziehungswissenschaft unverzichtbar.“

3.2.4 Zur Kritik am Verstehen als Methode

Zentrale Vorwürfe lauten:

- Das Verstehen sei spekulativ, subjektiv, unexakt, willkürlich, empirisch nicht nachprüfbar. Trotz gewisser Regeln seien völlig unterschiedliche Deutungen möglich. Verstehen sei eine Methode der Intuition (wie man es Dilthey vorgeworfen hat).
- Grundsätzlich ist das Verstehen auf etwas Vorgegebenes angewiesen, das ausgelegt werden soll. Daraus hat man der Hermeneutik den Vorwurf gemacht, sie könne von sich aus nicht *produktiv* werden, sondern sei traditionalistisch bis konservativ, denn sie setze Tradition immer schon als gegeben (und sinnvoll) voraus.
- Angesichts der Komplexität moderner Gesellschaften und angesichts der Notwendigkeit, den Makrobereich von Erziehung und Bildung zu analysieren und zu planen (Schulentwicklung, Bildungsplanung), gerät die Hermeneutik vollends an ihre Grenzen, weil sie schlechterdings keine quantitativen Instrumente dafür bereitstellen kann. Dazu bedarf es weiterer Methoden.

(Herbert Gudjons, Pädagogisches Grundwissen, Klinkhardt Verlag, Bad Heilbrunn 1999, S. 59–62)

1. Wenden Sie die Vorgehensweise des hermeneutischen Zirkels und der Regeln für die Auslegung arbeitsteilig auf Textquellen aus diesem Buch an.
2. Wenden Sie die sieben Schritte des Verstehens auf ein Beipiel aus diesem Buch an.
3. Welche der vom Autor angeführten Kritikpunkte teilen Sie, welche nicht?

Empirische Methoden

Sie haben in der Einführung in den Bereich Entwicklungspsychologie und im Kapitel Klassische Lerntheorien bereits detaillierte Informationen über empirische Methoden erhalten. Daher wollen wir hier nur noch vertiefende Informationen und den Aspekt der kritischen Betrachtung empirischer Methoden anführen.

Worum geht es bei empirischen Methoden?

„Die Prüfung von Hypothesen an der Realität ist das charakteristische Merkmal empirischer Forschung …, um Zusammenhänge, Bedingungen, Wechselwirkungen, Abhängigkeiten von Variablen im Bereich von Erziehung und Unterricht konkret *erklären* zu können.“ (Roth 1991, 45) Forschungsleitende Hypothesen müssen, um empirisch überprüft werden zu können, *operational definiert* sein, d.h., die zu untersuchenden Merkmale bzw. Merkmalsausprägungen müssen erhebbar und quantifizierbar sein. (Man hat daher auch von quantitativen Methoden gesprochen.) Der Begriff „Schulerfolg“ z. B. könnte operational definiert werden als das, was sich in Zensuren, Zeugnisnoten, Schulabschluss ausdrückt; diese sind erhebbar, man kann sie messen und Zusammenhänge statistisch auswerten.
Generell ist bei den empirischen Forschungsmethoden zu unterscheiden zwischen Verfahren des Forschungsarrangements (also der Anlage eines Gesamtdesigns, z.B. der Planung einer Längsschnittuntersuchung über mehrere Jahre oder Planung eines Experimentes), Verfahren der Datenerhebung (z.B. Beobachtung, Befragung, Test) und Verfahren der Datenanalyse (z.B. Statistik).

Das Forschungsarrangement

Die Planung eines empirischen Forschungsvorhabens weist (trotz einer Fülle unterschiedlicher Möglichkeiten für ein „Design“) ein gewisses formales Grundmuster auf (Merkens 1989, 618):

1. Formulierung einer Fragestellung; theoriebezogene Entwicklung von Hypothesen und deren forschungsbezogene Operationalisierung;
2. Auswahl/Kombination von Methoden (Beobachtung, Befragung, Test), Sammeln von Daten (bei repräsentativen Untersuchungen auch die sorgfältige Zusammenstellung einer Stichprobe aus der Grundgesamtheit);
3. die Aufbereitung dieser Daten (in der Regel mit Hilfe statistischer Verfahren);
4. Interpretation und Herausarbeiten des Kerns der Aussage, die als Resultat Annahmen bestätigt oder widerlegt.

[…]

Zur Kritik empirischer Methoden

Der berühmte Soziologe Karl Mannheim (1893–1947) soll darauf aufmerksam gemacht haben, dass man die Genauigkeit eines Forschungsergebnisses nicht mit seiner wirklichen Bedeutung verwechseln dürfe. Jede Standardisierung des Umfeldes, die um der Exaktheit und Kontrollierbarkeit willen nötig ist, führt nämlich unweigerlich zu einer Reduktion der Erkenntnismöglichkeiten (Reduktionismusvorwurf). Wie wir bereits bei

der Kritisch-rationalen Erziehungswissenschaft sahen, gehen Einwände vor allem dahin, dass eine Fragestellung aus ihrem Kontext zu stark isoliert wird, dass das Subjekt „vergleichgültigt“ wird und dass aus dem Durchschnitt kaum gültige Aussagen über den Einzelfall zu machen sind.

„Deshalb muss der häufig naiv vorausgesetzte Glaube, mittels der empirischen Forschung werde Wirklichkeit in der Weise angemessen in Aussagen transformiert, dass die Aussagen die Wirklichkeit wiedergäben, als obsolet erscheinen, denn offensichtlich findet im Prozess des Forschens eine Idealisierung der Praxis auf einen fiktiven Durchschnitt oder eine für richtig angenommene Sichtweise statt (vgl. Habermas 1971). Das, was zur Aussage über die Praxis erklärt wird, entpuppt sich bei genauerem Hinsehen als deren Rekonstruktion auf der Aussagenebene.“ (Lenzen 1989, Bd. 1, 619)

(Herbert Gudjons, Pädagogisches Grundwissen, Klinkhardt, Bad Heilbrunn 1999, S. 63, 67)

1. Suchen Sie arbeitsteilig Beispiele für empirische Vorgehensweisen und empirische Ergebnisse aus dem Buch und wenden Sie die von Merkens beschriebene Abfolge von Untersuchungsschritten darauf an.
2. Listen Sie die unterschiedlichen empirischen Methoden mit ihren jeweiligen Vorzügen und Schwächen auf.
3. Welche der vom Autor angeführten bzw. zitierten Kritikpunkte teilen Sie, welche nicht?

Qualitative Forschungsmethoden

Grenzen der strengen Empirie

„Empirisch-pädagogische Forschung am Ausgang ihrer ‚realistischen Phase‘“, so überschreiben die Herausgeber des Bandes 2 „Methoden der Erziehungs- und Bildungsforschung“ der Enzyklopädie Erziehungswissenschaft (1984) ihr Vorwort. Sie wollen damit ausdrücken, dass die von H. Roth 1962 eingeläutete „realistische Wendung“ der Erziehungswissenschaft sich heute ihrem Ende nähert. „Eine Erosion ursprünglich für sicher gehaltener ‚harter‘ Sozialforschung hat stattgefunden und die Probleme intersubjektiver Überprüfbarkeit und begründeter Relevanz komplizierter gemacht.“ (Ebd., 17) Die strenge Empirie erwies sich als „Zwangsjacke“ (ebd.), denn die quantitative Datenauswertung zeigte sich eher als Hemmnis für einen differenzierten Einblick in die Erziehungswirklichkeit, die stark von Wechselwirkungen, Interaktionen und vor allem Widersprüchen bestimmt wird.

Die Folge – ein „Zurückdrängen der klassisch-quantitativen Verfahren durch qualitative, im weiteren Sinn hermeneutisch-interpretative Verfahren“ (Köckeis-Stangl, zit. n. Lenzen 1984, 179). Alternative Forschungsmuster, die teilweise die bisher dargestellten Methoden verbinden, teilweise quer zu ihnen liegen und mit ganz andern Begriffen und Paradigmen arbeiten, haben Kontur gewonnen. [...]

Handlungsforschung

Dieser Umbruch kündigte sich bereits in den 70er-Jahren an, als unter dem Begriff Handlungsforschung a) das Ziel und der Verwertungszusammenhang von Forschung und b) die Rolle des Forschers neu definiert wurden. Handlungs- (oder auch Aktions-)forschung will *als Forschung* (und nicht erst nach vollzogenem Forschungsprozess) in die Praxis verändernd eingreifen (Haag u.a. 1972, neuerdings unter dem Begriff „Praxisforschung“, Moser 1995). Sie versteht sich als gesellschaftskritisch und dem Ziel der individuellen wie kollektiven Emanzipation sowie der Demokratisierung der Gesellschaft verpflichtet.

Das bedeutet vor allem eine veränderte Beziehung zwischen Forschern und Praktikern: Beide sind – idealtypisch gesehen – gleichberechtigt, während des Forschungsprozesses besteht kein Subjekt-Objekt-Verhältnis (zwischen Forschendem und „Erforschtem"), sondern eine Subjekt-Subjekt-Beziehung. Damit soll Forschung für beide zur Selbstaufklärung, Selbstkontrolle und Selbststeuerung dienen. Der Forscher ist also mitsamt seinen Methoden auf völlig andere Weise engagiert und in das Praxisfeld involviert.
Diese Grundtendenzen, nämlich Datengewinnung mit pädagogischer Intervention zu verbinden und sich als Mitakteur selbst einzubeziehen, haben sich in den folgenden Jahren bis in die Gegenwart hinein verstärkt.

Qualitative Methoden

Sie zielen darauf, „*Lebenswelten* und soziales Handeln im *Alltag* der verschiedensten Bereiche von Erziehung und Bildung zu untersuchen." (Roth 1991, 54) Es gibt eine Reihe von synonym gebrauchten Begriffen wie interpretative Forschung, pädagogische Aktionsforschung oder kommunikative Bildungsforschung. Der Begriff *qualitativ* meint zum einen eine Wiederanknüpfung an hermeneutisches Verstehen und Sinnauslegung, zum andern aber eine stärkere Berücksichtigung der strengeren Maßstäbe der empirischen Methoden auf intersubjektive Nachvollziehbarkeit, Prüfbarkeit und qualitatives Niveau der Aussagen. (Flick u.a. 1991, 1995; Bilanz bei König/Zedler 1995) (Ein typischer Beleg dafür ist Oevermanns Bezeichnung „Objektive Hermeneutik" für sein Verfahren der Interpretation von „Protokollen" = Texten, Videoaufzeichnungen u.a.m.).
Nach Hopf/Weingarten (1984) sind vor allem diese typisch qualitativen Vorgehensweisen zu unterscheiden:

- *Unstrukturierte oder wenig strukturierte Beobachtung,* die mit einer *Teilnahme des Forschers* verbunden ist (so wie der Ethnologe für eine Zeit bei einem Naturvolk lebt).
- *Qualitative Interviews,* insbesondere das „Narrative (= erzählende) Interview", bei dem in einer ersten Phase der Erzähler unter biografischer Perspektive frei und unstrukturiert spricht und erst in einer zweiten Phase auf Rückfragen des Interviewers eingeht, um schließlich in einer dritten Phase die vom Interviewer herausgearbeiteten Deutungsmuster gemeinsam zu reinterpretieren (kommunikative Validierung).
- *Analyse von (z. B. biografischen) Dokumenten aller Art* entsprechend dem interpretativen Ansatz des Alltagshandelns, um die Sicht des Betroffenen (gleichsam sein Skript oder Drehbuch zur Bewältigung von Handlungszusammenhängen) zu rekonstruieren: Tagebücher, Fotografien, (Auto)Biografien, Briefe, Familienrituale, u.a.m., aber auch von zeitgenössischen Berichten, Protokollen etc. […]
- Weiterhin wäre die *Lebensweltanalyse* zu nennen (Schütz, Berger/Luckmann), das Herausarbeiten von Interaktionsmustern (Wie sind die Koalitionen in einer Familie?), von Statuspassagen (Wie wird ein biografischer Einschnitt erlebt?), von Skripten (Nach welchen Handlungsmustern „funktionieren" die Eltern in der Familie?), von Legitimations- und Deutungsmustern (Wann bin ich ein gutes Kind, ein erfolgreicher Schüler? Oder die Selbstdeutung eines „verwahrlosten" Mädchens als „Ich bin jemand, der nicht weiß, was eine Beziehung ist." – Kieper 1980, 127).
- Schließlich auch das *psychoanalytisch ausgerichtete Tiefenwissen,* wie es z.B. H. Brück in seinen Studien über die Lehrerangst (1978) verwendet hat.

(Herbert Gudjons, Pädagogisches Grundwissen, Klinkhardt, Bad Heilbrunn 1999, S. 68–70)

1. Suchen Sie arbeitsteilig Beispiele für den Einsatz qualitativer Methoden aus dem Buch.
2. Welche methodischen Probleme sind mit diesen Methoden verbunden?

Fundamente der Grenzerkenntnis, oder: Utopie, Realität und Wissenschaft (unernste Fassung)
(Zeichnung: Werner Neumann; in: Rainer Dollase, Grenzen der Erziehung: Anregungen zum wirklich Machbaren in der Erziehung, Schwann, Düsseldorf 1984, S. 58)

Dies ist, wie der Autor schreibt, die „unernste Fassung“ seines Anliegens, auf die Grenzen von Erziehung und erziehungswissenschaftlicher Erkenntnis hinzuweisen. Sie können in diesem Bild spazieren gehen. Vielleicht entdecken Sie das ein oder andere Problem, mit dem Sie sich beschäftigt haben, wieder. Überlegen Sie dann, ob ein ernster Kern in der unernsten Form steckt.

Themenkreis 3.2

Wie bin ich geworden, wie ich bin? Welche Vorstellungen vom Menschen haben die von 11/1 bis 13/2 behandelten pädgogischen, psychologischen und soziologischen Ansätze und wie können sie mir bei der Reflexion und Gestaltung meiner Biografie helfen?

Inhaltsverzeichnis

1 Einführung: Wege zum ‚großen Ich'

(Zeichnung: Zygmunt Januszewski/CCC)

Der Zeichner Zygmunt Januszewski gibt seiner Karikatur den Untertitel ‚Institut für die Wissenschaft vom Menschen, Gesellschaft für die Beantwortung schwieriger Fragen.'
Welches Problem bringt er damit auf den Punkt?
Ist es auch ein Problem der Pädagogik?

Der eigene Weg (zum ‚großen Ich‘)

Einleitende Überlegungen

Ich bin nicht Stiller! – Tag für Tag, seit meiner Einlieferung in dieses Gefängnis, das noch zu beschreiben sein wird, sage ich es, schwöre ich es und fordere Whisky, ansonst ich jede weitere Aussage verweigere. Denn ohne Whisky, ich hab's ja erfahren, bin ich nicht mehr ich selbst, sondern neige dazu, allen möglichen guten Einflüssen zu erliegen und eine Rolle zu spielen, die ihnen so passen möchte, aber nichts mit mir zu tun hat, und da es jetzt in meiner unsinnigen Lage (sie halten mich für einen verschollenen Bürger ihres Städtchens!) einzig und allein darum geht, mich nicht beschwatzen zu lassen und auf der Hut zu sein gegenüber allen ihren freundlichen Versuchen, mich in eine fremde Haut zu stecken, unbestechlich zu sein bis zur Grobheit, ich sage: da es jetzt einzig und allein darum geht, niemand anders zu sein als der Mensch, der ich in Wahrheit leider bin, so werde ich nicht aufhören, nach Whisky zu schreien, sooft sich jemand meiner Zelle nähert. Übrigens habe ich bereits vor Tagen melden lassen, es brauche nicht die allererste Marke zu sein, immerhin eine trinkbare, ansonst ich eben nüchtern bleibe, und dann können sie mich verhören, wie sie wollen, es wird nichts dabei herauskommen, zumindest nichts Wahres. Vergeblich! Heute bringen sie mir dieses Heft voller leerer Blätter: Ich soll mein Leben niederschreiben! wohl um zu beweisen, daß ich eines habe, ein anderes als das Leben ihres verschollenen Herrn Stiller.
„Sie schreiben einfach die Wahrheit“, sagt mein amtlicher Verteidiger, „nichts als die schlichte und pure Wahrheit. Tinte können Sie jederzeit nachfüllen lassen!“

(Max Frisch, Stiller, Suhrkamp Verlag, Frankfurt a.M. 1973, S. 9; aus rechtlichen Gründen ist dieser Text nicht in reformierter Rechtschreibung gesetzt)

Sind Sie sie selbst oder ein ‚Verschollener‘, der erst zu sich selbst finden muss?
Ist man überhaupt in der Lage, sich selbst als (bewusstes) Ich wahrzunehmen?
Ist die Erkenntnis des eigenen Werdegangs eine Garantie, sich selbst zu erkennen?

Die nachfolgenden Übungen sind eine Entdeckungsreise.
Ob Sie sich dadurch besser verstehen, eine genauere Lebensperspektive gewinnen können? Beantworten Sie sich diese Fragen selbst, indem Sie sich anschließend mit Ihren Mitschülerinnen und Mitschülern dazu austauschen.
Wir bieten Ihnen mehrere Übungen an, die Sie alternativ oder auch kombiniert durchführen können.
Klären Sie bitte vorher genau, wer an den Übungen teilnehmen möchte und wie Sie sich anschließend über die Ergebnisse austauschen wollen.
Auch sollten Sie genau die Rolle des Kurslehrers/der Kurslehrerin festlegen: Macht er/sie mit, steht er/sie als Gesprächspartner/Gesprächspartnerin zur Verfügung, ... ?

Übungen

Imaginationsübung/Fantasiereise: „Bühne des Lebens“

Vorbereitung: entspannte Sitzhaltung, Schreibzeug unter dem Stuhl; mit offenen Augen – Punkt im Raum fixieren; mit geschlossenen Augen

Durchführung: Stell dir vor: Du gehst ins Theater. Du hast dich bereits entsprechend gekleidet und freust dich auf den Abend. Es ist ein schönes großes Jugendstiltheater und du bist im Foyer und bewunderst die schönen Räumlichkeiten.
Langsam gehst du in den Zuschauerraum. Du zählst die Stufen bis hinab zu deiner Stuhlreihe: 1, 2, 3, 4, 5, 6, 7, 8, 9, 10. Dein Platz ist ein schöner, bequemer Armleh-

nensessel und du versinkst in dem bequemen Polster. Deine Arme ruhen ganz entspannt auf den Lehnen... Der Zuschauerraum ist halb dunkel, Licht fällt auf den großen roten Bühnenvorhang...
Nach einem Gong öffnet sich langsam der schwere rote Vorhang und das erste Bühnenbild taucht auf. Es kommt dir alles sehr bekannt vor: die Möbel, die Menschen... In der Mitte der Bühne siehst du dich... im Kleinkindalter. Sieh dir genau an, wie es auf der Bühne aussieht: die Personen, was sagen sie, ... was machst du..., welche Stimmung herrscht?... Langsam senkt sich der Vorhang. In der kleinen Pause hast du die Bilder noch vor Augen... Nach einer Weile öffnet sich der Vorhang wieder... Du bist wieder im Mittelpunkt des Geschehens... nun bist du 14 Jahre alt... wie hat sich die Umgebung verändert... wie siehst du aus... was machst du gerade... was sagen die Menschen um dich herum?... Der Vorhang senkt sich wieder... Nach einer Pause öffnet er sich wieder... nun bist du in der Gegenwart... wie hat sich deine Umgebung verändert...wie hast du dich verändert... was machst du da auf der Bühne... wer ist bei dir... was sagen sie zu dir?... und während du noch schaust, schließt sich der rote Samtvorhang wieder... Als er sich wieder hebt, siehst du dich in 5 Jahren... wie siehst du aus... wer ist mit auf der Bühne... was machst du?... und während du noch auf deine Zukunft schaust, senkt sich der Vorhang... das Publikum applaudiert... Alles hast du dir aus der Distanz angeschaut... es war nur ein Theaterstück, dein Theaterstück; das Licht im Zuschauerraum geht wieder an und langsam erhebst du dich aus dem bequemen Sessel... beim Hochgehen zählst du wieder die Stufen... 1, 2, 3 ... und nach einem tiefen Durchatmen öffnest du die Augen und kehrst langsam wieder in den Kursraum zurück.

Nachbereitung: Solange die inneren Bilder noch frisch sind, alles stichpunktartig notieren. Gibt es einen roten Faden, der die einzelnen Bühnenbilder verbindet?

Austausch zu Zweit: Was will ich dem Partner mitteilen? Gemeinsamkeiten/Unterschiede? Versuch den anderen zu verstehen.

Austausch zu Viert: Welche allgemeinen Fragen, Thesen, Impulse wollen wir im Plenum diskutieren? Welche Faktoren haben unseren Lebensweg beeinflusst?

Mein Mobile

Mir brummte der Schädel. „Die ganze Nacht kaum ein Auge zugemacht", stöhnte ich und stieß das Kopfkissen aus dem Bett. Es tat einen dumpfen Schlag. Das kam von dem Stein, der darin lag.
Es war nicht irgendein gewöhnlicher Stein, nein, das war mein Problem-Stein.
Und der entstand immer so:
Abends vor dem Schlafengehen nahm ich mein Tages-Problem fest in beide Hände, spuckte dreimal darauf, zerrieb alles zu einem Brei, formte einen Kloß daraus, der im Nu hart wurde wie ein Stein. Den versteckte ich dann in meinem Kopfkissen, um einmal darüber zu schlafen.
Manchmal war mein Problem-Stein am nächsten Morgen tatsächlich verschwunden, hatte sich einfach aufgelöst. Aber meistens drückte er mich so sehr, dass ich nicht richtig einschlafen konnte. Ich wälzte mich im Bett hin und her und stieß mir dauernd den Kopf an diesem harten Brocken.
Eine solche Nacht hatte ich wieder einmal hinter mir. Ich saß auf der Bettkante und schwor mir wieder mal: „Das muss aufhören mit dem verrückten Stein. Von jetzt an werde ich das Problem an dem Tag anpacken, an dem es mich bedrängt."
Ich knipste das Licht an und schimpfte weiter: „Die Idee mit dem Überschlafen ist wohl überholt. Einen Knoten löse ich ja auch nicht dadurch, dass ich ihn einfach liegen lasse."

Da krächzte jemand: „Stimmt, mein Lieber. Aber sieh mich an – was glaubst du wohl, wie ich aussähe, wenn jeder wild entschlossen an mir herumzerren würde?“

Die Stimme kam anscheinend aus dem Mobile, das an der Lampe baumelte. Jetzt, als ich die Fäden sah, die sich zu einem Knäuel verheddert hatten, erkannte ich auch mittendrin den Knotenpunkt, der entrüstet weiter zeterte: „Mit Schrecken denke ich an das Schicksal meines gordischen Ur-Ahnen. Und wenn es schon sein muss, dann lass dir gesagt sein: Einen Knoten kann man vielleicht kurz entschlossen durchhauen – Probleme aber lassen sich so nicht lösen.“

Ich stieß mit dem Fuß nach meinem Problemstein und fragte ärgerlich: „Welche Lösung schlägt der Herr Knotenpunkt denn vor?“

Er drehte sich zu mir hin und sagte schon viel freundlicher: „Keine, auf die du nicht selber kommen kannst. Du musst nur dir selbst zuhören, in dich hineinhören. Dein Bauch kennt manche Antwort, von der dein Kopf nichts weiß.“

Ich wickelte den Stein aus dem Kissen und legte ihn neben mich. Nicht zu dicht und nicht zu weit weg, gerade so, dass ich ihn gut von der Seite betrachten konnte.

Und da gab mein Bauch mir tatsächlich Antwort: „Kein Wunder, dass du Kopfweh hast. Ein solcher Stein drückt sich durch jedes Kissen. Über*schlafen* heißt nicht: Über*legen*.

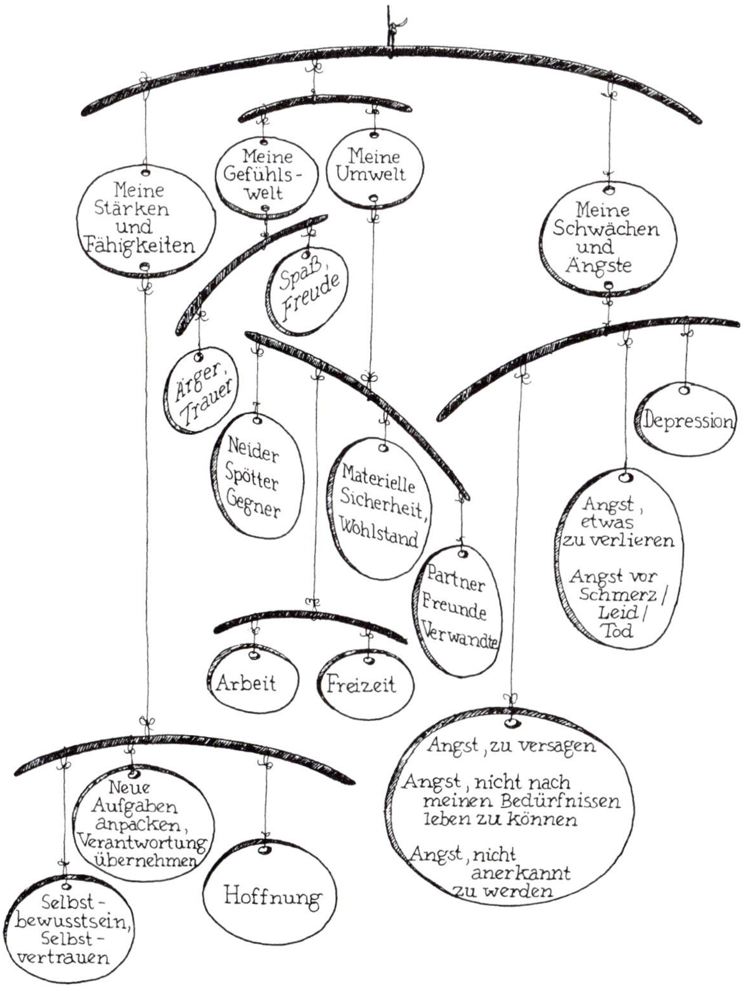

Lass den Kopf mal aus dem Spiel. Dann löst man Probleme manchmal besser." Ich schaute wieder zu dem Mobile. Mich störte, dass es so schief an der Lampe hing. Mit einem Ruck schlug ich die Bettdecke zurück. Der Wind brachte alles noch mehr aus dem Gleichgewicht.
Ich begann, die Fäden neu zu ordnen und den Knotenpunkt hin- und herzuschieben. Das schien ihm zu gefallen. Freudestrahlend erklärte er: „Wenn das Mobile nicht mehr im Gleichgewicht hängt, musst du nicht unbedingt das verschobene Gewicht dahin zurückschieben, wo es vorher war. Das Gleichgewicht lässt sich auch wieder herstellen, wenn du irgendwo ansetzt und die anderen Gewichte verschiebst. So kannst du das ganze Mobile neu ausbalancieren."
Ich ging ans Werk. Das wirbelte ziemlich Staub auf; immerhin wollte ich genau lesen, was auf den Anhängern stand.

(Wolfgang Endres/Markus Olivieri, Der Große Punkt – Bewusst-er-leben lernen, Kösel Verlag, München, 4. Aufl. 1993, S. 62ff.; Grafik: S. 65)

Nehmen Sie Ihr Journal zur Hand und zeichnen Sie Ihr Mobile.

Erziehung zur Autonomie

Das kleine und das große Ich

Im Jahre 1989 erhält der Soziologe Leo Löwenthal, Freund und Weggenosse Adornos, den Theodor W. Adorno-Preis der Stadt Frankfurt. Seine Dankesrede (Löwenthal, 1989) ist überschrieben mit „Das kleine Ich und das große Ich". Löwenthal erinnert daran, dass „die Ohnmacht des Subjekts in der modernen Welt" ein wichtiges theoretisches Anliegen der Kritischen Theorie gewesen sei. Die Wissenschaftler, die in ihren theoretischen und empirischen Arbeiten der Kritischen Theorie verpflichtet gewesen seien, hätten immer wieder darauf hingewiesen, „wie eine entfesselte instrumentelle Vernunft zur Ursache zivilisatorischer Katastrophen wurde". Sie hätten ihre Analysen erstellt „vor dem Hintergrund der, wenn auch verzweifelten Hoffnung auf einen besseren gesellschaftlichen Zustand". Im weiteren Verlauf seiner Rede spricht Löwenthal vom „kleinen Ich" und dem „großen Ich". Das kleine Ich sei das instrumentelle, das auf das „Nächste" ausgerichtete, grob lustbezogene subjektive Verlangen, mit dem der Einzelne in einer nicht als solidarisch konzipierten Gesellschaft sich rein auf sich selbst bezogen zu bestätigen versuche. Das große Ich enthülle demgegenüber die Blindheit der vereinzelten Individuen als Verblendung, von der befallen die Realität verleugnet werde: „Realität leugnen heißt aber […] Abwendung von der Realität des Leidens der menschlichen und außermenschlichen Kreatur." Löwenthal plädiert für Veränderung, für den auf radikale Kritik gerichteten politischen Willen. Er beschwört das jüdisch messianische Erbe der utopischen Hoffnung und erinnert an die klassische Treue zur Heilung des beschädigten Lebens, von der Adorno gesprochen habe.
Das kleine Ich und das große Ich Löwenthals scheinen sich wechselseitig auszuschließen. Da aber die Defizite des kleinen Ichs beim großen Ich als Potenzen zu entdecken sind, muss es um eine stufenweise Entwicklung von einem zum anderen gehen. Das kleine Ich setzt alle verfügbare Kraft zur eigenen Selbsterhaltung ein, koste es, was es wolle. Wenn ich ausschließlich mich selbst im Blick habe, nehme ich außer mir nur noch das wahr, was für mein eigenes Überleben und Wohlleben von Bedeutung ist. Nur das ergibt Sinn für mich. Pure Selbsterhaltung realisiert sich über Gleichgültigkeit bis hin zur Aggressivität fremdem Leid und fremden Schicksalen gegenüber (rechtsradikale

Ausschreitungen gegenüber Roma und anderen Asylanten 1992). Die angestrebte Autonomie wird erst dann zum mitmenschlichen Wert, wenn ihr Gegenbegriff, das Angewiesensein auf den anderen und des anderen auf mich, mitgedacht wird.
Die Rede vom kleinen Ich und vom großen Ich enthält Bewertungen des Subjekts, Bewertungen im Hinblick auf den angestrebten Fortschritt des Nachdenkens und der Mündigkeit. Demgegenüber betont der Mainzer Student Bernd Neis im Sommersemester 1991 in einer Seminardiskussion über den Subjektbegriff, dass auch schon Kinder mit ihren vielgelobten Eigenschaften von Spontaneität, Wahrheit, Ehrlichkeit und Offenheit Subjekte seien und dass man ausgerechnet bei für unmündig Erklärten, Kindern, Greisen und Verwirrten eine ausgesprochene Neigung zur Selbstbestimmung feststellen könne. Von daher gesehen erscheine das mündige Subjekt als das gezähmte Subjekt.
Ich teile diese Einschätzung. Löwenthals kleinem Ich muss ein Subjektstatus zugeschrieben werden. Schießlich kann man von jedem sagen, dass er sein Leben „führe". Unter der Perspektive von Subjekt als Idee, als Prozess, als Hoffnung, als Auftrag, als ‚Institut der Steigerung' (Ebeling 1991) möchte ich die Subjektform des kleinen Ichs, sofern sie nicht menschenverachtend ausgeübt wird, als normale Realität werten. Das „kleine Ich" erscheint als Vorbedingung für weitere Entwicklungen, mittels derer in eigener Verantwortung unrealisierte Möglichkeiten realisiert, Festgefahrenes gelockert, Unerschlossenes erschlossen werden kann.

(Erhard Meueler, Die Türen des Käfigs, Klett-Cotta, Stuttgart, 2. Aufl. 1998, S. 90f.)

Der Mensch als Zweiheit – als dialektische Einheit von Subjekt und Objekt

Wir haben es bis in die Satzlehre hinein (Subjekt, Prädikat, Objekt: Ich lese ein Buch, ich jäte das Feld) gelernt, dass unter den Begriffen ‚Subjekt' und ‚Objekt' ganz eindeutig dem Ich, dem Subjekt, das andere als Nicht-Ich, eben als Objekt, gegenüberstehe, hier der erkennende, wollende und handelnde Mensch „in seiner konkreten, leibhaftigen Ganzheit", dort „die Sache, das Ding, worauf sich die Akte des Menschen richten" (Oehler, 1962). Das Objekt steht dem erkennenden Individuum als das andere, außer ihm Bestehende, gegenüber als „Gegenstand" des Erkennens wie auch der praktischen Aneignung und Veränderung. Subjekt und Objekt werden so als sich wechselseitig voraussetzende und sich ergänzende Begriffe verstanden.
Jeder von uns tritt fortwährend in ein aktives, praktisch-tätiges, erkennendes Verhältnis zur uns umgebenden Welt und setzt sich selbst als handelndes Subjekt und die Umwelt als Objekt. Das Subjekt kann alles zum Objekt machen, auch sich selbst, in dem es z. B. in der Selbstreflexion Betrachtender und Betrachteter zugleich ist. Der erkennende Mensch erzeugt eine dialektische Einheit von Subjekt und Objekt, die nur in dieser Einheit existieren. Jeder von uns entwickelt sich mit all seinen produktiven und intellektuellen Fähigkeiten und Kräften durch gesellschaftliches Handeln, indem immer neue Weltanteile zu Objekten der Erkenntnis und des Handeln gemacht werden. Wir durchdringen lernend unsere Welt und legen über die Wahrnehmungen, Erlebnisse und sinnlich erfahrbaren Gegenstände den Raster einer erschließenden und erklärenden Begrifflichkeit, um über die realen Dinge genauso wie über die vom Bewusstsein produzierten Inhalte gedanklich zu verfügen. Auf diese Weise vergegenständlichen wir unsere Kräfte und Fähigkeiten und sind daran beteiligt, mit anderen zusammen eine objektive Welt zu schaffen. Das Verhältnis zwischen dem Subjekt und der Objektwelt ist nicht statisch, es ist immer Prozess, immer ein gestaltetes Verhältnis, Denken, Fühlen, Bewerten, Wollen, Handeln. Dies reicht von der funktionalen Selbstreflexion bis zu intensiveren Formen der Vermittlung von Subjekt und Objekt. Objektives wird zu Subjektivem, Subjektives wird

zu Objektivem; ein Beispiel: Zunächst subjektiv erscheinende Bewertungen, Einstellungen, Sinndeutungen der Eltern, die sie wiederum zum großen Teil von ihren Eltern übernommen hatten, werden im Erziehungsgeschehen an die Kinder übermittelt. Durch den Vorbild-Nachahmungs-Mechanismus, durchgesetzt mittels Belohnungen und Bestrafungen, werden sie für die Kinder wieder zu festen Mustern und Verhaltensnormen. Sie erhalten für sie objektiven Charakter. Sie eignen sie sich im Zusammenleben mit den Eltern subjektiv an, variieren sie leicht und widmen sie selbst zu stabilen eigenen Meinungen um.
Kraft dieser Geschehnisse sind in subjektiven Einstellungen und Meinungen in geronnener Form immer objektive Bedeutungszuschreibungen, soziale Deutungsmuster enthalten, die ihrerseits einmal subjektiven Ursprungs waren. So ist in allem Subjektiven immer Objektives enthalten, wie umgekehrt. Manches davon ist uns bewusst, das meiste bleibt unbewusst. Im Umgang mit seiner Alltagsumwelt objektiviert sich das handelne Subjekt, indem es unmittelbar sinngebend seine Welt beeinflusst und prägt. Im Alltagsleben zwar befangen, von ihm geprägt, ist es gleichwohl im Zusammenspiel mit anderen fortwährend durch Entscheidungen, Handlungen und Unterlassungen aktiv daran beteiligt, seine Lebenswelt zu gestalten, sie gebrauchsfähig zu halten und darin – auch für Dritte erkennbar – selbst zum Repräsentanten dieser Lebenswelt zu werden. Indem das handelnde, nachdenkliche, erkennende und fühlende Subjekt Erfahrungen mit seiner Umwelt und sich selbst in wechselnden Situationen macht, setzt es sich auseinander, es interpretiert fortwährend die begriffene Welt, das eigene Fühlen, Denken und Handeln. Es verändert sich dabei, entwickelt sich in der intensiven Vermittlung von Subjekt und Objekt vor und zurück. Der Einzelne tut all dieses nicht autonom und authentisch als unverwechselbares Ich. Der Produzent seiner Welt ist ja gleichzeitig Produkt der Natur und seiner Lebensgeschichte als Lerngeschichte in einer bestimmten Kultur. Wir sind als erkennende und handelnde Subjekte selbst aufs Innigste mit unserem Erkenntnisobjekt, der uns umgebenden Gesellschaft, verflochten. Schließlich sind wir von ihr in ganz entscheidender Weise unser ganzes Leben lang geprägt worden.

(Erhard Meueler, Die Türen des Käfigs, Klett-Cotta, Stuttgart, 2. Aufl. 1998, S. 82ff.)

1. Wie äußert sich die Dialektik von Subjekt- und Objekt-Sein in kindlicher Entwicklung und Erziehung?
2. Welche Erziehungsziele könnte man mithilfe des Bildes vom ‚großen Ich' formulieren?
3. Ist das Formulieren von Erziehungszielen ein Widerspruch gegenüber dem Anspruch einer das Subjekt stärkenden Erziehung?

Autonomie, Heteronomie und Erziehung

Die Wirklichkeit nach der Eigenart des (eigenen) Denksystems erkennen und in ihr sinnvoll (gut) handeln lernen, ist eine Funktion von *Autonomie.* Sie vollzieht sich als Selbstorganisation und Selbstregulation, aber nicht für sich, sondern stets, also unablösbar, im unmittelbaren Bezug zur Umwelt und ihren Einflüssen, ihren Zwängen und Chancen. Ein Selbst, das nur auf sich bezogen wäre, ist demnach nicht denkbar. Es ist eingebunden in die Korrespondenz mit seiner Umwelt, was letztlich auch *Heteronomie* bedeutet. Ein Kind kann sich über seine Natur, z. B. einen Körperfehler, hinwegsetzen, sich ihm gänzlich ausliefern oder das Beste daraus machen. Es kann seinen Vater, seine Mutter, seinen Lehrer, seine Altersgenossen ablehnen oder akzeptieren bzw. auf sie einzuwirken versuchen. Gänzlich ausgeliefert ist es nicht, es sei denn, es gibt sich *selbst* auf.
Ohne Zweifel gibt es heute sehr verbreitet dieses Zerrbild ichbezogener „Selbstverwirklichung", also eine Lebensauffassung, die dominant von bloßen Eigeninteressen,

vom Eigennutz, bestimmt ist, vom Bedürfnis nach purer Unabhängigkeit und Selbstbestimmtheit. Wir würden solche Einseitigkeiten aber nicht mit Autonomie gleichsetzen, sondern eher von einer Verzerrung dieses Begriffes sprechen. Wenn allerdings der Begriff *autonom* deshalb verworfen würde, weil man ihn mit einem bloßen Aus-sich-selbst-existieren identifizierte, also mit einer grenzenlosen Mächtigkeit des Subjekts, so fällt diese begriffliche Verzerrung in sich selber zusammen, denn so etwas gibt es überhaupt nicht. Keiner kann aus sich und für sich allein existieren.

Der Begriff Autonomie erscheint uns zu wichtig, als dass er einer bloßen Verflachung zum Opfer fallen sollte. Wir gehen deshalb zunächst von der Wortbedeutung aus. In Autonomie steckt „autos" (selbst) und „nomos" (das Gesetzte, das Rechte, das, was für alle gelten soll). Das Rechte ist das, was um der Menschen willen geboten oder verboten ist. Gemeint ist eine notwendige Ordnung für das Dasein der Dinge und Menschen, im moralischen Bereich das „Sittengesetz" *(Kant).* Nach *Kant* ist die Vernunft selber das Gesetz, also nicht der Einzelne. Er hat sich in seinem Willen und in seinen Handlungen in „freiem Selbstzwang" *(Kant, Bd. VIII, 512)* zu unterwerfen. Autonomie meint also in diesem Sinne einen gebundenen Menschen, einen Menschen, der *sich selbst* in sittlicher Entscheidung an das Rechte bindet. Autonomie ist dann die *Selbsteinbindung in das Rechte.* Im menschlichen Zusammenleben geht es um die sinnvolle Ko-existenz autonomer Systeme.

Autonomie in erzieherischer Kopplung

[…] Es wurde bereits darauf hingewiesen, dass Autonomie nicht für sich gesehen werden kann, dass sie nur in *sozialer Koppelung* oder *Bindung* gedeihen kann. Wer nur sich selbst verwirklichen will, brauchte die anderen nur als Mittel zu diesem Zweck. Es wurde auch bereits aufgezeigt, dass das Kind nicht nur Autonomieansprüche stellt, sondern genauso Wert auf Bindung, Geborgenheit und Halt legt.

Pädagogisch bedeutet dies kurz gesagt, wenn von der Autonomie des Kindes die Rede ist, ist immer auch der Erzieher im Spiel, und das heißt: *seine* Autonomie. Im Erziehungsprozess stehen sich stets autonome Systeme in irgendeiner Koppelung gegenüber oder miteinander in Verbindung. Wir haben es immer mit einer Beziehung zweier oder mehrerer autonomer Systeme zueinander zu tun (siehe Abbildung). Man könnte von einer *inter-autonomischen* oder *ko-autonomischen Beziehung* reden.

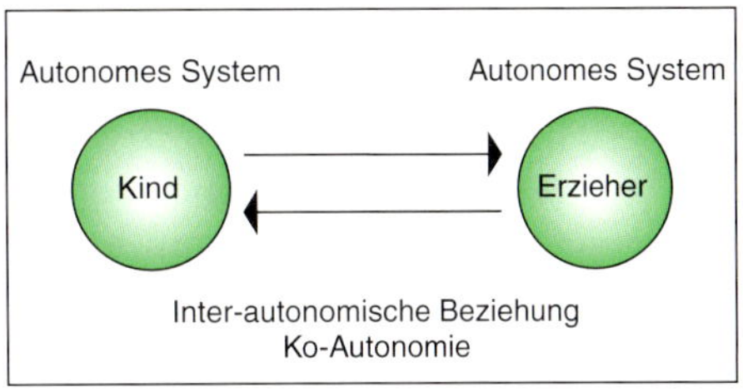

Jeder Teilhaber an einer pädagogischen Beziehung ist ein eigenes System, stellt autonome Ansprüche an den anderen und erwartet, dass diese respektiert werden. – Während früher in den autoritär bestimmten erzieherischen Verhältnissen der Erzieher dominant („autonom") war, hat man heute eher den umgekehrten Eindruck: Die „Selbstverwirklichung" des Kindes bestimmt vielfach die Erziehungsszenerie. Von den Autonomieansprüchen der Erziehenden ist nur sekundär die Rede. Wenn destruktiv-chaotische Verhältnisse, z.B. in Schulklassen, dominant werden, so ist jede Autonomie verloren gegangen.

Grundsätzlich wäre nach unserer vorausgegangenen Ableitung des Begriffes Autonomie festzustellen: der Autonomie-Anspruch des Kindes trifft auf den *Autonomieanspruch des Erwachsenen* und findet an ihm seine Begrenzung bzw. seine Entsprechung. Wie das Kind hat (auch) der Erwachsene im Erziehungsprozess das Recht auf Beachtung und Respektierung seiner Eigensphäre, seiner Gefühle, seiner Interessen, seines Wertsystems,

seines autonomen Willens. Er hat ein Recht auf Achtung vor seiner Menschenwürde und seiner Freiheit. Er hat das Recht und die Pflicht, in bestimmten Situationen Entscheidungen – auch gegen Widerstand – zu treffen und durchzuhalten, wenn er sie für notwendig ansieht und sie verantworten kann. Seine *Souveränität* wird dabei nicht Selbstzweck willkürlicher Machtausübung, sondern sie hat dienende Funktion: Sie klärt kritische Situationen, gibt Orientierungsrückhalt, u.U. auch direkten psychischen Halt. [...]

Die Autonomie des erziehenden Erwachsenen wird zu dem, was man auch seine persönliche *Autorität* als *anerkannte* Gültigkeit im erzieherischen Verhältnis bezeichnet. Ihr liegen bestimmte Charaktereigenschaften und Kompetenzen zugrunde, wie z.B. Verlässlichkeit, Echtheit, Verbindlichkeit u.a., die eine hinreichende stabile innere Integration als gefestigtes Selbstbewusstsein konstituieren. Negativ ausgedrückt: ist diese eigene Autonomie nicht genügend ausgeprägt, so wird nicht nur das erzieherische Verhältnis, sondern auch die Autonomie-Entwicklung des Kindes belastet. Die entstehenden Erziehungsschwierigkeiten sind dann als *Autonomieschwierigkeiten* des *Erwachsenen* zu werten. Sie drücken sich vielfach in erzieherischer Hilflosigkeit, Ängstlichkeit, Sinnverwirrung, Beziehungslosigkeit (man ist zu sehr mit sich selbst beschäftigt), in Vernachlässigung, dominanter Distanziertheit oder darin aus, dass das eigene System „durchdreht", was sich in Panik, Aggressivität oder Unterdrückung niederschlagen kann.

Im *erzieherischen Verhältnis* treten nun nicht etwa monadisch geschlossene psychische Systeme (Individuen) einander gegenüber, sondern es entsteht zugleich eine soziale Kopplung, ein *soziales* System und damit eine eigene Qualität, eine soziale. Damit verändert sich die Eigenposition. Jedes Mitglied des sozialen Systems wird ein anderes; es wird vom Ganzen abhängig. *Bateson* (1985, 408) drückt es so aus, dass kein Einzelteil eines interaktiven Systems eine einseitige Kontrolle über die anderen oder einen der anderen Teile ausüben kann. Es wird stets auch selber kontrolliert. „Die geistigen Charakteristika des Systems sind nicht einem Teil immanent, sondern dem System als Ganzem" *(409).* Ein Kind kann in einer bestimmten Gruppe (Schulklasse) oder bei einem bestimmten Lehrer „ein ganz anderer Mensch" sein, wie Eltern manchmal feststellen.

Aus der Sicht der Systemtheorie *Luhmanns* bilden (psychisches) System und Umwelt in ihrer Differenz eine Einheit. Die Umwelt (der andere) ist ein notwendiges Korrelat der individuell und autonom ablaufenden Prozesse, der „selbstreferenziellen Operationen". Das psychische System ist zwar in sich zirkulär geschlossen, aber auch zugleich (zwingend) offen (vgl. *Luhmann 1985, 25).* Es kann sich nur unter ökologischen Bedingungen verwirklichen.

Erst die aus dieser interaktionalen Wechselwirkung (Heteronomie) hervorgehende Autonomie ist im Erziehungsprozess relevant. Sie ist eine reagierende Größe innerhalb eines bestimmten Systems. Auch im Falle einer *Devianz* reagiert das Kind *auf* ein bestimmtes System, dem es angehört, z. B. auf das Schulsystem. Die von ihm geäußerten Verhaltensweisen (-störungen) stehen zwar im Widerspruch zu dessen Normen, sind aber doch Reaktionen auf diese Normen, die es ablehnt. Es ist nicht denkbar, dass es irrelevante soziale Muster annimmt. „Seine devianten Charakteristika bleiben systematisch auf die Normen bezogen, denen (es) widersteht" *(Bateson 1985, 138).*

(Otto Speck, Chaos und Autonomie in der Erziehung, München 1991, S. 131ff.)

1. Zeigen Sie Parallelen zur Argumentation von Erhard Meueler auf.
2. Was für ein Verständnis von Erziehung hat der Autor? (Vgl. auch Phoenix, Bd. 1.)

Komponenten der Autonomiebildung

Welche Bedingungen muss die Erziehung bieten, damit sich eine freie sittliche Persönlichkeit bilden kann? Negativ gesprochen: Welche Bedingungen sind es, die das Erziehungsziel der selbstständigen und guten Lebensführung verbauen können?

Die Inhalte und die Art und Weise dieser Kommunikation bestimmen das Lernen. Ohne Selbstbeteiligung wird nicht gelernt. Die Erziehung hat also dieses Selbst, die *Eigeninstanz* der Lernenden, zu beobachten, zu stützen und zu fördern. Man kann durchaus auch vom *eigenen Sinn* sprechen, den der Einzelne seinem Leben zu geben hat. [...]

Um diese eigene Weise, gut und glücklich zu werden, und darum, dass der Einzelne seinem Leben eigenen Sinn und Inhalt zu geben hat, muss es pädagogisch zentral gehen. Die pädagogischen Ängste vor solcher Autonomie aber sind nach wie vor unübersehbar. [...]

Eine Erziehung zur Autonomie kann nicht so verstanden werden, dass ein Kind autonom zu *machen* sei. Es muss seine Autonomie vielmehr selber suchen und verwirklichen. Erziehung kann nur Hilfe zur Selbsthilfe sein. [...] Die dienende Funktion der Erziehung, um die es dabei geht, bringt ein Gedicht von *Kahlil Gibran (1973)* zum Ausdruck:

„Eure Kinder sind nicht eure Kinder.
Es sind die Söhne
und Töchter von des Lebens
Verlangen nach sich selber.
Sie kommen durch euch, doch nicht von euch:
Und sind sie auch bei euch, so gehören sie euch doch nicht.
Ihr dürft ihnen eure Liebe geben, doch nicht eure Gedanken.
Denn sie haben ihre eigenen Gedanken.
Ihr dürft ihren Leib behausen, doch nicht ihre Seele.
Denn ihre Seele
wohnt im Hause von Morgen,
das ihr nicht zu betreten vermöget,
selbst nicht in euren Träumen.“

Komponenten der Autonomiebildung sind:

- Eigenaktivität [...]
- Eigenkompetenzen [...]
- Eigenräume und Eigenheiten [...]
- Eigene Gefühle [...]
- Eigener Wille [...]
- Erfahren von Gerechtigkeit [...]
- Achtung der eigenen Würde [...]
- Eigener Lebenssinn [...]

(Otto Speck, Chaos und Autonomie in der Erziehung, München 1991, S. 130ff.)

Versuchen Sie vor dem Hintergrund Ihrer erziehungswissenschaftlichen Kenntnisse die benannten Komponenten zu konkretisieren.

Erziehung zur Verantwortung

Entwicklung von Verantwortlichkeit

Ein wesentliches Ziel der Bemühungen der älteren Generationen um die heranwachsenden Kinder und Jugendlichen besteht darin, die jungen Menschen auf die Verantwortung vorzubereiten, die sie sowohl für ihr eigenes Leben als auch das gemeinsame Leben der Generationen übernehmen sollen. Auch für Kinder und Jugendliche ist Verantwortung ein bedeutsames Ziel. Letztlich werden ihre Anstrengungen, sich Sinn, Werte und Regeln anzueignen sowie Wissen und Können zu erwerben, von ihrem Willen angetrieben, einen Platz im Leben unter und mit anderen Menschen eigenverantwortlich ausfüllen zu können. Entwicklung, Erziehung und Lernen sind der Weg zu mehr Verantwortlichkeit. Dieser Zusammenhang ist nicht nur ein Gedanke von Philosophen, Pädagogen und Psychologen. In ihm liegt ein mächtiges Motiv für Kinder und Jugendliche, an Entwicklungsaufgaben zu arbeiten und sich an Regeln sowie kulturelle Erfordernisse auch dann anzupassen, wenn Lernen und Erziehung sich mit Zumutungen und Mühen verbinden.

Verantwortung ist deswegen ein grundlegendes Element menschlichen Handelns, weil sich in ihr die individuelle und die soziale Natur des Menschseins verbinden:

- Verantwortung verlangt, dass der einzelne Mensch sich sein Handeln zurechnet und sich dessen Konsequenzen stellen muss. […]
- Was zu verantworten ist, kann jedoch niemand allein bestimmen. Durch die Auseinandersetzungen darüber, was zu verantworten ist, werden die Heranwachsenden zu Mitgliedern ihrer Gesellschaft, an deren Sinn- und Werttraditionen sich jeder abarbeiten muss, der verantwortlich handeln will.
- Verantwortlich handeln kann man immer nur unter konkreten Bedingungen. Folglich führt das Streben nach Verantwortung die jungen Menschen in Positionen und Situationen, in deren Rahmen erst deutlich wird, was man wissen und können muss, um sein Handeln verantworten zu können.
- Verantwortung konfrontiert die Handelnden aber auch immer mit den Ansprüchen des Ganzen, mit den unerreichten Idealen und den nicht befriedigten Sehnsüchten, webt sie daher in die Prozesse ein, in denen Menschen bessere Lösungen für Ungerechtigkeit, mangelnde Solidarität und Lieblosigkeit zu finden versuchen. […]

Es fällt auf, dass in Zeiten, in denen Haushaltsmittel knapp werden oder in denen schmerzliche Entscheidungen zu treffen sind, gern Verantwortung „nach unten“ delegiert wird. Da liegt der Verdacht nahe, dass Menschen die Konsequenzen von Fehlentwicklungen, bei denen sie nicht gefragt wurden, mittragen und selber für Hilfen in Notlagen sorgen sollen.

In ähnlicher Weise wird oft von Kindern gefordert, sie sollten „selbstständig“ irgendwelche Aufgaben erledigen, wenn Eltern, Erzieher oder Lehrer nur Entlastung suchen. […] Wir halten es für wichtig, das Thema „Wachsende Verantwortung der Kinder“ von Verantwortungsappellen und funktionalisierenden Selbstständigkeitsforderungen frei zu halten, die lediglich die Verantwortungsbereitschaft der Kinder und Jugendlichen ausnutzen, ohne die subjektiven und objektiven Voraussetzungen für wirkliche (Mit-)Verantwortung zu schaffen. Es wäre gut, wenn Kinder das Wort Verantwortung nicht zuerst in Verbindung mit Schuld, Strafe und Wiedergutmachung hörten. Dies ist eine Einengung, der eine konstruktive Perspektive von Verantwortung gegenübergestellt werden soll, die nicht von der Verletzung einer Norm ausgeht, sondern von der gemeinsamen Anstrengung für Fairness, Gerechtigkeit und Für-einander-Einstehen. Gerade durch die

Übernahme von Verantwortung für ein Handeln zur Verwirklichung dieser Ziele gestalten Menschen ihre Lebensverhältnisse befriedigender. Wer Verantwortung für diese Ziele anerkennt, erklärt sich für zuständig, erläutert seine Absichten, gibt Begründungen und eröffnet damit die Möglichkeit, sich gemeinsam darüber zu verständigen, wie Angelegenheiten gut zu regeln sind.

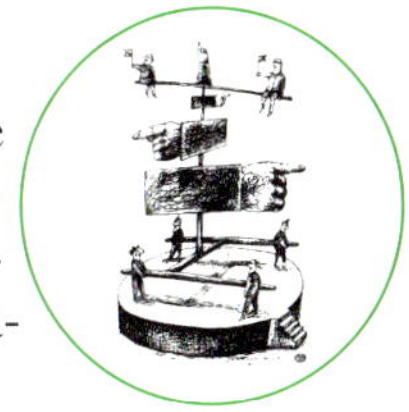

Kinder können diese konstruktive Seite von Verantwortung bereits in frühen Lebensjahren kennen lernen, nämlich darin, wenn sie Bereiche, für die sie sich zuständig betrachten, nach eigenen Vorstellungen zu gestalten beginnen. [...]
Nach Büchner, Fuhs und Krüger (1996) beziehen inzwischen nach Angaben der Kinder zwei Drittel der Eltern in Ost und West kindliche Äußerungen in ihre Überlegungen mit ein. Das ist zwar abhängig vom Sozialstatus der Eltern, aber auch in den unteren Statusgruppen sind es noch 60%. [...]
Vermehrte Verantwortung wird in dieser erzieherischen Haltung den Kindern nicht aus Gleichgültigkeit zugeschoben. Die Eltern geben ihren Kindern vielmehr aus innerer Überzeugung mehr Einfluss auf das Erziehungsgeschehen. Je nach Entwicklungsstufe wird angemessene Verantwortung zugestanden. In diesem Wandel steckt folglich nicht ein reduzierter, sondern ein kommunikativ zu verwirklichender Erziehungsanspruch. [...] Eltern, die so erziehen, sind überzeugt, dass sie ihre Kinder auf diesem Weg am besten auf die sozialen und moralischen Risiken vorbereiten, die diese in eigener Verantwortung bewältigen müssen.
Es sind oft sehr alltägliche Themen, an denen sich Fragen nach Verantwortung stellen. So werfen nach Goodnow und Warton (1992) Diskussionen in Familien darüber, wer bestimmte Aufgaben im Haushalt übernimmt, komplizierte Fragen auf, die Kinder ganz von allein dazu bringen, Regeln der Zuständigkeit untereinander oder mit ihren Eltern zu klären und Rechtfertigungen oder Entschuldigungen für ihr Verhalten zu finden. In mehr als der Hälfte der Familien gibt es über diese Probleme häufig Streit (Büchner/Fuhs 1996). Hier ist anzumerken, dass Mädchen wie Jungen zur Mithilfe im Haushalt angehalten werden, mehr allerdings die Kinder in den neuen Bundesländern als in den alten und mehr die Mädchen als die Jungen (aber auch unter den 10- bis 13-jährigen Jungen im Westen beteiligen sich 80 % an Hausarbeiten).
Andere Themen, die Fragen der Verantwortung aufwerfen, sind zum Beispiel das Aufräumen des eigenen Zimmers, Versorgung des Haustiers, Arbeiten für die Schule, Kleidung oder Verabredungen mit Freunden. Fast alle Kinder und Jugendlichen nennen Themen, über die sie mit ihren Eltern nicht einig sind (Zinnecker 1985).
Diese Aushandlungsprozesse müssen nicht zu heftigen Konflikten führen. Dennoch gibt es immer wieder Diskrepanzen zwischen dem, was Kinder allein regeln wollen, und dem, was Eltern ihnen zutrauen. Nach Smetana (1996) haben solche Auseinandersetzungen zwischen Kindern und ihren Eltern über Themen dieser Art keine negativen Folgen. Wenn allerdings selbstständiges Handeln der Kinder allein der Entlastung der Eltern dienen soll und nicht ihren Überzeugungen entspringt, kann dies die Entwicklung des Kindes zu Verantwortung belasten.

(Bundesministerium für Familie, Senioren, Frauen und Jugend, Zehnter Kinder- und Jugendbericht, Bonn 1998, S. 144ff.)

1. Wie sollte entsprechend der Argumentation der Autoren eine Erziehung zur Verantwortung gestaltet werden, welche Abgrenzungen werden vorgenommen? Formulieren Sie eine Begriffsbestimmung einer Erziehung zur Verantwortung im Sinne der Ausführungen dieses Textes.
2. Welcher Erziehungsstil fördert Ihrer Meinung nach die Entwicklung eines Verantwortungsgefühls bei Kindern?
3. Nehmen Sie Stellung:
   ‚Erziehung zur Verantwortung' – ‚Erziehung zur Autonomie' – wo würden Sie den Schwerpunkt setzen?

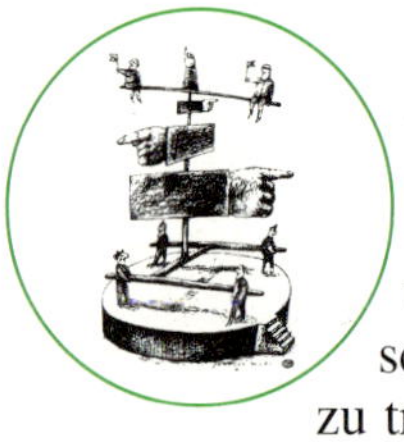

Verantwortung übernehmen: Einfühlende Voraussicht

Mitscherlich betonte: „Die Idee des ‚Fortschritts' ist nicht in einer Schwächung moralischer Verpflichtung als solcher, sondern in der Verbindung von moralischem Anspruch mit der kritischen Einsicht zu suchen." (Ders., Die Unfähigkeit zu trauern, Ges. Schriften IV, 1967, S. 169). In der Bindung an kritische Einsicht übernimmt der Mensch moralische Vorstellungen nicht gläubig oder untertänig von vorgegebenen Autoritäten, sondern unterzieht sich selbst der Mühe des Nachdenkens, indem er allein oder mit anderen die zu lösenden Probleme nüchtern erfasst und vorurteilslos die moralischen Optionen auf ihre Tragfähigkeit hin untersucht. Die kritische Einsicht versucht nicht nur die anstehenden Konflikte genau in den Blick zu nehmen, sondern auch die seelischen Antriebe und Gefährdungen der jeweils beteiligten Individuen und Gruppen: Sie ist also immer selbstreflexiv.

Kritische Einsicht kann nicht verordnet werden, sondern muss dem Kind in Elternhaus und Schule schon früh ermöglicht werden. Wo kritische Einsicht in das moralische Erleben und Verhalten eindringt, wird die Moral nicht einfach zersetzt oder aufgelöst, sondern gesichtet und verändert: Der Mensch lässt sich nicht einfach Gebote verordnen, sondern fragt nach ihrem Sinn und Unsinn; er glaubt nicht, sondern denkt nach; er bemüht nicht seinen Bauch, sondern aktiviert seinen Kopf; er ist nicht echt oder authentisch, sondern nüchtern und unsentimental; er zeigt nicht Betroffenheit, sondern Klarsicht.

Mitscherlich beschrieb solche Haltungen genauer: „Moralisch wäre dann nur jenes Handeln, das im Vorhinein die Folgen des eigenen, auf eigene Befriedigung drängendes Handeln auf den Partner abzuschätzen vermag". Er nannte dieses eine ‚Moral der einfühlenden Voraussicht'. Mitscherlich formulierte hier in psychologischen Begriffen, was der Soziologe Max Weber „Verantwortungsethik" genannt hat: die menschliche Bereitschaft, das eigene moralische Handeln so anzulegen, dass es die Rücksicht auf die absehbaren Folgen in die Bestimmung des jeweilig eigenen Handlungsvollzugs mit einbezieht.

Die Versöhnung von moralischem Anspruch und kritischer Einsicht zu einer Moral der einfühlenden Voraussicht kann zweierlei leisten. Einmal macht sie den Menschen rechtzeitig darauf aufmerksam, in welche unhaltbaren persönlichen Entsagungen und Belastungen er sich manipuliert, wenn er starren und harten Geboten folgt, die seine affektiven und sexuellen Bedürfnisse unterdrücken; es wird ihm möglich, sich solchen Geboten zu verweigern. Zum anderen hilft jene Moral dabei, dass Individuen und Gruppen es vermeiden, durch egozentrisches Haften an den eigenen Bedürfnissen die Interessen der Mitmenschen zu übergehen und dadurch ihre Aggressivität zu provozieren. Die Moral der einfühlenden Voraussicht zeichnet sich nicht durch Unbedingtheit aus, sondern durch einen beweglichen Ausgleich zwischen den eigenen und fremden Interessen. Damit gründet sie sich auf Gegenseitigkeit und übernimmt die Verantwortung für die Folgen des eigenen Tuns und Lassens, d.h. sie badet sich nicht im Narzissmus der eigenen Bedürftigkeit und der reinen Gesinnung. Diese Einstellung befähigt den Menschen, vor seinen Handlungen nachzudenken, anstatt sich nach ihnen über sich selbst und die anderen zu wundern oder in die selbstmitleidige Pose zu verfallen: „Das habe ich eigentlich nicht gewollt." Es steht außer Frage, dass viele zwischenmenschliche Zerwürfnisse in diesem Sinne „eigentlich nicht gewollt" wurden.

Die Moral der einfühlenden Voraussicht ist also keine allgemeine Verzichtsmoral, die zur Selbstunterdrückung führt. Sie betreibt ein Aushandeln von Interessen, in dem jeder Beteiligte jenes Maß an Befriedigung und Versagung erlebt, das unter den gegebenen Bedingungen möglich ist und die zwischenmenschliche Beziehung erträglich hält; sie hat Tausch-Charakter und ist dem Pragmatismus der Händler näher als dem Enthusiasmus der Bußprediger. Je mehr ein Mensch in seiner Erziehung einen erträglichen Rhythmus von Triebbefriedigung und Triebversagung erfuhr, desto selbstverständlicher ist ihm die Moral der einfühlsamen Voraussicht.

Die Frage: „Wie können wir moralisch handeln?" kann nur in Verzahnung mit der anderen Frage beantwortet werden: „Wie können wir kritisch denken?". Moralisches Handeln, das auf kritisches Denken verzichtet, erstarrt; es erzeugt Selbstunterdrückung und Feindseligkeit bei sich selbst und den anderen. Kritisches Denken jedoch, das auf moralische Verpflichtung verzichtet, wird haltlos und ebenfalls destruktiv. Das kritische Denken diszipliniert also die Moral, und die sittliche Verantwortung sichert die Kritik. Diese Synthese von sittlichem Engagement und kritischem Denken nannten und nennen die großen aufklärerischen Denker mit Bedacht „Vernunft" und nicht „Verstand".

(Jörg Bopp, Was hindert uns moralisch zu leben? – Die Macht der Gefühle und der Triebe, in: PÄDAGOGIK 3/93, S. 38ff.)

1. Nehmen Sie Stellung zu der in Z. 46–49 gemachten Aussage und diskutieren Sie erzieherische Möglichkeiten zur Entwicklung einer einfühlenden Voraussicht.
2. Welche Konsequenzen hat der hier postulierte Tauschcharakter der Moral der einfühlenden Voraussicht für das pädagogische Verhältnis?
3. Diskutieren Sie: Welcher Entwicklungsphase nach Lawrence Kohlberg entspricht die Moral der einfühlenden Voraussicht?
4. Diskutieren Sie: Ist die ‚einfühlende Voraussicht' eine notwendige Bedingung zur Entwicklung eines Verantwortungsgefühls?

Erziehung zur Selbstverantwortung

Friedrich Schleiermacher formulierte in seinen pädagogischen Vorlesungen in den Zwanzigerjahren des 19. Jahrhunderts:

„Die Erziehung soll so eingerichtet werden, dass beides in möglichster Zusammenstimmung sei, dass die Jugend tüchtig werde einzutreten in das, was sie vorfindet, aber auch tüchtig, in die sich darbietenden Verbesserungen mit Kraft einzugehen."

Ein antinomisches Erziehungsverständnis in der Tradition von Friedrich Schleiermacher basiert auf dem Spannungsverhältnis von Anpassung und Widerstand, Autonomie und Interdependenz, Führen und Wachsenlassen.

Dieses Verständnis beruht auf einem bestimmten Menschenbild.

Der Mensch bedarf – wie das Emil E. Kobi prägnant zusammengefasst hat –, um als Subjekt existieren zu können,

– der Möglichkeit zur Entfaltung und Expansion,
– des Schutzes und der Sicherung seiner Existenz,
– der Achtung und Anerkennung,
– der Bindung und des Kontakts,
– der Förderung und Anregung,
– der Ordnung und der Strukturen,
– des Geleits und der Führung,
– des Vertrauens und der Verlässlichkeit,
– der Ziele und Perspektiven,
– der Mündigkeit und Selbstständigkeit.

Erziehung hat einen Beitrag zu leisten zum Mündigwerden der Menschen. Dieser traditionellen Forderung der Aufklärung stimmen die meisten Pädagoginnen und Pädagogen – mit mehr oder weniger Überzeugung und mit mehr oder weniger „Aber..." – zu.

Mündigkeit umfasst zwei Bedeutungskomponenten: Unabhängigkeit (vom vergangenen Zustand) und Selbstständigkeit (gegenwärtiger Zustand).

Der mündige Mensch verfügt über verschiedene Kompetenzen (im Sinne von Sachverstand und Fähigkeit in Bezug auf ...), die ihrerseits durch eine antinomische Grundstruktur geprägt sind:

– Selbstkompetenz und Sozialkompetenz,
– Wertkompetenz und Verantwortungskompetenz,
– Erhaltungskompetenz und Innovationskompetenz,
– Kulturkompetenz und Naturkompetenz.

Selbstkompetenz als Fähigkeit zu selbstständigem Denken, Urteilen und Handeln;
Sozialkompetenz als Fähigkeit, Rechte und Pflichten der Gemeinschaft wahrzunehmen und mit zu gestalten;
Wertkompetenz als Bewusstsein für eigene und fremde Werthaltungen auf dem Hintergrund ihres Entstehungszusammenhangs;
Verantwortungskompetenz als Fähigkeit, das eigene Verhalten vor sich und in Gemeinschaften verantworten zu können;
Erhaltungskompetenz als Fähigkeit der Pflege einer dynamischen Ordnung zwischen inneren Kräften und äußeren Möglichkeiten;
Innovationskompetenz als Fähigkeit, alternative Entscheidungen und neue Wege überlegen, verwirklichen und Folgen antizipieren zu können;
Kulturkompetenz und *Naturkompetenz* als Fähigkeit, zum Verständnis des Verwobenseins von Natur und Kultur im eigenen Leben und in der Umgebung.

(Hans Bemer, Über-Blicke, Ein-Blicke, Haupt Verlag, Bern/Stuttgart/Wien 1996, S. 155ff.)

1. Beantworten Sie entsprechend *den obigen Ausführungen* die Frage: Wie viel Anpassung ist nötig, wie viel Freiheit ist möglich?
2. Diskutieren Sie den Fall, dass nur einer der Aspekte des hier benutzten Mündigkeitsbegriffs (Unabhängigkeit versus Selbstständigkeit) von Bedeutung wäre. Welche Kompetenzen wären in diesen Fällen vorauszusetzen?
3. Vergleichen Sie diese Ausführungen mit den Überlegungen Adornos zum Mündigkeits- und Autonomiebegriff, wie sie sich in der Niederschrift ‚Erziehung nach Auschwitz' wiederfinden.
4. Nehmen Sie zu dem folgenden Zitat Stellung:
   „Erziehung ist ein prinzipiell antinomischer Prozess, der in der unauflöslichen gegenseitigen Verschränkung des Führens und Wachsenlassen erfolgt. Erziehung allein als Wachsenlassen hebt sich selbst auf, Erziehung allein als Führen schafft keine Mündigkeit und wird totalitär." (Herbert Gudjons, Pädagogisches Grundwissen, in: PÄDAGOGIK 7–8/93, S. 76)

(Zeichnung: Erik Liebermann/CCC)

Solidarischer Individualismus

Die Gesellschaft leidet am Egoismus, klagen viele. Jeder sei sich selbst der Nächste. Pflichtgefühl? Unbekannt! Diesem kritischen Befund setzt Ulrich Beck seinen Traum vom solidarischen Individualismus entgegen.

Ohne Ich kein Wir – Die Demokratie braucht Querköpfe. Plädoyer für eine Sozialmoral des „eigenen Lebens“

In den Fünfzigerjahren haben die Menschen auf die Frage, welche Ziele sie anstreben, klar und eindeutig geantwortet: ein *glückliches Familienleben,* ein Einfamilienhaus, das neue Auto, die gute Ausbildung für die Kinder und die Erhöhung ihres Lebensstandards. Heute spricht man eine andere Sprache, die um die Suche nach der eigenen Individualität und Identität kreist.

Das ist auch sozial bedeutsam: Im Gegensatz zum traditionalen Wertsystem, wo Erfolg stets relativ eindeutig definiert war (Einfamilienhaus, Auto et cetera), kann sich heute keiner mehr wirklich im Klaren sein, wann er das, was er sucht, gefunden hat und wie er anderen von seinem Erfolg verbindlich und überzeugend Nachricht geben kann. Also geraten die Menschen immer nachdrücklicher in das Labyrinth der Selbstverunsicherung, Selbstbefragung und Selbstvergewisserung. Zugleich führt der (unendliche) Regress der Fragen: „Bin ich wirklich glücklich? Bin ich wirklich selbsterfüllt? Tue ich wirklich das, was ich tun will? Wer ist das eigentlich: ‚ich‘?“ in immer neue „Antwort-Moden“. Diese wieder können in Märkte für Experten, Industrien und Religionsbewegungen umgemünzt werden. Besessen von dem Ziel der Selbsterfüllung, reißen sich viele Menschen selbst aus der Erde heraus, um nachzusehen, ob ihre eigenen Wurzeln auch wirklich gesund sind.

Dieses Wertsystem des *eigenen Lebens* ist massiver Kritik ausgesetzt, wobei vor allem in der Politik häufig von „Anspruchsinflation“ und „Ellenbogengesellschaft“ die Rede ist. Wer so klagt, verkennt, dass die Philosophie des eigenen Lebens, die im Alltag Wurzeln schlägt, gerade die Geburtsstätte einer Querköpfigkeit ist, welche die geschenkte Demokratie in Deutschland noch bitter nötig haben kann.

Die Moral des eigenen Lebens bejaht, was öffentlich beklagt wird: ohne Ich kein Wir. *Wir* nur als selbstbestimmtes Wir, nicht als Vorgabe, nicht als Summe, nur als Zustimmung der Individuen. Die Ethik des eigenen Lebens leistet damit zunächst eine Kritik der herrschenden Wir-Definition – Klasse, Stand, Familie, Geschlechtsrollen, Gemeinwohl, Partei, Nation und so weiter. […]

So ist das eigene also auch ein sozialmoralisches Leben, ein Leben auf der Suche nach einem Dasein mit anderen und für andere. Das allerdings darf nicht mit den Ladenhütern der Geschichte – Klasse, Familie, Nation – verwechselt werden. Die Solidarität der eigenen Leben entsteht und kräftigt sich vielmehr aus dem, was Anthony Giddens „aktives Vertrauen“ nennt. Das ist eine Form des Vertrauens, die gerade nicht vom hohen Ross der Institutionen herab eingeklagt werden kann, sondern *gewonnen* werden muss. Aktives Vertrauen erkennt und anerkennt die Sorge um das eigene Leben, statt sie zu verurteilen.

Im Kontext der Familie heißt aktives Vertrauen: Sorge für andere. Sie ist keineswegs mit der Verpflichtung auf die traditionalen Geschlechtsrollen, Familienrollen, Familienmitgliedschaften zu verwechseln. Im Gegenteil: Diese Sorge (nicht Dauerbesorgtsein!) erwächst aus der Kritik der traditionalen Kleinfamilienordnung und -hierarchie und zielt auf die wechselseitige Befreiung aus ihr. Was gemeint ist, lässt sich in fünf Punkten andeuten:

Erstens ist die selbst gewählte Sorge für andere eine Selbstbegrenzung und Selbstsinngebung des eigenen Lebens. Sie setzt die Bejahung des eigenen Lebens voraus. Sie ent-

steht überhaupt nur als Sorge zweier oder mehrerer eigener Leben füreinander. Damit ist *zweitens* die Sorge für andere nicht in feste, sondern in offene Identitäten und Handlungsprogramme eingebunden. Die Solidarität, die hier möglich wird, ist nicht abrufbar, sondern muss im Gespräch, im wechselseitigen Nachfragen und Hinhören, immer wieder hergestellt werden und für alle nachvollziehbar gerecht sein. Erst dadurch wird die Sorge für den anderen zu einer gegenseitigen Sorge *füreinander.*

Das eigene Leben füreinander ist damit *drittens* auch ein experimentelles Leben: Gemeinschaft als Suchgemeinschaft. Die Veränderung der Identität ist gewollt, sie wird gegenseitig gestützt und gefördert. Hier brechen mehrere mit- und gegeneinander zu anderen Ufern auf, führen ein Entdeckungs- und Abenteuerleben in eigener Sache. Sie wissen, dass Einbrüche und schwere Wetter drohen und verkraftet werden müssen. Glück wird nicht mit Harmonie verwechselt, Glück wird vielmehr in der Erfahrung der Verschiedenheit und der Vielfalt gesehen, die konfliktfähig ist.

Dieses Sorgen füreinander setzt *viertens* eine Balance zwischen Gewissheit und Zweifel voraus. Die Gewissheit betrifft die Aktivität des schier unerschütterlichen Vertrauens, das der andere in den eigenen Augen genießt. Dessen kann er oder sie – was immer geschehen mag – sicher sein. Es schließt das Verständnis und die Vergebung selbst schwerer Irrtümer und Vertrauensbrüche mit ein (nicht die Zustimmung dazu).

Diese tragende und schützende, radikale, fast menschenunmögliche Gewissheit wird *fünftens* – vielleicht – ermöglicht und begleitet von der Fähigkeit zu zweifeln und der Gnade des Sebstzweifels. Das eigene Mangel- und Mängelbewusstsein öffnet die Tür in die Gemeinsamkeit der eigenen Leben. *Dubito, ergo sum.* Ich zweifle, also bin ich. Ich zweifle, also gebe ich dir Raum.

Die Kultur des Zweifelns öffnet Raum für andere (eigene) Leben, andere Erfahrung für mich und mein eigenes Leben. So wird die Sozialmoral des eigenen Lebens zu einer aktiven Sorge für andere – kann, könnte es werden.

Sprechen aber nicht beispielsweise die hohen Scheidungsziffern gegen die Praktikabilität dieser Philosophie? Nein. Die Erneuerung familialer Solidarität ist durchaus vereinbar mit der Vielfalt nicht-, vor-, neben- und nachehelicher Lebensformen, wie sie jetzt in allen hoch industrialisierten Gesellschaften erkundet werden. Es handelt sich um eine „familiale" Solidarität im weitesten denkbaren Sinne. Sie darf nicht mit den Grenzen und Normen der von vielen verewigten Kleinfamilienordnung verwechselt werden. Die Scheidungsraten werden aller Voraussicht nach hoch bleiben. Sie sind Ausdruck des Experimentes, zu dem die Verbindung eigener Leben inzwischen unwiderruflich geworden ist.

Die Anerkennung, dass auch Kinder ihr eigenes Leben haben, die Einsicht, dass Eltern das eigene Leben ihrer Kinder ermöglichen und tragen sollen, dass dies auch eine nacheheliche Solidarität Geschiedener begründen *kann,* öffnet den Blick dafür, was vielen paradox erscheinen mag: Scheidung vervielfältigt Verwandtschaftsbeziehungen – deine, meine, unsere Kinder – und kann daher auch die (unter Schmerzen geborene) nachfamiliale Großfamilie und neue Solidarität begründen.

Aber öffnet die Kultur des Zweifelns nicht letztlich doch dem (Werte-)Relativismus Tor und Tür? Muss die Moral des eigenen Lebens nicht gedacht werden als der extremste Gegenfall zu einer Verpflichtung auf das Gemeinwohl, das ja längst nicht mehr nur Klassen und Nationen, sondern die Solidarität des Lebens auf dieser Erde einschließt? Wie ist die letztlich doch ins Kleine, nach innen gewendete Moral des eigenen Lebens mit Herausforderungen dieses Zuschnitts vereinbar?

Das eigene Leben enthält einen erfahrbaren, die Eigen- und Fremdwahrnehmung prägenden Wertuniversalismus. Es erfährt, dass das eigene Leben von fernen Entscheidun-

gen, zum Beispiel über Energieversorgung auf der anderen Seite der Erde, genauso gefährdet wird wie von Einbrüchen im sozialen Netz und im Arbeitsmarkt „zu Hause“.

Das eigene Leben schließt also kosmopolitische Werte und Identitäten keineswegs aus. Im Gegenteil, es ist die erste historische Vergesellschaftungsform, in der das Schicksal jedes Einzelnen und das Schicksal aller im Umgang mit produzierten Gefahren und Unsicherheiten für jeden in Grenzfällen (Katastrophen wie Tschernobyl) wahrnehmbar wird. Der Werthorizont, der sich hier öffnet, lässt sich am ehesten in den Worten von Hans Jonas als „Heuristik der Furcht“ begreifen. Er wird zunächst bewusst unter negativem Vorzeichen als Bedrohung, welche die Menschheit für sich selbst geschaffen hat. „Das Dringlichste ist“, sagt Jonas, „die Notwendigkeit einer Ethik der Erhaltung und Abwendung, nicht des Fortschritts und der Perfektion.“ Man möchte hinzufügen: der Vor-Sorge.

Werte der Unverletzlichkeit des menschlichen Lebens, universelle Menschenrechte, die Erhaltung des Lebens und die Sorge für die lebenden sowie noch ungeborenen Generationen mögen auf diese Weise durch ihre Verletzung bewusst werden. Es sind aber keineswegs nur negative Werte. Sie enthalten vielmehr eine Ethik individueller und kollektiver *Verantwortung*, die einen in die Lage versetzen könnte, unterschiedliche Interessen zu überbrücken. Verantwortung meint nicht *Pflicht*. Im Unterschied zur Pflicht setzt Verantwortung das Ausbuchstabieren der Gründe voraus, schließt abrufbare Gefolgschaft oder blinden Konsens aus.

Verantwortung ist das Gegenteil von Fanatismus, entwickelt aber eine eigene Ansteckungskraft. Denn sie beruht auf Freiwilligkeit, und Freiwilligkeit kann – jedenfalls in Kulturen des eigenen Lebens – durchaus mehr Überzeugungs- und Bindungskraft entwickeln als erzwungene, von oben gesetzte Vorgaben. Auf Verantwortung in diesem Sinne als Antwort auf globale Herausforderungen zu setzen mag schwach erscheinen. Oder sein. Aber haben das die kommunistischen Machthaber nicht auch gedacht – bis sie hinweggefegt wurden?

(Ulrich Beck, in: DIE ZEIT Nr. 35 v. 23.8.1996, S. 10)

1. Erläutern Sie die Schlüsselbegriffe, mit denen der Autor argumentiert: Eigenes Leben, solidarischer Individualismus, Sozialmoral.
2. Diskutieren Sie seine Thesen im Kurs.
3. Welche Schlussfolgerungen für Erziehung und Bildung ergeben sich aus seinen Thesen?
4. Erläutern Sie das folgende Zitat von U. Beck und diskutieren Sie die sich daraus ergebenden Erziehungsziele:
   „Das eigene Leben ist durchaus ein moralisches Leben, jedenfalls ein Leben auf der Suche nach einer Moral der Selbstbestimmung, einer Moral von unten. Diese darf allerdings nicht mit den eingeschliffenen, abgegriffenen, widerspruchsvoll gewordenen Pflichtformen und -formeln gleichgesetzt bzw. verwechselt werden. Die Frage aber nach der Sozialmoral des eigenen Lebens ist damit auch eine politische. Denn gefragt wird auch, wie die veralteten Bilder des Sozialen in den Institutionen mit den Anforderungen und Paradoxien des ‚eigenen', global vernetzten Lebens abgestimmt werden können.“
   (Aus: Ulrich Beck, eigenes Leben – Skizzen zu einer biografischen Gesellschaftsanalyse, in: Ulrich Beck/Wilhelm Vossenkuhl/Ulf Erdmann Ziegler, eigenes Leben, Beck Verlag, München 1995, S. 14)

BLICK-RICHTUNG:

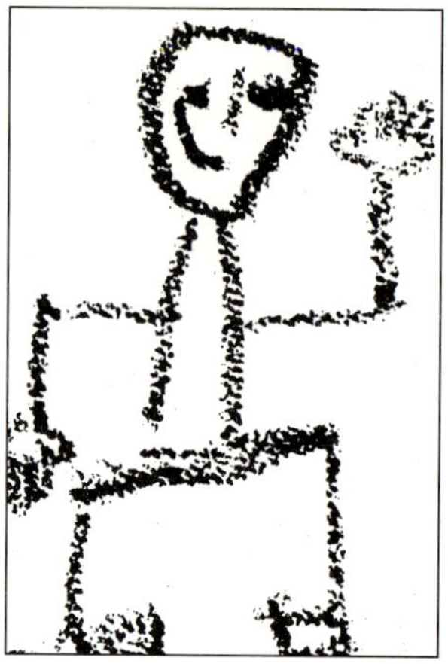

Die Zeichnung ist ein Selbstbildnis des 6-jährigen Jan, der sich bei der Aktion einer Tageszeitung um einen kostenlosen Ferienplatz auf Teneriffa beworben hat. Ein Selbstbild von einem ‚kleinen Ich', welches bereits einen langen Weg hinter und auch noch vor sich hat und irgendwann mal ein ‚großes Ich' sein wird.

In diesem Buch haben Sie viele Überlegungen über die Schrittfolge, das Wachsen, den Weg mit seinen vielen Möglichkeiten, Hindernissen und Sackgassen kennen gelernt, auch haben Sie einen Blick auf die Orientierungsschilder am Rande eines solchen Weges vom ‚kleinen Ich' zum ‚großen Ich' geworfen.
Dieses ‚kleine Ich' ist nicht allein, es hat Wegbegleiter, die es laufen und seinen Weg selbst bestimmen lassen oder es in eine bestimmte Richtung drängen wollen oder einreden wollen, dass es nur einen Weg gibt oder helfen wollen oder…
Auf jeden Fall muss dieses ‚kleine Ich' selbst seine Beine bewegen, sich selbst anstrengen, um seinen Weg zu gehen, wozu es viele Fähigkeiten und Kraft benötigt.

Wir wollen Ihnen in diesem Themenkreis die Möglichkeit geben, die von Ihnen im Laufe dieses Buches bearbeiteten unterschiedlichsten ‚Wegbeschreibungen' und ‚Ich'-Erklärungen rückwirkend zu reflektieren – insofern bietet Ihnen dieser Themenkreis insgesamt einen **Rück-Blick** auf die vorherigen Themenkreise an.
Sie bekommen dazu die unterschiedlichsten Materialien angeboten, aus denen Sie eine sinnvolle Auswahl je nach zurückgelegtem Benutzerpfad durch dieses Buch treffen sollten.
Das Strukturmodell am Ende des Abschnittes: ‚Menschenbilder – Bilder vom Menschen' eignet sich besonders zur Systematisierung der bisher von Ihnen behandelten Modelle, da daran die Möglichkeiten und Grenzen der verschiedensten Modelle und Theorien deutlich werden können; es ist daher auch für eine einordnende Wiederholung sehr geeignet. Entwickeln Sie Ihren Stand•Punkt!

Am Ende dieses Buches bitten wir Sie um Ihre Einschätzung der Arbeit mit ‚Phoenix'.
Würden Sie dem kleinen Jan empfehlen, in der Schule das Fach Pädagogik zu wählen?
Würde dies auf den Lebensweg von Jan einen großen Einfluss haben und ihm helfen, *sein* ‚großes Ich' gestalten zu können?
Wie sieht das Selbstbildnis des großen Jan aus, was würden Sie ihm wünschen?

2 Wabe: Modelle des Menschen und ihre pädagogischen Implikationen

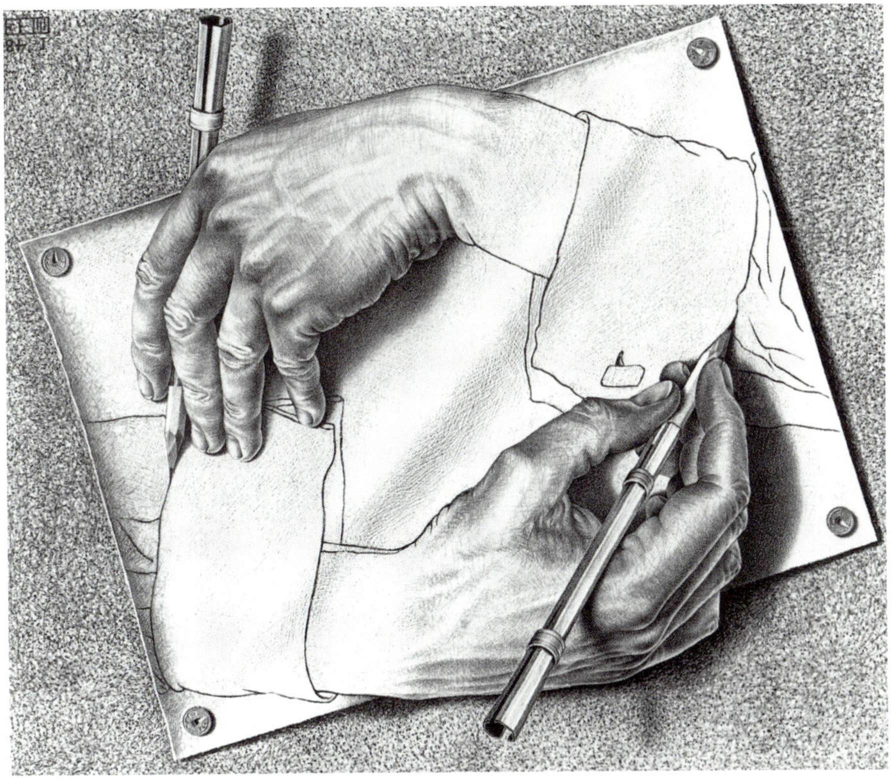

Hände, die sich gegenseitig zeichnen – ein autopietisches System

„Wenn wir, um das Instrument einer Analyse analysieren zu können, eben dasselbe als Instrument benutzen müssen, so bereitet uns die dabei entstehende Zirkularität ein schwindelerregendes Gefühl. Es ist, als verlangten wir, dass das Auge sich selbst sieht. In dem Bild des holländischen Malers M.C. Escher ist dieses Schwindelgefühl besonders deutlich durch die Hände zum Ausdruck gebracht, die sich gegenseitig so zeichnen, dass es unmöglich ist zu wissen, wo die Grundlage des gesamten Prozesses liegt, das heißt, welche die ‚wirkliche Hand' ist".

(Humberto R. Maturana/Francisco J. Varela, Der Baum der Erkenntnis, Scherz Verlag, Bern/München 1987, S. 29f.)

Modelle des Menschen

Wie viele Chancen wir dem Menschen einräumen, ein „großes Ich“ zu erlangen, zu welchen Polen sich die Balancen von Subjekt und Objekt, Autonomie und Heteronomie in unserer Sichtweise verschieben, welche Chancen und welche Grenzen wir einer subjektstärkenden Erziehung einräumen, dies alles hängt davon ab, wie wir den Menschen sehen, auf welche wissenschaftlichen Modelle vom Menschen wir uns stützen und nicht zuletzt welches Bild wir von uns selbst und unseren Möglichkeiten haben. In seinem Buch „Modelle des Menschen“ macht Charles Hampden-Turner zunächst auf Probleme der Modellbildung aufmerksam und benutzt dabei ein Gleichnis und eine visuelle Darstellung des Problems:

Was ist das – der menschliche Geist? Diese Frage hat den Menschen seit Anbeginn beschäftigt, seit er die Möglichkeit eines Geistes überhaupt in Erwägung gezogen hat. Es war die erste echte philosophische Frage, die mit der Entwicklung des Bewusstseins entstand. Doch sie verfängt sich bald in einer anderen, irritierenden Frage: Wie kann das Erkennende sich selbst erkennen? Jede Darstellung des Erkannten, die den Erkennenden ausschließt, ist notgedrungen unvollständig.

Sechs weise Männer aus Indien trafen einen Elefanten. Sie tasteten sorgfältig seine Gestalt ab, denn sie waren alle blind. Der Erste befühlte den Stoßzahn: „Mir scheint, dass dieses Prachtstück von einem Elefanten sehr stark einem Speer ähnelt.“ Der Zweite tastete die Flanke der Kreatur ab, die sich hoch und flach anfühlte. „Aha!“, rief er und kam zu dem Schluss: „Dieses Tier ist wie eine Wand.“ Der Dritte hatte ein Bein ergriffen und meinte: „Ich weiß schon, was wir da alle vor uns haben; dieses Geschöpf ist wie ein Baum.“ Der Vierte bekam den Rüssel zu fassen und sprach: „Dieser so genannte Elefant ist in Wirklichkeit nur eine Schlange“. Der Fünfte hatte das Ohr des Tieres in Händen und ließ seine Finger darüber gleiten. „Ich hab‘ die Antwort: Dieses Wesen ist wie ein Fächer!“ Die Sechste stieß auf den Schwanz und tastete ihn ab: „Hört meine Entscheidung, dieses Geschöpf ist wie ein Seil.“

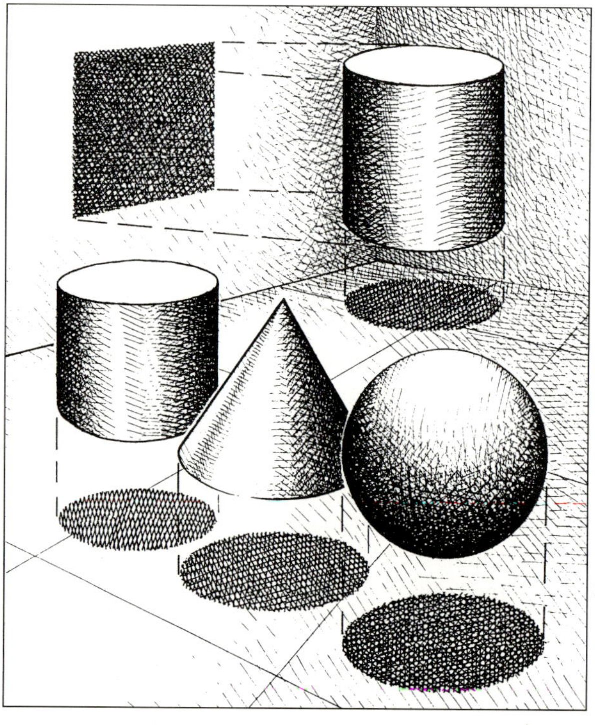

Und so stritten die Männer, die nicht sehen konnten, lange und heftig über die Gestalt des Elefanten und obwohl jeder teilweise Recht hatte, irrten sich alle.

Aber selbst diese Geschichte vereinfacht unser Problem, da sie darauf beruht, dass es „da draußen“ ein unförmiges dreidimensionales Wesen gibt; der Geist lässt sich aber noch schwerer definieren, da sich die „Fühler“ und das Erfühlte überschneiden.

(Charles Hampden-Turner, Modelle des Menschen. Dem Rätsel des Bewusstseins auf der Spur. Weinheim: Psychologie Verlags Union, 1996, S. 8ff.; Abbildung: S. 9)

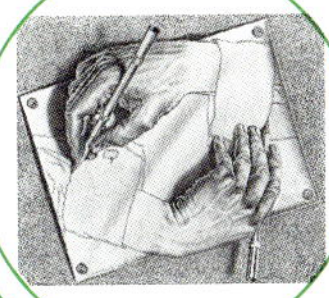

1. Auf welches Problem macht das Gleichnis aus Indien aufmerksam?
2. Welcher Aspekt wirkt erschwerend, wenn das zu Erklärende der menschliche Geist ist?
3. Alles, was wir wahrnehmen, sehen wir aus einer von vielen möglichen Perspektiven. Welche wundersamen Dinge dabei geschehen können, zeigt die Grafik. Beschreiben Sie, was beim Wechsel der Perspektiven geschieht.
4. Unser Kontext ist ein pädagogischer, kein anthropologisch-philosophischer. Welche Problemdefinition ist aus pädagogischer Perspektive möglich?

Die Bearbeitung der im Folgenden dargestellten Menschenbilder sollte immer mit der Wiederholung zentraler Inhaltsbereiche verknüpft werden, dies dient nicht zuletzt der intensiven Abiturvorbereitung.
Für die Ermittlung der jeweiligen Perspektive des Menschenbildes könnten folgende Prüfkategorien hilfreich sein:

- Welches Verständnis von Persönlichkeit und Identität lässt sich dem Menschenbild entnehmen?
- Wie wird das Verhältnis von Autonomie und Dependenz, von Objekt- und Subjekt-Sein gesehen?
- Welche Chancen, Grenzen und Gefahren werden bezüglich einer das Subjekt stärkenden Erziehung gesehen?

Menschenbilder – Bilder vom Menschen

[…] Welche Relevanz haben die Forschungen über die Anfänge der menschlichen Subjektivität für die pädagogische Anthropologie?

Pädagogische Anthropologie hat den Menschen als Kind, als sich entwickelndes, lernendes, sich selbst bildendes Wesen zum Gegenstand. Alles Nachdenken darüber, wie die persönlichkeitsprägenden Entwicklungs-, Lern- und Bildungsprozesse beschaffen sind, welchen relativen Einfluss die genetischen Anlagen, die ermöglichenden und beschränkenden sozialen Erfahrungen bzw. die eigenschöpferischen und spontanen Leistungen dafür haben, verweisen auf das Subjekt, das diese verarbeitet bzw. das diese hervorbringt. Und wenn man dieses realitätsverarbeitende Subjekt nicht einfach als metaphysische Gegebenheit betrachten will, sondern realistischerweise davon ausgeht, dass es selbst wiederum eine Entwicklung durchmacht, gerät der Blick fast zwangsläufig in jene regressive Spirale, an deren Ende die Frage nach den Anfängen der menschlichen Subjektivität und die Frage nach der Genese der komplexeren Formen des Selbst- und Welterlebens stehen. […]
Jene neueren Ergebnisse der Kleinkindforschung scheinen somit geeignet, die von verschiedenen anthropologischen Positionen eher axiomatisch bzw. intuitiv vorgetragenen Thesen, dass der Mensch zu keinem Zeitpunkt einfach als Produkt innerer oder äußerer Determinanten zu verstehen sei, sondern dass er von Anfang an aktiv und schöpferisch seine eigene Entwicklung vorantreibe und dass Erziehung nicht als kausales Einwirken, sondern nur als dialogisches Geschehen zwischen zwei Subjekten zu verstehen sei, einerseits der Grundaussage nach zu bestätigen, sie jedoch gleichzeitig in vielfacher Hinsicht zu differenzieren und zu präzisieren.
Während im Allgemeinen in der Pädagogik das „Dialogische" im Eltern-Kind-Verhältnis eher postuliert, gefordert, beschworen wird, aber weniger Interesse dafür besteht, wie denn de facto solche Dialoge ablaufen, haben die Kleinkindforscher sehr nachdrücklich ihren forschenden Blick auf diese interaktive Wirklichkeit gerichtet.

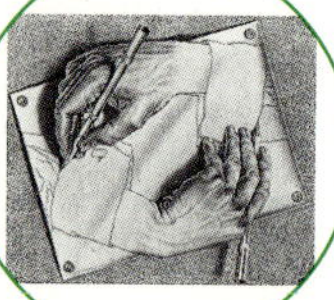

Und das Zustandekommen und Funktionieren dieses Dialogs ist keineswegs selbstverständlich angesichts der „… ungeheuren Inkongruenz der beiden Partner – hier ein Baby, das die Sprache nicht versteht und das effektiv nur durch sein Schreien auf sich aufmerksam macht, – und dort die Mutter, mit ihrem unendlichen Vorsprung an integrierter Erfahrung und ihrer unwiderstehlichen Neigung, mit dem Baby zu sprechen“ (Papoušek 1989, S. 114).

Und dennoch funktioniert dieser Dialog in einer harmonischen Mutter-Kind-Beziehung so erstaunlich subtil und fein abgestimmt, dass die Säuglingsforscher, die die Zeitlupenaufnahmen solcher Interaktionssequenzen auswerten, gelegentlich ins Schwärmen geraten und Metaphern verwenden, die aus dem Bereich der Choreographie und des Balletts stammen (vgl. Stern 1992, S. 110f.; Lichtenberg 1991, S. 107). Dabei beschränkt sich die mütterliche Reaktion auf die Affektausdrücke des Kindes, auf die mimischen, gestischen und lautlichen Impulse, die es in diesen „Dialog“ einbringt, keineswegs auf ein bloßes „Spiegeln“, sondern ist weit komplexerer Natur. Es handelt sich eher um ein „Resonanzgeben“, ein „Verstärken durch Mitschwingen“ (Bittner 1981b, S. 154), ein Deutlichmachen durch die „Übersetzung“ in eine andere Ausdrucksform. An zahlreichen äußerlich ganz simpel und alltäglich anmutenden Beispielen hat Stern dargestellt, wie diese so genannte „Affektabstimmung“ zwischen Mutter und Kind funktioniert: Die Mutter erkennt aufgrund des Situationskontextes, der Mimik und Gestik intuitiv das momentane affektive Geschehen in ihrem Kind und antwortet ihm mit einer verbalen oder mimischen Reaktion, die keineswegs ein Spiegelbild seines äußerlichen Verhaltens ist, die aber dennoch sehr deutlich signalisiert, dass sie sein Entzücken, seine Verwunderung oder seinen Protest verstanden hat.

Gerade diese neuen, detaillierten Forschungen zu den frühen Eltern-Kind-Dialogen sind jedoch andererseits auch geeignet, neben dem Staunen über die Eigenaktivität und die „kommunikative Kompetenz“ des Säuglings sowohl den Respekt für die „natürlichen“, biologisch verankerten Aspekte der menschlichen Entwicklung zu fördern als auch in neuer und differenzierter Form die Aufmerksamkeit auf die soziale Abhängigkeit und Ausgeliefertheit des Kleinkindes zu lenken. […]

Das Kleinkind ist für seine psychische Entwicklung natürlich in elementarer Form auf diese elterliche „Resonanz“ angewiesen. Die so genannten „Stillface“-Experimente, bei denen Mütter angewiesen wurden, mitten in der Interaktion plötzlich ein starres, unbewegtes Gesicht zu machen und dem Kind nicht mehr direkt in die Augen zu blicken – worauf die Säuglinge mit Verwunderung und Bestürzung und dem Versuch, den teilnahmslosen Partner erneut zur Kommunikation zu aktivieren, reagieren –, lassen ein wenig erahnen, wie schlimm etwa die Situation für den Säugling einer Mutter sein muss, die nach der Geburt für längere Zeit in eine ernsthafte Depression gerät und dadurch kaum mehr zur emotionalen Einfühlung und Resonanz fähig ist.

Ferner hat Dornes gezeigt, wie die Fantasien der Eltern über ihr Kind in subtiler Form die konkreten Interaktionen mit ihm beeinflussen und damit mitbestimmen, was in dieser Beziehung möglich ist und was nicht. Von daher bleibt es wohl trotz aller Begeisterung über den „neuen“, den „aktiven“, den „kompetenten“ Säugling auch weiterhin notwendig, die oben gestellten, auf die eigenschöpferischen Momente abzielenden Leitfragen dialektisch zu ergänzen durch Fragen wie etwa die folgenden: Was passiert, wenn das, was das Kind *selbst will,* von seinen Bezugspersonen gar nicht erkannt wird? Was ist, wenn seine Umwelt so anregungsarm ist, dass es kaum etwas zu *wählen* gibt? Was bedeutet es für seine Entwicklung, wenn das, was es *selbst hervorbringt,* auf keine Resonanz stößt? Wenn das, was es *selbst* gestaltet, einfach ignoriert wird? Wie abhängig ist also letztlich doch das, was das Kind *selbst aus sich machen* kann, von dem, was andere in den ersten Monaten und Jahren seines Lebens *mit ihm machen?*

(Rolf Göppel, Anfänge der menschlichen Subjektivität, in: Zeitschrift für Pädagogik 2/1994, S. 259ff.; der Autor lehrt am Institut für Pädagogik der Universität Würzburg.)

1. Welche Kernaussage formuliert der Autor für eine neue pädagogische Anthropologie? Beziehen Sie diese Aussage auf die eingangs formulierten Prüfkriterien für die zu untersuchenden Menschenbilder.
2. Belegen Sie seine These mit Erkenntnissen der neuen Säuglingsforschung. Benutzen Sie hierzu das entsprechende Kapitel in diesem Buch.
3. Der Autor macht selbst in seinem Artikel auf Probleme und Grenzen dieses Menschenbildes aufmerksam. Diskutieren Sie die Reichweite dieser Bedenken im Kurs.

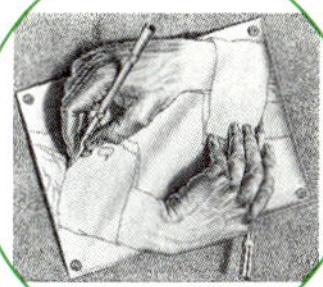

Skinner – ein überzeugter Behaviorist

Das Ding sieht aus wie eine Kreuzung aus Schiffskoje und Tiefkühltruhe. Rechteckig, aus leuchtend gelbem Stahl, mit einem Ziehharmonikavorhang an der Längsseite. „Kriechen Sie ruhig mal rein", sagt der Professor.

Er drückt auf einen Schalter, und ein Licht geht an im Innern des Kastens. Er wartet, bis ich es mir auf der Steppdecke bequem gemacht habe. Dann zieht er – ratsch – den Vorhang zu.

Hier liegt er also, Abend für Abend, und starrt an die gelbe Decke, die kaum einen halben Meter über der Stirn hängt. Immerhin, er kann die Beine ausstrecken, die Arme bequem im Nacken verschränken; dort in der Nische über dem Fußende steht sogar ein Fernseher. Aber wie kann einer schlafen in dieser stockfinsteren, stickigen Kiste? Und was ist das für ein Erwachen, wenn man mitten in der Nacht aus einem Alptraum hochschreckt und spürt, dass man ringsum von stählernen Wänden eingeschlossen ist?

„Na, was ist", ruft der Professor von draußen, „kriegen Sie Platzangst?"

Er zieht den Vorhang beiseite. Das Ding kommt aus Japan, erklärt er, eine Schlafbox, man stellt sie dort zu Dutzenden an Flughäfen auf und vermietet sie stundenweise an müde Geschäftsreisende. Eine Firma bat ihn, ihr Modell zu testen, und er fühlte sich auf Anhieb so wohl darin, dass er es gleich behielt.

Was fasziniert ihn denn so an dieser Box?

„Ich hatte schon immer eine Vorliebe für überschaubare, kontrollierbare Räume", sagt der Professor. „Als ich klein war, habe ich mir immer Schachteln und Kästen…" Er bricht plötzlich ab und sieht mich scharf an. „Ich weiß, was Sie jetzt denken. Freud und so, ‚unbewusster Wunsch nach Rückkehr in den Mutterleib' … nein, nein, vergessen Sie's. Damit hat es gar nichts zu tun." Bei dem Namen „Freud" ziehen sich seine Mundwinkel spöttisch nach unten, dumpf und bedeutungsvoll tönt das „uuu" in Mutterleib, man sieht förmlich, wie es sich langsam von den Lippen löst, eine aufgedunsene, schwer verdauliche Worthülse.

Nein, von der so genannten Psychoanalyse hält er gar nichts.

Sigmund Freud gegen Burrhus Frederic Skinner. Der Entdecker des Unterbewussten gegen den Erbauer der Skinner-Box. Der Erforscher der Seele gegen den Begründer einer Technologie zur Formung menschlichen Verhaltens. Manchmal ist es wirklich ein Jammer, dass man sich nicht über den Lauf der Zeit hinwegsetzen und zwei historische Kontrahenten an einen Tisch bringen kann, in diesem Fall die beiden wohl bedeutendsten Psychologen unserer Zeit. Was gäbe das für ein denkwürdiges Streitgespräch! Was würde Freud wohl erwidern, wenn ihm einer Sätze ins Gesicht sagte wie: „Träume sind Schund." „Kognitive Psychologie ist ein Schwindel und ein Jux." „Gefühle sind wissenschaftlich irrelevant."

Vielleicht würde Freud, mit solchen Thesen konfrontiert, weit ausholen und Skinner all das an den Kopf werfen, was Psychologen, Philosophen, Biologen und Linguisten im

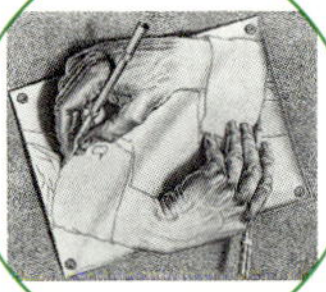

Lauf der Jahrzehnte zum Werk und zur Person des mittlerweile 84-jährigen Forschers eingefallen ist. Unwissenschaftlicher Technokrat. Naiver Positivist, von cäsarischem Größenwahn besessen. Fragwürdiger Verfechter einer Pseudo-Theorie. Befürworter totalitären Denkens…

Vorwürfe wie die letzten wurden vor allem nach Erscheinen eines Buches laut, das den Titel „Jenseits von Freiheit und Würde“ trägt. Es ist nichts weniger als der Vorschlag zur Rettung der Menschheit durch die praktische Anwendung einer Wissenschaft, die den Namen „Behaviorismus“ trägt – Lehre vom Verhalten.

Seit Jahrhunderten, sagt B.F. Skinner, versuchen wir „uns selbst zu erkennen“, die Triebfedern unseres Tuns und Lassens aufzuspüren. Und was haben wir herausgefunden? Nichts.

Das liegt einzig daran, dass wir immer nur in den unsichtbaren, unmessbaren, unbegreiflichen Gründen unserer Seele herumgeforscht haben. Wir sollten aber den Blick auf unsere Umwelt lenken. Denn „Seele“, das, was wir „Persönlichkeit“ nennen, ist letztlich nichts weiter als das Produkt einer langen Reihe äußerer Einflüsse. Wir handeln nicht, weil uns etwas „in den Sinn kommt“, sondern weil wir irgendwann etwas erlebt haben, das uns jetzt zum Handeln veranlasst.

Fort also mit dem Ideal des „freien, würdigen, verantwortlichen Individuums“. Es ist nicht nur eine Illusion, sondern eine Gefahr. Wohin haben wir es denn gebracht, wir angeblich so freien und selbst-bewussten Menschen? Wir haben eine Gesellschaft begründet, die von rücksichtslosem Leistungsstreben geprägt ist, wir haben unseren Planeten durch Krieg, Überbevölkerung, Raubbau an der Umwelt verwüstet.

Es wird Zeit, dass wir umdenken und eine „Technologie zur Formung menschlichen Verhaltens“ entwickeln. Wir müssen unsere Umgebung so verändern, dass sie neue Menschen hervorbringt, Menschen, die friedfertig, maßvoll und zu Selbstkontrolle fähig sind. […]

„Es gibt keinen entscheidenden Unterschied zwischen Tauben und Menschen.“ Er spricht auch diesen ungeheuerlichen Satz so unbekümmert daher, als handle es sich um eine Alltags-Weisheit.

„Ein Beispiel. Kennen Sie Las Vegas? Wo Leute zu Dutzenden an diesen Slot machines rütteln und immer wieder Münzen reinwerfen? Die tun im Prinzip nichts anderes als Tauben. Nur dass der positive Verstärker im einen Fall aus Geld, im anderen aus Körnern besteht.“

Aber die menschliche Existenz besteht doch nicht nur aus Glücksspiel! Gedanken, Empfindungen, Sprache – all das lässt sich doch nicht mit dem simplen Schema von Reiz und Reaktion erklären!

„Zugegeben“, sagt der Professor, „es gibt Unterschiede in der Komplexität der Gehirne. Und die Taube kann nicht sagen, es tut weh, wenn ich ihr auf die Zehen trete, weil sie nicht mit der erforderlichen Sprechmuskulatur ausgerüstet ist. Aber der Schmerz, den sie spürt, ist der gleiche. Und was wir Gefühl nennen, ist letztlich auch nur eine Reaktion des Körpers auf Umweltreize.“ Er lächelt. „Natürlich unterscheide zum Beispiel ich mich in vieler Hinsicht erheblich von einer Taube. Sie kann viel besser sehen als ich. Und im fliegen ist sie mir absolut über.“

Der Professor hat sich in seinem Sessel zurückgelehnt, mit einem Ausdruck verschmitzten Triumphes: Na, jetzt noch Einwände? „Wissen Sie“, sagt er, „es kränkt mich nicht, wenn jemand den Behaviorismus für Unsinn erklärt. Ich amüsiere mich bloß. Besonders über die Leute, die beim Argumentieren immer in Rage geraten“.

„Einmal hab' ich mir einen kleinen Scherz erlaubt. Da saß ich in einer Diskussionsrunde unter anderem mit Erich Fromm, und der griff mich heftig an, meine Theorien seien inhuman; man könne Menschen nicht programmieren … Daraufhin habe ich spontan ein

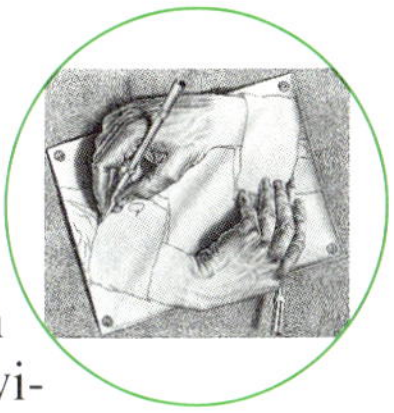

kleines Experiment gestartet: Immer wenn er beim Reden die Hand hob, wandte ich mich um und lächelte ihm freundlich zu. Nach einer Viertelstunde sauste seine Hand nur so auf und ab, wie ein kleines Fallbeil. Es war sehr komisch."
Wenn es tatsächlich so einfach ist, Menschen zu beeinflussen – warum hat noch niemand das dringende Projekt einer Umerziehung der Menschheit durch behavioristische Technologie in Angriff genommen?
Für einen Moment schlägt der verschmitzte Ausdruck auf dem Gesicht des Professors in Resignation um. „Ich bin entmutigt", sagt er. „Wir haben es nicht geschafft, unsere Probleme in den Griff zu kriegen.Und ich fürchte, es ist jetzt zu spät dazu."
Trotzdem – er hat noch nicht alle Hoffnungen begraben. Er glaubt noch immer an sein Paradies, an die Vision einer idealen Gemeinschaft, die er im gleichen Jahr niederschrieb wie Orwell sein „1984". Skinner nannte sein Buch „Walden Two" – in Anlehnung an Henry David Thoreaus berühmten Einsiedler-Roman. „Walden Two" ist ein Ort irgendwo in Amerika, an dem Menschen miteinander leben. Es gibt keine sinnlose, entfremdete Arbeit, keine Verschwendung von Ressourcen. Es gibt auch keine Strafen, weil ein System von Belohnungen und Ermutigungen, „positiven Verstärkern", sozial unerwünschtes Verhalten gar nicht erst aufkommen lässt.
Manchmal fällt den Menschen der Kommune das Wort für „Glück" nicht mehr ein, weil ihnen das Gegenteil so gut wie unbekannt ist. Alles, was unglücklich macht, haben sie aus ihrem Alltag verbannt: Hass, Neid, Angst, Eifersucht, Liebeskummer. „Gefühle", sagt einer der Hauptdarsteller, „sind nutzlos und schlecht für den Blutdruck."
Besteht nicht die Gefahr, dass sich die Bewohner dieses behavioristischen Paradieses auf die Dauer zu Tode langweilen?
Zum ersten Mal blickt der Professor verständnislos drein. Aber das ist doch mit das Hauptanliegen seiner Wissenschaft, die Menschen glücklich zu machen! Wie kann sich jemand danach sehnen, auch nur einen Moment seines Lebens traurig zu sein.

(Johanna Romberg, Von einem, der auszog, das Glück zu lehren, in: GEO 5/1988, S. 136ff.)

1. Welches Bild vom Menschen hat Burrhus Frederic Skinner? Orientieren Sie sich an den vereinbarten Prüfkriterien.
2. Erläutern Sie diese allgemeinen Aussagen über den Menschen mithilfe Ihrer lerntheoretischen Kenntnisse. Benutzen Sie das entsprechende Kapitel in diesem Buch.
3. Simulieren Sie ein Streitgespräch, wie es die Autorin vorschlägt, und lassen Sie Herrn Freud, Frau Satir oder andere mit Herrn Skinner über seine Ideen diskutieren.

Erik Erikson – Lebenszyklen

„Reif sein heißt, mit dem Hauptkonflikt jeder Lebensphase fertig zu werden"

Erik Erikson, Psychoanalytiker und Entdecker der Identitätskrise, spricht über Lebenszyklen, Alter, Gewaltfreiheit, Sexualität und die neue Identität der menschlichen Art. Er beschreibt das eigene Alter als ein Stadium der Verwunderung, in dem Staunen, Freude und Verspieltheit der Kindheit entdeckt werden.

Ist es so, dass nach der erfolgreichen Überwindung einer Krise die unterlegene Eigenschaft nicht verschwindet, sondern sich das Gleichgewicht nur verschiebt und die positive Eigenschaft das Übergewicht gewinnt?

Ja, es ist eine Frage des Gleichgewichts. Wir vermeiden jedoch die Begriffe „positiv" und „negativ". Manchmal kann eine Eigenschaft, die in unserer Terminologie unter die „dystonischen" (mit einer Tendenz zum Ungleichgewicht) fällt, positive Aspekte haben. Die Lebenskrise im Alter schließt beispielsweise den Konflikt zwischen Integrität und

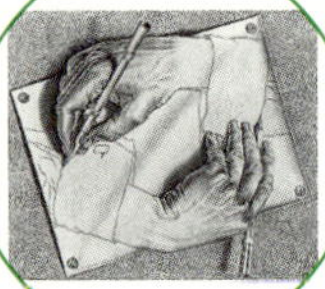

Verzweiflung ein. Wie wäre es denn möglich, integer, also aufrichtig zu sein, und nicht gleichzeitig auch über die menschlichen Bedingungen allgemein zu verzweifeln? Selbst wenn Sie ein wunderschönes Leben geführt haben, müsste Sie die Tatsache, dass so viele Menschen ausgebeutet oder vernachlässigt wurden, verzweifeln lassen.

Die Menschen sollten also nicht erwarten, dass sie durch acht rosarote Stadien gehen, wenn sie ihr Leben nach der Erikson'schen Theorie ausrichten. Kann man das, was Sie die „syntonische" (ausgeglichene) Qualität jedes Lebensstadiums nennen, entwickeln, ohne zugleich die entsprechende „dystonische" Qualität zu besitzen? Gibt es Generativität ohne Stagnation, Vertrauen ohne Misstrauen?

Bleiben wir beim Letzteren: Es beschreibt die psychosoziale Krise der Kindheit. Urvertrauen heißt, dass das Kind gelernt hat, sich auf seine Bezugspersonen zu verlassen, zu wissen, dass sie da sein werden, wenn es sie braucht; es heißt aber auch, dass es sich selbst für vertrauenswürdig hält. Aber stellen Sie sich vor, wie jemand sein würde, der überhaupt kein Misstrauen kennt?

Leichtgläubig, gelinde ausgedrückt. Wir würden wahrscheinlich annehmen, dass er nicht ganz helle ist.

Aus dem Konflikt zwischen Vertrauen und Misstrauen entwickelt das Kind Hoffnung. Das ist die früheste Form dessen, was beim Erwachsenen nach und nach zu Glauben, Gewissheit wird. Wenn Sie sagen, ein Erwachsener hat Hoffnung, dann würde ich antworten: „Na, hoffentlich", wenn Sie aber sagen, ein Baby habe Gewissheit oder Glauben, dann würde ich antworten: „Das muss aber ein tolles Baby sein." Glaube, wirklicher Glaube, ist eine sehr reife Haltung.

Sie meinen, die verschiedenen im Alter vorherrschenden Züge nehmen andere Formen an, weil sie von einer Kraft im Alter gemildert oder beherrscht werden – der „Weisheit".

Ja. Alt ist man, wenn eine gewisse Weisheit möglich, wenn nicht gar notwendig ist, solange man nicht so tut, als sei man schon gar nicht mehr auf dieser Welt.

Das Gebot des Franz von Assisi lautete: Ändern, was man ändern kann, und nicht verändern, wo es keine Hoffnung auf Veränderung gibt – aber weise genug sein, den Unterschied zu erkennen.

Ja, obwohl man zögert, es alles zu einfach zu machen.

Wenn man das Leben sieht wie einen gewebten Teppich, jedes Stadium in einer anderen Farbe, dann würde das Muster, das letztlich bei jedem Einzelnen herauskommt, immer unterschiedlich sein. Kann jemand die Krise des Alters, den Kampf zwischen Integrität und Verzweiflung, erfolgreich durchstehen, wenn er die vorangegangenen Stadien nicht zufriedenstellend hinter sich gebracht hat?

Es ist unmöglich, sich einen Menschen vorzustellen, der alle sieben Lebensstadien gleich gut meistert – um es offen zu sagen, ich hoffe, nie einem solchen Menschen zu begegnen. Am Ende des Lebens macht man den Versuch, eine existenzielle Identität für sich zu finden. Es mag hochtrabend klingen, aber diese existenzielle Identität muss aus der psychosozialen Identität hervorgehen.

(Heiko Ernst [Hrsg.], Innenwelten. Gespräche mit Psychologen, Heyne, München 1994, S. 43ff. [Auszüge])

1. Was heißt „Reife" nach Erikson in den einzelnen Lebensphasen? Erläutern Sie den Begriff der Reife in unterschiedlichen Entwicklungsphasen.
2. Welche Vorstellungen von Autonomie und Identität hat Erikson?
3. Welche Konsequenzen kann man aus diesem Menschenbild für Erziehung gewinnen?

Sigmund Freud: Die unbewussten Triebansprüche als das eigentliche Subjekt menschlichen Handelns

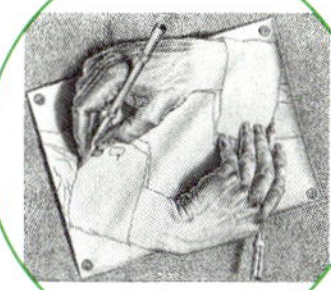

Freud erweitert das Spektrum des Subjektbegriffs um die Facette unbewusster psychischer Prozesse, deren Aufklärung Aufgabe der Psychoanalyse als Wissenschaft sei. In der 18. seiner Vorlesungen zur Einführung in die Psychoanalyse spricht Sigmund Freud davon, dass die Menschheit im Laufe der Zeiten seitens der Wissenschaft drei massive Kränkungen ihrer naiven Eigenliebe habe erdulden müssen. Die erste, als sie erfahren habe, dass die Erde nicht der Mittelpunkt des Weltalls sei, sondern nur winziges Teilchen eines in seiner Größe kaum vorstellbaren Weltsystems. Die zweite, als die biologische Forschung das angebliche Schöpfungsvorrecht des Menschen zunichte gemacht und ihn auf die Abstammung und die Untilgbarkeit seiner animalischen Natur verwiesen habe. Die dritte und empfindlichste Kränkung aber erfahre die menschliche Größensucht durch die heutige psychologische Forschung, welche dem Ich nachzuweisen versucht, dass es nicht einmal Herr im eigenen Haus sei, sondern auf kärgliche Nachrichten angewiesen bleibe von dem, was unbewusst in seinem Seelenleben vor sich gehe. (Freud, 1969, S. 283f.) Freud stellt fest, dass das „leibgebundene, sprechende und handelnde Subjekt" (Habermas, 1985, S. 362) nur vermeintlich innerlich autonom und frei sei. Verstand und Intelligenz des Menschen seien meistens nur die Mägde der größtenteils unbewussten Affekte: „Diese Affekte bestehen größtenteils aus der Mischung von Ableitungen zweier Triebe, des Aggressiven und des Sexuellen. Der aggressive Trieb dient der Abgrenzung des eigenen Ich vor der Besitznahme durch andere und anderes, der sexuelle Trieb der Öffnung des eigenen Ich zur Schaffung größerer Einheiten, bei denen das eigene Ich über das Individuum hinausgehend andere und anderes in Besitz nimmt" (Bielecki, 1991). [...]

Während „Es" für das Unbewusste steht, wird demgegenüber mit dem „Ich" eine dem Bewusstsein verbundene Instanz bezeichnet, die zwischen den Forderungen aus dem Unbewussten und den Normen der Außenwelt vermittelt. Um die Herrschaft über die Triebansprüche des „Es" zu gewinnen, entscheidet das Ich nach Freud darüber, ob es die Triebansprüche zur Befriedigung zulassen soll, ob es „diese Befriedigung auf die in der Außenwelt günstigen Zeiten und Umstände verschiebt oder ihre Erregungen überhaupt unterdrückt" (Freud, 1960a, S. 8). Freud vergleicht das „Ich" im Verhältnis zum „Es" mit „dem Reiter, der die überlegene Kraft des Pferdes zügeln soll [...] Wie dem Reiter [...] oft nichts anderes übrig bleibt, als es dahin zu führen, wo es gehen will, so pflegt auch das Ich den Willen des Es in Handlungen umzusetzen, als ob es der eigene wäre" (Freud, 1960b, S. 181f.).

Mit dem „Über-Ich" benennt er verinnerlichte gesellschaftliche Verhaltensmuster, Forderungen, Normen und Verhaltensregeln vor allem der Eltern, aber auch der durch sie weitergegebenen Traditionen aus Familie und Gesellschaft. Immer wieder kommt es zu Konflikten im Gegeneinander von Triebansprüchen einerseits und von gesellschaftlichen Forderungen, diese Antriebe zu unterdrücken, andererseits. Da diese Unterdrückung vom Individuum mit der Konsequenz verinnerlicht wird, dass es sie ganz von alleine gegen sich selbst richtet (z. B. Gewissen als eigene Zensurinstanz), muss es notwendigerweise den im Unbewussten rumorenden Konflikt als Leiden erleben, als Ungleichgewicht, als Neurose. Alles Subjekthandeln, sei es gedanklich reflexiv, verbal, nonverbal und körperlich zum Ausdruck gebracht, ist immer durch eine interne Balance zwischen diesen psychischen Instanzen bestimmt, die oft genug gelingt, aber auch in krisenhaft erlebter Form misslingen kann. Das äußerst wilde „Pferd" der Triebansprüche ist nun einmal schwer zu zähmen und auf dem Kurs zu halten, der von unserer Umwelt vorgegeben, eingefordert und kontrolliert wird. Das Ich hat zwischen Lust- und Realitätsprinzip ebenso zu vermitteln wie zwischen dem „Es" und den Geboten des „Über-

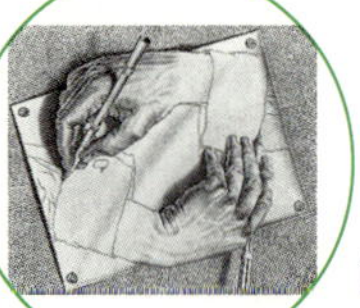

Ichs“ (vgl. Tillmann, 1989, S. 57ff.) Eine Handlung des „Ichs“ ist „dann korrekt, wenn sie gleichzeitig den Anforderungen des Es, des Über-Ichs und der Realität genügt, also deren Ansprüche miteinander zu versöhnen weiß“ (Freud, 1960a, S. 8).

Für Freud ist letztlich jede menschliche Aktivität durch organisch verankerte Bedürfnisspannungen verursacht, denn die „Macht des Es drückt die eigentliche Lebensabsicht des Einzelwesens aus. Sie besteht darin, seine mitgebrachten Bedürfnisse zu befriedigen [...] Die Kräfte, die wir hinter den Bedürfnisspannungen des Es annehmen, heißen wir *Triebe.* Sie repräsentieren die körperlichen Anforderungen an das Seelenleben.“ (Freud, 1960a, S. 10)

Freud koppelt die Entwicklung des Ichs als Instanz des Bewussten an die Entwicklung des Unbewussten. [...]

Die Methode der Psychoanalyse soll der Ichwerdung, die mit Subjektentwicklung gleichgesetzt werden kann, dienen: „Ihre Arbeit ist es ja, das Ich zu stärken, es vom Über-Ich unabhängiger zu machen, sein Wahrnehmungsfeld zu erweitern und seine Organisation auszubauen, sodass es sich neue Stücke des Es aneignen kann. Wo Es war, soll Ich werden. Es ist Kulturarbeit etwa wie bei der Trockenlegung der Zuydersee.“ (Freud, 1969, Bd. 1. S. 516)

1927 schreibt Freud in „Die Zukunft einer Illusion“ (Freud, Gesammelte Werke, S. 972): „Es macht schon etwas aus, wenn man weiß, dass man auf seine eigene Kraft angewiesen ist. Man lernt dann, sie richtig zu gebrauchen [...] Dadurch, dass (der Mensch) seine Erwartungen vom Jenseits abzieht und alle frei gewordenen Kräfte auf das irdische Leben konzentriert, wird er wahrscheinlich erreichen können, dass das Leben für alle erträglich wird und die Kultur keinen mehr erdrückt“.

(Erhard Meueler, Die Türen des Käfigs, Klett-Cotta, Stuttgart, 2. Aufl. 1998, S. 30ff.)

1. Welche Bedeutung haben die Triebe laut Freud für das Menschsein? Welche Rolle spielen die Triebe für geistiges, soziales und kulturelles Handeln?
2. Wie lässt sich das Bild, das Freud in seiner Theorie vom Menschen entwirft, zusammenfassen?
3. Welche Probleme sehen Sie im Zusammenhang mit dem psychoanalytischen Menschenbild?

Anthroposophie

Das höchste Wesensglied des Menschen, sein Wesenskern, ist das Ich. Es bestimmt seine körperliche Erscheinung, es ist in jeder Äußerung anwesend, und doch ist es als Wahrnehmungsobjekt im gewöhnlichen Selbstbewusstsein nicht zu finden. Körperteile und körperliche Organe dienen dem Ich dazu, sich zu manifestieren, doch sind sie nicht das Ich, Gefühle können den Menschen durchströmen, erfüllen, wärmen oder frieren machen; aber der Mensch ist nicht seine Gefühle, er hat sie. Schießlich zeigt die genaue Beobachtung sogar, dass der Mensch mit seinen Gedanken nicht identisch ist. Schon die intensive Schulung des Denkens durch die Philosophie und die Mathematik, erst recht aber die Verstärkung des Seelenlebens durch meditative Übungen führen zur Erkenntnis, dass nicht das Gehirn die Gedanken hervorbringt, sondern nur das Organ ist, die objektiv in der Welt vorhandenen Gedanken aufzufangen. Steiner formulierte diese Erfahrung mit den Sätzen: „Nicht ich denke bloß, sondern es denkt in mir; es spricht das Weltenwerden in mir sich aus; meine Seele bietet bloß den Schauplatz, auf dem sich die Welt als Gedanke auslebt“ (Steiner).

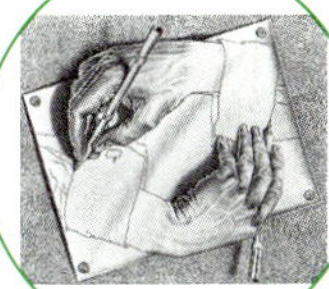

Sucht man das Ich im gewöhnlichen Alltagsleben und mit den Mitteln, die uns hier zur Verfügung stehen, so zieht es sich gewissermaßen immer weiter ins Unbekannte zurück. Verstärkt und entwickelt der Mensch jedoch durch geistige Schulung sein Seelenleben, dann kann er zu wahrer Selbsterkenntnis, das heißt zu immer wesentlicherer Wahrnehmung seines Ichs in den übersinnlichen Welten kommen. Das gewöhnliche Alltags-Ich eingeschlossen, unterscheidet Steiner verschiedene Manifestationsformen des Ichs:

1. Im Leben, das der spirituell ungeschulte Mensch in der *physisch-sinnlichen* Welt führt, steigt das Ich als Selbstbewusstsein aus dem Bewusstsein auf. Es erfüllt sozusagen die Leere, die dadurch entsteht, dass der Mensch Bewusstsein entfaltet und dabei den Physischen und den Ätherleib abbaut. Doch dieses Ich bleibt schattenhaft, ist ein blasser *„gedankenhafter Abglanz“* (Steiner) einer höheren, verborgenen Wirklichkeit.

2. Verstärkt der Mensch sein Seelenleben durch meditative Schulung, dann betritt er zunächst mit Bewusstsein die *„elementarische Welt“*, der er mit seinem Ätherleib angehört. Er holt die sonst nur im Traum oder im Fieber erscheinenden Bilder ins wache Erleben herein und gewahrt nun auch sein Ich als *Bild* unter Bildern. Dieses Bild ist Abbild einer höheren Wirklichkeit, der der Mensch begegnet, wenn er sein Bewusstsein durch fortgesetzte meditative Schulung weiter verstärkt.

3. Gelingt es dem Menschen, auch seinen Astralleib mit Bewusstsein zu durchdringen, so betritt er die *„geistige Welt“* oder das *„Geistgebiet“*. Er findet sich in einer Welt von lauter Gedankenwesenheiten – Wesen, die ganz aus Gedankensubstanz bestehen –, und als ein solches *Gedankenwesen* taucht aus den „Seelenfluten“ ein höheres Ich des Menschen auf, das Steiner das *„andere Selbst“* nennt. Dieses ‚andere Selbst‘ ist ein „Dauerwesen“, das heißt, es führt den Menschen von Inkarnation zu Inkarnation. Aus dem Wissen um unsere vergangenen Lebensläufe heraus inspiriert es das Schicksal unseres gegenwärtigen Lebens, und aus der Kenntnis der Gegenwart wird es das Schicksal unseres kommenden Daseins auf Erden gestalten.

Die Art, wie dieses andere Selbst sich wesenhaft aus den ‚Seelenfluten‘ erhebt, sei für die verschiedenen Menschenindividualitäten ganz verschieden, sagt Steiner.

4. Das „andere Selbst“ ist noch nicht die höchste Form der menschlichen Eigenwesenheit, sondern sozusagen nur ihr Statthalter. Führt der Geistesschüler seine meditativen Übungen weiter, so eröffnet sich ihm eine noch höhere Welt, die Steiner die *„übergeistige Welt“* nennt. War er in der „geistigen Welt“ noch von seinen Erinnerungen umgeben, so muss er sich jetzt auch von ihnen trennen und alles, was ihn an Erlebnissen seines Denkens, Fühlens und Wollens noch mit der irdischen, der elementarischen und der geistigen Welt verbinden könnte, mit dem eigenen Willen austilgen. Er muss sich selber auslöschen. Die Seele steht dann buchstäblich als ein Nichts vor dem Nichts. Hat der Mensch die nötige Seelenstärke erworben, um diesen Schritt bewusst zu tun, „dann taucht ihm aus dem selbst hervorgerufenen Vergessen die wahre Wesenheit des ‚Ichs‘ auf“ (Steiner). Dieses „wahre Ich“ existiert in der übergeistigen Welt als eine von seiner Umgebung „relativ unabhängige, selbstständige geistige Wesenheit“. Dieses ohne meditative Schulung nur unbewusst im Schlaf und im Leben nach dem Tod erst in den höchsten erreichbaren Regionen des Jenseits zu erfahrende Ich ist der wahre Kern des Menschen. Es inkarniert sich nicht, sondern wirft nur seinen als irdisches Ich erscheinenden Schatten in das Leben zwischen Geburt und Tod.

(Adolf Baumann, ABC der Anthroposophie, Hallwag, Bern und Stuttgart 1986, S. 138ff.)

1. Welches Bild vom Menschen und seinem „Ich“ wird deutlich?

2. Ziehen Sie wiederholend noch einmal das Kapitel zur Waldorfpädagogik heran und stellen Sie dar, welche Konsequenzen dieses Bild vom Menschen in der pädagogischen Praxis hat.

3. Simulieren Sie eine Gesprächsrunde, in der Rudolf Steiner auf A.S. Neill, Jean Piaget oder andere in diesem Buch vertretene Pädagogen oder Psychologen trifft. Über welche Fragen würden sie sich unterhalten? Wo lägen die großen Kontroversen? Bereiten Sie dieses Streitgespräch in arbeitsteiliger Gruppenarbeit vor und versuchen Sie die jeweils anderen Positionen zu antizipieren und sich argumentativ darauf einzustellen.

Klaus Dörner – ein Psychiatriereformer

Mosaiksteine für ein Menschen- und Gesellschaftsbild

● Der Mensch ist zuerst ein soziales Wesen, nicht ein Individuum

Denkansätze, die den Menschen als Individuum beginnen lassen, kommen zu dieser Ansicht nur durch Absehen von der Gesamtwirklichkeit, durch eine technische Abstraktion, abgeleitet etwa vom Modell des freien Marktes. Wegen dieses verfehlten individualistischen Ansatzes sind auch die klassischen psychiatrischen Systeme unbrauchbar, da sie vom isolierten Individuum und seiner individuellen Krankheit ausgehen. Auch die Psychoanalyse baut das Individuum von einer naturhaften Gegebenheit auf und bewertet seine sozialen Bezüge als sekundären Überbau von Sublimationsleistungen. In Wirklichkeit ist der Mensch schon von der befruchteten Eizelle an jemand, der Teil eines sozialen Beziehungsgeflechtes ist, der Bedeutung für eine Mehrzahl von Menschen hat. Der Mensch ist primär mit anderen, für andere, auf andere angewiesen, tut etwas gemeinsam mit anderen, verwirklicht sich im anderen, noch bevor er in ihm auch Grenzen findet. Wenn wir psychiatrisch Tätigen einem potenziellen Patienten erstmals die Hand geben, so geben wir nur scheinbar einem Individuum die Hand; in Wirklichkeit gewinnen wir Bedeutung für eine Mehrzahl von Menschen, übernehmen wir Verantwortung für mehrere Menschen in ihren materiellen Bedingtheiten. Wir psychiatrisch Tätigen haben dies erst ziemlich spät gelernt, spätestens und am wirksamsten, seit wir systematisch mit Angehörigen und Angehörigengruppen arbeiten, Patient und Angehörige uns gleichermaßen bedeutsam geworden sind – ebenso wie wir selbst nur im Rahmen unseres eigenen Beziehungsgeflechts tätig und wirksam werden können. Es ist etwas völlig anderes, wenn wir gewissermaßen im Schutz dieser vollständigen Wahrnehmung des Menschen als eines sozialen Wesens für bestimmte Zwecke ihn auch einmal als isoliertes Individuum betrachten, etwa unter dem Aspekt eines biochemischen Stoffwechsels oder seiner Teilhabe am freien Markt.

● Selbstverständliche Gleichheit aller Menschen

Das Menschsein des Menschen und damit die selbstverständliche Gleichheit aller Menschen drückt sich in schwerstbehinderten Menschen nicht weniger deutlich als in Menschen ohne Behinderung aus.
Der Pädagoge SIEGENTHALER (1983) macht diese „anthropologische Grundentscheidung“, dass jeder Mensch der ganze Mensch ist, gerade am Beispiel des geistig Schwerstbehinderten fest, dem er – wie allen anderen Menschen – folgende Kriterien zuordnet:

- Der Mensch ist ein dauernd sich wandelndes, sich veränderndes Wesen;
- ist angewiesen auf mitmenschliche Zuwendung;
- ist empfänglich für Stimmungsqualitäten, hat ein inneres Echo, also Emotionalität;
- erscheint uns stets unter dem Aspekt der „offen gebliebenen Möglichkeiten“;
- verweist über seine empirische Erscheinung stets über sich selbst hinaus auf anderes.

Zusätzlich zu diesem anthropologischen Grundcharakter, der jeden Menschen zur Person macht, ihm seine Würde gibt, kann man sämtliche Menschen in ihren sämtlichen übrigen Eigenschaften hinsichtlich des Grades der Behinderung und Nicht-Behinderung skalieren, sodass jeder von uns bezüglich jeder seiner Eigenschaften sich als unterschiedlich stark oder schwach behindert erweist: Es gibt also nicht den vollständig nichtbehinderten und nicht den vollständig behinderten Menschen.

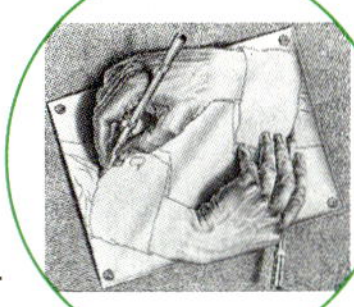

- Ich brauche für mein Menschen- und Gesellschaftsbild alle Menschen, am dringendsten die randständigsten

Der Philosoph Jean Paul Sartre hat in allen seinen Werken, in denen immer wieder gerade besonders abweichende oder randständige Menschen die Helden sind, nicht unbeeinflusst von der Nazi-Zeit, immer wieder Folgendes gezeigt: Wenn ich bei der Konstruktion meines Menschenbildes vom idealen Menschen oder auch nur vom Durchschnittsmenschen ausgehe, klammere ich dabei von vornherein alle davon abweichenden Menschen aus meinem Menschenbild aus. Wenn ich das nicht will, kann ich das nur dadurch verhindern, dass ich mit dem abweichendsten und randständigsten Menschen beginne, ihn ins Zentrum rücke. Hierzu gibt es aus zwei Gründen keine Alternative:

1. weil sonst den randständigen Menschen ihr Menschsein aberkannt, sie als Sachen wahrgenommen und bei Gelegenheit über den Tellerrand der Gesellschaft hinausgeschleudert und vernichtet werden;
2. weil ich sonst zu den fundamentalsten Aussagen über den Menschen nicht kommen kann, also z. B. nicht zur Aussage der existenziellen Randständigkeit aller Menschen.

Deshalb kann ich bei meinem Menschenbild auf keinen Menschen verzichten. Am dichtesten ist Sartre das in seiner Biografie über Jean Genet gelungen, der als Dieb, Homosexueller, Verräter usw. als besonders extrem abweichend geschildert wird. Von ihm sagt Sartre: „Denn man muss schon wählen: Wenn jeder Mensch der ganze Mensch ist, muss dieser Abweichler entweder nur ein Kieselstein oder ich sein.“ (1982, S. 910)

Nach diesen grundsätzlichen Vorgaben für unser Menschen- und Gesellschaftsbild können die nächsten Mosaiksteine sich konkreter auf unser psychiatrisches Denken und Handeln beziehen.

- Psychiatrische Verantwortung beginnt bei den Schwächsten

Ich habe bei meiner psychiatrischen Arbeit, bezogen auf meinen Verantwortungsbereich, mit den schwächsten, ältesten, hoffnungslosesten Menschen zu beginnen.
Unser am Nutzwert der Menschen orientiertes System schlägt das gegenteilige Vorgehen vor, hat dabei unsere eigene Bequemlichkeit auf seiner Seite: die meiste Zuwendung für die, bei denen es sich am meisten lohnt. Selbst unser Sozialsystem ist also in Wirklichkeit nach den Kriterien des Wirtschaftssystems organisiert. Man denke nur an die Verteilung psychotherapeutischer Chancen. Beschäftigt man sich nun stets mit denen, für die man die meisten Hoffnungen hat, ist man schon dadurch gut ausgelastet und hat für die anderen „leider“ keine Zeit mehr und hilft auf die Weise mit, dass Großkrankenhäuser entstehen, worüber man sich dann am Feierabend beklagt. Beispiel: In Gütersloh entstand im Krankenhaus eine „Intensiveinheit“ für die sechs schwierigsten, verhaltensauffälligsten Patienten, über die sonst das Krankenhaus immer nur gestöhnt hat, mit den komfortabelsten Wohnbedingungen und dem „luxuriösesten“ personellen Begleitaufwand aufgrund der Einsicht, dass diesen Leuten dieser Sonderaufwand zusteht, damit sie Chancengleichheit mit den anderen Patienten haben.

- Meine Beziehungsaufnahme betrifft die Person, nicht die Störung des anderen

Das Sozialsystem oder sein Teilsystem Psychiatrie interessiert sich für Menschen wegen einer Störung, einer Behinderung, eines Defektes. Um so mehr gilt, dass ich die Würde

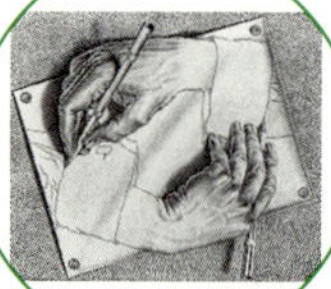

eines Menschen als gesamtgesellschaftliches Gattungswesen nur respektieren kann, wenn meine Beziehungsaufnahme zu ihm zunächst ausschließlich seiner Person gilt, nicht seiner Beeinträchtigung, was schwer ist, da es bedeutet, schon in der ersten Begegnung die Zwänge des Sozialsystems zu sprengen. Beispiele: Ich beginne die Beziehung damit, dass ich mich für die Heimat oder für den Beruf des anderen interessiere. Nur über solche Wege kann er für mich bedeutsam werden, was die Voraussetzung für eine personale Beziehung ist. Erst wenn die Dialoge auf diese Weise aus Therapeut-Patient-Experten-Gesprächen öffentlichkeitsfähige Diskurse zwischen Subjekten werden, haben wir das Sozialsystem wirklich gesprengt. Zur Zeit ist es noch so, dass Körperbehinderte in zunehmendem Maße öffentlich für sich selbst, aber auch für geistig Behinderte und psychisch Kranke sprechen. Es liegt an uns, uns so zu verhalten, dass auch geistig Behinderte und psychisch Kranke öffentlich für sich selbst sprechen, was wir durch unser Verhalten während der letzten 150 Jahre zu verhindern gewusst haben.

● Menschen sind stets in unberechenbarer Entwicklung befindlich

Das Nachdenken über unser eigenes Leben genügt, um uns aus Anamnese-Erhebern für die psychisch Kranken in Begleiter bei der Rehistorisierung des eigenen Lebens zu verwandeln; denn nur aus der Aneignung der eigenen Geschichte eröffne ich mir neue Perspektiven für die Zukunft. Dabei haben wir davon auszugehen und zu lernen, dass Krankengeschichten in Lebensgeschichten zu verwandeln sind, in denen es typische und besondere Übergänge gibt von einer Lebensphase in eine andere, die notwendigerweise als Krise erlebt, unterschiedlich genutzt werden und auch zu psychotischen oder neurotischen Problemlösungsversuchen führen kann. Eine psychische Störung gewinnt auf diese Weise ihren biografischen Sinn, sodass das Krankheits-Denkmodell bestenfalls noch für bestimmte technische Details einen Wert behält. Die grundsätzliche Unberechenbarkeit menschlicher Entwicklung macht deutlich, dass jeder Mensch buchstäblich zu jedem Zeitpunkt einen neuen Weg finden, sich neue Ziele setzen kann, je nach der Lebensphase mal mehr Unabhängigkeit, mal aber auch mehr Abhängigkeit, mal mehr Freiheit, mal mehr Sicherheit und soziale Wechselhaftigkeit benötigt. Ökologische Denkansätze wie die von BRONFENBRENNER (1980) oder KEGAN (1985) helfen uns, damit wir bei unserer Begleitung die gleich hohe Wichtigkeit sozialer Bezüge und materieller Bedingungen der Entwicklung von Menschen berücksichtigen. […]

(Klaus Dörner, Mosaiksteine für ein Menschen- und Gesellschaftsbild, in: Thomas Bock/Hildegard Weigand [Hrsg.], Handwerksbuch Psychiatrie, Düsseldorf 1992, S. 38ff. [Auszüge])

1. Wenden Sie die Prüfkriterien auf das Menschenbild von Klaus Dörner an.
2. Wie sieht es mit Freiheit, Gleichheit und Brüderlichkeit in unserer Gesellschaft aus? Welche Zusammenhänge zwischen Menschenbild und politischen, ökonomischen und sozialen Rahmenbedingungen sieht der Autor?
3. Klaus Dörner betont das Recht auf Gleichheit und das Recht auf Differenz. Welche neuen pädagogischen Perspektiven eröffnen die Kategorien Gleichheit und Differenz?

Jean Piaget: Entwicklung in einem ‚offenen System'

Man kann keine Theorie der menschlichen Entwicklung ausarbeiten, ohne sich dabei auch ziemlich grundlegend mit unserer biologischen Realität zu beschäftigen. Die Psychoanalyse hat dies getan. Seitdem gibt es keinen neuen Ansatz, der eine ähnlich weite und überzeugende Sichtweise bieten würde. Zu einer grundlegenden Beschäftigung mit der biologischen Realität gehört die Frage nach unserem Antrieb. Dabei geht es jedoch um mehr als um eine Motivationstheorie. Im Grunde geht es um ein Verständnis der

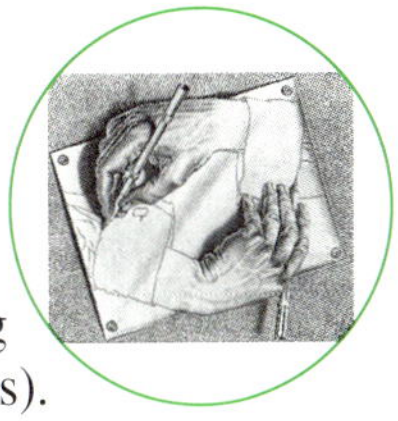

Lebenskraft selbst und um die Rolle, die uns dabei zukommt. Ob Psychoanalyse, genetische Biologie oder moderne Soziobiologie, die herrschende Vorstellung über unsere biologische Realität ist – und war – im Grunde immer deterministisch und körperorientiert. Dieser Auffassung zufolge liegt der Schauplatz der Handlung im Inneren jedes einzelnen, biologisch eigenständigen Systems (des Individuums). Dieses System trägt einen angeborenen Kode in sich, gemäß dem es sich in recht genau festgelegter Bahn oder Abfolge entwickelt (und der die Entwicklung des Individuums bewirkt). Der Gedanke vom individuellen oder einzelnen Körper als dem eigentlichen Ursprung der Lebensvorgänge steht im Widerspruch zur behavioristischen Sichtweise. Nach deren Auffassung liegt der Urspung der ‚Handlung' eher in der Umwelt, auf die der Mensch reagiert. Wenn Piaget eher bekannt als verstanden ist, mag das teilweise daran liegen, dass er weder den Erb- und Reifungsfaktoren noch den Umweltfaktoren den Vorrang gibt. Mit diesen beiden Polen scheinen aber nach herkömmlichem Denken die Möglichkeiten erschöpft. Piaget selbst hat oft auf die Schwierigkeit hingewiesen, eine dritte Möglichkeit für andere überhaupt nur sichtbar zu machen: Für Theoretiker, die Reifungsfaktoren betonen, ist der Ansatz Piagets eine Reifungstheorie, während er für diejenigen, die der Umwelt den Platz einräumen, umweltorientiert ist.

Eigentlich ist Piagets Denken am Modell des offenen Systems orientiert, das aus der Entwicklungsbiologie stammt. Anstatt die Lebenskraft in die Zwangsjacke von Individuum oder Umwelt zu stecken, wird hier von einem vorgegebenen System ausgegangen, das den anfänglichen Unterschied von Individuum und Umwelt fortwährend weiter ausgestaltet. […] Vielleicht sollten wir als Erstes sagen, dass diese Theorie nicht von einem Energiesystem in uns ausgeht; vielmehr begreift sie uns als Teil eines einheitlichen Energiesystems, das alle Lebewesen umfasst. Diese Theorie wendet sich daher nicht in erster Linie den Verschiebungen und Veränderungen eines inneren Gleichgewichts zu, sondern sie beschäftigt sich mit dem Gleichgewicht, das in der Welt herrscht, das zwischen dem zunehmend eigenständig werdenden Selbst und dem weiteren Lebensfeld besteht. Zwischen Selbst und Umwelt existiert ein Zusammenspiel, auf das beide einwirken; dieses Zusammenspiel ist das, was wir Realität nennen.

Im Mittelpunkt von Piagets Ansatz steht die Aktivität, der Gleichgewichtsprozess (Äquilibration) – eine Tatsache, die selbst von seinen Anhängern häufig übersehen wird. Ob er sich mit Weichtieren beschäftigte oder mit dem Kind, immer galt sein Hauptinteresse dem ständigem Wechselspiel zwischen dem eigenständig werdenden Organismus und der Welt. Dieses Wechselspiel wird als Anpassungsprozess (Adaptation) begriffen, der durch die Spannung zwischen dem Angleichen neuer Erfahrung an die alte ‚Grammatik' (Assimilation) und dem Angleichen der alten Grammatik an die neue Erfahrung (Akkomodation) bestimmt ist. Dieser ewige Austausch ist Merkmal alles Organischen; er gehört zur Natur aller Lebewesen. Die Arbeit Piagets hat gezeigt – und viele Arbeiten auf verschiedenen Gebieten der modernen Biologie bestätigen es –, dass dieses Wechselspiel nicht in Form einer unablässigen Veränderung abläuft. Vielmehr werden Phasen dynamischer Stabilität oder Phasen des Gleichgewichts von Phasen der Instabilität und einem qualitativ neuen Gleichgewicht abgelöst. Die Phasen des beweglichen Gleichgewichts laufen auf eine Art neue Vereinbarung hinaus; das bestehende Verhältnis zwischen Organismus und Welt wird durch weitere Assimilation und Akkomodation verändert. Bei solchen Vereinbarungen geht es für den Organismus immer um die Frage, was ist ‚Objekt' und was ist ‚Subjekt'. Oder anders ausgedrückt: Bis zu welchem Grad löst sich der Organismus aus der Welt heraus (um Beziehungen mit ihr einzugehen)? Beim Übergang zu jedem neuen Gleichgewichtszustand wird diese Frage neu beantwortet.

[…] Dieser Prozess, diese Aktivität, dieses auf Anpassung abzielende Wechselspiel ist der eigentliche Ursprung von Denken und Fühlen und bildet den gemeinsamen Rahmen

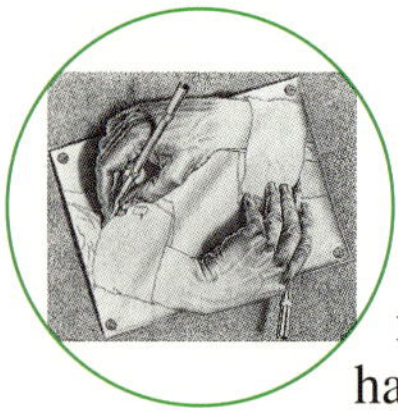

dieser Funktionen. Man kann diesen Prozess beobachten, untersuchen, intersubjektiv überprüfen. Wenn wir leidenden Menschen helfen möchten, müssen wir unbedingt lernen, ihn zu verstehen. Im Unterschied zu anderen Erscheinungen, die man vielleicht für grundlegend in der Persönlichkeit halten könnte, handelt es sich nicht um einen willkürlichen Vorgang; er hat auch nichts mit einer bestimmten Geschlechts- oder Schichtzugehörigkeit oder mit einer bestimmten Kultur oder geschichtlichen Epoche zu tun. Es ist eine Aktivität, die den Menschen immer gemeinsam war und immer gemeinsam sein wird. ‚Psychologisch' betrachtet geht es in diesem Prozess um die Entwicklung des ‚Wissens' (jede Stufe, auf der das Subjekt-Objekt-Gleichgewicht neu organisiert wird, ist eine Form des Wissens über die Welt). Gleichzeitig erfahren wir diese Aktivität aber auch. Diese Erfahrung selbst kann der Ursprung unserer Gefühle sein. Verlust und Wiedergewinnung, Trennung und Bindung, Angst und Spiel, Depression und Veränderung, Auflösung und Zusammenschluss – alle diese Erlebnisse können ihren Ursprung in der bewussten Erfahrung dieser Aktivität haben, in der Erfahrung dieser Bewegung, auf die wir mit den Worten, „uns bewegt etwas", hinweisen. Ich nutze das Wort ‚Bedeutung', um diese gleichzeitig auf Erkenntnis und Sein ausgerichtete Aktivität zu bezeichnen. Es geht um Wissen und Sein. [...]

(Robert Kegan, Die Entwicklungsstufen des Selbst, München 1991, S. 70ff.)

1. Welche Grundüberlegungen menschlicher Entwicklung werden hier angesprochen, welche Konsequenzen für pädagogisches Handeln ergeben sich daraus?
2. Von R. Kegan wird der Entwicklungsprozess als ‚bedeutungsbildende Aktivität' gekennzeichnet. Erläutern Sie den Begriff und diskutieren Sie Konsequenzen für das pädagogische Verhältnis.

Das Self-Mandala von Virginia Satir

Der vorliegende Artikel beschreibt das von Virginia Satir entwickelte Self-Mandala, ein metaphorisches Kosmosbild des Menschen. Unterschieden werden darin acht Ebenen / Anteile der Person: Körper, Geist, Gefühl, Verstand, Ernährung, Sinne, Interaktion und Kontext; diese können blockiert sein oder hilfreiche Ressourcen für uns darstellen. [...] Virginia Satir entwickelte das Mandala als eine Hilfestellung dafür, dass wir uns als ganz erleben, zentriert und in Harmonie mit uns selbst und unserer Umgebung. Es ist ein Kosmosbild des Menschen, in dem jeder von uns sich wiederfinden kann. Das Mandala stellt dar, wie wir auf acht Ebenen leben und erleben:

Jedes ‚Ich' existiert auf

– der physischen Ebene	= der Körper mit seiner Haltung und Beweglichkeit, seiner inneren und äußeren Befindlichkeit;
– der intellektuellen Ebene	= Gedanken und Gedächtnis, unsere linke Gehirnhälfte, ‚der Kapitän unseres Schiffs', unsere Fähigkeit zu analysieren;
– der gefühlsmäßigen Ebene	= emotionales Erleben, unsere rechte Gehirnhälfte; der ‚Treibstoff unseres Selbst'
– der Sinnes-Ebene	= unsere sensiblen Körperöffnungen, durch die Reize und Botschaften hinein- und hinausgehen; unsere Fähigkeit zu sehen, zu hören, zu riechen, zu schmecken, zu berühren und berührt zu werden; die „fünf Freiheiten", die uns Orientierung geben;
– der Interaktions-Ebene	= denn wir leben niemals ohne andere in der Welt; die Art unserer Kommunikation mit anderen, „ich und du";

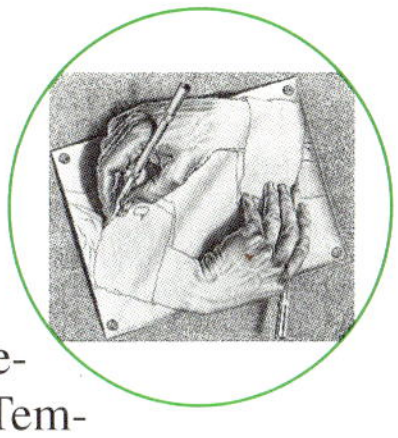

– der Ernährungs-Ebene	= Flüssigkeiten und feste Substanzen, die wir zu uns nehmen; die Luft, die wir atmen;
– der Kontext-Ebene	= wir sind zu jeder Zeit an einem bestimmten Ort mit einer Absicht oder zu einem Zweck (bewusst oder unbewusst); es gibt im „Hier und Jetzt“ Licht, Ton, Farbe, Temperatur, Bewegung; ich bin ein Teil meiner Mitwelt, sie ist ein Teil von mir;
– der spirituellen Ebene	= das Leben und unsere Vorstellung von seinem Sinn, die Lebenskraft, ohne die keiner der anderen Teile existieren würde.

Diese acht Ebenen werden von der Gesellschaft wie von Einzelnen unterschiedlich in ‚bedeutsam‘ oder ‚unwichtig‘ aufgespalten. Wir zeigen uns lieber mit den von unserer Umgebung positiv bewerteten Teilen und vernachlässigen die anderen, obwohl sie auch zu uns gehören und genauso viele Energien besitzen.

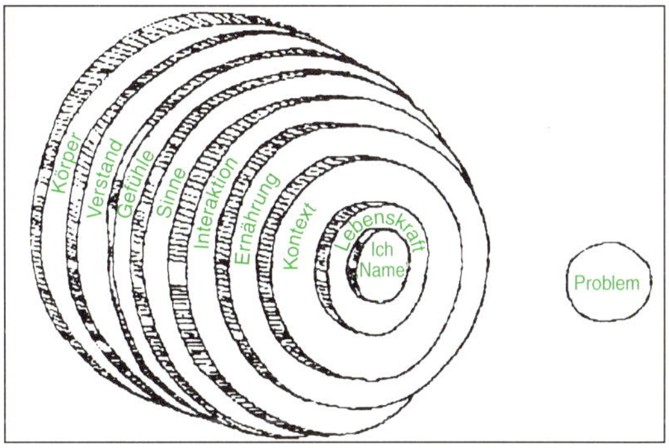

Das Mandala ist eine Metapher für ein Persönlichkeitsmodell. Auf den verschiedenen Ebenen vollzieht sich jeweils eine eigene Entwicklung. Doch beeinflussen sich die einzelnen Ebenen gegenseitig und sind miteinander dynamisch in Beziehung. In der Mitte steht das ‚Ich‘, der Name einer Person.

(Margret Klockmann, Mandala – Das Rad der persönlichen Hilfsquellen, in: Gaby Moskau/Gerd F. Müller [Hrsg.], Virginia Satir – Wege zum Wachstum, Paderborn 1995, S. 243ff.)

1. Verdeutlichen Sie sich die Elemente und Dynamik des Mandalas an der Hauptfigur des Films ‚Forrest Gump‘.
2. Die fünf Freiheiten werden von Virginia Satir folgendermaßen formuliert:
   1. Die Freiheit zu *sehen* und zu *hören*, was JETZT ist, anstelle von dem, was sein sollte, sein könnte, gewesen ist oder sein wird.
   2. Die Freiheit zu *empfinden,* was man JETZT empfindet, anstelle von dem, was sein sollte, sein könnte, gewesen ist oder sein wird.
   3. Die Freiheit zu *sagen,* was JETZT ist, statt davon zu reden, was sein sollte, sein könnte, gewesen ist oder sein wird.
   4. Die Freiheit, sich zu *nehmen,* was man haben will, unabhängig davon, was man zu wollen hat, und ohne darauf warten zu müssen, dass man es von irgendjemandem angeboten bekommt.
   5. Die Freiheit, eigenverantwortlich *Risiken einzugehen,* anstatt ständig nur darauf zu hoffen, dass man von den durch andere bewirkten Veränderungen profitiert.

   (Aus: Richard Bandler/John Grindler/Virginia Satir, Mit Familien reden, übers. von Hannelore Lochmann, Pfeiffer bei Klett-Cotta, Stuttgart 1978, S. 12)

   Vergleichen Sie diese Freiheiten mit den in verschiedenen Zusammenhängen formulierten ‚Rechten der Kinder‘.
3. Virginia Satir sagt selbst über das Mandala:

   „Bei jedem Menschen gibt es in jedem Augenblick ein dynamisches Zusammenspiel aller acht Ebenen [...]. Alle Teile addieren sich zum Selbst, obwohl das Selbst mehr ist als die Summe seiner Teile. Jeder Mensch ist ein System. Wir können zwar jeden Teil einzeln untersuchen und besprechen, aber alle Teile funktionieren nur gemeinsam, wie jedes System.“
   (Aus: V. Satir/M. Baldwin, Familientherapie in Aktion, Paderborn 1988, S. 150)

   Welche Konsequenzen für das erzieherische Handeln ergeben sich aus diesem Modell?

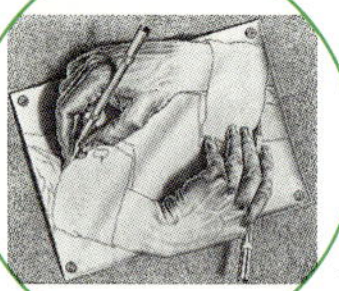

Das Menschenbild des Nationalsozialismus

Zehn Gesetze der studentischen Erziehung (vom 9.9.1937):

1. Deutscher Student, es ist nicht nötig, dass du lebst, wohl aber, dass du deine Pflicht gegenüber deinem Volk erfüllst! Was du bist, werde als Deutscher!
2. Oberstes Gesetz und höchste Würde ist dem deutschen Mann die Ehre. Verletzte Ehre kann nur mit Blut gesühnt werden. Deine Ehre ist die Treue zu deinem Volk und zu dir selbst.
3. Deutscher sein, heißt Charakter haben. Du bist berufen, die Freiheit des deutschen Geistes zu erkämpfen. Suche die Wahrheiten, die in deinem Volk beschlossen liegen!
4. Zügellosigkeit und Ungebundenheit sind keine Freiheit. Es liegt im Dienen mehr Freiheit als im eigenen Befehl. Von deinem Glauben, deiner Begeisterung und deinem kämpferischen Willen hängt die Zukunft Deutschlands ab.
5. Wer nicht die Fantasie besitzt, sich etwas vorzustellen, wird nichts erreichen, und du kannst nicht anzünden, wenn es in dir nicht brennt. Habe den Mut, zu bewundern und ehrfürchtig zu sein!
6. Zum Nationalsozialisten wird man geboren, noch mehr wird man dazu erzogen, am meisten erzieht man sich selbst dazu.
7. Wenn etwas ist, gewaltiger als das Schicksal, dann ist es dein Mut, der es unerschüttert trägt. Was dich nicht umbringt, macht dich nur stärker. Gelobet sei, was hart macht!
8. Lerne in einer Ordnung zu leben! Zucht und Disziplin sind die unerlässlichen Grundlagen jeder Gemeinschaft und der Anfang jeder Erziehung.
9. Als Führer sei hart in deiner eigenen Pflichterfüllung, entschlossen in der Vertretung des Notwendigen, hilfreich und gut, nie kleinlich in der Beurteilung menschlicher Schwächen, groß im Erkennen der Lebensbedürfnisse anderer und bescheiden in deinen eigenen.
10. Sei Kamerad! Sei ritterlich und bescheiden! In deinem persönlichen Leben sei Vorbild! An deinem Umgang mit Menschen erkennt man das Maß deiner sittlichen Reife. Sei eins im Denken und Handeln!
    Lebe dem Führer nach.

(Paul Michael, Der neue deutsche Erzieher, 1939; zit. nach: Kurt Zentner, Das Dritte Reich, München 1966, S. 359)

1. Welche Erziehungsgrundsätze und welches Menschenbild des Nationalsozialismus werden durch diese zehn Gesetze studentischer Erziehung deutlich?
2. Wie würde entsprechend dieser Grundsätze der Begriff ‚Autonomie' definiert?

Theodor W. Adorno: Mit Autoritäten aus-einander-setzen

Becker: […] Ist es eigentlich richtig, dass wir Autonomie […] als Gegenbegriff zur Autorität setzen? Müssten wir nicht dieses Verhältnis in einer etwas anderen Weise reflektieren?

Adorno: Ich glaube überhaupt, dass man mit dem Autoritätsbegriff einen gewissen Unfug anstiftet. […] Zunächst ist Autorität selber ein wesentlich sozialpsychologischer Begriff, der nicht ohne weiteres die soziale Wirklichkeit selber bedeutet. Dann gibt es etwas wie Sachautorität – also die Tatsache, dass ein Mensch von einer Sache mehr versteht als ein anderer, die man nicht einfach vom Tisch fegen darf. Sondern der Begriff der Autorität erhält seinen Stellenwert innerhalb des sozialen Kontextes, in dem er aufkommt.

Aber ich möchte dazu noch etwas Spezifischeres sagen, da Sie den Punkt Autorität gerade aufgeworfen haben, etwas, was mit dem Sozialisierungsprozess in der frühen Kindheit und damit also, ich möchte fast sagen, mit dem Schnittpunkt gesellschaftlicher, pädagogischer und psychologischer Kategorien zu tun hat. Die Art, in der man – psychologisch gesprochen – zu einem autonomen, also mündigen Menschen wird, ist nicht einfach das Aufmucken gegen jede Art von Autorität. [...] Der Prozess ist doch der, dass Kinder – Freud hat das als die normale Entwicklung bezeichnet – im Allgemeinen mit einer Vaterfigur, also mit einer Autorität sich identifizieren, sie verinnerlichen, sie sich zu eigen machen, und dann in einem sehr schmerzhaften und nie ohne Narben gelingenden Prozess erfahren, dass der Vater, die Vaterfigur dem Ich-Ideal, das sie von ihm gelernt haben, nicht entspricht, dadurch sich davon ablösen und erst auf diese Weise überhaupt zum mündigen Menschen werden. Das Moment der Autorität ist, meine ich, als ein genetisches Moment von dem Prozess der Mündigwerdung vorausgesetzt. Das aber wiederum darf um keinen Preis dazu missbraucht werden, nun diese Stufe zu verherrlichen und festzuhalten, sondern wenn es dabei bleibt, dann resultieren nicht nur psychologische Verkrüppelungen, sondern eben jene Phänomene der Unmündigkeit im Sinn der synthetischen Verdummung, die wir heute an allen Ecken und Enden zu konstatieren haben.

[...] Ich sagte vorhin, dass die Mechanismen der Identifikation und der Ablösung nie ohne Narben geschehen. Ich möchte das mit Nachdruck auf den Begriff der Identifikation selbst anwenden. Unsere Hörer haben sicher allesamt etwas von dem Rollenbegriff gehört, der in der heutigen Soziologie seit Merton und vor allem seit Talcott Parsons eine so ungeheure Rolle spielt, ohne dass im Allgemeinen die Menschen darauf aufmerksam werden, dass allein im Begriff der Rolle selbst, der ja vom Theater genommen ist, die Unidentität der Menschen mit sich selbst verlängert wird. Das heißt, wenn die Rolle zu einem sozialen Maß gemacht wird, so wird darin auch perpetuiert, dass die Menschen nicht die sind, die sie selbst sind, also dass sie unidentisch sind. Ich finde die normative Wendung des Rollenbegriffs abscheulich, und man muss mit aller Kritik dagegen angehen. Aber phänomenologisch, also als Beschreibung eines Tatbestandes, ist etwas dran. Es will mir dünken, als ob den meisten Menschen die Identifikationen mit dem Über-Ich, die sie vollziehen und von denen sie dann nicht loskommen, immer zugleich auch misslungene wären. Dass also unzählige Menschen etwa den erdrückenden, brutalen und sie überwältigenden Vater verinnerlichen, aber ohne dass sie, eben weil die Widerstände dagegen zu stark sind, diese Identifikation leisten können. Und gerade weil die Identifikation ihnen misslingt, weil es ungezählte Erwachsene gibt, die eigentlich nur den Erwachsenen spielen, der sie nie ganz geworden sind, müssen sie ihre Identifikation mit solchen Vorbildern womöglich auch noch überspielen, übertreiben, sich in die Brust werfen, mit Erwachsenenstimmen daherreden, nur um die Rolle, die ihnen selber eigentlich misslungen ist, sich und anderen glaubhaft zu machen.

[...] Wenn man das Wort Mündigkeit nicht in einem phrasenhaften Sinn und selber genau so hohl verwenden will, wie die anderen Herrschaften der Mündigkeit gegenüber von Bindungen reden, dann muss man wohl zunächst einmal wirklich die unbeschreiblichen Schwierigkeiten sehen, die in dieser Einrichtung, unter der wir leben, nach wie vor heteronom ist, das heißt, dass kein Mensch in der heutigen Gesellschaft wirklich nach seiner eigenen Bestimmung existieren kann; dass, solange das so ist, die Gesellschaft durch ungezählte Vermittlungsinstanzen und Kanäle die Menschen so formt, dass sie innerhalb dieser heteronomen, dieser ihr in ihrem eigenen Bewusstsein entrückten Gestalt alles schlucken und akzeptieren. Das reicht dann natürlich auch bis in die Institutionen, bis in die Diskussion über den politischen Unterricht und in ähnliche Fragen hinein. Das eigentliche Problem von Mündigkeit heute ist, ob und wie man – und wer

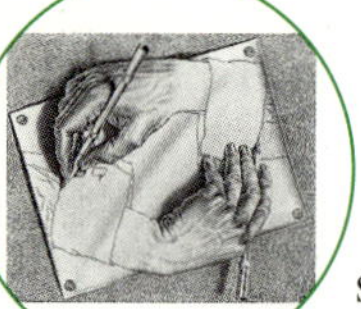

das ‚man' ist, das ist nun auch schon wieder eine große Frage – entgegenwirken kann. […]

Becker: Ich würde gerne noch eine Frage anschneiden, die mich in diesem Zusammenhang immer wieder beunruhigt. Stellen wir uns einmal einen Moment vor, wir täten alles das, was wir jetzt hier erörtert haben: Wir würden ein differenziertes Schulwesen haben, in dem die Breite der Angebote entsprechende Lernmotivation erzeugt, in der nicht Auslese nach falschen Begabungsbegriffen erfolgt, sondern eine Förderung unter Überwindung entsprechender sozialer Hindernisse durch kompensatorische Erziehung und so weiter, und wir könnten auf diese Weise sozusagen gewisse Grundvoraussetzungen für die Mündigkeit klären, und wir würden ähnliche Dinge in der Berufsausbildung tun. Es bleibt die Frage bestehen, ob nicht, selbst wenn das alles geschieht, der auf diese Weise aufgeklärte, kritisch bewusst gemachte Mensch dann doch auf eine bestimmte Weise in seinem Verhalten ferngesteuert und in seiner scheinbaren Mündigkeit doch nicht in dem Sinne autonom ist. […]

Adorno: Diese Gefahr möchte ich nachdrücklich unterstreichen. Und zwar ganz einfach aus dem Grund, weil nicht nur die Gesellschaft, wie sie ist, die Menschen unmündig hält, sondern weil bereits jeder ernsthafte Versuch, sie zur Mündigkeit zu bewegen – das Wort ‚erziehen' vermeide ich mit Absicht –, unbeschreiblichen Widerständen ausgesetzt ist, und weil alles Schlechte in der Welt sofort seine beredten Anwälte findet, die einem beweisen werden, dass gerade das, was man dabei will, schon längst überholt oder nicht mehr aktuell oder utopisch sei. […] Wer ändern will, kann es wahrscheinlich überhaupt nur, indem er diese Ohnmacht selber und seine eigene Ohnmacht zu einem Moment dessen macht, was er denkt und vielleicht auch was er tut.

(Gespräch Becker – Adorno, Erziehung zur Mündigkeit, 1969, in: Th. W. Adorno, Erziehung zur Mündigkeit [Hrsg.: G. Kadelbach], Suhrkamp, Frankfurt a. M. 1971, S. 139ff.)

1. In dem gleichen Gespräch sagt Adorno: „… dass also die einzige wirkliche Konkretisierung der Mündigkeit darin besteht, dass die paar Menschen, die dazu gesonnen sind, mit aller Energie darauf hinwirken, dass die Erziehung eine Erziehung zum Widerspruch und zum Widerstand ist."
Ebenfalls von Adorno stammt das Zitat:
‚Den Stein aufheben, unter dem das Unwesen brütet'.
Welche Konsequenzen hat ein solcher Ansatz (er wird auch ‚kritische Erziehungswissenschaft' genannt) für die pädagogische Praxis?
2. Reflektieren Sie das Erziehungsziel ‚Mündigkeit'.
Diskutieren Sie Möglichkeiten zur Erreichung dieses Ziels.
3. Lässt sich mit der Erreichung des Erziehungsziels Mündigkeit die Forderung, ‚dass Auschwitz nicht noch einmal sei, ist die allererste an Erziehung' (Adorno) einlösen?

Janusz Korczak und das Generationenverhältnis

Die widersprüchliche Doppelrolle, die Kinder in der Erwachsenengesellschaft angesichts der dort vorherrschenden Doppelmoral zu spielen haben, lässt folglich das erzieherische Verhältnis zwischen den Generationen zu einem bloßen Kontrollmechanismus verkümmern, der schließlich das genaue Gegenteil von dem bewirkt, was die Erwachsenen mit ihrem Vollkommenheitsideal bei den Kindern eigentlich erreichen wollten. Denn Erziehung als Verhaltenskontrolle begriffen, kann keine bessere Zukunft heraufführen, weil die Erwachsenen mit ihrer Hilfe den Kindern lediglich jene Handlungsmaximen einprägen, die ihrer eigenen mangelhaften Lebenspraxis immer schon zugrunde liegen. Ein solches Erziehungsverständnis spiegelt außerdem nur das traditionelle Herrschaftsverhältnis zwischen den Generationen wider und führt zu jenen ständigen Auseinandersetzungen zwischen Älteren und Jüngeren, für die Korczak das Wort vom „Krieg der

Generationen“ geprägt hat. Die verhängnisvollste Wirkung eines derart auf Verhaltenskontrolle reduzierten Erziehungsbegriffs aber besteht darin, dass die Kinder, wenn sie die erzwungene Verhaltensanpassung schließlich zeigen, für diesen „Lernerfolg“ von den Erwachsenen auch noch bestraft werden.

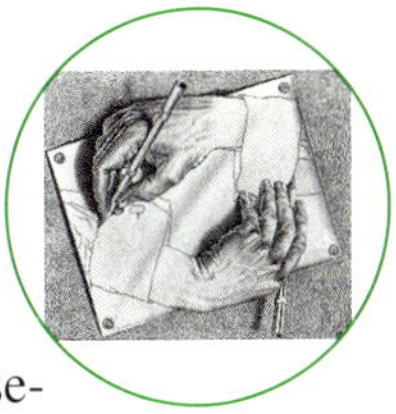

Wenn sich die Kinder nämlich ähnlich durchtrieben verhalten, wie die Erwachsenen dies zu tun gewohnt sind, indem sie scheinbar die Verhaltenserwartungen der Erwachsenen erfüllen, gleichzeitig sich aber hinter ihrem Rücken für die damit verbundenen Frustrationen schadlos halten, dann entspricht dieses angepasste Verhalten der Kinder zwar den Lebenserfahrungen der Erwachsenen, nicht aber mehr deren Vollkommenheitsideal. Das aber heißt, dass die Erwachsenen im Grunde zwei unvereinbare Verhaltenserwartungen an die Kinder richten: Kinder sollen sein wie die Erwachsenen und gleichzeitig ganz anders, nämlich besser als sie. So ist nicht nur der Umgang der Erwachsenen miteinander, sondern auch das Verhältnis der älteren Generation zur jüngeren für Korczak durch eine fragwürdige Doppelmoral gekennzeichnet.

„Unser Spiel mit den Kindern ist ein Spiel mit gefälschten Karten; die Schwächen des Kindesalters stechen wir mit den Assen der Erwachsenen. Falschspieler, die wir sind, mischen wir die Karten so, dass alles, was gut und wertvoll ist, gegen ihre schwächsten Stellen steht. Wo bleiben dann Nichtstuer und Leichtfüße, die genusssüchtigen Feinschmecker, die Dummköpfe, die Faulpelze, die Schurken, die Abenteurer, die Gewissenlosen, die Betrüger, die Säufer und Diebe, wo bleiben unsere Gewalttätigkeiten und Verbrechen, die öffentlich bekannten und die, die nie aufgedeckt werden; … Und wir wagen es, zu beschuldigen und anzuklagen?! Dabei ist die Gesellschaft der Erwachsenen schon sorgfältig gesiebt und gefiltert. Wie viel ist schon auf Friedhöfen, in Gefängnissen und Irrenhäusern versickert…“

Indem die Erwachsenen den Kindern den Status gesellschaftlicher Minderwertigkeit und moralischer Unterlegenheit zuschreiben, hindern sie sich zudem gleichzeitig selber an der Einsicht, dass die soziale Praxis der Kinder mitunter ihrer eigenen weit überlegen ist. Denn in der Lebenswelt der Kinder hat der Widerspruch der Erwachsenenwelt zwischen der Beherrschung der Natur und ganzer Völker einerseits und der sozialen Ungerechtigkeit in der eigenen Gesellschaft andererseits Korczak zufolge noch nicht Platz gegriffen.

„Die offenkundig demokratische Gesinnung des Kindes kennt keine Hierarchie. Das Schicksal eines Tagelöhners in seinem Schweiß, eines hungrigen Altersgenossen, eines gequälten Pferdes und eines geschlachteten Huhnes machen es eine Zeit lang traurig. Hund und Vogel, Schmetterlinge und Blume stehen ihm nahe, in einem Steinchen oder in der Muschel sieht es seinen Bruder.“

Diese ursprüngliche Solidarität der Kinder mit der Natur und Kreatur aber ist den Erwachsenen in dem Maße abhanden gekommen, wie der wissenschaftliche Erkenntnis- und wirtschaftliche Produktionsfortschritt die Menschen der Neuzeit in ein instrumentelles Verhältnis zur Natur, zu ihren Mitmenschen und zu sich selbst gebracht hat. Doch wird die unmittelbare Solidarität des Kindes mit seiner natürlichen und sozialen Umwelt von den Erwachsenen keineswegs als ein besonderer Vorzug angesehen. Vielmehr wird dem Kind diese Solidarität als ein Mangel an Lebenserfahrung ausgelegt, der den Erwachsenen nur noch einmal mehr den minderwertigen Charakter von Kindheit bestätigt. Damit aber bringen sie sich um die Gelegenheit, in solcher Solidarität Möglichkeiten von Lebensfreude zu entdecken, die sie selber längst nicht mehr wahrnehmen.

„Uns drückt die Mühsal unserer eigenen Schritte, die Belastung durch unsere eigennützigen Regungen, die Engherzigkeit unserer Wahrnehmungen und Empfindungen. Das Kind läuft und springt herum, ohne Notwendigkeit schaut es umher, wundert sich und fragt; es weint leicht, aber es freut sich auch häufig. Ein sonniger Tag im Herbst ist ein richtiges Geschenk, weil die Sonne um diese Jahreszeit selten scheint. … So, wie es ist,

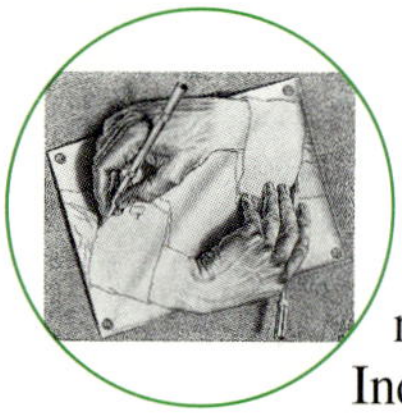

ist's ihm genug, es braucht nur wenig, um sich zu freuen, wozu sich besonders anstrengen? Eilig und ohne uns viel Mühe zu machen fertigen wir es ab. Wir nehmen die Vielfalt seines Lebens und die Freude, die wir so leicht geben können, nicht ernst".

Indem die Erwachsenen den Kindern diese Lebenseinstellung als Unwissenheit und Naivität aus Mangel an Lebenserfahrung auslegen, entziehen sie nicht nur ihr eigenes Verhalten von vornherein jeder kindlichen Kritik. Dass sie sich den Kindern gegenüber auf ihren Erfahrungsvorsprung und moralische Überlegenheit berufen, hat vielmehr vor allem auch die Folge, dass sie die Möglichkeit menschlicher Höherentwicklung nicht erkennen können, die in der unmittelbaren Solidarität des Kindes mit seiner natürlichen und sozialen Umwelt vielleicht angelegt sind und bei einer grundsätzlich anderen Erziehungseinstellung zu entwickeln wären. So verhindern die Erwachsenen am Ende selber jene mögliche, bessere Zukunft, die sie gerade in den Kindern zu erreichen hoffen.

Statt dessen wird den Kindern die widersprüchliche Doppelrolle eines gesellschaftlichen Hoffnungsträgers und Sündenbocks zugeschrieben. Diese Zuschreibung aber besitzt für die Erwachsenen Korczak zufolge eine doppelte Entlastungsfunktion: Die Lebens- und Zukunftsoffenheit der Kinder wird von ihnen einerseits zum Anlass genommen, in Zukunftsvisionen eines anderen Lebens in einer besseren Welt frühkindliche Machtfantasien auszuleben, wie sie Korczak selbst angesichts der lieblosen Atmosphäre seines Elternhauses schon früh entwickelt hatte. Dies wiederum ermöglicht den Erwachsenen andererseits alles das, was sie gemeinsam an ihrem Ich-Ideal und Traum vom besseren Leben an sich selbst zu bemängeln haben, auf die Kinder zu projizieren, um es an ihnen stellvertretend zu bestrafen. Auf diese Weise wird das Generationengefälle zu einem besonderen Gewaltverhältnis, das den Erwachsenen die einzigartige Möglichkeit bietet, sich von ihrer Verantwortung für den Zustand der Welt, in der sie leben, und damit von jeder Selbstkritik und -kontrolle zu entlasten. Gleichzeitig nutzen sie die Abhängigkeit der Kinder dazu aus, sich für die entgangene Befriedigung ihrer eigenen Lebenserwartungen und Zukunftsentwürfe schadlos zu halten, indem sie die Kinder nach ihrem persönlichen Vollkommenheitsideal zu erziehen versuchen.

Damit aber werden die „gut gemeinten" Erziehungsabsichten der Erwachsenen vollends in ihr Gegenteil verkehrt: Indem die Erwachsenen die Kinder für eine bessere Zukunft zu erziehen behaupten, nehmen sie diesen gerade jede Möglichkeit dazu.

(Herwart Kemper, Erziehung als Dialog, Juventa, Weinheim 1990, S. 52–55)

1. Welche Möglichkeiten ergeben sich durch das ‚dialogische Prinzip' nach Korczak, das Verhältnis zwischen den Generationen zu verändern?
2. Wenden Sie die ‚Prüfkriterien' auf das Menschenbild von Janusz Korczak an.

Der Mensch als ‚produktiver Realitätsverarbeiter'

Selbstbewusstsein als soziales Ereignis

Erst durch die Beziehung auf den anderen erhalte ich ein Bild von mir selbst, werde mir selbst bewusst. Auch Selbstbewusstsein ist somit ein soziales Ereignis. Es entsteht genetisch nicht immanent, sondern individuell im Aneignungsprozess von symbolischer Kultur. Denn auch hier ist die Sprache, ist ein bestimmtes Deutungssystem usw. das Medium, welches etwas spezifisch Menschliches realisiert, nämlich die Selbstaneignung. Damit ist erst die Möglichkeit der reflektierenden Distanz des Menschen zu sich selbst, zur Welt und

zu seiner eigenen inneren Natur gegeben. Wenn sich die Menschen mit sich selbst auseinander setzen, können sie sich auch mit ihren Bedürfnissen und Gefühlen auseinander setzen. Oder anders ausgedrückt: Die individuelle Aneignung symbolischer Kultur eröffnet Möglichkeiten, einiges von dem zu reflektieren, was unsere „Innenseite" ausmacht, wie Emotionen und Bedürfnisse.

Die individuelle Aneignung von symbolischer Kultur ist, wie bisher gezeigt wurde, mehrdimensional zu beschreiben. Der Aneignungsprozess symbolischer Kultur impliziert vorgreifende Widerspiegelung, soziale Beziehungen, Selbstbewusstsein und Selbstaneignung.

Diese Implikationen ermöglichen aber auch, dass der Mensch Selbstbewusstsein durch sich ganz allein, durch seine Aktivität erhält. Man braucht sich ja nur vorzustellen, wie stolz Kinder auf ihre Bastelergebnisse sind; oder Erwachsene, wenn sie eine Reparatur im Haus oder am Auto erfolgreich selbst durchgeführt haben. Die Anerkennung von Außenstehenden ist hierbei gar nicht notwendig. Es ist die gegenständliche Tätigkeit, die eine Grundlage für die Konstitution von Selbstbewusstsein, von Selbstwertgefühl bildet. Die Bildung von Selbstbewusstsein ist im Sozialisationsprozess demnach nicht nur in der Aneignung von symbolischer Kultur gegeben, sondern ebenfalls in der Aneignung von materieller Kultur.

Die genannten Implikationen weisen aber auch noch auf einen weiteren interessanten Sachverhalt: Man wird nicht nur sozialisiert, man sozialisiert sich zum Teil auch selbst. Es gibt eine Menge an Umständen im Sozialisationsprozess, die wir selbst wählen können, wo wir selbst entscheiden können, z. B. entscheiden wir, zumindest im nichtberuflichen Bereich, zu welchen Personen wir eine intensive persönliche Beziehung aufnehmen wollen und zu welchen nicht. Wir richten unsere Wohnung nach einem eigenen Geschmack ein.

Es lassen sich unzählige Beispiele anführen, wie man sich selbst sozialisiert. Aber ebenso viele Beispiele dafür, dass die Umstände der Sozialisation nicht selbst gewählt werden können. [...]

Formen des Widerstandes sind so gesehen also auch Formen der Selbstsozialisation.

(Hans-Günter Rolff/Peter Zimmermann, Kindheit im Wandel, Beltz, Weinheim und Basel 1993, S. 50, 51)

1. Diskutieren Sie Beispiele für die Mehrdimensionalität der Aneignung symbolischer Kultur.
2. Erstellen Sie ein Mind-Map zum Thema ‚Selbstbewusstsein'.
3. Reflektieren Sie die Bedeutung von ‚Widerstand' für die pädagogische Praxis.

Klaus Hurrelmann kennzeichnet das Modell der produktiven Realitätsverarbeitung wie folgt:

Was hier proklamiert wird, ist also ein Modell der wechselseitigen Beziehungen zwischen Subjekt und gesellschaftlich vermittelter Realität, eines interdependenten Zusammenhangs von individueller und sozialer Veränderung und Entwicklung. Dieses Modell stellt das menschliche Subjekt in einen sozialen und ökonomischen Kontext, der subjektiv aufgenommen und verarbeitet wird, der in diesem Sinn also auf das Individuum einwirkt, aber zugleich immer auch durch das Individuum beeinflusst, verändert und gestaltet wird.

Diese Modellvorstellung soll [...] als „Modell der produktiven Realitätsverarbeitung" bezeichnet werden, wobei „produktiv" als ein ein Prozessgeschehen beschreibender Begriff ohne implizite Bewertung verstanden wird. Das Modell drückt den gemeinsa-

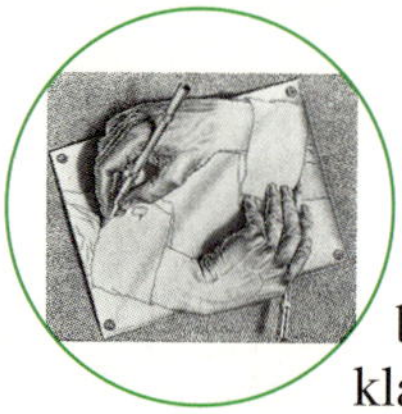

men Nenner der neueren Sozialisationstheorien aus, nämlich die Vorstellung vom Individuum, das sich einerseits suchend und sondierend, andererseits konstruktiv eingreifend und gestaltend mit der Umwelt beschäftigt, Umweltgegebenheiten aufnimmt und mit den vorhandenen Vorstellungen und Kräften in Einklang bringt und um eine ständige Abstimmung zwischen den Umweltanforderungen und den eigenen Bedürfnissen, Interessen und Fähigkeiten bemüht ist. Das Modell schließt eine Vorstellung von der (sozialen und dinglichen) Umwelt ein, wonach die Umwelt sich in ständiger Umformung und Veränderung befindet und durch die Aktivität von Personen permanent beeinflusst und verändert wird. Die Beeinflussungen und Veränderungen wirken wiederum zurück auf die Vorgänge der Aneignung, Verarbeitung, Bewältigung und Gestaltung von Realität.

Die frühe soziologische Sozialisationsforschung hat, beeinflusst durch Durkheim, den „subjektiven Faktor“ aus ihren Analysen ausgeklammert oder nur als Randvariable betrachtet. Damit war lange eine Fehlkonzeption des Sozialisationsprozesses in die wissenschaftliche Diskussion eingegangen. Das Gebiet der Sozialisationsforschung lässt sich aber nur dann sinnvoll konzipieren, wenn eine Verbindung von „objektivem“ und „subjektivem Faktor“ erreicht wird, wenn also gesellschaftliche Institutionalisierungsprozesse auf der einen Seite und intrapsychische Prozesse der Persönlichkeitsentwicklung auf der anderen Seite aufeinander bezogen und miteinander verbunden werden. [...] Soziologische und psychologische Theorien verlangen geradezu nach einer sinnvollen Ergänzung und Verbindung.

Eine Aufnahme persönlichkeits- und entwicklungspsychologischer Konzepte in die soziologische Sozialisationsforschung bedeutet nicht deren unveränderte Übernahme. Die Grenze der psychologischen Positionen liegt dort, wo soziale Umweltgegebenheiten nur als eine Randvariable für die Wirkungsweise psychischer Mechanismen des Individuums berücksichtigt werden. Die Person-Umwelt-Interaktion, die in den neueren psychologischen Ansätzen den Kern aller Konzeptionen der Persönlichkeitsentwicklung abgibt, muss in umfassende, den Charakter der Wechselwirkung genau ausarbeitende theoretische Konzepte einbezogen werden, die die soziale Umwelt als ein konstitutives Element der Persönlichkeitsbildung und -entwicklung berücksichtigen.

Sucht man nach einer dieser Modellvorstellung von Sozialisation entsprechenden Definition, so bietet sich als klarste und knappste die oben bereits vorgestellte an, wonach Sozialisation bezeichnet wird als der Prozess der Entstehung und Entwicklung der Persönlichkeit in wechselseitiger Abhängigkeit von der gesellschaftlich vermittelten sozialen und dinglich-materiellen Umwelt (Geulen/Hurrelmann 1980). Diese Definition wendet sich gegen eindimensionale Positionen in Soziologie, Psychologie und Pädagogik, die ihre Erklärungsansätze entweder auf die Mikro- oder die Makrodimension der Realität abstellen, und favorisiert eine mehrdimensionale kontextualistische Theoriekonzeption.

(Klaus Hurrelmann, Einführung in die Sozialisationstheorie, Beltz, Weinheim und Basel 1993, S. 64, 65)

1. Diskutieren Sie Ihnen bekannte eindimensionale Modelle der Persönlichkeitsentwicklung auch bzgl. ihrer Konsequenzen für die Aufgaben von Erziehung.
2. Welche Bedeutung hat in dem Modell der produktiven Realitätsverarbeitung die emotionale Dimension der Identitätsbildung (Gefühle bzw. sinnlich impulsive Elemente)?
3. Diskutieren Sie Möglichkeiten und Grenzen einer Erziehung als ‚Hilfe zur Identitätsbildung‘.
4. Wie lassen sich Störungen der Identitätsbildung nach diesem Modell erklären, welche konstruktiven pädagogischen Einflussnahmen sind in solchen Fällen möglich?

Ein-Spruch

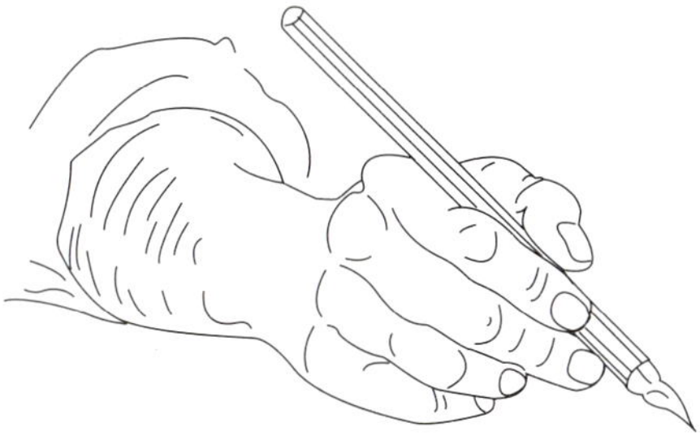

Die falschen Selbst entstehen in Konformität
mit den Intentionen oder Erwartungen des anderen
oder mit dem, was wir für die Intentionen
und Erwartungen des anderen halten. […]
Das wesentliche Merkmal der konformen Komponente
im falschen Selbst lässt sich ausdrücken als eine Reaktion auf das,
was ich in den Augen der anderen Leute bin.
Diese besteht darin, gemäß den Definitionen anderer Leute,
was man ist, zu handeln, anstatt die eigene Definition,
wer oder was man sein möchte, in Aktion zu übersetzen.
Sie besteht darin, so zu werden,
wie die anderen Personen möchten oder erwarten, dass man wird,
während man ‚selbst' ist nur in Imagination
oder im Spiegel vor dem Spiegel.

(Ronald D. Laing, Das geteilte Selbst, Kiepenheuer & Witsch, Köln 1992, S. 121f.; Titel der Originalausgabe: The Divided Self – An existential study in sanity and madness, 1960 Tavistock Publications)

Wer sagt
was
mit welchen Mitteln
und welcher Absicht
zu wem ???

Ist das Gegenteil auch richtig?

Mein Kommentar:

3 Reflexionen: Der Blick auf das Ganze – Standortbestimmung

Ein Strukturmodell

Das folgende Strukturmodell kann Ihnen eine Hilfe sein, die Grundannahmen und Zielperspektiven der im Wabenkapitel vorgestellten Modelle einzuordnen.
Sie können sich so eine eigene Stellungnahme dazu erarbeiten, welches Modell Ihnen für welche Fragestellung besonders aussagekräftig erscheint.

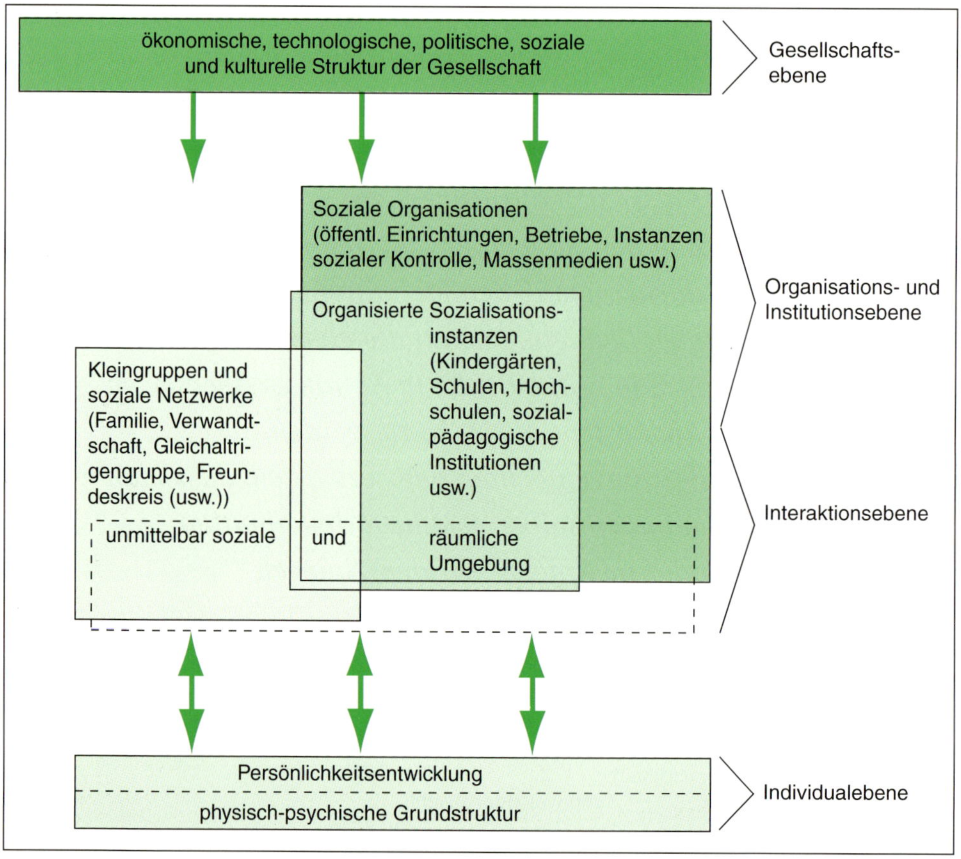

Komponenten und Ebenen eines Strukturmodells der Sozialisationsbedingungen

(Aus: Dieter Geulen/Klaus Hurrelmann, Zur Programmatik einer umfassenden Sozialisationstheorie, in: K. Hurrelmann/D. Ulich [Hrsg.], Neues Handbuch der Sozialisationsforschung, Beltz, Weinheim und Basel, 4. Aufl. 1991, S. 65)

1. Versuchen Sie durch eine entsprechende Kennzeichnung in diesem Strukturmodell die Aussagefähigkeit und Grenzen der zuvor behandelten Modelle und implizierten Menschenbilder einzuordnen.
2. Erklären Sie sich zu einem Vertreter/einer Vertreterin eines Modells, welches Sie besonders überzeugt, und diskutieren Sie mit Ihren Mitschülern und Mitschülerinnen, indem Sie sie von Ihrem Modell zu überzeugen versuchen.
   Welche Auffassung haben zum Schluss die meisten Vertreter/Vertreterinnen? Entwerfen Sie eine Resolution mit einer entsprechend markanten Überschrift, die dieses Meinungsbild wiedergibt. Vielleicht wollen Sie ja auch Ihre Resolution veröffentlichen oder dafür Unterschriften sammeln?

Stand • Punkt

Zur Systematisierung und Konzentration der Vielfalt möglicher Begriffsbestimmungen von Erziehung schlägt Hans Berner das folgende ‚Wertequadrat' vor:

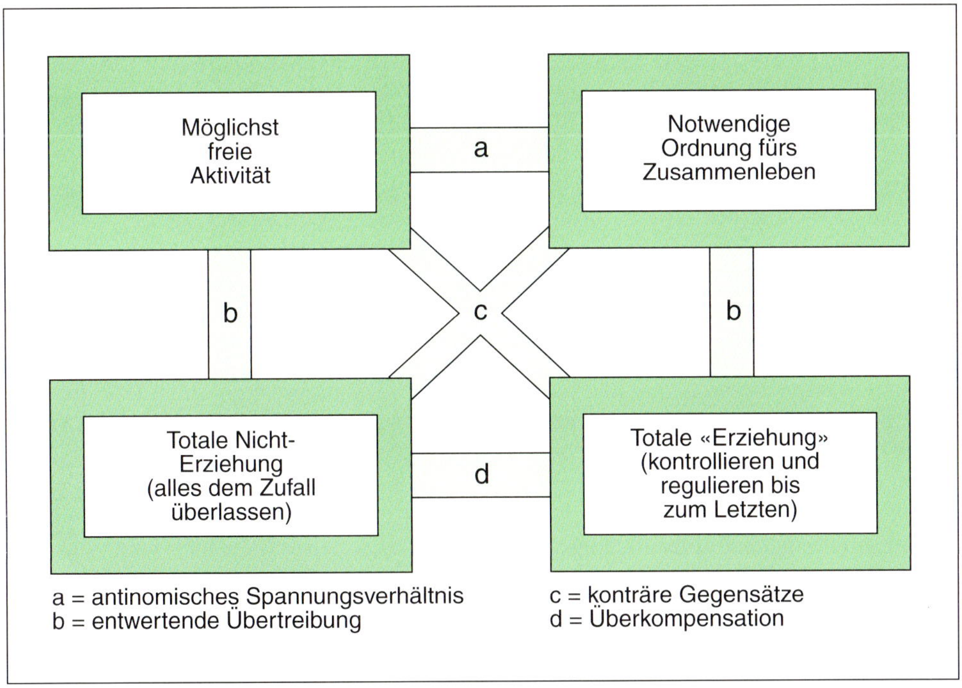

(Hans Berner, Über-Blicke – Ein-Blicke, Paul Haupt Verlag, Bern/Stuttgart/Wien 1996, S. 155)

1. Suchen Sie zu jedem Quadrat eine Begriffsbestimmung von Erziehung, die Ihnen dafür typisch erscheint.
2. Wie würden Sie für sich persönlich nach drei Jahren Pädagogikunterricht Erziehung definieren?
3. Welche Modelle, die Sie im Laufe der Zeit im Unterricht behandelt haben, kommen Ihren Vorstellungen am nächsten?

4. Legen Sie das Wertequadrat symbolisch auf dem Boden aus und stellen Sie sich an die Stelle, wo Sie sich mit Ihrer Begriffsbestimmung selber zuordnen würden.
Nehmen Sie die (wahrscheinlich) unterschiedlichen Positionen in Ihrem Kurs wahr und klären Sie durch gezielte Fragen die Stand-Punkte der anderen Teilnehmer.
Wollen Sie nach einer ersten Fragerunde Ihre Position verändern?
Gelingt es Ihnen, eine gemeinsame Kursdefinition zu erarbeiten, die jeder Teilnehmer/jede Teilnehmerin unterschreiben würde?
5. In der Einleitung zu den Phoenix-Bänden (besonders zu Band 1) haben wir – die Verfasser – Ihnen unser Verständnis von Erziehung offen gelegt. Nehmen Sie Stellung!

Standortbestimmung

Beziehen Sie Ihren Stand • Punkt!

Ich meine, der Pädagoge hätte von sich aus so zu fragen:

- Was braucht ein (junger) Mensch, um in dieser Gesellschaft überhaupt frei, würdig, für andere nützlich zu leben?
- Was hat er für Gaben, die ohne Schutz und rechtzeitige Förderung nicht zur Entfaltung kommen? Und: Welche Förderung kann ich ihm zukommen lassen?
- Was davon muss die Gemeinschaft, der Staat gewährleisten? Was muss und kann der junge Mensch selber dafür aufbringen? Was sollten die späteren Nutznießer – die Wirtschaft, die Wissenschaft, die einzelnen Einrichtungen – beisteuern?
- Welches sind die geeigneten Mittel für die Erfüllung des pädagogischen Auftrags: die wirksamsten Anlässe, Gegenstände, Verfahren, Zeiteinteilungen, Orte – und welches sind die vernachlässigten Maßstäbe für den Erfolg des ganzen Vorgangs?

Pädagogik ist nicht dazu da – und hat also in ihrer Geschichte nicht gelernt –, die Welt in Ordnung zu bringen oder gar zu verbessern. Sie hilft vielmehr der kommenden Generation, in ihre Kultur hineinzuwachsen und diese zu verstehen; sie ist genötigt, diese Anstrengung für jedes einzelne Kind zu unternehmen – nach dem Maß seiner Möglichkeiten, seiner bisherigen Erfahrung, seiner Anlagen, seiner Lebenssituation. Sie wird es darum schwer haben, einer Idee brauchbare Dienste zu leisten, die sich weit vom Einzelnen und seinem Leben zu entfernen scheint: der Verzögerung oder Bekämpfung eines „allgemeinen Werteverfalls“, der Verwirklichung der Menschenrechte, der Erfüllung von Menschheitspflichten, der Entwicklung eines Weltethos. [...]
Pädagogik und Unterricht haben nichts mit Heilung zu tun. Sie gehen mit ihren Bemühungen von den Menschen (den Kindern) und den Verhältnissen (der Gesellschaft) aus, wie diese sind. Sie reparieren kein Objekt, sie helfen einem Subjekt. [...]
Ich konstruiere hieraus einen dreifachen Auftrag.

- Pädagogik müsste in den Kindern das gemeinte Ethos (die Haltung und Tatkraft) ins Leben rufen, das in den Erwachsenen erstorben ist.
- Sie müsste dies tunlichst erreichen, ohne mit dem Weltuntergang oder einer Katastrophe oder auch nur einer dramatischen Verschlechterung der Lage zu drohen, weil das entmutigt.
- Sie müsste den Kindern verständlich machen, warum, obwohl das Ethos als Einsicht da ist, die Erwachsenen nicht danach leben, jedenfalls keinen Erfolg damit haben; und dieses Verständnis darf ihren eigenen Bemühungen nicht im Wege stehen.

Kann sie das? Das Dilemma, dass die Pädagogik in den Kindern, in der kommenden Generation etwas wecken soll, was in der alten Generation erstirbt oder vernachlässigt wird, mag den Erziehern, für deren Zeit dies zutrifft, die Aufgabe erschweren. Ganz ungewohnt kann es ihnen nicht sein. Eine wichtige *raison d'être* ihres Berufsstandes ist doch: Die Erwachsenen leben nicht so, dass die Kinder unmittelbar von ihnen lernen können / sollten. Sie sind bequem, undiszipliniert, wollen sich in ihren eigenen Freiheiten nicht ausgerechnet durch pädagogische Rücksichten einschränken lassen. Sie beauftragen darum *professionals* damit – Leute, die gegen Bezahlung darauf achten, dass möglichst nur erziehliche Wirkungen von ihnen ausgehen. [...]

Wirksam wird die Pädagogik auf diesem Feld nur unter vier Bedingungen:

- Die ‚Sache' muss den Erziehenden und Lehrenden selber wichtig sein.
- Nichts, was bleiben soll, kommt schnell.
- Alles Lernen ist mit Erfahrung zu verbinden, wenn es schon nicht immer aus ihr hervorgehen kann.
- Die Person der Erziehenden oder der Lehrenden muss ins Spiel kommen, ja, sie ist ihr stärkstes Mittel.

(Hartmut von Hentig, Ach, die Werte! Über eine Erziehung für das 21. Jahrhundert, Hanser Verlag, München 1999, S. 51ff.)

4 Perspektiven: Entspannt und gut vorbereitet in die Prüfung

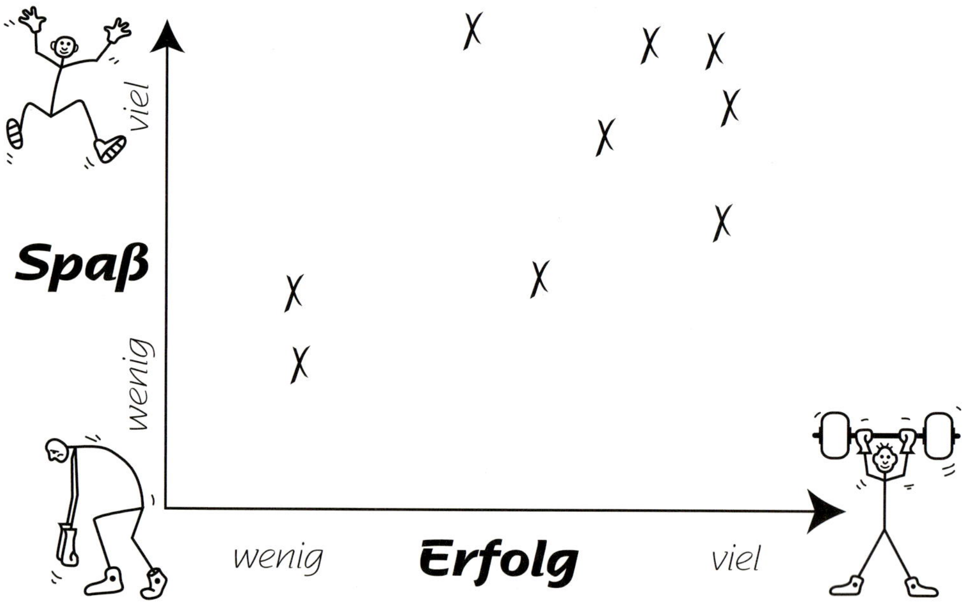

(Aus: Wolfgang Endres u.a., Werkstatt: Lernen, Beltz, Weinheim und Basel, 4. Aufl. 1994, S. 56)

Machen Sie Ihre Kreuze!

Einleitende Überlegungen

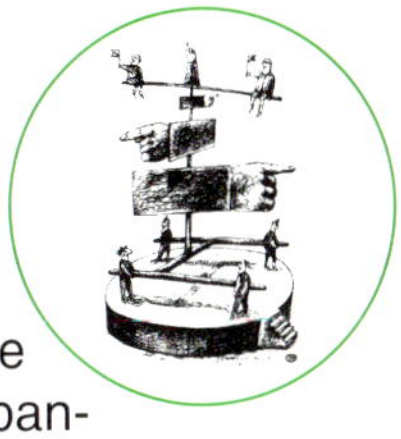

Die im Folgenden beschriebenen Fantasiereisen und Übungen sollen Ihnen helfen entspannt in die Prüfung zu gehen. Wir wollen Sie dazu nicht ‚traumatisieren', sondern Ihnen anbieten sich ein wenig selbst zu entdecken, Ängste aufzuspüren, aber auch ‚Ressourcen' zu finden, sodass Sie die eigenen Anspannungen wahrnehmen und lernen, damit konstruktiv umzugehen.

Wählen Sie aus den folgenden Übungen die Ihnen am geeignetsten erscheinenden aus. Die Übungen können sowohl vom Lehrer/der Lehrerin als auch von Ihren Mitschülern/Mitschülerinnen angeleitet werden, Sie können sich auch in Kleingruppen auf die Anleitung und Auswertung einer Übung vorbereiten!

Denken Sie daran: Ihre Erfahrungen gehören Ihnen; was Sie anderen mitteilen wollen oder nicht, ist einzig und allein Ihre Entscheidung!

Übungen

Fantasiereisen

Die Entspannungsübung

„Bringen Sie Ihren Körper in eine bequeme Position, wo Sie sich gut entspannen können … dann schließen Sie Ihre Augen … achten Sie auf Ihre Atmung … verändern Sie nichts an Ihrer Atmung, nehmen Sie einfach wahr, wie die Luft hinein- und hinausgeht … lassen Sie den Sauerstoff weit in Ihren Körper hinein, aber pressen Sie nicht … spüren Sie Ihre Füße … beginnen Sie sich zu entspannen, lassen Sie sich schwer werden … lassen Sie diese schwere Entspanntheit in Ihre Füße wandern … durch die Knie … in die Hüften … über Ihren ganzen Körper … stellen Sie sich vor, dass sich die Entspannung über den ganzen Körper ausbreitet … den Magen erfüllt … Brust … Rücken … Schultern … lassen Sie Ihre Arme sich entspannen … Ihre Hände … spüren Sie, wie sich Ihr Hals entspannt … Ihr Gesicht … wie Ihr Kiefer lose wird, weich … Ihre Lippen … Ihr Kinn … Ihre Augen … die Stirn … Ihre Kopfhaut … nehmen Sie weiterhin wahr, wie Sie atmen und nehmen Sie sich ein bisschen Zeit, das Gefühl in Ihrem ganzen Körper zu genießen…"

Die Wolkenkratzerfantasie

„Stellt euch vor, dass ihr in der Mitte einer schmalen Terrasse steht, oben auf der Spitze des höchsten Wolkenkratzers der Welt. Stellt euch zusätzlich vor, dass diese Terrasse kein Geländer hat … während ihr dort steht, schaut ihr auf eure Füße hinunter und versucht herauszufinden, aus welchem Material die Terrasse gemacht ist … Steht ihr auf Marmor, Beton, Asphalt, Holz, Stein oder was sonst? … Das Wetter ist sehr schön. Die Sonne scheint, und ihr könnt die warmen Sonnenstrahlen im Gesicht spüren, auf den Armen … Was für Geräusche könnt ihr hören? … Vielleicht gibt es Tauben oder andere Vögel hier oben. Vielleicht hört ihr einen Helikopter oder den Lärm der Straße von weit unten her … jetzt möchte ich gerne, dass ihr zum Rand der Terrasse geht und auf die Straße weit, weit unten schaut … während ihr das macht, achtet darauf, was ihr in eurem Körper fühlt und versucht euch zu erinnern, was immer es ist … dann möchte ich, dass ihr ganz langsam in die Mitte der Terrasse zurückgeht … Wenn ihr dort angekommen seid, möchte ich, dass ihr ganz, ganz langsam die Augen öffnet … und in den Raum hier zurückkommt. Nehmt euch genug Zeit, es besteht keine Eile."

Nachdem alle Teilnehmer die Augen geöffnet haben, bitten Sie sie, der Klasse/Kursgruppe und Ihnen mitzuteilen, was sie in ihrem Körper spürten, als sie an den Rand der

Terrasse gingen. Sagen Sie ihnen, dass Sie nicht erfahren möchten, was sie hörten oder sahen, sondern was sie in ihrem Körper fühlten. Die meisten Schüler werden Körperreaktionen mitteilen. Mögliche Reaktionen sind erhöhter Puls, schwitzende Hände, flaches Atmen, Schwindel, ein hohles Gefühl im Magen, ein Anspannen der Füße oder Fäuste. Einige werden vielleicht die Augen geöffnet haben. Nach einigen Minuten des Mitteilens können Sie folgende Fragen vorschlagen:

(a) „Wo spürtest du deinen Körper? Wo war er?“ (Im Raum)
(b) „Auf was reagierte dein Körper?“ (Auf das Bild im Bewusstsein)
(c) „Wer kreierte das Bild?“ (Die Teilnehmer)
(d) „Gibt es andere Bilder oder Körperreaktionen, die ihr produziert?“ (Schmetterlinge im Magen bei Aufregung: Leere im Magen, wenn euch jemand zurückweist…)

Sie merken vielleicht bereits beim Lesen, dass diese Fantasie auch Angst machend sein kann. […] Das so genannte „timing“ oder die „Bereitschaft“ („readiness“) spielen bekanntlich hier eine zentrale Rolle.

(Gerhard Fatzer, Ganzheitliches Lernen – Humanistische Pädagogik und Organisationsentwicklung, Paderborn 1990, S. 87ff.)

Mehr schaffen

Übung (5–10 Minuten)

Die Teilnehmer/innen werden aufgefordert, sich mit so viel Raum um sich herum hinzustellen, dass sie einen Arm in die Waagerechte heben können und sich dabei frei drehen können, ohne irgendwo anzustoßen.
Der Anleiter gibt jetzt folgende Anweisungen:
„Stelle dich bequem hin, sodass die Beine etwa in Schulterbreite fest auf dem Boden stehen. Raste die Knie nicht ein, sondern stehe leicht federnd. Bleibe während der Übung die ganze Zeit in dieser Fuß- und Beinstellung … Hebe jetzt einen Arm waagerecht in die Höhe und behalte die ganze Zeit deine Hand im Auge … Drehe jetzt den Arm so weit es geht nach hinten, lasse Schultern und Kopf langsam folgen. Gehe so weit du kannst bis zur Schmerzgrenze, und merke dir im Raum einen Punkt, bis zu dem du gekommen bist … Drehe dich zurück und lasse die Arme hängen … schüttele sie leicht aus… Schließe jetzt die Augen und mache dieselbe Übung zehnmal nur in Gedanken… Lasse dir so viel Zeit dabei, dass deine Aufmerksamkeit dieses gut verfolgen kann. Öffne die Augen, wenn du fertig bist.“

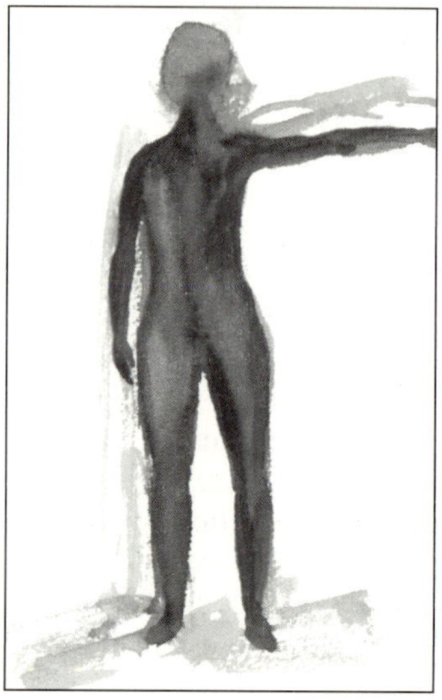

Der Anleiter wartet, bis alle Teilnehmer/innen die Augen geöffnet haben. Sie werden dann aufgefordert, die Übung von vorher real zu wiederholen. In der Regel werden alle feststellen, dass sie sich ohne Mühe erheblich weiter drehen können.

Intentionen

Es findet ein wechselseitiger Transfer von körperlichen zu mentalen Erfahrungen statt. Die meisten Teilnehmer/innen erkennen, dass sie sich nach diesem mentalen Training weiter drehen können als sie dachten. Dieses hat nachhaltige pädagogische Wirkungen, da die Erfahrungen gemacht und die Lernenden nicht belehrt werden.

Die Prüfung schaffen

Übung (ca. 15 Minuten)

Die Lerngruppe wird von dem Anleiter gefragt:

„Wer will die Prüfung bestehen?“

Meistens kommt dann aus der Lerngruppe ein mehr oder weniger zögerliches „Ja“.

Jetzt wird gesagt:

„Wer die Prüfung bestehen will, hebe den Arm bitte mit dem Daumen nach oben, waagerecht oder nach unten!“

Hier ist die Resonanz schon deutlicher, dass alle bestehen wollen, wenn auch einige Daumen noch zögerlich nach oben gerichtet sind.

Jetzt folgt die Frage:

„Wer will die Prüfung gut bestehen? … der hebe bitte wieder den Arm mit Daumen nach oben, waagerecht oder nach unten!“

Hier ist das Bild meistens eher positiv. Auf jeden Fall ist der Wunsch, körperlich symbolisiert, schon sehr stark, gut zu bestehen.
Jetzt wird gefragt, ob jeder bereit ist, heute etwas dafür zu tun, indem er sich auf eine kleine Übung einlässt. Alle wollen in der Regel.

Jetzt wird folgende Tranceinduktion durchgeführt:
„Bitte setzt euch bequem hin, möglichst aufrecht, sodass die Atmung frei fließen kann, der Atem bis in den Bauch gelangt … Lege eine Hand auf deinen Bauch und spüre, wie der Atem hinein- und herausfließt … Schließe deine Augen … Stelle die Füße so zu Boden, dass du einen guten Kontakt zur Erde hast … Nimm’ drei bis vier tiefe Atemzüge und lasse den Atem entweichen, … lasse alles, was dich belastet, mit dem Ausatmen los…
Jetzt lasse den Atem wieder von ganz allein fließen. Stelle dir jetzt vor, es ist Juni (Zeitpunkt, wenn die Prüfung vorbei ist!) und die Prüfung ist geschafft. Du triffst deine Freundin, deinen Freund, deine Mutter, deinen Vater, deine Kollegin oder deinen Kollegen und erzählst voller Freude von der bestandenen Prüfung.
Entscheide dich für eine Situation, wo du von der bestandenen Prüfung erzählst … Wie sieht die Situation aus? … Schaue sie dir genau an … In welchem Raum befindest du dich? … Welche Menschen sind mit dir im Raum? … Wie klar siehst du die Situation? … eher verschwommen oder ganz scharf? …
Wenn du willst, stell dir vor, du schaust durch einen Fotoapparat und stellst die Schärfe des Bildes ein… Wie nah siehst du die Menschen in dem Raum? … Sind sie weit weg? … oder kannst du sie gut erkennen? … Wenn du möchtest, hole dir die Situation mit dem Zoom deines Fotoapparates näher heran … oder du schiebst sie weiter weg … Spiele einmal mit dem Zoom … Siehst du das Bild eher schwarz/weiß oder farbig?…
Lege, wenn du magst, einen Farbfilm ein. Welche Farben siehst du jetzt? …
Hörst du etwas? … Musik? … Stimmen? … oder andere Geräusche? … Riechst du etwas? … Schmeckst du etwas? … Isst du vielleicht gerade deine Lieblingsspeise? … Fühlst du etwas? … Wirst du vielleicht in den Arm genommen … oder bist du so voller Freude, dass du dauernd lachen musst?
Genieße die bestandene Prüfung mit den Menschen, die dir lieb sind … Jetzt speichere diesen angenehmen Zustand in deinem Gehirn ab … Stelle dir vor, wie sich das Gehirn mit allen diesen schönen Empfindungen langsam füllt…
Wenn du das Gefühl hast, dass du dein Gehirn angefüllt hast, so öffne langsam deine Augen und komme mit deinen Gedanken wieder hier in den Raum. Strecke dich, spanne einige Muskeln kurz an und lasse sie wieder entspannen.“

Nach einem Moment der Ruhe wird gefragt:

„Wollt ihr jetzt die Verantwortung dafür übernehmen, dass euer Ziel erreicht wird?"

In der Regel ist jetzt eine hohe Motivation da.

Intentionen

Diese Übung kann gut vor Prüfungssituationen eingesetzt werden, wenn Lerngruppen zur Panik, zu Angst und negativer Orientierung tendieren.

Der Vorteil der suggestiven Motivation liegt darin, dass die völlig natürliche Prüfungsangst, die sehr lähmend auf den mentalen und physischen Energiehaushalt wirkt, durch eine positive Orientierung ersetzt werden kann. Dieses ist besonders notwendig in Lerngruppen, wo starke Negativorientierungen geballt vorkommen. Die Schuld für das eigene Versagen wird oft in anderen Umständen oder bei anderen Personen gesehen. Eine Eigenverantwortung wird häufig abgelehnt.

(Übungen S. 604–606 aus: Uwe Schüler, lehren – lieben – lernen, Hamburg 1994, S. 88f, 48, 84, 71f.)

Checkliste zum Prüfungsverhalten

„Wie du dem Stress ein Bein stellen kannst"

Was tun bei Schweißausbrüchen oder Knieschlottern, bei Angst vor Blackouts oder Versagen?

- Markiere (nach dem Kopieren) bei jedem der zehn folgenden Ratschläge mit grüner Farbe deine Gewohnheit gemäß der Skala von 1 (trifft überhaupt nicht zu) bis 10 (trifft genau zu)!
- Markiere jetzt mit blauer Farbe die Wichtigkeit der einzelnen Ratschläge!
- Verbinde alle Punkte mit der gleichen Farbe und versuche etwas aus den entstehenden Kurven herauszulesen!

1. Sage dir auf dem Weg zur Arbeit in Gedanken, dass du dich gut vorbereitet hast. Führe dir bewusst vor Augen, was du nun kannst.

   1 2 3 4 5 6 7 8 9 10

2. Lass dich nicht kurz vor der Arbeit von einigen Kandidaten verrückt machen, die glauben, dir unbedingt aufzählen zu müssen, was sie alles gelernt und vorbereitet haben.

   1 2 3 4 5 6 7 8 9 10

3. Macht die spannungsgeladene Atmosphäre in der „Prüfungszone" dich unruhig, dann halte dich, solange es geht, außerhalb dieser Zone auf.

   1 2 3 4 5 6 7 8 9 10

4. Lies dir die Aufgabenstellung erst einmal ruhig von vorne bis hinten durch und gerate nicht gleich in Panik, wenn du Schwachstellen von dir entdeckst. Oft klärt sich die Lage erst, wenn du den ganzen Überblick hast.

   1 2 3 4 5 6 7 8 9 10

5. Nutze zu Beginn der Arbeit unbedingt die Gelegenheit, Fragen zu stellen. Und während der Arbeit frage dich selbst immer wieder: Was ist gefragt?

   1 2 3 4 5 6 7 8 9 10

6. Kläre rechtzeitig, welche Aufgaben du nur sehr schwer oder überhaupt nicht lösen kannst, um nicht unnötig Zeit zu verlieren.

   1 2 3 4 5 6 7 8 9 10

7. Lege ruhig ab und zu einmal den Schreibstift aus der Hand und mache eine kurze, einminütige Pause. Gerade bei hoher Anspannung sind Minipausen unerlässlich.

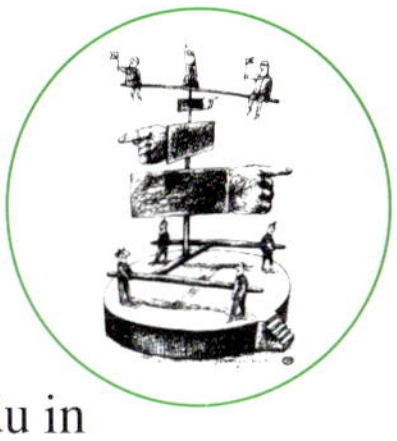

1 2 3 4 5 6 7 8 9 10

8. Setze das Skelett vor das Detail, auch wenn es manchmal schwer fällt, weil du in irgendeinem Detail so gut Bescheid weißt, dass du dein Wissen unbedingt loswerden willst. Du verzettelst dich!

1 2 3 4 5 6 7 8 9 10

9. Wenn du eine Frage nicht beantworten kannst, geh zur nächsten. Mut zur Lücke!

1 2 3 4 5 6 7 8 9 10

10. Geh stets mit dem Gefühl in die Prüfung: „Auch wenn ich nicht alles weiß, so weiß ich doch, dass ich eine Menge weiß! Dass ausschließlich Stoff drankommt, von dem ich überhaupt nichts weiß, ist ziemlich ausgeschlossen."

1 2 3 4 5 6 7 8 9 10

(Wolfgang Endres/Regula Gessler/Jörg Eichenberger/Christian Griss/Ewald Magerl, Werkstatt: Lernen, Beltz, Weinheim und Basel 1994, S. 137f.)

Fragen fragen, auf das Wesentliche konzentieren

Zur guten Vorbereitung einer Prüfung gehört natürlich auch eine solide fachliche Kompetenz. Wir hatten Ihnen ja bereits zu Anfang des Buches empfohlen zu jedem Kapitel ein Wiederholungs-Mind-Map anzufertigen.
Ein bloßes Auswendiglernen wird Ihnen kein tiefgreifendes Verständnis eines Stoffes ermöglichen. Fragen Sie sich und Ihre Mitschüler/Mitschülerinnen ab, stellen Sie dabei auch Fragen, deren Antworten Ihnen nicht geläufig sind. Auch den Kurslehrer/die Kurslehrerin sollten Sie befragen, das ‚Fragen stellen' ist kein Privileg von Lehrern!
Wenn Sie dabei auf Probleme stoßen, die Ihnen unlösbar erscheinen, wo es keine ‚richtigen Antworten' gibt, tröstet Sie vielleicht die folgende Feststellung:
‚Ein gutes Problem bemisst sich daran, dass es auch unlösbar sein kann' (Jürgen Oelkers, a.a.O., S. 13).

Methode: Prüfungsvorbereitung

Die Abiturvorbereitung stellt Sie neben der stressenden Wirkung – gegen die wir Ihnen Entspannungs- und Stärkungsübungen anbieten – vor neue Anforderungen, auf die Sie sich einstellen und vorbereiten können.

1. Die Bewältigung der Stoff-Fülle

Sowohl in der schriftlichen wie auch in der mündlichen Abiturprüfung sind Sie ein erstes Mal damit konfrontiert, über den gesamten Stoff der Qualifikationsphase verfügen zu müssen.
Folgende Strategien haben sich als hilfreich erwiesen:

- Da Sie mit einem Kompaktband für die gesamte Oberstufe gearbeitet haben, können Sie die damit verbundenen Vorteile nutzen und das Inhaltsverzeichnis daraufhin durchgehen, welche Teile Sie gemeinsam bearbeitet haben und welche über das Buch hinausgehenden Quellen Sie benutzt haben. So können Sie eine **Liste des gesamten Prüfungsstoffes** erstellen.

- Wenn Sie im Kurs **Protokoll** geführt haben, können Sie Ihre Liste damit überprüfen und sich die Inhalte und Methoden in Erinnerung rufen. Aber Achtung: Der Spruch „Kopieren geht über Studieren!“ ist trügerisch. Das bloße Kopieren und Abheften der Protokolle macht viel Arbeit und gibt eine trügerische Sicherheit.
- Erstellen Sie **Mind-Maps** zu den thematischen Großeinheiten (Themenkreise). Dies hilft einen strukturierten Überblick zu gewinnen und ermöglicht durch die Bild/Text-Kombination ein langfristiges Behalten.
- Wenn Sie Karteikarten angelegt haben, nutzen Sie diese als **Lernkartei.**
- Fangen Sie rechtzeitig, etwa ein halbes Jahr vor Prüfungsbeginn, mit der Wiederholung an und portionieren Sie den Stoff in **kleine Häppchen.**
- Lernen Sie möglichst **gemeinsam** mit einer Partnerin/einem Partner oder einer kleinen Gruppe. Das macht mehr Spaß, erhöht das Durchhaltevermögen und ist auch effektiver.

2. Übergreifende Aufgabenstellungen

Im Abitur werden Sie in der Regel das erste Mal mit halbjahresübergreifenden Fragestellungen in Prüfungsaufgaben konfrontiert. Dies soll ein Denken in komplexen Zusammenhängen fördern und dieses auch einfordern. Im Themenkreis 3.2 haben wir dies über die Diskussion um Menschenbilder und Identität häufig trainiert. Dies ist auch eine beliebte Art Prüfungsaufgaben zu konstruieren, also z.B. eine Aufgabe zur Intelligenzentwicklung zu kombinieren mit einem Menschenbildvergleich Piaget/ Skinner. Mithilfe der vielen Querverweise im Buch haben Sie im Laufe der Zeit schon häufiger die Gelegenheit gehabt, themenübergreifend zu arbeiten. Daher können Sie versuchen die Kombinationsmöglichkeiten Ihres Kurses durchzuchecken.

3. Selbstständiges Darstellen und Argumentieren

Im ersten Teil der mündlichen Prüfung müssen Sie in einem freien Vortrag die Ihnen gestellten Aufgaben lösen. Sie haben für die Vorbereitung eine halbe Stunde Zeit. In dieser Zeit müssen Sie das Material unter der gegebenen Aufgabenstellung bearbeiten. Für den freien Vortrag sollten Sie sich ein Stichwortkonzept machen. Der freie Vortrag will geübt sein. Nutzen Sie hier unseren Lerntechnik-Hinweis zum Referat und üben Sie den 10-Minuten-Kurzvortrag. Auch um ein Gefühl für die Zeit zu bekommen, sollten Sie dies mit dem Stoppen der Zeit trainieren. Im zweiten Prüfungsteil soll ein Prüfungsgespräch stattfinden, in dem Sie, geleitet durch die Fragen der Lehrerin/des Lehrers, Ihre Fähigkeit des Denkens in Zusammenhängen und Ihre Fähigkeit der begründeten, differenzierten und durch Fachwissen untermauerten Stellungnahme unter Beweis stellen. Auch dies sollten Sie im Kurs trainieren. Ein rollenspielartiges Szenario mit Prüfungskommission: Vorsitzende(r), Prüfer(in), Protokollant(in) und Fachbeisitzer(in), die auch hinterher über die Qualität der Leistung berät, kann Sie mit dem Prüfungsritual vertraut machen und Ihnen damit auch ein Stück Prüfungssicherheit geben.

Das Phoenix - Team wünscht Ihnen alles Gute für die Prüfung!!!

Was nun? – Lebens- und Berufsplanung

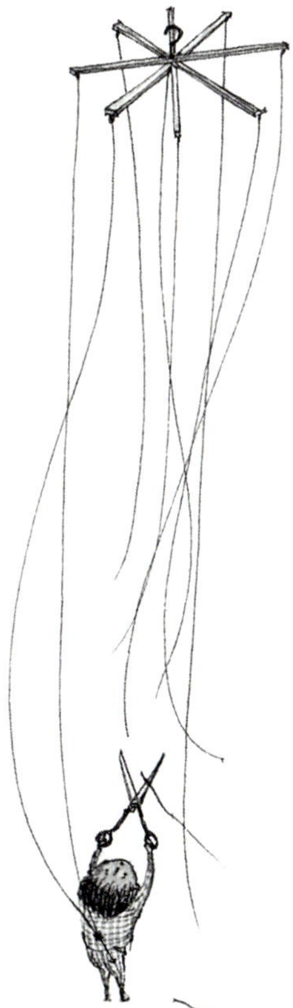

(Aus: Sara Midda,
Großwerden und andere Unarten,
Hanser Verlag München/Wien 1996, o. S.)

Teilen Sie sich in zwei Gruppen und beschäftigen Sie sich arbeitsteilig mit den folgenden Fragen:

- Welche reale Geschichte könnte zwischen diesen beiden Bildern liegen?
- Entwerfen Sie ein Märchen für Kinder und Erwachsene, in dem diese beiden Bilder vorkommen!

Einleitende Überlegungen

Bald haben Sie es geschafft; doch wie soll es weitergehen?
Haben Sie sich bisher eher an der kurzen Leine gefühlt und freuen sich auf die Freiheiten?
Oder hatten Sie auch viele Sicherheitsleinen gespannt und fühlen sich zu Beginn eines neuen Lebensabschnittes eher unsicher?
Freuen Sie sich erwartungsvoll auf die Zukunft und wollen vielleicht neue Fäden spannen?
Brauchen Sie viel Kraft für das Durchschneiden bisheriger Seile, bleiben Sie vielleicht irgendwo noch an einem Faden hängen?
Nachdem Sie sich so lange Zeit mit pädagogischen Fragestellungen beschäftigt haben, wollen wir Ihnen noch einige Perspektiven aufzeigen, wie Sie diesen beschrittenen Weg weitergehen können.

„Sie wollen Lehrerin/Lehrer werden?"

Die Berufsaussichten für Gymnasiallehrerinnen und -lehrer wurden vom Magazin Focus in einem Report über 100 Berufe im Vergleich als positiv gekennzeichnet. Begründung: „Jeder zweite Lehrer ist älter als 45 Jahre; Schulen brauchen Nachwuchs." (Focus 11/1996, S. 238)
Dies galt erstaunlicherweise nicht für andere Lehrergruppen. Da Lehrerbedarf und Lehrereinstellung immer auch vom Finanzminister mitdefiniert werden, müssen solche Prognosen immer mit Vorsicht behandelt werden.
Aber auch die Selbsteinschätzung von Lehrerinnen und Lehrern ist interessant unter dem Gesichtspunkt der Berufswahl.
Hierzu ein Auszug aus einer neuen Untersuchung:

Deutschlands Lehrer neigen zur Larmoyanz, lautet ein gängiges Vorurteil. Sie beklagen sich über schwierige Schüler und wachsende Arbeitsbelastungen, über Einmischung der Eltern, mangelndes Verständnis ihres Dienstherrn und reklamieren wie kaum eine andere Berufsgruppe das Burnout-Syndrom für sich. Ein Ministerpräsident darf sie fast ungestraft „faule Säcke" schimpfen, ein Nachrichtenmagazin verzeichnet ihre Arbeit als „Horrorjob". Bei so viel Last und Frust liegt die Vermutung nahe, dass ein großer Teil der Lehrer mit dem Schicksal hadert und diesen Beruf nicht noch einmal wählen würde. Doch weit gefehlt: 79 Prozent aller Sekundarschullehrer würden sich noch einmal für denselben Beruf entscheiden. Bei Grundschullehrern sind es sogar 85 Prozent. Dies ist das Ergebnis der ersten repräsentativen Befragung deutscher Lehrerinnen und Lehrer. Sie fand im Herbst 1995 statt im Auftrag des Dortmunder Instituts für Schulentwicklungsforschung (IFS) und wurde vom Bundesministerium gefördert. Befragt wurden 1123 Lehrer der Sekundarstufe I und eine Stichprobe von 331 Grundschullehrern.

(Michael Kanders/Hans Günther Rolff/Ernst Rösner, Mehr Lust als Frust, in: DIE ZEIT, 15.3.1996, S. 35; die Autoren arbeiten am Institut für Schulentwicklungsforschung in Dortmund.)

1. Welches Bild „von der Lehrerin/vom Lehrer" findet man in der öffentlichen und veröffentlichten Meinung? Wie entsteht dieses Bild?
2. Wie sehen die Lehrerinnen/Lehrer ihren Beruf?
3. Wie sehen Sie am Ende Ihrer Schullaufbahn den Beruf der Lehrerin/des Lehrers?

Vorbemerkung zum „Sokratischen Eid“ (Hartmut von Hentig)

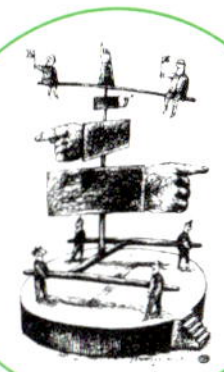

„Für uns heutige Menschen ist der Eid befremdlich. Wir kennen ihn in unserem öffentlichen Leben in zwei Funktionen: als verbindliches und unverbrüchliches Versprechen, etwas zu tun oder zu lassen, und als Versicherung der Wahrheit einer Aussage – beidemal unter feierlicher und formalisierter Anrufung einer höheren, zu fürchtenden Macht. Diese soll, wie in alter Zeit, über die Einhaltung des Versprechens wachen und den Meineid bestrafen auch dann, wenn Menschen den Betrug nicht erkennen. Ob die Vereidigten heute an eine solche Macht glauben, kann man nicht wissen; man muss eher voraussetzen, dass sie es nicht tun. Dann aber ist der Eid ein leerer Akt und gefährlich, sofern man sich auf ihn verlässt. In der säkularisierten Welt können Eidbruch und Meineid nur unter der Androhung einer besonders harten menschlichen Strafe die erwartete Wirkung tun.

Der hier vorgeschlagene Sokratische Eid soll für die Pädagogen die gleiche Rolle spielen wie der Hippokratische Eid für die Mediziner. Wo dieser heute seinen Zweck noch erfüllt, geschieht das nicht, weil (ein) Gott angerufen wird und nicht, weil seine Verletzung Strafe nach sich zieht. Strafe folgt auf eine Verletzung von Gesetzen. Was dagegen in unseren beiden Fällen – der Verletzung des Sokratischen wie des Hippokratischen Eides – droht, ist einfach Schande. Wer den von ihm freiwillig geleisteten Eid bricht, muss sich vor sich selbst, vor seiner ‚Zunft‘, vor der Öffentlichkeit schämen – oder ausdrücklich rechtfertigen. Er hat ein von diesen drei „Instanzen“ geprüftes, für richtig gehaltenes, bestätigtes Prinzip gebrochen.

Dies gilt natürlich unausdrücklich für alle allgemeinen Handlungsgrundsätze. Dennoch vergehen sich die Menschen dauernd gegen sie. Sie vermeiden nicht zuletzt deshalb auch öffentliche – feierliche und verbindliche – Beteuerungen. Der eigentliche Wert eines solchen Berufseides – der öffentlichen Selbstverpflichtung – liegt in dem Schutz, den er der eigenen Überzeugung gewährt: Ich will nicht nur so handeln – ich muss es hinfort auch. Wenn andere – ein Verband, eine Schulbehörde, ein Gesetzgeber – etwas verlangen, was den im Eid festgelegten Grundsätzen widerspricht, kann sich der Pädagoge auf den Eid berufen. Das wird ihm nicht in jedem Fall gegen die anderen oder die Verhältnisse zum Recht verhelfen, aber es stärkt seine Position und wird die anderen vorsichtiger handeln lassen.

Hätten wir einen Sokratischen Eid unter den Nazis, in der DDR, im Alltag der nach unpädagogischen Gesichtspunkten vorgenommenen Reformen und Gegenreformen der Schule gehabt, er hätte manche tapfere Lehrerin, manchen tapferen Lehrer geschützt.

Es ist nie zu spät für das Richtige. Machen wir einen Versuch mit diesem Mittel jetzt in einer Zeit, in der es kaum angefochten werden wird und in der wir es in unserem Handeln und Denken einüben können. […]

Ich stelle mir vor, dass Lehrer und Erzieher bei der Übergabe ihrer Einstellungsurkunde – noch einmal sei es gesagt: freiwillig – diesen Eid sprechen und dass dies in der Urkunde bestätigt wird.“

SOKRATISCHER EID

HARTMUT VON HENTIG

„So werde ich's mit Jung und Alt halten ... So nämlich befiehlt es der Gott ... Ob ihr mich freisprecht oder nicht. Ich werde nicht anders handeln – und müsste ich noch so oft den Tod über mich ergehen lassen." (Aus der Apologie des Sokrates)

Als Lehrer und Erzieher verpflichte ich mich:
- die Eigenheit eines jeden Kindes zu achten und gegen jedermann zu verteidigen;
- für seine körperliche und seelische Unversehrtheit einzustehen;
- auf seine Regungen zu achten, ihm zuzuhören, es ernst zu nehmen;
- zu allem, was ich seiner Person antue, seine Zustimmung zu suchen, wie ich es bei einem Erwachsenen täte;
- seine Anlagen herauszufordern und zu fördern;
- es zu schützen, wo es schwach ist, ihm bei der Überwindung von Angst und Schuld, Bosheit und Lüge, Zweifel und Misstrauen, Wehleidigkeit und Selbstsucht beizustehen, wo es das braucht;
- seinen Willen nicht zu brechen – auch nicht, wo er unsinnig erscheint; ihm vielmehr dabei zu helfen, seinen Willen in die Herrschaft seiner Vernunft zu nehmen; es also den mündigen Verstandesgebrauch und die Kunst der Verständigung wie des Verstehens zu lehren;
- es bereit zu machen, Verantwortung in der Gemeinschaft und für diese zu übernehmen;
- es die Welt erfahren zu lassen, wie sie ist, ohne es der Welt zu unterwerfen, wie sie ist;
- es erfahren zu lassen, was und wie das gemeinte gute Leben ist;
- ihm eine Vision von der besseren Welt zu geben und die Zuversicht, dass sie erreichbar ist;
- es Wahrhaftigkeit zu lehren, nicht die Wahrheit, denn „die ist bei Gott allein".

Damit verpflichte ich mich auch,
- so gut ich kann, selber vorzuleben, wie man mit den Schwierigkeiten, den Anfechtungen und Chancen unserer Welt und mit den eigenen immer begrenzten Gaben, mit der eigenen immer gegebenen Schuld zurechtkommt;
- nach meinen Kräften dafür zu sorgen, dass die kommende Generation eine Welt vorfindet, in der es sich zu leben lohnt und in der die ererbten Lasten und Schwierigkeiten nicht deren Ideen und Möglichkeiten erdrücken;
- meine Überzeugungen und Taten öffentlich zu begründen, mich der Kritik – insbesondere der Betroffenen und Sachkundigen – auszusetzen, meine Urteile gewissenhaft zu prüfen;
- mich dann jedoch allen Personen und Verhältnissen zu widersetzen – dem Druck der öffentlichen Meinung, dem Verbandsinteresse, der Dienstvorschrift –, wenn diese meine hier bekundeten Vorsätze behindern.

Ich bekräftige diese Verpflichtung durch die Bereitschaft, mich jederzeit an den in ihr enthaltenen Maßstäben messen zu lassen.

(Hartmut von Hentig, Die Schule neu denken – Eine Übung in praktischer Vernunft, Carl Hanser Verlag, München, 3., bearbeitete und erweiterte Aufl. 1994, S. 256ff.)

1. Welches Menschenbild hat der Verfasser?
2. Welches Verständnis von Erziehung, Bildung und Schule wird deutlich?
3. Halten Sie diesen Eid für sinnvoll, notwendig, überflüssig? Erörtern Sie die Frage im Kurs.
4. Könnten Sie sich vorstellen, als zukünftige Lehrerin/zukünftiger Lehrer diesen Eid abzulegen?

Perspektive Studium

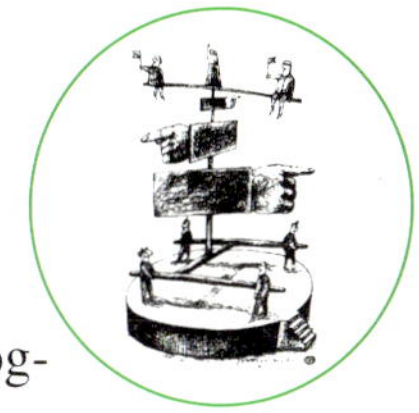

Theorie plus Engagement

Bundesweit bieten etwa 70 Hochschulen ein Studium mit den Abschlussmöglichkeiten Diplom-Pädagoge und Magister der Erziehungswissenschaft an.
Gabi berichtet über Grund- und Hauptstudium am Erziehungswissenschaftlichen Seminar der Universität Heidelberg und die Vorbereitungen auf einen typischen Berufseinstieg.

Die junge Frau beobachtet und analysiert aufmerksam, wie die Führungskräfte eines großen Softwareunternehmens vor der Gruppe agieren. Wie sie sprechen, welche Gesten sie benutzen, welche Mimik sie einsetzen, ob sie ruhig und bei der Sache oder nervös und unkonzentriert sind. „Meetings effektiv gestalten“! ist das Seminar überschrieben, das Michaela Striebich leitet. Die Erziehungswissenschaftlerin sagt, warum sie Manager trainiert: „Viele Führungskräfte sind in erster Linie hervorragende Fachleute, aber wie man andere Menschen führt, haben sie selten explizit gelernt. Deswegen sind solche Seminare sehr hilfreich für deren tägliche Arbeit.“
Michaela Striebich, die seit drei Jahren freiberuflich tätig ist, hat den Magister Artium (M. A.) an der Universität Heidelberg gemacht und ist geprüfte Sprecherzieherin. Sie studierte Erziehungswissenschaft mit den Nebenfächern Psychologie und Philosophie und erachtet das Studium der Sprechwissenschaft als notwendige Grundlage für ihre jetzige Arbeit. „Schon während meines Studiums habe ich – unter anderem an der Volkshochschule – die Fächer Rhetorik, Kommunikation und Gesprächsführung unterrichtet. Diese Arbeit war ein Härtetest, aber die gewonnenen Erfahrungen sind mir heute sehr nützlich“, so die 27-Jährige im Rückblick auf die stets schwierige Übergangsphase vom erziehungswissenschaftlichen Studium ins Berufsleben.

Magister oder Diplom

Wer ein Studium der Pädagogik beziehungsweise Erziehungswissenschaft aufnehmen möchte, hat die Wahl zwischen Diplom- und Magisterstudiengang. „Der Diplom-Studiengang war ursprünglich berufsbezogen konzipiert und sollte direkt für ein berufliches Handlungsfeld qualifizieren, wogegen der Magister ein eher offenes Ende haben sollte. Doch die Unterschiede haben sich im letzten Jahrzehnt stark verwischt“, erklärt Professor Dr. Volker Lenhart. […]
Ganz gleich für welchen Abschluss man sich entscheidet: Das Grundstudium, das in die theoretischen und methodischen Grundlagen des Faches einführt, kann man neben dem Pflichtprogramm immer sehr individuell gestalten. Am Erziehungswissenschaftlichen Seminar der Universität Heidelberg zum Beispiel finden die Studierenden ein breites Fächerspektrum vor. Jugendarbeit, Dritte Welt oder Lehr- und Lernprozesse stehen hier unter anderem zur Auswahl.

Statistik und Praxis

„Um Wissenschaftstheorie und Statistik kommt hier allerdings keiner herum. Beide Fächer sind obligatorisch. Da mussten wir von Anfang an richtig büffeln“, erinnert sich Michaela Striebich. „Warum dieser trockene Stoff so enorm wichtig ist, begreift man erst viel später. Bei Untersuchungen oder Evaluationen kann ich nun einschätzen, auf welcher statistischen Grundlage sie entstanden und wie aussagefähig sie sind.“
Im Hauptstudium entschied sich Michaela Striebich für den Schwerpunkt Erwachsenenbildung. […]

Aufgabenbereiche: Planen, gestalten, führen

Das Vollstudium der Pädagogik ist kein Lehramtsstudium. Es qualifiziert für verantwortungsvolle Tätigkeiten im Bildungs- und Erziehungswesen außerhalb der Schule.

Die Arbeit mit Menschen steht im Fokus pädagogischer Tätigkeiten. Daher lernen angehende Erziehungswissenschaftler und Pädagogen, die Entwicklung von Persönlichkeiten zu begleiten und zu fördern. Es geht darum, Lernprozesse zu initiieren und zu unterstützen. Der Umgang mit Einzelpersonen und Gruppen erfordert Kenntnisse und Fähigkeiten aus mehreren Wissenschaftsdisziplinen. Zu nennen sind hier Allgemeine Psychologie, Entwicklungspsychologie, Sozialpsychologie, Familiensoziologie sowie Jugendsoziologie. [...]

Diplom-Pädagogen und Magister der Erziehungswissenschaft übernehmen zum Beispiel die Planung, Gestaltung und Leitung der Vorschulerziehung. Weitere exemplarische Tätigkeitsfelder sind:

- Schulen und Heime für Behinderte;
- Berufliche Bildungsstätten;
- Erwachsenenbildung/Weiterbildung;
- Erwachsenenbildung in Entwicklungsländern;
- Erziehungs-, Bildungs-, Berufsberatung;
- sozialpädagogische Tätigkeit (zum Beispiel Jugend- und Familienberatung, Drogenberatung);
- pädagogische Arbeit mit alten Menschen;
- Freizeitpädagogik;
- Medienpädagogik;
- Erziehung, (Aus-)Bildung, Beratung von Ausländern;
- Verkehrserziehung.

Auf alle diese Tätigkeitsfelder können sich die Studierenden durch entsprechende Wahl von Studienschwerpunkten im Hauptstudium vorbereiten.

(Foto: Bernd Krug)

Studienstart: Persönliche Voraussetzungen

Dr. phil. Volker Lenhart ist Professor für Erziehungswissenschaft mit Schwerpunkt Schulpädagogik, Historische und Vergleichende Erziehungswissenschaft an der Universität Heidelberg. Von 1988 bis 1990 war er Vorsitzender der Deutschen Gesellschaft für Erziehungswissenschaft.

abi: Welche Voraussetzungen sollten Studenten und Studentinnen der Pädagogik mitbringen?

Volker Lenhart: Ein wichtiges Merkmal der Persönlichkeitsstruktur sollte soziales Engagement sein, etwa die Mitarbeit in Vereinen und Verbänden, die Übernahme von Jugendarbeit. Soziales Engagement muss aber nicht fest institutionalisiert sein, sondern kann auch in einer bestimmten Haltung zum Ausdruck kommen. Was die kognitiven Fähigkeiten betrifft, sind solide Voraussetzungen in Geschichte und Gemeinschaftskunde, Deutsch, wenigstens einer Fremdsprache sowie in Mathematik wichtig. Mathematische Kenntnisse brauchen die Studierenden spätestens dann, wenn sie sich mit empirischen Untersuchungen auseinander setzen müssen. […]

Berufspraxis: In einer Beratungsstelle

Dirk Bange ist Diplom-Pädagoge und arbeitet bei Zartbitter e.V. in Köln, einer Kontakt- und Informationsstelle gegen sexuellen Missbrauch an Mädchen und Jungen.

Täglich wird Dirk Bange mit Erlebnissen und Schicksalen konfrontiert, die auch ihn immer wieder schockieren. Am Nottelefon und in persönlichen Gesprächen berät der Diplom-Pädagoge Kinder und Jugendliche, denen Gewalt angetan wurde. Für diese Aufgabe hat er sich wissenschaftlich und durch Praxiserfahrung qualifiziert. Während seines Pädagogikstudiums an der Universität Dortmund absolvierte Dirk Bange mehrere Praktika, unter anderem in der Beratungsstelle für Kinderschutz in Unna, einer Einrichtung, die dem Kinderschutzbund angeschlossen ist. Im Anschluss an das Pädagogikstudium promovierte er zum Thema „Ausmaß und Folgen sexueller Gewalt gegen Mädchen und Jungen“.

Daneben setzte er seine praktische Arbeit fort in der Ärztlichen Beratungsstelle gegen Vernachlässigung, Kindesmisshandlung und sexuellen Missbrauch in Dortmund. Seit 1992 ist er bei Zartbitter tätig.

(Foto: Thomas Brill)

Prävention

„Würde ich 40 Stunden in der Woche nur Beratung machen, wäre ich sehr schnell ausgebrannt“, sagt Dirk Bange. Neben der Arbeit mit betroffenen Mädchen und Jungen und deren Vertrauenspersonen be-

fasst sich der Diplom-Pädagoge vor allem mit Prävention. „Wir haben die Entstehung zweier Kinder- und Jugendtheaterstücke der Kölner Comic On Theaterproduktion pädagogisch begleitet“, gibt Dirk Bange ein Beispiel. Heute wird er eine Kölner Schulklasse besuchen. „Da übernehme ich einen Teil der Sexualpädagogik. Oft vertrauen sich Schüler in diesen Fragen nicht gerne ihrem Lehrer an.“

Dirk Bange betreut auch Selbsthilfegruppen von Männern, die als Kinder missbraucht wurden. Er berät Eltern, die von ihrem verstörten Kind berichten und sexuelle Gewalt als Ursache dafür vermuten. Dirk Bange ist in solchen Fällen Vertrauensperson für Opfer und Angehörige, gleichzeitig ist er Teamarbeiter. Denn in der Regel übernehmen zwei Zartbitter-Leute einen Fall. „Bei einem Gerichtsverfahren zum Beispiel betreut ein Mitarbeiter das Kind, der andere die Eltern.“

Auch Öffentlichkeitsarbeit gehört zu seinen Aufgaben. „Der Verein Zartbitter wird nur zu 50 Prozent von öffentlichen Stellen wie Land und Kommune getragen, die restliche Finanzierung erfolgt über Spenden, Bußgelder und Fortbildungen.“ Gerade hat Dirk Bange sein Buch „Auch Indiander kennen Schmerz“ (Thema: sexuelle Gewalt gegen Jungen) präsentiert, jetzt arbeitet er an einer neuen Informationsbroschüre, in der sich Zartbitter vorstellt.

Trotz vieler schwerer Fälle hat auch Dirk Bange seine – ganz speziellen – Erfolgserlebnisse im Berufsalltag. „Ich kann mich darüber freuen, wenn bei der Beratung ein zuvor total verstörtes Kind zum ersten Mal wieder lacht.“

Tipps zum Berufseinstieg

Es ist wichtig, den Berufseinstieg frühzeitig vorzubereiten. Neuimmatrikulierten Pädagogikstudierenden gibt Professor Volker Lenhart daher folgende vier Tipps:

1. Schon während des Studiums sollten Studierende in Institutionen praktische Erfahrungen sammeln und Kontakte aufbauen. Auch ehrenamtliche Mitarbeit kann sich für den beruflichen Einstieg lohnen und zu einer hauptamtlichen Stelle führen.
2. Im Magisterstudiengang empfiehlt sich die Wahl unkonventioneller Studienfächer zur Erschließung von Marktnischen.
3. Nach erfolgreichem Studienabschluss ist bundesweite Mobilität gefragt. Wer sich nur im geographischen Bereich seiner Hochschule bewegt, trifft auf hohe Konkurrenz und ist nicht flexibel.
4. Pädagogikstudierende sollten den Arbeitsmarkt der Europäischen Union im Blick behalten und auch dort nach Möglichkeiten suchen.

(Roland Karle, in: abi Berufswahl-Magazin 2/96, Transmedia Projekt + Verlagsges., Mannheim 1996, S. 27ff.)

1. Stellen Sie die vielfältigen Informationen in einem Mind-Map dar.
2. An vielen Universitäten (z. B. in NRW) wird ein Studiengang Pädagogik mit dem Ziel des Staatsexamens, also dem Ziel Pädagogik-Lehrerin/Lehrer, angeboten. Informieren Sie sich an einem Institut für Pädagogik in Bochum, Bonn, Essen, Köln, Münster o.a. über den Studiengang.
3. Was meinen Sie, welche Elemente Sie aus Ihrem Pädagogikunterricht in einem solchem Studium gut nutzen können?
4. Erörtern Sie im Kurs Chancen und Probleme eines Pädagogikstudiums.

Die Schatzkiste

KCILBKCÜR

Eine Idee, eine Erkenntnis, eine Erfahrung, die mir persönlich am wichtigsten war…

Füllen Sie Ihre persönliche Schatzkiste!

Kopiervorlage

Was ich zu diesem Buch noch loswerden möchte:

(Mimürfel-Gesichter nach Hajo Bücken, Arbeitsstelle für neues Spielen, Bremen)

Über Antworten – gerichtet an den Schöningh Verlag, Jühenplatz 1–3, 33098 Paderborn; Fax: 0 52 51/127-860 – würden wir uns freuen.
Hier auch die E-Mail-Adresse: info@schoeningh.de
Im Internet finden Sie „Phoenix“ und mehr unter den Adressen: www.schoeningh.de und www.dialogische-fachdidaktik.de

Sach- und Personenregister

Methodenregister